ALLGEMEINE STAATSLEHRE

VON

Dr. GEORG JELLINEK

ZULETZT PROFESSOR DER RECHTE AN DER UNIVERSITÄT
HEIDELBERG

DRITTE AUFLAGE
UNTER VERWERTUNG DES HANDSCHRIFTLICHEN NACHLASSES
DURCHGESEHEN UND ERGÄNZT
VON

DR. WALTER JELLINEK
PROFESSOR DER RECHTE AN DER UNIVERSITÄT KIEL

DRITTER UM EIN VERZEICHNIS DER NEUERSCHEINUNGEN
VERMEHRTER ANASTATISCHER NEUDRUCK
DER AUSGABE VON 1914

Springer-Verlag Berlin Heidelberg GmbH

1921

ISBN 978-3-662-42822-1   ISBN 978-3-662-43104-7 (eBook)
DOI 10.1007/978-3-662-43104-7

Vorwort zum dritten Neudruck
der dritten Auflage.

Die dritte Auflage vorliegenden Werkes erschien im Spätherbst 1913 und war im Frühjahr 1919 vergriffen. Im Sommer desselben Jahres wurden 600 Exemplare neu gedruckt, im darauffolgenden Frühjahr 1200 weitere Exemplare. Gegen alle Berechnung des Verlegers war auch der zweite Neudruck binnen Jahresfrist abgesetzt, noch ehe es mir möglich war, die vierte Auflage fertigzustellen.

Das Werk erscheint daher wieder als unveränderter Abdruck der dritten Auflage. Doch soll hierbei nicht das Bessere des Guten Feind sein. War es auch nicht möglich, dem Leser eine vierte Auflage darzubringen, so sollen ihm doch die Vorarbeiten hierzu nicht gänzlich vorenthalten bleiben. Im folgenden seien daher, ohne Absicht der Vollständigkeit, die Schriften angeführt, die ich mir für eine Neuauflage vorgemerkt hatte. Die Aufzählung folgt dem Systeme des Buches. Jede Schrift wird nur einmal genannt, auch wenn sie bei einer Neuauflage an mehreren Stellen gewürdigt werden müßte.

Kiel, im Juli 1921.

Walter Jellinek.

Verzeichnis der Neuerscheinungen.

S. XV. Der erste Band einer italienischen Übersetzung von Dr. Mo-
destino Petrozziello mit Einleitung und Zusätzen von
Vittorio Emanuele Orlando ist 1921 in Mailand erschienen.
Dort S. 677 ff. Angaben über die neuere italienische Literatur.

S. 3 N. 2. Das Buch von G. v. Mayr, Begriff und Gliederung der
Staatswissenschaften, ist 1921 in 4. Aufl. erschienen.

S. 13 N. 1. Frh. v. Hertling, Art. „Politik", Staatslexikon 3./4. Aufl.
IV 1911 Sp. 191 ff.; R. Schmidt, Art. „Politik" in v. Stengel-
Fleischmann, Wörterbuch des deutschen Staats- u. Verwal-
tungsrechts III 1914 S. 83 ff.; Ludo M. Hartmann, Das
Wesen der Politik (Festschrift für Lujo Brentano 1916
S. 215 ff.); Fleiner, Politik als Wissenschaft 1917; der-
selbe, Politische Selbsterziehung 1918; Max Weber, Politik
als Beruf 1919, auch abgedruckt in den Ges. pol. Schriften
1921 S. 396 ff.; Piloty, Politik als Wissenschaft, Arch. f.
Rechts- u. Wirtschaftsphilosophie XIII (1919/20) S. 98 ff.;
R. Hübner, Joh. Gust. Droysens Vorlesungen über Politik.
Ein Beitrag zur Entwicklungsgeschichte und Begriffsbestimmung der wissenschaftlichen Politik. Ztschr. f. Politik X
(1913) S. 325 ff.; O. Baumgarten, Politik und Moral 1916;
Kelsen, Politische Weltanschauung und Erziehung. Annalen
f. soziale Politik und Gesetzgebung II 1913 S. 1 ff. — Das
Handbuch der Politik ist 1920/21 in dritter Auflage
erschienen.

S. 18 N. 4. G. Meyers Lehrb. d. deutschen Staatsrechtes ist von Anschütz 1919 in 7. Aufl. bearbeitet worden.

S. 19 N. 1. W. Schücking, Neue Ziele der staatlichen Entwicklung
1913 S. 5 ff., 9 ff.

S. 20 N. 1. Binder, Rechtsbegriff und Rechtsidee 1915 S. 61 f., 226.

S. 26 N. 2. Max Weber, Über einige Kategorien der verstehenden Soziologie. „Logos" IV 1913 S. 253 ff.

S. 26 N. 4. R. Smend, Ungeschriebenes Verfassungsrecht im monarchischen Bundesstaat (Festgabe f. Otto Mayer 1916 S. 245 ff.);
derselbe, Die Verschiebung der konstitutionellen Ordnung
durch die Verhältniswahl (Bonner Festgabe f. Bergbohm
1919 S. 278 ff.); Koellreutter, Der Staat und die Herrschaftsrechte im öffentlichen Recht. Ein kritischer Beitrag
zur heutigen Methodik im öffentlichen Recht. Österr. Ztschr.

f. öff. Recht III 1918 S. 308ff.; A. Merkl, Die Rechtseinheit des österreichischen Staates. Arch. d. öff. R. 37. Bd. 1918 S. 56ff.; W. Norden, Staats- und Verwaltungslehre als Grundwissenschaften der Staatsbürgerkunde 1919.

S. 28 N. 1.   Haas, Die Gesetzmäßigkeit des sozialen Geschehens. Schmollers Jahrb. XLI (1917) S. 1729ff.

S. 53f. N. 1.   Von v. Gierkes Genossenschaftsrecht erschien 1913 Bd. IV (Die Staats- und Korporationslehre der Neuzeit); im gleichen Jahre erschien die 3. Ausgabe von „Johannes Althusius". Von W. A. Dunning (nicht Sunning) erschien 1905 eine Fortsetzung: From Luther to Montesquieu 1905, vom Werke der beiden Carlyle zwei Fortsetzungen: II 1909, III 1915. — E. Bernheim, Mittelalterliche Zeitanschauungen in ihrem Einfluß auf Politik und Geschichtsschreibung I 1918; R. Stammler, Rechts- und Staatstheorien der Neuzeit 1917 (dazu Spiegel in Schmollers Jahrb. XLIII [1919] S. 1ff.); C. Schmitt-Dorotić, Politische Romantik 1919; Fleiner, Entstehung und Wandlung moderner Staatstheorien in der Schweiz 1916. — H. v. Frisch, Platos Idealstaat im Lichte der Gegenwart (Czernowitzer Inaugurationsrede) 1913 S. 17ff.; H. Fehr, Die Staatsauffassung Eikes von Repgau. Ztschr. d. Savigny-Stiftung, Germanistische Abt., XXXVII (1916) S. 131ff.; A. Gál, Die Staatslehre in der Summa des Raymundus Parthenopeus. Öst. Ztschr. f. öff. Recht II (1915/16) S. 66ff.; H. Rosin, Bismarck und Spinoza (Festschrift Otto Gierke dargebracht 1911 S. 383ff.); Fr. Fries, Die Lehre vom Staat bei den protestantischen Gottesgelehrten Deutschlands und der Niederlande in der zweiten Hälfte des 17. Jahrhunderts 1912; Therese Winkelmann, Zur Entwickelung der allgemeinen Staats- und Gesellschaftsauffassung Voltaires 1916; Metzger, Gesellschaft, Recht und Staat in der Ethik des deutschen Idealismus 1917; Hildegard Trescher, Montesquieus Einfluß auf die philosophischen Grundlagen der Staatslehre Hegels. Schmollers Jahrb. XLII (1918) S. 471ff. u. 907ff.; H. Heller, Hegel und der soziale Machtstaatsgedanke in Deutschland 1920; Fr. Rosenzweig, Hegel und der Staat I u. II 1920; R. Kroner, Der soziale und nationale Gedanke bei Fichte 1920; Bovensiepen, Die Rechts- und Staatsphilosophie Schopenhauers. Ztschr. f. d. ges. Staatsw. Bd. 71 (1915) S. 183ff.; Th. von der Pfordten, Staat und Recht bei Schopenhauer; G. Holstein, Die Staatsphilosophie Richard Wagners. Arch. f. Rechts- u. Wirtschaftsphilosophie IX (1915/16) S. 398ff.

S. 63 N. 2.   G. Anschütz, Deutsches Staatsrecht, Kohlers Enzyklopädie der Rechtswissenschaft 7. Aufl. IV 1914 S. 4ff.

S. 66 Note.   Piloty, Art. „Staat u. Staatswissenschaften" in v. Stengel-Fleischmann, Wörterbuch des deutschen Staats- u. Verwal-

tungsrechts III 1914 S. 457 ff.; K. Haff, Grundlagen einer
Körperschaftslehre I 1915; M. Wenzel, Juristische Grundprobleme I 1920; L. Duguit, Les transformations du droit
public 1913.

S. 67 N. 2. H. Delbrück, Regierung und Volkswille 1914.

S. 68 N. 1. Preuß, Das deutsche Volk und die Politik 1916; Stier-
Somlo, Grund- und Zukunftsfragen deutscher Politik 1917.

S. 68f. N. 2. R. Kjellén, Grundriß zu einem System der Politik 1920. —
Kölner Vierteljahrshefte für Sozialwissenschaften (erscheinen
seit 1921).

S. 81. Menzel, Zur Psychologie des Staates 1915.

S. 84 N. 2. Tönnies, Gemeinschaft und Gesellschaft, ist 1920 in 3. Aufl.
erschienen. Die Lehren dieses Buches für die Rechtswissenschaft nutzbar gemacht von Wolgast, Die rechtliche Stellung des schleswig-holsteinischen Konsistoriums 1916. Vgl.
ferner Wundt, Völkerpsychologie VII 1917 S. 3 ff.

S. 102f. N. 1. Lawrence Lowell, Public opinion and popular government; W. Bauer, Die öffentliche Meinung und ihre geschichtlichen Grundlagen 1914 (dazu Tönnies in Schmollers
Jahrb. XL [1916] S. 2001 ff.); derselbe, Der Krieg und die
öffentliche Meinung 1915; A. Winkler, Die öffentliche
Meinung 1918.

S. 113 N. 1. Kindermann, Parteiwesen und Entwicklung 1907; J. A.
Woodturn, Political parties and party· problems in the
United Staates, New York and London 1909; R. Michels,
Zur Soziologie des Parteiwesens in der modernen Demo-
kratie 1911; R. Coester, Verwaltung und Demokratie in
den Staaten von Nordamerika 1913 S. 50 ff.; W. M. Sloane,
Die Parteiherrschaft in den Vereinigten Staaten von Ame-
rika 1913; Radbruch, Grundzüge der Rechtsphilosophie
1914 S. 82 ff.; O. von der Pfordten, Zur Philosophie der
politischen Parteien. Arch. f. Rechts- u. Wirtschaftsphilosophie
VIII (1914/15) S. 159 ff., 333 ff.; W. Burckhardt, Über die
Berechtigung der politischen Parteien. Polit. Jahrb. d. schweiz.
Eidgenossenschaft 28. Jg. 1915 S. 137 ff.; W. Sulzbach im
Arch. f. Sozialwissenschaft 38. Bd. 1914 S. 115 ff., ferner: Die
Grundlagen der politischen Parteibildung 1921.

S. 117 N. 1. Alf. Kirchhoff, Zur Verständigung über die Begriffe Nation
und Nationalität 1905; v. Herrnritt i. d. Öst. Ztschr. f. öff.
Recht I 1914 S. 583 ff.; A. Amonn, Nationalgefühl und
Staatsgefühl 1915; Br. Bauch, Vom Begriff der Nation
1916; v. Laun, Das Nationalitätenrecht als internationales
Problem 1917; K. Renner, Das Selbstbestimmungsrecht
der Nationen mit besonderer Anwendung auf Österreich
I: Nation und Staat 1918.

S. 142 N. 1. A. Menzel, Eine realistische Staatstheorie. Öst. Ztschr. f.
öff. Recht I 1914 S. 114 ff.

S. 298 N. 3. Die Ansicht Hermanns wird vom Herausgeber der 6. Aufl.
des Lehrbuchs der griechischen Antiquitäten, H. Swoboda,
bekämpft: I. Bd. 3. Abt. 1913 S. 11 f.

S. 316 ff. G. v. Below, Der deutsche Staat des Mittelalters 1914;
Keutgen, Der deutsche Staat des Mittelalters 1918.

S. 323 ff. Lamp, Die Grundlagen der modernen Staatsidee. Ztschr.
f. d. ges. Staatsw. 70. Bd. 1914 S. 573 ff. — Kips, Der
deutsche Staatsgedanke 1916; Wolzendorff, Vom deutschen Staat und seinem Recht 1917; derselbe, Zur Psychologie des deutschen Staatsdenkens. Ztschr. f. Politik XI
(1919) S. 452 ff.; Kriek, Die deutsche Staatsidee 1917; Fr.
Curtius, Der Charakter des deutschen Staatswesens 1917;
Oesterreich, Die Staatsidee des neuen Deutschland 1919. —
Fleiner, Die Staatsauffassung der Franzosen 1915 (Vorträge
der Gehe-Stiftung VII 4); Hatschek, Die Staatsauffassung
der Engländer 1917 (Vorträge der Gehe-Stiftung VIII 5);
Tönnies, Der englische Staat und der deutsche Staat 1917
(dazu Schmoller in Schm. Jahrb. XLI (1917) S. 985 ff.

S. 339 N. 1. Hatschek, Das Parlamentsrecht des deutschen Reiches I
1915 S. 12 ff., 83 ff.

S. 342. R. Gaudu, Essai sur la légitimité des gouvernements dans
ses rapports avec les gouvernements de fait 1914 (dazu
Redslob im Arch. d. öff. Rechts 34. Bd. 1915 S. 232 ff.);
Fritz Sander, Das Faktum der Revolution und die Kontinuität der Rechtsordnung. Ztschr. f. öff. Recht I (1919/20)
S. 132 ff.; Rauschenberger, Die staatsrechtliche Bedeutung von Staatsstreich und Revolution. Ztschr. f. öff. Recht
II (1921) S. 113 ff.; Schanze, Revolution und Recht. Ztschr.
f. Rechtsphilosophie III (1921) S. 225 ff. — Wegen der deutschen Revolution 1918 vgl. ferner W. Jellinek, Revolution
und Reichsverfassung, Jahrb. d. öff. Rechts IX (1920) S. 4 ff.
und die dort S. 120 f. angeführten Schriften.

S. 364 ff. A. Affolter, Recht über den Staaten. Arch. f. Rechts- u.
Wirtschaftsph. XIV (1920/21) S. 97 ff., auch Hirths Annalen
1914 S. 877 ff.; Nelson, Die Rechtswissenschaft ohne Recht
1917; Krabbe, Die moderne Staatsidee, Haag 1919;
H. Gomperz, Die Idee der überstaatlichen Rechtsordnung
1920; Kornfeld, Allgemeine Rechtslehre und Jurisprudenz
1920 S. 115 ff.; Kelsen, Das Problem der Souveränität und
die Theorie des Völkerrechts 1920; Sander, Alte und neue
Staatsrechtslehre. Ztschr. f. öff. Recht II 1921 S. 176 (zu
den beiden Vorgenannten E. Kaufmann, Kritik der neu-
kantischen Rechtsphilosophie 1921 S. 20 ff.); Zitelmann,
Der Canevaro-Streitfall (Das Werk vom Haag II 1 III
1914) S. 167 ff.; Bierling, Juristische Prinzipienlehre V
1917 S. 174 ff.; A. Baumgarten, Die Wissenschaft vom
Recht und ihre Methode I 1920 S. 170 f.; O. Schilling,

übung der Staatsgewalt 1916. — Die neueren Schriften zur Frage der Geschichte der Menschen- und Bürgerrechte sind angeführt und gewürdigt in der 3. Aufl. der „Menschen- u. Bürgerrechte" G. Jellineks, herausgegeben von W. Jellinek 1919, S. III u. ff.

S. 417 N. 1. P. Schoen, Deutsches Verwaltungsrecht, Kohlers Enzyklopädie 7. Aufl. IV 1914 S. 275 ff.; Ottmar Bühler, Die subjektiven öffentlichen Rechte und ihr Schutz in der deutschen Verwaltungsrechtsprechung 1914 (dazu die Besprechung im Arch. d. ö. R. 32. Bd. 1914 S. 580 ff.).

S. 435 N. 1. Schmitt-Dorotić, Die Diktatur. Von den Anfängen des modernen Souveränitätsgedankens bis zum proletarischen Klassenkampf 1921.

S. 471 Note. G. Hugelmann, Zur Lehre vom monarchischen Prinzip. Öst. Ztschr. f. öff. Recht II (1915/16) S. 472 ff.; Barthélemy, Les institutions politiques de l'Allemagne 1915 p. 81 ff.

S. 484 N. 1. Wie v. Herrnritt Seidler, Öst. Ztschr. f. öff. Recht I (1914) S. 138.

S. 498 f. N. 4. Hildegard Trescher in Schmollers Jahrb. XLII (1918) S. 292.

S. 505 N. 1. R. Schmidt, Die Vorgeschichte der geschriebenen Verfassungen 1916; derselbe i. d. Ztschr. f. Politik IX (1916) S. 270 ff.

S. 531 ff. W. Burckhardt, Kommentar der schweizerischen Bundesverfassung 2. Aufl. 1914 (Einleitung); W. Hildesheimer, Über die Revision moderner Staatsverfassungen 1918.

S. 536 N. 1. Tezner, Konventionalregeln und Systemzwang. Grünhuts Ztschr. 42. Bd. 1916 S. 557 ff.

S. 540 ff. Hölder, Das rechtliche Verhältnis des Staates zum Volke (Leipziger Dekanatsprogramm) 1911; Grosch, Organschaft und Stellvertretung. Schmollers Jahrb. XXXIX (1915) S. 143 ff.; Br. Beyer, Zum Begriff des Staatsorgans und seiner Tätigkeit. Arch. d. ö. Rechts 34. Bd. 1915 S. 365 ff.

S. 545 N. 1. Binding, Die Notwehr der Parlamente gegen ihre Mitglieder 1914 (auch: Zum Werden und Leben der Staaten 1920 S. 319 ff.).

S. 552 f. N. 2. Über den „Träger der Staatsgewalt" Triepel, Die Reichsaufsicht 1917 S. 537 ff.

S. 600. J. Lukas, Justizverwaltung und Belagerungszustandsgesetz (Festgabe f. Otto Mayer 1916) S. 236.

S. 606 N. 1. Br. Beyer, Betrachtungen über die Kompetenzverteilung in den modernen Staaten. Ztschr. f. d. ges. Staatswissenschaft 70. Bd. 1914 S. 201 ff.

S. 635 N. 2. R. Lundborg, Zwei umstrittene Staatsbildungen 1918 (Island, Kroatien).

Ann. 1919/20 S. 528ff.; Kelsen, Vom Wesen und Wert der Demokratie 1920. — Vgl. ferner O. v. Gierke, Über die Geschichte des Majoritätsprinzipes. Schmollers Jahrb. XXXIX (1915) S. 565ff.; V. Cathrein, Der Volksstaat im Sinne des hl. Thomas von Aquin. Arch. f. Rechts- u. Wirtschaftsphil. XII (1918/19) S. 104ff.

S. 728 ff. J. D. Barnett, The operation of the Initiative, Referendum and Recall in Oregon, New York 1915 (besprochen in der Political Science Quarterly XXXI 1916 p. 466ff.); E. v. Waldkirch, Die Mitwirkung des Volkes bei der Rechtsetzung nach dem Staatsrecht der schweizerischen Eidgenossenschaft und ihrer Kantone 1918.

S. 743 N. 1. Hatschek, Britisches und römisches Weltreich 1921.

S. 747 N. 1. E. Frh. v. Mayer, Die völkerrechtliche Stellung Ägyptens 1914 S. 150ff., 156f.

S. 762 N. 1. R. Erich, Probleme der internationalen Organisation 1914; A. Affolter, Zur Lehre vom Staatenbunde und Bundesstaate. Arch. d. ö. Rechts 34. Bd. 1915 S. 55ff.

S. 764f. N. 2. v. Löwenthal - v. Szászy i. d. Österr. Ztschr. f. öff. Recht III (1918) S. 624ff., 653.

S. 766. Swoboda, Die griechischen Bünde und der moderne Bundesstaat 1915 S. 6ff.

S. 769 ff. Jos. Hausmann, Das Deutsche Reich als Bundesstaat. Versuch einer Verteidigung der Waitzschen Bundesstaatstheorie gegen die Angriffe v. Seydels und Labands. Arch. d. öff. Rechts 33. Bd. 1915 S. 82ff.; Haff, Neue Probleme des Körperschaftsrechts und speziell des Bundesstaates. Arch. d. öff. Rechts 37. Bd. 1918 S. 352ff.; W. Rauschenberger, Das Bundesstaatsproblem 1920; H. Nawiasky, Der Bundesstaat als Rechtsbegriff 1920. — Über das Deutsche Reich als Bundesstaat nach der Umwälzung von 1918 vgl. Jahrb. d. öff. Rechts IX (1920) S. 80f. und die Nachweise S. 122ff., insbesondere Giese, Die Reichsverfassung 3. Aufl. 1921 S. 49ff, und Poetzsch, Handausgabe der Reichsverfassung 2. Aufl. 1921 S. 36ff.; Handbuch der Politik III 1921; H. Nawiasky, Die Grundgedanken der Reichsverfassung 1920; Anschütz, Die Verfassung des Deutschen Reichs 1921; Hubrich, Das demokratische Verfassungsrecht des deutschen Reiches 1921.

S. 783 N. 1. E. Jacobi, Der Rechtsbestand der deutschen Bundesstaaten 1917; Fleiner, Zentralismus und Föderalismus in der Schweiz 1918.

S. 791 N. 1. E. V. Zenker, Der Parlamentarismus 1914 S. 22ff.

Vorwort zur dritten Auflage.

Als mein Vater am 12. Januar 1911 starb, war die zweite Auflage der Allgemeinen Staatslehre bereits längere Zeit vergriffen. Ein erster anastatischer Neudruck wurde noch bei Lebzeiten meines Vaters veranstaltet, ein zweiter im Todesjahr, ein dritter aus den letzten aufzutreibenden broschierten Exemplaren im Jahre 1912. Die Auflage zu tausend Stück gerechnet, wäre die vorliegende dritte Auflage die fünfte und von der vierten die zweite Hälfte.

Im Nachlasse meines Vaters befand sich das Fragment einer Besonderen Staatslehre, ein beschriebenes durchschossenes Exemplar der Allgemeinen Staatslehre und ein zweites gewöhnliches Exemplar mit einigen wenigen Bemerkungen. Die Besondere Staatslehre, die mein Vater nach einem letzten Plane in die Allgemeine Staatslehre hineinverarbeiten wollte, ist von mir, mit Anmerkungen versehen, in den Ausgewählten Schriften und Reden meines Vaters 1911 veröffentlicht worden (I S. XVIII ff., II S. 153-319). Der handschriftliche Nachlaß zur Allgemeinen Staatslehre wurde in dieser dritten Auflage verwertet. Er behandelt u. a. das Verhältnis der Staatslehre zu andern Wissenschaften (S. 72 f., 76), die politische Sitte (S. 101), die Wirkungen technischer Fortschritte (S. 102), Staat und Religion (S. 112), die Parteien in England und Nordamerika (S. 115), den Ursprung des Namens „Staat" (S. 132 N. 2), die Entwicklung der absoluten Monarchie (S. 325), die Geschlossenheit des Rechtssystems (S. 356 f.), den Majestätsgedanken in Rom (S. 440 N. 1), die Stellung des englischen Königs (S. 682 N. 2, 685 f. N. 1, 701 N. 1), die Personalunion (S. 751 N. 2). Diese Zusätze sind im Verzeichnis der Abweichungen (S. 796 ff.) besonders kenntlich gemacht.

Im übrigen war es meine Aufgabe, das Alte zu überprüfen und zu ergänzen, die Zitate älterer Auflagen mit denjenigen der neuesten zu vertauschen, die seit 1905 erschienenen Bücher, Schriften und Abhandlungen anzuführen und, soweit der Charakter des Werkes es zuließ, kritisch zu würdigen, insbesondere zur Verteidigung meines Vaters gegen ungerechtfertigte Angriffe. Den Zeitereignissen und den Neuerungen der Gesetzgebung war Rechnung zu tragen. Auch die Rechtsprechung wurde an einigen Stellen berücksichtigt. Mehrere polemische Anmerkungen wurden gemildert oder gestrichen, namentlich wo sie durch eine Meinungsänderung des angegriffenen Verfassers gegenstandslos geworden waren und nicht durch ihren Inhalt einen von der Polemik unabhängigen Wert besitzen. Die von mir herrührenden Zusätze, Änderungen und Streichungen sind ebenfalls im Verzeichnis der Abweichungen aufgeführt. So ließen sich die störenden eckigen Klammern vermeiden.

Da die Besondere Staatslehre ein Fragment geblieben ist, wurde der Doppeltitel des Werkes weggelassen. Als Allgemeine Staatslehre war dieses Buch ursprünglich gedacht und ausschließlich als solche erscheint es jetzt wieder. Die „Allgemeine Staatslehre" steht auf eigenen Füßen und ist nicht etwa, wie es den Anschein haben konnte, der unselbständige Teil eines „Rechts des modernen Staates".

Das Register wurde neu angefertigt und übersichtlicher gestaltet; auf alle Eigennamen ausgedehnt, vertritt es zugleich ein Verzeichnis der Abkürzungen.

Bisher sind drei Übersetzungen der Allgemeinen Staatslehre erschienen: eine russische (2. Aufl. 1908), eine tschechische (1906) und eine französische (I 1911, II 1913). Eine italienische Übersetzung sieht der Vollendung entgegen, eine spanische und eine japanische sind begonnen worden.

Beim Lesen der Korrekturen unterstützten mich in freundlichster Weise Herr Postreferendar Erich Retzlaff und Herr stud. iur. Hellmuth Zabel. Beiden Herren danke ich für ihre Mitarbeit.

Leipzig, im Oktober 1913.

Dr. Walter Jellinek.

Vorrede zur ersten Auflage.

Das vorliegende Werk verdankt seine Entstehung sowohl dem begreiflichen Drange des Forschers, den Ertrag eines wissenschaftlichen Lebens, der bisher in einer Anzahl von Monographien sich darstellte, zu systematischer Einheit zusammenzufassen, als auch dem Wunsche des Lehrers, seine Zuhörer auf ein Buch verweisen zu können, das, dem gegenwärtigen Zustand der Wissenschaft angemessen, auch literarisch die Auffassung der Probleme vertritt, wie er sie vom Katheder herab verkündigt.

Aber nicht nur an Fachgenossen und Schüler will es sich wenden. Das Interesse an den staatlichen Grundproblemen ist ja zweifellos vor den sozialen Fragen in den Hintergrund getreten, und größere Aufmerksamkeit pflegen gegenwärtig nur diejenigen Arbeiten über Staatslehre zu erregen, die in der Modetracht der Sozialpolitik oder der Soziologie auftreten.

Es ist denn auch seit mehr als einem Menschenalter kein zusammenfassendes Werk auf diesem Gebiet entstanden, das über den engen Kreis der Zunft hinausgegriffen hätte. Gewiß ist daran auch der Zustand der Wissenschaft schuld. Wie wenig ist da von sicheren Resultaten aufzuweisen! Ist doch fast alles strittig: Methode, Plan und Ziel der Forschung, Art der Feststellung und Durchbildung der einzelnen Ergebnisse. Die gründliche, fast möchte ich sagen: mikroskopische Art der neueren Untersuchungsweise hat dem gläubigen Vertrauen früherer Zeiten ein Ende gemacht und dort, wo man einst felsenfeste Axiome sah, ein wogendes Meer von Zweifeln geschaffen.

Und dennoch kann ein lebenskräftiges Volk zu keiner Zeit eine ausgeprägte Lehre vom Staate entbehren. Es muß daher von der fortschreitenden Wissenschaft immer wieder der schwierige Versuch gewagt werden, den Staat ihrer Zeit für ihre Zeit zu erfassen und darzustellen. So will denn auch dieses Werk die Ergebnisse der neueren Forschung einem weiteren Kreise zugänglich machen.

Damit ist aber auch die Art der Darstellung gegeben. Sie darf einerseits nichts voraussetzen, was nur dem Fachmann bekannt ist, und muß anderseits mit einer selbständigen Ansicht durch ein Heer von Kontroversen hindurchschreiten, ohne durch zu umfangreiche Polemik gegen abweichende Meinungen den Leser zu verwirren. Die Literaturangaben sollen auch dem weniger Belesenen dienen; daher war aus der unabsehbaren Menge von Arbeiten, die der Soziallehre des Staates gewidmet sind oder mit ihr in Verbindung stehen, eine passende Auswahl zu treffen. Doch wird in allen wichtigen Fragen auch der Kundige, vornehmlich im letzten Buche, die Literatur in weitestem Umfange benutzt finden. Hinsichtlich der älteren Literatur habe ich, um Wiederholungen zu vermeiden, häufig auf meine früheren Arbeiten verwiesen.

Über Plan und Inhalt des ganzen Werkes habe ich mich in den einleitenden Untersuchungen des näheren ausgesprochen. Der vorliegende Band ist zugleich ein in sich abgeschlossenes Werk. Wenn an verschiedenen Stellen nähere Ausführungen vermißt werden, so sei zur Ergänzung auf den zweiten Teil verwiesen. Er soll die spezielle Staatslehre enthalten, als Darstellung der einzelnen Institutionen des modernen Staates, und zwar in stetem Hinblicke auf die deutschen Verhältnisse. Soll nämlich ein solches Unternehmen sich nicht ins Grenzenlose verlieren, so müssen sich seine Resultate um einen festen Mittelpunkt kristallisieren, der kein anderer sein kann als der eigene Staat und das heimische Recht.

Heidelberg, im Juli 1900.

Vorrede zur zweiten Auflage.

Nach verhältnismäßig kurzer Zeit ist eine zweite Auflage der Allgemeinen Staatslehre notwendig geworden, noch ehe es mir möglich war, den zweiten Band des ganzen Werkes zu vollenden. Auch ist unterdessen eine vortreffliche, von mir autorisierte französische Übersetzung des Buches bereits zum Teil erschienen, eine russische schon vor zwei Jahren veranstaltet worden. Das ist wohl als Zeichen dafür zu deuten, daß das Interesse an den Problemen der allgemeinen Staatslehre wieder im Steigen begriffen ist, dem gesamten Streben der Gegenwart entsprechend, das auf Zusammenfassung der unermeßlichen Einzelforschung auf allen Wissensgebieten gerichtet ist und den toten Stoff einer ungeheuren Tatsachenfülle sinnvoll zu beleben und zu durchgeistigen verlangt.

Diese neue Auflage wurde nicht nur gründlich durchgesehen und hat dabei mehrere Verbesserungen erfahren, sie hat auch manche Änderung und eine nicht unbeträchtliche Erweiterung aufzuweisen, indem Wichtiges eingehender ausgeführt oder (wie z. B. die Untersuchungen über rechtliche Macht, S. 351 ff. [3. Aufl. S. 360 ff.]) neu hinzugekommen ist.

Die umfangreiche Literatur, die in dem Lustrum seit dem Erscheinen der ersten Auflage die zahlreichen Probleme der allgemeinen Staatslehre erörtert oder berührt hat, ist, soweit es im Rahmen eines solchen Werkes möglich und nötig ist, angeführt und benützt worden. Auch kritische Erörterungen sind, namentlich zur Abwehr, hinzugefügt worden. Hingegen wurde manche polemische Bemerkung aus der ersten Auflage in die zweite nicht herübergenommen.

Der Druck des Buches hat bereits im Februar d. J. begonnen, auf spätere Erscheinungen konnte daher nur noch ganz ausnahmsweise Rücksicht genommen werden.

Um den Gebrauch des Buches zu erleichtern, wurde ihm, vielen Wünschen entsprechend, ein eingehendes Register angefügt.

Heidelberg, im Juli 1905.

Georg Jellinek.

Inhaltsverzeichnis.

Zweites Buch.

Allgemeine Soziallehre des Staates.

Fünftes Kapitel. Der Name des Staates . . 129—135

Griechische, römische, mittelalterliche Terminologie. Entstehung des Wortes „Staat". Seine Mehrdeutigkeit bis in die neueste Zeit. Andere Bezeichnungen.

Sechstes Kapitel. Das Wesen des Staates . . 136—183

Drittes Buch.
Allgemeine Staatsrechtslehre.

Seite

ERSTES BUCH.
EINLEITENDE UNTERSUCHUNGEN.

————

Erstes Kapitel.

Die Aufgabe der Staatslehre.

1. Die wissenschaftliche Stellung der Staatslehre.

Der Mensch ist seiner psychischen Seite nach in zweifacher Weise Gegenstand der Wissenschaft: entweder als Individuum oder als geselliges Wesen. Die Disziplinen der Geisteswissenschaft[1]), welche die Aufgabe haben, die Erscheinungen des menschlichen Gemeinlebens allseitig zu erforschen, bilden in ihrer Gesamtheit die Gesellschafts- oder Sozialwissenschaften[2]).

Die Erscheinungen des menschlichen Gesellschaftslebens zerfallen wiederum in zwei Klassen, nämlich in solche, denen ein einheitlicher, sie leitender Wille wesentlich ist, und in solche, die ohne eine aus ihnen hervorgehende Willensorganisation existieren oder doch existieren können. Die ersteren besitzen notwendigerweise eine planmäßige, von einem bewußten, auf sie gerichteten Willen ausgehende Ordnung im Gegensatz zu den letzteren, deren Ordnung auf anderen Kräften ruht.

In der Wirklichkeit der Dinge lassen sich zwar die beiden Arten sozialer Ordnung nicht streng isolieren, da in der un-

---

[1]) An Stelle des überlieferten Gegensatzes von Natur- und Geisteswissenschaft wird jetzt mit schwerwiegenden Gründen der andersgeartete von Natur- und Kulturwissenschaft zu setzen gesucht: Rickert Kulturwissenschaft und Naturwissenschaft 1898 (2. Aufl. 1910); Die Grenzen der naturwissenschaftlichen Begriffsbildung 1902 (2. Aufl. 1913), was bereits von vielen Seiten Nachfolge gefunden hat; vgl. etwa H. U. Kantorowicz Rechtswissenschaft und Soziologie 1911 S. 21 ff. Indes hat es unser Gegenstand mit Erscheinungen zu tun, die auch nach jener Einteilung zu Grenzgebieten gehören, deren gänzliche Einordnung unter eines der beiden Wissensgebiete nicht gelingt. Darum, und um die bereits bestehende terminologische Verwirrung nicht noch mehr zu steigern, soll hier an den herkömmlichen Bezeichnungen festgehalten werden.

[2]) Über Umfang und Einteilung der Gesellschaftswissenschaften handelt zuletzt Georg v. Mayr Begriff und Gliederung der Staatswissenschaften, 3. Aufl. 1910.

gebrochenen Einheit alles gesellschaftlichen Lebens die eine ohne die andere nicht zu bestehen vermag. So läßt sich z. B. ein entwickelter Staat ohne Volkswirtschaft nicht auffinden, ebensowenig jedoch eine Volkswirtschaft ohne Staat. Aber trotzdem ist begriffliche Trennung beider Ordnungen möglich und notwendig. Denn, wie später näher ausgeführt werden wird, ist alle Erkenntnis mitbedingt durch die Fähigkeit, das zu erkennende Objekt zu isolieren, es herauszuheben aus den Umhüllungen, die es umgeben, und den Verbindungen, in denen es sein Dasein führt.

Zu den sozialen Erscheinungen, die der planmäßigen Leitung durch einheitlichen Willen entbehren, zählen die Sprache, die Sitte, die wissenschaftliche und künstlerische Tätigkeit, die Volkswirtschaft. Durch einen einheitlichen Willen zusammengehaltene und geleitete soziale Ordnungen sind die zahlreichen Verbände, die das wirtschaftliche, geistige, ethische, religiöse Gemeinleben hervorruft, so Familie, wirtschaftliche Unternehmungen, Vereine aller Art, Kirchen. Die wichtigste, auf menschlicher Willensorganisation beruhende soziale Erscheinung aber ist der Staat, dessen Wesen an dieser Stelle als gegeben vorausgesetzt werden muß. Jede Erörterung des Wesens einer wissenschaftlichen Disziplin muß Resultate an den Anfang stellen, die erst später sicher begründet werden können.

Da alle anderen organisierten Ordnungen ohne den Staat nicht zu bestehen vermögen, da ferner der Staat vermöge des Umfanges seiner Tätigkeit und des Einflusses, den er auf die Menschen übt, das ganze soziale Leben berührt und bestimmt, so hat man bis in die Gegenwart häufig die Gesamtheit der Gesellschaftswissenschaften, mit Ausnahme der entweder in diesem Zusammenhange ignorierten oder gar der Naturwissenschaft zugewiesenen Sprachwissenschaft[1]), als Staatswissenschaften bezeichnet, eine Terminologie, die als unzutreffend erkannt wird, wenn man erwägt, daß das vom Staate im sozialen Leben Bewirkte und Ausgestaltete von ihm als der Ursache wohl zu unterscheiden ist. Die Staatswissenschaft hat es vielmehr ausschließ-

---

[1]) Letztere Ansicht vertreten z. B. S c h l e i c h e r Die Darwinsche Theorie und die Sprachwissenschaft 1873 S. 7; Max M ü l l e r Die Wissenschaft der Sprache (übersetzt von Fick und Wischmann) I 1892 S. 21 ff. Die richtige, nunmehr herrschende Anschauung entwickelt P a u l Grundriß der germanischen Philologie 2. Aufl. I 1896 S. 160.

lich mit der Erforschung des Staates und der von ihm als seine
Glieder in seinen Bau aufgenommenen oder zugelassenen Verbände zu tun. Mit seinen Beziehungen zu anderen sozialen Gebieten hingegen hat sie nur insoweit zu schaffen, als die bewußte
Tätigkeit des Staates auf diese Gebiete, sei es regulierend, sei
es fördernd, gerichtet ist. So gehört z. B. das Unterrichtswesen
nur insoweit zur Staatswissenschaft, als es vom Staate geleitet
oder beeinflußt wird, während die technische Seite dieser öffentlichen Tätigkeit von anderen Disziplinen, z. B. der Pädagogik,
behandelt wird, die den Gesellschaftswissenschaften der zweiten
Ordnung ausschließlich zuzuweisen sind. Gibt es nun auch
kaum ein Gebiet menschlicher Gemeintätigkeit, das nicht in Beziehungen zum Staate stünde, so folgt daraus zwar, daß die
Staatswissenschaften wesentliche Beziehungen zu den anderen
Sozialwissenschaften haben, nicht aber, daß diese gänzlich in
jenen aufgehen sollen.

Gemäß der Mannigfaltigkeit, die der Staat darbietet, gibt
es eine Vielheit von Gesichtspunkten, unter denen er betrachtet
werden kann. Daraus ergibt sich die Notwendigkeit der Spezialisierung der Staatswissenschaft. Sie ist erst durch die fortschreitende Erkenntnis allmählich zum Bewußtsein gekommen.
Wie die meisten Wissensgebiete, die später in eine Vielheit von
Disziplinen zerfällt worden sind, hat sie ihre Geschichte als
einheitliche Lehre begonnen. In dieser Form tritt sie uns bei
den Hellenen entgegen. Ihnen ist die Politik die Kenntnis der
πόλις und des auf diese gerichteten Handelns ihrer Glieder nach
allen Seiten, so daß dieser Ausdruck nicht mit dem modernen
gleichlautenden, wiewohl von dem antiken abstammenden, verwechselt werden darf. In dieser Lehre ist aber das Bewußtsein
der mannigfaltigen zu unterscheidenden Beziehungen und Seiten
des Staates entweder nicht oder doch nicht in völlig klarer Weise
enthalten. Unter dem bestimmenden Einfluß antiker Vorstellungen
hat sich nun vielfach bis in die Gegenwart herab die Gleichsetzung von Staatswissenschaft und Politik terminologisch behauptet, namentlich bei den romanischen Völkern und den Engländern, bei denen science politique[1]), scienza politica, political
science oder politics usw. den ganzen Umfang der Staatswissenschaft bezeichnet und eine Spezialisierung innerhalb dieser so

---

[1]) Neuerer Zeit allerdings auch im Plural gebraucht. So sprechen
die Franzosen von sciences morales et politiques.

bezeichneten Disziplin entweder gar nicht versucht oder in ganz
ungenügender Weise vorgenommen wird.

Unter die staatswissenschaftlichen Disziplinen[1]) in dem von
uns angegebenen Sinne fällt auch die gesamte Rechtswissenschaft,
da Recht stets nur ein Produkt organisierter menschlicher Verbände sein kann. Die antike Staatswissenschaft hat denn auch
Rechts- und Staatslehre nicht scharf geschieden, zumal für sie
das gesamte menschliche Gemeindasein staatlicher Art ist. Fortschreitende Spezialisierung jedoch, die der Ausbildung der Rechtswissenschaft durch die Römer ihren Ursprung verdankt, hat diese
zu einem selbständigen Wissensgebiete erhoben. So sind denn
die Staatswissenschaften im weiteren Sinne, die auch
die ganze Rechtswissenschaft unter sich befassen, von den Staatswissenschaften im engeren Sinne zu unterscheiden. Im
folgenden sollen die Staatswissenschaften nur in dieser engeren
Bedeutung genommen werden.

Da aber Staats- und Rechtswissenschaft in engem syste-
matischem Zusammenhang miteinander stehen, so gibt es Disziplinen, die beiden zugerechnet werden müssen, nämlich jene,
die sich mit den rechtlichen Eigenschaften und Verhältnissen des
Staates beschäftigen, also aus dem Umkreis der Lehren des
öffentlichen Rechtes die des Staats-, Verwaltungs- und Völkerrechts. Sie sind sowohl Wissenschaften vom Staate als vom
Rechte. Die Bedeutung dieses inneren Zusammenhangs von
Rechts- und Staatswissenschaft wird an anderer Stelle noch eingehender zu erörtern sein.

Die Wissenschaften zerfallen in beschreibende oder erzählende
(deskriptive), erklärende (theoretische) und angewandte (praktische). Die ersten wollen die Erscheinungen feststellen und
ordnen, die zweiten Regeln ihres Zusammenhanges aufweisen, die
dritten ihre Verwendbarkeit für praktische Zwecke lehren.

Eine scharfe Grenzlinie zwischen beschreibender und er-
klärender Wissenschaft läßt sich nicht leicht ziehen, namentlich
nicht auf dem Boden der Sozialwissenschaften. Selbst für die
Naturwissenschaft ist behauptet worden, daß Erklärung einer
Naturerscheinung nichts anderes als ihre vollkommene Beschreibung

---

[1]) Auch im Deutschen kann man Staatswissenschaft im Singular
und im Plural, im letzteren die einzelnen Disziplinen, im ersteren deren
Gesamtheit bezeichnend, gebrauchen.

sei[1]). Zum Unterschiede von einem großen Teil der Natur-
vorgänge aber sind die sozialen Erscheinungen in der Regel nicht
konstanter Art, vielmehr sind sie dynamischer Natur, sie
ändern fortwährend ihren Charakter, ihre Intensität, ihren Verlauf, ohne daß es möglich wäre, feste, jedem Zweifel entrückte
Entwicklungs- und Rückbildungsgesetze für sie nachzuweisen, wie
es die Naturwissenschaft für die Lebensvorgänge zu tun in der
Lage ist. Das Objekt jener Wissenschaften ist daher in stetem
Wandel begriffen. Eine spekulative Anschauung, die, wenn auch
nur zur hypothetischen Vollendung unseres Wissens, niemals
gänzlich entbehrt werden kann, wird in solchem Wandel eine
aufsteigende Entwicklung behaupten können. Mit den Mitteln
empirischer Forschung hingegen wird in vielen Fällen nur Änderung, nicht Entwicklung nachzuweisen sein. Daß der mittelalterliche Staat, verglichen mit dem antiken, eine höhere Entwicklungsstufe sei, wie oft behauptet wird, wird schwerlich mit Erfolg
nachgewiesen werden können[2]). Aber er war etwas wesentlich
anderes als der antike Staat, wies Erscheinungen auf, die nach
keiner Richtung hin in diesem bereits im Keime vorhanden
waren. Die Spaltung des Gemeinwesens durch den im Mittelalter
nie ganz zur Einheit versöhnten Gegensatz von Fürst und Volk,
die ständische Repräsentation, die Forderung einer begrenzten
Sphäre des Staates, das alles waren Phänomene, zu denen in den

---

[1]) Vgl. die vielberufenen Sätze von G. Kirchhoff Vorlesungen
über mathematische Physik. Mechanik 1874 S. 1. Vollkommene Beschreibung eines Einzeldinges oder einmaligen Geschehens setzt die
Kenntnis des ganzen Weltzusammenhangs voraus, bleibt daher stets ein
unerreichbares Ideal. Auch nur ein einziges Exemplar einer Tiergattung
erschöpfend zu beschreiben, erforderte die Einsicht in die Gesetze der
Zeugung, des Wachstums, des Blutumlaufs und sämtlicher mechanischer
und physischer Gesetze, welche jene verwickelten Erscheinungen beherrschen. Anderseits ist es unmöglich, ohne genaue Kenntnis des
Individuellen zur Erkenntnis des allgemein Gesetzmäßigen zu gelangen.
Darum bedeuten die Einteilungen der Wissenschaften in beschreibende
und erklärende sowie die neueren in idiographische und nomothetische,
in Kultur- und Naturwissenschaft, um mit Windelband zu reden,
„Grenzbegriffe, zwischen denen die lebendige Arbeit der einzelnen
Disziplinen mit zahlreichen feinsten Abstufungen sich in der Mitte bewegt" (Die Philosophie im Beginn des 20. Jahrhunderts, 2. Aufl. 1907 S. 199).
[2]) Vgl. die treffenden Ausführungen von Ed. Meyer Die wirtschaftliche Entwicklung des Altertums 1895 S. 6; Die Sklaverei im Altertum 1898 S. 5 ff. (Kleine Schriften 1910 S. 89, 172 ff.).

Staaten der alten Zeit kein Ansatz zu finden ist. Daher hat der
Staat selbst im Laufe der Zeiten sein Wesen in bestimmten
Punkten geändert zum Unterschiede von den natürlichen Dingen,
die entweder unveränderlich bleiben oder im rhythmischen
Wechsel wiederkehren oder in erkennbarer, von festen Gesetzen
beherrschter Weise einer auf- oder absteigenden Umbildung unterliegen. Das Nähere über diese für die methodische Forschung
auf sozialwissenschaftlichem Gebiete grundlegende Erkenntnis
wird später ausgeführt werden, wie auch eine Darlegung der
Schranken kausaler Erkenntnis in den Sozialwissenschaften gesonderter, eingehender Untersuchung bedarf.

In den Sozialwissenschaften müssen schon aus dem eben angegebenen Grunde Beschreibung und Erklärung oft ineinander
übergehen. Wer z. B. die wechselnde Bahn beschreibt, die eine
soziale Erscheinung im Laufe der Geschichte durchmißt, auf der
sie ihr inneres Wesen fortwährend ändert, der erklärt zugleich
den Zusammenhang ihrer einzelnen Phasen, wenn er nicht in
ganz unwissenschaftlicher Weise am Äußeren haften bleiben will.
Wenn daher im folgenden die einzelnen Disziplinen der Staatswissenschaften aufgezählt werden sollen, so ist bei aller durch
das Bedürfnis der Orientierung gebotenen begrifflichen Scheidung
doch ebenso zu betonen, daß der in der Natur der Objekte begründete Zusammenhang der verschiedenen wissenschaftlichen
Positionen keine völlige, mit scharfen Linien zu zeichnende Begrenzung des einzelnen Wissenszweiges duldet.

Die beschreibende Grundlage aller Sozialwissenschaften, also
auch der Staatswissenschaften, ist die Geschichte, welche die
sozialen Tatsachen in ihrem historischen Verlaufe fest- und darstellt sowie deren äußere und innere Verknüpfung nachweist[1]).
Vornehmlich ist es die politische Geschichte, die von der
Staaten Werden, Schicksalen und Vergehen berichtet, die für die
staatswissenschaftliche Forschung in Betracht kommt. Aber auch

---

[1]) Die Geschichte stellt nicht bloß Tatsachen, sondern auch die Zusammenhänge der Tatsachen dar. Von den theoretischen Wissenschaften
unterscheidet sie sich aber dadurch, daß sie stets konkrete Kausalreihen
erforscht, niemals abstrakte Typen und Gesetze. Unternimmt der Historiker
solches, so überschreitet er die Grenzen seines Gebietes und wird zum
Geschichtsphilosophen oder Soziologen. Solch höherer Geschichtsauffassung wird allerdings kein Historiker gänzlich entraten können, gibt es
doch keine Einzelwissenschaft, die ihren Vertretern Selbstgenügsamkeit
bieten könnte.

die Sozialgeschichte, die von den gesellschaftlichen Vorgängen handelt, die nicht unmittelbar politischer Art sind, ist bei
dem objektiven Zusammenhang aller sozialen Erscheinungen von
großer Bedeutung für die Lösung der theoretischen Probleme
der Staatswissenschaften.

An die Geschichte schließt sich an die Staatenkunde
und der auf die staatlichen Verhältnisse sich beziehende Teil
der Statistik — die politische und Verwaltungsstatistik —,
jene die Beschreibungen der Institutionen der verschiedenen
Staaten der Gegenwart und jüngsten Vergangenheit lehrend, diese
als „die exakte Erforschung derjenigen Seiten des Staats- und
Gesellschaftslebens, die einer zahlenmäßigen Behandlung zugänglich sind"[1].

Die erklärende Wissenschaft vom Staate ist die theoretische Staatswissenschaft oder Staatslehre, deren Aufgabe Erkenntnis der Erscheinung des Staates nach allen Richtungen
seines Daseins ist. Sie ist auch beschreibende Wissenschaft, insofern sie die Merkmale des Staates und seiner Erscheinungsformen feststellt. Aber diese Beschreibung ist zugleich Erklärung.
Denn es handelt sich bei ihr um ein nicht der Sinnenwelt an-
gehöriges, sondern erst durch wissenschaftliche Forschung fest-
zustellendes und zum Bewußtsein zu bringendes Objekt, das eben
nur dadurch beschrieben werden kann, daß man es zu erklären
unternimmt. Überdies hat die kausale Erklärung auf diesem
Gebiete viel engere Grenzen, als sie einer naturwissenschaftlichen
Disziplin gesteckt sind, da sie, wie weiter unten eingehend dargelegt werden wird, niemals die kausalen Zusammenhänge allgemein gültigen Gesetzen unterzuordnen vermag.

2. Die Gliederung der Staatslehre.

Die theoretische Staatswissenschaft oder Staatslehre zerfällt
in die allgemeine und besondere Staatslehre[2]. Die allgemeine Staatslehre sucht das Fundament der gesamten Staatslehre zu legen, indem sie die Erscheinung des Staates überhaupt
sowie die Grundbestimmungen, die er darbietet, wissenschaftlicher

---

[1] Lexis im Handwörterbuch der Staatswissenschaften, 3. Aufl., Art.
Statistik VII S. 827.

[2] Das Allgemeine Staatsrecht Hatscheks (I 1909 S. 20) entspricht
etwa dem, was im Texte der besonderen Staatslehre zugewiesen wird.
Das umfangreiche Fragment einer besonderen Staatslehre ist abgedruckt

Forschung unterzieht. Ihre Resultate werden nicht durch Untersuchung einer staatlichen Einzelindividualität, sondern vielmehr
der gesamten geschichtlich-sozialen Erscheinungsformen des Staates
gewonnen.

Die allgemeine Staatslehre wird ergänzt durch die besondere Staatslehre. Für sie sind zwei Möglichkeiten der
Forschungsweise gegeben Entweder beschäftigt sich die besondere
Staatslehre mit einer Vergleichung der einzelnen Institutionen der
Staaten überhaupt oder einer bestimmten Staatengruppe oder
noch enger einer bestimmten Staatengruppe innerhalb einer begrenzten Epoche, um typische Bilder dieser Institutionen zu gewinnen und zu erklären, oder die besondere Staatslehre ist einfach
Erkenntnis der Institutionen eines konkreten Staates, sei es in
ihrer gesamten geschichtlichen Ausgestaltung, sei es in ihrer
gegenwärtigen Form. Die besondere Staatslehre ist daher entweder die Lehre von den besonderen Institutionen des Staates
überhaupt oder Lehre von den Institutionen des besonderen
Staates. Man kann die besondere Staatslehre in der ersten Bedeutung als spezielle Staatslehre, in der zweiten als individuelle Staatslehre bezeichnen.

Volles Verständnis der Institutionen des Einzelstaates hat
sowohl die allgemeine Staatslehre als die von den besonderen
Institutionen des Staates, die spezielle Staatslehre, zur Voraussetzung, da alles Einzelne von Grund aus nur aus dem allgemeinen Zusammenhang begriffen werden kann, in den es
hineingestellt ist. Individuelle Staatslehre kann daher erfolgreich
nur bearbeitet werden auf dem Boden der Resultate jener beiden
Grunddisziplinen.

Die Staatslehre hat den Staat nach allen Seiten seines Wesens
zu erforschen. Sie hat zwei Hauptgebiete, entsprechend den

bei G. Jellinek Ausgewählte Schriften und Reden II 1911 S. 153—319.
Über verschiedene Definitionen der allgemeinen Staatslehre in der
neuesten Literatur vgl. Rehm Allgemeine Staatslehre 1899 S. 1 ff. Der
neueste Versuch umfassender Entwicklung ihres Begriffes bei G. v. Mayr
Begriff und Gliederung usw. § 9 S. 29 ff. Eine eingehende Kritik fremder
Ansichten auf diesem Gebiete halte ich für wenig ersprießlich, einmal,
weil diese seiten einer lichtbringenden systematischen Untersuchung entspringen, sodann, weil ausführliche gedeihliche Kritik methodologische
Erörterungen voraussetzt, die an dieser Stelle viel zu weit führen
würden. So mag denn hier die Entwicklung des eigenen Standpunktes
zugleich die Stelle der Prüfung abweichender Ansichten vertreten.

zwei Gesichtspunkten, unter denen der Staat betrachtet werden kann. Der Staat ist einmal gesellschaftliches Gebilde, sodann rechtliche Institution. Dementsprechend zerfällt die Staatslehre in die soziale Staatslehre und in die Staatsrechtslehre. Die allgemeine Staatslehre insbesondere hat demnach zwei Abteilungen: die allgemeine Soziallehre des Staates und die allgemeine Staatsrechtslehre.

Die allgemeine Staatsrechtslehre, d. h. die Erkenntnis der rechtlichen Natur des Staates und der staatsrechtlichen Grundbegriffe, ist demnach nur ein Teil der allgemeinen Staatslehre.

Das Recht ist eine der wichtigsten Seiten des Staates; kein Staat ist ohne Recht möglich, aber es ist ein schwerer Fehler, der bis auf den heutigen Tag häufig begangen wird, die Staatslehre mit der Staatsrechtslehre zu identifizieren. Dieser Fehler rührt von dem historischen Ursprung der modernen Staatslehre her. Sie stammt nämlich aus dem Naturrecht, das nach dem Rechtsgrunde des Staates forschte[1]). Diesen Rechtsgrund setzte das Naturrecht nicht selten dem historischen Entstehungsgrund gleich und betrachtete demgemäß den Staat ausschließlich als ein rechtliches Gebilde. Daher ist eine Unterscheidung zwischen Staats- und Staatsrechtslehre in der naturrechtlichen Epoche sehr selten zu finden. Nur die Politik als praktische Staatslehre wird da von der Staatsrechtslehre als selbständige Disziplin anerkannt. In der Literatur der Politik von Machiavell bis auf Montesquieu finden sich auch viele theoretische Untersuchungen, die heute dem nicht mit der Staatsrechtslehre zusammenfallenden Teile der Staatslehre zuzuweisen sind.

Wenn nun auch die Staatsrechtslehre innerhalb der Staatslehre ein abgegrenztes Gebiet darstellt, so ist sie dennoch nur ein Teil des Gesamtgebietes. Staatslehre und Staatsrechtslehre sind keine Gegensätze. Wohl aber muß man systematisch die soziale Staatslehre, die den Staat als gesellschaftliches Gebilde in der Totalität seines Wesens betrachtet, der Staatsrechtslehre als dem juristischen Teil der Staatslehre gegenüberstellen. Solche Trennung und Gegenüberstellung ist in dem Unterschied der Methoden begründet, die in beiden Gebieten herrschen. Eine Vermischung des Rechtlichen mit dem, was vor dem Rechte liegt, soll daher in einer wissenschaftlichen Dar-

---

[1]) Vgl. unten Kap. VII.

stellung der Staatslehre nicht stattfinden. Wohl aber ist die Erkenntnis des inneren Zusammenhanges beider die gesamte Staatslehre darstellenden Disziplinen berufen, einem zwiefachen, folgen-
schweren Irrtum vorzubeugen: dem Glauben, daß die einzige
richtige Erklärungsart des Staates die soziologische, historische,
politische, kurz: die nicht-juristische sei, und der entgegengesetzten
Überzeugung, daß der Jurist allein dazu berufen sei, mit seinen
Forschungsmitteln alle Rätsel zu lösen, die mit den staatlichen
Phänomenen verknüpft sind[1]).

Aber auch für die ersprießliche Untersuchung der staatsrechtlichen Probleme ist die Erkenntnis des Zusammenhanges von
sozialer Staatslehre und Staatsrechtslehre von der höchsten Bedeutung. Eine umfassende Staatslehre ist die Grundlage aller
theoretischen Erkenntnis vom Staate. Alle Untersuchungen, die
nicht auf diesem umfassenden Fundament aufgeführt sind, führen
notwendig zu schiefen und einseitigen Resultaten. Wenn daher
auch die Staatsrechtslehre die rechtliche Seite des Staates isoliert,
um zu deren gründlicher Erkenntnis zu gelangen, so muß sie
doch von Prinzipien ausgehen, die einer allseitigen Erkenntnis
des Staates entsprungen sind. In den Systemen des Staatsrechts
ist es bis auf den heutigen Tag die Regel, allgemeine Lehren
vom Staate an die Spitze der Untersuchung zu stellen, die, nach
Art von Dogmen behauptet, uns nicht verraten, woher sie kommen,
die aber um so bedeutsamer sind, als aus ihnen die wichtigsten
Schlüsse gezogen werden. Bei dem überwiegend deduktiven
Charakter der juristischen Untersuchungen sind in vielen Fällen
die Resultate durch jene dogmatischen Sätze bereits a priori
festgestellt. Alles Schiefe, Einseitige, Widerspruchsvolle in den
herrschenden staatsrechtlichen Anschauungen ist nicht zum geringsten Teile auf ihre unrichtige oder ungenügende Fundierung
auf bestimmte Sätze der Staatslehre zurückzuführen.

---

[1]) Von einer juristischen Methode der Staatswissenschaft spricht
W u n d t, Logik, 3. Aufl. III 1908 S. 526 ff., ebenso neuestens D e s -
l a n d r e s, La crise de la science politique et le problème de la méthode.
Paris 1902, mit ungenügender Kenntnis der Stellung der heutigen deutschen Staatsrechtslehre zur Politik. Die Identifizierung von Staatswissenschaft und Staatsrecht war einer der hervorragendsten Irrtümer vieler
Naturrechtslehrer. Heute aber gibt es keinen Juristen, der die Gesamtheit
der staatlichen Erscheinungen für juristische hielte: mindestens der
Gegensatz des Politischen zum Rechtlichen wird von jedem anerkannt.

3. Die Politik und ihr Verhältnis zur Staatslehre.

Die angewandte oder praktische Staatswissenschaft ist die
P o l i t i k , d. h. die Lehre von der Erreichung bestimmter
staatlicher Zwecke und daher die Betrachtung staatlicher Erscheinungen unter bestimmten teleologischen Gesichtspunkten, die
zugleich den kritischen Maßstab für die Beurteilung der staatlichen Zustände und Verhältnisse liefern[1]). Enthält die soziale
Staatslehre wesentlich Erkenntnisurteile, so hat die Politik Werturteile zum Inhalt. In diesem engsten Sinne, der allein der
Politik wissenschaftliche Selbstberechtigung sichern kann, ist sie
erst in neuester Zeit in der deutschen Wissenschaft aufgefaßt
worden, der die endgültige Scheidung jener allumfassenden antiken Kategorie der Politik in soziale Staatslehre, Staatsrechtslehre und Politik zu danken ist.

Da absolute Zwecke nur auf dem Wege metaphysischer
Spekulation aufgezeigt werden können, so ist eine empirische, in

---

[1]) Über die verschiedenen Definitionen der Politik vgl. v. H o l t z e n-
d o r f f Die Prinzipien der Politik 2. Aufl. 1879 S. 2 ff. Die neuesten Versuche, den Begriff der Politik auszuprägen, bei S c h ä f f l e Über den
wissenschaftlichen Begriff der Politik, Zeitschr. f. d. ges. Staatswissenschaft LIII 1897 S. 579 ff.; Fr. van C a l k e r Politik als Wissenschaft 1898
S. 7 f.; Richard S c h m i d t Allgemeine Staatslehre I 1901 S. 25 ff. und in
der Zeitschr. f. Politik I 1908 S. 1 ff.; v. M a y r Begriff und Gliederung usw.
§ 11 S. 39 ff.; B e r o l z h e i m e r im Arch. f. Rechts- u. Wirtsch.-Philos. I
1907/08 S. 210 ff.; A. E l e u t h e r o p u l o s Rechtsphilosophie, Soziologie
und Politik 1908 S. 31 ff.; J. K. F r i e d r i c h Kolonialpolitik als Wissenschaft 1909; R e h m im Handbuch der Politik I 1912 S. 8 ff. Bei dem
inneren Zusammenhange alles staatlichen Lebens und seiner Erkenntnis
wird eine scharfe Abgrenzung der Politik gegen die theoretische Staatswissenschaft kaum vollständig gelingen. Wer von den Zwecken einer
staatlichen Institution handelt, muß vorerst deren Sein und Betätigung
erkennen. Namentlich die Lehre von dem staatlichen Leben wird daher
ausdrücklich oder stillschweigend der Politik zugewiesen, während sie
doch ihr nur so weit zugehört, als sie dieses Leben im Hinblick auf die
ihm gestellten Zwecke betrachtet. Die Scheidung der beiden Positionen
jedoch, von denen aus die lebendige Bewegung der staatlichen Erscheinungen betrachtet werden kann — der theoretischen und der teleologischen —, ist an dem politischen Einzelproblem praktisch kaum rein-
lich durchzuführen. Daher finden sich in der Regel in jeder eingehenden
politischen Untersuchung Materien, die der theoretischen Staatswissenschaft angehören. Hingegen ist es methodisch viel leichter, bei Darstellungen der theoretischen Staatswissenschaft von der Politik abzusehen, da jene die Voraussetzung dieser, nicht aber umgekehrt, bildet.

sich vollendete, mit allgemeiner Überzeugungskraft ausgestattete
politische Wissenschaft nicht möglich. Vielmehr können nur
relative politische Untersuchungen wissenschaftlichen Wert gewinnen, d. h. solche, die hypothetisch einen bestimmten Zweck
als zu erreichend annehmen, dabei aber die Möglichkeit anders-
gearteter teleologischer Beurteilung zugeben müssen[1]). Deshalb
erhalten in der Regel politische Untersuchungen einen parteimäßigen Charakter, zumal jene Beschränkung auf empirische,
relative Zwecke selten zu finden ist, so daß überdies noch der
Gegensatz der metaphysischen Zwecke zu dem der empirischen
hinzutritt und in der Gestaltung der Untersuchung und der Resultate zum Ausdruck kommt. Schon ein flüchtiger Blick in die
politische Literatur lehrt, daß der Unterschied der Weltanschauungen, der Überzeugungen von den letzten Zielen des
menschlichen Gemeinlebens, oft unbewußt, den Gang eines sehr
großen Teiles der politischen Forschungen bestimmt.

Die Politik als praktische Wissenschaft ist zugleich eine
K u n s t l e h r e[2]) und darum wesentlich der Zukunft zugewendet,
während die Staatslehre als Lehre vom Seienden der Vergangenheit und Gegenwart zugekehrt ist. Aber auch auf Gegenwart
und Vergangenheit können sich politische Untersuchungen erstrecken, um aus ihnen Lehren für die Zukunft zu ziehen. Auf
die Gegenwart gerichtet, nimmt die Politik den Charakter einer
kritischen Lehre an, der das Gegebene, gemessen an dem Maßstab ihrer durch teleologische Betrachtung gewonnenen Resultate
entweder ein zu Bewahrendes oder ein Umzubildendes ist. Aber
auch die Vergangenheit kann im Hinblick auf bestimmte Zwecke

---

[1]) Über die Wichtigkeit dieser Scheidung zwischen absoluten und
relativen politischen Erwägungen für die Beurteilung der Rechtsgültigkeit
von Verordnungen und Verwaltungsakten vgl. W. J e l l i n e k Gesetz,
Gesetzesanwendung und Zweckmäßigkeitserwägung 1913 S. 77 ff.

[2]) Wissenschaftliche Politik und Staatskunst verhalten sich zueinander wie jede Aufstellung allgemeiner Prinzipien zu der Kunde von
ihrer Anwendung auf den Einzelfall. Staatskunst, die nicht bloß empirisch verfährt, ist demnach Gestaltung konkreter staatlicher Verhältnisse
gemäß anerkannten Prinzipien, aber unter Berücksichtigung der Eigenart
der zu lösenden Aufgabe und sämtlicher streng individualisiert zu betrachtenden Umstände, unter denen sie sich ereignen. Inwieweit solche
Kunst auf allgemeine Regeln zurückgeführt werden kann, um als Leit-
faden für staatsmännisches Handeln zu dienen, hängt mit der alten Frage
zusammen, ob und in welchem Umfang ein geistiges und sittliches
Können lehrbar sei.

kritisch untersucht werden. Ob Handlungen geschichtlicher Personen entweder den ihnen vorgesetzten oder einen anderen wertvollen Zweck erreicht oder verfehlt haben, gehört auch in das Gebiet politischer Betrachtungsweise. Untersuchungen über die Wirkungen der perikleischen Demokratie auf die Fort- oder Rückbildungen des athenischen Staatswesens oder der sullanischen Diktatur auf den Untergang der römischen Republik haben nicht minder den Charakter politischer Forschung wie ein Versuch, den Einfluß des allgemeinen Wahlrechts auf das künftige Leben des Deutschen Reiches zu bestimmen. Darum ist jede pragmatische geschichtliche Untersuchung zugleich auch eine politische[1]). Der, wenn auch oft unausgesprochene letzte Zweck solcher nach rückwärts gewendeten politischen Betrachtung liegt allerdings auch in der Zukunft, denn nicht nur um ihrer selbst willen, sondern um Regeln für das Handeln in ähnlichen Fällen zu gewinnen, wird sie unternommen. Darum ist die Politik nicht eine Lehre vom Seienden, sondern vom Sein-sollenden.

Ist nun auch die Politik ihren Zielen und ihrer Methode nach von sozialer Staats- und Staatsrechtslehre durchaus zu trennen, so ist anderseits bei dem inneren Zusammenhang aller Gebiete einer Wissenschaft die praktische Disziplin von hoher Bedeutung für gedeihliche Behandlung der theoretischen. Sowohl die ruhende Staatsordnung, welche die soziale Staatslehre, als auch die Rechtsregeln jener Ordnung, welche das Staatsrecht zu untersuchen hat, bedürfen zu ihrer allseitigen Erkenntnis ergänzender politischer Betrachtung. In der Wirklichkeit der Er-

---

[1]) Terminologisch ist übrigens das Adjektiv „politisch" lange nicht so scharfer Begrenzung fähig wie das Substantiv „Politik". Unter „politisch" wird nämlich auch die ganze soziale, kurz: die gesamte nicht-juristische Betrachtungsweise staatlicher Dinge verstanden. Der Politik läßt sich die Staatslehre gegenüberstellen, aus letzterem Wort aber ist kein entsprechendes Adjektiv zu prägen. Darum ist der Gebrauch des Wortes „politisch" sowohl in einem engeren Sinne, von dem im Text die Rede ist, als auch in dem hier erörterten weiteren kaum zu vermeiden, um so mehr als die Bezeichnung „sozial" für die nicht-juristische Seite des Staates wegen ihrer Vieldeutigkeit häufig zu Mißverständnissen Anlaß geben würde. Bei solchem leider unaufhebbarem Mangel der Terminologie ist es aber wichtig, daß der Schriftsteller sich stets klar ist, in welchem Sinne er jedesmal die Prädikate „sozial" und „politisch" gebraucht. Über die mannigfaltige Bedeutung von „politisch" vgl. auch Rehm Allg. Staatslehre S. 8 f. u. Handb. d. Pol. I S. 10 f.; W. van Calker in der Ztschr. f. Politik III 1910 S. 286 ff.

scheinungen ist der Staat ja in steter Bewegung begriffen, von
der soziale Staats- und Staatsrechtslehre gleichsam nur Moment-
bilder geben. Alle wichtigen Lebensprozesse des Staates aber
sowie alle Sätze seiner Rechtsordnung waren vor und in ihrem
Entstehen Gegenstand politischer Erwägungen und Entschlüsse;
alle vollendete staatliche Tat, alles bestehende Recht bringt
politische Wirkungen hervor. Daher führt gänzliches Abstrahieren
von aller Politik zu leeren Ergebnissen oder höchstens zur
Kenntnis staatlicher Skelette, denen jede Spur lebendiger Gestalt
mangelt. In der theoretischen Staatslehre als einer Begriffs-
wissenschaft ist alles abstrakt; das Konkrete wohnt dem Strom
des politischen Lebens inne, der, unaufhaltsam wechselnde Gestalten erzeugend, durch die Geschichte flutet.

Namentlich aber empfangen staatsrechtliche Untersuchungen
durch den Hinblick auf das politisch Mögliche Inhalt und Ziel.
So wenig Recht und Politik miteinander vermischt werden sollen,
so sehr jederzeit ihre scharfen Grenzen zu beachten sind, so ist
doch ersprießliche staatsrechtliche Untersuchung ohne Kenntnis
des politisch Möglichen ausgeschlossen. Ohne dessen grundsätzliche Beachtung gerät nämlich das Staatsrecht notwendig auf bedenkliche Abwege und läuft Gefahr, sich in eine dem Leben und
der realen Erkenntnis abgewandte rein scholastische Disziplin zu
verwandeln.

Politische Erkenntnis lehrt vor allem die Grenzen sicherer
staatsrechtlicher Untersuchung feststellen. Mit vollem Recht bemerkt Laband, daß die Rechtsdogmatik, abgesehen von der
Erforschung der geltenden positiven Rechtssätze, d. h. der voll-
ständigen Kenntnis und Beherrschung des positiven Stoffes, eine
rein logische Denktätigkeit ist[1]. Aber Feststellung des Inhaltes
aller Rechtssätze ist mit der reinen Logik nicht möglich. Gerade
die Grundbegriffe des Staatsrechtes, die alle übrigen tragen,
spotten der rein logischen Behandlung. Wenn die nähere Bestimmung der Staatsform, das prinzipielle Verhältnis der höchsten
Staatsorgane zueinander, der Einfluß der geschichtlichen Mächte
auf Fortbestand oder Wandel der Staatsverfassung in Frage steht,
so sind diese Probleme nur unter eingehender Würdigung der
konkreten politischen Kräfte zu lösen, welche jene grundlegenden
Institutionen ausgestaltet haben. Ein staatsrechtlicher Rechtssatz

---

[1] Das Staatsrecht des Deutschen Reiches, 5. Aufl. 1911 I S. IX.

kann formell unverändert bleiben und dennoch vermöge der Wirkung politischer Mächte einen ganz anderen Inhalt gewinnen. Das zeigt sich in vollster Deutlichkeit bei einem Rechte von langer geschichtlicher Kontinuität. So hat der Satz, daß das englische Parlament des Königs Rat ist, seine rechtliche Bedeutung im Laufe der Jahrhunderte fortwährend geändert, so ist das Verbot der Kabinettsregierung in England trotz der gegenteiligen Praxis bis auf den heutigen Tag nicht aufgehoben worden und äußert in der Tat noch einige untergeordnete Wirkungen. Mit der formalen Logik allein kommt man daher leicht zur Zeichnung staatsrechtlicher Bilder, denen in der Wirklichkeit der Dinge gar nichts entspricht. In Wahrheit spielt aber die formale Logik bei der Feststellung der staatsrechtlichen Grundbegriffe lange nicht die ihr von der konstruktiven Methode zugedachte Rolle. Auch wenn man absieht von den staatsrechtlichen Autoren, die in aufdringlicher Weise mit ihrer politischen Gesinnung prunken, so ergibt oft schon eine oberflächliche Betrachtung der Stellung, welche Vertreter der rein juristischen Methode im Staatsrecht zu den grundlegenden Problemen einnehmen, ganz deutlich ein Bild fester politischer Anschauungen, die sie ihren Untersuchungen zugrunde gelegt haben.

Ein wichtiger Grundsatz, der aus solcher Erkenntnis folgt, lautet dahin, daß das politisch Unmögliche nicht Gegenstand ernsthafter juristischer Untersuchung sein kann. Müßig wäre z. B. eine Untersuchung der Frage, was Rechtens sei, wenn der deutsche Kaiser den Reichskanzler entläßt, ohne einen neuen zu ernennen, oder wenn der Bundesrat sich weigern sollte, Vorschläge für erledigte Richterstellen am Reichsgericht zu erstatten. Für müßig halte ich auch die Erörterungen über den Verzicht eines deutschen Bundesstaates auf ein ihm zustehendes Sonderrecht trotz eines dagegen gerichteten landesgesetzlichen Verbotes[1]. Müßig ist die Frage nach der Zulässigkeit der Realunion eines deutschen Gliedstaates mit einem außerdeutschen Staat oder auch der Möglichkeit eines Krieges zwischen den Gliedern einer Personalunion[2]. Alles Recht soll gelten, d. h. die Möglichkeit besitzen, in den Erscheinungen verwirklicht zu werden. Was nicht Wirklichkeit gewinnen kann, soll niemals Gegenstand der Rechtsforschung sein.

---

[1] Vgl. Laband a. a. O. I S. 125.
[2] Vgl. unten Kap. XXI.

Ein zweiter wichtiger Grundsatz, den politische Erkenntnis
die Rechtswissenschaft lehrt, besagt, daß die Vermutung für
die Rechtmäßigkeit der Handlungen der obersten
Staatsorgane spricht[1]). Solange niemand zur Einsprache Berechtigter gegen einen Akt dieser Organe rechtliche Einwendungen
erhebt oder ihn für unwirksam erklärt, müssen sie als rechtmäßig angesehen werden, selbst wenn eine buchstäbliche Interpretation einer Verfassungsbestimmung zu einem anderen Resultat
führen würde. Es ist daher unangebracht, den Begriff der Beaufsichtigung in Art. 4 der Reichsverfassung so zu interpretieren,
daß die gesetzliche Zuständigkeit einer großen Zahl von Reichsbehörden geradezu als verfassungswidrig erscheint[2]). Ebensowenig ist es zulässig, die Beschlußfassung des deutschen Reichstages als eine Kette von Verfassungswidrigkeiten anzusehen, weil
die Mitglieder bei den Abstimmungen häufig nicht in beschluß-
fähiger Zahl anwesend sind[3]). Vielmehr gilt der Reichstag als
beschlußfähig, solange nicht das Gegenteil vom Präsidium der
Versammlung ausdrücklich konstatiert worden ist. Die Zulässigkeit der Stellvertretung des Kaisers im Reiche und des Königs
in Preußen ist trotz theoretischer Bedenken von keinem hierzu
kompetenten Organe angezweifelt worden[4]). Die sächsische
Militärkonvention, deren Ungültigkeit von manchen Seiten behauptet wurde, ist tatsächlich in Kraft, da niemand hierzu Berechtigter ihre Geltung bezweifelt[5]). Die theoretische Ungültig-

---

[1]) Überhaupt der Staatsorgane; vgl. W. Jellinek Gesetz, Gesetzesanwendung usw. S. 115 und die Nachweise ebendaselbst.

[2]) Vgl. die Ausführungen von Haenel Deutsches Staatsrecht I 1892
S. 307 f.

[3]) Laband I S. 348 Note 3. Richtig Rieker Über Begriff und
Methode des allgemeinen Staatsrechts, Vierteljahrsschrift für Staats- u.
Volkswirtschaft IV S. 266. Laband zieht denn auch, abgesehen von
der dem Kaiser zugewiesenen Prüfungspflicht (II S. 43), trotz energischen
Protestes gegen die Verfassungswidrigkeit derartiger Beschlüsse nicht
die geringste praktische Konsequenz für deren Gültigkeit.

[4]) Vgl. G. Meyer Lehrbuch des deutschen Staatsrechtes 6. Aufl.
herausgegeben von Anschütz 1905 S. 286 Note 2 und die dort angeführte Literatur.

[5]) Zorn Das Staatsrecht des Deutschen Reiches 2. Aufl. II 1897
S 527 f.; Haenel I S. 492 Note 5. Dagegen richtig auf das unbestreitbare
Faktum der Geltung der Konvention hingewiesen von Laband, 4. Aufl.
1901 IV S. 30 Note 1; G. Meyer § 197 Note 4. — Ein weiteres Beispiel

keitserklärung derartiger Verhältnisse sollte ja zu der Erkenntnis führen, daß das, was man als geltendes Recht behauptet, diesen Charakter in Wirklichkeit nicht an sich trägt. Jene tatsächliche unwidersprochene Rechtsübung muß aber schließlich auch für die Theorie neues Recht erzeugen, und so bilden die angeblichen theoretischen Verfassungswidrigkeiten schließlich die Rechtsordnung selbst für die von dem politisch Möglichen absehende Betrachtungsweise um.

So hält denn der stete Hinblick auf die Realität des politischen Lebens die staatsrechtliche Theorie von Abirrungen frei. Anderseits erzeugt politische Erkenntnis fortwährend die Forderung nach neuem Recht. Solche Forderung setzt aber gründliche Kenntnis des herrschenden Rechtes voraus. Daher hat die Staatsrechtslehre große Bedeutung für die Politik, die ihre Aufgaben ohne jene nicht erfüllen kann. Eine Kritik der gegebenen Institute des öffentlichen Rechtes ist eine politische Aufgabe, welche die Staatsrechtslehre, sowohl die allgemeine und spezielle als die des Einzelrechtes, zu erfüllen hat. Die Rechtswissenschaft würde den edleren Teil ihres Berufes gänzlich aufgeben, wenn sie nur nach rückwärts gewendet wäre und nicht auch nach vorwärts den Mächten der Zukunft den Weg zu bahnen mithülfe[1]).

4. Kausal- und Normwissenschaft.

Die im vorhergehenden geschilderten einzelnen Zweige der Staatswissenschaften sind schließlich noch unter einem anderen Gesichtspunkt zu betrachten. Das ist aber der Unterschied der kausalen Erkenntnisart von der normativen. Es gibt zwei Arten von Regeln: solche, die den ursächlichen Zusammenhang der Erscheinungen kennen lehren, und sodann diejenigen, welche durch menschliche Gedanken und Handlungen zu verwirklichen sind,

---

bei Bazille Das Staats- und Verwaltungsrecht des Königreichs Württemberg 1908 S. 222.

[1]) Über die Aufgaben einer legislativpolitischen Jurisprudenz vgl. die treffenden Bemerkungen in der Rektoratsrede von A. Menger Über die sozialen Aufgaben der Rechtswissenschaft 1895 S. 18 ff. (2. Aufl. 1905 S. 19 ff.) und in der Antrittsrede von R. Thoma Rechtsstaatsidee und Verwaltungsrechtswissenschaft (Jahrb. d. ö. R. IV 1910) S. 216. Vgl. auch die Antrittsrede von R. Smend Maßstäbe des parlamentarischen Wahlrechts 1912 S. 3 ff., 15.

Regeln also, welche ein Sein, und solche, welche ein Sein-sollen ausdrücken.

Auch die zweite Gattung, die der N o r m e n , ist, wie die erste, sowohl Objekt der Beschreibung als auch der Erklärung, Konstatierung der Normen für das gesellschaftliche Handeln, Verständnis ihres inneren Zusammenhangs sowohl untereinander als auch mit der Gesamtheit der sozialen Kräfte, die sie zum Bewußtsein gebracht haben, ist eine der vornehmsten Aufgaben sozialwissenschaftlicher Forschung. Die wichtigste Gattung der für die Staatswissenschaft in Betracht kommenden Normen sind die Rechtsnormen. Die Rechtswissenschaft ist daher eine Wissenschaft nicht der Seinsgesetze, sondern der Normen[1]).

Daraus ergibt sich ein wichtiger methodologischer Unterschied zwischen sozialer Staatslehre und Staatsrechtslehre. Die erstere hat das gegenständliche, historische, wie auch wohl nicht ganz zutreffend gesagt wurde, das natürliche Sein des Staates, die letztere hingegen die in jenem realen Sein zum Ausdruck kommen sollenden Rechtsnormen zum Inhalt. Diese Normen sind nicht ohne weiteres Wirkliches, sondern ein durch ununterbrochene menschliche Tat zu Verwirklichendes. Mit dieser wichtigen Erkenntnis ist einer Vermischung beider Teile der Staatslehre ein für allemal vorgebeugt.

Auch die praktische Staatswissenschaft hat Normen zu ihrem Inhalt. Die Politik erkennt wie das Recht nicht ein Sein, sondern ein Seinsollendes. Doch ist zwischen den Normen des Rechts und denen der Politik ein tiefgreifender Unterschied vorhanden, der jede Vermengung beider ausschließt. Die Rechtsnormen nämlich sind g e l t e n d e , d. h. in Kraft stehende Normen, denen Garantien ihrer Erfüllung zur Seite stehen. Diese Geltung erhebt sie zu einem Teile des Seienden, so daß sie eine Doppelstellung einnehmen. Das positive Recht unterscheidet sich von irgendwelchen anderen Willensnormen dadurch, daß es als reale Macht bestimmte, berechenbare Wirkungen ausübt. Darum ist das Recht dieser Seite nach Gegenstand der Wissenschaft vom Seienden. Rechts- und wirtschaftsgeschichtliche Untersuchungen, sozialpolitische Kritik der gegebenen Zustände usw. betrachten das Recht

---

[1]) B i n d e r , Rechtsnorm und Rechtspflicht 1912 S. 47 Note 1, hält diese Zuweisung der Rechtswissenschaft zu den Normativwissenschaften für „durchaus verfehlt"; über das Bedenkliche der Binderschen Beweisführung W. J e l l i n e k a. a. O. S. 22.

als einen tatsächlichen Faktor des Volkslebens, sind ausschließlich dem Seienden im Rechte zugewandt. Namentlich die Geschichte wird das Recht nur nach dem Maße seines realen Seins, der tatsächlichen Wirkungen messen können, die es hervorgebracht hat, da alles Sollen seiner Natur nach sich nur in der Zukunft entfalten kann.

Politische Normen hingegen gelten nur kraft freier Anerkennung; sie haben keine andere Macht, sich durchzusetzen, als die in jedem hierzu berufenen Individuum selbständig auftretende Überzeugung von ihrer inneren Notwendigkeit; sie können niemand aufgedrungen werden. Rechtsnormen sind, Grenzfälle ausgenommen, stets unzweifelhaft; politische sind in der Regel Gegenstand des Zweifels, denn allgemein gültige politische Regeln können schon deshalb nicht aufgestellt werden, weil alle konkreten politischen Zwecke entweder relativ oder metaphysisch, in beiden Fällen aber Gegenstand individuellen oder parteimäßigen Meinens und Glaubens sind.

5. Begrenzung der Aufgabe einer allgemeinen Staatslehre.

Der Staat ist zwar eine allgemein menschliche Erscheinung, allein keineswegs läßt sich ein einheitlicher, gemeinsamer Ursprung aller Staaten behaupten. Die Anfänge grundlegender menschlicher Institutionen sind uns in Dunkel gehüllt. Zwar hat sich ethnologische und prähistorische Forschung in neuester Zeit energisch der Lösung des Rätsels der menschlichen Urgeschichte zugewendet. Doch sind die sicheren, jedem Zweifel entrückten Resultate trotz einer reichen, auf umfassendem Material fußenden Literatur sehr dürftig. So steht vor allem in dem am meisten durchforschten Gebiete, in der Lehre von der Entstehung der Familienverhältnisse, Ansicht gegen Ansicht, ohne daß irgendeine als die durchschlagende bezeichnet werden könnte. Konstruktionen aller Sorten vertreten die Stelle von Beweisen, daher jeder, der die Entwicklung menschlicher Gemeinverhältnisse zum besseren Verständnis der historischen Erscheinungen oder gar, um den zukünftigen Gang der Geschichte zu bestimmen, ab ovo kennen lernen zu müssen glaubt, in der Lage ist, für aprioristische Theorien aller Art sowie auch für soziale und politische Forderungen der verschiedensten Färbung aus der Menge des Stoffes das ihm Passende auszusuchen.

Bei solcher Sachlage ist für die staatswissenschaftliche Forschung nur eine zweifache Möglichkeit gegeben. Entweder man begibt sich auf den Boden schwankender Hypothesen, um ein Glaubensbekenntnis über die Anfänge der gesellschaftlichen Institutionen abzulegen, oder man entsagt solchem Beginnen in der Überzeugung, daß es vom Standpunkt unserer heutigen (und wahrscheinlich auch künftigen) Kenntnisse unmöglich ist, irgendeine sozialwissenschaftliche Disziplin derart zu fundieren, daß man den ganzen Umwandlungsprozeß der von ihr zu erklärenden Erscheinungen von ihren ersten Anfängen an mit Sicherheit darzustellen in der Lage wäre. Die zweite Alternative zu ergreifen, ziemt dem wissenschaftlich besonnenen Forscher, der nicht selbständige Untersuchungen über jene Urgeschichte anstellen will, sondern auf die Verwertung ihrer Resultate für seine Zwecke angewiesen ist.

Derartige Beschränkung kann aber um so leichter geübt werden, als, wie später eingehend nachgewiesen werden wird, die weitere Ausgestaltung einer menschlichen Institution keineswegs von ihrem Ursprung abhängt, vielmehr von ein und demselben Ausgangspunkte aus ein und dasselbe Institut in der mannigfachsten Weise sich umbilden kann, was übrigens ohne weiteres von all denen zugegeben werden muß, die diese Mannigfaltigkeit auf eine ursprüngliche Einheit zurückzuführen bestrebt sind.

Eine zweite Begrenzung unserer Aufgabe liegt darin, daß sie im wesentlichen nur die Erscheinungen der heutigen abendländischen Staatenwelt und deren Vergangenheit insoweit, als es zum Verständnis der Gegenwart nötig ist, als Forschungsobjekt betrachtet. Diese Staaten bilden in ihrer ganzen historischen Entwicklung einen selbständigen Zweig der gesamten Staatenfamilie. Allerdings hat die asiatische Staatenwelt gemeinsame Wurzeln mit der abendländischen, aber sie hat sich dennoch unabhängig von ihr entwickelt. Auf Hellas und Rom hat zweifellos orientalische Kultur eingewirkt, und demgemäß sind politische Einrichtungen Ägyptens, Persiens usw. für jene Staatenbildungen von Bedeutung geworden. Eingehende Untersuchung und Berücksichtigung der altorientalischen Staaten ist aber unmöglich, weil das uns bekannte Material über sie viel zu gering ist, um ein mehr als oberflächliches Urteil gestatten zu können. Nur die äußersten Grundzüge der altorientalischen Staats-

verfassungen sind uns bekannt; jede detaillierte Ausgestaltung
und historische Entwicklung der einzelnen Institutionen aber, auf
die es ja hier vor allem ankommt, ist uns meist gänzlich verschlossen, und was als Detail geboten wird, ist nichts als subjektive Konstruktion der Geschichtsforscher. Was wir von dem
alten Orient wissen, kann daher in den meisten Fällen nur als
Illustration, nicht aber als sicheres Fundament einer streng
wissenschaftlich und daher auf möglichst sicherer Basis auf-
bauenden Staatslehre dienen. Daß die autochthonen amerikanischen, afrikanischen und polynesischen Staatenbildungen mit
den abendländischen keinen nachweisbaren Zusammenhang haben,
bedarf keiner näheren Ausführung. Der Hinblick auf sie kann
daher nur zum Zweck des Beispiels oder der Korrektur un-
zulässiger Verallgemeinerungen dienen.

In solcher zeitlichen und räumlichen Beschränkung der Aufgabe liegt aber keineswegs eine Unvollkommenheit oder wenigstens keine größere als in allen auf historischem Boden erwachsenen Disziplinen. Denn die Geschichte ist und bleibt stets
ein Fragment. Die ganze geschichtliche Vergangenheit als Grundlage wissenschaftlicher Erkenntnis fordern, heißt Unmögliches
verlangen oder einer Spekulation die Wege ebnen, die ihrem
bleibenden Werte nach sich in nichts von den phantastischen
Geschichtskonstruktionen der früheren Zeit unterscheidet, die wir
heute höchstens noch als Kuriositäten betrachten. Aber auch die
Nicht- oder doch geringere Berücksichtigung der nichtabend-
ländischen Staaten der Vergangenheit und Gegenwart bedeutet
keine Minderung des wissenschaftlichen Wertes dieses Werkes.
Einmal deshalb, weil wir über diese Staaten keine genügende,
auf die genaue Kunde ihrer Geschichte gestützte Kenntnis haben.
Sodann aber, weil aus der vergleichenden Betrachtung von geschichtlich und sozial unzusammenhängenden Bildungen sich keineswegs tiefere Einsicht in das Wesen der staatlichen Erscheinungen
überhaupt ergibt, sondern, wie im nächsten Kapitel näher ausgeführt ist, nur allgemeine, aber inhaltsleere Sätze von geringem
Erkenntniswert gewonnen werden können.

Die dritte Grenze dieser Darstellung liegt darin, daß von
ihr die Politik ausgeschlossen bleibt. Nicht in dem Sinne, daß
politische Erörterungen vermieden wären, was ja den vorangehenden Bemerkungen über das Verhältnis der Politik zur
Staatslehre stracks widerspräche. Wohl aber ist auf die Politik

nur so weit Rücksicht genommen, als es zum besseren Verständnis der theoretischen Untersuchungen notwendig ist. Eingehende Berücksichtigung haben aber die Grenzgebiete erfahren, die unter verschiedenen Gesichtspunkten sowohl der Staatslehre als der Politik zuzuweisen sind: die Lehren von der Rechtfertigung und dem Zwecke des Staates, ohne welche auch eine vollendete theoretische Erkenntnis des Staates nicht möglich ist.

Zweites Kapitel.

Die Methodik der Staatslehre[1]).

1. Notwendigkeit methodologischer Untersuchung.

Wer heute an die Untersuchung sozialer Grundprobleme
geht, dem tritt sogleich der Mangel einer in die Tiefe dringenden
Methodenlehre fühlbar entgegen. Die staatswissenschaftliche
Literatur zeigt in diesem Punkte die größte Verwirrung, weil
ein großer Teil der Schriftsteller, darunter solche, denen ver-
dienstvolle Förderung des Details zu verdanken ist, sich überhaupt nicht klarmachen, welch große Schwierigkeiten einer
Bearbeitung der Grundphänomene entgegenstehen, wie viel feine
Unterschiede zu beachten sind, wie sehr wir gerade auf diesem
Gebiete verleitet werden, Bilder und Analogien für reale Wahrheiten zu halten. Zu einer systematischen, umfassenden, alle
Schwierigkeiten berührenden Logik der Sozialwissenschaften ist
in ähnlicher Weise, wie es in neuerer Zeit mit Erfolg für die
Naturwissenschaften geschehen ist, bisher kaum der Anfang
gemacht worden[2]). Und diese Anfänge beziehen sich über-
wiegend auf die Geschichtsforschung[3]), die politische Öko-

---

[1]) Unter Staatslehre wird in diesem Kapitel die allgemeine und
spezielle Staatslehre in dem oben S. 9 f. entwickelten Sinne verstanden.
Ausgeschlossen bleibt demnach die Methodik der individuellen Staatslehre.

[2]) Über Methodik der Geisteswissenschaften im allgemeinen handeln
namentlich J. St. Mill System der deduktiven und induktiven Logik.
Übersetzt von Schiel, II 6. Buch; Sigwart Logik, 4. Aufl. 1911 II § 104;
W. Dilthey Einleitung in die Geisteswissenschaften I 1883; Wundt
Logik, 3. Aufl. III 1908.

[3]) Hervorzuheben aus der neueren Literatur sind G. Simmel Die
Probleme der Geschichtsphilosophie, 3. Aufl. 1907; Rickert Geschichtsphilosophie in der „Philosophie im Beginn des 20. Jahrh.", 2. Aufl. 1907
S. 321 ff.; Bernheim Lehrbuch der historischen Methode und der Geschichtsphilosophie, 5./6. Aufl. 1908, daselbst auch umfassende Literaturangaben; Windelband Geschichte und Naturwissenschaft 1894;

nomie[1]), Gesellschaftslehre[2]) und Statistik[3]), auf die Staatslehre
aber nur in sehr geringem Maße[4]). Daher konnte auf ihrem
Gebiete bis in die Gegenwart herab jeder haltlose Einfall, sofern
er nur mit Sicherheit vorgetragen wurde, wissenschaftliches Ansehen gewinnen und ernstlich diskutiert werden. Behauptung
wurde für Tatsache, Überzeugung für Beweis genommen, Unklar
heit galt für Tiefsinn, willkürliche Spekulation für höhere Erkenntnisart. Das ist auch der vornehmste Grund, warum in der

---

v. B e l o w Die neue historische Methode, Hist. Zeitschrift Bd. 81 1898
S. 193—273; Ed. M e y e r Zur Theorie und Methodik der Geschichte 1902
(Kleine Schriften 1910 S. 3 ff.); dazu Max W e b e r im Arch. f. Sozial
wissenschaft XXII 1906 S. 143 ff.; Ed. M e y e r Geschichte des Altertums I¹
3. Aufl. 1910 S. 184 ff.; G r o t e n f e l t Die Wertschätzung in der Ge
schichte 1903; L i n d n e r Geschichtsphilosophie, 3. Aufl. 1912; Fr. E u l e n -
b u r g Neuere Geschichtsphilosophie, Arch. f. Sozialwissenschaft XXV
1907 S. 283 ff., XXVII 1908 S. 771 ff.

[1]) Vgl. K. M e n g e r Untersuchungen über die Methode der Sozial
wissenschaften und der politischen Ökonomie insbesondere 1883; Gustav
C o h n System der Nationalökonomie 1885 I S. 1 ff.; Ad. W a g n e r Grund
legung der politischen Ökonomie 3. Aufl. I¹ 1893 § 54 ff.; S c h m o l l e r
Art. Volkswirtschaft, Volkswirtschaftslehre und -methode im HWB. der
Staatswissenschaften, 3. Aufl. VIII S. 426 ff. Reiche Literaturangaben in
den beiden letztgenannten Werken.

[2]) Zum Teil die in den vorhergehenden Noten Genannten. Außerdem
besonders S t a m m l e r Wirtschaft und Recht nach der materialistischen
Geschichtsauffassung, 2. Aufl. 1906; B a r t h Die Philosophie der Geschichte als Soziologie I 1897; G. S i m m e l Soziologie 1908 S. 1 ff.;
Fr. E u l e n b u r g Gesellschaft und Natur, Arch. f. Sozialwissenschaft XXI
1905 S. 519 ff.; Fr. G o t t l Zur sozialwissenschaftlichen Begriffsbildung,
Arch. f. Sozialw. XXIII 1906 S. 403 ff., XXIV 1907 S. 265 ff., XXVIII 1909
S. 72 ff.; G. F. S t e f f e n Die Grundlage der Soziologie. Ein Programm zu
der Methode der Gesellschaftswissenschaft und Naturforschung 1912.

[3]) Vgl. G. R ü m e l i n Zur Theorie der Statistik (Reden und Aufsätze
1875) S. 208 ff.; G. M a y r Die Gesetzmäßigkeit im Gesellschaftsleben 1877
S. 1 ff.; G. v. M a y r Theoretische Statistik 1897 (HB. des öff. Rechts, Ein-
leitungsband, herausg. von M. v. Seydel, V); Begriff und Gliederung der
Staatswissenschaften 3. Aufl. 1910 §§ 28—31, und die daselbst angeführte
Literatur.

[4]) Die hierher gehörigen Untersuchungen beziehen sich in der Regel
auf die Methodik des Staatsrechts. Vgl. über sie mein System der subjektiven öffentlichen Rechte, Kap. III. Ferner handelt über die Methode
des allgemeinen Staatsrechts R i e k e r in dem oben S. 18 zitierten Aufsatz,
dann H a t s c h e k Konventionalregeln oder über die Grenzen der naturwissenschaftlichen Begriffsbildung im öffentlichen Recht (Jahrb. d. ö. R.
III 1909 S. 1 ff.); d e r s e l b e Allgemeines Staatsrecht I 1909 S. 13 ff.;
K e l s e n Grenzen zwischen juristischer und soziologischer Methode 1911;

Geschichte der Literatur der Staatslehre sich in der neuesten Zeit eine so große Lücke aufgetan hat, so daß in den letzten Jahrzehnten kein systematisches Werk auch nur einigermaßen Ansehen zu erringen vermocht hat. Die alten, unsicheren Methoden oder vielmehr die alte Methodenlosigkeit genügen den Anforderungen der Gegenwart nicht mehr. Die neuen Methoden sind aber erst im Werden; deshalb sucht man sich mit den Grundbegriffen abzufinden, so gut es eben geht, um das Hauptinteresse der Detailforschung zuzuwenden. Da diese aber in wichtigen Punkten aus jenen Grundbegriffen deduzierend verfährt, so sind schwerwiegende, gedeihlichen Fortschritt hindernde Irrtümer unvermeidlich. Deshalb muß heute jede Untersuchung über die staatlichen Grundphänomene mit Feststellung der methodologischen Prinzipien auf Grund der Resultate der neueren erkenntnistheoretischen und logischen Forschungen beginnen. Erst dann besitzt man ein sicheres Werkzeug, sowohl um sich durch das Gestrüpp der früheren Literatur kritisch den Weg zu bahnen, als auch um zu selbständiger fruchtbringender Forschung zu gelangen.

Im folgenden sollen daher die wichtigsten Punkte der in diesem Buche befolgten Methode dargelegt werden. Allerdings nur in den größten Zügen: jedes — sonst so wünschenswerte — Eindringen in das Detail müßte an Stelle dieser einleitenden Untersuchung ein selbständiges Werk setzen.

2. Unterschied der sozialwissenschaftlichen Erkenntnis von der naturwissenschaftlichen.

Natürliche Vorgänge unterscheiden sich von sozialen dadurch, daß in jenen sich die Wirkungen allgemeiner Gesetze derart nachweisen lassen, daß das einzelne Ereignis unmittelbar als Repräsentant einer Gattung betrachtet werden kann. Habe ich das Verhältnis, in welchem Sauerstoff sich mit Wasserstoff zu Wasser verbindet, an einem einzigen Fall untersucht, so gilt das

---

derselbe Hauptprobleme der Staatsrechtslehre 1911 S. III ff., 3 ff.; dazu Weyr in Grünhuts Zeitschrift XL 1913 S. 175 ff.; Spiegel Die Verwaltungsrechtswissenschaft 1909. Methodologische Bemerkungen auch bei Piloty Beziehungen der Rechtswissenschaft zur Philosophie (Seufferts Blätter f. Rechtsanwendung 71. Jahrg. 1906 S. 493 ff.). Von philosophischer Seite werden bei Lask Rechtsphilosophie in der „Philosophie im Beginn des 20. Jahrhunderts", 2. Aufl. 1907 S. 297 ff., auch die methodischen Probleme der Staatslehre berührt.

Resultat für alle möglichen Fälle derselben Art; kenne ich den
Bau eines einzigen Exemplars einer Tiergattung, so ist mir damit
der aller übrigen Mitglieder derselben Spezies bekannt. Jedes
naturwissenschaftliche Lehrbuch zeigt uns, daß sowohl das einzelne Geschehen als das Individuum ohne weiteres als Repräsentanten eines Allgemeinen betrachtet werden und darin ihren
wissenschaftlichen Wert erschöpfen.

Ganz anders aber verhält es sich mit dem historischen und
sozialen Geschehen[1]). Mag hier auch immerhin die aus allgemeinen erkenntnistheoretischen Prinzipien abgeleitete Forderung
existieren, daß die Fülle der Einzelereignisse aufgefaßt werde als
die Wirkung fester, im konkreten Vorgange zur Erscheinung ge-
langender Gesetze: mit unseren Hilfsmitteln und unseren Methoden
werden wir voraussichtlich nicht dahin gelangen, solche Gesetze
in irgendwie bedeutenderem Umfange festzustellen. Das gilt
nicht nur von den den Zusammenhang der Erscheinungen erklärenden kausalen Gesetzen, sondern auch von den die bloße
tatsächliche regelmäßige Wiederkehr bestimmter Erscheinungen
in eine feste Formel ausprägenden empirischen Gesetzen. Auf
psychischem Gebiete nämlich verläßt uns das Maß, mit dem
wir natürliche Vorgänge messen, oder führt uns doch nicht weit.
Das Ziel der Naturwissenschaft, die Qualitäten in Quantitäten
zu verwandeln, ist für die Welt des historischen Geschehens nicht
zu erreichen. Wohl sind von den Geschichtsphilosophen der
früheren Zeit und den Soziologen der Gegenwart zahlreiche Gesetze des historischen Geschehens aufgestellt worden; allein wofern es sich nicht um ganz vage Allgemeinheiten handelt, ist
selten auch nur unter zweien von ihnen Übereinstimmung in
einem wesentlichen Punkte zu finden. Das angebliche Gesetz
erweist sich in der Regel als eine Konstruktion auf Grund un-

---

[1]) Über historische und soziale Gesetze vgl. K. M e n g e r S. 32 ff.;
L e x i s Art. Gesetz, HWB. der StW., 3. Aufl. IV S. 727 ff.; S c h m o l l e r
HWB. der StW. VIII S. 481 ff.; W i n d e l b a n d Gesch. u. Naturw. S. 21;
S i m m e l Probleme S. 75 ff.; B e r n h e i m S. 102 ff., 111 ff., 117 ff., 120 ff.,
159 ff.; R i c k e r t Geschichtsphilos. S. 370 ff.; E n g e l s Herrn Eugen
Dührings Umwälzung der Wissenschaft 3. Aufl. 1894 S. 77 ff.; W. F r e y t a g
im Archiv für syst. Philosophie VI 1900 S. 311 ff.; L i n d n e r Geschichts-
philosophie, 3. Aufl. 1912 S. 160 ff.; G. T a r d e Die sozialen Gesetze 1908;
Fr. E u l e n b u r g Naturgesetze und soziale Gesetze, Arch. f. Sozialw.
XXXI 1910 S. 701 ff.; Über Gesetzmäßigkeiten in der Geschichte, **Arch.**
f. Sozialw. XXXV 1912 S. 299 ff.

beweisbarer Voraussetzungen und ungenügender Kenntnis der Tatsachen. Deshalb kommen wir auch niemals dahin, ein künftiges geschichtliches Ereignis mit einiger Sicherheit zu bestimmen, während selbst verhältnismäßig verwickelte physikalische Vorgänge mit Hilfe naturwissenschaftlicher Erkenntnis im voraus berechnet werden können.

Der Grund hiervon liegt darin, daß soziale Vorgänge niemals bloß als Wirkungen allgemeiner Kräfte, sondern vor allem auch als Leistungen bestimmter Individuen erscheinen. Menschliche Individuen unterscheiden sich aber grundsätzlich von natürlichen Kräften dadurch, daß sie gegenüber der Gleichartigkeit dieser eine unendliche Mannigfaltigkeit aufweisen. Alle natürlichen Kräfte sind meßbar, indem wir sie auf Krafteinheiten zurückführen. Die kleinsten materiellen Teile sowohl in der einfachen Form des Atoms als in der komplizierten des Moleküls sind durchaus homogen: ein Atom Kohlenstoff, ein Molekül Kohlensäure sind ihren spezifischen Eigenschaften nach mit den anderen ihrer Gattung durchaus identisch. Menschliche Individuen hingegen sind ins Unendliche verschieden; in jedem von ihnen ist ein einziggeartetes, unwiederholbares Element zu finden, das ihre sozialen Leistungen bestimmt. Jedes einzelne Naturobjekt hat zwar auch eine individuelle Gestalt, die es von allen anderen gleicher Art unterscheidet. Je komplizierter die Naturobjekte sind, desto mehr kommen die individualisierenden Elemente in ihnen zum Ausdruck. Bei höheren Pflanzen und Tieren treten sie jedermann sofort mit sichtbarer Schärfe entgegen. Aber dieses Individuelle ist nicht oder doch nur in untergeordnetem Maße Gegenstand naturwissenschaftlicher Forschung. In menschlichen Dingen überwiegen aber die individualisierenden Elemente derart, daß eine sie ignorierende Wissenschaft nur dürftige, das reale Leben nicht erfassende Resultate zu bieten vermag[1]).

Läßt sich nun die Grundlage aller sozialen Erscheinungen, das Individuum, niemals völlig berechnen, so ist damit auch die Unmöglichkeit umfassender Erkenntnis sozialer Gesetze dargetan. Jede geschichtliche Tatsache, jede soziale Erscheinung bietet bei

---

[1]) Die Möglichkeit der Erkenntnis allgemeiner Urteile über historisch-soziale Erscheinungen und gemeingültiger Gesetze ihres Geschehens soll daher mit Rücksicht auf die identischen Elemente in ihnen nicht geleugnet, wohl aber angezweifelt werden, daß aus ihnen wegen ihrer Inhaltsleere erheblicher wissenschaftlicher Nutzen gezogen werden kann.

aller Gleichartigkeit und Ähnlichkeit mit anderen doch stets ein
Element individueller Bestimmtheit dar, das sie von allen anderen,
wenn auch noch so nah mit ihnen verwandten spezifisch unterscheidet. Kein soziales Ereignis ist bloß Repräsentant einer
Gattung, sondern zugleich etwas nur einmal Daseiendes, niemals
mehr in genau derselben Form Wiederkehrendes, wie denn überhaupt in der unabsehbaren Fülle menschlicher Individualitäten
niemals dasselbe Individuum sich wiederholt.

3. Die Forschung nach den Typen in der Sozialwissenschaft.

Trotz dieser Mannigfaltigkeit ist aber die Differenz zwischen
den Individuen nicht so bedeutend, daß nicht gewisse Ähnlichkeiten in ihrer psychischen Ausgestaltung stattfänden. Neben
den individualisierenden sind auch weitgehende gemeinsame
Elemente in ihnen enthalten. Fehlten diese, so wäre es überhaupt nicht möglich, zu einer wissenschaftlichen Aussage über
menschliche Dinge zu gelangen. Triebe, Fähigkeiten, Anlagen
sind bis zu einem gewissen Grade, sei es allen Menschen, sei es
einem weiteren oder engeren Kreise unter ihnen gemeinsam.
All unsere Lebensklugheit beruht auf der Erkenntnis des
Gleichartigen in der menschlichen Natur, all unser Schaffen und
Sorgen für die nahe und ferne Zukunft auf der Überzeugung,
daß in der Mannigfaltigkeit der menschlichen Dinge sich dennoch
stets ein Identisches, von der Besonderheit der Individuen Unabhängiges offenbart.

Mit dieser Erkenntnis ist der sozialwissenschaftlichen
Forschung Weg und Ziel gewiesen. Bei natürlichen Vorgängen
derselben Art überwiegen für das wissenschaftliche Interesse die
identischen Elemente, während diese bei sozialen durch die individualisierenden Elemente derart zurückgedrängt werden, daß
soziales Geschehen sich niemals in gleicher, sondern nur in
analoger Weise wiederholt. Die erklärende Naturwissenschaft
kann daher die individualisierenden Elemente in großem Umfange
ignorieren: sie kann mit Erfolg das Identische in den Erscheinungen festhalten. Soziale Vorgänge gleicher Art bieten
aber nur in eng begrenztem Maße Identitäten, überwiegend nur
Analogien der Forschung dar. Daher können allgemeine Gesetze
hier niemals die Einzelerscheinung erklären: sie darf niemals
bloß als Verwirklichung eines Allgemeinen, das in ihr rein zur

Erscheinung kommt, betrachtet werden, widrigenfalls man nur
eine ganz schiefe und unzulängliche Vorstellung von ihr erhält.
Was mit richtigem Blicke der römische Jurist vom Zivilrecht behauptet hat: daß in ihm jede Definition gefährlich sei, weil es
nicht schwer fällt, sie umzustoßen, das gilt von allen allgemeinen Sätzen auf dem Gesamtgebiete der Gesellschaftswissenschaften. Die Fülle des Lebens läßt sich eben nicht in enge
Schablonen pressen. Erweitert man aber diese Schablonen, so
sind sie entweder so nichtssagend und selbstverständlich, daß
sie kaum noch wissenschaftlichen Wert besitzen, oder so unrichtig, daß auch oberflächliche Kritik sie ohne weiteres zu verneinen vermag[1].

Ist nun aber der Gesamtlauf des historischen Geschehens
bei der Natur unserer wissenschaftlichen Mittel und Methoden
in endgültiger Weise überhaupt nicht zu erfassen, so verringern
sich doch die der Erkenntnis sich entgegenstellenden Schwierigkeiten, wenn man bestimmte Seiten des menschlichen Gemeinlebens hervorhebt und der Erforschung unterwirft. Alle solche
wissenschaftliche Isolierung ist zwar, weil das Leben in ungebrochener Einheit zeigt, was der Verstand trennt, von vornherein mit gewissen Fehlern behaftet, die indes ohne Mühe durch
die besonnene Überlegung ausgeglichen werden können, daß die
so erlangte Erkenntnis nicht die endgültige ist, sondern fortwährend der Korrektur durch die Verbindung mit den durch
die theoretische Isolierung des Objektes ausgeschiedenen Gebieten
bedarf.

Bei solcher Isolierung werden nun aus dem Bereiche des
Individuellen weite Strecken gleichsam abgeschnitten, so daß das
Verhältnis der generellen zu den individuellen Faktoren zugunsten der ersteren steigt. So wird z. B. der Jurist, indem er
das Rechtsleben des Volkes isoliert, die Individuen nur in ihrem
Verhältnis zur Rechtsordnung betrachten, bei welchem Verfahren
eine Fülle der bedeutsamsten Unterschiede unter den Menschen
ignoriert werden und bis zu einem gewissen Grade ignoriert
werden können. Der Mensch wird nach Alter und Geschlecht,
nach Beruf und Stand, nach sorgfältiger und leichtsinniger, nach

---

[1] Vorzügliche Ausführungen über die „ewigen Wahrheiten" auf
historisch-sozialem Gebiete bei Engels a. a. O. S. 83 ff., die allerdings
merkwürdig mit den Marx-Engelsschen Versuchen einer endgültigen Geschichtskonstruktion im sozialistischen Sinne kontrastieren.

böser und fahrlässiger Handlungsweise vom Recht erfaßt und
beurteilt. Die feineren Nuancen der Persönlichkeit aber entgehen
dem Blicke des Richters und Rechtslehrers. Ihnen genügen Caius
und Titius, der Kläger und der Beklagte, die in ähnlicher Weise
ein Allgemeines darstellen wie die Töne in der Akustik oder die
Farben in der Optik. In der Wirklichkeit des Lebens aber
individualisieren sich alle Rechtsgeschäfte und Delikte, da gilt der
alte Satz: si duo faciunt idem, non est idem. Die Käufe, die
auf dem Wochenmarkte abgeschlossen werden, fallen für den
Juristen der großen Mehrzahl nach unter ein und denselben
Typus. Nach ihren wirtschaftlichen Voraussetzungen und Zwecken,
ihrer Bedeutung für eine jede einzelne Haushaltung findet aber
auch unter ihnen die größte Mannigfaltigkeit statt, die für den
von hohem Interesse ist, der den Verkehr des täglichen Lebens
nach seiner volkswirtschaftlichen, statistischen, hygienischen usw.
Seite, die der juristischen Betrachtung entgehen, kennen lernen
will. Und sicherlich ist der Jurist, der seine Betrachtungsweise
der Lebensverhältnisse für die einzig richtige hält, kein Mann
der Wissenschaft im vollen Sinne. Geht doch alle Umbildung
und Fortbildung des Rechtes in erster Linie von der Erkenntnis
dessen aus, was vor und hinter dem Rechte liegt.

Ist aber auch bei dem isolierten Objekt die Wirkung der
individualisierenden Elemente verhältnismäßig geringer, so fehlt
sie doch auch in solchem Falle nicht. Daher die vielen Ausnahmen, welche die Rechtsregeln durchbrechen. Daher die Erscheinung, daß der Gesetzgeber im Privatrecht zwar Rechtstypen
aufstellt, aber dem Privatwillen weitgehende Abweichungen vom
Typus gestattet: das dispositive Recht ist das Erzeugnis des
Individualismus, der auch das Rechtsleben durchdringt. Im Strafrecht dienen die relativen Strafandrohungen, die Strafzumessungs-
und Ausschließungsgründe dazu, um das streng individuelle Element
im Delikt zum rechtlichen Ausdruck zu bringen. Je allgemeiner
ein Rechtssatz ist, desto mehr Ausnahmen von ihm müssen festgestellt werden, desto weniger kann man mit Bestimmtheit darauf
rechnen, ihn durch den Einzelfall bestätigt zu finden. An der
Klippe der individualisierenden Elemente scheitert jeder Versuch
weitgehender Generalisierung im Rechte. Das Naturrecht, aus
lauter allgemeinen Sätzen bestehend, die entweder gar nicht oder
nirgends vollständig verwirklicht werden, ist darum das schärfste
Gegenbild zum positiven Rechte.

Ähnlich wie mit den rechtlichen verhält es sich aber mit den staatlichen Verhältnissen, sowohl mit der historischen Erscheinung des Staates selbst als mit den einzelnen staatlichen Gliedern und Funktionen. Jeder Staat, jedes Staatsorgan, jeder Vorgang im Staate ist zunächst etwas völlig Individuelles. Isoliert man aber die staatlichen Erscheinungen, so springen auch bei ihnen allgemeine, in allen wiederkehrende Elemente ins Auge, die nach wissenschaftlicher Erkenntnis verlangen. In dem Bau und in der Zusammensetzung der Staaten, in ihrem Wirkungskreise finden wir vermöge gewisser, durch Isolierung des Objektes zu erkennender identischer Elemente weitgehende Analogien. So können denn die Staaten klassifiziert und ihre Institutionen einheitlichen Begriffen untergeordnet und damit eine Wissenschaft vom Staate geschaffen werden. Allein auch von dieser Wissenschaft darf nicht übersehen werden, daß kein Staat und keine staatliche Institution bloß die Verwirklichung eines Abstraktums oder die Wiederholung von etwas bereits Dagewesenem ist. Das Frankreich Ludwigs XIV., das Preußen Friedrich Wilhelms III. und das Rußland Alexanders III. sind nicht etwa bloß drei verschiedene Beispiele des Typus der absoluten Monarchie, sondern auch drei von Grund aus verschiedene staatliche Bildungen. Kraft der die Identitäten überwiegenden individualisierenden Elemente, die um so schärfer hervortreten, je mehr man die Gesamtheit der Bedingungen und Beziehungen des konkreten Einzelstaatslebens ins Auge faßt, gibt es auch auf diesem Gebiete niemals völlig gleiche, sondern nur gleichartige Erscheinungen: die realen Bildungen gleichen sich nicht, sondern ähneln sich nur.

Hierdurch aber wird die Aufgabe der Wissenschaft in eigentümlicher Weise umgrenzt. Es gibt nämlich eine Kenntnis des Einzelstaates, die diesen in seiner Eigenart beschreibt, sei es nach seiner historisch-politischen, sei es nach seiner juristischen Seite. In einer solchen Disziplin ist alles konkret, positiv, individuell, real. Der Einzelstaat ist aber nach keiner Richtung hin eine isolierte Erscheinung. Die ganze Entwicklung der staatlichen Institution überhaupt ist ihm vorangegangen; in mehr oder minder bewußter Weise haben die Verhältnisse anderer — früherer und gleichzeitiger — Staaten auf ihn eingewirkt; in den Fluß des historischen Geschehens gestellt, wird er durch geschichtliche Kräfte, die nicht auf seine Grenzen sich beschränken, fortwährend umgebildet; in stetem Verkehr mit anderen Staaten stehend, muß er seinesgleichen anerkennen, und damit ist es ihm unmöglich, sich bei aller Eigenart bloß als einziggeartet zu betrachten. So muß denn neben die Kenntnis vom Einzelstaat die von der staatlichen Institution überhaupt und den einzelnen staatlichen Institutionen treten, wie sie als gleichartige Erscheinung in den konkreten Staatsbildungen sich entfaltet. Durch sie wird überhaupt erst der konkrete Staat in seiner Eigenart verständlich, denn sie erst scheidet das Typische von dem Individuellen, was gleichermaßen für die theoretische Erkenntnis wie für die politische Tat von der höchsten Bedeutung ist.

4. Die Typen als Gegenstand der Staatslehre.

Die Aufgabe einer Wissenschaft vom Staate und den staatlichen Institutionen überhaupt ist es nun, diese typischen Elemente in den staatlichen Erscheinungen und ihren gegenseitigen Beziehungen aufzusuchen. Dieser scheinbar so einfache Satz bedarf eingehender Erläuterung.

Es muß nämlich zuvörderst volle Klarheit in den Begriff des Typus gebracht werden. Gerade in der Wandlung, die der Begriff in der Staatswissenschaft der neueren Zeit durchgemacht hat, zeigt sich die große Wandlung, die sich in der Wissenschaft selbst vollzieht.

Der Begriff des Typus kann einmal in dem Sinne gefaßt werden, daß er das vollkommene Wesen einer Gattung bezeichnet, mag man ihn sich in platonischer Weise als jenseitige Idee vorstellen, die nur unvollkommen in den Individuen zur Erscheinung gelangt, oder ihn sich mit Aristoteles als wirkende, formgebende Kraft denken, welche die einzelnen Exemplare der Gattung ausgestaltet. Es ist der Begriff des idealen Typus, der seit den Tagen der hellenischen Philosophie durch die Scholastik des Mittelalters hindurch bis auf den heutigen Tag das gesamte wissenschaftliche Denken ununterbrochen beschäftigt hat.

Dieser ideale Typus aber hat wesentlich teleologische Bedeutung: es ist das τέλος jeglichen Dinges und jeglicher menschlichen Erscheinung, ihn zum Ausdruck zu bringen. Er ist kein Seiendes, sondern ein Seinsollendes[1]). Damit ist er zugleich

---

[1]) Zwei Gattungen solcher Idealtypen sind zu unterscheiden. Entweder ist der Typus freies Gebilde der Spekulation (wie er namentlich in Form der Staatsromane auftritt), oder es werden vorhandene Staaten oder einzelne ihrer Institutionen zu einem Idealtypus umgebildet.

Wertmaßstab des Gegebenen. Was ihm entspricht, ist gut und hat das Recht, sich durchzusetzen und dazusein; was ihm nicht entspricht, ist zu verwerfen und zu überwinden.

In der Staatslehre mündet diese Vorstellung vom idealen Typus notwendigerweise in das Streben, den besten Staat zu finden und an ihm die gegebenen staatlichen Institutionen zu messen. Die Geschichte der Staatslehre ist aber nicht zum geringen Teil Geschichte der Versuche, den typischen Staat zu erkennen, bedeutet daher im Grunde die Verwandlung aller Staatslehre in Politik. Was bei Plato ausdrücklich erklärter Zweck aller politischen Spekulation war, das ist verhüllter oder offener noch in vollem Umfange bis in die Staatslehre der Gegenwart hinein zu finden. Alles Forschen nach dem Staatszweck und dem Rechtsgrunde der Staaten, alle naturrechtlichen Deduktionen zur Begründung des fürstlichen Absolutismus und der Volkssouveränität, alle Schilderungen des konstitutionellen Staates auf Grund der Idee von der Gewaltenteilung, alle Theorien vom christlichen, vom nationalen, vom Rechtsstaate, wie sie das 19. Jahrhundert gezeitigt hat, sind im Grunde nichts als Versuche, den idealen Staatstypus in endgültiger Weise festzustellen.

Heute aber ist es kaum mehr eines Beweises bedürftig, daß der jeweilig aufgestellte Typus nicht auf dem Wege wissenschaftlicher Forschung, sondern auf dem der Spekulation gefunden worden ist. Und nicht etwa auf dem Wege kühl abwägender und behutsam vorwärts schreitender Spekulation. Die tiefstgehenden politischen Strebungen einer Zeit und ihrer Parteien sind in den Staatstypen zum Ausdruck gekommen, wie sie uns die Geschichte der politischen Literatur in buntem Wechsel vorführt.

Das Suchen und Finden idealer Typen entspricht einem tiefen, unabweislichen Bedürfnis der menschlichen Natur, das namentlich praktisch von der größten Bedeutung ist. Die Politik hat ihrer nie entraten können; die großen Wandlungen der Menschengeschicke sind niemals durch bloßes opportunistisches Handeln herbeigeführt worden. Die Prinzipien der Staatsmänner und Parteien, die Dauerndes zu schaffen beabsichtigen, sowie anderseits alle revolutionären Bestrebungen entlehnen ihre Kraft und Festigkeit nicht zum geringsten der Überzeugung von einem zur Verwirklichung bestimmten Staatstypus.

So groß aber auch der Wert idealer Typen für das Handeln
ist, so wenig gewähren sie theoretisch-wissenschaftliche Erkenntnis,
denn Objekt der theoretischen Wissenschaft ist und bleibt das
Seiende, nicht das Seinsollende, die gegebene Welt, nicht eine
zu erschaffende. Wie alle Spekulation, ruht auch die vom idealen
Staatstypus in letzter Linie auf dem Boden subjektiver Überzeugungen, zwischen denen vielfach eine Übereinstimmung unter
den Subjekten unmöglich ist. Die Idealtypen sind daher im
Grunde nicht Objekt des Wissens, sondern des Glaubens, daher
auch politischer Doktrinarismus so auffallende Ähnlichkeit mit
religiösem Fanatismus zeigt.

Dem idealen Typus entgegengesetzt ist aber der e m p i r i s c h e
T y p u s[1]). Wenn wir eine größere Zahl von Individuen unter bestimmten Gesichtspunkten auf ein ihnen gemeinsames Merkmal
hin vergleichen, so bekommen wir ebenfalls ein typisches Bild.
So haben wir typische Vorstellungen vom Kinde, vom Greise,
von bestimmten Berufen, Klassen, Nationen usw. Derartige
Typen bildet sich jedermann in größerer oder geringerer Schärfe
gemäß seinen Anlagen und Erfahrungen. Mittelst dieser Typen
ordnen und begreifen wir einen großen Teil unseres sozialen
Lebens; ja die große Masse der Menschen ist in sehr vielen
Fällen nur imstande, den Typus festzuhalten, so daß sie in der
Regel die individualisierenden Elemente des Einzelfalles über-
sieht. Alle sozialen, nationalen, konfessionellen Vorurteile sind
ja schließlich nur die Wirkungen dieses typischen Denkens. Die
Fähigkeit, stets zu individualisieren, ist das Zeichen höchster
Bildung.

Der empirische Typus unterscheidet sich vom Idealtypus vor
allem dadurch, daß er nicht den Anspruch erhebt, ein höheres
objektives Sein darzustellen. Er bedeutet eine Zusammenfassung
von Merkmalen der Erscheinungen, die ganz von dem Standpunkt
abhängt, den der Forscher einnimmt. Er ordnet die Mannigfaltigkeit der Erscheinungen, indem er das Gemeinsame in ihnen
logisch heraushebt. So wird er durch eine Abstraktion gewonnen, die sich im Kopf des Forschers vollzieht, der gegenüber
die ungebrochene Fülle der Erscheinungen das Reale bleibt.

---

[1]) Über diese beiden Arten von Typen, den qualitativ-teleologischen
und den quantitativ-theoretischen, wie er sie nennt, vgl. auch W i n d e l -
b a n d in der Monatsschr. f. Kriminalpsychologie III 1907 S. 4 ff.

Aufgabe der Wissenschaft vom Staate, insoweit ihr Objekt nicht ausschließlich der einzelne Staat bildet, ist es nun, diese empirischen Typen staatlicher Verhältnisse zu finden. Analoge soziale Zusammensetzung, analoge geschichtliche Entwicklung, analoge äußere Bedingungen wirken analoge politische Bildungen aus. Kraft des historischen Zusammenhanges, der die in Kulturgemeinschaft stehenden Staaten miteinander verbindet, setzen sich die typischen Elemente überall neben den individuellen durch und gestalten sich diesen entsprechend um.

Gefunden werden diese empirischen Typen auf induktivem Wege, also durch sorgfältige Vergleichung der einzelnen Staaten, ihrer Organisation, ihrer Funktionen. So einfach aber dieses methodische Prinzip zu sein scheint, so notwendig einerseits und schwierig anderseits ist es, die eigentümlichen Grundsätze sich zum Bewußtsein zu bringen, welche die Induktion auf diesem Gebiete beherrschen.

Zunächst darf die Vergleichung nicht zu weit getrieben werden. Wer Staaten und staatliche Einrichtungen der verschiedensten Kulturstufen und der entlegensten Zeiten miteinander vergleicht, erhält entweder gar keine oder nur ganz farblose, jeglicher Bestimmtheit entbehrende Typen. Je weiter nämlich die Vergleichung getrieben wird, desto mehr individualisierende Elemente müssen vernachlässigt werden, desto weniger Erkenntnis wird also durch das Aufstellen des Typus gewonnen. Was von den historischen Gesetzen gesagt wurde, daß sie meist nur Plattheiten und Gemeinplätze darbieten, das gilt auch von der zu weit getriebenen Generalisierung in den Gesellschaftswissenschaften. Das zeigen deutlich die Versuche, eine allgemeine vergleichende Rechtswissenschaft zu schaffen. Insofern diese nämlich aus dem von ihnen herbeigetragenen Material gemeingültige Typen der Rechtsentwicklung aufstellen, bringen sie entweder nur vage Allgemeinheiten zustande, wie z. B., daß die Raubehe sich zur Kaufehe wandelt, daß die Blutrache der öffentlichen Strafe vorangeht, daß Ordalien auf gewisser Kulturstufe überall Beweismittel bilden[1]), daß die Leviratsehe sich bei einer großen Zahl von Völkern vorfindet[2]), oder sie führen zu dem

---

[1]) Kohler Das Recht als Kulturerscheinung 1885 S. 8 ff., 20 ff., 23.
[2]) Vgl. Post Einleitung in das Studium der ethnologischen Jurisprudenz 1886 S. 28 ff.

zwingenden Schlusse, daß alles sich unter anderen Verhältnissen anders gestalten kann. Die zahlreichen Darstellungen, welche die Rechtssysteme von Völkern minderer oder entlegener Kultur in neuester Zeit erfahren haben, zeigen so viele und so weitgehende Variationen, daß es immer schwieriger wird, in diesem fortwährend sich mehrenden Gewirre einen unsere wissenschaftliche Einsicht vermehrenden Bestand allgemeiner, typischer Erscheinungen zu finden[1]).

Damit ergibt sich aber auch vom methodologischen Standpunkte aus die Beschränkung der Induktion auf jene Staaten, welche einem gemeinsamen geschichtlichen Boden entsprossen sind, und die diesen gemeinsamen Boden bildenden politischen Gestaltungen der Vergangenheit. Nur wo gemeinsame historische, politische, soziale Grundlagen vorhanden sind, wird sich eine weitgehende Übereinstimmung in Struktur und Funktion der Staaten nachweisen lassen. Der Hinblick auf andere Staatengruppen wird allerdings die Bedeutung einer Korrektur der Erkenntnis haben, indem er vielfach lehren wird, daß manches, was man in absoluter Weise vom Staate überhaupt auszusagen geneigt ist, doch nur historisch bedingt und daher relativ sei.

Aber auch innerhalb des derart aus der Reihe aller möglichen Staaten herausgehobenen Staatensystems muß die Vergleichung mit Vorsicht verfahren. Wie bereits erwähnt, sind alle menschlichen Institutionen, und daher auch der Staat, dynamischer Natur, d. h. sein Wesen ist nicht ein für alle Zeiten festes, sondern ändert sich, bildet sich um, indem es sich dem ganzen Umwandlungsprozesse anschmiegt, den die Menschheit in ihrer Geschichte durchmacht. Um daher ein reich entfaltetes typisches Bild vom Staate zu erhalten, muß man gleichzeitige oder doch zeitlich nicht weit auseinanderliegende staatliche Gebilde miteinander vergleichen. Allerdings werden typische Elemente nicht gänzlich fehlen, wenn man etwa antike und moderne Staaten in Parallele stellt, allein der tiefgreifende Unterschied der auf veränderten historischen Bedingungen ruhenden heutigen Staatenwelt von der des Altertums läßt bei der Vergleichung beider die individualisierenden Elemente über die typischen überwiegen. Das zeigt sich deutlich, wenn man z. B.

---

[1]) Sehr lehrreich in dieser Hinsicht ist Post, Afrikanische Jurisprudenz, 2 Bde. 1887, der selbst nicht imstande ist, aus dem ungeheuren von ihm gesammelten Material irgendein höheres Resultat zu ziehen.

antike und moderne Demokratie, römisches Imperatoren- und
absolutes Königtum der neueren Zeit als Glieder ein und derselben Kette auffaßt.

Aus diesen Betrachtungen ergibt sich aber ferner auch pro
futuro die Veränderlichkeit des Typus. Jede neue Bildung kann
ein bisher für typisch erklärtes Element als individuell gefärbt,
also dem Typus nicht wesentlich, nachweisen. Ein diese Tatsache auf das treffendste illustrierendes Beispiel bietet die Geschichte des Bundesstaatsbegriffes dar. Dieser mit der Schöpfung
der nordamerikanischen Union entstandene neue Typus wurde
zunächst in der Theorie ausschließlich aus den Verhältnissen der
Vereinigten Staaten destilliert, also das in einem Exemplar Vorhandene wissenschaftlich für eine Gattung erklärt. Da hieß es
denn z. B., daß gegenseitige völlige Unabhängigkeit von Bundes-
und Gliedstaatsgewalt ein wesentliches Merkmal der neuen Form
der Staatenverbindungen sei. Der nicht ohne den Einfluß der
amerikanischen Verhältnisse gebildete Schweizer Bundesstaat seit
1848, noch mehr aber das Deutsche Reich, konnten nicht in die
bis dahin aufgestellte Schablone gepreßt werden, und somit war
die Wissenschaft vor die schwierige Aufgabe gestellt, den Typus
selbst anders zu gestalten, damit er auch neue, analoge Bildungen
in sich aufzunehmen imstande sei. Damit ist aber die frühere
Arbeit nicht vergebens gewesen; nur daß dasjenige, was bisher
für eine Gattung gehalten wurde, zu einer Art innerhalb der
Gattung herabsinkt.

Die Typen selbst sind somit in den Fluß des historischen
Geschehens gestellt; sie variieren nach den besonderen geschicht-
lichen Umständen, komplizieren sich, spalten sich in Arten und
Unterarten. Damit wird die Wissenschaft vor eine neue Aufgabe
gestellt, nämlich die Bahn zu bestimmen, in der sich Um- und
Ausbildung der einzelnen Typen bewegt. So entstehen für sie
sowohl Typen der neben- als der nacheinander existierenden
Staaten und staatlichen Institutionen. Die Staatslehre wird daher
Entwicklungstypen und Daseinstypen der staatlichen
Erscheinungen zu suchen und zu finden haben.

Die derart erkannten Typen werden aber kraft der indivi-
dualisierenden Elemente der Einzelerscheinung nicht mit voller
Schärfe zum Ausdruck kommen. Abweichungen nach verschiedenen
Richtungen werden stattfinden, wie das im Wesen des empirischen
Typus liegt, da dieser eben gewonnen wird durch die Heraus-

hebung der gemeinsamen Merkmale, welche die große Mehrzahl der Einzelfälle darbietet[1]). In diesem Punkte steht es übrigens mit den sozialen Erscheinungen nicht anders wie mit den natürlichen. Die einzelnen Individuen einer Tierspezies weisen bei aller Übereinstimmung in wesentlichen Merkmalen doch wieder größere oder geringere Abweichungen in anderen auf, bis zu den Mißbildungen, die sich als völlige Entartungen des Typus darstellen. Die Pathologie stellt bestimmte Krankheitstypen auf; nichtsdestoweniger verlaufen viele Fälle atypisch, und es werden die aufgestellten Typen auf Grund neuer Beobachtungen fortwährend korrigiert. Ohne Kenntnis derartiger pathologischer empirischer Typen aber gäbe es kein ärztliches Wissen und Können. Hält man sich diese möglichen Abweichungen vor Augen, so bleibt man auch vor jener nicht selten geübten pedantischen Kleinigkeitskrämerei bewahrt, die eine staatsrechtliche oder politische Synthese schon dann widerlegt zu haben glaubt, wenn sie nachweist, daß sie auf den einen oder anderen untergeordneten Fall nicht passe[2]). Anderseits bewahrt die Erkenntnis, daß es sich um empirische, nicht um Idealtypen handelt, vor jenem praktisch

---

[1]) Insofern ist auch der empirische Typus ein Ideal, allerdings ein Ideal des Seins, nicht des Seinsollenden, ein logisches, kein ethisches Ideal, und in diesem Sinne ist der Ausführung von Max W e b e r, Die „Objektivität" sozialwissenschaftlicher und sozialpolitischer Erkenntnis, Archiv f. Sozialwissenschaft u. Sozialpolitik XIX S. 64 ff., zuzustimmen.

[2]) Auf die Typen in ihrem Verhältnisse zum Einzelfall paßt das Wort des Julianus L. 10 D. de legibus 1, 3: Neque leges, neque senatus consulta ita scribi possunt, ut omnes casus, qui quandoque inciderint, comprehendantur, sed sufficit ea, quae plerumque accidunt, contineri. Es liegt überhaupt im Wesen begrifflicher Erkenntnis, daß sie individuelle Abweichungen zugestehen muß, die sie nicht zu erfassen vermag. Mit völliger Sicherheit kann nur das einmalige Geschehen (und auch das nicht in erschöpfender Weise) festgestellt werden, alles Abstrahieren aus den Fakten gibt uns Bilder, die sich nie völlig mit der Wirklichkeit decken. Alle Begriffsbildung ist Versuch, die unermeßliche Realität so viel als möglich zu erfassen, und daher wird in allen mit Begriffen rechnenden Wissenschaften unausgesetzter Streit herrschen, ob die Grenze solcher Möglichkeit erreicht ist. Je weiter aber die Begriffe werden, desto mehr Einzelheiten müssen vernachlässigt werden. Wer von Bergeshöhen die Landschaft überschaut, der sieht zwar in der Ferne, was er vom Tal aus nicht erblicken konnte, aber die Grashalme der Wiesen sind ihm entschwunden. Der Grashalm ist gewiß emsigster Forschung wert, aber um ihn liegt eine unendliche Welt, in der wir uns orientieren müssen, die, mit dem Mikroskop betrachtet, ganz unsichtbar wird.

so schädlichen Doktrinarismus, der die gegebenen Verhältnisse nach einem Urbilde selbst dann umgestalten will, wenn sie einer derartigen Behandlung noch so sehr widerstreben[1]).

Die wissenschaftliche Bedeutung, welche dem Suchen und Gewinnen empirischer Typen zukommt, läßt sich unter folgende Gesichtspunkte zusammenfassen. Theoretisch befriedigt es vor allem das synthetische Bedürfnis, welches die Vielheit der Erscheinungen zu Einheiten zusammenzufassen bestrebt ist, darin mit den höchsten Zielen der Wissenschaft überhaupt übereinstimmend. Aber nicht nur Klarheit und Einheit in der Fülle, sondern auch gründliches Verstehen der Einzelerscheinung ist ihr Zweck, da diese erst dadurch gleichsam ihren Standort im ganzen Gebiete der sozialen Prozesse erhält. Durch die Aufzeigung der typischen Elemente wird ferner, wie bereits erwähnt, auch die individuelle Eigenart eines jeden politischen Gebildes als des im Typus nicht enthaltenen Restes seiner Eigenschaften erkannt.

Nach der praktischen Seite hin aber zeigt sich der Typus als heuristisches Prinzip. Aus ihm lassen sich nämlich im Einzelfalle mit großer Wahrscheinlichkeit bestimmte Folgerungen für das Leben des individuellen staatlichen Phänomens ableiten. Gleicher Typus deutet auf analoge Gestaltung der so beschaffenen Bildungen auch für die Zukunft hin. Wenn man von den Lehren der Geschichte spricht, so hat man damit — bewußt oder unbewußt — das typische Element in den menschlichen Dingen vor Augen. Nur weil unter ähnlichen Bedingungen Ähnliches sich wiederholt, kann überhaupt die Geschichte zur Lehrmeisterin werden. Nur weil das staatliche Leben im Veränderlichen Bleibendes aufweist, ist eine Politik im wissenschaftlichen Sinne, eine Lehre von der vernünftigen Gestaltung staatlicher Dinge, überhaupt möglich.

Die Typen, nach denen die Staatslehre zu forschen hat, sind gemäß den zwei wissenschaftlichen Positionen, von denen aus der Staat betrachtet werden kann, der historisch-sozialen und der juristischen, doppelter Art. Daher sind auch verschiedene Methoden zur Erforschung der einen und der anderen Seite des Staatslebens notwendig. Das gesellschaftliche Wesen des Staates wird mittelst der in den historischen und Sozialwissenschaften geltenden

---

[1]) Jede Formulierung eines Typus trägt daher stillschweigend die beiden Klauseln: „in der Regel" und „rebus sic stantibus" in sich.

Methoden, das rechtliche Wesen hingegen mit der juristischen
Methode erkannt. Namentlich über die historische Methode in
der Staatslehre sind hier orientierende Bemerkungen notwendig,
denen sich einige über die juristische Behandlung der allgemeinen
Staatsrechtslehre anzuschließen haben[1]).

5. Die historische Forschungsweise in der Staatslehre.

Daß die geschichtliche Erforschung einer Institution die notwendige Voraussetzung ihres wissenschaftlichen Verständnisses
sei, ist heute längst zum Gemeinplatz geworden. Zuerst war es
die historische Schule der Rechtswissenschaft, die diesen Satz
aufgestellt und befolgt hat, und an sie hat sich die historische
Schule der Nationalökonomie angeschlossen. Unübersehbar fast
ist das geschichtliche Material geworden, das durch emsige Arbeit
von Generationen angehäuft wurde. Trotzdem ist von Vollständigkeit des Materials auch nicht auf begrenzten Gebieten die
Rede, und diese wird auch niemals zu erreichen sein. Aber auch
der vorhandene Stoff ist kaum mehr zu bewältigen; selbst die
nur einem Einzelproblem zugewendete Forschung ist in Gefahr,
von der Masse der geschichtlichen Vorarbeiten erdrückt zu werden.

Da erhebt sich aber mit Notwendigkeit die kritische Frage,
inwieweit Kenntnis der Vorgeschichte einer Institution das Verständnis ihrer gegenwärtigen Gestaltung bedingt. Wenn die
Antwort dahin ausfallen sollte, daß nur aus dem lückenlosen
Wissen der Vergangenheit eine Erkenntnis der Gegenwart folgt,
so wäre ein resigniertes Ignorabimus der Weisheit letzter Schluß
auf diesem Gebiete.

Diese trostlose Resignation wäre aber mit nichten die richtige
Antwort auf diese kritische Frage. Das Entstehen und die Fortbildung der historischen Forschungsweise hängt eng zusammen
mit dem fortschreitenden Siege der evolutionistischen Denkweise
in der gesamten Wissenschaft. Ausdrücklich oder unausgesprochen
liegt aller geschichtlichen Denkungsart die Überzeugung zugrunde,
daß die Geschichte uns nicht bloß eine Abfolge von Erscheinungen,
sondern deren lebendige Ausgestaltung, ihr Wachsen und Ver-

---

[1]) Mit den Darlegungen des Textes im wesentlichen übereinstimmend H a t s c h e k , Jahrbuch d. ö. R. III 1909 S. 61. Auch mit Richard
S c h m i d t besteht nach dessen Ausführungen in der Ztschr. f. Politik I
1908 S. 28 Note 3 kein wesentlicher Streitpunkt mehr.

gehen, zu lehren habe. Damit scheiden sich aber die historischen
Tatsachen für die theoretischen und praktischen Sozialwissenschaften in wertvolle und wertlose, eine Scheidung, die natürlich nur relativ ist und für jedes Wissensgebiet andere Resultate
ergibt. Für die Staatslehre, sofern sie den heutigen Staat erklären
will, ergibt sich aus dieser Erkenntnis folgendes:

Institutionen ändern sich, nicht jede Änderung aber ist eine
Entwicklung[1]). Entwicklung ist nur jene Änderung, die vom
Einfachen zum Komplizierten führt. Wachsende Größe, Zeit-
dauer, Intensität einer Erscheinung, steigende Mannigfaltigkeit,
Leistungsfähigkeit und Zweckmäßigkeit einer Institution nennt
man deren Entwicklung. Rechtliche und staatliche Institutionen
ändern sich häufig bloß, ohne sich zu entwickeln, ja sogar,
indem sie sich zurückbilden. Bloße Änderung liegt vor, wenn
eine Einrichtung im Laufe der Geschichte ihren Zweck wechselt.
Denn Entwicklung sozialer Institute fordert Beibehaltung der
früheren neben neu hinzutretenden Zwecken. Wo die Zwecke aber
bloß wechseln, da ist nur ein rein äußerlicher Zusammenhang
zwischen mehreren zeitlich auseinanderliegenden Erscheinungen[2])
vorhanden. Das mögen einzelne Beispiele lehren.

Die heutige Urteilsjury ist aus der Beweisjury des normännischen Rechtes hervorgegangen. Diese ist ursprünglich Be-
weiszeuge, nicht Beweisrichter. Im 16. Jahrhundert bildete sich
in England diese Beweisjury zur Urteilsjury um. Man beginnt
nämlich vor der Jury zu beweisen, nachdem deren eigene Kenntnis
von dem Falle sich als ungenügend herausstellt. Infolgedessen
urteilt nunmehr die Jury nicht auf Grund ihres Wissens, sondern
auf Grund des zu ihrer Wissenschaft Gebrachten. Die Institution
der Urteilsjury wird sodann vom französischen Rechte rezipiert
und dabei wiederum umgebildet — nicht fortentwickelt —, indem

---

[1]) Das Wort „Entwicklung" gehört zu den vieldeutigsten unserer
wissenschaftlichen Terminologie; vgl. Rickert Die Grenzen naturw.
Begriffsbild., 2. Aufl. 1913 S. 389 ff. Daher muß jede Wissenschaft sich
zuvörderst über ihren Entwicklungsbegriff klar werden. Für die Sozialwissenschaften ist dieser nur als Wertbegriff in dem im Text gegebenen
Sinne brauchbar.

[2]) Gute Ausführungen über die Zweckmetamorphosen der Sitten
bei Wundt Ethik, 4. Aufl. 1912 I S. 118 ff., über diejenigen des Rechts
bei L. Brütt Die Kunst der Rechtsanwendung 1907 S. 62 ff. Verkannt
ist das Wesen der Rechtsentwicklung von Kohler a. a. O. S. 23, der
sie der konstanten Änderung des Rechtes gleichsetzt.

sie hier unter anderem auf die Entscheidung der Tatfrage beschränkt wird.

Das Haus der Lords ist der höchste Gerichtshof des britischen
Reiches. Deshalb konnten schon im 14. Jahrhundert Anklagen
gegen hohe Staatsbeamte, die das Haus der Gemeinen erhob, nur
vor diesem hohen Gerichtshofe verhandelt werden. Das nordamerikanische Recht hat diese Institution des Impeachment rezipiert. Das Repräsentantenhaus ist in solchem Falle Kläger, der
Senat, die Repräsentation der Staaten, Richter. Der Senat ist aber
keineswegs oberstes Gericht der Union[1]). Die englische Institution
ist daher von den Vereinigten Staaten umgebildet, nicht fortgebildet worden.

Die Adoption ist wahrscheinlich im Zusammenhang mit dem
Ahnenkultus entstanden. Weil nämlich Familienmitglieder den
Manen der verstorbenen Ahnen das Mahl reichen mußten, erschien
den arischen Völkern Kinderlosigkeit als das größte Übel. Daher
wurde eine künstliche Agnation geschaffen, um die Kontinuität
der Opfer nicht zu unterbrechen[2]). Die Adoption besteht auch
heute noch fort. Sie hat sich aber umgebildet, nicht entwickelt,
denn ihr heutiger Zweck steht zu ihrem ursprünglichen in keiner
Beziehung.

Die germanische Ehe ist vermutlich ursprünglich Raubehe,
wird hierauf zur Kaufehe; an Stelle des Brautkaufes tritt später
die Verlobung mit der Braut, der Kaufpreis wird zum Wittum.
Zur Verlobung gesellt sich die Trauung durch den Muntwalt der
Braut, wodurch der Bräutigam die Munt über die Braut erhält.
Die katholische Kirche hat sodann Konsenserklärung der Braut-
leute in Gegenwart des Pfarrers und zweier Zeugen verlangt,
woraus wiederum die protestantische und die bürgerliche Form

---

[1]) Bei dem Prozeß gegen einen Präsidenten der Union führt der
Oberrichter der Union den Vorsitz, was wiederum nur eine äußerliche
Anlehnung an die englische Institution ist, der gemäß beim Impeachment
nicht, wie gewöhnlich, der Lordkanzler, sondern der Lord High Steward
dem Oberhause präsidiert. Motiviert wird dies freilich damit, daß der
Vizepräsident, der regelmäßige Vorsitzende des Senates, der für den Fall
der Verurteilung des Präsidenten an dessen Stelle träte, persönlich an dem
Ausgange des Prozesses interessiert wäre. Vgl. F r e u n d Öff. Recht d.
Vereinigte Staaten v. Amerika 1911 S. 167.

[2]) Vgl. Fustel de Coulanges La cité antique 11. éd. 1885 liv. II
chap. IV p. 55 ff. (deutsch von Paul Weiß 1907); E. Rohde Psyche
2. Aufl. 1898 S. 251 f.

der Trauung hervorgegangen sind. Diese kirchlichen und weltlichen Formen der Eheschließung sind aber nur Umbildung, nicht
Entwicklung des älteren Rechtes.

Dieser Zweckwandel sozialer Institutionen ist eine Erscheinung
von höchster Bedeutung. Je älter nämlich eine Institution ist,
desto wahrscheinlicher ist es, daß sie ihre ursprünglichen Zwecke
nicht oder doch nicht rein bewahrt hat. Es liegt in der Natur
der Dinge, daß man stets bestrebt ist, politische und rechtliche
Einrichtungen an die gegebenen Verhältnisse anzuknüpfen, indem
man sie dem jeweiligen neuen Zwecke anpaßt. Ferner behaupten
sich häufig Zustände, wenn sie auch längst nicht mehr dem Zwecke
dienen, der sie geschaffen hat, kraft der Macht des sozialen Be-
harrens oder der Interessen jener, die das zweckwidrig Gewordene
zu ihrem Vorteil festzuhalten verstehen. Beispiele für beide Fälle
drängt schon jede oberflächliche Betrachtung der Geschichte öffentlicher Institutionen in reicher Fülle auf. So hat sich die ursprünglich persönliche Amtsgewalt des Grafen zu erblicher Landeshoheit
umgebildet; aus dem Schutzverhältnis, in das der kleine zum
großen Grundbesitzer tritt, entsteht die Unfreiheit, der schließlich
keine Gegenleistung zuteil wird; aus der freiwilligen Gabe der
Stände wird die einseitig vom Staate auferlegte Steuer; aus den
Bitten und Beschwerden der englischen Reichsstände das konstitutionelle Gesetz; Georgs I. Unkenntnis der englischen Sprache und
seine daraus folgende Unfähigkeit, dem Kabinettsrate zu präsidieren,
hat dahin geführt, daß alle folgenden englischen Monarchen
von den Beratungen des Kabinetts ferngehalten werden usw.

Die Einsicht in das Wesen des Zweckwandels ist für Maß
und Art der geschichtlichen Erforschung gesellschaftlicher Institutionen nach vielen Richtungen entscheidend. Sie lehrt zunächst,
daß zum Verständnis des Wesens einer gegenwärtigen Erscheinung nicht die Kenntnis ihrer ganzen Vergangenheit gehört.
Erst von da angefangen, wo ihre heutigen Zwecke sich zuerst
zeigen, wo also ein lebendiger Zusammenhang mit der Gegenwart
beginnt, fängt ihre Entwicklung an, die sie uns besser verstehen
lehrt. Was vor dieser Entwicklung liegt, dient nicht mehr der
wissenschaftlichen Erfassung der Gegenwart. Wenn ich den
Ursprung der Adoption aus dem Ahnenkult erkannt habe, so wird
mir das Wesen der heutigen Adoption um nichts verständlicher,
da jeder lebendige Zusammenhang der Gegenwart mit jenen entschwundenen religiösen Zuständen mangelt. Ebensowenig sind

die Forschungen über Raub- und Kaufehe für die Erkenntnis
unserer heutigen Ehe von Bedeutung.

Damit soll natürlich der hohe selbständige Wert solcher
geschichtlichen Untersuchungen nicht im geringsten bestritten
werden, wie nicht minder ihre umfassende Bedeutung für andere
Wissensgebiete. Indem sie uns den Ursprung der sozialen Erscheinungen lehren, weisen sie ja deren durchgängige Bedingtheit
von den mannigfaltigsten natürlichen, psychologischen, ethischen
Ursachen und Umständen nach. Aber sie dienen doch wesentlich
dem Verständnis der Vergangenheit, nicht dem der Gegenwart.
Für dieses genügt die Kenntnis der Entwicklung. Was ihr
nicht frommt, gehört auf dem uns beschäftigenden Gebiete zu
den Rechts- und Staatsaltertümern, nicht zur Rechts- und Staatsgeschichte. Unter dem pragmatischen Gesichtspunkte der Erklärung der lebendigen Einrichtungen scheidet aus dem geschichtlichen Stoffe eine große Menge aus, die höchstens toten Ballast,
aber keine vorwärtstreibende Kraft zu bilden vermag.

Auch nach einer anderen Richtung hin lehrt die Erscheinung
des Zweckwandels, sich zu beschränken und zu bescheiden. Es
geht nicht an, heutigen Institutionen entschwundene, durch geschichtliche Forschung konstatierte Zwecke wieder bewußt durch
gesetzgeberische Tätigkeit einzuflößen oder verloren gegangene
Einrichtungen mit Rücksicht auf ihre löblichen Zwecke ohne
weiteres zu erneuern. Mystisch und unklar ist die Lehre, die
meint, ein Volk brauche sich nur auf seine Vergangenheit zu
besinnen, um kraft der Einheit seines geschichtlichen Lebens
Dahingegangenes zu neuem Dasein zu erwecken. Aus diesem
Irrtum sind ja die meisten praktischen Sünden der historischen
Schule zu erklären. Nur wo das Volksleben der Gegenwart in
gedeihlicher Weise Institute der Vergangenheit in sich aufnehmen
kann, wird der Versuch einer solchen Erneuerung gelingen. Sie
ist aber keineswegs Fortentwicklung, sondern Rezeption des Vergessenen und daher Fremdgewordenen, das in diesem Rezeptions-
prozeß vermöge der geänderten Umstände, die ihn begleiten,
ohne Wandel des ursprünglichen Zweckes nur selten durchzuführen ist.

Aber auch manche der letzten und höchsten Prinzipienfragen
der Sozialwissenschaften erhalten durch die Einsicht in das Wesen
des gesellschaftlichen Zweckwandels eine Beleuchtung, die zugleich überrascht und aufklärt. Namentlich gilt das für die

grundsätzliche Auffassung der ganzen sozialen Entwicklung überhaupt und der Staats- und Rechtsgeschichte insbesondere. Von
alters her stehen sich hier zwei Grundanschauungen schroff
gegenüber. Die eine, heute fast gänzlich verlassen, behauptet
bewußte primäre Schöpfung des Staates, des Rechts, der sozialen
Institutionen, die andere, heute herrschende, sieht in diesem
Prozeß einen natürlichen, von höheren, dem Individuum un-
erschütterlich gegenüberstehenden Kräften beherrschten Vorgang.
Beide prinzipielle Anschauungen haben unrecht. Die erste stellt
sich in schroffen Gegensatz zu aller geschichtlichen Erkenntnis,
wenn sie den isolierten, bisher von der Kultur noch gar nicht berührten Menschen mit klarem, zwecksicherem Bewußtsein das
schaffen läßt, was nur der Niederschlag der Erkenntnisse von
Jahrtausenden sein kann. Der Mangel der Erkenntnis des Zweckwandels der sozialen Institutionen ist einer der Grundmängel des
Naturrechts gewesen. Aber derselbe Mangel haftet in entgegengesetzter Richtung der anderen Theorie an. Indem sie die natürliche Schöpfung von Staat und Recht behauptet, sei es aus einem
mystischen Volksgeiste, sei es durch die Wirkung blinder Machtverhältnisse, übersieht sie die fundamentale Tatsache, daß keine
Institution ohne menschlichen zweckbewußten Willen entstehen
kann. Die Befriedigung des Nahrungs-, Wohnungs-, Sicherheits-
bedürfnisses auch der unkultiviertesten Völkerschaften vollzieht
sich stets im Lichte des Bewußtseins. Alle Institutionen und
Bräuche solcher Völkerschaften haben ursprünglich stets einen
bewußten Zweck, der vielleicht töricht und schädlich, aber mit
psychologischer Notwendigkeit da ist. Neuere Forschungen haben
ja in diesem Bereiche umfängliches Material gesammelt. Selbstverständlich aber ist die bewußte Absicht unkultivierter Epochen
nicht auf das gerichtet, was erst die an sie sich allmählich an-
schließende Kultur gezeitigt hat. Die einmal geschaffenen Institutionen, Sitten, Gebräuche ändern allmählich ihre Zwecke; neue
Zwecke treten hinzu und überwiegen häufig die alten gänzlich
oder drängen sie in den Hintergrund, und so entstehen durch
entwickelnde und ändernde Zweckwandlung Einrichtungen, wie
sie die Vorzeit nicht einmal geahnt hat. Es greift daher das,
was mit Bewußtsein geschaffen wurde, im Laufe der Entwicklung
weit über das schaffende Bewußtsein hinaus, und nur insoweit
ist die Behauptung richtig, daß Staat und Recht in ihren Grundlagen nicht bewußte Menschenschöpfung seien.

Die Vorstellung, daß die Staatsschöpfung zugleich unbewußter
und doch im Lichte des Bewußtseins sich vollziehender Vorgang
sei, hat bereits den großen Denkern der Hellenen vorgeschwebt,
die herkömmliche oberflächliche Darstellung als die Schöpfer der
Theorie der ausschließlich natürlichen Staatsschöpfung bezeichnet.
Für Plato und Aristoteles ist der Staat nichts Willkürliches. Mensch
sein und im Staate leben, waren für sie untrennbar miteinander
verknüpft. Gleich den Herdentieren oder vielmehr noch stärker
zeigt nach Aristoteles der Mensch von Natur aus den Charakter
als geselliges Wesen. Der Staat ist genetisch früher da als das
Individuum, da der Teil nur aus dem Ganzen heraus begriffen
werden kann, und was außerhalb des Staates lebt, ist entweder
ein Gott oder ein Tier. Nichtsdestoweniger aber lassen diese
Denker den Staat historisch durch zweckbewußte Handlungen der
Individuen entstehen. Die Arbeitsteilung zwingt nach Plato die
von dem Ergänzungsstreben beherrschten Menschen, zusammen-
zutreten[1], und nach Aristoteles sind es die trotz aller Herden-
gefühle zunächst vereinzelt lebenden Menschen[2], die, von sozialen
Instinkten geleitet, zuerst das Haus gründen, sodann die Dorf-
gemeinde und schließlich den Staat, in welchem das menschliche
Ergänzungsstreben seine volle Befriedigung findet. Obwohl der
Trieb und die Anlage zum Staate allen Menschen gemeinsam sei,
preist er dennoch denjenigen als den größten Wohltäter der
Menschen, der den Staat zuerst zustande gebracht hat[3]. In dem
so gegründeten Staat aber findet sofort eine Entwicklung durch
Bereicherung des ursprünglichen Zweckes statt. Entstanden um
des bloßen Lebens willen, besteht der Staat $\tau o \tilde{v} \; \varepsilon \tilde{v} \; \zeta \tilde{\eta} v \; \tilde{\varepsilon} v \varepsilon \kappa a$,
des vollkommenen Lebens wegen.

Die Lehre von der sozialen Zweckwandlung beleuchtet auch
klar den Irrtum der Lehre von der organisierten Entstehung und
Ausbildung sozialer Erscheinungen. In der Regel nimmt man
organischen Ursprung und Werden einer Institution an, wenn man
den Hergang dieses Entstehens und Werdens nicht oder nicht
näher kennt. Weil wir nicht wissen, wie sich die Sache zu-
getragen hat, meint man, daß das Bewußtsein an dem Hergang
überhaupt keinen Anteil habe. Je ferner uns ein historischer

---

[1] Rep. II 369 ff. Vgl. auch G o m p e r z Griechische Denker II S. 370 f.

[2] „σποϱάδες γάϱ· καὶ οὕτω τὸ ἀϱχαῖον ᾤκουν.“ Pol. I, 2 1252 b, 24 Bekk.

[3] „φύσει μὲν οὖν ἡ ὁϱμὴ ἐν πᾶσιν ἐπὶ τὴν τοιαύτην κοινωνίαν· ὁ δὲ πϱῶτος
συστήσας μεγίστων ἀγαθῶν αἴτιος.“ ib. 1253 a, 30.

Prozeß liegt, je weniger Urkunden über ihn in seinen Einzelheiten vorliegen, desto mehr dient er den Anhängern einer
organischen ‚Staats- und Gesellschaftslehre zum Beweis ihrer
Hypothesen. Was hingegen im Lichte des historischen Bewußtseins, also namentlich in der neuesten Zeit entstanden ist, das wird
häufig als unorganisch bezeichnet und damit verworfen. Die alten
Institutionen sind aus diesem Grunde häufig die organischen,
die neuen, deren Entwicklungsprozeß klar zutage liegt, die
mechanischen. Je weiter aber historische Forschung dringt, desto
mehr bestätigt sie uns das, was selbstverständlich sein sollte, daß
alle Institutionen bewußten Willensakten ihren Ursprung verdanken, durch Zweckwandel jedoch von ihrem ersten Entstehungsgrund sich loslösen und dadurch den Anschein von Bildungen
erlangen, deren Dasein vom menschlichen Willen unabhängig ist.

Neben der Änderung durch Zweckwandel wirkt aber noch
ein anderer Umstand auf die eigentümliche Ausgestaltung sozialer
Institutionen. Wenn nämlich auch die Handlungen notwendig
einen Zweck haben, so wirkt doch nicht jede Handlung den vorgesetzten Zweck oder ausschließlich diesen Zweck aus. Jede
Handlung kann soziale Wirkungen haben, die sich nicht berechnen, ja oft nicht einmal ahnen lassen. Kraft der ungeheuren
Mannigfaltigkeit und Verwicklung der sozialen Verhältnisse ist
menschliches Tun auch die Quelle unbeabsichtigter Wirkungen.
Die Wirkungen neuer Rechtssätze, neuer Behörden, neuer
Steuern, der Haltung parlamentarischer Parteien, eines Handels-
vertrages, einer Kriegserklärung, einer Gebietszession, eines
Friedensschlusses usw. lassen sich zum voraus niemals ganz berechnen. Alle diese Vorgänge haben nächste, unmittelbare
Zwecke, die ihren Urhebern wohlbewußt sind. Nicht aber
können diese wissen, ob sie diese Zwecke auch erreichen, ob
nicht anderes, Erwünschtes oder Ungewünschtes, daraus entsteht.
Ja, bei der inneren Verkettung alles sozialen Geschehens kann
die Wirkung eines für seine Urheber streng teleologisch determi-
nierten historischen Aktes über alles Maß des der Ahnung Zugänglichen hinausgehen. Man denke nur an die großen Ent-
scheidungsschlachten der Weltgeschichte, deren Folgen in dem
ganzen ferneren Verlauf der Menschenschicksale in einer den
Kämpfern notwendig verborgenen Weise zutage treten. Jede
neue technische Erfindung hat unberechenbare Wirkungen, jeder
Fortschritt in der wirtschaftlichen Produktion zeitigt neben den

beabsichtigten günstigen auch unbeabsichtigte schädliche Folgen
für das Ganze der Volkswirtschaft.

Diese unbeabsichtigten und unberechenbaren Wirkungen
sozialer Institutionen verstärken den Eindruck, daß ihre Schöpfung,
namentlich wenn uns die genaue Kenntnis des Beabsichtigten
und Unbeabsichtigten mangelt, dem menschlichen Willen überhaupt entrückt und daher ein natürlicher, organischer Vorgang
sei. Allein solches „Natürliche und Organische" haftet jeder,
auch der unbedeutendsten und verkehrtesten menschlichen
Handlung an. Alles Wollen ruft niemals völlig zu berechnende
Veränderungen in der Außenwelt hervor und ist deshalb zugleich vernünftige und unvernünftige Naturkraft. Die Verehrung
frommer Pilger weiht dem Heiligen demutsvollen Kuß, dem
Meisterwerke Michel Angelos in einer der römischen Kirchen
hat dieser Kuß im Laufe der Jahrhunderte eine Zehe geraubt.

An anderer Stelle ist zu erörtern, welche Bedeutung überdies die Gewöhnung entwickelt, die soziale und staatliche Einrichtungen als dem Willen entrückte Bildungen erscheinen läßt.
Je länger eine Institution dauert, desto schwieriger wird es in
der Mehrzahl der Fälle, sie zu verändern. Trotzdem erfordert
sie stets bewußte Willensakte, um zu existieren. Sie ist ja im
Grunde nichts anderes als eine Summe planmäßig zusammen
gestimmter menschlicher Willensaktionen.

6. Die juristische Methode in der Staatslehre.[1])

Sie gilt für die Feststellung der Sätze der Staatsrechtslehre
und für die Entwicklung des Inhaltes dieser Rechtssätze. Die
Staatsrechtslehre ist, wie bereits erwähnt, eine Normwissenschaft.
Ihre Normen sind von den Aussagen über das Sein des Staates
als sozialer Erscheinung scharf zu trennen. Ein großer Teil der
methodischen Streitigkeiten im Staatsrecht rührt aus der Unklarheit über die Doppelnatur des Staates und dem daraus stammenden Gegensatz der sich mit dem Staate beschäftigenden
Wissenschaften her.

Mit dieser Erkenntnis sind alle Übertragungen von fremden
Forschungsmethoden auf das juristische Gebiet der Staatslehre
zurück- und dem sozialen Gebiete zugewiesen. Diesem letzteren

---

[1]) Vgl. meine eingehenden Ausführungen im System der subj. öff.
Rechte S. 13 ff.

gehört auch das Recht in seiner Eigenschaft als soziale Funktion
an. Geschichte und Sozialwissenschaft sowie Politik sind auch
dem Rechte, seiner Entstehung, seiner Entwicklung, den in ihm
wirkenden wirtschaftlichen, ethischen, nationalen Ideen, seiner
Wirkung auf das gesamte Volksleben zugewendet. Allein der
dogmatische Gehalt der Rechtsnormen kann nur durch die ausschließlich vom Juristen geübte Kunst der Abstraktion aus den
rechtlichen Erscheinungen und der Deduktion aus den also gefundenen Normen geübt werden. Diese Rechtsdogmatik ist durch
andersgeartete Wissenschaft nicht zu ersetzen. Daß einseitige
Dogmatik aber, die sich anmaßte, das Ganze zu erfassen, dieses
Ziel verfehlte, daß sie der Ergänzung durch die anderen dem
Staate zugewandten Disziplinen zu gedeihlicher Forschung be-
nötigt, bedarf nach dem Vorangehenden keiner näheren Ausführung mehr.

Alle Untersuchungen über empirische, biologische, naturwissenschaftliche, soziologische Behandlungsweise des Staatsrechtes betreffen in Wahrheit die soziale Staatslehre. Für das
Staatsrecht gilt aber nur die juristische Methode. Die muß sich
jedoch den Eigentümlichkeiten des öffentlichen Rechtes anpassen.
Juristisch ist nicht gleichbedeutend mit privatrechtlich. Un-
kritische Übertragung privatrechtlicher Begriffe ins öffentliche
Recht ist gewiß ein methodischer Fehler, obwohl es zweifellos
allgemeine Rechtsformen gibt, die allen Rechtsgebieten gemeinsam
sind. Nichtsdestoweniger ist es unrichtig, von privatrechtlicher
oder staatsrechtlicher Methode zu sprechen, so wenig es innerhalb der Naturwissenschaft eine ganz selbständige mechanische
und chemische Methode gibt. Vielmehr hat die einheitliche
juristische Methode sich — wie jede Methode — den Verschiedenheiten des zu bewältigenden Materials anzupassen. Öffentliche
Rechte und Rechtsverhältnisse sind anders geartet als private.
Diesen Gegensatz des Stoffes nicht zu verwischen, sondern zu
beachten, ist ein Gebot geklärter juristischer Forschung. Wenn
es nicht immer befolgt wird, so beweist das nichts gegen die
Einheit der Methode, sondern nur gegen ihre durchgängig richtige
Anwendung.

Die Grenzen der juristischen Untersuchung in der Staatslehre ergeben sich durch deren Zweck. Dieser ist aber in der
gesamten Jurisprudenz gerichtet auf Gewinnung praktischer Möglichkeit, das tatsächliche Leben rechtlich zu beurteilen. Alle

Konstruktionen, die nicht irgendwie diesem praktischen Zweck zu dienen imstande sind, haben keinen wissenschaftlichen Wert. Es gibt keine Jurisprudenz, die um ihrer selbst willen getrieben werden könnte, wie eine rein theoretische Disziplin, die den Erkenntniswert in sich trägt.

Darum ist staatsrechtliche Jurisprudenz wesentlich der Gegenwart zugewendet. Die Vergangenheit kann juristisch nur so weit untersucht werden, als es das Verständnis der historischen Probleme erfordert[1]). Eingehende Erörterung von Kontroversen etwa des römischen oder des alten Reichsstaatsrechtes, ohne jede lebendige Beziehung zum heutigen Recht nach streng juristischer Methode, die ja in erster Linie künftige Fälle des Zweifels und Streites entscheiden lehren soll, wäre vergebliche, den Spott herausfordernde Mühe, weil jede Möglichkeit fehlt, die erstarrte Vergangenheit durch bessere, der Gegenwart entstammende Kenntnis zu reformieren. Es gibt kein Seinsollendes nach rückwärts, und darum beschäftigt sich auch die Rechtsgeschichte mit dem, was tatsächlich war, nicht mit dem, was hätte sein sollen oder können.

---

[1]) Vgl. hierzu Radbruch im Arch. f. Sozialwissenschaft XXII 1906 S. 368; H. U. Kantorowicz Rechtswissenschaft und Soziologie 1911 S. 30 ff. und die dort Genannten.

Drittes Kapitel.

Die Geschichte der Staatslehre[1]).

Die Staatslehre zählt zu den ältesten wissenschaftlichen Disziplinen. Sie bildet bereits einen höchst bedeutsamen, wohlentwickelten Zweig der hellenischen Wissenschaft.

[1]) Literatur: Die gesamte Geschichte behandelnde Werke: G l a f e y Vollständige Geschichte des Rechts der Vernunft 1739; W e i t z e l Geschichte der Staatswissenschaft ·I, II, 1832—33; B l a k e y History of political litterature from the earlist times I, II, 1854; Fr. J. S t a h l Die Philosophie des Rechts 4. Aufl. I 1870; A h r e n s Naturrecht oder Philosophie des Rechts und des Staates 6. Aufl. 1870 I S. 13—212; R. v. M o h l Die Geschichte und Literatur der Staatswissenschaften I 1855 S. 217—264, III 1858 S. 339—407; F. v. R a u m e r Über die geschichtliche Entwicklung der Begriffe von Recht, Staat und Politik 3. Aufl. 1861; J a n e t Histoire de la science politique dans ses rapports avec la morale I, II, 3. éd. 1887 (4. éd. 1913, herausgegeben von G. Picot); P o l l o c k An introduction to the history of the science of politics, London 1893; R e h m Geschichte der Staatsrechtswissenschaft (Handb. des öff. Rechts, Einleitungsband I) 1896; d e r s e l b e Allgemeine Staatslehre (Handbuch des öff. R., Einleitungsband II) 1899 S. 209 ff.; G u m p l o w i c z, Geschichte der Staatstheorien 1905. — Einzelne Epochen dargestellt von H i l d e n b r a n d Geschichte und System der Rechts- und Staatsphilosophie I 1860 (Altertum); G o m p e r z Griechische Denker I u. II, 2. Aufl. 1903, III 1909; H. v. A r n i m Die politischen Theorien des Altertums 1910; G i e r k e Das deutsche Genossenschaftsrecht III 1881; Die Staats- und Korporationslehre d. Altertums und Mittelalters; d e r s e l b e Johannes Althusius und die Entwicklung der naturrechtlichen Staatstheorien (Mittelalter und Neuzeit); Ad. F r a n c k Réformateurs et publicistes de l'Europe, moyen âge — renaissance 1864, dix-septième siècle 1881, dix-huitième siècle 1893; B l u n t s c h l i Geschichte der neueren Staatswissenschaft, seit dem 16. Jahrh. bis zur Gegenwart, 3. Aufl. 1881; G o t h e i n Renaissance und Reformation im HWB. der Staatswissenschaften 2. Aufl. VI S. 385 ff. (in der 3. Aufl. nicht wieder abgedruckt); J. H. F i c h t e Die philosophischen Lehren von Recht, Staat und Sitte in Deutschland, Frankreich und England, von der Mitte des 18. Jahrh. bis zur Gegenwart, 1850; V o r l ä n d e r Geschichte der philosophischen Moral, Rechts- und Staatslehre der Engländer und Fran-

Das hängt mit der ganzen Weltanschauung der Griechen zusammen. Da der Staat nicht nur politische, sondern auch religiöse Gemeinschaft war, so ist den Griechen die Lösung der ethischen Fragen streng mit der der politischen verbunden. Ein vom Staate gänzlich losgelöstes oder im Staate diesem selbständig gegenüberstehendes Gemeinleben ist für sie nicht vorhanden. Da nun die ethischen Probleme an Interesse bald alle übrigen überragen und schließlich sogar zurückdrängen, so stehen mit ihnen auch die Grundfragen der Staatslehre im Vordergrund der Forschung. Gemäß der auf das Praktische gerichteten Tendenz der ethischen Spekulation sucht die Forschung zuerst Grundsätze für das politische Handeln zu gewinnen. Die Nachrichten über die Anfänge des politischen Denkens zeigen uns dieses im Suchen nach einem Maßstabe für die Beurteilung des Gegebenen begriffen, den die einen in der Natur, die anderen in der menschlichen Satzung finden. In dem Kampf der Meinungen handelt

---

zosen 1855; G. Koch Beiträge zur Geschichte der politischen Ideen I, II, 1892—1896; H. Michel L'idée de l'État. Essai critique sur l'histoire des théories sociales et politiques en France depuis la révolution, Paris 1895; W. A. Sunning A history of political theories ancient and mediaeval, New York 1902; R. W. and A. J. Carlyle A history of mediaeval political theory in the West I, Edinburgh and London 1903; G. Jellinek Die Staatsrechtslehre und ihre Vertreter 1903 (Ausg. Schriften u. Reden I 1911 S. 314 ff.); Ph. Zorn Die Entwicklung der Staatsrechtswissenschaft seit 1866 (Jahrb. d. ö. R. I 1907 S. 47 ff.); Piloty Ein Jahrhundert bayerischer Staatsrechtsliteratur (Festgabe für Laband I 1908 S. 203 ff.); A. D. White Sieben große Staatsmänner 1913. — Von neueren Einzeldarstellungen seien an dieser Stelle genannt: A. Menzel Protagoras, der älteste Theoretiker der Demokratie (Z. f. Pol. III 1910 S. 205 ff.); derselbe Protagoras als Gesetzgeber von Thurii 1910 (Sächs. Ges. d. Wissensch. 62. Bd. 7. Heft); derselbe Spinoza in der deutschen Staatslehre der Gegenwart (Schmollers Jahrb. XXXI 1907 S. 474 ff.): derselbe Ein österreichischer Staatsphilosoph des 18. Jahrhunderts (Österr. Rundschau I 1905 S. 295 ff.); J. Vilmain Die Staatslehre des Thomas von Aquino 1910; R. Fränkel Die Staatslehre des Petrus de Bellapertica (Arch. f. Rechts- u. Wirtschaftsphilosophie VI 1913 S. 637 ff.; Kelsen Die Staatslehre des Dante Alighieri 1905; C. Hilty Nicolò Machiavelli und Giambattista Vico (Polit. Jahrb. d. schweiz. Eidgen. XX 1906 S. 3 ff.); A. Schmidt Nicolò Machiavelli und die allgem. Staatslehre der Gegenwart 1907; L. M. Kotowitsch Die Staatstheorien im Zeitalter des Fronde (1648—1652) 1913; H. Saitzeff William Godwin und die Anfänge des Anarchismus im 18. Jahrhundert 1907; W. Ehrhard Die Grundlagen der Staatslehre Carl Theodor Welckers 1910; E. Warschauer Schopenhauers Rechts- und Staatslehre 1911.

es sich aber in erster Linie um die Frage, wie der Staat am zweckmäßigsten zu gestalten sei, und welche Stellung das Individuum zu ihm einzunehmen habe. Damit ist die Grundlage für jene Richtung in der Staatslehre gegeben, die als deren vornehmstes Objekt die Erforschung des Idealtypus des Staates betrachtet. Nicht: Was ist der Staat? sondern: Wie soll er beschaffen sein? lautet die erste Frage, die dem wissenschaftlichen Bedürfnis nach staatlicher Erkenntnis entstammt. Schon von Männern, die nicht unter dem Einflusse der sokratischen Lehre standen, wie Phaleas von Chalkedon und Charondas von Milet, sind Fragmente der Konstruktion von Staatsidealen überliefert. In der Blütezeit der griechischen Philosophie aber steht der beste Staat als vornehmstes Objekt der politischen Spekulation da. Am klarsten tritt dies hervor bei Plato, dessen große politische Werke der Darstellung des besten und des nächstbesten Staates gewidmet sind. Auch bei Aristoteles ist nach der ganzen Anlage seines Systems die Erkenntnis des besten Staates das letzte Ziel der ganzen staatswissenschaftlichen Forschung: der Staat, der den ihm einwohnenden Zweck am besten erfüllt, bildet, wie das sittlich Erstrebenswerte überhaupt, den wichtigsten Gegenstand der praktischen Erkenntnis. In den nacharistotelischen Schulen bis zu den letzten Ausläufern der antiken Staatswissenschaft ist gemäß der diesen Systemen innewohnenden Tendenz das theoretische Interesse an der Erkenntnis gänzlich geschwunden und vielmehr das praktische politische Interesse des Individuums in den Vordergrund gerückt. Damit ist von neuem das Staatsideal vornehmster Gegenstand der Forschung geworden. Wie muß der Staat beschaffen sein, an dem der Weise teilnehmen kann? lautet die politische Grundfrage der nacharistotelischen Staatswissenschaft.

Neben dieser auf den staatlichen Idealtypus gerichteten Spekulation geht aber einher eine der staatlichen Wirklichkeit zugewendete Richtung. Das Ideale kann ja von Grund aus nur erkannt werden durch seinen Gegensatz. Die Realität mit ihren Fehlern muß dem lebendig vor Augen stehen, der bessern soll. Ohne Kritik des Gegebenen ist keine Änderung der Institutionen möglich. Solche, zunächst wohl nicht systematische und schulgerechte Kritik war bei der reichen Entfaltung des athenischen öffentlichen Lebens selbstverständlich. Namentlich die Sophisten haben nicht nur tiefeinschneidende Kritik geübt, sondern auch

eine Lehre vom realen Staate entwickelt. Manches, was der
platonischen und aristotelischen Staatslehre zugeschrieben wird,
dürfte aus der früheren Zeit stammen, deren politische Literatur
uns leider nur in wenigen Bruchstücken aufbewahrt ist[1]).

Es finden sich bereits bei Plato eingehende Erörterungen,
die der Erkenntnis des Werdens, Seins und Wandelns der vorhandenen Staaten gewidmet sind. In energischer und folgenreicher Weise wendet sich aber Aristoteles, der das ganze Gebäude
der praktischen Wissenschaften auf der Erforschung des Gegebenen
errichten will, der sorgfältigsten Untersuchung der vorhandenen
Staatenwelt als einer unumgänglichen Vorarbeit für die Lösung
jener höchsten praktischen Fragen zu. Damit wird er der Schöpfer
der systematischen wissenschaftlichen Staatslehre, die als theoretische Wissenschaft neben der praktischen Politik steht, die
ein noch nicht seiendes Bestes zu verwirklichen sucht. In gründlicher Weise werden die empirischen Typen der damaligen Staatenwelt aufgesucht und ihre Unterabteilungen festgestellt, da die
Wirkung individualisierender Faktoren wohl erkannt und beachtet wird. Nicht nur Typen des Daseins, sondern auch der
Lebensprozesse der Staaten werden aufgestellt; das Staatsleben
wird unter bestimmten teleologischen Gesichtspunkten betrachtet
und damit der Grund zu einer wissenschaftlich vertieften Real-
politik gelegt. Die einzelnen Disziplinen der Staatslehre werden
aber noch nicht unterschieden; vielmehr sind alle Betrachtungs-
weisen des Staates in der Politik vereinigt. Dieses Wort bedeutet, wie bereits erwähnt, im Griechischen Lehre von der Polis,
ist nicht mit unserem Terminus Politik zu identifizieren, sondern
mit Staatswissenschaft zu übersetzen.

Einzelne der Staatslehre zuzuzählende Untersuchungen sind
auch noch in der späteren antiken Literatur vorhanden, so vor
allem die allerdings auf die politische Apologie des römischen
Staates hinauslaufende Skizze der Staatslehre bei Polybius,
wie denn auch bei Cicero sich manche, meist der griechischen
Lehre entlehnte Bemerkungen über Staat und Staatsformen finden.

Die Literatur der christlich-mittelalterlichen Epoche ist von
dem Gedanken einer wissenschaftlichen Staatslehre weit entfernt.
Noch mehr als dem Altertum erscheint ihr das Seinsollende als
das Wissenswürdigere gegenüber dem Seienden. Die realen

---

[1]) Vgl. Rehm Geschichte S. 14 ff.

politischen Verhältnisse, der Bau der gleichzeitigen Staatenwelt liegt ihrer Betrachtung so fern, daß man aus ihr von den eigentümlichen Institutionen jener Zeiten nichts oder nur sehr wenig erfährt. Was nicht die große rechtliche und politische Frage des Zeitalters, die Stellung der weltlichen zur geistlichen Gewalt berührt, wird in seiner Eigenart nicht beachtet. Es sind wesentlich die aus dem Altertum überkommenen Begriffe und Schablonen, die in dieser Literatur variiert werden, soweit sie überhaupt in den Rahmen der christlichen Weltanschauung passen. Dazu kommt aber noch der Einfluß römisch-rechtlicher Vorstellungen, die, niemals ganz erstorben, dem allgemeinen Bewußtsein durch die Legisten vermittelt werden. Der Ausbildung einer selbständigen Staatswissenschaft ist vor allem hinderlich der Mangel eines offiziell anzuerkennenden Staates. Das alte römische Weltreich hatte in Form des von Kaiser und Papst beherrschten mittelalterlichen Reiches seine Fortsetzung gefunden, in welchem die einzelnen Glieder nicht als Staaten im vollen Sinne gelten konnten. So hat denn das Mittelalter eine an politischen Erörterungen reiche, an selbständigen theoretischen staatswissenschaftlichen Untersuchungen und Resultaten arme Literatur.

Unabhängig von dieser Literatur erhebt sich aber eine neue, die der Jurisprudenz. Sie ist ihrer Natur nach den realen Gestaltungen des Lebens zugewendet. Ihr fehlt als Objekt der klare, in den gegebenen Verhältnissen begründete Staatsbegriff. Dafür ist sie aber dem reichen weltlichen und kirchlichen Genossenschaftswesen jener Zeiten zugekehrt. Die romanistische und kanonistische Korporationstheorie, auf deren Bedeutung in der Geschichte der Staatslehre hingewiesen zu haben das große Verdienst Gierkes ist, enthält tiefgreifende Erörterungen, die später in der selbständig gewordenen Staatslehre fortgebildet werden. Diese Korporationslehre vollzieht einen gewaltigen Umschwung in der ganzen wissenschaftlichen Stellung der theoretischen staatlichen Probleme. Hatte das Altertum und die auf seinem Grunde stehende scholastische Literatur den Staat in letzter Linie als ein zu verwirklichendes Ideal aufgefaßt, mündet also ihr ganzes staatswissenschaftliches Denken in politische Untersuchungen, so wird hier eine rein theoretische Anschauung vom Staate vorbereitet, die ihn wesentlich als Rechtsgebilde erkennt. Die Lehre vom Staate wird damit ein Teil der Rechtswissenschaft, ein Gedanke, der dem Altertum ferngelegen hat. Ist auch die

Erkenntnis eines selbständigen ius publicum römischen Ursprungs, so mangelten dennoch in der juristischen Literatur der Römer alle näheren Untersuchungen über den status reipublicae, auf den sich jenes Recht bezog. Die Hellenen hingegen waren nie dahin gekommen, das Recht in seiner Eigenart zu erfassen, daher der Gedanke einer Betrachtung des Staates unter ausschließlich rechtlichen Gesichtspunkten ihnen nicht geläufig ist. Diese Verbindung der Staatslehre mit Jurisprudenz ist für die moderne Entwicklung der theoretischen Staatswissenschaft von der höchsten Bedeutung geworden.

Die neuere, durch Renaissance und Reformation eingeleitete Zeit beginnt ebenfalls mit politischen Erörterungen. Die Auflösung der mittelalterlichen Welt hatte die alten Autoritäten gestürzt oder doch erschüttert. An Stelle der mittelalterlichen Einheit des Reiches war eine Vielheit ihrer Selbständigkeit sich bewußter Staaten getreten. Damit war der Trieb gegeben, sich über die neuen Bildungen, ihren Wert und die Bedingungen ihrer Erhaltung klar zu werden. Diesem Zwecke dienen aber wiederum eingehende Erörterungen theoretischer Natur. So enthalten denn die an der Spitze der modernen politischen Literatur stehenden Werke Machiavellis und namentlich die Jean Bodins eine Reihe bedeutsamster Untersuchungen über Wesen, Eigenschaften und Arten der Staaten. Von neuem ist hier wie bei Aristoteles, aber nicht mehr ihm sklavisch folgend, der Blick zurückgewendet auf die gegebene Welt, um aus ihr die Typen zu gewinnen, für welche die Vorschriften der Staatskunst berechnet sind.

Die neuerstandene Welt sucht aber auch nach einer neuen festen Basis der von Grund aus veränderten Verhältnisse; diese bietet ihr das durch antike und mittelalterliche Anschauungen vermittelte Naturrecht, dessen Eigenart nicht zum geringsten darin besteht, daß es, von theologischer Basis losgelöst, nicht kraft göttlichen Gebotes, sondern kraft innerer Notwendigkeit seine Selbständigkeit behauptet. Dieses Naturrecht ist in seinem Anfange hauptsächlich dem öffentlichen Rechte zugewendet. Der Staat, seine Entstehung, sein Wesen, seine Funktionen werden aus ihm abgeleitet. Damit tritt eine allgemeine Lehre vom Staate auf, die sich schon in ihren Anfängen als eine rechtliche Theorie gibt und sich in bewußten Gegensatz zu der politischen Behandlungsweise des Staates stellt. Die Selbständigkeit dieses Rechtes

gegenüber der Politik wird schon von Hugo Grotius stark
betont[1]). Trotzdem finden unter den folgenden Naturrechtslehrern
wiederum Vermischungen des Juristischen mit dem Politischen
statt, was wohl begreiflich ist, da die hervorragendsten und ein-
flußreichsten Schriftsteller an der Gestaltung der politischen Verhältnisse lebhaft interessiert sind und ihre Untersuchungen in
erster Linie theoretische Fundierung ihrer praktischen Ziele bezwecken. Bei Hobbes und Locke, bei Spinoza und Pufendorf, wie später bei Rousseau und Kant tritt dies Bestreben,
den Normalstaat zu zeichnen als Zweck der theoretischen Untersuchung, jedem Leser deutlich hervor. Überall erscheint aber der
Staat als eine durch das Recht begründete und fortwährend auf
einem Rechtsgrunde — dem Staatsvertrage — ruhende Institution.

Es waren Männer, die weniger im Vordergrunde der geistigen
Bewegung standen und die Anregungen jener hervorragenden
Geister mehr in schulgerechter Weise auszubilden bestrebt waren,
die, in Loslösung von der Politik, eine Disziplin des allgemeinen Staatsrechtes schufen. Nachdem bereits Lipsius[2]
die Politik unabhängig vom Staatsrechte abgehandelt hatte, unter-
nahm es der Holländer Ulrich Huber in seinem Buche über
den Staat, die nova disciplina iuris publici universalis in strenger
Scheidung von der Politik darzustellen[3]). Huber ist somit der
Schöpfer nicht der Lehre, aber der Bezeichnung des allgemeinen
Staatsrechtes, das nunmehr oft Bearbeitungen findet. Gegründet
wird diese Disziplin auf das Naturrecht und die historische Erfahrung. Sie steht daher der Wirklichkeit näher als die privatrechtliche Naturrechtslehre, die allerdings keinen Aristoteles als
Vorbild ihrer Methode aufzuweisen hatte. Die umfassenden Systeme
des Naturrechts seit Pufendorf[4]) aber widmen dem allgemeinen
Staatsrechte besondere Bücher oder Abschnitte.

---

[1]) De iure belli et pacis. Proleg. § 57.

[2]) Politicorum sive civilis doctrinae libri VI, 1590.

[3]) De iure civitatis libri tres novam iuris publici universalis disci-
plinam continentes, ed. quarta 1708 (ed. princeps 1672). Über den Gegensatz von allgemeinem Staatsrecht und Politik LI sect. I 1 § 14.

[4]) Pufendorf handelt von ihm De jure naturae et gentium
libri VIII in den beiden letzten Büchern, noch ohne besondere Bezeichnung für diesen Teil des Naturrechts. In Deutschland scheint
zuerst J. H. Böhmer, Introductio in ius publicum universale ex genuinis
iuris naturae principiis 1710, die Bezeichnung „allgemeines Staatsrecht"
populär gemacht zu haben.

Die Forderung der durchgängigen Trennung des Juristischen vom Politischen wird jedoch in der naturrechtlichen Literatur keineswegs strikte durchgeführt. Das praktische Interesse überwiegt das theoretische so sehr, daß auch die schulgemäße Naturrechtslehre an dem Kampfe um Neugestaltung der staatlichen Verhältnisse teilnimmt, ja eine der großen geistigen Mächte in diesem Prozesse der Neugestaltung wird. Der Einfluß, den Pufendorf, Thomasius, Wolff und schließlich Kant auf das politische Denken ihrer Zeiten gewonnen haben, war nicht viel geringer als die Wirkung der Schriftsteller, die unmittelbar den praktischen Zweck ihrer Lehren in den Vordergrund stellten, wie Locke und Rousseau.

Nach dem Falle der Vorherrschaft der naturrechtlichen Schule erlebt das in eine ausgesprochene politische Tendenz auslaufende allgemeine Staatsrecht eine Nachblüte in dem allgemeinen konstitutionellen Staatsrecht. Montesquieu hatte in seinem berühmten „esprit des lois‟ ein diesseitiges politisches Ideal in dem Staate gefunden, dessen Zweck die politische Freiheit seiner Bürger ist, und damit England als das konstitutionelle Musterbild hingestellt. Die englischen Institutionen in der Form, wie sie in Frankreich verstanden und nachgeahmt werden, geben Anlaß zu einer Lehre von dem konstitutionellen Musterstaate, namentlich auf Grund der Ausführungen von Mirabeau, Sieyès und Benjamin Constant. Dieses allgemeine konstitutionelle Staatsrecht, in zahlreichen französischen und deutschen Werken vorgetragen, hat wiederum große Wirkung auf die praktische Politik gehabt, indem es die Grundlage des Programmes der liberalen Parteien, so auch namentlich in Deutschland, geworden ist.

Der große Umschwung im wissenschaftlichen Denken, der sich am Ende des 18. und am Anfange des 19. Jahrhunderts vollzieht, äußert sich auch in den Staatswissenschaften. Zwar bestehen die alten Richtungen und Tendenzen fort. Politische Schriftsteller, oft von großem praktischem Einflusse, stellen von neuem Idealtypen des Staates auf, deren Verwirklichung in das Programm der politischen Parteien aufgenommen wird. Daneben aber erhebt sich, dem geschärften wissenschaftlichen Sinne der neuen Zeit entsprechend, die Forderung objektiver Erkenntnis des historisch Gewordenen, des vorhandenen Staates. Die Bearbeitung neuer Wissensgebiete, die mit dem Staatsleben in innigem Zusammenhange stehen, läßt dessen Probleme von neuen Standpunkten

aus betrachtet werden. Hatte das Naturrecht den Staat ausschließlich als eine Rechtsanstalt aufgefaßt und ihn ganz auf
juristischem Grunde fundiert, so tritt nun die Mannigfaltigkeit
des Wesens des Staates in das wissenschaftliche Bewußtsein. Das
zeigt sich auch darin, daß die Erkenntnis sich Bahn bricht, die
Grundwissenschaft vom Staate sei nicht nur die Rechtslehre des
Staates, sondern auch eine selbständige Disziplin, welche die
über das Recht hinaus und dem Rechte vorangehende Natur des
Staates, zu deren Feststellung die Hilfsmittel der juristischen
Forschung nicht ausreichen, zu ergründen strebt. So bildet sich
die Forderung einer allgemeinen Staatslehre, die den Staat nicht
nur in seiner Eigenschaft als Rechtssubjekt, sondern in der
Totalität seiner Merkmale zum Gegenstand hat. Der Terminus
Staatslehre als Übersetzung des Wortes Politik findet sich schon
in der Mitte des 18. Jahrhunderts[1]). Die Erkenntnis ihres Unterschiedes von dem allgemeinen Staatsrecht tritt aber erst am Ende
des 18. Jahrhunderts auf[2]). In der ersten Hälfte des 19. Jahrhunderts wird die Staatslehre entweder als eine selbständige
Disziplin neben Staatsrecht und Politik behandelt, als Naturlehre
des Staates[3]), oder als die Gesamtheit der theoretischen Staats-

---

[1]) Über diese Literatur vgl. v. M o h l I S. 265—334. Zahlreiche
literarische Notizen bei v. A r e t i n Staatsrecht der konstitutionellen
Monarchie I 1824, für die spätere Zeit ein umfassender bibliographischer
Nachweis bei H e l d Staat und Gesellschaft III 1865 S. 91—100.

[2]) Zuerst war es S c h l ö z e r, Allgemeines Staatsrecht 1793 S. 9,
der die Staatswissenschaft in Staatskunde und Staatslehre schied. Unter
der letzteren, die er auch als cursus politicus philosophicus oder scientia
imperii — im Gegensatz zu der dem Einzelstaat zugewendeten notitia
imperiorum — bezeichnet, versteht er: „die menschliche Einrichtung,
Staat genannt, nach ihrem Zweck und Wesen überhaupt". Sie zerfällt
ihm in Metapolitik (die als Vorläufer der heutigen Soziallehre vom
Staate zu bezeichnen ist), Staatsrecht, Staatsverfassungslehre und Politik
im engeren Sinne.

[3]) Eine P h y s i o l o g i e der Staaten, die den realen Staatenbildungs-
prozeß erkennen läßt, hat zuerst S c h l e i e r m a c h e r, Die Lehre vom
Staat, herausgeg. von Chr. A. Brandis S. 1 ff., gefordert. Sodann hat
R o t t e c k (vgl. die folgende Note) die Staatsphysik als einen Teil der
Staatslehre behandelt, hierauf Heinrich L e o, Studien und Skizzen zu
einer Naturlehre des Staates I 1893, die Grundzüge einer Physiologie
der Staaten entworfen und K. S. Z a c h a r i a e, Vierzig Bücher vom
Staate 2. Aufl. 2. Bd. 1839, eine allgemeine politische Naturlehre der
Staatsverfassungslehre vorangestellt. Auch in neuester Zeit ist der
Gedanke einer Naturlehre des Staates von Anhängern der organischen

wissenschaften im Gegensatz zur praktischen bezeichnet[1]). Als selbständige staatswissenschaftliche Disziplin wird sie sodann in der zweiten Hälfte des Jahrhunderts von R. v. Mohl gelehrt[2]) und unter seinem Einfluß von anderen abgehandelt[3]). Doch fehlt überall ein festes, durchgreifendes, anerkanntes Merkmal, das die Staatslehre vom Staatsrecht und der Politik scheidet, wie denn

---

Staatsauffassung gepflegt worden, so von C. Frantz, Vorschule zu einer Physiologie der Staaten 1857, und Naturlehre des Staates 1870, sowie von den biologischen Soziologen, wie Spencer und Schäffle.

[1]) v. Rotteck, Lehrbuch des Vernunftrechts und der Staatswissenschaften II 1830, scheidet theoretische Staatslehre oder Metapolitik von der praktischen Staatslehre als der Politik im engeren oder eigentlichen Sinne und zerfällt die erstere in Staatsmetaphysik, Staatsphysik und allgemeines Staatsrecht.

[2]) Zuerst a. a. O. I S. 126, sodann Enzyklopädie der Staatswissenschaften 2. Aufl. 1872 S. 71—157. Der Staatslehre stehen als dogmatische Staatswissenschaften öffentliches Recht, Staats-Sittenlehre und Staatskunst (Politik) zur Seite.

[3]) Bluntschli, Lehre vom modernen Staat 1875—76, hat sein allgemeines Staatsrecht, von den früheren vier Auflagen abweichend, in drei Bände verwandelt: I. Allgemeine Staatslehre. II. Allgemeines Staatsrecht. III. Politik. Für eine gesonderte Disziplin erklären ferner die Staatslehre Rößler, System der Staatslehre 1857; H. Bischof, Allgemeine Staatslehre 1860; Escher, Handbuch der praktischen Politik 1863 I S. 8; v. Holtzendorff a. a. O. S. 4; G. Meyer, S. 44. Andere hingegen, wie H. Schulze, Einleitung in das deutsche Staatsrecht, neue Ausgabe 1867, und J. v. Held, Grundzüge des allgemeinen Staatsrechts 1868, scheiden die allgemeine Staatslehre überhaupt nicht vom allgemeinen Staatsrecht, und eine dritte Gruppe, zu der M. Seydel, Grundzüge der allgemeinen Staatslehre 1873, Lingg, Empirische Untersuchungen zur allgemeinen Staatslehre 1890, und Bornhak, Allgemeine Staatslehre 1896, 2. Aufl. 1909, zählen, wählt diesen Ausdruck für die allgemeine Staatsrechtslehre oder fixiert doch nicht das Verhältnis von Staatslehre zu Staatsrecht; J. Schvarcz, Elemente der Politik. Versuch einer Staatslehre auf Grundlage der vergleichenden Staatswissenschaft und Kulturgeschichte 1895, vermengt schon im Titel seines Werkes alle Bezeichnungen, was auch der Unklarheit des Inhaltes entspricht (vgl. z. B. S. 42 die 24 Zeilen lange Staatsdefinition). Die Zugehörigkeit des Staatsrechts zur Staatslehre betont Gareis Allgemeines Staatsrecht in Marquardsens Handbuch des öffentlichen Rechts I¹ S. 17 ff. Als umfassendere, das allgemeine Staatsrecht in sich schließende Disziplin wird die allgemeine Staatslehre neuestens in dem gleichnamigen, auf solidem Grunde und reicher Gelehrsamkeit aufgebauten, übrigens auch weitgehende politische Exkurse enthaltenden Werke von Rehm abgehandelt.

auch die einschlägigen Darstellungen der Unklarheiten und Widersprüche voll sind[1]).

Volle Klarheit wird jedoch durch die diesem Werke zugrunde
gelegte Erkenntnis gebracht, daß es zwei mögliche wissenschaftliche Standpunkte gibt, von denen aus der Staat betrachtet
werden kann, der soziale und der rechtliche. Die Lehren von
einer Physik oder Physiologie des Staates, von einer politischen
Naturlehre, beruhen, wie später dargelegt werden wird, auf einer
methodischen Unklarheit. Was an ihnen wissenschaftlichen Wert
hat, fällt ebenfalls der Soziallehre vom Staate zu. Auch die Existenz
einer gesonderten philosophischen Staatslehre oder eines solchen
Staatsrechts, einer Staatsmetaphysik ist zu verneinen; vielmehr
gehört das Spekulative in den einschlägigen Materien nicht der
Staatswissenschaft, sondern der Philosophie an, während die Lehre
von den Prinzipien der Staatslehre entweder einen Teil der
Sozial- oder der Rechtslehre des Staates bildet.

In zwei wichtigen Punkten ist aber durch alle bestehende
Unklarheit hindurch im Laufe der neuesten Zeit folgende grundlegende Erkenntnis durchgedrungen. Einmal, daß das allgemeine
Staatsrecht keine Lehre von einem geltenden Rechte, sondern
gleich dem nichtjuristischen Teil der Staatslehre eine Theorie ist,
die nicht Normen, sondern wissenschaftliche Sätze enthält. Sie
steht wissenschaftlich auf gleicher Linie mit der allgemeinen
Rechtslehre, die wir für jedes Rechtssystem fordern als eine
Lehre von den Rechtsprinzipien, die in einem bestimmten Rechte
ausgeprägt sind[2]).

Sodann die strengste Scheidung des Theoretischen vom Praktischen, die ungeachtet aller Besserungsversuche fortwährend miteinander vermischt werden. Die Forderung einer von der Politik
geschiedenen Staatslehre, die trotz aller Kenntnisse und Beachtung

---

[1]) Man vergleiche z. B. nur die allgemeine Staatslehre M o h l s mit
der B l u n t s c h l i s. Die erstere befaßt die Lehre von der Gesetzgebung
in sich, welche die letztere dem allgemeinen Staatsrecht zuweist. Diese
hingegen umfaßt die ganzen Lehren von den Staatsformen und den Staatsbeamten, die bei M o h l dem „philosophischen Staatsrecht" zugehören.

[2]) So behandelt G. M e y e r, S. 1 ff., die allgemeine Staatsrechtslehre
als Grundbegriffe des Staatsrechts, H a e n e l, Deutsches Staatsrecht I
S. 73 ff., als die staatsrechtlichen Grundverhältnisse, A n s c h ü t z, Grundzüge des deutschen Staatsrechts, in K o h l e r s Enzyklopädie der Rechtswissenschaft II S. 451 ff., als begriffliche Grundlagen des deutschen
Staatsrechts.

der politischen Ideen und Forderungen in ihren Resultaten nur
dem Gewordenen und Seienden, nicht dem Seinsollenden zugewendet ist, ist die notwendige Konsequenz der Lehren der
neueren mit W. E. Albrecht[1]) und C. F. v. Gerber[2]) beginnenden deutschen Publizistenschule, deren Aufgabe es ist, das
Staatsrecht ausschließlich in seinem rechtlichen Gehalte zu erforschen und darzustellen. Diese Schule hat viele Grundbegriffe
in der Form übernommen, wie sie von der naturrechtlichen Lehre
und der politischen Literatur gezeitigt worden waren. Sie nahm
deren Resultate für juristische Ergebnisse, während sie doch in
sehr vielen Stücken nichts als der Niederschlag bestimmter politischer Theorien sind. So hat denn auch unsere neuere Staatsrechtswissenschaft, ihr selbst in der Regel unbewußt, Politik getrieben, indem sie aus angeblichen Rechtssätzen Konsequenzen
zog, die sie für juristische hielt, die in Wahrheit aber nur politischer
Natur sind. Daher fordert der Ausbau einer möglichst objektiven
publizistischen Wissenschaft heute eine Sichtung der Grundbegriffe,
auf die sie anfangs verzichten zu können glaubte.

Überblickt man die zahlreichen Versuche der Bearbeitung
der Staatslehre, die in neuester Zeit unternommen worden sind,
so ergibt sich folgendes:

Umfassende Darstellungen und eingehende Einzeluntersuchungen sind bei Schriftstellern zu finden, die sich ex professo
mit der Staatswissenschaft und Rechtslehre befassen. In ihnen
spiegelt sich der Gegensatz der Methoden wider, die in diesen
Disziplinen herrschen. Je nach der überwiegenden Bildung des
Autors tritt die spekulativ-philosophische, die historisch-politische,
die juristische Behandlungsweise des Stoffes als die leitende hervor. Systematische Bearbeitungen des Gesamtstoffes gehen heute
in der Regel von Juristen oder doch juristisch gebildeten Forschern aus[3]). Die allgemeine Staatsrechtslehre als Lehre von

---

1) Rezension von Maurenbrechers Grundsätzen des heutigen deutschen Staatsrechts. Göttinger gelehrte Anzeigen 1837 III S. 1489—1504,
1508—1515.

2) Grundzüge eines Systems des deutschen Staatsrechts 1. Aufl.
1865, 3. Aufl. 1880. Das Programm der neuen Richtung in der Vorrede
zur ersten Auflage.

3) Außer den bereits angeführten Werken von Held, Bluntschli,
Gerber, H. Schulze, v. Seydel, Laband, G. Meyer, Gareis, Bornhak, Anschütz, Rehm, Richard Schmidt sind von umfassenderen Arbeiten deutscher Juristen der letzten fünfzig Jahre namentlich an dieser Stelle

den staatsrechtlichen Grundbegriffen ist zweifellos von Rechtswegen in erster Linie Domäne der Juristen, was auch immer aus
anderen Wissensgebieten zur Vertiefung der Untersuchung herangezogen werden muß. In den modernen Darstellungen des
Staatsrechts pflegt dem positiven Stoffe eine Skizze der allgemeinen Staatsrechtslehre vorangestellt zu werden, mit vollem
Rechte, da sich diese Lehre zu der von den einzelnen publizistischen Rechtsinstituten ähnlich verhält wie der allgemeine
Teil des Privatrechtes oder Strafrechtes zu den übrigen Partien
dieser Disziplinen. Wie nicht anders möglich, sind daher auch
in Werken, die sofort das Detail des positiven Staatsrechts vor-
tragen, Untersuchungen über die allgemeinen staatsrechtlichen
Prinzipien zu finden oder doch wenigstens stillschweigend zur
Deduktion verwendet.

---

noch zu nennen: Zöpfi Grundsätze des gemeinen deutschen Staatsrechts I 5. Aufl. 1863 §§ 1—65; v. Kaltenborn Einleitung in das konstitutionelle Verfassungsrecht 1863; H. A. Zachariae Deutsches Staats-
und Bundesrecht I 3. Aufl. 1865 §§ 1—28; L. Stein Die Lehre von der
vollziehenden Gewalt 2. Aufl. 1 1869; Haenel Studien zum deutschen
Staatsrecht I, II, 1873—83; Gneist Der Rechtsstaat 2. Aufl. 1879;
O. Mejer Einleitung in das deutsche Staatsrecht 2. Aufl. 1884 S. 1—29;
Rosin Das Recht der öffentlichen Genossenschaft 1886; G. Jellinek
Gesetz und Verordnung 1887, System der subjektiven öffentlichen Rechte
1892, 2. Aufl. 1905; Gierke Die Genossenschaftstheorie und die deutsche
Rechtsprechung 1887; Preuß Gemeinde, Staat, Reich als Gebietskörperschaften 1889; Ad. Merkel Philosophische Einleitung in die Rechtswissenschaft, in Holtzendorffs Enzyklopädie der Rechtswissenschaft
5. Aufl. S. 1 ff. (neuerdings abgedruckt bei Merkel Gesammelte Abhandlungen aus dem Gebiete der allgemeinen Rechtslehre und des Strafrechts
1899 S. 577 ff.); A. Affolter Grundzüge des allgemeinen Staatsrechts
1892; derselbe Staat und Recht in Hirths Annalen des Deutschen
Reiches 1903; Zorn Das Staatsrecht des Deutschen Reiches 2. Aufl. I, II,
1895—97; Otto Mayer Deutsches Verwaltungsrecht I, II, 1895—96;
Bruno Schmidt Der Staat (Jellinek-Meyer Staats- und völkerrechtliche
Abhandlungen I 6) 1896; M. v. Seydel Vorträge aus dem allgemeinen
Staatsrecht in Hirths Annalen des Deutschen Reiches 1898 und 1899;
Edgar Loening Der Staat, Handwörterbuch der Staatswissenschaften,
3. Aufl. VII 1911 S. 692 ff.; Frh. v. Lemayer Der Begriff des Rechts-
schutzes im öffentl. Rechte im Zusammenhange der Wandlungen der
Staatsauffassung betrachtet 1902; G. Seidler Das juristische Kriterium
des Staates 1905; Berolzheimer Philosophie des Staates samt den
Grundzügen der Politik (System d. Rechts- u. Wirtschaftsphilosophie III)
1906; Rehm Allgemeine Staatslehre (kleine Ausgabe) 1907; Gumplowicz Allgemeines Staatsrecht 3. Aufl. 1907; H. Geffcken Das Gesamt-

Bearbeitung eines größeren oder geringeren Teiles des der
Staatslehre zugewiesenen Stoffes hat diese aber auch von Männern
solcher Forschungsgebiete erfahren, die mit ihr entweder in
innigem Zusammenhange stehen oder sie doch berühren. Namentlich sind hier hervorzuheben:

1. Arbeiten philosophischer Schriftsteller. Jedes
umfassende philosophische System hat natürlich auch eine Staatslehre zu entwerfen, die indes jetzt nach dem Falle der Vorherrschaft der spekulativen Philosophie der Originalität zu entbehren
pflegt, meist auch nicht genügend in die Tiefe dringt. Ferner
hat die Rechtsphilosophie sich, wie mit allen Grundfragen des
Gesellschaftslebens, so auch mit den Prinzipien der Staatslehre
zu beschäftigen. Doch pflegen auch die hierher gehörenden
neueren Arbeiten sich der Staatswissenschaft gegenüber mehr

---

interesse als Grundlage des Staats- und Völkerrechts 1908; J. K o h l e r
Lehrbuch der Rechtsphilosophie 1909 S. 142 ff.; H a t s c h e k Allgemeines
Staatsrecht, 3 Bändchen 1909; K e l s e n Hauptprobleme der Staatsrechtslehre 1911; G. J e l l i n e k Besondere Staatslehre (Ausgewählte Schriften
und Reden II 1911 S. 153 ff.); M e n z e l Begriff und Wesen des Staates,
Hdbch. d. Politik I 1912 S. 35 ff. — Das Buch von H. F ü l s t e r, Deutsches
Reichsstaatsrecht mit Einschluß der Allgemeinen Staatslehre 1913, enthält
eine ausführliche volkstümliche Darstellung der heute herrschenden Anschauungen. — Von der umfangreichen neuesten außerdeutschen Literatur
seien hier erwähnt: B o u t m y Études de droit constitutionnel 2. éd.,
Paris 1895; E s m e i n Élements de droit constitutionnel français et com-
paré, 5. éd., Paris 1909; D u g u i t L'État, I Le droit objectif et loi positive
1901, II Les Gouvernants et les Agents 1903; d e r s e l b e Le droit social,
le droit individuel et la transformation de l'État 1908; d e r s e l b e Traité
de droit constitutionnel, I Théorie générale de l'État, II Les libertés;
l'organisation politique, 1911; M. H a u r i o u Principes de droit public
1910; Woodrow W i l s o n The State. Elements of historical and practical
Politics, Boston 1892 (deutsche Übersetzung von Günther Thomas 1913);
B u r g e s s Political Science and Comparative Constitutional Law I, II,
Boston and London 1896; O r l a n d o Principii di diritto costituzionale
3. ed. Firenze 1894; Ἀραβαντινὸς, Ἑλληνικὸν συνταγματικὸν δίκαιον Iᵃ,
Athen 1897—98; Σαρίπολος, Σύστημα συνταγματικοῦ δικαίου καὶ γενικοῦ
δημοσίου δικαίου Iᵃ, Athen 1903. Vgl. ferner L. R o s s i Die neuere
Literatur des Verfassungsrechtes bei den romanischen Völkern in der
Kritischen Vierteljahrsschrift für Gesetzgebung und Rechtswissenschaft
(übers. v. Seydel) 1895 S. 523 ff. u. 1897 S. 1 ff. Dazu kommen aber noch
zahlreiche Monographien und Kritiken sowie Untersuchungen zur allgemeinen Rechtslehre und andere juristischen Disziplinen gewidmete
Arbeiten, von denen die wichtigsten bei den entsprechenden Partien
dieses Werkes angegeben werden sollen.

empfangend als gebend zu verhalten und zeigen manchmal sogar
eine höchst lückenhafte Kenntnis der Ergebnisse der staatswissenschaftlichen Forschungen[1]).

2. Werke über Politik auf historischer Grund-
lage. Von Geschichtschreibern ist der Staat häufig zum Gegenstand selbständiger Betrachtung gemacht worden. Hervorragende
Versuche dieser Art stehen noch ganz auf dem Boden der antiken
Anschauung, die das gesamte Staatsleben nur als ungebrochene
Einheit zu fassen vermag. Eine Scheidung des Rechtlichen vom
Nicht-Rechtlichen, des Juristischen vom Politischen ist bei ihnen
nicht zu finden. Sie zeichnen vielmehr den Staat, wie ihn eine
nahe Zukunft auf Grund der geschichtlichen Entwicklung und
des politischen Programms des Autors verwirklichen soll[2]). Daneben stehen Arbeiten, die einer Naturlehre des Staates
oder einzelner Staatsformen zugewendet sind, in der Regel ebenfalls theoretische Erörterungen mit praktischer Spitze[3]). Ferner
zählen hierher auch die Darstellungen der Politik, die von
Männern der Staatswissenschaft ausgehen. In ihnen finden sich

---

[1]) Vgl. S t a h l Die Philosophie des Rechts II[2], Die Staatslehre und
die Prinzipien des Staatsrechts 5. Aufl. 1878; A h r e n s Naturrecht 6. Aufl.
II 1870 S. 264 ff.; T r e n d e l e n b u r g Naturrecht auf dem Grunde der
Ethik 2. Aufl. 1868 S. 325 ff.; L a s s o n System der Rechtsphilosophie 1882
S. 641 ff.; H ö f f d i n g Ethik, übersetzt von Bendixen, 2. Aufl. 1901
S. 514 ff.; P a u l s e n System der Ethik, 7. u. 8. Aufl. II 1906 S. 544 ff.;
W u n d t Ethik, 4. Aufl. III 1912 S. 276 ff., und System der Philosophie,
3. Aufl. II 1907 S. 188 ff.; Ludwig S t e i n Die soziale Frage im Lichte der
Philosophie 2. Aufl. 1903, namentlich S. 421 ff.; einige Bemerkungen auch
bei Heinrich M a i e r Psychologie des emotionalen Denkens 1908 S. 706 ff.
Von katholischem Standpunkt C a t h r e i n im Staatslexikon, herausgeg.
im Auftrag der Görres-Gesellschaft s. v. Staat V 1897 S. 216 ff., und
v. H e r t l i n g, ebenda 3. Aufl. IV 1911 S. 1356 ff. Für das heutige Verhältnis der deutschen Philosophie zur Staatslehre ist es bezeichnend,
daß das an bibliographischen Nachweisen so reiche Werk von U e b e r-
w e g - H e i n z e Grundriß der Geschichte der Philosophie des 19. Jahrhunderts, 10. Aufl. 1906, zwar S. 380 f. einige dürftige Notizen über die
Rechtsphilosophie hat, die Staatslehre aber mit keinem Worte erwähnt.

[2]) Die hervorragendsten: D a h l m a n n Die Politik I 2. Aufl. 1847;
G. W a i t z Grundzüge der Politik 1862; H. v. T r e i t s c h k e Politik, Vorlesungen, herausgeg. von Cornicelius, I, II, 1897—98. Vgl. auch
L a m p r e c h t Staatsform und Politik im Lichte der Geschichte, Hdbch.
d. Politik I 1912 S. 19 ff.

[3]) C. F r a n t z (vgl. ob. S. 61 f. N. 3); R o s c h e r Politik, Geschichtliche
Naturlehre der Monarchie, Aristokratie und Demokratie 1892. Dazu
G. J e l l i n e k Ausgewählte Schriften und Reden II 1911 S. 320 ff.

heute Untersuchungen, die der sozialen Staats- und Staatsrechtslehre zugewendet sind[1]).

3. Soziologische Theorien[2]). Seitdem A. Comte,
den Anregungen Saint-Simons folgend, an Stelle der spekulativen Behandlung der Probleme des menschlichen Gemeinlebens
eine nach den empirischen Gesetzen des Zusammenhanges der
Erscheinungen dieses Gemeinlebens forschende Soziologie zu
setzen bestrebt war, sind an Stelle der früheren Philosophie der
Geschichte zahlreiche Versuche getreten, die Staatslehre als einen
Teil jener umfassenden Sozialwissenschaft zu behandeln. Da
aber hier bei der Unfertigkeit der neuen Wissenschaft und dem
Mangel einer anerkannten Methode subjektiver Willkür der
breiteste Spielraum gewährt ist, so sind feste Resultate neuer,

---

[1]) Escher Handbuch der prakt. Politik I, II, 1863—64; Fröbel
Theorie der Politik I, II, 1864; v. Holtzendorff Principien d. Politik
2. Aufl. 1879; Schollenberger Politik 1903; Stier-Somlo Politik
2. Aufl. 1911; Aufsätze von Zorn, Rehm, Fr. van Calker, Berolzheimer u. andern im Handbuch der Politik I 1912 S. 1 ff. Vgl. auch
O. Streintz Die Regierungskunst 1905. Hierher zählen auch die Arbeiten
der Franzosen und Engländer über Politik, die ja theoretische und praktische
Staatswissenschaft als Einheit erfassen. So z. B. Laboulaye L'État
et ses limites 1863; Buchez Traité de politique I, II, 1866; de Parieu
Principes de la science politique 1875; P. Leroy-Beaulieu L'État et
ses fonctions 1891; Edw. Freeman Comparative Politics 1873;
H. Sidgwick The Elements of Politics 1891; derselbe The develop-
ment of Europeen polity, London 1903; Seeley Introduction to Political
Science, London 1896; Westel W. Willoughby An examination of the
Nature of the State, New York 1896. Eine eingehende Kritik der heutigen
staatlichen Institutionen vom sozialistischen Standpunkt bei A. Menger
Neue Staatslehre, 3. Aufl. 1906, und Volkspolitik 1906. Vgl. auch
J. R. Macdonald Sozialismus und Regierung 1912.

[2]) Grundlegend für diese Richtung: A. Comte Cours de philosophie
positive I—VI 5. éd. 1893—94, Système de politique positive, ou traité
de sociologie instituant la religion de l'humanité I—IV 1851—54;
H. Spencer A System of Synthetic Philosophy VI—VIII, Principles of
Sociology, namentlich Vol. VII 2. ed. 1885. Ferner A. Fouillé La science
sociale contemporaine 2. éd. 1885; Ratzenhofer Wesen und Zweck
der Politik als Teil der Soziologie und Grundlage der Staatswissenschaften
I—III 1893; derselbe Soziologie 1907; J. Unold Die Politik im Lichte
der Entwicklungslehre 1912; G. de Greef Les lois sociologiques 1893;
Schäffle Bau und Leben des sozialen Körpers 2. Aufl. I—II 1896,
namentlich II S. 427 ff.; derselbe Abriß der Soziologie (her. von Bücher)
1906; F. U. Giddings The Principles of Sociology, an analysis of the
phenomena of association and of social organisation 1896 (deutsch von
Paul Seliger 1911); L. Gumplowicz Sozialphilosophie im Umriß 1910;

bisher unbekannter Art vorderhand nicht erreicht worden; vielmehr tritt, wie ehedem in der sich offen als metaphysisch bekennenden Philosophie der Geschichte, so jetzt in der empirisch
verzierten Spekulation der nie zu vereinigende Gegensatz prinzipieller Anschauungen scharf hervor[1]). Bei allen Arbeiten dieser
Gattung stellt sich daher notwendig die Individualität des Autors
energisch in den Vordergrund. Maß und Umfang der Bildung,
Art der Weltanschauung, Adel oder Trivialität der Gesinnung,
Stärke und Schwäche des Charakters sind für die Ergebnisse
soziologischer Forschung derart von Bedeutung, daß man billig
vorerst nicht nach dem, was gelehrt, sondern nach dem Lehrer
fragen sollte[2]).

de la Grasserie Les principes sociologiques du droit public 1911;
C. O. Bunge Le droit, c'est la force 1911 §§ 25ff., 55ff.; Fr. Oppen-
heimer Der Staat 1907 (Sammlung „Die Gesellschaft" Bd. 14 u. 15);
derselbe im Jahrb. d. ö. R. VI 1912 S. 123 ff. und im Handbuch d.
Politik I S. 112. Kritische Bemerkungen über den eben Genannten bei
Menzel im Hdbch. d. Politik I S. 37 f. Über die ganze, sehr umfang-
reiche Literatur der Soziologie vgl. das bereits angezogene Werk von
Barth Philosophie der Geschichte, ferner für Frankreich, Italien, Eng-
land Ueberweg-Heinze a. a. O. §§ 43, 47, 54, 68; Ludwig Stein
a. a. O. S. 13 ff. Einen Überblick über die Entwicklung der Soziologie in
Deutschland im 19. Jahrhundert bringt Tönnies Festgabe für Schmoller
I 1908 XIV S. 1—42; geschichtliche Darstellungen ferner bei L. Gumplo-
wicz Grundriß der Soziologie 2. Aufl. 1905 S. 3 ff. und bei Ad. Menzel
Naturrecht und Soziologie (Festschrift zum 31. deutschen Juristentag 1912)
S. 5 ff. Über die neu erscheinende Literatur berichtet Durkheim,
L'année sociologique, seit 1896. Von den anderen hierhergehörigen
Arbeiten zählen zu den hervorragendsten und tiefstdringenden die von
Simmel, vgl. außer den bereits angeführten namentlich: Über soziale
Differenzierung 1890, Einleitung in die Moralwissenschaft 2. Bd. 1892—93,
Superiority and Subordination as subject matter of Sociology, American
Journal of Sociology II, Chicago 1896, p. 167 ff., Parerga zur Sozial-
philosophie, Das Problem der Soziologie, Schmollers Jahrb. 1894 S. 257 ff.,
1301 ff. Über das Verhältnis der Soziologie zur Geschichte vgl. Bern-
heim Lehrbuch S. 94 ff.

[1]) Es ist daher nicht zu verwundern, daß in dieser zur Signatur
heutiger geistiger Tagesmode gehörenden Disziplin neben ernsthaften
Forschern auch eine aufdringliche wissenschaftliche Halbwelt sich breit
zu machen strebt.

[2]) Eine eingehende Ausführung über die Unzulänglichkeit der soziologischen Methoden bei Deslandres La crise usw. 1902 S. 52 ff., der
S. 69 sehr treffend bemerkt: „Sur tous les points, entre les sociologues,
nous ne voyons qù'oppositions, batailles, explications contradictoires:
il y a presqu'autant de sociologies qu'il y a des sociologues."

Reichere Ergebnisse haben die hier anzuschließenden wirt-
schaftsgeschichtlichen und wirtschaftspolitischen Forschungen geliefert, die aber auch der Gefahr der Einseitigkeit ausgesetzt
sind, sofern sie nämlich den Staat ausschließlich als Produkt
wirtschaftlicher Kräfte betrachten.

Unübersehbar ist die Zahl der Arbeiten, die, verwandten
Wissensgebieten angehörig, eine oder die andere der Staatslehre zugehörige Frage erörtern oder berühren. Der Zusammenhang der Staatslehre mit allen übrigen Staatswissenschaften ist,
wie auch aus den vorigen Kapiteln erhellt, so sehr in der Natur
der Sache gegeben, daß nähere Ausführungen hierüber überflüssig
erscheinen. Ihre Beziehung zu anderen Disziplinen hingegen ist
Gegenstand gesonderter Untersuchung.

So verschiedenartig aber auch die Wege sind, die zur
Lösung der Probleme der Staatslehre eingeschlagen werden, so
muß doch zum Zwecke systematischer Erforschung scharf geschieden werden zwischen dem, was der Staatslehre selbst, und
dem, was ihren Beziehungen zu anderen Wissensgebieten zuzu-
teilen ist. Das wird aus den Darlegungen des folgenden Kapitels
erhellen.

Viertes Kapitel.

Die Beziehungen der Staatslehre zur Gesamtheit der Wissenschaften.

I. Universelle und isolierende Forschung.

Ehe in umfassende Erörterungen über das Wesen des Staates eingetreten werden kann, ist zur notwendigen Begrenzung der Aufgabe zuvörderst zu untersuchen, inwieweit der Staat Objekt der Staatswissenschaften, inwieweit anderer Disziplinen ist.

Der Staat ist eine auf einem abgegrenzten Teil der Erdoberfläche seßhafte, mit einer herrschenden Gewalt versehene und durch sie zu einer Einheit zusammengefaßte Vielheit von Menschen. Diese vorläufige Beschreibung des Staates ist der Ausgangspunkt für die folgenden Erörterungen.

Durch seine Elemente ist der Staat in Verbindung mit der Gesamtheit des Seienden. Er hat eine natürliche und eine psychisch-soziale Seite. Daher haben alle Wissenschaften Anlaß, sich mit dem Staate zu beschäftigen. Die beiden großen Abteilungen menschlichen Wissens, Natur- und Geisteswissenschaften, zählen beide den Staat zu ihren Objekten.

Die Forschung kann eine doppelte Forderung für die Erkenntnis eines jeden Objektes erheben. Es ist eine **univer-selle** und eine **isolierende** Erklärung des Gegebenen, die sie verlangen kann. Als eines Gliedes im Weltzusammenhang kann eine vollständige Erklärung des Einzelobjekts nur aus diesem Zusammenhang selbst erfolgen. Eine solche Erklärung ist und bleibt aber, wie bereits erwähnt, ein Ideal, an das nicht einmal eine Annäherung stattfindet, da die Unendlichkeit der das einzelne auswirkenden Kausalreihen, wie alles Unendliche, für die Wissenschaft durch Erkenntnis einzelner Glieder nicht vermindert wird. Darum ist die von uns bereits vorhin charakterisierte isolierende Erklärung, die nur bestimmte, von vornherein begrenzte Seiten eines Forschungsobjektes ins Auge faßt, auf allen Gebieten der Wissenschaft die einzige, welche exakte Resultate aufzuweisen hat.

Allein solche isolierende Betrachtung ist notwendig einseitig, weil sie eben zu ihren Zwecken ganze Reihen von Erscheinungen, die ihr Objekt darbietet, vernachlässigen muß. Diese Erscheinungen müssen aber wiederum Gegenstand isolierter Forschung sein. Teilung der Arbeit ist auch für die Wissenschaft ein wichtiges Prinzip, um die Güte der Arbeit zu fördern.

So wie aber auf ökonomischem Gebiete die Teilung der Arbeit notwendig die Zusammenfassung der so erzeugten Arbeitsprodukte zur Folge hat, so ist es auch für jede Wissenschaft notwendig, die Beziehungen zwischen den einzelnen, isolierten Seiten ihres Objektes herzustellen. Nicht nur deshalb, weil jede Wissenschaft nur eine Teilerkenntnis liefert, die als ein Moment der Gesamterkenntnis erscheint, sondern auch weil der Hinblick auf die Resultate anderer Disziplinen die notwendige Korrektur einseitiger und schiefer Resultate in sich birgt und zugleich den Forscher vor dem sich so leicht einstellenden Fehler bewahrt, seine Erkenntnisweise und Ergebnisse für die endgültigen und allein richtigen zu halten.

Namentlich aber bedarf jede Wissenschaft vom menschlichen Gemeinleben solcher Ergänzung. Die Naturwissenschaften bilden eine aufsteigende Stufenfolge. Die höhere Stufe bedarf zwar der niederen, nicht aber diese der höheren. Man kann Mathematik ohne Kenntnis der Mechanik, Mechanik ohne Chemie, Chemie ohne Biologie treiben, nicht aber umgekehrt. Alle Seiten des menschlichen Gemeinlebens hingegen hängen derart miteinander zusammen, daß keine Wissenschaft, die einer von ihnen zugewendet ist, der Resultate der übrigen ganz entbehren könnte. Und da das individuell-geistige Leben des Menschen sowie sein Leib und die äußeren Bedingungen seiner Existenz Voraussetzungen jenes Gemeinlebens sind, so haben alle Wissensgebiete Beziehungen zu der Klasse von Wissenschaften, welche die verwickeltsten Erscheinungen zum Gegenstande ihrer Forschungen macht, den Gesellschaftswissenschaften im weiteren Sinne.

Für die Staatslehre zeigt sich der Zusammenhang mit anderen Wissensgebieten sofort in voller Klarheit dadurch, daß sie eine Lehre von menschlichen Einrichtungen ist, die sich durch und an Menschen betätigen. Gegenstand aller staatlichen Tat sind die leiblichen und geistigen Zustände der Menschen und deren Wirken auf die Außenwelt, und sie werden nur erschlossen durch Kenntnisse, die an sich außerhalb der Wissenschaft vom Staate liegen. So ist z. B. eine der wichtigsten Aufgaben, die dem Staate der neueren Zeit zugewachsen ist, eine umfassende rationelle öffentliche Gesundheitspflege. Eine solche kann jedoch nur auf Grund einer wissenschaftlichen Hygiene betrieben werden, die aber keineswegs deshalb dem Gebiet der Staatswissenschaften zuzuweisen ist. Die Staatsverwaltung hat es mit allen Äußerungen des Gemeindaseins zu tun. Darum bedarf eine vollendete Lehre von der Verwaltung einer genauen Kenntnis der Zustände des Volkslebens, die ihr nicht von der Staatslehre zuteil werden kann. In noch höherem Maße als die theoretische Staatslehre ist die Politik in ihrer Richtung auf jenes Volksleben von allseitiger, umsichtiger und einsichtiger Verwendung eines sehr großen Teiles der wissenschaftlichen Erkenntnis ihrer Zeit abhängig.

So muß denn die Lehre vom Staate sowohl die Resultate der anderen Wissenschaften berücksichtigen als auch sich der Verbindungsglieder bewußt sein, die von den anderen Wissenschaften zu ihr hinüberführen. Dabei ist ein Doppeltes zu beachten.

Einmal die Selbständigkeit der Staatswissenschaften. Die Staatswissenschaft ist weder Naturwissenschaft noch Psychologie, Ethik oder Ökonomik. Alle Versuche, die Staatswissenschaft in eine andere aufgehen zu lassen, beruhen auf unklarem Denken und sind daher energisch zurückzuweisen. Weil der Staat eine natürliche, psychische, ethische, ökonomische Seite aufweist, ist er mit nichten ausschließlich Gegenstand jener Disziplinen. Denn das Spezifische in ihm, das ihn von allen anderen Erscheinungen unterscheidet, die mannigfaltigen Herrschaftsverhältnisse können durch andere Wissenschaften in ihrem eigentümlichen, sie von anderen Gemeinverhältnissen unterscheidenden Wesen nicht erklärt werden. Aber Grund, Voraussetzung, Zweck, Wirkung dieser Verhältnisse, deren geeinte Kenntnis eine Totalansicht vom Staate vermitteln soll, die uns also lehren, was der Staat seinem nur ihm eigentümlichen Wesen nach ist, zu ermitteln, das ist Aufgabe jener zusammenfassenden Erkenntnisweise. Vom Standpunkt anderer Wissenschaften aus können daher die Ergebnisse der Staatslehre ergänzt oder kritisiert, aber nicht geändert werden. So mag der Ethnograph, der Psycholog, der Soziolog uns noch

so neue und reiche Aufschlüsse über Ursprung und Bedeutung
der Monarchie geben, der Begriff der Monarchie kann nur durch
isolierte Betrachtung dieser Staatsform und Feststellung des in
ihr ruhenden Rechtsgedankens gewonnen werden.

Sodann als Korrelat der Selbständigkeit der Staatswissenschaft
(sowohl im weiteren Sinne, mit Einschluß der Rechtswissenschaft.
als auch im engeren Sinne) die Selbständigkeit ihrer Methoden.
Alle Methoden werden bestimmt oder modifiziert durch die eigentümliche Natur ihres Objektes. Daher ist es nichts als gedanken-
lose Konfusion, wenn man glaubt, die Methode einer Disziplin
ohne weiteres auf die anderen anwenden zu können. Indem man
empirisch mit naturwissenschaftlich verwechselt, spricht man von
naturwissenschaftlicher Erkenntnis sozialer Erscheinungen. Der
Fehler solcher Versuche ist bereits dargetan worden, und ebenso,
daß es falsch ist, z. B. von einer biologischen oder soziologischen
Methode im Staatsrecht zu reden. Man versuche einmal, das
Wesen der Verwaltungsgerichtsbarkeit eines bestimmten Staates
„soziologisch" klarzustellen. Da kommt man zwar zu allerlei
Betrachtungen über die sozialen Voraussetzungen und Wirkungen
dieser Institution, aber das Technische ihres Funktionierens,
auf das es ja bei der staatsrechtlichen Erklärung gerade ankommt,
kann nur mit der juristischen Methode erfaßt werden. Daher ist
es anderseits auch falsch, von einer juristischen Methode der
gesamten Staatswissenschaft zu sprechen, da mit den Mitteln
juristischer Forschung auch nur eine isolierte Seite des Staates,
nicht der ganze Staat erklärt wird. Der Jurist kann mit seiner
Methode am Staate nur erfassen, was rechtlicher Natur ist.

Im nachstehenden sollen nun die wichtigsten Beziehungen,
welche die Staatswissenschaften mit anderen Wissengebieten verknüpfen, und die Bedeutung, welche deren Resultate für eine
allseitige Erkenntnis des Staates haben, in großen Zügen dargelegt werden. So skizzenhaft die folgenden Blätter sein mögen, so
sind sie doch notwendig, um die Gesamtheit der Standpunkte zum
Bewußtsein zu bringen, von denen aus der Staat betrachtet werden
kann, und welch eine unermeßliche Fülle von Ursachen es ist, die
die konkrete Erscheinung des Staates bestimmen. Diese Erkenntnis
allein, mag sie für den einzelnen noch so lückenhaft sein, bewahrt vor Einseitigkeit und verhindert, daß Beschränkung in der
Erkenntnis zur Beschränktheit des Urteils führt. Wir gehen
hierbei von der herkömmlichen Grundeinteilung der Wissen-

schaften in Natur- und Geisteswissenschaften aus, deren Schwäche allerdings gerade unter dem hier eingenommenen Gesichtspunkt klar hervortritt, da alles Staatliche zugleich ein Geistiges ist und wir daher Wissenschaften begegnen werden, denen eine Zwitterstellung zuerkannt werden muß.

II. Das Verhältnis der Staatslehre zu den Naturwissenschaften[1]).

Der Staat ruht, wie alles Menschliche, auf dem Grunde der Natur. Zwei ihm wesentliche Elemente gehören der äußeren Natur an: sein Gebiet und die Anzahl und körperliche Ausstattung seines Volkes.

1. Dem Staate ist wesentlich ein Gebiet, d. h. ein ihm ausschließlich zuständiger räumlicher Herrschaftsbereich, nämlich ein abgegrenzter Teil des Festlandes, zu dem in den Seestaaten ein schmaler Streifen des Küstenmeeres neben anderen geringfügigen Meeresteilen hinzutreten. Das Gebiet als ein Element des Staates wirkt auf den ganzen Lebensprozeß des Staates bestimmend ein. Die Naturbedingungen und Wirkungen des Gebietes festzustellen,

---

[1]) Die Literatur, welche sich mit dem Verhältnis des Staates zur Natur beschäftigt, ist in stetem Wachstum begriffen. Vielfach handelt es sich in derartigen Werken um Darlegung einer natürlichen Gesetzmäßigkeit in den staatlichen Erscheinungen ohne jedwede Prüfung der methodologischen Frage, inwieweit jene einer derartigen Erkenntnis überhaupt zugänglich sind. Meist werden unfertige biologische Hypothesen einer oberflächlichen und willkürlichen Konstruktion der gesamten gesellschaftlichen Verhältnisse zugrunde gelegt. Für diese Lehren gilt, was oben von der Soziologie gesagt wurde. Wie vorsichtig sind denn auch die aus einer umfassenden Weltanschauung entsprungenen einschlägigen Lehren Spencers im Vergleich mit der Leichtfertigkeit, mit der in neuester Zeit die ganze soziale Entwicklung „naturwissenschaftlich" erklärt wird. Bezeichnend für diese Richtung ist die Sammlung von Monographien „Natur und Staat", herausgegeben von Ziegler, Conrad und Häckel, 1903 ff., die sich als Lösung einer Preisaufgabe darstellen: Was lernen wir aus den Prinzipien der Deszendenztheorie in Beziehung auf die innere politische Entwicklung und Gesetzgebung der Staaten? Die zutreffendste Antwort auf eine solche Frage wäre eine Kritik ihrer Zulässigkeit! Etwa gleichzeitig mit dem Erscheinen der 2. Auflage dieser Staatslehre hat denn auch F. Tönnies jene Preisaufgabe eingehend kritisiert: Schmollers Jahrb. XXIX 1905 S. 27 ff. Vgl. auch Rehm Deszendenztheorie und Sozialrecht (Hirths Annalen 1906 S. 703 ff.). — Eine offenbare Entgleisung bedeutet das Buch von S. Tietze Das Gleichgewichtsgesetz in Natur und Staat 1905.

ist nicht Sache der Staatslehre und Politik, sondern der **p h y s i -
k a l i s c h e n** und **p o l i t i s c h e n G e o g r a p h i e**[1]), die aber darum
in innigen Beziehungen zu den Staatswissenschaften stehen.

Betrachtet man das Gebiet seiner physikalischen Seite nach,
so begreift es sämtliche Naturbedingungen des Staates mit Ausnahme der physischen Ausstattung seiner Bewohner in sich. Also
Bodenbeschaffenheit, Fruchtbarkeit, Reichtum an Naturprodukten,
Größe, Gestalt und Geschlossenheit des Territoriums, Lage an
der See oder im Binnenlande, Dasein von Wasserstraßen, geographische Breite, Klima usw. Alle diese Eigenschaften wirken
entweder direkt oder durch ihren Einfluß auf den Menschen
zusammen, um auf die Organisation des Staates und Inhalt und
Grenzen seiner Tätigkeit Einfluß zu nehmen. Daß z. B. die
Größe des Staatsgebietes die Organisation des Staates mitbestimmt,
bedarf kaum näherer Ausführung. Der Stadtstaat und der
Flächenstaat mit weiten Bezirken sind zwei Grundtypen der
politischen Organisation geworden. Dem antiken und mittelalterlichen Stadtstaat, den kleinen Schweizer Kantonen ist die republikanische Form angemessen, dem Landstaat größeren Umfangs
ist die Monarchie günstig, und erst die neueste Zeit hat große
demokratische Republiken aufzuweisen. Zentralisation und Dezentralisation der Regierung und Verwaltung hängen mit von der
Größe des Staatsgebietes, von dem kontinuierlichen Zusammenhang seiner Teile, von der Trennung und Abschließung seiner
Glieder durch Gebirge, von insularer Lage ab. Die Entwicklung
des englischen Staates mit seiner frühen Zentralisation war
wesentlich mit bedingt durch die verhältnismäßige Kleinheit seines
Gebietes, noch nicht doppelt so groß wie Bayern, während das
gewaltige deutsche Reich schon bei dem unausgebildeten Verkehrswesen des frühen Mittelalters politischer Übermacht seiner
Glieder Raum geben mußte. So ist die Gliederung der Ämter in
einem umfangreichen Staate ganz anders als in einem kleinen;
so haben Dezentralisation der Verwaltung und Sonderrechte kommunaler Verbände bei Bergvölkern so lange einen natürlichen
Boden, bis das moderne Verkehrswesen die einzelnen Täler untereinander und mit dem Zentrum in rasche Verbindung setzt; so

---

1) Letztere stellt nicht nur äußere, sondern auch sozialpsychologische Tatsachen fest, bietet daher ähnlich wie die Bevölkerungslehre
ein Beispiel für die Unzulässigkeit reinlicher Scheidung zwischen Natur-
und Geisteswissenschaften.

sind die Institutionen von Staaten mit Binnengrenzen ganz anders gestaltet als die der Inselstaaten. Manche Institute des englischen Staates sind von Grund aus nur als dem Recht eines Inselstaates angehörig in ihrer eigentümlichen Ausgestaltung zu verstehen. Wäre Großbritannien nicht durch Jahrhunderte von fremden Invasionen verschont geblieben, so würde sein Heer und mit ihm die ganze Stellung der Regierung einen anderen Charakter tragen. Die Naturbedingungen der Volkswirtschaft innerhalb eines Staates bestimmen in dauernder Weise die Kulturhöhe, die ein Volk erreichen kann, und damit seine eigene Leistungsfähigkeit, wie denn auch von ihnen die ganze innere und äußere Politik des Staates dauernd in wahrnehmbarer Weise bestimmt wird.

Derartige Tatsachen haben die hervorragenden Staatstheoretiker aller Zeiten gekannt und verwertet. Bei Plato und Aristoteles wie nicht minder bei Machiavelli, Bodin, Montesquieu und Hume finden sich eingehende Untersuchungen über den Einfluß der äußeren Natur auf Art und Schicksale der Staaten. Das 19. Jahrhundert hat im Zusammenhang mit dem großartigen Aufschwung der Naturwissenschaft dem Naturelemente im Staate eingehende Aufmerksamkeit geschenkt. So hat in populärer und darum einflußreicher Weise Th. Buckle den Einfluß der Natur auf die Staatenbildung und das Staatenleben eingehend untersucht und überschätzt. Vorsichtiger haben sodann, den Spuren Karl Ritters folgend, Geographen und Anthropologen[1]) die Grundsteine zu einer besonderen Disziplin zu legen versucht, deren Gegenstand die Untersuchung des Einflusses der Erdoberfläche auf die Menschenschicksale ist. Waren bis jetzt aber die allgemeinen Resultate solcher Forschungen, sofern sie nicht unerlaubte Generalisierungen darstellten, dürftig oder trivial, so werden auch die neuesten Versuche, die im Aufdecken konkreter Kausalreihen Hervorragendes geleistet haben, doch nur in wenigen Fällen zu allgemeinen Sätzen gelangen, die eine bedeutungsvolle Erweiterung unseres Wissens in sich schließen[2]).

---

[1]) Vgl. Ratzel Anthropogeographie, 2. Aufl. I 1899, II 1912; kritische Bemerkungen über die hierhergehörige Literatur daselbst I S. 13 ff. und bei Achelis Moderne Völkerkunde 1896 S. 70 ff.; Ratzel Politische Geographie 1897.

[2]) Ein allgemeines Schema, unter welches die Wirkungen der Natur auf die Menschen gebracht werden können, bei Ratzel Anthropogeographie I S. 41 ff.

Denn die die staatlichen Geschicke individualisierenden Momente liegen immer nur zum Teil, und zwar zum geringeren Teil, in den geographischen Verhältnissen, so daß vom geographischen Standpunkte aus niemals die allgemeinen und Sonderschicksale der Staaten eine umfassende, in die Tiefe dringende Erklärung finden können. Vor allem kann die zweite Naturbedingung des Staates, die Naturanlage seines Volkes, bei aller Einwirkung, die der Heimatsboden auf den Menschen zu gewinnen vermag, aus den äußeren Bedingungen des Staatsgebietes heraus niemals von Grund aus verstanden werden. Daher auch die große geschichtliche Erscheinung, daß ein und derselbe Boden den verschiedenartigsten Staaten und Völkern als physikalische Grundlage gedient hat. Man denke bloß an die Staatenbildungen, die über die Fluren Italiens in buntem Wechsel gezogen sind.

Anderseits aber ist auch das Gebiet nicht nur wirkend, sondern auch empfangend. Der Mensch wird nicht nur von der Heimaterde mitbedingt, sondern er gestaltet sie sich auch um. Verhältnismäßig kurze Zeiträume genügen, um weite Strecken der Erde nicht unbeträchtlich zu verändern. Dem Ozean haben die Niederländer einen Teil ihres Territoriums abgerungen. Das Land der Vereinigten Staaten hat seit den ersten Ansiedlungen der Puritaner eine gewaltigere Revolution zu bestehen gehabt, als sie Naturkräfte in vielen Jahrtausenden hervorzubringen vermögen. Die moderne Technik hat entlegene Teile eines Staates einander genähert, hat räumliche und zeitliche Entfernungen in ungeahnter Weise überwunden. Sie hat Berge durchstochen, Seen und Meeresteile ausgetrocknet, Wasserbecken geschaffen, Flußläufe verändert. Wanderungen der Pflanzen und Tiere, durch den Menschen veranlaßt, haben das Aussehen und die wirtschaftlichen Naturbedingungen[1]) ganzer Länder verändert. Dichte Ansiedlungen, vor allem Städte, gestalten das Terrain von Grund aus um. Selbst das Klima ist durch Ausrottung von Wäldern vielfach ein anderes geworden.

Das Gebiet ist zugleich das tote und das unsterbliche Element des Staates. Es überlebt — wenn es nicht ins Meer sinkt — jeden Staat, der sich auf ihm bildet, um sofort als Grundlage eines neuen zu dienen. Ein Volk kann zwar durch Eroberung,

---

[1]) Vgl. v. Treitschke Politik I. S. 207 ff.; Hehn Kulturpflanzen und Haustiere, 8. Aufl. 1911 S. 1 ff.

Einverleibung und andere Vorgänge in einen anderen Staatsverband aufgenommen werden, und es können demgemäß auch nach
Untergang des Staates die Bewohner des Gebietes erhalten bleiben,
allein auch gänzliche Vertreibung oder Ausrottung der bisherigen
Bewohner und Ersetzung durch Eroberer hat die Geschichte oft
gesehen. Auch durch Wanderungen, Vermischung mit siegenden
Stämmen kann ein Volk allmählich ein anderes werden. Solch
tiefgreifender Wechsel ist in historischer Zeit bei aller Änderung
durch Natur und Kultur beim Gebiete ausgeschlossen.

2. Die zweite natürliche Grundlage des Staates ist die
physische Ausstattung seiner Bewohner, sowohl die allen Menschen
gemeinsame als die, welche bestimmten, durch dauernde physische
Merkmale geschiedenen Abteilungen des Menschengeschlechtes,
den Rassen und Stämmen, eigentümlich ist. Besondere Wissenschaften, die physische Anthropologie und Ethnologie,
haben sich mit diesem Teile der menschlichen Natur zu beschäftigen. Leben und Schicksale des Staates werden auf das
tiefste durch die Naturanlage seiner Glieder bestimmt[1]). Es
gibt Stämme, die überhaupt nicht imstande sind, sich ein über
die ersten Rudimente hinausgehendes Staatswesen zu schaffen
oder ein entwickeltes Staatswesen dauernd zu erhalten. Daß
solche Stämme entweder auf der Stufe eines Naturvolkes stehen
bleiben oder nur in dauernder rechtlicher Unterwürfigkeit unter
anderen Völkern leben können, beweist, daß die Anlage zum
Staate — allerdings nicht in der Form eines mysteriösen organischen Staatstriebes — mit zur Naturausstattung eines Volkes
gehört oder, wo sie ursprünglich nicht vorhanden war, durch
jahrhundertelange Gewöhnung und Anpassung erworben werden
mußte.

Aber auch die eigentümliche Ausgestaltung, die jeder Staat
erfährt, ist in vielen wichtigen Punkten auf Rassen- und Stammes-
eigenschaften zurückzuführen. Freiheit und Unfreiheit der Bürger,
Stärke oder Schwäche der Staatsgewalt, Ausdehnungsfähigkeit
des Staates durch Krieg und Kolonisation sind mit in dem mit
unseren gegenwärtigen Forschungsmitteln nicht weiter ableitbaren
Charakter des Volkes begründet. Die tiefgreifenden Unterschiede
der germanischen, romanischen, slawischen, orientalischen Staaten

---

[1]) Offen bleibe an dieser Stelle die Frage, inwieweit diese physischen
Merkmale und Anlagen Ergebnisse durch ungemessene Zeiten wirkender
historischer Ursachen sind.

sind allein aus der Verschiedenheit der sozialen Verhältnisse, die
oft große Übereinstimmung aufweisen, nicht zu erklären. So ist
denn ohne Einsicht in die ethnischen Unterschiede ein volles
Verständnis der Verschiedenartigkeit der Staatenwelt nicht zu
gewinnen[1]).

Diese physischen, für den Staat bedeutsamen Unterschiede
sind aber stets psychisch vermittelt. Sie haben daher alle eine
geistige Seite, deren Erforschung nicht der Naturwissenschaft angehört. Somit zeigt uns die Betrachtung der somatischen, anthropologischen und ethnologischen Verhältnisse den Übergang zu den
folgenden Erörterungen an.

III. Das Verhältnis der Staatslehre zu den übrigen Geisteswissenschaften.

1. Die Beziehungen der Staatslehre zur Psychologie
und Anthropologie.

Die staatlichen Vorgänge sind insgesamt menschliche Handlungen und Wirkungen menschlichen Handelns. Alles Handeln
ist aber psychische Tätigkeit. Daher ist die Psychologie,

---

[1]) Hierhergehörige Untersuchungen aus der neuen Literatur richtunggebend zuerst bei Gobineau Essai sur l'inégalité des races humaines
I—IV 2. éd. 1884; sodann z. B. bei Letourneau La sociologie d'après
l'éthnographie 1880 l. IV ch. VI—VIII; Peschel Völkerkunde 3. Aufl.
1880 S. 247 ff.; Ratzel Völkerkunde 2. Aufl. 1894 S. 121 ff.; Vierkandt
Naturvölker und Kulturvölker 1896 S. 310 ff.; Schmoller Grundriß der
allg. Volkswirtschaftslehre I, 7.—10. Taus. 1908 S. 140 ff. (mit zahlreichen
Literaturangaben); Woltmann Politische Anthropologie 1903; Methner
Organismen und Staaten 1906 S. 80 ff., 122; Ed. Meyer Geschichte des
Altertums I¹ 3. Aufl. 1910 S. 73; Gumplowicz Der Rassenkampf
2. Aufl. 1909. Einen eingehenden kritischen Überblick über diese Theorien
gibt Friedrich Hertz, Moderne Rassentheorien 1904. Vgl. auch die be-
sonnenen Ausführungen von Lindner Geschichtsphilosophie S. 89 ff.
So sehr die Scheidung der somatischen von den historischen Ursachen
des Völkerlebens theoretisch gefordert werden muß, so wenig sichere
Resultate hat die Wissenschaft in dieser Hinsicht bisher aufzuweisen.
Nicht einmal über die Frage der Veränderlichkeit der Rassenmerkmale
herrscht irgendwie Übereinstimmung und damit über das Maß der Einwirkung der historisch-sozialen Faktoren auf Bildung und Umbildung der
Rassen. Daher bieten sich die zahlreichen anthropologischen und ethnologischen Hypothesen jedem, der seinen politischen und sozialen Velleitäten
ein wissenschaftliches Mäntelchen umhängen will, zur beliebigen Auswahl an.

die Lehre von den psychischen Zuständen und Akten, Voraussetzung wie aller Geisteswissenschaft so auch der Staatslehre. Die Bedeutung psychologischer Betrachtung für die Erkenntnis des Staates zeigt sich namentlich nach zwei Richtungen hin. Einmal lehrt sie die wichtige Erkenntnis, daß der Staat, wenn auch seine Äußerungen sich notwendig in der physischen Welt abspielen, wesentlich eine innermenschliche Erscheinung ist. Sodann vermittelt sie uns das Verständnis der staatlichen, namentlich der staatsrechtlichen Grundtatsachen. So vor allem ist das Wesen eines Herrschaftsverhältnisses, die Natur des Imperiums, nur durch psychologische Analyse klar zu erfassen.

Wie schon erwähnt, äußern sich die somatischen Unterschiede der menschlichen Rassen und Stämme auch in den Unterschieden der geistigen und sittlichen Anlagen. Diese im Zusammenhang mit jenen physischen Differenzen zu erkunden, ist Aufgabe der p s y c h i s c h e n und s o z i a l e n A n t h r o p o l o g i e und der E t h n o - g r a p h i e sowie mehrerer noch nicht völlig in ihrer Eigenart festgestellter Disziplinen, die sich den genannten Wissenschaften zu koordinieren trachten, wie der V ö l k e r p s y c h o l o g i e und Ethologie. Auch die S p r a c h w i s s e n s c h a f t ist berufen, an dieser Arbeit in hervorragendem Maße mitzuwirken. Die Gesamtheit dieser Disziplinen trifft in der Wurzel mit dem anderen Zweig der sich mit dem Menschen als Genuswesen beschäftigenden Wissenschaften, den Sozialwissenschaften, zusammen. Von diesen unterscheiden sie sich aber dadurch, daß sie überwiegend die Wirkungen natürlicher Verhältnisse auf psychische Gestaltungen erforschen, während die Sozialwissenschaften ihre Objekte überwiegend als Produkte gesellschaftlicher, also geistig-sittlicher, nicht der äußeren Natur angehöriger Kräfte auffassen. Eine reinliche Scheidung ist indes kaum überall durchzuführen, daher wir in anthropologischen Werken eingehende Erörterungen rechts-, staats-, religions- und wirtschaftsgeschichtlicher Art vorfinden.

Von großem Werte sind anthropologische, ethnographische und sprachwissenschaftliche Untersuchungen wie für alle Kulturanfänge so auch namentlich für die Entstehungs- und Entwicklungsgeschichte der primitiven Staatenbildungen. Sie belehren uns über Sein und Wirken der ursprünglichen Gemeingefühle, auf denen sich später entwickelte Überzeugungen von dem Herrschen verpflichtender geistiger Mächte in allen geselligen Beziehungen aufbauen. Wenn auch heute auf diesem Gebiete, sobald der Kreis des rein Tat-

sächlichen überschritten und der der Hypothese und Konstruktion
betreten wird, große Willkürlichkeit und wenige feststehende Ergebnisse zu finden sind, so sind doch vielversprechende Anfänge,
die später einmal reife Früchte zeitigen können, zu verzeichnen.
Auch die detaillierte Lehre von dem rudimentären Staatsleben
der Jäger- und Hirtenvölker sowie der auf der niedersten Stufe
stehenden Naturvölker wird von der Staatslehre billig auszuscheiden und der Völkerkunde zu überlassen sein. Für die Staatslehre sind nur die definitiven Resultate auf diesem Gebiete von
Bedeutung.

2. Die Beziehungen der Staatslehre zu den Sozialwissenschaften.

a) Das Problem.

Weitaus am wichtigsten für eine vollendete Erkenntnis des
Staates sind die Beziehungen, welche die staatlichen Erscheinungen
zu den Sozialwissenschaften haben. Der Staat ist auf das
innigste mit allen sozialen Phänomenen verknüpft.

Vor allem sei darauf hingewiesen, daß der Staat eine
menschliche und nur eine menschliche Institution ist, daß alle
Übertragung des Staatsbegriffes auf gesellig lebende Tiere nichts
als ein falsches Bild ist, auf der Verwechslung notwendiger
Folgen physischer Organisation und instinktartig sich äußernder
psychischer Kräfte -mit dem Wirken ethischer Kräfte beruhend.
Zudem hat besonnene naturwissenschaftliche Beobachtung neuestens
erkannt, daß die von alters her zu staatswissenschaftlichen
Analogien benutzten angeblichen Tierstaaten der Ameisen und
Bienen, deren Wesen im Gegensatz zu den politischen Erscheinungen keinem Wandel unterworfen ist, in Wahrheit Anarchien
sind, denen jeder bewußt leitende Wille mangelt. Man kann
daher — auch bei höheren Tieren — nur von Tiergesellschaften
mit Fug und Recht sprechen: es gibt untermenschliche Sozial-
verhältnisse, aber keinen untermenschlichen Staat[1]).

---

[1]) Vgl. W u n d t Vorlesungen über Menschen- und Tierseele, 28. Vorl.,
5. Aufl. 1911 S. 499 ff.; E s p i n a s Des sociétés animales 2. éd. 1878
p. 527 ff. (deutsche Ausgabe von S c h l o e s s e r 1879 S. 507 ff.);
H. E. Z i e g l e r Die Naturwissenschaft und die sozialdemokratische Theorie
1893 S. 182 ff.; B e t h e Dürfen wir den Ameisen und Bienen psychische
Qualitäten zuschreiben? P f l ü g e r s Archiv für die gesamte Physiologie
70. Bd. 1898 S. 15 ff. Gegen Bethe W a ß m a n n, Die psychischen Fähig-

Vermöge seines menschlichen Elementes ist der Staat eine soziale Massenerscheinung und setzt daher eine Vielheit von Menschen voraus, in der alle natürlichen Unterschiede unter den Menschen enthalten sind. Er ist mit aufgebaut auf die natürlichen Unterschiede von Mann und Weib, von Erwachsenen und Kindern, da er eine dauernde, nicht auf eine Generation beschränkte Institution ist. Eine Kolonie männlicher Deportierter, auf einer Insel ihrem Schicksal überlassen, würde höchstens einen Verein, aber keinen Staat darstellen[1]. Der Umfang der dem Staate nötigen Menschenmasse kann aber ins unendliche variieren, — von wenigen Tausenden, ja Hunderten bis zu vielen Millionen. Die Staatslehre hat seit Aristoteles oft den für den entwickelteren Staat höherer Kulturstufen zweifellosen Satz betont, daß der Staat über den Umfang einer Familie hinausgehen müsse, dabei an ein zeitliches Prius der Familie denkend[2]. Neuere urgeschichtliche Hypothesen stellen die Horde als den ursprünglichen menschlichen Verband hin. Beide Theorien stimmen aber darin überein, daß der Staat nicht bloß auf den Bestand einer Generation gestellt sein dürfe.

Nicht nur die Naturanlage des Volkes, sondern auch Zahl und Art seiner Bewohner bestimmen den ganzen Lebensprozeß

keiten der Ameisen 1899. Aus der neuesten Literatur G i r o d - M a r s h a l l Tierstaaten 1901 S. 85 ff., 136 ff.; Ed. M e y e r in den Sitzungsberichten der kgl. preuß. Akademie der Wissenschaften 1907 S. 508 f.; dazu A. G r a - b o w s k y Recht und Staat 1908 S. 7 ff.

[1] Ein anderes Beispiel für die Möglichkeit solcher „Männerstaaten" bieten die während des Balkankrieges viel genannten Mönchsrepubliken der Athosklöster; vgl. F a l l m e r a y e r Fragmente aus dem Orient II 1845 S. 12 f.

[2] Allerdings nicht immer. Noch H a l l e r hat die theologisch-speku- lative Lehre von Adam als erstem Souverän vertreten. D a h l m a n n , Politik S. 3, behauptet: Die Urfamilie ist der Urstaat; jede Familie un- abhängig dargestellt, ist Staat. Ähnlich Br. S c h m i d t , Der Staat S. 57. Bei der dynamischen Natur des Staates kann man auch bei primitiven Verhältnissen von Naturvölkern der Gegenwart in der Familie bereits einen Staat erblicken. So erzählt R a t z e l , Politische Geographie S. 71 N. 12, von Familien ·als politischen Einheiten bei Melanesiern und Mikro- nesiern. Darauf gründet R e h m , Staatslehre S. 38, die Existenz von Familienstaaten. Es liegt aber ein Fall zu weit gehender Induktion (vgl. oben S. 23) vor, wenn man die Kulturstaaten mit jenen primitiven Verbänden zu einer Einheit zusammenfaßt. Namentlich für die rechtliche Erfassung des Staates ist solche zu weit getriebene Vergleichung wertlos. R e h m selbst wird doch einer melanesischen Familie nicht völkerrecht-

6*

des Staates. Dünne oder dichte, zu geringe oder zu große Bevölkerung, Verteilung der Lebensalter und der Geschlechter, Lebensdauer, Sterblichkeit sind Tatsachen, die auf der Staaten Schicksale Einfluß haben. Diese Tatsachen sind zwar biologischer Art, jedoch überwiegend das Resultat der gesamten Kultur eines Volkes. Die sich mit ihnen beschäftigende Wissenschaft, die Bevölkerungslehre, gehört daher, wenn auch unterstützt von Biologie und Anthropologie, zu den Sozialwissenschaften[1]). Sie ist gleich der gesamten sozialen Statistik eine Hilfswissenschaft aller Gesellschaftswissenschaften und daher auch der Staatslehre.

Da der Staat eine gesellschaftliche Erscheinung ist, so muß die Stellung des Staates in und zu der Gesellschaft untersucht werden, um eine vollendete Anschauung von ihm zu gewinnen. Vorerst jedoch muß das Wesen der Gesellschaft dargelegt werden[2]).

b) Der Begriff der Gesellschaft.

Wie alle Begriffe, die nicht nur in der Wissenschaft, sondern auch im täglichen Leben ihre Stelle haben, ist der der Gesellschaft vieldeutig. Von der vorübergehenden zufälligen Vereinigung mehrerer Personen bis zum Staate hinauf, ja über den Staat hinaus auf die ganze menschliche Gemeinschaft wird das Wort

liche Persönlichkeit — für ihn nach seiner früheren Auffassung (anders Kleine Staatslehre 1907 S. 19) das wesentliche Staatsmerkmal — zuschreiben wollen.

[1]) Vgl. G. Rümelin in Schönbergs Handbuch der politischen Ökonomie, 4. Aufl. I 1896 S. 828.

[2]) Umfassendere Untersuchungen über die Gesamtheit der terminologisch unter dem Wort „Gesellschaft" zusammengefaßten Vorstellungen bei Jhering Der Zweck im Recht I, 4. Aufl. 1904 S. 65 ff., 240 ff.; G. Rümelin Über den Begriff der Gesellschaft und einer Gesellschaftslehre, Reden und Aufsätze III 1894 S. 248 ff.; Tönnies Gemeinschaft und Gesellschaft, 2. Aufl. 1912 S. 3 ff.; Wundt Logik, 3. Aufl. III S. 623 ff.; Stammler Wirtschaft u. Recht, 2. Aufl. S. 77 ff.; Simmel, Schmollers Jahrbuch XX 1896 S. 575 ff.; derselbe Soziologie 1908 S. 10 ff.; Kistiakowski Gesellschaft und Einzelwesen 1899 S. 81 ff.; Gothein Gesellschaft und Gesellschaftswissenschaft im HWB. der Staatswissenschaften, 3. Aufl. IV S. 680 ff.; Wasserab Sozialwissenschaft und soziale Frage 1900 S. 6 ff.; O. Spann Untersuchungen über den Gesellschaftsbegriff, Tübinger Zeitschrift f. d. g. Staatsw. LIX S. 574 ff.; LX S. 462 ff.; LXI S. 302 ff., 427 ff.

„Gesellschaft" angewendet. Staat und Gesellschaft sind ebenso häufig identifiziert als in Gegensatz zueinander gestellt worden. Bis in die neuere Zeit allerdings wurde der Terminus „Gesellschaft" im Sinne des weiteren Begriffs gebraucht, dem sich der Staatsbegriff als engerer unterzuordnen hat. Historisch ist dies dadurch begründet, daß A r i s t o t e l e s den Staat zuerst als eine Art der κοινωνία bezeichnet und C i c e r o den Begriff der societas als alle organisierten menschlichen Gemeinverhältnisse umfassend aufgestellt hat.

Später war es das Naturrecht, das mit dem Gesellschafts-begriff operierte. Ihm fällt unter dem Einfluß des aristotelischen Gedankenkreises der Staat mit der societas civilis zusammen, die als andere Art derselben Gattung neben sich nur die societas domestica kennt. Es ist aber auch im Naturrecht eine leichte Differenz zwischen Staat und bürgerlicher Gesellschaft, trotz der Gleichsetzung beider, wahrzunehmen. Namentlich seit H o b b e s wird nämlich der Staat von der naturrechtlichen Theorie als Person aufgefaßt, in der die Gesellschaft ihre Vollendung erreicht. Aber sie selbst ist bereits früher vorhanden. Seit P u f e n d o r f wird es in der schulgerechten naturrechtlichen Theorie üblich, dem Staate eine Reihe von Verträgen zugrunde zu legen, so daß er nicht sofort, sondern erst als Produkt sämtlicher Verträge erscheint. In dieser Reihe von Verträgen tritt zuerst der Unions-vertrag auf, durch den allein schon eine, wenn auch der Ver-fassung und leitenden Gewalt entbehrende Gesellschaft entsteht. In der zweiten Hälfte des 18. Jahrhunderts wird der Gedanke der dem Staate vorangehenden Gesellschaft näher verfolgt. Zuerst vertritt der Schotte F e r g u s o n eine Lehre, welche den Staat zu bereits früher vorhandenen menschlichen Gemeinschaftsverhält-nissen geschichtlich hinzutreten läßt[1]). Sodann hat in scharfer und klarer Weise S c h l ö z e r die logische Konsequenz der Natur-rechtslehre gezogen und als der erste deutsche Schriftsteller Staat und Gesellschaft zu unterscheiden getrachtet. Die bürgerliche

---

[1]) An essay on the history of civil society 1766 (deutsch Leipzig 1768), part I, sect. I—IV, part III, sect. I—III. Dieses Buch, das in Deutschland sehr hoch gewertet wird, siehe T w e s t e n Preußische Jahr-bücher IV 1859 S. 305, W a e n t i g August Comte und seine Bedeutung für die Entwicklung der Sozialwissenschaft 1894 S. 27 ff., wird in Eng-land auffallend gering geschätzt; vgl. Leslie S t e p h e n English thought in the eighteenth century 2. ed. 1881 I p. 214, 215.

Gesellschaft, für die er einmal den Namen „Gemeinde" vorschlägt,
bezeichnet er als eine dem Staate vorhergehende Vereinigung
ohne Imperium. Sie sei für viele Stämme die höchste Form des
geselligen Daseins, und der Staatenbund der dreizehn Schweizer
Kantone ist ihm ein Beispiel einer societas sine imperio mitten
im zivilisierten Europa. Gesellschaft ist also für Schlözer eine
größere anarchische menschliche Vereinigung. In dieser Vereinigung entstehen aber bereits Rechtsregeln, deren Befolgung
allerdings „von der Ehrlichkeit eines jeden" abhängt, da Richter
und Strafe in der Gesellschaft noch nicht existieren; ferner entstehen auf Grund des Eigentums und der ökonomischen Berufe
soziale Klassen, ein Adelstand hebt sich über die anderen empor,
die Begriffe von Ehre und Vaterland entwickeln sich. Der Staat
tritt daher mit seinem Imperium zu der bereits reich gegliederten
Gesellschaft erst später hinzu, um sie zu schützen und zu leiten[1]).
Der Staat erhebt sich also nicht über eine unterschiedslose Masse
einzelner Individuen, sondern findet bereits ein durch verschiedenartige ökonomische und geistige Elemente reich gegliedertes
Volk vor.

Auf anderem Wege und in folgenreicherer Weise als Schlözer,
der vorläufig ohne Anhänger blieb, hat sich ein selbständiger
Gesellschaftsbegriff in Frankreich ausgebildet. Auch er reicht in
seinen Wurzeln auf das Naturrecht zurück. Es war zuerst
R o u s s e a u , der Staat und Gesellschaft in Gegensatz gestellt hat,
wenn er auch zwischen beiden keine terminologische Scheidung
vornimmt. Dieser letztere Umstand trägt wohl hauptsächlich die
Schuld daran, daß selbst die gründlichsten Kenner der Geschichte
der Staatslehre die Bedeutung der Ausführungen Rousseaus gänzlich übersehen haben. R. v. M o h l behauptet von Rousseau, daß
diesem der Gedanke der Gesellschaft ganz fremd geblieben sei[2]).
Er ahnte bei diesem Satze nicht, daß sein Begriff der Gesellschaft
im wesentlichen schon bei Rousseau zu finden ist.

In dem oft zitierten und sehr selten gelesenen Discours sur
l'économie politique, den R o u s s e a u für die Enzyklopädie geschrieben hat, findet sich folgendes ausgesprochen:

„Jede staatliche Gesellschaft ist aus anderen kleinen Gesellschaften zusammengesetzt, die verschiedenen Gattungen angehören,

---

[1]) A. a. O. S. 63 ff.
[2]) Geschichte der Lit. der StW. I S. 77.

und von denen jede ihre Interessen und Maximen hat. Aber diese in anerkannter und sichtbarer Form jedem wahrnehmbaren Gesellschaften sind nicht die einzigen, die im Staate existieren: alle einzelnen, die ein gemeinsames Interesse miteinander verbindet, bilden ebenso viele andere dauernde oder vorübergehende, deren Macht nicht weniger wirklich ist, weil man sie weniger bemerkt, und deren verschiedene, wohlbeachtete Verhältnisse die wahre Kenntnis der Sitten ausmachen. Alle diese förmlichen oder stillschweigenden Gesellschaften modifizieren auf so vielerlei Art die Äußerungen des öffentlichen Willens durch ihren Einfluß"[1]). Das partikulare Gesellschaftsinteresse, führt Rousseau weiter aus, sucht sich auf Kosten des Gemeininteresses zur Geltung zu bringen; daher wird der Gemeinwille stets Gefahr laufen, durch das Vordrängen der gesellschaftlichen Interessen getäuscht zu werden.

Diese Ausführungen liegen einer berühmten Stelle des contrat social zugrunde, die erst durch sie von Grund aus verständlich wird. Dort stellt nämlich Rousseau der volonté générale die volonté de tous gegenüber. Die eine ist der Wille des Staates, die andere der durch einander widerstreitende Interessen gespaltenen Gesellschaft. Die „partiellen Gesellschaften" haben auch einen Gemeinwillen ihren Gliedern gegenüber, der aber im Verhältnisse zum Staatswillen Partikularwille ist. In einem solchen Staatswesen kann man sagen, daß nicht die einzelnen Menschen, sondern die Gesellschaftsgruppen ihre Stimme abgeben. Das Ideal eines Staates ist daher dasjenige, in welchem kein partikulares Gesellschaftsinteresse zwischen Individuum und Staat sich einschiebt[2]).

Die Ausführungen Rousseaus waren es wohl, die Hegel zu

---

[1]) „Toute société politique est composée d'autres sociétés plus petites de différentes espèces, dont chacune a ses intérêts et ses maximes: mais ces sociétés, que chacun aperçoit parce qu'elles ont une forme extérieure et autorisée, ne sont pas les seules qui existent réellement dans l'État, tous les particuliers qu'un intérêt commun réunit en composent autant d'autres, permanentes ou passagères, dont la force n'est pas moins réelle pour être moins apparente, et dont les divers rapports bien observés font la véritable connoissance des mœurs. Ce sont toutes ces associations tacites ou formelles qui modifient de tant de manières les apparences de la volonté publique par l'influence de la leur." Rousseau Œuvres complètes III, Paris 1865, p. 281.

[2]) l. II ch. III: Si la volonté générale peut errer.

seiner Grundauffassung der bürgerlichen Gesellschaft anregten[1]). Denn er bezeichnet sie als die zwischen Familie und Staat tretende Bildung, in der jeder sich Zweck ist, der aber nicht ohne Beziehung auf andere erreicht werden kann. Der besondere **Zweck** gibt sich durch die Beziehung auf andere die Form der **Allgemeinheit** und befriedigt sich, indem er zugleich das Wohl der anderen mitbefriedigt. So willkürlich auch die näheren Ausführungen Hegels sind, so haben sie doch durch die scharfe dialektische Gegenüberstellung von Staat und Gesellschaft auf die Auffassung der deutschen Staatswissenschaft von der Gesellschaft mitbestimmend eingewirkt[2]). Die wesentlichste Anregung zu ihren Konstruktionen kam ihr aber direkt von den französischen Sozialisten.

In der Zeit tiefgreifender Umwälzungen und aus diesen sich entwickelnder neuer Gärungen erlangt der Begriff der Gesellschaft in Frankreich große praktische Bedeutung. In der Tagespresse sowohl als auch in der wissenschaftlichen Literatur wird von der société als einer vom Staate verschiedenen Bildung gesprochen, ohne daß zunächst der Versuch gemacht würde, sie theoretisch zu definieren. Erst Saint-Simon weist energisch den Gegensatz der staatlichen Organisation und der gesellschaftlichen Verhältnisse auf und erklärt, daß die Gesellschaft die wirtschaftlichen Klassen seien, deren Entwicklung dahin gehe, die wichtigste unter ihnen, die industrielle, zur staatlich herrschenden zu machen[3]). Noch schärfer hat der trotz aller Gegnerschaft wider den Sozialismus unter dem Einfluß der sozialistischen Gesellschaftslehre stehende Proudhon den Staat als das Unterdrückung übende gouvernement im Gegensatz zur société be-

---

[1]) Grundlinien der Philosophie des Rechts, Werke VIII 2. Aufl. S. 240 ff., vgl. auch die Auseinandersetzung mit Rousseau S. 306 ff.

[2]) Namentlich durch L. v. Stein, der ganz im Banne Hegels stand, wenn er auch den Inhalt seiner Gesellschaftslehre von den französischen Sozialisten empfing. Aber auch K. Marx dürfte von dem Grundgedanken der Hegelschen Gesellschaftslehre nicht ganz unbeeinflußt geblieben sein.

[3]) Vgl. namentl. Saint-Simon Catéchisme des industriels 1822—23. R. Schmidt, I S. 105, behauptet den Einfluß Hegels auf Saint-Simon, was unbegründet ist. Der von Schmidt als Zeuge herangezogene Ahrens, a. a. O. I S. 204 Anm. 2, spricht auch gar nicht von der Lehre Saint-Simons, sondern vom Saint-Simonismus. zwei, wie Ahrens im Text richtig hervorhebt, ganz verschiedene Doktrinen.

zeichnet[1]). Da er in seinen ersten Schriften den Staat als zu beseitigend erklärt und durch eine anarchische, auf freien Verträgen beruhende Gesellschaft ersetzen will, so muß er natürlich davon ausgehen, Staat und Gesellschaft als scharfe Gegensätze zu betrachten. In wirksamster Weise aber ist der aus Frankreich stammende sozialistische Gesellschaftsbegriff ausgebildet und zur Grundlage einer eigentümlichen Geschichtsauffassung erhoben worden von K. M a r x und F r. E n g e l s. Nach dieser Geschichtsphilosophie — dem materialistischen Gegenstück der Hegelschen Philosophie der Geschichte — ist die ganze Geschichte in ihrem innersten Kerne nichts als eine notwendige, vom bewußten Willen der Individuen unabhängige Konsequenz der ökonomischen Verhältnisse. Diese führen zur Bildung von Gesellschaftsklassen, die sich in ausbeutende und ausgebeutete scheiden. Alle gesellschaftlichen Erscheinungen bis zu den idealsten hinauf sind durch die ökonomischen Produktionsverhältnisse bedingt, sind der Überbau, der sich auf der jedesmaligen ökonomischen Struktur der Gesellschaft erhebt. Der Staat ist nichts anderes als die Organisation der jedesmaligen ausbeutenden Klassen zur Aufrechterhaltung ihrer äußeren Produktionsbedingungen und das innerlich notwendige Ziel der Geschichte die Erringung der Staatsgewalt durch die Proletarier. In dieser Zukunftsepoche wird der Staat die gesamte Produktion gemäß dem Gemeininteresse leiten. Das Ziel der Entwicklung würde demnach die völlige Einheit von Staat und Gesellschaft bedeuten. Was das Naturrecht zum Ausgangspunkt seiner Deduktionen nahm, wird in dieser materialistischen Geschichtsphilosophie Endziel der Geschichte. Damit steht die sozialistische Gesellschaftslehre auch im schärfsten Gegensatz zur anarchistischen. Hier Aufhebung des Staates durch die Gesellschaft, dort der Gesellschaft durch den Staat[2]).

---

[1]) Über P r o u d h o n s Staats- und Gesellschaftslehre vgl. D i e h l Proudhon II 1890 S. 107 ff. (Conrad Samml. nationalök. u. statist. Abh. VI[3]); d e r s e l b e Über Sozialismus, Kommunismus und Anarchismus 2. Aufl. 1911 S. 104 ff.; M i c h e l a. a. O. S. 395 ff.; Z e n k e r Der Anarchismus 1895 S. 22 ff.; E l t z b a c h e r Der Anarchismus 1900 S. 63 ff.; d e r s e l b e im Handbuch d. Politik I 1912 S. 171.

[2]) Populär ist die Marxistische Lehre dargestellt und ergänzt worden von E n g e l s, Der Ursprung der Familie, des Privateigentums und des Staats 1884, ferner ders. in dem bereits zitierten Werke: Herrn Dührings Umwälzung der Wissenschaft. Vgl. aus der großen Zahl von Schriften über die Marx-Engelssche Staats- und Gesellschaftslehre nament-

Die Betrachtung der sozialen Bewegung in Frankreich hat
Lorenz v. Stein, der, wie erwähnt, gleich den deutschen Führern
des Sozialismus in der Schule der Hegelschen Dialektik groß
geworden war, den Anstoß zur Entwicklung seines Gesellschafts-
begriffes gegeben[1]). Nach Stein besteht die Gesellschaft wie bei
den Sozialisten aus den auf den erheblichen wirtschaftlichen Unterschieden ruhenden Klassen, und die Geschichte des Staates ist
nichts als ein ununterbrochener Prozeß des Ringens der Klassen
um die staatliche Herrschaft. Damit wird aber der Staat als
eine über der Gesellschaft stehende, sie beherrschende und ihren
Zwiespalt zur Einheit zusammenfassende Notwendigkeit erkannt.

Unter der Einwirkung des französischen Sozialismus und
dennoch in selbständiger Weise haben der Schüler Krauses,
Ahrens[2]), und sodann R. v. Mohl einen Begriff der Gesellschaft
entwickelt. Verbreitung hat namentlich die Ansicht des letzteren
gefunden, welche die Gesellschaft als eine selbständige, zwischen
Individuum, Familie und Stamm einerseits und dem Staate anderseits mitten drin stehende Bildung, einen Lebenskreis betrachtet,
der durch bedeutende, dauernde Interessen der Menschen entsteht,
welche sämtlichen Beteiligten ein gemeinschaftliches Ziel des
Wollens und Handelns geben, dadurch aber auch gleiche Sitten
und Lebensansichten, gemeinschaftliche Einrichtungen, endlich
mehr oder weniger ausgebildete und bewußte Organismen
erzeugen. Diese Vielheit der so entstehenden Lebensgestaltungen
bedarf im Staate einer sie zusammenfassenden, begrenzenden, zur
Einheit versöhnenden Organisation[3]).

Unabhängig von den Versuchen der Sozialisten und der
deutschen Staatswissenschaft, einen Gesellschaftsbegriff zu gewinnen, hat die in Frankreich durch A. Comte geschaffene und
in England durch H. Spencer in eigentümlicher Weise ausgebildete Soziologie, die heute überall zahlreiche Anhänger besitzt,
eine Lehre vom Wesen der Gesellschaft aufgestellt. Der soziologische Gesellschaftsbegriff umfaßt ausnahmslos alle menschlichen

---

lich Masaryk Die philosophischen und soziologischen Grundlagen des
Marxismus 1899 S. 387 ff.

[1]) Geschichte der sozialen Bewegung in Frankreich 1850 I p. XXIX ff.,
System der Staatswissenschaft II, Die Gesellschaftslehre I 1856 S. 22 ff.

[2]) a. a. O. II S. 253 ff.

[3]) Geschichte und Literatur der StW. I S. 88 ff., Enzyklopädie der
StW. S. 27 ff.

Gemeinverhältnisse. Die Soziologie ist daher die Wissenschaft vom gesamten menschlichen Gemeinleben. Die Entwicklungs- und Lebensgesetze der Religion, der Sitten, des Rechtes und der Sittlichkeit, der Wirtschaft und des Staates zu finden, ist die Aufgabe dieser umfassenden Disziplin, in welche alle übrigen Wissenschaften einmünden, da sie alle anderen mit der Natur und dem Einzelmenschen sich beschäftigenden Lehren zur Voraus- setzung hat. In dieser soziologischen Lehre aber werden Gesell- schaft und Staat nicht in Gegensatz gestellt, wie in den früher erwähnten Theorien, sondern der Staat selbst ist nur eine der Gesellschaftsformen.

So wenig volle Klarheit oder gar Übereinstimmung über das Wesen der Gesellschaft herrscht, so stimmen doch die ver- schiedenen, zahlreiche Nuancen aufweisenden Theorien über sie überein in einem wichtigen Punkte, nämlich der Erkenntnis, daß es selbständige Gebilde zwischen Individuum und Staat gebe. Dieses Resultat ist nicht nur für die gesamte Auffassung vom Menschen, sondern auch für die Staatslehre von der tiefst- greifenden Bedeutung. Die neuere Staatslehre hatte bis in unser Jahrhundert hinein den Staat aus den als prinzipiell gleich gedachten Individuen entstehen lassen und höchstens unter antikem Einflusse Familie und Gemeinde als Zwischenbildungen anerkannt. Die Ableitung der staatlichen Subordinationsverhält- nisse aus den isolierten Individuen oder dem Familien- und Gemeindeverbande war aber nur mittelst metaphysischer Speku- lation oder juristischer Fiktionen möglich. Die Gesellschafts- lehre hingegen hat den antiken Gedanken des Menschen als des ζῷον πολιτικὸν καὶ κοινωνικὸν dahin vertieft, daß sie das Indi- viduum von vornherein als in einer Fülle ihm gegebener, von seinem Individualwillen unabhängiger Gemeinschaftsverhältnisse stehend aufweist. Diese zum Teil unorganisiert bleibenden Ver- hältnisse ruhen auf der vom Naturrecht geleugneten oder doch nicht genügend als unaufhebbar beachteten Mannigfaltigkeit, also Ungleichheit der Individuen, die somit etwas von Natur Gegebenes, nichts künstlich Erzeugtes ist. Dadurch gestalten sich die Gemein- schaftsverhältnisse in Abhängigkeitsverhältnisse um, die auch da vor- handen sind, wo ihnen staatlicher Zwang nicht zur Seite steht. Staatliche Herrschaftsverhältnisse sind daher präpariert durch die sozialen Abhängigkeitsverhältnisse, die in jeder sozialen Gruppe, nicht etwa nur in Beziehungen der wirtschaftlichen Klassen statt-

haben.   Solche Abhängigkeitsverhältnisse sind „naturwüchsig“,
d. h. ganz losgelöst von dem Willen der jeweiligen Gesellschaftsglieder, daher dauern sie auch im Staate, unabhängig von der
staatlichen Herrschaft, fort. Kein geselliger Verein, keine wissenschaftliche Schule, keine künstlerische Richtung usw., in denen
es nicht Leitende und Abhängige gäbe. Die formal-juristische
Möglichkeit, sich solcher Leitung zu entziehen, mindert nicht
die Tatsächlichkeit und Unentrinnbarkeit solcher Abhängigkeitsverhältnisse. Wer nicht die geistige Kraft hat, sich zu eman-
zipieren, bleibt notwendig abhängig, solange er überhaupt die
betreffende Seite seiner Individualität pflegen und bewähren will.
Wäre es möglich, den Staat aus der Reihe der sozialen Gebilde
auszuscheiden, so würden die sozialen Abhängigkeitsverhältnisse
damit keineswegs aufgehoben werden.

Aber nicht nur für die Einsicht in die staatlichen Grundverhältnisse, auch für die Erkenntnis aller typischen und individuellen staatlichen Erscheinungen ist die Gesellschaftslehre von
der höchsten Bedeutung. Im folgenden ist nun zunächst der
Begriff der Gesellschaft positiv zu entwickeln[1]) und sodann das
Verhältnis der Staatslehre zur Gesellschaftslehre in großen Zügen
zu verzeichnen.

1. Gesellschaft im weitesten Sinne bezeichnet die Gesamtheit
der in die Außenwelt tretenden psychologischen Zusammenhänge
unter den Menschen. Sie ist also ein Sammelbegriff, hervorgehend
aus der Zusammenfassung sämtlicher geselliger Beziehungen der
Menschen zu einer begrifflichen Einheit. In diesem Sinne ist sie
identisch mit der menschlichen Gemeinschaft, die eben aus einer
Fülle einzelner, dauernder oder vorübergehender Beziehungen
zwischen den Individuen besteht. Dieser Begriff ist aber so weit,

[1]) Kritische Erörterungen der bisher aufgestellten Gesellschafts-
theorien würden an dieser Stelle zu weit führen. Das Unzulängliche des
neuesten eingehenden Versuches, den Gesellschaftsbegriff zu fixieren,
den S t a m m l e r, a. a. O. S. 77 ff., unternimmt, ist schon von S i m m e l,
Schmollers Jahrb. XX 1896 S. 575 ff. (dazu J. B r e u e r Der Rechtsbegriff
1912 S. 86 ff.), und von Max W e b e r, Arch. f. Sozialwiss. 24. Bd. 1907
S. 120 ff., treffend dargetan. Überdies aber schließt die S t a m m l e r sche
Definition des sozialen Lebens als des äußerlich geregelten Zusammen-
lebens der Menschen den so bedeutsamen Saint-Simon-Steinschen Gesell-
schaftsbegriff, den S t a m m l e r gar nicht zu kennen scheint, aus der
Reihe der sozialen Erscheinungen aus, da das Leben der also gefaßten
Gesellschaft sich großenteils in der Form ungeregelten Kampfes vollzieht.

daß er ersprießlicher wissenschaftlicher Betrachtung nicht ohne weiteres zugrunde gelegt werden kann. Eine Kenntnis der so gestalteten Gesellschaft käme der vollendeten Kenntnis von dem Wesen und den Schicksalen unserer Gattung gleich, wäre also nichts Geringeres als die Lösung des Rätsels der Sphinx. Der Grund, warum die sich als soziologisch bezeichnenden Untersuchungen so häufig aller inneren Bestimmtheit entbehren und sich so leicht in ungemessene Breite verlieren, liegt nicht zum geringsten Teil darin, daß sie von diesem allumfassenden Gesellschaftsbegriff ausgehen, der der Wissenschaft alle Begrenzung und damit allen gedeihlichen, methodischen, auf erreichbare Ziele gerichteten Fortgang nimmt. Das Tatsachenmaterial, das die moderne Soziologie ihren Sätzen zugrunde legen will, bildet in der Regel nur einen den Unkundigen täuschenden Wall, hinter dem sich aprioristische Konstruktionen, gestützt auf unvollkommene Induktionen, zu verbergen pflegen.

Immerhin aber hat dieser weiteste Gesellschaftsbegriff für die Staatslehre die große Bedeutung einer Korrektur falscher und einseitiger Theorien. Wie alles Menschliche, ist auch der Staat nur aus dem Ganzen des sich in der Gemeinschaft entfaltenden Wesens des Menschen von Grund aus zu begreifen. Eine unübersehbare und darum nie vollständig zu erfassende Reihe sozialer Tatsachen und Ursachen gestalten das konkrete Leben des Einzelstaates und damit die Institution des Staates überhaupt aus. Mit dieser Erkenntnis sind alle jene Lehren abgewiesen, die aus dem Bereiche unzählbarer sozialer Ursachen eine oder einige herausheben, um sie als die alleinigen treibenden Kräfte der staatlichen Entwicklung hinzustellen.

Die unendliche Kompliziertheit des gesamten sozialen Geschehens erklärt ferner zwei wichtige wissenschaftliche Phänomene. Ein flüchtiger Blick in die Literatur lehrt, daß ein und dieselbe Erscheinung von verschiedenen auf einander entgegengesetzte und daher aufhebende Ursachen zurückgeführt wird. So ist dem einen unsere moderne Kultur eine christliche, also ein Produkt des christlich-religiösen Geistes, während der andere in der Überwindung der religiösen durch die naturwissenschaftliche Weltanschauung, ein dritter in der Ausbildung der Technik, namentlich der des Verkehrswesens, die wahre Ursache unserer heutigen Zivilisation sieht. Der eine erblickt in der Geschichte das Resultat der Leistungen führender Geister, der andere nichts als das

Ergebnis ungeheurer sozialer Massenwirkungen; der eine erklärt,
daß die klimatischen Verhältnisse, der andere, daß die ethische
Ausstattung eines Volkes den Lauf seiner Geschicke bestimmen;
dem einen ist das Recht das Produkt sittlicher Ideen, dem anderen
ausschließlich das Ergebnis von Klassenkämpfen. Wissenschaftliche Besonnenheit wird leicht den Fehler solcher Betrachtungs-
weisen erkennen. Da jede soziale Erscheinung unendlich viele
Ursachen hat, so ist es leicht, aus der Reihe der Ursachen eine
oder beliebig viele herauszugreifen und sie als die alleinigen
hinzustellen. Der methodische Fehler liegt solchenfalls nicht in
der Behauptung, daß bei einer Wirkung x, die aus den Ursachen
a, b, c, d, e . . . . . resultiert, a die Ursache von x sei,
sondern darin, daß n u r a die Ursache darstelle. Sehr häufig tritt
es in der Geschichte einer Wissenschaft ein, daß neue Ansichten
im Kampfe mit den bisher herrschenden sich dadurch den Sieg
zu verschaffen suchen, daß sie die von ihnen aufgedeckten, bisher
unbekannten oder vernachlässigten Ursachen als die ausschließlichen der von ihnen zu erklärenden Erscheinungen aufstellen.
So hat man z. B. die Entstehung der Religion ausschließlich auf
mythische Personifizierung von Naturkräften und sodann im
Kampfe mit dieser Anschauung ausschließlich auf den Ahnenkult
zurückführen wollen. Die Einseitigkeit solchen Verfahrens wird
durch den steten Hinblick auf die Mannigfaltigkeit des sozialen
Geschehens vermieden, namentlich wenn man sich den so oft vernachlässigten Erfahrungssatz vor · Augen hält, daß ein und derselbe Effekt durch ganz verschiedene Ursachen erzeugt werden
kann.

Das zweite Phänomen, das aus dem Zusammenhang der vielverschlungenen sozialen Verhältnisse sich ergibt, besteht darin,
daß jeder soziale Vorgang günstige und schädliche Wirkungen
äußert, woran keine menschliche Berechnung etwas zu ändern
vermag. Die Wirkungen der einzelnen Geschehnisse sind so
mannigfaltige, vielseitige, verschlungene, daß entgegengesetzte
Aussagen über sie mit gleichem Rechte abgegeben werden können.
Daher findet jedes geschichtliche Ereignis, jede soziale Wandlung
ihre einander widerstreitenden Beurteiler. So wie noch keine
geschichtliche Persönlichkeit, sei sie auch die größte, dem Tadel
und der Verwerfung entronnen ist, so ist noch kein Werk der
Literatur, der Kunst, der Wissenschaft, der Technik, das mit
höchstem Lob gepriesen wurde, irgendwann ungünstiger Be-

urteilung entgangen, und es gibt keine geschichtliche Tat, keine
Wandlung in den Sitten und Anschauungen, deren Bedeutung
und Wirkungen nicht von verschiedenen verschieden gewertet
worden wären. An solchem Gegensatz trägt nicht nur der Unterschied unter den beurteilenden Persönlichkeiten Schuld: vielmehr
kann jeder Beurteiler aus der Fülle des sozialen Materials Beweise für seine Behauptungen schöpfen. Daher finden Optimismus
und Pessimismus, Verherrlichung und Verachtung des Menschlichen, Glaube an eine fortschreitende Entwicklung und Verneinung des Fortschrittes in der Geschichte gleichermaßen ihre
Stützen an der ungeheuren Masse sozialer Tatsachen und ihrer
nachweisbaren Wirkungen. Auch diese Erkenntnis aber birgt ein
wohltätiges Korrektiv und Schutzmittel in sich, das Extreme zu
vermeiden und Einseitigkeit erkennen lehrt.

2. Im engeren Sinne bezeichnet Gesellschaft die Gesamtheit
menschlicher Vereinigungen, d. h. der durch irgendein ver-
bindendes Element zusammengehaltenen menschlichen Gruppen.
Die Menschen stehen nicht nur nebeneinander, sondern bilden
kraft psychologischer Notwendigkeit Verbindungen von größerer
oder geringerer Stärke und Ausdehnung. Diese Verbindungen
können bewußte, organisierte oder unbewußte, der Einheit ermangelnde, bloß auf der Gemeinsamkeit natürlicher Eigenschaften
oder Gleichheit der Interessen beruhende sein. Zahllos ist die
Menge solcher Verbindungen, welche die Analyse der menschlichen Gemeinverhältnisse darbietet. Die Familie, die Vereine,
die Gemeinden, die Kirchen, der Staat sind organisierte Verbindungsformen[1]), denen die wirtschaftlichen Klassen, aber auch
die Nationalitäten, die höheren Berufsarten, die politischen und
kirchlichen Parteien bis zu den vorübergehenden geselligen Zusammenkünften des täglichen Lebens, den Volksversammlungen,
den zu gemeinsamer Tat sich plötzlich zusammenballenden Massen
einer Großstadt als unorganisierte Vereinigungen gegenüberstehen.
Wie dieser Gesellschaftsbegriff den Staat unter sich begreift, so
bildet für ihn auch der Staat keine Grenze. Organisierte und
unorganisierte Verbindungen erstrecken sich über den Einzelstaat
hinaus, ja die Staaten selbst können gesellschaftliche Gruppen
bilden. Der ins Unermeßliche gewachsene internationale Ver-

---

[1]) Hier findet also auch der Sozietätsbegriff der Jurisprudenz als
eine der möglichen Gesellschaftsformen seine Stelle.

kehr und das internationale Recht sind nur möglich, weil die Gesellschaft eine Reihe internationaler Elemente in sich birgt[1]).

Der Begriff der Gesellschaft im engeren Sinne ist nur in der hier gegebenen Definition haltbar. Jede Ausscheidung bestimmter Gruppen aus ihr, wie z. B. der Familie, oder gar ihre Reduzierung auf die wirtschaftlichen Klassen läßt sich wissenschaftlich nicht rechtfertigen. In jeder solchen Begrenzung liegt bereits ein gutes Stück aprioristischer Konstruktion, die das vernachlässigt, was ihr nicht frommt.

Daraus ergibt sich aber, daß eine strenge Scheidung und Gegenüberstellung von Staat und Gesellschaft unmöglich ist. Der Staat selbst ist vielmehr eine der Gesellschaftsformen, die sowohl Voraussetzung als auch Produkt der anderen ist. Keine Gesellschaftsgruppe läßt sich außerhalb des Staates oder doch ohne ihn denken, daher der ganze Gesellschaftsbegriff kritischen Bedenken begegnet ist, die insofern recht haben, als ein nicht bloß begriffliches Isolieren von Staat und Gesellschaft unmöglich ist. Vielmehr werden einerseits alle übrigen Gesellschaftsgruppen direkt oder indirekt vom Staate beeinflußt, andererseits wirkt der Staat selbst gruppenbildend: die Bureaukratie, das Heer sind nicht nur staatliche Institutionen, sondern auch gesellschaftliche Gruppen, die wieder unabhängig von ihrem Erzeuger auf dessen Gestaltung und Leben zurückwirken. Bei der inneren Kohärenz aller Elemente der menschlichen Gemeinschaft muß jedes von ihnen auf alle anderen einen mehr oder minder meßbaren Einfluß haben.

In dieser Kohärenz der Gesellschaftsgruppen liegt die Bedeutung der Gesellschaftslehre für die Staatslehre. Daraus ergibt sich zweierlei. Einmal, daß das gesamte Leben des Staates nur aus der Totalität des gesellschaftlichen Lebens begriffen werden kann. Sodann aber sowohl die Selbständigkeit der sozialen Staatslehre als einer besonderen Disziplin der Sozialwissenschaften als auch die Erkenntnis, daß jede andere sozialwissenschaftliche Lehre ihre notwendigen Beziehungen zur Staatslehre hat.

3. Um die Beziehung des Staates zur Gesamtheit der übrigen sozialen Bildungen eingehend zu erörtern, ist der Klarheit halber

---

[1]) Diesen Ausführungen gibt E s m e i n , p. 26 f., einen Sinn, der ihnen, trotz seiner weiteren Bemerkung p. 31, nicht völlig gerecht wird

ein dritter, engster Begriff der Gesellschaft aufzustellen, der die Gesellschaftsgruppen mit Ausnahme des Staates umfaßt.

Der Zusammenhang des Staates mit der also begrenzten Gesellschaft ist in neuerer Zeit Gegenstand eingehender Untersuchungen geworden. Selten jedoch wird das gesamte komplizierte Wesen der Gesellschaftsgruppen solchen Betrachtungen zugrunde gelegt, vielmehr nur ein Element des sozialen Lebens hervorgehoben. Folgender Gedankengang wird häufig als letztes Resultat sozialer Erkenntnis des Staates behauptet.

Alle menschlichen Interessen haben die notwendige psychologische Tendenz, sich durchzusetzen und zu behaupten. Beides erfordert aber Macht. Daher ist in jeder dauernden Gesellschaftsgruppe, sei sie organisiert oder nicht, ein' Streben nach Machterwerb und Machtbehauptung vorhanden. Der stärkste soziale Machtfaktor ist aber der Staat. Auf die Dauer kann sich nun keine soziale Gruppe behaupten, wenn sie nicht vom Staate unterstützt oder doch anerkannt wird. Jede soziale Gruppe strebt darum nach staatlicher Anerkennung und, wenn sie diese besitzt, nach Durchsetzung ihrer Interessen mit staatlicher Hilfe. Daher haben die noch nicht zu staatlicher Macht gelangten Gesellschaftsgruppen die Tendenz, Macht durch den Staat, die stärksten sozialen Interessen aber sogar Macht über den Staat zu gewinnen. Alle sozialen Gegensätze sind zugleich Spannungsverhältnisse gesellschaftlicher Machtfaktoren. Deshalb ist im Staate auch ein steter Kampf der staatlich herrschenden Gesellschaftsgruppen gegen die zur Herrschaft strebenden oder von der Herrschaft abgedrängten Gruppen wahrzunehmen. Manche staatlichen Institutionen sind daher Ergebnisse von Kompromissen zwischen den einander widerstreitenden Ansprüchen der großen sozialen Gruppen, und ein Teil des Rechtes bezeichnet den jeweiligen Gleichgewichtszustand der divergierenden gesellschaftlichen Interessen[1]). Auf den Zusammenhang zwischen Rechtsbildung und der Bewegung in der Gesellschaft hingewiesen zu haben, gehört

---

[1]) Am populärsten und wirksamsten hat Lassalle in den beiden Vorträgen „Über Verfassungswesen" und „Was nun?" den Zusammenhang zwischen sozialer und staatlicher Macht dargelegt. Dazu Fr. v. Wieser Recht und Macht 1910 S. 3 ff. Unter den Juristen hat die Kompromißnatur des Rechtes am energischsten betont Merkel, Recht und Macht, Schmollers Jahrbuch V 1881 S. 439 ff., Juristische Enzyklopädie § 40.

zu den bleibenden Verdiensten der Sozialisten und derer, die von ihnen gelernt haben.

Allein, wissenschaftliche Überlegung muß gegen die Einseitigkeit solcher Lehrsätze protestieren, insofern sie die gesamten politischen Probleme erklären wollen. Schon die Unmöglichkeit strenger Scheidung von Staat und Gesellschaft spricht dagegen, ferner die Erwägung, daß in der unendlichen Abfolge des historischen Geschehens alles zugleich Ursache und Wirkung ist, daher, wie schon angedeutet und später näher auszuführen, das Leben der Gesellschaft vom Staate ebenso beeinflußt wird wie umgekehrt. Nicht minder einseitig und schief sind aber auch jene Konstruktionen, welche den Staat als über der Gesellschaft stehend erklären und die Monarchie als eine über den sozialen Parteien stehende Institution rechtfertigen wollen[1]). So wenig als ein außerstaatliches läßt sich ein gesellschaftsloses Individuum finden, und alles Streben, über den Parteien zu stehen, kann den Monarchen nicht verhindern, bestimmten sozialen Gruppen näher zu stehen als anderen. Es gibt dynastische Interessen, die partikular-sozialer, nicht allgemein staatlicher Art sind. Der über der Gesellschaft stehende Staat gehört dem idealen, nicht dem Durchschnittstypus des Staates an.

Mit dieser Erkenntnis steht aber der wichtige, später näher darzulegende Satz, daß der Staat Vertreter der Gemeininteressen seines Volkes sei, durchaus nicht im Widerspruch. Man darf eben, wie es so häufig geschieht, Volk und Gesellschaft nicht identifizieren. Das Staatsvolk fällt mit dem Herrschaftsbereich des Staates zusammen, die Gesellschaft nicht. Ein großer Teil der gesellschaftlichen Interessen erstreckt sich weit über die Grenzen eines jeden Einzelstaates hinaus, und damit wird auch jedes Volk in seiner Gesamtheit zu einer großen Gesellschaftsgruppe, seine Interessen zu partikularen Interessen. Daher wird ein und dasselbe gesellschaftliche Interesse in verschiedenen Staaten verschieden gewertet werden. Man denke nur an die Stellung herrschender Kirchen und konfessioneller

---

[1]) Die Lehre vom sozialen Königtum ist von Saint-Simon begründet und sodann von L. v. Stein dialektisch entwickelt worden. Vgl. hierüber L. Brentano in Schönbergs HB. d. pol. Ök. 1. Aufl. I S. 935 ff. Sie bildet ein Fundament der Staatslehre von Gneist. Vgl. ferner O. Mejer a. a. O. S. 11 ff.; Klöppel Staat und Gesellschaft 1887 S. 195 ff.

Minderheiten in den verschiedenen Staaten, um zu erkennen, daß das Gemeininteresse überall staatlich individualisiert zur Erscheinung gelangt. Die Gemeininteressen der gesamten Gesellschaft festzustellen und in staatlichen Institutionen zum Ausdruck zu bringen, ist, heute wenigstens, den Staaten nur innerhalb enger Grenzen möglich.

Um die Wechselwirkung von Staat und Gesellschaft in befriedigender Weise wissenschaftlich zu ergründen, ist es notwendig, das ungeheure Gebiet der Sozialwissenschaften in Einzeluntersuchungen zu zerlegen. Nur durch Spezialisierung, die jede wichtige soziale Funktion in ihrer Beziehung zum Staate isoliert betrachtet, ist es möglich, zu ersprießlichen Resultaten zu gelangen. Diese Untersuchungen gehören aber, wie nochmals betont werden soll, nicht der Staatslehre selbst, sondern anderen, gesonderten Disziplinen der Gesellschaftswissenschaften an. In welchen Richtungen sich die hauptsächlichsten Untersuchungen dieser Art zu bewegen haben, soll im folgenden in großen Zügen angedeutet werden.

c) Die sozialwissenschaftlichen Spezialdisziplinen in ihrer Bedeutung für die Staatslehre.

1. Die Gesellschaft, sowohl in der Form der umfassenden menschlichen Gemeinschaft als auch in ihrer Gliederung und Spaltung in ein System von Gruppen, ist die Grundlage der ethischen Betätigung eines Volkes. Diese faktische sozialethische Lebensübung, die wohl zu unterscheiden ist von den abstrakten, auf Erreichung eines sittlichen Ideales zielenden ethischen Normen, ist von der höchsten Bedeutung für die Gestaltung aller Gemeinverhältnisse, also auch des Staates[1]). Die herrschenden sittlichen Anschauungen und ihre Betätigung in

---

[1]) Daher nicht mit der „Staatssittenlehre" zu verwechseln, die M o h l als besondere staatswissenschaftliche Disziplin gefordert hat, die aber nichts als ein Element einer richtig verstandenen Politik ist, nämlich Lehre von den sittlichen Schranken, innerhalb deren die politischen Zwecke erreicht werden sollen, sowie den ethischen Anforderungen an ihre positive Gestaltung und die einzelnen, insofern sie zu ihr beizutragen haben. Was M o h l, Enzyklopädie S. 504, als Ergebnisse einer solchen Lehre bietet, ist übrigens nichts als eine Sammlung von Trivialitäten. Über das Verhältnis der Staatslehre zur Ethik vgl. aus der neuesten Literatur J. S t e r n Die allg. Staatslehre und eine positivistische Ethik, Grünhuts Zeitschrift XXXI 1903 S. 87 ff., auch Arch.

einer bestimmten Epoche und innerhalb eines bestimmten Volkes
sowie bestimmter sozialer Gruppen dieses Volkes wirken daher
auch in tiefgreifender Weise sowohl auf die menschlichen In
stitutionen als auch auf das faktische Leben des Staates ein.
Von allen Sätzen über das Verhältnis der Gesellschaft zum Staate
ist dieser am frühesten in das wissenschaftliche Bewußtsein getreten. Das hellenische Denken erblickte gemäß seiner Auffassung des Staates in der sozialen Tüchtigkeit der Bürger die
sicherste Gewähr staatlichen Gedeihens, ja die gesamte Ethik ist
dem Griechen so innig mit dem Staate verknüpft, daß Aristoteles
sie ganz einem weiteren Begriff der Politik untergeordnet hat.
Auch der späteren Staatswissenschaft ist der Gedanke ihrer Verbindung mit der Ethik lebendig geblieben, und namentlich dem
Verhältnis der Ethik zur Politik im modernen Sinne sind eingehende Untersuchungen gewidmet worden. Befriedigende Resultate für die theoretische Erkenntnis des Staates werden aber
nur durch sorgfältige Einzeluntersuchungen zu erreichen sein,
welche die Verbindung konkreter sozialethischer Zustände mit
dem Leben bestimmter Staaten aufdecken. Das Bedeutendste
dieser Art ist bisher von Historikern, namentlich Kulturhistorikern,
geleistet worden. Statt aller sei hier nur auf die Bildung und
Schicksale der Renaissancestaaten Italiens hingewiesen, die ohne
gründliche Erforschung der sittlichen Zustände des damaligen
Italiens ganz unverständlich bleiben.

Wie aber einerseits der Staat durch den stetigen Wandel
der sozialethischen Anschauungen sich fortwährend ändert, so
wirkt er selbst anderseits durch seine Institutionen und politische
Lebensbetätigung auf den sittlichen Zustand der Gesellschaft ein.
An sozialen Schäden und Gebrechen trägt der Staat oft einen
nicht geringen Teil der Schuld; durch Abwehr und Förderung
kann er aber auch seinen Beitrag zur Hebung der sozialen Sittlichkeit liefern. Diese Sätze sind so einleuchtend, daß sie näheren
abstrakten Beweises kaum bedürftig sind. Wohl aber ist es
wiederum Aufgabe spezialisierter Forschung, an bestimmten Verhältnissen Art und Macht des staatlichen Einflusses auf die soziale Sittlichkeit nachzuweisen.

2. Auch die anderen der Gesellschaft entspringenden gei-

d. ö. R. 28. Bd. 1912 S. 298 ff.; über die Verweisungen des Gesetzgebers auf
gesellschaftliche Anschauungen, Sätze der Ethik und sonstige außerrecht-
liche Säize W. Jellinek Gesetz, Gesetzesanwendung usw. 1913 §§ 3 u. 4.

stigen Mächte stehen in Berührung und Wechselwirkung mit den staatlichen. Hierher zählt zunächst die soziale Sitte, deren Einfluß auf den Ursprung und die erste Ausbildung öffentlicher Institutionen oft von großem Einfluß geworden ist[1]), aber auch heute noch fortdauert. Wo die Sitte staatliche Einrichtungen stützt, ist sie die stärkste konservative Macht. Ihre Sanktionen wirken viel mächtiger als aller staatliche Zwang. Selbst wo sie sich nur im Schaffen und Festhalten äußerer Formen betätigt, ist sie von nicht geringer Kraft. Das den Anschauungen der Verkehrssitte entstammende Zeremoniell hat auch heute seine Bedeutung für den Staat nicht verloren und kann namentlich in den internationalen Beziehungen als Bestandteil der comitas gentium und Kriegsmanier in hervorragendem Maße rechtsbildende Kraft bewähren. Zur sozialen tritt die politische Sitte als eine gewaltige, das Leben beherrschende Macht hinzu. Die Beziehungen zwischen den Trägern öffentlicher Gewalt können, wie menschliche Beziehungen überhaupt, niemals bloß durch das Recht bestimmt werden, wie denn auch die Art der Ausübung öffentlicher Gewalt gegenüber den einzelnen der freien Entfaltung von Regeln nicht rechtlicher Natur einen weiten Spielraum gewährt. Staatliche Praxis wird durch die Sitte und Unsitte bestimmt, und Gesetze können durch die Sitte beiseite geschoben, wenn nicht gar in ihr Gegenteil verkehrt werden. Von der größten Bedeutung ist der Einfluß der technischen Erfindungen auf die Gestaltung der Staaten. Die Erfindung der Feuerwaffen hat die Lehnsmiliz beseitigt, die Söldnerheere ermöglicht, die innere Konsolidierung der Staaten durch Erhöhung der Stellung des zum absoluten Herrscher aufsteigenden Monarchen befördert. Erst die ungeahnte Entwicklung des modernen Kommunikationswesens hat die Zentralisierung der großen Staaten vollenden geholfen. Der Telegraph hat den diplomatischen Dienst von Grund aus umgestaltet und die strikte Unterordnung der diplomatischen Vertreter unter die Befehle der heimischen Regierung ermöglicht, während früher vermöge der Langsamkeit der Korrespondenz oft ein selbständiges Handeln der Gesandten, das von bestimmendem Einfluß auf die Politik ihres Staates sein konnte, nicht zu vermeiden war. Rechtspflege und Verwaltung haben durch die Hilfs-

---

[1]) Vgl. H. Spencer a.a.O. VII part. IV; Jhering a.a.O. II, 4. Aufl. 1905; Wundt Ethik I S. 219 ff.; Schmoller Grundriß I S. 48 ff.

mittel der modernen Technik an Sicherheit und Schnelligkeit unendlich gewonnen. An der Nivellierung der sozialen Schichten und damit an der Demokratisierung der staatlichen Institutionen haben die technischen Fortschritte bedeutenden Anteil. Durch sie sind die Verbreitung von Bildungsmitteln in den weitesten Volksschichten, internationale Freizügigkeit in großem Umfange, Annäherung räumlich getrennter Staaten aneinander, Steigerung des Handels, um nur einige soziale Tatsachen von politischer Bedeutung zu nennen, hervorgerufen worden. Nicht minder wirken Wissenschaft, Literatur und Kunst, selbst wenn sie auch keinerlei politische Zwecke zu verfolgen scheinen, auf manche Seiten des Staatslebens ganz energisch ein. Da sie einen Teil der Atmosphäre bilden, in welcher die Organe des Staates leben, äußert sich ihr Fortschritt auch in dem Wechsel der Anschauungen dieser. Man denke nur an den Einfluß der Aufklärung des 18. Jahrhunderts auf die staatlichen Reformen jener Zeit, an die Bedeutung des Einflusses, den politische und ökonomische Schriftsteller unserer Zeit auf die Gestaltung herrschender Parteien genommen haben. Die Wirkung des Staates auf jene geistigen Mächte aber hat in der Gegenwart in typischer Weise die Gestalt des größten deutschen Staatsmannes gezeigt, dessen politisches Schaffen dem · Geistesleben der deutschen Nation neue Richtungen gegeben hat. Alle Erkenntnis auf diesem Gebiete ist aber konkret-individuell; irgendwelche allgemeine Regeln lassen sich aus ihr nicht ableiten.

3. Die Gesamtheit der sittlichen, religiösen, literarischen, wirtschaftlichen Anschauungen erzeugt die öffentliche Meinung eines kleineren oder größeren Kreises[1]). Sie kann schlechtweg als die Ansicht der Gesellschaft über Angelegenheiten sozialer und politischer Natur bezeichnet werden. Sie kann einheitlicher Art,

---

[1]) Gründliche Untersuchungen über diese wichtige, aber schwer zu fassende soziale Erscheinung sind selten. Aus der deutschen Literatur sind namentlich Fr. J. Stahl Staatslehre 5. Aufl. §§ 136 ff. (2. Aufl. 1846 S. 374 ff.) und v. Holtzendorff Wesen und Wert der öffentlichen Meinung 1879 hervorzuheben. Vgl. auch die Ausführungen von Schmoller Grundriß I S. 14, von v. Schubert-Soldern in der Ztschr. f. d. ges. Staatswissenschaft LXVI 1910 S. 615 ff., von H. Kraus in der Festschrift für v. Liszt 1911 S. 148 ff. und von A. Christensen Politik und Massenmoral 1912 S. 99 ff. Eingehende sozialpsychologische Untersuchung der einschlägigen Phänomene bei Tarde L'opinion et la foule 2 ème éd., Paris 1904. Die englischen Verhältnisse schildert Dicey, Lectures on the

sein, in vielen Fällen aber wird sie das Resultat eines Widerstreites der Ansichten verschiedener Gesellschaftsgruppen sein,
sei es, daß sie entweder auf einem Kompromiß beruht oder die
Ansicht der stärksten Gruppe oder Gruppen darstellt. Sie hat
mannigfaltige Formen, in denen sie sich äußert: in den geselligen
Zusammenkünften des täglichen Lebens, in Vereinsbeschlüssen,
in Versammlungen, in Petitionen, vor allem aber in der Presse,
namentlich der Tagespresse. Ihrem gesellschaftlichen Charakter
entspricht der Mangel einer Organisation, der sie zu sicherer Einheit zusammenfaßt. Ihre Wirkung auf den Staat ist zu allen
Zeiten vorhanden, steigt aber mit der Zunahme der Demokratisierung der Gesellschaft und der Verbreitung der Teilnahme am
politischen Leben durch die Massen. Sie ist nicht nur für die
Politik, sondern auch für das Staatsrecht von Bedeutung, da sie
in vielen Fällen die einzige Garantie der Befolgung öffentlich-
rechtlicher Normen bildet[1]). Sie reicht über den Einzelstaat hinaus, da heute eine internationale öffentliche Meinung existiert,
die für die internationale Politik und das Völkerrecht von nicht
minderer Bedeutung ist. wie für die innerstaatliche Ordnung. Die
Bildung, Feststellung, Bedeutung der öffentlichen Meinung im Detail zu untersuchen, gehört zu den interessantesten Problemen
der Sozialwissenschaft, zugleich aber auch zu den schwierigsten,
da es sich hier um massenpsychologische Vorgänge handelt, deren
Objekt mit Hilfe unserer wissenschaftlichen Methoden schwer zu
beobachten ist.

4. Gesonderte Untersuchung ist ferner dem Verhältnis der
Familie zum Staate zu widmen. Hier begegnen wir einem reich
entwickelten Zweige der soziologischen Spezialliteratur, dessen Resultate allerdings vielfach einen zweifelhaften Charakter an sich
tragen, wenigstens sofern sie allgemeine Entwicklungsgesetze der

---

relation between law and public opinion 1905. Zu dem Besten zählen die
Ausführungen von J a m e s B r y c e The American Commonwealth, new ed.
1912 II part. IV p. 251 ff., und H. M ü n s t e r b e r g Die Amerikaner I
1904 S. 220 ff.

[1]) Die öffentliche Meinung ersetzt im absoluten Staat einigermaßen
die fehlende Volksvertretung. Der Freiherr vom Stein konnte daher in der
Denkschrift vom 27. April 1808 von einer Unterwerfung der Minister unter
die öffentliche Meinung sprechen: P e r t z Das Leben des Ministers Freiherrn vom Stein I 2. Aufl. 1850 S. 333. H a e n e l, Das zweite Ministerium
des Freiherrn vom Stein 1908 S. 9, bemerkt darum sehr treffend: „Stein war
der erste konstitutionelle Minister im Staate Preußen — ohne Konstitution."

primitiven menschlichen Gemeinverhältnisse aufstellen[1]). Streng
zu sondern ist daher, was Ergebnis ruhiger geschichtlicher Forschung, von dem, was Resultat der Hypothese und Spekulation
auf dem Gebiete der ethnologischen und prähistorischen Untersuchung ist, welche, die unendliche Variabilität der menschlichen
Verhältnisse außer acht lassend, häufig einen einzigen Urtypus
für die Familie oder den der Familie vorhergehenden Zustand aufstellt[2]). Doch ist das, was immerhin an gesicherten Ergebnissen
bereits vorliegt, von großem Wert für das Verständnis des Ursprungs, des Wandels und der Umbildung der primitiven sozialen
Einrichtungen, deren wechselnde Gestaltung von größter Bedeutung für den Staat geworden ist. Daß Vaterrecht und Mutterrecht,
die beide als nicht weiter ableitbare familienrechtliche Urformen
uns bei verschiedenen Völkern entgegentreten[3]), Polygamie und
Monogamie, Stärke und Dauer der väterlichen Gewalt den ursprünglichen rudimentären Bau des Staates mitbestimmt haben,
ist auf den ersten Blick klar. Auch die Familie entwickelterer
Kulturstufen in ihrer Gestaltung als Machtverband sowohl wie
als Wirtschaftsgenossenschaft ist von tiefgreifender politischer
Bedeutung: man denke nur an Erscheinungen wie die Haussklaverei, an die Herrscherstellung des arischen Hausvaters, an
die genossenschaftliche Gestaltung der germanischen Geschlechter. Durch natürliche oder soziale Vorgänge erweiterte einzelne
Familien, namentlich aber die Sippen, Gentes, Phylen, Clans
usw., können sich unter Umständen bereits als unabhängige
Machtverbände und damit als beginnende Staaten darstellen.

---

[1]) Gegen die einseitigen Konstruktionen von Bachofen Das Mutterrecht 1861, Mac Lennan Primitive Marriage 1865, Giraud-Teulon
Les origines du mariage et de la famille 1884, Morgan Ancient Society
1877 vgl. Starcke Die primitive Familie 1888 und Westermarck
The History of Human Marriage 1891; L. Brentano Zeitschrift für
Sozial- und Wirtschaftsgeschichte I S. 101 ff.; Grosse Die Formen der
Familie und die Formen der Wirtschaft 1896; H. Schurtz Altersklassen
und Männerbünde 1902. Zur Vorsicht mahnten schon die Ausführungen
von Ch. Darwin Die Abstammung des Menschen. Aus dem Englischen
von Carus II 20. Kap., vgl. auch Ziegler a. a. O. S. 50 ff.

[2]) So neuerdings, namentlich im Anschluß an Morgan, Schmoller
Die Urgeschichte der Familie: Mutterrecht und Gentilverfassung. Jahrbuch für Gesetzgebung XXIII S. 1 ff.

[3]) Darüber, daß den Ariern das Mutterrecht völlig unbekannt war,
vgl. Schröder Deutsche Rechtsgeschichte. 5. Aufl. 1907 S. 65, und die
daselbst Note 25 zitierte Literatur.

Auch die Fixierung und Umbildung der Familie durch den Staat, die auf höherer Kulturstufe vorgenommen wird, ist in einer soziologischen Spezialdisziplin dieser Art eingehend zu untersuchen.

5. Ein weiteres Gebiet der Gesellschaftslehre ist das Genossenschaftswesen, das in innigen Beziehungen zum Staate steht. Verbände der verschiedensten Arten lösen soziale Aufgaben derart, daß sie die rechtliche Form abgeben, durch welche gesellschaftliche Gruppen sich in größerem oder geringerem Umfange organisieren können In Zeiten geringer staatlicher Entwicklung haben sie den Staat selbst ersetzt oder sind dem Staate vorangegangen, der sich erst später ihre Tätigkeit zu eigen machte. Das großartige Genossenschaftswesen des Mittelalters namentlich hat gezeigt, wie manche uns heute wesentlich dünkende Seite der staatlichen Verwaltung Jahrhunderte hindurch ihm nicht zugehörte. Auch die Gemeinden zeigen in ihrer Geschichte Epochen, in denen sie noch nicht in gleicher Weise als notwendige und unabhängige Glieder des Staates existieren wie heute. Wenn so oft behauptet wurde, daß die Gemeinde älter als der Staat und in ihrem Wesen dem Staate gegenüber selbständig sei, so ist daran so viel richtig, daß nachbarliche Interessen und die daraus sich ergebende gesellschaftliche Gruppierung entweder gar nicht oder nur zum geringen Teile Schöpfung des Staates sind. In dem Bildungsprozeß der antiken Staaten hat der Zusammenschluß von Dorfschaften zu einem größeren politischen Ganzen gewiß eine große Rolle gespielt. Auf Kolonistenboden gehen zerstreute lokale Ansiedlungen der Entstehung eines größeren territorialen Ganzen auch heute noch voran. Amerikanische Territorien werden zu Staaten, indem sich zunächst lokale Ansiedlungen bilden, aus deren Zusammenschluß mit Hilfe der Unionsregierung eine gemeinsame Organisation gebildet wird, die späterhin sich zu einem Gliede der Vereinigten Staaten erweitert. Im Mittelalter ging die Bildung der Gemeinden vielfach ohne staatliche Initiative vor sich, wenn auch der Staat überall die Städte mit Rechten und Privilegien ausstattete. Der Wirkungskreis der Gemeinde war aber keineswegs vom Staate fest umschrieben, daher denn auch in den Städten selbständig Behörden und Verwaltungszweige entstanden, die dem Staate für seine Organisation und Funktionen Vorbilder lieferten.

Allein, die Gemeinde tritt früh in innige Beziehungen zum

Staate und gliedert sich enger als jede andere gesellschaftliche
Gruppe dem Staate ein, so daß im Staate der Neuzeit sowohl
die Stellung der Gemeinde zu ihren Aufgaben wie die Art ihrer
Organisation ganz vom Staate abhängt. Auch Verbände anderer
Art schafft der Staat, stattet sie mit relativer Selbständigkeit aus
und verwendet sie zu seinen Zwecken. Aber daneben steht ein
sehr entwickeltes Vereinswesen, das der Staat zwar reguliert,
aber inhaltlich nicht bestimmt, dessen Zweck in der Versorgung
sozialer Interessen besteht, die individuelle Tätigkeit ergänzend,
die staatliche unterstützend oder vorbereitend, so daß man ohne
Kenntnis des Vereinswesens kein völliges Bild von der Befriedigung der Kollektivinteressen eines bestimmten Volkes erhält.
Daher läßt es sich begreifen, wenn der Versuch gemacht wurde,
wie es Gierke getan hat, ein zwischen Privat- und Staatsrecht mitten innestehendes Sozialrecht zu konstruieren, und daß
L. v. Stein das Vereinswesen als integrierenden Bestandteil des
Verwaltungsrechtes aufgestellt[1]) hat. Für die juristische Betrachtung läßt sich das zwar, wie wir sehen werden, nicht rechtfertigen, allein eine soziale Betrachtungsweise des Staates, welche
die notwendige Ergänzung seiner juristischen Erkenntnis bildet,
wird eine gründliche Lehre vom Vereinswesen nicht entbehren
können. Auch das politische Leben des Staates kann durch Vereine tiefgehend beeinflußt werden — man denke an die Ligue,
den Jakobinerklub, die Chartisten. Wenn irgendwo, so kann das
Schlagwort von dem Kampfe der Gesellschaft mit dem Staate
bei den Vereinen Wahrheit gewinnen, weil hier Organisation
gegen Organisation steht.

6. Daß die auf Erzeugung, Umlauf und Verbrauch von Sach-
gütern gerichtete menschliche Tätigkeit, die Wirtschaft, und
die durch sie hervorgerufene Gruppierung der Gesellschaft alle
menschlichen und daher auch die staatlichen Verhältnisse auf
das tiefste beeinflußt, gehört heute zu den trivial gewordenen
Wahrheiten, so daß wissenschaftliche Besonnenheit fast mehr
auf die Einschränkungen als die Bestätigungen dieses Satzes hin-
zuweisen hat.

Der Zusammenhang zwischen Wirtschaft und Staat erweist
sich vor allem darin, daß diese entwickeltste Form des Gemein-

---

[1]) Die Lehre von der vollziehenden Gewalt 2. Aufl. III, Das System
des Vereinswesens und des Vereinsrechtes.

wesens erst auf bestimmter Wirtschaftsstufe möglich ist. Nur in dem weiteren Sinne eines persönlichen Machtverbandes kann bei Nomaden, bei Jäger- und Hirtenvölkern von einem Staate gesprochen werden. Erst bei den Ackerbauern beginnt der vollendete Staat, der mit einem festen Territorium ausgerüstet ist. Privateigentum an Grund und Boden entsteht, der nunmehr verwickeltere Produktionsprozeß scheidet Berufe, erzeugt Verhältnisse der Unfreiheit, und damit bildet sich eine komplizierte Rechtsordnung, die einer stetigen schützenden Macht bedarf. Nach außen nötigt das Interesse der Sicherung der wirtschaftlichen Güter vor Feinden zur Ausbildung einer Wehrverfassung. Von der Art der Wirtschaft hängt sodann die Ausgestaltung einer großen Zahl staatlicher Institutionen ab. Der auf den Krieg und kriegerischen Raub angewiesene Staat wird seine Kräfte viel straffer konzentrieren, das Individuum in höherem Maße in den Dienst der Gesamtheit stellen, strengere Über- und Unterordnungsverhältnisse ausbilden als ein von Nachbarn wenig bedrohter, durch Naturalwirtschaft den Bedarf seines Volkes deckender Ackerbaustaat. Nicht minder wirken auf höherer Kulturstufe Geld- und Kreditwirtschaft, der internationale Handel in seinen verschiedenen Formen auf die Gestaltung der wichtigsten staatlichen Institutionen ein. Die großen Weltbegebenheiten, vor allem Kriege und innere Umwälzungen, sind mitbedingt von wirtschaftlichen Ursachen und haben, abgesehen von denen, die ausschließlich ökonomische Ziele verfolgen, neben ihrem Haupt- noch wirtschaftliche Nebenzwecke. Allgemeine geschichtsphilosophische oder soziologische Sätze über diese Zusammenhänge aufzustellen, ist in den meisten Fällen wenig ersprießlich, da es sich in der Regel um streng individualisierte Kausalreihen handelt. Desto lehrreicher ist es, die konkreten staatlichen Bildungen auf die sie ausgestaltenden ökonomischen Kräfte zu prüfen.

Auch die Verfassungsentwicklung ist durchgehend von wirtschaftlichen Momenten mitbestimmt. In vielen Fällen liegt das klar zutage. So hat z. B. die Notwendigkeit, in einer Zeit der Naturalwirtschaft die Grafen mit Grundbesitz auszustatten, in Verbindung mit der ebenfalls durch ökonomische Verhältnisse bedingten eigentümlichen Ausgestaltung der Wehrverfassung im Frankenreiche den Grund zur späteren Feudalisierung der Ämter gelegt und damit den ganzen Lauf der mittelalterlichen Geschichte des öffentlichen Rechts in eigentümlicher Weise aus-

gestaltet. Aus der Finanznot der Fürsten und den ständischen
Steuerbewilligungen sind manche Institutionen des konstitutionellen Staates hervorgegangen. Die technischen Erfindungen der
neuesten Zeit haben die Organisation und Tätigkeit der staatlichen Verwaltung in tiefgehender Weise umgestaltet. Armut und
Reichtum eines Volkes entscheiden über das Maß der Kulturleistungen seines Staates. Kraft der Tiefe und Breite ihrer Ge-
samtwirkungen sind die wirtschaftlichen Verhältnisse der Gesellschaft staatsgestaltende Mächte.

Von besonderem Interesse ist es, die Wirkung der aus den
Unterschieden des Besitzes, d. h. sowohl des ökonomischen als
des Machtbesitzes, sich bildenden gesellschaftlichen Gruppen, der
Klassen, auf die Gestaltung des Staates im Laufe der Geschichte
zu verfolgen [1]). Eine Geschichte der Klassen und Feststellung der
ihre Entstehung und ihre Wirkungen beherrschenden Gesetze ist,
wie erwähnt, mit Unrecht von den Sozialisten als einziger Inhalt
der Gesellschaftslehre behauptet worden. Auf ihr richtiges Maß
reduziert, ist aber eine spezielle soziologische Disziplin von den
ökonomischen Klassen von großer Bedeutung für das Verständnis des Staates. Ihr hoher Wert liegt vor allem darin, daß
die so begrenzte Gesellschaft zumeist das Gebiet ist, auf dem die
Ungleichheit der Individuen am greifbarsten hervortritt. Da diese
Ungleichheit eine der wichtigsten Ursachen aller sozialen Abhängig-
keits- und rechtlichen Herrschaftsverhältnisse ist, so steht gerade
dieser Teil der Gesellschaftslehre in innigsten Beziehungen zur
Staatslehre. Um aber hier zu sicheren Resultaten zu gelangen,
die nicht mit dem Stempel agitatorischer Parteitätigkeit geprägt
sind, ist vor allem sorgsamste Detailforschung notwendig. Die
großen geschichtlichen Konstruktionen, die sich in der heutigen
Literatur so breit machen, müssen zurückgestellt und es muß
zunächst an einzelnen, örtlich und zeitlich begrenzten Verhältnissen nachgewiesen werden, welchen Einfluß die ökonomische
Ungleichheit sowie die durch Sitte, Bildung und Beruf bedingten
Vorzüge einzelner rechtlich fixierter Stände oder loser Gruppen
auf die konkrete Gestaltung staatlicher Institutionen und staatlichen Lebens gehabt haben. Wer wissenschaftlich und daher
leidenschaftslos vorgeht, wird die Identifizierung des Menschen

---

[1]) Vgl. aus der neuesten Literatur Fr. v. W i e s e r Über die gesellschaftlichen Gewalten. Rektoratsrede, Prag 1901; d e r s e l b e Recht und
Macht 1910; ferner S c h m o l l e r Grundriß II 1904 S. 496 ff.

mit dem Wirtschaftssubjekte ablehnen. Denn alle Erscheinungen
des gesellschaftlichen Lebens sind massenpsychologischer Art.
Alle Massenpsychologie aber hat die Individualpsychologie zu
ihrer Voraussetzung. Dieselben Kräfte, die in der Gesellschaft
walten, müssen an dem Individuum wahrnehmbar sein. Denn
wenn man selbst zugibt, daß soziale Ursachen mächtiger sind
als Wille und Einsicht des Individuums und dieses sogar wider
dessen Willen beeinflussen und gestalten, so muß dennoch die
Art dieses Einflusses psychologisch vermittelt und daher festzustellen sein. Die Lehre von sozialen Mächten, die dem Individuum in psychologisch nicht nachweisbarer Art Richtung und
Inhalt seines Denkens geben, ist nichts anderes als die Anpassung der alten, zuletzt in Hegelschem Gewande erschienenen
Ideenlehre an die neue Gesellschaftslehre. Dort war das Individuum Werkzeug höherer Ideen, ist sich daher des wahren
Wesens seines Denkens und Handelns nicht bewußt. Diese
Mächte sind in der in ihren ersten Anfängen bis Saint-
Simon zurückreichenden Marx-Engelsschen Geschichtsphilosophie vom Logischen ins Unlogische übertragen; an Stelle der
geheimnisvollen Wirkung geistiger ist jetzt die nicht minder unverständliche Wirkung stofflicher Mächte getreten. Der Dogmatismus, auf unbeweisbaren Behauptungen aufgebaut, ist derselbe
geblieben; neu ist nur der der Mode entsprechende materialistische Anstrich.

Psychologische Zergliederung des Individuums, die durchaus
nicht zusammenfällt mit dem, was ein Individuum „sich selbst
dünkt"[1]), ergibt aber zweifellos, daß es von anderen als ökonomischen Interessen aufs tiefste bewegt werden kann, daher auch
die von ihm geschaffenen „ideologischen Formen" nicht ausschließlich aus den ökonomischen Produktionsbedingungen erklärt
werden dürfen[2]).

---

[1]) K. Marx Zur Kritik der politischen Ökonomie 1859 S. VI, vgl.
Das Kapital 2. Aufl. I 1872 S. 6 f.

[2]) Späterhin hat Engels die von Marx anfangs schroffer als später
ausgesprochene Lehre immer mehr eingeschränkt, so daß schließlich von
dem ganzen historischen Materialismus nichts mehr übrig bleibt als die
unbestreitbare Tatsache, daß ökonomische Faktoren den Gang der Geschichte mitbestimmen. Vgl. die Zitate und Ausführungen bei Ed. Bernstein Die Voraussetzungen des Sozialismus und die Aufgaben der Sozial-
demokratie 1899 S. 6 ff.; ferner Masaryk Marxismus 1899 S. 92 ff.

Es ist übrigens eine sich stets wiederholende Erscheinung,
daß in den großen sozialen Parteikämpfen immer ein Element
des Menschen mit dem ganzen Menschen identifiziert wird. So
ist in dem Zeitalter der Glaubenskriege der Mensch wesentlich
als religiöses Geschöpf betrachtet worden; die Revolution und
das sie vorbereitende Naturrecht haben in der Freiheit das Wesen
des Menschen gesucht. Der Mensch ist ein seiner Natur nach
freies Wesen, ist die Grundthese des contrat social[1]). Die neuere
Nationalitätenlehre betrachtet den Menschen als ein wesentlich
einer begrenzten Kulturgemeinschaft, die neueste Rassentheorie
als ein einer konstanten Blutgemeinschaft zugehöriges Individuum, das von andersgearteten streng zu trennen und mit ihnen
um den geistigen und wirtschaftlichen Sieg zu ringen bestimmt
ist. Der moderne Sozialismus hingegen erfaßt den Menschen als
ein ausschließlich von seinen wirtschaftlichen Interessen be-
herrschtes Subjekt und betrachtet alle anderen Erscheinungen des
Gemeinlebens als Nebenprodukte der einen großen Grundkraft.

Wie auf anderen sozialen Gebieten so auch auf dem der Wirtschaft ist der Staat nicht nur Wirkung, sondern auch Ursache[2]).
Zwar ist er nicht imstande, in sozialistischer Weise die ganze
Volkswirtschaft zu leiten. Nur vereinzelte, keineswegs muster-
gültige Organisationen dieser Art, wie das Inkareich in Peru und
den Jesuitenstaat in Paraguay, hat die Geschichte aufzuweisen.
Aber die staatliche Rechtsordnung, unter deren Schutz sich das
Wirtschaftsleben vollzieht, fördert — oder hindert — es nach
den verschiedensten Richtungen. Mobilisierung des Grundbesitzes,
Freiteilbarkeit von Grund und Boden, Familienfideikommisse und
Stammgüter, Anerbenrecht, Testierfreiheit, Handelsgesellschaften,
Wechsel und Schecks, Freihandel und Schutzzoll und hundert
andere rechtliche Einrichtungen und staatliche Vorkehrungen regulieren die gesamte Volkswirtschaft derart, daß der Staat zu
den wichtigsten Faktoren der konkreten Produktion und Verteil-
lung der wirtschaftlichen Güter zählt. Zudem haben sämtliche

---

1) „Renoncer à sa liberté, c'est renoncer à sa qualité d'homme."
Du contrat social I 4.

2) Vgl. A. Wagner a. a. O. I[2] Buch VI. Der Staat volkswirtschaft-
lich betrachtet, und die daselbst S. 870 ff. angegebene Literatur; ferner
v. Philippovich Grundriß der politischen Ökonomie I, 9. Aufl. 1911
S. 99; L. Felix Entwicklungsgesch. d. Eigent. IV I 1896, IV II[1] 1899;
Wygodzinski Staat und Wirtschaft, Handbuch d. Politik I 1912 S. 107 ff.

Staatsleistungen, wie schon ein flüchtiger Blick in einen Staats-
etat lehrt, ihre ökonomische Seite, so daß eine allseitige Anschauung vom Staate ihn auch eingehend unter ökonomischem
Gesichtspunkt betrachten muß.

Aber auch für die spezielle Erkenntnis der rechtlichen Seite
des Staates ist die ökonomische Betrachtungsweise von der höchsten Bedeutung. Da stets wirtschaftliche Momente die jeweilige
Ausgestaltung des Staates bedingen, so ist eine gründliche Erkenntnis des rechtlich Gewordenen und Seienden ohne ökonomische Grundlage nicht möglich. Namentlich für die Geschichte
des öffentlichen Rechtes ist dies zu beherzigen. Von der Geschichte des Privatrechts ist es heute bereits von allen neueren
Forschern anerkannt, daß sie von der Wirtschaftsgeschichte nicht
zu trennen ist; sind doch die Rechtshistoriker selbst deren be-
rufenste Förderer geworden.

Eine der wichtigsten Tatsachen für die Gesamterkenntnis des
Staates ist die, daß er selbst Wirtschaftssubjekt ist. Damit erscheint er als höchstes Organ der Gemeinwirtschaft eines
Volkes, anderseits aber, namentlich in Beziehung auf andere
Staaten, als besondere gesellschaftliche Bildung. Sein Handeln
auf diesem Gebiete wird nur durch genaue Kenntnis der Volkswirtschaftslehre verständlich. Mit ihm beschäftigt sich die besondere Disziplin der Staatswirtschaftslehre oder Finanz-
wissenschaft, die aus Lehrsätzen besteht, welche der politischen Ökonomie, dem öffentlichen und Privatrecht und der
Finanzpolitik angehören. Dadurch erlangt diese Lehre eine
Doppelstellung, indem sie zugleich den Staats- und den Gesellschaftswissenschaften zuzuzählen ist. Jede Isolierung der in ihr
vereinigten verschiedenen Elemente würde nur zur Unklarheit
oder Inhaltsleere führen. Ein selbständiges Finanzrecht z. B.,
das nur den streng rechtlichen Inhalt der so verwickelten staats-
wirtschaftlichen Institute darstellte, müßte, sofern es nicht einfach die bestehenden Gesetze kommentieren wollte, den größten
Teil des geistigen Gehaltes jener Institute sorgfältig hinausdestil-
lieren, um seinen ausschließlichen Zweck zu erfüllen. Ähnliches
gilt übrigens von der ganzen Lehre der einzelnen verwaltungsrechtlichen Einrichtungen.

7. Die Entwicklung der aus dem religiösen Leben sich
ergebenden gesellschaftlichen Bildungen sowie deren Einfluß auf
die Gestaltung der politischen Verhältnisse eingehend zu unter-

suchen, ist die Aufgabe einer weiteren sozialwissenschaftlichen
Spezialdisziplin. Das hier zu bewältigende Material ist ein un-
geheures. Viele Einzeluntersuchungen, doch keine zusammenfassende Darstellung, namentlich für die neuere Zeit, hat die
Wissenschaft bisher aufzuweisen. Alle gesellschaftlichen Institutionen stehen ursprünglich in innigstem Zusammenhang mit den
religiösen, und die Geschichte des modernen Staates ist zugleich
ein Prozeß fortlaufender Sonderung des staatlichen und religiösen
Gebietes, die aber trotzdem dauernd in Wechselwirkung miteinander stehen. Die Auffassung ganzer Epochen vom Staate und
der Stellung seiner herrschenden und untergeordneten Teile ist
nur aus den religiösen Vorstellungen jener Zeiten gänzlich zu
begreifen, und auch in der Gegenwart kann der Einfluß der religiösen Anschauungen auf die politischen für weite Kreise des
Volkes nicht gering angeschlagen werden[1]). Die Monarchie hat
bei vielen Völkern ihre stärkste Stütze in den überlieferten religiösen Überzeugungen, was die Macht und das Ansehen der Monarchen gegenüber den neueingeführten sie beschränkenden Institutionen erklärt, die aus abstrakten Verfassungssätzen allein niemals erschlossen werden können. Nicht minder haben die republikanischen Bildungen in den religiösen Lehren reformierter
Staaten und Sekten ihre stärkste Stütze erhalten. Welchen Einfluß antikes Heidentum und mittelalterliches Christentum, die
Reformation und die von ihr ausgehenden besonderen Konfessionen auf Umfang und Inhalt der staatlichen Institutionen gehabt haben, gehört gegenwärtig mit zu den Hauptaufgaben historisch-politischer Forschung. Anderseits ist aber auch die Wirkung
des Staates auf die religiösen Verhältnisse Gegenstand wissenschaftlicher Untersuchung. So wenig auch heute Glaubenszwang
als Aufgabe des Staates anerkannt wird, so sehr hat er ihn
doch Jahrhunderte hindurch ausgeübt, hat die Gestaltung der
Kirchen und ihr inneres Leben mächtig beeinflußt. Auch heute
bestimmt durch Privilegierung und Zurücksetzung einzelner Kirchen oder durch völlige gesetzliche Freiheit der religiösen Genossenschaften der Staat das religiöse Leben in nicht geringem
Grade, wie eine Vergleichung verschiedener Staaten mit verschiedenen kirchenpolitischen Prinzipien lehrt.

---

[1]) Sehr beachtenswert für das Verständnis der Probleme der Gegenwart E. Troeltsch Politische Ethik und Christentum 1904.

8. Ein weiteres Gebiet der Gesellschaftslehre bieten die politischen Parteien dar[1]). Sie können unter mannigfachen Gesichtspunkten betrachtet werden: so z. B. unter psychologischen,

---

[1]) An dieser Stelle muß ich mich mit den kurzen Andeutungen im
Text über eine sozialwissenschaftliche Behandlung der Parteienlehre begnügen. Die bisherigen umfassenderen Bearbeitungen des Gegenstandes
von Rohmer Die vier Parteien 1844, Wachsmuth Geschichte der
politischen Parteiungen alter und neuer Zeit, 3 Bände 1853—56,
Bluntschli Politik 1875, Stahl Die gegenwärtigen Parteien in Staat
und Kirche 1863, C. Frantz Kritik aller Parteien 1864, v. Treitschke
Hist.-polit. Aufsätze, Parteien u. Fraktionen III 4. Aufl. 1871 S. 427 ff.,
werden sämtlich dem sozialen Wesen der Parteien nicht oder doch nicht
völlig gerecht, da sie hauptsächlich andere Seiten des Parteiwesens erörtern. Eine Fülle feiner, aber auch überwiegend historisch-politischer
Betrachtungen bei Merkel Fragmente zur Sozialwissenschaft 1899
S. 82—346. Im Anschluß an den Letztgenannten eingehende Erörterungen
über die Parteien als gesellschaftliche Mächte der Staatsbildung bei
R. Schmidt I S. 238 ff.; die soziale Seite des Parteilebens auch hervor-
gehoben von Paulsen Parteipolitik und Moral 1900 S. 14 ff. und
F. Enriques La théorie de l'Etat usw. (Rivista di Scienza VI) 1909.
Eine wenig ergiebige Betrachtung über die Parteien im Lichte der
Deszendenztheorie stellt Lütgenau an: Darwin und der Staat 1905
S. 149 ff. Das gesamte moderne europäische Parteiwesen behandelt vom
historischen Standpunkt aus mit einer bisher an Umfang nicht erreichten
Stoffülle Seignobos, Histoire politique de l'Europe contemporaine.
Évolution des partis et des formes politiques 1814—1896, 2ème ed., Paris
1899 (5ème éd. 1908). Von den Parteien der Gegenwart handeln ferner
in umfassender Weise Lawrence Lowell Government and Parties in Continental Europe, 2 vol., Boston and New York 1896; derselbe Die
englische Verfassung 1913 I S. 425 ff., II S. 1 ff.; Hatschek Englisches Staatsrecht II 1906 S. 2 ff.; Ostrogorski La démocratie et
l'organisation des partis politiques, 2 vol., Paris 1903; La démocratie et les
partis politiques (1 vol.) nouv. éd. 1912; Democracy and the party system
in the United States 1910; Triepel Unitarismus und Föderalismus 1907
S. 88 ff.; Stillich Die politischen Parteien in Deutschland, I Die Konservativen 1908, II Der Liberalismus 1911; R. H. Fuller Government by
the people 1908 p. 186 ff., 224 ff.; E. C. Meyer Wahlamt und Vorwahl in den
Vereinigten Staaten von Nordamerika 1908 S. 53 ff.; Hasbach Die moderne
Demokratie 1912 S. 471 ff.; Rehm Deutschlands politische Parteien 1912
(mit weiteren Nachweisen S. 94 f.); Fr. Meinecke Weltbürgertum und
Nationalstaat 2. Aufl. 1911 S. 325 ff.; H. Oncken Lassalle 2. Aufl. 1912
S. 225 ff.; K. Lamprecht Deutsche Geschichte der jüngsten Vergangenheit und Gegenwart II 1913 S. 43 ff.; v. Below u. andere im Handbuch
d. Politik I 1912 S. 374 ff., II 1912/13 S. 1 ff. Verschiedene Aufsätze und
Besprechungen in der Zeitschrift für Politik; endlich Beiträge zur Partei-
geschichte, herausgegeben von Adalbert Wahl, seit 1910.

ethischen, statistischen, historischen, und weisen daher wissenschaftlicher Untersuchung eine Fülle von Erscheinungen auf[1]).
Ihre praktische Bedeutung für das Staatsleben zu erörtern, gehört
zu den Aufgaben der Politik. Eine vollendete Einsicht in ihr
Wesen ist aber nur möglich, wenn man sie auch als gesellschaftliche Bildungen begreift, die als solche nicht Gegenstand der
Staatslehre selbst sind. Schon äußerlich charakterisieren sie sich
als soziale Gebilde. Ihre Organisationen haben keinen staatlichen
Charakter, auch sind sie keine abgeschlossenen Gebilde, da Zugehörigkeit zu einer Partei nicht von dem ausdrücklich erklärten
Beitritt zu einer Parteiorganisation abhängig gemacht werden
kann, ansonst die Parteien in ihrer Werbekraft gegenüber dem
Publikum bedeutend eingeschränkt werden würden. Zudem
äußert sich Parteigesinnung bei Wahlen, Sammlungen und anderen Anlässen in zahllosen Fällen ganz unabhängig von der Mitgliedschaft an Parteiverbänden. Auf der Möglichkeit, fortwährend
fluktuierende Elemente in sich aufzunehmen, ruht nicht zum geringsten Teil die Hoffnung der Parteien auf Sieg im politischen
Kampfe. In der staatlichen Ordnung aber hat der Begriff der
Parteien als solcher keine Stelle: selbst wenn Parteien ein Einfluß auf jene gewährt werden soll, können sie nur als Majoritäten und Minoritäten in Betracht kommen.

Die Aufgabe einer sozialwissenschaftlichen Behandlung der
Parteienlehre wird klar, wenn man erwägt, daß das tiefere
Wesen der großen, trotz der wechselnden momentanen Ziele und
Bezeichnungen im ganzen unverändert bleibenden Parteien oder
vielmehr Parteiengruppen überhaupt nur im Zusammenhang mit
dem ganzen Leben der Gesellschaft zu begreifen ist. Politische
Parteien sind ihrem Kern nach Gruppen, die, durch gemeinsame
auf bestimmte staatliche Ziele gerichtete Überzeugungen geeinigt,
diese Ziele zu verwirklichen trachten. Überblickt man diese
Gruppen in ihrem Verhältnisse zur sozialen Vorherrschaft und
staatlichen Herrschaft, so findet man ehemals herrschende Gruppen, gegenwärtig herrschende Gruppen, Gruppen, die noch nicht
geherrscht haben. Nun ist es das natürliche Streben einer jeden
politischen Partei, zur Herrschaft zu gelangen oder sie zu behaupten. Die ehemals herrschenden, durch die Änderung der ge-

---

[1]) Das Parteileben, wie alles Leben, zeigt allerdings so viele wunder-
liche, unberechenbare Elemente, daß vieles an ihm wissenschaftlicher
Behandlung vom höheren Standpunkt aus überhaupt spottet.

sellschaftlichen Machtverhältnisse von der sozialen Vorherrschaft und der staatlichen Herrschaft abgedrängten Gruppen bilden die Grundlage der reaktionären Parteien, die Gruppen, bei denen staatliche und soziale Herrschaft sich decken, sind die konservativen Parteien, die noch nicht herrschenden, je nachdem sie näher oder weiter von der Herrschaft entfernt sind, die fortschrittlichen und die radikalen Parteien. Daraus ergibt sich auch die Tatsache, daß dort, wo staatlich herrschende Parteien zugleich die soziale Vorherrschaft haben, sie der Stabilität der gegebenen staatlichen Herrschaft günstig sind, während nach der staatlichen Herrschaft strebende Parteien diese nur durch Änderung der vorhandenen Ordnung erreichen und behaupten können. Daher sind extreme, von der sozialen Vorherrschaft entfernte Parteien jeder Art der bestehenden Ordnung feindlich gesinnt und der Entfesselung gebundener individueller Kräfte geneigt.

Je ausgeglichener die sozialen Gegensätze innerhalb eines Volkes sind, desto weniger schroff wird der Parteikampf, desto einfacher die Parteigliederung sein. Wenn die angelsächsischen Staaten vor der Parteizersplitterung des europäischen Kontinentes bewahrt sind, so ist das nicht zum geringsten der größeren Gleichartigkeit ihrer Gesellschaft zu danken. Da aber dort die ganze Organisation und das Leben des Staates innig mit dem Parteileben verknüpft ist, ja zum großen Teil auf ihm ruht, so müssen sich die Parteien zum Zweck sowohl des politischen Kampfes um die Herrschaft als auch der Behauptung ihres Besitzes fortwährend umbilden und erhalten. Die beiden großen abwechselnd herrschenden Parteien in diesen Staaten spielen mehr Parteirolle, als daß sie den Charakter wirklicher, auf feste, dauernde politische Ziele gerichteter, programmäßig miteinander verbundener Volksgruppen hätten. Namentlich in Amerika zeigt sich bereits dieser Mangel eines prinzipiellen Gegensatzes zwischen den Parteien, die ihre Forderungen den wechselnden Bedürfnissen des Tages anzupassen verstehen[1]). Doch ist auch dort dafür gesorgt, daß solcher Zustand nicht ein immerwährender ist. Denn eine völlig homogene Gesellschaft wäre nicht mehr imstande, dauernde Parteigegensätze in sich zu bergen.

Neben diesen großen, fast könnte man sagen: notwendigen Parteien gibt es auch zufällige, mit vorübergehenden Tendenzen,

---

[1]) Sombart Warum gibt es in den Vereinigten Staaten keinen Sozialismus? 1906 S. 63 ff.

ferner unechte Parteien, d. h. solche, die nicht in den allgemeinen Verhältnissen eines jeden Volkslebens, also namentlich der Klassen-, Standes- und Berufsschichtung, sondern in den eigentümlichen Verhältnissen des Einzelstaates ihren Grund haben. Zufällige Parteien sind solche, welche in Wahrheit keine Ziele der Staatsordnung selbst, sondern individuelle Interessen verfolgen, so z. B. wenn zwei Thronprätendenten Anhänger in allen Volksschichten finden, die monarchische Staatsordnung selbst daher und die anderen bestehenden Institutionen außer Frage stehen. Zur zweiten Art zählen nationale und religiöse Parteien. Sie sind unechte Parteien, weil jede echte Partei ein bestimmtes umfassendes Programm für die Gestaltung des Staates haben muß, was weder vom Standpunkte einer bestimmten Nationalität noch von dem einer bestimmten Religion aus möglich ist. Fragmentarische Parteien verdienen die genannt zu werden, die nur eine Einzelfrage lösen wollen, aber durch keine Anschauung über die gesamte staatliche Politik zusammengehalten werden. Sie pflegen am häufigsten in Staaten mit großer Parteizersplitterung aufzutreten, namentlich dort, wo ein Volk von einseitiger Interessenpolitik beherrscht wird. Solcher Art sind z B. Freihändler und Agrarier. Im großen und ganzen werden aber auch diese fragmentarischen Parteien, trotzdem sie häufig disparate Elemente enthalten, einer oder der anderen der oben gezeichneten großen Gruppen zugezählt werden können. Diese Gruppen, welche Wandlungen sie immer durchmachen, sind das Bleibende im Parteileben, während alle zufälligen und fragmentarischen Parteien begrenzte Lebensdauer haben.

Das politische Parteileben ist somit, vom Standpunkte der Gesellschaftslehre betrachtet, der Kampf der Gesellschaft um die staatliche Herrschaft. Das erklärt auch schließlich die merkwürdige Erscheinung, daß die notwendigen Parteien in den verschiedenen Staaten sich dieselben Namen oder doch Beinamen (konservativ, liberal, demokratisch, radikal usw., die Bezeichnung reaktionär wird allerdings vermieden) geben, trotzdem die Ziele der gleichbenannten Parteien in den einzelnen Staaten sich so differenzieren, wie diese Staaten selbst in ihrer geschichtlichen, nationalen, kirchlichen, ökonomischen Gestaltung unterschieden sind.

9. Von hoher Bedeutung für die Staatenbildung und den Aufbau sowie die Schicksale der Staaten sind die nationalen

Unterschiede, die zu gesellschaftlicher Gruppenbildung führen, teils innerhalb des Staates, wenn ein Gebiet mit mehreren Nationen oder Teilen von Nationen besetzt ist, teils über den Einzelstaat hinausgreifend, wenn eine Nation in mehreren Staaten lebt. Die Frage nach Wesen und Bildung der Nationen ist wiederum Gegenstand besonderer Untersuchung[1]). Die Bedeutung der Nation für den Staat allseitig festzustellen, ist eine wichtige Aufgabe der Gesellschaftslehre, die namentlich für wichtige Sätze der Politik die Grundlage zu liefern hat. Ist doch der Gegensatz von National- und Nationalitätenstaaten einer der politisch bedeutsamsten der Gegenwart geworden.

Auszugehen bei dieser Untersuchung ist von der heute bereits als gesichert zu bezeichnenden Erkenntnis, daß Nationen nicht natürliche, sondern geschichtlich-soziale Bildungen sind. Das Wesen einer Nation festzustellen, gehört, wie alles Fixieren von Erscheinungen, die in den ununterbrochenen Fluß des geschichtlichen Geschehens gestellt sind, zu den schwierig-

---

[1]) Die gründlichste und umfassendste Erörterung des Wesens der Nation bei Fr. J. N e u m a n n Volk und Nation 1888, wo auch die ganze frühere Literatur angegeben und benutzt ist. Aus neuester Zeit vgl. L i n d n e r Geschichtsphilosophie S. 71 ff.; S l a v i t s c h e k Beiträge zur öffentlichrechtlichen Begriffskonstruktion 1910 S. 15 ff.; Fr. M e i n e c k e Weltbürgertum und Nationalstaat 2. Aufl. 1911. Sehr feine und treffende Bemerkungen bei Ed. M e y e r, Über die Anfänge des Staats und sein Verhältnis zu den Geschlechtsverbänden und zum Volkstum, in den Sitzungsberichten der Berliner Akademie 1907 S. 533 ff.; Geschichte des Altertums I¹ 3. Aufl. 1910 S. 77 ff. — Anders geartet als der soziale und politische Begriff der Nation oder Nationalität (ganz scharf wird sich der Unterschied beider Bezeichnungen nie fixieren lassen) ist der in Nationalitätenstaaten bedeutsame rechtliche Begriff, wo er, mit Sprachgemeinschaft identisch, eine darauf gebaute Eigenschaft des Individuums, der Verbände, öffentlicher Anstalten und Behörden bezeichnet. Vgl. neuestens darüber v. H e r r n r i t t Nationalität und Recht, dargestellt nach der österreichischen und ausländischen Gesetzgebung 1899 S. 16 ff.; L u k a s Territorialitäts- und Personalitätsbegriff im österreichischen Nationalitätenrecht (Jahrb. d. ö. R. II 1908 S. 333 ff.); W y s z e w i a n s k i Über die formalrechtliche Behandlung der Nationalitäten in der modernen Gesetzgebung (Heidelb. Diss.) 1909; B e r n a t z i k Über nationale Matriken (Inauguration des Rektors der Wiener Universität f. d. Studienjahr 1910/11) 1910 S. 57 ff.; d e r s e l b e Die Ausgestaltung des Nationalgefühls im 19. Jahrhundert („Rechtsstaat u. Kulturstaat" Heft 6) 1912 S. 20 ff.; T e z n e r Die Volksvertretung 1912 S. 311 ff. Vgl. auch die politische Studie von W. S c h ü c k i n g Das Nationalitätenproblem 1908.

sten wissenschaftlichen Aufgaben. Es läßt sich nämlich kein feststehendes, für alle Nationen passendes Merkmal angeben. Nicht
die natürliche Stammesgemeinschaft, da alle modernen
Nationen aus verschiedenen, ethnologisch oft weit auseinanderliegenden Stämmen zusammengesetzt sind; ja je höher entwickelt
eine Nation ist, aus desto verschiedenartigeren Bestandteilen ist
sie gebildet. So stammen die heutigen Italiener ab von Etruskern,
Römern, Kelten, Griechen, Germanen, Sarazenen; die Franzosen
von Römern, Galliern, Briten, Germanen; so sind die Russen aus
zahlreichen slawischen und nichtslawischen Stämmen gemischt.
Vor allem aber zeigen die Amerikaner, in denen Blut fast aller
Rassen zu finden ist, daß eine durch Rassengemeinschaft geeinte
Vielheit nicht identisch ist mit Nation. Auch wenn eine Nation
ausnahmsweise längere Zeit ungemischtes Blut bewahrt hat, ist
es nicht dieses, sondern die Gemeinsamkeit historischer Schicksale und bestimmter Kulturelemente, die das einigende Band abgibt. Selbst wo die Stammesgemeinschaft unmittelbar national zu
wirken scheint, ist es nicht diese natürliche Einheit selbst, sondern das Wissen um sie, bestimmte Gefühle und Vorstellungen,
die sich an das Bewußtsein dieser Tatsache knüpfen, die national
einigend wirken. Auch die Sprache bietet kein sicheres Unterscheidungsmerkmal der Nationen. Es gibt mehrere Nationen,
welche dieselbe Sprache reden (Engländer — die englisch-
sprechenden Iren-Amerikaner; Spanier — die amerikanischen
Nationen spanischer Zunge; Portugiesen-Brasilianer; Dänen-Nor-
weger usw.), so wie anderseits kleine Sprachgemeinschaften oder
Bruchstücke verschiedener Sprachstämme vorhanden sind, die
sich mit anderssprachigen nicht nur als politische, sondern auch
als nationale Einheit betrachten, also Basken-Spanier, Bretonen-
Franzosen, Walliser-Engländer, Rhätoromanen- andere Schweizer.
Auch innerhalb einer Nation mit einheitlicher Schriftsprache
können große, nicht nur als mundartlich zu charakterisierende
Unterschiede der Volkssprache vorhanden sein. Man denke an
den Gegensatz von Hochdeutsch und Niederdeutsch, von Franzö-
sisch und Provençalisch. Die Religion ist heute nicht mehr
Nationalreligion; ein und dieselbe Nation kann Angehörige verschiedener Religionen haben. Doch kann auch sie, gleich der
Sprache, eines der die Nation konstituierenden Elemente sein.
So sprechen Kroaten und Serben dieselbe Sprache, jene aber
gehören der römischen, diese der griechischen Kirche an, wes-

halb sie sich als getrennte Nationen fühlen. Der Staat ist ebenfalls kein notwendiges Element der Nation, da nicht alle Nationen staatlich geeint sind und mehrere Nationen oder Teile von Nationen in einem Staate leben können. Anderseits hat gemeinsame staatliche Beherrschung auf Grund räumlicher Gemeinschaft[1]) in höchstem Grade zur Ausbildung der Nationen beigetragen.

Ist es demnach unmöglich, ein einziges sicheres, objektives Kriterium der Nation anzugeben, so kann ein solches auch nicht durch eine feststehende Kombination mehrerer Elemente gefunden werden. Daraus ergibt sich, daß die Nation nichts Objektives im Sinne des äußerlich Existierenden ist. Sie gehört vielmehr zu der großen Klasse sozialer Erscheinungen, die mit äußeren Maßstäben überhaupt nicht gemessen werden können. Nation ist vielmehr etwas wesentlich Subjektives, d. h das Merkmal eines bestimmten Bewußtseinsinhaltes. Eine Vielheit von Menschen, die durch eine Vielheit gemeinsamer, eigentümlicher Kulturelemente und eine gemeinsame geschichtliche Vergangenheit sich geeinigt und dadurch von anderen unterschieden weiß, bildet eine Nation[2]). Die objektive, durch gemeinsame Abstammung begründete Gemeinsamkeit einer Vielheit, die Rassen- oder Stammeseinheit ist so alt, wie die historische Erinnerung zurückreicht, und weit darüber hinaus. Die subjektive Einheit der Nation hingegen ist ihrer Natur nach ein Produkt höherer Kultur und tritt daher, obwohl schon längst im Keime vorhanden, in voller Stärke erst in neuester Zeit auf. Solange sie gar nicht oder nur in schwachen Anfängen da ist, gibt es keine auf irgendwelche innere Qualitäten des Volkes aufgebaute politische Theorie. Daß innerlich zusammenhängende und daher im Gegensatz zu anderen, auf gleiche

---

[1]) Den geographischen Raum als Grundlage der Entstehung der Nationen hebt hervor A. Kirchhoff, Was ist national? 1902 S. 14 ff. Vgl. auch R. Schmidt I S. 132 ff.

[2]) E. Renan Qu'est ce qu'une nation 1882: „Une nation est une âme, un principe spirituel," p. 26. „L'homme n'est esclave ni de sa race, ni de sa langue, ni de sa religion, ni du cours des fleuves, ni de la direction des chaînes de montagnes. Une grande agrégation d'hommes, saine d'esprit et chaude de cœur, crée une conscience morale qui s'appelle une nation," p. 29. Nation im eigentlichen Sinne ist: „eine größere Bevölkerung, die infolge hoher, eigenartiger Kulturleistungen ein eigenartiges gemeinsames Wesen gewonnen hat, das sich auf weiten Gebieten von Generation zu Generation überträgt". Neumann S. 132.

Weise geeinten, sich fühlende Völkerschaften sich auch nach außen
hin als besondere Staaten darstellen sollen, wird weder von der
antiken noch von der mittelalterlichen Politik gefordert. Auch
in der neueren Zeit geht zunächst die naturrechtliche Staatslehre
von dem abstrakten menschlichen Individuum aus; daher kennt
sie nur den juristischen Gedanken des Staatsvolkes, von der Nation als dem Volk im Kultursinne ist in ihr nirgends die Rede.
Noch im 18. Jahrhundert weiß Montesquieu, der alle den Staat
bestimmenden Elemente des Volkslebens zu untersuchen trachtet
und zuerst den Zusammenhang zwischen Recht und Nation
ahnt[1]), von dem staatsbildenden Einfluß der Nationen nichts.
Dieser Einfluß ist eben bedingt durch die Stärke der nationalen
Gefühle. Was sich als Einheit fühlt, will auch diese Einheit
stärken und pflegen; solche Pflege ist aber nur durch eine kräf-
tige Organisation möglich, die nur in einem Staate zu finden ist.
Daher ist die Politik noch der letztvergangenen Jahrhunderte, die
Staaten ohne irgendwelche Rücksicht auf die nationalen Eigenschaften der Bewohner vergrößerte, in der neuesten Zeit in europäischen Ländern entweder unmöglich oder gefährlich geworden.

Das Wesen der Nation ist dynamischer Natur. Ein Volk
kann in größerem oder geringerem Grade Nation sein, d. h. je geringer das Gefühl der kulturellen Zusammengehörigkeit ist, desto
weniger ist die Nation ausgeprägt; je größer die Zahl und je bedeutungsvoller die Art der einigenden Kulturelemente, desto
stärker und inniger wird das Bewußtsein der Zusammengehörigkeit in einer nationalen Gruppe. Daher kann auch der einzelne
in höherem oder minderem Grade sich als Glied einer Nation betrachten gemäß dem Umfang und der Intensität der nationalen
Kulturelemente, die auf ihn eingewirkt haben. Je höher die eigenartige Kultur eines Volkes steigt, je reicher die seine Glieder verbindenden geschichtlichen Vorgänge sind, desto entwickelter auch
die Nation, die deshalb auf niederer Kulturstufe keinen Platz
findet. Um das Nationalgefühl zu erzeugen, muß auch noch der
Gegensatz gegen andere Nationen hinzukommen. Deshalb haben
die Hellenen zwar ein hochentwickeltes Stammesgefühl, aber kein
volles Nationalgefühl in unserem Sinne im Verhältnis zu den Bar-
baren gehabt, da sie diese als eigenartige Kulturträger nicht anerkannten, wie denn auch den Römern das Gefühl des Gegen-

---

[1]) De l'esprit des lois l. **XIX**.

satzes zu den von ihnen unterjochten Völkern als gleichartigen Kulturgemeinschaften mangelte. Ähnliche Erscheinungen zeigen sich noch heute im Verhältnis der zivilisierten Nationen zu halb- oder unzivilisierten Stämmen. Sofern nicht unmittelbare politische Interessen des Heimatsstaates in Betracht kommen, fühlt sich der mit ihnen in Berührung Tretende nicht als Deutscher, Franzose, Italiener usw., sondern als Europäer oder, den Farbigen gegenüber, als Weißer.

10. Die Gesamtheit der internationalen Gesellschafts- verhältnisse muß ebenfalls den Gegenstand spezieller Forschung bilden, um zu sicheren Resultaten über ihre Bedeutung für das Leben des Einzelstaates zu gelangen. Ein Teil dieser Verhältnisse gehört bereits zu den im vorangehenden erwähnten Materien. Kirchen und andere religiöse Genossenschaften, Gesellschafts- klassen, Nationen sind häufig nicht in das Gebiet eines Staates gebannt. Namentlich die großen Kirchen, vor allem die ein- heitlich organisierte katholische Kirche, und die wirtschaftlichen Klassen bilden internationale Gemeinschaften von größerer oder geringerer Intensität. Das gesamte geistige und wirtschaftliche Leben der Kulturvölker ist kein national abgeschlossenes, woraus sich eine Fülle sozialer Konsequenzen ergibt. Weltausstellungen und internationale Kongresse aller Art sind die sichtbaren, jähr- lich wiederkehrenden Folgen des internationalen Gesellschafts- lebens. Aber auch die souveränen Staaten als Mitglieder der Völkerrechtsgemeinschaft bilden die nicht organisierte oder doch nur in Gelegenheitsorganisationen sich äußernde Staatengesell- schaft, innerhalb welcher die politischen Interessen wechselnde, oft einander entgegengesetzte Gruppen bilden, die in ihren gegen- seitigen Beziehungen den Typus der den Staaten eingeordneten Gesellschaftsgruppen wiederholen. Eine dankenswerte Aufgabe wäre es, den besonderen Einfluß zu bestimmen, den die inter- nationalen Gesellschaftsverhältnisse auf die einzelstaatliche Rechtsordnung ausüben. Der ganze Verfassungsbau der modernen Staaten ist durch sie mitbedingt. Die bei allen individuellen Unterschieden doch in vielen Stücken auffallende Gleichartigkeit der Struktur der modernen Staaten beruht trotz der Einwirkung der englischen und französischen Institutionen auf die der übrigen Staaten keineswegs auf dem bloßen Rezipieren eines äußerlich nachgeahmten fremden Rechtes, sondern vielmehr auf der Gleich- artigkeit der gesellschaftlichen Verhältnisse. Diese haben auch

die Wirkung gehabt, daß die Grundzüge der modernen Verwaltungsorganisation, und zwar nach französischem Muster, im
Laufe des 19. Jahrhunderts in den europäischen Staaten wesentlich die gleichen geworden sind. Ebenso greifen in der Gegenwart
kraft der Gleichartigkeit der sozialen Verhältnisse sozialpolitische
Reformen, die in einem Staate vorgenommen werden, sofort über
diesen Staat hinaus, wie die Geschichte des Arbeiterschutzes und
die Arbeiterversicherung beweist.

11. In den vorstehenden Erörterungen ist schon darauf hingewiesen, daß der Staat nicht nur von den anderen gesellschaftlichen Verhältnissen beeinflußt wird, sondern auch auf sie selbst
bestimmend einwirkt. Die Art dieser Einwirkung muß Gegenstand
besonderer wissenschaftlicher Untersuchung sein. Von dieser Art
sei hier noch einiges Wichtige hervorgehoben. Zu scheiden ist
vor allem die bewußte, beabsichtigte von der unbewußten, unbeabsichtigten Wirkung. Die letztere nämlich, die in der Theorie
häufig übersehen wird, ist in der Regel viel stärker als die erste.
Auf Bildung und Bestand der Nationen, auf Ausbreitung und Rück-
gang von Religionen, auf Hervorbringung und Ausgleichung sozialer Unterschiede sind staatliche Institutionen, selbst wenn sie
unmittelbar ganz andere Zwecke verfolgten, von bedeutendstem
Einfluß gewesen. Ein Hauptbeispiel dieser Art aus der neueren
Zeit ist die Zerreibung der feudalen Gesellschaft in Frankreich
durch das absolute Königtum gewesen, das keine andere Macht
im Staate neben sich dulden wollte. Durch die konsequente Politik der Könige wurde aber zugleich die Gesellschaft nivelliert
und der Demokratisierung nähergebracht, wodurch der Revolution die Wege gebahnt wurden, — ein Resultat, das ganz außerhalb der Berechnung der Monarchen lag und liegen mußte. Sogar
auf Sprache und Literatur hat der Staat oft einen bedeutenden
unbeabsichtigten Einfluß gehabt. In einem Staate mit verschiedenen Sprachen und Dialekten ist die Sprache des Königs und der
höchsten Behörden in der Regel die Schriftsprache geworden [1].

---

[1] Von dem Einfluß des Staates auf die Sprache ist merkwürdigerweise sowohl in der staats- als in der sprachwissenschaftlichen Literatur
kaum die Rede. Bei Arnold Kultur- und Rechtsleben 1865 S. 67 finden
sich einige recht allgemein gehaltene Andeutungen; von systematischer
Untersuchung dieses interessanten Problems ist mir nichts bekannt.
Neuestens einige Bemerkungen bei Lindner Geschichtsphilosophie
S. 151 f. und Bernatzik in der Kultur der Gegenwart, Syst. Rechtswissenschaft 1906 S. 399 f.

So hat nicht zum geringsten die Herrschaft der nordfranzösischen Könige die einst so blühende provençalische Sprache schließlich auf die Rolle eines Dialektes herabgedrückt; so ist die kastilische Sprache gegenüber der katalonischen seit der Einigung Spaniens unter den kastilischen Monarchen die alleinige spanische Schriftsprache geworden, wie denn auch die hochdeutsche Sprache die der Reichsbehörden war. Gesonderte politische Entwicklung hat mitgewirkt, das Holländische von einem niederdeutschen Dialekt zu einer besonderen Sprache zu erheben. Die internationale Bedeutung und Ausbreitung einer Sprache ist mit der Staatsmacht aufs innigste verknüpft. Selbst auf die eigentümliche Ausbildung des Volkscharakters ist die Art des Staates von größtem Einfluß. Gewöhnung an Befehlen und Gehorchen, Möglichkeit eines zielbewußten Handelns gemäß den gegebenen politischen Verhältnissen, Vertrauen in die Einsicht und Gerechtigkeit der Regierung, auf die Stetigkeit der staatlichen Entwicklung, und was die mannigfaltigen staatlichen Verhältnisse sonst sein mögen, wirken auf die ganze Denk- und Handlungsweise der Menschen in höchstem Maße ein. Mit tiefdringendem Blicke hat das zuerst Plato erkannt, indem er den verschiedenen Staatsformen verschiedene Charaktere entsprechen läßt[1]. In dem Durchschnittscharakter des Deutschen, des Österreichers, des Russen usw. ist der Einfluß der spezifischen Ausgestaltung ihrer Staaten deutlich zu erkennen.

Aus diesem Zusammenhang wird auch der Gefühlswert des Staates und der staatlichen Institutionen zu erklären sein. Zu den nicht zu berechnenden Wirkungen des Staates gehört nicht zum geringsten die Erzeugung politischer Gemeingefühle seiner Glieder, die für seine Schicksale von der höchsten Bedeutung sind. Vaterlandsliebe und Staatsgefühl sind die mächtigsten moralischen Garantien des Bestandes und Wachstums der Staaten. Grundlegende Institutionen, wie die des Königtums, nehmen ihre Kraft viel weniger aus dem Buchstaben der Gesetze als aus gefühlsmäßigen, durch uraltes Herkommen gefestigten Überlieferungen. In den Beziehungen zu den anderen Staaten entsteht ein das Volk beherrschendes politisches Ehrgefühl, das, von aller Reflexion unabhängig, ein den Gang der Geschichte in gewaltiger Weise mitbestimmender Faktor ist. Selbst bei Staaten, die aus

---

[1] Rep. VIII 544 ff.

einander widerstrebenden Elementen zusammengesetzt sind
zeigen sich diese Erscheinungen, nicht minder in Staaten, die
ohne Rücksicht auf eine nationale Basis gebildet worden sind.
In den am Anfang des 19. Jahrhunderts aus einem bunten Gewirre von Territorien und Städten des alten Reiches gebildeten
süddeutschen Staaten ist binnen kurzem ein im neuen Reiche
fortdauerndes partikularistisches Staatsgefühl entstanden, das selbst
die Erinnerung an die früheren politischen Verhältnisse gänzlich
ausgelöscht hat. Derartige Wirkungen können aus den mit Bewußtsein geschaffenen Einrichtungen der Staaten nicht erklärt
werden.

Nur diese beabsichtigte Wirkung des Staates auf die Gesellschaft hat man im Auge, wenn man ihm nur geringen Einfluß
auf die sozialen Verhältnisse zuschreibt. Denn das spezifische
Machtmittel des Staates, die Herrschaft, ist wie alles von außen
Kommende nicht geeignet, tiefgreifende Umgestaltungen zu ver-
anlassen, die sich teils im Innern der Menschen vollziehen, teils
auch da, wo sie in die äußere Erscheinung treten, jeder äußeren
Gewalt spotten. Die Interessengemeinschaft z. B. zwischen den
Mitgliedern einer wirtschaftlichen Klasse zu zerstören, ist keine
Zwangsgewalt imstande. Wo Staatsgewalt aber gebraucht wird,
um ein bestimmtes soziales Resultat herbeizuführen, da liegt
der schließliche Effekt ganz außerhalb der Berechnung. Die
Bauernbefreiung, die Anerkennung der wirtschaftlichen Freiheitsrechte, die Mobilisierung des Grundbesitzes haben im höchsten
Grade auf die Umgestaltung der modernen Gesellschaft eingewirkt, aber Maß und Art dieser Einwirkung ist nur zum geringen Teile im Bewußtsein der Urheber dieser Maßregeln gewesen, die zudem großenteils zuerst in der Form gesellschaftlicher Anforderungen an den Staat aufgetreten sind. Ausnahmsweise allerdings kann durch Anwendung brutaler Macht der
Staat ein festes, wenn auch nur negatives soziales Resultat erzeugen, wie z. B. Gegenreformation und französische Konvents-
herrschaft gezeigt haben. Aber auch solche Resultate sind begrenzt und nicht von Dauer, wie durch die Anerkennung der
Glaubensfreiheit in den katholischen Staaten und die französische Restauration bewiesen wurde.

Darum zeigt die Gesellschaftslehre die Grenzen des staatlichen Könnens. Die fortschreitende Änderung, Entwicklung und
Rückbildung der gesamten Gesellschaft kann der Staat seinen

Absichten gemäß nur innerhalb enger Grenzen regeln. Zwar kann er den Strom der sozialen Verhältnisse durch seine bewußte Tat um einige Fuß breit ablenken oder die Geschwindigkeit seines Falles um einiges mehren oder mindern, das ihm unbekannte Ziel jenes Stromes jedoch vermag er nicht zu bestimmen und nicht zu verrücken.

Damit stellt sich die soziale Betrachtungsweise des Staates als notwendiges Korrektiv der juristischen dar. Die Rechtslehre behauptet, daß der souveräne Staat jeder anderen organisierten Gewalt überlegen, keiner untertan sei. Aber den gewaltigen Mächten des sozialen Lebens, die nicht in der Form bewußter Willensmacht wirken, ist der Herrscher selbst untertan. Möge der Jurist sich daher hüten, seine Normenwelt, die das Staatsleben beherrschen soll, mit diesem Leben selbst zu verwechseln. All die formal-juristischen Vorstellungen von Staatsallmacht, die, hypothetisch aufgestellt, ihre gute Berechtigung haben, verschwinden, wenn man von der Welt der juristischen Möglichkeiten in die Wirklichkeit der Gesellschaft blickt. Da wogen die historischen Kräfte, die das An-sich der Staaten bilden und zerstören, das jenseits aller juristischen Konstruktion besteht. Von diesem An-sich gilt, was mit genialem Worte der vielverlästerte deutsche Denker[1]) ausgesprochen hat: Für Werden, Sein und Vergehen der Staaten gibt es kein anderes Forum als die Weltgeschichte, die das Weltgericht bildet. Seine Normen sind aber sicherlich nicht die des Juristen.

---

[1]) Vgl. Hegel a. a. O. S. 423 ff.

ZWEITES BUCH.

ALLGEMEINE SOZIALLEHRE
DES STAATES.

Fünftes Kapitel.

Der Name des Staates.

Die Geschichte der Terminologie einer Wissenschaft ist eng verknüpft mit der Geschichte der Wissenschaft selbst. Es besteht eine ununterbrochene Wechselwirkung zwischen Wort und Sinn. Das Wort hat häufig der ganzen Wissenschaft eines Volkes oder einer Epoche den Weg gewiesen.

Den Griechen hieß der Staat πόλις, war daher identisch mit der Stadt, einer der Hauptgründe, weshalb die griechische Staatswissenschaft sich auf dem Boden des Stadtstaates bewegte, den Land- oder Flächenstaat jedoch niemals zu erfassen vermochte. Wird von solchen Staaten gesprochen, so werden sie nur als Inbegriff der Bewohner bezeichnet (οἱ Αἰγύπτοι, οἱ Πέρσαι); irgendeine Bezeichnung jedoch, welche die Beziehung der Bewohner zum Territorium zum Ausdruck brächte, hat niemals größere Bedeutung gewinnen können[1]). Auch von der πόλις ist oft in gleicher Weise die Rede; die Athener, Thebaner, Korinther werden mit ihren Gemeinwesen völlig identifiziert. Objektiv, als Inbegriff des einem Volke Gemeinsamen, wird der Staat als τὸ κοινόν bezeichnet. In all diesen Vorstellungen tritt das dingliche Element weit hinter das personale zurück. Die Bürgergemeinde ist identisch mit dem Staate. Daher wird auch die öffentliche Rechtsstellung der Individuen niemals bedingt durch Zugehörigkeit zum Lande, sondern stets nur durch Mitgliedschaft an der Bürgergemeinde oder durch ein Schutzverhältnis zu ihr.

Auch die römische politische Terminologie weist denselben Typus auf. Der Staat ist die civitas, die Gemeinde der Vollbürger oder die res publica, das der Volksgemeinde Gemeinsame,

---

[1]) Wohl findet sich χώρα als synonym mit πόλις oder bezeichnet das Landgebiet des Staates im Gegensatz zur Stadt; vgl. die Stellen bei Stephanus Thesaurus graacae linguae h. v., hat dann aber überwiegend die Bedeutung von regio, nicht von civitas.

dem griechischen Ausdruck τὸ κοινόν entsprechend. Italien und die Provinzen sind zunächst nur Bundesgenossen und abhängige Landschaften der einen Stadt. Volles Bürgerrecht wird nur dem in der Stadtgemeinde Aufgenommenen zuteil; der civis Romanus ist und bleibt römischer Stadtbürger. Aber aus der Stadt Rom wächst der gewaltigste Flächenstaat des Altertums hervor. Diesen Übergang vermag die römische Terminologie nur unvollkommen mitzumachen, indem sie die Befehlsgewalt der Regierung mit dem römischen Staate identifiziert und so die res publica in das imperium wandelt. Damit wird das wesentlichste Element des Staates von den Staatsgenossen in die Staatsgewalt gelegt; die res populi wird gleichsam zur res imperantis.

Neben diesen Bezeichnungen wird wie im Griechischen der Name der Völkerschaft für den Staat gebraucht, wie denn auch abstrakt populus und gens den Staat bedeuten[1]).

Den Wechsel der staatlichen Verhältnisse in der germanischen Welt spiegelt die Sprache getreulich wieder. Das deutsche „Reich", dem lateinischen regnum entsprechend, aus dem règne, regno, reign entstanden, bedeutet zuvörderst die Herrschaft, und zwar die fürstliche[2]). Dasselbe ist mit den dem lateinischen „imperium" entstammenden Ausdrücken imperio, empire der Fall. Eine allgemeine, Monarchien wie Republiken umfassende Bezeichnung ist nicht vorhanden, zumal eine der

---

[1]) Im späteren Latein findet sich statt respublica das abstraktere status reipublicae, so vor allem bei Ulpian l. 1 § 2 D. de iust. et iure 1, 1. Sogar status Romanus in der Bedeutung von römischem Staat findet sich schon bei Aurelius Victor de Caesaribus (geschrieben im Jahre 360) cap. 24 § 9: „Romanum statum quasi abrupto praecipitavere" (nämlich die Nachfolger des Alexander Severus), ferner bei Ammianus 20, 8 § 11 zum Jahre 360 in einem Briefe des Caesar Julian an Constantius Augustus: „haec statui Romano prodesse" und auch bei Orosius, ed. Zangemeister II 5, 9: „trecenti Fabii, vere clarissima Romani status lumina"; Cassiodor ed. Mommsen p. 422, 5: „Romanum statum in confinio gentium sub tranquillitate regio in media urbe confundi." In diesen und anderen Stellen, auf die mich Karl Zangemeister aufmerksam gemacht hatte, wird aber trotzdem status niemals absolut als Staat schlecht hin bezeichnet. Die Vermutung von H. A. Zachariae I S. 41[1] (vgl. auch Bluntschli Lehre vom modernen Staat I S. 24, H. Schulze Einleitung S. 124), daß „Staat" aus jener Ulpianschen Stelle subintelligiert worden sei, entbehrt daher der Begründung.

[2]) Über die Vieldeutigkeit dieses Wortes vgl. Gierke Das Genossenschaftsrecht II S. 570 ff.

Landessprachen sich bedienende Staatswissenschaft erst im 16. Jahrhundert hervortritt. Außerdem haben die erwähnten Bezeichnungen nur auf größere Staaten Anwendung. In der lateinischen Literatur werden auch die altrömischen Termini gebraucht, jedoch wird mit civitas in der Regel ein städtisches Gemeinwesen bezeichnet[1]).

Im schärfsten Gegensatz zur antiken Auffassung steht die Bezeichnung des Staates als Land, terre, terra, die der mittelalterlichen Terminologie geläufig ist. Indem sie den Schwerpunkt des Staates in dessen territoriales Element legt, entspricht sie dem historischen Tatbestande der nunmehr weitaus überwiegenden Flächenstaaten und der Bedeutung, die Grund und Boden für die Entfaltung politischer Macht hatten[2]). Obwohl für große und kleine Staaten anwendbar, fehlt diesem Terminus die volle Bestimmtheit und Abgrenzung, weil er einerseits Stadtstaaten nicht mitumfaßt und anderseits auch nichtstaatliche Bildungen, Landschaften und Provinzen, mit ihm bezeichnet wurden. Trotzdem hat dieser Terminus nicht alle Bedeutung verloren. In Deutschland ist offiziell von Landesgesetzen die Rede, und in der Wissenschaft hat sich der Ausdruck „Landesstaatsrecht" für das Recht der Gliedstaaten eingebürgert. In der Bezeichnung „Landtag" für die Kammern ist noch immer die Erinnerung an das alte Territorialstaatsrecht lebendig. Auch Ungarn bezeichnete bis 1887 die offizielle deutsche Ausgabe seiner Gesetze als Landesgesetzsammlung.

Dem Bedürfnis nach einem allgemeinen, sämtliche staatliche Bildungen umfassenden modernen Worte wurde zuerst in Italien entsprochen. Für die mannigfaltigen italienischen Staaten waren weder die Bezeichnungen regno, imperio, terra passend, noch war città vermögend, den staatlichen Charakter von Venedig, Florenz, Genua, Pisa zu bezeichnen. Da wird denn aus dem vieldeutigen Wort stato, das zuerst mit dem Namen einer Stadt verbunden

---

[1]) Vgl. auch G i e r k e Genossenschaftsrecht. III S. 356.

[2]) Für die mittelalterliche Auffassung im Gegensatz zur antiken ist es bedeutsam, daß „Stadt", „Burg" oder „Wik" territoriale, nicht personale Bezeichnungen der kommunalen Gemeinwesen sind, so daß auch das lateinische civitas im Mittelalter zu einem lokalen Begriff wird, aus dem erst civis abgeleitet wird, daher auch citoyen, citadin, cittadino, citizen; G i e r k e Genossenschaftsrecht II S. 579 ff. Doch ist demgegenüber auch daran zu erinnern, daß für den Griechen ebenfalls $\pi\acute{o}\lambda\iota\varsigma$ der primäre, $\pi o\lambda\acute{\iota}\tau\eta\varsigma$ der abgeleitete Begriff war.

wird (stato di Firenze usw.), ein ganz farbloser Terminus geschaffen, der auf jeden Staat, ob Monarchie oder Republik, ob groß oder klein, ob Stadt- oder Flächenstaat, anwendbar ist. Jakob Burckhardt meint, daß die Herrschenden und ihr Anhang zusammen lo stato hießen und dieser Name dann die Bedeutung des gesamten Daseins eines Territoriums usurpieren durfte[1]). Wahrscheinlicher aber bedeutet es, dem antiken Sinn von status entsprechend, die Verfassung, die Ordnung. Schon zu Beginn des 15. Jahrhunderts in diesem Sinne nachweisbar[2]), ist stato am Anfang des 16. Jahrhunderts bereits die allgemein anerkannte Bezeichnung für jeden Staat. Mit dem Auftauchen der modernen Staatsidee ist auch das entsprechende Wort gefunden. Das lehrt in augenfälliger Weise der Satz, mit welchem Machiavelli seinen Principe beginnt: Tutti gli stati, tutti i dominj che hanno avuto ed hanno imperio sopra gli uomini, sono stati e sono o repubbliche o principati[3]).

Im Laufe des 16. und 17. Jahrhunderts dringt sodann das Wort in die französische, englische und deutsche Sprache ein. In Frankreich hat noch Bodin (1576) die Bezeichnung république für den Staat, während estat ihm eine bestimmte Staatsform heißt, daher er vom estat aristocratique und estat populaire[4]) spricht. Wenige Dezennien später wendet jedoch Loyseau[5]) estat bereits in demselben umfassenden Sinn an wie Machiavelli das entsprechende italienische Wort. In England wird state als

---

[1]) Die Kultur der Renaissance in Italien 1860 S. 2 Note. Nach Rümelin, Statistik, in Schönbergs HB., 4. Aufl. III 1898 S. 200 ff., hätte stato zuerst in Gesandtenberichten dazu gedient, die in jedem Gemeinwesen festen und ständigen Gewalten und Ämter und dann die Herrschaftsgebiete selbst zu bezeichnen. Zur Geschichte des Wortes stato, état, Staat vgl. nunmehr auch Nys L'État et la notion de l'État, Revue de droit international 1901 p. 420 ff., und Ed. Loening a. a. O. S. 692 f.

[2]) Vereinzelt kommt status = Staat schon in den Acta Arag. I, 395 (Anfang des 14. Jahrhunderts) vor, welchen Nachweis ich Karl Hampe verdanke, ferner in England ebenfalls im 14. Jahrhundert: Ducange-Henschel Glossarium mediae et infimae latinitatis s. v. status.

[3]) Machiavelli darf daher mit vollem Recht als derjenige bezeichnet werden, welcher das Wort „Staat" in die wissenschaftliche Literatur eingeführt hat.

[4]) Six livres de la république II ch. VI, VII. Doch wird bereits um diese Zeit in der amtlichen Sprache état im Sinne von Staat gebraucht. Loening a. a. O. S. 693.

[5]) Traité des Seigneuries. Paris 1608 S. 25.

technische Bezeichnung des Staates bereits häufig von Shakespeare
gebraucht[1]). In Deutschland schwankt die Bedeutung von status
lange Zeit. Anfang des 17. Jahrhunderts ist zuerst vom status
reipublicae die Rede, der abgekürzt als der „ganze status" im
Gegensatz zum Hof-, Kriegs-, Kammerstaat den „gesamten Zustand der allgemeinen Angelegenheiten des Landes" bezeichnet[2]).
Späterhin wird auch wohl vom status publicus gesprochen. Lange
aber ist die Terminologie noch sehr unsicher, und es wird mit
demselben Wort der Hof oder die Kammer des Fürsten bezeichnet[3]). Erst im Laufe des 18. Jahrhunderts konsolidiert
sich, wohl unter dem Einflusse der staatswissenschaftlichen
Literatur, der Ausdruck in der Weise, daß er ohne jeden Beisatz
das gesamte politische Gemeinwesen bezeichnet. Erst in den
letzten Dezennien des 18. Jahrhunderts ist dieser Prozeß be-
endigt, entsprechend der im allgemeinen Bewußtsein sich vollziehenden Umwandlung der Territorien in Staaten. Noch aber
haftet dem Worte „Staat" ein Doppelsinn an, dessen Spuren sich
bis in die Gegenwart verfolgen lassen. Staat heißt nämlich
auch Provinz oder Landschaft mit besonderer Verfassung[4]). In
diesem Sinne wird offiziell von den königlichen preußischen Staaten
gesprochen, als Ländern eines Fürsten, der zugleich König von
Preußen war. Noch bis ins 20. Jahrhundert hinein wurden die
preußischen Gesetze in der „Gesetz-Sammlung für die Königlichen Preußischen Staaten" verkündigt[5]).

Ebenso aber ist in Österreich in dem Patent vom 11. August
1804, durch welches Franz II. den Titel eines erblichen österreichischen Kaisers annimmt, von dem „unzertrennlichen Besitze
Unserer unabhängigen Königreiche und Staaten" sowie von
„Unseren Königreichen und anderen Staaten" die Rede, was in der
heutigen offiziellen Sprache nichts anderes als „Königreiche und

---

[1]) Vgl. die Zusammenstellung bei Al. S c h m i d t Shakespeare-Lexikon
2. ed. II 1886 p. 1118.

[2]) S t ö l z e l Brandenburg-Preußens Rechtsverwaltung und Rechts-
verfassung I 1888 S. 19.

[3]) S c h u l z e a. a. O. S. 21 ff.

[4]) Vgl. A d e l u n g Versuch eines vollst. grammat.-krit. Wörterbuches
der hochdeutschen Mundart 1786 s. v. „Staat".

[5]) Vgl. dazu H. S c h u l z e Preußisches Staatsrecht 2. Aufl. I 1888
S. 139 Note 2. Erst seit 1. Januar 1907 ist die Bezeichnung: „Preußische
Gesetzsammlung" anstelle der früheren getreten: Allerhöchster Erlaß v.
24. Nov. 1906: dazu A n s c h ü t z im Jahrb. d. ö. R. I 1907 S. 205 f.

Länder" bedeutet, wie klar aus der weiteren Bezeichnung der damals noch im Verbande des Deutschen Reiches stehenden deutschen Erblande als „Erb-Staaten"[1]) hervorgeht. Es ist derselbe Sprachgebrauch wie in Preußen, der sich an dieser Stelle geltendmacht. Deshalb enthält auch die Stelle des Patentes, die vom „vereinigten Oesterreichischen Staaten-Körper" spricht, mit nichten die Anerkennung der österreichischen Länder als Staaten. Das lehrt auch die Abdikationsurkunde Franz' II. vom 6. August 1806, in welcher der Kaiser erklärt, daß er seine deutschen „Provinzen und Reichsländer" „in ihrer Vereinigung mit dem ganzen österreichischen Staatskörper" fortan als Kaiser von Österreich regieren werde. Selbst in kleineren Staaten findet man in dieser Zeit denselben unklaren Sprachgebrauch. König Friedrich von Württemberg spricht gelegentlich der Schöpfung des Königreichs aus Alt- und Neuwürttemberg in seinem Organisationsmanifest vom 18. März 1806 von seinen „zu einem Ganzen vereinigten alten und neuen Staaten"[2]). Noch 1820 sprechen die badischen Bevollmächtigten zu den Wiener Ministerialkonferenzen von den Staaten des Großherzogs von Baden[3]). Irgendwelche staatsrechtliche Deduktion aus all diesen Bezeichnungen ist ganz unzulässig. Bezeichnend aber ist es namentlich, daß selbst die beiden deutschen Großmächte bis zur Auflösung des Reiches den scharf abgegrenzten Begriff des Staates in ihrer offiziellen Terminologie nicht gekannt haben[4]).

Neben „Staat" sind auch heute noch andere Bezeichnungen für das politische Gemeinwesen gebräuchlich. Der nach außen gewendete Staat heißt Macht, puissance, potenza, power, welche

---

[1]) „.... so ist solches .... dann von denjenigen Unserer Erb-Staaten zu verstehen, welche bisher mit dem Römisch-Deutschen Reiche in unmittelbarem Verbande gestanden sind, und auch in Zukunft die nämlichen Verhältnisse mit demselben .... beibehalten sollen."

[2]) Reyscher Sammlung der württ. Gesetze III S. 247.

[3]) Aegidi Die Schlußakte der Wiener Ministerialkonferenzen S. 182. Vgl. auch die zwei Staatsverträge zwischen Österreich und Baden vom 17. September 1808 (L. Neumann Recueil des traités II p. 282, 284).

[4]) Für die Geschichte des deutschen Wortes „Staat" im Verhältnis zu seinem romanischen Ursprung ist es interessant, daß einerseits die niederländischen Stände als Generalstaaten, also Staat = Stand, bezeichnet wurden, anderseits die Schweizer Kantone noch heute offiziell Stände (man spricht z. B. von dem Ständerat, den Standesstimmen) genannt werden, also Stand = Staat.

Ausdrücke der diplomatischen Sprache geläufig sind. Ebenso wird auch das Volk, nation, nazione, in Nachwirkung antiker Ausdrucksweise — namentlich durch ius gentium vermittelt — für den Staat gebraucht[1]). Unser „Völkerrecht" und der von Bentham erfundene Terminus „internationales Recht" meinen das Recht zwischen den Staaten. Besonders die letztere Bezeichnung aber ist vieldeutig und daher verwirrend. Besser wäre es, statt von ius inter gentes oder nationes von zwischenstaatlichem Recht zu sprechen. Die Terminologie folgt jedoch nicht immer der Logik. Wissenschaftlich ist aber kein Terminus so brauchbar wie der des Staates, der schließlich so abgeblaßt ist, daß sich keine Nebenvorstellung mit ihm mehr verbindet, die eine störende Zweideutigkeit hervorrufen könnte[2]).

---

[1]) Vgl. auch Neumann Volk und Nation 1888 S. 108 ff.
[2]) Vgl. Bluntschli in der oben S. 130 N. 1 zitierten Stelle.

Sechstes Kapitel.

Das Wesen des Staates.

I. Die Erkenntnisarten des Staates.

Ehe an die Lösung des wichtigsten und schwierigsten Grund-
problems der Staatslehre, der Erkenntnis der Natur des Staates,
gegangen wird, müssen zuvor die möglichen Standpunkte aufgesucht werden, von denen aus eine Erkenntnis des Staates vorgenommen werden kann.

Der Staat findet erstens seine Stelle in der Gesamtheit des
Geschehens, er tritt uns entgegen als ein Teil des Weltlaufs und
damit des Realen im Sinne des Objektiven, außer uns Befindlichen[1]). Er ist eine Vielheit von Vorgängen, die in Raum und
Zeit sich abspielen. Diese Vorgänge müßte auch der wahrnehmen können, der nichts Näheres über den Menschen und
seine Zwecke wüßte, denn das außer uns seiende Reale ist als
solches ohne jede Innerlichkeit. So sehen und erkennen wir in
untermenschlichen Verhältnissen die sozialen Handlungen gewisser Tiergattungen. Die Vorgänge im Bienenstock, im Ameisen-
haufen nehmen wir wahr, ohne sie deshalb auch richtig deuten
zu können. Noch heute ist die Wissenschaft lange nicht im
klaren, auf welchen organischen oder psychologischen Kräften die
diese Tiergesellschaften ins Dasein rufenden Instinkte beruhen,
d. h. nur die äußeren sich hier abspielenden Vorgänge sind uns
genau bekannt, nicht aber die von innen heraus, in jedem Glied
der Gesellschaft wirkenden Mächte. Wir deuten sie unwillkürlich
durch Analogie mit unserer Innerlichkeit. Wäre uns die nicht
gegeben, so würden wir überhaupt nur ein buntes und sinnloses
Durcheinander in solchen Gesellschaften nicht-menschlicher Organismen sehen.

Eine solche den Staat ausschließlich von außen betrachtende

---

[1]) Die letzte erkenntnistheoretische Frage nach der transzendenten
Bedeutung dieses Objektiven bleibt hier außer Spiel.

Weise aber, die o b j e k t i v e, wie wir sie nennen wollen, gibt
nur ein äußerst kümmerliches und wissenschaftlich gänzlich un-
brauchbares Bild vom Staate. Alle gesellschaftlichen Vorgänge
können nur erschlossen werden, wenn man die sie verursachen-
den und begleitenden psychischen Akte kennt. Denn alles äußere
Geschehen in der Gesellschaft ist, wie alle von Menschen ausgehende Veränderung, durch den Willen bedingt, dessen Richtung
und Inhalt durch das ganze psychische Sein und Wirken des
Menschen gegeben ist. Mit dieser Erkenntnis wird der Staat
von der Welt der Objekte in die der Subjekte verlegt. Aus der
ungeheuren, unabsehbaren Zahl der menschlichen gesellschaftlichen Handlungen wird ein Teil ausgeschieden und auf Grund
bestimmter, eine Synthese fordernder Erscheinungen zu einer
Einheit in dem Bewußtsein sowohl des staatlich Handelnden als
auch des Forschers und Beurteilers zusammengefaßt. Alle Handlungen können aber nur gedeutet werden vermittelst unserer
inneren Erfahrung. Die Mittel der Naturforschung: wägen,
messen, zählen, versagen ihnen gegenüber. Statistische Untersuchung kann nur das äußere objektive Material liefern, das
erst durch psychologische Deutung seinen Wert erhält. Die so
gekennzeichnete Art wissenschaftlicher Erforschung des Staates
sei die s u b j e k t i v e genannt[1]).

Diese subjektive Betrachtungsweise des Staates ist der objektiven keineswegs entgegengesetzt, sondern tritt ergänzend und
erklärend zu ihr hinzu. Sie bestimmt die Realität des Staates
näher als eine nicht nur physische, sondern als eine überwiegend
psychische, auf innermenschlichen Beziehungen beruhende. Für
sie sind zwei verschiedene Arten möglich, die streng voneinander
gesondert werden müssen.

Die erste hat zum Gegenstand den Staat als s o z i a l e Erscheinung. Sie wendet sich den realen, subjektiven und objektiven Vorgängen zu, aus denen das konkrete Leben der Staaten
besteht. Man pflegt diese Betrachtungsweise des Staates die
historisch-politische zu nennen. Sie liegt zugrunde der Staaten-
geschichte, der Lehre von Entstehung, Umbildung und dem Vergehen der Staaten, der Erforschung der gesellschaftlichen Voraussetzungen und Wirkungen des Staates sowie seiner einzelnen
Elemente und ihres inneren Zusammenhanges. Das Sein und

---

[1]) Gegen diesen Sprachgebrauch M e n z e l im Handb. d. Politik 1
1912 S. 36.

Wirken des Staates in der äußeren und inneren Welt wollen die hierhergehörigen Disziplinen erfassen.

Die zweite hat zum Gegenstand die rechtliche Seite des Staates. Das Recht führt ein Doppelleben. Einmal als tatsächliche Rechtsübung, als welche es eine der sozialen Mächte ist, die das konkrete Kulturleben eines Volkes ausgestalten. Sodann aber als ein Inbegriff von Normen, der bestimmt ist, in Handlungen umgesetzt zu werden. Das Recht in diesem letzteren Sinne gehört nicht in das Gebiet des Seienden, sondern des Seinsollenden, es besteht aus Begriffen und Sätzen, die nicht der Erkenntnis des Gegebenen, sondern der Beurteilung der Wirklichkeit dienen. Durch juristische Normen wird daher kein reales Sein erkannt. Es ist nicht die Aufgabe der Jurisprudenz, das An-sich des Staates zu bestimmen, sondern vielmehr, das Gegebene zu bestimmten Zwecken unter feste Gesichtspunkte zu ordnen und es einer Beurteilung gemäß den abstrakten Normen des Rechts zu unterziehen. Die Rechtswissenschaft ist daher eine Normwissenschaft, ähnlich wie die Logik, die uns nicht lehrt, was die Dinge sind, sondern wie sie gedacht werden müssen, um eine in sich widerspruchslose Erkenntnis hervorzurufen. Wenn auch die Wirklichkeit die Voraussetzung des Rechtes und der Boden ist, auf dem es sich fortwährend zu erproben hat, so ist es selbst doch rein idealer Natur; der Rechtssatz als solcher führt stets nur eine gedankliche Existenz. Die auf Grund von Rechtssätzen gewonnenen Urteile gewähren daher nicht die Erkenntnis einer Substanz, sondern einer Relation, sie lehren uns das Verhältnis des Seienden zur Norm erkennen. Recht und Unrecht sind niemals den Dingen selbst anhaftende Prädikate, sie sind nicht Eigenschaften, sondern Beziehungen. Daher ist die juristische Erkenntnis eines Objektes grundverschieden von der der realen Vorgänge, die an und in ihm stattfinden. Die juristische Erkenntnis des Staates hat zum Gegenstand die Erkenntnis der vom Staat ausgehenden, seine Institutionen und Funktionen zu beherrschen bestimmten Rechtsnormen und das Verhältnis der realen staatlichen Vorgänge zu jenen rechtlichen Beurteilungsnormen. Die juristische Erkenntnisweise des Staates hat die soziale daher zu ergänzen, ist aber in keiner Weise mit ihr zu vermengen[1]). Ihre Methode ist ausschließlich die juri-

---

[1]) Neuestens behauptet Edgar Loening, a. a. O. S. 694, daß es nur einen Rechtsbegriff des Staates geben könne, dabei den normativen

stische. Die Verkennung und Verwischung des hier dargelegten
Unterschiedes ist Ursache der verhängnisvollsten Irrtümer bis
auf die Gegenwart herab geworden. Die juristische Natur des
Staates und seiner Institutionen wird fortwährend mit seiner
sozialen Realität vermischt. Ja, daß es mehrere Erkenntnis-
weisen des Staates gebe, ist überhaupt noch nicht zu klarem
Bewußtsein durchgedrungen [1]).

Zur definitiven Klärung der Ansichten über den **Staat** ist
vorerst ein kritischer Überblick der bisher aufgestellten Staatstheorien unter Zugrundelegung der hier gewonnenen methodologischen Resultate notwendig. Die verschiedenen Theorien sollen
nach den verschiedenen Erkenntnisarten des Staates geordnet
und geprüft werden. Viele dieser Theorien sind Vereinigungs-
theorien, in welchen, meist in unklarer Weise, Elemente verschiedener Kategorien nebeneinandergestellt oder in regelloser
Weise miteinander verbunden werden. Bei solcher Vermischung
wird es aber notwendig sein, die verschiedenen Theorien auf
ihre einfachen Elemente zu reduzieren und diese gemäß der hier
gefundenen Einteilung zu betrachten.

Charakter der Rechtsbegriffe übersehend, die zur Erfassung des realen
Substrates der Normen unzulänglich sind. Loening selbst kann denn
auch diesen Standpunkt nicht festhalten: er spricht (S. 709) von dem
Staat als historisch-politischer Einheit und bemerkt (S. 703), daß Staat
und Recht Wechselbegriffe seien und daher auch das Recht den Staat
voraussetze, damit selbst anerkennend, daß der Staat nicht völlig aus
dem Rechte abgeleitet werden könne. Der Scheidung des Staates als
sozialer Erscheinung und als Rechtsbegriffes hat sich hingegen angeschlossen Seidler, a. a. O. S. 17 ff. Gegen Loening auch Menzel
im Hdbch. d. Politik I 1912 S. 40.

[1]) Auf Grund meiner bereits in früheren Werken vorgenommenen
Trennung der beiden Auffassungsweisen des Staates sind sie nunmehr
in vortrefflicher Weise auseinandergehalten und eingehend untersucht
von Kistiakowski, a. a. O. S. 67 ff. Die Möglichkeit verschiedener Erkenntnisarten desselben Objektes sucht Bierling, Juristische Prinzipienlehre I 1894 S. 226 N. 1, zu bestreiten. Es gebe wohl zahlreiche unvoll-
ständige und unrichtige Antworten auf ein und dieselbe Frage, aber nur
eine vollständige und richtige. Für ein ens perfectissimum gilt das
gewiß, nicht aber für uns, deren empirische Erkenntnis niemals vollkommen ist. Daher ist das Zusammenfassen aller Erkenntnis eines Dinges
in eine vollständige Antwort auf die Frage nach seinem Wesen eine ideale
Forderung, deren Erfüllung für uns nicht Sache der positiven Wissenschaft, sondern der stets nur subjektive Überzeugungskraft besitzenden
Spekulation ist.

Ausgeschlossen aber bleiben jene zahlreichen Lehren, die überhaupt nicht den gegebenen Staat zum Inhalt haben, sondern Idealtypen des Staates jedweder Form[1]). Weder Utopien noch politische Ideale irgendwelcher Art sind Gegenstand theoretischer Staatswissenschaft. Sie können nach anderer Richtung hin, für Geschichte, Ethik und Politik, Bedeutung gewinnen. Solche Idealtypen geben sich zwar auch als Beurteilungsnormen des Vorhandenen, unterscheiden sich aber sehr wesentlich von Rechtsnormen. Denn das Recht ist stets positiv, d. h. ein allgemein anerkannter Maßstab des Bestehenden, während der Idealtypus des Staates nach Anerkennung ringt, ohne sie jemals erreichen zu können. Zu den bleibenden Unterschieden, welche die Menschen trennen, gehören vor allem die politischen Ideale.

II. Die einzelnen Staatstheorien.

A. Theorien vom überwiegenden objektiven Sein des Staates.

Eine konsequent durchgeführte Theorie vom objektiven Sein des Staates ohne jede Berücksichtigung subjektiver Elemente ist wissenschaftlich unmöglich. Nichtsdestoweniger hat es viele Theorien gegeben, welche der Meinung waren, ein gänzlich außerhalb der menschlichen Innerlichkeit sich abspielendes Sein des Staates zu erkennen. Wir wollen diese Lehren als Theorien vom überwiegenden objektiven Sein des Staates bezeichnen.

1. Der Staat als Tatsache.

Der Staat ist etwas tatsächlich Gegebenes, d. h. keine Abstraktion, kein bloßes Gedankending. Diese Behauptung kehrt in der neueren Literatur öfters wieder[2]). Irgendein klarer

---

[1]) Die unter dem Einfluß der spekulativen Philosophie lange Zeit übliche Unterscheidung des idealen und empirischen Staatsbegriffes ist von den meisten Staatstheoretikern heute aufgegeben. Doch behauptet noch z. B. B r i e , Theorie d. Staatenverbindungen 1886 S. 2, jenes Doppelwesen des Staatsbegriffes, wie denn auch R e h m , Staatslehre S. 11, von einem philosophischen Staatsbegriff spricht.

[2]) Z.B. J o r d a n Versuche über das allgemeine Staatsrecht 1828 S. 15 ff.; K. S. Z a c h a r i a e a. a. O. I S. 51: „Es versteht sich von selbst, daß . . . . . der Staat das ist und bleibt, was er seinem Gattungsbegriff nach sein soll und muß — die Tatsache oder das faktische Verhältnis, daß die Menschen, alle oder mehrere, einer Rechtsgewalt unterworfen

Gedanke pflegt mit ihr aber nicht verbunden zu werden. Mit der Lehre von der Realität des Staates ist noch gar nicht gesagt, welcher Art die Tatsachen sind, die man als Staaten bezeichnet, ob sie physischer oder psychologischer Art oder beides sind, noch ob man unter dem Staat eine Substanz oder ein Geschehen sich vorzustellen habe. Eine Abart dieser Lehre ist die vom Naturdasein des Staates[1], die insofern bereits ein wenig mehr Klarheit in sich birgt, als sie die juristische Seite des Staates seinem natürlichen Dasein gegenüberstellt. Dieses Naturdasein wird aber in der Regel als ein objektives, nur in der Welt der äußeren Dinge, nicht in der Innerlichkeit menschlicher Individuen sich abspielendes vorgestellt und teilt damit die Unklarheit und Oberflächlichkeit, welche der Tatsachentheorie anhaften. Hierher gehören endlich noch alle Theorien, welche das wahre Wesen des Staates in sozialen Tatsachen, in den gesellschaftlichen Machtverhältnissen oder dergleichen suchen[2]. Sie

___

sind"; Zöpfl a. a. O. I S. 1: „Die Tatsache, daß ansässige Familien in völkerschaftlicher Einigung auf einem bestimmten Landesbezirke bestehen, wird Staat genannt"; Seydel Grundzüge der allgemeinen Staatslehre S. 2: „Für unsere Wissenschaft ist der Staat einfach eine Tatsache"; Bornhak Preußisches Staatsrecht 1888 I S. 65 ff. (in der 2. Aufl. I 1911 S. 64 f. etwas einlenkend); Rehm Staatslehre S. 11. Eine andere Wendung desselben Gedankens bei Rotteck a. a. O. II S. 45: „Der Staat als Erscheinung ist uns gegeben." Duguit L'État I p. 15: „L'État, c'est la force matérielle, qu'elle que soit son origine; elle est et reste un simple fait." Ähnlich Duguit Traité I 1911 p. 23, 49. Stevenson, American Law Review 38. Bd. 1904 p. 551: „An independent sovereign State — is a political and physical fact, not a theory."

[1] Z. B. Schleiermacher a. a. O. S. 2 Note: „Wir wollen den Staat rein als Naturerzeugnis betrachten ($\varphi\acute{v}\sigma\iota\varsigma$)"; C. Frantz Naturlehre des Staates S. 10 ff.; über ihn und den ihm verwandten Planta vgl. van Krieken Über die sogenannte organische Staatstheorie 1875 S. 75 ff. Neuerdings Bruno Schmidt Der Staat S. 1, 2: „geradezu gegenständliche Faktizität, Eigenexistenz als objektiv gegebener Naturkörper muß für den Staat in Anspruch genommen werden". Dieser Körper wird durch eine natürlich-reale Kraft, den Assoziationstrieb, zusammengehalten. Solche Auffassung beruht auf der Identifizierung des Gegensatzes von physischer und psychischer Realität und gehört in das Gebiet einer realistischen Metaphysik.

[2] Etwa Menzel, Hdbch. d. Politik I S. 43: „Darnach erscheint der Staat als die Gesamtheit der Einrichtungen, welche dazu dienen, die Kollektivkraft eines Volkes zu bilden und über sie zu verfügen." Ähnlich Berolzheimer Philosophie des Staates 1906 S. 23 f.

pflegen es sich an ihren Schlagworten genügen zu lassen und
vermengen, selbst wenn man sich auf ihren Standpunkt stellt, die
Ursache des Staates mit diesem selbst. Zudem wird in solcher
Betrachtung ein Staatsrecht für das folgerichtige Denken unmöglich, da das Faktum von ihnen dem Recht gleichgesetzt wird[1]).

2. Der Staat als Zustand.

Schon die Etymologie des Wortes „Staat“ weist auf diese
Lehre hin, die sich zuerst im Naturrecht in verschiedener Form
zeigt. Der Staat wird vom Naturrecht als status civilis im Gegensatz zum status naturalis betrachtet, oder vielmehr zunächst die
Qualität der einzelnen, die sich im Staate befinden. Dadurch
wird der Staat selbst zu einem Zustand, und zwar, näher bezeichnet, zu einem Zustand der Beherrschung[2]). Als eine Varia-

---

[1]) In Frankreich huldigt solcher Auffassung D u g u i t L'État I p. 9
(vgl. auch Traité I p. 49). Den Staat erklärt er für „un groupement
humain, fixé sur un territoire determiné, où les plus forts imposent
leur volonté aux plus faibles“ — wonach bereits eine feindliche Invasion
im Kriege das Bild eines Staates böte. (Daß diese Lehre in die Herrschertheorie einmündet, vgl. weiter unten.) An D u g u i t, dessen Grundideen
sonst in Frankreich abgelehnt werden (vgl. D u g u i t Traité I p. 108 ff.),
hat sich J è z e, Les principes généraux du droit administratif, Paris-
Nancy 1904, p. 15 ff., angeschlossen. Über beide Schriftsteller Otto
M a y e r in der Festgabe für Laband I 1908 S. 5 f. Gegen Duguit
D. G u s t i in Schmollers Jahrbuch XXXIII 1909 S. 1770. — H a u r i o u,
Précis de droit administratif et de droit public général, 5ème éd.,
Paris 1903, p. 2, ähnlich 7. éd. 1911 p. 106 und Principes de droit public
1910 p. 100, faßt den Staat dualistisch als „organisme public“ und als
„milieu de vie“ auf. Ebenso scheiden P o l i e r et de M a r a n s (Schüler
Haurious), Esquisse d'une théorie des États composés, Toulouse 1902,
p. 34, den État-Personne oder État-Puissance vom État-Milieu. Worin
aber dieses milieu, in dem das soziale Wesen des Staates zu suchen ist,
näher besteht, erfährt man nicht. — Eine ausführliche kritische Würdigung
der Lehren Duguits und Haurious bringt nunmehr L. M i c h o u d in der
Festschrift für Otto Gierke 1911 S. 493 ff. Vgl. auch K. S t r u p p im
Arch. d. öff. Rechts XXX 1913 S. 488 ff.

[2]) Z. B. K a n t Metaphysische Anfangsgründe der Rechtslehre § 43:
„Dieser Zustand der einzelnen im Volke im Verhältnis untereinander
heißt der b ü r g e r l i c h e (status civilis) und das Ganze desselben, in
Beziehung auf seine eigenen Glieder, der Staat (civitas).“ Auch H a l l e r
mit seiner der naturrechtlichen entgegengesetzten Lehre gehört hierher,
wenn er, Restauration der Staatswissenschaften 2. Aufl. I S. 463, den
Staat als „die höchste Gradation natürlicher Dienst- und Sozietäts-
verhältnisse“ bezeichnet. Ferner Z ö p f l Grundsätze I S. 17: Staat = Zu-

tion dieser Lehre erscheint diejenige, welche den Staat als das Verhältnis der Beherrschung auffaßt[1]).

Die Zustandstheorie hat zwei Abarten, sie kehrt nämlich unter den juristischen Theorien wieder. Hier ist sie nur als Lehre vom objektiven Sein des Staates zu prüfen. Der Zustand oder das Verhältnis der Beherrschung soll das wahrhaft Seiende darstellen, das den Vorstellungen vom Staate zugrunde liegt[2]).

Diese Lehre verkennt, daß jener Zustand in Wahrheit stets eine unbegrenzte Vielheit von Willensverhältnissen ist, die niemals etwas bloß Objektives sind, daß er kein Konkretum, sondern eine Abstraktion aus zahllosen individualisierten Willensverhältnissen ist. Weder die Einheit des Staates noch seine Kontinuität können von diesem angeblich realistischen Standpunkt aus begriffen werden. Vielmehr löst diese Lehre, konsequent zu Ende gedacht, den Staat auf in eine unübersehbare Vielheit nebeneinander bestehender und einander folgender Herrschaftsverhältnisse: so viele beherrschte Menschen, so viele Zustände der Beherrschung; ja das Verhältnis eines herrschenden zu einem beherrschten Individuum besteht, näher besehen, in einer Reihe einzelner Beherrschungsakte. Alle Einheit dieser Verhältnisse ist nicht real außer uns, sondern entsteht in uns durch sinnende Betrachtung, durch Synthese, die sich im Innern der Subjekte vollzieht, wie denn auch das einzelne Herrschaftsverhältnis nie etwas rein Objektives ist, da es sich stets im Innern der Subjekte mit abspielt. Die Frage nach dem einigenden Band, das die Vielheit der Willensverhältnisse miteinander verknüpft, wird von den Vertretern dieser Theorie nicht einmal aufgeworfen.

Die alte naturrechtliche Zustandstheorie tritt niemals für sich auf, sondern ist stets mit einer anderen verbunden.

---

stand der Beherrschung; H. Bischof Allg. Staatsl. S. 31: Staat = der einer Gesamtheit von sozialen, auf einem bestimmten Gebiete ansässigen Elementen eigentümliche Zustand der Unterwerfung aller Willen unter einen Willen.

[1]) H. A. Zachariae Deutsch. Staats- u. Bundesrecht I S. 43: Staat objektiv = Zustand (status im engeren Sinne), ein Rechtsverhältnis zwischen dem Ganzen und seinen Gliedern; E. Lingg Empir. Untersuchungen S. 6: Staat = Verhältnis der Beherrschung eines Volkes innerhalb eines gewissen Gebietes.

[2]) Dies darzutun, ist das Bestreben Linggs in dem zitierten Buche.

3. Der Staat als identisch mit einem seiner Elemente.

Um juristischen Fiktionen zu entgehen und das vor aller Jurisprudenz existierende natürliche Dasein des Staates zu erkennen, liegt es nahe, das objektive Wesen des Staates in einem seiner ihn konstituierenden, scheinbar real daseienden Elemente zu suchen. Diese Elemente sind Land, Volk und Herrscher. Ansätze zu einer Lehre, die Land und Staat identifiziert, sind in der patrimonialen Staatstheorie vorhanden; eingehende Durchbildung jedoch hat sie nicht erfahren. Wohl aber sind die beiden anderen konstituierenden Elemente des Staates häufig als das Essentiale des Staates selbst hingestellt worden.

a) **Der Staat als Volk.** Daß der Staat identisch mit den ihn bildenden Menschen sei, erscheint auf den ersten Blick geradezu als selbstverständlich, daher die Gleichsetzung von Volk und Staat zu den ältesten Theorien vom Staate zählt. Sie liegt den populären Anschauungen der antiken Völker zugrunde, sie spielt in der mittelalterlichen Staatslehre eine große Rolle, indem das Volk häufig als Quelle aller staatlichen Organisation angesehen wird. Auf ihr beruhen sodann die neueren Lehren von der Volkssouveränität. Sie wirkt noch in neuester Zeit fort in der Lehre vom pouvoir constituant, der zufolge die Verteilung der staatlichen Machtbefugnisse immer nur vom Volke ausgehen kann, in dem bereits alle Funktionen der Staatsgewalt virtuell enthalten sind[1]).

Der Fehler dieser Theorie ist unschwer zu entdecken. Sie verwechselt die nebeneinander stehenden Individuen mit dem als Einheit zu denkenden Volke. Zum Volke wird eine Vielheit nur durch eine sie einigende Organisation[2]). Eine Organisation ist

---

[1]) Das ist am anschaulichsten ausgedrückt in den Präambeln der Verfassungen der Einzelstaaten der amerikanischen Union, die stets mit der Erklärung beginnen: We the people of .... do ordain and establish this Constitution; ebenso beginnt die Unionsverfassung mit den Worten: We the people of the United States .... do ordain and establish this Constitution for the United States of America. — Sehr deutlich spricht sich auch Le Fur aus, Zeitschrift für Völkerrecht und Bundesstaatsrecht I 1906 S. 222 ff.: „L'État, c'est simplement une expression commode pour ne pas parler chaque fois, pour la France par exemple, des quatre millions des Français actuellement vivants, ..."

[2]) Die naturrechtliche Staatslehre hatte unter dem lange wirkenden und tiefgreifenden Einfluß von Pufendorf das bloß durch das pactum

aber nur möglich kraft anerkannter Sätze über die rechtliche Willensbildung einer Vielheit, wodurch diese eben zur Einheit zusammengefaßt wird. Das Volk, scheinbar eine selbstverständliche Realität, wird also bei näherer Betrachtung zu einem juristischen Begriff, dessen Objekt mit nichten mit allen einzelnen zusammenfällt. Es ist unabhängig von den gerade gegenwärtig Lebenden, denn es bleibt im Wechsel der Individuen bestehen. Sein Wille ist unsterblich, daher die Beschlüsse einer vergangenen Generation Gegenwart und Zukunft binden, bis ein entgegengesetzter Willensakt ihnen die verbindliche Kraft nimmt. Der Volkswille selbst ist nicht physischer Wille einer Einheit, sondern ein auf Grund von Rechtssätzen aus physischen Willensakten gebildeter juristischer Wille; denn aus dem Willen vieler wird psychologisch niemals ein einheitlicher Wille, am allerwenigsten aber, wenn einer Majorität eine dissentierende Minorität gegenübersteht. Willensakte verschiedener Menschen können nicht in der Weise addiert und subtrahiert werden, daß solchen Rechenoperationen auch ein realer Vorgang entspräche. Vielmehr muß ein bereits feststehender Rechtssatz anordnen, daß relative, absolute, Zweidrittel-, Dreiviertel- usw. Majorität als Gesamtheitswille zu gelten habe. Denn derartiges versteht sich niemals von selbst, wie denn auch geschichtlich das Majoritätsprinzip sich nur langsam entwickelt und in vielen Fällen überhaupt nicht gegolten hat. Die auf den ersten Blick so realistisch aussehende Lehre vom Staat = Volk erweist sich daher bei näherer Untersuchung als eine unklar gedachte juristische Lehre.

b) Der Staat als Herrscher oder Obrigkeit. Auch diese Lehre wurzelt in einer populären Vorstellung, die den Staat mit der Regierung identifiziert. Die sinnlich wahrnehmbaren obrigkeitlichen Personen sind zu allen Zeiten von vielen als die Verkörperung und darum als die wahre Realität des Staates betrachtet worden. In der christlichen Welt hat diese Anschauung durch die Ausdrucksweise des Neuen Testamentes, das vom Staate nur die Obrigkeit betont, eine bedeutsame Stütze erhalten[1]). In

unionis geeinte unorganisierte Volk, also noch ehe es einen Beschluß über die Verfassung gefaßt, bereits als herrschendes Subjekt angesehen. Das zeigt sich selbst noch bei Rousseau (Contr. soc. I, 5), der vor Einsetzung aller Regierung das Volk im Gesellschaftsvertrag das Majoritätsprinzip beschließen läßt.

[1]) Röm. 13, 1—7, Tit. 3, 1, Petr. I, 2, 13—17. Staatsordnung = Ordnung des Kaisers, Act. Ap. XVII, 7. Wenn Jesus gleichnisweise von einem

die Wissenschaft dringt sie ein durch die absolutistische Theorie,
der Volk und Land nur als Objekte der fürstlichen Tätigkeit
erscheinen, während die ganze Wirksamkeit des Staates in ihr
allein enthalten ist. Am schärfsten hat diese Wendung sich vollzogen in Hobbes, der durch den staatsgründenden Vertrag das
durch diesen geeinte Volk dem Fürsten oder dem herrschenden
Kollegium unterwirft, wodurch der Gemeinwille auf den Herrscher
übertragen wird. Trotzdem Hobbes den Staat für eine Kollektiv-
person erklärt, so ist dieses Kollektivum doch nur der äußere
Gegenstand, an dem sich die Herrschergewalt betätigen kann.
Alle staatliche Macht und alles öffentliche Recht aber sind ausschließlich in die Obrigkeit verlegt[1]). Die französische Theorie
des Absolutismus, wie sie von Bossuet formuliert wird, spricht
es unumwunden aus, daß der ganze Staat im Fürsten enthalten
sei, hebt damit die Volksgesamtheit im Fürsten auf und macht
diesen dadurch zu einem überirdischen Wesen[2]). Im 19. Jahrhundert hat zuerst K. L. v. Haller diese Lehre in neuem Gewande vorgetragen, indem er den Fürsten sogar als dem Staate
zeitlich vorangehend und das Volk für eine Schöpfung des
Fürsten erklärt[3]). In neuester Zeit aber ist die alte Herrschertheorie hervorgeholt worden, um die realistische Ansicht vom
Staate endgültig zu begründen. Ihr bekanntester Vertreter ist
Max v. Seydel[4]), dem sich namentlich Bornhak[5]) angeschlossen hat. Seydel glaubt allen Fiktionen und falschen
Bildern in der Staatslehre ein Ende gemacht zu haben, wenn
er das Reale im Staate in Land und Leuten als dem Objekte
der Herrschertätigkeit erblickt, die ganze aktive Seite des
Staates aber ausschließlich in den über Recht und Gesetz er-

---

irdischen Reiche spricht, so bezeichnet er es als βασιλεία, also persönliche Herrschaft eines Fürsten, Matth. XII, 25, Mark. III, 24, 25, Luk. XI. 17,
wie denn auch das Reich Gottes als Königreich gedacht ist.

[1]) Elementa philosophica de cive VI, Leviathan XVIII.

[2]) Bossuet Politique tirée des propres paroles de l'Écriture-
Sainte III 2, 1: Les Princes agissent donc comme ministres de Dieu, et
ses lieutenants sur la terre . . . . . C'est pour cela que nous avons vu que
le trône Royal n'est pas le trône d'un homme, mais le trône de Dieu
même; VI 1, 1: nous avons vu que tout l'Etat est en la personne du
Prince.

[3]) Restauration der Staatswissenschaften I 2. Aufl. 1820 S. 511.

[4]) Namentlich Grundzüge einer allgemeinen Staatslehre S. 1 ff.

[5]) Preußisches Staatsrecht I 1888 S. 63 f., nicht mehr so deutlich in
der 2. Aufl. I 1911 S. 64 ff.; Allg. Staatslehre, 1. u. 2. Aufl. S. 13.

habenen Herrscher verlegt, der sich zum Staate verhält wie das Subjekt zum Objekt. Den in dieser Lehre enthaltenen Dualismus von Staat und Herrschaft hat B o r n h a k glücklich überwunden, indem er schlankweg den Herrscher für den Staat erklärt[1]). Fragt man, wodurch der Herrscher und die Herrschaft entstehen, so wird man auf die Tatsache der bestehenden Herrschaftsverhältnisse verwiesen[2]).

Es bedarf keiner tiefgreifenden Erwägungen, um den Grundfehler dieser Theorie einzusehen. Ihr scheinbar so empirisch-realistisch aussehender Herrscher ist nämlich nichts als eine juristische Abstraktion. Denn nur, indem sie die von dem Wechsel der sie versehenden Individuen unberührte Institution des Herrschers als solchen meint, kann sie der von ihr nicht beabsichtigten Konsequenz entgehen, daß mit dem Tode des jeweiligen Herrschers auch der Staat zu existieren aufhört; wird der Herrscher als physische Person aufgefaßt, so ist damit jede Kontinuität des Staatslebens zerstört. Für die Anhänger der Herrschertheorie in der naturrechtlichen Form war es ein leichtes, die Mängel der Lehre mit ihren aprioristischen Konstruktionen zu verdecken, — ruhte doch ihr ganzes Gebäude auf solcher Konstruktion. Die neuesten Realisten jedoch geraten mit ihrer Methode in unlösbaren Widerspruch. Sie verwerfen die juristischen Fiktionen und fingieren doch selbst einen von seinem physischen Substrat losgelösten Menschen, der überdies durch eine staatsrechtliche generatio aequivoca, das Thronfolgegesetz, das der Herrscher gibt, und kraft dessen er Herrscher wird, erzeugt wird.

Wer eine Reihe koexistierender Menschen als Einheit erfaßt, der irrt nach der Herrschertheorie, wer aber eine Vielheit nach-

---

[1]) Preußisches Staatsrecht I S. 65, 2. Aufl. S. 67.

[2]) In neuer Form, nur viel unklarer als bei den Genannten tritt die Herrschertheorie auf bei D u g u i t L'État I p. 19: „L'État pour nous, c'est l'homme, le groupe d'hommes, qui en fait, dans une société, sont matériellement plus forts que les autres." Traité I 1911 p. 49: „Dès lors, il ne faudrait parler ni des pouvoirs, ni des obligations de l'État, mais des pouvoirs, des obligations des gouvernants et de leurs agents." Dem Rechte entsprechend soll dieser Wille des Starken nur dann sein, wenn er der sozialen Solidarität Ausdruck gibt, wobei jedes sichere objektive Kriterium vermißt wird, an dem man im einzelnen Falle erkennen kann, ob ein Rechtssatz vorliegt oder nicht. — Unter den Zivilisten kommt der Herrschertheorie nahe H ö l d e r , Natürliche und juristische Personen 1905 S. 192 ff. und Jherings Jahrbücher 53. Bd. 1908 S. 54 ff.

einander lebender Individuen als ein Individuum betrachtet, steht
auf dem Boden der Realität! Überdies will die Herrschertheorie
auch das Volk als Einheit behandeln — nur weiß sie nicht zu
sagen, woher diese stammt. Wie schon bei Besprechung der Zustandstheorie erwähnt wurde: wenn hunderttausend von einem
beherrscht werden, so bleiben die hunderttausend dennoch ebenso
viele voneinander ·geschiedene Individuen, deren Einheit vom
realistischen Standpunkt stets „fingiert" ist. Im Grunde ist der
Realismus und Empirismus dieser Lehre nichts anderes als das
populäre, von den modernen logischen, psychologischen und
erkenntnistheoretischen Forschungen unberührte Denken, welchem
das sinnlich Wahrnehmbare als das einzig wahrhaft Existierende
erscheint, und das diesen Standpunkt, wie nicht anders möglich,
konsequent festzuhalten nicht in der Lage ist[1]).

4. Der Staat als natürlicher Organismus.

Unter den zahlreichen Nuancen der organischen Staatslehre
ist an dieser Stelle diejenige zu erwähnen, die den Staat als ein
organisches Gebilde in physischem Sinne betrachtet, das unabhängig von den Individuen sein eigenes von Naturgesetzen be-
herrschtes Dasein führt[2]). Hierher zu zählen sind auch die
Lehren, welche zwar die geistig-sittliche Natur des Staates betonen, ihm jedoch auch eine äußere Gestalt geben, die einem
Naturorganismus gleicht. Namentlich die anthropomorphisieren-
den Theorien, die nach Platos Vorgang den Staat als Menschen
im großen betrachten, gehören hierher[3]). Die Exzesse, die der
organischen Staatslehre vorgeworfen werden, entspringen sämtlich dieser grob sinnlichen Auffassung des Organismus. Sie ist
nicht gesondert, sondern im Zusammenhang mit der gesamten
organischen Staatslehre kritisch zu untersuchen.

B. Theorien vom überwiegenden subjektiven Sein des Staates.

1. Der Staat als geistig-sittlicher Organismus.

Daß der Staat ein Organismus sei, hat die Staatswissenschaft
aller Zeiten behauptet. Im Altertum hat Plato den Staat als

---

[1]) Vgl. auch G. Jellinek System der subj. öff. Rechte S. 27 f.
[2]) Vgl. oben S. 141 Note 1.
[3]) Z. B. Bluntschli Psychologische Studien über Staat und Kirche
1844. Zahlreiche andere Autoren bei van Krieken Organ. Staatstheorie S. 81 ff.

großen Menschen auch nach der Richtung aufgefaßt, daß er in ihm dieselben psychischen Elemente wiederfindet, die er am Individuum erkennt. Der mittelalterlichen Lehre ist die Analogie des Staates mit dem menschlichen Organismus seit J o h a n n von S a l i s b u r y [1]) um so mehr verständlich, als das Gegenstück des Staates, die Kirche, als die Einheit aller Gläubigen im Leibe Christi erscheint, wie denn überhaupt der paulinische Satz, daß wir alle eines Leibes Glieder sind [2]), für die organische Auffassung der Gemeinschaftsverhältnisse von großer Bedeutung geworden ist [3]). Im scharfen Gegensatz zu diesen Anschauungen stand aber die naturrechtliche Staatslehre, die in ihren verschiedensten Nuancen von der Priorität des abstrakten Individuums ausgeht, dieses als staatliches Atom betrachtet und den Staat daher als eine große, künstliche, von den Individuen frei zusammengesetzte Gesellschaft ansieht. Wenn daher in diesen Lehren auch gelegentlich, wie bei H o b b e s , organische Bilder vorkommen, so ist ihnen doch in Wahrheit der Staat ein komplizierter Mechanismus menschlicher Erfindung. Mit dem Rückschlag gegen das Naturrecht tritt die organische Theorie von neuem in neuer Form hervor. Entgegen der Lehre vom ursprünglichen Naturzustande wird der aristotelische Satz von der Priorität des Staates wiederum derart belebt, daß der Staat als uranfängliche und daher vom reflektierenden Bewußtsein der Individuen unabhängige Institution erklärt wird. Auch Wachstum, Blühen und Vergehen der Staaten werden als Wirkungen selbständiger, von menschlicher Willkür unabhängiger Kräfte betrachtet. Wesentlich gefördert wird diese Anschauung sodann von der historischen Rechtsschule, deren Gründer den Prozeß der Rechtsbildung auf den instinktiv wirkenden Volksgeist zurückführten.

Die neuere organische Theorie tritt in verschiedenen Formen auf. Einmal kehrt, wie bereits erwähnt, die alte Lehre wieder, der zufolge der Staat ein natürlicher, namentlich dem Menschen analoger Organismus sei, und gibt zu den willkürlichsten und phantastischsten Behauptungen Anlaß. Sodann wird aber von

---

[1]) Vgl. G i e r k e Genossenschaftsr. III S. 549 ff.

[2]) Röm. 12, 4—6; Korinth. I, 12, 12—31.

[3]) Über den Einfluß der Vorstellung vom corpus mysticum Christi auf die mittelalterliche Staats- und Gesellschaftslehre vgl. G i e r k e Genossenschaftsrecht III S. 517 f., 546 ff.

Einsichtigeren für die Staaten eine besondere Gattung von Organismen postuliert: geistige, sittliche Kollektivorganismen, Organismen höherer Ordnung. Die zweite Art von Lehren hat bis
in die Gegenwart Anhänger von hohem Ansehen gefunden. Auch
Männer von reichem, naturwissenschaftlichem Wissen haben sich
ihnen angeschlossen, so in Deutschland W. Wundt[1]). Rechtsphilosophen, Staatsrechtslehrer und Nationalökonomen zählen
auch heute noch zu ihren Vertretern[2]).

Um diese Theorie eingehend würdigen zu können, ist zu
beachten, daß der Staat nicht die einzige soziale Erscheinung ist,
die für einen Organismus erklärt wird. Das Recht, die Wirtschaft, die einzelnen Völker, ja die ganze Gesellschaft und sogar
die Menschheit sollen Organismen darstellen. Neben die organische
Staatstheorie tritt die organische Rechts-, die organische Wirt-
schafts-, die organische Gesellschaftslehre[3]).

Gemeinsam ist allen diesen organischen Auffassungen die
Negation der entgegenstehenden Lehre, wonach die sozialen Gebilde Aggregate darstellen, die ausschließlich aus dem Wesen
der sie bildenden letzten Elemente, den Individuen, zu erklären
sind. Gemeinsam ist ihnen daher die Erfassung der menschlichen
Gemeinschaft als einer ursprünglichen Einheit, zu der die einzelnen sich derart als Glieder verhalten, daß sie nur aus dem

---

[1]). System der Philosophie, 3. Aufl. II 1907 S. 192 ff.

[2]) Über die ältere Literatur vgl. van Krieken a. a. O. S. 101 ff.,
über die Literatur des 19. Jahrhunderts eingehend F. W. Coker Orga-
nismic theories of the state 1910. Von Neueren gehören hierher namentlich Lasson a. a. O. S. 289 ff.; Gierke, Zeitschrift für die gesamte
Staatswissenschaft XXX S. 170 ff., in den Werken über Genossenschaftsrecht sowie Deutsches Privatrecht I S. 137 ff., ferner in der Rektoratsrede: Das Wesen der menschlichen Verbände 1902; Preuß Gemeinde,
Staat, Reich als Gebietskörperschaften 1889, Über Organpersönlichkeit,
Schmollers Jahrbuch XXVII S. 557 ff., Stellvertretung oder Organschaft,
Jherings dogmatische Jahrbücher 1902 S. 429 ff., Das städtische Amtsrecht
in Preußen 1902; Schäffle Bau und Leben II S. 434, der aber den
organologischen Erscheinungen nur den Wert von Analogien zuerkennt;
E. Kaufmann Über den Begriff des Organismus in der Staatslehre des
19. Jahrhunderts 1908; Errera Notions modernes de l'État 1908 p. 13 ff.;
Trespioli Il concetto di stato (Il Filangieri XXX 1905 p. 599);
Menzel im Hdbch. d. Politik I S. 38 ff. (mit unwesentlichen Einschränkungen).

[3]) Über die organische Gesellschaftslehre vgl. Barth Philosophie
der Geschichte I S. 90—166; Kistiakowski S. 19 ff.

Wesen des Ganzen heraus völlig begriffen werden können. Die
organische Theorie stellt sich so als Gegenstück der individualistischen Lehre von der menschlichen Gemeinschaft dar. In
allen ihren Formen aber leidet sie an einem schwerwiegenden
Fehler. Sie operiert nämlich mit einem Begriff, den sie nicht
definieren kann. Eine wissenschaftlich befriedigende Erklärung
des Wesens des Organismus existiert nicht. Alle Definitionen, die
den Organismus als objektive, d. h. von unserer Betrachtungsweise unabhängige Erscheinung voraussetzen, kommen nicht über
Umschreibungen, Tautologien oder im besten Falle über un-
zutreffende Allgemeinheiten hinaus. Namentlich ist es kaum möglich, ein sicheres Unterscheidungsmerkmal zwischen Organismus
und Mechanismus aufzustellen. Das letztere beweist auch die
neueste Definition, die Wundt gegeben hat[1]). Eine einigermaßen
befriedigende Erklärung des Organismus ist nur unter Zuhilfe-
nahme des Zweckbegriffes möglich; das Wesen des Organismus
ist durchaus teleologischer Natur[2]). Alle organischen Funktionen
haben einen Zweck auf das Ganze, und das Ganze hat hinwieder
fortwährende Zweckbeziehung auf seine Teile. Einen objektiven
Zweck zu begreifen, übersteigt aber unser Erkenntnisvermögen.

---

[1]) Unter Gesamtorganismus versteht Wundt, System II S. 192 f.,
„jede zusammengesetzte Einheit, welche aus Teilen besteht, die selbst
einfachere Einheiten von ähnlichen Eigenschaften, zugleich dienende
Glieder oder Organe des Ganzen sind", muß aber selbst zugeben, daß
diese Definition auch auf leblose Körper angewendet werden und „auch
eine Maschine, ein Kunstwerk, ein Werk der Wissenschaft ein Organismus genannt werden" kann. Über die außerordentliche Schwierigkeit,
Organismus und Mechanismus zu scheiden; vgl. Brücke Vorlesungen
über Physiologie I 1874 S. 1 f., der den Unterschied des ersteren von
letzterem ausschließlich in die Fähigkeit setzt, sich fremde Stoffe zu
assimilieren, ferner Bütschli Mechanismus und Vitalismus 1901 S. 72 ff.;
Mach Die Analyse der Empfindungen, 6. Aufl. 1911 S. 81 f. Wie ober-
flächlich im Vergleich mit solchen fachmännischen Ausführungen sind
z. B. die von Preuß, Gemeinde S. 140, der nunmehr (Über Organpersönlichkeit a. a. O. S. 121 [575]) sich mit dem Unvermögen der Wissenschaft zur
befriedigenden Erklärung des Organismus tröstet, ein Bekenntnis, das
dem nicht Organismusgläubigen trostlos erscheinen muß.

[2]) „Ein organisiertes Produkt der Natur ist das, in welchem alles
Zweck und wechselseitig auch Mittel ist." Kant Kritik der Urteilskraft
§ 75. Über den Zusammenhang des Begriffs des Organismus mit der
Zweckvorstellung vgl. die vorzüglichen und tiefdringenden Ausführungen
von Sigwart a. a. O. II § 78 Ziff. 4 ff., namentlich Ziff. 10, ferner
Wundt System I S. 312 ff., II S. 104 ff.

Für die empirische Naturerkenntnis können die organischen Vorgänge nur höchst verwickelte mechanische sein. Das Ziel der
Naturwissenschaft, dem sie nach der Ansicht der großen Mehrzahl
der Naturforscher zuzustreben hat, ist die Reduktion der anscheinend organisch-teleologischen Vorgänge auf mechanisch-
atomistische [1]. Jene neuere Richtung in der Biologie hingegen,
welche dieses Ziel für unerreichbar erklärt und die Erscheinung
des Lebens für unableitbar und von einem besonderen, mecha-
nistischer Forschungsweise unzugänglichen Prinzip beherrscht
ansieht, kann uns über die organisierende Kraft keinen Aufschluß
geben: sie steht vor einem Rätsel, das sie mit den Methoden
exakter Naturerklärung nicht zu lösen vermag.

So ist denn der Begriff des Organismus das Resultat einer
bestimmten Anschauungsweise. Eine bestimmte Gattung äußerer,
räumlich und zeitlich kontinuierlicher Erscheinungen und Vorgänge
wird in unserem Bewußtsein durch teleologische Betrachtung
zu einer Einheit zusammengefaßt, ohne daß wir mit zureichenden
Gründen behaupten können, dieser Synthese in unserem Innern
entspräche eine analoge objektive Einheit außer uns [2]. Wir befinden uns bereits auf dem Boden der Metaphysik, wenn wir
solche objektive Einheit ins Seiende verlegen. Daß der Organismus als solcher außerhalb unseres urteilenden Bewußtseins
existiere, hat denselben Wahrheitswert wie etwa die Anschauung,
daß es unabhängig von unserer Empfindung eine objektive Welt
der Farben und Töne gebe.

Dieser Einwand kehrt aber verdoppelt bei der Lehre von
den sozialen Organismen wieder. Daß wir fortwährend die Viel-
heiten, welche die sozialen Vorgänge in verwirrender Fülle dar-

---

[1]) Vgl. unter den Physiologen der Gegenwart z. B. L. Hermann
Lehrbuch der Physiologie, 14. Aufl. 1910 S. 6; Landois-Rosemann
Lehrbuch der Physiologie des Menschen, 13. Aufl. I 1913 S. 5f., 8;
J. Steiner Grundriß d. Physiologie d. Menschen, 9. Aufl. 1906 S. 1f.

[2]) Die Biologie in ihren Anfängen operiert mit dem Begriff der
Lebenskraft als des objektiven organisierenden Momentes. Die neuere
Biologie hat dieses organisierende Prinzip längst in das Gebiet der Phantasie verwiesen. Vgl. Hermann a. a. O. S. 5f. Selbst den neovita-
listischen Versuchen der Gegenwart liegt es fern, den ganzen Organismus
von neuem auf der Lebenskraft aufzubauen. Br. Schmidt hingegen,
Der Staat S. 2, vgl. auch S. 111, 116, läßt noch die tierischen und pflanz-
lichen Organismen und schließlich auch den Staat auf dieser von der
Wissenschaft verworfenen angeblichen Kraft beruhen.

bieten, als Einheiten mannigfaltigster Art auffassen, hat seinen
guten Grund. Ohne die Fähigkeit, subjektive Synthesen zu
bilden, gäbe es für uns keine Welt des Fühlens, des Erkennens,
des Handelns. Allein diesen Synthesen objektive Wahrheit beizu-
legen, bedeutet einen Sprung vom Empirischen ins Metaphysische.
Wenn wir auf Grund der organischen Hypothese den Staat als
eine innere Einheit auffassen, so ist es unter allen Umständen
eine metaphysische Behauptung, wenn wir die objektive, von
unserer Erkenntnis unabhängige Existenz dieser Einheit behaupten. Denn mag man es anstellen, wie man will, die organische
Lehre muß in dem Organismus stets ein Wesen, d. h. eine
Substanz, einen Träger der von ihm ausgehenden Funktionen
sehen. Die Annahme einer realen Substanz aber, die als Staat
oder Gesellschaft zu bezeichnen ist, gehört in das Reich metaphysischen Glaubens, ob diese Substanz nun grobsinnlich oder
als ideale Existenz gedacht wird[1]). Der sittliche oder geistige
Organismus, die organische Persönlichkeit werden, sobald man
sie nicht nur als Hilfsmittel zur Synthese der Erscheinungen verwendet, zu mystischen Wesenheiten, wie es z. B. auch der Volksgeist und die Volksseele sind, die als wahre Spukgestalten
erscheinen, wenn man vergißt, daß ihr Wert nur darin liegen
kann, daß sie Abkürzungen höchst verwickelter und in ihren
Details gar nicht zu entziffernder psychologischer Massenprozesse
sind. Die organische Theorie ist daher, erkenntnis-theoretisch
betrachtet, keine Lehre vom bloßen objektiven Dasein des Staates,
sondern vom Staate, wie er sich auf Grund unserer subjektiven,

---

[1]) Mein Gegensatz zur organischen Lehre ist der der Erkenntnis-
kritik zur Dogmatik. Die, wenn auch unausgesprochen, gegen mich ge-
richteten neuesten Ausführungen von G i e r k e, Das Wesen der mensch-
lichen Verbände 1902, beweisen nicht etwa die Möglichkeit der objektiven
Existenz eines sozialen Organismus, sondern lehren wiederum nur ein
Glaubensbekenntnis und gehen daher der ganzen erkenntnistheoretischen
Frage aus dem Wege. Auch P r e u ß, Über Organpersönlichkeit a. a. O.
S. 575, erklärt das Leben als ein großes X, meint aber, man müsse die
Tatsache des begrifflichen Wesensunterschiedes zwischen lebendigem
Organismus und totem Mechanismus als gegeben hinnehmen, und zeigt
sich damit ebenfalls als unkritischer Metaphysiker, der durch ein Dogma
die Forschung da enden läßt, wo das wahre wissenschaftliche Problem
erst beginnt. Vgl. auch die vorzüglichen Ausführungen von Max W e b e r,
Schmollers Jahrbuch XXVII S. 35, der sehr treffend darauf hinweist, daß
Gierke Gefühlsinhalte hypostasiert.

teleologischen Betrachtungsweise darbietet, deren transzendente
Bedeutung wir nicht zu erkennen vermögen.

Eine auf dem Boden des Gegebenen stehende wissenschaftliche Kritik hat demnach von der Hypothese der sozialen Gebilde als real existierender Organismen, die transzendenter Art
sind, völlig abzusehen. Nur die Zulässigkeit der organologischen
Hypothese als einer Form der Synthese der außer uns sich abspielenden sozialen Vorgänge ist von ihr zu prüfen.

Da ergibt sich zunächst, daß am wenigsten gerechtfertigt
die Übertragung der Organismusvorstellung auf die Gesellschaft
ist[1]). Denn der Gesellschaft fehlt vor allem die Geschlossenheit,
die Abgrenzung nach außen, welche der Organismus aufweist.
Ein sozialer Körper existiert nicht einmal in der Abstraktion, da
die Gesellschaft über die staatlichen Grenzen hinausreicht, ohne
daß man sagen könnte, wo sie ihr Ende findet. Der Gesellschaft fehlt ferner die innere Einheit, deren Aufweisung und
Erfassung einer der wesentlichsten Zwecke der organischen
Theorie ist; es mangelt ihr selbst in unserer Vorstellung jegliche
Substanzialität.

Anders steht es mit dem Staate und dem in seinem Verbande begriffenen Volke. Der Staat erscheint uns als innere,
von einem Willen gelenkte Einheit seines Volkes. Gewisse Verhältnisse und Merkmale der natürlichen Organismen überträgt
nun die organologische Hypothese auf Staat und Volk, ver-
meinend, dadurch diese sowohl verständlicher zu machen als auch
eine höhere Form der Synthese für natürliche und politische
Erscheinungen gefunden zu haben. Solcher Art ist die Einheit
in der Vielheit, die den Staat und sein Volk im Wechsel ihrer
Glieder als stets dieselben erscheinen läßt, sodann die lang-
same Umbildung beider im Laufe der Geschichte, ferner die
Wechselwirkung, in der die Glieder des Ganzen und seine einzelnen Funktionen zueinander derart stehen, daß das Ganze
um der einzelnen willen, diese hinwieder aber um des Ganzen
willen dazusein scheinen, sowie das durchgängige gegenseitige
Sichbestimmen der untereinander in Beziehung tretenden Verbandsmitglieder. Endlich die unreflektierte, sogenannte natur-
wüchsige Bildung und Ausbildung der staatlichen Institutionen,

---

[1]) Hierüber treffende Bemerkungen bei R ü m e l i n Reden und Aufsätze III S. 263 f.

die es zu verbieten scheinen, sie aus dem bewußten, überlegenden Willen der Individuen herzuleiten, sondern sie vielmehr als überragende Mächte erscheinen lassen, an denen menschliche Willkür nur geringfügige Änderungen, sollen diese Bestand haben, vorzunehmen vermag.

Allein diese Momente bieten nichts als Analogien dar, denen tiefgreifende Unterschiede gegenüberstehen. Neben die unreflektierte Bildung sozialer Institutionen tritt, täglich wahrnehmbar, die bewußte. Der Bau ganzer Staaten kann plötzlich die gewaltigste Umbildung erfahren. Staaten wachsen und vergehen nicht nach organischem Vorbilde, sie unterliegen nicht notwendig den Gesetzen der Entwicklung und Rückbildung[1]). Ferner fehlt ihnen, was, nur dem Organischen eigentümlich, zum Kernpunkt alles Lebens zählt, die Erneuerung im Wechsel der Generationen: sie können sich nicht fortpflanzen. Die Entstehung neuer Staaten als Fortpflanzungsprozesse irgendwelcher Art darzustellen, ist nur einem mit den vagsten Analogien arbeitenden Kopfe möglich. Das Deutsche Reich und Italien, die Staaten der Balkanhalbinsel und Kuba, um nur der jüngsten Zeit zu gedenken, haben dem Schwerte, einem sicherlich nicht organischen Zeugungsmittel, ihr Dasein zu verdanken. Höchstens in der Kolonisation — die aber mit Besiedlung der ganzen Erde in absehbarer Zeit ein Ende finden muß — könnte eine üppige Phantasie eine Art organischen Zeugungsprozesses erblicken. Anhänger der organischen Lehre pflegen die von ihnen verworfenen staatlichen Institutionen und Neuerungen als unorganisch zu bezeichnen, welcher Terminus allein schon die Negierung der ganzen organischen Lehre enthält. Denn im Leben eines Organismus kann es nichts Unorganisches geben. Krankeit, Verkrüpplung, Mangel an Leistungsfähigkeit usw. sind sämtlich organische Prozesse. Daß nur der typisch voll-

---

[1]) Man denke doch nur an die Staatsgeschichte des deutschen Volkes, um einzusehen, daß Wachstum, Blüte und Verfall des Staates mit organischen Naturerscheinungen nichts gemein haben. Wann hat der deutsche Staat geblüht? Unter den hohenstaufischen oder unter den hohenzollernschen Kaisern? Und bedeutete das Interregnum, der Dreißigjährige Krieg oder der Frieden von Lunéville den Niedergang? Ist der deutsche Staatsorganismus 1806 gestorben? Bejaht man die letzte Frage, dann müßte die organische Theorie zu einer allerdings jeder biologischen Analogie spottenden Auferstehungslehre gelangen! Vgl. auch die treffenden Bemerkungen von W. Haecker Die ererbten Anlagen usw. 1907 S. 66 ff.

endete Organismus Existenzberechtigung habe, daß es überhaupt ein Sollen für den Organismus gebe, ist eine willkürliche, unwissenschaftliche Behauptung.

Die organische Lehre pflegt aber eng mit der Aufstellung eines Normalorganismus verknüpft zu sein, wodurch sie zu einer politischen Theorie wird. Sie zeichnet einen Idealtypus des Staates zum Zweck der Beurteilung gegebener staatlicher Zustände[1]). In der Zeichnung dieses Typus wird häufig mit der größten Willkür verfahren. Da eine klare Definition des Organischen nicht gegeben werden kann, so stellt sich in den Einzelausführungen dieses Wort überall dort ein, wo Begriffe fehlen. Daher auch die bedenkliche Erscheinung in der organologischen Literatur: statt schrittweisen wissenschaftlichen Fortgang anzubahnen, schneidet die organische Lehre oft hochmütig die Diskussion durch einen Machtspruch ab; statt zu erklären, läßt sie sich an einem Bilde genügen. Daher hat keine Lehre so wilde Exzesse der subjektivsten Phantasie aufzuweisen wie diese. Zudem fehlt den Organologen jede klare Einsicht in das Wesen methodischer Forschung, die sie mit der Anwendung von Analogien und Bildern identifizieren. In neuester Zeit pflegen sie Anleihen bei der naturwissenschaftlichen Methode zu machen, indem sie den tiefen Unterschied zwischen natürlichem und sozialem Geschehen übersehen und von der bereits früher gerügten Verwechslung von „naturwissenschaftlich" mit „empirisch" oder „exakt" beherrscht sind[2]).

---

[1]) Das geschieht auch von naturwissenschaftlicher Seite. So kommt über die vagsten Analogien des Staates mit dem Normalorganismus nicht hinaus H e r t w i g, Die Lehre vom Organismus und ihre Beziehung zur Sozialwissenschaft 1899 S. 18 ff.

[2]) Wie die organische Lehre selbst, so lebt auch ihre Forschungsweise von einem falschen Monismus. Denn die mit dem Experiment, mit sinnlicher Beobachtung, Maß, Gewicht und Instrument arbeitende Naturforschung ist durch Objekt und Erkenntnismittel ein für allemal von den Sozialwissenschaften getrennt, und alles, was man der angeblichen naturwissenschaftlichen Methode in den Sozialwissenschaften verdankt, sind haltlose Hypothesen, die der eine Tag schafft und der andere zerstört. Nicht ein einziger feststehender Satz — ich wage diese Behauptung apodiktisch aufzustellen — ist der Sozialwissenschaft durch die „exakte" Forschungsweise gewonnen worden. Daß Beobachtung und Feststellung des Gegebenen der Ausgangspunkt aller sozialwissenschaftlichen Disziplinen ist, hat nicht erst die neueste naturwissenschaftliche Erkenntnis zum Bewußtsein gebracht, sondern dieses Axiom entstammt der Auf-

Da nun die organische Theorie, als wesentlich mit Analogien arbeitend, reale Erkenntnis nicht zu gewinnen vermag, so ist es besser, sie gänzlich abzuweisen, weil die Gefahr der falschen Analogie viel größer ist als der Vorteil der richtigen. Zudem übersieht sie die Notwendigkeit ununterbrochener reflektierter, zweckbewußter Tätigkeit für den Staat, ohne welche er nicht einen Augenblick zu existieren vermag, oder sie kann wenigstens diese Tätigkeit von ihren Prinzipien aus nicht erklären. Am energischsten abzulehnen aber ist die Lehre, die eine Mehrheit sozialer Organismen nebeneinander existierend behauptet, die alle dieselben Individuen als Glieder umfassen sollen, also Staat Kirche, Genossenschaften, weil das selbst der biologischen Analogie widerstreitet, die ein Glied immer nur als einem einzigen Ganzen zugehörig betrachten kann. Auch die einen derartigen Fehler vermeidende Theorie eines Gesamtorganismus, der verschiedene Teilorganismen in sich schließt, wäre auf die sozialen Verhältnisse unanwendbar, weil ein solcher höchster sozialer Organismus unauffindbar ist. So kann man die Kirche niemals bloß als Glied des Staates, noch weniger den Staat als Glied der Kirche auffassen. Setzt man aber die Menschheit als jenen höchsten Organismus, so wäre man damit glücklich bei einer Hypostasierung der Gattung angelangt, die selbst den scholastischen Realismus überbieten würde.

Auch die Geschichte der organischen Lehre beweist klar ihren geringen wissenschaftlichen Wert, da der Begriff des Organismus aus dem Mechanismus, d. h. der menschlichen zweckmäßigen Einrichtung, hervorgegangen ist, und da Organ ursprünlich nichts anderes bedeutet als Werkzeug. Der Begriff des Organismus ist seinem Ursprung nach ein anthropomorphischer, indem der Mensch selbst zunächst als ein mit zweckmäßigen Einrichtungen versehenes Individuum aufgefaßt wird[1]). Schrittweise gelangt

fassung der Gesamtheit des Seienden als eines empirisch Gegebenen, die aller menschlichen Wissenschaft zugrunde zu legen ist. Die Begründung der empirischen Methoden im Gegensatz zu den spekulativen ist nicht zum geringsten das Werk der modernen Philosophie gewesen: Bacon, Locke, Berkeley und Hume, Descartes, Spinoza und Kant haben die allgemeinen Prinzipien der Erfahrungswissenschaft in der für alle ihre Disziplinen bedeutungsvollen Weise entwickelt.

1) Vgl. darüber meine näheren Ausführungen, System der subj. öff. Rechte S. 35 ff. Eine Geschichte der Ausdrücke und Begriffe „mechanisch-organisch" nunmehr bei Eucken Geistige Strömungen der Gegenwart,

erst die neuere Wissenschaft dazu, jedes lebende Wesen für einen Organismus zu erklären und in der rätselhaften Erscheinung des Lebens das unterscheidende Merkmal des Organismus vom Mechanismus zu finden. Die Erkenntnis der immanenten Teleologie, die der Organismus darbietet, und die ein so wichtiges heuristisches Prinzip der Biologie ist, ist uns vermittelt worden durch eine unserem zweckbewußten Handeln entnommene Analogie, denn der Zweck ist ein uns ausschließlich durch die Vorgänge unseres Bewußtseins vermitteltes Prinzip. Menschliche Verhältnisse aber durch Vergleichung mit Gebilden und Funktionen erkennen wollen, die uns erst durch Übertragung unserer Vorstellungen auf außer uns Seiendes verständlich gemacht werden, heißt zum mindesten einen überflüssigen Umweg nehmen.

Aus alledem geht hervor, daß wissenschaftliches Denken für den Staat eine andere Kategorie als die des Organismus heischt: eine Kategorie, die selbständig und von allen Analogien unabhängig ist.

2. Der Staat als Kollektiv- oder Verbandseinheit.

Daß der Staat einen dauernden, einheitlichen Verband von Menschen darstelle, daher ein Gemeinwesen sei, ist von alters her behauptet worden. Die diese Vorstellung vermittelnden Kategorien der κοινωνία, der societas, der respublica, des coetus entstammen sämtlich dem antiken Gedankenkreise. Im Altertum wendet sich jedoch die Untersuchung wesentlich den Verbandszwecken zu; wofern nicht mit organologischen Bildern operiert wird, bleibt die Frage nach der Struktur des Verbandes ganz im Hintergrunde. Die mittelalterliche Korporationslehre und das neuere Naturrecht gehen in ihren Staatskonstruktionen zwar durchweg von dem Gedanken des gesellschaftlichen Verbandes aus, den sie aber ausschließlich juristisch fassen, während die Frage nach dem historisch-sozialen Substrat des Staates im Rechtssinne ihnen entweder nicht oder doch nicht klar zum Bewußtsein kommt. Immerhin denkt sich das Naturrecht die

---

4. Aufl. 1909 S. 126 ff.; interessant ist namentlich der Nachweis, daß bis ins 19. Jahrhundert hinein organisch und mechanisch nicht als Gegensätze gedacht wurden. Wenn Preuß, Über Organpers., a. a. O. S. 558, erklärt, Organe kann nur ein Organismus haben, so beruht dieser Satz auf gänzlicher Ignorierung der Entwicklung des Organbegriffes.

Menschen im Staate eine „unio", d. h. eine Zusammenfassung
der vielen zu einer Einheit bildend[1]).

Der Gedanke der Kollektiveinheit liegt, mehr oder minder
klar ausgedrückt, den Anschauungen der meisten neueren Staatsrechtslehrer über das soziale Wesen des Staates zugrunde[2]). Eingehend ausgebildet ist aber diese Theorie von Gierke. Wenn
er selbst auch nicht genügend die Verbandstheorie von der organischen scheidet, vielmehr sich selbst als Organologen gibt,
wenn ferner der Gegensatz der beiden Erkenntnisarten des
Staates bei ihm nicht ganz klar vorhanden ist, so bergen doch
seine bedeutsamen Ausführungen über die Genossenschaft eine
ausgebildete Theorie von dem vorjuristischen Dasein des Staates
in sich. In ihr erscheint der Staat als ein durch eine feste Organisation und dauernde Zwecke geeinigter Verband, als eine
von den einzelnen unterschiedene Einheit, die trotzdem nur
durch die Vielheit und in der Vielheit der Individuen besteht[3]).
In klarer Form hat sodann Bernatzik Gemeinwesen und juri-

---

[1]) Bei Althusius, Politica V 1, tritt der Begriff der consociatio
publica, bei Grotius jener des coetus (civitas = coetus liberorum
hominum iuris fruendi et communis utilitatis causa consociatus) hervor.
Letzteren haben manche Spätere (so z. B. Böhmer l. c. S. 184) akzeptiert. Seit Hobbes beginnt die Betonung der im Staate vollzogenen
Union der einzelnen, die später namentlich bei Rousseau scharf
hervortritt. Durch den contrat social wird eine in der Union der Mitglieder bestehende association geschaffen (I, 6). Derselbe Gedanke kehrt
wieder in der berühmten Kantschen Staatsdefinition (Staat = Vereinigung einer Menge Menschen unter Rechtsgesetzen, a. a. O. § 45).
Ebenso meinen die zahlreichen Publizisten, die von einer Staatsgesell-
schaft sprechen, die Zusammenfassung der Vielheit zur Einheit in Form
der Vereinigung. Das ergibt sich daraus, daß gerade das Naturrecht die
juristische Persönlichkeit des Staates energisch betont und daher bei
klarer Scheidung des Rechtsbegriffes des Staates von seinem sozialen
Substrat auch dieses hätte notwendig als Einheit denken müssen.

[2]) Als Gemeinwesen bezeichnen den Staat z. B. Albrecht i. d.
Gött. gelehrten Anzeigen 1837 III S. 1491; H. A. Zachariae Deutsch.
Staats- u. Bundesrecht I S. 41; H. Schulze Einleitung S. 121; G. Meyer
Staatsrecht S. 3 ff.; Brie Theorie der Staatenverbindungen 1886 S. 3.

[3]) Vgl. namentlich seine tiefdringenden Ausführungen: Die Genossenschaftstheorie und die deutsche Rechtssprechung, ferner Deutsches Privatrecht I 1895 S. 456 ff. Gemäß seiner organologischen Grundanschauung
faßt Gierke das soziale Substrat des Staates als reale Gesamtpersönlich-
keit oder Verbandsperson auf. Da er aber (vgl. Privatrecht S. 471) die
juristische Persönlichkeit der Verbandsperson, wie beim Individuum, erst
durch Rechtssatz entstehen läßt, daher das Recht solchen Verbänden

stische Person geschieden und jenes als das mögliche Substrat
dieser erkannt[1]). Ferner hat H a e n e l den Staat als korporativen
Verband vom Staate als juristischer Persönlichkeit geschieden[2]).
Die Einheit des korporativen Verbandes ist ihm besonderer Art.
„Sie besteht nur darin, daß eine Vielheit menschlicher Individuen geistig auf einen Gesa..tzweck bezogen ist, und daß diese
geistige Bezogenheit, die an sich nur die Aussage eines identischen Willensinhaltes der Beteiligten ist, ihre Realität gewinnt
durch die Willensmacht leitender Organe und sich einfügender
Mitglieder." Sodann hat H a e n e l, indem er die reale Einheit
des korporativen Verbandes, seine Eigenschaft als eines realen
Organismus, untersucht, erkannt, daß jenes Ganze und jener Organismus ausschließlich in der Sphäre geistiger, ethisch bestimmter Potenzen, nämlich menschlicher Individuen, besteht, die
immer nur psychologisch aufeinander einwirken und sich zusammenschließen können. Diese eigentümliche, durch biologisch-
physiologische Analogien nicht zu erklärende Verbindungsweise
sei nicht minder r e a l als die biologisch-physiologische[3]). Ebenso wird von H a e n e l, der die erkenntnistheoretische Seite der
Frage unter den hier in Betracht kommenden Schriftstellern am
eingehendsten erörtert, der Versuch, die reale Einheit auf einen
Gemeingeist oder eine ähnliche Abstraktion zu gründen, als unser
Erkenntnisvermögen übersteigend, zurückgewiesen.

Persönlichkeit beliebig gewähren und versagen kann, so kommt man nach
G i e r k e dazu, den Staat für eine doppelte Person zu erklären, eine reale
Gesamtperson und eine juristische Person. Diese auf Rechnung der
organischen Lehre zu stellende Unklarheit wird vermieden, wenn man den
erkenntnistheoretisch einzig zulässigen Begriff der Verbandseinheit ·an
Stelle jener Verbandsperson setzt. Mit G i e r k e grundsätzlich übereinstimmend R e g e l s b e r g e r, Pandekten I 1893 S. 289 ff., der aber S. 303
das soziale Substrat der Körperschaft klarer als Personenverein bezeichnet. Auch R e h m, Staatslehre S. 159 ff., vertritt die Lehre von der
Doppelpersönlichkeit des Staates.

[1]) Vgl. die vorzüglichen Ausführungen: Kritische Studien über den
Begriff der juristischen Person, Arch. f. öff. Recht V S. 242 ff. Auch hat
B e r n a t z i k, S. 275 ff., in trefflicher Weise nachgewiesen, daß alle halt-
baren Elemente der organischen Theorie in der Lehre vom Gemeinwesen
enthalten sind.

[2]) Staatsrecht I S. 81 ff. Der Ausdruck „korporativ" statt kollektiv
für das nichtjuristische Substrat des Staates ist allerdings irreleitend.

[3]) A. a. O. S. 101, 102, Um so erstaunlicher ist es, daß H a e n e l in
der Lehre von der juristischen Persönlichkeit des Staates in die alte
Fiktionstheorie zurückfällt; vgl. S. 106 f.

Von allen Anhängern dieser Gemeinwesentheorie wird, wie nicht anders möglich, der Staat als ein W e s e n aufgefaßt. Wir müssen nämlich jede reale Einheit denknotwendig substanziieren. Solche Substanziiérung vermittelt auch richtige Erkenntnis, wofern wir uns nur hüten, ein s i n n l i c h e s Objekt an Stelle des Substrates zu setzen, das wir als Grundlage der Beziehungen der einzelnen Glieder einer sozialen Einheit postulieren. Indem wir für die Verbandseinheit einen einheitlichen Träger, ein Individuum fordern, nehmen wir keine Fiktion, ja nicht einmal eine Abstraktion aus tatsächlich Gegebenem vor, sondern wir wenden eine zur Synthese der Erscheinungen denknotwendige Kategorie an, die erkenntnistheoretische Berechtigung hat, solange wir dem durch sie Erkannten keine transzendente Realität zuschreiben[1]). Diese als Wesen zu denkenden Einheiten gehören ebenso unserer subjektiven Welt an wie Farben und Töne. Unserer Welt des Handels aber, in welcher der Staat seine Stelle hat, können wir nur die subjektiven Tatbestände unseres Bewußtseins zugrunde legen, nicht die uns nur innerhalb enger Schranken erkennbare objektive Realität der Dinge. Wissenschaftliche Besonnenheit hat die Aufgabe, die Relativität dieser Betrachtungsweise zum Bewußtsein zu bringen[2]), nicht aber sie abzuweisen; es würde damit einfach Unmögliches gefordert werden.

Die Theorie von der Kollektiv- oder Verbandseinheit erklärt die Einheit des Staates in der Vielheit seiner Glieder, die Stellung seiner Organe zum Ganzen und zu den Teilen, die Kontinuität des staatlichen Daseins im Wechsel der Generationen. Sowohl naturwüchsiges Entstehen und Umbildung des Staates als dessen willkürliche Fortbildung und Umwälzung können von ihr aus widerspruchslos begriffen werden. Sie ist keine politische, sondern eine rein wissenschaftliche Theorie, die, entsprechend formuliert, die Fehler der übrigen Theorien vermeidet. Sie gibt aber nur den Oberbegriff, unter den der Staat zu subsumieren ist. Denn Verbandseinheiten sind nicht nur die Staaten, sondern

---

[1]) Über den Dingbegriff als Form der Synthese vgl. S i g w a r t a. a. O. II § 72; über die Anwendung des Dingbegriffes auf Kollektiva gute Ausführungen bei K i s t i a k o w s k i a. a. O. S. 126 ff.

[2]) Treffend bemerkt K i s t i a k o w s k i S. 144: „Die gesellschaftliche Substanz besteht in den einzelnen und ihrem gemeinsamen Seelenleben. Irgendwelche andere gesellschaftliche Substanz und Seele anzunehmen, haben wir keinen Grund."

zahlreiche soziale Gebilde im Staate. Worin das eigentümliche Wesen des staatlichen Verbandes besteht, ist in anderem Zusammenhange als hier zu erörtern, wo wir zuvörderst nur einen Überblick über die verschiedenen Grundkategorien gewinnen wollten, auf welche der Staat zurückgeführt wurde.

C. Die juristischen Lehren vom Staate. Der Staat als Rechtsbegriff.

Da das Recht dem Staate wesentlich ist, so ist eine vollendete Erkenntnis des Staates ohne Kenntnis seiner rechtlichen Natur nicht möglich. Der Staat, geordnet durch das Recht, Bewahrer und Fortbildner des Rechts, muß notwendig im Rechte selbst seine Stellung haben, es muß einen Rechtsbegriff des Staates geben[1]). Den Rechtsbegriffen dienen die objektiven und innerhalb der Subjekte sich abspielenden sozialen Vorgänge zwar als Substrat, das Recht muß stets von realen Tatbeständen ausgehen, weil es, wie immer es beschaffen sein mag, stets den Zweck hat, auf reale Tatbestände angewendet zu werden. Allein die realen Tatbestände sind nicht die Rechtsbegriffe selbst. Die sind vielmehr Abstraktionen, die aus den gegebenen Rechtsregeln gewonnen werden und den Zweck haben, die Vielheit der Regeln unter einheitliche Gesichtspunkte zu ordnen. Daher wird, wie bereits erwähnt, durch Rechtsbegriffe niemals ein reales Sein erkannt, sondern immer nichts anderes als Normen, die durch menschliche Tat verwirklicht zu werden bestimmt sind. Den Rechtsbegriffen als solchen entspricht keine Realität außer uns. Außer uns gibt es materielle Körper, aber keine Sachen im Rechtssinne, kein Eigentum, keinen Besitz. Die Sachen im Rechtssinne entstehen durch Abstraktionen aus den vom Rechte geregelten Beziehungen von Menschen zu Dingen der Außenwelt und zueinander. Der Begriff des Eigentums und der des Besitzes werden abgezogen aus den die Relation der Menschen zu den Sachen regelnden Normen. Eigentum und Besitz sind aber, entgegen den populären Vorstellungen, niemals greif- oder sichtbare Dinge, sondern ausschließlich Beziehungen solcher Dinge auf Normen, die sie zu beherrschen bestimmt sind. Wenn wir daher

---

[1]) Die nähere Begründung dieses Satzes folgt im Kap. XI. — Über das Verhältnis der Rechtsbegriffe zur Wirklichkeit A. Affolter im Arch. f. öff. R. 21. Bd. 1907 S. 410 ff.

von Rechten als Wesenheiten sprechen, so sind das nur Abkürzungen für einen höchst komplizierten Prozeß, dessen man
zwar, um Verirrungen zu vermeiden, sich stets bewußt sein muß,
der aber im einzelnen vom Juristen gar nicht verfolgt zu werden
braucht, so wenig es der Maler nötig hat, zum Zwecke der Ausübung seiner Kunst seine Farben auf Ätherschwingungen zu reduzieren. Diese juristischen Begriffe sind jedoch nicht etwa
Fiktionen, sondern sie ruhen auf dem festen Boden der gegebenen
Welt, der Welt der Rechtsnormen. Die Fiktion ist ein in enge
Grenzen gebanntes Hilfsmittel der Konstruktion, das bestimmt
ist, Rechtsnormen über ihren ursprünglichen Zweck hinaus auszudehnen, die Härten des strengen Rechtes zu mildern, den pro-
zessualen Beweis zu erleichtern. Nur wenn man das Gedachte
zum Unterschiede von der materiellen Welt als Fiktion bezeichnete, dürfte man Abstraktion und Fiktion einander gleichstellen,
— dann aber wäre die ganze Wissenschaft nichts als eine Summe
von Fiktionen.

Die juristische Erkenntnis des Staates will daher nicht sein
reales Wesen erfassen, sondern den Staat juristisch denkbar
machen, d. h. einen Begriff auffinden, in dem alle rechtlichen
Eigenschaften des Staates widerspruchslos zu denken sind. Die
Erkenntnis des realen Daseins des Staates muß diesem Begriff
des Staates zugrunde gelegt, darf ihm aber nicht gleichgestellt
werden. Die Gegner der „Fiktionen" in der staatsrechtlichen
Wissenschaft haben versucht, das, was sie als reales Dasein des
Staates behaupten, zugleich als das juristische Wesen des Staates
zu konstruieren. Nähere Betrachtung aber ergibt, daß stets ein
in ihrem Sinne juristisch „fingiertes" Element in diese realistisch-
empirische Auffassung des Staates hineingelegt war. Das ist der
Fall mit den Theorien vom Staate als Zustand, als Volk, als
Herrscher, welche die Einheit des Zustandes, des Volkes, des
Herrschers im Wechsel der Individuen aus der Erfahrung nicht
gewinnen konnten. Jeder juristische Begriff muß aber vor allem
die von ihm zu ordnenden juristischen Tatsachen als Einheiten
auffassen, da er nichts anderes als die Form der Synthese dieser
Tatsachen ist. Das Eigentum, das Pfandrecht, die Obligation
sind begriffliche Einheiten, die nur aus dem gegebenen Stoffe
der juristischen Tatsachen gewonnen werden, aus denen sich
wiederum sämtliche sie bildenden juristischen Tatsachen deduktiv als Konsequenzen ergeben müssen. Daher ist es von vorn-

11*

herein ein Kriterium der richtigen juristischen Lehre vom Staate, daß sie die Einheit des Staates zu erklären vermag.

Wenn im folgenden die einzelnen juristischen Theorien vom Staate erörtert werden, so kann das selbstverständlich nur vom Standpunkte unserer heutigen entwickelten publizistischen Wissenschaft geschehen. Jede Epoche hat ihre besonderen Rechtsbegriffe, die, an dem Maßstab anderer Zeiten gemessen, die Probe nicht bestehen können. Bei aller Anerkennung historischer Bedingtheit unseres juristischen Denkens kann aber für eine bestimmte Epoche nur eine Art der rechtlichen Auffassung einer Erscheinung als gültig erkannt werden. Zudem lohnt es sich kaum, entschwundene Rechtsvorstellungen nicht nur zu konstatieren, sondern sie auch auf Grund des ganzen Rechtssystems, dem sie entsprossen, eingehender dogmatischer Erörterung zu unterziehen.

Es sind nun drei Möglichkeiten für die juristische Erfassung des Staates gegeben. Entweder ist der Staat Rechtsobjekt[1]), oder Rechtsverhältnis, oder Rechtssubjekt.

1. Den Staat als O b j e k t aufzufassen, ist konsequenterweise nicht möglich. Denn jedes Rechtsobjekt setzt ein Subjekt voraus. Dieses Subjekt können aber nur die den Staat lenkenden Menschen sein. Die Lehre vom Staate als Objekt entsteht also dadurch, daß der Staat zerrissen und eines seiner wesentlichen Elemente ihm selbst gegenübergestellt wird. Folgerichtig kann diese Lehre schon deshalb nicht durchgebildet werden, weil von ihr aus die Anerkennung der Untertanen als Rechtssubjekte durch den Staat nur durch Trugschlüsse herbeigeführt werden kann. Ist das Volk und damit jedes Volksglied für den Staat nur Objekt, so kann es nicht zugleich für ihn Subjekt sein. Eine im Eigentum des Herrn stehende Sklavenherde kann also konstruiert werden, nicht aber ein Gemeinwesen. Es hat Zeiten gegeben, wo die Menschen den Staat derart auffassen zu können glaubten; hat dies doch die absolutistische und patrimoniale Staatslehre in ihren Ausschreitungen bis in unser Jahrhundert hinein getan. Allein selbst eine noch so weit der Sachherrschaft ähnelnde

---

[1]) Selbstverständlich mit dem Vorbehalt einer kritischen Prüfung der Zulässigkeit einer solchen Auffassung. Das übersieht wohl M e n z e l im Hdbch. d. Politik I S. 41 N. 25. Es handelt sich hier vorerst doch nur um die versuchsweise Anwendung allgemeiner juristischer Kategorien auf den Staatsbegriff.

Staatsherrschaft hat doch niemals die Vorstellung von dem Charakter des Staates als eines Gemeinwesens gänzlich ersticken können, da es überall eine Herrschende und Beherrschte verbindende Rechtsordnung gab und solche mit der Idee des Objektstaates unvereinbar ist. Den Staat als Objekt stellt die Herrschertheorie in der Seydelschen Fassung auf[1]), die ja zugleich das reale und das juristische Wesen des Staates erklären will. Sie läßt aus der tatsächlichen Herrschaft das Recht entstehen, ohne zu erklären, wieso eine objektive Tatsache unmittelbar aus sich heraus eine geistige Macht, als welche das Recht ist, zu erzeugen vermag. Hierher gehört auch die übrigens unentwickelte Lehre vom Staate als Anstalt[2]), da bei der An-

---

[1]) Grundzüge einer allg. Staatslehre S. 4, Bayer. Staatsrecht I S. 170.

[2]) Rotteck, a. a. O. II S. 56, erklärt, der Staat sei zugleich Anstalt und Gesellschaft. Ebenso faßt Stahl, II² S. 140, den Staat auf als Anstalt und Gemeinwesen; ferner H. A. Zachariae, I S. 43, als moralische Person. Zustand, Rechtsverhältnis zwischen dem Ganzen und seinen Gliedern und überdies noch als eine sittliche Anstalt. Was Anstalt sei, wird aber von keinem dieser Schriftsteller gesagt, wie denn überhaupt vor Gierkes aufklärenden, aber dennoch nicht abschließenden Untersuchungen der Anstaltsbegriff zu den verworrensten der ganzen Jurisprudenz gehörte. Auch heute aber noch verschweigen uns namhafte Juristen, was sie unter Anstalten verstehen. So handelt z. B. Dernburg, Pandekten I, 7. Aufl. 1902 § 62 (8. Aufl., her. von Sokolowski, 1910 § 50), von den Anstalten, ohne den geringsten Versuch zu machen, sie zu definieren, während er sie neuestens (Das bürgerliche Recht des Deutschen Reichs und Preußens I, 3. Aufl. 1906 S. 181) rein negativ als juristische Personen bezeichnet, die nicht Korporationen sind. Crome, System des bürg. Rechts I 1900 S. 233, negiert sogar den selbständigen Begriff der Anstalt überhaupt, teilt vielmehr die juristischen Personen ausschließlich in Korporationen und Stiftungen ein. Ähnlich von Tuhr Der Allgemeine Teil des deutschen bürgerlichen Rechts I 1910 S. 454 N. 12. Selbst bei Regelsberger, I S. 291 ff., der sich im wesentlichen in seinen ausführlichen Erörterungen an Gierke anschließt, vermißt man eine völlig klare Definition der Anstalt. Über die verschiedenen Theorien der Anstalt im heutigen deutschen Zivilrecht vgl. Endemann Lehrbuch des bürg. Rechts I 9. Aufl. 1903 S. 176 N. 4, über den partikularrechtlichen Begriff der Anstalt Dorner-Seng Badisches Landesprivatrecht 1906 S. 30; Hatschek im Verwaltungsarchiv 19. Bd. 1911 S. 309 ff. Vgl. ferner Fr. Fleiner Institutionen des deutschen Verwaltungsrechts 2. Aufl. 1912 S. 99. — Gierke, Deutsches Privatrecht I S. 474 ff., spricht von den Wurzeln des deutschen Territorialstaates im Anstaltsbegriffe, früher (Genossenschaftsrecht II S. 861) nennt er den obrigkeitlichen Landesstaat sogar schlechthin Anstaltsperson, ohne indes diesen Gedanken eingehend

stalt der sie versorgende Wille nicht aus ihr selbst 'hervorgeht, sie vielmehr Gegenstand eines ihr von außen angebildeten Willens ist[1]).

Jede derartige Theorie könnte als rechtliche Erklärung des Staates nur dann befriedigen, wenn es gelänge, eine überstaatliche Rechtsordnung nachzuweisen, von der der Herrscher sein Recht zur Herrschaft über das staatliche Objekt erhält. Eine solche überstaatliche Ordnung behauptete die Lehre vom göttlichen Recht der Könige, nicht minder lag sie der patrimonialen Staatslehre zugrunde, indem die Eigentumsordnung als vor- oder überstaatliche Ordnung aufgefaßt wurde, deren letzte Sanktion

---

zu verfolgen. Welcher Art Rechte und Pflichten der Angehörigen von Anstaltsstaaten im Vergleich mit denen der Körperschaftsstaaten sind, wie überhaupt die Mitgliedschaft am Anstaltsstaat zu denken ist, das sind noch gar nicht erörterte Fragen. Auf Grund unserer heutigen Erkenntnis kann man wohl mit G i e r k e im Staate oder in seinen Teilen einzelne anstaltliche Elemente finden, nicht aber einen ganzen Staat der Kategorie der Anstalt unterordnen. — Neuester Vertreter einer Anstaltstheorie ist Otto M a y e r (Die juristische Person und ihre Verwertbarkeit im öff. Recht, Festgabe für Laband I 1908 S. 54 f.). Freilich verwahrt sich Otto Mayer ausdrücklich gegen die Gleichsetzung seiner Lehre mit der hier bekämpften. Nach seiner Auffassung kann der Staat juristische Person deshalb nicht sein, weil der überstaatliche Rechtssatz fehle, der imstande wäre, den Staat dazu zu machen (a. a. O. S. 58 f., 66). Immerhin nennt Otto Mayer den Staat eine „Überperson" (a. a. O. S. 63, 83) und bringt damit die Ursprünglichkeit dieses Wesens zum Ausdruck. Ursprünglichkeit wird aber der Person Staat auch nach der hier vorgetragenen Lehre zugeschrieben (unten S. 180 f., 364 ff.). Es besteht also in der Tat Übereinstimmung im wesentlichen Punkte.

[1]) R e h m, der dem souveränen Staat ausnahmslos Körperschaftscharakter zuerkennt, will außerdem unter den nichtsouveränen Staaten auch noch Objekt- und Anstaltsstaaten unterscheiden (Staatslehre S. 161 ff.). Allein die Einwände gegen die juristische Konstruktion, die solcher Staatsauffassung zugrunde liegt, richten sich vom Standpunkte unserer modernen Rechtsbegriffe gegen jeden Versuch, einen Staat unter Kategorien zu beugen, die, wie der Objektstaat, den Ergebnissen fortgeschrittener wissenschaftlicher Erkenntnis widerstreiten oder, wie der Anstaltstaat, unklar und nicht zu Ende gedacht sind. An R e h m s Staatsdefinition (a. a. O. S. 38) gemessen, sind diese Objekt- und Anstaltstaaten eben etwas anderes als Staaten; einen höheren Begriff, der seine drei Staatsgattungen in sich widerspruchslos vereinigt, vermag er nicht aufzustellen. Wie aber die von ihm gegebenen Beispiele lehren, sind seine nicht körperschaftlichen Charakter besitzenden Staaten (Schutzgebiete, Elsaß-Lothringen, Protektionsländer usw.) in Wahrheit Nichtstaaten. Dies gibt Rehm jetzt selbst zu: Kleine Staatslehre S. 18 f., 48. Vgl. auch unten S. 493 N. 3.

schließlich doch auch in dem Willen einer übernatürlichen Macht gesucht werden mußte.

2. Den Staat als R e c h t s v e r h ä l t n i s zu begreifen, scheint auf den ersten Blick das Richtige zu sein. Wir sehen im Staate Herrschende und Beherrschte, und in ihren gegenseitigen Verhältnissen scheint sich das, was wir als Staat erkennen, zu erschöpfen[1]). Manche Gegner der juristischen Fiktionen glauben in diesem den landläufigen Vorstellungen vom Staate zugrunde liegenden Sachverhalt den juristisch richtigen Begriff des Staates gefunden zu haben. Alle diese Lehren vermögen aber nicht die Einheit des Staates, das Bleibende im Wechsel der Personen zu erklären. Es gilt hier, was bereits oben näher ausgeführt wurde. Faßt man den Staat als Herrschaftsverhältnis auf[2]), so bedeutet die Behauptung der Einheit und Kontinuierlichkeit dieses Verhältnisses bereits eine Abweichung von der empirischen Basis. Nicht ein, sondern zahllose Herrschaftsverhältnisse weist der Staat auf. So viel Beherrschte, so viel Herrschaftsverhältnisse. Jeder neue Herrscher setzt ein neues Glied in die Proportion ein. Jeder Wandel in der Beherrschungsform müßte den Staat zerstören und einen neuen an die Stelle setzen. Derselbe Einwand trifft auch die Versuche, alle rechtlichen Verhältnisse des Staates in individuelle Beziehungen staatlicher Organe zueinander und zu den einzelnen aufzulösen[3]). Keine dieser

---

[1]) Diese Anschauung ist zuerst in der englischen Lehre vom Staate hervorgetreten, die den Gedanken der Körperschaft nicht voll zu entwickeln vermochte. B l a c k s t o n e, Commentaries I, 2 (S. 146 der ersten Ausgabe a. 1765), unterscheidet öffentliche und private Rechtsverhältnisse. Das ganze Staatsrecht wird von ihm nur als Verhältnisse zwischen Obrigkeit und Volk abgehandelt. Vom Staat selbst als berechtigtem und verpflichtetem Subjekt, wie er bereits in der gleichzeitigen deutschen Literatur hervortritt, ist bei ihm nirgends die Rede. Bis auf den heutigen Tag ist in England die mittelalterliche Auffassung von einer Spaltung des Staates in rex und regnum nicht überwunden, die beide einander als berechtigte Subjekte entgegenstellte, da sie beide nicht zu einer Einheit zusammenfassen konnte. Vgl. nunmehr auch H a t s c h e k Englisches Staatsrecht im Handbuch des öff. Rechts I 1905 S. 81, 249.

[2]) Hierher gehört die oben S. 142 erwähnte Zustands- oder Verhältnistheorie ihrer juristischen Seite nach. Vgl. auch System des subj. öff. R. S. 34.

[3]) Vgl. B i e r l i n g Zur Kritik der juristischen Grundbegriffe II S. 215 ff.; Juristische Prinzipienlehre I 1894 S. 309 ff., II 1898 S. 345 ff. und H a e n e l Staatsr. I S. 96 ff., die den Staat als ein — von jedem

Theorien vermag zu erklären, woher der den Staat leitende
Wille stammt, wieso der Staat rechtlich nicht ein zusammen-
hangloses Neben- und Nacheinander von Handlungen bedeutet,
sondern als eine handelnde Einheit im juristischen Sinne erscheint. Von ihrem Ausgangspunkte aus können diese Lehren
eine solche Erscheinung entweder gar nicht erklären, oder sie
müssen in Widerspruch zu ihren Absichten zu Fiktionen ihre
Zuflucht nehmen, die aber niemals den letzten Erklärungsgrund
juristischer Tatsachen bilden können. Den Einheitswillen des
Staates als juristische Fiktion bezeichnen heißt nichts anderes
als eingestehen, daß man ihn juristisch nicht zu erfassen vermag.

Der am schwersten wiegende Fehler dieser Lehre besteht
aber darin, daß sie nicht zu sagen vermag, woher denn das
staatliche Rechtsverhältnis stammt. Jedes Rechtsverhältnis bedarf der Normen, die es regeln, und diese Normen müssen die
Glieder des Rechtsverhältnisses miteinander verbinden, setzen
also eine über den Gliedern stehende Macht voraus, von welcher

der beiden in verschiedener Form konstruiertes — Gesamtverhältnis auffassen. Auch Br. S c h m i d t, a. a. O. S. 94 ff., sucht das öffentliche Recht
in Rechtsverhältnisse zwischen Individuen aufzulösen. Die also verloren
gehende rechtliche Einheit des Staates wird von den Anhängern dieser
Lehre entweder in dem sozialen Substrat des Staates (korporativer Verband Haenels, Willensorganismus Schmidts) gesucht, also durch Kon-
fundierung des sozialen und juristischen Wesens des Staates, was Ver-
dunkelung, nicht Lösung des Problems bedeutet, oder es wird, wie es
B i e r l i n g, Jur. Prinzipienlehre I S. 311 Note, tut, auf eine umfassende
Untersuchung des Staatsbegriffes verzichtet, ja das Suchen nach der
Staatsdefinition für müßig erklärt. Diese negative Haltung Bierlings
gegenüber der Grundfrage der Staatslehre vermag ich nur als Folge der
ihm vielleicht nicht ganz zum Bewußtsein kommenden Unmöglichkeit zu
deuten, von seinem Standpunkte aus zu klarer Erforschung der staatlichen Grundprobleme zu gelangen. Ein neuer eingehender Versuch, den
Staat als Rechtsverhältnis zu begreifen, bei Ed. L o e n i n g a. a. O.
S. 702 ff. Vgl. darüber auch die treffenden Bemerkungen von A n s c h ü t z
Enzykl. S. 457 und P r e u ß Über Organpers. a. a. O. S. 560 f. — Neuestens
wird nicht nur der Staat, sondern jede juristische Person als eine
Summe von Rechtsverhältnissen, von rechtlichen Beziehungen aufgefaßt
von H ö l d e r, Natürliche und juristische Personen 1905 S. 184, 206 f.,
210, 213 ff., 340 f., und von B i n d e r, Das Problem der juristischen
Persönlichkeit 1907 S. 144; dazu Otto M a y e r in der Festgabe für
Laband I 1908 S. 7 f.; G. S c h w a r z Kritisches über Rechtssubjekt und
Rechtszweck (Arch. f. bürg. Recht XXXV 1910 S. 10 ff.); K. W i e l a n d
Die historische und die kritische Methode in der Rechtswissenschaft
1910 N. 27.

diese Normen ausgehen. Da dies nun aber natürlich nicht der Staat sein kann, so lenkt die Lehre vom Staate als Rechtsverhältnis in die vorerwähnte ein: sie verlangt eine überstaatliche Rechtsordnung, um folgerichtig durchgeführt werden zu können.

Auch praktisch versagt diese Theorie auf Schritt und Tritt, da sie den nach außen handelnden Staat nicht zu erklären vermag. Die völkerrechtlichen Beziehungen können nicht in Beziehungen von Rechtsverhältnissen aufgelöst werden. Rechtsverhältnisse können nicht Rechte und Pflichten haben. Rechtsverhältnisse können nicht Krieg erklären und können nicht Verträge schließen. Ein Bundesstaatsrecht wird nach der Verhältnislehre zum Widersinn. Der Bundesrat ist gemäß Art. 76 der deutschen Reichsverfassung zur Erledigung von Streitigkeiten des öffentlichen Rechtes zwischen den Einzelstaaten auf deren Anrufen zuständig. Wie kann ein Rechtsverhältnis mit einem anderen in Streit geraten und wie kann ein drittes Rechtsverhältnis über beide zu Gericht sitzen? Dieselbe Frage wiederholt sich, wenn im Innern des Staates Körperschaften über ihre gegenseitigen Rechte streiten.

3. Es bleibt somit nur die dritte Möglichkeit für eine befriedigende juristische Erklärung des Staates übrig: die Auffassung des Staates als eines Rechtssubjektes[1]).

Der Begriff des Rechtssubjektes ist ein rein juristischer Begriff, bezeichnet daher keine dem Menschen anhaftende reale

---

[1]) Sie ist gegenwärtig die herrschende. Begründet durch das Naturrecht, durch G r o t i u s und namentlich durch die englische Staatslehre des 17. Jahrhunderts, vor allem durch H o b b e s (Elementa philosophica de cive V 9, 10), sodann aber durch L o c k e (Two treatises on government II, VIII 95 ff.), sowie in Deutschland durch P u f e n d o r f zum Ausgangspunkt der rechtlichen Konstruktion des Staates erhoben, auch von L e i b n i z gelegentlich vertreten (vgl. hierüber E. R u c k Die Leibniz'sche Staatsidee 1909 S. 41 ff.), in Frankreich von R o u s s e a u als Resultat des contrat social (vgl. l. I ch. VI) behauptet, ist sie gegenüber spekulativen Unklarheiten zuerst von A l b r e c h t, a. a. O. S. 1491, Bähr, Der Rechtsstaat 1864 S. 27 ff., und später von G e r b e r in der zweiten Auflage seiner Grundsätze des deutschen Staatsrechts S. 219 ff. als unverrückbarer Ausgangspunkt der juristischen Erkenntnis des Staates aufgestellt worden. Ihr huldigen alle, die nicht, in dem alten Irrtum von der persona ficta befangen, ein anderes Substrat für den juristischen Staatsbegriff vermeinen auffinden zu können. Sie ist heute in der publizistischen Literatur aller Nationen, soweit diese sich mit den Grundbegriffen beschäftigt, von hervorragenden Forschern vertreten. Sie herrscht in Frankeich, statt aller seien hier nur genannt E s m e i n Éléments p. 1 ff.; M i c h o u d La

Qualität, sondern ist, wie alle Rechtsbegriffe, seinem Wesen nach
eine Relation. Der Mensch ist Rechtssubjekt, heißt, daß er in
bestimmten, vom Rechte normierten oder anerkannten Beziehungen
zur Rechtsordnung steht. Subjekt im Rechtssinne ist daher kein
Wesen, keine Substanz, sondern eine verliehene, durch den Willen
der Rechtsordnung geschaffene Fähigkeit. Voraussetzung der
Rechtsfähigkeit ist zwar stets der Mensch, da alles Recht Beziehung zwischen Menschen ist. Allein mit nichten ist es irgendwie
durch die Logik gefordert, daß nur dem Einzelmenschen diese
Qualität zugeschrieben werde, dagegen jede Subjektivierung einer
Menschengesamtheit, eines Kollektivums in das Gebiet der Fiktionen
gehöre. Hier hat vielmehr die juristische Erkenntnis anzuknüpfen
an die Ergebnisse der Erkenntnis des Staates als realer Erscheinung. Ist der Staat ein Verband mit kollektiver Einheit,
ist diese Einheit keine Fiktion, sondern eine unserem Bewußtsein
notwendige Form der Synthese, die wie alle Tatsachen unseres
Bewußtseins unseren Institutionen zugrunde zu legen ist, dann
sind solche Kollektiveinheiten nicht minder der Rechtssubjektivität
fähig als die menschlichen Individuen. Durch Erhebung einer
Kollektiveinheit zum Rechtssubjekt geht daher keine Fingierung
einer nicht existierenden Substanz vor sich, die nunmehr als das
Wesen proklamiert wird, an das die Rechtsordnung anknüpft.

théorie de la personnalité morale I 1906 p. 265 ff.; Salleilles De la
personnalité juridique 1910 p. 658 f.; Hauriou Principes 1910 p. 100;
für Italien sei hingewiesen auf Orlando Principii p. 16, für England
auf Holland The Elements of Jurisprudence, 11. ed. Oxford 1910
p. 124 ff., 365, 382 f., Brown in The Law Quarterly Review vol. 21 (1905)
p. 376 ff. und The Juridical Review vol. 18 (1906) p. 16; für die Niederlande auf Krabbe Die Lehre der Rechtssouveränität 1906 S. 197 ff.;
für Belgien auf Delwaide La personnalité de l'État 1906 p. 3 ff. In
Amerika pflegt der Staat als body politic definiert zu werden (so z. B.
Story Commentaries on the Constitution of the United States § 207,
Cooley Constitutional Limitations 6. ed. p. 3). Von einer „juristic
person" spricht ausdrücklich D. J. Hill, World organization 1911 p. 26 ff.,
36 ff. Dort zwingen schon die Rechtsverhältnisse zwischen Union und
Einzelstaat, den Staat als Rechtssubjekt zu erfassen. Das Obergericht
der Union erklärte: „A State is a body of free persons, united together
for the common benefit, to enjoy peaceably what is their own, and to
do justice to others" (vgl. Holland p. 48). Vor allem aber ist es die
gesamte völkerrechtliche Literatur, die widerspruchslos den Staat als
Rechtssubjekt bezeichnet und ihn daher als Person definiert. Über die
Entwicklung der Persönlichkeitslehre vgl. die vorzüglichen Ausführungen
von Bernatzik a. a. O. S. 185 ff.

Vielmehr existieren alle Einheiten, die das Recht zu Subjekten erhebt, in eben derselben Weise. Dem naiven Denken scheint das menschliche Individuum selbstverständlich eine substanzielle, mit sich stets identische Einheit zu sein. In Wahrheit aber ist der Mensch in seinem Lebenslaufe vom Kinde bis zum Greise in unausgesetzter körperlicher und psychischer Wandlung begriffen. Das menschliche Individuum bietet der objektiven wissenschaftlichen Betrachtung eine ununterbrochene Reihenfolge innerer und äußerer Zustände dar. Die Zustände werden durch eine in uns sich vollziehende Synthese zu einer Einheit, der des Individuums, zusammengefaßt, ohne daß wir behaupten können, daß sie in gleicher Weise auch real, d. h. außer uns existiere. Denn ein den wechselnden Akten subsistierendes Ich, einen Träger der psychischen Veränderungen und Zustände als ein reales Wesen hinstellen, heißt bereits eine metaphysische, wissenschaftlich niemals streng beweisbare Idee aussprechen. Man kann sich für jene Realität auch nicht auf die Einheit des Bewußtseins berufen, welche die inneren Erlebnisse des Individuums als konstantes Element im Wechsel seiner seelischen Vorgänge miteinander verknüpft, weil diese Einheit nicht durchaus vorhanden ist. Daß es seine Kindheit durchlebt hat, weiß das Individuum aus fragmentarischen Erinnerungen und Analogieschlüssen; ein großer Teil seiner Erlebnisse fällt aus seiner Erinnerung und damit aus seinem Bewußtsein überhaupt heraus. Die moderne Psychologie weiß daher sehr gut, daß sie, wenn sie von der Seele spricht, damit nur eine zur subjektiven Synthese der psychischen Akte notwendige Anwendung der Kategorie der Substanz vollzieht, ohne damit irgendwie dieser Synthese objektive Existenz zuzuschreiben. Daß das Individuum körperlich wie jeder Organismus in stetem Flusse begriffen, daß es ein Kollektivum stets wechselnder zellularer Gebilde ist, braucht nicht näher ausgeführt zu werden. Für den Naturforscher ist das Individuum ebenfalls eine Kollektiveinheit, und auch für ihn ist diese Einheit die Form der Synthese für die Gesamtheit der somatischen Lebenserscheinungen des Menschen. Das Individuum ist körperlich und geistig teleologische Einheit und damit subjektive Einheit, Einheit für unser Bewußtsein, deren objektiver Wert unerkennbar ist, weil wir nicht imstande sind, objektive Zwecke zu erkennen[1]).

---

[1]) Diesen Satz bekämpft Ed. Loening, a. a. O. S. 702, nachdem er sich gerade S. 697 auf die berühmte Darlegung Kants vom teleologischen

Den Staat als Rechtssubjekt zu erfassen, geschieht daher mit
nicht minderem wissenschaftlichem Rechte als die Auffassung
des Menschen als Rechtssubjektes. Nur von dieser Lehre aus
kann die Einheit des Staates, die Einheitlichkeit seiner Organisation und des durch sie erzeugten Willens dem juristischen Verständnis entgegengeführt werden[1]).

Wesen des Organismus berufen hat. Die geistige Einheit sei vielmehr
eine Grundtatsache unseres Seelenlebens. Damit ist doch aber über
den Charakter dieser Einheit nicht das geringste ausgesagt, vielmehr
eben erst die wissenschaftliche Frage nach dem für sie maßgebenden
principium individuationis hervorgerufen. Der Begriff der Einheit ist,
wie dargelegt, vieldeutig. Eine Einheit schlechthin gibt es nicht; welcher
Gattung von Einheiten ist nun die des Bewußtseins unterzuordnen, wenn
nicht der eng mit der Vorstellung des Organismus verknüpften teleologischen? Daß übrigens die Rechtsordnung das Individuum als Einheit
wertet, hat mit der letzten erkenntnistheoretischen Anschauung gar nichts
zu tun. Das praktische Leben kann nicht auf den letzten Zusammenhang
der Dinge aufgebaut werden, sondern nur auf die Durchschnitts-
anschauungen einer Zeit, was ich doch so energisch hervorgehoben habe
(System der subj. öff. Rechte S. 15 ff.), daß über meine Ansicht ein
Irrtum kaum möglich ist. Daher muß auch die Polemik von Hold
v. Ferneck, Die Rechtswidrigkeit I 1903 S. 253, als unzutreffend zurückgewiesen werden.

[1]) Zu erwähnen wäre noch, daß in neuester Zeit auch versucht
wurde, mehrere der juristischen Lehren vom Staat miteinander zu kom-
binieren. So erklärt Eltzbacher, Der Anarchismus S. 28 ff., den Staat
als ein unfreiwilliges Rechtsverhältnis und zugleich als juristische Person,
ohne zu verraten, woher das Zwangsrecht stammt, welches jenes Verhältnis begründet und wodurch die Vielheit des Verhältnisses zur Einheit
der Person wird. Ferner hatte Rehm, Modernes Fürstenrecht 1904
S. 58 ff., von dem heutigen deutschen monarchischen Gliedstaat behauptet,
daß er zur Hälfte Patrimonial-, also Objektstaat, zur Hälfte körperschaftlicher Staat sei. In Wahrheit ist er aber nach dieser Lehre reiner
Patrimonialstaat, was daraus hervorgeht, daß Rehm in bestimmten
Fällen, so namentlich bei Erbverbrüderungen (S. 49 ff.), von Rechts wegen
Teilung des Staates verlangt. Ein Staat jedoch, dessen Angehörige
irgendwann nach dem für sie geltenden Rechte gleich einer Herde aufgeteilt werden können, ist seinem inneren Wesen nach Objekt, nicht
Subjekt. Mit der Staatsteilung würde natürlich auch die ganze epi-
sodische Staatsverfassung verschwinden und die nur durch das Reichsrecht gemäßigten neuen Fürsten könnten ihre Patrimonien als unbeschränkte Herren regieren. Diese Lehre ist ungeschichtlich. Sie übersieht völlig, daß das selbständige Recht der Dynastien in dem alten
Reichsrecht wurzelte und von diesem geschützt war, daß es mit Auflösung des Reiches wie alles noch aus der alten Ordnung stammende
Recht den nunmehr souverän gewordenen Staaten unterstellt wurde und

Die nähere Begründung dieser rechtlichen Auffassung des Staates aber, die Lösung des Problems der Existenz eines Staatsrechtes, ist an anderer Stelle zu erörtern.

Überblickt man schließlich die Gesamtheit der Staatstheorien, so ergibt sich folgendes. Alle Versuche, den Staat zu erklären, sind entweder individualistisch oder kollektivistisch geartet. Jene sich realistisch oder empirisch dünkenden Lehren sind nichts anderes als die Konsequenzen der Anschauung, die das Individuum für die einzige, reale, unabhängig von unserer subjektiven Synthese existierende Größe hält. Alle Versuche aber, den Staat von rein individualistischen Anschauungen aus zu erklären, sind mißlungen und müssen mißlingen, weil sie die Einheit des Staates nicht zu erfassen vermögen. Sie scheitern definitiv an der Erkenntnis, daß das Individuum selbst biologisch als Kollektiveinheit sich darstellt. Die kollektivistische Einheit hingegen, welche Einheit des Ganzen mit Selbständigkeit der Glieder verbindet, liegt der organischen Staatslehre, der Theorie der Verbandseinheit und der juristischen Lehre vom Staate

---

daher wie jedes andere Recht nunmehr vom Staate stammt und wie jedes andere Recht der Disposition des Staates unterliegt, daß es ein neben dem staatlichen Recht in der Luft hängendes Fürstenrecht nicht mehr geben konnte, mag das den Dynastien zum Bewußtsein gekommen sein oder nicht. Diese Lehre weiß ferner nichts von der zermalmenden Kraft eines ganzen Jahrhunderts, das für die politische Möglichkeit und Wirklichkeit, die, wie oben ausgeführt, stets die Grenzen juristischer Spekulation bilden müssen, noch ganz andere Dinge vernichtet hat als die legitimistischen Velleitäten Rehms. Eine wahrhaft historische Auffassung der Rechtsverhältnisse der deutschen Dynastien müßte in jedem einzelnen Staate die Agnatenrechte in ihrer Eigenart untersuchen und sie, soweit sie auf die Staatsordnung sich beziehen, als staatliche Kompetenzen behandeln (vgl. System der subj. öff. R. S. 187 f.). Vgl. im übrigen gegen Rehm die vortreffliche Kritik von Anschütz zu G. Meyer Staatsrecht S. 257 f., 273 N. 1, der durchaus zuzustimmen ist. In seiner Abhandlung: Die überstaatliche Rechtsstellung der deutschen Dynastien 1907, hat Rehm seine alte Ansicht ausführlicher begründet; hiergegen wieder G. Jellinek Der Kampf des alten mit dem neuen Recht 1907 S. 38 ff., 59 ff. (Ausgew. Schriften und Reden I 1911 S. 415 ff.); darauf endlich die Erwiderung Rehms in Hirths Annalen 1908 S. 89 ff. — Der ganze Streit hat zum Teil nur mehr geschichtliches Interesse; denn im Arch. f. öff. Recht XXV 1909 S. 398 N. 1 u. XXVI 1910 S. 372 hat Rehm die bekämpfte Ansicht ausdrücklich aufgegeben.

als Rechtssubjekt zugrunde. Den letzten Erkenntniswert der universalistischen Theorien vermögen wir allerdings nicht anzugeben, weil die Zurückführung der sozialen Welt auf ihre letzten Elemente ein niemals zu realisierendes Postulat unseres Intellekts ist und das von ihm unabhängige objektive Wesen menschlicher Dinge zu erkennen, unser Erkenntnisvermögen übersteigt.

Für die gesamte Staatswissenschaft ist von hoher Bedeutung das Ergebnis, daß der Gegensatz in den prinzipiellen Anschauungen vom Staate zurückzuführen ist auf den Gegensatz der beiden großen Weltanschauungen: der individualistisch-atomistischen und der kollektivistisch-universalistischen.

III. Entwicklung des Staatsbegriffes.

Trotzdem auf dem Wege der Kritik bereits die wichtigsten Resultate gewonnen sind, muß nunmehr nochmals positiv das Wesen des Staates allseitig und von Grund aus bestimmt werden[1]).

1. Der soziale Staatsbegriff.

Um den sozialen Staatsbegriff zu erkennen, muß zunächst auf die letzten nachweisbaren Tatbestände des staatlichen Lebens zurückgegangen werden.

Als letzte objektive Elemente des Staates ergeben sich eine Summe bestimmter in Tätigkeiten sich äußernder sozialer Beziehungen zwischen Menschen oder, noch genauer gesprochen, da der Begriff der Summe bereits eine Form subjektiver Synthese bedeutet, ein Neben- und Nacheinander bestimmter, in Beziehungen von Menschen zu Menschen sich äußernder Tätigkeiten. Er ist somit nach keiner Richtung hin Substanz, sondern ausschließlich Funktion. Die dieser Funktion zugrunde liegende Substanz sind und bleiben die Menschen.

Diese Funktion ist aber ausschließlich psychischer Art, und wenn sie auch physische Wirkungen hervorruft, so sind diese doch stets psychisch vermittelt. Damit reiht sich die staatliche Funktion den psychischen Massenerscheinungen ein.

Es bedarf geringer Überlegung, um einzusehen, daß es mit allen anderen sozialen Erscheinungen dieselbe Bewandtnis hat. Zunächst mit der Sprache, die außer dem gesprochenen und geschriebenen Wort, das stets nur in irgendeiner menschlichen

---

[1]) Vgl. zum folgenden auch G. Jellinek System S. 28 ff.

Innerlichkeit reale Existenz gewinnen kann, kein Dasein besitzt. Denn das nicht gelesene oder sonst einem Bewußtsein vermittelte Wort hat keine selbständige Existenz. Die Sprache ist durch Laut- und Schriftzeichen vermittelte psychische Funktion. Auch ihre Substanz sind und bleiben die Menschen. Ein von Menschen losgelöstes und zur Selbständigkeit verdichtetes Dasein der Sprache gibt es nicht.

Sodann mit der Religion. Auch sie ist reine Funktion, keine Substanz. Auch sie bezeichnet einen bestimmten Bewußtseinsinhalt menschlicher Individuen und die darauf sich gründenden menschlichen Relationen. Der Buddhismus, das Judentum, das Christentum sind menschliche Vorstellungen, Beziehungen, Aktionen. Die Geschichte einer Religion ist identisch mit der Geschichte religiöser Vorstellungen und deren Wirkungen. Die Religion steht nicht neben, sondern sie steckt in den Menschen.

Nicht anders verhält es sich mit Kunst und Wissenschaft, mit Recht und Wirtschaft. Die Substantive dürfen uns nicht verleiten, in ihnen objektive reale Mächte zu sehen, wenn sie auch dem einzelnen als solche entgegenzutreten scheinen. Sie sind insgesamt Erscheinungen menschlicher Innerlichkeit, die zwar Veränderungen in der Welt der Objekte wirken, primär jedoch in einer Reihe psychischer Akte bestehen. Auch sie sind Funktion, nicht Substanz.

Diese Einsicht ist von größter Bedeutung für die Erkenntnis des Wesens aller Sozialwissenschaften. Es sind Wissenschaften von menschlichen Relationen und deren äußeren Wirkungen. Der gesamte Bewußtseinsinhalt der Menschen wird von ihnen aufgeteilt und der Arbeit besonderer Disziplinen unterzogen. Sie sind sämtlich Wissenschaften bestimmter, durch ihr Objekt zusammengehaltener psychischer Funktionen.

Mit diesem allein richtigen Ausgangspunkt, der Auffassung des Staates als einer Funktion der menschlichen Gemeinschaft, ist die Falschheit einer ganzen Reihe staatswissenschaftlicher Grundlehren dargetan. Vor allem derjenigen, welche den Staat als ein neben oder über den Menschen stehendes natürliches Gebilde auffaßt. Die Beobachtung nämlich, daß die konkreten staatlichen Zustände zum nicht geringen Teil nicht von der Gegenwart erzeugt, sondern von der Vergangenheit überliefert, daß also die politischen Institutionen nicht durchaus willkürliche Schöpfungen sind, hat unklares Denken häufig verleitet, den

Staat als eine von den Menschen losgelöste, menschlicher Willkür
entrückte Macht zu betrachten. Aber alle Tradition, so mächtig
sie sein mag, so sehr alles soziale Geschehen von ihr durchdrungen ist, wirkt nicht als von außen kommende Macht, sondern
kraft der inneren Neuschöpfung, die sie in jeder Generation erfährt. Nicht dunkle, unbewußt wirkende Kräfte gestalten in
mystischer Weise die Kontinuität aller menschlichen Verhältnisse.
Vielmehr muß das ganze Wissen und Können der Vergangenheit
durch inneres Erleben eines jeden neuen Geschlechts, durch
Lernen und Erfahrung von neuem erzeugt werden, und diese
Prozesse fallen überwiegend in die Sphäre des Bewußtseins.
Wir halten uns selten die unbestreitbare Tatsache vor Augen,
daß die Existenz der Individuen fortdauernd nicht bloß die
Wirkung unbewußt schaffender natürlicher Kräfte, sondern auch
bewußter, vernünftiger Willensaktionen ist. Hunger und Ge-
schlechtstrieb sind natürliche Mächte, aber ihre Befriedigung beruht auf Willensakten. Namentlich die Fortpflanzung und Heran-
bildung einer neuen Generation kann nicht bloß auf die Wirkung
blinder natürlicher Triebe zurückgeführt werden, wie die Erscheinungen der Askese, der künstlichen Beschränkungen der Ver-
mehrung, der Tötung, Mißhandlung oder Vernachlässigung der
Kinder bei vielen Naturvölkern, die sicherlich manchen Stamm
haben aussterben lassen, beweisen. Nichts aber, was fortdauernd
auf menschlichem Willen beruht, kann als bloße Naturgewalt,
als rein natürliches Gebilde bezeichnet werden, es sei denn, daß
man alle Unterschiede zwischen äußerem mechanischem und
innerem psychologischem Geschehen gänzlich leugnet und sich
damit auf metaphysischen Boden stellt.

Näher bestimmt besteht der Staat in Willensverhältnissen einer Mehrheit von Menschen. Menschen, die befehlen,
und solche, die diesen Befehlen Gehorsam zollen, bilden das Substrat des Staates. Allerdings besitzt der Staat auch ein Gebiet.
Geht man aber der Sache auf den Grund, so gelangt man zu der
Erkenntnis, daß auch das Gebiet ein dem Menschen anklebendes
Element ist. Seßhaftigkeit ist eine Eigenschaft, ein Zustand der im
Staate befindlichen Menschen, und alle juristischen Wirkungen
des Gebietes, wie später eingehend dargelegt werden wird, nehmen
ihren Weg durch die menschliche Innerlichkeit. Von menschlichen
Subjekten ganz losgelöst gibt es kein Gebiet, sondern nur Teile
der Erdoberfläche.

Als letzte objektive Bestandteile der Staaten ergeben sich daher Willensverhältnisse Herrschender und Beherrschter, die beide in zeitlicher, in der Regel auch (bei zusammenhängendem Staatsgebiete) in räumlicher Kontinuität stehen. Theoretische Betrachtung ergibt fortwährenden Wechsel in den herrschenden und beherrschten Individuen, ja im Grunde sind so viele Beherrschungsverhältnisse vorhanden, als es Individuen gibt. Diese Verhältnisse sind aber, wenn man sie isoliert und nur die Beziehung von Willen zu Willen in Betracht zieht, völlig identisch, so daß sie unter höhere Begriffe geordnet werden können.

Die erste Aufgabe wissenschaftlicher Betrachtung ist es, die Vielheit der Erscheinungen zu ordnen. Dieses Ordnen erfolgt durch Zusammenfassen der voneinander getrennten Elemente des Gegebenen zu Einheiten. Jeder Einheit muß aber ein Einigungsprinzip zugrunde liegen. Zuvörderst ist daher das Einigungsprinzip für die Willensverhältnisse zu suchen, deren Gesamtheit sich uns als Staat darstellt[1]).

Es gibt räumliche und zeitliche Einheiten. Was in Raum und Zeit uns gegen ein anderes abgegrenzt erscheint, fassen wir als eine Einheit auf. Solche äußerliche, mechanische Einheit reicht für den Staat nicht aus. Eine gegen andere durch ein Gebiet abgegrenzte Menschenmasse ist noch kein Staat. Es gibt ferner kausale Einheiten. Alles, was auf eine gemeinsame Ursache zurückzuführen ist, stellt sich uns als Einheit dar. Solche kausale einigende Elemente sind zwar im Staate vorhanden, genügen aber nicht, um ihn als eine durchgängige Einheit erscheinen zu lassen. Das Volk erscheint uns als eine stete Einheit, weil es auch durch den kausalen Vorgang der Abstammung von Volksgenossen konstituiert wird; bei staatlichen Neugründungen aber oder Vergrößerungen des Staates fällt

---

[1]) Die Frage nach den Einheitsprinzipien hat zuerst die Stoa eingehend beschäftigt. Vgl. die eingehende Darstellung von Göppert Über einheitliche, zusammengesetzte und Gesamt-Sachen 1871 S. 10 ff. Auch die neuere Staatslehre hat alsbald nach dem Einheitsprinzip für Volk und Staat gesucht, so vor allem Grotius II 9, 3 ff., sodann Pufendorf VIII 12. Die gründlichste und systematischste Untersuchung dieser erkenntnistheoretischen Grundfrage bei Sigwart II § 65, § 72 Ziff. 4 ff., § 78. Über das Relative im Begriffe der Einheit aus der neuesten Literatur Simmel Geschichtsphilosophie S. 108 ff.; vgl. auch G. Jellinek System S. 21 ff.

dieser kausale Vorgang entweder fort oder seine Bedeutung wird
gemindert, wie letzteres in geringerem Maße auch im normalen
Laufe der Dinge durch Ein- und Auswanderung geschieht. Die
dritte Gattung der Einheiten sind die f o r m a l e n. Bei beharren-
der Form erscheint uns eine Vielheit selbst bei dem Wechsel
und Wandel ihrer Teile als ein und dasselbe Objekt. Auch derartige beharrliche formale Elemente bietet der Staat dar. Die
staatlichen Institutionen weisen in der Regel lange Zeiträume
hindurch gewisse gleichbleibende Formen auf, durch welche die
Vorstellung ihrer Einheit im Zeitenwechsel hervorgerufen wird.
Die Kammern, die Ministerien, die Armee usw. fassen wir kraft
konstanter oder nur allmählich sich umbildender Form als Einheiten in ihren historischen Wandlungen auf. So feiern Universi-
täten, Schulen, Regimenter ihre mehrhundertjährigen Jubiläen,
weil gewisse formale Elemente in ihnen in dem Wechsel ihrer
Organisation, Bestimmung, Zusammensetzung ausgeprägt bleiben.
Aber die Kategorie der formalen Einheit genügt für sich noch
nicht, um die Mannigfaltigkeit der staatlichen Verhältnisse zu
ordnen.

Es gibt endlich t e l e o l o g i s c h e Einheiten. Eine durch
dauernde Zwecke miteinander verbundene Vielheit erscheint uns
notwendig als Einheit, und zwar ist die Einheit für unser Bewußtsein um so schärfer ausgeprägt, je zahlreicher und stärker
wirkend die einigenden Zwecke sind. Auf teleologischer Einheit
in der Natur beruht für unser Denken die Gesamtheit der biologischen Prozesse, die wir unter dem Namen des Organismus
zusammenfassen. Auf teleologischer Einheit in der sozialen Welt
ruhen für uns Ordnung und Beurteilung unserer Handlungen, der
geistige und wirtschaftliche Verkehr, die Individualisierung der
von uns geschaffenen und für uns bestimmten Sachen derart,
daß der Zweck als das principium individuationis für alle
menschlichen Dinge betrachtet werden kann. Durch Anwendung
der Zweckkategorie heben wir wertvolle Handlungen von gleich-
gültigen ab, verbinden eine Zahl einzelner Akte zu einer Einheit: Rechtsgeschäfte und Delikte werden so durch teleologische
Betrachtung zu Einheiten verdichtet; durch den Zweck verbinden
wir selbst eine Vielheit räumlich getrennter Dinge zur Einheit
der Sache im Rechtssinne; durch den Zweck teilen wir die
fließende Reihe unserer Beschäftigungen, die ununterbrochene
Folge unserer Taten in mannigfaltige Einheiten ab, die unter

rein psychologischen Gesichtspunkten eine Vielheit geistiger Akte bedeuten.

Auch die Einheit des Staates ist wesentlich teleologische Einheit. Eine Vielheit von Menschen wird für unser Bewußtsein geeinigt, wenn sie durch konstante, innerlich kohärente Zwecke miteinander verbunden sind. Je intensiver diese Zwecke sind, desto stärker ist die Einheit ausgeprägt. Diese Einheit kommt aber auch nach außen zum Ausdruck durch eine Organisation, d. h. durch Personen, die berufen sind, die einigenden Zweckmomente durch ihre Handlungen zu versorgen. Solche organisierte, aus Menschen bestehende Zweckeinheiten heißen menschliche Kollektiv- oder Verbandseinheiten. Die teleologische Einheit des Staates ist also näher bestimmt Verbandseinheit.

In der Verbandseinheit sind Einheit des Ganzen und Vielheit der Glieder notwendig miteinander verknüpft. Die Einheit ist nämlich ausschließlich auf die Verbandszwecke beschränkt, demgemäß das Individuum eine doppelte Stellung erhält: als Verbandsglied und als verbandsfreie Individualität. Die Intensität des Verbandes ist eine verschiedene nach Stärke und Bedeutung der den Verband konstituierenden Zwecke. Sie ist minimal bei den privaten Verbänden, sie steigert sich bei den öffentlichen Verbänden, sie erreicht ihren höchsten Grad im Staate, da der Staat unter allen Verbänden die größte Fülle konstanter Zwecke und die ausgebildetste und umfassendste Organisation besitzt. Der Staat ist die alle anderen einschließende und zugleich die notwendigste Verbandseinheit. Jedem anderen Verbande kann man sich im modernen Staate entziehen, alle Zwangsverbände im Staate haben Zwangsgewalt vom Staate selbst, so daß staatlicher Zwang allein im Verband festzuhalten vermag. Dem Staate selbst vermag sich aber niemand zu entziehen, der Auswanderer, der Heimatlose bleibt einer Staatsgewalt unterworfen, er kann den Staat wechseln, aber nicht der staatlichen Institution selbst dauernd entfliehen, zumal der staatsleere Raum auf dem Erdboden sich immer mehr verengt.

Die staatliche Verbandseinheit ruht auf der äußeren Grundlage eines abgegrenzten Teiles der Erdoberfläche. Sie hat ein Gebiet, d. h. einen räumlich abgegrenzten, ausschließlichen Herrschaftsbereich. Sie ist demnach näher als Verbandseinheit seßhafter Menschen zu bestimmen. Zu der Verbandseinheit zählen zwar auch die außerhalb der Staatsgrenzen

weilenden Staatsangehörigen, wenn sie auch nicht in gleichem
Maße wie die auf dem Gebiete befindlichen dem eigenen Staate
unterworfen sind, doch ist das Dasein von Inländern im Auslande
keine dem Staate wesentliche Erscheinung.

Die zur Verbandseinheit zusammengefaßten staatlichen Willens-
verhältnisse   sind   wesentlich   H e r r s c h a f t s v e r h ä l t n i s s e.
Nicht daß im Herrschen das Wesen des Staates sich erschöpft.
Aber das Vorhandensein von Herrschaftsverhältnissen ist dem
Staate derart notwendig, daß ohne Herrschaftsverhältnisse ein
Staat nicht gedacht werden kann. Der Staat hat Herrschergewalt.
Herrschen heißt aber die Fähigkeit haben, seinen Willen anderen
Willen unbedingt zur Erfüllung auferlegen, gegen andern Willen
unbedingt durchsetzen zu können. Diese Macht unbedingter
Durchsetzung des eigenen Willens gegen anderen Willen hat nur
der Staat. Er ist der einzige kraft ihm innewohnender ursprüng-
licher, rechtlich von keiner anderen Macht abgeleiteter Macht
herrschende Verband.

Aus diesem Grunde geht es nicht an, den Staat einer
höheren Kategorie politischer Gemeinwesen als Unterbegriff einzuordnen[1]). Politisches Gemeinwesen ist entweder der Staat oder
die vom Staate mit Herrschermacht ausgestatteten Verbände.
„Politisch" heißt „staatlich"; im Begriff des Politischen hat man
bereits den Begriff des Staates gedacht. Alle Herrschermacht
im Staate kann nur vom Staate selbst ausgehen. Ein Gemeinwesen, das nach irgendeiner Richtung hin selbständige, unabgeleitete Herrschermacht besitzt, ist nach dieser Richtung hin
selbst Staat. Wohl kann man es nicht vermeiden, von politischen
Verbänden, Gemeinwesen, Gebilden zu sprechen als einem vor-
läufigen Hilfsbegriff, solange es nämlich unentschieden ist, ob ein
Verband ursprüngliche oder abgeleitete Herrschermacht besitzt,
allein ein höherer Erkenntniswert kommt einer solchen Hilfsvorstellung nicht zu[2]).

Es ergibt sich somit folgendes: D e r   S t a a t   i s t   d i e   m i t

---

[1]) G. M e y e r Staatsrecht S. 2 f. Als politisches Gemeinwesen bezeichnet er das Gemeinwesen mit sachlich unbegrenztem, auf alle Seiten
des menschlichen Lebens sich erstreckendem Wirkungskreis. Den aber
hat n u r der Staat; ihn besitzen, wie M e y e r selbst S. 42 u. 47 ausführt,
weder Kommunalverbände noch jene Arten der Staatenverbindungen. die
er zu den politischen Gemeinwesen zählt.

[2]) Dies gegen den Einwand G. M e y e r s S. 3 Note 2.

ursprünglicher Herrschermacht ausgerüstete Verbandseinheit seßhafter Menschen[1]).

Kraft der Synthese, die wir durch das Ineinsfassen der zahllosen Willensverhältnisse vornehmen, erlangen diese Verhältnisse selbst eine doppelte Qualifikation. Die natürlichen, in den Individuen sich abspielenden Willensvorgänge werden nämlich von unserem Denken zugleich auf die Verbandseinheit selbst bezogen. Unter dem Gesichtspunkte der Einheit werden die diese Einheit zum Ausdruck bringenden, von ihr ausgehenden individuellen Akte der Verbandseinheit zugerechnet. Die den herrschenden Willen erzeugenden Personen werden, sofern sie diesen Willen bilden, Willenswerkzeuge, d. h. Organe des Ganzen[2]). Ist die Synthese der menschlichen Vielheit zur Zweckeinheit logisch notwendig, so ist nicht minder die Beziehung des Organwillens auf die Verbandseinheit, die Zurechenbarkeit jenes zu dieser logisch geboten.

So sind wir denn von den letzten wahrnehmbaren Tatbeständen des staatlichen Lebens bis zur höchsten Form der Synthese dieser Tatbestände aufgestiegen. Ob diese Synthese eine der Welt unserer inneren Erfahrung transzendierende Bedeutung

---

[1]) Die folgenden Untersuchungen werden diesen Satz noch näher begründen und gegen Einwände verteidigen. Hier sei nur erwähnt, daß die Bemerkungen von Rehm, Staatslehre S. 114, gegen die Notwendigkeit ursprünglicher Herrschermacht auf einer unrichtigen, später eingehend zurückzuweisenden Lehre von der Entstehung des Staates beruhen. Ein Staat kann geschichtlich durch einen anderen gebildet werden, rechtlich hat er seine Gewalt immer nur durch sich selbst. Bulgariens Staatsgewalt war auch vor der Unabhängigkeitserklärung 1908 nicht abgeleitete türkische, sondern originär bulgarische Gewalt; seine Gewalt war gar nicht mehr potentiell in der türkischen Gewalt enthalten, wie es mit den eigenen, aber derivativen Rechten der Gemeinde hinsichtlich der sie beherrschenden Staatsgewalt der Fall ist. Die von Rehm angezogene Sprache der diplomatischen Urkunden ist für die Entscheidung solcher Fundamentalfragen gänzlich belanglos; was sich die Redaktoren der Berliner Kongreßakte unter der Erhebung Bulgariens zum Staate gedacht haben, ist für die Wissenschaft ohne Interesse. Die Türkei aber konnte nicht ihre Provinz „staatsrechtlich in einen Staat umwandeln", weil auch nach türkischem Staatsrecht ein Staat nicht den anderen schaffen kann.

[2]) Daß mit der Verwendung des Organbegriffes keineswegs in die Bahn der organischen Staatslehre eingelenkt wird, vgl. auch G. Jellinek System S. 37 und oben S. 158. Das ist auch verkannt von Zorn in der Besprechung dieses Werkes, Deutsche Literaturzeitung 1904 S. 880.

besitzt, ob ihr in der objektiven Natur der Dinge etwas entspricht,
ob die Einheiten, die wir denknotwendig durch Anwendung des
Zweckbegriffes bilden, auch unabhängig von unserem Denken in
irgendeiner Form existieren, wissen wir nicht und können wir
mit den Hilfsmitteln wissenschaftlicher Forschung nicht feststellen[1]). An diesem Punkte hat unser sicheres Wissen ein Ende
und die metaphysische Spekulation ihren Anfang. Diese Grenze
soll hier nicht überschritten werden.

2. Der juristische Staatsbegriff.

An diesen hier entwickelten Begriff vom Staate hat die
juristische Erkenntnis des Staatsbegriffes sich anzuschließen. Ob

---

[1]) E. Loening, a. a. O. S. 701 f., wendet sich in längerer Polemik
scheinbar gegen meine obigen Ausführungen, in Wahrheit aber gegen
deren gerades Gegenteil. Wo hätte ich jemals den Satz aufgestellt, daß unseren Abstraktionen außerhalb unseres Bewußtseins
irgendeine Existenz zukommt? Vielmehr habe ich die Behauptung einer
solchen Existenz stets in einer jeden Zweifel ausschließenden Weise
dem unkritischen Dogmatismus überlassen. Einem solchen huldigt auch
Loening, für den es eine sicher zu erschließende objektive Welt gibt,
von der wir ohne weiteres durch Selbstbesinnung das trennen können,
was nur psychologisch, ohne zwingende logische Notwendigkeit in uns
durch zu bestimmten Zwecken geübte Abstraktion entsteht. Daher meint
er auch, daß Rechtsbegriffe nur in uns, Rechtsverhältnisse aber real
außer uns existieren. In seinen Ausführungen aber befolgt er genau die
von ihm abgelehnte Methode. Die von mir aufgeworfene Frage nach der
Art der Einheit des Staates beantwortet er (S. 702 f.) dahin, daß wir nur
in unserer Vorstellung die Vielheit der Rechtsverhältnisse zu einer Einheit
zusammenfassen, behandelt diese subjektive Einheit aber durchaus, wie
wenn sie eine reale Substanz wäre. Er spricht von der Identität des
Staates als einer von den einzelnen Rechtsverhältnissen unabhängigen
objektiven Tatsache, er schreibt dem Staate Aufgaben zu, läßt den Staat
in die Zukunft wirken, er untersucht die Funktionen des Staates, lauter
Denkoperationen, die den Staat unter der Kategorie der Substanz betrachten. Er bestätigt damit, daß nicht die unzähligen Willensverhältnisse,
die für uns die letzten Elemente des Staates sind, zu denen wir vordringen können, sondern nur die Begriffe, die wir aus den Erscheinungen
gemäß den Bedürfnissen unseres synthetischen Denkens bilden, einer
gedeihlichen Erkenntnis dessen, was wir vom Staate wissen können und
zu wissen verlangen, zugrunde gelegt werden müssen. Alle Versuche,
jene letzten erkennbaren Elemente der sozialen und insbesondere der
rechtlichen Vorgänge unmittelbar einer Erklärung der unendlich komplizierten Erscheinungen des Lebens zugrunde zu legen, können höchstens
zu unfruchtbarer Scholastik führen. Ein schlagendes Beispiel hierfür bei
Hold v. Ferneck I S. 267 ff.

und inwieweit der Staat selbst als Gebilde des Rechts bezeichnet werden kann, ist an anderer Stelle zu erörtern. Die Möglichkeit rechtlicher Selbstbeschränkung des Staates, durch die er sich unter das Recht stellt, Träger von Rechten und Pflichten wird, muß an dieser Stelle als begründet vorausgesetzt werden.

Seiner juristischen Seite nach kann der Staat nach den vorausgegangenen kritischen Erörterungen nur als R e c h t s - s u b j e k t gefaßt werden, und zwar ist es näher der Begriff der Körperschaft, unter den er zu subsumieren ist. Das Substrat der Körperschaft sind stets Menschen, die eine Verbandseinheit bilden, deren leitender Wille durch Mitglieder des Verbandes selbst versorgt wird. Der Begriff der Körperschaft aber ist ein rein juristischer Begriff, dem, wie allen Rechtsbegriffen, in der Welt der Tatsachen nichts objektiv Wahrnehmbares entspricht; er ist eine Form der juristischen Synthese, um die rechtlichen Beziehungen der Verbandseinheit, ihr Verhältnis zur Rechtsordnung auszudrücken. Schreibt man daher dem Staate wie der Körperschaft überhaupt juristische Persönlichkeit zu, so hat man nach keiner Richtung hin eine Hypostasierung oder Fiktion vorgenommen, denn Persönlichkeit ist nichts anderes als Rechtssubjekt und bedeutet daher, wie oben ausgeführt, eine Relation einer Einzel- oder Kollektivindividualität zur Rechtsordnung. Ein großer Teil der Irrtümer in der Lehre von der juristischen Person rührt von der naiven Identifizierung der Person mit dem Menschen her, trotzdem jedem Juristen schon der flüchtigste Blick in die Geschichte der Unfreiheit lehrt, daß beide Begriffe sich mit nichten decken.

Als Rechtsbegriff ist der Staat demnach d i e m i t u r s p r ü n g - l i c h e r H e r r s c h e r m a c h t a u s g e r ü s t e t e K ö r p e r s c h a f t e i n e s s e ß h a f t e n V o l k e s oder, um einen neuerdings gebräuchlich gewordenen Terminus anzuwenden, d i e m i t u r - s p r ü n g l i c h e r H e r r s c h e r m a c h t a u s g e s t a t t e t e G e - b i e t s k ö r p e r s c h a f t.

Eine Reihe von Einzeluntersuchungen wird den hier gewonnenen Begriff des Staates tiefer zu begründen und zu ergänzen haben. Die Fragen nach der Rechtfertigung des Staates, nach Wesen und Umfang der Staatszwecke, die für den Staatsbegriff konstituierend sind, sowie die Lehre von der Souveränetät sind besonderen Kapiteln vorbehalten.

Siebentes Kapitel

Die Lehren von der Rechtfertigung des Staates.

I. Das Problem.

Menschliche Institutionen scheiden sich von natürlichen Vorgängen grundsätzlich dadurch, daß sie stetigen Willensprozessen ihren Ursprung und Fortgang verdanken. Menschlicher Wille wirkt aber niemals bloß nach Art einer Naturkraft, deren Effekt, sofern nicht andere Kräfte ihn aufheben, ein ununterbrochener ist. Vielmehr ist die Fortdauer von Willensaktionen stets von vernünftigen Erwägungen abhängig. Dem Einzelbewußtsein stellt sich das soziale Handeln und Leiden niemals bloß unter der Kategorie des Müssens, sondern stets auch unter der des Sollens dar.

Darum liegt es im Wesen unseres Denkens begründet, daß wir allen sozialen Institutionen gegenüber die kritische Frage erheben: Warum sind sie da? Diese Frage ist keineswegs, wie so oft irrtümlich angenommen wurde, auf die historische Entstehung der Institutionen gerichtet. Nicht geschichtliches Wissen, sondern Grundsätze für das Handeln sollen die Antworten auf die berührte kritische Frage uns lehren. Wie immer die Institutionen entstanden sein mögen, sie müssen sich, um fortzubestehen, vor dem Bewußtsein einer jeden Generation als vernünftig rechtfertigen können.

Das gilt in erster Linie vom Staate. Jedes Geschlecht tritt mit psychologischer Notwendigkeit dem Staate entgegen mit der Frage: Warum überhaupt der Staat mit seiner Zwangsgewalt? Warum muß sich das Individuum die Beugung seines Willens durch einen anderen gefallen lassen, warum und in welchem Umfange muß es der Gesamtheit Opfer bringen? Die Antworten auf diese Fragen wollen den einzelnen lehren, warum er den

Staat a n e r k e n n e n muß. Sie bewegen sich nicht auf dem
Boden des Seienden, sondern des Sein-sollenden; sie sind nicht
theoretischer, sondern praktischer Natur[1]). Sie bilden daher eine
Grundlage politischer Betrachtung des Staates, da sie den klaren
Zweck verfolgen, die vorhandene Staatsordnung zu stützen, oder
zu verändern. Sie bezeichnen aber eine jener Stellen, wo die
Staatslehre zu ihrer Vollendung der Ergänzung durch politische
Untersuchung bedarf, ansonst ihre Resultate den sicheren Boden
verlieren. Das zeigen deutlich die großen geistigen Kämpfe der
Gegenwart. Sozialismus und Anarchismus stellen die Berechtigung des Staates überhaupt in Abrede und behaupten die Möglichkeit einer staatslosen Gesellschaft. Der Nachweis, daß der
Staat eine notwendige und daher anzuerkennende Institution ist,
lehrt sein Wesen selbst tiefer erfassen, als wenn man die Möglichkeit nicht abwiese, daß er nur eine Episode, eine Entwick-
lungskrankheit in der Geschichte der Menschheit darstellt.

Zur Beantwortung der hier aufgeworfenen Fragen kann man
einen doppelten Standpunkt einnehmen. Man kann den Staat betrachten als eine in mannigfaltigen Formen sich auslebende, aber
trotzdem stets gewisse typische Funktionen versehende geschichtliche Erscheinung oder ihn als Glied einer Kette transzendenter
Elemente auffassen, die als wahres, metaphysisches Sein der Erscheinungswelt subsistieren. Unter dem Einflusse einer spekulativen Philosophie war bis in die zweite Hälfte des 19. Jahrhunderts dieser zweite Standpunkt der herrschende. Mit dem Fall
der Herrschaft dieser Philosophie wendet sich die positive Wissenschaft in der Meinung, daß es sich nur um ein spekulatives Pro-

---

[1]) Das ist in der großen Literatur über diese Fragen häufig nicht
klar erkannt worden, so daß das Problem der Rechtfertigung des Staates
mit dem seiner historischen Entstehung vermischt wurde. Solche Vermischung z. B. deutlich und bewußt bei S t a h l III[2] S. 169 ff. Noch
M o h l , Enzyklopädie S. 90 ff., und B l u n t s c h l i , Die Lehre vom
modernen Staat I S. 298 ff., fassen geschichtliche und spekulative Theorien
von der Entstehung des Staates zu koordinierten Gliedern einer Einheit
zusammen und trennen beide Kategorien nicht immer scharf genug. Die
volle Bedeutung der Frage im Hinblick auf die Lehre vom Staatsvertrag
hat zuerst erfaßt J. G. F i c h t e , Beiträge zur Berichtigung der Urteile
über die französische Revolution. Sämtliche Werke I S. 80 ff. Den richtigen Standpunkt haben später auch v. E ö t v ö s , Der Einfluß der herrschenden Ideen des 19. Jahrhunderts auf den Staat II 1854 S. 58 ff.,
sowie H. S c h u l z e , Einleitung S. 139, eingenommen.

blem handle, von der ganzen Frage ab[1]). Die staatsrechtlichen Systeme der letzten dreißig Jahre erwähnen sie nicht, da ihnen das geschichtliche Dasein den Staat vollauf zu rechtfertigen scheint. Erst die sozialistische Kritik im Verein mit den Aufstellungen des Anarchismus haben die Gegenwart die hohe Bedeutung des Problems von neuem kennen gelehrt.

Unter dem Einflusse naturrechtlicher Anschauungen hat man bisher die hierher gehörigen Lehren als die vom Rechts- grunde des Staates bezeichnet. Diese Bezeichnung ist unklar und unrichtig, da sie juristische und ethische Rechtfertigung mit- einander vermengt. Eine rein juristische Rechtfertigung ist, wie gezeigt werden wird, für den Staat unmöglich. Vielmehr handelt es sich hier um die in letzter Instanz rein ethische Frage, ob der Staat auf Grund einer über dem einzelnen und dem Staate und seinem Rechte stehenden Notwendigkeit anzuerkennen sei oder nicht.

Zahllos sind die ethischen Theorien und mit ihnen die Ver- suche, den Staat zu rechtfertigen. Doch lassen sich all diese Lehren auf bestimmte Grundgedanken reduzieren, in eine geringe Zahl von allgemeinen Kategorien bringen.

Fünf von Grund aus verschiedene Wege sind es nämlich, mit denen die Notwendigkeit des Staates erwiesen werden kann. Diese Wege sind: Begründung des Staates durch eine religiöse, durch eine physische, durch eine rechtliche, durch eine sittliche, durch eine psychologische Notwendigkeit. Sie seien zunächst im folgenden dargestellt und geprüft.

II. Die einzelnen Theorien.

1. Die religiös-theologische Begründung des Staates.

Der Staat ist kraft göttlicher Stiftung oder göttlicher Fügung da, daher jeder nach göttlichem Gebot verpflichtet ist, ihn an- zuerkennen und sich seiner Ordnung zu unterwerfen. Diese Lehre ist die älteste und verbreitetste, notwendig geltend bei den

---

[1] In der Regel wurden nämlich die hier zu behandelnden Lehren auf den idealen, die Frage nach der historischen Entstehung auf den empirischen Staat bezogen. So vor allem Hegel Grundl. d. Philosophie d. Rechts § 258; ferner H. A. Zachariae Deutsches Staats- u. Bundes- recht I S. 57; H. Schulze Einleitung S. 139; Trendelenburg Natur- recht S. 344 ff.; Lasson Rechtsphilosophie S. 293 ff. u. a.

Völkern, denen Staats- und Religionsgemeinschaft in weiterer
oder geringerer Ausdehnung zusammenfielen, daher bereits in
den altorientalischen Staaten zu Hause, sowie auch in Hellas
und Rom. Die Worte des Demosthenes, die in die Digesten
aufgenommen worden sind, daß dem Gesetz Gehorsam zu zollen
sei, weil es Erfindung und Geschenk Gottes ist[1]), drücken in
prägnanter Form die populäre Überzeugung der antiken Völker
von der göttlichen Sanktion der staatlichen Ordnung aus.

Ganz anders als in der alten Welt entwickelt sich diese Lehre
in der christlichen. Das Christentum steht dem Staate anfänglich
mindestens gleichgültig gegenüber[2]). Da es dem Christentum
aber notwendig wird, sich mit dem römischen Staate auseinander-
zusetzen, so lehrt es Anerkennung der staatlichen Autorität und
Unterwerfung unter sie, dadurch gewiß auch dem Verdacht der
Staatsfeindschaft vorzubeugen versuchend. Das ändert sich indes
mit dem Siege des Christentums. Durch C h r y s o s t o m u s[3]) und
in folgenreicher Weise durch A u g u s t i n u s wird eine bedeutsame Wendung vollzogen. Indem A u g u s t i n u s der civitas dei
die civitas terrena gegenüberstellt, welche zwar nicht mit dem
geschichtlich gegebenen Staate identisch ist, aber doch unverkennbar dessen Züge trägt[4]), und diesen irdischen Staat für
eine notwendige Folge des Sündenfalles erklärt, erscheint der
Staat als ein Werk des Bösen, das auch dereinst am Ende aller
Tage den Lohn der Sünde empfangen werde. Nicht göttlich,
sondern teuflisch ist dieser irdische Staat, und damit scheint die
Lehre von der göttlichen Einsetzung der Obrigkeit in ihr Gegen-

---

[1]) L. 2 D. de legibus 1, 3: ὅτι πᾶς ἐστὶ νόμος εὕρημα μὲν καὶ δῶρον Θεοῦ.

[2]) „At enim nobis ab omni gloriae et dignitatis ardore frigentibus
nulla est necessitas coetus, nec ulla magis res aliena, quam publica."
T e r t u l l i a n u s Apologeticus c. XXXVIII.

[3]) Der Staat ist auch ihm ein durch die Sünde notwendig gewordenes
Übel. Vgl. H. v. E i c k e n Geschichte und System · der mittelalterlichen
Weltanschauung 1887 S. 122.

[4]) Über die mystische Konstruktion der beiden Staaten in Augustinus
de civitate dei vgl. R e u t e r Augustinische Studien 1887 S. 128 ff.; R e h m
Geschichte S. 156. Wenn A u g u s t i n u s selbst in erster Linie die Verteidigung des Christentums gegen das Heidentum bezweckt und bei ihm
keineswegs schon der deutliche Gegensatz von Staat und Kirche vorhanden ist (R e u t e r S. 151 f.), so ist doch seine Lehre später als auf
diesem Gegensatz fußend aufgefaßt worden und hat dadurch auf die
politischen Anschauungen des Mittelalters gewirkt.

teil verkehrt. Allein wie die Sünde ist auch er durch Gottes
Zulassung da und insofern noch immer ein Bestandteil des göttlichen Weltplans. Wie alles, was der Sünde entspringt, dient
auch er dazu, die göttliche Gnade, die dem Auserwählten Er-
lösung verheißt, in das hellste Licht zu stellen. Sie wird trium-
phieren, wenn der Gottesstaat den irdischen für immer überwunden haben und die Zeit von der Ewigkeit verschlungen sein
wird. Nur der sich in den Dienst des Gottesreiches stellende
Staat hat relative Berechtigung, obwohl auch er dem Irdischen
und der Vergänglichkeit angehört[1]).

Dieser augustinische Gedanke zieht sich durch die ganze
kirchliche Lehre des Mittelalters hindurch[2]); er liegt auch heute
noch der katholischen Staatslehre zugrunde, wurde aber nicht
minder von der deutschen Reformation rezipiert und ist bis auf
die Gegenwart herab von der protestantischen Orthodoxie verfochten worden[3]). Die praktische Tendenz dieser Lehre war auf
die Unterordnung des Staates unter die Kirche gerichtet, die
bereits kurze Zeit nach der Christianisierung des römischen
Reiches gefordert wurde. Aus der Augustinischen Theorie nimmt
G r e g o r VII. seine schärfsten Waffen im Kampfe mit dem
Kaiser[4]), nicht minder aber alle, die auf Seiten der geistlichen
Gewalt in diesem Kampfe stehen.

Diese schroffe Haltung der Kirche gegenüber dem Staate ließ
sich jedoch auf die Dauer nicht konsequent festhalten, und es

---

[1]) Vgl. über den letzten Punkt G i e r k e Genossenschaftsrecht III
S. 126, 127.

[2]) Vgl. v. E i c k e n a. a. O. S. 356 ff.

[3]) Vgl. S t a h l Philosophie des Rechts II[1] S. 153 ff. Wenn Stahl
selbst auch von Augustinus erklärt, daß er weit über die Grenze gehe,
so steht er, trotz der Behauptung, daß der Staat eine göttliche Institution
sei, dennoch der Grundanschauung des Augustinus, wie auch aus seinen
Ausführungen a. a. O. S. 48 ff. u. II[2] S. 179 ff. hervorgeht, keineswegs
schroff gegenüber. Die irdische Ordnung ruht auf der Sünde, der Beruf
des Staates aber auf dem Dienste Gottes, — das entspricht ganz jener
altchristlichen Lehre. Mit weniger Umschweifen als Stahl hat sich
v. M ü h l e r , Grundlagen einer Philosophie der Staats- u. Rechtslehre
nach evangelischen Prinzipien 1873 S. 126 ff., zur Augustinischen Theorie
bekannt.

[4]) Namentlich in dem berühmten Schreiben an den Bischof Hermann von Metz 1081. Mon. Germ. SS. VII p. 357. Die bezeichnendsten
Stellen angeführt von G i e r k e , Genossenschaftsr. III S. 524 N. 16.

entsteht daher eine, in ihren Anfängen weit zurückreichende[1]), Vermittlungstheorie, welche den Staat zwar auch fernerhin noch auffaßt als durch die Sünde entstanden, aber als eingesetzt zum Zwecke des Schutzes gegen die Folgen der Sünde: Gewalttat des Starken gegen den Schwachen. Namentlich durch den Schutz der Kirche kann der Staat den Makel seines Ursprungs tilgen[2]). Ihren bekanntesten Ausdruck erhält diese Lehre in der berühmten Zweischwertertheorie. Nach der mystischen Auslegung einer Stelle des Lukasevangeliums[3]) hat Gott zwei Schwerter zum Schutze der Christenheit eingesetzt, das geistliche und das weltliche Schwert. Nach klerikaler Anschauung sind beide Schwerter von Gott, der gleichsam als oberster Lehnsherr der Welt erscheint, dem Papste gegeben, der das geistliche Schwert selbst führt, das weltliche dem Kaiser leiht. „Das eine ist von der Kirche, das andere für die Kirche zu führen," wie Bonifacius VIII. behauptete. Die Anhänger des Kaisers hingegen lassen ihn unmittelbar von Gott mit dem weltlichen Schwerte belehnt werden. Dieser literarische Streit um die Stellung des Kaisers zu Gott ist die theoretische Begleitung des gewaltigen Kampfes zwischen Staat und Kirche.

Nicht minder tritt aber in der neueren Zeit die theologische Begründung des Staates in den Kampf der Geister ein, und es ist ein höchst interessantes Schauspiel, zu sehen, wie entgegengesetzte Parteien ihre Ansprüche auf den göttlichen Willen zu projizieren suchen, um dadurch einen unwiderleglichen Rechtsgrund für ihre Ansprüche zu gewinnen. Denn nicht nur die Institution des Staates schlechthin, sondern auch eine bestimmte Gestaltung des Staates wird von ihnen als mit unmittelbarer göttlicher Sanktion umkleidet hingestellt. Der bleibende Gewinn, welchen diese Erscheinung gewährt, besteht in der gewichtigen Lehre, daß keine wie immer geartete strikte politische Folgerung aus kirchlichen Lehren gezogen werden könne, indem jede Zeit und jede religiös gesinnte Partei die ihr günstigen Prinzipien mit unumstößlicher Sicherheit aus theologischen Prämissen

---

[1]) Vgl. die Nachweise bei A. Teichmann Eine Rede gegen die Bischöfe. Altnorwegische politische Zeitschrift aus König Sverres Zeit. Basler Universitätsprogramm 1899 S. 17 und 22.

[2]) v. Eicken a. a. O. S. 364; Mirbt Die Publizistik im Zeitalter Gregors VII. 1894 S. 545 f.

[3]) XXII 38.

abgeleitet hat. So haben die Aufständischen im Bauernkriege ihre Forderungen auf das Evangelium gestützt und Luther sie mit dem Evangelium auf das äußerste bekämpft. Die protestantischen Monarchomachen des 16. Jahrhunderts haben nicht minder wie die spanischen Jesuiten jener Zeit die energische Bekämpfung des ihrer Kirche feindlichen Königs als ein von Gott gebotenes Werk hingestellt. Jakob I. hat das göttliche Recht der Stuarts proklamiert, und die Puritaner haben unter Berufung auf göttliches Gebot seinem Sohn das Haupt abgeschlagen. Sowohl das Commonwealth of England als die republikanische Staatenbildung in Neuengland gehen vor sich unter der Einwirkung der Vorstellung, daß nach göttlicher Anordnung die höchste kirchliche wie politische Gewalt stets in der Volksgemeinde ruhen müsse. Aber auch der fürstliche Absolutismus betrachtet sich als von Gottes Gnaden eingesetzt; Bossuet beweist aus der Heiligen Schrift, daß er die beste, gottgewollte Staatsform sei, daß die Könige die Stellvertreter Gottes und ihr Thron in Wahrheit Gottes Thron sei, und Ludwig XIV. äußert sich über seine Stellung in ähnlicher Weise. In der auf die französische Revolution folgenden Epoche der Reaktion und Restauration bemächtigen sich die Anhänger der Legitimitätslehre und die Mitglieder der von der Revolution zurückgedrängten Gesellschaftsschichten dieser Ideen und behaupten, daß nur eine geschichtlich überkommene, ihren Ansprüchen günstige Verfassung die göttliche Sanktion besitze. Was die· französischen Legitimisten begannen, ist sodann zuerst von deutschen katholisierenden Schriftstellern aufgenommen und schließlich auf protestantischer Seite von Fr. J. Stahl in ein System gebracht worden. Bei ihm erscheint der Staat als ein sittlich-intellektuelles Reich, das auf Gottes Gebot und Ordnung ruht. Aber nicht nur der Staat überhaupt ist göttliche Institution, sondern auch die bestimmte Verfassung und die bestimmten Personen der Obrigkeit haben Gottes Sanktion; sie sind zwar nicht durch unmittelbare göttliche Tat, aber durch Gottes Fügung da[1]). Jedoch nur die auf geschichtlicher Grundlage sich erhebenden Verfassungen ruhen in Gottes Ordnung, während die revolutionären Prinzipien, d. h. die den Staat auf menschliche Autorität gründen wollen, widergöttlicher Art sind. Praktisch laufen seine

---

[1]) a. a. O. II² S. 176 f.

Ideen darauf hinaus, den uralten theokratischen Gedanken im Interesse der preußischen Konservativen zu modernisieren.

Den wissenschaftlichen Wert aller Versuche, eine bestimmte Staatsform auf den göttlichen Willen zu stützen, hat Rousseau mit schneidender Ironie kritisiert, wenn er zwar zugibt, daß jede Gewalt von Gott komme, aber hinzufügt, daß auch jede Krankheit vom Höchsten gesendet werde. Soll es deshalb verboten sein, den Arzt zu Hilfe zu rufen?[1])

In neuester Zeit ist denn die theologische Staatslehre, die heute namentlich in ihrer katholischen Abart ein umfassendes praktisches Programm aufstellt, vorsichtiger geworden. Nicht mehr die Staatsform, sondern das Verhältnis des Staates zur Gesellschaft beschäftigt sie in erster Linie. Sie sucht die Gesellschaft nach religiösen Prinzipien zu organisieren; wie ehedem die ganze Politik, so wird nunmehr vornehmlich die moderne kirchliche Sozialpolitik scheinbar aus obersten Prinzipien gefolgert, während in Wahrheit ebenso eine Anpassung dieser Prinzipien an die gegebenen sozialen Verhältnisse im kirchlichen Interesse vorliegt, wie es früher mit den wechselnden politischen Gestaltungen der Fall war[2]).

Die Exzesse der religiösen Theorie, die heute keiner ernstlichen Kritik mehr bedürfen, haben in neuester Zeit die Verbreitung antireligiöser Gesinnung in den sozialistisch gesinnten Massen in hohem Maße gefördert. Die in der sozialistischen Literatur so oft wiederkehrende Behauptung, daß die Religion ausschließlich die soziale Funktion erfülle, die konkreten Macht- und Ausbeutungsverhältnisse zu festigen, ist der unvermeidliche Gegenschlag gegen die modernen Versuche, Religion und Tagespolitik miteinander zu verquicken. Auf der anderen Seite bietet aber die theologische Staatslehre katholischer Fassung noch immer der klerikalen Partei die theoretische Grundlage ihrer staatsfeindlichen Bestrebungen, indem sie das selbständige Recht des Staates heute wie vor Jahrhunderten negiert. Somit ver-

---

[1]) „Toute puissance vient de Dieu, je l'avoue; mais toute maladie en vient aussi: est-ce à dire qu'il soit défendu d'appeler le médecin?" Contr. soc. I 3. Uneingedenk dieser Wahrheit haben nahezu hundert Geistliche der verschiedensten evangelischen Bekenntnisse die Abschaffung der Sklaverei 1863 als einen Eingriff in die Pläne der göttlichen Vorsehung bezeichnet (Gomperz Griechische Denker III 1909 S. 260).

[2]) Vgl. z. B. Périn Christliche Politik 1876, Pesch Liberalismus, Sozialismus und christliche Gesellschaftsordnung 2. Aufl. 1901.

fehlen diese Lehren das praktische Ziel einer Rechtfertigung des Staates. Sie wirken nicht staatserhaltend, sondern staatszerstörend.

Wohl zu unterscheiden von diesen Äußerungen einer mit transzendenten Mitteln kämpfenden Parteipolitik sind diejenigen politischen und theologischen Lehren, welche sowohl die Erscheinung des Staates als die Gesamtheit seiner historischen Entfaltung auf Gott zurückführen. Es wird dadurch ein Doppeltes ausgedrückt. Einmal die Überzeugung von der Vernünftigkeit der staatlichen Ordnung, sodann der Gedanke, daß der Staat, wie alles Seiende, aus dem Urgrunde der Dinge stamme. Eine wissenschaftlich befriedigende Einsicht ist aber damit nicht gewonnen, da aus der Einheit des letzten Grundes eben alles abzuleiten und damit das einzelne in seiner Eigenart nicht erklärt ist. Nicht minder wird der vernunftgemäße Charakter des Staates durch seine Projizierung auf den göttlichen Willen vorausgesetzt, aber nicht bewiesen, wie ein Blick auf jene theologischen Lehren zeigt, welche von der Überzeugung des ungöttlichen Charakters des Staates durchdrungen sind.

Daher bedarf die theologische Theorie in dieser Fassung stets noch eines anderen Rechtfertigungsgrundes für den Staat. Bei näherem Zusehen findet man, daß bei ihren Anfängen Gott die causa remota des Staates ist, während dessen causa proxima in einem anderen Prinzipe gesucht wird.

2. Die Machttheorie.

Das Wesen dieser Lehre besteht darin, daß sie den Staat als Herrschaft des Starken über die Schwachen auffaßt und dieses Herrschaftsverhältnis als durch die Natur begründet erklärt. Der Staat beruht demnach ihr zufolge auf einem Naturgesetze, das menschliche Willkür nicht aufzuheben vermag. Darum soll der Staat von dem einzelnen anerkannt werden, d. h. das Individuum muß sich ihm kraft der Einsicht unterwerfen, daß er eine unabwendbare Naturgewalt sei, wie Sonnenwärme, Erdbeben, Ebbe und Flut u. dgl. Die Machttheorie ist das materialistische Gegenstück der theologischen Lehre. Wie dort Ergebung in den göttlichen Willen, so wird hier Ergebung in die blind wirkenden Kräfte des sozialen Geschehens gefordert.

Die Machttheorie läßt sich von alters her vernehmen. In vollster Schärfe und Deutlichkeit haben die jüngeren Sophisten es ausgesprochen, daß der Staat nur eine zum Vorteil des Mächtigen bestehende Institution, die Organisation der sozialen Ausbeutung sei, daß das Recht menschlicher Satzung seinen Ursprung verdanke und zur Fesselung der Starken durch die Schwachen bestimmt sei, daß aber der Starke, wenn er dies einmal erkannt habe, diese widernatürlichen Fesseln zerreiße und damit die Herrschaft des Naturgesetzes herstelle[1]). In epigrammatischer Kürze ist die Lehre vom Recht des Stärkeren in den Worten ausgesprochen, die Plutarch dem Brennus in den Mund legt[2]).

In der neueren Zeit tritt die Machttheorie zuerst im Zusammenhang mit dem Kampfe gegen die theologische Weltanschauung auf. . Hatte Hobbes bereits für das Recht des einzelnen im Naturzustande keine andere Schranke gekannt als dessen Macht und den Machtstaat neben dem Vertragsstaat als ebenbürtige, ihre Mitglieder mit gleichem Rechte zwingende Erscheinungen des Staates behauptet, so identifiziert Spinoza Recht und Macht schlechthin. Dieser häufig mißverstandene Satz besagt aber nur, daß alles in der mit Gott sich deckenden Natur mit Notwendigkeit geschieht und daher Recht ist, daß wir darum keinen objektiven Maßstab haben, um an ihm Recht und Unrecht des unendlichen Naturgeschehens messen zu können[3]), und daß eine machtlose Rechtsordnung sich nicht behaupten könne. Daher ist nur eine relative, positivrechtliche Bestimmung eines von dem Machtkreis des einzelnen unterschiedenen Rechtes möglich. Im Kampfe mit der naturrechtlichen Vertragslehre hat sodann im 19. Jahrhundert K. L. v. Haller in schroffer Weise den Satz aufgestellt, daß die auf der Ungleichheit der Menschen aufgebaute staatliche Herrschaft auf einem unentrinnbaren Naturgesetze beruhe, daß der Naturstand, in dem solches statthabe, nicht zu Ende sei und niemals zu Ende sein könne[4]). In der neuesten Zeit hat die sozialistische Gesellschaftslehre, welche die

---

[1]) Vgl. Plato Gorgias 482 E ff., Rep. I 338 C ff.

[2]) Vitae XI, Camillus XVII 3, 4. Daß der Stärkere herrsche, wird πρεσβύτατος τῶν νόμων genannt.

[3]) „Per Jus itaque naturae intelligo ipsas naturae leges, seu regulas, secundum quas omnia fiunt, hoc est, ipsam naturae potentiam; atque adeo totius naturae et consequenter uniuscujusque individui naturale Jus eo usque se extendit, quo eius potentia." Tract. polit. II 4.

[4]) Restauration der Staatswissenschaften I S. 340.

konkrete staatliche Ordnung als den Ausdruck der Machtverhältnisse der Gesellschaftsklassen auffaßt, dem alten sophistischen
Gedanken eine neue Form gegeben. Die tatsächlichen Machtverhältnisse, sagt Lassalle, die in einer jeden Gesellschaft bestehen, sind jene tätig wirkende Kraft, welche alle Gesetze und
rechtlichen Einwirkungen dieser Gesellschaft so bestimmt, daß
sie im wesentlichen gar nicht anders sein können, als sie eben
sind[1]). Und Fr. Engels erklärt auf Grund der Lehre von
Marx: „Die Zusammenfassung der zivilisierten Gesellschaft ist
der Staat, der in allen mustergültigen Perioden ausnahmslos der
Staat der herrschenden Klasse ist und in allen Fällen wesentlich
Maschine zur Niederhaltung der unterdrückten, ausgebeuteten
Klasse bleibt"[2]).

Bezeichnend für die Machttheorie ist es, daß sie selten rein
auftritt. So wird sie bei Spinoza durch gewisse Elemente der
Vertragslehre, bei Haller durch patrimonial-privatrechtliche
Elemente gemäßigt. Die neueren Sozialisten endlich erklären,
daß auf dem Wege der Evolution die erst auf einem bestimmten
Punkte der Wirtschaftsgeschichte auftretende brutale Tatsache der
im Kampfe der Gesellschaftsklassen sich bildenden staatlichen
Machtverhältnisse dereinst emporgehoben werde zu einer auf dem
Gedanken der Solidarität aller aufgebauten Gesellschaft. Denn
in der Menschenwelt werde einst kraft natürlicher Entwicklung
der Konkurrenzkampf enden und damit das, was wir heute als
Staat bezeichnen. Die Gesellschaft, welche die Produktion auf
Grundlage freier und gleicher Assoziation der Produzenten neu
organisiert, wird die ganze Staatsmaschine ins Museum der Altertümer versetzen, neben das Spinnrad und die bronzene Axt[3]).
So wird von den Sozialisten wenigstens pro futuro die Natur-
notwendigkeit des Machtstaates geleugnet.

Die Machttheorie hat scheinbar eine starke Stütze an den
geschichtlichen Tatsachen, da im historischen Staatenbildungsprozesse es nur ausnahmsweise ohne Sieg einer Übermacht zu-
gegangen und der Krieg der Schöpfer der meisten Staaten gewesen ist, sowie an der unleugbaren Wahrheit, daß jeder Staat
seinem Wesen nach eine Macht- oder Herrschaftsorganisation dar-

---

[1]) Über Verfassungswesen 6. Aufl. 1877 S. 7.
[2]) Der Ursprung der Familie S. 143, 10. Aufl. S. 185.
[3]) Engels Ursprung der Familie S. 140, 10. Aufl. S. 182.

stellt. Allein auch der Zweck der Machttheorie liegt nicht in der Erklärung, sondern in der Rechtfertigung des Gegebenen. Diese Rechtfertigung gilt aber für die Zukunft, nicht für die Vergangenheit. Allerdings hat auch, wie an anderer Stelle näher ausgeführt, das Faktische in menschlichen Dingen normative Bedeutung. Allein ein zweiter Faktor wirkt der Anerkennung des Faktischen als des Normativen mit elementarer Gewalt entgegen, nämlich der Trieb, das Gegebene gemäß bestimmten Zielen umzugestalten. Daher ist die Machttheorie überzeugend nur für diejenigen, die fatalistisch das Gegebene als unabwendbar hinnehmen, nicht überzeugend aber für die, welche das Experiment wagen wollen, ob es nicht auch anders sein könne. Denn die Kenntnis aller Naturgesetze beruht ja doch ausschließlich auf Erfahrung, und es muß daher lediglich der Empirie gestattet sein, die Erfahrung jederzeit um so mehr zu überprüfen, als gründlichere Erfahrung schon so manches angebliche Naturgesetz als irrig nachgewiesen hat.

Zudem wird von den Anhängern dieser Lehre durchaus verkannt, daß herrschende Gewalt überall überwiegend psychologischer, nicht physischer Natur ist, was ja schon daraus erhellt, daß in der Regel eine kleine Minderheit über eine Mehrheit herrscht. Dieselbe Macht, welche die britische Herrschaft in Indien sichert, wäre nicht imstande, ein kleines germanisches Volk, das vorübergehend unterjocht ist, im Zaume zu halten. Daher sind staatliche und soziale Abhängigkeitsverhältnisse in erster Linie bedingt durch die geistige und ethische Ausstattung der Herrscher und der Beherrschten.

Die praktischen Konsequenzen der Machtlehre bestehen nicht in der Begründung, sondern in der Zerstörung des Staates. Wenn der Staat nichts als brutale, vernunftlose Macht ist, warum sollte der von solcher Macht Bedrückte nicht den Versuch wagen, ihn abzuschütteln, die Machthaber zu beseitigen oder gar unsere ganze vielgerühmte Zivilisation in die Luft zu sprengen, zumal solche Handlungen, wie alles Geschehen, nicht außerhalb der „naturgesetzlichen" Notwendigkeit stehen? Da kein sittliches Band Herrscher und Beherrschte miteinander verknüpft, fehlen bei solcher Staatsauffassung alle ethischen Motive, welche die Entstehung und Ausführung staatsvernichtender Lehren verhindern könnten. Derartige anarchistische Konsequenzen sind ja namentlich in der neuesten Zeit aus der Machtlehre gezogen

13*

worden, und zwar aus dem an die Spitze der Deduktionen gestellten Satz, daß der Staat auf Gewalt und Zwang beruhe, daher jedes höheren sittlichen Gehaltes ledig sei. Und wie einerseits Verneinung, so ergibt sich anderseits der Versuch funda-
mentaler Umwälzung alles Bestehenden als durch die Machtlehre gerechtfertigt. Denn Naturgesetze gelten häufig nur innerhalb bestimmter Grenzen, unter bestimmten Voraussetzungen.
Die Prüfung dieser Grenzen durch die Praxis ist gerade vom
Standpunkte einer mechanisch-empirischen Natur und Geschichtsauffassung gefordert. Daher liegen auch die radikalsten sozialistischen Pläne, wenn nicht in der logischen, so doch in der
psychologischen Konsequenz der Machttheorie. Es liegt nun einmal im Wesen der menschlichen Natur, sich nicht blindlings
wahren oder angeblichen Naturgewalten zu unterwerfen, sondern vorerst zu versuchen, ob sie nicht durch menschliche Tat-
kraft zu überwinden seien. Denn in der Überwindung oder Ver-
geistigung der Natur besteht doch schließlich alle Kultur.

In Wahrheit verfehlt also die Machtlehre ihr Ziel. Sie rechtfertigt den Staat nicht, sondern sie vernichtet ihn, sie ebnet der
permanenten Revolution die Wege. Diese Erkenntnis entdeckt
uns eine hohe Ironie, die ja so oft die Geschichte der ethischen
und politischen Theorien durchwaltet hat. Die von der deutschen
Reaktion einst so bewunderte „Restauration der Staatswissenschaften" hat zwar nicht den mittelalterlichen Staat wieder herzustellen vermocht, wohl aber ist ihr Grundgedanke der Leitstern
erneuter Revolutionsbestrebungen geworden.

Aber auch für die auf dem Boden des gegebenen Staates
Stehenden bedeutet die Machtlehre die Aufforderung zu dauernder
Bekämpfung der bestehenden Ordnung. Wenn der Staat seinem
Wesen nach nichts anderes ist als faktische Herrschaft, so ergibt
sich daraus psychologisch das Streben des Beherrschten, mit allen
Mitteln zur Herrschaft zu gelangen[1]). Ein besseres Recht der
im Besitz befindlichen Machthaber kann diese Theorie den nach
dem Besitze Strebenden zweifellos nicht als Schranke solchen

---

[1]) Das hat bereits R o u s s e a u in glänzender Form hervorgehoben:
„Sitôt que c'est la force qui fait le droit, l'effet change avec la cause:
toute force qui surmonte la première succède à son droit. Sitôt qu'on
peut désobéir impunément, on le peut légitimement; et puisque le plus
fort a toujours raison, il ne s'agit que de faire en sorte qu'on soit le
plus fort." Contr. soc. I 3.

Strebens aufstellen. Daher ziehen die Sophisten aus ihren Prämissen die unwiderlegliche Folgerung, daß der über die Natur des Staates Aufgeklärte mit allen Mitteln nach der Herrschaft streben solle, und die Worte des Kallikles[1]) bedeuten sicherlich der Weisheit letzten Schluß. Aber auch die Weisungen, die Machiavelli den am Ruder Stehenden erteilt, um sich im Besitze der Herrschaft zu behaupten, müssen die Anhänger der Machtlehre als unwiderlegliche politische Wahrheit gelten lassen. Denn Streit über sie kann höchstens in der Richtung geführt werden, ob sie klug, nicht aber, ob sie zulässig sind.

3. Die Rechtstheorien.

Unter Rechtstheorie verstehe ich diejenige Gruppe von Lehren, welche den Staat auf einen Satz der Rechtsordnung stützen, ihn selbst also als Produkt des Rechtes ansehen. Sie gehen alle, ausdrücklich oder unausgesprochen, von der Anschauung aus, daß es eine dem Staate vorangehende und über ihm stehende Rechtsordnung gebe, aus der er selbst abzuleiten sei. Sie treten geschichtlich in drei Formen auf. Entweder wird der Staat als ein familienrechtliches, oder als ein sachenrechtliches, oder als ein vertragsrechtliches Institut aufgefaßt. Es sind die Patriarchal-, die Patrimonial- und die Vertragstheorie, die hier zur Sprache kommen[2]).

a) Familienrechtliche Begründung des Staates. Die Patriarchaltheorie. Daß der Staat geschichtlich aus der Familie hervorgegangen sei, sich als eine erweiterte Familie darstelle, ist eine Anschauung, die in den geschichtlichen Erinnerungen vieler Völker begründet ist. So stellten sich die Griechen den Staatenbildungsprozeß wesentlich als eine allmähliche Ausdehnung der Familie und als eine Zusammenschmelzung mehrerer dergestalt vergrößerter Familien zu einem Gemeinwesen dar. Nicht minder bewahrte Rom in seiner Organisation tiefgehende Spuren einer ursprünglichen Föderation von Familien. Namentlich aber zeigt sich der israelitische Staat auf Grund der biblischen Schriften als erwachsen aus den Nachkommen einer

---

[1]) Plato Gorg. 482 E ff.

[2]) Über die neue Theorie der „Rechtssouveränität" (Krabbe Die Lehre der Rechtssouveränität 1906 S. 168 ff.) vgl. unten S. 364 N. 1; bei Krabbe S. 85 ff. eine eingehende Kritik der Machttheorien.

Familie. Theologisch gefärbtem Denken lag es daher nahe, zu
einer Zeit, da wissenschaftliche Forschungen über die Anfänge
der Zivilisation nicht existierten, den Staat schlechthin auf die
Familie derart zu basieren, daß die göttlichem und menschlichem Recht gemäß den Eltern zu zollende Verehrung auch auf
die Lenker des Staates, als die Väter der erweiterten Familie,
zu übertragen sei. Während der Kämpfe Karls I. mit dem englischen Parlamente wurde diese Lehre von Sir Robert F i l m e r[1])
eingehend begründet, indem er behauptete, Adam sei der König
des Menschengeschlechtes gewesen, die Monarchen seien die Nachfolger Adams, und ihnen stehe es demnach zu, die von jedermann anzuerkennende väterliche Gewalt über ihre Untertanen
auszuüben. Unter Karl II. wurde diese Schrift gedruckt und von
den Anhängern der Dynastie als eine Art Evangelium aufgestellt.
Grund genug, daß A. S i d n e y[2]) und L o c k e in energischer
Weise gegen diese törichte, aber bei dem Geiste der Zeit mächtige Lehre protestierten. Daß sie die S i d n e y schen und L o c k e -
schen Untersuchungen über den Staat veranlaßt hat, ist ihr einziges Verdienst. Sie zu widerlegen, ist heute, selbst wenn man
solche Art der Argumentation ernst nehmen wollte, schon deshalb, weil die väterliche Gewalt als Produkt langer geschichtlicher Entwicklung erkannt wurde, überflüssig geworden. Im
Grunde ist sie ein Nebensprößling der religiösen Lehre, und
zwar ein sehr unentwickelter. Denn nicht den Staat, sondern
eine bestimmte Unterart des Staates, die absolute Monarchie,
sucht sie zu rechtfertigen; von anderen Staatsformen weiß sie

---

[1]) Patriarcha or the Natural Power of the Kings. Die selten ge-
wordene Schrift ist neuerdings abgedruckt in der Ausgabe von L o c k e
Two treatises on Civil Government, in M o r l e y s Universal-Library 2. ed.,
London 1887, und übersetzt von Hilmar W i l m a n n s in John L o c k e
Zwei Abhandlungen usw. 1906 S. 1 ff. Denselben Gedanken wie F i l m e r,
von dem übrigens Spuren viel früher zu finden sind, hatte der Holländer
G r a s w i n c k e l , De iure majestatis 1642, in Bekämpfung der Ansichten
der Jesuiten B e l l a r m i n und S u a r e z entwickelt, welch letzterer,
Tractatus de legibus de Deo legislatore 1619 l. III 1, den Menschen als
frei von jeder Autorität geboren werden läßt. Vgl. auch G. J e l l i n e k
Adam in der Staatslehre 1893 S. 11 ff. (Ausgew. Schriften u. Reden II
1911 S. 30 ff.); d e r s e l b e Hobbes und Rousseau (ebendaselbst S. 11).

[2]) Algernon S i d n e y Discourses concerning Government 1698 (fünfzehn Jahre nach des Verfassers Tod). Über seine Lehre zuletzt L i e p -
m a n n Die Rechtsphilosophie des J. J. R o u s s e a u 1898 S. 50 ff.

nichts. Indem sie die Gesamtheit der Untertanen für ewig unmündig erklärt, hat sie auch nur den Beifall geistig Unmündiger gefunden.

In ganz anderer Weise als G r a s w i n c k e l und F i l m e r hat H o b b e s den patriarchalischen Staat als eine der historisch möglichen Formen des natürlichen oder Gewaltstaates entwickelt und dessen Staatsgewalt dieselbe absolute Stellung zugewiesen, die sie im Vertragsstaate besitzt[1]). H o b b e s führt aber die patriarchalische Herrschaft nicht auf das Elternrecht, sondern auf den Konsens zwischen Vater und Kind zurück[2]). Somit mündet diese Lehre in die Theorie vom Vertrage als Grund des Staates ein[3]).

b) D i e P a t r i m o n i a l t h e o r i e. Die Anschauung, daß die Eigentumsordnung der Staatsordnung zeitlich oder doch logisch vorangehe, war dem Altertum nicht fremd. Sie findet sich im zweiten Buche der platonischen Republik angedeutet, indem dort die Entstehung des Staates auf die Verbindung der verschiedenen wirtschaftlichen Beschäftigungen, auf die durch das Bedürfnis hervorgerufene Vereinigung der einzelnen Gattungen menschlicher Arbeit zurückgeführt wird. Sie wird in voller Klarheit von C i c e r o ausgesprochen, der in dem Schutz des Eigentums das Motiv der Staatenbildung findet[4]). In der neueren naturrechtlichen Literatur bis hinab zu den sozialistischen Theorien der Gegenwart ist die Eigentumsordnung oftmals als wirkende Ursache und rechtlicher Grund der Staatsordnung aufgestellt worden. Allein eine direkte Ableitung des Staates aus Sätzen der angeblich vorstaatlichen ökonomischen Ordnung ist in systematischer Weise nirgends unternommen worden. Die germanische, durch das Feudalsystem gekräftigte Anschauung, daß der König Obereigentümer alles Bodens sei, läßt dem mittelalterlichen Denken die Fundierung des einzelnen Staates auf das Grundeigentum gerechtfertigt erscheinen. In Deutschland tritt die große Bedeutung des Grundbesitzes für die Innehabung und Ausübung staatlicher Hoheitsrechte hinzu, um die Landeshoheit als Zubehör ·

---

[1]) De cive IX 10, Leviathan XX.

[2]) Leviathan l. c.; H o b b e s English Works, ed. by Molesworth, III 1839 p. 186.

[3]) Spuren der patriarchalischen Lehre bei H a l l e r a. a. O. I S. 515.

[4]) Hanc enim ob causam maxime, ut sua tenerent, res publicae civitasque constitutae sunt. De off. II 21, 73.

der Grundherrschaft erscheinen zu lassen. Bis gegen Ende des
alten Reiches haben Publizisten eine derartige Lehre vertreten[1],
die aber nicht einmal die Grundlage der Reichsgewalt zu erklären vermochte, da wohl die Landeshoheit, nicht aber die
kaiserliche Gewalt de jure an Territorialbesitz geknüpft war.
Sonst aber wird der Patrimonialstaat (so namentlich von Grotius)[2] nur als eine der möglichen Erscheinungsformen des
Staates betrachtet.

Erst Haller hat der von ihm so energisch vertretenen
Machttheorie eine Wendung gegeben, durch welche er zugleich
als schroffster Vertreter des patrimonialen Gedankens erscheint.
Die Macht, welche den letzten Grund des Staates bildet, mani-
festiert sich als Eigentumsmacht, in der also der nähere Grund
der Anerkennung des Staates liegt. Schöpfer der Staaten sind
für Haller begüterte, mächtige und eben dadurch unabhängige
Menschen (Fürsten oder Korporationen), und sobald man hinreichend große, durchaus freie Ländereien, Reichtümer und die
damit verbundene Macht erworben hat, so tritt man damit unmittelbar in die Klasse der Fürsten ein. Die Fürsten und republikanischen Kommunitäten herrschen aus eigenem Recht, d. h.
kraft ihrer Freiheit und ihres Eigentums[3]. Daran knüpft sich
eine durchaus privatrechtliche Konstruktion sämtlicher staatlicher
Verhältnisse. Haller sagt uns jedoch nicht, woher denn diese
den „herrschaftlichen Dienstverband“, namentlich aber jenes
eigene Recht des Eigentümers schaffende Rechtsordnung stamme.
Da sie nicht in der Staatsordnung begründet ist, so kann sie
nur vorstaatlich sein, und damit befindet sich der erbitterte
Gegner des Naturrechtes ganz auf dem Boden dieser von ihm
sonst so gründlich bekämpften Lehre[4]. Darin liegt aber auch

---

[1] Noch Biener, De natura et indole dominii in territoriis Ger-
maniae 1780 p. 40 ff., erklärt die superioritas territorialis als einen
Bestandteil des Eigentums. Die Fürsten werden domini terrae genannt,
ad dominium et superioritatem nati, domini hereditarii et naturales, p. 46.
Über die patrimoniale Staatslehre in den letzten Jahrzehnten des alten
Reiches vgl. die eingehende Untersuchung bei Preuß Gemeinde S. 327 ff.

[2] Grotius unterschied I 3, 11; II 6, 3; 7, 12 zwischen Patri-
monial- und Usufruktuarstaaten, welche Kategorien von vielen Späteren,
so von Pufendorf und Wolff, akzeptiert wurden.

[3] A. a. O. I S. 473 ff., 512.

[4] Für Haller „ist es gewiß, daß das Eigentum vor allen menschlichen Gesetzen bestanden hat, und es besteht noch häufig ohne dieselben

die schärfste Kritik der ganzen Patrimonialtheorie. Sie steht
und fällt mit Annahme einer vorstaatlichen Eigentumsordnung.
Sie zeigt klar, zu welchen Willkürlichkeiten man vom Standpunkte einer solchen angeblichen Rechtsordnung gelangen kann,
indem ohne nähere Begründung das territoriale Element des
Staates als die Hauptsache, die Menschen als Nebensache behandelt werden. Da jenes vorstaatliche Recht nirgends in einer
nicht anzuzweifelnden Gestalt aufgewiesen werden kann, so ist
es leicht, es durch Machtsprüche seinen politischen Neigungen
gemäß zu formen und den leeren Raum, den die Wissenschaft
an dieser Stelle erblickt, mit den Gebilden verkehrtester politischer Phantasie zu bevölkern.

In einem Zeitalter weitester historischer und rechtsverglei-
chender Forschung ist die Patrimonialtheorie als staatliche Rechtfertigungslehre eingehender Widerlegung nicht mehr bedürftig.
Doch sind ihre Wirkungen in manchen staatlichen Vorstellungen
und Lehren[1] heute noch deutlich zu erkennen.

c) Die Vertragstheorie. Weitaus die bedeutendste unter
den Rechtstheorien ist die Lehre, der zufolge ein Vertrag den
Rechtsgrund des Staates bildet, nicht nur vermöge des Ansehens
der Männer, die sie vertreten haben, sondern auch kraft der gewaltigen Wirkung, die sie auf die Gestaltung des modernen
Staates ausgeübt hat.

Auch die Wurzeln der Vertragslehre liegen weit zurück. Die
Vorstellung, daß vertragsmäßige Vereinigung bisher unverbundener Menschen den Ursprung des Staates abgebe, tritt bereits im

---

Kein einziges Gesetzbuch hat je das Eigentum eingeführt oder angeordnet... So ist auch das Eigentum nicht aus den Staaten, sondern im
Gegenteil die Staaten oder Herrschaften sind aus dem Eigentum (dem
angeborenen und dem erworbenen) hervorgegangen." A. a. O. II S. 57.

[1] Für die Fortdauer alter, überwundener Theorien im Gefüge
moderner Ideen sei hier als Beispiel nur angeführt eine merkwürdige,
vom Staatsgute handelnde Bestimmung der bayerischen Verfassung vom
6. Juni 1818 Tit. III § 1: „Der ganze Umfang des Königreichs Baiern bildet
eine einzige untheilbare unveräußerliche Gesammt-Masse aus sämmt-
lichen Bestandtheilen an Landen, Leuten, Herrschaften, Gütern, Regalien
und Renten mit allem Zugehör." Gemeint ist mit dieser altfränkischen
Wendung der sehr moderne Satz von der Unteilbarkeit des Staates.
Die Entstehungsgeschichte des aus der Domanialfideikommißpragmatik
von 1804 herübergenommenen Satzes bei Seydel Bayer. Staatsr. I
S. 133, 336. Über die Wiederentdeckung des patrimonialen Staates im
heutigen Deutschland siehe unten Kap. XX (S. 676 N. 1).

Altertum hervor. Protagoras sieht den Ursprung des Staates in einem ἀϑροίζεσϑαι[1]), einem Sich-versammeln der Menschen, und Plato läßt die Sophisten den Gedanken entwickeln, daß durch freiwillige Übereinkunft die Menschen sich gegen das Unrechttun zu sichern beschlossen hätten[2]). Zu solcher Auffassung mußten schließlich alle die gelangen, welche das Gerechte als Resultat menschlicher Satzung ansahen, da ihnen der νόμος nur als Ergebnis einer Vereinbarung der Volksgenossen erscheinen konnte. Namentlich von den Epikuräern wird daraus die notwendige Konsequenz gezogen[3]). Gemäß ihrer mechanisch-atomistischen Grundanschauung lassen sie den Staat entstehen durch Vertrag der sozialen Atome, der ursprünglich unverbundenen Individuen, zum Zweck der Sicherung vor gegenseitigen Beschädigungen. Aber nicht sowohl die griechischen als vielmehr die jüdischen und römischen Vorstellungen haben auf das politische Denken des Mittelalters und der beginnenden neueren Zeit den größten Einfluß gehabt[4]). Der Bund, den Gott mit seinem Volke geschlossen[5]), wird für die Lehre von der Entstehung des Staates, die Vorgänge bei der Einsetzung Sauls als Königs[6]), der Bund Davids mit den Stämmen Israels zu Hebron, der seiner Salbung voranging[7]), für die Entstehung der Herrschaft im Staate von vorbildlicher Bedeutung. Noch im 16. und 17. Jahrhundert werden von diesem Fundamente aus die weitestgehenden und

---

[1]) Vgl. darüber Rehm Geschichte S. 13 ff.; dazu Kaerst, Ztschr. f. Politik II 1909 S. 509 ff., und Menzel, Ztschr. f. Politik III 1910 S. 215 f.

[2]) Protag. 322, Rep. II 359 A.

[3]) Vgl. Hildenbrand Geschichte u. System I S. 515 ff. Nicht unwahrscheinlich ist es, daß Epikur auch diese Gedanken aus Demokrit geschöpft habe, wie Gomperz, Griech. Denker I S. 317, vermutet.

[4]) So z. B. für die ehedem politisch so bedeutsame Lehre vom Tyrannenmord, vgl. Lossen Die Lehre vom Tyrannenmord in der christlichen Zeit 1894.

[5]) So sind u. a. der Bund, den Josia und das Volk mit Jahwe schließen, 2. Reg. XXIII 1—3, sowie der Bund, den Jojada, 2. Chron. XXIII 16, mit dem Könige und dem Volke abschließt, daß sie des Herrn Volk sein sollen, für die Rechtsanschauungen von Bedeutung geworden. — Neuerdings wird der Bund Gottes mit dem jüdischen Volke für die Geschichte des Völkerrechts verwertet von Cybichowski, Das antike Völkerrecht 1907 S. 20 f.

[6]) 1. Sam. IX—XI.

[7]) 2. Sam. V 3; vgl. Gierke Genossenschaftsr. III S. 570.

tiefstdringenden Folgerungen gezogen[1]). In den religiösen und politischen Kämpfen dieser Zeit ist die Bibel und namentlich das Alte Testament eine politische Macht von unvergleichlicher Bedeutung gewesen. Im Mittelalter aber, ist für die Grundlegung der Vertragslehre der Einfluß des römischen Rechts nicht minder stark wie der biblische. Aus der Stelle des Ulpian über die lex regia, durch welche das Volk dem Kaiser seine Gewalt überträgt, wird mit dem Aufblühen der Jurisprudenz eine Stütze der Lehre vom vertragsmäßigen Ursprung der weltlichen Gewalt[2]. Die zahlreichen genossenschaftlichen Bildungen der germanischen Welt, die ihre Verfassung durch Majoritätsbeschlüsse regeln und ihre Organe frei bestellen, die privatrechtlichen Anschauungen, die das politische Denken der Zeit des Feudalismus durchdringen, die vertragsmäßige Entstehung des Lehensverhältnisses, die häufige Erscheinung des Wahlfürstentums, namentlich die Bestellung des geistlichen und weltlichen Hauptes der Christenheit durch Wahl, das Verhältnis der Stände zum Fürsten, das als auf einem Pakt beruhend gedacht wird und den Charakter fortwährenden Paktierens an sich trägt, gewähren der Vertragslehre in dem Denken vieler Jahrhunderte eine feste Stütze.

Von ihrem ersten Auftreten an sind es aber bestimmte politische Zwecke, die durch die Vertragslehre erreicht werden sollen. Zuerst finden wir die Lehre vom vertragsmäßigen Ursprung der Herrschaft im Zeitalter Gregors VII. Sowohl die Gregorianer be-

---

[1]) Interessant für die Vermischung von Jurisprudenz und Theologie sind z. B. die Ausführungen von Junius Brutus (nach neueren Forschungen nicht Pseudonym für Hubert Languet, sondern für Du Plessis-Mornay, vgl. G. Weill Les théories sur le pouvoir royal en France pendant les guerres de religion, Paris 1891, p. 109), Vindiciae contra tyrannos 1580, über die Korrealobligation, die Gott einerseits, der König und das Volk anderseits abgeschlossen haben, sowie die Ableitung des Königsrechtes aus dem Volkswillen trotz der göttlichen Einsetzung des Königs durch Unterscheidung von electio und constitutio regis. Vgl. Treumann Die Monarchomachen (Jellinek-Meyer Staats- und völkerrechtliche Abhandlungen I 1) S. 56 f., S. 62 ff. Über Mornay und die Vindiciae handelt nunmehr in gründlichster Untersuchung A. Elkan Die Publizistik der Bartholomäusnacht 1905.

[2]) Inst. I 2 § 6, pr. D. de const. princ. 1, 4. Vgl. Gierke Gen.-Recht III S. 570 f. Bezold, Die Lehre von der Volkssouveränität während des Mittelalters, Historische Zeitschrift 36 S. 323, läßt die Wirkung dieser Stellen bereits im 11. Jahrhundert bei Manegold von Lautenbach eintreten. Dagegen Rehm Geschichte S. 166.

haupten ihn, um den ungöttlichen Charakter des Imperiums darzutun, als auch die Antigregorianer, um die Unabhängigkeit des
Kaisers von der päpstlichen Gewalt nachzuweisen[1]). In den
Kämpfen der Stände gegen die Fürsten wird fortdauernd der
vertragsmäßige Charakter des Verhältnisses beider betont,
welche Anschauung ja noch im England des 17. Jahrhunderts
und darüber hinaus in den altständischen Staaten des Kontinentes eine Rolle spielt. Denn nicht den Grund der Institution
des Staates schlechthin, sondern den der konkreten Staatsgewalt will die mittelalterliche Vertragslehre nachweisen[2]).

Weit gefehlt wäre es nämlich, im Mittelalter eine Lehre zu
suchen, die im Vertrage den letzten Rechtsgrund des Staates erkennen würde. Zwei gewichtige Umstände stehen einer prinzipiellen Durchbildung der Vertragslehre im Mittelalter entgegen.
Einmal die kirchliche Anschauung, die den Grund des Staates in
einem durch die Erbsünde bedingten übermenschlichen Willensakte erblickt, daher menschlichen Willen nicht als einzige Basis
des Staates anzuerkennen vermag, sodann die unbestrittene
Autorität des Aristoteles, dessen Ansichten vom Ursprung
des Staates die scholastische Literatur zu den ihrigen machte.
Nicht nur Thomas von Aquino, selbst der kühne Marsilius
von Padua[3]) stehen ganz auf dem Boden der theologisch-aristo-
telischen Lehre. Die Vertragslehre des Mittelalters ist nicht Lehre
von der primären Schöpfung des Staates, sondern von der Einsetzung des Herrschers im Staate. Nicht der populus, sondern
der rex entsteht durch Vertrag. Die mittelalterliche Lehre ist
daher überwiegend Lehre vom Subjektionsvertrag, der die
Verfassung des Staates, aber nicht den Staat selbst schafft. Wenn
sich daher auch hier und da Spuren eines Gesellschaftsvertrages nachweisen lassen[4]). der nicht die Gewalt im ge-
gegebenen Staate ableiten, sondern den Staat selbst konstituieren

---

[1]) Bezold a. a. O. S 322 ff.; Mirbt Publizistik S. 226 ff.

[2]) Diesem Satze steht v. Lemayer, Begriff des Rechtsschutzes S. 49
N. 70, zweifelnd gegenüber, indem er die mittelalterliche Vertragstheorie
an unserem entwickelten Staatsbegriff mißt, der von dem durch die
autoritären aristotelischen und christlichen Lehren gebundenen Denken
jener Zeit nicht erzeugt werden konnte. Um die mittelalterlichen Theorien
zu würdigen, darf man aus ihnen nicht Folgerungen ziehen, die erst einer
späteren Epoche möglich waren.

[3]) Vgl. Defensor pacis I 3—4, 6.

[4]) Vgl. Gierke Gen.-Recht III S. 626 ff.

will, so kommt es dennoch nirgends zu einer klaren Darstellung
dieses Vertrages. Selbst da, wo Gott als die causa remota, die
Natur als die causa proxima des Staates bezeichnet und überdies
noch ein Vertrag zu dessen Gründung gefordert wird, hat man
sich noch nicht von der Basis der aristotelischen Lehre entfernt,
die ja die ursprüngliche Vereinzelung der Menschen und die bewußte Schöpfung des Staates als historische Tatsachen behauptet
hatte[1]). Eine konsequente Durchführung der Idee des Sozialvertrages hätte notwendig zur Idee des souveränen Individuums
als der Quelle aller Organisation und Herrschaft geführt und
darum, einmal deutlich ausgesprochen, sofort als ketzerisch verworfen werden müssen.

Daß dieser Gesellschaftsvertrag in der Tat ein ketzerischer
Gedanke war, hat seine in neuester Zeit klar erkannte Geschichte
gezeigt. Er ist zur vollen, konsequenten Ausbildung erst durch
die Reformation, und zwar in der reformierten Kirche, gelangt.
In England führte zur Begründung seiner Kirchenlehre Richard
Hooker zuerst die Idee des Sozialvertrages als Grundlage des
Staates energisch durch[2]). Die Kongregationalisten und Independenten sind es, die hierauf den demokratischen Gedanken
der reformierten Gemeindeverfassung auf den Staat übertragen
und den Gedanken durchführen, daß er das Resultat eines Vertrages der ursprünglich souveränen Individuen sei, die in dem
Akt des Vertragsabschlusses durch freien Willen ein göttliches
Gebot vollziehen. Auf englischem Boden erwächst diese Lehre

---

[1]) Vgl. oben S. 48. Die bei Gierke, S. 629 N. 303, zitierten
Schriften paraphrasieren trotz der Betonung des Staates als Willenstat
nur die aristotelische Lehre.

[2]) The Laws of Ecclesiastical Polity, book I—IV, zuerst 1594,
wiederabgedruckt in Morleys Universal-Library 1888, namentlich I 10
p. 91: Two foundations there are which bear up public societies, the one,
a natural inclination, whereby all men desire sociable life and fellowship;
the other an order expressly or secretly agreed upon touching the manner
of their union in living together. p. 93: To take away all such mutual
grievances, injuries and wrongs, there was no way but only by growing
unto composition and agreement amongst themselves; by ordaining some
kind of government public, and by yielding themselves subject thereunto;
that unto whom they granted authority to rule and govern, by them the
peace, tranquillity, and happy estate of the rest might be procured.
Hooker war später hohe Autorität für Sidney und Locke in ihrem
Kampfe gegen Filmer. Auf ihn beriefen sich die Gemeinen 1688 bei
der Absetzung Jakobs II.

und wird dort und in den amerikanischen Kolonien zuerst praktisch betätigt[1]).

Auf dem Kontinent jedoch tritt der Gesellschaftsvertrag zunächst in unausgebildeter Form auf. Gierke hat dem Althusius die Urheberschaft nicht des Gedankens, wohl aber der modernen wissenschaftlichen Theorie vom Gesellschaftsvertrag vindizieren wollen[2]). Bei diesem Schriftsteller ist aber von klarer Untersuchung der Art dieses Vertrages und der Stellung des Individuums zu ihm noch keine Rede. Nicht die Individuen, sondern die Städte und Provinzen sind die Konstituenten dieses Vertrages[3]). Auch bei Grotius, der lange als Schöpfer der

---

[1]) Vgl. Weingarten Die Revolutionskirchen Englands 1868 S. 13 ff.; Borgeaud Premiers programmes de la démocratie moderne, Annales de l'école libre des sciences politiques V 1890 p. 318 ff.; G. Jellinek Die Erklärung der Menschen- und Bürgerrechte 2. Aufl. 1904 S. 35 ff.; Gooch English democratic ideas in the seventeenth century, Cambridge 1898, p. 34 ff., 73 ff. Eine Geschichte der modernen Staatsvertragstheorie hat an diese schottisch-englisch-amerikanische Bewegung anzuknüpfen. Bisher wurde die Entwicklung dieser so einflußreichen politischen Theorie viel zu sehr als rein literarische betrachtet. Die Gründer der Vertragslehre in ihren epochemachenden, auf die außerenglische Literatur tief einwirkenden Formen, Hobbes und Locke, standen bei Aufstellung ihrer Grundlehre sicherlich weitaus mehr unter dem Einflusse der von ihnen bekämpften oder angenommenen populären englischen Anschauungen als unter dem Banne irgendwelcher älterer gelehrter Schriftsteller.

[2]) Gierke J. Althusius S. 76 und der Zusatz S. 329 N. 10.

[3]) Althusius Politica (ed. IV, Herborn 1625) V p. 59 ff. Die gewaltige Wirkung der Idee des Sozialvertrages lag darin, daß der Staat unmittelbar aus dem Willen des Individuums hervorgehend gezeigt wurde; bei Althusius schieben sich aber zwischen Individuum und Staat mehrere Zwischenglieder derart ein, daß der Zusammenhang zwischen Individualwillen und Existenz des Staates ganz verdunkelt wird. Die Lehre des Althusius vom Herrschaftsvertrag XIX p. 326 ff. gießt längst vorhandene Gedanken in schulgerechte Formen und bringt zahlreiche dem Zeitgeschmacke entsprechende Belege für die aufgestellten Sätze. Auch die Stellen aus des Althusius Dicaeologica I (ed. II, Francofurti 1649, p. 283) c. 81 nr. 4, 7, auf die sich Gierke beruft, bringen die Ableitung des Staates aus dem Individuum keineswegs zum klaren Bewußtsein. Daß Althusius aber direkt auf die Lehren der Engländer gewirkt habe, halte ich für unerwiesen. Jedenfalls hat Hooker den Gesellschaftsvertrag schon vor Althusius in England populär gemacht. Das wird auch durch die neuerlichen Bemerkungen Gierkes, Althusius S. 328 N. 10, nicht widerlegt. Ob Hookers Ausführungen populär und verschwommen sind, die des Althusius hingegen den ersten systematischen

Vertragslehre überhaupt betrachtet wurde, ist von durchgreifender systematischer Erörterung des Sozialvertrages nicht die Rede[1]), wie auch bei anderen Schriftstellern dieser Zeit sich nur Andeutungen, aber keine näheren Ausführungen über den staatsbegründenden Vertrag finden. Diese Lehre wurde vielmehr als Glied eines tiefdurchdachten Gedankensystems aufgestellt von einem Manne, der in einer vom Gedanken des Sozialvertrages erfüllten Atmosphäre, in dem England der beiden ersten Stuarts, groß geworden war. Die Theorie des Sozialvertrages beginnt ihre epochemachende wissenschaftliche Laufbahn mit Thomas Hobbes.

Hobbes steht auf dem Boden einer durch die beginnende moderne Naturwissenschaft und die sie begleitenden philosophischen (namentlich epikuräischen) Lehren begründeten mechanischen Naturanschauung, welche, die Teleologie verwerfend, aus den Eigenschaften der natürlichen Elemente des Seienden die ganze physische und moralische Welt konstruiert. Damit ist auch die Ableitung aller gesellschaftlichen Verhältnisse aus Wesen und Eigenschaften des Individuums gesetzt. Zwei Gattungen von Staaten scheidet Hobbes. Die eine ist der natürliche, historisch gebildete, auf Gewaltverhältnissen beruhende Staat. Die andere ist der eingesetzte, rationale Staat (civitas institutiva), den der Forscher nicht aus der Geschichte, sondern aus der menschlichen Natur ableitet[2]). Diesen institutiven Staat läßt er genetisch,

---

Ausbau der Lehre vom Gesellschaftsvertrage bedeuten, ist eine rein literarhistorische Streitfrage, die an der geschichtlichen Tatsache nicht zu rütteln vermag, daß die großen Schriftsteller der englischen demokratischen Bewegung sich stets nur auf Hooker und niemals auf Althusius berufen, der nur in untergeordneten Gelegenheitsschriften jener Zeit genannt wird; vgl. Gooch a. a. O. p. 56. Welche literarische Wirkung Althusius sonst gehabt haben mag, ist an dieser Stelle nicht zu untersuchen.

[1]) Nur einige kürzere Sätze sind Proleg. § 15 der Vertragslehre gewidmet.

[2]) Vgl. De cive V 12, Lev. XVII p. 159. Über den Zusammenhang der Staatslehre des Hobbes mit seinen philosophischen Grundanschauungen vgl. namentlich Robertson Hobbes, Edinburgh and London 1886, und Tönnies Anmerkungen über die Philosophie des Hobbes, Vierteljahrsschrift f. wissenschaftliche Philosophie III—V 1879—81, namentlich IV S. 428 ff. u. V S. 186 ff.; ferner derselbe Thomas Hobbes, Deutsche Rundschau 1889 VII S. 94 ff., und Hobbes Leben und Lehre 1896 S. 199 ff. Die neueste Darstellung des gesamten Systems des Hobbes ist das posthume Werk von Leslie Stephen Hobbes, London 1904.

aber nicht etwa historisch, vor unseren Augen aus seinen Elementen hervorgehen[1]). Zu diesem Zwecke konstruiert er durch
hypothetische Aufhebung des Staates in klarster und schroffster
Weise (darin allerdings auch auf dem Boden überlieferter antiker
und kirchlicher Vorstellungen stehend) einen Naturzustand, in
welchem ausschließlich die zum Kriege aller gegen alle führende
Selbstsucht des Individuums herrscht und die Gebote des natürlichen Rechtes nur den Wert moralischer Anforderungen an den
Willen ohne jegliche Garantie ihrer Erfüllung haben. Der Grund-
trieb der Selbstsucht erzeugt aber die Furcht, und diese läßt im
Menschen die Sehnsucht nach Frieden entstehen. Da aber die
natürlichen Eigenschaften des Menschen eine beständige Einigung
zwischen ihnen nicht bewirken können, so kann dauernder Friede
nur dann gewonnen werden, wenn alle einen Vereinigungsvertrag
schließen, dessen Inhalt die Unterwerfung aller unter einen
Willen ist[2]). Durch diesen Vertrag tritt an Stelle des status
naturalis der status civilis. Dieser Grundvertrag ist zugleich
Gesellschafts- und Unterwerfungsvertrag[3]) und setzt an Stelle der

---

[1]) Das hat Hobbes in vollster Klarheit ausgesprochen in der Vorrede zu seinem Buche De cive: „Sicut ex quibus rebus quaeque res
constituitur ex iisdem etiam optime cognoscitur. Sicut enim in Horologio
automato aliave machina paulo implicatiore, quod sit cuiusque partis
rotaeque officium, nisi dissolvatur, partiumque materia, figura, motus,
seorsum inspiciatur, sciri non potest: Ita in iure civitatis, civiumque
officiis investigendis opus est, non quidem ut dissolvatur civitas, sed
tamen ut tanquam dissoluta consideretur, id est, ut, qualis
sit natura humana, quibus rebus ad civitatem compaginandam apta vel
inepta sit, et quomodo homines inter se componi debeant qui coalescere
volunt, recte intelligatur." In der Anwendung dieser analytischen und
rationalen Methode steht Hobbes ohne jeden Vorgänger da.
[2]) Leviathan XVII p. 156 ff.
[3]) Ihn formuliert Hobbes Lev. XVII p. 158 folgendermaßen:
„I authorize and give up my right of governing myself, to this man or
to this assembly of men, on this condition, that thou giveth up thy
right to him and authorizeth all his actions in like manner." Das ist
aber nur so zu deuten, als ob jeder die verbindende Formel spräche,
„as if every man should say to every man"; keineswegs denkt daher
Hobbes an einen dereinst historisch abgeschlossenen Vertrag. Rehm,
Geschichte S. 242 (ähnlich schon früher Bischof, a. a. O. S. 137 f.),
sucht nachzuweisen, daß Hobbes nicht durch einen, sondern durch
zwei Verträge den Staat entstehen läßt, nämlich durch einen von den
Individuen untereinander und sodann von dem Individuum mit dem
Herrscher abgeschlossenen Vertrag, durch welchen es dem Herrscher

unverbundenen einzelnen die persona civilis, den Staat. Auf diese Weise begründet H o b b e s den absoluten Staat, der nur ein herrschendes Organ (ein Individuum oder einen coetus) kennt, als die normale, vernünftige und daher schlechthin anzuerkennende Staatsform. Seine Lehre steht in schroffem Gegensatz zu jenen, welche den Herrscher selbst als Vertragspartei betrachten. Nicht der Herrscher, sondern nur die einzelnen untereinander schließen einen Vertrag. Wer sich gegen den Herrscher empört, bricht daher den mit den anderen eingegangenen Grundvertrag, den der Herrscher nicht verletzen kann, weil er ihn als Herrscher gar nicht abgeschlossen hat. Auch der natürliche Staat wird zu Recht bestehend nur dadurch, daß der Gewaltunterworfene seine Zustimmung zur Herrschaft über ihn gibt; auch diese Art des Staates wird daher durch die Vertragsidee gerechtfertigt[1]).

Wie man sieht, ist die landläufige Ansicht, der scharfsinnige Denker habe mit seiner Lehre von der Staatengründung den historischen Werdegang des Staates zeichnen wollen, durchaus falsch[2]). Seine Lehre bedeutet vielmehr eine Rationalisierung des Vorganges der Staatengründung, der an keinen Ort und an keine

---

sein Recht der Selbstregierung überträgt. Allein nach den eigentümlichen Vorstellungen des — nicht juristisch, am allerwenigsten aber romanistisch geschulten — H o b b e s wird durch eine, wenn auch von dem anderen akzeptierte translatio iuris kein Vertrag begründet, vielmehr versteht er unter contractus und pactum nur zweiseitige Verträge (De cive II 9, 10). Entscheidend aber für die definitive Auffassung des H o b b e s sind die neun Jahre nach dem Buch De cive folgenden Ausführungen im Leviathan XVIII p. 161, wo er mit der höchsten Energie gegen jedes Vertragsverhältnis zwischen Herrscher und Untertan protestiert. Hier zieht H o b b e s die wichtigste praktische Folgerung aus seinem System, der gegenüber mannigfaltige Unklarheiten und Widersprüche, denen ja selbst der schärfste Denker nicht entgeht, zurücktreten müssen. Schon P u f e n d o r f, dem doch H o b b e s gründlich bekannt war, hat (De iure naturae et gentium VII 2 § 9), seiner Auffassung der H o b b e s schen Lehre die erwähnte Stelle aus dem Leviathan zugrunde gelegt und demgemäß den staatsgründenden Vertrag des H o b b e s für einen einheitlichen erklärt. Über eine ähnliche Konstruktion bei L e i b n i z : E. R u c k Die Leibnizsche Staatsidee 1909 S. 63 ff.

[1]) Lev. XX p. 185 ff.

[2]) Sie findet sich neuestens noch bei S e e l e y, p. 55; ferner bei Ludwig S t e i n, Soziale Frage S. 357, der allerdings meine Ausführungen erwähnt, ohne zu ihnen Stellung zu nehmen.

Zeit gebunden ist[1]). Seinem Geschlechte wollte er Unterwerfung unter die absolute Gewalt als durch das Wesen des Staates gefordert und daher gerechtfertigt lehren. Es fällt ihm nicht ein, zu behaupten, daß die Gegenwart durch die Verträge einer längst entschwundenen Vergangenheit gefesselt werden solle. Vielmehr ergibt sich aus seinen Grundansichten, daß jeder Mensch dadurch, daß er im Staate lebt, stillschweigend den Unionsvertrag abschließt. Gerade England, in welchem in den letzten Jahrhunderten ein so häufiger Wechsel der Dynastien stattgefunden hatte, konnte nicht als „natürlicher" Staat gelten, und deshalb war ihm als dem Anhänger der Idee einer starken Staatsgewalt, die allein das höchste Maß geistiger Freiheit zu sichern imstande war[2]), die Aufgabe gesetzt, gegenüber den revolutionären Theorien einerseits, den platten Lehren vom göttlichen Recht der Könige anderseits, einen festen rationalen Grund für das Recht des Herrschers zu finden. Daß dies der Hauptzweck der Untersuchungen des Hobbes gewesen, hat schon Pufendorf hervorgehoben[3]).

Seit Hobbes bleibt die Lehre vom Gesellschaftsvertrag die unverlierbare Grundlage der naturrechtlichen Staatslehre. Es findet sich aber häufig eine Vermischung rationaler und historischer Gesichtspunkte. Der Ursprung des Staates aus einem Vertrage ist vielen Schriftstellern eine geschichtliche Tatsache, welche der rationalen Lehre eine unangreifbare empirische Stütze geben soll. In diesem Punkte steht Locke tief unter Hobbes. Für Locke steht es außer allem Zweifel, daß der historische Anfang des politischen Lebens in staatsgründenden Verträgen gelegen habe[4]). Locke hat zwar Filmers Lehre vom Adam bekämpft, aber auch ihm ist Adam der geschichtliche Beginn der Menschheit. Er verwirft die Begründung des Staates auf die Autorität

---

[1]) Vgl. Robertson p. 147; neuerdings auch eingehend L. Stephen a. a. O. p. 192 ff.; Liepmann, a. a. O. S. 44, hat richtig erkannt, daß die Vertragsidee bei Hobbes Beurteilungsnorm der zweckmäßigen Einrichtung des Staates ist. Wenn er aber Hobbes vorwirft, daß dieser hierbei in einer Halbheit stecken geblieben sei, so hat er diesen Vorwurf in solcher Schroffheit kaum gerechtfertigt. In dem Gesamtbau des Hobbesschen Systems ist er jedenfalls nicht begründet.

[2]) Vgl. Tönnies Hobbes Leben S. 207 f.

[3]) A. a. O. VII 2 § 9.

[4]) Two treatises II ch. 8. Auch Sidney, ch. II sect. V, führt eine Menge von Beispielen angeblicher staatsgründender Verträge an.

Adams, daher kann er ihn historisch nur aus dem freien Konsens der Adamssöhne ableiten.

Auf dem Kontinente wurde die Lehre des H o b b e s vom Staatsvertrag in schulgerechte Formen gebracht durch P u f e n - d o r f. Den einen, den Zwiespalt in sich bergenden Vertrag des H o b b e s zerlegt er in mehrere Akte: in den Unionsvertrag, durch welchen aus den einzelnen ein Volk wird, das decretum, durch welches das Volk die Staatsform festsetzt. und den Subjektions- vertrag, durch welchen dem Herrscher die Regierungsgewalt über- tragen wird [1]). Dadurch wird der Staat vor allem von der Existenz der jeweiligen Dynastie unabhängig. Der rationale Charakter der Lehre wird von P u f e n d o r f behauptet, teils, indem er die Verträge als unausgesprochenen Willensinhalt der ursprünglichen Konstituenten des Staates erklärt, teils, indem er die Nach- geborenen und die Fremden sich dem Staate stillschweigend unterwerfen läßt. Immerhin ist aber für P u f e n d o r f die vertrags- mäßige Entstehung des Staates auch ein historischer Vorgang [2]). Seine Lehre mit verschiedenen Modifikationen wird die herrschende des Naturrechts bis gegen Ende des achtzehnten Jahrhunderts und damit auch die Vermischung des Historischen mit dem Rationalen.

Einen ganz anderen Weg nimmt aber die Vertragslehre bei R o u s s e a u [3]). Bei ihm unterliegt es für den, der seinen contrat social wirklich gelesen hat, keinem Zweifel, daß er in seinem welterschütternden Werke nicht den bestehenden Staat erklären, sondern den dem Wesen des Menschen entsprechenden Staat auf- zeigen und rechtfertigen wollte [4]). Davon ausgehend, daß der als

---

[1]) VII 2 §§ 7, 8.

[2]) l. c. § 8.

[3]) Über ihn neuestens H. R o d e t, Le contrat social et les idées politiques de J. J. Rousseau 1909, und in breiten apologetischen Aus- führungen H a y m a n n, J. J. Rousseaus Sozialphilosophie 1898. Wenn hier auch manche der hergebrachten Irrtümer über die Lehre Rousseaus von neuem widerlegt sind, so ist doch dieser Versuch, durch Wider- sprüche verdeckende Interpretationskunst Rousseau zum Schöpfer eines originalen, in sich festgeschlossenen Gedankensystems zu stempeln, er- folglos. — Über das Verhältnis von Hobbes zu Rousseau G. J e l l i n e k in dem Vortrage „Die Politik des Absolutismus und die des Radikalismus" (Ausg. Schriften u. Reden II 1911 S. 3 ff.).

[4]) Ähnlich wie Rousseau — vielleicht von ihm beeinflußt — verhält sich B l a c k s t o n e, Commentaries I p. 52, zum „original contract of society". Vgl. auch R e h m Staatslehre S. 267.

freies Wesen geborene Mensch überall in Ketten geschlagen sei,
will er durchaus nicht die historische Frage beantworten, wodurch sich der gegenwärtige Zustand herausgebildet habe, sondern
vielmehr das Problem lösen, wodurch er legitimiert werden
könne[1]). Nachdem er die bisher aufgestellten Lehren vom Grunde
des Staates kritisiert und verworfen hat, kommt er von dem vor
ihm bereits energisch durch L o c k e verfochtenen Satze aus, daß
Freiheit vom Wesen des Menschen untrennbar sei und auf sie
daher nicht verzichtet werden könne, zu der Forderung, daß
man den Staat auf einen Gesellschaftsvertrag gründen müsse,
durch welchen sich die Teilnehmer des Vertrages unter die
Leitung des von der Gesamtheit zu bildenden Willens stellen.
Da im allgemeinen Willen der Wille des einzelnen mitenthalten
ist, so bleibt jeder im derart aufgebauten Staate nur sich selbst
unterworfen, es ist daher auch im Staate die Freiheit gewahrt[2]).
R o u s s e a u s staatsgründender Vertrag ist daher scheinbar reiner
Gesellschaftsvertrag. Bei näherem Zusehen findet man jedoch,
daß er ganz wie der Vertrag des H o b b e s auch zugleich Unter-

---

[1]) „L'homme est né libre, et partout il est dans les fers. Tel se
croit le maitre des autres, qui ne laisse pas d'être plus esclave qu'eux.
Comment ce changement s'est-il fait? Je l'ignore. Qu'est-ce qui
peut le rendre légitime? Je crois pouvoir résoudre cette question."
Contr. soc. I 1. Sehr deutlich hatte Rousseau bereits in der Einleitung
zum Discours sur l'inégalité parmi les hommes allen Historismus abgelehnt: „Commençons donc par écarter tous les faits, car ils ne touchent
point à la question. Il ne faut pas prendre les recherches dans lesquelles
on peut entrer sur ce sujet pour des vérités historiques, mais seulement
pour des raisonnements hypothétiques et conditionnels." Die richtige
Auffassung bereits energisch vorgetragen von J. G. F i c h t e Beiträge
WW. VI S. 80. Neuerdings ist sie wieder erkannt worden von S t a m m -
l e r, Die Theorie des Anarchismus 1894 S. 14; L i e p m a n n, S. 95 ff.,
und in anderer, der Rousseauschen Lehre mehr entsprechender Wendung
von H a y m a n n, a. a. O. S. 57 ff.; vgl. auch R e h m Staatslehre S. 267
und G i e r k e Althusius S. 318 ff.

[2]) Auf weitgehende Analogien dieser Lehre des Rousseau mit Gedanken des S p i n o z a hat Ad. M e n z e l, Wandlungen in der Staatslehre
des Spinoza 1898 S. 23 ff., aufmerksam gemacht. Vgl. auch Ad. M e n z e l
Der Sozialvertrag bei Spinoza (Grünhuts Z. 34. Bd. 1907 S. 451 ff.). Die
Idee, daß in der Demokratie jeder nur seinem Willen unterworfen bleibe,
weist auf antike Anschauungen zurück. So A r i s t o t e l e s, Pol. VI 2,
1317 b, 14 ff.: „τῆς μὲν οὖν δημοκρατίας ὅρος οὗτος δεύτερος· ἐντεῦϑεν
δ'ἐλήλυϑε τὸ μὴ ἄρχεσϑαι, μάλιστα μὲν ὑπὸ μηδενός, εἰ δὲ μή, κατὰ μέρος· καὶ
συμβάλλεται ταύτῃ πρὸς τὴν ἐλευϑερίαν τὴν κατὰ τὸ ἴσον."

werfungsvertrag ist. Denn zwei Qualitäten hat das Individuum: als Teilhaber am Gemeinwillen ist es Bürger, als dem Gemeinwillen untergeben, Untertan[1]). Der Subjektionsvertrag ist daher durch den contrat social keineswegs beseitigt.

Aus diesem rationalen Tatbestand zieht Rousseau eine Reihe tiefeinschneidender Konsequenzen, die dem Bestehenden durchaus entgegengesetzt waren. Da der allgemeine Wille unvertretbar, unteilbar, unveräußerlich ist, so muß der Gegenstand des Gemeinwillens, das Gesetz, notwendig Gesamtbeschluß des souveränen Volkes sein, was auch immer die Form der Regierung sein mag, deren Aufgabe ja nichts anderes als Ausführung des Gesetzes ist. Der vernünftige, rechtmäßige Staat ist und bleibt unmittelbare Demokratie, ein Gedanke, dessen gewaltige Wirkung sich bis auf den heutigen Tag herab in den Programmen der radikalen Parteien widerspiegelt.

Auf Rousseau bauend und doch wieder in wichtigen Punkten selbständig[2]) hat sodann Kant[3]), dessen große Autorität die Vertragstheorie bis tief in das 19. Jahrhundert stützte[4]), die ausschließlich rationale Natur des Sozialvertrages ausdrücklich hervorgehoben, indem er sagt: „Der Akt, wodurch sich das Volk selbst zu einem Staate konstituiert, eigentlich aber nur die Idee desselben, nach der die Rechtmäßigkeit desselben allein gedacht werden kann, ist der ursprüngliche Kontrakt, nach welchem alle (omnes et singuli) im Volk ihre äußere Freiheit aufgeben, um sie als Glieder eines gemeinen Wesens, d. h. des Volkes als Staat betrachtet (universi), sofort wieder aufzunehmen."[5])

---

[1]) A l'égard des associés ils....s'appellent en particulier citoyens, comme participant à l'autorité souveraine, et sujets, comme soumis aux lois de l'État I 6.

[2]) Über Kants Originalität vgl. auch M. Salomon im Arch. d. ö. R. 28. Bd. 1912 S. 97 ff.

[3]) Und vor ihm Fichte in dem bereits zitierten Jugendwerk, das 1793, fast vier Jahre vor der Kantschen Rechtslehre, erschienen war.

[4]) Die zahlreichen Nuancen der nachkantischen Vertragslehre zu erörtern, würde an dieser Stelle zu weit führen, zumal sie keine originellen Ideen enthält. In ihr kehren aber auch die alten Irrtümer wieder. So erklärt noch Rotteck, Vernunftrecht II S. 52, den Staatsvertrag für wirklich abgeschlossen, also zugleich für den rationalen und historischen Grund des Staates.

[5]) Rechtslehre § 47. Ferner: „Der Geschichtsurkunde dieses Mechanismus nachzuspüren, ist vergeblich, d. i. man kann zum Zeitpunkt des An-

Die Kritik der Vertragslehre hat sich nur mit deren rationaler Seite zu beschäftigen. Die Vertragstheorie als Lehre vom primären geschichtlichen Entstehungsgrund des Staates ist bei dem Mangel jeglicher historischer Basis vom Standpunkte heutiger Wissenschaft nicht ernst zu nehmen. Welche Bewandtnis es mit den geschichtlichen Beispielen angeblicher Staatengründung durch Vertrag hat, wird an anderer Stelle erörtert werden. Als historische Lehre war die Vertragstheorie die notwendige Konsequenz der Bildung einer Epoche, deren Kenntnis vom Urdasein des Menschengeschlechtes von der Vorstellung eines durch autoritäre Urkunden beglaubigten Zustandes der Staatslosigkeit ausging, aus dem die Menschen auf Grund rationeller Erwägungen, um bestimmte klar erkannte Zwecke zu erreichen, ausgetreten waren.

Die große Bedeutung und das jahrhundertelange Ansehen der Vertragslehre beruhen auf ihrem rationalistischen Grundgedanken, dem Individuum den Staat als vernünftiges Produkt seines eigenen Willens aufzuzeigen. Eine tiefere Rechtfertigung des Staates als die, welche dem Individuum nachweist, daß es selbst den Staat als notwendig erkannt und deshalb frei und bewußt geschaffen habe, dessen Anerkennung somit nur die Konsequenz seiner eigenen Tat sei, läßt sich auf den ersten Blick kaum denken. Diese Lehre ist überdies mit jeder anderen Ansicht von der historischen Entstehung des Staates zu vereinigen, indem sie, in klarer Weise zu Ende gedacht, nicht den vergangenen, sondern, wie jede Rechtfertigungslehre, ausschließlich den gegenwärtigen und künftigen Staat auf eine rationale Basis

---

fangs der bürgerlichen Gesellschaft nicht heräuflangen (denn die Wilden errichten kein Instrument ihrer Unterwerfung unter das Gesetz, und es ist auch schon aus der Natur roher Menschen abzunehmen, daß sie es mit der Gewalt angefangen haben werden)." Ebenda § 52. Doch verdient hervorgehoben zu werden, daß in Deutschland vor Kant bereits S v a r e z bei Abfassung des Allg. Landrechts denselben Gedanken vertrat. Er gründet die dem Staatsoberhaupt zustehende Ausübung aller dem Staate gegen Mitglieder zustehenden Rechte auf den Grundsatz des Staatsvertrags und fährt fort: „Diesen Grund-Satz halte ich zwar nicht für historisch richtig, weil die Geschichte, wenigstens der allermeisten älteren und neueren Staaten beweist, daß physische und moralische Unterjochung ihr Ursprung gewesen sey. Es ist aber doch philosophisch wahr, und wenigstens eine sehr bequeme Hypothese, um daraus die Rechte und Pflichten zwischen Regenten und Unterthanen zu erklären." Vgl. S t ö l z e l Carl Gottlieb Svarez 1885 S. 384.

stellen will[1]). Selbst wenn blinde Naturkräfte den Staat in seiner gegenwärtigen Gestaltung ausgewirkt haben, warum sollte das Überlieferte nicht unserem geläuterten Wesen gemäß ausgestaltet werden, wie es ja mit anderen Institutionen, der Familie voran, geschehen ist? Darum hat man die Vertragstheorie mit nichten widerlegt, wenn man sie als unhistorisch nachweist — für viele das in mancherlei Form wiederkehrende Hauptargument gegen sie. So ist es trotz ihrer ausdrücklichen Ablehnung nichts anderes als die naturrechtliche Lehre in neuer Form, die H. Spencer vorträgt, wenn er, den Spuren A. Comtes folgend, zwei Gesellschaftszustände einander gegenüberstellt, den kriegerischen auf Gesetz und den industriellen auf Vertrag beruhend, und dem letzteren die Zukunft vindiziert[2]), damit an das Ende der Geschichte stellend, was die Naturlehre bereits als deren Anfang ansah. Auch die auf kollektivistischer Basis aufgebaute freie Gesellschaft, wie sie der Sozialismus fordert und träumt, ist im Grunde nichts anderes als der Vertragsstaat, dem der an unerwünschten Zwang mahnende Name des Staates aus agitatorischen Gründen aberkannt wird. Selbst wenn man jegliche atomistische Begründung des Staates energisch zurückweist und ihn als unmittelbares Produkt natürlicher und geistiger Kräfte, als Organismus irgendwelcher Art, auffaßt, kann man nicht ohne weiteres den Gedanken ablehnen, daß das objektiv Notwendige als vernünftig auch gewollt werden könne, und daß in diesem vernünftigen, mit dem der anderen inhaltlich überein- und daher zusammenstimmenden Wollen für das Individuum die Rechtfertigung der Forderung liege, sich an das Ganze hinzugeben. Bewußtes Wollen des objektiv Notwendigen ist ja der Grundgedanke, der tiefdurchdachte ethische Systeme durchzieht, wie im Altertum das der Stoa, in der neueren Zeit die Lehre Spinozas. Man muß sich eben vor Augen halten, daß Sein und Anerkennung des Seienden zwei ganz verschiedene Dinge sind. Daher ist mit Schlagwörtern wie Atomismus, Mechanismus, Individualismus hier gar nichts widerlegt.

Der Fehler der Vertragstheorie und aller Rechtstheorien liegt vielmehr ausschließlich in ihrer falschen Auffassung vom Wesen

---

[1]) Unter diesem Gesichtspunkte hält Eötvös, Einfluß II 1854 S. 61, an der Vertragslehre fest, die er klar als reine Rechtfertigungstheorie erkannt hat.

[2]) A. a. O. VIII ch. 17, 18.

des Rechtes. In allen ihren Nuancen geht sie aus von einem Rechte, das ohne alle gesellschaftliche Organisation existiert. Sie nimmt einen oder mehrere Sätze einer feststehenden staatlichen Rechtsordnung, um aus ihr den Staat herzuleiten, was nichts anderes als ein naives ὕστερον πρότερον ist. Wie lange Zeit hat es gedauert, ehe der Satz von der bindenden Kraft der Verträge, der dem Naturrecht so selbstverständlich erscheint, überhaupt gefunden wurde! Daß der bloße Konsens absolut verpflichtende Kraft habe, ist überdies auch heute ein nirgends in ausnahmsloser Geltung stehender Satz. Ferner ist es unmöglich, das objektive Recht für Inhalt und Rechtsfolgen des Grundvertrages aufzuweisen. Daher auch die lehrreiche und interessante Erscheinung, wie Naturrecht und Staatsvertrag von den verschiedenen Schriftstellern so konstruiert werden, daß ihre jeweiligen politischen Forderungen sich scheinbar deduktiv aus allgemeinen Prämissen ergeben, in welche doch mit offener oder versteckter Kunst die angebliche Konsequenz bereits hineingelegt war. Der größte Mangel der naturrechtlichen Begründung des Vertrages ist aber die Unmöglichkeit, die absolute Bindung des Individuums durch den einmal abgegebenen Konsens zu erweisen. Ist der Mensch seinem Wesen nach frei, dann ist der Satz Rousseaus unwiderleglich, daß die Freiheit unverzichtbar sei, dann kann aber das Individuum kraft dieser unverzichtbaren Freiheit auch jederzeit den Vertrag lösen. Diese letzte logische Konsequenz der Naturrechtslehre ist in voller Klarheit von J. G. Fichte gezogen worden. Ändert jemand seinen Willen, so ist er von diesem Augenblick an nicht mehr im Vertrage; er hat kein Recht mehr auf den Staat, der Staat keins mehr auf ihn[1]). Kann einer aus dem Staate treten, so können es mehrere. Diese stehen nun gegeneinander und gegen den Staat, den sie verließen, unter dem bloßen Naturrechte. Wollen die, welche sich abgesondert haben, sich enger untereinander vereinigen und einen neuen Bürgervertrag auf beliebige Bedingungen schließen, so haben sie vermöge des Naturrechts, in dessen Gebiet sie sich

---

[1]) A. a. O. S. 115. Die Unverbindlichkeit der Verträge kraft Naturrechts hatte früher schon Spinoza behauptet, daher seine Lehre vom staatsgründenden Vertrage (Tract. theologico-politicus c. XVI) nur auf freie Anerkennung des objektiv notwendigen menschlichen Machtverbandes durch seine Glieder zielt.

zurückgezogen haben, dazu das vollkommene Recht. — Es ist ein
neuer Staat entstanden[1]).

So ist denn die Vertragstheorie, logisch zu Ende gedacht,
nicht staatsbegründend, sondern staatsauflösend. Wenn diese
Folgerung aus ihr nur Fichte gezogen hat, so hat das seinen
Grund darin, daß die anderen entweder kritiklos den Satz von
der absolut bindenden Kraft der Verträge als nicht weiter an-
zuzweifelndes Dogma aufstellen oder daß neben dem Vertrag
noch eine andere Macht zur Rechtfertigung des Staates herangezogen wird. Der Vertrag ist bei vielen nur causa proxima
des Staates, hinter der als causa remota, sei es ein Naturtrieb,
sei es ein höheres sittliches Gebot, steht, so daß diese Lehren
in die Bahnen der psychologischen und ethischen Theorien einmünden.

Hat die Vertragslehre demnach ihr Ziel verfehlt, so war und
ist ihre historische Wirkung geradezu unermeßlich. Der ganze
moderne Staat ist in seinem Bau und seinen Institutionen von
ihr auf das tiefste beeinflußt worden. An dieser Stelle sei nur
kurz erwähnt, daß die Idee ausdrücklicher Freiheitsrechte, die
Forderung der Errichtung des Rechtsstaates und die Erfüllung
dieser Forderung durch richterliche Garantierung des gesamten,
also auch des öffentlichen Rechtskreises der Individuen auf sie
zurückzuführen ist. Die Grundsätze der liberalen politischen
und ökonomischen Parteien sind unter ihrem tiefgreifenden Einfluß gebildet worden. Durch die enge Verbindung, in welcher
sie mit der neueren Lehre von der Volkssouveränetät steht, hat
sie auch das Fundament für die aus deren Prinzipien abgeleiteten
Folgerungen gelegt. In der französischen Plebiszitslehre, in dem
schweizerischen und amerikanischen Verfassungsreferendum lebt
sie ebenso fort wie in den politischen Forderungen der deutschen
Sozialdemokraten. Im 18. Jahrhundert unbestritten herrschend,
hat sie in Europa eine alte Welt in Trümmer geschlagen und
jenseits des Ozeans eine neue schaffen helfen. Denn politische
Lehren, hierin den religiösen gleichend, wirken nicht durch das

---

[1]) A. a. O. S. 148. Fichte fährt hierauf fort: „Zu jeder Revolution
gehört die Lossagung vom ehemaligen Vertrage und die Vereinigung
durch einen andern. Beides ist rechtmäßig, mithin auch jede Revolution,
in der beides auf die gesetzmäßige Art, d. i. aus freiem Willen, geschieht."
An diese Fichteschen Ideen klingen die Ausführungen von A. Menger
an: Neue Staatslehre 1903 S. 217 (3. Aufl. 1906 S. 169 f.).

Maß abstrakter Wahrheit, das ihnen innewohnt, sondern durch die Stärke und Tiefe, mit der sie die Geister zu beherrschen imstande sind.

Der Fehler, sich auf eine vorstaatliche Rechtsordnung zu stützen, ist allen Rechtstheorien gemeinsam. Seit dem klaren Einblick in das Wesen des Rechts, den die Wissenschaft der Gegenwart gewonnen hat, gehören sie der Vergangenheit an, mag immerhin ihre Wirkung tatsächlich noch bis in die Zukunft dauern.

4. Die ethische Theorie.

Den Staat als eine sittliche Notwendigkeit nachzuweisen und dadurch vor dem Individuum zu rechtfertigen, liegt bereits in der Konsequenz der religiösen Theorie, indem der den Staat gründende göttliche Willensakt zugleich eine sittliche Forderung an den einzelnen enthält, ihn anzuerkennen. Aber auch unabhängig von religiöser Grundlage tritt die ethische Begründung des Staates seit alter Zeit auf. Für die antike Philosophie in ihrer Vollendung ist ein menschenwürdiges Leben außerhalb des Staates undenkbar. Bei Plato und Aristoteles wird der Mensch erst in der staatlich geordneten Gemeinschaft zum Menschen im vollen Sinne, da nur in dieser sich die ganze Menschennatur entfalten kann. Außerhalb des Staates wäre er ein Gott oder ein Tier; die sittliche Vollendung, die zu erstreben Bestimmung des Menschen, ist nur im Staate möglich. Aber auch die neuere naturrechtliche Lehre behauptet, wie bereits angedeutet, häufig ein sittliches Gebot als causa remota des Staates. So schon Hobbes. Ihm ist es die mit dem Moralgesetze übereinstimmende lex naturae fundamentalis, die Frieden zu suchen gebietet, der dauernd nur im Staate zu finden ist[1]). Nach den Prinzipien Chr. Wolffs folgt aus der höchsten moralischen Pflicht der Vervollkommnung die Notwendigkeit der Errichtung des Staates[2]). Das Rechtsgesetz erklärt Kant zugleich für einen kategorischen Imperativ und damit auch die Begründung der menschlichen Vereinigung unter Rechtsgesetzen, als welche ihm der Staat sich darstellt[3]). Noch energischer hat es Fichte als absolute Gewissenspflicht bezeichnet, sich mit

---

[1]) De cive II 2.
[2]) Jus naturae II §§ 78, 79, VIII § 1.
[3]) A. a. O. Einleitung § C, § 45.

anderen zu einem Staate zu vereinigen, durch freien Willen den
Vernunftstaat zu realisieren. Das Rechtsgesetz, sagt er in
seinem letzten Werke, enthält zugleich ein sittliches Gebot an
jedermann, es zu erkennen und sodann zu befördern. Wer
an der Aufgabe, schließlich den Vernunftstaat zu realisieren, nicht
mitarbeiten will, der verletzt des anderen Recht; einen solchen
hätte man nicht zu dulden, sondern wie eine wilde Naturmacht
zu bändigen[1]). In anderer Weise aber als die Naturrechtslehre
hat, auf antiken Anschauungen fußend, Hegel die sittliche Notwendigkeit des Staates behauptet, indem er den Staat als höchste
dialektische Entwicklungsstufe des objektiven Geistes darstellt
und ihn als die Wirklichkeit der sittlichen Idee bezeichnet. Indem
der Staat so die gegenständlich gewordene Sittlichkeit ist, ist er
an sich vernünftig, und damit ist es höchste Pflicht des einzelnen,
Mitglied des Staates zu sein[2]). Der Gedanke der ethischen Notwendigkeit, den Staat anzuerkennen, ist sodann in der späteren
Literatur bis auf unsere Tage hinab mannigfach variiert worden[3]).
Er steht in naher Beziehung mit der folgenden Theorie, deren
Darstellung zunächst sich hier anzuschließen hat.

5. Die psychologische Theorie.

Auf dem Boden dieser Lehre steht die große Zahl derer,
die den Staat als eine historische Notwendigkeit betrachten, obwohl dies bei der großen Unklarheit, die so häufig in der politischen Literatur herrscht, vielen nicht zum Bewußtsein gekommen ist. Da der Staat nicht außerhalb der Menschen
existiert, vielmehr sein Leben fortwährend durch menschliche
Aktionen vollzieht, so kann die behauptete geschichtliche Notwendigkeit, klar, also wissenschaftlich erkannt, nur als psychologische bezeichnet werden. Alle daher, die den Staat als ein
Gebilde der Natur, als ein Produkt des Volksgeistes, als eine
geschichtliche Tatsache bezeichnen und dadurch rechtfertigen, gehören hierher. Der Ahnherr aller dieser Lehren ist Aristoteles

---

[1]) Staatslehre oder über das Verhältnis des Urstaates zum Vernunft-
reich (1813), WW. IV S. 434.

[2]) Philosophie des Rechts § 258.

[3]) Z. B. Schmitthenner Grundlinien des allg. oder idealen Staats-
rechts 1845 S. 263; H. A. Zachariae D. Staats- u. Bundesr. I S. 63;
Zöpfl Grundsätze I S. 80; H. Schulze Einleitung S. 153; Ahrens
Naturrecht I S. 271; Trendelenburg Naturrecht S. 330.

in seinen berühmten Ausführungen über die staatliche Anlage des
Menschen und die Wirkung des zu höheren sozialen Bildungen
hindrängenden Ergänzungsstrebens. Auch mit anderen Theorien
steht die psychologische Lehre in engerem oder loserem Zusammenhang, so mit der naturrechtlichen, insofern sie in bestimmten
menschlichen Trieben (Geselligkeitstrieb, Nützlichkeitsstreben,
Furcht), den Motor zur Staatenbildung erblickt. Namentlich aber
tritt sie in neuerer Zeit im Verein mit der ethischen Theorie
auf, indem die historisch-psychologische Erscheinung des Staates
zugleich als vernünftig behauptet wird[1]). Das geschichtlich Gewordene trägt in solcher Auffassung die sittliche Anforderung in
sich, es als ein Vernünftiges anzuerkennen. Anderseits aber wird
bei der Abwendung von der Metaphysik, die heute vorherrscht,
die Frage nach der absoluten Vernünftigkeit des Staates in der
Regel nicht mehr berührt und von Philosophen[2]) wie Historikern
eine rein psychologische Rechtfertigung des Staates aus seinem
in der menschlichen Organisation beruhenden, historisch notwendigen Dasein vorausgesetzt.

Die Kritik der in den beiden zuletzt dargestellten Theorien
enthaltenen, heute herrschenden Lehren ist mit der nun folgenden
systematischen Erörterung des Problems zu verbinden.

III. Systematische Entwicklung der Rechtfertigungslehre.

Der kritische Überblick der bisher aufgestellten Theorien
ergibt, daß es sich für sie alle nicht um Begründung der staatlichen Gemeinschaft in ihrem ganzen Umfange handelt, sondern
nur um eines ihrer Elemente, nämlich des Imperiums, der
Herrschafts- und Zwangsgewalt. Denn sie allein bezeichnet den
Punkt, wo dem Einzelwillen ein anderer mit dem Anspruch entgegentritt, ihn zu bestimmen und nötigenfalls zu beugen, ja sogar
zu vernichten. Daher ist es die Existenz einer Zwangsgewalt, die
notwendig die Frage hervorruft: Warum soll das Individuum sie
sich gefallen lassen? Wenn die psychologische Theorie auf die
menschliche Anlage zum Staate hinweist, so liegt darin keine befriedigende Antwort. Denn nur die Gemeinschaft, das Leben in

---

[1]) Daher können viele Anhänger der ethischen Theorie auch hier
genannt werden. Ferner L a s s o n Rechtsphilosophie S. 298ff.

[2]) In den neuesten Systemen der Ethik von W u n d t, Paulsen,
H ö f f d i n g, die doch ex professo vom Grunde des Staates zu handeln
hätten, wird diese Frage nicht erörtert, oder doch nur gestreift.

der Gesellschaft kann aus der geselligen Natur des Menschen deduziert werden, nicht aber die Zwangsorganisation oder Zwangsgewalt. Aristoteles erklärt in seiner Lehre von der Entstehung des Staates nur die Gesellschaft; fehlt doch seiner Staatsdefinition das wesentliche Merkmal der Staatsgewalt[1]). Daß jeder Verband, am meisten aber der höchste, Autarkie besitzende, mit einer die Verbandszwecke versorgenden, den Widerstand der Glieder brechenden Gewalt ausgerüstet sein müsse, begründet er nirgends, setzt es vielmehr als selbstverständlich und daher keines Beweises bedürftig voraus. Ebensowenig befriedigt die auf Grund der landläufigen Auffassung der aristotelischen Ansichten[2]) in der Gegenwart häufig vorgetragene Lehre von dem natürlichen, organischen Werden des Staates. Denn staatlicher Zwang wird jederzeit von bewußt Handelnden gegen bewußt Handelnde geübt; nicht um unbewußt-organische, sondern um bewußt-willkürliche Vorgänge handelt es sich beim Dasein und Wirken der staatlichen Zwangsgewalt. Diese Zwangsgewalt gar auf einen organischen Staatstrieb zurückzuführen, ist ein durchaus verkehrter Gedanke; einen Trieb, sich beherrschen zu lassen, dürfte wohl kein Psychologe anerkennen; Aristoteles behauptet das nicht einmal vom Sklaven. In Wahrheit meinen auch die Anhänger des „Staatstriebes" nichts anderes als den Gesellschaftstrieb.

Aber auch der Hinweis auf die ununterbrochene historische Existenz des Staates genügt für die Lösung der vorliegenden Frage nicht, denn gar manche seit undenkbaren Zeiten nachweisbare Institution hat später ihr Wesen geändert oder schließlich selbst ihr Dasein verloren. Auf Grund der historischen Erfahrungen, die Augustinus zu Gebote standen, konnte er den Satz aufstellen, daß die Sklaverei so lange dauern werde als der irdische Staat. Die anarchistische und sozialistische Geschichtsphilosophie leugnen nicht, daß Vergangenheit und Gegenwart den

---

¹) ἡ δ' ἐκ πλειόνων κωμῶν κοινωνία τέλειος πόλις, ἤδη πάσης ἔχουσα πέρας τῆς αὐταρκείας ὡς ἔπος εἰπεῖν, γινομένη μὲν οὖν τοῦ ζῆν ἕνεκεν, οὖσα δὲ τοῦ εὖ ζῆν. Polit. I, 2, 1252 b, 27 ff.

²) Aristoteles spricht I 2, 1253 a, 30, von der „ὁρμή", die in allen auf Bildung des Staates gerichtet ist. Das ist aber nichts anderes als der Geselligkeitstrieb, der durch die höchste Form der Gesellschaft befriedigt wird, die Aristoteles nur durch ihren Zweck, nicht aber durch ihre Struktur von anderen Gesellschaftsformen scheidet.

Zwangsstaat als notwendige historische Erscheinung zeigen, und
fordern trotzdem, die eine Staatslosigkeit, die andere einen Staat
ohne Zwangsgewalt für die durch menschliche Tat zu realisierende
Zukunft. Die psychologisch-historische Theorie erklärt mit nichten
die Notwendigkeit der staatlichen Zwangsgewalt. Von ihr aus
ist und bleibt der Staat eine historische Kategorie, der als solcher
niemals der Charakter einer Rechtfertigung innewohnen kann.
Sie erklärt das Sein, aber nicht das Sein-sollen des Staates.

Um den Staat zu rechtfertigen, bedarf diese Lehre demnach
einer Ergänzung. Sie wird allerdings nicht darin liegen können,
daß der Philosoph durch einen Machtspruch den Staat für ver-
nunftnotwendig erklärt, wie es bisher von den meisten Vertretern der ethischen Theorie geschehen ist, die das historisch
Gegebene oder zu Erreichende zu Elementen eines metaphysischen
Weltbildes sublimierten. Vielmehr kann der Nachweis der Notwendigkeit des Staates nur durch sorgfältige Betrachtung der
gegebenen Welt und der Personen, für welche er bestimmt ist,
geführt werden. Nicht geführt kann er werden für die, welche
grundsätzlich die Welt und den historischen Prozeß verwerfen,
also z. B. für extreme religiöse Anarchisten und jene Nihilisten,
die nur zerstören und nicht aufbauen wollen und jede Diskussion
ihres Beginnens abweisen. So wenig der entschlossene Selbst-
mörder vom Werte des Lebens, so wenig werden solche vom
Werte des Staates überzeugt werden können. Gerichtet werden
kann die Rechtfertigung des Staates nur an diejenigen, welche
grundsätzlich die Kultur und daher auch deren Bedingungen bejahen. Für diese, möge ihr Standpunkt sonst auch noch so
extrem und staatsfeindlich sein, ergibt aber wissenschaftliche
Untersuchung folgende unverrückbare Resultate.

Alles ersprießliche menschliche Wirken ist nur möglich unter
der Voraussetzung des Bestehens von Organisationen, d. h. von
festen, konstanten Verbindungen einer Mehrheit menschlicher
Willen. Sowohl zu gemeinsamer Abwehr von Störungen als auch
zu gemeinsamer schaffender Arbeit haben stets Organisationen
der mannigfaltigsten Art und von den verschiedensten Werten
bestanden und bilden sich fort und fort innerhalb des staatlichen
Verbandes. Schon diese, überwiegend durch freien Willen ihrer
Glieder geschaffenen Verbände bedürfen einer mit Machtmitteln
ausgerüsteten Organisation, um zu existieren und ihre Zwecke
zu erfüllen. Ohne das Dasein einer, wenn auch noch so leichten,

Disziplinargewalt vermag kein, noch so locker gestalteter, Verein und keine geordnete Versammlung ungestört ihre Tätigkeit auszuüben.

Ist nun schon die Erreichung partikularer Lebenszwecke ausschließlich durch den isolierten Menschen unmöglich, so ist das in noch höherem Grade der Fall mit der Gesamtheit der Lebenszwecke. Diese können vom Individuum nur verfolgt und erreicht werden unter der Voraussetzung des Daseins einer Rechtsordnung, die sowohl jedem die Schranken seines Handelns absteckt, als auch den Einzelwillen im Gemeininteresse in vorausbestimmte Bahnen lenkt. Allerdings wirkt nicht nur das Recht schrankenziehend und regulierend. Allein die anderen sozialen Mächte, die ebenfalls solche Wirkung haben, sind für sich allein nicht hinreichend, diese Schranken unter allen Umständen zu sichern. Wer das leugnet und meint, daß ein mutualistisches System des wirtschaftlichen Verkehrs eine natürliche, sich stets durchsetzende Harmonie der menschlichen Interessen hervorrufen oder daß vernünftige Selbstsucht oder irgendein anderes Element unserer psychischen Ausstattung bewirken werde, daß Verkehrsnormen, die sich ohne Rechtszwang realisieren[1]), als Bedingungen des sozialen Lebens genügen, der hat, wie alle Utopisten, eine falsche

---

[1]) Worin der Unterschied beider Gattungen von Regeln besteht, wird unten Kap. XI erörtert werden. Stammler, Theorie des Anarchismus S. 24, und Wirtschaft und Recht, 2. Aufl. S. 121 ff., 477 ff., stellt der Rechtsregel die Konventionalregel gegenüber, die ihm zufolge nur kraft Einwilligung der ihr Unterstellten gelten soll, eine schiefe Auffassung der nichtjuristischen sozialen Normen, die überdies das ganze dispositive Recht des Rechtscharakters beraubt und zur „Konventionalregel" stempelt. Aus der Tatsache, daß ich mich einer sozialen Norm entziehen kann, folgt keineswegs auch, daß sie nur vermöge meiner Einwilligung gelte. Die Geltung solcher wie aller Normen beruht auf innerer Erfahrung, die von der dunkeln Empfindung bis zur klaren Überzeugung gehen kann, daß man durch die Norm verpflichtet sei, nicht auf der Möglichkeit, ihre Geltung zu verneinen. Gegen Stammlers Konventionalregeln auch Bierling im Arch. f. Rechtsphilosophie III 1910 S. 155 ff. Stammler operiert mit dem Begriff des Geltens, ohne ihn irgendwie zu erklären. Und doch müßten Untersuchungen wie die seinen zuerst die kritische Frage erörtern: Was heißt eine gültige Regel, und wie ist ein Gelten für den Willen möglich? — In seinem neuesten Werke widmet denn nunmehr Stammler dem Probleme des rechtlichen Geltens einen ganzen Abschnitt (Theorie der Rechtswissenschaft 1911 S. 114 ff.) und kömmt zu Ergebnissen, die den Ausführungen des elften Kapitels dieser Staatslehre ziemlich nahestehen.

und einseitige Grundansicht vom Wesen des Menschen, indem er
in unklarem Optimismus den Menschen für sozial vollkommen
hält und die Schwächen der menschlichen Natur nicht ihr, sondern
den äußeren Verhältnissen zuschreibt. Diese modernen, die Notwendigkeit des Staatszwanges negierenden anarchistischen Lehren [1])
bezeichnen die letzte logische und praktische Konsequenz der
naturrechtlichen Rechtslehre, die den Rechtszwang nicht, wie sie
beabsichtigte, aus dem Willen des Individuums, sondern aus einer
anderen causa remota abzuleiten gezwungen war. Macht man
aber Ernst mit der Lehre, daß individueller vernünftiger Wille
letzter Grund der sozialen Institute sein müsse, so ergibt sich der
Rechtszwang als unmöglich; er ist und bleibt nackte Gewalt [2]).
Bei näherem Zusehen findet man bald, daß der Mensch der
anarchistischen Theorie das naturrechtliche blutleere Schemen des
ausschließlich durch verständige Motive bestimmten, von Hause
aus geistig reifen Menschen ist, des alten biblischen Adam, der
bei ihr seine letzte sichere Zufluchtsstätte gefunden hat. Nur
wird dieser Adam von keiner Erbsünde berührt und kann daher
sein rationalistisches Dasein in seinen Kindern in Form einer
staatslosen Gesellschaft ruhig fortsetzen. Aber auch die sozialistische Wendung des anarchistischen Gedankens, die den Staat
als eine historische Episode betrachtet, leidet an demselben
rationalistischen Optimismus, der eine in ungezählten Exemplaren
vorhandene, fleischlose Puppe mit demselben, stets gleichbleibenden
ethischen Normalgehalt als die Grundlage der Gesellschaft ansieht: den in Freiheit dressierten, immer arbeitslustigen und
kollektivistisch gestimmten Menschen. Kraft der durch keine
Theorie zu beseitigenden ethischen Minderwertigkeiten würde
indes auch die sozialistische Zukunftsgesellschaft die Erscheinung
des Verbrechens kennen. Wäre das Privateigentum an Produktions-
mitteln in Kollektiveigentum verwandelt, so gäbe es noch eine
Fülle verbrecherischer Angriffe auf Person und Freiheit, vor
allem aber eine Defraudation an der gesellschaftlichen Arbeit.
Sodann könnte eine sozialistische Gesellschaft nicht ohne eine
mit unbedingter Befehlsgewalt ausgerüstete Leitung der ökonomi-

---

[1]) Das einzige diesen so mannigfaltige Nuancen aufweisenden
anarchistischen Lehren gemeinsame Element. Vgl. Eltzbacher
Anarchismus S. 262.

[2]) Das ist treffend hervorgehoben von Bernatzik, Der Anarchis
mus, in Schmollers Jahrbuch XIX 1895 S. 15 f.

schen Produktion existieren, deren Zwangsmacht gegen Wider-
strebende wegen des gesteigerten sozialen Wertes der individuellen
Tätigkeit viel größer sein müßte, als die des heutigen Staates.
Für die tausendfältigen sozialen Interessen, die einer umsichtigen
Zentralisation bedürfen, wie vor allem das Verkehrswesen, müßten
beruflich gebildete und dauernd angestellte Beamte vorhanden
sein. Daher sind alle Phrasen von freier Gesellschaft und Aufhebung des Staates, die mit so großer Energie in der neueren
sozialistischen Literatur vorgetragen werden, eitel, den wahren
Sachverhalt nur dem Unkundigen verhüllend[1]).

Aber auch wenn wir die Möglichkeit einer materiell auf
reiner Interessenharmonie, formell nur auf nichtjuristischen
Verkehrsregeln beruhenden Organisation des Gemeinlebens als
reale Möglichkeit zugäben, so würde doch der Zwang des freien
Verbandes gegen das Individuum nur andere, grausamere Formen
annehmen als der staatliche Rechtszwang[2]). Ein dauernd nur
auf freiem Willen der Mitglieder beruhender Verband würde niemand den Anspruch auf Aufnahme in einen solchen Verband
geben, es könnten daher viele als den anderen aus irgendwelchem Grunde unsympathisch gänzlich isoliert bleiben und damit
dem Untergang geweiht sein. Sodann müßte nicht nur jedem
der Austritt aus dem freien Verbande freistehen, sondern auch
den anderen, die den Verkehr mit einer bestimmten Person aus
irgendwelchem Grunde nicht fortsetzen wollen, ein Ausstoßungs-
recht gegeben sein: wie einer mit allen so könnten alle mit

---

[1]) Vgl. von sozialistischer Seite die zutreffenden kritischen Ausführungen von Ed. Bernstein Zur Geschichte und Theorie des
Sozialismus 1901 S. 197 ff.

[2]) Stammler, Theorie des Anarchismus S. 42 f., gründet gemäß
seiner Lehre von der Konventionalregel die Berechtigung der Rechtsordnung auf ein ganz untergeordnetes Moment: daß sonst Handlungsunfähige aus der Gemeinschaft ausgeschlossen blieben. Hat man aber
erkannt, daß die Geltung nichtjuristischer sozialer Regeln nicht notwendig von der Einwilligung der Gesellschaftsglieder abhängt, so schwindet dieses Argument. Elternliebe, humane Überzeugungen, praktische
Erwägungen bilden die nichtjuristische und auch nicht konventionelle
Regel aus, daß für die Handlungsunfähigen zu sorgen sei. Von
Stammlers Standpunkt aus ließe sich daher „das Recht des Rechtes"
überhaupt nicht erweisen. In Wirtschaft und Recht S. 541 ff. rechtfertigt
er allerdings das Recht anders und zutreffender als notwendiges Mittel
zu einer allgemein gültigen Gesetzmäßigkeit des sozialen Lebens der
Menschen (namentlich S. 547).

einem jederzeit den Verband lösen. Sie würden es zweifellos tun, wenn der eine konstant gegen die Zwecke des Ganzen handelte. Daher würde auch ein ohne Herrschergewalt konstituierter, auf nichtjuristischen Verkehrsregeln ruhender Verband die Strafe kennen, und zwar die Ausstoßungsstrafe, die Friedloslegung, die Exkommunikation, die viel härter träfe, als heute die schwersten staatlichen Strafen. Die Ausstoßungsstrafe würde aber die Sanktion für die freiwillige Unterwerfung unter andere, vom Verbande für das Verbleiben in ihm aufgestellte Regeln bilden[1]). Daher hätte auch ein solcher Verband sein Recht und seinen Zwang. Höbe man irgendwo durch Gesamtbeschluß den Staat auf, um eine freie Gesellschaft in irgendwelcher Form an dessen Stelle zu setzen, so würden Recht und Zwang und mit ihnen das Imperium sofort wieder in anderer Form zurückkehren[2]).

In Wahrheit aber ist es nur die Rechtsordnung, möge sie im konkreten Falle noch so mangelhaft sein und die einen über Gebühr erhöhen, die anderen zu tief hinabdrücken, dem Mächtigen hold sein, dem Schwachen kärglichen Schutz erteilen, welche die Möglichkeit eines gesellschaftlichen Lebens garantiert. Ihr gänzliches Fehlen ließe die natürlichen Machtverhältnisse in noch ganz anderer Weise walten, als es selbst die unbilligste Rechtsordnung zuzugeben imstande ist[3]). Wenn irgendein Satz richtig ist, so der, daß das bellum omnium contra omnes die notwendige Folge des Fehlens von Staat und Recht wäre. In solchem allgemeinen Kriege würden sich aber sofort tatsächliche Macht- und Abhängigkeitsverhältnisse bilden. Das lehrt uns die Zeit unvollkommensten Rechtsschutzes, die das Mittelalter so häufig, am stärksten in der Zeit des Interregnums, aufweist. Die Unterschiede zwischen dem Starken und dem Schwachen, dem Rück-

---

[1]) Wie furchtbar die Vereinsgewalt dem einzelnen Mitgliede auf dem Boden der heutigen gesetzlichen Vereinsfreiheit werden kann, beweisen die höchst lehrreichen Daten und Ausführungen von A. Leist, Untersuchungen zum inneren Vereinsrecht 1904, namentlich S. 3 ff. und 99 ff.

[2]) Eine vorzügliche Kritik der sich in den Einzelheiten so sehr widersprechenden anarchistischen Lehren bei A. Menger Neue Staatslehre, 3. Aufl. 1906. S. 6 ff., wo namentlich auch dargelegt wird, daß zwischen den verschiedenen anarchistischen Gruppen notwendig Streit entstehen müsse und jedes Mittel der friedlichen Streitentscheidung fehlen würde.

[3]) Vortrefflich hat Merkel, Jurist. Enzyklopädie § 37. hervorgehoben, daß das konkrete Recht stets mit einem gewissen Maße von Ungerechtigkeit behaftet ist.

sichtslosen und dem Mitleidigen, dem Gütigen und dem Schurken aufzuheben, ist keine Macht der Welt imstande, und darum ist es nicht zweifelhaft, welchem von diesen Typen in der rechtlosen und entrechteten Gesellschaft der Sieg bestimmt wäre.

Dazu kommt noch, daß alle Berechnung der Zukunft als notwendiger Bedingung sozialen Handelns nur auf Grund des Rechtes möglich ist. Die Wirkung egoistischer oder altruistischer Motive auf andere Individuen auch nur einigermaßen sicher zu berechnen, ist vermöge der unendlichen ethischen Mannigfaltigkeit der Individuen, die nur dem Doktrinär unbekannt ist, unmöglich. Nur das Recht und die es garantierende Herrschergewalt können jene Mannigfaltigkeit derart einengen, daß man im Verkehre mit einer gewissen Sicherheit auf den gesellschaftlichen Charakter der Handlungen anderer zu bauen vermag. Die von dem Naturrecht behauptete ursprüngliche rechtliche Gleichheit der Menschen findet in Wahrheit erst in der staatlichen Rechtsgemeinschaft in der Richtung statt, daß jeder voraussetzt, jeder andere werde durch Rechtsnorm und Rechtszwang in gleicher Weise bestimmt.

Wer also nicht des Glaubens lebt, daß blindwirkende Instinkte oder allgemeine sittliche Vollendung das Neben und Miteinanderexistieren der Menschen besser garantieren würden als das Recht, muß dieses als notwendig anerkennen. Tier oder Gott, die alte aristotelische Alternative, gilt in alle Ewigkeit für das von Natur staatlose Geschöpf.

So fällt denn die Frage nach dem Grunde des Staates wesentlich zusammen mit der nach dem Grunde des Rechtes[1]). Diese alte und ewig neue Frage hat bereits vor Jahrtausenden die richtige Antwort gefunden. Noch ist keine bessere Lösung des Problems aufgestellt worden als die, welche ihr Aristoteles hat zuteil werden lassen in jener Stelle der Politik, die zu den tiefsten Einsichten zählt, welche der Mensch von seinem Wesen gewonnen hat: „Wie der Mensch, wenn er im Staat seine Vollendung findet, das beste unter allen Geschöpfen ist, so ist er losgelöst von Gesetz und Recht das allerschlimmste. Ist ja gerüstetes Unrecht das gefährlichste. Und der Mensch ist geschaffen

---

[1]) Wenn auch nicht nur im Staate Recht sich bildet, so bedarf doch alle Rechtsbildung zu aller Zeit eines höchsten Macht- und Rechtsverbandes. Man erinnere sich, was früher über die dynamische Natur des Staatsbegriffes gesagt wurde.

mit einer Rüstung zu Einsicht und Tugend, kann dieselbe jedoch
gar leicht zum Gegenteil gebrauchen; deshalb ist er auch ohne
Tugend das wildeste und ruchloseste Geschöpf, schlimmer als
alle anderen in Unzucht und Völlerei. Die Gerechtigkeit nun aber
(der Gegensatz zu jenem gefährlichen Unrecht) ist an den Staat
gebunden; denn das Recht ist nichts als die Ordnung der staatlichen Gemeinschaft, und es bestimmt seine Entscheidung nach
dem Begriff der Gerechtigkeit"[1]).

Wenn so eine wissenschaftliche Begründung des Staates möglich ist, so wäre es weit gefehlt, daraus zu schließen, daß sich
irgendeine bestimmte Form des Staates, eine Verteilung der Herrschaftsbefugnisse in ihm, irgendwie aus einem allgemeinen Prinzipe als allein gerechtfertigt ableiten ließe. Gerade weil zu allen
Zeiten politische und soziale Parteien und ihre theoretischen Par-
tisane in derartige Lehren zu verfallen geneigt sind, muß die
ernste Wissenschaft solches Beginnen von sich abweisen. Einen
allgemein gültigen Idealtypus des Staates könnte man nur auf
Grund metaphysischer Prinzipien behaupten, über welche Übereinstimmung niemals stattfinden wird. Jeder Einzelstaat aber in
seiner konkreten Ausgestaltung ist das Werk geschichtlicher
Mächte, deren Wirkung sich zwar begreifen, aber niemals als absolut vernünftig und daher schlechthin anzuerkennend darstellen
läßt. Der praktischen Politik und den Wünschen der Parteien
bleibt ihr Recht, das Gegebene zu verändern, gewahrt, wissenschaftliche politische Untersuchung kann und soll Verbesserungen
anbahnen. Eine Wissenschaft aber, die Parteiansprüchen absolute
Geltung unterlegt und irgendeinen empirischen Staatstypus rationalisiert und für den allgemein gültigen erklärt, verfehlt ihr Ziel.
Sie überzeugt nicht die noch nicht Überzeugten und erzeugt statt
gehoffter Zustimmung unerwünschte Opposition, wie jeder erkennt, der die innere Verkettung der politischen Theorien in ihrer
geschichtlichen Abfolge erforscht und dadurch die Einsicht erlangt hat, daß jede Apotheose irgendwelcher staatlicher Zustände
sofort die schärfste Kritik und die Rationalisierung entgegengesetzter Verhältnisse hervorgerufen hat.

Daher kann auch die Rechtfertigung des Staates immer nur
den gegenwärtigen und künftigen Staat vor Augen haben. Die
Vergangenheit steht als historische Tatsache hinter uns; sie als
ein Anzuerkennendes nachzuweisen, ist vergebliche Mühe. Meta-

---

[1] Pol. I 2, 1253 a, 31 ff.

physische Konstruktion mag das Gewesene als vernünftig oder als naturnotwendig erklären, das Individuum kann nur vom Standpunkt seines sittlichen Bewußtseins aus urteilen, dem das millionenfache Weh und Elend, das die sozialen Verhältnisse der Vergangenheit, zweifellos auch unter gewaltiger Mithilfe menschlicher Schuld, gezeitigt haben, niemals als unabänderliches Schicksal begreiflich ist. Bezeichnend ist es, daß die Marx-Engels-sche Geschichtsphilosophie, die den Staat für die Zukunft verwirft, ihn nach rückwärts zu rechtfertigen unternimmt und damit einerseits jedes Werturteil über die Vergangenheit abschneidet und anderseits dennoch das nach rückwärts Anzuerkennende als das zu Überwindende erklärt. Die wahre Konsequenz einer solchen Lehre wäre aber die Verwerfung jeder praktischen Anforderung an den Willen auch für die Zukunft. Denn wenn die Geschichte von einer von allen individuellen Entschlüssen unabhängigen, jenseits von Gut und Böse stehenden ehernen Notwendigkeit durchwaltet ist, dann setzt sich das Notwendige von selbst durch und bedarf keiner Anerkennung von seiten des Individuums.

Aber mit solcher Anschauung stehen wir auf dem Boden alter, wohlbekannter metaphysischer Theorien, die in der Hegel-schen Dialektik ihren Gipfelpunkt erreicht haben. Wer das Individuum aus dem geschichtlichen Prozesse ausschaltet, der hat es leicht, die hier behandelte Frage gänzlich zu verwerfen, da die Substanz, der Weltgeist, die Materie, oder wie sonst das große x heißen mag, über den Köpfen und durch die Köpfe der Individuen ihr Werk verrichten. Wenn aber trotzdem auch alle derartigen Systeme eine mehr oder minder klare Rechtfertigungslehre der gesellschaftlichen Institutionen enthalten, so ist das der sicherste Beweis dafür, daß unsere Frage nicht zu umgehen und durch keine Klügelei aus der Welt zu schaffen ist.

Wenn der Staat für Gegenwart und Zukunft gerechtfertigt ist, so liegt darin zugleich die Aufforderung an ihn, sein Dasein mit einem materiell gerechtfertigten Inhalt zu erfüllen. Der Staat in seiner konkreten Ausgestaltung, in der Fülle seines geschichtlichen Daseins wird aber nur gerechtfertigt durch die Zwecke, die er vollbringt. So leitet die Lehre von der Begründung des Staates zu ihrer notwendigen Ergänzung hinüber: der Lehre von den Staatszwecken.

Achtes Kapitel.

Die Lehren vom Zweck des Staates.

I. Das Problem.

Die Lehren vom Staatszwecke haben ähnliches Schicksal gehabt wie die von der Rechtfertigung des Staates, mit denen sie innig verknüpft sind. Lange Zeit standen sie im Mittelpunkt der staatswissenschaftlichen Diskussion, namentlich in der ersten Hälfte des 19. Jahrhunderts, wo sogar die Behauptung aufgestellt wurde, daß die ganze Erkenntnis des Staates von der richtigen Erkenntnis seiner Zwecke abhänge[1]). In der neuesten Zeit aber hat man die Frage nach dem Zwecke des Staates entweder nicht mehr selbständig untersucht oder gänzlich ignoriert oder endlich die Frage selbst als eine müßige und daher gar nicht zu erhebende erklärt[2]). Zwar hat noch Holtzendorff seine Politik ganz auf die Lehre vom Staatszweck aufgebaut, allein sein Vorgang ist in der neuesten Literatur vereinzelt geblieben.

Um sich über Wesen und Bedeutung der hier zu erörternden Probleme Klarheit zu verschaffen, ist es notwendig, genau fest zustellen, um was es sich bei ihnen handelt, zumal die Verwirrung in den Ansichten hierüber grenzenlos ist. Unter dem Zweck des Staates können nämlich drei gänzlich verschiedene Probleme zusammengefaßt werden. Es kann gefragt werden, welcher Zweck der Institution des Staates in der Ökonomie des historischen Geschehens im Hinblick auf die letzte Bestimmung

---

[1]) Vgl. über diese Theorien Murhard Der Zweck des Staates 1832 S. 3 ff.

[2]) So verneint neuerdings Menzel, Hdbch. d. Pol. I S. 43 N. 32, in Anschluß an Bernatzik (u. S. 235 N. 1) die Erheblichkeit der Frage für eine rein juristische Betrachtung des Staates. Man fasse aber den Fall ins Auge, daß ein Rechtssatz auf den Staatszweck als auf eine gegebene Größe Bezug nimmt, um die Bedenklichkeit jener Auffassung einzusehen. Der rechtliche Umfang der Polizeigewalt z. B. kann gebunden sein an die Schranken, die die Staatslehre den Zwecken des Staates gezogen hat.

der Menschheit zukomme, ferner welchen Zweck ein individuell
bestimmter Staat im geschichtlichen Zusammenhang gehabt habe
oder habe, und endlich, welchen Zweck die Institution des
Staates in einem gegebenen Zeitpunkt für die ihr Eingegliederten
und damit für die Gesamtheit besitze[1]). Von diesen drei möglichen Fragen ist die erste und zweite mit den Mitteln empirischer Forschung nicht zu beantworten[2]). Mit der Fragestellung
selbst hat man sich in das Gebiet metaphysischer Spekulation
meistens aber in das Reich willkürlicher und haltloser Einfälle
begeben; daher ist für den, der den Boden der empirischen Forschung nicht verlassen will, die ganze Fragestellung eine müßige.
Ich will diese beiden Fragen als die nach dem o b j e k t i v e n
Z w e c k des Staates bezeichnen, und zwar die erste als die nach
dem u n i v e r s a l e n, die zweite als die nach dem p a r t i k u -
l a r e n objektiven Staatszweck.

Im Zusammenhang der philosophischen Systeme ist seit
P l a t o die Frage nach dem universalen objektiven Staatszweck
häufig aufgeworfen und beantwortet worden. Sie steht im Mittelpunkte der politischen Spekulation des theologischen Denkens,
dem von A u g u s t i n u s die Wege gewiesen wurden. Die christliche Theologie mußte schon kraft des eschatologischen Problems
die Frage nach dem letzten Ziel des staatlichen Lebens scharf
ins Auge fassen. Von bleibender Bedeutung sind diese theologischen Lehren dadurch geworden, daß sie zuerst die geschichtlichen Erscheinungen nicht als eine jeder Ordnung entbehrende
Abfolge menschlicher Erlebnisse, sondern als eine einem bestimmten Ziele zusteuernde Entfaltung auffassen. Dadurch haben
sie mit den Anstoß zu der modernen Idee der Entwicklung gegeben, welche zuerst auf die Geschichte angewendet, sodann in
neuester Zeit auf die gesamte Natur übertragen wurde[3]).

---

[1]) Diese Unterscheidung möglicher Gesichtspunkte für das Zweckproblem ist bisher nirgends unternommen worden.

[2]) Andr. Ans. M e n z e l, a. a. O. S. 44, wohl unter Verkennung des
zwischen Geeignetheit und innerer Zweckmäßigkeit bestehenden Unterschiedes.

[3]) Der moderne Entwicklungsbegriff im Sinne des Fortschrittes oder
der Wertsteigerung geht auf L e i b n i z zurück, dessen Lehre sich unter
dem mitbestimmenden Einfluß religiöser Anschauungen gebildet hat.
In voller Schärfe hat er als der erste den Satz ausgesprochen: „In
cumulum etiam pulchritudinis perfectionisque universalis operum divi-
norum, progressus quidem perpetuus liberrimusque totius universi est

Diese Frage nach dem objektiven universellen Staatszweck
ist aber gerade in der Zeit, wo der Entwicklungsgedanke als
allgemeines Prinzip von der philosophischen Spekulation aufgestellt wurde, als unberechtigt negiert worden. Vor allem die moderne organische Staatslehre zählt Anhänger, welche die Zwecklosigkeit des Staates behaupten[1]). Mit vollem logischen Rechte,
wenn man mit der naturwissenschaftlichen Analogie Ernst macht.
Denn die Frage, ob ein Organismus irgendeinen Zweck für
etwas außer ihm Liegendes habe, ist unter empirisch-natur-
wissenschattlichem Gesichtspunkte unzulässig. Gewöhnlich erklärt
die organische Theorie, daß der Staat sich selbst Zweck sei, den
Zweck seines Seins in sich trage[2]), was eben nur ein anderer
Ausdruck für die Negation des objektiven Zweckes ist. Noch
energischer als die organische wird eine mechanisch-materialisti-
sche Welt- und Geschichtsauffassung zur Lehre von der absoluten
Zwecklosigkeit des Staates getrieben. Eine teleologische Weltanschauung wird hingegen dem Staate einen über sein bloßes
Dasein hinausreichenden Wert zuschreiben, indem sie den Sinn
der Geschichte zu erraten trachtet[3]). Es hängt daher ganz von
den geschichtsphilosophischen Anschauungen ab, die als Bestandteil eines Weltbildes erscheinen, welche objektive Wertgröße der
Institution des Staates zugeschrieben wird. Solche Philosophie
der Geschichte wird zwar niemals ganz aus dem Bereiche der
Spekulation verschwinden, da alle Einsicht in die Grenzen unserer
Erkenntnis das Streben nach Totalität des Wissens nicht zu
unterdrücken vermag. Aber wenn auch zugegeben wird, daß hier
wie auf jedem Wissensgebiete die Ergänzung des Erforschten

---

agnoscendus, ita ut ad maiorem semper cultum procedat." De rerum
originatione. Opera philosophica, ed. E r d m a n n 1840 p. 150. Die
moderne naturwissenschaftliche Weltanschauung sucht den durchaus
rationalen und teleologischen Begriff der Entwicklung dieses seines
ursprünglichen Charakters zu entkleiden. Über die Geschichte des Gedankens und Problems der Entwicklung vgl. namentlich die eingehende
Untersuchung von E u c k e n, Geistige Strömungen, 4. Aufl. 1909 S. 192 ff.

[1]) So unter den neueren P r e u ß, Gemeinde, Staat, Reich S. 281.

[2]) Zuerst S c h e l l i n g Vorlesungen über das akademische Studium
1803 S. 235 f. und Adam M ü l l e r Elemente der Staatskunst 1809 I S. 66 f.

[3]) Solche Lehren vom universalen objektiven Staatszweck sind die
von der Realisierung des Menschheitszweckes durch den Staat (Literatur
bei M u r h a r d S. 306 ff.) und vom Abbild des allgemeinen Gottesreiches
durch den Staat, vgl. M o h l Enzyklopädie S. 84 f.

durch Ungewußtes und Unwißbares ein nicht zu unterdrückendes
Bedürfnis unserer geistigen Organisation ist, so entbehren doch
alle Antworten auf die letzten Fragen der allgemein überzeugenden
Kraft und sind überdies unvermögend, die realen Probleme der
Gegenwart befriedigend zu lösen. Aus dem Allgemeinsten, das sie
aufstellen, kann niemals das Konkrete mit irgendwelcher Sicherheit gefolgert werden.

Ganz willkürlich ist die Theorie vom objektiven partikularen
Zwecke des Staates, der zufolge jeder Staat seinen besonderen,
nur ihm zukommenden, seine geschichtliche Stellung und Beurteilung bedingenden Zweck gehabt habe und haben werde[1]).
Bei der Aufstellung dieser Zwecke wird gewöhnlich irgendeine
der mannigfaltigen, historisch wechselnden Tätigkeiten des betreffenden Staates herausgehoben und als sein nur ihm wesentlich eignender Zweck erklärt. So wenn z. B. Eroberung für
Rom, die politische Freiheit für England, die Wiederherstellung der
Glaubenseinheit für das Spanien der Habsburger, die Verkörperung
eines Reiches der Freiheit für Deutschland (Fichte), die Koloni-
sierung und Zivilisierung Nordasiens als der spezifische Zweck für
das russische Reich bezeichnet wird. Im populären Bewußtsein
aber spielt diese Theorie eine große Rolle, namentlich wenn es
sich um internationale Verhältnisse handelt. Wie häufig ist da
nicht auch in der Gegenwart von den geschichtlichen Aufgaben,
von der historischen Mission des einen oder des anderen Staates
die Rede, während es sich in Wahrheit nicht um objektive, von
einer höheren, die Geschichte durchwaltenden Macht gesetzte
Zwecke, sondern stets um bestimmte — wirkliche oder vermeint-
liche — durch seine ganze geschichtliche Lage geschaffene Interessen des Einzelstaates handelt.

---

[1]) Die erste Spur dieser Lehre bei Montesquieu XI 5. Als Typus
einer solchen Theorie mag der Satz Vollgraffs erwähnt werden, daß
der griechische Staat ein menschlich-gesellschaftlicher Verein zur Verherrlichung des Menschen in der Gattung gewesen sei, vgl. Murhard
S. 23. Am großartigsten hat Hegel die Lehre vom universalen objektiven
Zweck mit der vom partikularen verbunden, indem er die Staaten als
bewußtlose Werkzeuge des Weltgeistes auffaßt, deren immanenter Zweck
es ist, den Weltgeist auf eine höhere Entwicklungsstufe zu heben. Es
gibt welthistorische Völker, die in einer bestimmten Epoche Träger der
jeweiligen höchsten Entwicklungsstufe des Weltgeistes sind, um sodann,
wenn ihre Epoche vorbei, nicht mehr in der Weltgeschichte zu zählen.
Vgl. Philosophie des Rechts S. 424 ff.

In scharfem Gegensatz zur Frage nach dem objektiven steht
die nach dem s u b j e k t i v e n Zwecke des Staates, d. h. nach
den Beziehungen des Staates zu den individuellen Zwecken. Diese
Frage muß aufgeworfen und beantwortet werden, und nichts als
unklare Vermengung des objektiven mit dem subjektiven Zwecke
ist es, wenn ihre Nichtberechtigung behauptet wird. Die Notwendigkeit der Frage ergibt sich aus folgenden Erwägungen.

Der Staat ist eine Zweckeinheit. Daher muß die soziale
Staatslehre, die von solcher Staatsauffassung ausgeht, die Zwecke
nachweisen, die uns die im Staate vereinigte Vielheit als Einheit
erscheinen läßt. Das Dasein solcher Zwecke ergibt sich aus der
unwidersprechlichen psychologischen Tatsache, daß das Leben
des Staates in einer ununterbrochenen Reihenfolge menschlicher
Handlungen besteht, jede Handlung aber notwendig durch ein
Motiv, also durch einen Zweck bestimmt ist. Die Zwecklosigkeit
des Staates in dem hier angegebenen Sinne behaupten hieße den
Staat zu einer blinden Naturkraft degradieren, ihm alle Einheit
und Kontinuität rauben, was doch nur Unklarheit oder Gedanken-
losigkeit zu tun vermag. Jedes Gesetz, jede Verfügung, jede
Ernennung, jeder Staatenvertrag muß einen Zweck und zwar,
gemäß dem Bewußtsein ihrer Urheber, einen vernünftigen Zweck
haben, widrigenfalls der Staat ein großes Tollhaus wäre.

Mit dem Staate steht es in dieser Hinsicht nicht anders als
mit den anderen sozialen Institutionen. Deren objektiven Zweck
(das τέλος, wie S t a h l es nennt) zu erforschen, ist Aufgabe der
Spekulation, nicht der Wissenschaft, zumal historische Betrachtung
uns alle Institute in fortwährendem Flusse begriffen zeigt und
schon aus diesem Grunde von der Aufstellung eines konstanten
Zweckes abgesehen werden muß. Wohl aber benutzen die einzelnen und die Gesamtheit diese Institutionen zu ihren eigenartigen Zwecken. Daher hat auch jede Zeit ihre besondere
Auffassung über den Zweck dieser Institute, was die Erscheinung
des Zweckwandels hervorruft und erklärt.

Hier möchte nun der hie und da erhobene Einwand passen,
daß eben jeder Staat konkrete, jeweilige Zwecke hat, die allein
von Bedeutung sind und sich nicht auf einen gemeinsamen Nenner
bringen lassen.[1]). Allein so verschiedenartig auch menschliches

---

[1]) Z. B. G e r b e r Grundzüge S. 31: G. M e y e r Staatsrecht S. 14.
Alle solche nach der geschichtlichen Lage und den Volksanschauungen
wechselnden Einzelzwecke lassen sich formal den subjektiven Gesamt-

Handeln sein kann und so verschiedenartige Formen daher menschliche Zwecke annehmen können, so werden doch logisch notwendig die mannigfaltigsten Zwecke in bestimmte oberste, letzte Zwecke zusammengefaßt. Der größte Teil der menschlichen Handlungen, ein so buntes Bild sie auch gewähren mögen, und so verwirrend auch die Fülle der unmittelbar durch sie zu erreichenden näheren Zwecke ist, ordnet sich doch dem obersten Zwecke der Erhaltung der individuellen Existenz und des individuellen Wohlbefindens unter. Die Mittel, durch welche diese obersten Zwecke erreicht werden, sind von Grund aus verschieden und damit auch die Mittelzwecke, allein die Vielheit der Mittelzwecke strebt doch nur wenigen oder schließlich einem Endzwecke zu. Daher ist es ganz richtig, daß jeder Staat in jedem Augenblick seine besonderen Zwecke für sich und seine Angehörigen erstrebt; das hindert aber nicht, in all diesen Einzelzwecken einen großen Gesamtzweck zu erkennen.

An dieser Stelle könnte aber vielleicht ein Zweifel auftauchen darüber, ob es nicht genüge, Staatszwecke zu konstatieren, hingegen die Reduzierung der Mittelzwecke auf oberste Zwecke für gleichgültig zu erklären[1]). Solcher Zweifel wird durch die Erkenntnis der großen theoretischen und praktischen Bedeutung der obersten Staatszwecke gelöst. Ohne Kenntnis dieser Zwecke ist eine vollendete Wissenschaft vom Staate nicht möglich. Eine rein formale Staatsdefinition, die ganz vom Staatszweck absieht, kann niemals ein vollkommenes Bild vom Staate und damit ein sicheres Merkmal abgeben, das den Staat von anderen Bildungen unterscheidet, die ihm ebenbürtig oder überlegen zu sein behaupten. Auf die mittelalterliche Kirche passen alle Merkmale einer formalen Staatsdefinition. Sie besaß ein Territorium, das sie in Provinzen und Diözesen einteilte; sie erhob den Anspruch, ihre Herrschaft auf alle in ihrem Gebiete Weilenden zu erstrecken; sie hatte an der Christenheit ihr Volk und war mit einer Gewalt

---

zwecken unterordnen. Nur dadurch, daß man den historisch wechselnden Inhalt dieser Gesamtzwecke in der Regel verkannte, kam man auf die Idee, neben den idealen Gesamtzweck noch den partikularen Zweck zu stellen und diesen überdies zu objektivieren.

[1]) So Bernatzik, Kritische Studien S. 236, der aber allerdings nur von der Verwendung des Zweckbegriffes für das Rechtsleben spricht. Die soziale Staatslehre hingegen muß dem Zweckproblem gegenüber eine ganz andere Stellung einnehmen, als die unmittelbar praktische Interessen verfolgende Jurisprudenz. Vgl. auch oben S. 230 N. 2.

ausgerüstet, die sich von jeder irdischen Macht unabhängig fühlte, deren Souveränetät der des Staates weit überlegen war. Sie gab Gesetze, richtete und strafte; sie hatte eine viel umfangreichere Verwaltung als der gleichzeitige, mit ihr verglichen rudimentäre Staat[1]). Wenn sie trotzdem nicht Staat war, sondern Kirche blieb, so konnte diese Einsicht nur aus dem Unterschied ihrer Zwecke von denen des Staates gewonnen werden. Wäre dem nicht so gewesen, hätte im allgemeinen Bewußtsein kein Unterschied zwischen den Zwecken des Staates und der Kirche bestanden, so hätte die ganze Kirche schließlich den Staat absorbiert. Aber auch heute noch ist eine sichere Abgrenzung zwischen Staat und Kirche ohne Erkenntnis der Zwecke beider nicht möglich[2]).

Die praktische Bedeutung der Erkenntnis des Staatszweckes besteht aber darin, daß erst durch sie die psychologisch und ethisch notwendige Rechtfertigung des Staates vollendet wird. Die Lehre von dem Rechtfertigungsgrunde des Staates konnte nur die Institution des Staates schlechthin rechtfertigen, nicht aber den Staat in seiner individuellen Ausgestaltung. Hier tritt nun die Lehre vom Staatszwecke ein. Dem naiven Bewußtsein wie der wissenschaftlichen Überlegung drängt sich notwendig die Frage auf, warum die staatlichen Institutionen, die doch nicht blinde Naturgewalten sind, in ihren durch menschlichen Willen wandelbaren und tatsächlich steten Veränderungen ausgesetzten Formen existieren, wozu die Opfer gefordert werden, die der einzelne und die Gesamtheit unablässig dem Staate darzubringen haben. Mit opportunistischer Leugnung allgemeiner Prinzipien für das staatliche Handeln und einem resignierten „es geht nun einmal nicht anders" oder mit der praktisch auf gleicher Linie stehenden Behauptung von dem Staate als Selbstzwecke lassen sich Wehr-, Steuer- und Gerichtspflicht, und wie all die hundert Pflichten heißen, die der Staat auferlegt, nicht rechtfertigen. Daher berühren sich an diesem Punkte Staatslehre und praktische

---

[1]) Anhänger und Gegner der Kurie behaupten im Mittelalter den staatlichen Charakter der Kirche, die als respublica, regnum, politia bezeichnet wird. Vgl. Gierke Genossenschaftsrecht III S. 540 N. 51; ferner v. Eicken Geschichte u. System d. mittelalterl. Weltanschauung 1887 S. 388 ff. Vgl. auch Friedberg Lehrbuch des katholischen und evangelischen Kirchenrechts, 6. Aufl. 1909 S. 52 ff.

[2]) Vgl. auch Rehm Staatslehre S. 32 ff.

Politik. Jede Änderung in der Gesetzgebung und Organisation des Staates muß durch ihre Zweckmäßigkeit begründet werden, jeder Motivenbericht einer Gesetzesvorlage muß sich ausgesprochen oder stillschweigend irgendwie auf die Staatszwecke stützen. Daher kommt auch der Gegensatz der großen politischen Parteien zum Ausdruck in den entgegengesetzten Ansichten über die Staatszwecke. Liberal und konservativ, ultramontan und sozialistisch bedeuten grundsätzliche Differenzen über die Aufgaben des Staates. Politische Prinzipien haben, heißt nichts anderes, als bestimmte Ansichten über das Verhältnis konkreter Angelegenheiten zu den Mittel- oder Endzwecken des Staates haben. Nur vom Standpunkte der Staatszwecke aus läßt sich ein Urteil über Wert und Unwert der Politik eines Staates fällen, was dem Beurteiler nicht immer zur Kenntnis zu kommen braucht. Alle politischen Urteile sind teleologische Werturteile[1]).

Diese Anschauung von der Bedeutung des Staatszweckes hat sich am sichtbarsten bei den bundesstaatlichen Schöpfungen der neuesten Zeit gezeigt. Sowohl die Einleitung der Verfassung der Vereinigten Staaten von Amerika[2]), als die Verfassung der schweizerischen Eidgenossenschaft[3]) und der Eingang zur Verfassung des Deutschen Reiches[4]) stellen ausdrücklich die Zwecke

---

[1]) Die Ausführungen im Text lehren aufs deutlichste, daß die Frage nach den Staatszwecken keine juristische, sondern eine historisch-politische ist, daher sie auch in der Soziallehre, nicht in der Rechtslehre des Staates vorgetragen werden. Es gibt daher keine „begrifflich notwendigen", sondern nur nach den Anschauungen der Geschichtsepochen wechselnde Staatszwecke, und die Einzelheiten der politischen Teleologie dienen nicht der juristischen Konstruktion des Staatsbegriffes. Daher ist die Kritik, welche Preuß, Über Organpersönlichkeit, a. a. O. S. 572 ff., gegen die hier vorgetragene Lehre richtet, methodisch gänzlich verfehlt. Mit juristischer Dialektik kommt man auf diesem Gebiete nicht vorwärts.

[2]) Das Volk errichtet die Verfassung „in order to form a more perfect union, establish justice, insure domestic tranquillity, provide for the common defence, promote the general welfare, and secure the blessings of liberty to ourselves and our posterity".

[3]) Bundesverfassung vom 29. Mai 1874 Art. 2. Der Bund hat zum Zweck: Behauptung der Unabhängigkeit des Vaterlandes gegen außen, Handhabung von Ruhe und Ordnung im innern, Schutz der Freiheit und der Rechte der Eidgenossen und Beförderung ihrer gemeinsamen Wohlfahrt.

[4]) Der König von Preußen im Namen des Norddeutschen Bundes und die süddeutschen Monarchen „schließen einen ewigen Bund zum Schutze des Bundesgebietes und des innerhalb desselben gültigen Rechtes, sowie zur Pflege der Wohlfahrt des Deutschen Volkes".

des zu gründenden Staates als Motiv der politischen; Neubildung auf[1]).

So bedeutsam gerade diese letzte Tatsache für die Erkenntnis
der im Bewußtsein der Fürsten und Völker lebendigen Anschauungen über die Staatszwecke ist, so muß man sich aber
auch die Grenzen der Bedeutung dieser politischen Teleologie vor
Augen halten. Die früher häufig gehörte Behauptung, daß es
die wichtigste Aufgabe der Staatslehre sei, die Staatszwecke festzustellen, weil sich aus ihnen deduktiv die Gesamtheit der
Staatstätigkeiten ergebe, ist in dieser Fassung unrichtig. So wenig
bloß mittelst logischer Gesetze Erkenntnis, mittelst ästhetischer
Gesetze Kunstwerke erzeugt werden können, so wenig läßt sich
durch bloße Deduktion aus dem Staatszwecke irgendeine positive
politische Aufgabe lösen. Setzt man Verwirklichung des Rechtes
als Staatszweck, so sagt uns diese Formel niemals, was als Recht
zu gelten habe, weil die konkrete Gestaltung des Rechtes immer
von den jeweiligen sozialen Verhältnissen eines bestimmten Volkes
abhängig ist. Da derselbe oberste Zweck durch zahllose Mittel
erreicht werden kann, so belehrt uns die Kenntnis des Zweckes
keineswegs über die ihn verwirklichenden Mittel. Daher zeigt
auch die Geschichte der politischen Theorien das lehrreiche
Schauspiel, daß nicht selten die jeweiligen Parteiansichten des
Autors scheinbar mit logischer Notwendigkeit unmittelbar aus
dem Staatszweck deduziert werden. Solchem höchst bedenklichen
Beginnen gegenüber muß allerdings konstatiert werden, daß der
konkrete Inhalt der Staatstätigkeit immer nur empirisch, und
zwar nur für den jeweiligen Einzelstaat bestimmt werden kann.

Der Hinblick auf die obersten Staatszwecke bleibt aber bei
jedem Staate stets der Regulator der politischen Tätigkeit.
Sie besagen zunächst nicht sowohl, was zu geschehen, als vielmehr, was zu unterbleiben habe, und diese negative Wirkung ist
geschichtlich von hohem Wert gewesen und wird ihn auch
politisch noch in alle Zukunft behalten. Unsere ganze moderne

---

[1]) Auch sonst haben Verfassungsurkunden sich auf den Staatszweck
berufen. So spricht die Einleitung zur bayerischen Verfassung vom
26. Mai 1818 von den „allgemeinen und besonderen Forderungen des
Staatszweckes". Am ausführlichsten und phrasenreichsten ist der Staatszweck in der Konstitution der zweiten französischen Republik vom
4. November 1848 definiert worden; vgl. Duguit et Monnier Les Constitutions et les principales lois politiques de la France. 2. éd. 1908 p. 233.

Kultur beruht mit auf der Überzeugung, daß die Staatsgewalt Grenzen habe, daß wir nicht einer schrankenlosen Allmacht unterworfene Staatssklaven sind. Eine rein formal-juristische Betrachtung des Staates kann niemals zur Erkenntnis materieller Schranken der Staatstätigkeit gelangen, sie vermag keine anderen Schranken anzuerkennen als die, welche der Staat sich selber setzt, ist aber außerstande, den Inhalt dieser schrankensetzenden Tätigkeit irgendwie zu bestimmen. Die Existenz solcher Schranken ist erst durch die fortschreitende Erkenntnis der Gebundenheit des Staates durch seine Zwecke nachgewiesen worden. Das großartigste Beispiel hierfür bietet die heutige Stellung des Staates zur Religion. Daß es nicht Aufgabe des Staates sein könne, die Gewissen zu beherrschen, ist in erster Linie durch die nach langen Kämpfen errungene Einsicht in die Grenzen, die dem Staate durch sein Wesen und daher durch seine Zwecke gesetzt sind, erkannt worden. Die Erkenntnis der Bedeutung des staatlichen Rechtszweckes hat in hohem Grade mitgearbeitet an der Überwindung des Polizeistaates, die Erkenntnis des Kulturzweckes an der Aufhebung gemeinschädlicher Institutionen. Alle großen Revolutionen der neueren Zeit haben unter Berufung auf den Staatszweck begonnen. Diese negative, regulierende Kraft bewährt die Erkenntnis der Staatszwecke aber fortwährend im täglichen politischen Leben, indem sie einen kritischen Maßstab für die bestehenden Verhältnisse abgeben und an ihnen gemessen das Gegebene als ab- oder umzuschaffend behauptet wird. Allerdings ist hier wieder einer jener praktisch unvermeidlichen Punkte gegeben, wo das Parteiinteresse sich an Stelle des Staatsinteresses zu setzen trachtet und das der Partei Unbequeme als staatswidrig zu verwerfen sucht[1]).

II. Überblick über die einzelnen Zwecktheorien.

Die Geschichte der Lehren vom Staatszwecke ist so alt wie die Geschichte der Staatswissenschaft. Bei Aristoteles steht die politische Teleologie gemäß der ganzen Anlage seines philosophischen Systems am Ausgangspunkt seiner Untersuchungen

---

[1]) Unter teleologischem Gesichtspunkt ergeben sich auch eine Menge möglicher Staatsdefinitionen ohne theoretischen Erkenntniswert. Was z. B. Rehm, Staatslehre S. 11, als philosophischen, politischen, ethischen Staatsbegriff bezeichnet, sind nichts als teleologische Beurteilungsmaßstäbe für wirkliche oder erdachte Staaten.

über den Staat[1]). Auch bei den Römern begegnen wir scharf
ausgeprägten Ansichten über den Staatszweck, die von bestimmendem Einfluß auf die spätere Literatur waren. In
energischer Weise tritt die Bedeutung des Staatszweckes in der
neueren naturrechtlichen Literatur hervor, namentlich in jenen
Werken, welche die Staatstätigkeit in feste Grenzen bannen
wollen. Indem das Naturrecht den Staat aus dem individuellen
Willen ableitet, wird ihm der Staat zu einer individueller Zwecke
wegen entstehenden und bestehenden Institution. Dieser Zug ist
dem Naturrecht so eigentümlich, daß es nicht an Stimmen gefehlt hat, die das ganze Zweckproblem als mit dem Naturrecht
überwunden erklärten. Mit dem Siege der historischen Schule
der Rechts- und Staatswissenschaft mußte auch die politische
Teleologie einer Revision unterzogen werden, die zu einer tiefgreifenden Umwandlung der ganzen Lehre geführt hat. Während
früher in der Regel ein allgemeiner Staatszweck ohne nähere
Untersuchung seines Wesens und der Art seiner Verwirklichung
aufgestellt wurde, nötigt der Blick auf die praktische Realität des
Staatslebens, die Zuwendung von den idealen zu den empirischen
Typen des Staates zu eingehender, spezialisierender Forschung,
deren Resultat viel komplizierter ist als die allgemeinen Sätze der
früheren Staatslehre. Bezeichnend für die jüngste Entwicklung
ist es, daß, während früher Rechtsphilosophen und Staatsrechtslehrer die Untersuchung über die Staatszwecke für sich in Anspruch genommen haben, in der Gegenwart es überwiegend Vertreter der politischen Ökonomie sind, die sich mit ihnen
beschäftigen oder sich doch auf sie berufen[2]). Namentlich der
strenge Formalismus der neueren Staatsrechtslehre glaubt vom

---

[1]) Vgl. den einleitenden Satz des ersten Buches der Politik.

[2]) Vgl. Schäffle Das gesellschaftliche System der menschlichen
Wirtschaft 3. Aufl. 1873 I S. 28 ff.; Bau und Leben II S. 433; Ad. Wagner
I[2] S. 885 ff.; v. Philippovich I S. 97. Von neueren Juristen eingehender nur Haenel, StR. I S. 109 ff. Aus der neuesten deutschen
Literatur vgl. ferner E. Loening S. 705 ff.; v. Frisch im Handbuch d.
Pol. I 1912 S. 46 ff.; E. Rosenthal Der Wandel der Staatsaufgaben in
der letzten Geschichtsperiode 1913. In Amerika wurde die Theorie von den
Staatszwecken eingehender Untersuchung unterzogen von Willoughby,
p. 309 ff. Eine eigenartige Lehre bei A. Menger Neue Staatslehre,
3. Aufl. 1906 S. 157 ff. (die Staatszwecke als Zwecke der Machthaber
auffassend, eine Lehre, die in der antiken Theorie der „παρεκβάσεις"
der Staatsverfassungen ihren Vorläufer hat).

Inhalt der staatlichen Funktionen gänzlich absehen zu können, der für alle, die das gesamte Leben des Staates verstehen wollen, an Wichtigkeit der Kenntnis der rechtlichen Formen mindestens gleichkommt. Da aber eine strenge Scheidung von Inhalt und Form des in ungebrochener Einheit existierenden Lebens trotz allem Bewußtsein ihrer gegenseitigen Grenzen nicht konsequent durchgeführt werden kann, so operiert auch diese Staatsrechtslehre mit der Vorstellung des Staatszweckes, selbst dann, wenn sie es nicht ausdrücklich eingesteht.

Um einen kurzen Überblick über die bisher aufgestellten Theorien zu gewinnen, haben wir zunächst an dieser Stelle nochmals die bereits erwähnte Lehre von der Zwecklosigkeit des Staates oder dem Staate als Selbstzweck zu erwähnen, deren praktische Bedeutung darauf hinausläuft, die Berechtigung individueller Forderungen an die Organisation und Leistungen des Staates zu negieren. Unter der Hülle dieser Theorie verbirgt sich in der Regel eine bestimmte politische Ansicht. Die konservativ-reaktionäre politische Literatur der ersten Dezennien des 19. Jahrhunderts hat, allen voran Haller[1]), mit der Leugnung des Staatszwecks gearbeitet, um jede unbequeme Kritik gegen das Bestehende abzuwehren. Die angebliche Zwecklosigkeit des Staates löst sich bei diesen Schriftstellern in Wahrheit in den Gedanken auf, daß die Unveränderlichkeit der bestehenden Gesellschaftsordnung, die Verhinderung der Verbreitung und des Sieges revolutionärer Ideen Zweck des Staates sei.

Nur scheinbar gehört hierher eine andere, auf dem Boden der organischen Staatstheorie erwachsene Lehre, welche behauptet, was man die Zwecke des Staates nenne, seien in Wahrheit seine Funktionen[2]); ein unklarer, auf falscher Analogie mit dem natürlichen Organismus beruhender Gedanke, denn Funktion des Staates ist Handlung des Staates, jede Handlung muß aber ein Motiv, daher einen Zweck haben: hat der Staat Funktionen, so hat er demgemäß auch Zwecke. Die Funktionen selbst aber für die Zwecke nehmen, hieße nichts anderes als Mittel und Zwecke miteinander verwechseln.

---

[1]) Restauration d. StW. I S. 470 ff.

[2]) So Lasson, Rechtsphilosophie S. 310 ff.; auch Waitz, wenn er, Politik S. 11, den Staatszweck vom Standpunkt der organischen Lehre aus negiert, aber S. 16 verschiedene Gebiete der Wirksamkeit des Staates unterscheidet.

Die älteren, einen Staatszweck gegenüber den Individuen und der Gesamtheit anerkennenden und aufstellenden Lehren entnehmen ihre Sätze regelmäßig dem Idealtypus des Staates. Sie kennen daher meist nur einen abstrakten und deshalb der näheren Bestimmtheit entbehrenden Zweck. Wir wollen diese Theorien als Lehren vom absoluten Zweck bezeichnen. Diese absoluten Zwecktheorien wollen einen einzigen, dem Staate für alle Zeiten und in all seinen Erscheinungsformen stets gleichbleibenden Zweck aufstellen, der in sich einheitlich ist und alle anderen in sich schließt. Da diese Theorien nicht von dem vorhandenen, sondern von dem vollendeten Staate ausgehen, so entspricht die Wirklichkeit niemals dem teleologischen Ideal. Da aber das Ideal der Verwirklichung entgegengeführt werden soll, so liegt in diesen Lehren ein starker politisch-agitatorischer Kern, wie denn überhaupt die Vorstellung politischer Ideale zu allen Zeiten eine nicht zu unterschätzende praktische Rolle gespielt hat.

Den absoluten Theorien gegenüber stehen die von den relativ-konkreten Staatszwecken, die aus den historisch wandelbaren Vorstellungen von den Staatsaufgaben und den konkreten staatlichen Verhältnissen, sowie durch sorgfältige Untersuchung der natürlichen Begrenzung der Staatstätigkeit gewonnen werden.

Hier sind zunächst eingehender die absoluten Theorien zu erwähnen. Sie scheiden sich in zwei große Kategorien. Sie begünstigen entweder die schrankenlose Ausdehnung der Staatsgewalt oder bannen diese in feste Grenzen. Es sind die Lehren von den expansiven und den limitierenden Staatszwecken, in welche die absoluten Theorien zerfallen.

1. Die Lehren von den expansiven Staatszwecken.

a) Die eudämonistisch-utilitarische Theorie. Sie ist die älteste, zuerst spekulativ ausgebildet und dem naiven Bewußtsein am meisten einleuchtend. Daß Wohlfahrt des einzelnen und der Gesamtheit höchstes und einziges Ziel aller öffentlichen Einrichtungen sei, erscheint auf den ersten Blick geradezu als selbstverständlich. Die ganze antike Staatslehre ist mit auf dem eudämonistischen Gedanken aufgebaut, der ja die Grundlage der hellenischen Ethik bildet, wenn auch die Eudämonie von den verschiedenen Schulen verschieden formuliert wird. Nicht minder aber werden die modernen utilitarischen Moralsysteme zu der Konsequenz getrieben, den Staat für eine dem gemeinen Nutzen dienende Institution zu erklären.

Sowie man aber versucht, diesen Gedanken in die Praxis umzusetzen, ergeben sich sofort die größten Bedenken. Der Begriff des Wohles und der ihm nahe verwandte des Nutzens sind nämlich so vieldeutig, so unbestimmt, so stark von subjektiver Anschauung abhängig, daß aus ihnen alles mögliche gefolgert werden kann und gefolgert worden ist. Unter Berufung auf die gemeine Wohlfahrt sind zu allen Zeiten die rücksichtslosesten Angriffe auf die höchsten und wichtigsten individuellen Güter vorgenommen worden. Daher wurde die Wohlfahrtslehre von allen angenommen, die das Tätigkeitsgebiet des Staates ins Schrankenlose zu erweitern trachteten. Sie ist die klassische Theorie des Staatsabsolutismus und des Polizeistaates. Darum ist sie am gründlichsten im 18. Jahrhundert, zur Zeit des aufgeklärten Absolutismus, um ihn zu stützen, ausgebildet worden. Namentlich die Philosophie Christian W o l f f s hat sie gefördert, indem W o l f f die in der Vervollkommnung bestehende Glückseligkeit als das höchste Ziel des Menschen und daher auch aller auf die Nebenmenschen gerichteten Handlungen erblickt. W o l f f selbst erklärt vitae sufficientia, tranquillitas et securitas, von denen die beiden letzten Bedingungen zur Erreichung der felicitas sind, als Zweck des Staates[1]). Soweit diese Zwecke es erfordern, muß der einzelne sich die Beschränkung seiner Freiheit gefallen lassen. Daß diese Beschränkung in vielen Fällen einer Vernichtung gleichkomme, haben die näheren Ausführungen in seiner Politik gezeigt. Unter seinem Einflusse begann seit J u s t i[2]) sich die Theorie des Polizeistaates auszubilden, die jeden Eingriff in die individuelle Rechtssphäre unter Berufung auf die allgemeine Wohlfahrt für gerechtfertigt erklärte[3]), wovon ja das Allgemeine Landrecht ein deutliches legislatorisches Zeugnis abgelegt hat. Aber nicht nur der monarchische, auch der demokratische Absolutismus hat die eudämonistische Theorie gepflegt, und die Jakobiner haben das Gemeinwohl offiziell für den obersten Staatszweck erklärt, was praktisch die Sanktionierung

---

[1]) Jus naturae VIII §§ 4 ff.

[2]) Grundsätze der Polizeiwissenschaft 1756.

[3]) Zahlreiche Schriften angeführt bei M u r h a r d S. 178 ff. Vgl. die vorzügliche Schilderung des Polizeistaates bei O. M a y e r Deutsches Verwaltungsrecht I S. 38 ff. und bei F l e i n e r Institutionen des deutschen Verwaltungsrechts 2. Aufl. 1912 S. 31 ff.

schrankenloser Majoritätsherrschaft bedeutet[1]). Nicht minder
haben die ersten unter den modernen Kommunisten, B a b e u f
und seine Anhänger, sich zur Rechtfertigung ihrer wahnsinnigen,
die Gesellschaft in ein Zuchthaus verwandelnden Pläne auf das
„bonheur commun“ berufen[2]). Unter Berufung auf die utilitarische
Lehre in der B e n t h a m schen Fassung, die als einzigen Zweck
aller sozialen Einrichtungen das größtmögliche Glück der größt-
möglichen Zahl erklärt, kann die Vernichtung der ihrer Natur
nach nur von einer Minderzahl zu pflegenden höchsten geistigen
Interessen, die völlige geistige und sittliche Nivellierung auf das
Maß der Tiefstehenden, da zwar der Hochstehende herabgedrückt, nie aber umgekehrt der durchschnittlich Veranlagte zur
größten Höhe emporgehoben werden kann, als letzte Konsequenz
des staatlichen Handelns gefordert werden[3]). Jeder Fortschritt,
jede Verbesserung des Bestehenden, jedes Opfer der Gegenwart
für eine fernere Zukunft kann unter dem Gesichtspunkte des
Wohles verworfen werden. Zudem wird das Wohl stets parteimäßig oder nach den subjektiven Anschauungen der jeweiligen
Gewalthaber bestimmt.

Es fehlt eben der reinen Wohlfahrts- oder Nützlichkeits-
theorie jedes Maß, jede innere Begrenzung. Das ihr innewohnende Wahrheitselement kann nur durch sorgfältige Zergliederung der konkreten Staatsaufgaben gewonnen werden, eine
Aufgabe, die sich die Gründer und Anhänger dieser abstrakten
Theorie niemals klar gemacht haben.

b) D i e   e t h i s c h e   T h e o r i e. Nah verwandt mit der
vorigen Theorie ist die Lehre, welche in der Verwirklichung der
Sittlichkeit den Zweck des Staates erblickt, indem sie das
Wohl näher als sittliches Wohl faßte. Sie ist in den politischen
Theorien der Hellenen erzeugt worden. P l a t o stellt seinem
Idealstaate das Ziel, die mit der gesamten Tugend zusammen-
fallende Gerechtigkeit zu verwirklichen, und nach A r i s t o t e l e s
besteht der um des bloßen Lebens willen entstandene Staat zur

---

[1]) Jakobinische Verfassung vom 24. Juni 1793 Art. I. Le but de la
société est le bonheur commun.

[2]) Vgl. Lorenz S t e i n Geschichte der sozialen Bewegung in Frankreich I S. 176 ff.

[3]) Darüber vortreffliche Ausführungen bei Ed. v. H a r t m a n n Phäno-
menologie des sittlichen Bewußtseins 1879 S. 589 ff.

Erreichung eines guten, d. h. eines nicht nur physisch, sondern auch sittlich Eudämonie gewährenden Lebens. Eine eigentümliche Wiedergeburt hat die antike Lehre bei H e g e l gefunden, der den Staat für die höchste Form der objektiven Sittlichkeit erklärt[1]). Allein die H e g e l sche Lehre ist eine Theorie vom metaphysischen Staatszweck. Die Idee hat die Macht, sich als vernünftig in der politischen Wirklichkeit zur Erscheinung zu bringen, und sie bedarf hierzu nicht des bewußten individuellen Handelns, vielmehr sind die Individuen ihre Werkzeuge, die, ihnen unbewußt, die Taten der dialektischen Notwendigkeit vollbringen.

Eine Abart dieser ethischen Theorie ist die Lehre von dem religiösen Berufe des Staates, wie sie der Vermischung des Geistlichen und Weltlichen im Mittelalter entsprach und im 19. Jahrhundert von neuem in Form der Forderung auftaucht, daß der Staat ein christlicher Staat sein solle und demgemäß die Lehren des Christentums zu verwirklichen habe. Diese von französischen Legitimisten und Priestern erzeugte Theorie ist am energischsten von S t a h l betont worden, der dem Staate eine göttliche Mission zuschreibt, kraft deren sein Zweck ist „nicht bloß eine Erfüllung sittlicher Ordnungen, sondern auch ein Dienst und Gehorsam gegen die Person Gottes und die Aufrichtung eines Reiches zur Ehre Gottes"[2]).

Von dieser Theorie in all ihren Abarten gilt dasselbe wie von der eudämonistischen. Das Sittliche wird ihr zufolge gemessen an den sittlichen Überzeugungen der Herrschenden, die namentlich auf dem Gebiete der religiösen Sittlichkeit in schroffem Gegensatz zu denen der Beherrschten stehen können. Zudem verkennt diese Theorie die Grenzen des dem Staate Zugänglichen, da Sittlichkeit als innerliches Verhalten und Gesinnung niemals durch äußere Machtmittel erzielt werden kann. Willkür der Regierung und Vernichtung der geistigen Freiheit des Individuums ist das praktische Resultat dieser Lehren in jeder Form. Die Theorie vom christlichen Staat gefährdet überdies auch die Mission der Kirchen, indem sie diese anderen als den ihnen

---

[1]) Ähnlich neuerdings Ad. R a v à Il diritto come norme tecnica 1911 p. 99.

[2]) II[2] S. 179. Vgl. auch S t a h l Der christliche Staat 2. Aufl. 1858. — Von Stahl ist unten S. 249 N. 3 noch einmal die Rede. Das übersieht wohl E. K a u f m a n n , Studien zur Lehre des monarchischen Prinzipes 1906, in seiner längeren Polemik S. 94 f. N. 105.

immanenten Zwecken dienstbar macht[1]); für den katholischen
Staat bedeutet sie aber erneuerte Unterordnung des weltlichen
Schwertes unter das geistliche, Herabsteigen von der Stufe der
Souveränetät auf die des Vasallen der römischen Kurie.

Auch bei der ethischen Theorie zeigt sich der Mangel
spezialisierter Untersuchung, die nachweist, worin das sittliche
Handeln des Staates näher zu bestehen habe Die religiöse Abart
der ethischen Lehren aber übersieht den tiefen Unterschied
zwischen Staat und Kirche, der doch eine notwendige Folge der
universellen, über der staatlichen Vielheit bestehenden christlichen
Religion ist; sie wird ferner der Vielheit der christlichen Konfessionen nicht gerecht, die der moderne Staat in sich birgt, deren
Anschauungen von den Aufgaben des Staates keineswegs zu-
sammenstimmen. Daß aber der Staat gleich der Kirche Heils-
anstalt sei, widerspricht der christlichen Lehre von Grund aus
und wäre dennoch die letzte logische Konsequenz der Theorie
vom christlichen Staate. Der praktisch durchführbare Inhalt
dieser Theorie aber, Schutz und Förderung der sittlichen und
religiösen Volksinteressen, ist durch die Lehre von den relativen
Staatszwecken vollauf gerechtfertigt.

2. Die Lehren von den limitierenden Staatszwecken.

Im Gegensatz zu den besprochenen stehen jene Lehren,
welche dem Staate kraft seines Zweckes feste Schranken gegenüber dem Individuum zu setzen bestrebt sind. Sie treten
namentlich in drei Formen auf. Entweder ist Sicherheit oder
Freiheit oder Recht Zweck des Staates. Im Grunde aber fallen
alle drei Formen zusammen, nur daß die Sicherheit die Wirkung
des Rechts ist, die Freiheitstheorie das subjektive, die Rechtstheorie
das objektive Recht in den Vordergrund stellt. Die Freiheitstheorie hat wiederum verschiedene Abarten. So z. B. stellt der
eine die geistige Freiheit (Spinoza) als das vornehmste, der
andere die gesamte Privatrechtssphäre (Locke) als das einzige
Gut hin, dessen Schutz und Gewährung der Zweck des Staates
ist. Bedeutsamer aber ist in der neueren Zeit die Lehre geworden, die Aufstellung und Aufrechterhaltung des objektiven
Rechtes, der Rechtsordnung als einzigen Zweck des Staates er-

---

[1]) Vgl. die treffliche Kritik dieser Lehre bei Hinschius Allgemeine Darstellung der Verhältnisse von Staat und Kirche in Marquardsens Handbuch I 1 S. 240 ff. Neuestens ist sie eingehend bekämpft worden von Jacobowski, Der christl. Staat u. s. Zukunft 1894.

klärt. Sie ist zuletzt namentlich an die große Autorität K a n t s geknüpft worden, unter dessen Einfluß zahlreiche Schriftsteller in den letzten Dezennien des 18. und den ersten des 19. Jahrhunderts stehen[1]).

Daß Verwirklichung des Rechtes zu den Staatszwecken zähle, ist in der Theorie niemals verkannt worden. Selbst die Anhänger anderer Lehren fordern sie; indem sie aber das Recht ihren höchsten Prinzipien unterordnen, kommt es bei ihnen zu kurz, d. h. es muß weichen, wenn der höchste Staatszweck ein anderes erfordert. Gegen diese Verkümmerung des Rechtes und die mit ihr verknüpfte Schutzlosigkeit des Individuums gegenüber der Staatsgewalt ist die Lehre von dem ausschließlichen Rechtszweck gerichtet. Sie ist geschichtlich nur als energischer Protest gegen Lehre und Praxis der Staatsomnipotenz zu verstehen. Ihr ausgesprochenes Ziel ist es, eine scharfe Grenzlinie zwischen Staat und Individuum zu ziehen. Daher taucht sie zugleich mit der modernen naturrechtlichen Lehre auf, die den Staat aus dem Individuum ableitet und damit den Staat in den Dienst individueller Interessen stellt, erhält aber ihre erste bedeutsame Gestalt in dem Kampfe des englischen Parlaments mit dem Königtum jure divino. Nach Vertreibung der Stuarts und der Schöpfung der Bill of Rights hat L o c k e , indem er Schutz des Eigentums, das Leben und Freiheit in sich faßt, als einzigen Staatszweck bezeichnet, die liberale Staatstheorie begründet, welche die Beschränkung des Individuums durch Rechtssatz und Rechtszwang als die Ausnahme, die Freiheit der individuellen Bewegung als die Regel betrachtet. Die L o c k e sche Lehre wirkt auf den ökonomischen Liberalismus der Physiokraten und das S m i t h sche Industriesystem[2]), und diese ganze Gedankenrichtung trägt auf dem Kon-

---

[1]) Das Recht als einzigen Staatszweck stellt auch die K r a u s e s c h e Schule auf (vgl. A h r e n s Naturrecht II S. 285 ff.), allein sie faßt den Rechtsbegriff so weit, daß er auch die übrigen Staatszwecke in sich aufnimmt.

[2]) Über den Zusammenhang der französischen und englischen Ökonomisten mit L o c k e vgl. H a s b a c h Die allgemeinen philosophischen Grundlagen der von Fr. Q u e s n a y und Adam S m i t h begründeten politischen Ökonomie (S c h m o l l e r Staats- und sozialwissenschaftliche Forschungen X 2) 1890 S. 50 ff., und im Anschluß daran E. B i e r m a n n Staat und Wirtschaft 1905 S. 21 ff. Eine allgemeine Darstellung der Gesellschafts- und Staatslehre der Physiokraten bringt die gleichnamige Abhandlung von B. G ü n t z b e r g 1907 (Staats- u. völkerrechtl. Abhandlungen her. v. Jellinek u. Anschütz VI 3)

tinente in einflußreicher Weise dazu bei, den Widerstand gegen
die grenzenlose Ausdehnung der Regierungstätigkeit hervorzurufen.
Als Protest gegen den herrschenden Polizeistaat hat endlich
Kant und die Kantsche Schule den Satz aufgestellt, daß der
Staat nichts als „die Vereinigung einer Menge von Menschen
unter Rechtsgesetzen" sei, das Recht aber keine andere Funktion
habe, als die Koexistenz des Menschen zu garantieren; daher habe
der Staat nur das Recht zu verwirklichen, jeder Wohlfahrtspflege
jedoch zu entsagen[1]). Im Laufe des 19. Jahrhunderts wird diese
Lehre zwar in weniger schroffer Form, aber in ihrer den Staat
auf das mögliche Minimum fürsorgender Tätigkeit einschränkenden Richtung zur Grundlage der Staatstheorie des Liberalismus
erhoben. Typischen Ausdruck hat sie zuletzt namentlich noch in
England gefunden, als Protest gegen die fortschreitende Ausdehnung, welche die Verwaltungstätigkeit des Staates auch dort
erfahren hat[2]).

Wenn die expansiven Theorien kein inneres Maß für die
Begrenzung der Staatstätigkeiten gefunden haben, so kranken die
limitierenden Lehren in allen ihren Abarten an zu dürftiger Be-
messung des Staatszweckes. Bei jenen wird das Individuum dem
Staate, bei diesen der Staat dem Individuum geopfert. Ihren rein
spekulativen Charakter beweisen sie dadurch, daß ein bloß auf
die Funktion des Rechtsschutzes beschränkter Staat niemals
existiert hat und niemals existieren kann. Mindestens auf seine
eigene internationale Sicherheit, die doch nicht immer identisch
mit dem Schutz der Bürger ist und daher nicht in den Begriff
des Rechtsschutzes eingezwängt werden kann, muß jeder Staat
bedacht sein. Planmäßige Verteidigung setzt aber eine Reihe
von Verwaltungstätigkeiten voraus, wie z. B. Sorge für die Heer-
straßen, die, selbst dem mittelalterlichen Staate mit seiner rudimentären Verwaltung bekannt, nicht unter dem Gesichtspunkt
des Rechtszweckes gerechtfertigt werden können. Die reine
Rechtsstaatstheorie, die übrigens in ihre letzten doktrinären Kon-

---

[1]) Unter den Anhängern Kants haben das (zeitlich Kant vorangehend und konsequenter als er) namentlich energisch betont Fichte,
Grundlage des Staatsrechts nach den Prinzipien der Wissenschaftslehre
(1796) WW. III S. 151 ff., 195 ff., und W. v. Humboldt, Ideen zu
einem Versuche, die Grenzen der Wirksamkeit des Staates zu bestimmen.
Gesammelte Werke VII.

[2]) Vgl. namentlich J. St. Mill On liberty und H. Spencer Justice
und The man versus the state.

sequenzen von keinem ihrer Anhänger verfolgt wurde, ist praktisch gleichbedeutend mit der Forderung der Staatslosigkeit. Dies näher auszuführen, ist überflüssig, da nur oft Gesagtes wiederholt werden könnte.

Wohl zu unterscheiden von diesen limitierenden Lehren sind jene Theorien, welche der Staatsgewalt insofern Schranken setzen, als sie für die inhaltlich mannigfaltige Staatstätigkeit das Gesetz als Bedingung und Schranke fordern. In der antiken Staatslehre entstanden, ist diese Lehre selbst bei Hobbes zu finden[1]) und steht im Mittelpunkt der praktischen Forderungen Rousseaus', dessen Gemeinwille stets das allgemeine Gesetz zum Inhalt hat, in dessen ausschließlicher Herrschaft die Freiheit des Bürgers und die Rechtmäßigkeit der Staatsgewalt besteht. An diese Theorie hat die neuere deutsche Lehre vom Rechtsstaat angeknüpft.

Neben den Lehren vom einfachen absoluten Staatszweck gibt es eine große Anzahl von Vereinigungsversuchen. Namentlich die beiden Zwecke des Wohles oder Nutzens und des Rechtes sind seit Cicero häufig zusammengestellt worden. Über das Verhältnis beider pflegt nähere Untersuchung zu mangeln, so daß in den Detailausführungen der eine oder andere Zweck als der überwiegende, den anderen zurückdrängende auftritt[2]).

Die relativen Theorien, die den Staatszweck aus dem jeweiligen Bewußtseinhalt eines Volkes und einer Zeit nehmen, gehören der neuesten, von historischer Denkungsweise erfüllten Zeit an. Die wichtigsten dieser Lehren stimmen darin überein, daß alle Gemeinzwecke in den Bereich der Staatstätigkeit fallen[3]).

---

[1]) De cive XIII 15; Leviathan II chapt. XXI, namentlich p. 206: „In cases where the sovereign has prescribed no rule, there the subject hath the liberty to do, or forbear, according to his own discretion."

[2]) Auch sie treten häufig in Verbindung mit den absoluten und den Theorien vom objektiven Zweck auf, was zur Verwirrung in der ganzen Lehre nicht wenig beigetragen hat.

[3]) Stahl Philosophie des Rechts II² S. 150: Die Wirksamkeit des Staates umfaßt die Totalität des menschlichen Gemeinlebens. Mohl Enzyklopädie S. 65 ff.: Aufgabe des Staates ist es, die jeweiligen erlaubten Lebenszwecke eines bestimmten und räumlich abgeschlossenen Volkes zu fördern, und zwar vom einzelnen bis zur Gesellschaft, soweit von den Betreffenden dieselben nicht mit eigenen Kräften befriedigt werden können und sie Gegenstand eines gemeinsamen Bedürfnisses sind. Waitz Politik S. 5: Der Staat ist die Institution zur Verwirklichung der sittlichen

Ihre verschiedenen Nuancen kritisch zu untersuchen, hat wenig
Interesse, da es bei ihnen in erster Linie auf den als richtig zu
bezeichnenden Grundgedanken ankommt. Dieser muß aber näher
untersucht und spezialisiert sowie die Art seiner Verwirklichung
festgestellt werden [1]). Das Allgemeinste, was er enthält, genügt
dem Juristen, der auf den Staatszweck bloß zur Vollendung
seiner Staatsdefinition hinzudeuten hat, ihn aber nicht zu seinen
einzelnen Untersuchungen braucht [2]). Wer aber die Totalität
des Staates erkennen will, muß solchen juristischen Standpunkt
mit einem allgemeinen vertauschen. Im folgenden soll nunmehr
die positive Entwicklung der relativen Staatszwecke unter Berücksichtigung der bisher aufgestellten einschlägigen Lehren vorgenommen werden.

III. Entwicklung der Theorie der relativen Staatszwecke.[3])

Um diese festzustellen, ist ein Doppeltes nötig. Zuerst Erkenntnis der dem Staate durch sein Wesen gesteckten Schranken
seiner Wirksamkeit, sodann Untersuchung der in den heutigen
staatlichen Institutionen und Funktionen ausgeprägten Zweckvorstellungen. Die erste Aufgabe aller relativen Theorien ist es
vor allem, den Bereich der Staatstätigkeit durch Untersuchung
der ihr durch ihre Mittel und Wirkungsart gezogenen Grenzen
abzustecken, also festzustellen, was der Staat überhaupt mit
Erfolg unternehmen kann. Daraus ergeben sich in anderer Weise,
als es spekulativ das Naturrecht versuchte, Schranken der staatlichen Tätigkeit.

1. Einfache psychologische Überlegung lehrt, daß der Staat
nichts erzeugen kann, was ausschließlich der menschlichen Innerlichkeit angehört. Er kann ein äußerliches kirchliches Ver-

---

Lebensaufgaben des Menschen, insofern diese in dem Zusammenleben
nach Völkern erfolgt. Ferner H. A. Z a c h a r i a e D. St. u. B.R. I S. 44;
Z ö p f l Grundsätze I S. 50; H. S c h u l z e Einleitung S. 135 ff.; B r i e
Staatenverbindungen S. 3 f.; G. M e y e r Staatsrecht S. 13; H a e n e l Staatsrecht I S. 110; Br. S c h m i d t Der Staat S. 51 f.; R e h m Staatslehre S. 199;
K r a b b e Rechtssouveränität S. 207 ff.; H. v. F r i s c h Die Aufgaben des
modernen Staates (Z. f. Politik I 1908 S. 230 ff.); d e r s e l b e im Handbuch
d. Politik I 1912 S. 46 ff.; A n k w i c z Die Modernisierung des Staats
(Österr. Rundschau XVII 1908) S. 87 ff.; R o s e n t h a l a. a. O. S. 24 ff.
    [1]) Darüber richtige Bemerkungen bei v. H o l t z e n d o r f f Politik S. 78.
    [2]) Vgl. darüber G e r b e r Grundzüge S. 30 ff.
    [3]) Vgl. hierzu G. J e l l i n e k Die Entstehung der modernen Staatsidee,
Ausg. Schriften und Reden II 1911 S. 45 ff.

halten, aber nicht religiöse Gesinnung herbeiführen[1]). Sittlich
keit, Kunst, Wissenschaft können nie direkt vom Staate produziert werden, weil sie durch äußere Mittel, als welche allein dem
Staate zu Gebote stehen, niemals hervorgerufen werden können.
Der Staat kann nur die günstigen äußeren Bedingungen setzen,
unter denen sich diese von ihm inhaltlich ganz unabhängigen
Lebensbetätigungen entwickeln können. Aber auch das physische
Leben kann der Staat nicht beherrschen. Er kann Gesundheit,
Lebensdauer, Zahl und körperliche Kraft seines Volkes nicht
unmittelbar hervorbringen, sondern nur durch hygienische Maßregeln positiv und negativ (durch Abwehr schädlicher Einflüsse)
fördern. Endlich kann er auch die wirtschaftlichen Güter nicht
direkt erzeugen, auch nicht in einem sozialistisch konstruierten
Staate, sondern nur Hemmungen der wirtschaftlichen Tätigkeit
hinwegräumen und anspornend auf sie wirken oder in sozialistischer Art die individuellen Kräfte zu gemeinsamer Produktion
planmäßig ordnen und zusammenschließen. Überschreitet der
Staat diese seine natürlichen Grenzen, so kann er nur hemmend
oder zerstörend wirken. Die wesentlichen produzierenden Elemente der gesamten Kultur eines Volkes liegen daher überwiegend in den Individuen und der nicht-staatlichen Gesellschaft.
Allerdings hat auch der Staat, wie oben näher dargelegt, unmittelbar produktiv soziale Wirkungen, die aber zum nicht geringen Teil unbeabsichtigt sind, also aus der Sphäre der Zwecke
als bewußter Wirkungen herausfallen.

Die Verkennung dieser uns heute fast als selbstverständlich
erscheinenden Sätze hat fortdauernd zu den größten Mißgriffen
im Staatsleben geführt, solange eben die psychologischen und
physischen Grenzen der Staatstätigkeit nicht erkannt waren und
demgemäß dem Staate unerreichbare Zwecke gesetzt wurden.
Die regulierende Wirkung der Erkenntnis der Staatszwecke ist

---

[1]) Gerade an diesem so wichtigen Punkte läßt sich die relative
Art der politischen Teleologie klar studieren. Setzt man Wesen und
Bedeutung der Religion in ein äußerliches Bekennen und Handeln, so
kann der Staat dieses mit seinen Herrschaftsmitteln sehr wohl hervorrufen und erhalten. Jahrtausende hindurch haben die Staaten in Übereinstimmung mit den Anschauungen ihrer Glieder also gehandelt. Ganz
anders aber, wenn Religion als in erster Linie innermenschliche Erscheinung aufgefaßt und bloß äußerliches Verhalten ohne religiöse Gesinnung als unwert erkannt wird. Daher schwanken hier auch heute
noch die Forderungen an die Staatstätigkeit parteimäßig.

nicht zum geringsten auf die Einsicht in die naturnotwendigen
Schranken des Staates zurückzuführen.

2. Der wesentliche Bereich des Staates kann demnach nur
liegen auf dem Gebiete des ausschließlich durch gemeinsame,
also nach außen wirkende, menschliche Tat Erreichbaren. In
seinen Wirkungskreis fallen nur solidarische menschliche Lebensäußerungen. Alle Solidarität aber kann sich
äußern entweder durch spontane innere Übereinstimmung oder
durch äußere planmäßige Anordnung. Auch die erste Form der
Solidarität, die unreflektierte, bleibt von der bewußten Zweck-
tätigkeit des Staates ausgeschlossen. Die psychischen Massenerscheinungen, auf deren Dasein und Wirken die großen geschichtlichen Änderungen im Gesamtzustand der Völker beruhen,
werden zwar vom Staate mittelbar beeinflußt, aber nicht bewußt
geschaffen. Religionen, Nationalitäten, soziale Klassen usw. entstehen unabhängig vom Staate. Der Staat kann sie schützen,
pflegen, ihre Ausbreitung oder Wirksamkeit begünstigen, aber
nicht erzeugen. Hingegen kann er wohl rückbildend und unter-
drückend auf sie wirken, obwohl auch das nur innerhalb bestimmter räumlicher und zeitlicher Grenzen. Schon die Vielheit
der Staaten verhindert es, daß irgendeine mächtige, im Leben
der Völker auftauchende Idee vom Staate totgeschlagen werde.
Könnte der Staat auf die Dauer neue Ideen ausrotten, so wäre
der Bau der antiken und der mittelalterlichen Welt niemals ge-
sprengt worden. Das Christentum und die Reformation haben
sich trotz gewaltigen staatlichen Widerstandes den Weg gebrochen. Den Karlsbader Beschlüssen ist es nicht gelungen,
durch Anwendung äußerster staatlicher Machtmittel die Ausbreitung liberaler Ideen in Deutschland zu hemmen, und ebenso
vermag der Staat durch den ihm zu Gebote stehenden Zwang
nicht die sozialistische Bewegung der Gegenwart zu unterdrücken. Aus der Gesellschaft entstanden, können neue soziale
Mächte nur durch die Gesellschaft selbst wieder überwunden
werden.

Die Stellung des Staates zu den sozialen Mächten kann man
vielleicht am besten studieren an der Bildungsgeschichte der
modernen Nationen. Die französische Nation z. B. wäre ohne den
französischen Staat in ihrem heutigen Bestande nicht denkbar.
Trotzdem ist sie nicht vom Staate geschaffen, sondern nur in
ihrer Ausdehnung und inneren Festigung gefördert worden. Die

wichtigste Grundlage der französischen Nation, die französische
Sprache, ist, trotzdem ihre soziale Herrschaft vom Staate begünstigt wurde, selbstverständlich nicht staatliches Produkt. Der
Einfluß des Staates auf die Ausbildung der französischen Nation
war überdies zum großen Teile unbeabsichtigte Nebenwirkung
der zentralisierenden Herrschaft der französischen Könige. Die
zweckbewußte Einwirkung des Staates auf Bildung und Rückbildung der Nationen ist sehr gering, was zur Genüge die politischen Verhältnisse der von mehreren Nationen bewohnten
Staaten zeigen. Nationale Minderheiten können durch administrative Maßregeln allein von der Majorität nicht aufgesogen werden.
Nicht einmal unentwickelte Nationalitäten sind heute der herrschenden Nation gänzlich zu assimilieren, wie die Iren, die Slo-
wenen, die Wenden in der Lausitz, die Letten usw. beweisen.

Es sind also nur die planmäßigen solidarischen menschlichen
Lebensäußerungen, die dem Staate eigentümlich sind. Bewahren,
Ordnen, Unterstützen sind die drei großen Kategorien, auf die
sie sich zurückführen lassen. Je größer das solidarische Interesse
ist, desto mehr ist der Staat zu seiner Befriedigung berufen; je
mehr einheitliche planmäßige Organisation zu dessen Wahrung
notwendig ist, desto ausschließlicher ist sie Sache des Staates.
Diese Solidarität ist aber eine dynamische Größe, auf allen Gebieten des menschlichen Gemeindaseins zu verschiedenen Zeiten
und bei verschiedenen Völkern verschieden ausgeprägt. Daher
empfängt diese Formel ebenfalls von dem jeweiligen gesamten
Kulturzustande eines Volkes ihren positiven Inhalt.

Dem die geschichtliche Entwicklung Überblickenden zeigt
sich jedoch eine sich immer stärker ausbreitende Solidarität der
Volksinteressen einerseits, der Gesamtinteressen aller Kulturvölker
anderseits. Kann man doch allen Fortschritt in der Kultur zugleich als Fortschritt in dem Gedanken der menschheitlichen
Solidarität bezeichnen. Geschichtlich beim engsten Kreise beginnend, ergreifen die solidarischen Interessen immer weitere
soziale Gruppen und nehmen nicht nur an Umfang, sondern auch
an Stärke zu. Scheinbar steht damit im Widerspruch, daß das
Individuum überall eng gebunden ist durch das Solidarinteresse
des nächsten Verbandes, dem es angehört; sowie daß Entwicklung der Individualität mit ebensolchem Rechte wie Steigerung
der Solidarität als Merkmal hoher Kulturstufen bezeichnet werden
kann. Allein der Gegensatz beider Phänomene ist nur ein schein-

barer, da völlige Freiheit g e i s t i g e r Betätigung des Individuums
nicht nur mit der höchsten Ausbildung der Solidaritätsgefühle und
-interessen vereinbarlich ist, sondern diese sogar jene Freiheit
zur Voraussetzung haben. Je geistig höher und sozial freier ein
Individuum ist, um so mehr wird es sich als im Dienste der
höchsten Solidarinteressen stehend betrachten. A u s b i l d u n g
d e r   I n d i v i d u a l i t ä t   i s t   d a h e r   s e l b s t   e i n e s   d e r   h ö c h -
s t e n   S o l i d a r i n t e r e s s e n. Die Entwicklung eines Ganzen ist
stets durch die Entwicklung seiner Glieder bedingt.

Aus dem Dargelegten ergibt sich, daß im Laufe der Zeiten
das gerechtfertigte Gebiet staatlicher Tätigkeit stets breiter wird.
Durch richtige Einsicht der ihm durch die Natur der Verhältnisse
gesteckten Grenzen hat sich der Staat von Gebieten, die er als ihm
nicht gehörig erkannt hat, zurückgezogen, sich aber reichlich dafür
entschädigt durch Zuwachs neuer, ihm angemessener Tätigkeit.

Solche Feststellung wehrt aber dennoch nicht der Befürch-
tung, daß schließlich die freie Bewegung des Individuums und
damit dieses selbst eine stetig abnehmende Größe sei, denn
jener Rückzug des Staates muß doch schließlich ein Ende haben,
während der Zuwachs fortdauert. Und doch ist dies ein Irrtum.
Nicht nur menschliche Solidarität, auch menschliche Freiheit ist
im stetigen Wachstum begriffen. Faßt man den vieldeutigen Begriff der Freiheit in dem für das moderne Individuum wichtigsten
Sinne auf, demzufolge sie vom Staate nicht nur nicht gehinderte,
sondern sogar geförderte Betätigung menschlicher Fähigkeiten
bedeutet, so ist das dem Individuum zustehende Maß solch möglicher Betätigung in raschem Fortschreiten begriffen. Wachsende
Zivilisation hat für den einzelnen Wachstum der Möglichkeiten,
zu handeln, zur Folge. Eisenbahnen und Dampfschiffe haben die
freie örtliche Bewegung des Individuums in ungeahnter Weise
gesteigert. Die gewaltigen Bildungsmittel, die Staat und Verbände aller Art dem Menschen zum freien Gebrauch anbieten,
haben das Wissen und Können Ungezählter begründet und gehoben So eröffnen sich fortwährend neue Gebiete der Freiheit
und, mit ihnen verbunden, neue Gebiete der Staatstätigkeit, die
nicht zum geringsten der Regelung und dem Schutz solcher Freiheit zugewendet ist. Wächst also der Bereich des Staates, so
wächst auch der des Individuums, und das Ergebnis der Geschichte ist sowohl fortschreitende Bindung des Menschen als
auch fortschreitende Lösung seiner Banden.

Um nunmehr die einzelnen staatlichen Zwecke festzustellen, bedarf es teleologischer Untersuchung der verschiedenen staatlichen Einrichtungen und Tätigkeiten. In ihnen allein können wir die Zwecke ausgeprägt finden, die eine bestimmte Epoche dem Staate setzt. Wie als Recht nur das zu betrachten ist, was wirklich gilt, so ist konkreter und damit relativer Staatszweck nur der in den staatlichen Institutionen und Funktionen ausgeprägte.

Der dem Staate zufallende Tätigkeitsbereich wird sich sowohl auf Grund der historischen Entwicklung als der richtigen Einsicht in die von ihm zu versorgenden Zwecke in zwei große Abteilungen scheiden: Tätigkeiten, die ihm a u s s c h l i e ß l i c h zukommen, und solche, mit welchen er nur ordnend, unterstützend, fördernd oder abwehrend zu individuellen und sozialen Lebensäußerungen hinzutritt.

3. Ausschließlich dem Staate zugehörig ist der Schutz der Gesamtheit und ihrer Glieder, damit auch des eigenen Gebietes gegen äußere Angriffe. Diese Tätigkeit und der ihr entsprechende Zweck haben dem Staate niemals, auch nicht in seiner rudimentärsten Form, gemangelt. Abwehr gemeinsamer äußerer Gefahr ist zu allen Zeiten das wirksamste Motiv zur Bildung machtvoller Verbände gewesen. Trotzdem hat es Epochen gegeben, wo diese Schutztätigkeit nicht exklusive Staatsaufgabe war, wo neben ihr Selbsthilfe in Form der Fehde, des Privatkrieges bestand. Ferner ist lange Zeit hindurch nicht nur Verteidigung, sondern auch Vergrößerung des Staates durch Eroberung oder andersgeartete Erweiterung seiner Machtsphäre durch kriegerische Mittel nach den Überzeugungen der Völker einer seiner wesentlichen Zwecke. Trotzdem nun heute in der Theorie dem Staate im Verhältnis zu anderen nur ein defensiver Zweck gesetzt zu werden pflegt, so sind doch auch in der Gegenwart in dem Bewußtsein der Völker mannigfache auf Vergrößerung des Staates oder Herstellung neuer politischer Bildungen gerichtete Zweckvorstellungen vorhanden, und man wird auf Grund der heutigen politischen, ökonomischen, nationalen Anschauungen ein solches offensives Vorgehen nicht überall als dem Staatszweck widersprechend bezeichnen können. Die Kämpfe Preußens für Deutschlands, die Sardiniens für Italiens Einheit, die Rußlands für die christlichen Staaten der Balkanhalbinsel usw. werden von der allgemeinen Überzeugung als berechtigt und

damit im Staatszweck liegend anerkannt, und ebenso ist das der
Fall mit der der Gegenwart am meisten entsprechenden Form
der Vergrößerung des Staates oder doch der Staatsmacht durch
Kolonisation. Bewahrung und Erhöhung des internationalen Ansehens, unabhängig von der Verteidigung, wird bei jedem unabhängigen Staate als im Staatszwecke liegend anerkannt werden
müssen.

Aber nicht nur nach außen, auch nach innen werden
Funktionen gefordert und anerkannt werden müssen, deren Zweck
auf die Erhaltung des Staates und die Integrität seiner Wirkungs-
weise geht. Die Staatswirtschaft dient den gesamten Staatszwecken, in erster Linie aber sichert sie die Existenz des Staates.
Die Polizei- und Strafrechtspflege schützt nicht nur individuelle
und soziale Güter, sondern auch den Staat selbst. In aller
Staatstätigkeit ist ein Element, das die Erhaltung und Stärkung
des Staates selbst bezweckt. Erhaltung und Förderung der eigenen
Existenz und des eigenen Ansehens ist somit einer der Zwecke,
die dem Staate gemäß seinen von unserem Zweckbewußtsein
gebilligten Funktionen gesetzt sind. Dieser Zweck ist der erste
und nächste, seine Erfüllung innerhalb bestimmter Schranken die
Bedingung gedeihlicher staatlicher Tätigkeit überhaupt.

4. Ausschließlich dem Staate zugehörig ist ferner bewußte
Fortbildung und Aufrechterhaltung der Rechtsordnung. Auch
diese Tätigkeit ist dem Staate stets eigentümlich gewesen, allein
die Ausschließlichkeit dieses Rechtszweckes ist erst das Produkt
einer langen geschichtlichen Entwicklung. In primitiven Epochen
gibt es eine weitgehende Autonomie und Selbstgerichtsbarkeit
der Familie, der Sippe, des Stammes innerhalb des Staates. Das
Strafrecht eignet dem Staate nicht ursprünglich, sondern wächst
ihm erst später zu; außerdem bleibt die Selbsthilfe in verschiedenen Formen ein anerkanntes Rechtsinstitut. Die Entwicklung des Staates ist aber überall von einem Aufsaugungs-
prozeß der selbständigen Rechtsbildung und des Rechtsschutzes
in sämtlichen ihm untergeordneten Verbänden begleitet, so daß
schließlich der Staat allein als Quell planmäßiger Fortbildung
des Rechtes erscheint und ihm allein die Verfügung über die
Mittel des Rechtszwanges gebührt. Heute ist alle planmäßige,
also nicht auf dem Wege der Gewohnheit erfolgende Rechtsbildung entweder vom Staate selbst ausgeübt oder übertragen
oder zugelassen, so daß ohne Anerkennung durch den Staat

niemand in ihm ein Recht der Rechtsbildung besitzt. Diese Rechtsbildung jedoch übt der Staat aus nicht nur durch Abgrenzung der individuellen Sphären, sondern auch durch rechtliche Ordnung seiner eigenen Organisation und Tätigkeit, für welche das Recht Maß und Schranke ist. Einseitig und falsch ist daher die noch von Holtzendorff vertretene Ansicht[1]), welche den Staat in seiner dem Rechte gewidmeten Tätigkeit als nur dem Individuum zugewendet wähnt. Das Recht durchdringt und bestimmt vielmehr alle Lebensäußerungen des Staates und bildet gleichsam die Bahnen, in denen das staatliche Leben pulsiert.

Die Art der Verwirklichung des Rechtszweckes ist aber in einem jeden Staate durch die ganze Lage des Volkes und durch seine internationale Stellung gegeben. Denn selbstverständlich umfaßt der Rechtszweck an dieser Stelle nicht nur die vorhandene, sondern auch die künftige Gesetzgebung, die den Anforderungen zu entsprechen hat, die eine bestimmte Geschichtsepoche an die Rechtsordnung zu stellen berechtigt ist. Damit jedoch greift das Recht hinüber auf ein anderes Gebiet der Staatätigkeit. Das Recht ist nicht nur ein Mittel, um einen gegenwärtigen Zustand zu bewahren, sondern auch um an der Herbeiführung eines künftigen mitzuarbeiten. Soweit überhaupt durch äußere Veranstaltung Kulturinteressen gefördert werden können, ist auch das Recht ein bedeutsames Mittel dieser Förderung, wie z. B. die neuere Arbeiter-Schutz- und Fürsorgegesetzgebung in' den europäischen Staaten beweist. In letzter Linie zielt allerdings auch diese fördernde Tätigkeit neuer Rechtsinstitute auf umfassendere, gleichmäßigere und wirksamere Erhaltung der wichtigsten individuellen und sozialen Güter, auf Herstellung allgemeiner Bedingungen für die ungehemmte Entwicklung des Individuums und der Gesamtheit. Denn das Recht ist im letzten Grunde nicht schöpferisch, sondern bewahrend und abwehrend. Es kann nur die äußeren Voraussetzungen für positive menschliche Tätigkeit schaffen, deren Inhalt stets nur durch die ganze konkrete historisch-soziale Entwicklung gegeben ist. Zwar hat auch die Rechtsordnung eine bestimmte gesellschaftsformende und umgestaltende Kraft, die aber nur innerhalb enger Schranken sich planmäßig entfalten kann. Das Schöpferische im Recht liegt überwiegend nicht in seiner beabsichtigten juristischen, sondern in seiner unbeabsichtigten sozialen Bedeutung.

---
[1]) Politik S. 253 ff.

5. Mit Machtbehauptung, Schutzgewährung und Rechts-
bewahrung haben lange Zeiträume den Zweck des Staates in der
Hauptsache als abgeschlossen betrachtet. Eine so kümmerliche,
den Staat auf einen Schutz- und Trutzverband nach außen, einen
Gerichtsverband nach innen reduzierende Anschauung findet sowohl in der politischen Wirklichkeit als in dem Bewußtsein von
dieser Wirklichkeit keine Stätte mehr. So wie Machtbesitz und
Rechtsgenuß nicht höchste Zwecke des Individuums sein können,
sondern nur Bedingungen für Erringung und Besitz anderer
Güter sind, so öffnen sich auch überall bei steigender Kultur dem
Staate neue Gebiete höchster Zwecke.

Schon der Macht-, Sicherheits- und Rechtszweck nötigen den
Staat, seine Tätigkeit über die unmittelbar diesen Zwecken
dienenden Funktionen auszudehnen. Er muß vor allem auf die
Herbeischaffung der ökonomischen Mittel für diese seine Leistungen bedacht sein. Die Größe dieser Mittel hängt aber von
der ganzen ökonomischen Lage seines Volkes ab. Daher ist
Stärkung der ökonomischen Produktion bereits indirekt in den
erörterten Staatszwecken als Mittelzweck mitinbegriffen. Die
Geschichte der wirtschaftlichen Verwaltungstätigkeit des Staates
lehrt, daß sie aus fiskalischen und militärischen Gründen entstanden ist. Vor allem ist das Kommunikationswesen mit dem
Heer- und Gerichtswesen, sodann aber mit gedeihlicher Staatstätigkeit überhaupt innig verbunden. Daher ist Sorge für die
Wege bereits im frühen Mittelalter als Staatsaufgabe anerkannt,
und heute nützen die neueren Institute der Post, der Telegraphen,
der Eisenbahnen dem Heerwesen und der Rechtspflege in hervorragender Weise. Aber auch andere, überwiegend erst in neuester
Zeit dem Staate zugewachsene Verwaltungszweige dienen der
besseren Erreichung der exklusiven Staatszwecke. Das Gesundheits-
wesen erhält und fördert die physische Existenz des Volkes und
damit die Macht des Staates, nicht minder die Schutzeinrichtungen
für die arbeitenden Klassen. Die polizeiliche Tätigkeit im
weitesten Umfange dient dem Rechtsschutze; staatliche Beurkundungen, Gewerbekonzessionen, das Pflegschaftswesen, Regelung
der Lehrlingsverhältnisse usw. sind für den Rechtszweck von
hoher Bedeutung. Daß geistig fortgeschrittene Nationen die
zurückgebliebenen im internationalen Wettbewerb überflügeln,
hat die Geschichte so häufig bezeugt, daß die Pflege der geistigen
Volksinteressen heute als selbstverständlich mit dem Machtzweck

in engster Verbindung stehend angesehen wird. Die Fortschritte
der Kriegskunst sind mit denen der Wissenschaft und Technik
aufs engste verknüpft, so daß der Staat auch ihnen gegenüber
schon im Interesse seiner Existenz sich nicht gleichgültig verhalten darf. So erscheint denn bei der Wechselwirkung menschlicher Dinge das uns natürlich dünkende Verhältnis zunächst
umgekehrt, indem die höheren Kulturzwecke die Rolle von Mitteln
für den Macht- Schutz- und Rechtszweck übernehmen.

Die Ausdehnung der Tätigkeit des Staates über seine exklusiven Zwecke hinaus war aber auch nach anderer Richtung hin
historisch bedingt. Neben ihm bestand lange Zeit eine Macht,
die außer ihrem Berufe mit Ausschluß des Staates bestimmte
Aufgaben pflegte, die den durch äußere Mittel zu verfolgenden
Solidarinteressen angehören. Im Laufe der Auseinandersetzung
zwischen Staat und Kirche sind dem ersteren ursprünglich
kirchliche Angelegenheiten zugewachsen und von ihm weit über
den Zustand hinausgeführt worden, in dem er sie als seine
eigenen empfing. Namentlich sind geregelte Armenfürsorge und
das Bildungswesen Gebiete solidarischer Tätigkeit, die in vollem
Umfange erst seit der Reformation in die Hand des Staates
übergegangen sind. Der Staat ist aber bei dieser Enteignung
nicht stehen geblieben, sondern hat sich Recht und Pflicht zugemessen unter Berufung auf die ihm in steigendem Maße zum
Bewußtsein kommende Aufgabe der Kulturpflege, alle im Gemeininteresse ersprießlichen Tätigkeiten entweder selbst vorzunehmen
oder ihre Vornahme dem Individuum anzubefehlen. An diesem
Punkte hat nun die Untersuchung einzusetzen, um die Grenzlinie
zwischen staatlicher und nichtstaatlicher Tätigkeit zu ziehen.

6. Diese Grenzlinie wird gemäß den vorhergehenden Erörterungen mit Sicherheit gezogen werden können. Auf Grund der
ganzen geschichtlichen Entwicklung und der herrschenden Anschauungen ist der Staat zweifellos berufen, zu allen menschlichen
Solidarinteressen in Beziehung zu treten. Allein, sein Verhältnis
zu den einzelnen Interessen ist durch deren Natur bedingt. Nur
soweit die freie individuelle oder genossenschaftliche Tat unvermögend ist, den vorgesetzten Zweck zu erreichen, kann und muß
ihn der Staat übernehmen; soweit reine Individualinteressen
vorliegen, bleibt ihre Erringung auch dem Individuum überlassen.
Die Verwaltung der Solidarinteressen durch den Staat reicht aber
in gedeihlicher Weise nur so weit, als planmäßige, mit äußeren

Mitteln arbeitende Tätigkeit gehen kann. Dazu gehören **negativ** Abwehr von Störungen jeder Art, **positiv** aber **Förderung**, welche gemäß der Natur des zu fördernden Gutes verschiedene Formen anzunehmen vermag. Sie kann ausschließlich in dem Setzen der äußeren Bedingungen bestehen. Gesundheit, Wissenschaft, Kunst, Handel usw. kann der Staat nicht unmittelbar erzeugen, d. h. er ist nicht imstande, die hierzu notwendige individuelle Tätigkeit sich zuzueignen. Die spezifische Tätigkeit des staatlich angestellten Arztes, des Professors, des Lehrers, des Regierungsbaumeisters usw. ist und bleibt individuelle, vom Staate autorisierte Tat, sie ist niemals Inhalt staatlicher Organtätigkeit, weil der Staat die eigentümliche Art dieser Tätigkeiten zu bestimmen außerstande ist; er **kann** nur anordnen, daß sie nach bestimmter Richtung wirken und gewisse Effekte hervorrufen sollen, er kann das Quantum, aber nicht das Quale der Leistung anbefehlen. Auf anderen Gebieten jedoch kann er weitergehen. Insofern es nämlich möglich ist, nicht nur Quantität, sondern auch Qualität der Leistung durch äußere Mittel zu beherrschen, wird er sie selbst, wenn das Solidarinteresse es erfordert, durch seine Organe als seine Tat vornehmen lassen. Wissenschaftliche Entdeckungen machen und Kunstwerke schaffen, liegt außerhalb des möglichen staatlichen Machtbereiches; aber Briefe befördern, Bahnzüge verkehren lassen, Versicherungsanstalten errichten usw., sind Funktionen, die durch solidarische Tat und durch äußere Mittel in zweckmäßigster Weise versehen werden können[1]). Je

---

[1]) Diese Unterscheidung ist von großer Bedeutung, um zu bestimmen, an welchem Punkte die Tätigkeit staatlicher Organe aufhört, als individuelles Tun gewertet zu werden und auf den Staat als dessen Tat projiziert wird. Was Laband, StR. I S. 436 N. 1, gegen diese von mir bereits System 1. A. S. 213 (2. A. S. 224) angedeutete Unterscheidung einwendet, ist unzutreffend, indem er von der irrigen Annahme ausgeht, als ob ich in der angeführten Stelle von Aktionen des Staates gesprochen hätte, die nicht zugleich Aktionen von Individuen wären. Laband selbst findet alle Beamtentätigkeit innerlich gleichartig. Doch ist es ein großer Unterschied, ob man die Amtstätigkeit ihrem ganzen Inhalte nach als Staatstätigkeit bezeichnen kann oder nicht. Das richterliche Urteil hat der Staat gefällt, die vom Minister ausgehende Ernennung der Staat vollzogen usw. Aber der Universitätslehrer trägt nicht königlich preußische Mathematik oder großherzoglich badische Psychologie vor. Wer diese und ähnliche Unterschiede für unerheblich erklärt, der verwischt wichtige, folgenreiche Gegensätze zugunsten eines unersprießlichen Formalismus. Daß Personen, die dem Staate gegenüber verpflichtet sind, ihre

mehr durch einheitliche, umfassende Organisation, d. h. durch
Zentralisation, das in Frage stehende Kulturinteresse befriedigt werden kann, desto größer ist der Anspruch des Staates
und an den Staat, es ausschließlich oder doch überwiegend zu
versorgen. Daraus ergibt sich, daß der Staat auf dem Gebiete
der Kulturpflege die individuelle freie Tätigkeit teils zu ersetzen,
teils zu ergänzen bestimmt ist. Geschichtlich ist auf diesen
Gebieten die staatliche Tätigkeit überall nach der privaten eingetreten, derart, daß sich die Entwicklung der staatlichen Kulturförderung als ein fortlaufender Enteignungsprozeß gegenüber der
individuellen Tätigkeit darstellt. Vielfach sind es zunächst Verbände nichtstaatlicher Art, welche die Ergänzung des Individuums
vornehmen, so daß der Staat schließlich in Ergänzung sowohl
individueller als genossenschaftlicher Tat auftritt. Wie weit die
bloß ergänzende Tätigkeit zu gehen und wo die ersetzende zu
beginnen habe, das kann nur nach der ganzen geschichtlichen
und sozialen Lage des Einzelstaates sowie der Natur des betreffenden Verwaltungszweiges beurteilt werden. Die Entwicklung
der neueren Zeit weist zweifellos einen fortschreitenden Prozeß
zunächst der Sozialisierung und sodann der Zentralisierung, der
„Verstaatlichung" ursprünglich individueller Tätigkeiten auf.
Man denke nur an die heutige Heeresverwaltung und die privaten
Werbungen und Ausrüstungen der Vergangenheit. Welchen Umfang diese Sozialisierung und Zentralisierung annehmen werde,
welches ihr Endziel sei, läßt sich auf Grund der uns bekannten
Weltlage mit Sicherheit gar nicht bestimmen. Jedenfalls sind

---

besonderen Kenntnisse und Fähigkeiten frei auszuüben, Beamte sind
gleich den mit obrigkeitlichen Funktionen betrauten, hat mit der in Rede
stehenden Frage gar nichts zu schaffen. Das innere Wesen der staatlichen
Funktionen zu erkennen, bietet an und für sich, ohne jede Rücksicht
auf das Beamtenrecht, genug theoretisches und praktisches Interesse.
In jüngster Zeit hat Preuß, Das städtische Amtsrecht S. 347 f., gegen
diese Ausführungen und ähnliche Andeutungen von Gierke in Holtzendorffs Rechtslexikon II, s. v. Gemeindebeamte, S. 50, behauptet, das Gemeinwesen baue und lehre, wie es richtet, befiehlt und ernennt. Die
politische Konsequenz einer solchen Lehre wäre die völlige Vernichtung
jeder geistigen Freiheit derer, die im staatlichen Auftrag höhere intellek-
tuelle Tätigkeit üben: ein Gemeinwesen, das lehrt und baut, kann auch
vorschreiben, wie zu lehren und zu bauen, wie zu malen und Tonkunst
zu üben sei. Vor solcher „organischer" Zukunft möge ein gnädiges
Geschick uns immerdar bewahren! — Der Versuch einer Lösung der
Streitfrage bei W. Jellinek Gesetz, Gesetzesanwendung S. 33 ff.

Anzeichen dafür vorhanden, daß die einzelstaatliche Zentralisation
nicht deren höchste Form ist, da eine Reihe von Verwaltungs-
geschäften bereits heute von den Einzelstaaten im internationalen
Interesse nach vereinbarten Normen verwaltet wird. Die auf
völkerrechtlichem Grunde ruhende „internationale Verwaltung"
bestimmter Gebiete durch die Einzelstaaten, die bereits zu organisierten internationalen Verwaltungsvereinen geführt hat, bezeichnet
einen bedeutsamen Schritt zu einer höheren Form der Zentralisation, der internationalen.

Aber auch die Begriffe der Ergänzung, der Förderung, der
Organisation und Leitung bedürfen an dieser Stelle noch einer
Durchbildung nach der teleologischen Seite. Denn alle diese Funktionen können zu verschiedenen Zwecken verschieden gestaltet
werden, und daher ist für die zutreffende Gestaltung die Aufsuchung
eines Prinzipes notwendig. Auch hier gibt der vage Gedanke
der Wohlfahrtsförderung keine Aufklärung. Die Wohlfahrt, und
zwar sehr intensive Wohlfahrt einer großen Zahl kann durch
Konservierung einer Institution, durch Abwehr jeglicher Neuerung
für das gerade lebende Geschlecht im höchsten Grade gefördert
werden. Wenn wir aber, fast möchte ich sagen: instinktiv,
Hebung, Ausbildung, Vervollkommnung unserer Kultur von allen
sozialen Institutionen verlangen, so stehen wir nicht mehr auf
eudämonistisch-utilitarischem als vielmehr auf evolutionistischem
Standpunkt. Von diesem aus kann das Wohlsein der Lebenden
dem Wohlsein der Kommenden geopfert und selbst staatliche Tat
gefordert werden, die unmittelbar in größerer Ausdehnung Unlust und Schädigung hervorruft. Wie alle Geburt, so ist auch
jeder Fortschritt untrennbar mit Schmerz verbunden[1]. Fortschreitende Entfaltung und reichere Ausbildung der menschlichen
Kräfte, ungeachtet der Unlust, von der sie begleitet sein mögen,
ist gemäß unserer modernen, durch die gesamte Wissenschaft
bestimmten Weltanschauung der notwendige und darum anzuerkennende Inhalt der Geschichte. An diesem Punkte berührt
sich zwar empirische Geschichtsbetrachtung mit einer Metaphysik
der Geschichte. Ohne eine solche kann aber eine teleologische
Untersuchung der sozialen Phänomene nie gründlich vorgenommen
werden, weil die letzten Zwecke des Menschlichen rein empirischer
Forschung unzugänglich sind. Auch um die relativen, subjektiven

---

[1] Vgl. die interessanten Ausführungen von v. Philippovich,
Wirtschaftlicher Fortschritt und Kulturentwicklung 1892 S. 21 ff.

Zwecke des Staates zu konstatieren, müssen wir die herrschende Geistesrichtung befragen, deren metaphysische Bestandteile die sozial-teleologischen Vorstellungen mit auswirken.

Alle staatliche Tätigkeit hat unter diesem Gesichtspunkt zum Endzweck die Mitarbeit an der fortschreitenden Entwicklung zunächst der ihm Eingegliederten, nicht nur der gegenwärtigen, sondern auch der zukünftigen, und ferner, da das Solidaritäts- bewußtsein der Völker immer mehr über den Staat hinausgreift, die Mitarbeit an der Entwicklung der Gattung. Metaphysischer Betrachtung bleibt die Frage überlassen, inwiefern dieser sub- jektiven Anschauung auch objektive Wahrheit zukommt, ob diesem auf der Weltanschauung der Gegenwart gegründeten Zweck- bewußtsein transzendente Werte entsprechen.

7. Fassen wir nunmehr die einzelnen hier erörterten Zwecke zusammen, so ergibt sich folgendes. Staatliche Selbstbehauptung, Sicherheit und Machtentfaltung, Rechtsetzung und Rechtschutz, Kulturförderung haben sich uns als Staatsaufgaben ergeben. Der leitende Gedanke für diese Zweckbestimmung liegt in der Er- kenntnis, daß planmäßige Organisation der Versorgung der solidarischen Volksinteressen, soweit sie einer zentralen Leitung bedürfen und durch äußere Veranstaltung befriedigt zu werden vermögen, nur durch den mit den größten Machtmitteln aus- gestatteten sozialen Faktor, als welcher der Staat sich darstellt, vorgenommen werden können. Diese Zwecke teilen sich in exklusive, nur dem Staate zukommende, und in konkur- rierende, demzufolge auch die entsprechenden Funktionen ent- weder dem Staate ausschließlich zukommen oder von ihm mit anderen geteilt werden. Maß und Art der Staatstätigkeit hat sowohl bestimmte, in der Natur menschlicher Verhältnisse be- gründete allgemeine Schranken als auch eigentümliche, durch die Natur der einzelnen Verwaltungstätigkeit bedingte Grenzen. Nichtregulierte individuelle und genossenschaftliche Tat soll nur insoweit zurücktreten oder ausgeschlossen werden, sofern der Staat mit seinen Mitteln das betreffende Interesse in besserer Weise zu fördern vermag. Das höchste Prinzip für die ge- samte Staatstätigkeit ist aber die Förderung der fortschreitenden Entwicklung der Volksgesamtheit und ihrer Glieder. Dieses Prinzip hat nach drei Richtungen hin Anwendung zu finden. Einmal gegenüber dem Individuum, dessen Entwicklung als Glied des Ganzen zu fördern ist, sodann gegenüber dem Volke

als der Gesamtheit der gegenwärtigen und zukünftigen Staatsglieder, endlich gegenüber der menschlichen Gattung, als deren
Glied das Einzelvolk erscheint. Es sind demnach drei Gattungen
von Solidarinteressen vom Staate zu versorgen: individuelle,
nationale, menschheitliche. Unter dem Gesichtspunkte teleologischer Rechtfertigung erscheint uns daher heute der Staat
als der durch planmäßige, zentralisierende, mit
äußeren Mitteln arbeitende Tätigkeit die individuellen, nationalen und menschheitlichen Solidarinteressen in der Richtung fortschreitender Ge-
samtentwicklung befriedigende, herrschaftliche,
Rechtspersönlichkeit besitzende Verband eines
Volkes[1]).

Schließlich sei hier nochmals auf den inneren Zusammenhang der Fragen nach dem Grunde und dem Zwecke des Staates
hingewiesen. Die Antwort auf die erste Frage hat das Sein des
Staates gerechtfertigt, die auf die zweite sein Wirken. Beide zusammen enthalten erst die volle Rechtfertigung des staatlichen
Lebensprozesses. Ist ohne Staat keine Gesellschaft und keine
Erfüllung menschlicher Gemeinzwecke möglich, dann ist für jeden,
der sich nicht außerhalb der Gesellschaft stellen will, Hingabe
an den Staat sittliche Notwendigkeit. In dieser Einsicht vereinigen sich die verschiedenen epochemachenden Lehren vom
Staate, die scheinbar unversöhnliche Gegensätze bilden. Sie lehrt
einerseits den Staat als geschichtlich notwendiges Produkt der
sich stets reicher entfaltenden Menschennatur erkennen und
fordert anderseits freie Anerkennung des historisch Gegebenen
als eines notwendigen Durchgangspunktes in der Entwicklung der
Gesamtheit. Die großen Gegensätze der Notwendigkeit und
Freiheit finden in der richtigen Lösung dieser Probleme ihre
Versöhnung. Das geschichtlich Notwendige soll frei, nach klar
erkannten Zwecken gestaltet werden.

---

[1]) Diese Definition enthält selbstverständlich einen Wertmaßstab,
kein Erkenntnisurteil, wie Preuß, Über Organpersönlichkeit, a. a. O.
S. 573, meint. Ein Staat, der diesem auf unseren heutigen politischen
Anschauungen beruhenden Maßstab nicht entspricht, hört darum
natürlich nicht auf, Staat zu sein, er erscheint uns aber als minder-
wertiger Staat. Die Formel von Preuß hingegen, wonach der Staat
Selbstzweck ist, die auf alle Staaten von Babylon bis zum Deutschen
Reich paßt, ist völlig inhaltsleer und kann mit Fug und Recht in den
Satz verwandelt werden: Der Staat ist eine gänzlich wertlose Institution.

Jede Rechtfertigung des Staates trifft jedoch nur sein in die Sphäre des Bewußten und Absichtlichen fallendes Wirken. Daß darin die geschichtliche Bedeutung eines konkreten Staates nicht erschöpft ist, wurde bereits des öfteren hervorgehoben. Daher wird historische, nach rückwärts gewendete Beurteilung eines Staates ganz anders ausfallen als das Ergebnis politischer Messung gegenwärtiger oder auch vergangener Zustände am Maßstabe der Staatszwecke. Nur nach der Totalität seiner wirklichen Leistungen kann der Staat vom Historiker gewürdigt werden, mögen sie berechtigt sein oder nicht. Trotzdem bieten unsere politischen Zweckvorstellungen auch einen Wertmesser für entschwundene staatliche Gebilde, indem wir schließlich einen Staat der Vergangenheit beurteilen nach dem, was von ihm übriggeblieben ist. Das kann aber nichts anderes sein als die von ihm hervorgerufenen Kulturwirkungen jeder Art, die als stetig fortzeugende Elemente der geschichtlichen Bewegung allein Unsterblichkeit besitzen.

Neuntes Kapitel.

Entstehung und Untergang des Staates.

Um vom Wesen des Staates eine vollendete Vorstellung zu erhalten, ist es notwendig, den Prozeß seines Entstehens und Vergehens zu betrachten. Namentlich für die Fragen des Rechtscharakters des Staates und der Natur und der Grenzen des öffentlichen Rechtes ist die klare Erkenntnis der staatsschöpfenden und staatsvernichtenden Vorgänge von hoher Bedeutung.

I. Die Entstehung des Staates.

Hier sind zwei Fragen scharf zu scheiden: die nach dem geschichtlichen Anfang der staatlichen Institution überhaupt und die nach der Bildung neuer Staaten innerhalb der entwickelten Staatenwelt. Wir wollen die erste Frage als die nach der primären, die zweite als die nach der sekundären Staatenbildung bezeichnen.

Über die primäre Staatenbildung sind nur Hypothesen möglich, die auch in großer Zahl aufgestellt worden sind. Um sie zu würdigen, muß zweierlei beachtet werden. Zunächst, daß es nicht so einfach ist, den Punkt zu bestimmen, von dem angefangen ein ursprüngliches Gemeinwesen als Staat zu betrachten sei. Unsere Staatsvorstellungen sind dem entwickelten, über seßhafte Menschen herrschenden Staate entnommen. Von ihm aus erscheinen Organisationen von Nomadenstämmen noch nicht als staatlicher Art. Anders aber, wenn wir die primitiven Verbände unter entwicklungsgeschichtlichem Gesichtspunkte betrachten. Da wird jede Organisationsform herrschaftlichen Charakters, die keine höhere über sich hat, bereits als Staat aufzufassen sein.

Diese Vorgeschichte des Staates steht aber nur in losem Zusammenhang mit dem späteren entwickelten Staate. Gerade die primitiven Organisationen haben die Bedeutung des Zweckwandels am gründlichsten erfahren. Völlige Übereinstimmung über diese ursprünglichen Typen wird kaum hergestellt werden,

zumal aus der Konstruktion des sozialen Anfangszustandes Kapital
für bestimmte wirtschaftliche und politische Theorien geschlagen
zu werden pflegt. Doch hat unbefangene Überlegung schon in
einem wichtigen Punkte die Klärung angebahnt. Es mehren sich
wenigstens, wie schon erwähnt, die Stimmen, die sich gegen die
Ansicht erheben, im Hetärismus die älteste Form des Geschlechts-
verkehrs zu sehen, vielmehr die Paarungsehe als den Ausgangs
punkt des Familienverbandes behaupten. Damit ist auch die
Lehre, welche in der Horde die notwendige primitive Form
menschlicher Verbände erblickt, wieder zweifelhaft geworden.
Trotzdem aber ist der Kampf um jene ursprünglichen Verhältnisse, wie auch um das Mutterrecht: ob es eine universelle,
dem Vaterrecht notwendig zeitlich vorangehende Gestaltung sei
oder ein Verwandtschaftssystem, das sich nur auf bestimmte
Völker beschränkt, noch lange nicht endgültig entschieden.
Wichtig sind die umfassenden Forschungen über die Hausgemein-
schaften und Gentilverbände, die, über die ganze Erde und bei
Völkern der verschiedensten Kulturstufen verbreitet, die ersten
uns bekannten Formen einer umfassenderen und gegliederten
wirtschaftlichen und herrschaftlichen Organisation darstellen.
Alle Versuche jedoch, eingehend die Wandlung der Horden,
Stämme und Familien in Staaten zu bestimmen, müssen schon
deshalb scheitern, weil dasselbe Resultat auf den verschiedensten
Wegen erreicht werden konnte, und es höchst unwahrscheinlich
ist, daß allüberall der Staatenbildungsprozeß derselbe gewesen sei.
Nur die allgemeinsten Typen lassen sich da feststellen. So, daß
gemeinsame Gefahr zu gemeinsamer Abwehr trieb, auf solche
Art zunächst Gelegenheitsorganisationen hervorgerufen wurden,
die durch Wiederholung schließlich einen ständigen Charakter
annahmen. Oder daß die Notwendigkeit, neue Jagd oder Weide-
gründe zu suchen, der Trieb benachbarter Stämme, Eigentum
durch Raub zu erwerben, zu engerem Zusammenschluß führte.
Ferner läßt sich feststellen, daß primitive religiöse Vorstellungen
an dem Aufbau fester Verbände mitwirken, namentlich auch nach
der Richtung hin, daß sie entstehende Autoritäten stützen.

Die entwickelte Form des Gemeinwesens als eines höchsten
und umfassenden Verbandes, die wir heute allein als Staat bezeichnen, beginnt mit dem Seßhaftwerden der Menschen, ein
Prozeß, der in seinem ersten Ursprunge noch gänzlich unaufgeklärt
ist. Er hängt zwar eng zusammen mit dem Getreidebau, zu dessen

Ausbildung ungemessene Zeiträume nötig waren, ist aber nicht allein von ihm bedingt, da es auch ackerbauende Nomaden gibt. Mit der Okkupation des Landes wird eine viel verwickeltere Eigentumsordnung notwendig als auf früheren Wirtschaftsstufen. Die Grenzen zwischen Gemein- und Sondergut müssen streng gezogen werden; die Familie als Wirtschaftsverband erfährt eine reichere Gliederung und Durchbildung; die Ausbeutung menschlicher Arbeitskraft beginnt mit der Institution der Haussklaverei, die allein schon den Krieg zu einer dauernden, auf Gewinnung von unfreien Arbeitern gerichteten Tätigkeit des Gemeinwesens gestaltet. Die Unterschiede des Besitzes rufen eine Schichtung der Gesellschaft hervor; dort aber namentlich, wo siegende Stämme über besiegte ihre Herrschaft errichten, entfaltet sich der Gegensatz einer herrschenden und beherrschten Klasse, der der ganzen Organisation des Gemeinwesens seinen Charakter aufprägt. Alle diese Verhältnisse werden gefestigt durch das zu ihnen hinzutretende Gefühl ihrer Normmäßigkeit. So ist denn die Bildung von Verbänden auf territorialer Grundlage innig verknüpft mit der Durchbildung einer verwickelten Rechtsordnung, die als solche in den sozialen Anschauungen primitiver Zeiten fest gegründet ist und nicht etwa mit dem Maßstabe höherer Zivilisation gemessen werden darf, um sie als bloße Organisation der Macht zu erklären. Auflehnungen gegen die bestehende Ordnung, verbunden mit Versuchen, ein den Wünschen der Unzufriedenen angemessenes Recht herbeizuführen, werden wohl bereits auf früher Entwicklungsstufe nicht ausgeblieben sein. Alle Stabilität der ökonomischen und staatlichen Verhältnisse kann aber nur durch die Überzeugung ihrer Rechtmäßigkeit auf die Dauer gewahrt werden.

Es ist daher der primäre Staatenbildungsprozeß zugleich ein Prozeß der Rechtsbildung gewesen, so daß auch geschichtlich Staat und Recht von Anbeginn miteinander verknüpft gewesen sind. Vom engsten Verbande — wie immer er nun beschaffen gewesen sein mag: ob Familie oder Horde — aufwärts steigend, ergreift das Recht die höheren, sich über die primären erhebenden Verbände, so auch den höchsten, den Abschluß dieser Kette bildenden Verband des territorialen Staatswesens. Da nun der höhere Verband stets auf dem Wege des Experiments, der Erfahrung oder auch des Zufalls gefunden wird, niemals aber, wie der spätere Rationalismus meinte, bewußter, auf klare Zwecke gerichteter Überlegung sein Dasein verdankt, so ist er zunächst immer etwas Faktisches gewesen, zu dem, als er sich festigte, Gewöhnung und Recht als gewaltige, das Tatsächliche auch in ein Sein-sollendes umschaffende Faktoren hinzutraten.

Auch der Wechsel in den bestehenden Staaten, der sekundäre Staatenbildungsprozeß, wird durch Vorgänge bewirkt, die gänzlich außerhalb des Rechtsgebiets stehen. Krieg oder in anderer Form geübter Zwang schaffen neue Staaten und vernichten alte. Daß der Krieg zunächst völlige Rechtlosigkeit bedeute, wird verständlich, wenn man wiederum erwägt, daß Recht sich immer zuerst in einem engeren Verbande ausbildet und sodann erst den höheren, mehrere engere Verbände in sich befassenden ergreift. Eine Rechtsgenossenschaft jedoch zwischen staatlich getrennten Völkern kann sich ungezählte Jahrtausende hindurch nicht ausbilden, weil die Grundlagen gemeinsamer Kultur fehlen, die eine rechtliche Gesamtüberzeugung hervorzurufen imstande sind. Selbst dort aber, wo vereinigende geistige Elemente vorhanden sind, wie in dem hellenischen Staatensystem, haben sie nicht die Stärke, auch nur innerhalb dieses engen Kreises die Frage nach rechtlichen Schranken der staatsbildenden Tätigkeit entstehen zu lassen.

Auf ganz anderem Boden als das Altertum stand das Mittelalter der Frage nach der Entstehung des Staates gegenüber. Die antike Lehre betrachtet den Staat als ein Produkt natürlicher menschlicher Anlagen, nicht als Erzeugnis des Rechtes. Selbst diejenigen Theorien, welche die soziale Ordnung auf den νόμος zurückführten, verstehen unter der Satzung keineswegs die rechtliche. Vielmehr soll dadurch nur die menschliche Willkür im Gegensatz zu der menschlichem Willen entrückten Naturordnung bezeichnet werden[1]). Von dem Gedanken aber, daß staatsbildende Tatsachen Rechtstatsachen seien, findet sich in der

---

[1]) Über den Gegensatz von φύσις und νόμος vgl. W i n d e l b a n d Geschichte der Philosophie, 6. Aufl. 1912 S. 60; G o m p e r z Griech. Denker I S. 323 ff.; R e h m Gesch. S. 12. Daß der Sicherungsvertrag, den die Epikuräer dem Staate zugrunde legten, ein Vertrag im Rechtssinne gewesen sei, wäre eine ganz falsche Auffassung. Die Epikuräer erkennen nämlich ein Naturrecht nur insoweit an, als ein Naturtrieb den Menschen gebietet, den Sicherungsvertrag zu schließen. Allein der dem modernen Naturrecht zugrunde liegende Satz: pacta sunt servanda, ist ihnen schlechthin unbekannt. Ihr Vertrag ist daher ein auf den inhaltlich zusammenfallenden Einzelinteressen beruhender Modus vivendi.

hellenischen Literatur keine Spur. Nicht minder war den Römern
die Vorstellung einer rechtlichen Entstehung ihres Gemeinwesens
fremd[1]). Das Mittelalter hingegen kennt weder den Begriff des
selbständigen, unabhängigen Staates noch die gesonderte Existenz
des öffentlichen Rechtes. Daher kann es staatliche Neubildungen
nur als Veränderungen innerhalb des Reiches auffassen, die nach.
dessen Rechtsordnung zu beurteilen, von den höchsten irdischen
Autoritäten zu billigen sind. Sodann aber erscheint der Staat
als Vertragsverhältnis zweier Parteien, des Volkes und des
Herrschers, das gegenseitige Rechte und Pflichten feststellt. Es
ist einer der merkwürdigsten Züge des germanisch-romanischen
Mittelalters, daß es selbst, von uns als brutale Willkür empfundene,
Vorgänge des öffentlichen Lebens als vom Rechte beherrscht aufzufassen versuchte. Beispiele hiervon bieten das Fehderecht und
sogar das harte, als unmenschliche Barbarei erscheinende Strand-
recht.

Diese Tendenz des mittelalterlichen Denkens setzt sich im
neueren Naturrecht fort, das ja bei allem Gegensatz zu der theo-
logisch-scholastischen Art des Mittelalters viele Grundzüge mit
dessen Rechtslehre gemeinsam hat. Dem Naturrecht ist die Frage
nach der Entstehung des Staates, sowohl der primären als der
sekundären, eine Rechtsfrage. Der Vertragsstaat in erster Linie,
aber auch der patriarchalische, despotische und durch Eroberung
gebildete Staat werden von ihm entweder als durch Rechtsvorgänge gebildet behauptet oder, wenn die Theorie diese letzteren
Formen für nicht gerechtfertigt erkennt, als rechtswidrig verworfen.

Mit der Erkenntnis der Unhaltbarkeit der naturrechtlichen
Lehren mußte aber auch die Unhaltbarkeit aller Versuche klar
werden, die Entstehung der Staaten juristisch zu konstruieren.
Vom Standpunkte seiner Lehre aus, welche den Staat als die
Wirklichkeit der sittlichen Idee faßt, mußte Hegel entschieden

---

[1]) Pomponius L. 2 § 1 D. de orig. iuris 1, 2: „Et quidem initio
civitatis nostrae populus sine lege certa, sine iure certo primum agere
instituit omniaque manu a regibus gubernabantur." Die längere Ausführung
von Cicero, pro Sextio c. 42, schildert nur den historischen Hergang des
Staatengründungsprozesses, erwähnt aber mit keiner Silbe eines ihn begleitenden Rechtsaktes. Die Bünde, welche der Sage nach bei Gründung
der Stadt abgeschlossen wurden, konnten bei dem strengen Formalismus
des alten Rechtes dem populären Denken schwerlich als Rechtsakte
erscheinen.

gegen die Ableitung des Staates aus einem vor- oder überstaatlichen Rechte protestieren[1]), und S t a h l hat sodann jede Ableitung eines Staates aus dem Willen seiner Glieder energisch
verworfen[2]). Trotzdem hat sich die Lehre von der rechtlichen
Entstehung der Staaten wie so manche andere Theorie vom
Naturrecht in die moderne allgemeine Staatsrechtslehre geflüchtet,
die bis in die neueste Zeit herab staatliche Bildungsvorgänge
aufzählte, wie wenn sie Rechtsvorgänge wären[3]). Selbst die
völkerrechtliche Literatur, die energisch den rein tatsächlichen

---

[1]) Philosophie des Rechts S. 301 ff. H e g e l ist es nur um die Idee
des Staates zu tun, nicht um die zufällige historische Erscheinung; aber
auch von dieser sagt er: „in Rücksicht auf die Autorität eines wirklichen
Staates, insofern sie sich auf Gründe einläßt, sind diese aus den Formen
des i n i h m g ü l t i g e n R e c h t s genommen" (S. 307).

[2]) Staatslehre S. 169 ff.: „Der Staat entsteht nicht durch Zusammentritt von Kräften, sondern durch Entfaltung von innen, nicht durch
menschliche Absicht, sondern durch göttliche Fügung." „So entsteht
der Staat tatsächlich, so bindet er auch rechtlich. Sein Ansehen beruht
auf seiner bloßen Existenz als solcher." „Während die Naturrechtslehrer den ganzen Staat, der doch historisch immer in absichtsloser
Ausbildung entsteht, als ein Vertragsverhältnis behandeln, so müssen
vielmehr nach richtiger Erkenntnis selbst jene Teile und Bestimmungen
seiner Verfassung, welche wirklich durch Übereinkunft entstanden sind,
dennoch angesehen werden, als habe eine über den Beteiligten stehende
Autorität sie eingeführt." Daher weist auch S t a h l bereits die sezessio-
nistische Lehre von der Kündbarkeit der amerikanischen Union zurück.
Z o r n (Deutsche Literaturzeitung 1904 S. 883), auf dessen Ansichten über
die Entstehung des Bundesstaates ich übrigens bereits (Lehre von den
Staatsverbindungen S. 262 N. 10) hingewiesen habe, irrt sich daher, wenn
er sich für den Urheber der Lehre von der rechtlichen Unableitbarkeit
des Staates hält.

[3]) So sagt noch M o h l, Enzyklopädie S. 99: „Mit Recht darf die
Keckheit oder Unwissenheit scharf getadelt werden, welche das sogar
häufige Vorkommen von Staatsbegründungen mittels Vertrages ableugnen
will." Die Frage, ob der Abschluß eines Vertrages bei Gründung des
Staates auch wirklich die causa efficiens des Staates sei, wird von M o h l
nicht einmal aufgeworfen. Auch B l u n t s c h l i, Lehre vom modernen
Staat 1 S. 336, und H. S c h u l z e, Einleitung S. 151 N 10, erklären trotz
heftiger Polemik gegen die Vertragstheorie, daß die Geschichte einzelne
Fälle von Staatsgründungen durch Vertrag kenne. — B r i e, Handbuch
d. Politik I 1912 S. 72 f., läßt Staaten u. a. durch Gesetz eines andern
Staates entstehen, wohl uneingedenk, daß durch Gesetz zwar Kommunal
verbände geschaffen werden können, aber keine Staaten. Erst wenn das
Gemeinwesen, so wie es ist, auch unabhängig vom gründenden Gesetze
bestehen kann, ist es Staat geworden. Das Gesetz kann immer nur Anlaß

Charakter des Staatenbildungsprozesses zu betonen pflegt, hat sich bis in die Gegenwart herab von der Vorstellung einer rein juristischen Entstehung des Staates nicht freihalten können. Wir finden in völkerrechtlichen Systemen entweder die Aufzählung historischer Gründungsvorgänge ohne nähere Untersuchung darüber, ob sie bloß faktisch oder auch rechtlich seien, oder neben faktischen ausdrücklich für rechtlich erklärte angeführt[1]). Nament-

---

sein, nie Rechtsgrund. — Rehm, Staatslehre S. 273, will Staaten ausnahmsweise durch rechtlichen „Gesamtakt" von Geschlechtern oder Individuen entstehen lassen. Dieser Gesamtakt (vgl. unten S. 775 f.) ist aber rein naturrechtlicher Art und um kein Haar besser als der alte, von den Anhängern der Gesamtaktstheorie verworfene staatengründende Gesellschaftsvertrag. Er gehört doch weder dem Privat- noch dem Staatsrecht noch dem Völkerrecht an, welch letzteres Individuen als staatengründende völkerrechtliche Subjekte nicht kennt; er kann daher überhaupt nicht dem positiven, sondern nur einem für alle Völker und Zeiten gleichbleibenden und daher rationalen Rechte angehören; alle solche „Gesamtakte" sind in Wahrheit Tathandlungen, nicht Rechtshandlungen. — Wenn die nach Amerika ziehenden Puritaner es für nötig fanden, ihre vielberufenen Pflanzungsverträge zu schließen, so ist das nur aus der ganzen geistigen Atmosphäre zu verstehen, in der sie lebten. Sie glaubten einen solchen Vertrag schließen zu müssen, weil sie es als selbstverständlich annahmen, daß jedes Gemeinwesen auf Vertrag ruhe. Die reale Ursache ihrer Schöpfungen lag aber doch nicht in den irrigen Vorstellungen, die bei ihrer Gründung mit unterliefen, sondern in der faktischen Herstellung eines geordneten Gemeinwesens. Zudem wird immer übersehen, daß die Kolonisten sich fortwährend als Engländer, dem englischen Recht unterworfen, und ihre Kolonien als Teile des englischen Staates betrachteten. „We ... the loyall subjects of our dread sovereigne King James ... haveing undertaken for the .... honour of our king and countrie, a voyage to plant the first colonie in the Northerne parts of Virginia" heißt es zu Beginn des berühmten „MaiblumenVertrag". Einen Staat im Rechtssinne haben die Kolonisten sicherlich nicht gegründet, sonst hätten sie es nicht nötig gehabt, 1776 ihre Kolonien in Staaten zu verwandeln.

[1]) So betont, um nur die allerneueste Literatur zu nennen, Rivier, Principes du droit des gens 1896 I p. 54, den faktischen Charakter der Staatsentstehung, führt aber aus, der Staat könne entstehen unter anderem „en suite de conquête, de traité, de succession, de révolutions amenées par une identité plus ou moins consciente d'intérêts, par des aspirations nationales ou religieuses communes"; ebenso führt Ullmann, Völkerr. 1908 S. 123, an: Unabhängigkeitserklärung, gewaltsame Trennung, Auflehnung und Krieg, Vertrag unabhängiger Staaten zum Zweck der Bildung eines Einheits- oder Bundesstaates, Erbschaft; Bonfils, Lehrbuch des Völkerrechts, übers. von Grah,

lich aber die Frage nach der Entstehung des Bundesstaates hat zahlreiche Versuche einer rechtlichen Konstruktion der Entstehung dieser Form der Staatenverbindungen hervorgerufen, die an anderer Stelle noch besonders besprochen werden sollen.

Die Unklarheit solcher Auffassung wird leicht erkannt, wenn man sich das Wesen des Völkerrechts vor Augen hält. Das Völkerrecht bindet die bereits bestehenden Staaten vermöge der Anerkennung, die es durch diese erfährt, nicht aber staatsbildende Mächte, die als solche nicht Staaten sind. Es kann daher die Bedingungen festsetzen, unter welchen die anderen Staaten einem Gemeinwesen Anerkennung als Staat gewähren oder verweigern dürfen, nicht aber die Staatsschöpfung selbst regeln. Der Staat ist Staat kraft seines inneren Wesens. In die Gemeinschaft des Völkerrechts aber tritt er erst vermöge der ihm von den anderen Mitgliedern dieser Gemeinschaft ausdrücklich oder stillschweigend zuteil werdenden Anerkennung ein, wie jede Individualität zur Person durch Anerkennung von seiten einer Rechtsgemeinschaft erhoben wird. Das Völkerrecht knüpft daher an das Faktum der staatlichen Existenz an, vermag dieses Faktum aber nicht zu schaffen[1]).

Aber auch das Staatsrecht ist unfähig, den Staatenbildungsprozeß zu erklären. Der Staat kann nicht Recht für seine eigene Entstehung festsetzen, da er zuerst dasein muß, um Recht schaffen zu können. Staatsschöpfungsakte können allerdings nach dem Rechte der durch sie betroffenen Staaten gewertet werden: sie können gegen die Rechtsordnung dieser Staaten sein oder ihr gemäß erfolgen. Niemals kann aber der also entstandene Staat

---

1904 S. 106, erklärt ganz richtig, auf die Frage nach der Entstehung des Staates habe die Geschichte, nicht das Recht, zu antworten, scheidet aber auch nicht scharf genug die rechtliche Vorgeschichte staatlicher Entstehungsakte von der faktischen Entstehung selbst (z. B. wird für Belgien vertragsmäßige freiwillige Trennung von den Niederlanden als Entstehungsgrund angegeben, was überdies geschichtlich nicht zutrifft). Grundsätzlich übereinstimmend nunmehr v. Liszt, Das Völkerrecht 9. Aufl. 1913 S. 50 § 5 III 1, nach Aufgabe seiner früheren abweichenden Ansicht (3. Aufl. 1904 S. 41 f.).

[1]) Haenel, Staatsrecht I S. 36, und Anschütz, Enzykl. S. 460, behaupten das Dasein völkerrechtlicher Sätze über Staatgründung; doch ruht ihre Beweisführung auf einer petitio principii: weil ihrer Ansicht nach das Deutsche Reich durch Vereinbarung entstand, deshalb muß ein Staat durch Rechtsakt entstehen können.

nach dem Rechte eines anderen beurteilt werden, denn das Recht kann nur das werten, was seiner möglichen Herrschaft unterliegt.

Der tiefste Grund dieser Erscheinung liegt in der Doppelnatur des Staates. Nur wer den Staat ausschließlich als Rechtsinstitut erfassen zu können glaubt, kann die Frage nach dem Rechtsgrunde eines konkreten Staates erheben. Der Staat ist jedoch zunächst eine historisch-soziale Bildung, an welche das Recht sich erst anschließt, die es aber nicht zu schaffen vermag, sondern die vielmehr die Grundlage seines Daseins ist. Rechtliche Tatsachen gehen der Zeugung menschlicher Individuen voran und knüpfen sich an sie an. Der Zeugungsakt selbst aber liegt gänzlich außerhalb des Rechtes [1]).

Aus diesem Grunde kann das Dasein eines Staates rechtlich nur auf seinem eigenen Willen ruhen. Ein Staat kann nie von einem anderen rechtlich geschaffen werden, welchen Anteil auch immer ein Staat oder mehrere an dem historischen Bildungsprozesse eines anderen Staates haben mögen. Ein Staat ist nämlich Staat nur durch das Dasein unmittelbarer, staatliche Funktionen versehender Organe. Die müssen aber stets diese Funktionen frei versehen wollen. Ein Zwang zur Organisierung eines Staates ist undenkbar, und ein Zwang für höchste Organe, verfassungsmäßige Funktionen zu versehen, würde diese des Charakters als Staatsorgane berauben [2]). Die Bildung des Königreiches Westfalen wurde durch ein Dekret Napoleons angeordnet,

---

[1]) Vgl. auch Gierke in Schmollers Jahrbuch 1883 S. 58 ff., wo er im Kern mit meinen Ausführungen, Lehre von den Staatenverbindungen S. 253 ff., übereinstimmt. Auf die rein soziale, vorjuristische Entstehung der Körperschaft überhaupt hat Gierke sodann energisch Genossenschaftstheorie S. 23 ff. und Deutsches Privatrecht I S. 483 ff. hingewiesen. Die sozialen Gründungsvorgänge sind ihm allerdings mit Rechtssätzen verbunden. Das gilt zweifellos für die unter einer bestehenden staatlichen Rechtsordnung sich bildenden Körperschaften, nicht für die Staaten selbst, da Völkerrechtssätze, die solche Gründungen regeln, nicht nachweisbar sind. Grundsätzlich mir zustimmend Seidler, Jur. Krit. S. 71 f.

[2]) Daher liegt es auch nicht im freien Belieben der Staatsgewalt, welche Verfassung sie einführen will. Ein hervorragendes Beispiel hierfür bieten die österreichischen Verfassungskämpfe 1861—1867. Die Verfassung vom 26. Februar 1861 hatte einen engeren und einen weiteren Reichsrat in Aussicht genommen, letzterer auch aus den Abgeordneten Ungarns bestehend. Er kam aber niemals völlig zustande, weil der ungarische Landtag sich weigerte, ihn zu beschicken.

in dem er die Grundzüge der Organisation dieses Staates fest-
stellte. Allein nur durch den freien Willen Jérômes war die
Durchführung dieser Verfassung und damit die Existenz des
neuen Staates möglich, der 'jenes Dekret nunmehr als eigenes
Gesetz betrachtete. Als Ludwig Bonaparte nicht mehr die brüder-
liche Willkür ertragen wollte und die Krone Hollands nieder-
legte, was die Einverleibung dieses Staates in das französische
Kaiserreich zur Folge hatte, zeigte es sich deutlich, daß selbst
Scheinstaaten, wie die genannten napoleonischen Satrapien, eines
unerzwingbaren Willens zu ihrem Dasein bedurften.

Selbst da, wo ein Staat durch einen oder mehrere andere
sein geschichtliches Dasein und seine Organisation erhält[1]), ist ein
rechtlicher Zusammenhang zwischen schaffendem und geschaffenem
Staate nicht vorhanden. Es können dem neuen Staate völkerrechtliche Verpflichtungen auferlegt werden, die aber bereits
dessen Existenz voraussetzen, nicht aus dem Schöpfungsakte abzuleiten sind. Allein die Ordnung des neuen Staates, woher
immer sie ihrem Inhalte nach stammen möge, ruht rechtlich stets
nur auf dessen eigenem Willen. Bei Wandlung eines Staatsgliedes in einen Staat ist es mehrfach vorgekommen, daß er die
aus früherer Zeit stammende Verfassung beibehielt, die aber trotz
unveränderten Wortlautes nunmehr als Staatsverfassung einen
ganz anderen, rechtlich aus ihrer früheren Art nicht ableitbaren
Charakter bekam[2]).

Am deutlichsten und lehrreichsten kann man diesen außerhalb des Rechts liegenden Vorgang der Staatenbildung bei der
Entstehung neuer Gliedstaaten in Bundesstaaten studieren. So
vor allem in den Vereinigten Staaten von Amerika[3]). Die
amerikanischen Territorien werden nämlich zu Staaten erhoben,
indem ein Ermächtigungsgesetz der Union, eine „Enabling Act",

---

[1]) Wie es in Europa der Fall war mit Krakau, den Ionischen
Inseln, Bulgarien.

[2]) Vgl. unten Kap. XV.

[3]) Vgl. hierüber J a m e s o n A Treatise on Constitutional Con-
ventions, 4 th ed. Chicago 1887, p. 173 ff.; v. H o l s t Das Staatsrecht der
Vereinigten Staaten von Amerika (im Handbuch des öff. Rechts) S. 95 ff.;
F r e u n d Das öffentl. Recht d. Vereinigten Staaten von Amerika 1911
S. 9 ff.; S c h l i e f Die staatsrechtliche Stellung der Territorien, im Arch.
für öff. Recht IV S. 314 ff.; M. F a r r a n d The Legislation of Congress
for the Government of the Organized Territories of the United States,
Newark 1896, p. 53 ff.

den Einwohnern des betreffenden Gebietes gestattet, sich als Staat
zu organisieren. Auf Grund dieses Gesetzes wird in dem Territorium eine konstituierende Versammlung zusammenberufen, die
eine Verfassung ausarbeitet. Für diese Verfassungen sind in den
Unionsgesetzen gewisse einschränkende Bedingungen vorhanden
(z. B. Durchführung vollständiger Religionsfreiheit und Verbot
kirchlicher Kontrolle für die öffentlichen Schulen). Die demgemäß
beschlossene Verfassung, durch welche der neue Staat konstituiert
wird, auf deren Grund sofort die Organe des neuen Gemeinwesens
bestellt werden und in Wirksamkeit treten, ist keineswegs Unions-,
sondern Staatsgesetz. So wurde z. B. durch die Enabling Act
vom 22. Februar 1889 die Teilung des Territoriums Dakota in
zwei Staaten, Nord- und Süd-Dakota, beschlossen und das Volk
dieser zukünftigen Staaten ermächtigt, sich eine Verfassung zu
geben[1]. Die Verfassung beider Staaten ruht aber ausschließlich
auf ihren eigenen Gesetzen. So beginnt denn auch z. B. die
Verfassung von Süd-Dakota vom 1. Oktober 1889 ausdrücklich
mit den Worten: We the people of South Dakota . . . . do
ordain and establish this Constitution for the State of South
Dakota[2]. In ähnlicher Weise wird in den anderen amerikanischen
Bundesstaaten verfahren. Am umfassendsten ist dieser Prozeß
in neuester Zeit in Brasilien vor sich gegangen, das sich von
einem Einheitsstaat in einen Bundesstaat dadurch verwandelte,
daß die Zentralgewalt die Verwandlung der ehemaligen Provinzen
in Staaten zuließ[3].

Auch in diesen Fällen also, die scheinbar die rechtliche
Kontinuität klar aufweisen, erfolgt der Akt der Staatsschöpfung
durch einen außerhalb des Rechtsgebietes fallenden Vorgang. Die
Zentralgewalt, welche bisher über diese Territorien unbegrenzt
herrschte, zieht sich zurück, um der Bildung von Staaten Raum
zu geben. Sie schafft daher diese Staaten nicht, sondern läßt

---

[1] Vgl. Laws passed at the second Session of the Legislature of the
State of South Dakota. Pierre 1891, p. III ff.

[2] A. a. O. p. XVI.

[3] Verfassung der Vereinigten Staaten von Brasilien vom 24. Febr.
1891 Art. 2: Chacune des anciennes provinces formera un État. Vgl. auch
Art. 4 und 63 ff. Diese Verfassung ist in französischer Übersetzung abgedruckt im Annuaire de législation étrangère XXII 1892 p. 977 ff. und
bei Dareste Les constitutions modernes II 3. éd. 1910 p. 626 ff., in
deutscher Sprache bei Posener Die Staatsverfassungen des Erdballs
1909 S. 1022 ff.

ihre Schöpfung zu. Der Kreationsakt des Staates liegt nicht in ihrem, sondern in dem Willen jener konstituierenden Versammlung, deren Handlungen vor Errichtung des Staates rechtlich überhaupt nicht qualifiziert werden können, weil die Rechtsordnung mangelt, an der sie zu messen wären. Erst wenn der Staat gebildet ist, können diese Bildungsvorgänge nach rückwärts rechtliche Bedeutung insofern gewinnen, als sie nunmehr nach dem Rechte des neuen Staates so weit beurteilt werden, als sie für dieses rechtliche Bedeutung gewonnen haben, wobei aber der entscheidende Kreationsakt selbst natürlich stets außerhalb des Rechtes als dessen Voraussetzung bleibt.

Selbst auf dem Wege langsamer historischer Bildung kann ferner ein Staat entstehen. Dies war der Fall mit den Territorialstaaten des alten deutschen Reiches, die in solcher Eigenschaft von dem Reiche niemals ausdrücklich anerkannt waren. Auch hier war aber der Staatenbildungsprozeß nicht rechtlich zu messen. Er war beendet, der Schöpfungsakt vollzogen, sobald die Überzeugung von der rechtlichen Ursprünglichkeit der geschichtlich aus der Reichssphäre stammenden Staatsgewalt zum Durchbruch gekommen war. Die deutschen Landesherren betrachteten ihre Landeshoheit als ihnen von Gottes Gnaden, d. h. rechtlich ursprünglich zustehend. Wie rechtliche Vorstellungen mitwirkten, um solche Auffassung zu festigen, wird später näher erörtert werden.

Es ist auch möglich, daß die Wirkungen staatsbildender Akte den also Handelnden gar nicht zum klaren Bewußtsein kommen. Die Heeres- und Behördenorganisation in Brandenburg-Preußen seit dem Großen Kurfürsten hat aus den „preußischen Staaten" in Wahrheit nach und nach ein einheitliches Staatsgebilde geschaffen, was aber doch in voller rechtlicher Klarheit erst nach der Lösung des Reichsverbandes hervortreten konnte[1]. Niemand kann daher genau die Geburtsstunde des preußischen Einheitsstaates bestimmen, denn es läßt sich nicht feststellen, in welchem Augenblick die Sonderart der Teile gänzlich aufhörte. Genau dasselbe gilt von der österreichischen Monarchie,

---

[1] Vgl. Bornhak Preußische Staats- und Rechtsgeschichte 1903 S. 146, 148. Noch 1779 konnte Schlözer an den Minister Zedlitz schreiben: „Die preußische Monarchie ist ein Aggregat von größeren und kleinen Staaten." Vgl. Max Lehmann Freiherr vom Stein II 1903 S. 13.

in der ebenfalls eine gemeinsame Organisation seit Maria Theresia die deutschen und böhmischen Erblande umschloß, die diese Territorien zu einer staatlichen Einheit zusammenfügte, ohne daß die Provinzialisierung beider Ländergruppen jemals ausdrücklich ausgesprochen worden wäre.

Nur dieser Schöpfungsakt aber liegt außerhalb des Rechtes. Alle ihm vorausgehenden und nachfolgenden Akte sind in der heutigen Staatenwelt nach irgendeinem Rechte zu beurteilen. Die staatengründenden Personen sind stets einer Rechtsordnung unterworfen, an der gemessen ihre Handlungen, ehe die Gründung selbst erfolgt ist, entweder als rechtswidrig oder als rechtmäßig erscheinen. Darum teilen sich die Gründungsvorgänge in solche, die bestehende Rechte verletzen oder sie achten[1]). Das hat die wichtige Folge, daß dort, wo die Gründung unter Wahrung bestehender Rechtsordnungen erfolgt ist, der neu entstandene Staat von den durch ihn in ihrem Rechtskreise berührten Staaten keiner besonderen Anerkennung bedarf, diese vielmehr als selbstverständlich gilt, während im ersteren Falle ein besonderer Akt der Anerkennung von seiten der verletzten Staaten notwendig ist, mag nun eine völkerrechtliche Verpflichtung zu dieser Anerkennung gegeben sein oder nicht, und mag sie ausdrücklich oder stillschweigend erfolgen.

Eine staatliche Neubildung ist dann vollendet, wenn alle wesentlichen Stücke eines Staates im gegebenen Falle unzweifelhaft faktisch vorhanden sind und sich das so gebildete Gemeinwesen staatlich zu betätigen in der Lage ist. Das ist aber der Fall, wenn seine Organe tatsächlich Herrschaft üben, ihnen tatsächlich Gehorsam gezollt wird. An dieses Faktum knüpft aber sofort wieder das Recht an. Einmal nach außen, indem der neugebildete Staat in die Staatengemeinschaft eintritt und damit, da er doch mit den anderen verkehren muß, das Völkerrecht in der Lage, wie es sich im Augenblick der Staatsschöpfung befindet, als für sich verbindlich anerkennt. Damit nimmt er vor allem sofort die aus der völkerrechtlich geordneten[2]) Staaten-

---

[1]) Das ist zutreffend hervorgehoben von Laband I S. 35 f.

[2]) Oder vielmehr nicht geordneten. Wenige Punkte des Völkerrechts dürften so wenig geklärt sein wie die Lehre von der Staatensukzession. Über die verschiedenen Theorien vgl. jetzt Max Huber Die Staatensukzession 1898 S. 8 ff. Die eigene organologische Lösung, die Huber, S. 27 ff., dem Problem gibt, unterliegt auch wesentlichen Bedenken.

sukzession entspringenden Pflichten auf sich. Sodann aber nach
innen. Hier existiert allerdings kein Rechtssatz, der ihn ver-
pflichtete, bestehendes Recht anzuerkennen, denn Völkerrecht
ordnet nicht die inneren Verhältnisse der Staaten, und ein anderes
Recht gibt es nicht, das zwei voneinander geschiedene staatliche
Ordnungen miteinander verbinden könnte. Formell erscheint
hier zwar der Staat ganz frei, nach seinem Ermessen die neue
Ordnung zu gestalten, von der alten das herüberzunehmen, was
ihm beliebt. Dieser formellen Freiheit steht aber materielle Gebundenheit gegenüber. Der neue Staat ist nämlich durch seine
Zwecke determiniert. Gemäß dem ihm nach der Überzeugung
seiner Glieder zukommenden Rechtszweck ist er materiell verpflichtet, die geringstmögliche Erschütterung des bestehenden
Rechtszustandes vorzunehmen. Daher nimmt er alles innerhalb
der Grenzen des untergegangenen Staates bisher geltende Recht in
seine Rechtsordnung auf, insofern es nicht notwendigerweise durch
die neue Ordnung der staatlichen Verhältnisse zerstört ist oder
ein ausdrücklicher Akt der Aufhebung ihm die Geltung genommen hat[1]).

Das ist nicht etwa ein naturrechtlicher Satz, sondern entspricht der herrschenden Praxis, so wie auch Abweichungen von
dieser Regel stets nach dem Stande der modernen Rechtsanschauungen als Unbill empfunden werden. Ist der Staat daher
auch formell frei in der Anerkennung des von ihm vorgefundenen
Rechtes, so ergeht doch an ihn die ethisch-politische Forderung,
diese Anerkennung in den angegebenen Schranken vorzunehmen.
Sie erfolgt in der Regel stillschweigend. Die staatsbildenden
Mächte sind nämlich von den herrschenden Anschauungen über
das, was Recht sein soll, derart erfüllt, daß aus ihnen unmittelbar der präsumtive Wille folgt, alles nicht im Herrschaftsbereiche
des neuen Staates aufgehobene frühere Recht als Recht fernerhin
gelten zu lassen. Anderenfalls würde ja, bis ein ausdrücklicher
gesetzgeberischer Akt vorläge, auf den betreffenden Gebieten

Aus der neuesten Zeit vgl. die zusammenfassende Monographie von
W. Schoenborn, Staatensukzessionen (in Stier-Somlos Handbuch
d. Völkerrechts II[2]) 1913.

[1]) Bei Einverleibungen wird dieser Vorgang vermittelt durch die
juristische Tatsache, daß die Rechtsordnung des untergegangenen Staates
bisher von dem einverleibenden Staate anerkannt war, daher die Vermutung für die Fortdauer dieser Anerkennung streitet.

völlige Rechtlosigkeit herrschen, die niemals als im Willen des
Staates gelegen vermutet werden darf. Doch geht mit diesem
übernommenen Rechte eine tiefgreifende Wandlung vor, da es
trotz aller Kontinuität und materieller Gleichheit mit den früheren
Rechtssätzen nunmehr aus einer anderen Quelle stammt, was für
seine Entwicklung von großer Bedeutung ist.

Genau dasselbe gilt aber bei Gebietszessionen. Völkerrechtlich ist über das auf dem abgetretenen Gebiete geltende Recht gar
nichts bestimmt, es sei denn, daß ausnahmsweise der Zessionar
dem Zedenten darüber Zusicherungen gemacht habe. Sobald ein
Staat ein Gebiet rechtlich in seiner Gewalt hat, kann dessen
Rechtslage gegenüber diesem Staate nur nach dem eigenen Rechte
des letzteren beurteilt werden, das durch einen höheren als des
Staates Willen formal-rechtlich nicht gebunden werden kann[1]).

---

[1]) Diese Fragen pflegen in den völkerrechtlichen Systemen behandelt
zu werden, so zuletzt von R i v i e r , Principes II p. 436 ff.; U l l m a n n ,
Völkerrecht S. 129 ff. Eine gründliche Untersuchung steht aber noch aus.
Knapp und inhaltsreich A n s c h ü t z , Verf.Urk. f. d. preuß. Staat I 1912
S. 83 ff. Vgl. auch H a t s c h e k im Jahrb. d. ö. R. III 1909 S. 25 f. und
die eingehende geschichtlich-juristische Abhandlung von H u b r i c h in
Hirths Annalen 1908 S. 662 ff., 725 ff. U l l m a n n , S. 130, führt die
Fortdauer der bestehenden Rechtsordnung darauf zurück, daß Objekt der
Erwerbung ein organisierter korporativer Verband mit eigener Rechtsordnung sei, deren Herrschaft von dem Erwerber nur durch andere
rechtliche Willensakte abgeändert werden könne. In welcher Rechtsordnung aber hat dieser Satz seinen Ursprung? In der des Völkerrechts
sicher nicht (da es an einem dem Erwerber gegenüber berechtigten
völkerrechtlichen Subjekte mangelt und nur indirekt, sofern Rechte dritter
Staaten in Frage kommen, solche Fälle eine völkerrechtliche Seite
erhalten), also könnte er nur staatsrechtlich sein. Wo aber ist das
positive Staatsrecht zu finden, das annektierten Gebieten ihr Recht zu-
sichert? Der Satz U l l m a n n s gehört aber in Wahrheit nicht dem
positiven Rechte, sondern der rechtschaffenden aequitas an. Die
preußische Praxis von 1866 stand jedenfalls auf dem im Text angegebenen
Standpunkt, indem sie ausdrücklich das bestehende Recht bestätigte.
So hieß es in dem Hannover betreffenden Einverleibungspatent: „Wir
wollen die Gesetze und Einrichtungen des bisherigen hannoverschen
Landes erhalten, soweit sie der Ausdruck berechtigter Eigentümlichkeiten
sind und in Kraft bleiben können, ohne den durch die Einheit des Staats
und seiner Interessen bedingten Anforderungen Eintrag zu tun", wie
denn auch ausdrücklich Schutz der erworbenen Rechte zugesichert wurde.
Vgl. Preußische Gesetzsammlung 1866 S. 592. Genau in derselben Weise
wurde bei den übrigen preußischen Einverleibungen verfahren. Weitere
Beispiele bei S c h o e n b o r n a. a. O. S. 50 ff.

Schließlich ist an dieser Stelle noch die Frage zu erörtern, wie lange ein Staat derselbe bleibt. Die herrschende völkerrechtliche Lehre erklärt, daß weder tiefgreifende Verfassungswechsel und Revolutionen noch Vergrößerungen und Verkleinerungen des Staatsgebietes und damit des Staatsvolkes die Identität des Staates stören. Dieser allgemein anerkannte Satz ist aber nur möglich vom Standpunkte der Verbandstheorie aus. Eine Verbandseinheit ist unabhängig von der Zahl ihrer Mitglieder und der Ausdehnung ihres Herrschaftsbereiches. Ein Wechsel in seiner Verfassung ändert die Form, aber nicht das Sein des Verbandes. Eine Verbandseinheit bleibt vielmehr dieselbe, so lange die Verbandselemente in ununterbrochener zeitlicher Kontinuität stehen und die konkreten Verbandszwecke wenigstens zum größten Teil ununterbrochen besorgt werden [1]).

Im einzelnen Falle ist es aber oft nicht leicht, zu entscheiden, ob ein neuer Staat entstanden oder nur ein bestehender in einem seiner Elemente eine Änderung erfahren habe. So hat es den Anschein, als ob 1707 das Königreich England zu existieren aufgehört habe und an seine Stelle vermöge der Union mit Schottland das Königreich Großbritannien getreten sei. In Wahrheit aber hat England durch Aufnahme Schottlands eine Vergrößerung erfahren, da die Union im wesentlichen nur einige, verhältnismäßig wenig bedeutende Veränderungen der Zusammensetzung des englischen Parlaments zur Folge hatte. Genau denselben Erfolg hatte 1800 die Vereinigung Irlands mit Großbritannien, trotzdem

---

[1]) Diese Einheit bemißt sich allerdings nach den jeweilig geltenden sozialen Beurteilungsnormen, wie bei jedem Wechsel in den Elementen einer als einheitlich angesehenen sozialen Gruppe. Auf den bunten Wechsel mittelalterlicher Staatsbildungen mit gleichbleibender sozialer Grundlage sind unsere modernen Identitätsvorstellungen nicht ohne weiteres anwendbar. Daß die Frage nach den die Identität der Staaten verbürgenden Elementen bereits im Altertum eingehend diskutiert wurde, beweisen die Ausführungen des Aristoteles, Pol. III 1. Seine Lösung, daß der Staat mit dem Wechsel der Verfassung selbst sich ändere, entspringt seiner Grundanschauung, die das Wesen der Dinge in die Form setzt. Sie ist seit Grotius von den Völkerrechtslehrern abgelehnt worden, allein mit Argumenten, die denen des bekämpften Gegners keineswegs ebenbürtig sind, zumal ja Aristoteles selbst die praktische Bedeutung der Frage: Fortdauer der Verpflichtungen des verwandelten Staates gegen andere keineswegs verkannte und auch von seinem Standpunkte aus eine den Verkehrsbedürfnissen entsprechende Lösung für möglich erklärte.

sie in der offiziellen Sprache wie die Bildung eines neuen staatlichen Gemeinwesens aus zwei bisher selbständigen behandelt
wurde. Es ist daher z. B. den Engländern gar nicht eingefallen,
daß Wilhelm IV. als König von Großbritannien und Irland der
erste dieses Namens war, so daß nicht einmal in der Zählung der
Könige die Konsequenz aus der zwiefachen Wandlung gezogen
wurde, die England in der offiziellen Terminologie erfahren
hatte.

Ein entgegengesetztes Beispiel bietet das Königreich Italien
dar. Es ist formell durch Einverleibung der italienischen Provinzen Österreichs und der übrigen Staaten der apenninischen
Halbinsel in das sardinische Königreich entstanden, wie denn
auch die sardinische Verfassung ihre Wirksamkeit auf ganz
Italien ausdehnte. Offiziell scheint nur der Name des sardinischen
Staates sich in Italien gewandelt zu haben, dieser jedoch mit
Sardinien dasselbe staats- und völkerrechtliche Subjekt aus-
zumachen. Dem widerspricht aber die rein provinzielle Stellung,
die das ursprüngliche Königreich Sardinien innerhalb des italienischen Staates einnimmt: die Erhebung Roms zur Hauptstadt,
die Organisation des ganzen Staates, die Stellung der unmittelbaren Staatsorgane. Diese historisch-politischen Fakten lassen im
Gegensatze zu der offiziellen Theorie nicht Italien als ein ver-
größertes Sardinien, sondern vielmehr Sardinien als vom neugebildeten Staate Italien aufgesogen ansehen.

Solche Beispiele lehren aber, wie nahe Umbildung und Neubildung von Staaten sich berühren können. Der Hiatus zweier
Rechtsordnungen, der jeden sekundären Staatenbildungsprozeß
begleitet, es sei denn, daß er auf bisher staatslosem Gebiete
stattfindet, kann so unmerklich sein, daß es im einzelnen
Falle oft schwer wird, genau die Grenze beider festzustellen. Im
geschichtlichen Prozesse sind überall unmerkliche Übergänge
möglich, während das Recht, weil begrifflicher Natur, stets nach
scharfen Grenzen strebt. In solchen Fällen, wo die Neubildung
eines Staates erst nachher erschlossen werden kann, ist die Anerkennung des bisher bestehenden, durch die Wandlung der
politischen Verhältnisse nicht vernichteten Rechtes durch die neue
Staatsgewalt vermöge der ununterbrochenen historischen Kontinuität selbstverständlich.

Es ist demnach in jedem einzelnen Falle, wo eine staatliche
Neubildung in Frage steht, ihr Sein oder Nichtsein gemäß der

jeweiligen konkreten Sachlage festzustellen. Allgemeine Sätze vermögen zweifelhafte Bildungen von unzweifelhaften kaum zu unterscheiden.

Unverändert aber bleibt ein Staat in solcher Eigenschaft, wenn er vermöge einer capitis deminutio von einem souveränen sich in einen nichtsouveränen verwandelt. Durch Eintritt in einen Bundesstaat verliert die Gewalt eines Staates das Merkmal der Souveränetät, behält aber alle wesentlichen Merkmale des Staates bei[1]). Die süddeutschen Staaten z. B. sind daher nach ihrem Eintritt in das Deutsche Reich dieselben Gemeinwesen geblieben, die sie früher waren.

II. Der Untergang des Staates.

Der Untergang eines Staates kann wie seine Entstehung ein bloß faktischer, außerhalb des Bereiches einer jeden Rechtsordnung sich abspielender Vorgang sein. Wenn Naturereignisse das Gebiet eines Staates oder sein Volk zerstören, so hat es auch mit dem Staate ein Ende. Auch Aufhören des Daseins einer Staatsgewalt durch Wegfall der höchsten Organe oder deren Weigerung, ferner zu funktionieren, kann das faktische Ende des Staates durch Lösung der Verbandseinheit herbeiführen. Das hervorragendste Beispiel hierfür ist die Auflösung des römisch-deutschen Reiches im Jahre 1806. Die Niederlegung der Kaiserkrone durch Franz II. war mit nichten der Rechtsgrund der Auflösung des Reiches, da eine rechtswirksame Erklärung „das reichsoberhauptliche Amt und Würde durch die Vereinigung der konföderierten rheinischen Stände als erloschen und Uns dadurch von allen übernommenen Pflichten gegen das Deutsche Reich losgezählt zu betrachten", gar nicht in der Zuständigkeit des Kaisers gelegen war, und die faktische Losreißung der Rheinbundstaaten vom Reiche dessen Verband für die übrigen, den weitaus größeren Teil seines Gebietes umfassenden Territorien unangetastet bestehen ließ.

Rein faktischer Art ist ferner der Untergang eines Staates durch Gewaltakte, seien sie nun kriegerischer oder nicht-kriegerischer Art, wie einseitige, des Rechtsgrundes entbehrende Okkupationen (Teilung Polens) oder Revolutionen (mittel- und süditalienische Staaten 1860—1861).

---

[1]) Die entgegengesetzte Ansicht wurde von mir früher, Lehre von den Staatenverbindungen S. 30 f., vertreten.

Aber auch in allen anderen Fällen ist der Untergang eines Staates stets a u c h ein Faktum. Durch bloßen Beschluß, nicht mehr Staat sein zu wollen, sich einem anderen Staate einzugliedern, geht der Staat nicht unter. Vielmehr muß stets das faktische Aufhören der Funktionen seiner Staatsgewalt hinzutreten, an ihrer Stelle eine andere Staatsgewalt ihre Tätigkeit beginnen.

Diese Fakten sind es, die von der Völkerrechtslehre klassifiziert zu werden pflegen. Auseinanderfallen in seine Teile, Teilung durch auswärtige Mächte, Eroberung, freiwilliger Eintritt in einen anderen Staat, Zusammenfassung einer Mehrheit von Staaten zu einer Einheit sind stets in erster Linie faktischer Natur: Auflösung bestehender Staatsverbände.

Mit diesen Fakten können aber rechtliche Vorgänge in ganz anderer Weise verknüpft sein als bei der Entstehung eines Staates. Die Entstehung eines Staates vollzieht sich außerhalb des Rechtes, weil die Ordnung mangelt, an der die Vorgänge staatlichen Werdens gemessen werden können. Nicht so muß es sich aber beim Untergang der Staaten verhalten.

Vor allem kann der Staat gemäß seiner eigenen Ordnung zu existieren aufhören, d. h. die Akte legalisieren, die sein Ende herbeizuführen bestimmt sind. Die hohenzollernschen Fürstentümer und das Herzogtum Lauenburg sind vermöge des in den verfassungsmäßigen Formen geäußerten legalen Willens dieser Staaten dem Königreiche Preußen einverleibt worden. Es geht in solchen Fällen dem tatsächlichen Untergang des Staates ein ihn zu seiner Vernichtung verpflichtender Subjektionsvertrag voraus. Ferner aber vermag ein bestehender Staat gemäß seiner eigenen, auch die Rechtsgültigkeit von Gebietsveränderungen regelnden Ordnung seinen Herrschaftsbereich über seinen ursprünglichen Umfang auszudehnen, und ebenso erkennt das Völkerrecht diese Ausdehnung selbst dann als zu Recht bestehend an, wenn sie, wie bei der Eroberung, wider den Willen des vernichteten Staates erfolgt, und sogar, wenn dieser Zwang von Verletzung völkerrechtlicher Normen begleitet wurde. Diese Ausdehnung erfolgt durch den Akt der Einverleibung. Der Akt der Inkorporierung ist stets rechtlich zu werten. Nur besteht ein Unterschied zwischen beiderseitig gewollter und einseitiger Inkorporation darin, daß bei der ersteren der ganze Verlauf des Aufhörens der einen und des An-die-Stelle-Tretens der anderen Staatsgewalt zugleich ein rechtlicher Vorgang ist, während im zweiten Falle der Akt der faktischen Staatszerstörung dem rechtlichen Vorgange der Einverleibung vorangeht. Es ist hier immer zuerst ein Zustand faktischer Okkupation vorhanden, an den erst der Rechtsakt der Einverleibung sich anschließen kann. Vollzogen ist diese Einverleibung in dem Augenblicke, in welchem der Inkorporierende in völkerrechtlich genügender Weise zu erkennen gibt, daß er das betreffende Gebiet als sich zugehörig betrachtet. Damit fällt aber keineswegs die staatsrechtliche Einverleibung zusammen. Beide Akte können vielmehr zeitlich weit auseinanderfallen, ja, der zweite braucht überhaupt nicht einzutreten, was an anderer Stelle näher zu erörtern ist.

Genau dieselben prinzipiellen Fragen wie beim totalen Untergang der Staaten kommen bei der Lostrennung von Staatsteilen ins Spiel. Auch solche Vorgänge sind, gleich dem Untergange des Besitzes im Privatrechte, stets in erster Linie faktischer Natur. Dieses Faktum kann, wie bei Abtretungen aller Art, sofort vom Rechte begleitet und im Rechte begründet sein. Allein solche Trennungen können auch durch Gewalt erfolgen. Sie können aber auf die Dauer diesen bloß faktischen Charakter nicht beibehalten, da die Macht der internationalen Verkehrsverhältnisse selbst den verletzten Staat schließlich zwingt, die geschehene Veränderung anzuerkennen, wodurch die Trennung und Einverleibung allseitige Rechtsbeständigkeit erhält. In diesem einen Punkte unterscheiden sich derartige Vorgänge vom Untergange ganzer Staaten, wo niemand zurückbleibt, dem Recht oder Pflicht der Anerkennung des neugeschaffenen Zustandes zukäme. Entthronte legitime Herrscher und Prätendenten aller Art haben kein Recht, eine ihren Ansprüchen entgegenstehende Ordnung, die sich behauptet hat, zu bestreiten oder anzuerkennen. Die Handlungen derartiger Personen sind unter Umständen politisch von großer Bedeutung, rechtlich kann jede Handlung nur an einer bestehenden Rechtsordnung gemessen werden, wie immer diese entstanden sein mag. Von dieser aus sind aber solche Prätendentenakte entweder rechtlich gleichgültig oder rechtswidrig. Nur wer eine lückenlose Naturrechtsordnung über dem positiven Staats und Völkerrecht stehend behauptet und damit die Bedeutung der Machtverhältnisse für das Staatsleben verkennt, darf sich zur Lehre von dem Legimitätsprinzip bekennen[1]).

---

[1]) Weiteres über diese Frage in Kap. XI.

Auch ein Wiederaufleben eines untergegangenen **Staates** ist
möglich, wofern die Verbandselemente sich von neuem zusammen-
fügen. Daß der wiederhergestellte Staat mit dem untergegangenen
identisch sei, ist wiederum nur durch soziale, nicht durch formal
juristische Betrachtung zu erkennen. Die Kontinuität und Dis-
kontinuität der durch Absterben und Widererstehen eines Staates
hervorgerufenen Rechtsverhältnisse kann nur gemäß einer über
dem Rechte stehenden Billigkeit gemessen werden. Gerade
solche Verhältnisse lehren deutlich, daß sozialer und rechtlicher
Zusammenhang staatlichen Lebens nicht zusammenzufallen
brauchen[1]).

Wie die Existenz eines neuen kann auch der Untergang
eines bestehenden Staates zweifelhaft sein. Das haben bereits
die oben erwähnten Beispiele gelehrt. Zu ihnen treten aber
hinzu jene, wo ein selbständiger Staat im Laufe der geschichtlichen Entwicklung in einen anderen hinein-, mit einem anderen
zusammenwächst. Das vornehmste Beispiel hierfür bietet die Geschichte Österreichs. Schon vor der pragmatischen Sanktion war
es zweifelhaft, ob die verschiedenen habsburgischen Gebiete nicht
einen Gesamtstaat bildeten; die pragmatische Sanktion hat die
unlösliche Verbindung dieser Gebiete geschaffen, aber nicht den
Einheitsstaat hergestellt. Daß die Bildung des österreichischen
Staates nicht von der ausdrücklichen Erklärung der Entstaatlichung seiner Teile begleitet war, ist bereits hervorgehoben
worden. In welchem Augenblick die böhmischen Länder den
Staatscharakter gänzlich verloren haben, läßt sich mit voller
Sicherheit nicht feststellen, zumal der scharfe, jede Unklarheit
zu beseitigen strebende Staatsbegriff der Gegenwart noch dem
18. Jahrhundert fremd ist. Ebenso ist das Dasein eines selbständigen ungarischen Staates zwischen 1687 und 1867 mehrmals
zweifelhaft geworden und erst durch die Gesetze vom letztgenannten Jahre gegen jeden Zweifel sichergestellt.

---

[1]) Um die rechtliche Kontinuität in solchen Fällen zu erklären,
hat man zu der römischen Fiktion des Postliminiums seine Zuflucht genommen. Über die völlige Halt- und Wertlosigkeit dieser Konstruktion,
die noch immer in den Systemen des Völkerrechts ihren Spuk treibt,
vgl. die vortrefflichen Ausführungen von Brockhaus, v. Holtzendorffs Rechtslexikon III 3. Aufl., s. v. Postliminium S. 97 f.

Zehntes Kapitel.

Die geschichtlichen Haupttypen des Staates.

Der Staat ist, wie jede geschichtliche Erscheinung, fortwährend Wandel seiner Erscheinungsformen unterworfen.
Daher spezialisiert sich innerhalb des allgemeinen Typus, den wir
gefunden haben, der Staat in mannigfaltiger Weise. Die Elemente
des Staatsbegriffes in seinen beiden Formen, der sozialen und
der juristischen, sind in verschiedenen Kulturkreisen verschiedenartig ausgeprägt, und es hängt von der gesamten Beschaffenheit
eines Volkes und einer Zeit ab, ob und wie sie ihr zum Bewußtsein gelangen. Darum ist es höchst lehrreich, die Staatstypen zu betrachten, die in geschichtlichem Zusammenhang mit
dem Staate der Gegenwart stehen, sei es, daß ihn unmittelbare
historische Kontinuität mit jenen verbindet, sei es, daß das
Wissen um sie auf ihn nachweisbar eingewirkt hat. Die hier zu
betrachtenden Typen sind die des altorientalischen, namentlich
des israelitischen, des griechischen, des römischen, des mittelalterlichen und endlich des modernen Staates.

All diese Staatsbildungen sind selbstverständlich, wie alles
Geschichtliche, in fortwährendem Flusse begriffen, so daß Anfang
und Ende einer jeden einen ganz verschiedenartigen Anblick
darbietet. Aber in aller Entwicklung und Umbildung lassen sich
doch manche feststehende Merkmale auffinden, die durch den
Wandel der Zeiten hindurch einem Staate oder einer bestimmten
Staatengruppe einen bestimmten Typus aufdrücken. Durch diese
Tatsache allein sind wir davor bewahrt, in der politischen Geschichte eines Volkes nichts als ein Gewirre von nur zeitlich zusammenhängenden, innerlich unverbundenen Notizen zu erkennen.

Von den früheren Staatsbildungen ist aber hier nur das für
die Erkenntnis des modernen Staates Wesentliche hervorzuheben.
Eine allseitige Betrachtung der geschichtlichen Entwicklung des
Staates ist nicht mehr bloß Sache der Staatslehre, sondern der
politischen und der Kulturgeschichte, sowie der Gesellschaftslehre

in allen ihren einzelnen Disziplinen; ja, auch nur ausschließlich
eine bestimmte Seite des Staates in ihrem ganzen geschichtlichen
Laufe erschöpfend darzustellen, erfordert die volle gesammelte
Kraft vieler Forscher. Die Frage, um welche es sich an dieser
Stelle handelt, ist einzig die nach der Beschaffenheit des staat-
lichen Verbandes und der Stellung, die das Individuum in diesem
Verbande einnimmt, in ihrem Gegensatz oder ihrer Übereinstim-
mung mit den entsprechenden Verhältnissen des modernen
Staates[1]).

1. Der altorientalische Staat.

Unsere Kenntnis von der Art und den Institutionen der
altorientalischen Staaten ist sehr mangelhaft und auf Grund der
bisherigen Ergebnisse der Geschichtsforschung kein sicheres Urteil
abzugeben über die Vorgänge, die zur Bildung so ungeheurer
Reiche geführt haben, über ihre innere Organisation, die Vorstellungen, die ihrer Rechtsordnung zugrunde liegen[2]). Mit
allgemeinen Schlagwörtern wie Despotie und Theokratie ist
wenig gewonnen[3]). Denn was einmal die despotische Art der
orientalischen Machthaber betrifft, so ging sie doch niemals so
weit, überhaupt das Dasein einer Rechtsordnung zu verhindern.
Es gibt ein ägyptisches, persisches, assyrisches, indisches
Recht usw. mit scharf ausgeprägten Institutionen und einer

---

[1]) Gegen die folgenden Aufstellungen wendet sich R. S c h m i d t,
Staatslehre II[1] S. 839 N. 1 und, replizierend, in der Ztschr. f. Politik I
1908 S. 22 N. 1, ohne genügend in Betracht zu ziehen, daß es sich hier
nicht um Typen handelt, die den ganzen Staat nach allen Seiten erfassen,
sondern nur die Stellung des Individuums zum staatlichen Verband nach
dessen Eigenart zeichnen sollen.

[2]) Über die Anfänge der orientalischen Geschichte bemerkt
L. v. R a n k e, Weltgeschichte 4. Aufl. 1 S. 86: „Ihr stellen sich überhaupt
anfangs nicht große Monarchien dar, sondern kleine Stammesbezirke
oder staatenähnliche Genossenschaften, welche eigenartig und unabhängig voneinander herrschen." Vgl. auch Ed. M e y e r Geschichte des
Altertums I 1884 S. 618 und L. W e n g e r Die Verfassung und Verwaltung
des orientalischen Altertums (Kultur der Gegenwart, Teil II, Abt. II 1)
1911 S. 18.

[3]) Alle Anzeichen sprechen dafür, daß diese Formen der Endpunkt
einer langen, wechselvollen Geschichte waren. Die israelitischen Traditionen der vorköniglichen Zeit, die aristokratische Organisation der
phönizischen Kolonien, das Volkskönigtum der Perser (Ed. M e y e r I
S. 608) zeugen dafür, daß der Orient nicht minder politisch mannigfaltig
war wie der Okzident.

geordneten Rechtspflege[1]). Die hochmütige Ansicht der Hellenen von dem Sklaventum der orientalischen Völker, die bis in die neueste Zeit nachgewirkt hat, ist eine arge Übertreibung, aufgebaut auf der griechischen Vorstellung der Identität von Freiheit und Teilnahme an der Herrschaft. Das Wahre an der Sache ist vielmehr, daß das Recht des Individuums dem Herrscher gegenüber nicht geltend gemacht werden kann, wohl aber gegenüber dem Nebengeordneten, und daß, wie in jedem Staatswesen, dessen Machtfülle in die Hand eines Organes ohne jede Beschränkung gelegt ist, Garantien für die Aufrechterhaltung der Rechtsordnung nur in der zufälligen Natur der herrschenden Personen liegen können. Im Orient hat daher das Individuum begrenzte Privatrechtsfähigkeit; ferner ist ebenfalls eine begrenzte öffentliche Rechtsfähigkeit bei einem Teile des Volkes vorhanden, indem Zugehörigkeit zu bestimmten Ständen oder Kasten publizistische Qualifikation für Ämter und Würden verleiht. Da besiegte Gemeinwesen häufig nur zur Tributzahlung und Heerfolge herangezogen werden, so zeigen große Staaten auch eine innere Gliederung, welche die Geschlossenheit des gesamten Verbandes viel geringer erscheinen läßt als die des modernen zentralisierten Einheitsstaates[2]).

Theokratie sodann, ein von Josephus geschaffenes Wort[3]), bezeichnet eine Mehrheit politischer Vorstellungen, so daß man sich in jedem einzelnen Falle ihres jeweiligen Inhaltes klar bewußt sein muß. Gemeinsam ist all diesen Vorstellungen nur, daß sie ein bestimmtes Verhältnis der staatlichen Herrschaft zu göttlichen Mächten bezeichnen. Zwei Grundtypen sind da zu unterscheiden. Der Herrscher ist Vertreter der göttlichen Macht, sein Wille daher gottähnlich, oder er ist beschränkt durch gött-

---

[1]) Namentlich die fortschreitende Kenntnis des babylonischen und des ägyptischen Rechtes (über das letztere vor allem Revillout, Cours de droit égyptien I 1884 und Les. obligations en droit égyptien 1886, ferner Précis du droit égyptien 1903; vgl. auch Mitteis Reichsrecht und Volksrecht in den östlichen Provinzen des römischen Kaiserreichs 1891 S. 56 ff.) hat die Existenz fester, durchgebildeter Rechtsinstitute kennen gelehrt, die mit den traditionellen Vorstellungen von orientalischer Despotie nicht vereinbar ist. Zahlreiche Daten über altorientalisches Rechtswesen bei L. Felix Entwicklungsgesch. d. Eigentums IV 1 S. 152 ff.

[2]) So vor allem im persischen Weltreiche, vgl. Ranke I S. 150 ff.

[3]) Contra Apion. 2, 164, vgl. Wellhausen, Prolegomena zur Geschichte Israels, 6. Ausg. 1905 S. 409.

liche Macht, die ihren überstaatlichen Willen durch andere
Organe äußert. So sind unwiderstehliche Stärke und äußerste
Schwäche der Staatsgewalt gleicherweise als Wirkungen der
Theokratie möglich. Und diese Verhältnisse modifizieren sich sodann gemäß der eigentümlichen Ausprägung der religiösen Grundanschauungen, in denen, wie bei den Ariern und Semiten,
prinzipielle Gegensätze zutage treten.

Im allgemeinen läßt sich von dem ersten Typus sagen, daß
er das Recht des Individuums im geringsten Maße anerkennt,
der Staat selbst den Charakter eines Objektes annimmt, das einer
ihm fremden, über ihm stehenden Macht unterworfen ist. Damit
wird ein eigentümlicher Dualismus gesetzt, indem der Staat einer
transzendenten, d. h. übermenschlicher Ergänzung bedarf, durch
die er überhaupt Lebensfähigkeit gewinnt.

Der zweite Typus hingegen setzt einen inneren Dualismus
in den Staat, der zwei Gewalten, eine menschliche und eine, die
sich übermenschlichen Ursprungs rühmt, aufzuweisen hat. In
wieweit die zweite, von Priestern gehandhabte Macht die erste
nicht nur beschränkt, sondern auch zu beherrschen vermag und
dadurch den Dualismus im Sinne des ersten Typus umgestaltet,
ist an jedem einzelnen Staatswesen dieser Art besonders festzustellen.

Weitaus am wichtigsten von allen diesen Staaten ist der dem
zweiten Typus angehörende israelitische Staat[1]). Seine Institutionen in der Form, wie sie die biblischen Schriften schildern,
haben nicht nur den Bau der alten Kirche mitbestimmt, sondern
auch auf die politischen Ideen des Mittelalters bis tief in die
neue Zeit hinein gewirkt.

Neuere Forschungen haben ergeben, daß die Bezeichnung
als Theokratie erst für die Zeit der Fremdherrschaft für den
Staat Israels, also für Judäa, völlig zutreffend ist[2]). Wie dem
auch sein mag, so ist die Vorstellung, daß Jahwes Gebot höher
steht als Königsmacht, und daß es nicht der König ist, durch

---

[1]) Über die vorexilischen staatlichen Verhältnisse vgl. S t a d e Geschichte des Volkes Israel I 1887, namentlich S. 410 ff.; Ed. M e y e r I
S. 346 ff., 566 ff.; R e n a n Histoire du peuple d'Israël II, III 1891 bis 1893.
Über die nachexilischen außer den Fortsetzungen der genannten Werke
namentlich W e l l h a u s e n a. a. O. S. 409 ff. Über den jüdischen Staat
überhaupt M é l a m e d Der Staat im Wandel der Jahrtausende 1910 S. 16 ff.
[2]) W e l l h a u s e n a. a. O. S. 417 ff.

dessen Mund Jahwe zu seinem Volke redet, wohl seit den ersten Zeiten des Königtums lebendig gewesen. Jedenfalls liegt dieser Tatbestand den historischen Wirkungen des israelitischen Staates zugrunde. Damit ist aber das Königtum von vornherein als eine beschränkte, an das Gesetz Jahwes gebundene, es zu verwirklichen bestimmte Macht gesetzt. In der gesamten Literatur aller Völker dürften nicht so viele herbe, tadelnde, strafende Urteile über Könige zu finden sein wie in der Israels. Von der Monarchenvergötterung anderer orientalischer Völker hat sich das israelitische Volk gänzlich freigehalten. Jener künftige, von den Propheten verheißene messianische Herrscher war Zukunftshoffnung, nicht geschichtliche Tatsache.

Dazu kommt eine stark ausgeprägte demokratische Tendenz der israelitischen Gesetzgebung, die in der Sorge für die nichtbesitzenden, minderberechtigten und abhängigen Gesellschaftsklassen auf viel höherem Standpunkte steht als die der westlichen Völker des Altertums. Nicht nur der Volksgenosse, auch der Fremde und der Sklave waren Gegenstand der Fürsorge des Gesetzes. Das Gesetz spricht zwar nur in Imperativen, hinter denen sich aber, gleich den in diesem Punkte ihm ähnelnden Zwölftafelgesetzen, die Anerkennung subjektiver Rechte verbirgt. Der Israelit hat ausgeprägte Persönlichkeit, die er auch dem Könige gegenüber geltend machen kann, da es dessen Aufgabe ist, Rechtsschutz gemäß dem ihn bindenden Gesetz zu gewähren. Nur Jahwe gegenüber fühlt er sich vollkommen rechtlos.

Diese Vorstellungen verhindern zwar nicht immer, daß das Königtum dem Durchschnittscharakter orientalischer Willkürherrschaft sich anzunähern bestrebt ist[1]), allein das Bewußtsein von den Verpflichtungen des Königs bleibt dennoch immer lebendig. Hinzu tritt der tiefgehende demokratische Grundzug im politischen Charakter Israels. Erinnerungen aus der vorköniglichen Zeit bleiben lebendig, die die Einsetzung der königlichen Herrschaft auf den Volkswillen, der schließlich göttliche Sanktion erhält, zurückführen, wie denn auch die transzendente Herrschaft Jahwes nicht eine natürliche Tatsache ist, sondern auf ausdrücklicher Unterwerfung des Volkes beruht, die in Vertragsform vollzogen wird. Von welcher Bedeutung diese An-

---

[1]) „Die hergebrachten Begriffe von orientalischem Despotismus leiden auf das israelitische Königtum nur beschränkte Anwendung." Wellhausen Israelitische und jüdische Geschichte, 5. Ausg. 1904 S. 92.

schauungen für die Unterstützung demokratischer Ansprüche später geworden sind, ist bereits oben angedeutet worden.

Trotzdem aber weicht die Gestaltung der israelitischen Monarchie keineswegs von dem herkömmlichen Typus des Orients ab. Von irgendeiner geordneten Teilnahme des Volkes an der Regierung ist keine Rede, wenn auch manchmal König und Volk gegenseitig bindende Verpflichtungen in der Form von Vereinbarungen vor Jahwe eingingen.

Die gegensätzlichen Elemente, die in diesem Staatswesen zum Ausdruck kommen, offenbaren sich in den entgegengesetzten Wirkungen, die von ihnen ausgehen. Dualistische Gestaltung der Herrschergewalt und deren Zusammenfassung in einer starken Hand, Volksfreiheit, die das Königtum verwirft oder es sich unterordnet, absolute, von Gott eingesetzte Fürstenmacht, die zwar religiöse, aber nicht rechtliche Schranken anerkennt, sie haben sich alle zur Unterstützung ihrer Ansprüche auf das Alte Testament berufen, das dadurch eine höchst bedeutsame Rolle in der Geschichte der politischen Theorien gespielt hat.

2. Der hellenische Staat.

Die Charakteristik des hellenischen Staates, der lange von vielen fälschlich mit dem antiken Staate überhaupt identifiziert wurde, als wenn dem römischen Staatswesen durchweg der gleiche Typus zugrunde gelegen hätte wie dem griechischen, hat in der modernen Literatur einen feststehenden Inhalt gewonnen. Als hervorragendstes Merkmal des griechischen Staates wird angeführt seine Omnipotenz, die Rechtlosigkeit des Individuums gegenüber dem Staate: das Individuum gehe im Staate auf, sei nur des Staates wegen da. Die antike Freiheit bestehe nur darin, daß der einzelne ämterfähig sei und Anteil habe an der Bildung des allmächtigen Gesetzes, welches aber, das Individuum allseitig beherrschend, diesem keine Sphäre staatsfreier Betätigung gestatte, die dem modernen Menschen als die wichtigste Seite des Freiheitsbegriffes erscheint. Demgemäß habe der sozialistische Gedanke, für den der einzelne nur als Glied eines höheren Ganzen in Betracht kommt, im griechischen Staate, wenigstens für die Vollbürger, seinen reinsten und höchsten Ausdruck gefunden. Im Gegensatz zu ihm habe erst der moderne Staat das Individuum als selbstberechtigte Macht anerkannt und sich selbst in den Dienst der Entwicklung der individuellen Person gestellt.

Die traditionellen Ansichten vom hellenischen Staate sind auf zwei von Grund aus verschiedene Quellen zurückzuführen. Einmal sind sie entstanden unter dem dominierenden Einfluß der politischen Ideen des Plato und des Aristoteles, die beide dem Gedanken Ausdruck gegeben haben, das Individuum gehöre nicht sich an, sondern dem Staate. Dabei wurden aber stets die dieser Anschauung widersprechenden Ausführungen beider Denker[1]) außer acht gelassen. Sodann wird auf die übrige politische Literatur, die den Staat und sein Verhältnis zum Individuum ganz anders gezeichnet hatte, gar keine Rücksicht genommen, die so wichtige historische Tatsache, daß der moderne Individualismus seiner theoretischen Seite nach ebenfalls auf antike Lehren zurückweist, entweder einfach ignoriert oder als angebliche Abweichung von der wahren hellenischen Staatsidee beiseite geschoben. Nun ist aber die individualistische Richtung der antiken Staatslehre nicht minder in den sozialen und politischen Verhältnissen begründet gewesen wie die entgegengesetzte, sowie ja auch in der Gegenwart widersprechende Auffassungen vom Staate aus den Gegensätzen in der Gesellschaft mit gleicher Notwendigkeit und Einseitigkeit emporwachsen. Ferner wird übersehen, daß die beiden großen Denker Theorien aufstellten, die auch heute noch an der Wirklichkeit nachzuprüfen sind. Die platonischen und aristotelischen Lehren für den adäquaten Ausdruck des hellenischen Staatswesens zu halten, steht wissenschaftlich auf gleicher Linie, wie wenn man den deutschen Staat aus den Ausführungen unserer Philosophen Kant, Fichte, Hegel, die ja eingehend die Grundfragen der Staatslehre erörtert haben, in seiner Eigenart erfassen zu können vermeint[2]). Endlich ist zu bedenken, daß eine hohe Gunst des Schicksals gerade die Werke der beiden großen hellenischen Denker vor dem Untergange bewahrte, der eine reiche politische Literatur anderer Schulen betroffen hat.

---

[1]) Namentlich bei Beurteilung der Platonischen Lehre wird regelmäßig übersehen, daß der Philosoph nur am guten Staate teilnehmen solle. Im realen, mangelhaften Staat aber weilt nur der Körper, nicht auch der Geist, wie Plato, Theaet. 173, ausführt. Über den Gegensatz der tatsächlichen politischen Verhältnisse des Griechentums zu den Platonischen Entwürfen vgl. Windelband Platon 1900 S. 168.

[2]) Über die tiefgehenden Mängel der Staatsauffassung des Aristoteles, der weder Staatsrechtslehrer noch Historiker war, vgl. v. Wilamowitz-Moellendorff Aristoteles und Athen I 1893 S. 265 ff.

Der aus der platonisch-aristotelischen Lehre geschöpfte Typus des antiken Staates ist ein Idealtypus, kein empirischer Typus.

Die zweite Quelle der landläufigen Ansichten über den hellenischen Staat ist der moderne Liberalismus, dem es darum zu tun war, seine Lehre vom Verhältnis des Staates zum Individuum durch eine möglichst scharfe Antithese in hellstes Licht zu stellen; die großen Staatslehrer des 16. und 17. Jahrhunderts hatten unbedenklich die antiken Theorien auf die neuere Zeit angewendet und von einem grundsätzlichen Unterschied zwischen dem Staate der Alten und dem modernen Staate nichts gewußt[1]). Aber selbst noch Montesquieu weiß nichts von einem Gegensatze antiker und moderner Freiheit[2]). Rousseaus Freiheitsgedanke ist ganz dem antiken Denken entlehnt: die demokratische Bürgergemeinde einer griechischen Stadt hätte dem Rousseauschen Staatsideal vollständig entsprochen[3]). Die Vorstellung einer ursprünglichen, vom Staate zu respektierenden Freiheitssphäre wird von ihm ausdrücklich zurückgewiesen[4]). Auch die deutsche Staatslehre hat zu Anfang des 19. Jahrhunderts keinen klaren Begriff eines Gegensatzes griechischer und moderner Freiheit[5]).

---

[1]) Hobbes, Leviathan XXI p. 201 f., bekämpft die antike Lehre, die Freiheit nur in der Demokratie verwirklicht sah, indem er ausführt, daß diese Freiheit nur die des Staates, nicht die des Individuums gewesen sei. Die individuelle Freiheit jedoch sei in allen Staatsformen gleich groß: „Whether a commonwealth be monarchical, or popular, the freedom is still the same", d. h. die Unterwerfung des Individuums unter den Staat ist überall gleich unbegrenzt.

[2]) Montesquieu entwickelt im Esprit des lois XI 3 den Begriff der politischen Freiheit als des individuellen Rechtes, alles zu tun, was die Gesetze gestatten. Das sei aber nicht die demokratische Freiheit. „Il est vrai que dans les démocraties le peuple paroît faire ce qu'il veut; mais la liberté politique ne consiste point à faire ce que l'on veut." Die politische Freiheit sei nur in gemäßigten Regierungsformen zu finden. Von der Unfreiheit des antiken Menschen aber spricht Montesquieu nirgends.

[3]) Selbstverständlich mit Ausschluß der Sklaven und Metöken.

[4]) Vgl. G. Jellinek Die Erklärung der Menschen- und Bürgerrechte 2. Aufl. 1904 S. 5 ff.

[5]) Welcker, Die letzten Gründe von Recht, Staat und Strafe 1813 S. 350, erklärt den hellenischen Staat auf der vollkommensten Freiheit und Persönlichkeit des einzelnen aufgebaut. Die weitgehende Unterordnung des einzelnen unter das Ganze sei eine freiwillige gewesen; dem Griechen sei Teilnahme am Staate als das Wertvollste er-

Noch Hegel erklärt in seinen Vorlesungen über die Philosophie
der Geschichte: „In Athen war eine lebendige Freiheit vor-
handen und eine lebendige Gleichheit der Sitte und der geistigen
Bildung . . . . Neben dieser Gleichheit und innerhalb dieser
Freiheit konnten sich alle Ungleichheit des Charakters und des
Talents, alle Verschiedenheit der Individualität aufs freieste
geltendmachen und aus der Umgebung die reichste Anregung zur
Entwicklung finden" [1]).

Abgesehen von einer gelegentlichen Äußerung Fergusons [2])
war es der Wortführer des französischen Liberalismus zur Zeit,
als dieser den größten europäischen Einfluß gewann, Benjamin
Constant, der zuerst in einer glänzenden Rede die scharfe
Antithese von der antiken und der modernen Freiheit aufgestellt
und durchgeführt hat [3]). Antike Freiheit ist Teilnahme an der
Staatsgewalt, moderne Freiheit ist Freiheit von der Staatsgewalt,
verbunden mit dem Rechte, zwar nicht zu herrschen, aber Einfluß
zu üben auf die Staatsgewalt im Interesse des Individuums.
„Chez les anciens, l'individu, souverain presque habituellement
dans les affaires publiques, est esclave dans tous ses rapports
privés. Comme citoyen il décide de la paix et de la guerre;
comme particulier il est circonscrit, observé, reprimé dans tous
ses mouvements . . . Chez les modernes, au contraire, l'individu,

---

schienen. „Diese Art der Freiheit und des Rechtes erkannte man als
das Höchste, welchem man willig das Beste und selbst Rechte des einzelnen in anderem Sinne zum Opfer brachte" (S. 357). Der Lykurgische
Staat ist ihm die vollkommenste Verkörperung der griechischen Staatsidee, indem er die vollste Unabhängigkeit, Einheit und Kraft des Ganzen
mit voller Freiheit und gleicher Selbständigkeit der einzelnen zu verbinden gewußt habe. S. 388 ff.

1) 2. Aufl. S. 317.

2) A. a. O. I 8 ed. Basil. 1789 p. 85: „To the ancient Greek, or the
Roman, the individual was nothing, and the public every thing. To the
modern, in too many nations of Europe the individual is every thing, and
the public nothing." Den Gegensatz von politischer und bürgerlicher
Freiheit hat eingehend zuerst Priestley, An essay on the first principles of Government and of the nature of political, civil, and religious
Liberty, London 1768, p. 12 ff., hervorgehoben, ihn aber keineswegs an
dem Gegensatz antiker und moderner Staaten exemplifiziert.

3) De la liberté des anciens comparée à celle des modernes. Discours
prononcé à l'Athénée royal de Paris en 1819. Abgedruckt in Constant
Cours de politique constitutionelle, éd. Laboulave II, 1861 p. 539 ff.

indépendant dans sa vie privée, n'est, même dans les États les
plus libres, souverain qu'en apparence."[1])

In Deutschland findet sich eine ähnliche Auffassung zuerst
bei Tittmann[2]), dem Cucumus[3]), Platner[4]) und Voll·
graff[5]) folgen; sodann aber stellt, auf Plato und den spartanischen Staat gestützt, Stahl[6]) die Lehre auf, daß den Griechen
der Gedanke des selbstberechtigten Individuums gemangelt habe.
Eine ähnliche Theorie wird von K. F. Hermann seinen Untersuchungen über den griechischen Staat zugrunde gelegt[7]). Sonst
aber weiß von ihr die deutsche Staatslehre noch geraume Zeit
nichts. Die politischen Schriftsteller der dreißiger und vierziger
Jahre, wie Schmitthenner[8]) und Dahlmann[9]), zeichnen
die einzelnen antiken Staatsformen, ohne unserer Frage irgendwie nahezutreten. Erst bei dem bedeutendsten wissenschaftlichen
Vertreter des neueren deutschen Liberalismus finden wir die
Antithese wieder, und zwar in noch schrofferer Formulierung
als bei Constant. R. v. Mohl erklärt nämlich in seiner
Enzyklopädie der Staatswissenschaften: „Bei den Alten dient
der einzelne dem Staate und findet in dessen Wohl mittelbar
auch die Befriedigung seiner Zwecke; bei den Neuen ist der
Staat für alle einzelnen da, und er findet seinen Ruhm in dem
Wohle der Bürger. Dort besteht die Freiheit in der Teilnahme

---

[1]) p. 842.

[2]) Darstellung der griechischen Staatsverfassungen 1822 S. 15, noch
vorsichtig: „In den neueren Zeiten hat der Staat mehr die Sicherheit
des einzelnen zum Zwecke, als der Fall war bei den Griechen, deren
Streben mehr auf die Sicherung des Ganzen, der Verfassung, der Gleichheit ging."

[3]) Über den Staat und die Gesetze des Altertums 1824 S. 18.

[4]) Der Prozeß und die Klagen bei den Attikern I 1824 S. 11 ff.

[5]) Antike Politik 1828 S. 69 ff.

[6]) Zuerst Philosophie des Rechtes I 1. Aufl. 1830 S. 43 ff. Stahl
leugnet auf Grund der in den Mythen sich äußernden Volksanschauung
und der Platonischen Lehre, daß den Griechen überhaupt der Begriff
des subjektiven Rechts bekannt gewesen sei, geht also viel radikaler
vor als die sich eingehend ex professo mit den griechischen Staats-
und Rechtsaltertümern beschäftigenden Schriftsteller vor ihm.

[7]) Griechische Staatsaltertümer (zuerst 1831) 5. Aufl. 2. Ausg. 1884
§ 51 S. 218 ff., ebenfalls viel vorsichtiger als Stahl.

[8]) Grundlinien des allgemeinen oder idealen Staatsrechtes 1845
S. 42 ff.

[9]) Politik S. 21 ff.

an der Regierung, hier im möglichst wenig Regiertwerden. Im antiken Staate sind die Leistungen des Bürgers ein Ausleben seiner Persönlichkeit, im neuzeitlichen eine Beschränkung derselben."[1]) Erst von M o h l datiert in Deutschland die communis opinio über den Unterschied antiker und moderner Freiheit, die wiederum in den sechziger Jahren durch eingehende Ausführungen H i l d e n b r a n d s[2]) sowie L a b o u l a y e s[3]) und F u s t e l s d e C o u l a n g e s[4]) ihre feste Stütze erhält.

Eine kritische Untersuchung der also entstandenen Lehre ergibt vor allem, wie mißlich es ist, einen Zeitraum von vielen Jahrhunderten mit einigen Schlagworten charakterisieren zu wollen. Der spartanische Staat zur Zeit der messenischen Kriege und Athen in den Tagen des D e m o s t h e n e s liegen nicht nur zeitlich, sondern auch ihrer ganzen politischen Struktur nach weiter auseinander wie etwa das Venedig des 14. Jahrhunderts und das heutige Italien. Auch der antike Staat hat sich nicht nur in den mannigfaltigsten Formen ausgebildet, sondern auch eine innere Entwicklung durchgemacht, die dem Wandel des mittelalterlichen zum modernen Staate durchaus gleichwertig ist.

Ferner zeigt sich, daß die typischen Zeichnungen des hellenischen Staates überwiegend Konterfeie des spartanischen Militärstaates sind. Das hat seinen Grund wohl zunächst darin, daß der spartanische Staat in der Form, wie er damals bereits der Vergangenheit angehörte, von X e n o p h o n und P l a t o dem einer zügellosen Demokratie verfallenen athenischen Staat als Muster gegenübergestellt wurde, wie denn auch A r i s t o t e l e s in seiner Politik von dem Einfluß spartanischer Vorstellungen nicht ganz freigeblieben ist; denn manche lakonische Einrichtungen sind es, die in seinem Staatsideal Platz finden. Diese Forderung starker Ausprägung des kollektivistischen Gedankens in den staatlichen Institutionen war daher für Athen, das doch in erster Linie hier in Betracht zu kommen hat, nicht Rechtswirklichkeit, sondern Entwurf einer Zukunftsverfassung auf Grund von In-

---

[1]) Enzyklopädie 1. Aufl. (1859) S. 319. Ähnlich schon Gesch. und Literatur der Staatswissenschaften I (1855) S. 222. Vor M o h l hatte B l u n t s c h l i , Allgem. Staatsrecht 1. Aufl. 1852 S. 29, die Über- und Allmacht des griechischen Staates in ähnlicher Weise wie H e r m a n n betont.

[2]) Geschichte u. System S. 26 ff.

[3]) L'État et ses limites 1863 p. 103 ff.

[4]) La cité antique p. 265 ff. liv. III chap. XVIII.

stitutionen einer fremden Vergangenheit. Dennoch ruhen auch
sie keineswegs auf dem Gedanken einer völligen Entrechtung
des Individuums zugunsten der Gesamtheit. Mit Recht hat P ö h l ·
m a n n darauf hingewiesen, daß P l a t o die Gründung seines
Idealstaates vor dem individuellen Interesse motiviert, indem er
diesem nachzuweisen trachtet, es harmoniere mit dem sozialen
derart, daß es in dem von ihm geheischten Staate am besten
gewahrt werde[1]). Das Individuum im Athen des vierten Jahrhunderts war eben eine so große und so anerkannte Macht, daß
jeder soziale Reformator in erster Linie mit ihm rechnen mußte.
A r i s t o t e l e s, in seiner Kritik der Platonischen Republik hat
·trotzdem die zu weitgehende Ignorierung des Wesens der Indi·
vidualität als den Grundfehler der Platonischen Staatslehre hingestellt[2]).

Ein zweiter Grund für die Schätzung des lakedämonischen
Staates als des normalen lag wohl in dem Einfluß, den Otfried
M ü l l e r durch sein Werk über die Dorier ausübte. Unter seiner
Einwirkung vornehmlich dürfte H e r m a n n zu dem Satz gelangt
sein, daß die spartanische Verfassung in ihren Grundzügen die
allgemeine griechische Staatsidee am schärfsten und bewußtesten
ausgeprägt hat[3]). Wiederum, wie so oft in der Geschichte der
Staatslehre, wird ein Idealtypus geschaffen, von dem die nicht in
ihn passenden geschichtlichen Erscheinungen als Abweichungen
von der Norm abgewiesen werden. Der neueren, von Konstruktionen freieren Forschung jedoch ist der lykurgische Kosmos,
der die freie Bewegung des einzelnen auf das äußerste beschränkt und ihn völlig in der Gemeinschaft aufgehen läßt, ein
Kunstprodukt, entstanden aus der Notwendigkeit der Zusammenfassung aller Kräfte zur Behauptung der Herrschaft im eroberten
Lande und aus dem Gegensatz zwischen Adel und Königtum,
das durch die Staatsordnung gleichfalls gebunden wurde[4]). Der
lakedämonische Staat ist daher, gleich den anderen dorischen
Staaten, keineswegs als der griechische Normalstaat zu betrachten.
Vielmehr ist es, vermöge der von ihm heute noch ausgehenden

---

[1]) Geschichte des antiken Kommunismus und Sozialismus I 1893
S. 388 ff.
[2]) Polit. II 2, 1261 a ff.
[3]) A. a. O. S. 218.
[4]) Vgl. B u s o l t Die griechischen Staats- und Rechtsaltertümer
(im HB. d. klass. Altertumswissenschaft) 2. Aufl. 1892 S. 95.

Kulturwirkungen, der Staat der Athener, den eine Entwicklungsgeschichte des abendländischen Staates in erster Linie zu untersuchen hat. Im folgenden soll nun das bisher nicht genügend
Gewürdigte der Eigentümlichkeit des hellenischen Staates in seiner
Bedeutung für die Erkenntnis der Gegenwart hervorgehoben
werden.

Der griechische Staat ist Stadtstaat, d. h. die Polis, ur-
sprünglich die hochragende Burg, sodann die um sie herumgebaute
Unterstadt, bildet den Staat oder doch den Mittelpunkt einer
Staatsgemeinde von der räumlichen Größe eines Schweizerkantons[1]).
Die Bedeutung der Kleinheit der Polis und ihres städtischen
Charakters für die gesamte Kulturentwicklung von Hellas ist
oftmals dargelegt worden. Doch sind viele der also festgestellten
Züge nicht bloß dem hellenischen, sondern auch späteren städtischen
oder kantonalen Gemeinwesen staatlichen Charakters eigentümlich
gewesen.

Zur Eigenart des griechischen Staates aber gehört es, daß
er in allen seinen Formen als erstes und wesentlichstes Merkmal
das der inneren Einheit zeigt. Die antike Geschichte beginnt mit dem ausgebildeten Staate. Soweit die klare Erinnerung
der antiken Völker zurückreicht, zeigt sie ihnen den Staat als
vollendete Institution[2]). Was man irrigerweise als Merkmal
des antiken Staates überhaupt bezeichnet hat, seine Allmacht,
seine alle Seiten des individuellen Lebens beherrschende Sphäre,
das gilt nur für den Ausgangspunkt der antiken Geschichte.

Zahlreich sind die Ursachen dieser merkwürdigen Erscheinung.
Was zunächst die innere Einheit anbelangt, so ist sie der Polis
um so angemessener, als den Griechen die Monarchie nach deren
frühem Sturze nur mehr dem Namen nach bekannt[3]), die

---

[1]) B u s o l t S. 24.

[2]) Über die Anfänge der griechischen Staatsordnung ist uns fast
gar nichts Sicheres bekannt; darüber Ed. M e y e r Gesch. d. Altertums
II 1893 S. 79 ff.; ferner über die primitiven Formen der Geschlechter-,
Stamm- und Gaustaaten S. 302 ff., sowie B u s o l t , S. 23 f., über die noch
zur Zeit des Peloponnesischen Krieges bei einigen Stämmen bestehenden
Gaugenossenschaften. Vgl. auch L. W e n g e r Die Verfassung und Ver-
waltung des europäischen Altertums (Kultur der Gegenwart, Teil II,
Abt. II 1) 1911 S. 139 f. Unzweifelhaft haben auch sie politische und
Kulteinheiten gebildet. In den homerischen Gesängen begegnen wir
bereits dem ausgeprägten Typus des Staates.

[3]) Die Unvollkommenheit der antiken monarchischen Ideen hat

Tyrannei verhaßt, die Volksherrschaft in verschiedenen Abstufungen die vom nationalen Geiste geforderte Regierungsform
war. Die dualistische Gestaltung des mittelalterlichen Staates ist,
wie bald gezeigt werden wird, nur durch das Königtum möglich
gewesen. Sodann sind es die unentwickelten internationalen Verhältnisse, die Rechtlosigkeit des Besiegten, welche die Existenz
der Polis aufs innigste mit der eines jeden einzelnen verknüpften.
Daher ist auch seine Gebundenheit an das kleine Gemeinwesen
und in ihm zu erklären. Anderseits konnte aber auch der
Mangel an freier Bewegung wenigstens dem der herrschenden
Klasse Angehörenden gar nicht recht zum Bewußtsein kommen,
denn was das Individuum durch den Staat einbüßte, wurde ihm
reichlich durch seine Teilnahme am Regiment ersetzt. Wird
doch in dieser Teilnahme geradezu das Wesen des Bürgers, sein
Unterschied vom bloßen Einwohner erblickt.

Sodann aber war die Polis nicht nur Staats-, sondern auch
zugleich Kultgemeinschaft, die sich jedoch wesentlich von orientalischer Art unterschied. Vor allem dadurch, daß keine göttlichen Gesetze existierten, welche der politischen Entwicklung feste
Bahnen vorschrieben, und keine staatliche Autorität, die als unmittelbar von den Göttern eingesetzt galt. Immerhin ruht aber,
was in der modernen Welt unter zwei Gebilde: Staat und
Kirche verteilt ist, in der Polis in ungebrochener Einheit bei-
sammen[1]). Daher allein schon muß der hellenische Staat von
Hause aus ein größeres Maß von Anforderungen an seine
Bürger stellen.

Diese Verbindung von Staats- und Kultgemeinschaft erklärt
auch ein anderes wichtiges Phänomen. Durch sie werden nämlich
erst die in den Ausführungen der großen griechischen Denker

---

schon Montesquieu, XI 8, 9, hervorgehoben. Vgl. jetzt Kaerst
Studien zur Entwicklung und theoretischen Begründung der Monarchie
im Altertum 1898. Hist. Bibliothek VI 2. Kap. S. 12 ff.

[1]) Wenn Rehm, Staatslehre S. 34, hervorhebt, daß die Griechen
zwischen Weltlichem und Religiösem als Staats- und Kultgemeinschaft
geschieden haben, so ist das nur insoweit richtig, als ihnen der Gegensatz
von Menschlichem und Göttlichem geläufig war. Eine selbständige
Staatsgemeinde aber ohne besonderen Kult war ihnen unfaßbar; Stadt-
gründung war in erster Linie Errichtung einer neuen Kultstätte. „La cité
était la réunion de ceux qui avaient les mêmes dieux protecteurs et qui
accomplissaient l'acte religieux au même autel." F. de Coulanges
p. 166 liv. III chap. VI.

gipfelnden Forderungen von Grund aus verständlich, welchen Erziehung des Bürgers zur Tugend als höchster Staatszweck, sittliche Betätigung als höchste Bürgerpflicht erschien. Sie liegen in der natürlichen Konsequenz einer Staatsauffassung, die in ihren Wurzeln zurückreicht in die alte Volksüberzeugung, die im Staate ein Werk der Götter erblickte, ihn als dauernde Heimat der Götter ansah, deren Verehrung erste und höchste Bürgerpflicht war. Der antike Staat ist auch Kirche; daher soll er nicht nur Recht, sondern auch Zucht üben. Er umfaßt alles, was dem Menschen heilig und teuer ist; darum soll sich der Hellene nicht aus Furcht vor äußerem Zwang, sondern aus innerster Gesinnung an den Staat hingeben. Garantierte ihm doch nur sein Staat das Dasein als Bürger und damit die damals allein menschenwürdige Existenz.

Seit den Perserkriegen aber hatte der griechische Staat, Athen allen voran, eine gewaltige Entwicklung durchgemacht, die sich in der Richtung steigender Loslösung des Individuums von der ursprünglichen Gebundenheit manifestierte. Die alte naive Hingabe an den Staat war durch zersetzende Kritik im Innersten angegriffen worden; die Sophistik hatte schließlich die Lehre vom Rechte des Stärkeren aufgestellt[1]). Was den Altvorderen als Teil der göttlichen Weltordnung erschien, war in den Augen der jungen Generation nur durch Menschensatzung da, und den Zweck dieser Satzung erblickten die Radikalsten in der Ausbeutung der Schwachen durch die Starken. Ferner löst sich Gedanke und Gefühl immer mehr los von der Polis, die so lange den Mittelpunkt alles Strebens gebildet hatte. Schon D e m o k r i t und S o k r a t e s beginnen sich als Weltbürger zu fühlen; im Kynismus wird kosmopolitische Vaterlandslosigkeit Ersatz für alle politische Empfindung, und die Stoa setzt endlich das die ganze Menschheit zu umfassen bestimmte Weltreich an Stelle des Städtstaates. In beiden Schulen tritt der individualistische Freiheitsbegriff bereits in voller Schärfe hervor[2]). Nicht minder hatte die Literatur,

---

[1]) Daß diese Lehren nicht nur auf die engeren Kreise der Sophisten beschränkt blieben, wird von P ö h l m a n n, a. a. O. S. 51 N. 1, nachgewiesen. Vgl. auch D ü m m l e r Prolegomena zu P l a t o s Staat, Basler Programm, 1891 S. 30.

[2]) Über den kynisch-stoischen Begriff der ἐλευϑερία K a e r s t S. 28 f., namentlich die bezeichnenden Zitate S. 29 N. 1, in denen die Freiheit der individuellen Selbstbestimmung gleichgesetzt wird.

— man denke nur an E u r i p i d e s — an den Grundlagen des alt-
hellenischen Staatslebens gerüttelt. Diesen Bestrebungen gegenüber erscheinen die politischen Lehren des P l a t o als Versuche,
entschwundene Verhältnisse wieder zu beleben und die Polis auf
konservativer althellenisch - dorischer Basis im aristokratischen
Sinne zu regenerieren. Aber auch der der Wirklichkeit zugewendete A r i s t o t e l e s ist Vertreter konservativer Anschauungen,
wie namentlich aus seinem Festhalten an dem Typus der Polis
in dem Bruchstücke seines Staatsideals hervorgeht. Der vor
seinen Augen sich zum Weltreich ausdehnende makedonische
Staat hat keinen Einfluß auf sein politisches Empfinden gehabt[1]).

Es hatte sich also allmählich ein energischer Individualismus
geltendgemacht, der an Stärke dem modernen keineswegs nach-
stand. Ist doch die mechanische, atomistische, utilitarische Staatsauffassung, wie sie später namentlich das 17. und 18. Jahrhundert kennzeichnet, als theoretisches Resultat dieser Ent-
wicklungsreihe in vollster Schärfe in den Lehren der Epikuräer
hervorgetreten. Politisch aber hatte dieser Individualismus in der
athenischen Demokratie seit P e r i k l e s vollste Befriedigung gefunden; hat doch P e r i k l e s selbst nicht nur die Hingabe des
einzelnen an das Ganze, sondern auch die überflüssiger Schranken
ledige soziale Freiheit des Atheners gepriesen[2]). Aber auch die
Antithese des Freiheitsbegriffes: Teilnahme am Staate und Freiheit
vom Staate, war bereits klar in das wissenschaftliche Bewußtsein

---

[1]) Vgl. v. W i l a m o w i t z - M o e l l e n d o r f f, a. a. O. S. 356 ff., über
den besten Staat des Aristoteles: „Was wir hier lesen, ist der platonische
Staat, der in Platons Gesetzen schon einmal auf das unter den gegebenen
Verhältnissen Mögliche herabgestimmt war und hier noch einmal einer
solchen Prozedur unterzogen wird."

[2]) Thukyd. II 37. Über das große Maß faktischer Freiheit, das jene
Epoche dem Individuum (und zwar auch dem Nichtbürger) gewährte,
vgl. B e l o c h, Griechische Geschichte I 1893 S. 474, der — wohl über-
treibend — behauptet: „Befreiung von jedem Zwange, er sei, welcher
er sei, ist überhaupt das Streben dieses Jahrhunderts, und vielleicht
niemals wieder ist dieses Ideal so verwirklicht worden wie in dem
damaligen Athen." Über den heutigen Stand der griechischen Forschung,
die so mancher Überlieferung widerspricht, vgl. Ed. M e y e r, Gesch. d.
Altertums III 1901 S. 291, der auch hervorhebt, wie wenig deren um-
wälzende Ergebnisse in weitere Gelehrtenkreise gedrungen sind. Auch
die Polemik von G i e r k e, Althusius S. 329, und v. L e m a y e r, Begriff
des Rechtsschutzes S. 9, gegen meine Darlegungen haben noch nicht jene
Ergebnisse berücksichtigt.

getreten. A r i s t o t e l e s findet beide Gegensätze in den populären
Anschauungen von der Demokratie und setzt sie mit aller wün-
schenswerten Schärfe auseinander[1]). Auch in diesem Punkte
haben die Neueren theoretisch nicht gefunden, was nicht schon
den Alten bekannt gewesen wäre.

Von einer bedingungslosen Hingabe des Individuums an den
Staat kann in dieser Epoche nicht mehr die Rede sein. Zudem
ist die Staatsgewalt schwach, die Beamten bestechlich, die Verwaltung kraft der Mißbräuche verächtlich. Der Staat wird ein
Spielball der Parteien und ein Mittel zur Befriedigung un-
gebändigter Selbstsucht. Ebenso schlecht oder vielmehr noch
schlechter war es mit der spartanischen Oligarchie bestellt, die
sich schließlich durch Periöken verstärken mußte, ohne daß der
Staat auch nur im entferntesten seinen früheren Charakter zurück-
gewann.

Prüft man demgegenüber die Beweise für die staatliche
Omnipotenz in der Blütezeit von Hellas, so findet man, daß sie
überwiegend dem altdorischen Staate entnommen sind. So die
Kinderaussetzung, der fortwährende Kriegsdienst, die Pflicht zur
Ehe und Kindererzeugung. Sonst werden wohl einzelne Bestimmungen aus den Gesetzen anderer Staaten angeführt, die indes
nicht viel Überzeugendes für die Hauptsache bieten. So erwähnt
F. de C o u l a n g e s zum Beweise seines Satzes, daß die Alten
die individuelle Freiheit nicht gekannt hätten, daß in Lokris das
Gesetz den Männern Wein zu trinken verbot, als ob es heute
keine Temperenzgesetze gäbe, daß Athen den Frauen untersagte,
mehr als drei Kleider auf die Reise mitzunehmen, als ob die
neuere Zeit keine Luxusbeschränkungen gekannt hätte, daß es
Pflicht war, in der Volksversammlung zu stimmen und öffentliche
Ämter zu bekleiden, als ob den modernen Gemeindegesetzen
und sogar Staatsverfassungen Ähnliches fremd wäre, daß das
Unterrichtswesen staatlich geordnet und die Kinder schulpflichtig

---

[1]) „δύο γάρ ἐστιν οἷς ἡ δημοκρατία δοκεῖ ὡρίσθαι, τῷ τὸ πλεῖον εἶναι
κύριον καὶ τῇ ἐλευθερίᾳ· τὸ μὲν γὰρ δίκαιον ἴσον δοκεῖ εἶναι, ἴσον δ᾽ ὅ τι ἂν
δόξῃ τῷ πλήθει, τοῦτ᾽ εἶναι κύριον, ἐλεύθερον δὲ καὶ ἴσον τὸ ὅ τι ἂν βούληταί
τις ποιεῖν· ὥστε ζῇ ἐν ταῖς τοιαύταις δημοκρατίαις ἕκαστος ὡς βούλεται.“
Pol. V 9, 1310a, 28 ff. Ferner: „ἐν μὲν οὖν τῆς ἐλευθερίας σημεῖον τοῦτο,
ὃν τίθενται πάντες οἱ δημοτικοὶ τῆς πολιτείας ὅρον· ἐν δὲ τὸ ζῆν ὡς βούλεταί
τις. τοῦτο γὰρ τὸ τῆς ἐλευθερίας ἔργον εἶναί φασιν, εἴπερ τοῦ δουλεύοντος
τὸ ζῆν μὴ ὡς βούλεται.“ VI 2, 1317b, 11 ff. (Den Schluß der Stelle siehe
oben S. 212, Note 2.)

waren, als ob der moderne Staat sich um die Erziehung nicht
kümmerte. Zudem ist uns in der Regel gar nicht genau bekannt,
aus welcher Zeit die betreffenden Gesetze stammen, ob sie
dauernder Natur oder nur Gelegenheitsgesetze waren. Zweifellos
aber sind viele dieser Gesetze durch jahrhundertelange Zeiträume
voneinander getrennt, so daß allgemeine Sätze über sie ungefähr
denselben Wert haben, wie wenn man das deutsche Strafrecht
der Gegenwart nach der Carolina beurteilen wollte.

Auf Grund ähnlicher Beweisführung, wie sie C o u l a n g e s [1])
und andere üben, könnte ein späterer Historiker den Staaten des
19. Jahrhunderts die Anerkennung einer individuellen Freiheitssphäre gänzlich absprechen. Er brauchte nur an die Gesetze
gegen die Katholiken in England bis 1829, die Vertreibung der
protestantischen Zillertaler, die Demagogenverfolgungen in Deutschland im zweiten und dritten Dezennium auf Grund der Karlsbader Beschlüsse, an die Maßregelung der Göttinger Sieben, an
die Absetzung von Dozenten wegen atheistischer Lehren Anfang
der fünfziger Jahre zu erinnern — ganz zu geschweigen von den
Polizeimaßregeln des imperialistischen Frankreichs und des
absolutistischen Österreichs bis zu den russischen Verhältnissen
der Gegenwart.

In Wahrheit ist aber, namentlich in Athen, mit steigender
Kultur ein immer größeres Maß individueller Freiheit f a k t i s c h
vorhanden gewesen. Wie wären auch sonst die unerreichten
geistigen Schöpfungen jener Zeit entstanden! Eine von Staats
wegen reglementierte Kunst und Wissenschaft hätte wahrlich nur
kümmerliche Früchte getragen. Die von Plato vorgeschlagene
Literaturpolizei ist niemals verwirklicht worden; die Ehre der
Einführung der Zensur müssen die vom Staate gefesselten Alten
den freien Modernen überlassen! Wenn die Geschichte von
mehreren Prozessen wegen Un- und Irrglaubens zu erzählen
weiß [2]), was bedeuten diese wenigen, sorgsam registrierten Fälle

---

[1]) A. a. O. p. 263 f.

[2]) Über die Asebieprozesse vgl. L i p s i u s Das attische Recht und
Rechtsverfahren, II[1] 1908 S. 358 ff. Gegen die von G r o t e vertretene irrige
Auffassung dieser Prozesse energisch P ö h l m a n n, Sokrates u. sein Volk,
Hist. Bibliothek VIII 1899 S. 122 ff., der behauptet, daß die Anklage wegen
Asebie immer auf politischen Motiven beruhte. Den politischen Charakter
der Asebieprozesse hat schon früher L. S c h m i d t, Die Ethik der alten
Griechen II S. 25 f., behauptet. Dieser Ansicht ist nunmehr Ad. M e n z e l,

gegen die zahllosen rechtlichen und sozialen Zurücksetzungen, welche Menschen wegen ihres Glaubens oder Unglaubens noch im gepriesenen Zeitalter der garantierten Grundrechte erfahren haben! Wie wäre der blühende Handel Athens, seine internationale Stellung möglich gewesen ohne Anerkennung individueller wirtschaftlicher Freiheit?[1]) Haben doch auch die Überlieferungen von den Eingriffen des Staates in die Privatrechtssphäre Analogien in der neueren Geschichte. Der Schuldenerlaß war doch nur eine außerordentliche Maßregel, der sich die — in Deutschland erst seit 1879 verbotenen — Moratorien der Tendenz nach an die Seite stellen lassen. Neuere Forschungen haben dargetan, daß das griechische Privatrecht hoch entwickelt war[2]). Die antike Wirtschaft ist ihrem Ursprunge nach Oikenwirtschaft, auf der Selbständigkeit der Einzelwirtschaft, nicht etwa auf den Prekarien einer kommunistischen Staatswirtschaft beruhend. Schon daß den Griechen das, namentlich in Athen sehr ausgebildete, testamentarische Erbrecht bekannt war, ist ein Beweis für das Dasein eines hohen Grades privatrechtlicher Freiheit. Direkte Steuern galten den Athenern als Freiheitsbeschränkung, kommen daher nur in Ausnahmefällen vor, was wiederum auf das Bewußtsein privatrechtlicher Selbständigkeit hindeutet. Die oft so drückenden Leiturgien haben allerdings reichlichen Ersatz der direkten Steuern geboten, allein doch nur für die Minderzahl der Vermögenden. Die zahlreichen Eigentumsbeschränkungen in der Blütezeit Athens sind ausschließlich polizeilicher Natur, denen das moderne Verwaltungsrecht anders-

----

Untersuchungen zum Sokrates-Prozesse, Sitzungsberichte der Kais. Akademie der Wissensch. in Wien, Philos.-hist. Klasse CXLV 1902 S. 18 ff., in eingehender Darlegung entgegengetreten; aber auch er kommt zu dem Resultat, daß den Asebieprozessen keineswegs Intoleranz oder Fanatismus zugrunde lag, vielmehr habe es sich nicht so sehr um ein religiöses als um ein politisches Delikt gehandelt. Bei der Mangelhaftigkeit unserer Kenntnis des Asebiebegriffes ist es gar nicht gewiß, ob es sich bei ihr immer um Bestrafung eines kriminellen Delikts oder häufig nur um Akte der Sittenpolizei handelte. Seit Sokrates ist in Athen niemand wegen philosophischer Lehren verfolgt worden; die Anklage gegen Aristoteles war nur ein politischer Vorwand. Vgl. B e l o c h a. a. O. II 1897 S. 438.

[1]) Die trotzdem bestehenden Handelsbeschränkungen tragen merkantilistischen Charakter, haben daher auch nichts spezifisch Antikes.

[2]) Über die Bedeutung des griechischen Privatrechtes vgl. M i t t e i s a. a. O. S. 61 ff.

geartete, aber ebenso weitgehende gegenüberstellen kann [1]). Die
Gesamtheit der polizeilichen Freiheitsbeschränkungen war aber
viel geringer als in der Gegenwart, wo das öffentliche und
Privatleben ganz durchdrungen ist von einem System polizeilicher
Gebote und Verbote [2]).

Zudem war im hellenischen Staate stets der Gedanke
herrschend, daß dem Individuum nur kraft Gesetzes Leistungen
auferlegt werden konnten, wenn auch ausnahmsweise Spezial-
verfügungen durch ψήφισμα und Ostrakismos [3]) vorkamen. Der
Gedanke jedoch, den die moderne Rechtsstaatstheorie für sich in
Anspruch nimmt, daß alle dem einzelnen zugewandte Regierungstätigkeit nur kraft Gesetzes und innerhalb der Schranken des
Gesetzes sich vollziehen solle, war in Griechenland, Athen allen
voran, in voller Klarheit lebendig. Im Begriff des Gesetzes liegt
aber die Vorstellung der Beschränkung verborgen. Montesquieu
hat seine berühmte Definition der Freiheit [4]) gewiß aus der Betrachtung des antiken Staates geschöpft.

Sollte nun in der Tat kein Unterschied zwischen antikem
und modernem Staate in der Auffassung ihrer Stellung zum
Individuum vorhanden sein? Die Antwort lautet: Doch, trotzdem
aus den Institutionen ein solcher Gegensatz nicht deduziert werden
kann, tritt er dennoch in bedeutsamer Weise hervor.

---

[1]) Das griechische Eigentum steht dem germanischen näher als dem
römischen (vgl. Mitteis S. 70). Die geringere Schätzung des griechischen
Rechtes ist wohl hauptsächlich darauf zurückzuführen, daß man es immer
mit dem römischen verglich. Schon seine lokale Zersplitterung aber läßt
die Parallele mit dem mittelalterlichen deutschen Recht zulässiger erscheinen. Trotz aller sonstigen Unterschiede sind beide Rechte von der
formalen Vollendung des römischen Rechts gleich entfernt. So wenig
aber deshalb heute dem einheimischen deutschen Recht ein Kundiger den
ausgeprägten Charakter einer eigenartigen, selbständigen Rechtsordnung
absprechen wird, so wenig darf man das griechische Recht als un-
entwickeltes Recht bezeichnen.

[2]) Vgl. darüber namentlich Freese Die Freiheit des einzelnen in
der attischen Demokratie, Stralsunder Gymnasialprogramm, 1858 S. 8 ff.

[3]) Eher ein Zeichen der Schwäche als der Stärke des athenischen
Staates. Vgl. L. Felix Gedanken über den antiken Staat. Beilage zur
Allg. Zeitung 1896 Nr. 117 S. 1.

[4]) „Dans un État, c'est à dire dans une société où il y a des lois,
la liberté ne peut consister qu'à pouvoir faire ce que l'on doit vouloir,
et à n'être point contraint de faire ce que l'on ne doit pas vouloir." XI 3.

Dem Individuum war im antiken Staate, wie im modernen, eine Sphäre freier, vom Staate unabhängiger Betätigung gegeben, aber zum Bewußtsein des rechtlichen Charakters dieser staatsfreien Sphäre ist es im Altertum nicht gekommen. Das Bewußtsein von dieser individuellen Freiheit als eines rechtlichen Institutes ist bedingt durch das Bewußtsein von einem Gegensatz des Individuums zum Staate. Das aber hat dem hellenischen Denken notwendig gemangelt, und als der Individualismus der späteren Zeit das Gefühl dieses Gegensatzes hätte erwecken können, da war die Selbständigkeit der griechischen Staaten dahin. Die Behauptung individueller Freiheitsrechte hat einen doppelten Gegensatz zur Voraussetzung, den der Kirche zum Staate und den des Monarchen zum Volke. Erst aus den konfessionellen Kämpfen der neueren Zeit und aus dem Ringen zwischen absoluter Fürstenmacht und Volksrecht ist, wie später noch eingehender zu erörtern, die Vorstellung des ursprünglich berechtigten, daher auch dem Staate gegenüber mit einer unantastbaren Freiheitssphäre ausgerüsteten Individuums entsprungen. Keiner von diesen Gegensätzen ist in Hellas vorhanden. Weder wollte der einzelne Freiheit vom religiösen Zwange — etwas Ähnliches wie Glaubenswechsel ist dem Zeitalter polytheistischer Naturreligion gänzlich fremd —, noch stand das Volk im Gegensatze zum Herrscher, da es ja selbst dieser Herrscher war.

Allein das Nichtwissen um die individuelle Berechtigung erstreckt sich nur auf diese Freiheitssphäre. Hingegen ist das Bewußtsein lebendig, daß der Staat im Interesse des einzelnen Aufgaben erfülle, die dieser als sein Recht zu fordern habe. Nicht nur unbeweisbar ist der Satz, den zuletzt noch G i e r k e im Anschluß an S t a h l und H i l d e n b r a n d ausgesprochen hat, daß es kein selbständiges Privatrecht in Hellas gab[1]), es ist gerade das Gegenteil davon wahr. Wieder sind es P l a t o und A r i s t o t e l e s, die mit der griechischen Wirklichkeit identifiziert werden; weil namentlich der erstere vom Privatrecht nichts weiß, habe es auch keins gegeben[2]). Aber Haben und Begreifen sind

---

[1]) „Ein selbständiges Privatrecht gab es nicht; auch die Privatrechtsverhältnisse erschienen den Griechen als unmittelbarer Ausfluß des staatlichen Verbandes." Genossenschaftsrecht III S. 11.

[2]) Auch die Behauptung von B e r n a t z i k, Republik und Monarchie 1892 S. 14, daß das Individuum in Griechenland dem Staate gerade so gegenübergestanden habe wie der Sklave seinem Herrn, basiert aus-

zweierlei; je weiter unsere Kenntnis des griechischen Privatrechts dringt, desto mehr finden wir, daß der Rechtsschutz im
Privatinteresse ausgebildet war[1]). Nicht minder waren die politischen Rechte als individuelle Rechte anerkannt und ausgebildet.
Die rechtliche Qualifikation der Person als Bürgers, das Bürgerrecht, ist Gegenstand genauester Festsetzung gewesen, nicht nur
durch innerstaatliche Gesetze, sondern auch durch Staatsverträge. Die Formen der hellenischen Staatenverbindungen: die
Isopolitie und Sympolitie, waren wesentlich auf die Ausgestaltung des Bürgerrechtes in diesen Verbänden aufgebaut[2]). Ebenso
waren die Funktionen dieses Bürgerrechtes: Anspruch auf
Leistungen der Gerichte und Teilnahme am Staatsleben, in ihrer
rechtlichen Qualität klar erkannt und anerkannt. Ja, nicht nur
dem Vollbürger, auch dem Schutzverwandten stand ein fest zu-

---

schließlich auf Aristoteles, nicht auf den realen rechtlichen Institutionen
der Hellenen.

[1]) Das hat schon F r e e s e, a. a. O. S. 5 ff., energisch hervorgehoben.
Die Gründe des Mangels einer attischen Rechtswissenschaft sind mannigfaltig; nicht zum geringsten mag die Charakteranlage des athenischen
Volkes mitgewirkt haben; vgl. W a c h s m u t h Hellenische Altertums-
kunde II 2. Aufl. 1846 S. 160 ff. We. wird aber heute, im Zeitalter
breitester historischer Rechtsforschung, dem hochmütigen Ausspruch
C i c e r o s, De orat. I 44, beitreten: Incredibile est enim, quam sit omne
ius civile praeter hoc nostrum, inconditum atque ridiculum? Diesen
Standpunkt haben allerdings lange die Romanisten gegenüber den Ger-
manisten festgehalten, konnten sie doch den Fehlschluß von dem
Mangel einer Rechtswissenschaft auf den Mangel eines Rechtes auf
das deutsche Recht des Mittelalters in ähnlicher Weise anwenden, wie
die herrschende Lehre aus dem Fehlen einer platonischen und aristotelischen Jurisprudenz auf das Nichtvorhandensein der selbständigen
individuellen Persönlichkeit in Hellas schließt. Aus neuerer Zeit lehrt
uns die Geschichte der englischen Jurisprudenz, wie wenig man aus
der Literatur eines Volkes sichere Schlüsse auf dessen Recht ziehen
kann. Von der im 18. Jahrhundert sich ausbildenden parlamentarischen
Regierung weiß die gleichzeitige englische Rechtswissenschaft nichts;
das Dasein eines Kabinetts wird von B l a c k s t o n e mit keiner Silbe
erwähnt. Auch später verdanken wir kontinentalen Schriftstellern bessere
und gründlichere Darstellungen des öffentlichen Rechtes Englands als
den Engländern selbst, der sicherste Beweis dafür, daß dieses Volk
nicht imstande ist, auch geistig zu beherrschen, was es geschichtlich
geschaffen hat.

[2]) Vgl. S c h ö m a n n Griechische Altertümer, 4. Aufl. I 1897 S. 373 ff.;
B u s o l t a. a. O. S. 200 ff.; S z a n t o Das griechische Bürgerrecht 1892
S. 67 ff., 104 ff.

gemessener Anteil von Rechten zu, nicht etwa nur eine prekäre
Duldung. Durch die eigentümlichen Institute der Proxenie und
Euergesie wurde Bürgern fremder Staaten eine ganze Reihe rechtlicher Fähigkeiten und Privilegien beigelegt (Zutritt zum Rat
und zur Volksversammlung, Recht zum Erwerbe von Häusern
und Grundbesitz, Sicherheit gegen Beschlagnahme der Person
und des Eigentums, zuweilen auch Befreiung von Abgaben bei
Käufen und Verkäufen, unbehinderte Ein- und Ausfuhr, endlich
ein Ehrenplatz im Theater)[1]). Auch wurde den Behörden zur
Pflicht gemacht, sich des Proxenos anzunehmen, wenn er etwas
bedürfen sollte[2]). Enktesis, Gerichtszuständigkeit und Epidamie
waren Formen der Verleihung privatrechtlicher Fähigkeiten an
Fremde, die als Teile der den Vollbürgern zukommenden Befugnisse zugleich bewiesen, wie scharf man zwischen bloßer
Privatrechtsfähigkeit und den politischen Rechten zu scheiden
verstand[3]).

Gemäß der gesetzlichen Grundlage aller Leistungen an den
Staat waren willkürliche Schatzungen ausgeschlossen, ganz wie
im Staate der Gegenwart. Von diesen Leistungen war die am
weitesten gehende die vom 18. bis 60. Jahre währende Wehr-
pflicht, die der Theorie vom Aufgehen des einzelnen im Staate
als eines der bedeutendsten Argumente erscheint, heute aber,
wo die Landsturmpflicht bis zum vollendeten 45. Jahre dauert,
nicht mehr als übermäßige Belastung behauptet werden kann,
zumal die Verpflichtung zum Felddienste nur auf den Klassen
vom 20. bis 50. Jahre ruhte[4]).

Geschützt waren diese Rechte durch eine wohlausgebildete
Gerichtsbarkeit, die, ganz wie die moderne, nur auf Antrag der
Interessenten tätig werden konnte, daher im Richterspruch nicht
nur eine öffentliche Pflicht erfüllte, sondern auch einem subjektiven Rechtsansprüche des einzelnen genügte. Selbst Analogien
der modernen verwaltungsrechtlichen Parteistreitigkeiten kennt
das athenische Finanzrecht[5]). Wenn sich jemand, der für eine

---

[1]) B u s o l t a. a. O. S. 53, 54.
[2]) B u s o l t S. 54.
[3]) Über die juristisch sehr interessanten Verhältnisse S z a n t o S. 27 f.
[4]) B u s o l t S. 388.
[5]) Wie lebhaft das Gefühl des selbständigen individuellen Vermögens-
subjektes ausgebildet war, geht daraus hervor, daß indirekte Steuern
die Regel waren, direkte aber als Freiheitsbeschränkung galten.
Vgl. B e l o c h I S. 434.

Leiturgie designiert war, über Pflicht und Vermögen belastet
glaubte, so konnte er dagegen in der Weise reklamieren, daß
er einen anderen bezeichnete, dem die Leistung mit größerem
Rechte zukäme[1]).

Angesichts dieser Tatsachen möge die namentlich aus dem
dorischen Idealtypus und Plato zusammengestümperte C o n s t a n t -
S t a h l - M o h l sche Lehre von der Nichtanerkennung der individuellen Persönlichkeit in Hellas endlich aus der Literatur verschwinden. Der Grieche war Rechtssubjekt nicht nur um des
Staates, sondern auch um seinetwillen. Die Allmacht des Staates
ging, namentlich in Athen, nie so weit, daß dem Bürger nicht
eine umfangreiche faktische Sphäre freier Betätigung geblieben
wäre. Formal juristisch war sie übrigens der heutigen Freiheit
völlig gleichwertig, da diese auch nur als Freiheit vom Rechts-
gebot definiert werden kann. Auch die Beschränkung des modernen Staates hinsichtlich der individuellen Freiheit ist juristisch
Selbstbeschränkung, die in verschiedenen Staaten verschiedene
Ausdehnung hat. Absolute juristische Schranken für den Staat
in seinem Verhältnis zum Individuum gibt es nicht und sind,
wie die Erfahrung gelehrt hat, auch nicht in grundgesetzlichen
Einschränkungen vorhanden, denen man zu Zeiten C o n s t a n t s
noch einen übermäßigen Wert zuschrieb. Der Unterschied
zwischen der Stellung des antiken und modernen Individuums
zum Staate liegt also seiner juristischen Seite nach nur darin,
daß die Freiheit des letzteren innerhalb der Gesetze vom Staate
ausdrücklich anerkannt ist, während sie beim ersteren so selbstverständlich war, daß sie niemals einen gesetzgeberischen Ausdruck fand.

Schließlich sei noch hervorgehoben, daß die angebliche Vorstellung von der Unselbständigkeit des Individuums gegenüber
dem Staate in den hellenischen Institutionen so wenig ausgeprägt
ist, daß vielmehr der Staat selbst nur als eine höhere Einheit
der Individuen erschien, die in dieser Einheit aber als Vielheit
fortexistierten. Das ist vor allem in den Namen der einzelnen
hellenischen Staaten zum Ausdruck gekommen, die stets durch
den Plural des Bürgernamens bezeichnet werden. Athen heißt

---

[1]) Über diese Prozesse und das eigentümliche Institut des Vermögens-
tausches B ö c k h Die Staatshaushaltung der Athener I 3. Aufl. S. 673 ff.;
B u s o l t S. 299.

οἱ Ἀθηναῖοι und Sparta οἱ Λακεδαιμόνιοι. Das territoriale
Element des Staates ist in seiner Bedeutung von den Alten nicht
erkannt worden. „Der Begriff des Staates haftet bloß an den
Bürgern, selbst wenn diese ihre Heimat verlassen, nicht am
Territorium, und weil das Bürgerrecht ein gentilizisches ist,
so ist der Staat an das Bestehen der Geschlechter gebunden, aber
zunächst nicht an das Land, das sie bewohnen, nicht einmal an
die heiligen Stätten nationaler Götterverehrung."[1]) Daher setzen
selbst im Exil befindliche Bürger in genügender Zahl das vom
Feinde gestörte Staatswesen fort, das sofort wieder auflebt, wenn
Umwälzungen zu einer Restitution des Staates führen[2]).

Will man den griechischen Staat kurz charakterisieren, so
kann dies nach dem Vorangehenden auf folgende Weise geschehen.
Der hellenische Staat ist ein in sich einheitlicher, unabhängiger,
auf eigenen Gesetzen und eigenen Behörden ruhender Bürger-
verband. Dieser Verband ist zugleich staatlicher und religiöser
Verband. Als oberstes Prinzip für Verwaltung und Rechtspflege
gilt deren Gesetzmäßigkeit. Infolgedessen hat der Bürger einen
festen, anerkannten Rechtskreis, von dem die Staatswissenschaft
vorzugsweise den in ihm enthaltenen Anteil an der staatlichen
Machtübung ins wissenschaftliche Bewußtsein erhoben hat, während der Mangel einer selbständigen Rechtswissenschaft die
anderen Elemente nicht zur klaren Erkenntnis kommen ließ.
Vermöge der Einheit von staatlicher und religiöser Organisation
wird der Staatszweck theoretisch in denkbar umfassendster Weise
formuliert, so daß die ganze Kulturpflege in ihm einbegriffen ist,
wenn auch in der Ausführung dieser Idee der antike Staat hinter
dem ihm hierin von vielen entgegengesetzten modernen Staat
weit zurückbleibt. Der Staat, welcher in Wahrheit alle Seiten
des menschlichen Gemeindaseins in seinen Bereich gezogen hat,
ist der mit unvergleichlich größerer realer Macht als der hellenische ausgestattete Staat der Gegenwart.

Der bedeutsamste Unterschied zwischen antikem und modernem Staat liegt in der Schätzung der menschlichen Persönlichkeit. Zur Anerkennung des Menschen schlechthin als Person

---

[1]) S z a n t o S. 5. Auch Aristoteles definiert in seiner Untersuchung
über das Wesen des Bürgers die Polis als eine Menge von Bürgern:
ἡ γὰρ πόλις πολιτῶν τι πλῆθός ἐστιν, Pol. III 1275 a, 1. Vgl. auch
Thukyd. VII 77.

[2]) S z a n t o l. c.

ist es im Altertum nie gekommen, wenn auch die Idee des
Menschen und der Menschheit zuerst in Hellas ihre philosophische
Vertretung gefunden hat, und wenn auch die Sklaverei in Athen
einen viel milderen Charakter an sich trug als in Rom, ehe
stoische Lehren auch dort sie mäßigten, oder als die Neger-
sklaverei der neueren Zeit. Auch dem Fremden schlechthin war
nicht Persönlichkeit zuerkannt; allerdings ist auch hier die ursprüngliche Rechtlosigkeit des Fremden im Fortschritte der Kultur
immer mehr eingeschränkt worden. In dieser Minderschätzung
der menschlichen Persönlichkeit wird man aber einen entschiedenen Gegensatz auch nur zu dem Staate der Gegenwart erkennen.
Die altgermanische Rechtlosigkeit des Fremden und andere frühen
Kulturstufen eigentümlichen Verhältnisse der germanischen Völker,
die mannigfaltigen Abhängigkeitsverhältnisse der mittleren und
neueren Zeit, die Nichtduldung Andersgläubiger verbieten es,
den antiken Staat auch im Punkte der Wertung der Persönlichkeit
ohne Einschränkung tiefer zu stellen als die spätere Staatenwelt.
Erst das 19. Jahrhundert hat in den abendländischen Staaten
dem Satze: „Der Mensch ist Person" zum allgemeinen Siege
verholfen.

3. Der römische Staat.

Was von dem griechischen Staate gesagt wurde, gilt grundsätzlich auch von dem römischen, der ja auch aus einem Stadtstaat hervorgewachsen war und die Spuren seines Ursprunges bis
in die späteste Zeit bewahrt hat. Auch der römische Staat ist
zugleich Kultgemeinschaft, das ius sacrorum ein Teil des ius
publicum. Der Staat ist ferner nach der Anschauung seiner
Mitglieder identisch mit der Bürgerschaft, er ist civitas, d. h. die
Bürgergemeinde, oder res publica, das gemeine Wesen, die Volksgemeinde. Im Begriffe des Bürgers überwog auch in Rom das
Moment der aktiven Teilnahme am Staatsleben, um so mehr, als
Privatrechtsfähigkeit und ius suffragii et honorum ganz voneinander getrennt sein konnten, wie der mündige filius familias
und der mit commercium begabte Latiner bewiesen. Auch der
römische Staat, trotz aller Erinnerung an sein Hervorgehen aus
verschiedenen gentes, erscheint von dem Augenblicke an, da er
in die Geschichte tritt, als vollendeter Staat, der von Hause aus
alle Kompetenzen hat, dem sie nicht erst durch geschichtliche
und rechtliche Vorgänge irgendwelcher Art zuwachsen. Daher

ist der römische Staat von Anfang an eine durchgängige innere Einheit; jede Spaltung des Gemeinwesens in mehrere mit gleich ursprünglicher Herrschaft begabte Teile ist und bleibt völlig ausgeschlossen. Darum ist in jeder Epoche der Gedanke lebendig, daß bei aller Vielheit der Organe doch nur in einem einzigen die Machtfülle des Staates, das imperium, die maiestas vorhanden sei, alle anderen aber nur abgeleitetes Recht besitzen. Als der Princeps an die Spitze des Staates tritt, da wird seine Macht-stellung vermittelt durch den Gedanken, daß ihm durch die lex regia des Volkes ursprüngliches Recht übertragen sei und er demnach schließlich das ganze Volk in seiner Person repräsentiere. In der abendländischen Welt ist Macht und Umfang der Staats-gewalt zum ersten Male im römischen Weltreiche in einer Person derart verkörpert worden, daß alle Konzentrierung der Fürsten-gewalt in späterer Zeit von dem römischen Urbilde beeinflußt worden ist. Wo immer in der späteren Zeit Staaten festgefügt wurden, hat die niemals ersterbende römische Idee des Imperiums an der Vollendung des Baues mitgewirkt. Römische Vorstellungen sind durch die Glossatoren und Legisten schon im späteren Mittelalter wirkende politische Mächte geworden, und die Re-naissance hat den römischen Staatsgedanken zum Vorbild für den modernen erhoben. Nicht in der Form des hellenischen, sondern in der des römischen Staates hat der antike Staat un-mittelbar politisch auf die moderne Staatenwelt gewirkt.

Ein wesentlicher Unterschied zwischen dem griechischen und römischen Kulturkreis lag aber in der Stellung des Hausvaters zu seiner Familie. Die römische Familie beruhte auf dem Ge-danken strengster herrschaftlicher Organisation. Der paterfamilias hatte lebenslängliche politische Gewalt über die Seinen, während die griechische Familiengewalt gesetzlich geregelt, im Interesse der Gewaltunterworfenen eingeschränkt war und bei den Söhnen mit dem Zeitpunkte der Mündigkeit ihr Ende erreichte[1]. Damit aber ist die Stellung des römischen Hausvaters zur Staatsgewalt von vornherein eine ganz andere als die des Griechen. Der Römer hat selbständige, vom Staate nicht abgeleitete und nicht einmal von ihm kontrollierte Herrschergewalt, die einer Staats-gewalt gleicht. Von einer kleinen Monarchie unterschied sich, an unseren Begriffen gemessen, die römische Familie nur dadurch,

---

[1] B u s o l t S. 19 ff.

daß sie kein Gebiet hatte, sondern reiner Personenverband war.
Mit solcher Stellung des Hausvaters aber ist die Anerkennung
einer selbständigen, vom Staatsgebot freien individuellen Persönlichkeit, wenigstens für den homo sui iuris, bereits in den
anfänglichen staatlichen Institutionen begründet. Hatte sich doch
der Staat nach der Erinnerung des Volkes aus einem Bunde der
zu gentes zusammengefaßten Familien entwickelt, so daß die
Familie — quasi seminarium rei publicae, wie sie Cicero[1])
nennt — als in der Staatsverbindung fortdauernde, ursprünglichste
politische Organisation erscheint. So ist denn die Scheidung
einer öffentlichen und einer privaten Macht und der darauf
basierte Grundsatz von öffentlichem und Privatrecht bereits in
dem geschichtlichen Aufbau des römischen Staates begründet. Der
Römer ist auch dem Staate gegenüber Person. Es ist für den
römischen Geist bezeichnend, daß Scheidung sowohl als Zusammenhang des öffentlichen und Privatrechtes mit dem Augenblick ins Bewußtsein tritt, von dem an überhaupt von einer
römischen Wissenschaft die Rede sein kann. So wenig läßt der
Römer das Individuum im Staate aufgehen, daß ihm umgekehrt
die ganze Staatsordnung als in den Dienst des Individuums gestellt erscheint. Ganz wie beinahe zwei Jahrtausende später
Locke läßt Cicero die Eigentumsordnung als den wichtigsten
Gegenstand des gesamten politischen Lebens erscheinen[2]). Auch
an dem Streben nach Weltherrschaft hat der auf Privatvorteil
bedachte individuelle Egoismus einen großen Anteil gehabt. Die
Unterordnung des Individuums unter das Ganze ist ihm reichlich
gelohnt worden.

Das klare rechtliche Bewußtsein einer politischen
Freiheitssphäre hat den Römern wie den Griechen, und zwar aus
gleichen Gründen, gemangelt, obwohl sich deutliche Spuren der
Vorstellung nachweisen lassen, daß selbst die Macht des Gesetzgebers gegenüber dem Individuum Schranken habe[3]).

---

[1]) De off. I 17, 54.
[2]) Vgl. oben S. 199 Note 4.
[3]) Vgl. die bei Jhering, Geist des römischen Rechts, 4. Aufl. II[1]
§ 26 S. 60 N. 44 u. 45, zitierten Stellen des Cicero. Die stoisch-cicero-
nianische Lehre vom ius naturae, die später von der Jurisprudenz weiter
entwickelt wurde, trägt bereits Keime der Forderung einer Beschränkung
der gesetzgebenden Gewalt des Staates in sich, die mit den modernen
naturrechtlichen Anschauungen dieser Art in nachweisbarem Zusammenhang stehen.

Der Gedanke aber, nur dem Gesetze und damit beschränkter Herrschaft untertan zu sein, war wie in Hellas, so auch in Rom lebendig. Hingegen ist die Qualität des Bürgers als des Trägers von Ansprüchen auf Staatsleistungen und auf Teilnahme am Staate von dem scharf unterscheidenden juristischen Verstande der Römer in voller Klarheit erfaßt worden. Die rechtliche Natur der Zivität ist in Rom so reich als möglich entwickelt; ihre verschiedenen Abstufungen beweisen, wie genau man sich der Fülle des in ihr enthaltenen individuellen Rechtskreises bewußt war. Selbst der moderne Begriff des Passivbürgers, des civis sine suffragio, ist der Republik nicht fremd geblieben[1]), und damit ist der Typus des antiken Bürgers, dessen wesentliches Merkmal aktive Teilnahme am Staate ist, durchbrochen. Die beiden Seiten des Freiheitsbegriffes sind den Römern wohlbekannt. In den Digesten ist uns sogar nur die Definition der bürgerlichen, nicht der politischen Freiheit aufbewahrt[2]). Der Staat tritt allerdings dem Bürger nicht als gleichwertiges Rechtssubjekt gegenüber, eine actio gegen den populus wird dem Bürger nicht gegeben[3]): darin aber stehen viele moderne Rechtsordnungen, allen voran die anglo-amerikanische, der römischen gleich.

Die dem Staate gegenüber selbständige Einzelpersönlichkeit ist auch in Rom in vollem Umfange nur im Bürger vorhanden. Dem Menschen schlechthin wird Persönlichkeit auch dann nicht zuerkannt, als das Christentum ausschließliche Staatsreligion geworden war. Das antike christliche Rom hat die Basis des alten Staatswesens keineswegs aufgegeben. Von ihm gilt daher dasselbe wie von dem heidnischen Rom. Trotzdem die Kirche ihre Selbständigkeit fordert, bleibt auch in der christlichen Zeit der antike Staat Kultgemeinschaft. Bei der Ausschließlichkeit des Christentums aber im Gegensatz zu den mannigfaltigen, bis dahin neben der Staatsreligion zugelassenen heidnischen Kulten des

---

[1]) Mommsen Abriß des römischen Staatsrechts 1893 S. 54 f.

[2]) Florentinus l. 4 pr. D. de statu hom. 1, 5. Libertas est naturalis facultas eius, quod cuique facere libet, nisi si quid vi, aut iure prohibetur. Über den individualistischen Freiheitsbegriff der Römer vgl. Jhering Geist des römischen Rechts II[1] § 31 S. 136 ff.

[3]) Wohl aber gibt es ein Verwaltungsverfahren, wenn Individuum und populus einander gegenüberstehen, wie denn auch anderseits der populus durch eine ihn vertretende Person gegen den Privaten klagen konnte. Vgl. Karlowa Römische Rechtsgeschichte I 1885 S. 172 ff.

Weltreiches bildet sich der neue Gegensatz von Gläubigen, Ketzern und Ungläubigen, von denen nur die ersteren volle Existenzberechtigung haben. Wenn Prinzipat und Kaisertum die öffentlichen Rechte der Person auf ein Minimum reduziert hatten, so daß das Wesen des Bürgers schließlich beinahe nur in der Privatrechtsfähigkeit ruhte, so wird nun die bis dahin in religiösen Dingen, soweit nicht staatliche Interessen direkt in Frage kommen, faktisch bestehende Freiheit[1]) völlig vernichtet. Der römische Staat seit Konstantin und das byzantinische Reich sind die Bildungen, auf welche einzig und allein der Satz paßt, daß das Individuum als selbständige Existenz dem Staate unbekannt sei. Niemals hat es in der Geschichte der abendländischen Völker eine Epoche gegeben, in welcher das Individuum mehr zerdrückt worden wäre als in dieser, zumal ihm keine geschichtliche Möglichkeit gegeben war, wie dem Menschen der späteren absolutistischen Bildungen, diesen Druck von sich abzuwälzen. Nur von einer, überdies kümmerlich geschützten Privatrechtssphäre umgeben, genoß der einzelne weder Macht noch Freiheit von der Macht. Tiefes Dunkel, das erst jetzt zu weichen beginnt, hat sich namentlich über die spätere Zeit Ostroms gebreitet, in welcher der Staatsabsolutismus seine höchsten Triumphe feierte.

4. Der mittelalterliche Staat.

Der antike Staat ist eine durchgängige, keine innere Spaltung duldende Einheit. Der Gedanke des einheitlichen Wesens des Staates durchdringt die ganze politische Entwicklung und Wissenschaft des Altertums. Eine Zerreißung des Staates in Herrschende und Beherrschte, die sich nach Art kämpfender und Frieden schließender Parteien gegenüberstehen, ist ihm immer fremd geblieben.

In diesem Punkte liegt nun der bedeutsamste Gegensatz zu der Staatsentwicklung des Mittelalters, namentlich bei den germanischen Völkern. Was Hellas und Rom ursprünglich gegeben war, mußte von den neueren Völkern in hartem und schwerem Kampfe erst errungen werden.

---

[1]) Die Indifferenz der Römer in religiösen Dingen, die Freiheit, die sie fremden Kulten derart gewährten, daß das Heidentum in „Theokrasie" endete, sind allbekannt; ebenso, daß die Juden- und Christenverfolgungen nicht religiöser, sondern politischer Natur waren.

Die mittelalterliche Geschichte beginnt mit höchst rudimentären Staatsbildungen, die sich erst nach und nach zu dem
steigern, was uns heute als Staat im vollen Sinne erscheint.
Und zwar ist es die antike Idee der Staatseinheit, welche in
diesem Staatenbildungsprozesse nachwirkt; das nie vergessene
Vorbild des römischen Reiches mit seiner festen Organisation
und Zentralisation, mit seiner Konzentrierung der Staatsgewalt
beeinflußt nachweisbar die Entstehung und Durchbildung der
großen Reiche der mittelalterlichen Welt[1]), von denen die meisten
sich nur kurze Zeit behaupten können, um sodann entweder in
Teile zu zerfallen oder gänzlich zu verschwinden. Ausnahmsweise haben auch morgenländische Ideen auf die Bildung christlicher Staaten gewirkt, namentlich auf die des Normannenreiches
in Sizilien in der Form, die ihm Kaiser Friedrich II. gegeben hatte,
das einer Mischung von sarazenischem und spätrömischem Staate
glich, d. h. einer durch eine despotische Beamtenschaft zusammengefaßten willenlosen Horde steuerpflichtiger, in ihrem Privatleben fühlbar kontrollierter Untertanen[2]). Aber auch dieser erste
Versuch, einen einheitlichen Staat mit starkem, unwidersteh-
lichem Imperium zu schaffen, verschwindet bald spurlos.

Die Unfertigkeit des Staates der germanischen Welt am
Beginne ihrer politischen Geschichte zeigt sich vor allem darin,
daß ein wichtiges Element des vollendeten Staates sich erst nach
und nach in ihm herausbildet. Der germanische Staat ist ursprünglich völkerschaftlicher Verband, dem die stetige Beziehung
zu einem festen Territorium mangelt[3]). Die dauernde Ver-

---

[1]) Über den Eindruck, den der Anblick des Römerreichs auf die eindringenden Germanen machte, vgl. Bryce The Holy Roman Empire
11 ed., London 1892, p. 16 ff. Welche Stellung man auch zu der Frage
nach der Einwirkung römischer Institutionen auf die Bildung des
Frankenreiches einnehmen möge (vgl. Brunner Deutsche Rechtsgeschichte II 1892 S. 2 ff.), so wird man für die Zentralisation der
fränkischen Verwaltung das Vorbild Roms schwerlich leugnen können.
Vgl. auch Lamprecht Deutsche Geschichte I 1891 S. 299 ff.

[2]) J. Burckhardt a. a. O. S. 3 f.; Winkelmann Gesch. Kaiser
Friedrichs d. Zweiten I 1863 S. 127; K. Hampe Deutsche Kaisergeschichte
1909 S. 225.

[3]) Schröder Rechtsgeschichte S. 16 ff. — G. Grosch, Der Staat
und seine Aufgabe, Arch. f. ö. R. XXV 1909 S. 432 ff., leugnet daher den
Staatscharakter jener Verbände, mit Recht, wenn man die Vergangenheit
an unsern heutigen Begriffen messen dürfte.

knüpfung des Gebietes mit der Völkerschaft hat sich erst in
historischer Zeit allmählich vollzogen. In der Art und Weise
dieser Verknüpfung ist aber das Geschick des modernen Staates
im voraus bestimmt worden. Während der antike Staat bis an
sein Ende die Polis zum Mittelpunkt hatte, das Territorium selbst
des römischen Weltreiches nur als von der Stadt abhängiges Gebiet betrachtet wird, fehlt den germanischen Staaten dieser Mittelpunkt, ja der Mittelpunkt überhaupt. Der germanische Staat ist
von Haus aus Landstaat, der ein persönliches, aber kein ding-
liches Zentrum hat; der Sitz des Fürsten ist etwas Zufälliges,
von der staatlichen Organisation gänzlich Unabhängiges[1]). Damit
ist aber von vornherein ein Mangel an Zentralisation gegeben.
Straffe Organisation eines auf eine weite Fläche ohne bedeutende
Zentren verteilten Volkes stößt namentlich in einer Zeit unentwickelten Kommunikationswesens und überwiegender Naturalwirtschaft auf die größten Schwierigkeiten, und die dahin zielenden Versuche, so vor allem die karolingische Grafschafts-
verfassung, bleiben ohne dauernden Erfolg. Gerade die großen
Schwierigkeiten aber, die sich der Ausprägung der Einheit des
völkerschaftlichen Lebens entgegenstellen, erwecken das Streben,
die Zentralgewalt so sehr als möglich zu stärken, und so entsteht mit dem Seßhaftwerden der Stämme das in seinen Anfängen
nur ein der Landsgemeinde untergeordnetes Amt bezeichnende[2])
Stammeskönigtum, aus dem aber das ganze mittelalterliche Königtum sich entwickelt. Ohne Königtum, ohne Zusammenfassen
der geringen Kräfte des damaligen Staates in e i n e r Hand,
wären die germanischen Staaten in politisch ohnmächtige Kantone
zersplittert worden. Die germanische Welt ist daher eine m o n -
a r c h i s c h e, und damit ist ihre ganze staatliche Entwicklung
bis in die Gegenwart bestimmt.

Das germanische Königtum entwickelt sich später dahin, daß
es sich wesentlich aus zwei Elementen zusammensetzt, der persönlichen Herrschergewalt und dem Obereigentum an allem Grund
und Boden. Beide Rechte sind von Haus aus nicht unbeschränkt.
Neben dem Königsgericht bleibt das Volksgericht bestehen[3]). Dem

---

[1]) B r u n n e r II 1892 S. 95.

[2]) Vgl. S c h r ö d e r S. 26 ff.; W. S c h ü c k i n g Der Regierungsantritt
I 1899 S. 18 ff.

[3]) Vgl. B r u n n e r II S. 137 ff.

königlichen Obereigentum steht auf mannigfache Weise be-
gründetes Privateigentum als der königlichen Verfügungsgewalt
unantastbar gegenüber. Das germanische Königtum wird daher
als eingeschränkte Macht geboren. Damit ist aber von vornherein ein Dualismus zwischen Königsrecht und Volksrecht gesetzt, den das Mittelalter niemals überwunden hat. Der
mittelalterliche Staat ist dualistisch geartet, während der
antike Staat seinem innersten Wesen nach monistisch war
und geblieben ist.

Dieser Dualismus zeigt sich vor allem darin, daß Königsrecht und Volksrecht der Anschauung jener Zeiten als gleich
ursprünglich erscheinen. Dem monistischen politischen Denken
der Römer war die Ableitung der Gewalt des princeps aus einer
Konzession des populus natürlich. Jede derartige Konstruktion
widerstrebt aber der ursprünglichen germanischen Rechtsanschauung, der das Königsrecht ebenso wie das Privatrecht des
einzelnen als selbständig erschien. Erst die romanistisch-kano-
nistische Theorie des Mittelalters hat vermittelst Gedanken, die
dem germanischen Wesen anfänglich fremd waren, das Volk
entweder in die es repräsentierende Person des Königs verlegt
oder das Königsrecht als ein Erzeugnis des Volksrechtes hingestellt.

Der bereits in der ursprünglichen Anlage des germanischen
Staates begründete Dualismus kommt aber zu immer schärfer
werdendem Ausdruck mit der fortschreitenden Feudalisierung.
Der germanische Staat ist niemals Depositar der ganzen öffentlichen Gewalt gewesen[1]. Das Volksgericht wird selbst späterhin
von der sich ausbreitenden Staatsgewalt zwar beschränkt, aber
nicht vernichtet. Die Hofgerichte der Grundherren ruhen auf
deren eigenem Recht, so wie die kirchliche Gerichtsbarkeit vom
Staate zwar anerkannt oder beschränkt, aber nicht geschaffen
werden kann. Durch die Feudalisierung der königlichen Ämter
und die spätere Fortbildung der Immunitäten entstehen im Staate
neue, vom Staate immer mehr unabhängig werdende Gewalten
öffentlicher Art. Soweit die römische Munizipalverfassung reicht,
ist auch den Städten von Haus aus eine weitgehende, in Italien
bis zu völliger Unabhängigkeit reichende politische Selbständig-

---

[1] Gegen die neuerdings wieder aufgetauchten übertriebenen Vorstellungen von dem Absolutismus der Merowinger: Brunner II S. 9 ff.

keit zu eigen. Zu ihnen treten später die neugegründeten, mit
königlichen Privilegien ausgestatteten Städte in Deutschland und
Frankreich, die sich zum Teil zu herrschenden Korporationen
erheben. Dadurch bedeutet die Zwiespältigkeit des staatlichen
Wesens auch eine Zersplitterung der gesamten öffentlichen Gewalt, und die Geschichte der mittelalterlichen Staaten ist zugleich eine Geschichte der Versuche, diese Zersplitterung zu
überwinden oder doch ihre Folgen zu mindern.

Die Form, in der dieser Versuch sich vollzieht, ist die des
ständischen Staates. Zurückweisend auf die altgermanische
Institution, daß wichtige, die ganze Volksgemeinde betreffende
Angelegenheiten nicht ohne Zustimmung des Volksheeres vorgenommen werden sollen, faßt der ständische Staat die verschiedenen politischen Untergewalten zu einer Einheit zusammen,
die dem König- oder Fürstentum geschlossen gegenübertritt. Der
ständische Staat ist der typische Ausdruck der dualistischen
Gestaltung des germanischen Staatswesens. Da, wo kraft der
historischen Kontinuität romanistische Gedanken lebendig geblieben waren, wie vor allem in Italien und dem byzantinischen
Reiche, ist es niemals zu ständischen Institutionen gekommen.

Die historischen Gründe, die in den einzelnen Staaten zu
einer Zusammenfassung der feudalen und munizipalen Gewalten
zu Reichs- und Landständen geführt haben, sind sehr mannigfaltig. Äußere Politik, wie Philipps des Schönen Streit mit der
Kirche, Kriegszüge, Thronstreitigkeiten, Wahrung des Land-
friedens, Finanznot der Fürsten, aber auch Behauptung und
Erweiterung der Freiheiten 'und Rechte der Lehnsträger und
Gemeinden gegenüber dem Fürsten sind Motive gewesen, die
korporative Gestaltung der Stände bewirkt haben. Die Stände
stehen überall als selbständige Körperschaften dem Könige oder
Landesherrn gegenüber. Daß sie und der Fürst beide nur Glieder
eines und desselben einheitlich zu denkenden Staates sind, das
wird zwar in der auf antiken Traditionen beruhenden, dem
wirklichen Leben indes abgewendeten Theorie behauptet, hat
aber in den politischen Überzeugungen dieser Zeit keine Stätte.
In ihnen treten vielmehr rex und regnum als zwei scharf voneinander geschiedene Rechtssubjekte hervor, von denen keines
die Superiorität des anderen anerkennen will. Wie ein Doppel-
staat erscheint unserem heutigen Denken der ständische Staat
in seiner extremsten Ausbildung, in dem Fürsten und Stände

ihre besonderen Beamten, Gerichte, Kassen, ja selbst Heere und
Gesandten haben[1]). Unzähligemal wird, gestützt auf die Autorität
des Aristoteles, von den Anhängern ständischer Herrschaft
der Satz vom rex singulis maior, universis minor behauptet,
der in der Sprache dieser Epoche nur dem gänzlichen Mangel
der Vorstellung eines sowohl den rex als das regnum umfassenden gemeinsamen Bandes Ausdruck gab. Hat doch in Deutschland sowohl die Gegenüberstellung als auch die Zusammenfassung
von Kaiser und Reich bewiesen, daß man beide als eine Einheit
nicht zu denken vermochte[2]).

Der durch die Grundlagen seiner politischen Entwicklung
beschränkte mittelalterliche Staat ist aber noch durch eine andere,
dem antiken Staatswesen unbekannte Macht begrenzt. Seit dem
Falle des weströmischen Reiches steht die Einheit der Kirche
der Vielheit der sich neubildenden Staaten gegenüber. Wie immer
im Laufe der Zeiten das Verhältnis von Staat und Kirche sich
gestaltet hatte, stets war eine außerstaatliche, Gehorsam hei-
schende, mit sicher wirkenden Mitteln ihn sich erzwingende
Macht vorhanden, mit welcher der Staat zu rechnen hatte, um
so mehr, als diese Macht in allen ihren Schicksalen den Anspruch auf Unterordnung des Staates unter ihre Autorität erhob.
Ob nun die Kirche ihre Superiorität über den Staat bewährte,
wie in den Kämpfen mit dem Kaiser vom 11. bis 13. Jahrhundert,
oder ob sie widerwillig in den Dienst des Staates gezwungen
wurde, wie in Frankreich im 14. Jahrhundert, unter allen Umständen war ein breites Gebiet menschlichen Gemeinlebens vorhanden, das der Herrschaft und dem Einfluß des Staates gänzlich
entrückt war.

Welche Versuche auch immer später gemacht worden sind,
um den Dualismus von Staat und Kirche zu überwinden, so ist
doch selbst bei dem ausgebildetsten Staatskirchentum der Unterschied beider Mächte deutlich ausgeprägt und daher das Bewußtsein herrschend, daß an der Lehre und Disziplin der Kirche
der Staat seine feste Schranke habe. So verschiedenartig auch

---

[1]) Vgl. für Deutschland Gierke Genossenschaftsrecht I S. 535 ff.;
Rachfahl Die Organisation der Gesamtstaatsverwaltung Schlesiens
1894 S. 150 ff.; ferner die vorzügliche Schilderung von v. Below
Territorium und Stadt 1900 S. 248 ff.

[2]) Nach den Untersuchungen von R. Smend allerdings bekam die
Formel „Kaiser und Reich" dualistische Bedeutung erst später: Historische
Aufsätze, Karl Zeumer als Festgabe dargebracht, 1910 S. 439 ff.

das Verhältnis des Staates zu den religiösen Interessen des Volkes gestaltet sein mag, so ist doch selbst beim Systeme des Religionszwanges der Staat durch unverrückbare Grenzen ein-geengt. Er kann zwar Bekenntniszwang üben, das Bekenntnis selbst aber nicht nach Gutdünken modifizieren. Je unabhängiger hingegen die kirchliche Organisation von der staatlichen ist, zumeist also in dem Gebiete der abendländischen Kirche, desto größer und sichtbarer ist der Spielraum, den der Staat kraft der Gestaltung der historischen Verhältnisse einer ihm selb-ständig gegenüberstehenden Macht einräumen muß.

Diese Beschränkung und Spaltung des mittelalterlichen Staates wird aber noch gesteigert dadurch, daß in den meisten Fällen die große Masse des Volkes dem Staate überhaupt ent-fremdet wird. Das gilt nicht etwa nur für die deutschen Terri-torien, in welchen der Staatsgedanke vorerst noch nicht lebendig ist, wo schließlich nur kümmerliche Reste der Unterordnung des einzelnen unter das Reich existieren, sondern selbst da, wo die Stände sich als politische Nation fühlen, was eben den Ausschluß der größten Zahl der Untertanen vom öffentlichen Leben bedeutet. Dazu kommen die Verhältnisse der Unfreiheit in ihren zahlreichen Abstufungen, die, mit wenigen Ausnahmen, bewirken, daß die aktive Teilnahme am Staate auf einen ver-hältnismäßig viel kleineren Kreis eingeschränkt wird als in den antiken Staaten mit ihren staatsfremden Sklaven und Schutz-genossen.

Die ersten nachhaltigen Versuche, die Staatseinheit zu ge-winnen, gehen im späteren Mittelalter von staatsähnlich organi-sierten Städten aus. Wiederum wird, in anderer Form allerdings als der ursprünglichen, der Gedanke der Polis lebendig. In Italien hat, wie erwähnt, der mittelalterliche Dualismus nie festen Boden gefaßt. Die italienischen Stadtrepubliken des Mittel-alters sind inmitten einer dualistisch gearteten Staatenwelt mo-nistisch gestaltet. Die italienische Stadttyrannis des 14. und 15. Jahrhunderts schafft das Bild einheitlicher, von einem macht-vollen und rücksichtslosen Willen zusammengehaltener Gemein-wesen[1]). Mit der Renaissance wird in Italien auf historisch dazu vorbereitetem Boden der moderne Staatsgedanke geboren. Der Staat, wie ihn M a c h i a v e l l i sich denkt, trägt zwar viele Züge

---

[1]) Vgl. die glänzende Schilderung von J. B u r c k h a r d t a. a. O. I Kapitel 1.

des antiken Staates, es ist aber in Wahrheit der neue Staat, der sich als schlechthin erhabene Macht über alle seine Glieder erweisen und behaupten will.

Dauerndes vorbildliches Beispiel eines in sich einheitlichen Verbandes bot aber allen Staaten des Mittelalters die K i r c h e dar, die, in sich keine Spaltung und Gegensätze duldend, den Wert monistischer herrschaftlicher Organisation allen deutlich offenbarte. Auch die Kirche hat zwar eine Epoche aufzuweisen, in welcher der Gegensatz von Papst und Konzil den von König und Reich zu wiederholen schien, allein durch die ganze Tradition, welche sie beherrschte, konnte es von Anfang an nicht zweifelhaft sein, daß der Sieg einem der beiden Organe gehören mußte. Eine dualistische Gestaltung der Kirche war mit ihrer Idee unvereinbar.

5. Der moderne Staat.

Durch Überwindung des zwiefachen Dualismus von König und Volk, von weltlicher und geistlicher Gewalt ist der moderne, als Verbandseinheit erscheinende, verfassungsmäßig gegliederte Staat entstanden. Das ist in jedem einzelnen Staate, wenn auch unter dem Einfluß der allgemeinen politischen Verhältnisse, wie nicht anders möglich, in eigenartiger, unwiederholter Weise geschehen. Jede nähere Ausführung darüber würde die Ökonomie dieses Werkes weit überschreiten. Vielmehr muß die wesentliche Kenntnis der inneren Schicksale der neueren Staaten hier vorausgesetzt werden: ein Lehrbuch der neueren Geschichte als Episode einzuflechten, ist nicht meine Aufgabe.

So verschieden daher Anlässe und Mittel zur Überwindung jenes doppelten Dualismus in den einzelnen Staaten waren, so sehr hat sich in den Kämpfen um eine neue Gestaltung der Verhältnisse zunächst ein wichtiges Resultat ausgeprägt: die Herstellung des einheitlichen Staates aus dem Widerstreite seiner Teile.

Der Kampf zwischen Staat und Kirche wird durch die Reformation zugunsten des Staates nicht nur in den protestantischen Ländern entschieden. Die Interessen der reduzierten katholischen Kirche, die Möglichkeit, ihre nie aufgegebenen Ansprüche auf Wiedergewinnung der von ihr abgefallenen Glieder dereinst zu verwirklichen, sind so sehr von der Unterstützung der katholischen Mächte abhängig, daß bei allem Gegensatz der Konflikt

zwischen Staat und Kirche in katholischen Ländern nunmehr
nie die Höhe erreichen kann wie im Mittelalter.

So ist es denn das wichtigere Ziel der ersten Jahrhunderte
der neueren Geschichte, den fürstlich-ständischen Dualismus gänzlich zu überwinden. Sobald die Gesamtheit der veränderten wirtschaftlichen und militärischen Verhältnisse eine Konzentration der
fürstlichen Gewalt zuläßt oder erfordert, ist das Bestreben, den
Schwerpunkt des Staates in den Fürsten zu verlegen, von selbst
gegeben. Damit ist die innere Geschichte der modernen Staaten
lange Zeit von Kämpfen um die Stellung der fürstlichen zur
ständischen Gewalt erfüllt. In diesem Kampfe werden eine Reihe
von Möglichkeiten verwirklicht. Das ständische Corpus gliedert
sich dem Staate ein, wird ein aktives Organ des einheitlichen
Staates wie in England, die Stände mediatisieren das Königtum
und führen damit eine aristokratische Herrschaft mit einem
Scheinmonarchen an der Spitze ein, wie im Deutschen Reiche,
in Polen und zeitweilig in Schweden, oder der Monarchie gelingt
es, die Stände zu beugen, zu einem wesenlosen Schatten herab-
zudrücken oder gänzlich zu vernichten, wie in Frankreich, in
Spanien, in Dänemark und nach dem Dreißigjährigen Kriege in
der Mehrzahl der deutschen Territorien, oder es wird endlich
eine anerkannte Vorherrschaft der Krone über die Stände begründet, wie in Ungarn seit 1687.

Von großer Bedeutung ist namentlich die Lösung im absolutistischen Sinne gewesen, indem die absolut gewordene Monarchie zuerst unter den großen westlichen Staaten der nach-
römischen Zeit die Idee der Staatseinheit verwirklicht hat. Sie
hat voneinander ursprünglich unabhängige Gebiete zu innerer
Einheit verbunden, ein einheitliches, von dem Zufall der
Lehnstreue unabhängiges Heerwesen geschaffen, ein staatliches
Beamtentum hergestellt, die Justiz in vollem Umfange dem Staate
gewonnen oder doch die Rechte feudaler Gerichtsgewalt unter
ihre Aufsicht gestellt, die ständische Verwaltung von ihrer koordinierten zu einer strenge untergeordneten Stellung herabgedrückt. Durch Zerreibung der feudalen Gewalten hat sie unbeabsichtigt den großen Nivellierungsprozeß vollzogen, der die
vielfach abgestufte ständische Gesellschaft in die staatsbürgerliche, auf dem Boden grundsätzlich gleicher Rechtsfähigkeit
stehende hinübergeführt hat. In Spanien und Frankreich wie
in Brandenburg-Preußen und der habsburgischen Monarchie ist

also der Gedanke des einheitlichen, keine inneren Spaltungen
aufweisenden, unteilbaren Staates von den absoluten Herrschern
seiner Verwirklichung zugeführt worden. Auch das in so vielen
Stücken hinter dem Westen zurückstehende Rußland hat die
scharfe Ausprägung seiner Staatseinheit dem Absolutismus der
Romanows zu danken. Wo die konzentrierte, nach absoluter Gewalt strebende Herrschaft gar nicht vorhanden war, da ist auch
die Staatseinheit nicht erreicht worden, sondern Zerfall des
Staates eingetreten, wie in Deutschland und Polen, oder an Stelle
des Staatsverbandes nur ein Bundesverhältnis entstanden, wie
in der Schweiz und den Niederlanden.

Die Ausbildung der absoluten Monarchie in den kontinentalen
Staaten eingehend zu verfolgen, ist schon deshalb von höchster
Bedeutung, weil sie uns lehrt, wie die größten geschichtlichen
Resultate unbeabsichtigte Nebenwirkungen zweckbewußter Handlungen sein können. Den einheitlichen Staat aus dem losen Gefüge feudal-ständischer Verbände herzustellen, war keineswegs
die ursprüngliche Absicht der Fürsten. Sie fühlten sich vielmehr
anfangs wesentlich als eine außerhalb des werdenden einheitlichen
Staates stehende Macht, über den als Herr zu walten sie sich
als Aufgabe setzten. So ward ein neuer Dualismus zwischen dem
Herrscher einerseits und Land und Leuten anderseits geschaffen.

Vollendet wird der Ausbau des modernen Staatswesens durch
die großen Wandlungen, die sich infolge revolutionärer Erschütterungen innerhalb der Staaten, des Auseinanderfallens früher zur
Einheit verbundener Völker in mehrere Staaten und wiederum
des Zusammenschlusses getrennter, aber zusammengehörender
Staaten zu politischer Einheit vollziehen. Die englischen Revolutionen des 17., die amerikanische und französische des 18.,
der Zusammenbruch des alten Reiches am Beginn des 19. Jahrhunderts, die Bewegung des Jahres 1848, die Herstellung der
italienischen und der deutschen Einheit, um nur die allergrößten
Ereignisse zu nennen, die den inneren Bau der Staaten umgestaltet haben, sie alle haben neben zahllosen anderen Wirkungen auch die der klareren, unzweideutigeren Ausgestaltung
der Staatseinheit in allen Institutionen und der schärferen, jeden
Zweifel beseitigenden Ausprägung des körperschaftlichen Charakters des Staates gehabt. Das letztere ist erst durch die Herstellung jener Einheit möglich geworden. Erst durch sie ist die
Ausbildung des Staates als eines gegliederten Gemeinwesens

möglich geworden, daß seine Funktionen durch eine Mehrheit
verfassungsmäßig geordneter Organe versieht und feste Rechtsschranken zwischen sich und seinen Angehörigen errichtet. Einheit
und verfassungsmäßige Gliederung, gesetzliche Selbstbeschränkung
des Staates gegenüber dem einzelnen sind die wesentlichen Merkmale dessen, was wir als modernen Staat bezeichnen, und was
ihn in der Gesamtheit dieser Merkmale von allen Staatsbildungen
der Vergangenheit trennt.

So steht denn der einheitliche Staatsgedanke am Schlusse
einer großen historischen Entwicklung. Der moderne Staat hat
als Endpunkt erreicht, was für den antiken bereits Ausgangspunkt
war. Der moderne Staat schreibt sich daher, wie der antike, ja
dem faktischen Umfange nach noch in größerem Maße als dieser,
Recht und Macht zu, alle Seiten des Gemeinlebens zu beherrschen;
er stellt zwar bedeutsame Schranken seines Wirkungskreises
fest, allein nur solche, die er sich selbst in Erkenntnis seiner
Aufgaben gesetzt hat. Hingegen erkennt er kein außerstaatliches
Recht irgendeines seiner Glieder an, das ihm eine absolute
Schranke böte. Täte er es, so würde damit von neuem jener in
jahrhundertelangem Kampfe überwundene Dualismus in die Erscheinung treten.

Auch die politischen Theorien der neueren Zeit enthalten
alle das mehr oder minder ausgeprägte Streben, den Staat als
eine Einheit zu erfassen. Welche Bedeutung der Souveränetätsbegriff in diesem Gedankenprozesse hat, wird an anderer Stelle
eingehend erörtert werden. Hier sei nur darauf hingewiesen, daß
das erste geschlossene System des Naturrechts, die absolutistische
Lehre des Hobbes, den Staat als einheitliche Persönlichkeit
erfaßt, der Schranken durch keinen ihr gegenüberstehenden
Willen gesetzt werden können. Wenn auch das Naturrecht den
Staat aus den Individuen ableitet, so läßt es doch den einmal
geschaffenen Staat sich als höhere Macht gegenüber jeder anderen
bewähren; in diesem Punkte sind alle Naturrechtslehrer einig,
mögen sie, wie Locke, natürliche Grenzen der Staatsgewalt
anerkennen oder, wie Rousseau, solche Grenzen nur in dem
Belieben des souveränen Gemeinwillens finden. Auch den
Dualismus von Staat und Kirche wollen diese Lehren überwinden, indem der Staat ihnen zufolge auch in kirchlichen Dingen
die höchste Gewalt hat. Die naturrechtliche Forderung einer
Staatskirche, die in der Lehre Rousseaus von der religion

civile gipfelt, ist die letzte Konsequenz des Strebens, den in sich
einheitlichen Staat zu konstruieren. Die moderne juristische
Theorie vom Staate hat diesen Gedanken dahin fortgebildet, daß
sie dem Staate das formelle Recht zuschreibt, nach seinem Ermessen die Grenzen seiner Wirksamkeit zu bestimmen, so daß
prinzipiell nichts dem menschlichen Gemeinleben Angehörige
seiner regulierenden Macht entrückt ist.

Der einheitliche, alle öffentlichen Gewalten in sich vereinigende und alles Recht seiner Glieder bestimmende Staat der
neueren Zeit hat sich uns als Ergebnis langsamen Wachstums
und eines langen, tiefgehende Spaltungen überwindenden Prozesses dargestellt. Weit gefehlt aber wäre es, daraus den Schluß
zu ziehen, der moderne Staat habe sich dem antiken nun völlig
angenähert, so daß zwischen beiden ein prinzipieller Gegensatz
nicht mehr besteht. Vielmehr hat die ganze historische Entwicklung dem modernen Staat ein charakteristisches Gepräge
aufgedrückt, das ihn von allen früheren Staatsbildungen wesentlich unterscheidet. Jener Dualismus ist zwar überwunden worden,
hat aber bleibende, unverwischbare Spuren im Bau der heutigen
Staaten zurückgelassen, die uns erst durch die Kenntnis ihrer
Geschichte von Grund aus verständlich werden.

Vor allem zeigt sich das in der Stellung des Individuums
zum Staate. In der neueren Geschichte ist der einzelne oft viel
weitergehenden Beschränkungen durch den Staat unterworfen
gewesen als in der Blütezeit des antiken Staates. Im Altertum
aber mangelt durchaus das klare Bewußtsein eines positiv-rechtlichen Anspruches auf eine Freiheitssphäre gegenüber dem
Staate[1]). Im Staate der neueren Zeit hingegen ist selbst in Epochen
von schrankenlosem Absolutismus niemals die Überzeugung
zu unterdrücken gewesen, daß das Individuum auch dem Staate
gegenüber eine selbstberechtigte und daher von ihm anzuerkennende sittliche und rechtliche Größe sei. Diese Überzeugung
ist die Frucht des doppelten Gegensatzes, der von dem modernen
Staate zu überwinden war und aus den Gedanken der Menschen
niemals gänzlich entschwunden ist. Der Gegensatz von König
und Volk wirkt heute noch nach in der Vorstellung, daß die
Staatsgewalt dem Volke gegenüber Grenzen habe, daß trotz recht-

---

[1]) Die obenerwähnten Spuren einer modernen Anschauung vermögen
die Geltung dieses Satzes nicht zu erschüttern.

licher Souveränetät dem Staate Schranken gezogen sind. Die mittelalterlichen Freiheiten und Privilegien von einzelnen, Körperschaften, Ständen stehen in nachweisbarer geschichtlicher Verknüpfung mit den modernen verfassungsmäßigen Freiheiten. Ebenso hat der Gegensatz von Staat und Kirche nach langen Kämpfen die heute in den Kulturstaaten allgemein herrschende Überzeugung ausgewirkt, daß an dem religiösen Gewissen seiner Glieder die Staatsmacht eine unübersteigliche Schranke habe. Der potentiell schrankenlose Staat der juristischen Theorie hat sich zwar energisch gegen die kirchlichen Anmaßungen zur Wehr gesetzt, die ihm ein selbständiges, von ihm unabhängiges äußeres Herrschaftsgebiet entgegenstellten, ist aber durch diese Kämpfe zur Überzeugung gelangt, daß faktische Grenzen des Imperiums in der religiösen Innerlichkeit des Individuums und deren Betätigung liegen. Diese durch die in der Reformation geschaffenen Gegensätze vermittelte Überzeugung ist in erster Linie bestimmend für die ganze moderne Gestaltung des Verhältnisses von Staat und Individuum geworden.

Ohne diesen zwiefachen Dualismus des mittelalterlichen Staates wäre es schwerlich zur Erkenntnis und ausdrücklichen Anerkennung des Individuums als selbstberechtigter, vom Staate nicht gänzlich zu absorbierender gesellschaftlicher Macht gekommen. Diese Anerkennung ist wenigstens keiner anderen Kulturepoche und keinem anderen Kulturkreise mit ausgebildetem Staatsgedanken eigen. Als der römische Staat schließlich zum starrsten Absolutismus und strengsten Staatskirchentum überging, da erhob sich von keiner Seite auch nur der leiseste Widerspruch, weil er auf Grund der voraufgegangenen Geschichte unmöglich gewesen wäre. Die staatsfreie Sphäre der antiken Menschen war eben ein Prekarium, das er nach seiner ganzen Welt- und Staatsanschauung zu verteidigen und in ein Recht zu verwandeln nicht in der Lage war. Auch spätere Staatsbildungen, die den Dualismus von Fürst und Volk gar nicht und den von Staat und Kirche nur in geringem Maße erlebt haben, wie das byzantinische Reich und endlich der russische Staat, sind niemals zu ausdrücklicher Anerkennung prinzipieller Grenzen zwischen Staat und Individuum gelangt. Der Staat des Altertums kannte keine andere Verwirklichung des Freiheitsgedankens als die demokratische Staatsform; mit vollem Rechte, da im monistisch gebauten Staate die Teilnahme aller an der Herrschaft die einzig mögliche

Gestaltung der Freiheit ist — wer herrscht, kann nicht zugleich einem Despoten untertan sein. Die Monarchie in solchem Staate hingegen muß bei dem Mangel eines jeden moralischen Gegengewichtes zu der, wenn auch niemals völlig zu realisierenden Vorstellung schrankenloser Unterwerfung des Individuums unter den Herrscherwillen führen.

Von hohem Interesse ist es, die Konstruktion des Staates durch die naturrechtliche Schule nochmals, und zwar unter diesem Gesichtspunkte, zu betrachten. Die naturrechtliche Lehre sucht den einheitlichen Staat zu begreifen, mit diesem aber den Gedanken der individuellen Freiheit dadurch zu versöhnen, daß sie dem einheitlichen Staat entweder durch seine Zwecke oder durch seine Ableitung aus dem individuellen Willen Schranken setzt. Auch ihr liegt nämlich der Dualismus zugrunde, der der leitende Gedanke der vorausgegangenen Entwicklung war, ein treffender Beweis dafür, daß die politischen Theorien selbst in ihren abstraktesten Formulierungen in dem Boden der gegebenen geschichtlichen Verhältnisse wurzeln. Ihr Versuch, den Dualismus zu überwinden, liegt wesentlich darin, daß sie das Recht des einzelnen als vorstaatlich, das des Herrschers als staatlich auffaßt. Daß dieser Versuch keine Lösung bedeutet, ist an anderer Stelle dargelegt.

Nun ist es aber besonders lehrreich, in diesem Punkte den Gegensatz von antiker und moderner Staatslehre zu verfolgen. Auch die antike Staatslehre zieht in ihren Theorien von der Staatsschöpfung die Eigenart des Individuums in Betracht; sie geht von seinen Neigungen, Trieben, Leidenschaften aus. Allein niemals behauptet sie ein ursprüngliches Recht des Individuums, das sich in der Staatsschöpfung betätigt. Auch die Alten haben ihre Theorie vom Staatsvertrag, allein sie sind weit davon entfernt, ihn zu einer juristischen Konstruktion des Staates zu verwenden, derart, daß er ein angeborenes Recht des einzelnen voraussetzt und schützt. Der epikuräische Sozialkontrakt ist vielmehr rein utilitarischer Art: der Staat wird zum Nutzen der Individuen kraft ihres Nützlichkeitsstrebens gegründet; der Vertrag selbst ist, wie oben dargelegt, ein rein faktischer, rechtlich gar nicht zu qualifizierender, da alles Recht gerade nach dieser Lehre erst durch Satzung, also im Staate entsteht. Auch die Römer verwenden ihre Lehre vom ius naturale niemals dazu, um aus ihr die Entstehung des Staates abzuleiten. Der antiken

Staatslehre fehlte eben jeder Grund, dem Individuum eine ur-
anfänglich dem Staate gegenüber selbstberechtigte Stellung zu
geben. Der Staat erscheint in den antiken Theorien als allmächtig,
weil jedes Motiv für eine rechtliche Beschränkung mangelt und
in dem streng einheitlich gebauten, stets nur auf einem einzigen
primären, unmittelbaren Organe ruhenden Staate jede Möglichkeit konstitutioneller Beschränkung hinwegfiel.

Im Staate der Gegenwart zeigt sich die Wirkung des Dualismus einmal in der Formulierung abstrakter Freiheitsrechte,
welche die Idee der begrenzten, die eigenberechtigte Persönlichkeit wahrenden staatlichen Untertanschaft des Individuums zu
gesetzgeberischem Ausdrucke bringen wollen. Sie zeigt sich aber
sodann, wie später eingehend erörtert wird, auch in der Aufstellung von Verfassungsurkunden, die die Grundlagen der gesamten Staatsordnung in sich enthalten sollen. Der alten Welt
und allen von europäischer Gesittung unberührten orientalischen
Kulturnationen ist die Vorstellung der geschriebenen Verfassung
schlechthin unbekannt geblieben. Sie beruht eben auf dem nur
im dualistischen Staate entstehenden Gedanken der Verbriefung
der Rechte des einen Teiles durch den anderen, sie ist eine
Art Friedensvertrag, dem lange Kämpfe vorangegangen sind.
Diese geschichtlichen Voraussetzungen der geschriebenen Verfassungen sind heute zwar nicht mehr im allgemeinen Bewußtsein lebendig, allein immer noch wirkt auch heute im Fordern
und Entwerfen einer Verfassungsurkunde der Gedanke nach, daß
durch genaue Fixierung der Rechte und Pflichten der Regierung
ihr Wirkungskreis gegen das andere Element des Staates, das
Volk, fest abgegrenzt sein solle. Es ist bezeichnend, daß der
Staat, der am frühesten und gründlichsten den Dualismus
zwischen rex und regnum in sich überwunden hat, der englische,
gleich den Staaten des Altertums, keine Verfassungsurkunde im
modernen Sinne besitzt und nichtsdestoweniger in diesem Staate
die Erinnerung an die Stellung von König und Parlament als
paziszierender Teile sich durch die großartige historische Kontinuität der Entwicklung von der Zeit, da die Krone mit den
trotzigen Baronen die Magna Charta paktierte, bis zur Parlamentsverfassung der Gegenwart lebendig erhalten hat.

Am tiefsten wirkt aber der Dualismus in der ganzen Ausgestaltung des konstitutionellen Staates nach. Man hat in dem
Fehlen der Repräsentationsidee den Hauptunterschied zwischen

dem antiken und dem modernen Staate sehen wollen. Allein der Mangel einer Volksrepräsentation im antiken Staate ist doch nur ein sekundäres Moment. Viel bedeutsamer ist es, daß der moderne Staat zwei voneinander unabhängige unmittelbare Organe aufweist, am klarsten in der konstitutionellen Monarchie, allein in noch deutlich erkennbarer Weise auch in den großen repräsentativen Demokratien. Diese Doppelung des unmittelbaren Organes macht den modernen Staat für die juristische Theorie so schwer begreifbar und birgt praktisch stets die Möglichkeit weitgehender Konflikte in sich, deren Lösung schließlich immer auf dem jeweiligen Machtverhältnis beider Organe beruht. In dem Nebeneinander-, Zusammen- und Entgegenwirken vom Staatshaupt mit seiner Regierung und dem Parlamente ist der alte Gegensatz von rex und regnum auch in dem einheitlich gestalteten Staate der Gegenwart aufbewahrt.

Elftes Kapitel.

Staat und Recht.

I. Das Problem des Rechtes.

Um das Verhältnis von Staat und Recht zu bestimmen, muß zunächst von dem allseitig so schwer zu erfassenden Wesen des Rechtes eine klare Vorstellung gewonnen werden. Zu diesem Zwecke kann man einen doppelten Weg einschlagen. Entweder man sucht die Natur des Rechtes als einer vom Menschen unabhängigen, in dem objektiven Wesen des Seienden gegründeten Macht zu erforschen, oder man faßt es als subjektive, d. h. innermenschliche Erscheinung auf. Der erste Weg ist der der metaphysischen Spekulation. Diese will das von menschlichem Willen unabhängige Dasein des Rechtes erkennen, jenes Rechtes, von dem Grotius aussagte, daß es selbst dann gelten müßte, wenn es keinen Gott gäbe, etiamsi daremus, quod sine summo scelere dari non potest, non esse Deum. Allein es ist nicht unsere Aufgabe, den transzendenten Wert menschlicher Institutionen zu erkennen. Der hier befolgten Methode gemäß haben wir das Recht nur als psychologische, d. h. innermenschliche Erscheinung zu betrachten. Das Recht ist demnach ein Teil der menschlichen Vorstellungen, es existiert in unseren Köpfen, und die nähere Bestimmung des Rechtes hat dahin zu gehen, welcher Teil unseres Bewußtseinsinhaltes als Recht zu bezeichnen ist.

Kein Streit herrscht darüber, daß das Recht aus einer Summe von Regeln für menschliches Handeln besteht. Diesen Charakter besitzen aber auch die Vorschriften der Religion, der Sittlichkeit, der Sitte. Worin liegt also das Charakteristische der rechtlichen Regeln und Vorschriften?

Da alle Handlungen auf bestimmte Zwecke gehen, so liegt es nahe, in den spezifischen Zwecken des Rechtes sein Unterscheidungsmerkmal von anderen normgebenden Mächten zu suchen. Über diese Zwecke wird sich leicht Übereinstimmung herbeiführen lassen. Unwidersprochen bestehen die Zwecke des Rechtes in dem Schutz und der Erhaltung (in engen Grenzen auch Förderung) menschlicher Güter oder Interessen durch menschliches Tun und Unterlassen. Selbst wer dem Rechte noch weitere Zwecke setzt, muß neben diesen doch auch jene als die nächsten, unmittelbaren Zwecke gelten lassen. Allein der konservierende Zweck ist bis zu einem gewissen Grade auch den anderen auf den Willen wirkenden großen sozialen Mächten eigen, so daß aus ihm ein scharfes Unterscheidungsmerkmal nicht gewonnen werden kann. Ein treffendes Kriterium kann daher nur in der Art der Normen selbst liegen. Die Rechtsnormen weisen nun folgende wesentliche Merkmale auf:

1. Es sind Normen für das äußere' Verhalten der Menschen zueinander.

2. Es sind Normen, die von einer anerkannten äußeren Autorität ausgehen.

3. Es sind Normen, deren Verbindlichkeit durch äußere Mächte garantiert ist.

Durch diese Merkmale unterscheiden sich die Rechtsnormen von den Normen der Religion, der Sittlichkeit und der Sitte, bei denen eines oder das andere mangelt.

Alles Recht hat als notwendiges Merkmal das der Gültig - keit. Ein Rechtssatz ist nur dann Bestandteil der Rechtsordnung, wenn er gilt; ein nicht mehr geltendes Recht oder ein Recht, das erst Geltung gewinnen soll, ist nicht Recht im wahren Verstande des Wortes. Eine Norm gilt dann, wenn sie die Fähigkeit hat, motivierend zu wirken, den Willen zu bestimmen. Diese Fähigkeit entspringt aber aus der nicht weiter ableitbaren Überzeugung, daß wir verpflichtet sind, sie zu befolgen[1]). Die Positivität

---

[1]) Selbstverständlich ist die Gültigkeit des einzelnen Rechtssatzes damit keineswegs subjektiver Willkür anheimgegeben. Denn die psychologische Grundtatsache des sich Verpflichtetwissens durch eine Norm ist in keiner Weise individuellem Belieben überlassen, vielmehr tritt die Norm auch dem ihr Widerstrebenden mit dem nicht zu bannenden Anspruch auf Gültigkeit entgegen. Es ist ja oft hervorgehoben worden, daß der Mörder oder Dieb durchaus nicht die Gültigkeit der von ihnen übertretenen Normen bestreiten, daher ihnen die Strafe wohl höchst unerwünscht, aber nicht als unrecht erscheint. Die Überzeugung von der Gültigkeit der Norm wohnt aber selbst den unscheinbarsten gesetzgeberischen Vorschriften inne, da die Überzeugung von der rechtsetzenden Macht des Gesetzgebers besteht.

des Rechtes ruht daher in letzter Linie immer auf der Ü b e r -
z e u g u n g von seiner Gültigkeit. Auf dieses rein subjektive
Element baut sich die ganze Rechtsordnung auf. Das ergibt sich
als notwendige Folge der Erkenntnis, daß das Recht in uns steckt,
eine Funktion der menschlichen Gemeinschaft ist und daher auf
rein psychologischen Elementen ruhen muß[1]).

Zur Geltung des Rechtes gehört es aber weiter, daß seine
psychologische Wirksamkeit garantiert ist. Garantiert ist ein Recht
aber dann, wenn die motivierende Kraft seiner Vorschriften durch
sozialpsychologische Mächte derart verstärkt ist, daß die Erwartung gerechtfertigt ist, daß jene Normen sich gegen wider-
strebende individuelle Motive als Bewegungsgründe des Handelns
durchzusetzen imstande sind. Die zivilistische Jurisprudenz hat
bis in die Gegenwart, den Spuren des Naturrechts folgend, in
der Regel den Zwang als einzige Garantie und damit als wesentliches Merkmal des Rechtes angesehen[2]). Geht man dem Begriffe

---

[1]) Diese Überzeugung ist die des Durchschnittes eines Volkes. Bei
allen massenpsychologischen Feststellungen werden notwendig die ent-
gegenwirkenden Akte einer Minderzahl vernachlässigt. Darum können
sich für das Individuum Konflikte ergeben, die mit den hergebrachten
juristischen Schablonen nicht zu lösen sind. Das zeigt sich namentlich
bei Konflikten zwischen staatlichen und religiösen Normen. Die Opfer
der spanischen Inquisition haben die Normen, auf deren Grund sie
verurteilt wurden, schwerlich als Recht empfunden. Daß es unrecht
sei, seinen von dem der herrschenden Kirche abweichenden Glauben
frei zu bekennen, war die Überzeugung der Unterdrückenden, nicht der
Unterdrückten, die die Strafe als brutale Gewalt, nicht als Recht zu
erkennen vermochten. Daraus ergibt sich die für eine s o z i a l e Betrachtung von Staat und Recht höchst bedeutsame Möglichkeit eines
Widerstreites in den Anschauungen über die Rechtsqualität bestimmter
Teile der staatlichen Ordnung, der auf den Lebensprozeß der Rechtsordnung tiefen Einfluß zu üben vermag. Der Jurist allerdings kann
mit diesem Widerstreit nicht rechnen, solange er sich auf einen geringen
Kreis von Personen und vereinzelte Fälle beschränkt. Erreicht er aber
eine gewisse Stärke und Umfang, dann wird die Frage aufgeworfen
werden müssen, ob nicht derogatorisches Gewohnheitsrecht die bekämpfte
Norm auch formell beseitigt hat.

[2]) Daß praeceptum und sanctio legis logisch auseinanderzuhalten
und daher die naturrechtliche Identifizierung von Rechts- und Zwangs-
norm unrichtig sei, ist in der neueren Literatur so oft hervorgehoben
worden, daß die Lehre, welche die Erzwingbarkeit als Essentiale des
Rechtsbegriffes erklärt, heute bereits in eine schwer zu behauptende
Defensive zurückgedrängt ist. Vgl. B i e r l i n g Kritik I S. 139 ff.; T h o n

des Zwanges nach, so findet man, daß er überwiegend als kom-
pulsiver Zwang auftritt, d. h. daß das Recht auf dem Wege der
Motivation seine Zwecke erreicht. Es ist aber gar nicht abzusehen, warum nur die durch Furcht vor rechtlichen Nachteilen,
Drohung oder ähnliche Mittel erfolgende Motivation als Rechts-
garantie zu betrachten sei. Zu den Zeiten der naturrechtlichen
Jurisprudenz fehlte jede tiefere Untersuchung der verschiedenen
auf das Recht wirkenden sozialen Mächte. Da wurde vor allem
nicht erkannt, wie kraftlos das Recht wäre, wenn nur die staatlichen Machtmittel ihm Gewähr böten. Ein Blick auf das
Kirchenrecht hätte aber schon jene Zeit lehren können, daß eine
Rechtsordnung mit anderen als den gemeiniglich unter Rechtszwang verstandenen Mitteln garantiert werden kann. Zwar kannte
das Naturrecht auch den Gewissenszwang, setzte diesem jedoch
den Rechtszwang als äußeren Zwang entgegen; was nur durch
Gewissenszwang gewährleistet war, erschien ihm nicht als Recht.

Diese Theorie bis in ihre neuesten Spielarten übersieht, daß
es außer dem Staate noch andere soziale Mächte gibt, die
wesentliche Garantien der Erfüllung der Rechtsnormen darbieten.
Der nichtorganisierte Druck, den die allgemeine soziale Sitte, die
besonderen Anstandsregeln bestimmter Gesellschaftsklassen und
Berufe, die kirchlichen Verbände, Presse und Literatur auf das
Individuum und die Gesamtheit ausüben, ist viel stärker als

Rechtsnorm und subjektives Recht 1878 S. 223 ff.; B i n d i n g Die Normen
u. ihre Übertretung 2. Aufl. 1890 I S. 484 ff.; M e r k e l Jur. Enzyklopädie
§ 56; T r i e p e l Völkerrecht und Landesrecht 1899 S. 103 ff.; H. G u t h e r z
Studien zur Gesetzestechnik I 1908 S. 48 ff., 64; S t a m m l e r Theorie
der Rechtswissenschaft 1911 S. 169; T e z n e r im Arch. d. ö. R. 28. Bd.
(1912) S. 328 f.; W. J e l l i n e k Gesetz, Gesetzesanwendung S. 113. —
Für die Zwangsnatur des Rechts tritt neuerdings wieder P. K r ü c k m a n n
ein, Einführung in das Recht 1912 S. 131, namentlich aber, mit polemischen
Ausführungen gegen die Darlegungen des Textes, K e l s e n, Hauptprobleme
der Staatsrechtslehre 1911 S. 220 ff. Eine Norm, die nur aus sittlichen
oder religiösen Motiven befolgt werde, bleibe eine Norm der Sittenordnung oder der Religion, auch wenn der Staat sie von sich aus
anordne. Kelsen scheint zu übersehen, daß schon der N a m e „Recht"
eine Macht auf den Befehlsempfänger ausübt, und daß es etwas andres
ist, ob die Sittenordnung voraussetzungslos ein Verhalten verlangt oder
ob sie ihre Befehle an einen Rechtssatz als Tatbestand anknüpft. Der
Monarch wird schon aus sittlichen Gründen sein Wort nicht brechen,
er wird es aber noch zehnmal schwerer tun, wenn er weiß, daß es ein
Rechtssatz ist, der ihn bindet.

aller bewußte vom Staate geübte Zwang[1]). So gewiß einerseits die nichtstaatlichen Garantien allein ohne den staatlichen Zwang die Rechtsordnung nicht aufrechtzuerhalten vermögen, so fiele doch anderseits, wenn der Druck jener sozialen Mächte aufhörte, die Rechtsordnung selbst zusammen, denn der Rechtszwang ist nur ein zur unentbehrlichen Verstärkung der außerstaatlichen Garantien dienendes Element. Hundertfältige Erfahrung hat gelehrt, daß dort, wo eine tiefeingewurzelte soziale oder gar religiöse Sitte in Widerstreit mit der Rechtsordnung steht, der Rechtszwang ohnmächtig ist. Daher ist das Recht auch außerstande, sein eigenes Dasein zu behaupten. Derogierendes Gewohnheitsrecht, Obsoletwerden der Gesetze beweisen am klarsten, daß der Rechtszwang unfähig ist, für sich allein das Recht zu garantieren.

Es ist nun oftmals, namentlich von Publizisten, darauf hingewiesen worden, daß ganze Partien der Rechtsordnung des Rechtszwanges entweder entbehren oder ihrer Natur nach nicht fähig sind. Die leges imperfectae des Privatrechtes, ein großer Teil des Verfassungsrechtes und endlich das ganze Völkerrecht gehören hierher. Juristen und Rechtsphilosophen, die nur an den altüberlieferten Maßstäben zu messen gewohnt sind, haben namentlich dem letztgenannten Gebiete den Rechtscharakter völlig abgesprochen. Nun können diese Teile der Rechtsordnung sicherlich nur dann den Anspruch erheben, als Recht im Sinne der Wissenschaft zu gelten, wenn ihre tatsächliche Geltung nachgewiesen wird. Solche Geltung hat aber stets Garantien zur Voraussetzung. Auch leges imperfectae gelten nur dann, wenn sie gegebenenfalls zur Anwendung kommen und diese Anwendung gesichert ist. Die Garantien aber, welche großen Partien des Staats- und Völkerrechts, bei denen ihrer Natur nach jeder Rechtszwang ausgeschlossen ist, zur Seite stehen, sind oft viel stärker als alle erdenklichen rechtlich meßbaren Zwangsmaßregeln. Die Garantien des Staatsrechts liegen in erster Linie in der Organisation des Staates und der öffentlich-rechtlichen Verbände, für die wichtigsten Teile des Völkerrechts in

---

[1]) S e i d l e r, Jur. Kriterium S. 43 Note, polemisiert gegen meine Ausführungen über die Garantien des Rechts, indem er mir meine eigene Ansicht kritisch entgegenhält! Ebenso beruht auf einem Mißverständnis die Polemik von B a r t o l o m e i Su alcuni concetti di diritto pubblico generale I 1905 p. 26 ff.

den internationalen Verkehrsverhältnissen und anderen Gesamtinteressen der zivilisierten Staatengemeinschaft; daher werden auch
die Verwaltungsverträge oft sorgfältiger von einzelnen Staaten beachtet als ihre eigenen Gesetze.

Es ist somit nicht der Zwang, sondern die Garantie, als
deren Unterart nur der Zwang sich darstellt, ein wesentliches
Merkmal des Rechtsbegriffes. Rechtsnormen sind nicht sowohl
Zwangs- als vielmehr garantierte Normen.

Wenn nunmehr auf Grund voranstehender Ergebnisse das
Verhältnis zwischen Staat und Recht festzustellen ist, so sind
hier zunächst zwei Probleme zu lösen. Einmal das Wesen des
Staatsrechtes, der Rechtsordnung des Staates selbst, und sodann
die Beziehungen zwischen dem Staate und dem innerhalb seiner
Grenzen gültigen Rechte. Daran hat sich zur allseitigen Betrachtung dieser Probleme eine kurze Erörterung über die Stellung
des Staates zum Völkerrechte anzuschließen.

II. Die einzelnen Fragen.

1. Das Problem des Staatsrechtes.

Dieses lautet: Ist der Staat selbst rechtlicher Ordnung
fähig? Gibt es ein Recht für den Staat, und worauf gründet
sich dieses?

Staatlicher Wille ist menschlicher Wille. Es handelt sich
daher hier um die Festsetzung des Daseins verbindlicher Normen
für den den Staat darstellenden menschlichen Willen. Solche
Normen werden aufgewiesen, wenn ihr Sein und Gelten sowohl
von den Herrschenden als den Beherrschten bejaht werden muß.

Um diese grundlegenden Fragen zu beantworten, müssen
wir bis zu den letzten psychologischen Quellen des Rechtes
vordringen.

1. Der Ursprung der Überzeugung von dem Dasein normaler
Verhältnisse liegt in einem bestimmten psychologisch bedingten
Verhalten des Menschen zu den faktischen Vorgängen. Der
Mensch sieht das ihn stets Umgebende, das von ihm fortwährend
Wahrgenommene, das ununterbrochen von ihm Geübte nicht nur
als Tatsache, sondern auch als Beurteilungsnorm an, an der er
Abweichendes prüft, mit der er Fremdes richtet. Man muß
dabei nicht sofort an das Ethische und Juristische denken; bereits
in den tausendfältigen Normen, die das tägliche Leben bildet,

in den Werten, die in Verkehr und Sitte herrschen, kommt das
zum Ausdruck. Schmackhaft dünkt den meisten Menschen die
heimatliche Zubereitung der Nahrung, schön der Typus des
eigenen Stammes, löblich die Vorurteile des Kreises, dem man
angehört, richtig die Lebensweise der Gesellschaftsklasse, der man
sich zuzählt.

Die Tendenz, das Faktische zum Normalen zu erheben, kann
man in voller Reinheit beim Kinde studieren. Das Kind verlangt
die einmal vernommene Erzählung mit denselben Wendungen
wieder zu hören; jede Abweichung von diesen wird als Fehler
gerügt. Den faktischen Besitz einer Spielsache betrachtet es als
rechtlichen Zustand, daher jede Störung im Besitze als Verletzung.
Bei dem Parallelismus von Ontogenese und Phylogenese ist der
Schluß gerechtfertigt, daß historisch die ersten Vorstellungen
vom Normativen sich in ähnlicher Weise unmittelbar aus dem
Faktischen entwickelt haben.

Welche normative Kraft der Mode, der gesellschaftlichen
Sitte, den Anstandsvorschriften zukommt, braucht nicht näher
ausgeführt zu werden. Wird einmal eine Mode eingeführt, so
erhebt sie sofort Anspruch, als normativ anerkannt zu werden.
Selbst das Sittliche beurteilen wir oft nicht nach allgemeinen
Prinzipien, sondern stets nach dem, was tatsächlich als solches
bei einem bestimmten Volke oder innerhalb eines bestimmten
Gesellschaftskreises angesehen wird, wie jeder, der auch nur ein
wenig in der Welt sich umgesehen und die weitgehenden lokalen,
nationalen und sozialen Differenzen hierin beobachtet hat, genügend aus eigener Erfahrung weiß.

Den Grund der normativen Kraft des Faktischen in seiner
bewußten oder unbewußten Vernünftigkeit zu suchen, wäre ganz
verkehrt. Das Tatsächliche kann später rationalisiert werden,
seine normative Bedeutung liegt aber in der weiter nicht ableitbaren Eigenschaft unserer Natur, kraft welcher das bereits
Geübte physiologisch und psychologisch leichter reproduzierbar ist
als das Neue.

Für die Einsicht in die Entwicklung von Recht und Sittlichkeit ist die Erkenntnis der normativen Kraft des Faktischen von
der höchsten Bedeutung. Die Befehle priesterlicher und staatlicher Autoritäten werden zunächst, sei es aus Furcht, sei es
aus einem anderen Motive, befolgt, und daraus entwickelt sich
die Vorstellung, daß der oftmals wiederholte Befehl selbst, los

gelöst von seiner Quelle, kraft seiner inneren verpflichtenden Kraft eine schlechthin zu befolgende, also sittliche Norm sei. Alle imperative religiöse Moral begründet ihre Sätze damit, daß sie faktischer Willensinhalt einer schlechthin anzuerkennenden Autorität sei. „Denn ich bin der Herr, euer Gott," lautet die Motivierung der altjüdischen Ethik. Die ältesten religiösen Formulierungen ethischer Sätze werden stets in absoluter Form ausgedrückt; sie werden zwar mit Sanktionen, aber nicht mit Motiven versehen; ihr Rechtfertigungsgrund liegt in ihrem Dasein.

Noch schärfer tritt aber das Verhältnis des Faktischen zum Normativen in der Entstehung des Rechtes hervor. Alles Recht in einem Volke ist ursprünglich nichts als faktische Übung. Die fortdauernde Übung erzeugt die Vorstellung des Normmäßigen dieser Übung, und es erscheint damit die Norm selbst als autoritäres Gebot des Gemeinwesens, also als Rechtsnorm. Dadurch erhält auch das Problem des Gewohnheitsrechtes seine Lösung. Das Gewohnheitsrecht entspringt nicht dem Volksgeiste, der es sanktioniert, nicht der Gesamtüberzeugung, daß etwas kraft seiner inneren Notwendigkeit Recht sei, nicht einem stillschweigenden Willensakt des Volkes, sondern es entsteht aus der allgemeinen psychischen Eigenschaft, welche das sich stets wiederholende Faktische als das Normative ansieht; der Ursprung der verbindenden Kraft des Gewohnheitsrechtes fällt ganz zusammen mit dem der verbindenden Kraft des Zeremoniells oder der Mode[1]).

Aber nicht nur für die Entstehung, auch für das Dasein der Rechtsordnung gibt die Einsicht in die normative Kraft des Faktischen erst das rechte Verständnis. Weil das Faktische

---

[1]) Mit vollem Recht bemerkt Z i t e l m a n n, Gewohnheitsrecht und Irrtum, Archiv für ziv. Praxis 1883 S. 459: „Die ewige Rechtfertigung der Geltung des Gewohnheitsrechtes liegt vielmehr nur in jener eigentümlichen psychologischen Erscheinung, daß ein normal denkender Mensch die Vorstellung, daß eine rechtliche Ordnung g e l t e, dann erzeugt, wenn er das längere tatsächliche Herrschen dieses Satzes beobachtet und erwartet, daß dieses tatsächliche Herrschen auch noch länger andauern werde." Eingehendere Untersuchung des Problems des Gewohnheitsrechtes, namentlich der bedeutsamen Frage, wieso seine Normen als autoritärer Wille erscheinen, liegt außerhalb des Rahmens dieses Werkes. Über die dem Gewohnheitsrecht vorangehenden tatsächlichen Regeln, die von ihm so benannten Konventionalregeln, H a t s c h e k im Jahrb. d. ö. R. III 1909 S. 1 ff., 34 ff. Dazu W. J e l l i n e k Gesetz, Gesetzesanwendung S. 25, 96, 174, 187.

überall die psychologische Tendenz hat, sich in Geltendes umzusetzen, so erzeugt es im ganzen Umfange des Rechtssystems
die Voraussetzung, daß der gegebene soziale Zustand der zu
Recht bestehende sèi, so daß jeder, der eine Veränderung in
diesem Zustand herbeiführen will, sein besseres Recht zu beweisen hat. Darauf in erster Linie beruht der Besitzesschutz als
der Schutz der faktisch bestehenden Besitzverhältnisse. Hätten
die Juristen seit Savigny dieses Thema im Zusammenhange
mit der ganzen Rechtsordnung erörtert, anstatt den Blick auf das
Einzelproblem zu richten, so wäre wohl der Streit der Meinungen
über diese Materie bald allseitig geschlichtet worden[1]). Denn
nicht nur der unrechtmäßige Besitz ist in pendenti geschützt,
sondern auch die nichtige Ehe, bevor durch Urteil die Nichtig-
keit ausgesprochen wurde, das im Ehebruch erzeugte uneheliche
Kind, ehe zugunsten des anfechtenden Mannes durch den Richter
entschieden wurde. Im öffentlichen Recht gilt der in eine Kammer
Gewällte in der Regel so lange als Kammermitglied, bis seine
Wahl kassiert ist; die Ungesetzlichkeit der Wahl hat keinen
Einfluß auf die von ihm unterdessen in der Kammer vorgenommenen Abstimmungen. Hat der Standesbeamte das Geschlecht eines Kindes irrtümlicherweise in das Geburtsregister falsch
eingetragen, so darf kein das richtige Geschlecht bezeichnender
Geburtsschein ausgestellt werden, ehe kraft richterlichen Auf-
trages die notwendige Berichtigung im Standesregister angemerkt
wurde[2]). Im Prozeß ist der Satz, daß dem Kläger die Beweis-
last obliege, ein Anwendungsfall des allgemeinen Prinzipes, daß
das Gegebene zuvörderst das zu Recht Bestehende sei. Selbst
die rechtliche Beurteilung der Staatsumwälzungen operiert mit
dieser den normalen Rechtsverhältnissen zugrunde liegenden Anschauung. Die Ausübung der Staatsgewalt durch den Usurpator
schafft sofort einen neuen Rechtszustand, weil hier keine Instanz
vorhanden ist, die die Tatsache der Usurpation rechtlich un-
geschehen machen könnte. Im Völkerrechte basiert die heute
allgemein anerkannte Theorie der vollendeten Tatsache auf dem-

---

[1]) Im einzelnen mögen auch Nützlichkeits- oder Billigkeitserwägungen
zur Ausgestaltung der Anschauung von der normativen Geltung des Faktischen geführt haben. Die überraschende Gleichartigkeit der einzelnen
Fälle deutet aber unwiderleglich auf eine gemeinsame Ursache hin.

[2]) Reichsgesetz über die Beurkundung des Personenstandes und der
Eheschließung vom 6. Februar 1875 §§ 65, 66.

selben Gedanken. Die faktische Innehabung der Staatsgewalt legitimiert allein zur Vertretung des Staates nach außen; der entthronte legitime Machthaber hat dieses Recht durch das bloße Faktum seiner Entfernung aus der Herrscherstellung verloren. Als Großbritannien 1860 das Königreich Italien anerkannte, brach der englische Premierminister sofort den amtlichen Verkehr mit dem Gesandten des Königs beider Sizilien ab[1]).

Die Lehre vom Staate empfängt nun durch die grundlegende Erkenntnis der normativen Bedeutung des Faktischen hervorragendste Förderung. Durch sie erst wird begründet und verständlich, was die soziale Theorie von dem Verhältnis von Staat und Gesellschaft behauptet hat. Ihr zufolge ist ja die Staatsordnung ein fortwährender Kompromiß der einzelnen um die Herrschaft ringenden Gruppen und auch die Verfassung des Staates in Wahrheit nichts anderes als das Spannungsverhältnis der gesellschaftlichen Faktoren. Man müsse zwischen der geschriebenen und der tatsächlichen Verfassung eines Staates unterscheiden. Die letztere, in welcher das wirkliche Leben des Staates zum Ausdruck kommt, bestehe in der faktischen Machtverteilung, die in jedem Staate unabhängig von geschriebenen Rechtssätzen vorhanden ist.

Auch das Recht ist dieser Lehre zufolge ein Kompromiß zwischen verschiedenen einander widerstreitenden Interessen[2]). Dieser Kompromiß werde aber herbeigeführt sowohl durch die Stärke der Interessen als auch durch die soziale Macht der Interessenten. Es seien daher die faktischen Machtverhältnisse, welche der Rechtsordnung zugrunde liegen und in ihr den entsprechenden Ausdruck finden.

Wenn auch diese Theorie, wie alle Lehren, die einen umfassenden Komplex sozialer Erscheinungen auf eine einzige Ursache zurückführen wollen, das Wesen der gesamten Rechts- und Staatsordnung nicht zu erklären imstande ist, so muß ihr doch zugegeben werden, daß wichtige Partien des öffentlichen Rechtes erst durch sie in ihrem Entstehen und Wirken verständlich werden. Allein sie ist zu ergänzen durch die Einsicht, daß den tatsächlichen Verhältnissen selbst normative Kraft innewohnt, d. h. daß aus ihnen die Überzeugung hervorgehen muß, daß die tatsächlichen Herrschaftsverhältnisse als rechtliche anzuerkennen

---

[1]) F. v. Martens Völkerrecht II 1886 S. 24 f.
[2]) Vgl. oben S. 97.

seien. Wo diese Überzeugung ausbleibt, da kann die faktische
Ordnung nur durch äußere Machtmittel aufrechterhalten werden,
was auf die Dauer unmöglich ist; entweder tritt schließlich
doch Gewöhnung an sie ein, oder die rein äußerliche Ordnung
selbst bricht in Stücke. Wo aber einmal das Gegebene durch
die in Form der Gewohnheit sich äußernde Anerkennung zur
Norm erhoben ist, da werden die dem außen Stehenden selbst
noch so unbillig dünkenden Zustände als rechtmäßig empfunden.
Das zeigt namentlich die Geschichte der Unfreiheit, indem z. B. die
mannigfach abgestuften Abhängigkeitsverhältnisse des Mittelalters
Jahrhunderte hindurch allseitig, also auch von den Unfreien
selbst, nicht nur als faktisches Unterworfensein, sondern als
rechtliche Institution anerkannt wurden.

Damit ist uns der Weg gebahnt, die Stellung der Staatsgewalt zum Rechte, die Möglichkeit eines Rechtes für die Staatsgewalt, d. h. des Staatsrechtes, zu begreifen. In der überwiegend
großen Zahl der Fälle beruht die Bildung neuer Staatsgewalten
auf Vorgängen, die jede Möglichkeit rechtlicher Qualifikation von
vornherein ausschließen. Offene Gewalt in den mannigfaltigsten
Formen ist der häufigste Grund der Bildung und Auflösung der
Staaten gewesen. Aber selbst da, wo die Entstehung eines
Staates durch rechtliche Akte vorbereitet ist, fällt, wie früher
nachgewiesen, der Vorgang der Entstehung selbst außerhalb des
Rechtsgebietes. Nicht minder sind tiefgreifende Änderungen im
Bau der Staaten durch Gewaltakte vollzogen worden, durch Revolutionen und Staatsstreiche. Bei Änderung der faktischen Macht-
verhältnisse der obersten staatlichen Organe prägt sich das neue
Verhältnis unvermeidlich, selbst wenn kein Buchstabe der Ver-
fassung geändert wird, in den Institutionen deutlich aus. Es gibt
kein englisches Gesetz, das die parlamentarische Regierungsform
eingeführt hätte; die königliche Prärogative ist seit der Bill of
Rights nicht wesentlich durch Statut geändert worden. Die
Schwäche der landfremden hannöverschen Dynastie und die
faktische Macht des Parlaments haben allmählich das heutige
Verhältnis von Krone und Unterhaus herbeigeführt.

Die Umwandlung der zunächst überall rein faktischen Macht
des Staates in rechtliche erfolgt stets durch die hinzutretende
Vorstellung, daß dieses Faktische normativer Art sei, daß es so
sein solle, wie es ist. Also rein innerlich, in den Köpfen der
Menschen vollzieht sich dieser Prozeß. Wer die richtige Er-

kenntnis hat, daß das Recht, wie alle sozialen Erscheinungen,
in uns, nicht außer uns seinen Sitz hat, wird darin nichts Ver-
wunderliches finden. Daher kann die einer späteren Zeit noch
so unbillig scheinende Machtverteilung in einem Gemeinwesen,
die Ausbeutung abhängiger Klassen durch die herrschenden in
vollem Maße Rechtscharakter gewinnen nicht nur in dem Sinne,
daß sie von der Macht geboten, sondern auch dadurch, daß sie
von dem Unterworfenen anerkannt wird. Daher hat auch der
altägyptische oder altpersische Despotismus für die von ihm Beherrschten zweifellos Rechtscharakter gehabt, und nicht nur unhistorisches, auch unjuristisches Denken ist es, das derartige
Staatenbildungen mit dem Maßstabe späterer Rechtsanschauungen
messen will.

Hinzutreten zu der Überzeugung von dem Faktischen als
dem Normativen müssen sodann, um den Rechtsbegriff zu vollenden, Garantien des also in den Machtverhältnissen ausgeprägten
Rechtes. Diese liegen vor allem in ihnen selbst; solange sie unverändert sind, garantieren sie durch ihr eigenes Dasein die ihnen
entsprechende Rechtsordnung. Dazu kommen die Garantien,
welche in der Gestaltung der staatlichen Institutionen liegen[1].
Machtverteilung an verschiedene Organe und Machtkonzentration
in einem Organ, eine abhängige Beamtenschaft und unabhängige
Staatsämter, Zentralisation und Dezentralisation der Verwaltung,
ausschließliche Staats- oder ausgedehnte Selbstverwaltung, ein
großes stehendes Heer oder schwache Milizen, Unverantwortlichkeit oder Verantwortlichkeit der höchsten Beamten, Ausdehnung
oder Einschränkung der Rechtsprechung haben alle auch die
Funktion, die bestehende Staatsordnung in ihrer eigentümlichen
Ausgestaltung zu garantieren und damit ihren Charakter als einer
Rechtsordnung auszuprägen. Hinzu tritt dem einzelnen gegenüber
die staatliche Zwangsgewalt, die nicht alle, aber einen großen
Teil der Normen des öffentlichen Rechtes zu garantieren vermag.
Alle diese Garantien, so stark sie auch zu wirken vermögen, sind
selbstverständlich nicht absoluter Natur, weil Derartiges in mensch-
lichen Dingen überhaupt nicht vorkommt. Den rechtsändernden
historischen Mächten gegenüber ist, wie bereits dargetan, das
Recht selbst ohnmächtig. Das gilt aber für alle Arten von Recht,
nicht etwa nur für das Staatsrecht.

Der hier entwickelte Gedanke erklärt die entgegengesetzten
_____
[1] Vgl. Kap. XXII.

Lehren von der Natur des öffentlichen Rechtes als einseitige Auffassungen der verwickelten Erscheinung. Er liegt nämlich als richtiger Kern in der Legitimitätstheorie verborgen, die im letzten Grunde das Recht stets aus der durch lange Zeiträume geübten Anerkennung faktischer Verhältnisse ableitet. Aber auch die Theorie, welche den Staat nur als Machtverhältnis auffaßt, als brutale Tatsache, hat ein Element des öffentlichen Rechtes erkannt. Beide Lehren irren, indem sie Macht und Recht als absolute Gegensätze auffassen. Nur die nicht von dem Gefühl ihrer Normmäßigkeit begleitete Macht wird als Unrecht empfunden.

Der Prozeß der Umsetzung staatlicher Macht- in Rechtsverhältnisse spezialisiert sich aber mannigfach in den konkreten Fällen Energie oder Trägheit des Volkscharakters, Stumpfheit oder kritische Schärfe des öffentlichen Geistes, Fähigkeit der Machthaber, sich die Massen zu assimilieren, und was die tausendfältigen historischen Umstände sonst sein mögen, die den einzelnen geschichtlichen Vorgang bestimmen, lassen kürzere oder längere Zeit verstreichen, ehe ein politisches Faktum als zu Recht bestehend anerkannt wird. Es gibt deshalb im Leben der Völker Epochen, die von den Zeitgenossen und den Nachkommen als Zeiträume rechtloser Herrschaft und barer Willkür empfunden werden. Von rechtlicher Bedeutung kann dies werden, wenn es gelingt, den als unrechtmäßig empfundenen Zustand aufzuheben, der dann gegenüber dem wiedergekehrten, noch nicht der Überzeugung von seiner Rechtmäßigkeit entkleideten als Usurpation und Unrecht erscheint.

2. An dieser Stelle ist aber nunmehr ein zweites wichtiges Element der Bildung und Entwicklung des Rechtes festzustellen und zu untersuchen. Wohl zu unterscheiden nämlich von jenen noch nicht als normmäßig empfundenen Zuständen sind die Kritiken positiv-rechtlicher Verhältnisse am Maßstabe eines zu erstrebenden Zieles. Mit der Änderung der sozialen Verhältnisse ändert sich nämlich auch der Wert, der den in Kraft befindlichen Normen zugeschrieben wird. In der Gesellschaft findet ununterbrochen Bewegung und Umbildung statt, an welcher auch die Art des Normativen teilhat. Denn diese Bewegung ist stets begleitet von dem Streben nach Änderung und Ergänzung des bestehenden Rechtes. In allen Zeiten, wo dieses Streben einen hohen Grad hat, erzeugt es zugleich eine bald klar, bald verhüllt auftretende Lehre vom Wesen des Rechtes. Es wird näm-

lich dem geltenden Rechte ein anderes mit dem Anspruch auf höhere Geltung gegenübergestellt, ein Recht, das den neuen nach Anerkennung ringenden Ansprüchen[1]) Verwirklichung verheißt. Es ist kein Zufall, daß alle Revolutionen der neueren Zeit unter Berufung auf das Naturrecht stattgefunden haben. Das Naturrecht ist in seinem innersten Kern nichts anderes als die Gesamtheit der Forderungen, die eine im Laufe der Zeiten veränderte Gesellschaft oder einzelne Gesellschaftsklassen an die rechtschöpfenden Mächte stellen[2]).

Aber nicht nur auf dem Wege der Gewalt hat sich das Naturrecht Bahn gebrochen. Die unmittelbare Überzeugung von seiner Gültigkeit hat sich häufig in den praktischen Anschauungen derart ausgeprägt, daß es kraft tatsächlicher Übung, kraft der stillschweigenden Anerkennung von seiten der herrschenden Mächte zum positiven Recht geworden ist. Wenn es, wie früher ausgeführt wurde, das Faktum ist, welches das Recht erzeugt, so erzeugt in diesen Fällen umgekehrt die Vorstellung des Rechtes das Faktum.

Dies an der Hand der neueren Rechtsgeschichte im einzelnen nachzuweisen, wäre eine höchst dankenswerte Aufgabe. Hier seien einige besonders prägnante Beispiele aus der neueren Geschichte der rechtlichen Vorstellungen vom Staate hervorgehoben.

Nach der Verfassung des alten deutschen Reiches waren die Territorien nicht Staaten, die Landeshoheit nichts als ein Komplex innerlich vielfach gar nicht zusammenhängender, aus öffentlich- und privatrechtlichen Bestandteilen gemischter Rechte. In der letzten Zeit des Reiches werden jedoch die Territorien von den Reichspublizisten für Staaten erklärt und über sie nach „echten Grundsätzen des allgemeinen Staats- und Völkerrechtes"[3]), d. h.

---

[1]) Oder·auch den Ansprüchen auf Wiederherstellung entschwundener Zustände — es gibt auch ein reaktionäres Naturrecht. Vgl. auch Berg-bohm Jurisprudenz und Rechtsphilosophie 1892 S. 174 f., 192.

[2]) Gute Ausführungen hierüber von Jodl, Über das Wesen des Naturrechts und seine Bedeutung in der Gegenwart, Prager Jurist. Vierteljahresschrift 1893 S. 1 ff.

[3]) Pütter Beyträge zum Teutschen Staats- und Fürstenrechte I 1777 S. 319. Aus dem Umfang der Landeshoheit folgert Pütter, daß sie, die Einschränkung durch das Reich abgerechnet, eine höchste Gewalt sei, daraus weiter aber ihre Unterordnung unter die Sätze des allgemeinen Staatsrechts. Ebenso Gönner Teutsches Staatsrecht 1804 § 227: „Die teutsche Landeshoheit enthält den Inbegriff aller in der obersten Gewalt nach dem rationellen Staatsrecht liegenden Rechte."

des Naturrechtes, gehandelt, und diese naturrechtliche Anschauung
hat. als vermeintlich dem positiven Recht entsprungen, unmittelbar
auf die Ausgestaltung des Territorialstaatsrechts eingewirkt. Durch
sie wurde zuerst die Überzeugung herrschend, daß die Gewalt
des Landesherrn Staatsgewalt sei, die nur an dem Privatrecht des
einzelnen eine unübersteigbare Schranke habe, die aber stärker
als jedes der Entfaltung der Staatshoheit sich entgegenstellende
Recht sei. Die naturrechtliche Lehre vom Territorium als Staat
hat wesentlich mitgewirkt an der Wandlung der Territorien in
Staaten. In späterer Zeit ist es das „allgemeine konstitutionelle
Staatsrecht", dem, als aus der Natur des konstitutionellen Staates
fließend, unmittelbare Geltung für jeden Staat zugeschrieben
wird, wodurch stillschweigend in vielen Staaten verschiedene Sätze
dieses konstitutionellen Naturrechtes eingeführt worden sind [1]).

---

[1]) Ein interessantes Beispiel hierfür bietet das Prinzip der Diskon-
tinuität. der Sitzungsperioden im Falle der Schließung der Kammern.
In vielen Verfassungen ist dieses Prinzip gar nicht ausgesprochen — so
in der des Deutschen Reiches und der preußischen, wird aber trotzdem als selbstverständlich betrachtet. Vgl. L a b a n d StR. I S. 342;
H. S c h u l z e Preuß. Staatsrecht 2. Aufl. I S. 362; G. M e y e r StR. S. 326
N. 11. S t a h l motiviert es, echt naturrechtlich, damit, daß es beruhe
„auf dem allgemeinen europäischen Rechtsbewußtsein und der europäischen Gewöhnung, daß mit der Schließung der Kammern alle ihre nicht
völlig beendeten Arbeiten expirieren" (S c h u l z e l. c.). Die österreichische Verfassung (vgl. Abgeändertes Staatsgrundgesetz über die
Reichsvertretung v. 21. Dez. 1867 § 19) kennt ausdrücklich nur das Institut
der Vertagung des Reichsrates und der Auflösung des Abgeordnetenhauses, nichtsdestoweniger besteht in Österreich genau dieselbe Praxis
wie in den Staaten, die das Institut der Schließung formuliert haben,
wie denn auch in mehreren österreichischen Gesetzen die Schließung mit
den herkömmlichen Wirkungen. genannt oder vorausgesetzt wird. In
Frankreich und Luxemburg aber hat der Sessionsschluß keineswegs
die „dem europäischen Rechtsbewußtsein" entsprechende Wirkung
(L e b o n Das Staatsrecht der französischen Republik 1886 S. 61; Das
Verfassungsrecht d. fr. Rep. 1909 S. 122; E y s c h e n Das Staatsrecht des
Großherzogtums Luxemburg, 1910 S. 57), in den Niederlanden ist die
Praxis schwankend (d e H a r t o g Das Staatsrecht des Königreichs der
Niederlande im HB. des öff. R. S. 33). Sehr interessant wäre es, alles,
was in einem Staate ungeschrieben als konstitutionell oder parlamen-
tarisch geboten gilt, auf seine Herkunft zu prüfen. Sicherlich würde in
vielen Punkten weder die englische Praxis noch die französische auf
Grund der Charte, sondern die Theorien B e n t h a m s (worauf H a t s c h e k,
Engl. Staatsr. I S. 432 ff., eingehend verwiesen) und Benjamin C o n -
s t a n t s und seiner Nachfolger als Quelle erscheinen.

Am augenfälligsten vollzieht sich dieser Prozeß der Positivierung wenn man sich so ausdrücken kann) des Naturrechts im Laufe von Revolutionen. So vor allem zu Beginn der revolutionären Bewegung in Frankreich in jener denkwürdigen königlichen Sitzung vom 23. Juni 1789. Indem der dritte Stand dem Befehl des Königs den Gehorsam weigert und sich, seine wenige Tage vorher gefaßten Beschlüsse wiederholend, als die mit dem pouvoir constituant ausgerüstete Nationalversammlung erklärt, glaubt er auf dem Boden des Rechtes zu stehen. Die Männer, welche diese tiefeinschneidende Wandlung vollziehen, sind der Überzeugung, daß der altmonarchische Staat in Wahrheit auf dem Prinzip der Volkssouveränetät ruhe, und der König nichts anderes sei als der Beamte des Gemeinwillens. Dieser Glaube wird aber durch die revolutionäre, keinem ernsten Widerstand begegnende Tat des dritten Standes zur Rechtswirklichkeit[1]). Die erste französische Verfassungsurkunde vom 3. September 1791 ist gänzlich auf dem Prinzipe der Volkssouveränetät aufgebaut, und der König hat im großen und ganzen nur die Stellung, welche ihm R o u s s e a u in seinem contrat social eingeräumt hatte.

Auch in der deutschen Bewegung von 1848 ist die konstituierende Nationalversammlung zu Frankfurt in dem Glauben

---

[1]) Höchst interessant sind die in der séance royale nach dem Abgange des Königs gehaltenen Reden, die alle von dem dem positiven Staatsrecht entschieden widersprechenden Gedanken ausgehen, daß der dritte Stand ganz unabhängig vom König, sogar über ihm stehend, gesetzgebende Gewalt besitze. So erklärt B a r n a v e: ... Vous avez déclaré ce que vous êtes; vous n'avez pas besoin de sanction: l'octroi de l'impôt dépend de vous seuls. Envoyés par la nation, organes de ses volontés pour faire une constitution, vous êtes obligés de demeurer assemblés aussi longtemps que vous le croirez nécessaire à l'intérêt de vos commettants, und S i e y è s behauptet von der Autorität des französischen Volkes: ... Elle nous pousse, et nous demande une constitution. Et qui peut la faire sans nous? qui peut la faire, si ce n'est nous? Est-il une puissance sur terre qui vous puisse ôter le droit de représenter vos commettants? Hierauf beschließt die Versammlung die Unverletzlichkeit der Deputierten, bezeichnet die dagegen gerichteten Angriffe als todeswürdige Verbrechen und verordnet aus eigener Machtvollkommenheit: „L'Assemblée nationale arrête que, dans les cas susdits, elle prendra toutes les mesures nécessaires pour rechercher, poursuivre et punir ceux qui en seront les auteurs, instigateurs ou exécuteurs.“ Archives parlamentaires I Série VIII p. 146 f. In so anschaulicher Weise dürfte das Naturrecht kaum anderswo einen derartigen Triumph gefeiert haben.

befangen, daß sie die ausschließlich dem Volke zukommende
konstituierende Gewalt darstelle, und die Regierungen der Einzelstaaten waren sich keinesfalls über den Umfang der Vollmachten
des Frankfurter Parlaments im klaren. Daher ist die Frage,
ob das Verfassungswerk der Zustimmung der einzelstaatlichen
Regierungen zu seiner Perfektion bedurft hätte, niemals entschieden worden[1]). Die Nationalversammlung war der Überzeugung, daß ihre gesetzgeberischen Beschlüsse durch die auf
ihren Befehl erfolgende Publikation unmittelbar verbindliche
Kraft für die Regierungen und das deutsche Volk besäßen. Sie
erläßt die deutsche Wechselordnung, die von einigen Staaten als
Reichsgesetz, von anderen als Landesgesetz eingeführt wird[2]).
Die provisorische Reichsgewalt verkündigt am 28. Dezember 1848
die von der Nationalversammlung beschlossenen Grundrechte des
deutschen Volkes, die nun in einem Teil der Bundesstaaten durch
bloße ministerielle Bekanntmachung als ein bereits gültiges Reichsgesetz, von anderen als Landesgesetz, von einer dritten Gruppe
(Preußen, Österreich, Bayern, Hannover) gar nicht publiziert
werden. In dieser verschiedenartigen Haltung der deutschen Regierungen spiegeln sich deren Ansichten über die souveräne Gewalt

---

[1]) Die Anhänger der reichstäglichen Zuständigkeit zur Verfassungs-
gebung berufen sich auf den Beschluß des Bundestages vom 12. Juli 1848,
der die Ausübung seiner verfassungsmäßigen Befugnisse und Verpflichtungen an die provisorische Zentralgewalt überträgt (abgedruckt bei
G. v. Meyer Corpus iuris confoederationis Germanicae 3. Aufl. II S. 512 f.).
So zuletzt Binding, Der Versuch der Reichsgründung durch die Pauls-
kirche 1892 S. 17. Allein nicht nur hatte Österreich sich von Anfang an
die Zustimmung zu jedem Beschluß der Frankfurter Nationalversammlung
ausdrücklich vorbehalten, es lag auch gar nicht in der Kompetenz und
der Absicht des Bundestages, der überdies nur dem Reichsverweser seine
Rechte übertragen hatte, der Nationalversammlung konstituierende Gewalt zu verleihen. Von allem anderen abgesehen, konnten die mit der zu
schaffenden Reichsverfassung nicht vereinbarlichen Bestimmungen der
Landesverfassungen nicht ohne Zustimmung der betreffenden Kammern
außer Kraft gesetzt werden. Der Beschluß der Nationalversammlung
vom 27. Mai 1848, der die dem Verfassungswerk entgegenstehenden Bestimmungen einzelner Landesverfassungen für ungültig erklärte (vgl.
Otto Mejer Einleitung S. 211 N. 12), war der naturrechtlichen Lehre von
der konstituierenden Gewalt, nicht dem positiven Rechte entsprungen.
Die Reichsverfassung vom 27. März 1849 wurde, gemäß dem Beschlusse
vom 28. Juni 1848, ohne Beitritt des Reichsverwesers publiziert und
konnte schon deshalb von den Regierungen angefochten werden.
[2]) Vgl. Thöl Handelsrecht II 4. Aufl. 1878 S. 36 ff.

wieder, die das Frankfurter Parlament sich auf Grund eines
naturrechtlichen Dogmas zugeschrieben hatte. Ein späterer Bundesbeschluß hat den Frankfurter Grundrechten die Verbindlichkeit
als Gesetze, die sie ja gemäß dem vom reaktivierten Bundestag
eingenommenen Standpunkte gar nicht gehabt hatten, ausdrücklich wieder genommen[1]), ein schlagender Beweis dafür, daß selbst
der Bundestag sich nicht der Anschauung erwehrt hat, daß ein
Sein-sollendes durch Überzeugung von seiner Rechtmäßigkeit unmittelbar Rechtskraft gewinnen konnte.

Daß die Vorstellung derartiger angestrebter Rechte als
bereits existierender auch in der Gegenwart lebendig ist, lehrt
ein Blick auf die heutige sozialistische Bewegung und die sie be-
gleitende Literatur. Das Recht auf Existenz, das Recht auf
Arbeit, das Recht auf den vollen Arbeitsertrag gehören dem
Inventar des sozialistischen Naturrechtes[2]) an, und der überzeugte
Sozialist hat an seinen „ökonomischen Grundrechten"[3]) nicht
minder einen Maßstab zur Prüfung des Geltenden auf seinen
wahren Rechtsgehalt, wie ihn der französische Radikale des
18. Jahrhunderts an seinem contrat social besaß.

So wird denn zweifellos auch in alle Zukunft die Vorstellung
von einem Rechte de lege ferenda ein gewaltiger Faktor im
Rechtsbildungsprozesse bleiben. Die gegen die Existenz eines
Naturrechtes gerichtete wissenschaftliche Kritik hat den Nachweis geführt, daß das Naturrecht in allen seinen mannigfachen
und wechselnden Gestalten nicht den Charakter der Gültigkeit
und daher nicht den des Rechtes habe, und verwirft es deshalb.
Allein sie erklärt die Erscheinung des Naturrechtes nicht; die
geschichtliche Tatsache, daß, von dem ersten Augenblicke angefangen, da man über das Wesen des Rechtes nachdachte, auch
die Überzeugung von dem Dasein eines Naturrechtes auftaucht,
das seine Gültigkeit nicht auf menschliche Satzung zurückführt,

---

[1]) Bundesbeschluß vom 23. August 1851. G. v. Meyer II S. 561.
Die Bundesversammlung erklärt, daß die Grundrechte weder in der Form,
in der sie unter dem 27. Dezember 1848 erlassen wurden, noch als Be
standteil der Reichsverfassung für rechtsgültig gehalten werden können,
und fügt hinzu: „Sie sind deshalb insoweit in allen Bundesstaaten als
aufgehoben zu erklären."

[2]) Vgl. die gründlichen Ausführungen v. A. Menger Das Recht
auf den vollen Arbeitsertrag, 4. Aufl. 1910.

[3]) A. Menger ebenda S. 5, 6.

vielmehr für diese die höhere Norm bildet, wird durch moderne
juristische Kritik nicht verständlich. Von der bereits vor Sokrates auftauchenden Lehre von dem φύσει δίκαιον an, die
bei Aristoteles in vollster Klarheit ausgebildet ist und von
der Stoa zur Grundlage ihrer Ethik und Rechtsphilosophie erhoben
wird, durch die Theorie Ciceros und der römischen Juristen
vom ius naturale hindurch hat die Idee des Naturrechtes das ganze
Mittelalter beherrscht und ist nicht etwa, wie sogar heute noch
manche glauben, in der neueren Zeit von Hugo Grotius und
anderen aufgestellt worden, sondern sie ist nur im Gegensatz zu
der früheren theologisch gefärbten Spekulation unter erneutem
Einfluß der Alten sowohl klarer herausgearbeitet, als auch zu einer
schulgerechten Doktrin und späterhin zu einer revolutionären
Lehre umgebildet worden. Daß es aber heute noch keineswegs
aus den Anschauungen der es ablehnenden Juristen verschwunden, die Rechtswissenschaft vielmehr überall von naturrechtlichen Voraussetzungen und Deduktionen durchtränkt ist, hat
Bergbohm in eingehendster, höchst belehrender Weise dargelegt[1]).

Eine solche großartige historische Erscheinung wird indes
dadurch noch nicht begriffen, daß man sie widerlegt oder verwirft.
Die moderne Jurisprudenz steht in der Art ihrer Ablehnung aller
Ideen, die ein Recht neben oder über dem positiven Recht behaupten, auf der Stufe derer, welche die Religionen in die
wahren und die falschen einteilen, was sicherlich das historische
Verständnis der Gesamtheit der religiösen Erscheinungen von
vornherein unmöglich macht. Was der modernen Rechtswissenschaft mangelt und durch bloße Konstatierung der Positivität
alles Rechtes nicht ersetzt werden kann, ist eine in die Tiefe
dringende Lehre von den rechtserzeugenden Kräften. Sie begnügt
sich mit der Aufstellung von Gewohnheit und Gesetz als Rechtsquellen, ohne sich, abgesehen höchstens von einigen allgemeinen
Bemerkungen, viel darum zu bekümmern, welche Mächte es sind,
die den Lauf dieser Quellen bestimmen. Die große prinzipielle
Frage: Wie wird Nichtrecht zu Recht? wird vom Juristen dem
Rechtsphilosophen zugeschoben, dessen Lösungen des Problems
aber von jenem entweder ignoriert oder belächelt werden[2]). Und

---

[1]) A. a. O. S. 232 ff.

[2]) Vgl. z. B. die eingehende Kritik und Verwerfung des Rechtsgefühls

doch muß das Wesen der rechtserzeugenden und daher dem Rechte vorangehenden Mächte erst von Grund aus erkannt werden, ehe man mit sicherem Blicke Recht von Nicht-mehr-Recht und Noch-nicht-Recht zu sondern imstande ist.

Überblickt man die dritthalbtausendjährige Geschichte der naturrechtlichen Vorstellungen, so wird man auf Grund ruhiger Erwägung zu dem Schlusse gelangen, daß der nie gänzlich zu bannende Schein eines Rechtes, das vermöge seiner inneren Gerechtigkeit mit sittlicher Notwendigkeit verbindlich und darum geltend ist, mit auf unserer psychischen Ausstattung basiert ist. Damit ist natürlich über seinen Inhalt und seinen objektiven Wahrheitsgehalt gar nichts ausgesagt. Dieser Inhalt ist vielmehr, wie selbst eine flüchtige historische Untersuchung ergibt, zeitlich und örtlich wechselnd, und der Schluß von ihm auf ein objektiv Gerechtes ebenso metaphysischer Art wie jede dogmatische Behauptung einer objektiven ethischen Macht. Um in dem Gleichnis mit den Religionen zu bleiben, so wird der Forscher aus der, wie manche behaupten, bei allen, sicherlich aber bei den über die Stufe tiefster Wildheit heraufgehobenen Völkern vorhandenen Erscheinung religiöser Vorstellungen den Schluß ziehen, daß diese notwendig bestimmten Anlagen und Bedürfnissen des Men-

---

als rechtserzeugender Macht — einer Auffassung, die neuerdings wieder R. Loening vertritt (Über Wurzel und Wesen des Rechts 1907 S. 28) — bei Bergbohm S. 454 ff. und über das Ungenügende einer solchen im wesentlichen bloß negativen Kritik die vorzüglichen Ausführungen von Bernatzik in seiner Anzeige des Bergbohmschen Werkes in Schmollers Jahrbuch 1896 XX S. 653 ff. Eingehende Erörterungen über das Rechtsgefühl neuestens bei Fr. Klein Die psychischen Quellen des Rechtsgehorsams und der Rechtsgeltung 1912 S. 37 ff. Einen neuen Weg versucht Stammler, Die Lehre vom richtigen Recht, einzuschlagen, indem er im geltenden Recht das der Rechtsidee Entsprechende, dieses somit als positives Recht aufzuweisen trachtet. Nur vermag er kein Mittel anzugeben, die Erkenntnis der Richtigkeit des Rechtes von subjektivem Gutdünken zu befreien, was allerdings nicht ihm zuzurechnen ist, da er an ein festes, sittliches Ideal und dessen Allgemeingültigkeit glaubt. Für die vordringende Kraft einer solchen Lehre wäre es aber von der höchsten Bedeutung, zu erfahren, wie die Andersgläubigen zu bekehren sind, zumal wenn diese jenem „richtigen Rechte" ein anderes mit gleicher Überzeugungskraft entgegenstellen. Man denke z. B. nur an die Stellung der katholischen Rechtslehre zur Ehescheidung, die nach Stammler, S. 576 ff., zum richtigen Recht gehör ! Gegen Stammler auch Hatschek im Jahrb. d. ö. R. III 1909 S. 56 ff.

schen entsprechen, ohne daß er damit irgend etwas über den objektiven Wahrheitsgehalt der religiösen Vorstellungen aussagen will.

Alles Recht ist nur möglich unter der Voraussetzung, daß wir die Fähigkeit haben, uns durch Anforderungen an unseren Willen, deren Inhalt subjektivem Gutdünken entrückt ist, verpflichtet zu halten. Wesen, denen solche psychisch-ethische Qualität mangelte, stünden notwendig jenseits von Recht und Unrecht. Diese Eigenschaft äußert sich aber im Menschen unabhängig von allen abstrakten Vorstellungen einer positiven Rechtsordnung, ja, bevor das Bewußtsein einer solchen überhaupt möglich ist. Deutlich läßt sich das an der Entwicklung der kindlichen Vorstellungen vom Rechte studieren, indem das Kind in frühem Alter bereits, in der Regel lange bevor es sprechen kann, Züchtigungen von Angriffen anderer Art, etwa durch gleichalterige Kinder, wohl zu unterscheiden vermag und auf beide in verschiedener Art reagiert, die Züchtigung als Strafe, andersgearteten Angriff jedoch als Unrecht empfindet, sich gegen ihn daher zur Wehr setzt oder über ihn eine dem Anlaß gewöhnlich nicht angemessene starke Kränkung zur Schau trägt. Der verletzende Angriff selbst bringt unreflektiert in der kindlichen Seele die Vorstellung des Nicht-seinsollenden und damit des Unrechtmäßigen hervor. Müßiger Wortstreit wäre es, wenn man diese primitiven Vorstellungen als für das Recht im juristischen Sinne unerheblich bezeichnen wollte, denn alle Normen haben die gleiche Wurzel, und alle Differenzierung innerhalb der Normen ist Ergebnis höherer Entwicklung.

Mit großer Sicherheit aber ist auch in diesem wie in so vielen anderen Punkten der Schluß von der ontogenetischen auf die phylogenetische Entwicklung zu ziehen. Jene psychisch-ethische Eigenschaft der Verpflichtbarkeit des Willens durch Normen hat sicherlich schon in primitiven Zuständen nicht nur passive, sondern auch aktive Bedeutung gehabt, d. h. sie hat die Vorstellung von Normen produziert, deren Gewißheit dem naiven Bewußtsein so einleuchtend ist, daß jedes Forschen nach einer Quelle, die außerhalb der Psyche des sich durch sie berechtigt oder verpflichtet Glaubenden liegt, entweder als überflüssig betrachtet oder diese Quelle durch theologische und metaphysische Spekulation imaginiert wird. Die Vorstellungen eines natürlichen objektiven Rechtes sind daher eine Begleiterscheinung der psycholo-

gischen Grundtatsachen, auf denen die Möglichkeit einer Rechtsordnung überhaupt beruht.

Sozialpsychologische Untersuchung ergibt nun, daß für die
Ausbildung der Überzeugungen von dem Dasein einer Rechtsordnung diese Begleiterscheinung von nicht geringerer Bedeutung
ist als die Fähigkeit des Umsetzens tatsächlicher Übung in
Normen. Würde bloß das Tatsächliche als normativ anerkannt
werden, so käme es in jeder geschichtlichen Epoche zu einem
Punkte, wo vermöge der Umänderung der gesellschaftlichen Verhältnisse der Rechtscharakter des Tatsächlichen entschwände, ohne
daß etwas Neues an die Stelle zu treten vermöchte. Lange
Zeiträume wilder Anarchie wären die notwendige Folge einer
derartigen einseitigen Begabung der menschlichen Natur. Die
Vorstellungen eines natürlichen oder vernünftigen Rechtes wirken
aber energisch mit, um selbst tiefgreifende, sich rasch vollziehende
Änderungen im Staats- und Rechtszustand zu legalisieren. Sie
allein vermögen, noch ehe gewohnheitsmäßige Überzeugungen
Platz greifen können, im Falle des Bruches der gegebenen Staatsordnung der neuen, an die Stelle der vernichteten tretenden
Ordnung sofort ganz oder doch in wesentlichen Teilen Rechtscharakter zu verleihen. Noch ehe Gewöhnung die Umsetzung
des Tatsächlichen in Normatives vollzieht, wirkt die Überzeugung
der Vernünftigkeit der neuen Ordnung in solchem Falle die
Vorstellung ihrer Rechtmäßigkeit aus. Daher kann es kommen,
daß die durch eine gelungene Revolution vollzogene Änderung
der Staatsordnung sofort, indem sie das Volk in seiner großen
Mehrzahl billigt, als zu Recht bestehend angesehen wird. So
wurde der Sturz Napoleons III. durch die Revolution vom
4. September 1870 von dem größten Teil der Franzosen als
rechtmäßig empfunden, und demgemäß hat sich die Verwandlung
des zweiten Kaiserreiches in die dritte Republik fast ohne jeden
rechtlichen Hiatus vollzogen.

Von dem falschen Dogma der Geschlossenheit des Rechtssystems erfüllt, übersieht die Jurisprudenz in der Regel, daß die
Rechtsgeschichte zugleich auch eine Geschichte der Rechtsbrüche
und der rechtsleeren Räume innerhalb der Rechtsordnungen und
neben ihnen ist, und vermag daher nur vermittelst einer an Unrichtigkeit den kühnsten naturrechtlichen Spekulationen vergleich-
baren Fiktion den Schein durchgängiger Rechtskontinuität zu
wahren.

3., Es sind somit zwei psychológische Elemente, welche die Umsetzung der Staatsordnung in Rechtsordnung verursachen. Das erste, das tatsächlich Geübte in Normatives verwandelnde, ist das konservative, das zweite, die Vorstellung eines über dem positiven Rechte stehenden Rechtes erzeugende, das rationale, evolutionistische, vorwärtstreibende, auf Änderung des gegebenen Rechtszustandes gerichtete Element der Rechtsbildung.

Im politischen Kampfe pflegen sich die Vertreter beider Elemente schroff gegenüber zu stehen, ohne zu bemerken, daß sie notwendigerweise zusammengehören. Wie nachgewiesen, hat für die Begründung der Überzeugung von der rechtlichen Natur des Staatsrechtes das zweite Element der Rechtserzeugung große Bedeutung, indem es sich in eigentümlicher Weise mit dem ersten verbindet und mitwirkt an der Legitimierung neuer, im Widerspruch mit der früher bestehenden Staatsordnung geschaffener Zustände, sofern sie den naturrechtlichen Forderungen auf Änderung des Gegebenen entspringen.

Aber auch an der Festigung der bestehenden Ordnung hat das rationale Element der Rechtsbildung einen bedeutsamen Anteil. Es kann nämlich auch, ohne wesentliche Änderung in der Form der Rechtsinstitute, diese zu bestimmten, einer Epoche als vernünftig erscheinenden Zwecken ausgestalten Die ganze Rechtsgeschichte ist begleitet von einem ununterbrochenen Prozeß der Rationalisierung bestehender Institutionen, was in den Ausführungen über den Zweckwandel eingehender dargelegt wurde. Auf der Möglichkeit der Umgestaltung des geschichtlich Überlieferten gemäß den als vernünftig anerkannten sozialen Zwecken beruht nicht zum geringsten die ganze geschichtliche Kontinuität menschlicher Institutionen. So erscheint uns heute die Einehe, das Resultat eines langen historischen Prozesses, als die vernünftige Eheform. Die Vernünftigkeit besteht aber in der allmählichen Ausgestaltung dieses Rechtsinstitutes auf Grund der sich wandelnden sittlichen Anschauungen über die soziale Stellung der Frau im Verein mit der Gestaltung der Hauswirtschaft. Auf dem Grunde der Erfahrungen, die man lange Zeit hindurch mit einer Institution gemacht hat, bauen sich die der Zukunft zugewendeten Vorstellungen von ihrer Vernünftigkeit auf. Die Institution selbst löst sich dadurch für das Durchschnittsdenken los von ihrer positiv-rechtlichen Basis und nimmt den Charakter einer rationalen, scheinbar von der Vernunft unmittelbar erzeugten sozialen Einrichtung an.

Solche Rationalisierung wird aber auch der staatlichen Ordnung zuteil. Sieht man von der kleinen Minderzahl ab, die e r n s t l i c h den Staat verwerfen, so erscheint den Menschen der Staat und seine Ordnung als vernünftig. Die Tatsache, daß die Schicksale der Völker seit Menschengedenken unabtrennbar mit dem Staate verknüpft sind, hat die Überzeugung von den unersetzlichen Leistungen des Staates hervorgerufen und läßt ihn damit als vernünftig und deshalb als zu Recht bestehend erscheinen. Dem Historiker erscheint der Schluß von dem Sein des Staates auf seine Vernünftigkeit so selbstverständlich, daß er sich des dieser Vernünftigkeit zugrunde liegenden psychologischen Tatbestandes gar nicht bewußt zu werden pflegt.

So wenig aber das konservative Element der Rechtsbildung für sich allein die ununterbrochene Rechtsentwicklung zu garantieren vermag, so ist anderseits da, wo im Denken der Menschen ausschließlich das rationale Element hervortritt und jede Verbindung mit dem konservativ-historischen ablehnt, die Kontinuität der Entwicklung auf das höchste gefährdet. Mit der gänzlichen Verwerfung des Historischen sind alle bestehenden Institutionen vernichtender subjektiver Kritik preisgegeben. Das Extrem dieser Richtung ist der Anarchismus, insofern er den Staat ausschließlich an einem einseitigen rationalen Ideale prüft und demgemäß verwirft. Indes ist sowohl das einseitig historische als das einseitig rationale Denken, sowie die Auffassung des Staates als brutaler, rechtloser Macht doch nur auf enge Kreise oder enge Zeiträume beschränkt, so daß im Gesamtbewußtsein der Völker der Staat nicht nur als faktische, sondern auch als rechtliche und vernünftige Macht erscheint. Damit ist auch die Überzeugung begründet, daß die Staatsordnung selbst Rechtsordnung sei. Und da die Überzeugung, daß etwas, das solchen Anspruch erhebt, Recht sei, die letzte Quelle des Rechtes selbst ist, so ist damit der Rechtscharakter des öffentlichen Rechtes unwiderleglich dargetan.

Aus dem Dargelegten ergibt sich aber auch die Erkenntnis, daß zwischen den realen Vorgängen des staatlichen Lebens und den staatsrechtlichen Normen ein Unterschied obwaltet. Alles Recht ist Beurteilungsnorm und daher niemals mit den von ihm zu beurteilenden Verhältnissen zusammenfallend. Das ist namentlich nach zwei Richtungen hin von großer Bedeutung. Die eine haben wir bereits festgestellt. Im staatlichen Leben gehen die faktischen Verhältnisse den von ihnen erzeugten Normen stets voraus. Es sind daher im Bildungsprozesse der Staaten oder bei gewaltsamen Umwälzungen im Staatsleben Epochen vorhanden, in denen die Staatsordnung zuvörderst als rein tatsächliche Macht erscheint, die erst, wenn sie historisch geworden oder im Denken der Menschen rationalisiert wird, den Charakter rechtlicher Macht annimmt. Sodann aber reicht das Recht niemals so weit, um tiefgehende Machtkonflikte innerhalb des Staates zu lösen. Denn es ist nichts als eine höchst verwerfliche, anderen Rechtsparteien entlehnte Analogie, wenn man auch das System des öffentlichen Rechtes als ein in sich geschlossenes Ganzes auffaßt und demgemäß für jeden Fall aus ihm eine Entscheidung finden zu können vermeint[1]). Das Dogma von der Geschlossenheit des Rechtssystemes gilt nur für jene Teile der Rechtsordnung, in denen dem Richter die letzte Entscheidung des Einzelfalles zusteht[2]). Aber auch hier kann die Geschlossenheit nur dadurch erreicht werden, daß man den Richter verpflichtet, durch schöpfe-

---

[1]) Vgl. G. Jellinek Gesetz und Verordnung S. 297; derselbe Verfassungsänderung und Verfassungswandlung 1906 S. 43 ff. An der Lückenlosigkeit des Rechtssystems hält weiter fest Laband, IV S. 537, ferner Bergbohm, Jur. u. Rechtsph. S. 372 ff.; Bornhak, Preuß. Staatsrecht III S. 598. Mit mir prinzipiell übereinstimmend Brie, Zur Theorie des konstitutionellen Staatsrechts, Arch. f. öff. Recht IV S. 32. Vgl. ferner Zitelmann Lücken im Recht 1903 S. 27 ff.; Anschütz Lücken in den Verfassungs- und Verwaltungsgesetzen, Verw.Arch. XIV 1906 S. 315 ff.; Zorn in v. Roenne-Zorn, StR. d. preuß. Monarchie II 1906 S. 744, E. Kaufmann Das Wesen des Völkerrechts 1911 S. 52, und besonders die höchst interessanten Ausführungen von Hatschek, Engl. Staatsrecht I S. 153 ff. u. Jahrb. d. ö. R. III 1909 S. 37 ff., die allerdings, soweit H. den Einfluß Benthams auf die Kodifikationen des Rechts behauptet, von Lukas mit überzeugenden Gründen bekämpft werden: Zur Lehre vom Willen des Gesetzgebers (Festgabe für Laband I 1908) S. 420 ff. Dazu der Schriftenwechsel zwischen Hatschek und Lukas im Arch. f. öff. R. 24. Bd. S. 442 ff., 26. Bd. S. 67 ff., 458 ff., 465 ff., ferner Spiegel, Gesetz und Recht 1913 S. 90 ff., auch S. 120 f.

[2]) Gegen die Geschlossenheit des Rechtssystems E. Jung, Von der logischen Geschlossenheit des Rechts, Gießener Festgabe für Dernburg 1900 S. 131 ff.; derselbe Positives Recht, Festschrift für die juristische Fakultät in Gießen 1907 S. 469 ff.; derselbe Das Problem des natürlichen Rechts 1912; dazu v. Laun im Arch. d. ö. R. XXX 1913 S. 369 ff. — Über die Bedeutung dieser Lückenlosigkeit W. Jellinek Gesetz, Gesetzesanwendung usw. 1913 S. 176 f.; dort S. 2 N. 7 auch weitere Angaben.

rische Tätigkeit die Rechtsordnung dort zu ergänzen, wo alle
Mittel der Interpretation nicht ausreichen, um einen Fall unter
bereits vorhandene Rechtsregeln zu subsumieren. Immerhin ist
eine, auf welchem Wege immer zu findende, Entscheidungs-
norm stets soweit vorhanden, als der Richter verpflichtet ist,
über jeden an ihn gebrachten Fall zu judizieren. Aber eine
ähnliche Bestimmung, wie sie der Code civil für den Richter
ausdrücklich formuliert hat[1]), ist für die schwierigsten Konflikte
des öffentlichen Rechtes gar nicht möglich. Nur soweit sich
Staat und Individuum gegenüberstehen, oder es sich um Abgrenzung von Zuständigkeiten verschiedener Staatsorgane handelt,
kann richterlicher Ausspruch entscheiden, nicht aber wenn Zuständigkeiten der obersten Staatsorgane verfassungsmäßig gar
nicht vorgesehen sind, oder diese Organe sich weigern, die
ihnen obliegenden Funktionen zu vollziehen, oder dies aus einem
anderen Grunde unterlassen. Da gilt vielmehr der Satz: Summa
sedes a nemine iudicatur. Und selbst wenn der Richter da
wäre, so mangelte doch jede Möglichkeit, seinem Spruch in dem
Falle Geltung zu verschaffen, wenn das von ihm betroffene
unmittelbare Organ die ihm auferlegte Leistung unerfüllt ließe.
Der Präsident der französischen Republik wird mit absoluter
Mehrheit der zur Nationalversammlung vereinigten beiden Kammern gewählt. Bei der zweiten Wahl Grévys zum Präsidenten
wollten die Monarchisten in verfassungswidriger Weise die Wahl-
handlung verhindern[2]). Wie nun, wenn die Mehrheit der Nationalversammlung, zu der ihr Vorsitzender zählte, mit dem Antrage,
die Wahl zu unterlassen, einverstanden wäre und demgemäß
sich weigerte, die Präsidentenwahl vorzunehmen? Irgendeinen
neuen Verfassungsrechtssatz zu beschließen, wäre die Nationalversammlung rechtlich nicht in der Lage; dazu wäre eine von
beiden Kammern getrennt zu beschließende und hierauf von
der Majorität sämtlicher Kammermitglieder in der Nationalversammlung zu sanktionierende Verfassungsrevision notwendig[3]).
Man nehme weiter an, das bis zur Wiederwahl eines Präsidenten

---

[1]) Art. 4. Le juge qui refusera de juger sous prétexte du silence,
de l'obscurité ou de l'insuffisance de la loi, pourra être poursuivi comme
coupable de déni de justice.

[2]) Schultheß Europ. Geschichtskalender XXVI 1886 S. 312.

[3]) Loi constitutionelle sur l'organisation des pouvoirs publics vom
25. Februar 1875 Art. 8.

mit der exekutiven Gewalt bekleidete Ministerium habe unmittelbar vor Ablauf der Präsidentschaftsperiode oder dem Tode des Präsidenten seine Demission gegeben und weigere sich, die Geschäfte weiterzuführen, weil es für sie die Verantwortlichkeit nicht übernehmen könne, wie löst das „lückenlose" Staatsrecht die sich hieraus ergebenden Fragen? Wem steht in solchen Fällen nach Recht und Gesetz die vollziehende Gewalt zu, wie wird schließlich der Forderung der Verfassung, daß ein Präsident gewählt werde, genug getan?[1]).

Ein anderes Beispiel aus dem Rechte eines absoluten Staates. Nach dem Ukas Peters des Großen vom 5. Februar 1722 wurde der russische Thron durch Ernennung des Nachfolgers von seiten des regierenden Kaisers besetzt[2]). Wenn nun ein russischer Kaiser starb, ohne die Einsetzung eines Nachfolgers vorgenommen zu haben, wie dies mehrmals der Fall war, wer war dann gemäß dem lückenlosen Staatsrecht Kaiser von Rußland?[3]).

Das Dogma der Geschlossenheit des Rechtssystems verkennt das Grundverhältnis von Recht und Staat. An dem Faktum der staatlichen Existenz hat alles Recht seine unübersteigliche Schranke. Daher kann eine Änderung in den Grundlagen des staatlichen Lebens zwar Recht vernichten, dem Recht wohnt aber niemals die Macht inne, den Gang des Staatslebens in

---

[1]) Einen anderen interessanten Fall konstruiert E s m e i n , p. 592 f. Der Präsident verliert den Gebrauch seiner geistigen Kräfte, ohne daß die Aussicht auf seine Wiederherstellung während der Präsidentschaftsperiode geschwunden ist. Das Ministerium übernimmt die Gewalten des Präsidenten, verliert aber die Majorität in der Deputiertenkammer und weigert sich demgemäß, die Geschäfte weiterzuführen. Wer ernennt solchenfalls das neue Ministerium? E s m e i n will das Problem dadurch lösen, daß die Kammern sofort zur Wahl eines neuen Präsidenten schreiten müssen. Dafür ist aber in der Verfassung, die nur für den Fall der „vacance" der Präsidentschaftswürde Vorsorge trifft, kein Anhalt zu finden. Wohl aber wäre hier eine sofortige entsprechende Verfassungsänderung möglich.

[2]) Vgl E i c h e l m a n n Das kaiserlich russische Thronfolge- und Hausgesetz, Archiv für öff. Recht III S. 90 ff.; E n g e l m a n n Das Staatsrecht des Kaisertums Rußland in Marquardsens HB. S. 11.

[3]) Peter der Große und Peter III. starben ohne Ernennung eines Nachfolgers. Katharina I. wird als „stillschweigend" von Peter dem Großen eingesetzt betrachtet, während Katharina II. nach der Absetzung ihres Gemahls ohne den geringsten Schein eines Rechtsgrundes den Thron besteigt.

kritischen Zeiten zu bestimmen. Um eklatante Verletzungen der
Staatsordnung zu beschönigen, hat man die Kategorie des Staats-
notrechtes angewendet, die doch nur ein anderer Ausdruck für
den Satz ist, daß Macht vor Recht geht[1]). Die Tatsachen gewalt-
samer Staatsumwälzungen durch die Herrscher oder die Beherrschten lassen sich aber am Maßstabe einer Rechtsordnung
überhaupt nicht messen, andernfalls man die Geschichte nach
Strafrechtsparagraphen beurteilen müßte. Die Möglichkeit solcher
gänzlich außerhalb des Rechtsgebietes stehender Vorgänge kann
daher niemals durch Gesetze gänzlich ausgeschlossen werden,
und selbst bei einer reich entwickelten Rechtsordnung können
„Verfassungslücken" vorkommen, die gegebenenfalls durch die
faktischen Machtverhältnisse ausgefüllt werden[2]). Die Jurisprudenz mag dann später nachhinken und mit Hilfe dialektischer
Kunststückchen die vollendete Tatsache als rechtmäßig nachweisen, sie vollzieht damit doch nur den Versuch einer Rationalisierung von Fakten, ganz wie es das von ihr so heftig bekämpfte Naturrecht mit so großem Eifer betrieben hatte. Wie viel
unnütze Mühe hat man sich gegeben, die budgetlose Wirtschaft
in Preußen 1862—66 wenigstens bis zu einem gewissen Grade
als rechtmäßig nachzuweisen! Wie weit derartiger Rechtferti-
gungseifer gehen kann, dafür bietet die englische Jurisprudenz
ein klassisches Beispiel. Sie hat die Absetzung und Flucht
Jakobs II. nicht nur als Abdankung interpretiert, sondern aus
diesem Vorgang auch sofort ein Präzedenz für ähnliche Fälle
geschaffen. Blackstone erklärt nämlich: Wenn ein zukünftiger
Fürst versuchen sollte, die Verfassung des Reiches durch Bruch
des ursprünglichen Vertrages zwischen Fürst und Volk umzu-
stürzen und die Grundgesetze des Reiches zu verletzen, und
sich aus dem Königreich begeben würde, so dürfen wir diese
Verbindung von Umständen als eine Abdankung annehmen, und
der Thron würde in solchem Falle vakant werden[3]).

Derartige rechtliche Vakua treten aber nur in Ausnahmefällen ein und besitzen stets die Tendenz nach Ausfüllung, die
entweder durch Einführung streitschlichtender Instanzen oder,

---

[1]) Vgl. die vorzüglichen Ausführungen von G. Anschütz im Verwaltungsarchiv V S. 22 f., ferner Triepel in der Festgabe für Laband II
1908 S. 325 f.

[2]) Zustimmend Zitelmann, Lücken im Recht S. 32 f.

[3]) I p. 239.

wo dies der Natur der Sache nach nicht möglich ist, durch
Erhebung des Faktischen zum Normativen stattfindet. Daher
sind Revolutionen und Verfassungsbrüche stets die Ausgangspunkte neuer Rechtsbildungen. Aber selbst während der größten
Wirren kann nur ein Teil der staatlichen Rechtsordnung unterbrochen oder ganz vernichtet werden. Der weitaus größte Teil
der gesetzlichen Institutionen funktioniert auch in solchen Fällen
weiter. Völlige Anarchie ist bei entwickelter Kultur ein Unding.
In Frankreich hat man sogar zum Zwecke der Rechtskontinuität
eine gemeinsame Kategorie für die verschiedenen Arten legitimer
und revolutionärer Machthaber geschaffen. König, Kaiser, Präsident werden unter der Bezeichnung chef de l'État zusammengefaßt, so daß jeder auf einem neuen Titel beruhende Machthaber sofort in den ganzen gesetzlichen Wirkungskreis seines
Vorgängers, abgesehen natürlich von den neuen verfassungsrechtlichen Unterschieden, eintritt.

Vorstehende Ausführungen lehren uns die Grenzen juristischer Erforschung des Staatsrechtes erkennen. Diese reicht so
weit, als sich die Domäne des Richters erstreckt. Alles Recht
ist praktischer Natur und muß sich irgendwie im Leben bewähren und durchsetzen können.

Unter dem Richter ist aber hier jede streitschlichtende
Instanz zu verstehen, sei es der ordentliche Richter, sei es ein
außerordentlicher Staatsgerichtshof oder ein Schiedsgericht. Auch
wo parlamentarische Kammern in rechtlich nicht weiter kon-
trollierbarer Weise über Rechtsfragen urteilen, wie z. B. bei
Wahlprüfungen oder bei Handhabung der parlamentarischen Disziplin, ist der Richter vorhanden. Anders dort, wo nicht nach
Rechtsgrundsätzen verfahren werden muß, sondern die Zuständigkeiten der Staatsorgane ihre Schranken nur an ihrer gegenseitigen
Macht finden. Es bedarf kaum der Bemerkung, daß dies nur
bei den obersten Staatsorganen der Fall sein kann.

Man hat oft den Satz aufgestellt, daß die wahre Verfassung
eines Staates im Gegensatz zur geschriebenen auf dem gegenseitigen Machtverhältnis der einzelnen staatlichen Faktoren beruht. Dieser allgemeine Satz ist richtig und unrichtig, je nach
der Auffassung, die man vom Wesen der Macht hat.

Diese Macht ist nicht die physische Macht. Wir sehen Jahrhunderte hindurch kleine Minoritäten unangefochten über die große Masse herrschen. Auch nicht die wirtschaftliche Macht. Der Einfluß der Arbeiterklasse auf das staatliche Leben Englands ist trotz ihrer großen Zahl und Bedeutung sehr gering. Die Sozialisten sind dort im Parlament so gut wie unvertreten. Ungleich den kontinentalen Staaten hat England trotz der gewaltigsten Umwälzung seiner staatlichen Organisation im Laufe des 19. Jahrhunderts keineswegs eine dementsprechende Zurückdrängung der bis dahin führenden Gesellschaftsklassen gesehen.

Diese Macht ist zum Teil die ethisch-historische Macht. Das durch Sitte und Herkommen gefestigte Ansehen einzelner oder bestimmter Stände und Klassen kommt auch in der staatlichen Organisation, in der Festigkeit, die bestimmten staatlichen Einrichtungen zukommt, zum Ausdruck. Die Stärke des preußischen und die Schwäche des belgischen Königtums beruhen keineswegs auf dem Buchstaben der Verfassung, sondern auf den voneinander so verschiedenen geschichtlichen Grundlagen beider Monarchien.

Am wichtigsten aber ist für das gegenseitige Verhältnis der obersten Staatsorgane die rechtliche Macht, die ihnen zukommt. Das Wesen dieser rechtlichen Macht bedarf näherer Erläuterung.

Jedes Recht gewährt dem damit Beliehenen ein Stück sozialer Macht, d. h. die Möglichkeit, auf die Lebensführung anderer Menschen einzuwirken. Ob diese Macht und zu welchen Zwecken sie gebraucht wird, kann das Recht im großen Umfang überhaupt nicht bestimmen, vielmehr treten hier die von der Rechtsordnung eingeengten, aber nicht geleiteten individuellen Kräfte mit ins Spiel.

Daß solche rechtliche Macht das Leben der Gesellschaft im höchsten Maße beeinflußt, bedarf an dieser Stelle keiner näheren Ausführung. Wird doch durch sie das Recht zum Regulator aller sich ununterbrochen abspielenden sozialen Kämpfe.

Aber auch für das Leben des Staates ist die rechtliche Macht von der höchsten Bedeutung. Auch das öffentliche Recht gewährt jedem Rechtsträger ein gewisses Maß von Macht, das er nach Gutdünken in seinem Interesse verwenden kann. Dadurch werden die öffentlichen Rechtsträger zu Trägern staat-

licher Macht. Das politische Leben eines Volkes ruht nicht zum
geringsten auf der Verteilung der öffentlichen Macht.

Das gilt auch von den bestimmten staatlichen Organen zugewiesenen Zuständigkeiten. Sie begründen nicht nur Pflichten,
sondern regeln auch notwendigerweise die rechtliche Macht der
Organträger. Am wenigsten zeigt sich das bei den untergeordneten
Organen, wo sie regelmäßig nur so weit reicht, als diese nach
freiem, unkontrolliertem Ermessen zu handeln imstande sind.
Anders aber bei den höchsten Staatsorganen, deren Stellung
überhaupt nur in der Form von Machtzuteilungen geregelt werden
kann.

Solcher Macht sind zwar verfassungsmäßige Schranken gesetzt. Innerhalb dieser Schranken aber kann die Macht frei
schalten: sofern nicht in der Rechtsordnung selbst Gewähr geboten ist dafür, daß diese Macht sich stets nur in bestimmter
Weise betätige, vermag niemand die Richtung festzustellen, in
welcher die Macht wirkt, als der Machtträger selbst. Die englische Lehre von den „checks and balances", die französische
von der Gewaltenteilung, die deutsche vom Rechtsstaat, sie alle
haben den letzten Zweck, die nun einmal nicht zu beseitigende
Eigenmacht der obersten Staatsorgane in feste Schranken zu
bannen.

Die Betätigung der rechtlichen Macht kann aber Zustände
schaffen, die von der geschriebenen oder ungeschriebenen Norm
der Verfassungen und Gesetze abweichen. Solchenfalls kann zwar
ein logisches Urteil über deren Nichtübereinstimmung mit der
Norm gefällt werden, aber kein rechtliches, weil eben jeder
wie immer geartete Richter mangelt und mangeln muß. Zu einem
rechtswidrigen Zustand wird ein also geschaffener erst dann,
wenn ein Staatsorgan die ihm ausdrücklich gesetzten rechtlichen
Schranken derart überschreitet, daß es das gesetzliche Funktionieren anderer Organe überhaupt verhindert; für diese Fälle ist
aber auch die Möglichkeit eines Rechtsspruches vorhanden. Sollte
aber im konkreten Rechte eine streitschlichtende Instanz nicht
gegeben sein, dann können die faktischen Machtverhältnisse
zwischen den Organen daraus rechtswidrige Zustände schaffen,
die den Anstoß zu einer Rechtsbildung geben können. Neues
Recht entsteht ja nicht nur auf rechtmäßigem, sondern auch auf
rechtswidrigem Wege. Das hervorragendste Beispiel hierfür sind
die formell unanfechtbaren, materiell verfassungswidrigen Ge-

setze. Fehlen nämlich schrankenziehenden Rechtssätzen irgendwelche praktische Garantien, dann kann die dadurch gewährte
rechtswidrige Macht tatsächlich dieselbe Bedeutung haben wie
die rechtliche Macht. Die Verfassung eines Staates befindet sich
sodann im labilen Zustande, und es hängt ganz von den konkreten sozialen Verhältnissen ab, ob das Gleichgewicht erhalten
bleibt oder eine Änderung erfolgt, nicht minder die Richtung,
in der solche Änderung sich bewegt.

Die rechtswidrigen Zustände können vorübergehend sein, so
daß neues Recht aus ihnen nicht hervorgeht. Ein interessantes
Beispiel dieser Art aus der neuesten Geschichte ist die durch
gesetzwidrige Mittel bewirkte parlamentarische Obstruktion[1]).

Neues Recht wird durch verfassungsmäßig gewährte, aber
rechtswidrig gebrauchte Macht namentlich dann geschaffen, wenn
Staatsorgane unbeschränkt über ihre Zuständigkeit urteilen
können.

Das findet dort statt, wo zwar Verfassungs- und einfache
Gesetze rechtlich unterschieden, jedoch verfassungs- und gesetzgebende Gewalt in ihren Organen dieselben sind, oder wo keine
richterliche Instanz über die Einhaltung der Rechtsschranken
zwischen verfassungs- und gesetzgebenden Organen entscheiden
kann. Hier findet die Einhaltung solcher Schranken in dem
normal gestimmten Willen der betreffenden Organe ihre Gewähr,
und solcher Wille wird in der Regel vorhanden sein, insofern
die sozialen Kräfte, die auf die Staatstätigkeit wirken, ihm
günstig sind.

Das ist ferner der Fall, wenn ein einziges Organ unbeschränkt über seine Zuständigkeit entscheiden kann. Wenn
ein oberstes Gericht seine gesetzlichen Schranken überschreitet,
so ist der Gesetzgeber noch immer in der Lage, solchem Beginnen gegenüber stärkere Schranken aufzurichten. Die rechtlichen Garantien gegen rechtswidrig gebrauchte, rechtliche Macht
unumschränkter Monarchen, Parlamente, Volksgemeinden können
nur in deren eigenem normmäßig gestimmten Willen liegen.
Normmäßigkeit und Normwidrigkeit sind dann ebenfalls abhängig
von den sozialen Kräften, welche die Rechtsordnung tragen und
der Stärke des Widerstandes, der von den Machthabern jenen

---

[1]) Vgl. hierzu G. Jellinek Ausgewählte Schriften und Reden II
1911 S. 419 ff.; Verfassungsänderung und Verfassungswandlung 1906 S. 55 ff.

Kräften entgegengesetzt werden kann. Hier ist ein Punkt gegeben, wo das Faktum rechtzerstörend und rechtschaffend wirkt.
Diese oft langsamen und unmerklichen Revolutionen zu verfolgen,
die im Laufe der Geschichte die Staaten von Grund aus zu verändern vermögen, ist ein sehr belehrendes Schauspiel, nicht
zum geringsten für den staatsrechtlichen Forscher, dem sie das
Ende seines Bereiches aufweisen.

2. Der Staat und die Rechtsbildung.

Die zweite hier zu beantwortende Frage lautet: Welche
Stellung nimmt der Staat zu dem innerhalb seiner Grenzen sich
bildenden Rechte ein?

Da begegnen wir zunächst der alten Streitfrage, ob es ein
Recht vor dem Staate gebe. Diese auch heute noch erörterte
Frage[1]) leidet an einer bedenklichen inneren Unklarheit. Sie

---

[1]) Grundsätzlich übereinstimmend A. Affolter in Hirths Annalen
1905 S. 552 ff., der Sache nach wohl auch P. Krückmann; Einführung
in das Recht 1912 S. 66. — Die Priorität des Rechtes behaupten jetzt
noch z. B. Kohler, Zeitschrift für vergleichende Rechtswissenschaft
VII (1887) S. 323 u. Hdbch. d. Politik I 1912 S. 122; Haenel Studien
zum deutschen Staatsrecht II S. 217; Rehm Die überstaatliche Rechtsstellung der Dynastien 1907 S. 29 f.; Stammler Theorie der Rechtswissenschaft 1911 S. 394 ff. u. „Das Recht im staatslosen Gebiete" (Festgabe f. Binding I 1911) S. 337 ff.; v. Amira Vom Wesen des Rechts (Beil.
z. Allg. Zeitung v. 7. 12. 1906 S. 460); Duguit Traité de droit constitutionnel I 1911 p. 7; Krabbe Die Lehre der Rechtssouveränität 1906
S. 174 f., 244 ff., der aber S. 188 von der hier vorgetragenen Lehre nicht
wesentlich abweicht; dazu Grabowsky Recht und Staat 1908 S. 33 ff. —
Die gleichzeitige Entstehung von Recht und Staat lehren Gierke,
Zeitschr. f. d. gesamte Staatswissensch. XXX 1874 S. 179 ff.; Kelsen
Hauptprobleme der Staatsrechtslehre 1911 S. 405 f.; Kornfeld Soziale
Machtverhältnisse 1911 S. 178. — Die Streitfrage wird nicht eher zur
Ruhe kommen, als bis man sich Klarheit geschaffen hat über den tieferen
Grund ihres Vorhandenseins. Wer die Priorität des Rechts behauptet,
begegnet den Einwendungen des Textes. Umgekehrt ist aber auch die
Lehre von der Priorität des Staates, von seiner Tatsächlichkeit, nicht
ohne weiteres einleuchtend, da das menschliche Denken erst dann befriedigt ist, wenn es sich eine Erscheinung durch ein von jeder Wirklichkeit losgelöstes Gesetz erklärt hat. „Ich verlange — eine Erklärung jener
Tatsache", ruft Krabbe in seinem schönen Buche aus (a. a. O. S. 4), und
wie ihm wird es noch manchem anderen gehen (vgl. etwa Radbruch Einführung in die Rechtswissenschaft 1910 S. 23, abgeschwächt in der 2. Aufl.
1913 S. 35). Erst wenn ich weiß: jedesmal' wenn in einer Gemeinschaft
ein höchster Gewalthaber vorhanden ist, sollen die übrigen ihm ge-

setzt nämlich den entwickelten Staatsbegriff als selbstverständlich voraus und verwirrt damit das Problem selbst. Denn versteht man unter Staat das politische Gemeinwesen der modernen Völker, so hat es vor diesem zweifellos ein Recht gegeben. Faßt man aber den Staat dynamisch auf und definiert ihn als den höchsten herrschaftlichen Verband, den eine Epoche kennt, so lautet die Antwort ganz anders.

Das eine ist über jeden Streit erhaben, daß das Recht ausschließlich eine soziale Funktion ist, daher die menschliche Gemeinschaft zur Voraussetzung hat. Selbst das Naturrecht, das vom isolierten Menschen ausging, läßt das Recht erst in einer Mehrheit von Menschen entstehen. Das Recht setzt ferner, weil eine durchaus unorganische Gemeinschaft historisch nicht gegeben ist, Gesellschaftsgruppen voraus, die, wenn auch noch so lose, organisiert sind. Eine jede organisierte weltliche Gemeinschaft aber, die keinen Verband über sich hat, ist Staat. Dieses Merkmal ist das einzige, welches die frühesten Anfänge der politischen Entwicklung mit den ausgebildeten souveränen Staaten der Gegenwart verbindet. Ein solches embryonales Staatsgebilde hat aber niemals gemangelt und mangelt auch heute nicht selbst bei Völkern mit minimalstem sozialen Leben. Wie immer die Urformen des menschlichen Gemeindaseins beschaffen gewesen sein mögen, jedenfalls ist ein völlig atomistisches Nebeneinanderbestehen der Menschen vorgeschichtlich und geschichtlich nicht nachzuweisen. In dem so entwickelten Sinne hat es daher niemals ein Recht vor dem Staate gegeben. Die primitiven Organi-

---

horchen, kann ich mit gutem Gewissen die Gehorsamspflicht des Untertans einem konkreten Staate gegenüber bejahen. Wäre jener oberste Satz aller Rechtsordnungen ein Rechtssatz, so wäre den Anhängern der Priorität des Rechtes beizupflichten. In Wirklichkeit ist jener jedem menschlichen Willen entrückte Satz nur die logische Form der Erklärung des geltenden Rechtes. Staatsrechtlicher Rechtssatz ist erst der Befehl: wenn dieser konkrete Machthaber M befiehlt, sollst du ihm gehorchen! — und diesen Rechtssatz gibt es erst, wenn ein einzelner oder eine Gruppe da ist, die sich wirklich im Besitze der Macht befindet, m. a. W. sobald eben ein Gemeinwesen sich zum Staate verdichtet hat. Die Entstehung eines Staates hat also die Entstehung eines Gehorsam fordernden Rechtssatzes zur unmittelbaren Folge; die Staatsschöpfung geht aber, wie jede Ursache, der Wirkung zeitlich voraus, man müßte denn mit S i g w a r t, Logik II § 73 Ziff. 14 ff. (4. Aufl. S. 154 f.), Gleichzeitigkeit von Ursache und Wirkung annehmen. — Näheres bei W. J e l l i n e k Gesetz, Gesetzesanwendung usw. 1913 S. 27 ff., 130 f.

sationen sind die einzigen Mächte auf der betreffenden Kulturstufe, die den als Recht empfundenen Normen die notwendigen
äußeren Garantien ihrer Verwirklichung zu geben vermögen.

Damit ist aber keineswegs gesagt, daß nun alles Recht
Sache des sich weiterentwickelnden Staates geblieben sei. Nur
da, wo es einen einzigen Verband gibt, würde bei der Notwendigkeit sozialer Organisation für Dasein und Aufrechterhaltung
der Rechtsordnung der Staat einzige Quelle des Rechtes oder
doch der Rechtsverwirklichung sein. Es bildet sich aber vielmehr
alles Recht zunächst im engeren Verbande aus, um erst später
den weiteren zu ergreifen. Das älteste Recht der abendländischen
Kulturvölker hat sich in der engeren oder weiteren Familie entwickelt, sowie auch die mit der Bildung aller Verbände anfänglich
innig verknüpfte Religion zuvörderst Familienkult ist und sodann
zum Stammeskult fortschreitet[1]). Das öffentliche Recht hat in
der Epoche der Entstehung des über die primitiven Bildungen
hinausgehenden Staatswesens der arischen Völker mehr den
Charakter des Bundesrechtes einer Mehrheit von Familien, deren
Autonomie auf den nicht bundesrechtlichen Gebieten fortdauert[2]).
Ebenso verhält es sich aber später mit den Gliedern komplizierter Staaten. Wo der Staat aus Stämmen, sei es gleichberech-
tigten oder unterworfenen, zusammengesetzt ist, da wird in der
Regel den Gliedern ein weitgehendes Maß selbständiger Rechtsbildung überlassen. Die alten und neuen Weltreiche konnten und
können sich nur dadurch behaupten, daß unterworfenen Völkern
ihr eigenes Recht in einem bestimmten Umfange verbleibt. In
Zeiten schwach entwickelter Staatsgewalt findet in alten und
neuentstehenden Verbänden im Staate ein reicher Prozeß der
Rechtsbildung und Rechtsverwirklichung statt. Im Staate ist aber
stets eine Tendenz vorhanden, alle Machtmittel untergeordneter
Verbände in sich aufzusaugen, und der so entstehende Prozeß
endet damit, daß der Staat schließlich zum alleinigen Inhaber
der Herrschergewalt wird. Dadurch wird zwar nicht die gesamte
Rechtsbildung, wohl aber der rechtlich geordnete Rechtsschutz
Sache des Staates. Die Gerichtsgewalt geht ausschließlich in
seine Hände über, und alle Gerichtsbarkeit ist daher zuletzt
entweder ihm zugehörig oder von ihm geliehen. Damit wird es

---

[1]) Vgl. für die Verhältnisse der Arier H. S. Maine Ancient Law
14 ed. p. 166 ff.

[2]) F. de Coulanges p. 127 ff. liv. II chap. X 4.

endlich des Staates Recht, alles innerhalb seiner Grenze geltende
Recht zu regulieren, so daß im modernen Staate alles Recht in
staatlich geschaffenes und staatlich zugelassenes Recht zerfällt[1].

Auch heute gibt es eine Fülle von Verbänden, die sich
unabhängig vom Staate ihr Recht setzen, so die Kirchen und
alle Gattungen von Vereinen[2]. Diesem nichtstaatlichen Rechte
stehen auch jene rechtlich nicht geordneten, nicht unter den Begriff des Rechtszwanges zu subsumierenden sozialen Garantien
in größerem oder minderem Umfange zur Seite. Allein der auch
solches Recht zu verwirklichen bestimmte Rechtszwang steht
als Ausfluß der Herrschergewalt ausschließlich dem Staate zu.
Daher kann das Verbandsrecht den Verbandsmitgliedern gegenüber nur kraft staatlicher Verleihung oder Anerkennung in Form
der Autonomie den Charakter objektiven Rechtes annehmen, und
nur durch des Staates Willen kann das Verbandsrecht auch ihm
gegenüber den Charakter objektiven Rechtes, d. h. den eines
Teiles der staatlichen Rechtsordnung selbst, erhalten. Die Schöpfung objektiven Verbandsrechtes ist heute ausschließlich Sache
des Staates geworden[3].

3. Die Bindung des Staates an sein Recht.

Die Rechtsordnung des Staates ist Recht für die ihm Unterworfenen. Ist sie aber auch Recht für den Staat selbst?[4]

---

[1] Diesen Satz mißversteht K r a b b e , S. 141 f., offenbar. Selbstverständlich muß der Richter auch das zugelassene Recht anwenden;
aber die S c h a f f u n g jenes Rechts überläßt der Staat anderen Personen.

[2] Über das Kirchenrecht vgl. meine näheren Ausführungen System
S. 272 ff.; Der Kampf des alten mit dem neuen Recht 1907 S. 12 ff.
(Ausg. Schriften und Reden I 1911 S. 398 ff.); W. S c h o e n b o r n Kirche
und Recht (Internat. Monatsschrift für Wissenschaft, Kunst und Technik
VI 1912 S. 619 ff.). Die Selbständigkeit des Kirchenrechtes zutreffend
hervorgehoben von U. S t u t z , Die kirchliche Rechtsgeschichte 1905
S. 11, 37 ff.

[3] R e h m wendet sich, a. a. O. S. 32 ff., gegen diese „Duldungs-
theorie" mit der Behauptung eines vom Staate unabhängigen Rechts der
im Staate befindlichen Verbände. Wohl zu Unrecht. Man denke sich
einen Augenblick den übergeordneten Staat weg, und alles Recht fällt in
sich zusammen. Es k a n n allerdings ein Verbandsrecht bestehen bleiben;
der Verband beweist aber dadurch, daß er mehr war als ein gewöhnlicher
Verband: er war Staat im Staate.

[4] Für S e i d l e r , Jur. Kriterium S. 44, existiert dieses Problem
nicht, weil er, den Spuren G i e r k e s folgend, annimmt, daß der Staat mit
und in dem Rechte geboren ist und nur fortdauernd im Rechte leben

Ausgehend von dem Satze, daß der Staat jede Rechtsnorm von Rechts wegen zu ändern vermöge, behaupten auch heute noch viele, daß der Staat selbst durch sein Recht nicht verpflichtet werden könne. Im öffentlichen Recht seien zwar Imperative an die Staatsorgane vorhanden, der Staat selbst aber könne sich nichts befehlen.

Um die aufgeworfene Frage zu lösen, muß man die dürftigen Werkzeuge juristischer Handlangerarbeit, die allerdings manche, die sich mit diesem Problem beschäftigen, allein zu handhaben verstehen, beiseite legen[1]). Sie ist, um den von mir vorgeschlagenen Ausdruck zu gebrauchen, metajuristischer Natur[2]).

kann. Dem widersprechen die gewaltigen Revolutionen und gewaltsamen Staatenbildungen der Neuzeit von Grund aus, die sich mit jenem Lehrsatz gewiß nicht erklären lassen. An der geschichtlichen Realität zerschellen alle derartigen Spekulationen, die eine der schwierigsten Fragen der Rechtslehre beiseite schieben, aber nicht lösen. Zudem bezeichnet S e i d l e r , S. 41, das Recht als von der Staatsorganisation mit der Kraft ihres Willens erfüllt, die vermöge ihrer Autorität dessen Beobachtung befiehlt. Dieses entwickelte Recht ist es sicherlich niemals, unter dem der Staat steht; was Seidler im Auge hat, ist ein psychisches Verhalten, das noch nicht Recht ist, sondern erst durch den vielleicht durch rechtlose Gewalt entstandenen Staat Recht werden kann.

[1]) Es sei hier auch auf die fortwährend von Neueren, jetzt auch namentlich in der französischen Literatur, viel diskutierten Ausführungen über die staatliche Selbstverpflichtung in meinen früheren Werken verwiesen. Sie findet fortdauernd energische Anhänger. Die neuere Polemik gegen sie kommt jedoch nicht über den von mir bereits eingehend (Die rechtliche Natur der Staatenverträge S. 9 ff.) gewürdigten, an der Oberfläche des Problems stehenden naturrechtlichen Einwand der Unmöglichkeit einer Selbstbindung der als streng isoliert gedachten Staatspersönlichkeit hinaus. Neuere sehr eingehende Kritiken bei D u g u i t L'Etat I p. 110 ff., K e l s e n Hauptprobleme S. 395 ff., und bei Hold v. F e r n e c k S. 186 ff. Letzterem zufolge ist (S. 73 ff.) die ethische Macht dem einzelnen etwas von außen Kommendes und jede Pflicht mit Zwang verbunden, daher jede Pflicht ein fremdes Gebot sei. Von diesem die sittliche Autonomie und daher jede Ethik in höherem Sinne verwerfenden Standpunkt gibt es natürlich keine wie immer geartete Selbstverpflichtung. Aber auch ebensowenig irgend andere Begründungen der letzten ethischen und rechtlichen Probleme als auf fatalistische Unterwerfung unter eine fremde göttliche oder physische Übermacht, Begründungen, die ja so oft versucht wurden und stets mißlungen sind. Vgl. auch die treffenden Bemerkungen von M. E. M a y e r Rechtsnormen und Kulturnormen 1903 S. 35 N. 6.

[2]) Vgl. Die rechtliche Natur der Staatenverträge S. 3 N. 3. Daß die Selbstbindung des Staates nur den letzten rechtlichen Grund seiner

Allein von der befriedigenden Antwort auf sie hängt die Möglichkeit allen öffentlichen Rechtes und damit allen Rechtes überhaupt ab.

Ziehen wir zunächst die Konsequenz der Lehre, die den Staat durch sein Recht für ungebunden und unbindbar erklärt.

Aus ihr ergibt sich, daß das, was dem Untertan, sei es der einzelne als Individuum, sei es als Träger einer staatlichen Organisation, als Recht erscheint, für den Staat selbst kein Recht ist. Wechselt man die Stellung und blickt von den Höhen des Staates auf die Tiefen des Rechtes hinab, so sieht man — nichts. Alles Recht ist für den Staat Nicht-Recht, ein juristisches Nichts, das ihm selbst fremd ist und fremd bleibt, das er aber seinen Untertanen aufzwingt und damit für diese zum Recht erhebt.

Solche Auffassung kann folgerichtig nur auf dem Boden einer starr theokratischen Rechtsordnung durchgeführt werden. Nur ein Gott oder ein gottähnlich verehrter Monarch vermag seinen unerforschlichen, stets veränderlichen Willensschluß zur schlechthin von jedem, nur nicht von ihm selbst anzuerkennenden Norm des Handelns zu erheben.

Ganz anders aber verhält es sich da, wo der Staat nach festen, nur in rechtlichen Formen entstehenden und abänderlichen Rechtsregeln verfährt. Solche Regel enthält einmal die Bindung der Staatsorgane an sie. Damit allein ist aber die Tätigkeit des Staates selbst gebunden, indem staatliche Organtätigkeit Staatstätigkeit selbst ist, ja andere Staatstätigkeit als die durch Organe vermittelte überhaupt nicht existiert. Solche Regel enthält aber auch die Zusicherung an die Untertanen, daß die Staatsorgane verpflichtet sind, ihr gemäß zu verfahren. Das Strafrecht ist nicht nur Anweisung für den Richter, das Finanzrecht nicht bloß Instruktion für den Steuerkommissar, sondern enthält zugleich auch die Zusicherung an die Untertanen, daß nur diesen Gesetzen gemäß verfahren werde. Alle Normen begründen die Erwartung, daß sie, solange nicht ein rechtmäßiger Aufhebungsgrund vorliegt, unverbrüchlich werden gehandhabt werden. In diesem Vertrauen auf die Unverbrüchlichkeit der Rechtsordnung wurzelt nicht zum geringen Teil die für jeden einzelnen not-

---

Gebundenheit, keineswegs aber deren letzte reale Ursache darstellt, habe ich daselbst S. 14 ff. ausführlich dargelegt. Die der Jurisprudenz gesteckten Grenzen sind durchaus nicht mit denen der Wissenschaft überhaupt identisch!

wendige Berechenbarkeit seiner Handlungen und ihrer Folgen;
sie ist eine nicht zu umgehende Bedingung stetiger Kulturentwicklung, da sie allein das soziale Vertrauen schafft, ohne welches
der Verkehr zwischen Menschen sich kaum über niedrige Anfänge
zu erheben vermag[1]).

Es liegt nun in jedem Rechtssatz zugleich die Zusicherung
an die Rechtsuntertanen verborgen, daß er für die Dauer seiner
Geltung auch den Staat selbst verpflichte. Der Befehl an seine
Organe, den Rechtssatz zu handhaben, ist nicht reine Willkür
des Staates, wie die gegenteilige Theorie, will sie konsequent
sein, behaupten muß, sondern Erfüllung einer Pflicht. Der Staat
verpflichtet sich im Akte der Rechtsschöpfung, wie immer dieses
Recht entstehen möge, gegenüber den Untertanen zur Anwendung
und Durchführung des Rechtes.

Solche Bindung des Willens an die von ihm einseitig ab-
gegebene Erklärung ist schon dem Privatrecht nicht fremd. Daß
das Versprechen, auch wenn es nicht von anderer Seite angenommen ist, Verpflichtungsgrund sein kann, ist von alters her
anerkannt[2]). Einseitige Willensbildung aber ist die Form, durch

---

[1]) Die Lehre J h e r i n g s, Zweck im Recht I, 4. Aufl. S. 262 f., daß
die Rechtsnormen sich formell nur an die Staatsorgane wenden, würde zu
dem Resultat führen, daß sie als bloß innerhalb der Staatsorganisation
wirksam, überhaupt nicht Recht erzeugen. Dagegen treffend M e r k e l,
Ges. Abhandlungen II 1899 S. 586, und in eingehender Ausführung
M. E. M a y e r, a. a. O. S. 38 ff. Über neuere Vertreter der Jhering'schen
Lehre W. J e l l i n e k Gesetz, Gesetzesanwendung S. 21 ff.

[2]) Selbst das klassische Recht hat die verpflichtende Kraft der
pollicitatio und des votums (vgl. D. de pollicit. 50, 12) anerkannt, trotzdem sie seiner Grundauffassung von der Entstehung obligatorischer Verhältnisse aus Willenserklärungen widersprach. Daß aber die im modernen
Rechte in großem Umfange vorhandene Möglichkeit der Verpflichtung
durch einseitiges Versprechen in keiner Weise unlogisch sei, hat S i e g e l,
Das Versprechen als Verpflichtungsgrund im heutigen Recht 1873 S. 45 ff.,
eingehend dargetan. Zurückzuweisen ist der formalistische Einwand,
daß die Verpflichtung des einzelnen auf höherem Willen der staatlichen
Rechtsordnung beruhe und daher für die Möglichkeit staatlicher Selbstverpflichtung nichts beweise; vgl. etwa K r a b b e Rechtssouveränität S. 8.
Es handelt sich vielmehr um den Nachweis, daß Bindung einer Person
an ihre einseitige Erklärung unseren Rechtsüberzeugungen keineswegs
widerspricht, die, wie ausdrücklich hervorgehoben, die tiefste und
höchste Quelle allen Rechtes auch für den Staat sind und daher das
Fundament der Erkenntnis von Rechten und Pflichten des Staates selbst
bilden.

die allein die Grundlagen von Rechtsverhältnissen zwischen einem Verband und seinen Gliedern geschaffen werden können. Man muß dabei keineswegs sofort an den Staat denken. Jeder Verein erläßt durch satzungsmäßigen Beschluß, also einseitig, Normen für seine Mitglieder, dadurch nicht nur diese, sondern sich selbst bindend. Von solchen Verbänden unterscheidet sich der Staat nur dadurch, daß die Rechtsordnung, die ihn an seine Willenserklärung bindet, seine eigene Ordnung ist.

Erst durch die also gewonnene Erkenntnis ist die Vorstellung von Rechten und Pflichten des Staates möglich. Wer sie verwirft, der vermag nur Macht-, aber keine Rechtsverhältnisse zwischen Staat und einzelnen anzuerkennen.

Die juristische Konstruktion der also sich ergebenden staatlichen Rechtsverhältnisse ist an anderer Stelle durchzuführen. Hier ist vielmehr ausschließlich ihre sozialpsychologische Grundlage näher nachzuweisen.

Der letzte Grund alles Rechtes liegt in der nicht weiter ableitbaren Überzeugung seiner Gültigkeit, seiner normativen motivierenden Kraft. Die oben angegebenen drei Merkmale des Rechtes treffen in dem Punkte zusammen, daß es sich bei ihnen stets um Normen handelt. Norm ist aber niemals etwas bloß von außen Kommendes, sondern muß stets die auf einer Eigenschaft des Subjektes ruhende Fähigkeit besitzen, von diesem als berechtigt anerkannt zu werden. Darum ist es schließlich eine von der gesamten Kulturanlage eines Volkes bedingte Überzeugung, ob etwas, was den Anspruch erhebt, Norm zu sein, in einem gegebenen Zeitpunkt diesen Charakter wirklich besitzt.

Es kommt daher hier in letzter Linie darauf an, ob nach der Anschauung einer bestimmten Zeitepoche der Staat selbst durch seine abstrakten Willenserklärungen gebunden ist oder nicht, und, wenn er gebunden ist, in welchem Maße solche Bindung besteht. Diese Frage ist aber eine historische, mit keiner allgemein gültigen Formel zu lösende[1]). Nur das eine

---

[1]) Menzel, Handb. d. Politik I S. 41 N. 28, rügt den Widerspruch dieses von ihm gebilligten Satzes mit der Auffassung des Staats als eines Rechtsbegriffs (oben S. 138 f.). Allein der Staat kann auch dann noch juristisch begriffen werden, wenn er sich nicht an seine eigenen Gesetze hält. Es gibt eben dann — rechtlich betrachtet — zwei Arten von Staaten, solche, die sich durch ihr Recht binden, und solche, die es nicht tun. Auch der nicht bindbare Staat wird mittels des Rechtssatzes begriffen, daß man ihm zu gehorchen habe.

kann mit Sicherheit behauptet werden, daß im modernen Staate
die Überzeugung von der Bindung des Staates durch sein Recht
in stetig wachsendem Maße hervortritt. Dies läßt sich klar an
einer wichtigen Erscheinung nachweisen, die geraume Zeit hindurch geleugnet oder doch mit den Mitteln juristischer Erkenntnis
nicht erfaßt werden konnte und daher lange nur naturrechtliche
Erklärungsversuche erzeugte. Ausgangspunkt dieser nachweisbaren Entwicklung ist der von den Absolutisten energisch vertretene Satz, daß jeder Akt der höchsten Staatsgewalt seinem
Wesen nach rechtmäßig sei, so daß sie selbst niemals ein Unrecht begehen könne. Ihm entsprach die Praxis, und zwar nicht
nur in den absoluten Monarchien. Höchst bezeichnend für die
ursprüngliche Anschauung von der Schrankenlosigkeit der Staatsgewalt ist die englische Institution der bill of attainder und der
bill of pain and penalties[1]), wie sie im 17. und 18. Jahrhundert
häufig zur Anwendung kam. Gelang es in politisch bedeutsamen
Fällen nicht, eine mißliebige Person im ordentlichen Rechtsweg
zu verurteilen, so passierte — pro re nata, wie die englischen
Juristen sich ausdrücken — eine Strafbill, die oft zugleich das
zu bestrafende Verbrechen schuf, das Parlament und wurde
hierauf, mit der königlichen Sanktion versehen, zur Ausführung
gebracht[2]). Häufig wurde der zu Verurteilende nicht einmal

---

[1]) Die erste verhängte Todes-, die zweite eine geringere Strafe,
vgl. den Artikel „bill of pains and penalties" in Whartons Law-
Lexicon, 10th ed. 1902 p. 105. Näheres über diese Gesetze bei Blackstone Commentaries IV p. 450 ff.; Fischel Die Verfassung Englands
2. Aufl. 1864 S. 458 ff. u. H. Cox The Institutions of the English
Government 1863 p. 227 ff., 465 ff.

[2]) Der berühmteste Fall einer bill of attainder ist der, durch welche
der Earl of Strafford 1640, nachdem die Gemeinen die gegen ihn er-
hobene Strafanklage zurückgezogen hatten, zum Tode verurteilt wurde.
Der letzte Versuch einer bill of pain and penalties war gegen die
Königin Karoline, die Gemahlin Georgs IV. (1820), aus Anlaß von dessen
Ehebruchsklage, gerichtet. Sie wurde aber, nachdem sie das zuerst mit
ihr befaßte Oberhaus bereits passiert hatte, zurückgezogen, ehe das
Unterhaus in die Lage kam, sie in Verhandlung zu nehmen. — Über die
Frage nach den Schranken der höchsten Staatsgewalt handelt eingehend
Thoma im Jahrb. d. ö. R. IV 1910 S. 202 f. Thoma leugnet die Rechts-
widrigkeit einer bill of attainder nach heutigem Rechte und damit ihre
Ungültigkeit. Es wird darauf ankommen, ob eine Strafbill heute ge-
fügige Richter und Vollstrecker fände oder nicht; man denke vergleichs-
weise an die Freisprechung des Dichters Gottfried Kinkel (Carl Schurz

vom Parlamente vernommen[1]). Diese Äußerungen parlamentarischer Omnipotenz sind in England formell niemals abgeschafft worden, und wenn sich auch vereinzelte Stimmen gegen sie erhoben hatten, so ist doch von juristischer Seite ihre Zulässigkeit früher nicht bestritten worden[2]). Es unterliegt aber wohl keinem Zweifel, daß heute eine derartige Bill als ungeheuerlicher Rechtsbruch betrachtet werden würde, als Mißbrauch der Rechtsformen, nicht eben bloß als ein ius iniquum. Solche Gesetze verstoßen nach heutiger Rechtsanschauung gegen anerkannte Rechtsgrundsätze, die dem englischen Recht als Basis dienen; sie stehen in Widerspruch mit dem Teil des common law, von dem die Engländer oft behauptet haben, daß es selbst durch Parlamentsstatut nicht geändert werden könne. Die Amerikaner haben dieser modernen Rechtsüberzeugung dadurch Ausdruck gegeben, daß sie das strikte Verbot der Strafbills in ihre Verfassung aufgenommen haben[3]).

Solche Fälle lehren selbst den Widerstrebenden deutlich, daß auf einer höheren Stufe der Rechtsentwicklung sogar auch die rechtschaffende Tätigkeit des Staates rechtlich gewertet werden kann. Der Akt der Rechtsschöpfung, selbst wenn das also Geschaffene rechtsbeständig ist und bleibt, kann einen Rechtsbruch in sich schließen. Jedes verfassungswidrige Gesetz in den Staaten, die dem Richter kein Prüfungsrecht der Gesetze auf ihre materielle Verfassungsmäßigkeit zugestehen, ist ein weiteres

---

Lebenserinnerungen 1 1906 S. 254, 279) und die wirkungslose Verhängung des Kriegszustandes in Kurhessen 1850 (Bähr Rechtsstaat 1864 S. 154). Ersterenfalls wäre die bill gültig, andernfalls ungültig wegen Machtlosigkeit. Aber auch die Gültigkeit einer Strafbill steht ihrer Rechtswidrigkeit nicht im Wege, sofern mit ihrem Erlasse ein Verbot übertreten wird, das Rechtseinrichtungen oder gesellschaftliche Anschauungen einigermaßen gewährleisten. — Geller, Österr. Zentralblatt f. d. jur. Praxis XXVII 1909 S. 177 ff., geht so weit, gegenüber dem Mißbrauch der gesetzgebenden Gewalt eine Klage auf Entschädigung oder auf Aufhebung des rechtswidrigen Gesetzes zuzulassen; das österreichische Reichsgericht war aber anderer Ansicht. — Gute Bemerkungen auch bei W. Wilson, Der Staat 1913 S. 450 ff.

[1]) Namentlich unter Heinrich VIII., in dessen Hand die von gefügigen Parlamenten beschlossenen bills of attainder furchtbare Waffen bildeten.

[2]) Noch Cox, p. 392, behandelt sie als in Kraft befindliches Rechtsinstitut.

[3]) Const. of the U. St. Art. I sect. IX 3.

Beispiel hierfür[1]). Nicht minder sind andere höchste Staatswillensakte, wie das rechtmäßige, aber rechtswidrig gefaßte,
nicht revisionsfähige Urteil, rechtlicher Be- und Verurteilungen
fähig, obwohl sie nicht imstande sind, die Rechtsfolgen solchen
Urteils zu ändern, und damit einen neuen Beweis für jene merkwürdige Grundtatsache des Rechtslebens bieten, daß Unrecht
Recht zu erzeugen vermag.

Der Gedanke der Bindung des Staates an sein Recht hat
bei der Aufstellung der modernen Verfassungsurkunden seine
bedeutsame Rolle gespielt. Nicht nur durch die Festsetzung
fester Normen für die Äußerungen des Staatswillens, sondern
vor allem durch die Aufstellung „garantierter" Rechte des Individuums suchen sie den Staat selbst in seiner legislatorischen
Allgewalt einzudämmen. Diese Garantie wurde gedacht als in
der Zusicherung der Unabänderlichkeit der also geschützten
Rechte bestehend.

Es ist an dieser Stelle nicht zu untersuchen, inwieweit die
Unveränderlichkeit gerade der Grundrechte durch jene verfassungsmäßigen Garantien praktische Bedeutung besitzt. Wohl aber
war von jeher und ist heute unzweifelhaft in umfassenderem
Maße in dem Rechte der Kulturvölker ein Grundstock vorhanden, der jeder gesetzgeberischen Willkür entzogen ist. Das ist
der Niederschlag der gesamten geschichtlichen Entwicklung eines
Volkes, wie er als bleibende Bedingung von dessen ganzem
historischen Dasein sich in den rechtlichen Institutionen konstant
ausprägt. Die Grundlagen des Strafrechtes z. B. sind in großem
Umfang feststehend, die Verpönung schwerer Angriffe auf die
wichtigsten Rechtsgüter nicht von dem Belieben des Staates abhängig. Die Straflosigkeit des Mordes auszusprechen, liegt wohl
außerhalb der realen gesetzgeberischen Möglichkeit. Täte ein
Gesetzgeber dennoch derartiges, so würden sofort andere, von
ihm nicht zu beherrschende Kräfte in ungeordneter Form die
Funktion der Strafe erfüllen.

---

[1]) Die praktisch bedeutsamsten Fälle dieser Art wären Spezial-
gesetze, die einer allgemeinen verfassungsmäßigen Rechtsregel zuwider-
laufen. Also namentlich individuell bestimmte Enteignungen ohne Gewährung voller Entschädigung, z. B. bei zwangsweiser Verstaatlichung
einer Eisenbahn, oder gegen bestimmte Personen oder Klassen gerichtete
Güterkonfiskationen, wie sie von extremen politischen Parteien in erregten
Zeiten vorgeschlagen werden.

Verläßt man daher den rein formal-juristischen Standpunkt, auf dem mit der Hilfsvorstellung einer schlechthin allmächtigen und unfehlbaren Staatsgewalt operiert wird, so ergibt sich eine Scheidung alles Rechtes in konstante oder doch nur sehr langsam umzubildende und variable Bestandteile. Diese Konstanten sind aber in dieser Eigenschaft gemäß der ganzen Kulturlage eines Volkes ausdrücklich oder stillschweigend anerkannt und bilden damit einen rechtlichen Maßstab für die Beurteilung auch der formal unanfechtbaren Staatswillensakte. Daher kann ein Gesetz oder ein rechtskräftiger irrevisibler Richterspruch als unrecht, nicht nur als ungerecht gewertet werden. Ferner ist damit auch eine Richtschnur de lege ferenda gegeben, wie denn heute jene Schulansicht von der schlechthin ungebundenen gesetzgebenden Gewalt trotz der Überzeugung weitestgehender legislatorischer Freiheit bei den gesetzgeberischen Faktoren selbst sicherlich nicht vorhanden ist. Endlich ist damit überhaupt erst die Möglichkeit staatlicher Pflichten begründet, eine Vorstellung, die von der noch immer fortwirkenden absolutistischen Staatsauffassung aus, will man konsequent sein, energisch zurückgewiesen werden muß.

4. Der Staat und das Völkerrecht.

Die für die ganze Auffassung des modernen Staates grundlegende Anschauung von seinem Verhältnis zum Rechte wird vollendet durch die Lösung des Problems, welches das jüngste Glied der Rechtsordnung, das Völkerrecht, der Erkenntnis darbietet.

Die Staaten der altorientalischen und antiken Welt haben trotz mancher, namentlich durch die Bedürfnisse des internationalen Verkehrs hervorgerufenen Ansätze es nie zu einem Völkerrecht gebracht, wenn auch Wort und Begriff den Römern geläufig waren. Schon indem von der antiken Staatslehre dem Staate, zuerst von den größten hellenischen Denkern, Autarkie zugeschrieben und sodann in der stoischen, von den Römern bereitwillig angenommenen Lehre der Weltstaat als die dem Staatsbegriffe entsprechende Verwirklichung behauptet wird, kann die Möglichkeit einer Rechtsordnung für die Staaten selbst der alten Welt nicht zum Bewußtsein kommen. Erst in der durch eine Fülle von Kulturelementen miteinander verbundenen christlichen Staatenwelt, die im Mittelalter zur Einheit der Kirche zusammen-

gefaßt war, tritt zu Beginn der neueren Zeit, in bedeutenderem
Maße seit dem westfälischen Frieden, in ungeahnter Ausdehnung aber erst im abgelaufenen Jahrhundert, die Idee und das
Bewußtsein eines Völkerrechtes auf. Dieses Völkerrecht ist das
Recht, welches die Staaten in ihren internationalen Beziehungen
bindet, also ein Recht, das dem nach außen handelnden Staat
als objektives Recht entgegentritt.

Über Möglichkeit und Dasein des Völkerrechtes ist viel
gestritten worden. Selbstverständlich wird es von denjenigen, die
ausschließlich mit den alten zivilistischen Schablonen an das
Problem herantreten, verworfen. Die letzte Entscheidung über
sein Dasein liegt aber bei den Gemeinwesen, für welche es gelten
soll, bei den Staaten. Erkennen diese das Völkerrecht als für
sie bindend an, dann ist bei der psychologischen Natur alles
Rechtes die feste Basis für seine Existenz gegeben. Daß diese
Anerkennung aber von seiten der Mitglieder der Staatengemeinschaft vorhanden ist, darüber kann heute kein Streit mehr
herrschen[1]).

Aber nicht nur die Grundlage, auch die Gesamtheit der
anderen Merkmale des Rechtes sind beim Völkerrecht gegeben.
Der wesentliche Unterschied des Völkerrechts von dem Staatsrechte liegt darin, daß in jenem keine Verhältnisse der Über-
und Unterordnung reguliert werden, es vielmehr ein Recht
zwischen Koordinierten ist. Und zwar sind die das Völkerrecht
setzenden Autoritäten und zugleich die von ihm verpflichteten
Subjekte die Staaten selbst. In deren gegenseitigen Beziehungen
hat zuerst, wie auf anderen Rechtsgebieten, das historische Element des Rechtsbegriffes seine Wirkung geäußert. Das Faktum der
Beobachtung von Regeln im internationalen Verkehr hat zu der
Vorstellung ihrer rechtlich verpflichtenden Kraft geführt. Hinzu-
getreten sind sodann ausdrückliche Vereinbarungen von Rechtsregeln durch die Staaten, durch welche sie den Forderungen
der rationalen rechtschaffenden Kräfte de lege ferenda stattgebend,
die Weiterbildung der internationalen Rechtsordnung gefördert

---

[1]) Vgl. die näheren Ausführungen in meinen früheren Arbeiten:
Die rechtl. Natur der Staatenverträge S. 46 ff. und System d. subj. öff. R.
S. 310 ff. Aus der neuesten Literatur übereinstimmend Ullmann Völker-
recht S. 3 f. und v. Liszt Völkerrecht S. 3, Heilborn in Kohlers
Encyklopädie II S. 978 u. im Handbuch d. Völkerrechts, herausgegeben von
Stier-Somlo, I 1912 S. 25 ff.

haben[1]). Auch die notwendigen Garantien mangeln dem Völkerrecht nicht. Der rechtlich geordnete Zwang ist zwar, da keine
höhere Macht über den Staaten sich erhebt, ausgeschlossen, allein
derselbe Mangel eignet, wie gezeigt, notwendig auch wichtigen
Partien der inneren Rechtsordnung, ohne ihnen den Rechtscharakter zu benehmen. Die anderen Garantien sind aber für
einen großen Teil der völkerrechtlichen Ordnung um so bedeutsamer. Die auf Völkerrecht beruhende einzelstaatliche Rechts-
hilfe, Rechtspflege und Verwaltung ist durch das gemeinsame
Interesse der Staaten auf das höchste gewährleistet. Die sogenannte internationale Verwaltung funktioniert mit der größten
Sicherheit, und aus ihrer Praxis können schwerlich viele Argumente gegen die Existenz des Völkerrechtes gewonnen werden.
Aber auch die Machtverhältnisse der Staaten sowie die öffentliche Meinung, die sich in den Ansichten der Staatsmänner,
der Parlamente, der Presse kundgibt, bilden, allerdings viel
weniger sicher wirkende, immerhin aber nicht ganz zu ignorierende Garantien des Völkerrechtes. Da, wo Beobachtung des
Völkerrechtes mit der Existenz des Staates in Konflikt kommt,
tritt hingegen die Rechtsregel zurück, weil der Staat höher steht
als jeder einzelne Rechtssatz, wie ja schon die Betrachtung der
innerstaatlichen Rechtsverhältnisse gelehrt hat: das Völkerrecht
ist der Staaten, nicht aber sind die Staaten des Völkerrechtes
wegen da.

---

[1]) Ausschließlich auf die Vereinbarung zwischen den Staaten sucht
T r i e p e l , Völkerrecht und Landesrecht S. 63ff., das Völkerrecht zu begründen. Bei solcher Auffassung hängt aber das ganze Völkerrecht in
der Luft. Das Dasein einer völkerrechtlichen Ordnung selbst, die erst
allen Vereinbarungen Kraft verleiht, kann doch nicht, wie T r i e p e l
selbst zugibt, wieder auf Vereinbarung gegründet sein. Der Beginn völkerrechtlicher Ordnung kann aber keineswegs mit der primären Schöpfung
neuen Staatsrechtes bei einer Staatengründung in Parallele gestellt
werden, denn in solchen Fällen sind die die grundlegende Rechtsüberzeugung bildenden Menschen bereits durch eine staatliche Rechtsordnung hindurchgegangen, sie wenden auf die neue Ordnung einfach
analoge, als solche bereits einmal gegolten habende Rechtssätze an, die
nunmehr von neuem auch formalen Rechtscharakter erhalten. Woher
aber soll die ursprüngliche Überzeugung stammen, daß die Ordnung
zwischen den Staaten nicht bloß Verkehrssitte, Staatsmoral, Staats-
egoismus oder sonst eine nicht rechtliche Erscheinung ist? Wer das
juristisch so spröde Völkerrecht juristisch behandeln will, der darf es
nicht, wie T r i e p e l tut, als gegeben voraussetzen, sondern muß zu-

Die Lücken jedoch, die bereits das Staatsrecht aufgewiesen hat, sind dem Völkerrechte in noch viel größerem Umfange zu eigen, weil das System des Völkerrechtes noch viel weniger der Geschlossenheit fähig ist als das des Staatsrechtes. Wenn jedes Rechtsgebiet Teile hat, die auf Kompromissen streitender Mächte beruhen, so hat gerade die Fortbildung des Völkerrechtes zur Voraussetzung die Möglichkeit eines Widerstreites der Staaten, als dessen Resultat neues Recht erscheint. Die durch Rechtssätze nur in geringem Maße einschränkbare auswärtige Politik bezeichnet das weite Gebiet, auf dem die faktische Macht entscheidet und die Interessen der verschiedenen Staaten Kämpfe aller Art, nicht etwa bloß kriegerische, führen, miteinander Waffenstillstände eingehen, untereinander sich auf kürzere oder längere Dauer verbinden. Aber nicht nur die wechselnden Interessen des Tages, auch die Entwicklungsbedingungen der Staaten und Völker verlangen es, daß dem Kampfe neuer Ideen und neuer politischer Gestaltungen um Verwirklichung und Dasein Raum gelassen werde. Eine lückenlose, jeden Streit durch bereitstehende Rechtsregeln entscheidende zwischen- oder gar überstaatliche Ordnung würde bei der heutigen Weltlage und in absehbaren Zeiten das Ungesunde, das Veraltete und Überlebte in der Staatenwelt konservieren und damit jeden gedeihlichen Fortschritt unmöglich machen. Man denke nur an die großen Kriege in der zweiten Hälfte des 19. Jahrhunderts. Wären diese geschichtlichen Kämpfe, für deren Beurteilung kein Rechtssatz vorhanden war, durch irgendeine Rechtsnorm und irgendeinen Richter zu schlichten gewesen, so hätte der Spruch nur zugunsten des Bestehenden als des Rechtmäßigen ausfallen können, und Deutschland und Italien wären geographische Begriffe geblieben, die neuen Staaten der Balkanhalbinsel wären weiterhin türkische Provinzen, die spanische Mißwirtschaft auf Kuba und den Philippinen wäre erhalten geblieben!¹)

Wenn nun aber auch das Völkerrecht formell auf dem Willen der Einzelstaaten ruht und von ihm seine rechtliche Sanktion erhält, so entspricht es doch materiell einem Etwas, das über

nächst sein Dasein eingehender begründen. Vgl. gegen Triepel auch die kritischen Ausführungen von E. Kaufmann Das Wesen des Völkerrechts usw. 1911 S. 168, 160 ff., ferner unten S. 479 N. 1.

¹) Vgl. auch G. Jellinek, Die Zukunft des Krieges (Ausg. Schriften und Reden II 1911) S. 538 ff.

den Einzelstaat hinausgeht. An diesem Punkte zeigt sich die
Verbindung von Gesellschaftslehre und Völkerrecht. Da, wie oben
näher ausgeführt, die gesellschaftlichen Interessen vielfach weit
über den Einzelstaat hinausreichen und die Staaten selbst als
soziale Bildungen Gesellschaftsgruppen bilden, so wirkt die Gesamtheit dieser internationalen Gesellschaftsverhältnisse den
wesentlichen Inhalt des internationalen Rechtes aus. Die nationalen oder einzelstaatlichen Gegenströmungen gegen die internationale Gesellschaft sind aber so stark, daß sie nur ein Nebeneinanderbestehen der Staaten, keine Organisation der Staatengemeinschaft hervorgerufen haben, von Gelegenheitsorganisationen
und engeren Staatenverbindungen innerhalb der umfassenden Gemeinschaft abgesehen. Die Staatengemeinschaft ist daher rein
a n a r c h i s c h e r Natur, und das Völkerrecht, weil einer nichtorganisierten und daher keine Herrschermacht besitzenden
Autorität entspringend, kann füglich als ein a n a r c h i s c h e s
Recht bezeichnet werden, was zugleich seine Unvollkommenheiten
und Mängel erklärt.

Der klare Blick in die Zukunft ist uns verwehrt. Über-
blicken wir aber die gewaltigen Fortschritte, die dieses anarchische
Recht in der neuesten Zeit gemacht hat, dann scheint die Entwicklung dennoch dem für uns allerdings in unendlicher Ferne
liegenden, in der Realität der Dinge vielleicht niemals ganz
zu erreichenden Ziele zuzustreben, auf das K a n t hingedeutet
hat: „Das größte Problem für die Menschengattung, zu deren
Auflösung die Natur ihn zwingt, ist die Erreichung einer allgemeinen, das Recht verwaltenden bürgerlichen Gesellschaft"[1].

---

[1] Idee zu einer allgemeinen Geschichte in weltbürgerlicher Absicht.
WW., herausgegeben von R o s e n k r a n z VII S. 323.

DRITTES BUCH.

ALLGEMEINE STAATSRECHTS-LEHRE.

———

Zwölftes Kapitel.

Die Gliederung des öffentlichen Rechtes.

Den Römern, die den scharfen Gegensatz von öffentlichem und Privatrecht aufgestellt haben[1]), war das erstere ein in sich einheitliches, daher Staats- und öffentliches Recht bei ihnen ausschließlich durch dasselbe Wort ausgedrückt werden konnten. Die Entwicklung des modernen Rechtes hat jedoch eine reiche Gliederung des öffentlichen Rechtes zur Folge gehabt, die nur historisch zu begreifen ist. Ihr gemäß decken sich die Begriffe Staats- und öffentliches Recht nicht mehr. Jener ist vielmehr der engere Begriff, der dem letzteren eingeordnet ist[2]).

---

[1]) Namentlich in der berühmten Stelle des Ulpian L. 2 D. de iust et iure 1, 1 und § 4 Inst. tit. I, 1. Über die Geschichte des Begriffes des ius publicum und seine Mehrdeutigkeit bei den alten Schriftstellern vgl. jetzt E. Ehrlich Beiträge zur Theorie der Rechtsquellen I 1902 S. 159 ff.

[2]) Die Ausprägung des Begriffes des öffentlichen Rechtes als des weiteren, der das Staatsrecht als Teil in sich faßt, wurde einerseits durch die Sonderung der einzelnen Rechtsdisziplinen in der akademischen Lehre, anderseits durch die begriffliche Zergliederung des Rechtsstoffes von seiten der Naturrechtslehre angebahnt. Die neuere juristische Terminologie geht zurück auf Hugo (vgl. über diese Entwicklung die Darstellung von Ehrlich, S. 209 ff.) Von großer Wirkung ist auch die Kantische Rechtslehre gewesen, die das gesamte Recht in Privat- und öffentliches Recht einteilt und das letztere in Staats-, Straf-, Völker- und Weltbürgerrecht gliedert. Erst unter dem Einfluß Savignys (System des heutigen römischen Rechts I S. 25 ff.) aber hat die neueste deutsche Staatsrechtswissenschaft seit Gerber die einzelnen Disziplinen des öffentlichen Rechtes als solche anerkannt und den anderen Rechtsgebieten gegenübergestellt. Im einzelnen walten indes selbst bis auf die Gegenwart manche Differenzen zwischen den verschiedenen Schriftstellern vor. Mit der Ausbildung des Staatsrechtes als eines in sich geschlossenen Teiles der Rechtsordnung ist Deutschland allen übrigen Nationen vorangegangen. In Frankreich ist erst seit dem Ende des 17. Jahrhunderts von dem „droit public" die Rede (Domat 1689, zitiert bei Mohl Geschichte u. Literatur III S. 129); England entwickelt im 19. Jahrhundert den Gedanken des „constitutional law", das sich keines-

Um das System des öffentlichen Rechtes zu begreifen, ist
zuvörderst das Wesen des Privatrechtes und sein Gegensatz zum
öffentlichen zu erörtern.

Der Gegensatz von Privat- und öffentlichem Recht kann auf
den Grundgedanken zurückgeführt werden, daß im Privatrecht
die einzelnen als grundsätzlich Nebengeordnete einander gegenüberstehen, es daher die Beziehungen der einzelnen als solcher
ordnet, während das öffentliche Recht Verhältnisse zwischen
verschiedenen Herrschaftssubjekten oder die Organisation und
Funktion der Herrschaftssubjekte und deren Beziehungen zu den
der Herrschaft Unterworfenen regelt[1]).

Dieser Gegensatz ist aber kein absoluter. Beim Privatrecht
tritt die Beziehung des Individuums zu einem anderen Individuum derart augenfällig hervor, daß der Gedanke nahe liegt,
darin sein Wesen erschöpft zu sehen. Allein eingehendere Betrachtung ergibt, daß nicht das abstrakte, von allen sozialen
Beziehungen isolierte Individuum Träger der Privatrechte ist,
sondern das Gesellschaftsmitglied, das vom Staate als Persönlichkeit anerkannt ist. Alles Privatrecht ist daher Sozialrecht.

Damit sind die Versuche, zwischen Privat- und öffentlichem
Recht ein Sozialrecht als selbständigen Rechtsteil einzuschieben
oder das öffentliche Recht dem Sozialrecht unterzuordnen, zurückgewiesen[2]). Es kann sich bei dem einzelnen Rechtsverhältnis
nur darum handeln, ob das individuelle oder soziale Interesse
bei seiner Normierung durch das objektive Recht überwogen wird.
Auch alle sozialen und daher auch die staatlichen Interessen
lassen sich von individuellen gänzlich losgelöst nicht denken.
Alle soziale und staatliche Tat kommt schließlich Individuen
zugute oder soll dies wenigstens tun.

---

wegs mit unserem Begriff des Staatsrechts deckt. Die Vorstellung eines
ausgeprägten „public law" ist in den englischen Gedankenkreis erst in
neuester Zeit vom Kontinent her eingedrungen, obwohl bereits Bacon,
Works ed. Spedding I p. 804, VII p. 731 f., die römische Vorstellung vom
ius publicum vertieft hat und auch Blackstone (vgl. oben S. 167 N. 1)
die Rechtsverhältnisse in öffentliche und private scheidet.

[1]) Vgl. zum folgenden auch G. Jellinek System der subj. öffentl.
Rechte Kap. IV u. ff.

[2]) Die diesen Gedanken ausführende Literatur angeführt System
S. 92 N. 1. Die Idee eines das Staatsrecht in sich befassenden Ge-
sellschaftsrechtes ist bereits bei naturrechtlichen Schriftstellern zu finden.
So z. B. bei Höpfner Naturrecht des einzelnen Menschen, der Gesellschaften und der Völker 2. Aufl. 1783 S. 124 ff.

Alles Privatrecht ist nur möglich auf Grund der Anerkennung der individuellen Persönlichkeit, näher gefaßt durch Anerkennung bestimmter Qualitäten des einzelnen, vermöge deren er in den Stand gesetzt ist, in seinem Interesse die Staatsgewalt in Bewegung zu setzen. Alle Privatrechte sind mit einem öffentlich-rechtlichen Anspruch auf Anerkennung und Schutz verbunden. Daher ruht das ganze Privatrecht auf dem Boden des öffentlichen Rechtes[1]).

Diese Erkenntnis lehrt a priori, wie schwer es sei, die Grenze zwischen Privat- und öffentlichem Recht im einzelnen Falle festzustellen. Der Staat und die öffentlich-rechtlichen Verbände sind nicht nur Träger öffentlicher Gewalt, sondern auch Wirtschaftssubjekte, die auch mit den jeder Persönlichkeit zustehenden Mitteln nicht herrschaftlicher Art Verwaltung üben. Es ist in erster Linie Sache ausdrücklicher Festsetzung der konkreten Rechtsordnung, die Grenze zwischen den Handlungen eines Verbandes als Herrschafts- und als privaten Wirtschaftssubjektes zu ziehen. Der Staat kann sich formell dem Privatrecht ganz oder in großem Umfange entziehen, anderseits aber sich ihm in weitergehender Weise unterwerfen, als es die Natur der von ihm eingegangenen Rechtsverhältnisse erfordert. Wie die Grenze gezogen wird, hängt von der gesamten Entwicklung der Anschauungen eines Volkes über das Verhältnis des Staates zum Privatrecht ab. Der Staat als Subjekt von Vermögensrechten hat in den einzelnen Rechtssystemen eine ganz verschiedene Stellung. Über sie kann nur die Fiskuslehre eines jeden Einzelrechtes Auskunft geben.

Diese Fiskuslehre ist von der höchsten Bedeutung für die ganze Geschichte der Auffassung des Verhältnisses von Staat und Untertan[2]). Wo die Vorstellung des Fiskus als der Persönlichkeit des Staates in vermögensrechtlicher Beziehung überhaupt nicht vorhanden war, da hat es grundsätzlich keinen vermögensrechtlichen Anspruch des einzelnen an den Staat gegeben. So war es in England, wo nur ein Bitt-, kein Klagerecht gegen den Staat bestand, das später der Sache, aber nicht der Form nach

---

[1]) „Ius privatum sub tutela Juris Publici latet." B a c o n De augm. scient. VIII 3 (Exemplum Tractatus de Justitia universali) Works I p. 804.

[2]) Über die Geschichte der Fiskuslehre vgl. O. M a y e r I S. 47 ff.; F l e i n e r Institutionen 2. A. 1912 S. 34 ff.; H a t s c h e k Die rechtliche Stellung des Fiskus im Bürgerlichen Gesetzbuche 1899 S. 24 ff.

gewährt wurde[1]). In Deutschland hingegen wird der Fiskus als
Subjekt von Privatrechten erklärt, daher dem Staate doppelte
Persönlichkeit — öffentliche und privatrechtliche — zuerkannt,
was die große praktische Bedeutung hat, daß, soweit das Privatrecht reicht, willkürliche Eingriffe des Staates in die individuelle
Rechtssphäre ausgeschlossen sind. Heute ist nun aber die Überzeugung durchgedrungen, daß der Staat auch im Hinblick auf
den Gegensatz von öffentlichem und Privatrecht eine einheitliche
Persönlichkeit ist, der Fiskus daher nur eine besondere Richtung
dieser Persönlichkeit bezeichnet. Hier ist denn mangels ausdrücklicher Festsetzung das Hauptgebiet strittiger Grenzfälle, deren
Problem lautet: Wann ist der Fiskus Subjekt und Objekt öffentlich-rechtlicher und wann privatrechtlicher Ansprüche?

Ist nun einerseits Privatrecht nur auf der Basis des öffentlichen möglich, so ist anderseits das öffentliche Recht dem
Privatrecht gegenüber ganz selbständig.

Öffentliches Recht ist dasjenige, welches ein mit Herrschergewalt ausgerüstetes Gemeinwesen in seinen Beziehungen zu
gleich- und untergeordneten Personen bindet.

Seine Möglichkeit und Bedeutung ist im vorigen Kapitel dargetan worden. Hier handelt es sich um nähere juristische Bestimmungen jener allgemeinen Sätze.

Eine Herrschergewalt wird dadurch zur rechtlichen, daß sie
eingeschränkt ist[2]). Recht ist rechtlich beschränkte Macht. Die
potentielle Macht des herrschenden Gemeinwesens ist größer
als seine aktuelle. Durch Selbstbeschränkung gewinnt sie den
Charakter der Rechtsmacht. Solche Selbstbeschränkung ist keine
willkürliche, d. h. es ist nicht in des Staates Belieben gestellt,
ob er sie überhaupt üben will. Durch den ganzen historischen
Prozeß, der ihm vorangegangen, ist dem Staate Art und Maß
dieser Beschränkung gegeben. Er hat innerhalb weiter Grenzen
die formale Möglichkeit, die Art seiner Schranken zu bestimmen,
das „Ob" der Schranke ist seiner Willkür entrückt.

---

[1]) Durch das Institut der Petition of Right, die aber auch heute nur
auf Grund eines königlichen Fiat bei den Gerichten anhängig gemacht
werden kann. Vgl. G n e i s t Das englische Verwaltungsrech 3. Aufl. 1883
I S. 375; H a t s c h e k a. a. O. S. 42 f.

[2]) Das ist neuerdings verkannt von O. M a y e r I S. 110 f., der dem
Staate subjektive Rechte in wahrem Sinne abspricht, weil sie nichts
anderes als Einzelerscheinungen der großen allgemeinen, dem Staate
von Natur aus zustehenden Herrschermacht seien.

Staatsgewalt ist daher nicht Gewalt schlechthin, sondern innerhalb rechtlicher Schranken geübte Gewalt und damit rechtliche Gewalt. Damit sind alle staatlichen Akte rechtlicher Wertung unterworfen. Nur da, wo außerordentliche Verhältnisse den Rechtszusammenhang selbst zerreißen oder aus Rechtsnormen eine Entscheidung konkreter Fälle nicht zu finden ist, tritt das Faktische an Stelle des Rechtlichen, um sodann selbst aber die Grundlage für die Bildung neuen Rechtes zu werden.

Die Einschränkung der staatlichen Herrschermacht erfolgt nach außen hin durch das Völkerrecht. Völkerrecht ist ausschließlich das Recht zwischen Staaten, soweit sie voneinander unabhängig sind[1]). Alle völkerrechtlichen Handlungen sind nämlich nur durch Akte des Imperiums möglich. So liegt z. B. in jedem Staatsvertrag, der zu Leistungen verpflichtet, eine Verpflichtung der Herrschergewalt selbst, die nur durch einen Akt des Herrschers vorgenommen werden kann. Denn der Staat disponiert, das begrenzte Gebiet seiner Privatwirtschaft ausgenommen, über alle seine Kräfte nur vermittelst seiner Herrschergewalt und kann daher nur durch diese Ansprüche erfüllen. die nicht rein privatrechtlicher Art sind. Selbst die kriegerischen Aktionen des Staates sind rechtlicher Wertung deshalb fähig, weil das im Kriege sichtbar zutage tretende Imperium heute nicht mehr schrankenlos geübte, sondern rechtlich begrenzte Gewalt ist.

Nach innen aber erfolgt die Einschränkung der Staatsgewalt durch das Staatsrecht im weiteren Sinne. Die Organisation der Staaten beruht auf Rechtssätzen. Sie bezeichnen einmal die Arten der Organe sowie ihre Berufungsordnung, sodann aber die Zuständigkeit der Organe. Mit dieser Zuständigkeit ist die Abgrenzung der staatlichen Tätigkeit von der individuellen verbunden. Recht und Pflicht der Subjizierten gegenüber der Staatsgewalt ist der zweite Hauptgegenstand des Staatsrechtes. Das Staatsrecht im weiteren Sinne umfaßt daher die Rechtssätze

---

[1]) Niemals zwischen Individuen; vgl. G. Jellinek System S. 327 ff. Die von W. Kaufmann, Die Rechtskraft des internationalen Rechtes 1899 S. 1 ff., entwickelte, u. a. auch von Kohler, DJZ. 1913 Sp. 117, vertretene Lehre, die wiederum die Individuen zu internationalen Rechtssubjekten erheben will, entbehrt der gründlichen theoretischen Widerlegung der herrschenden Lehre, die nur durch den Nachweis der Existenz der civitas maxima geführt werden könnte.

über die Organisation des Staates, die Zuständigkeit seiner Organe sowie die Festsetzung der Rechte und Pflichten der Subjizierten gegenüber dem Staate.

Aus diesem umfassenden Begriff des Staatsrechtes müssen aber bestimmte Teile losgelöst werden. Zum Staatsrecht im angegebenen Sinne zählt das gesamte Strafrecht. Es normiert das Recht des Staates zu strafen, die Pflicht des rechtskräftig Verurteilten, die Strafe auf sich zu nehmen, hat somit öffentliche Rechte und Pflichten zum Gegenstand. Nicht minder grenzt aber das Prozeßrecht, das Zivil- und Strafverfahren, Rechte und Pflichten des den Staat repräsentierenden Richters und der Parteien ab; es steht außer allem Zweifel, daß auch diese Rechtsgebiete gänzlich dem öffentlichen Rechte angehören.

Die relativ selbständige Stellung des Straf-, Zivilprozeß- und Strafprozeßrechtes läßt sich nur historisch verstehen. Mit Rücksicht auf ihre große Bedeutung für die auch vom absoluten Staate anerkannte Privatrechtssphäre haben sie selbst in diesem, trotzdem er sonst der Normierung öffentlichen Rechtes nicht günstig war, gründliche Durchbildung erfahren. Die Notwendigkeit geregelten gerichtlichen Verfahrens und fester Strafgesetze war niemals in Frage, selbst nicht in der Zeit, wo die Ansicht vorherrschte, daß es für die Staatsgewalt gegenüber dem Untertan keine Grenze gebe. Es ist die Justiz mit der ihr zugewiesenen Verwaltungstätigkeit, die, unter besondere Normen gestellt, eine besondere Stelle im Rechtssysteme einnahm.

Bei dem inneren Zusammenhang aller Staatstätigkeiten ist aber eine strenge Sonderung der öffentlich-rechtlichen Disziplinen nach formalen Kategorien nicht streng durchzuführen. Kein System des Staatsrechts wird die Gerichtsorganisation, die Grundsätze über die Stellung des ordentlichen Richters unerörtert lassen können, wie denn auch die staatliche Disziplinarstrafgewalt, die Ministerverantwortlichkeit, das verwaltungsgerichtliche Verfahren, die auf gleichen oder doch analogen Prinzipien ruhen, wie die der Justiz zugehörenden Materien, im Systeme des Staatsrechtes im engeren Sinne erörtert werden müssen.

In neuester Zeit ist in ähnlicher Weise wie die Justiz die öffentliche Verwaltung Gegenstand einer publizistischen Sonderdisziplin geworden. Der Grund hiervon ist aber ein anderer als bei der Justiz. Lange Zeit hindurch gewährte die staatliche Verwaltungstätigkeit nur geringes juristisches Interesse, sie war

Gegenstand einer gemäß dem Prinzip der Zweckmäßigkeit, nicht dem des Rechtes forschenden Untersuchung. Mit der Ausbildung der Gesetzgebung auf dem Gebiete der Verwaltung seit Einführung der konstitutionellen Verfassungen, namentlich aber seit der Schaffung geregelter Rechtskontrollen der Verwaltung, ist der Rechtscharakter und damit die rechtliche Betrachtungsweise dieser staatlichen Tätigkeit energisch hervorgetreten. Nach dem Vorbilde Frankreichs hat sich entsprechend dem „droit administratif" auch in Deutschland seit R. v. Mohl die Disziplin des Verwaltungsrechtes ausgebildet, die aber erst seit den sechziger Jahren des 19. Jahrhunderts eingehende Pflege erfahren hat[1]).

---

[1]) Schon die letzten Reichspublizisten Gönner und Leist haben das Verwaltungsrecht als „Regierungsrecht" dem „Konstitutionsrecht" gegenübergestellt: Spiegel Die Verwaltungsrechtswissenschaft 1909 S. 25 N. 45; N. Th. Gönner Teutsch. StR. 1804 §§ 44 ff., 273 ff.; J. Chr. Leist Lehrbuch d. teutsch. StR. 2. Aufl. 1805 §§ 14 ff., 98 ff. Die Einteilung des Staatsrechts in „Verfassungsrecht" und „Verwaltungsrecht" findet sich auch bei Klüber Öff. R. d. teutschen Bundes §§ 5, 97 (98). Allein Regierungs- oder Verwaltungsrecht bedeutet hier, modern gesprochen, Lehre von den Funktionen des Staats, umfaßt also das Recht der Gesetzgebung mit (Gönner §§ 287 ff., Leist §§ 105 ff., Klüber § 100), während erst Mohl die Aufgabe der Verwaltung in der „Anwendung der durch die Verfassung bestimmten Grundsätze auf die einzelnen Fälle" erblickt: StR. d. Kgr. Württemberg 1. A. II 1831 S. 4. — Die deutsche Wissenschaft hat auf die italienische verwaltungsrechtliche Literatur bedeutenden Einfluß genommen, wie namentlich das große, noch unvollendete Sammelwerk von Orlando, Primo trattato completo di diritto amministrativo italiano, beweist. Unter deutschem Einfluß bricht sich aber auch die Erkenntnis der Existenz eines Verwaltungsrechtes in den angelsächsischen Staaten Bahn, und zwar von Amerika ausgehend, dessen Jurisprudenz in theoretischer Hinsicht hoch über der englischen steht. Gegen die Behauptung von Dicey, Introduction to the Study of the Law of the Constitution, 6. ed., London 1902, p. 322, daß es in den angelsächsischen Ländern kein Verwaltungsrecht gebe, vgl. die treffenden Ausführungen von Goodnow, Comparative Administrative Law, Students ed., New York und London 1902, I p. 6 ff., der hervorhebt, daß diese angebliche Nichtexistenz ihren Ursprung in Wahrheit „to the well-known failure of English law writers to classify the law" verdanke. Die Polemik des mit der deutschen Wissenschaft nicht bekannten Dicey, p. 488, gegen Goodnow bestätigt diesen Satz. Als hervorragendes Beispiel eines verwaltungsrechtlichen Werkes der amerikanischen Literatur möge E. Freund The Police Power, Chicago 1904, genannt werden. Gegen Dicey auch E. M. Parker in der Harvard Law Review 1906 vol. 19 p. 335 ff. und O. Koellreutter, Verwaltungsrecht und Verwaltungsrechtsprechung im modernen England

Eine scharfe Scheidelinie zwischen Staats- und Verwaltungsrecht läßt sich ebensowenig ziehen wie zwischen Staats- und
Justizrecht. Der Unterschied beider ist ein quantitativer, kein
qualitativer. Das Verwaltungsrecht umfaßt die Lehre von dem
die Verwaltung beherrschenden objektiven Rechte, von den
Rechtsverhältnissen der Verwaltung und von den gegenseitigen
Rechten und Pflichten des verwaltenden Staates und der Subjizierten[1] Es läßt sich aber keine vollkommene Untersuchung
des Staatsrechtes denken, die von diesen Materien gänzlich abstrahierte. Eine jede Darstellung des Rechtes irgendeines
Staates muß die Lehre von der Verwaltungsorganisation, den
Verwaltungsbeamten, dem Verhältnis der Verwaltung zu Gesetz
und Verordnung, der rechtlichen Natur der Verwaltungsakte erörtern. Dem Verwaltungsrechte ist daher die detaillierte Untersuchung und Darstellung gewisser Partien des Staatsrechts im
weiteren Sinne zuzuweisen. Die Lehre von der Justizorganisation
und Justizverwaltung wird zudem aus praktischen Gründen in
dem Justizrecht abzuhandeln sein[2]).

Was nach Abzug von Justiz- und Verwaltungsrecht übrig
bleibt, ist das Staatsrecht im engeren Sinne. Es ist nach dem
Vorgange der Franzosen, die dem „droit administratif“ das „droit
constitutionnel“ gegenüberstellen, auch als Verfassungsrecht bezeichnet worden. Das ist jedoch ein irreführender, das Wesen
der Sache nicht treffender Ausdruck. Mag man das Wort Verfassung nun in materieller oder formeller Bedeutung nehmen,
so sind in dem also verengten Staatsrecht eine Menge von
Materien zu erörtern, die mit der Verfassung nichts oder nur
wenig zu tun haben. So z. B. die Lehre von der Sonderstellung
der Mitglieder der Dynastien, von der Ausbildung der parlamentarischen Geschäftsordnung durch die Kammern, von den öffent-

---

1912 S. 207 ff. In der 7. Auflage der Introduction, 1908 p. IX ff., 324 ff., 383,
hat denn D i c e y seine früheren Behauptungen nunmehr selbst wesentlich
eingeschränkt. Über den ganzen Streitpunkt außer Koellreutter H a t s c h e k
Englisches Staatsrecht II 1906 S. 649 ff.

[1]) Vgl. jetzt O. M a y e r I S. 18 ff., der aber in der Forderung der
Verselbständigung des Verwaltungsrechts zu weit geht, wie ganze staats-
rechtlichen Untersuchungen gewidmete Partien seines Werkes beweisen.
S. auch meine Besprechung M a y e r s im Verwaltungsarchiv V (1897)
S. 104 ff.

[2]) And. Ans. S p i e g e l a. a. O. S. 70.

lich-rechtlichen Ansprüchen des Beamten an den Staat, von der Art der staatlichen Kontrolle der Kommunalverwaltung, von der Ausübung der staatlichen Kirchenhoheit.

Zum Staatsrecht zählt auch die Lehre von den öffentlichen Verbänden[1]). Im Zusammenhange mit der Lehre vom Sozialrechte als dem Gegenstücke des Privatrechts ist auch die Theorie vom Genossenschaftsrechte aufgestellt worden als dem Oberbegriffe, unter den das gesamte Staatsrecht zu subsumieren wäre. Wenn nun auch unleugbar alle Verbände bis zum Staate hinauf in ihrer Struktur bedeutsame Analogien zeigen, so ist dennoch der Staat nicht ein Verband unter vielen, sondern der alles beherrschende Verband. Wenigstens war es zu allen Zeiten so, in denen die Erscheinung des Staates zu klarem und scharfem Ausdruck gekommen ist: in der antiken Welt und seit der Zeit, wo der moderne Staat sich zur siegenden Macht erhob, ist er nicht eines unter vielen gleichartigen in ihm enthaltenen und neben ihm stehenden anderen Gemeinwesen, sondern er ist einzig in seiner Art. Alle anderen Verbände nicht-staatlichen Wesens sind mehr oder weniger von der staatlichen Organisation in ihrer Bildung beeinflußt. Nicht Verein und Gemeinde sind vorbildlich für den Staat, sondern umgekehrt, der Staat ist vorbildlich für deren Organisation, die er außerdem durch Gesetze ganz oder in ihren Grundzügen vorschreiben kann[2]).

Die Verbände teilen sich in private und öffentliche. Die ersteren sind Produkte privatrechtlicher Rechtshandlungen und teilen den Zweck des Privatrechts, überwiegend individuellen Interessen dienstbar zu sein. Nicht nur durch individuelle, sondern auch durch kollektive, auf dem Wege der Assoziation sich äußernde Tat können private Interessen befriedigt werden. Die innere Rechtsordnung solcher Verbände ist daher dem Privatrecht keineswegs entrückt. Zudem sind die Mittel, durch welche sich diese Verbände die Erfüllung ihrer Rechtsordnung garantieren, nicht unterschieden von denen, welche dem Individuum zum Zwecke des Schutzes seiner Privatrechtssphäre zur Verfügung stehen. Trotzdem die Stellung der privaten Verbände zu ihren Mitgliedern und die Mitgliedschaftsrechte dieser einen anderen

---

[1]) Vgl. mein System Kap. XV, XVII. Ferner O. Mayer II S. 366 ff.

[2]) So mußte erst der Rechtsstaat da sein, ehe der Gedanke an eine „Rechtsgemeinde" (Wittmayer Eigenwirtschaft d. Gemeinden 1910 S. 198) aufkommen konnte.

Typus haben als die vermögensrechtlichen Beziehungen isolierter
Individuen, so bilden sie doch nur eine besondere Klasse der
Privatrechte.

Die öffentlichen Verbände hingegen, deren Wesen an anderer
Stelle darzulegen sein wird[1]), nehmen entweder kraft ihnen
auferlegter Pflicht oder kraft verliehenen Rechtes an der staatlichen Herrschaftsübung teil, daher ihr Recht im Staatsrechte
seine Stellung findet, und zwar entweder im Staatsrecht im
engeren Sinne oder im Verwaltungsrecht. Das Justizrecht hingegen
hat sich nur insoweit mit ihnen zu beschäftigen, als es Berührungspunkte mit dem Verwaltungsrecht hat.

Unter allen Verbänden nehmen aber eine besondere Stellung
ein die Kirchen, namentlich die unabhängig vom Staate organisierte katholische Kirche. Vom Standpunkte des staatlichen
Rechtes aus, dem einzigen, den die publizistische Wissenschaft
heute einzunehmen vermag, hängt es ganz von der einzelnen
Rechtsordnung ab, wie weit sie das kirchliche Recht durch
Ausstattung der Kirche mit staatlicher Herrschermacht zu öffentlichem Recht erheben will. Weigert sich der Staat, was bei dem
System der Trennung des Staates von der Kirche der Fall ist,
überhaupt, die Kirche über die privaten Verbände durch Verleihung von Imperium herauszuheben, so würde nach dieser
konkreten Rechtsordnung das ganze innere Kirchenrecht dem
Privatrecht und nur die Kontrolle des Staates über die kirchlichen Vereine dem Staatsrechte zuzuweisen sein[2]). Anders stellt
sich die Sache natürlich vom Standpunkte der Kirche dar, an

---

[1]) Vgl. Besondere Staatslehre (Ausgewählte Schriften und Reden II
1911) S. 310 ff.

[2]) Vgl. auch Haenel Staatsrecht I S. 165, dazu K. Rothen-
bücher Die Trennung von Staat und Kirche 1908 S. 447 N. 1, und
G. Jellinek Der Kampf des alten mit dem neuen Recht 1907 S. 12 ff.
(Ausg. Schr. u. Red. I 1911 S. 398 ff.). Die dem Mittelalter (ius utrumque)
entsprungene, in der neueren Literatur auf Savigny, a. a. O. I S. 27 f.,
zurückgehende Auffassung, die das Kirchenrecht als geistliches Recht
dem gesamten weltlichen Recht koordiniert und entgegensetzt, ist unhalt-
bar, weil sie das Wesen des Rechtes als einer äußeren, mit äußeren
Mitteln wirkenden Ordnung verkennt. Es sind zwei gänzlich geschiedene,
einander widersprechende Rechtsbegriffe, die dieser Koordinationslehre
zugrunde liegen. Von einem geistlichen Recht, wenn man diesen
Begriff in unserem juristischen Sinne versteht, gilt sicherlich der Satz
Sohms (Kirchenrecht I 1892 S. 1 ff., 700), daß es einen Widerspruch
mit dem Wesen der Kirche bedeutet.

deren eigenem Maßstab gemessen die kirchliche Gewalt als eine
nicht-staatliche, aber ihre Ordnung in höherer Weise als der
Staat garantierende Macht erscheint.

Fassen wir das in diesem Kapitel Gesagte zusammen, so
ergibt sich folgendes. Das gesamte öffentliche Recht gliedert sich
in Völkerrecht[1]) und in Staatsrecht im weiteren
Sinne. Dieses zerfällt in Justizrecht (Straf- und Prozeßrecht), Verwaltungsrecht und Staatsrecht im
engeren Sinne. Zum Staatsrecht im weiteren Sinne zählt
auch das Kirchenrecht als Recht öffentlicher Verbände.
Da aber die kirchliche Rechtsordnung auf ganz anderen Voraussetzungen ruht als die staatliche, kann das Kirchenrecht, als
inneres Recht der Kirche, auch als gesondertes Rechtsgebiet
neben Privat- und öffentliches Recht gestellt werden. Nur muß
man sich vor Augen halten, daß diese Selbständigkeit relativ
und für den nicht vorhanden ist, der folgerichtig alles Recht
als staatlich geschaffenes oder zugelassenes erkannt hat.

---

[1]) Über den publizistischen Charakter des Völkerrechts vgl. System
S. 314 ff.

Dreizehntes Kapitel.

Die rechtliche Stellung der Elemente des Staates.

1. Das Staatsgebiet[1].

Das Land, auf welchem der staatliche Verband sich erhebt, bezeichnet seiner rechtlichen Seite nach den Raum[2], auf dem die Staatsgewalt ihre spezifische Tätigkeit, die des Herrschens, entfalten kann. In diesem rechtlichen Sinne wird das Land als Gebiet bezeichnet. Die rechtliche Bedeutung des Gebietes äußert sich in doppelter Weise: negativ dadurch, daß jeder anderen, dem Staate nicht unterworfenen Macht es untersagt ist, ohne ausdrückliche Erlaubnis von seiten des Staates Herrschaft zu üben; positiv dadurch, daß alle auf dem Gebiete befindlichen Personen der Staatsherrschaft unterworfen sind[3]. Die dem

[1] Aus der neueren Literatur über dieses Thema sind hervorzuheben: Fricker Vom Staatsgebiet, Tübinger Universitätsprogramm, 1867; derselbe Gebiet und Gebietshoheit in den Festgaben für Albert Schäffle 1901 S. 3—99; Gerber Grundzüge S. 65 ff.; Laband I S. 190 ff.; G. Meyer StR. § 74; Rosin Das Recht der öffentlichen Genossenschaft 1886 S. 44 ff.; Seydel Bayer. Staatsrecht 2. Aufl. I S. 334 ff.; Preuß Gemeinde S. 263 ff.; Heimburger Der Erwerb der Gebietshoheit I 1888 S. 26 ff.; Curtius Über Staatsgebiet und Staatsangehörigkeit, Archiv f. öff. Recht IX S. 1 ff.; Heilborn Das System des Völkerrechts, entwickelt aus dem völkerrechtlichen Begriffe 1896 S. 5 ff.; Zitelmann Internationales Privatrecht I 1897 S. 90 ff.; Bansi Die Gebietshoheit, als rein staatsrechtlicher Begriff durchgeführt, Hirths Annalen 1889 S. 641 ff.; Rehm Allgemeine Staatslehre S. 20, 36 f.; Seidler Jur. Kriterium S. 59 ff.; Radnitzky Die rechtliche Natur des Staatsgebietes (Arch. f. öff. R. XX 1906 S. 313 ff.); derselbe Zur Lehre von der Gebietshoheit und der Exterritorialität (Arch. d. ö. R. XXVIII 1912 S. 454 ff.); E. Kaufmann Auswärtige Gewalt und Kolonialgewalt in den Vereinigten Staaten von Amerika 1908 S. 38 ff., 99 ff.; Fr. W. Jerusalem Grundsätze des französischen Kolonialrechts 1909 S. 60 ff.; Otto Mayer Das Staatsrecht des Königreichs Sachsen 1909 S. 17 f.; Duguit Traité I 1911 p. 94 ff.

[2] Oder, wie es Zitelmann, Int. Pr.R. S. 91, anschaulich nennt, den „Schauplatz der Herrschaft".

[3] Daher sind die Kirchen heute niemals Gebietskörperschaften. Wenn Rehm, Staatslehre S. 36, den gebietskörperschaftlichen Charakter

Staate eingegliederten Kommunalverbände haben kraft ihrer aus der Sphäre des Staates abgeleiteten Herrschermacht eine beschränkte Gebietsherrschaft, die sich gleich der des Staates negativ und positiv äußert. Sie mangelt hingegen den Verbänden, die zwar mit solcher Herrschaft begabt sind, sie aber nur über ihre Mitglieder üben können, oder denen ausnahmsweise auch Herrschaft über Dritte, aber unabhängig von jeder territorialen Grundlage, zusteht.

Die Notwendigkeit eines abgegrenzten Gebietes für Dasein des Staates ist erst in neuester Zeit erkannt worden. Die antike Staatslehre faßt den Staat als Bürgergemeinde auf, dessen Identität nicht notwendig mit deren Wohnsitz verknüpft ist. Keine der uns aus dem Altertum überlieferten Staatsdefinitionen erwähnen des Staatsgebietes. Unter dem Einfluß der Antike hat aber auch die neuere Staatslehre zunächst nur das persönliche Element des Staates in Betracht gezogen, daher auch keine Staatsdefinition vom 16. bis ins 19. Jahrhundert hinein etwas von einem dem Staate wesentlichen festen Gebiet weiß[1]). Erst Klüber hat, so viel ich sehe, den Staat als eine bürgerliche Gesellschaft „mit einem bestimmten Landbezirk" definiert[2]).

Das Staatsgebiet hat zwiefache Eigenschaften. Es ist nämlich einmal ein Moment des Staates als Subjektes[3]). Das folgt logisch daraus, daß seßhafte Menschen seine Mitglieder sind; damit wächst dem Staate selbst das Merkmal der Seßhaftigkeit zu. Das folgt aber auch aus den realen sozialen Verhältnissen. Alle staatliche Entwicklung und alle Tätigkeit des entwickelten Staates kann nur auf Grund räumlicher Entfaltung stattfinden. Während

---

der evangelischen Landeskirchen behauptet, weil der evangelische Christ auch wider seinen Willen der Landeskirche gleichen Bekenntnisses seines Wohnsitzes zugehört, so verkennt er die dem Gebiet wesentliche Funktion der Unterwerfung der auf ihm verweilenden Fremden unter die Gewalt der Körperschaft. Nur durch Unterwerfung auch aller Andersgläubigen unter eine bestimmte Kirche ihres Aufenthaltsortes würde diese zur Gebietskörperschaft erhoben.

[1]) Noch Heffter, Das europ. Völkerrecht der Gegenwart, 8. Aufl., bearbeitet von Geffcken, S. 61, hält den Fall der Übersiedlung eines Staates von einem Territorium in ein anderes für möglich. Vgl. hierzu auch Loening im HW. d. StW. S. 708 f.

[2]) Oeffentl. R. des teutschen Bundes 1. Aufl. 1817 § 1.

[3]) Zuerst eingehend begründet von Fricker, Vom Staatsgebiet S. 16 ff., vom Standpunkte organischer Staatsauffassung.

Körperschaften sonst raumlos sind, bedarf der Staat zu seiner
Existenz der räumlichen Ausdehnung. Nur diese räumliche Ausdehnung seiner Herrschaft und die mit ihr verbundene Ausschließlichkeit gewähren ihm die Möglichkeit vollkommener Zweck-
erfüllung. Ferner würden mehrere voneinander unabhängige
Staaten auf demselben Boden in stetem Kriege stehen, nicht nur
wegen des dauernden Gegensatzes der Interessen, sondern schon
deshalb, weil unausgesetzte, von keinem Richter zu schlichtende
Zuständigkeitsstreite vorlägen[1]). Darum können zwar auf demselben Gebiete unzählige Körperschaften existieren, aber nur ein
einziger Staat. Auf dieser Eigenschaft des Gebietes als Momentes
des Staatssubjektes beruht die Undurchdringlichkeit des Staates[2]).
Auf einem und demselben Territorium kann nur ein Staat seine
Macht entfalten. Von dieser Regel gibt es nur folgende scheinbare
Ausnahmen:

1. Vorübergehend ist über ein Gebiet kraft Kondominiums,
oder, wie es der modernen Staatsauffassung entsprechend klarer
auszudrücken ist, kraft Koimperiums gemeinsame Herrschaft
mehrerer Staaten möglich, die aber stets nach einer Auseinandersetzung zwischen den Mitherrschern strebt, auf die Dauer bei
den klaren Gebietsverhältnissen der modernen Staaten nur ganz
ausnahmsweise eintreten kann. Kondominien können aber niemals
dem Staatsgebiete eines der Mitherrscher einverleibt werden. Solange das Kondominat dauert, ist vielmehr das betreffende Gebiet
einer von der eines jeden einzelnen der Mitherrscher unterschiedenen besonderen Herrschaft unterworfen. So war es mit
Schleswig-Holstein 1864—1866, und so ist es mit der gemeinsamen Herrschaft Österreichs und Ungarns in Bosnien und der
Herzegowina heute der Fall[3]). Kondominaten fehlt das Gebiet
in der Eigenschaft als subjektiven Elementes eines Staates. Heute
nur noch in spärlichen Resten vorhanden, konnten sie von
dauernder Bedeutung nur in einer Zeit werden, wo vermöge der
Vermischung von öffentlichem und Privatrecht die tiefgehende

---

[1]) Über vereinzelte mißlungene Versuche, die Notwendigkeit des
Gebietes für den entwickelten Staat zu leugnen, vgl. Rehm Staatslehre
S. 36. Die eigentümliche hellenische Auffassung s. oben S. 310 f.

[2]) Fricker Vom Staatsgebiet S. 17. Dieses Moment verkennt
Haenel, StR. I 803, indem er die Möglichkeit zweier souveräner Staaten
auf demselben Gebiet behauptet.

[3]) Vgl. unten Kap. XIX S. 650 f.

Unterschied von Dominium und Imperium entweder unbekannt oder nur unklar erfaßt war.

2. Kraft der Zusammengehörigkeit von souveränem und nichtsouveränem Staate in staatsrechtlichen Staatenverbindungen ist in ihnen, was namentlich für den Bundesstaat von Bedeutung, doppelte staatliche Qualität des Gebietes gegeben. Da aber der Gliedstaat in dem Verbande des ihn beherrschenden Bundesstaates steht, so widerspricht ein solches Verhältnis dem oben auf gestellten Satze so wenig wie die Qualität der Gemeinden als Gebietskörperschaften.

3. Durch einseitige oder zweiseitige völkerrechtliche Akte, denen stillschweigende Zulassung gleichkommt, kann ein Staat dem anderen Ausübung von Herrschaftsakten auf seinem Gebiet gestatten, was größere oder geringere Einschränkungen des solches duldenden Staates zur Folge hat. Da diese Einschränkungen aber auf dem Willen des also gebundenen Staates ruhen, so vermögen sie, wie jede Selbstbeschränkung der Staatsgewalt, deren Herrschaft nicht zu mindern. Der berechtigte Staat hingegen herrscht zwar kraft eigenen Rechtes, das aber nicht ursprüngliches, sondern abgeleitetes Recht ist.

4. Endlich kann durch kriegerische Okkupation das Gebiet ganz oder zum Teil der Staatsgewalt zeitweilig entzogen werden, was, soweit die Okkupation reicht, Suspension der gesamten Staatstätigkeit zur Folge hat, an deren Stelle die des Okkupanten tritt. Auch in diesem Falle herrscht aber nur eine Staatsgewalt in dem Gebiete, welche die normale entweder ganz verdrängt oder zu ihr in einem der Geschäftsführung ohne Auftrag ähnlichen Verhältnis steht.

Das Gebiet als Moment am Staatssubjekt ist der Grund seiner negativen völkerrechtlichen Funktion. Der aus der völkerrechtlichen Persönlichkeit des Staates fließende Anspruch auf Unterlassung aller sie rechtswidrig schädigenden Handlungen fremder Staaten bezieht sich auch auf die räumliche Integrität des Staates. Es handelt sich daher in der Ausübung dieser Richtung der Gebietshoheit niemals um Verbietungsrechte, die denen des Eigentümers analog sind, sondern um Ansprüche, die sich unmittelbar aus der Persönlichkeit ergeben. Das Sein des Staates selbst, nicht das Haben einer ihm zugehörigen Sache erzeugt den Anspruch auf Respektierung des Gebietes. Gebiets-

verletzung ist daher nicht völkerrechtliche Besitzstörung, sondern
Verletzung der angegriffenen Staatspersönlichkeit selbst[1]).

Das Gebiet in diesem Sinne ist aber auch die nótwendige
Voraussetzung der Ausübung der Staatsgewalt über die im Aus-
land weilenden Staatsangehörigen. Diese können der heimischen
Gewalt nur dadurch unterworfen bleiben, daß Rechtsfolgen der
Unterwerfung im Gebiete sich realisieren. Einem gebietslosen
Staate würden alle Herrschaftsmittel über seine auswärtigen Mit-
glieder völlig mangeln.

Das Gebiet ist aber z w e i t e n s räumliche Grundlage der
Herrschaftsentfaltung über sämtliche in dem Staate weilende
Menschen, mögen sie seine Angehörigen oder Fremde sein. Die
Herrschaftsbefehle des Staates sollen sich innerhalb seines
Gebietes realisieren, können Zustände seines Gebietes sichern,
Änderungen seines Gebietes bewirken. Nur in diesem Sinne
kann man von dem Gebiete als einem Objekt der Staatsherrschaft
sprechen. Damit wird aber häufig die falsche Vorstellung ver-
knüpft, daß das Gebiet selbst der unmittelbaren Herrschaft des
Staates unterliege, es somit ein staatliches Sachenrecht gebe[2]).

Niemals jedoch kann der Staat direkt, ohne Vermittlung
seiner Untertanen, über sein Gebiet herrschen. Direkte rechtliche Herrschaft über eine Sache, die sich in physischen Einwirkungen auf diese äußert, ist Eigentum[3]). Die Herrschaft über

---

[1]) Treffend P r e u ß Gemeinde S. 394: „Eine Verletzung des Reichs-
gebiets ist eine Verletzung des Reiches selbst, nicht eines Besitzobjektes
desselben, sie entspricht gewissermaßen einer Körperverletzung, nicht
einem Eigentumsdelikt."

[2]) Die Charakterisierung des Gebietes als sachlichen Objektes und
des Rechtes an ihm als staatsrechtlichen Sachenrechtes ist zuerst von
G e r b e r , § 22, vorgenommen und namentlich von L a b a n d , I S. 191 ff.,
energisch betont worden.

[3]) Sachherrschaft, die sich im Haben und Genießen der Sache
äußert, ist wesentliches Merkmal des dinglichen Rechtes. Die neueren
Versuche seit T h o n , Rechtsnorm und subjektives Recht S. 161 ff., und
W i n d s c h e i d , Lehrbuch des Pandektenrechtes, 9. Aufl. I § 43, das
Sachenrecht in Verbote aufzulösen, führen zu vollständiger Verwischung
des Unterschiedes zwischen persönlichen und dinglichen Rechten und
damit zu einem durch nichts Besseres zu ersetzenden Umsturz des ganzen
Rechtssystems. Ganz unverständlich wird aber vom Standpunkte der
neuen Theorie aus die so bedeutsame Lehre von den rechtlichen Eigenschaften und Unterschieden der Sachen, die, wenn nicht zum Rechte
gehörig, auch nicht rechtlich eingeteilt werden können. Es ist das ein-

das Gebiet ist aber öffentlich-rechtlich, sie ist nicht Dominium, sondern Imperium[1]). Imperium jedoch ist Befehlsgewalt; befehlen kann man aber nur Menschen. Daher kann eine Sache nur insofern dem Imperium unterliegen, als die Staatsgewalt den Menschen befiehlt, Einwirkungen auf sie vorzunehmen. Die Einwirkung selbst erfolgt aber stets durch Handlungen, die entweder rechtlich indifferent[2]) oder privatrechtlich zu werten sind: durch Ausübung des Eigentums und Besitzes oder durch privatrechtliche Beschränkungen dieser dinglichen Rechte. Im Falle des Notstandes kann auch von seiten des Staates eine gerechtfertigte Verletzung des Eigentums stattfinden, deren Ausführung sich ebenfalls in nichts von gleichartigen Handlungen eines Privaten unterscheidet. In der Enteignung entzieht der Staat Privatrechte, um sie auf andere zu übertragen; öffentlich-rechtlich ist aber nur die Anordnung der Übertragung, nicht der faktische Übergang des Eigentums[3]). Daher gibt es auch kein öffentliches Eigentum, das seinem inneren Wesen nach etwas ganz anderes wäre als das Privateigentum, auch im Sinne des Ver-

---

seitige Willensdogma in der Lehre vom subjektiven Recht, das in diesen reformatorischen Theorien seine bedenklichen Folgen äußert. Vgl. auch Dernburg Pandekten, 7. Aufl. I §§ 22 N. 5 (8. Aufl., her. von Sokolowski, I S. 36 f. § 17 N. 5).

[1]) Diese an den bekannten Ausspruch Senecas: omnia rex imperio possidet, singuli dominio anknüpfende Antithese ist, wie Laband. I S. 194, richtig hervorhebt, „fast zum staatsrechtlichen Gemeinplatz geworden". Fragt man aber nach dem Unterschied zwischen Dominium und Imperium so erhält man von den Vertretern der sachenrechtlichen Natur des Gebietes zwar weitgehende Versicherungen zur Antwort, daß sie nach der Art, dem Inhalt, dem Zweck usw. unterschieden seien, aber kein einziges durchschlagendes juristisches Merkmal. Laband, der doch (Staatsrecht I S. 68 f.) die Natur der staatlichen Herrschaft in der klarsten Weise dargelegt, gerät auf Grund seiner präzisen Definition des Herrschens als des Befehls- und Zwangsrechtes gegenüber freien Personen in unlöslichen Widerspruch mit seiner Annahme einer öffentlich-rechtlichen Sachherrschaft.

[2]) Z. B. Durchfahren des fremden Territorialmeeres mit Kriegsschiffen.

[3]) Es haben daher die rechtliche Stellung von Sachen Fremder, die Bestimmungen über den Grundbesitz Fremder, die Enteignung, der Vorbehalt des Okkupationsrechtes der Adespota, und welche Eigentumsbeschränkungen sonst heute noch immer in völkerrechtlichen Handbüchern als Ausfluß der Gebietshoheit gelehrt werden, mit dem Gebiete nicht mehr zu schaffen als alle anderen Akte der Staatsgewalt.

waltungsrechtes kann die Institution eines öffentlichen Sachenrechtes nicht begründet werden[1]).

Wie später dargelegt werden wird, gibt es zwei Arten der
Staatstätigkeit: herrschaftliche und soziale. In der Übung der
letzteren steht der Staat dem Individuum gleich, d. h. es lassen
sich keine juristischen Unterschiede zwischen den Rechtsformen
dartun, die auf sozialem Gebiete Staat und Individuum zu Gebote
stehen. Daher ist des Staates Tätigkeit hier im sozialen, nicht
im juristischen Sinne als öffentlich zu bezeichnen. Das Verhältnis des Staates zu seinem Eigentum kann nach allen Richtungen hin dem des Privaten gleichartig sein, was bei den zum
Finanzvermögen gehörigen Sachen der Fall ist; es kann aber auch
für sein und anderer öffentlicher Verbände Eigentum ein Sonderrecht aufgestellt werden, das die Erreichung der bestimmungs-
mäßigen Zwecke dieses Eigentums sichert und es vor den Eingriffen Dritter (z. B. durch das Verbot der Bestellung von
Dienstbarkeiten) in höherem Grade sichert als das Eigentum
Privater. So verhält es sich mit den zum öffentlichen Ver-
waltungsvermögen gehörenden Sachen. Alle Einschränkungen, alles
Sonderrecht vermögen jedoch nicht den Grundtypus des Eigentums:
größtmögliche, von der Rechtsordnung jeweilig zugelassene und
geschützte Herrschaft über eine Sache, irgendwie zu ändern. Auch
der Private kann in seinem unzweifelhaften Privateigentum durch
das öffentliche Interesse derart eingeschränkt sein, daß er wirt-
schaftlich mehr als Nutznießer denn als Eigentümer erscheint;
man denke vornehmlich an forst- und bergrechtliche Eigentumsbeschränkungen[2]). Ist daher in einer bestimmten Rechtsordnung

---

[1]) Über die Vorstellung eines öffentlichen Eigentums als Institution
eines öffentlichen Sachenrechtes vgl. namentlich O. Mayer II S. 60 ff.,
derselbe, Archiv f. öff. R. XVI S. 40 ff. Vgl. zu ersterem auch meine
Ausführungen im Verwaltungsarchiv V S. 311; Fleiner Institutionen
des deutschen Verwaltungsrechts 2. Aufl. 1912 S. 311 ff.; Kormann in
Hirths Ann. 1911 S. 911 f.; Entsch. d. sächs. Oberverwaltungsgerichts v.
9. 2. 1910 (Jahrb. d. sächs. OVG. Bd. 15 S. 175 ff., 197). Eine eingehende
Darstellung des ganzen status causae et controversiae und der einschlägigen Literatur bei Layer Prinzipien des Enteignungsrechtes
(Jellinek-Anschütz, Staats- und völkerr. Abh. III) S. 616 ff., der das Eigen-
tum nach seinem Zwecke in privates und öffentliches scheidet. Dieser
Unterschied ist aber, wie Layer selbst S. 222, 651 ausführt, ein sozialer.

[2]) Juristisch kann sogar die Stellung eines Nutznießers eine bessere
sein als die eines solchen Eigentümers. So stellt z. B. das badische
Forstgesetz (in der Fassung vom 25. Februar 1879) in den §§ 89—90b

das öffentliche Eigentum als solches vom Privateigentum unterschieden und ihm entgegengesetzt, so ist damit, wie bei dem domaine public des französischen Rechtes, nur ein Name für jenes Sonderrecht geschaffen worden, dessen innere Qualität aber weder durch materiell-rechtliche noch prozessuale Bestimmungen (z. B. Unterstellung unter die Verwaltungsgerichtsbarkeit) bestimmt wird.

Aus dem Dargelegten ergibt sich, daß es keine von der Herrschaft über Personen getrennte Gebietsherrschaft geben kann. Vielmehr haben alle innerstaatlichen Herrschaftsakte notwendig eine Beziehung zum Gebiete, da es die dingliche Grundlage der gesamten Herrschaftsübung ist. Jeder Akt des Imperiums kann nur auf dem eigenen Gebiete (oder auf fremdem Gebiete kraft völkerrechtlich zulässiger Ausdehnung der eigenen Gewalt) zur Vollziehung gelangen. Die sogenannte Gebietshoheit ist daher, wie Gerber in klassischer Weise ausgeführt hat, keine selbständige Funktion der Staatsgewalt. Vielmehr deckt sie sich ihrer staatsrechtlichen Seite nach mit der ganzen auf dem Gebiete geübten Staatsgewalt. Daraus folgt aber auch, daß das Gebiet kein selbständiges Objekt der Staatsgewalt ist.

Das staatsrechtliche „Recht am Gebiete" ist daher nichts als ein Reflex der Personenherrschaft. Es ist Reflexrecht, kein Recht im subjektiven Sinne[1]).

Auch das Dasein unbewohnter Gebiete, auf das von den Vertretern des Rechts am Gebiete hingewiesen zu werden pflegt[2]), beweist keineswegs den sachenrechtlichen Charakter der Gebietsherrschaft. Das unbewohnte Gebiet ist stets möglicher Raum für die Betätigung der Staatsgewalt, und solche Betätigung kann nur auf gleiche Weise stattfinden wie auf bewohntem Lande[3]).

---

nicht nur Normen für die Bewirtschaftung der Privatforsten fest, sondern auch Zwangsmaßregeln und Strafen gegen deren Übertretung, welche die Unterstellung der ganzen Verwaltung unter Beförsterung auf die Dauer von mindestens zehn Jahren zur Folge haben können.

[1]) Radnitzky, a. a. O. S. 340, bezeichnet daher treffend das Gebiet als die örtliche Kompetenz der Staatsgewalt.

[2]) Laband I S. 192 f.; Heilborn S. 36; Zitelmann Int. Privatrecht I S. 92.

[3]) Auch auf menschenleerem Raum muß sich die Herrschaft, um rechtlich vorhanden zu sein, betätigen können. Solche Betätigung erfolgt aber nach außen durch die Möglichkeit der Abwehr von Angriffen, nach innen durch die Fähigkeit, Herrschaft über vorübergehend sich aufhaltende Personen zu üben. Wenn ein Staat z. B. auf solchem Gebiete

Kraft der Einheit und Unteilbarkeit des Staates sind auch seine Elemente einheitlich und unteilbar. Das gilt demnach auch vom Staatsgebiete. Von ihm sogar geschichtlich in erster Linie. Die Unteilbarkeit des Staates ist zuerst als Vorstellung von der Unteilbarkeit des Gebietes zum Bewußtsein gekommen. Lange bevor man die Lehre von der Teilbarkeit der Staatsgewalt aufstellte und bekämpfte, ist reale Teilung von Staaten durch Erbgang geübt und als schädlich, schließlich aber als unzulässig erkannt worden. Die Teilbarkeit des Staatsgebietes ist die Konsequenz privatrechtlicher Auffassung des Staates gewesen, der der Begriff der einheitlichen Staatsgewalt fremd war, die vielmehr die Herrschaft als ein Aggregat verschiedenartiger dinglicher und persönlicher Rechte betrachtete, die daher niemals zu der klaren Einsicht gelangen konnte, daß das Gebiet Staatselement sei. Solange die Eigenschaft des Staatsgebietes als eines Momentes des Staatssubjektes nicht erkannt war, konnte es nur als eine Sache betrachtet werden, die ihrer Natur nach teilbar war[1]).

Von der Unteilbarkeit des Staatsgebietes, wie sie in neuerer Zeit häufig verfassungsmäßig ausgesprochen worden ist, gibt es allerdings eine wichtige Ausnahme. Durch Staatsvertrag kann infolge eines Krieges oder aus anderen Gründen (freiwillige Abtretung, Grenzregulierung usw.) ein Teil des Staatsgebietes losgelöst und auf einen anderen Staat übertragen werden. Auch derartige juristische Tatsachen aber sind kein Beweis für die Lehre von dem staats- und völkerrechtlichen Sachenrecht. Was abgetreten wird, ist nicht sowohl das tote Land, das als solches der Staatsherrschaft gar nicht unterliegen kann, als vielmehr die Herrschaft über die auf dem Lande weilenden Menschen. Jede

---

Befestigungen errichtet, so ist damit keineswegs eine direkte öffentliche Sachherrschaft verbunden; vielmehr sind es auch hier private Rechtsgeschäfte: Aneignung des bisher herrenlosen Bodens und Bauführung, durch welche er den Schutz und die Ausübung seiner Gewalt sich sichert. Ein absolut menschenleerer Raum aber, bei dem auch die Möglichkeit mangelt, daß er jemals von Menschen berührt wird, könnte nie einem Gebiete angegliedert werden.

[1]) Über die Entwicklung des Gedankens der Unteilbarkeit des Staates in Deutschland vgl. den ausgezeichneten Aufsatz von Gerber, Über die Teilbarkeit deutscher Staatsgebiete, Gesammelte juristische Abhandlungen II S. 441 ff., dessen Argumente von der neuesten höfischen Jurisprudenz nicht berücksichtigt werden, zumal sie unwiderlegbar sind.

Abtretung ist ausschließlich Übertragung von Imperium: das Imperium eines Staates zieht sich zurück, das des anderen Staates dehnt sich aus. Daher wird durch Abtretung der eine Staat verkleinert, der andere vergrößert; die erste und nächste Wirkung der Abtretung ist eine Veränderung in den Staaten als Subjekten[1]). Erst auf Grund dieser seiner subjektiven Wandlung kann der neue Erwerber den neuen Gebietsteil als Basis seiner Herrschaft behandeln. Diese Objektsqualität des Gebietes ist daher immer erst sekundärer Natur, stets abgeleitet aus der primären Eigenschaft des Gebietes als eines Elementes der Staatspersönlichkeit. Dasselbe gilt auch bei der völkerrechtlichen Okkupation. Was okkupiert wird, das ist das Imperium über einen bestimmten Raum mit der Wirkung der Ausdehnung der völkerrechtlichen Persönlichkeit nach außen und der Herrschermacht nach innen.

Auch bei völliger Neubildung eines Staates nimmt nicht etwa die Staatsgewalt von dem Lande Besitz, sondern der Staat entsteht mit dem Dasein einer faktischen, sofort mit einem Gebiete ausgerüsteten Herrschergewalt. In dem Augenblicke, da sich das selbständige Belgien gebildet hatte, war auch das bisher den Niederlanden zugehörige Gebiet Bestandteil des neuen Staates geworden.

Was vom Staate gilt, hat auch von den anderen Gebietskörperschaften zu gelten, nämlich den Kommunalverbänden, die eine vom Staate abgeleitete, wenn auch zu rechtlicher Selbständigkeit erhobene Herrschaft über ihr Gebiet üben. Auch bei ihnen ist das Gebiet in erster Linie Element ihrer Persönlichkeit. Auch sie herrschen über Personen, über Sachen und daher auch über ihre Gemarkung nur indirekt, indem sie Personen befehlen können, Einwirkungen auf diese vorzunehmen, die sich aber stets durch privatrechtliche Mittel vollziehen. Der größte Teil der Kommunalverwaltung jedoch ist sozialer, nicht herrschaftlicher Art und kann sich daher überhaupt nur in den Rechtsformen vollziehen, welche die Rechtsordnung für jeden einzelnen Menschen und jeden nicht herrschenden Verband bereithält. Die Rechtsordnung kann diese Tätigkeit privilegieren, wie die des

---

[1]) Änderung, nicht Untergang und Neuschöpfung, wie F r i c k e r, Vom Staatsgebiet S. 27, behauptet, vgl. auch H e i l b o r n System S. 10 ff. Gebietsänderung ist (in der Regel nicht nur nach der materiellen, sondern auch nach der formal-juristischen Seite) Verfassungs-, nicht Staatsänderung.

Staates, ohne sie deshalb aber von gesellschaftlicher zu obrigkeitlicher Tat zu wandeln.

Die Erkenntnis, daß das Verhältnis des Staates zum Gebiete
personen-, nicht sachenrechtlichen Charakters ist, gehört zu den
bedeutsamen Ergebnissen der modernen Staatsrechtslehre[1]). Die
sachenrechtliche Auffassung des Gebietes führt selbst in ihren
letzten Ausläufern zurück auf die Vermischung von Herrschaft
und Eigentum[2]). Diese Vermischung von Dominium und Imperium
kann aber geradezu als das am meisten charakteristische Merkmal
der mittelalterlichen praktischen Staatsauffassung bezeichnet werden. Der naturrechtlichen Staatslehre hingegen war der Staat
nichts als ein Personenverband; wie bereits bemerkt, wird in
keiner der bekannten Staatsdefinitionen von Bodin bis Kant des
Gebietes Erwähnung getan. Wenn aber die rechtlichen Verhältnisse des Gebietes gestreift werden, so wird auch von den Naturrechtslehrern trotz der ihnen geläufigen Unterscheidung von Imperium und Dominium[3]) entweder die feudalrechtliche Idee des
Obereigentums zur Erklärung herangezogen, oder es werden patri-
monialstaatliche Gedanken geltend gemacht. Das positive Staatsrecht in England und in Frankreich vor der Revolution kommt
auch nicht über den Gedanken der königlichen Oberhoheit über
allen Grund und Boden hinaus. In Deutschland bleibt die Theorie
des Territorialstaatsrechtes bis zum Schlusse der Reichszeit ganz
in der patrimonialen Lehre von dem dinglichen Charakter der
Landeshoheit stecken. Aber auch die deutsche Staatsrechtslehre
des 19. Jahrhunderts blieb lange noch unter der Nachwirkung
der patrimonialstaatlichen Theorien. Unter den besonderen
Hoheitsrechten, die neben oder in Verbindung mit den der
französischen konstitutionellen Theorie entlehnten Staatsgewalten
aufgezählt werden, findet auch die Gebietshoheit, das ius sublime
in territorium, seine Stelle, aus dem nun die Berechtigung zu

---

[1]) Sie wird im Anschluß an Fricker namentlich vertreten von
G. Meyer, StR. § 74; Rosin, Öff. Genossenschaft S. 46 (jedoch nur für
die staatsrechtliche Seite des Gebietes); Preuß, Gemeinde S. 262 ff.;
ferner von Curtius, a. a. O. S. 1 ff.; Bansi, a. a. O. S. 668 ff.; Anschütz, Enzyklopädie S. 453, u. a.

[2]) Über die Geschichte des Begriffes der Gebietshoheit vgl. Preuß
Gemeinde S. 291 ff.; Heimburger a. a. O. S. 11 ff.; Bansi a. a. O.
S. 643 ff.

[3]) Schon den Postglossatoren bekannt; vgl. Hatschek Stellung
des Fiskus S. 26.

all jenen staatlichen Maßregeln abgeleitet wird, bei denen die Beziehung zum Territorium besonders sinnfällig vor die Augen tritt[1]). Erst Gerber und Fricker haben mit ihren einander widerstreitenden Lehren der vollen Klarheit zum Siege verholfen.

In der völkerrechtlichen Lehre[2]) jedoch hat sich die Vorstellung von dem sachenrechtlichen Charakter der Beziehungen des Staates zu seinem Gebiete und einer besonderen, neben anderen Äußerungen der Staatsgewalt stehenden Territorialhoheit bis heute erhalten, weil die Völkerrechtslehrer die Staaten ihren internationalen Verhältnissen nach immer als den Individuen gleichartig betrachten, so daß an den völkerrechtlichen Anschauungen vom Wesen der Staatsgewalt viele Rudimente der ehemaligen patrimonialen Staatslehre haften geblieben sind[3]). Und doch lassen sich alle völkerrechtlichen Erscheinungen angeblich sachenrechtlichen Charakters, wie Gebietsabtretungen, Ein-

---

[1]) Vgl. z. B. Klüber, Oeffentl. Recht des teutschen Bundes 4. Aufl. §§ 328, 329, der die Gebietshoheit als Staatseigentum bezeichnet und aus ihm u. a. das Verbot der Okkupation herrenloser Sachen durch Fremde ableitet: Maurenbrecher, Grundsätze des heutigen deutschen Staatsrechts 3. Aufl. § 60, der nach alter Weise die Enteignung auf das Recht der Staatsgewalt am Staatsgebiet gründet; Zöpfl, Grundsätze I § 273, der die Gebietshoheit der Justiz-, Polizei- und Privilegienhoheit koordiniert und II § 443 eine ganze Zahl spezieller Wirkungen aus ihr ableitet. Noch Gareis, Allg. StR. S. 138 ff., zieht aus der selbständig neben die Personalhoheit gestellten Territorialhoheit eine Reihe von Konsequenzen.

[2]) Namentlich bei nichtdeutschen Autoren pflegt die alte Lehre von dem besonderen dinglichen Hoheitsrecht heute noch fortzuwuchern, vgl. z. B. Calvo Le droit international théorique et pratique 5. éd. 1896 I §§ 260 ff.; F. v. Martens (übers. von Bergbohm), Völkerrecht I § 88, der u. a. das Besteuerungsrecht aus der Gebietshoheit ableitet; Pradier-Fodéré Traité de droit international public européen et américain II 1885 p. 127 ff. (handelt die Lehre vom Gebiet unter dem droit de propriété ab); P. Fiore Il diritto internazionale codificato, 4. ed. 1909 p. 175 § 241; Rivier Principes du droit des gens 1896 p. 288 ff.; Bonfils-Grah S. 139; aber auch v. Holtzendorff im Handbuch des Völkerrechts II 1887 S. 289 ff.; Kohler in der Ztschr. f. Völkerrecht und Bundesstaatsrecht VI 1913 S. 98. Daneben pflegt aber die Versicherung, daß die Territorialhoheit Imperium, nicht Dominium sei, nicht zu fehlen.

[3]) Eingehend sucht Heilborn, a. a. O. S. 5, die völkerrechtliche Lehre vom dinglichen Charakter des Gebietes unter Benutzung der neueren Theorie vom Sachenrecht zu verteidigen, aber ohne daß seine Polemik ein durchschlagendes Argument gegen die hier vertretene Auffassung brächte.

verleibungen, Staatsdienstbarkeiten, vertragsmäßige Okkupation, Verpfändung¹) usw., auf die subjektive Qualität des Gebietes und Modifikationen der personalen Herrschaft der Staaten zurückführen, die nur indirekt auf das Land zu wirken vermag. Dies im einzelnen darzutun, überschreitet die Aufgabe dieses Buches, doch wäre es ein dankenswertes Beginnen, wenn die von allen privatrechtlichen Schlacken befreite Lehre vom Staatsgebiete auch einmal im Völkerrecht konsequent durchgeführt werden würde.

2. Das Staatsvolk.

Die dem Staate zugehörigen Menschen bilden in ihrer Gesamtheit das Staatsvolk. Gleich dem Gebiete hat das Volk im Staate eine doppelte Funktion. Es ist ein Element des staatlichen Verbandes, gehört dem Staate als dem Subjekt der Staatsgewalt an; wir wollen es der Kürze halber das Volk in subjektiver Qualität nennen. Sodann aber ist das Volk in anderer Eigenschaft Gegenstand staatlicher Tätigkeit, Volk als Objekt²).

Beide Qualitäten sind zuerst von der modernen Theorie der Volkssouveränetät auf Grund antiker Anregungen scharf unterschieden worden. Rousseau legt jedem Individuum eine doppelte Qualität bei, als citoyen, d. h. als aktivem Bürger, der an der Bildung des Gemeinwillens teilnimmt, und als sujet, d. h. als Untertan, der diesem Gemeinwillen unterworfen ist³). Die späteren, das Naturrecht überwindenden Lehren vom Staate haben zwar alle die Eigenschaft des Volkes als eines Staatselementes

¹) So z. B. hält der, wie Clauß, Die Lehre von den Staatsdienstbarkeiten 1894 S. 47 ff., nachgewiesen hat, aus dem privatrechtlich gefärbten alten Reichsstaatsrecht stammende Begriff der Staatsservituten der Kritik nicht stand. Was man so bezeichnet, sind rein obligatorische Verhältnisse, wie v. Liszt, Völkerrecht § 8 III 3, § 19 I 2, vortrefflich dartut.

²) Nur in diesem die Gesamtheit der Mitglieder des Staates umfassenden Sinne kommt dem vieldeutigen Worte Volk rechtliche Bedeutung zu. Die Bezeichnung des Volkes als Gesamtheit der Untertanen im Gegensatze zu den Herrschenden ist politischer Natur. Denn rechtlich sind auch die Träger höchster Organstellung in ihrer Eigenschaft als Individuen dem in gesetzlicher Form erscheinenden Staatswillen unterworfen.

³) „A l'égard des associés, ils prennent collectivement le nom de peuple, et s'appellent en particulier citoyens, comme participant à l'autorité souveraine, et sujets, comme soumis aux lois de l'Etat." Contr. soc. I 6.

anerkannt, dennoch tritt bei ihnen häufig die Erkenntnis der subjektiven Qualität des Volkes ganz in den Hintergrund, was auch heute noch leicht dem tiefgreifenden Irrtum den Weg bahnt, der den ganzen Staat in die Regierung verlegt oder ihn in zwei durch keinerlei notwendiges Rechtsband miteinander verknüpfte Personen spaltet, deren eine der Herrscher, die andere das Volk, die Summe der einzelnen als Objekt der Herrschaft ist [1]).

Der praktische Grund dieser Irrtümer liegt allerdings darin, daß die Wirkungen jener subjektiven Qualität des Volkes außerhalb demokratisch organisierter Staaten nicht sofort zu erkennen sind und schließlich auch in den Demokratien nur ein Teil des Volkes aktiven Anteil am Staate besitzt.

Geht man von der Erkenntnis der körperschaftlichen Natur des Staates aus, so ergibt sich die subjektive Qualität des Volkes in — fast möchte ich sagen — tautologischer Weise aus dem so gefaßten Staatsbegriffe. Allein nicht nur auf deduktivem Wege, sondern auch durch folgende, für die Erkenntnis des Staates wichtige, bisher noch nicht klar dargelegte Erwägungen.

Eine Vielheit von Menschen, die unter einer gemeinsamen Herrschaft stehen, ohne die subjektive Qualität eines Volkes zu besitzen, wäre kein Staat, weil jedes die einzelnen zu einer Einheit verbindende Moment mangelte. Einem solchen Zustande entspräche etwa der eines Landesherrn oder Lehnsträgers der mittelalterlichen Welt, der aus verschiedenen Rechtstiteln eine Mehrheit von Territorien besaß, die trotz der Gemeinsamkeit des Herrschers keine innere Gemeinschaft bildeten und sich ihrer rechtlichen Sonderexistenz bewußt blieben. In der Gegenwart bieten die deutschen Schutzgebiete ein treffendes Beispiel dafür, daß sogar innere Einheit der Staatsgewalt allein nicht ausreicht, um eine staatliche Einheit zu begründen. Die Schutzgewalt ist mit der Reichsgewalt identisch; dennoch bilden die Schutzgebiete mit dem Reiche keine staatliche Einheit, weil das Volk dieser Gebiete zwar vom Reiche beherrscht wird, aber mit dem Reichsvolke dessen subjektive Qualität nicht teilt.

Daher wäre auch ein Sklavenstaat, an dessen Spitze etwa ein großer Plantagenbesitzer stände, nur dem Namen nach ein

---

[1]) Vgl. auch mein System S. 8 ff. Die richtige Lehre treffend entwickelt von Haenel. Staatsrecht I S. 93 ff.

Staat. Kein Rechtsband würde solche Tausende von Sklaven, die von ihrer gegenseitigen Existenz keine Ahnung zu haben brauchen, miteinander verknüpfen. Wenn die antike Staatslehre die Erscheinung des Staates auf freie Menschen beschränkt, so hat sie darin eine ihrer trefflichsten Wahrheiten ausgesprochen. Nur unter Freien, führt Aristoteles weiter aus, ist ein Recht im politischen Sinne möglich, und ohne dieses Recht gibt es keinen Staat[1]).

Das Volk in seiner subjektiven Qualität bildet vermöge der Einheit des Staates eine Genossenschaft, d. h. alle seine Individuen sind miteinander als des Staates Genossen verbunden, sie sind Mitglieder des Staates. Der Staat ist somit zugleich herrschaftlicher und genossenschaftlicher Verband. Das herrschaftliche und genossenschaftliche Element ist in der staatlichen Körperschaft zur notwendigen Einheit verknüpft. Vermöge der Herrschaft der Staatsgewalt ist das Volk Objekt des Imperiums und besteht in dieser Richtung aus lauter Subordinierten, vermöge der gliedlichen Stellung der Individuen in ihrer Eigenschaft als Elemente des Staates als Subjektes hingegen aus lauter Koordinierten. Die Individuen als Objekt der Staatsgewalt sind Pflichtsubjekte, als Glieder des Staates hingegen Rechtssubjekte.

Die Rechtssubjektivität besteht dem Staate gegenüber[2]). Sie äußert sich durch die staatliche Anerkennung der gliedlichen Stellung des Individuums in der Volksgemeinschaft. Die aber schließt in sich die Anerkennung des Menschen als Person, d. h. als eines mit einer Sphäre öffentlicher Rechte ausgestatteten Individuums. Das ist das Resultat der gesamten Kulturentwicklung, daß im modernen Staate jeder Mensch, der irgendwie der Staatsgewalt untertan ist, zugleich auch ihm gegenüber Person ist. Ist daher auch heute noch die volle gliedliche Stelle des Individuums im Staate von der dauernden Zugehörigkeit zu ihm abhängig, so wird dennoch auch der vorübergehend fremder Staatsgewalt Unterworfene nicht nur als subditus, sondern auch als civis temporarius betrachtet, der nicht nur öffentliche Pflichten, sondern auch öffentliche Rechte hat.

Die Zugehörigkeit des einzelnen zum Volke äußert sich also in dem Dasein einer vom Staate anerkannten Sphäre des öffent-

---

[1]) Eth. Nic. V 10, 1134 a.

[2]) Vgl. zum folgenden die betreffenden Partien meines Systems d. subj. öff. Rechte.

lichen Rechtes. Mitglieder des Staates, Volk in seiner subjektiven Qualität, sind die Gesamtheit der Staatsgenossen, d. h. derjenigen, die rechtliche Ansprüche an die Staatsgewalt haben. Das subjektive öffentliche Recht ist die Gründlage des korporativen Charakters des Staates.

Dasein und Bedeutung des subjektiven öffentlichen Rechtes der Individuen wird der positiven Rechtslehre am spätesten von allen Erscheinungen des öffentlichen Rechtes bekannt. Alles öffentliche Recht wird zuerst in die Staatsgewalt verlegt, deren Funktionen zugleich als Hoheitsrechte aufgefaßt werden, so daß die Staatsgewalt als eine Summe von Rechten gegenüber den Untertanen und fremden Staaten erscheint. Über diese Anschauung kommt die Jurisprudenz des absoluten Staates nicht hinaus. Daneben besteht die auf den Resten des Feudalstaates beruhende Anerkennung von Herrschaftsrechten, Privilegien und Sonderrechten von einzelnen und Verbänden, die aber nicht imstande ist, den Begriff des subjektiven öffentlichen Rechtes der Staatsglieder zur Erkenntnis zu bringen. Das Recht des einzelnen wird vielmehr mit dem Privatrecht identifiziert. Nur soweit das Privatrecht reicht, wird daher der einzelne vom Staate als Rechtsträger ausdrücklich anerkannt[1]).

Die Erkenntnis und Anerkennung der subjektiven öffentlichen Rechte verdanken einem erst jüngst klargestellten eigentümlichen Prozeß ihr Dasein, der innig mit der ganzen Entwicklungsgeschichte des modernen Staates zusammenhängt. Im antiken Staate war die Qualität des Bürgers als aktiven Staatsgliedes klar erkannt, als Bürger derjenige bezeichnet worden, dem rechtlicher Anteil an der staatlichen Herrschaftsübung zusteht. Die übrigen rechtlichen Qualitäten des einzelnen wurden theoretischer Betrachtung und Erkenntnis nicht unterzogen, weil dem Hellenen wie dem Römer jeder dringende politische Anlaß dazu mangelte. Daher konnte sogar die falsche Vorstellung entstehen, als ob im antiken Staate eine individuelle öffentliche Rechtssphäre überhaupt nicht vorhanden gewesen wäre. Im mittelalterlichen Staate hingegen fehlt die Vorstellung der staatlichen Einheit und damit die des strengen Unterschiedes von Privat- und öffentlichem Recht. Das Individuum erscheint der germanischen Rechtsanschauung von

---

[1]) Vgl. hierüber auch die vorzüglichen Ausführungen von O. M a y e r I 8, 38 ff.

Hause aus als Träger von Rechten, die nicht erst aus einer Gewährung des Staates abzuleiten sind. Das ist nun auch der Fall
mit den Landesfreiheiten, den Rechten, welche dem regnum und
damit den Angehörigen des regnum gegenüber dem Könige zustehen[1]). Die Freiheitsbriefe sind gleichsam Friedensschlüsse
oder Bezeugungen eines modus vivendi zwischen König und Land.
Es sind vertragsmäßige Beziehungen, die zwischen beiden Staatsteilen vorwalten und beiden Forderungsrechte gewähren. Daß
diese Rechte anderer Art als die Privatrechte seien, bleibt dem
germanischen Rechtsgedanken fremd, daher dasjenige Recht, das
sich am meisten von romanistischen Einflüssen freigehalten hat,
das englische, niemals aus sich heraus zu der strikten Scheidung
von öffentlichem und Privatrecht gelangt ist.

Der absolute Staat hat das Ziel, jene ursprüngliche individuelle Berechtigung gänzlich zu vernichten. Er vermag aber
nicht das Bewußtsein von der Priorität des individuellen Rechtes
völlig zu zerstören. Selbst die Theoretiker des Absolutismus
können das unbeschränkte Recht des Monarchen nur aus der
Übertragung des ursprünglichen Rechtskreises des Individuums
auf den Staat ableiten; auch für die nicht mit den hergebrachten
theologischen Argumenten arbeitenden Gegner der mittelalterlichen
dualistischen Staatslehre bleibt die Priorität des Individualrechtes
vor dem Rechte des Herrschers bestehen.

Der christliche Staat hatte aber von Haus aus beschränkte
Zuständigkeit. An den religiösen Forderungen der Kirche fand
er eine unübersteigliche Schranke. Schon in den ersten Zeiten
des Christentums wird die Freiheit des religiösen Gewissens von
einengenden staatlichen Geboten behauptet[2]). In dem gewaltigen
Kampfe, den Staat und Kirche im Mittelalter führen, geht des
Staates Bestreben doch niemals dahin, das ius in sacra gleich
dem altrömischen ius sacrum in einen Teil seiner Rechtsordnung
zu verwandeln. Wenn er Glaubenszwang übte, tat er es nicht
in eigenem Namen, sondern in Erfüllung kirchlicher Pflichten.

---

1) In den alten englischen Freiheitsbriefen finden wir als Subjekt
der iura et libertates bald die „homines in regno nostro", bald das
regnum selbst. Vgl. G. Jellinek Die Erklärung der Menschen- und
Bürgerrechte S. 31 N. 1.

2) Vgl. v. Eicken Gesch. u. Syst. d. mittelalterl. Weltanschauung
1887 S. 121.

Aus diesem Dualismus zwischen Staat und Kirche wächst im Verein mit der nie ganz erloschenen altgermanischen Anschauung von der Priorität des Individualrechtes, das der Staat nicht schafft, sondern nur anerkennt, die Vorstellung angeborener Menschenrechte empor. Es sind die Kämpfe, die im Gefolge der Reformation eintraten, die unter den englischen und schottischen Kongregationalisten und Independenten die Lehre von dem ursprünglichen Recht der religiösen Bekenntnisfreiheit entstehen lassen. Ich habe diesen Prozeß an anderer Stelle eingehend verfolgt[1]). Bei der Gründung einiger der amerikanischen Kolonien Englands erhält dieses Recht zuerst seinen positiven Ausdruck. Ferner suchen die Engländer vor und nach dem Kampfe der Krone und des Parlamentes um die Vorherrschaft, die alten Rechte und Landesfreiheiten durch ausdrückliche Normierung und Anerkennung von seiten des Königs in der Petition of Right (1628) und in der Bill of Rights (1689) gegen jeden Zweifel und Angriff sicher zu stellen. Obwohl diese Dokumente der alten Rechtsanschauung entsprechend unterschiedslos Sätze des objektiven und Feststellung subjektiven Rechtes enthalten, sind sie doch die ersten Vorboten des Gedankens, die gesamten öffentlichen Rechte des einzelnen zu kodifizieren[2]). Ebenso hatten die amerikanischen Kolonisten

---

[1]) Erkl. der Menschen- und Bürgerrechte S. 35 ff. Vgl. auch David G. Ritchie Natural Rights, London 1895, p. 3 ff.; d'Eichthal Souveraineté du peuple et gouvernement 1895 p. 47, 71 ff.; Rieker in der historischen ·Vierteljahrsschrift 1898 S. 393 ff.

[2]) Die Petition of Right knüpft in der Form an die bestehenden Gesetze an und will nur altes Landesrecht von neuem bestätigen, wie es von früheren Königen in der Form der confirmatio chartarum so oft geschehen war. Im Grunde enthält sie nichts als die Vorschrift, daß den bestehenden Gesetzen gemäß verfahren werden solle, wie denn auch der König in seiner die Bitte des Parlaments gewährenden Antwort auf die Petition erklärt, daß Recht gewährt werden soll entsprechend den Gesetzen und Gewohnheiten des Königreichs (The King willeth that right be done according to the laws and customs of the realm). In Wahrheit ist aber die Petition eine Grenzlinie zwischen beiden den Staat damals teilenden und einander feindlich gegenüberstehenden Gewalten des Königs und des Parlaments. Die Gesetze werden in ihr nicht nur als Normen für die Ausübung der Staatsgewalt, sondern zugleich als Erzeuger der „just rights and liberties" der Untertanen bezeichnet. War nun die Petition der Rechte der erste Schritt zur Klarstellung des Verhältnisses zwischen König und Volk am Beginne des großen Kampfes zwischen Krone und Parlament, so bezeichnet die von Wilhelm III. bestätigte Bill of Rights den definitiven Frieden, der

in der Zeit zwischen der Petition und der Bill der Rechte mehrfach in ihren Kolonialgesetzen die alten und neuen von der
Krone verliehenen Freiheiten in Urkunden zusammengefaßt, die
später ebenfalls als Bills der Rechte bezeichnet wurden. Unabhängig von diesen Erklärungen der Rechte fand aber in Amerika,
und zwar zuerst in Rhode Island, sodann aber auch in anderen
Kolonien die Gewissensfreiheit, wenn auch oft unter weitgehenden
Beschränkungen, rechtliche Anerkennung. Sie sollte selbstverständlich nicht nur den englischen Kolonisten, sondern allen Menschen
zustehen, die sich auf dem Boden der Kolonie aufhielten. Damit
war bereits im 17. Jahrhundert ein allgemeines Menschenrecht
anerkannt, welches nicht in der Magna Charta oder den späteren
englischen Gesetzen, sondern in dem durch die Reformation zum
höchsten Richter in Glaubenssachen erhobenen menschlichen
Gewissen seinen Grund findet.

Das Naturrecht ging zwar von der ursprünglichen Freiheit des
Individuums aus, um aus ihm die staatliche Herrschaft abzuleiten.
Dieses Herrscherrecht hat aber, den meisten Schriftstellern zu-
folge, entweder gar keine Schranken oder nur diejenigen, die sich
der Herrscher selbst gesetzt hat. So kennt auch R o u s s e a u
keine absoluten Grenzen für den herrschenden Gemeinwillen an,
der zwar für alle gleiche allgemeine Normen aufstellt, über den
Umfang der nach Abzug der gesetzlichen Beschränkung den
Individuen verbleibenden Freiheit aber nach seinem durch kein
Grundgesetz zu beschränkenden Ermessen entscheidet[1]).

---

allerdings mit einer anderen, vom Parlamente berufenen Dynastie abgeschlossen wird. Aber auch sie will formell nicht neues Recht schaffen,
sondern altes bestätigen, auch sie erhebt Beschwerde über den Bruch
geltenden Rechtes und verlangt nur die Erklärung, daß die angesprochenen
Rechte „die wahren und unzweifelhaften Rechte und Freiheiten des
Volkes dieses Reiches sind". Daß sie in Wahrheit auf dem Wege
authentischer Interpretation neues Recht schuf, kann hier nur angedeutet
werden. Auch in ihr zeigt sich noch die Vermischung von objektivem
Landesrecht und subjektivem Recht des einzelnen. Ihre meisten Bestimmungen handeln von Pflichten und gesetzlichen Beschränkungen der
Krone. Noch einmal zeigt sich die alte dualistische Staatsanschauung,
der gemäß die Pflichten der Krone zugleich Gegenstand eines Forderungs-
rechtes des Volkes sind. Wie aus dem Pakt zwischen König und Volk
dem Fürsten ein Recht auf gesetzlichen Gehorsam entsteht, so dem Volke
auf Einhaltung der gesetzlichen Schranken durch den König.

[1]) Vgl. Erklärung der Menschen- und Bürgerrechte S. 5 ff. Noch
verdient auch hier hervorgehoben zu werden, daß gerade der Satz, bei

Andere Naturrechtslehrer behaupten zwar das Dasein eines
noch vom Staate nicht gänzlich aufgezehrten Urrechtes der
Freiheit[1]), doch ohne darauf eine umfassende Lehre von dem
subjektiven öffentlichen Rechte aufzubauen. Die hat sich vielmehr wiederum in England im Anschluß an die große religiöse
und politische Bewegung des 17. Jahrhunderts herausgebildet.
Unmittelbar nachdem die Bill of Rights Gesetz geworden war,
hat Locke aus der vom Wesen des Menschen unabtrennbaren
Freiheit unübersteigliche Schranken für die Staatsgewalt postuliert, die er als ausdrücklich zum Schutze von Leben, Freiheit,
Eigentum des einzelnen errichtet erklärt[2]). Sodann hat im folgenden Jahrhundert Blackstone in seinem berühmten und
einflußreichen Werke über das englische Recht jene bei Locke
noch in der Form objektiver Rechtssätze[3]) erscheinenden Schranken in absolute Rechte der englischen Untertanen verwandelt,
die aus Sätzen der Naturrechtslehre in Verbindung mit denen
der Bill of Rights gewonnen worden sind[4]).

---

dem die Lehre von den Menschenrechten zuerst praktisch wird, von
Rousseau entschieden bekämpft wird. Weit davon entfernt, die
Glaubensfreiheit als absolutes Menschenrecht anzuerkennen, fordert er
eine religion civile, die nicht minder intolerant ist wie die herrschenden
Kirchen. „Il y a donc une profession de foi purement civile dont il
appartient au souverain de fixer les articles, non pas précisément comme
dogmes de religion, mais comme sentimens de sociabilité sans lesquels
il est impossible d'être bon citoyen ni sujet fidèle. Sans pouvoir obliger
personne à les croire, il peut bannir de l'État quiconque ne les croit
pas . . . . . Que si quelqu'un après avoir reconnu publiquement ces mêmes
dogmes, se conduit comme ne les croyant pas, qu'il soit puni de mort;
il a commis le plus grand des crimes, il a menti devant les lois." Zu
diesen Dogmen zählt die Allmacht und Güte Gottes sowie die Unsterblichkeit der Seele, Lohn und Strafe nach Verdienst. Contr. soc. IV 8. Vgl.
auch den Brief an Voltaire vom 18. August 1756, Œuvres X p. 132.

[1]) Unter den neueren Naturrechtslehrern am klarsten Wolff, Jus
nat. VIII § 980. Vgl. auch Esmein p. 215 ff.; Rehm Staatslehre S. 242 ff.

[2]) On Govern. II, XI § 142.

[3]) Hiergegen wendet sich Redslob, Staatstheorien d. französ.
Nationalversammlung 1912 S. 87 N. 2, ohne wie es scheint, die Ausführungen, Erkl. d. Menschen- u. Bürgerrechte S. 33, zu würdigen.

[4]) I 1 p. 109 ff. Auf die Stellung, die Blackstone in der Geschichte der Vorstellungen vom subjektiven öffentlichen Rechte einnimmt, habe ich mehrmals hingewiesen, System der subj. öff. Rechte
S. 1 f. und Erklärung der Menschen- und Bürgerrechte S. 33, 48 f. Unrichtig jedoch ist die auf kurze Notizen von Borgeaud und Foster

Im Laufe des 18. Jahrhunderts wirken nun in Amerika die naturrechtlichen Lehren in Verbindung mit den politischen und

---

gestützte Behauptung von R e h m , Staatslehre S. 247 f., daß die B l a c k - s t o n e schen Kommentare auf die amerikanische Deklaration von 1776 einen bestimmenden Einfluß gehabt haben. Vielmehr war es die 1754 erschienene anonyme Schrift B l a c k s t o n e s , An Analysis of the Laws of England, die indirekt auf die Formeln von 1776 gewirkt hat (Erkl. der Menschen- und Bürgerr. S. 53). Unrichtig ist es ferner, was R e h m aus- führt, daß erst von B l a c k s t o n e die Idee unentziehbarer, aber gesetz- lich beschränkbarer Freiheitsrechte stamme. Wenn Blackstone schon in der Analyse erklärt, daß politische oder bürgerliche Freiheit die natürliche menschliche Freiheit sei „so far restrained by human Laws as it is necessary for the Good of Society" (l. c.), so hat er damit nur dasselbe, wie L o c k e gesagt, auf den er sich (Commentaries I p. 126) in diesem Punkte ausdrücklich beruft: „for (as Locke has well observed) where is no law there is no freedom". Übrigens ist die Lehre, daß Freiheit mit gesetzlicher Einschränkung verträglich sei, uralt und für den praktischen Gesetzgeber selbstverständlich: die Menschheit mußte doch nicht erst auf L o c k e und B l a c k s t o n e warten, um solche Trivialität zu entdecken. Enthielt doch schon die Anerkennung der Glaubensfreiheit für Rhode- Island durch die berühmte Charte Karls II. die Einschränkung, daß sie nicht den Frieden stören und die Freiheit nicht mißbrauchen solle (vgl. Erklärung der Menschen- und Bürgerrechte S. 42 N. 2). Überdies muß festgestellt werden, daß in der Erklärung von Virginien und den anderen Deklarationen von 1776 mit Einschluß der Unabhängigkeits- erklärung von Einschränkbarkeit der Grundrechte nicht die Rede ist, offenbar, weil man es für überflüssig hielt. Die spätere Erklärung von Massachusetts von 1780, auf die R e h m sich beruft, besagt auch nur, daß der R e c h t s s c h u t z „according to standing laws" ausgeübt werden solle, also nicht willkürlich. Es ist dies einfach der alte aus der Magna Charta stammende Satz, daß jedermann nur „per legem terrae" Minderung seiner Rechtsgüter erleiden solle. Die ganze angebliche, minimale und einem Nichtjuristen kaum verständliche Differenz, die R e h m zwischen den Vorstellungen der früheren Zeit und denen der Deklarationen kon- statieren will, ist daher überhaupt nicht vorhanden. Unrichtig ist ferner die Behauptung R e h m s , daß nur in den Pflanzungsverträgen jede Ein- wirkung auf die Glaubensfreiheit ausgeschlossen sei, vielmehr sprechen die Verfassungsurkunden seit 1776 genau dieselbe Sprache. Die Glaubens- freiheit ist ferner bereits nach den ursprünglichen Ansichten der Ameri- kaner unveräußerlich und nicht, wie R e h m meint, etwa bloß durch Staatsvertrag festgesetzt. Das ergibt sich nicht nur aus der ganzen ge- schichtlichen Entwicklung der betreffenden Vorstellungen, sondern auch aus den gesetzgeberischen Dokumenten selbst. Gerade jene Fundamental Orders of Connecticut, die R e h m für seine Behauptung anzieht, er- klären, daß das neue Gemeinwesen gegründet werde „to mayntayne and preserve the liberty and purity of the gospell", geben also das

sozialen Verhältnissen, die viele vorhandene Beschränkungen der individuellen Freiheit als ungerechtfertigt erscheinen lassen, die Vorstellung von einer größeren Zahl allgemeiner Freiheitsrechte aus, die als Bedingungen, unter welchen das Individuum in den Staat tritt, dem Staat derart unantastbar gegenüberstehen, daß er nur deren Mißbrauch zu verhüten berechtigt ist. Als nun die amerikanischen Kolonien von ihrem Mutterlande sich losreißen, da spielt der Gedanke jener ursprünglichen, in den Staat mit

---

Motiv, nicht das Resultat der Staatsgründung an. Überdies können derartige historische Zusammenhänge nicht auf dem Wege der Wort-interpretation irgendwelcher Dokumente erkannt werden. Der religiöse Ursprung der Menschenrechte ist nunmehr auch in Frankreich, wo man so gern gegenüber meinem Nachweis des historischen Zusammenhanges der Formeln von 1789 mit den Kämpfen um die Religionsfreiheit in den amerikanischen Kolonien Englands die volle Originalität der französischen Konstituante retten möchte, in eingehender und energischer Weise von katholischer Seite behauptet worden von S a l t e t, L'origine religieuse de la déclaration des droits de l'homme, in den vom Institut catholique de Toulouse herausgegebenen Conférences pour le temps présent, Paris 1903 p. 56 ff.; von protestantischer Seite vgl. M é a l y Les publicistes de la Réforme. Pariser These 1903 p. 257. Sonst kann auf die neueste — wenig ergiebige — französische, italienische, griechische und ameri-kanische Literatur, die sich mit der Entstehung der Menschenrechte und meinen Ausführungen über sie beschäftigt, an dieser Stelle nicht ein-gegangen werden. Über die französischen Publikationen vgl. Egon Z w e i g in der Beilage zur Allg. Zeitung vom 25. Mai 1905 und Studien und Kritiken 1907 S. 140 ff.; D u g u i t Traité II 1911 p. 10. Höchst bedeutsam sind die Ausführungen von Max W e b e r, Archiv f. Sozialwiss. 1905 S. 42 N. 78. Aus der neueren deutschen Literatur vgl. G. H ä g e r-m a n n Die Erklärung der Menschen- und Bürgerrechte in den amerika-nischen Staatsverfassungen 1910; dazu T r o e l t s c h Die Sozationlehren der christlichen Kirchen und Gruppen I 1912 S. 764 Note; ferner B e r n-h e i m im Arch. f. öff. R. Bd. 21 (1907) S. 350 f.; F. K l ö v e k o r n Die Entstehung der Erklärung der Menschen- und Bürgerrechte 1911; W. R e e s Die Erklärung der Menschen- und Bürgerrechte 1912. — M e n z e l stellt neuerdings die interessante Tatsache fest, daß sich auch Mirabeau im Jahre 1788 in der adresse aux Bataves auf den amerikanischen Katalog beruft: Grünhuts Z. 34. Bd. S. 438 f. Dazu Egon Z w e i g Die Lehre vom pouvoir constituant 1909 S. 241 f. N. 5. — Auf die Angriffe R e d s l o b s a. a. O. S. 92 ff. und seinen Versuch, den Zusammenhang zwischen der Déclaration und dem Contrat social herzustellen, wird bei anderer Ge-legenheit zurückzukommen sein. Vgl. vorerst die 2. Auflage der „Menschen-und Bürgerrechte", die Redslob ebenso entgangen zu sein scheint, wie G. J e l l i n e k s Antwort auf Boutmy (abgedruckt in den Schriften und Reden II 1911 S. 64 ff.).

herübergenommenen und ausdrücklich durch die staatliche Ordnung anerkannten Rechte eine große Rolle. Nicht hochverräte-
rischen Aufruhr, sondern Rechtsverteidigung glauben sie zu üben,
als sie sich der englischen Herrschaft entledigen. Die Verfassung
der nunmehr souverän gewordenen Kolonien, allen voran die
von Virginien, werden durch eine Bill oder Declaration of Rights
eingeleitet, die einen kurzgefaßten Kodex aller rechtlichen Ansprüche des einzelnen an die Staatsgewalt enthalten soll[1]).

Der Vorgang der Vereinigten Staaten hat sodann in Frankreich bedeutsame Nachahmung gefunden. Die virginische Bill
of Rights regt Lafayette an, am 11. Juli 1789 in der Konstituante den Antrag zu stellen, eine Erklärung der Rechte zu
erlassen. Sie wird nach langen Debatten, denen zahlreiche Pro-
jekte zugrunde lagen, am 26. August 1789 als Erklärung der
Menschen- und Bürgerrechte beschlossen. Ihren Sätzen haben
unverkennbar die Bestimmungen der amerikanischen Bills of
Rights zum Vorbild gedient[2]). Sie wurden in die Verfassung von
1791 aufgenommen und in den beiden folgenden französischen
Verfassungen mit Modifikationen wiederholt. Von den späteren
französischen Verfassungen ist vor allem die Charte von 1814,
welche an Stelle der allgemeinen Menschenrechte knapp be-
messene Rechte der Franzosen setzte, von Bedeutung geworden,
da unter ihrem Einflusse viele andere Staaten derartige Bürgerrechte verfassungsmäßig anerkannten. Sodann hat die belgische
Verfassung von 1831 eine viel weitergehende Liste der Bürgerrechte aufgestellt, die wiederum auf zahlreiche Verfassungsurkunden ihre Wirkung geäußert hat. In der konstitutionellen
Bewegung der Epoche von 1848 und 1849 in Deutschland und
Österreich hat die Aufstellung eines Katalogs von Grundrechten
eine große Rolle gespielt. Sie gehören heute mit zum Inventar
der Verfassungsurkunden, unter denen allerdings die des Deutschen Reiches eine Ausnahme macht.

Unter dem Einflusse dieser verfassungsmäßigen Sätze ist
die Lehre vom subjektiven öffentlichen Recht entstanden. Auf
diesem Gebiete stehen sich zwei scharf geschiedene Grund-

---

[1]) Erklärung der Menschen- und Bürgerrechte S. 13 ff.

[2]) Erklärung S. 8 ff., 15 ff.; Esmein, p. 494, erwähnt zwar die
amerikanischen Deklarationen, spricht aber — wie die Mehrzahl der
diesen Sachverhalt berührenden Franzosen — deren Vorbildlichkeit für
Frankreich nicht ausdrücklich aus. Anders Duguit, Traité II 1911 p. 8.

ansichten gegenüber. Die eine faßt das subjektive öffentliche Recht seiner Struktur nach als dem Privatrecht gleichartig auf und läßt es nur durch die Art der im öffentlichen Rechtsverhältnis stehenden Personen: der Über- und Unterordnung von Staat oder öffentlichem Verband und einzelnen, von dem auf Koordination beruhenden Privatrecht unterschieden sein. Die andere leugnet die Existenz des subjektiven öffentlichen Rechtes des einzelnen und erblickt in dem, was gemeiniglich als solches bezeichnet wird, nur den Reflex von Sätzen des öffentlichen Rechtes. Zwischen beiden Ansichten gibt es manche, gewöhnlich auf Unklarheit und Widerspruch beruhende Übergänge[1]).

---

[1]) Über die Literatur vgl. System der subj. öff. Rechte S. 3 ff. Von neueren Werken sind namentlich zu erwähnen: H a e n e l Staatsrecht I S. 93 ff., 153 ff.; T e z n e r Besprechung von Jellinek, System der subj. öff. R. in Grünhuts Zeitschr. XXI 1893 S. 107—253; O. M a y e r I S. 104 ff.; v. S t e n g e l Die Verwaltungsgerichtsbarkeit und die öffentlichen Rechte, im Verwaltungsarchiv III 1895 S. 176 ff.; M. K u l i s c h System des österreichischen Gewerberechtes I 2. Aufl. 1912 S. 574 ff.; K r a b b e Die Lehre der Rechtssouveränität 1906 S. 34 ff.; v. F r i s c h Der Thronverzicht 1906; P. A b r a h a m Der Thronverzicht 1906; v. L a u n Das Recht zum Gewerbebetrieb 1908; L a y e r Principien S. 330 ff.; W J e l l i n e k Der fehlerhafte Staatsakt 1908 S. 22 ff.; W. S c h o e n b o r n Studien zur Lehre vom Verzicht im öffentlichen Recht 1908 S. 43 ff.; Richard S c h m i d t Der Prozeß und die staatsbürgerlichen Rechte 1910; K o r m a n n in Hirths Annalen 1911 S. 913 ff.; K e l s e n Hauptprobleme der Staatsrechtslehre 1911 S. 567 ff.; F l e i n e r Institutionen des deutschen Verwaltungsrechts 2. A. 1912 S. 155 ff.; K. v. B ö c k m a n n Die Geltung der Reichsverfassung in den deutschen Kolonien 1912 S. 151 ff.; A n s c h ü t z Die Verfassungsurkunde für den preußischen Staat I 1912 S. 91 ff.; L o n g o La teoria dei diritti pubblici subiettivi e il diritto amministrativo italiano, Palermo 1892; Santi R o m a n o La teoria dei diritti pubblici subiettivi, in O r l a n d o, Primo trattato di diritto amm. it. I 1900 p. 110—220; G. S o l a z z i Note critiche sulla libertà giuridica individuale 1910; Ign. T a m b a r o I diritti pubblici e le costituzioni moderne 1910; E s m e i n p. 476 ff., 988 ff.; H a u r i o u Précis de droit administratif et de droit public général 5. ed. 1903 p. 139 ff.; d e r s e l b e Principes 1910 p. 558 ff.; S a l l e i l l e s De la personnalité juridique 1910 p. 536 ff.; D u g u i t Traité I p. 9 ff., II p. 1 ff.; A. N i c o l - S p e y e r Systematische Theorie des heutigen Rechts I 1911 S. 181 ff. L. H e e r w a g e n Die Pflichten als Grundlage des Rechts 1912 S. 91 ff.; G r a s s o I presupposti giuridici del diritto costituzionale e il rapporto fra lo Stato e il cittadino, Genova 1898, p. 144 ff.; M o r e l l i Che cosa sono le libertà civili? Modena 1899; M a j o r a n a La nozione del diritto pubblico subiettivo, Roma 1904; B a r t h é l e m y Essai d'une théorie des droits subjectifs des administrés dans le droit administratif francais 1899 p. 7 ff.

Beide Ansichten haben, wie es mit Extremen gewöhnlich
der Fall ist, nicht das Richtige getroffen. Die erste hat nicht
erkannt, daß formal zwischen Privat- und öffentlichen Rechten
ein Unterschied obwaltet, die zweite, daß die Leugnung der
öffentlichen Rechte die Möglichkeit der Rechtsordnung und damit
des Staates in Frage stellt.

Was zunächst den letzten Punkt betrifft, so ist ein Recht
nur möglich zwischen Rechtssubjekten. Rechtssubjekt jedoch ist
derjenige, der in seinem Interesse die Rechtsordnung in Bewegung
setzen kann. Diese Fähigkeit ist aber dem einzelnen zunächst
auf dem Gebiete der Privatrechtspflege gegeben. Er empfängt
da nicht nur den Reflex staatlicher Tätigkeit, wie bei der strafenden und polizeilichen Funktion des Staates. Mit bloßen Reflex-
rechten gibt es keine Persönlichkeit. Solcher Reflex kann auch
dem Tiere zugute kommen, wie es zur Zeit, als das Sklavenrecht
gemildert wurde, dem römischen Sklaven zugute kam, der nichtsdestoweniger fortdauernd der Persönlichkeit entbehrte. Die vom
Staate gewährte individuelle Fähigkeit aber, die Rechtsordnung
im eigenen Interesse in Bewegung zu setzen, schafft, wie jede
begrenzte individuelle, vom Rechte anerkannte Macht, eine subjektive Berechtigung. Daher gehört die Persönlichkeit dem öffentlichen Rechte zu. Sie ist die Bedingung des Privatrechts und
aller Rechtsordnung überhaupt, die demnach mit dem Dasein
individueller öffentlicher Rechte innig verknüpft ist.

Diese Rechte unterscheiden sich jedoch von den Privatrechten
wesentlich dadurch, daß sie sich unmittelbar auf die Persönlichkeit gründen. Sie haben kein von der Person verschiedenes
Objekt wie die Privatrechte. Die aus ihnen entspringenden Ansprüche, in denen sich die praktische Bedeutung dieser Rechte
erschöpft, entstammen direkt den Fähigkeiten, welche die Rechtsordnung den einzelnen zuerkennt. Alle diese Fähigkeiten bezeichnen ein dauerndes Verhältnis des einzelnen zum Staate, es
sind rechtliche Zustände, die auf ihnen ruhen, und die den
Grund der einzelnen publizistischen Ansprüche bilden. Jeder
öffentlich-rechtliche Anspruch entspringt daher unmittelbar aus
einer bestimmten Position der Person zum Staate, die, dem
Vorbild des antiken Rechts entsprechend, als ein Status bezeichnet werden kann[1]).

---

[1]) Da die öffentlich-rechtlichen Ansprüche nicht aus einem von der
Person getrennten Objekt entspringen, so wird ihr Wesen durch ihre

Die Anerkennung des einzelnen als Person ist die Grundlage aller Rechtsverhältnisse. Durch diese Anerkennung wird aber der einzelne Mitglied des Volkes in dessen subjektiver Qualität. Näher äußert sie sich darin, daß es eine rechtliche Zugehörigkeit zum Staate gibt, die ehedem Voraussetzung aller oder doch der meisten Ansprüche an den Staat war. Die Anerkennung als Person und als Staatsglied ist die Basis für alle öffentlich-rechtlichen Ansprüche, die sich demzufolge teilen in solche, die der Staat allen in seinen Bereich gelangenden Menschen gewährt, und solche, die er seinen ihm dauernd als Bürger zugehörenden vorbehält.

Die Gesamtheit der Ansprüche kann in drei große Kategorien geteilt werden, denen verschiedene Positionen des Status der Persönlichkeit entsprechen.

1. Der einzelne ist, weil er Person ist, nur begrenzter Gewalt·unterworfen. Die Unterordnung des Individuums unter den Staat reicht nur so weit, als das Recht es anordnet. Jeder staatliche Anspruch an den einzelnen muß rechtlich begründet sein. Was nach Abzug der rechtlichen Einschränkung für den einzelnen an Möglichkeit individueller Betätigung übrigbleibt, bildet seine Freiheitssphäre. Diese Freiheit ist aber nicht nur tatsächlicher Art, sondern vermöge der Begrenzung der Staatsgewalt und der Anerkennung der Persönlichkeit rechtlich anerkannt. Der faktische Zustand der Freiheit, in dem der auf sich selbst bezogene Mensch sich befindet, wird durch die Anerkennung einer bloß begrenzten Unterwerfung zu einem rechtlich anerkannten Zustand.

Das Dasein besonders drückend empfundener Beschränkungen des Individuums hat geschichtlich die Forderung der Anerkennung bestimmter Freiheitsrechte hervorgerufen. Religionszwang und Zensur haben die Vorstellung der Religions- und Preßfreiheit entstehen lassen, durch polizeiliche Eingriffe und Verbote sind Hausrecht, Briefgeheimnis, Vereins- und Versammlungsrecht usw. als Freiheitsrechte gefordert worden. Nähere Überlegung ergibt leicht, daß hier nicht einzelne Rechte vorliegen,

unmittelbare Zurückführung auf Positionen der Persönlichkeit durch deren Bezeichnung als ·Status jedem Zweifel entzogen. Diesen Zweck verfolgt meine Einteilung der öffentlichen Rechte als Konsequenzen des negativen, positiven und aktiven Status, sowie die Aufstellung eines passiven Status der Persönlichkeit (System S. 81 ff.).

sondern nur besonders anerkannte Richtungen der individuellen Freiheit, die aber in sich einheitlich ist und den vom Staatsgebot freien Zustand des Individuums bezeichnet. Aus dieser Position der Persönlichkeit entspringt ihr der Anspruch auf Aufhebung aller die Freiheit verletzenden staatlichen Verfügungen.

2. Im Mittelpunkte der öffentlich-rechtlichen Ansprüche stehen die auf positive Leistungen des Staates im individuellen Interesse[1]). Auf ihnen in erster Linie ruht der Rechtscharakter der Beziehungen zwischen Staat und Individuum. Die Volksgenossen sind Rechtsgenossen vermöge der Gemeinsamkeit des ihnen in ihrem individuellen Interesse zuteil werdenden Rechtsschutzes. Den Richter im eigenen Interesse in Bewegung setzen zu können, ist das wesentlichste Merkmal der Persönlichkeit. Wie unentwickelt dieser Rechtsschutz auch in vielen Staaten gewesen sein mag, er hat nirgends gänzlich gemangelt. Einen Staat ohne Gericht sucht man in der Geschichte der Kulturvölker vergebens.

Nicht minder entspringen aber aus dieser Position der Persönlichkeit Ansprüche auf Verwaltungstätigkeit des Staates im individuellen Interesse[2]).

[1]) Ansprüche an den Staat, nicht Macht über den Staat, wie O. Mayer, I S. 100, ausführt. Macht, d. h. Herrschaft, hat der Staat über den einzelnen, die Rechtsmacht des einzelnen hingegen kann nur in einem dem obligatorischen des Zivilrechts analogen Anspruch an das herrschende Gemeinwesen bestehen. Herrschaft des einzelnen über den Staat ist schon deshalb unmöglich, weil zwei Persönlichkeiten sich nicht gegenseitig beherrschen können. Vgl. auch Layer a. a. O. S. 337 ff. In der französischen Ausgabe seines Werkes (I p. 143) schränkt nun Mayer seine Behauptung dahin ein, daß nicht der Staat selbst, sondern die Ausübung der Staatsgewalt Objekt der öffentlichen Rechte sei; hiernach besteht kein wesentlicher Unterschied mehr zwischen meiner und der Mayerschen Lehre.

[2]) Diese Ansprüche fallen durchaus nicht zusammen mit dem generellen Recht, an den Wohltaten des staatlichen Gemeinwesens teilzunehmen, das Laband, I S. 153, aufstellt, und es ist auch nicht zuzugeben, daß ein Widerspruch zwischen den Ausführungen S. 119 des Systems der subjektiven öffentlichen Rechte und denjenigen S. 132 besteht. Jeder öffentlich-rechtliche Anspruch des einzelnen muß sich irgendwie individualisieren lassen, weil sonst jede Möglichkeit fehlt, ihn vom Reflex staatlicher Tätigkeit zu unterscheiden. Zu den Wohltaten des staatlichen Gemeinwesens zählen sicherlich zweckmäßig eingerichtete Zuchthäuser. Sie befördern die Rechtssicherheit, tragen zur Besserung der Sträflinge

Streng zu scheiden auf diesem Gebiete ist aber Rechtsreflex von subjektivem Rechte. Strafrecht und Polizei sind bestimmt, individuelle Rechtsgüter zu schützen, dennoch begründen sie keinen individuellen Anspruch des zu Schützenden. Auch die Verwaltungstätigkeit des Staates als im Gemeinrechte geübt, kommt dem Individuum zugute. Was der Staat leistet, leistet er um seiner gegenwärtigen oder zukünftigen Mitglieder willen, die daher Empfänger seiner Gaben sind, aber nicht immer als Berechtigte empfangen.

Da die Anerkennung der gliedlichen Stellung des Individuums in erster Linie die Gewährung dieser Ansprüche in sich schließt, so kann die Position der Persönlichkeit, aus der sie fließen, als der positive Zustand oder die staatliche Mitgliedschaft bezeichnet werden. Diese Ansprüche bezeichnen das gerade Gegenteil der vorerwähnten: nicht negative Freiheit vom Staate, sondern positive Staatsleistungen sind ihr Inhalt. Sie bilden gleichsam — im Verein mit jenen Reflexwirkungen — die staatliche Gegenleistung für die Opfer, welche das Individuum dem Staate zu bringen verpflichtet ist.

3. Staatlicher Wille ist menschlicher Wille. Der Staat gewinnt nach einer gesetzmäßig bestimmten Ordnung die seine Funktionen zu versehen berufenen individuellen Willen. Das kann er in zweifacher Weise tun, durch Verpflichtung und Berechtigung. Die von ihm zu seinen Zwecken verliehenen Berechtigungen begründen eine weitere Position der Persönlichkeit. Sie erhält dadurch den Anspruch, zur Ausübung staatlicher Tätigkeit zugelassen, als Träger einer Organstellung anerkannt zu werden. Dabei ist, wie später dargetan werden wird, individueller Anspruch und Organtätigkeit streng zu sondern. Die letztere eignet ausschließlich dem Staate, so daß der erstere nur auf die Zulassung zur Tätigkeit als Organ gehen kann. Das gilt sowohl von allen Ansprüchen auf dauernde Organstellung, als auch von Ansprüchen, durch Wahlen an der Bildung von staatlichen Organen teilzunehmen. Auch das Wählen selbst ist Tätig-

---

bei usw. Aber sie gewähren nicht einmal dem Verurteilten, geschweige jedem Staatsbürger das Recht, an ihnen teilzunehmen. Ebenso ist die Armenpflege eine öffentliche Wohltat, die in der Regel den Unterstützungsbedürftigen keinen Anspruch gewährt. Flußkorrekturen, Assanierungen von Städten, öffentlich angeordnete Desinfektionen usw. sind Wohltaten, deren Folgen der einzelne genießt, aber nicht als ein Recht.

keit für den Staat, also Organhandlung[1]), so daß der individuelle Anspruch nur auf die Zulassung zum Wahlakte geht[2]). Diese

---

[1]) Die Frage, ob das Wahlrecht individuelles Recht oder öffentliche Funktion sei, taucht in dieser Form bereits in der französischen Konstituante auf. In der Sitzung vom 11. August 1791 betonen Barnave und Thouret seinen ausschließlichen Charakter als einer staatlichen Organtätigkeit, vgl. Esmein p. 307 f.; Redslob a. a. O. S. 143 ff. Später haben Royer-Collard, Littré, Fouillé u. a. dies getan, vgl. Coutant Le vote obligatoire, Paris 1898, p. 40 ff. Für Amerika haben Laboulaye und Seaman, für England J. St. Mill den Funktionscharakter des Wahlrechtes behauptet (Coutant p. 43 ff.), für Italien L. Rossi, Sulla natura giuridica del diritto elettorale politico 1908 p. 18; für Deutschland vgl. G. Jellinek System S. 159 ff., Stahl Parteien 1863 S. 193, ferner G. Meyer D. parl. Wahlrecht S. 411 ff., Fleiner Inst. S. 162, und die daselbst Genannten. Pyfferoen, L'Électorat politique, Paris 1903, p. 7, bezeichnet diese Lehre als die bereits herrschende. Im heutigen Frankreich bezeichnet Hauriou, Précis 5. éd. (vgl. aber auch Principes 1910 p. 462 ff.) p. 49, das Wahlrecht als zusammengesetzt aus individuellem Recht und öffentlicher Funktion (fonction sociale). Ähnlich Arangio-Ruiz Intorno alla rappresentanza di diritto pubblico 1906 p. 19 f. Das entspricht als praktische Folgerung ganz der von mir entwickelten Lehre, die das rechtliche Verhältnis der beiden Elemente des Wahlrechtes in der auf Grund unserer heutigen öffentlich-rechtlichen Anschauungen einzig möglichen Weise konstruiert. Wer das Wahlrecht anders faßt, kann es nur mit gänzlicher Eliminierung eines seiner beiden notwendigen Elemente tun. — Gegen die Auffassung des Wahlakts als einer Organhandlung Triepel in der Z. f. Politik IV 1911 S. 602, u. a. mit der Begründung, die Wählerschaft sei ebensowenig Staatsorgan wie der Setzer des Reichsgesetzblatts oder der Erbauer von Staatsgebäuden; dieser Vergleich dürfte aber nicht ganz zutreffen.

[2]) Laband, I S. 331 in der Note, wendet sich mit einer längeren Ausführung gegen den von mir behaupteten Anspruch auf Anerkennung, der den Kern des Wahlrechtes und anderer subjektiver öffentlicher Rechte bildet. Dieser Anspruch folgt aber mit zwingender Notwendigkeit aus meiner Auffassung des subjektiven öffentlichen Rechtes als unmittelbaren Ausflusses der Persönlichkeit selbst. Will man ihn widerlegen, so muß man ihm eine andere positive Theorie des subjektiven öffentlichen Rechtes entgegensetzen. Das tut aber Laband nicht, an keiner Stelle seines Werkes gibt er eine Definition seines Begriffes des subjektiven öffentlichen Rechtes, wie denn auch die neuere Literatur über diese Materie ganz ohne Einfluß auf ihn geblieben ist. Die Anerkennung als Wähler (nicht des „Rechts zu wählen", wie Laband mir unterstellt) hat als notwendige Rechtsfolge die Zulassung zur Wahl, sowie eine ganze Reihe anderer möglicher, praktisch bedeutsamer Ansprüche (Recht der Anfechtung der Wahllisten, der Wahlanfechtung), die sich in ähnlicher Weise aus der Qualität als Wähler ergeben, wie dies z. B.

Ansprüche gehen weder auf ein Unterlassen, noch auf ein Leisten
von seiten des Staates, sondern auf ein Anerkenntnis des Staates,
für ihn wirksam werden zu können[1]). Sie heben die mit solchen
Ansprüchen Begabten aus der Gesamtheit der Staatsglieder heraus
und bewirken dadurch ein gesteigertes Bürgerrecht. Die dadurch
begründete Position ist der Zustand des Aktivbürgers, der für
das antike Denken mit dem des Bürgers überhaupt zusammenfiel.
Kein Staat ist möglich, in dem derartige Ansprüche niemand
zustünden. Mindestens einem — dem Herrscher — muß ein
persönlicher Anspruch auf die Trägerschaft der höchsten Organstellung zustehen. Bei dieser Position ist der Zusammenhang
zwischen dem Volke in seiner subjektiven Qualität und öffent-

---

mit zahlreichen Ansprüchen, der Fall ist, die unmittelbar aus der Zuerkennung der Staatsbürgereigenschaft an einen Fremden entstehen. Die
Staatsangehörigkeit wird aber wohl auch von L a b a n d als ein Zustand,
nicht als ein Recht aufgefaßt werden müssen, obwohl er auch über
diesen Punkt sich nicht äußert. Mein Satz, das Wahlrecht bestehe keineswegs in dem Recht zu wählen, ist doch nicht mehr paradox als der Satz,
das Recht der Glaubensfreiheit bestehe keineswegs in dem Rechte zu
glauben, was man wolle, den L a b a n d (vgl. I S. 150 f.) auf Grund
seiner Theorie der Freiheitsrechte gewiß billigen wird. Auch der Einwand, den O. M a y e r, I S. 114 N. 21, vom Standpunkte seiner Theorie
aus gegen meine Lehre erhebt, ist unstichhaltig. Gewiß handelt es sich
bei Ausübung des Wahlrechtes nicht darum, einen Zettel in die Urne zu
legen, sondern um Teilnahme an einem staatlichen Ernennungsakte.
Nur hört die Individualtätigkeit da auf, wo die in der Ernennung
wirkende Organtätigkeit beginnt. Man denke doch nur an eine Volksabstimmung über ein Gesetz in der demokratischen Republik. Hier hat
der einzelne als solcher doch auch nur den Anspruch auf Abgabe seiner
Stimme. Die Abstimmung selbst ist aber zweifellos nicht mehr Individual-
akt, sondern Akt des obersten Staatsorgans. Faßt man mit M a y e r
solches Recht als „Macht über die öffentliche Gewalt selbst" auf, so
mangelt solcher Demokratie überhaupt das oberste Organ, „der Träger der
Staatsgewalt", wie es viele bezeichnen, und die Summe unverbundener,
mit Macht über ein Nichts ausgerüsteter Individuen tritt an ihre Stelle.

[1]) In vollster Klarheit tritt das dort hervor, wo, wie in Belgien,
Wahlpflicht existiert. Dort gibt es auch einen individuellen Anspruch
des Wählers auf Zulassung zur öffentlichen Funktion der Wahl, der
im Rechtswege verfolgt werden kann. Der Wahlakt selbst aber ist
Leistung einer öffentlichen, durch Strafen sanktionierten Dienstpflicht
(vgl. den belgischen code électoral Art. 220—223). Die individualistische
Auffassung des Wahlrechtes steht der Erscheinung der Wahlpflicht ganz
ratlos gegenüber; vgl. G. J e l l i n e k Bes. Staatslehre (Ausg. Schr. u. Red. II
1911) S. 217 f.

licher Berechtigung am klarsten und einleuchtendsten. Die Staatsgewalt muß irgendwie aus dem Volke hervorgehen, d. h ihre
Träger müssen Mitglieder der Volksgemeinde sein. So wenig
wie aus **einer** Sklavenherde — Sachen im Rechtssinne — durch
einen sie besitzenden gemeinsamen Herrn Staaten gebildet werden,
so wenig ist dort, wo abhängige Volksstämme außerhalb der
Staatsgemeinde stehen, ein Staat in vollem Sinne vorhanden.
Der römische Latifundienbesitzer herrschte souverän über seine
Sklaven, wurde aber trotzdem nicht als Staatshaupt betrachtet,
vielmehr schied die antike Staatslehre sorgfältig die häusliche
von der staatlichen Gewalt. Die eingeborenen Stämme der
afrikanischen Schutzgebiete, die nomadischen Indianer Nord-
amerikas sind der Herrschaft der sie umfassenden Staatsgewalten
unterworfen, ohne doch Staatsgenossen zu sein[1]). Von solchen
dem Staate unterworfenen und dennoch außerhalb des Staates
stehenden Gruppen bis zu dem gänzlich auf der Gemeinschaft
freier Menschen aufgebauten Staate gibt es mannigfache Übergänge: beschränkte Staatsgenossenschaft kann unterworfenen Völkern und zurückgesetzten Volksklassen zustehen. Die Staatsgewalt muß aber auch, Übergangszeiten abgerechnet, auf der
Volksüberzeugung von ihrer Rechtmäßigkeit ruhen, was für jede
Staatsform, selbst die unumschränkte Monarchie gilt. Diese in
verschiedener Art und Stärke ausgedrückte Billigung als fortdauernde Bedingung des Staates in seiner konkreten Gestaltung
ist ebenfalls eine der notwendigen Funktionen der Volksgemeinschaft als eines den Staat konstituierenden Elementes.

Was im vorstehenden von den Individuen gesagt wurde,
gilt aber auch, in verschiedenem Maße, von den Verbänden
im Staate, soweit deren Persönlichkeit in größerem oder geringerem Umfange anerkannt ist. Auch bei ihnen sind die
verschiedenen Positionen der Persönlichkeit und die auf ihnen gegründeten Zustände zu unterscheiden. Nur modifizieren sich
Art und Umfang der ihnen zustehenden Ansprüche mannigfach
gemäß ihrer Natur sowohl als ihren Zwecken, wie denn auch
der Unterschied der privaten und der verschiedenen Gattungen

---

[1]) Letztere sind als Personen, aber nicht als Bürger von der Union
anerkannt. Vgl. R ü t t i m a n n Das nordamerikanische Bundesstaatsrecht,
verglichen mit den politischen Einrichtungen der Schweiz. I 1867 S. 2;
v. H o l s t, a. a. O. S. 75, bezeichnet sie als „Mündel", F r e u n d, Öff. R.
d. Ver. St. v. Amerika 1011 S. 69, als „Schützlinge".

öffentlich-rechtlicher Verbände für deren konkrete publizistische Rechtsstellung von Bedeutung wird. Bei ihnen allen aber, wie bei den Individuen, bedeutet Anerkennung der Persönlichkeit zugleich Ausstattung mit einer Sphäre subjektiver öffentlicher Rechte.

Von jeher anerkannt ist die zweite Eigenschaft der den Staat bildenden Menschen als Unterworfene des Staates, als Untertanen, eine Eigenschaft, die ja viel leichter in das Bewußtsein fällt als die zuerst erörterte. Der einzelne unterliegt dem staatlichen Herrschergebote. Solche Subjektion ist keineswegs notwendig mit der Mitgliedschaft an einem Staate verknüpft, ja nicht einmal an die Voraussetzung der Persönlichkeit gebunden. Der Peregrine des alten römischen, der Rechtlose des älteren germanischen Rechtes waren öffentlicher Herrschaft unterworfen, ohne daß ihre Persönlichkeit anerkannt worden wäre. Sie waren Pflicht-, nicht Rechtssubjekte. Ebenso änderten alle Grade der Unfreiheit, so mannigfach sie die Rechtsstellung des Individuums beeinflußten, so abgestuft auch dadurch dessen Pflichten gegen das Gemeinwesen waren, nichts an seiner Unterwerfung unter die Normen des Gemeinwesens, so daß es doppelter Gewalt, der privaten seines Herrn und der öffentlichen, unterstand.

In dieser zweiten Eigenschaft nun sind die Individuen und die dem Staate eingeordneten Verbände Objekt der Staatsgewalt, Gegenstand staatlicher Herrschaft. Aber zwischen jener Recht- und dieser Pflichtstellung gibt es Übergänge. Es gibt Pflichten, die nicht auf dem Individuum schlechthin lasten, sondern unmittelbar aus der Mitgliedschaft am Staate entspringen, auf die Teilhaberschaft an dem Volke in subjektiver Eigenschaft gegründet sind. Das sind jene Pflichten, deren Erfüllung nicht nur ein Leisten an den Staat, sondern auch ein Handeln für den Staat in sich schließen, wie militärische Dienst-, Geschworenen-, Schöffenpflicht, sowie die Pflicht, dauernde Ehrenämter zu übernehmen, mit einem Worte, die öffentliche Dienstpflicht. Diesen Pflichten wohnt nämlich ein Moment höherer Berechtigung inne, das in der Ehre zum Ausdruck kommt, die mit der Pflichterfüllung verknüpft ist. So liegt in der Teilnahme am Heere und Gerichte für die Dienstpflichtigen eine Ehre, die sich auch darin äußert, daß sie zur Strafe verwirkt werden kann.

Aber auch auf den Gebieten, wo der einzelne der Staatsgewalt ausschließlich als verpflichtet gegenübersteht, ist dies

Verhältnis nicht als auf gänzlicher Trennung von Subjekt und
Objekt des Rechtes beruhend aufzufassen. Vielmehr kommt die
Einheit aller Elemente des Staates bei aller möglichen Trennung
ihrer verschiedenen Qualitäten auch hier klar zum Ausdruck. Das
erkennt man, wenn man nicht den einzelnen Untertan, sondern
das ganze Volk in dieser Eigenschaft in Betracht zieht. Beim
einzelnen kann die Unterwerfung unter die Staatsgewalt bis zur
gänzlichen Vernichtung der Persönlichkeit in Form der Strafe
gehen; soweit die reine, jeden Momentes der Berechtigung bare
Gehorsamspflicht reicht, ist der einzelne nicht Rechtssubjekt.
Es gibt eine Position des Individuums: den Zustand der Unterwerfung, in dem es, der Persönlichkeit entkleidet, bloßes Subjekt
von Pflichten ist.

Anders aber erscheint der Gehorsam der Gesamtheit der
Untertanen. Der ist nämlich das Komplement der Staatsgewalt,
ohne welches sie nicht zu existieren vermag. Eine Gewalt, die
befiehlt, ohne daß ihr gehorcht würde, verliert ihren Charakter
als Herrschermacht. Näher besehen ruht die ganze Staatsgewalt
auf dem Gehorsam der Untertanen, all ihre Tätigkeit ist ver-
wandelter Gehorsam. Sie kann nämlich ihre Funktionen nur
erfüllen durch sachliche und persönliche Leistungen der einzelnen
und der Verbände. Nur durch diese kann sie existieren, wollen,
das Gewollte durchsetzen. Es gilt für jeden Staat: an dém Maße
des Gehorsams und der Pflichterfüllung seiner Mitglieder hat
er zugleich das Maß seiner Kraft und Stärke.

Durch die Gemeinschaft des Rechtes und der Pflichten sind
die Volksgenossen miteinander verbunden. Ihren objektiven rechtlichen Ausdruck erhält diese Gemeinsamkeit durch die staatliche
Organisation. Durch die einheitliche Staatsgewalt wird die Vielheit der Genossen zur Einheit des Volkes zusammengefaßt. Diese
Einheit ist die des Staatsvolkes, der staatlich geeinten Menge.
Das ist der Grund, weshalb das Volk im Rechtssinne außerhalb
des Staates gar nicht denkbar, wie ja auch das Gebiet nur
im Staate als dessen räumlicher Bereich möglich ist, außerhalb
des Staates gedacht aber nichts als einen politisch bedeutungs-
losen Teil der Erdoberfläche darstellt. Solche Erkenntnis beleuchtet zugleich die große Schwierigkeit, mit der diese prinzipielle Untersuchung verknüpft ist. Die einzelnen Elemente des
Staates bedingen sich nämlich gegenseitig, und es ist daher nur
hypothetisch möglich, eines von ihnen zu isolieren, da jedes

das andere zur Voraussetzung hat. Aus dieser Schwierigkeit und der ungenügenden Einsicht in ihr Dasein sind die größten Irrtümer in der Staatslehre entstanden. Namentlich hat isolierte Betrachtung des Volkes stets dazu geführt, es als außerhalb des Staates stehend anzusehen[1]), wodurch eine adäquate Erkenntnis der wichtigsten staatlichen Verhältnisse zur Unmöglichkeit wird.

Was vom Verhältnisse des Individuums zum Staate gilt, findet auch auf die Beziehungen des einzelnen zu den mit Imperium ausgestatteten Verbänden volle Anwendung. Alle Positionen der Persönlichkeit kehren auch bei den Mitgliedern dieser Verbände wieder. Nähere Darlegung dieser Beziehungen überschritte aber den Rahmen der allgemeinen Staatsrechtslehre.

3. Die Staatsgewalt.

Eine jede aus Menschen bestehende Zweckeinheit bedarf einer Leitung durch einen Willen. Dieser die gemeinsamen Zwecke des Verbandes versorgende Wille, der anordnet und die Vollziehung seiner Anordnungen leitet, stellt die Verbandsgewalt dar. Daher hat jeder noch so lose Verband, wofern er nur als eine von seinen Mitgliedern verschiedene Einheit erscheint, seine ihm eigentümliche Gewalt.

Solcher Gewalten gibt es aber zwei Arten: herrschende und nicht herrschende Gewalten. Worin liegt der Unterschied beider?[2])

Die einfache, nicht herrschende Verbandsgewalt ist dadurch charakterisiert, daß sie zwar Vorschriften für die Verbandsmitglieder erlassen kann, aber nicht imstande ist, die Befolgung ihre Befehle aus eigener Macht, mit eigenen Mitteln zu erzwingen. Jedem nicht mit Herrschermacht ausgerüsteten Verbande kann sich jedes Mitglied jederzeit entziehen. Soll es im Verbande festgehalten werden, oder soll es trotz seines Austrittes aus dem Verbande, dessen Satzungen entsprechend, noch immer Pflichten gegen den Verband erfüllen, so ist hierzu die Ermächtigung oder das Gebot einer über dem Verband stehenden herr-

---

[1]) Daß diese Irrtümer noch heute nachwirken, beweist die Literatur der romanischen Völker, woran allerdings die terminologische Gleichstellung der Begriffe Staat und Nation in ihren Sprachen nicht geringe Schuld trägt.

[2]) Vgl. zum folgenden System S. 215 ff. u. „Staat u. Gemeinde" (Ausgew. Schr. u. R. II) S. 351 ff.

schenden Macht notwendig[1]). Das trifft für alle nichtherrschenden
Verbände zu, nicht etwa nur für jene, in die man freiwillig
eingetreten ist. Das zeigt sich am deutlichsten in der Stellung
des mächtigsten nichtstaatlichen Verbandes — der katholischen
Kirche — zu seinen Mitgliedern. Nach katholischer Lehre begründen Taufe und Ordination einen character indelebilis des
diese Sakramente Empfangenden. Wenn aber der Staat die Unmöglichkeit des Austrittes aus der Kirche und dem Priester-
stande nicht sanktioniert, so fehlt der Kirche jedes Mittel, ihren
Normen gegenüber dem aus ihr Ausscheidenden oder in den
Laienstand Zurückkehrenden Geltung zu verschaffen. So groß
die Macht der Kirche über ihre Glieder ist, rechtlich erscheint
sie heute nicht mit Herrschergewalt ausgerüstet, es sei denn,
daß der Staat ihr seinen Arm leiht.

Soweit daher auch eine einfache Verbandsgewalt mit ihren
Befehlen gehen mag, sie hat an dem sich freiwillig fügenden
Willen der Verbandsmitglieder eine Grenze für die Möglichkeit
selbständiger Durchführung ihrer Normen. Es ist möglich, daß
sie ein ganzes System von Rechtssätzen für ihre Mitglieder auf-
stellt, daß sie in weitem Umfange Strafen festsetzt: wer sich
Recht und Strafe nicht unterwerfen will, kann von ihr nicht dazu
gezwungen werden. Die Mittel, die ihr zur Sanktionierung ihrer
Vorschriften zu Gebote stehen, sind bloß disziplinarer Art. Ihre
Gewalt ist Disziplinargewalt, nicht Herrschergewalt.

Solche Disziplinargewalt findet sich bereits bei einer großen
Zahl rein privatrechtlicher Verhältnisse zwischen Einzelpersonen.
Sie tritt überall auf, wo dauernde Rechtsverhältnisse begründet
werden, die nicht bloß wirtschaftliche Leistungen zum Inhalt
haben; man denke nur an die Lehrlinge, das Gesinde, die
Fabrikarbeiter, die Schiffsmannschaft, deren Beziehungen zum
Lehrherrn, Dienstgeber, Schiffer stets auch ein ethisches Moment
haben[2]). Zur Regulierung und ihrem Zweck entsprechenden

---

[1]) Vgl. B.G.B. § 39: Die Mitglieder sind zum Austritt aus dem
Vereine berechtigt. — Durch Satzung kann bestimmt werden, daß der
Austritt nur am Schlusse eines Geschäftsjahres oder erst nach dem
Ablauf einer Kündigungsfrist zulässig ist; die Kündigungsfrist kann
höchstens zwei Jahre betragen.

[2]) Treffliche Ausführungen hierüber von Emil Steinbach, Erwerb
und Beruf 1896 S. 24 ff. und Rechtsgeschäfte der wirtschaftlichen Organisation 1897 S. 1 ff.

Aufrechterhaltung dieser Verhältnisse, mit einem Worte zur Bewahrung der Ordnung kann der Dienstherr Verweise erteilen
und andere Strafen festsetzen und vollstrecken. Hier ist nun
scheinbar ein sich durch eigene Machtmittel des Befehlenden
realisierendes Befehlsrecht gegeben. Allein als letztes und
schwerstes Disziplinarmittel ist überall, wo nicht staatliche Macht
hinzutritt, nur die Auflösung des persönlichen Verhältnisses,
die Ausstoßung aus dem Verbande gegeben. Trotz jener Disziplinargewalt kann der ihr Unterworfene jederzeit aus dem Verbande ausscheiden[1]) — es sei denn, daß die starke Hand des
Staates kraft Gesetzes ihn im Verbande festhält — und sich dadurch der Disziplinarstrafe entziehen[2]); ferner hat der Verband
selbst dem beharrlich Widerstrebenden gegenüber kein anderes
aus eigener Macht fließendes Schutzmittel als Lösung des Bandes,
welches das Mitglied mit ihm verknüpft, vorausgesetzt, daß dessen
Gebrauch dem Verbande vom Staate nicht verwehrt ist.

Herrschergewalt hingegen ist unwiderstehliche Gewalt. Herrschen heißt unbedingt befehlen und Erfüllungszwang üben
können[3]). Jeder Macht kann sich der Unterworfene entziehen,
nur der Herrschermacht nicht. Jeder andere Verband kann ausstoßen, der herrschende Verband kann aus ursprünglicher Macht
im Verbande festhalten. Nur bedingter Austritt ist aus dem
Staate möglich, nämlich um sich einem anderen zu unterwerfen.
Dem Imperium kann heute niemand, auch nicht der Heimatlose,
entfliehen, es sei denn, daß er sich in eine Wüste oder in die
Nähe der Pole flüchte. Nur solchergestalt willigt heute der
Staat in die Lösung des Bandes zwischen ihm und dem Mit

---

[1]) Unterordnung unter einen privaten Verein ohne Austrittsrecht
wäre Sklaverei. Vgl. A. L e i s t Vereinsherrschaft und Vereinsfreiheit im
künftigen Reichsrecht 1899 S. 11.

[2]) Das haben die neueren Beamtengesetze selbst für die Staatsbeamten festgesetzt. Der Wandel der Anschauungen eines ganzen Jahrhunderts zeigt sich in dem Gegensatz des Allg. Landrechtes Teil II
Tit. 10 §§ 95, 96, wonach die Entlassung der Beamten, allerdings nur aus
Rücksicht auf das allgemeine Beste, verweigert werden kann, und dem
Reichsbeamtengesetz vom 17. Mai 1907 §§ 75 und 100, das selbst dem in
Disziplinaruntersuchung befindlichen Beamten die Befugnis gibt, durch
Niederlegung des Amtes sich der Disziplinarstrafe zu entziehen.

[3]) Der von G e r b e r, Grundzüge S. 3 f., 21, begründeten Lehre vom
Herrschen als wesentlichem Merkmal der Staatsgewalt haben deren
Gegner eine selbständige Untersuchung vom Wesen der Herrschergewalt
bisher nicht entgegengestellt.

glied, aber immer setzt er eine solche Fähigkeit der Ausbürgerung
oder Auswanderung durch seine Rechtsordnung fest, stellt die
Bedingungen auf, unter denen er sie gewährt oder verweigert[1]).
Der Antrag, aus dem Staate auszutreten oder, wo ein solcher
nicht erforderlich, die Erklärung, aus dem Staate scheiden zu
wollen, entledigt aber den Austretenden nicht seiner aus dem
vorläufig fortdauernden und durch seinen einseitigen Akt nicht
aufhebbaren Untertanenverhältnis fließenden Pflichten, z. B. bereits verwirkte Strafen zu verbüßen, und nimmt dem Staate
nicht seinen Erfüllungszwang. Erst wenn er allen seinen bereits
zu Recht bestehenden Verpflichtungen, namentlich der Wehr-
pflicht, Genüge geleistet hat, läßt der Staat den Austrittsberech-
tigten wegziehen.

Die mit solcher Macht ausgerüstete Gewalt ist Herrschergewalt und damit Staatsgewalt. Herrschen ist das Kriterium, das
die Staatsgewalt von allen anderen Gewalten unterscheidet. Wo
daher Herrschergewalt bei einem dem Staate eingegliederten Verbande oder einem Individuum zu finden ist, da stammt sie aus
der Staatsgewalt, ist, selbst wenn sie zum eigenen Rechte des
Verbandes geworden ist, nicht ursprüngliche, sondern abgeleitete
Gewalt[2]).

Dieser Satz entspricht den Verhältnissen des modernen
Staates. Vor der Konsolidierung der Staaten seit dem Beginn
der neueren Zeit hat er nicht gegolten. Er ist eine historische,

---

[1]) Niemals reicht, wie bei dem Austritt aus einem privaten Verbande, eine bloße Willenserklärung zur Ausbürgerung aus. Entweder
ist Verlegung des Wohnsitzes außerhalb des Staatsgebietes zu ihrer
Perfektion notwendig, oder sie tritt ungewollt als Folge anderer rechtlicher Tatsachen ein.

[2]) Vgl. die System S. 283 N. 1 genannten Schriftsteller; ferner
Haenel StR. I S. 800. Br. Schmidt, a. a. O. S. 65 ff., konstatiert die
unbezweifelte Tatsache, daß auch der nichtstaatliche Verband Herrschermacht übt, beweist aber so wenig wie andere Autoren die Originarität
dieses Zwangsmittels für das heutige Recht. Das originäre Herrschaftsrecht der Verbände ist heute nichts anderes als eine Form der Selbsthilfe,
die der moderne Staat grundsätzlich untersagt und nur ausnahmsweise
dort anerkennt, wo er sie ausdrücklich gestattet hat. Auch aus der
längeren Polemik von Preuß, Städt. Amtsrecht S. 132 ff., gegen die im
Text vertretene Lehre erfährt man nichts von irgendeinem der heutigen
Gemeinde zustehenden Herrscherrecht nichtstaatlichen Ursprungs. Darauf
allein kommt es aber in dieser Frage an: die historische Wirklichkeit,
nicht die dialektische Möglichkeit aufzuweisen.

keine absolute Kategorie für die Beurteilung herrschaftlicher
Verbände überhaupt. Im Mittelalter gab es zahlreiche Verbände
nichtstaatlicher Art, die in größerem oder geringerem Umfange
Herrschaft als ein ihnen ursprünglich zukommendes Recht aus-
übten, und zwar selbst dann, wenn es geschichtlich vordem aus
der Sphäre des Staates in die des nichtstaatlichen Verbandes
hinübergeglitten war. Vor allem hatte die Kirche selbständige,
ihr nicht vom Staate zugewiesene Herrschermacht, die sie oft
mit dem gewaltigsten Erfolge gegen den Staat ausübte. Aber
auch zahlreiche weltliche Verbände sowie Feudalherren übten
Herrschaft aus, die sie als ihre eigene, nicht vom Staate ge-
liehene betrachteten, oder die zu der vom Staate geliehenen
als selbständige, ihrer Substanz nach nicht in der Staatsgewalt
enthaltene hinzukam. Schon aus diesem Grunde ist es auch
kaum möglich, mit unseren modernen staatsrechtlichen Begriffen für diese politische Welt scharf die Grenze zwischen
Staat und nichtstaatlichem Verband zu ziehen.

Mit dem Erstarken der Staatsgewalt aber im Kampfe mit
den sie einengenden und bestreitenden Mächten beginnt sie die
selbständige oder selbständig gewordene Gewalt aller dem Staate
eingeordneten Glieder aufzusaugen und dadurch deren Unterordnung unter ihre Macht zu bewähren und zu vollenden. Der
Staat wird der große Leviathan, der alle öffentliche Macht in
sich verschlingt. Selbst da, wo er sie äußerlich bestehen läßt,
eignet er sie sich dennoch in der Form an, daß er sich als ursprünglicher Eigner der untergeordneten, wenn auch ihm gegenüber relativ unabhängigen Macht setzt. Das zeigt sich darin, daß
er sich das Recht zumißt, über alle Herrschergewalt auf seinem
Gebiete durch sein Gesetz zu disponieren. Der moderne Staat
erkennt zwar jedem Individuum und jedem Verbande ein gesetzlich begrenztes Gebiet der Freiheit von seiner Gewalt zu, ein
selbständiges Herrscherrecht jedoch, das ihm als unübersteigliche
Schranke gegenüberstände, vermag er zufolge seines Wesens
nicht anzuerkennen. Die entgegengesetzte Ansicht ist mit dem
modernen Staatsgedanken unvereinbar und findet deshalb auch
an den Tatsachen keine Stütze, sie vermag unter den Befugnissen
der nichtstaatlichen Verbände keine einzige nachzuweisen, die
ihrer Natur nach ein nichtstaatliches Herrschaftsrecht darstellt.
Sie ist daher keine die Realität der Rechtsverhältnisse erklärende
Lehre, sondern auf Umschaffung der Wirklichkeit gerichtet, indem

sie Institutionen, die dem Gedankenkreise der mittelalterlichen
Welt entlehnt sind, wieder hervorzaubern möchte. Es ist eine
Theorie der politischen Romantik, die um so weniger auf Verwirklichung rechnen kann, als der Satz, daß der Staat der
Depositar der ganzen Herrschergewalt sei, Resultat der gesamten
neueren geschichtlichen Entwicklung ist und praktisch sich dadurch bewährt, daß überall der Staat durch sein Gesetz den ihm
unterworfenen Verbänden Herrschaftsrechte gewährt oder entzieht.
Die naturrechtliche Lehre vom pouvoir municipal, die als Gegen-
strömung gegen das zentralistisch-absolute Regime in Frankreich
im Laufe des 18. Jahrhunderts entstand, um in der französischen
Revolution eine kurze Herrschaft zu feiern, deren Nachwirkung
später in der konstitutionellen Theorie des deutschen Naturrechtes sichtbar wurde, hat die Tatsache der allseitigen Unterwerfung der Kommunen unter das Staatsgesetz nirgends zu ändern
vermocht[1]).

Der Satz, daß nur dem Staate primär Herrschergewalt zustehe, ist aber nicht etwa nur das Resultat der absolutistischen
Entwicklung des Kontinents vom 16.—18. Jahrhundert. Er findet
seine Bestätigung ebensosehr in den staatlichen Verhältnissen
Englands und der Vereinigten Staaten, wo ja germanische Rechtsgedanken in viel größerer Reinheit erhalten bleiben konnten als
in den von der romanistischen Staatslehre durchweg in größerem
oder geringerem Umfange beeinflußten kontinentalen Staaten.
Alles den englischen Kommunalverbänden oder anderen Korporationen innewohnende Imperium ist nach einstimmiger Ansicht
der dortigen Juristen aus der Machtfülle des Staates delegiert[2]).
Jeder Akt der Herrschergewalt ist dort ein Akt der Staatsgewalt,
die englische Selbstverwaltung nichts als „die örtlich tätige
Staatsgewalt". Genau so verhält es sich aber mit Amerika. Trotzdem dort sich erst einzelne gemeindeähnliche Niederlassungen
bildeten, aus denen die späteren Staaten hervorwuchsen, ruht
doch alles Recht der amerikanischen Gemeindeverbände auf Zu-
geständnissen der Staatsgesetze, die viel weniger gewähren als
manche des europäischen Kontinentes, was allerdings mit der

---

[1]) Vgl. System S. 277 ff.; „Staat u. Gemeinde", a. a. O. S. 334 ff.;
Hatschek Die Selbstverwaltung in politischer und juristischer Bedeutung (Jellinek-Meyer Abhandlungen II 1) 1898 S. 34 ff.

[2]) Vgl Hatschek Selbstverwaltung S. 20 ff.; ferner Engl. Staatsrecht I S. 41 ff.

ganzen eigentümlichen Gestaltung der Staatsverwaltung in den
Staaten englischen Ursprungs zusammenhängt[1]).

Der das Gemeinwesen leitende und seine Zwecke versorgende
Wille kann in primitiven Verhältnissen oder während staatlicher
Erschütterungen den Charakter einer rein faktischen Gewalt
haben, in entwickelten Staatswesen jedoch, unter normalen Verhältnissen, trägt er stets das Merkmal einer rechtlichen Gewalt
an sich. Da er auf die Dauer nicht durch Einzelbefehle, sondern
nur nach festen Regeln zu wirken vermag, da er fester Institutionen bedarf, um sich mit Sicherheit durchzusetzen, so liegen
seiner Tätigkeit dauernde, feste, von den einzelnen Personen
unabhängige Willensverhältnisse zugrunde. Solche durch feste
Regeln geordnete Willensverhältnisse sind aber Rechtsverhältnisse.
So ist denn im Begriffe der Staatsgewalt schon der der rechtlichen Ordnung enthalten. Daher ist die Staatsgewalt in ihrer
Organisation und ihren Beziehungen zu ihren Objekten der
Gegenstand des Staatsrechtes. Alles Staatsrecht ist Lehre von der
Staatsgewalt, ihren Organen, ihren Funktionen, ihren Grenzen,
ihren Rechten, ihren Pflichten.

Darum ist eine vollendete Kenntnis des Staates ohne Kenntnis
seines Rechtes unmöglich. Unwissenschaftliche Einseitigkeit wäre
es, den Staat nur unter dem Gesichtspunkte des Rechtes zu
betrachten, alle Staatswissenschaft für eine juristische Disziplin
zu erklären. Allein noch unwissenschaftlicher ist eine das rechtliche Element des Staates vernachlässigende Staatslehre, die mit
historischer, politischer, soziologischer Methode das Ganze des
Staates erfassen zu können vermeint.

Faßt man die vorstehenden Erörterungen mit den oben ge-
pflogenen Untersuchungen über die Natur des Staates zusammen,
so ergibt sich nunmehr die tiefere Begründung des Satzes, daß
der Staat seiner rechtlichen Seite nach die mit ursprünglicher
Herrschermacht ausgerüstete Körperschaft eines seßhaften
Volkes sei.

Diese Definition aber gibt zu einer Fülle weiterer Probleme
Anlaß.

Vor allem erhebt sich die Frage nach den Eigenschaften
der Staatsgewalt, nach den Merkmalen, die sicher herrschende

---

[1]) Vgl. v. Holst a. a. O. S. 174; Freund a. a. O. S. 177 f.; Cooley
The Constitutional Limitations p. 223 ff. Vgl. auch unten Kap. XIX
(S. 640 f.).

von nichtherrschenden, also staatliche von nichtstaatlichen Gewalten scheiden. Woran erkennt man, ob ein mit Herrschermacht
begabter Verband ursprüngliches oder abgeleitetes, eigenes oder
fremdes Recht ausübt? Was sind die Grenzen des Staatsbegriffes?
Sind Staat oder Nichtstaat derart voneinander geschieden, daß
Zwischenstufen gar nicht möglich sind? Gibt es mehrere Arten
von Staaten, oder duldet der Staatsbegriff keine wie immer
geartete Zweiung?

Hier tritt uns zunächst die bedeutsame Lehre von der Souveränetät des Staates entgegen: was ist Souveränetät? Ist sie
ein notwendiges Merkmal der Staatsgewalt?

Sodann die Lehre von der Unteilbarkeit der Staatsgewalt.

Vierzehntes Kapitel.

Die Eigenschaften der Staatsgewalt.

I. Die Souveränetät.

1. Geschichte des Souveränetätsbegriffes.

Bei keinem der staatsrechtlichen Grundbegriffe tut Erforschung seiner geschichtlichen Entwicklung mehr not als bei dem der Souveränetät. Aber nicht etwa handelt es sich hier um die Literaturgeschichte des Souveränetätsbegriffes, um die Kenntnis von den verschiedenen Nuancen, die er bei den einzelnen Schriftstellern empfangen hat[1]). Die folgende Darstellung wird lehren, daß es sich in erster Linie um die Erkenntnis der historisch-politischen Verhältnisse handelt, aus denen er sich entwickelt hat. Souveränetät ist ihrem geschichtlichen Ursprunge nach eine politische Vorstellung, die sich später zu einer juristischen verdichtet hat. Nicht weltfremde Gelehrte haben sie in ihrer Studierstube entdeckt, gewaltige Mächte, deren Kampf den Inhalt von Jahrhunderten bildet, haben sie ins Dasein gerufen. Dieser ge-

---

[1]) Zur Dogmengeschichte des Souveränetätsbegriffes vgl. H a n c k e, B o d i n Eine Studie über den Begriff der Souveränetät 1894 (in G i e r k e Untersuchungen zur deutschen Staats- und Rechtsgeschichte, 47); L a n d - m a n n Der Souveränetätsbegriff bei den französischen Theoretikern 1896; D o c k Der Souveränetätsbegriff von Bodin bis zu Friedrich dem Großen 1897; D o c k Revolution und Restauration über die Souveränetät 1900; R e h m Geschichte S. 192 ff., Allg. Staatslehre S. 40 ff.; M e r r i a m History of the theory of Sovereignty since Rousseau, New York 1900; L. R a g g i La Teoria della sovranità 1908 p. 13 ff.; B r y c e Studies in History and Jurisprudence, Oxford 1901, II p. 49 ff. (die beiden Vorletzten mit gründlichster, der Letzte ohne alle Kenntnis der neueren deutschen Lehren). Von einer „Entwicklung" ist in der Literärgeschichte der Souveränetät zwar oft die Rede, aber trotzdem für ganze Epochen wenig zu spüren. Vielmehr dreht sich häufig die Theorie im Kreise, so daß die Irrtümer des 16. Jahrhunderts noch bei vielen Schriftstellern der Gegenwart deutlich wahrzunehmen sind.

schichtliche Prozeß ist bis jetzt noch nirgends eingehend geschildert
worden. Im folgenden soll er in großen Zügen gezeichnet werden.

1. Das auszeichnende Merkmal des Staates, das ihn von
allen anderen Arten menschlicher Gemeinschaft unterscheidet,
bildet nach Aristoteles die Autarkie[1]. Dieser antike
Begriff aber hat mit dem modernen der Souveränetät nicht die
geringste Verwandtschaft. Selbstgenügsamkeit bezeichnet für die
antike Staatslehre jene Eigenschaft des Staates, vermöge deren
das menschliche Ergänzungsstreben in ihm zur vollsten Befriedigung gelangt. Der Staat muß daher so geartet sein, daß
er einer anderen ihn ergänzenden Gemeinschaft seiner Natur
nach nicht bedarf; keineswegs widerspricht es aber seinem Wesen,
wenn er tatsächlich sich in einer oder der anderen Beziehung
von einem anderen Gemeinwesen abhängig findet. Nur muß ihm
die Möglichkeit innewohnen, unabhängig von diesem übergeordneten
Staate existieren zu können, der also keine notwendige Bedingung
seines Daseins bilden darf[2]. Nur für den idealen Staat fordert
Aristoteles nicht nur potentielle, sondern auch aktuelle Unabhängigkeit nach außen, die aber nicht etwa in seinem Wesen
als höchster Gewalt, sondern in dem ihm innewohnenden Zustand
der Selbstbefriedigung aller seiner Bedürfnisse begründet ist[3].

Aus dem Begriffe der Autarkie ergeben sich daher gar keine
Folgerungen über die gegenseitigen Verhältnisse der empirischen
Staaten, über den Umfang der Herrschaftsbefugnisse, die ihnen
nach innen zustehen. Die Autarkie ist keine rechtliche, sondern

---

[1] πόλις, — πάσης ἔχουσα πέρας τῆς αὐταρκείας. Pol. I 1252 b, 28 ff.

[2] μὴ γὰρ ἓν τῶν ἀδυνάτων ἦ πόλιν ἄξιον εἶναι καλεῖν τὴν φύσει δού-
λην· αὐτάρκης γὰρ ἡ πόλις, τὸ δὲ δοῦλον οὐκ αὔταρκες. Pol. IV 1291 a, 9 ff.
Gerade die Stellung Griechenlands seit der Schlacht von Chäronea hätte
Aristoteles zu einer ganz anderen Anschauung über das Wesen der Polis
bringen müssen, wenn er rechtliche und faktische Unabhängigkeit als
wesentliches Merkmal des Staates angesehen hätte. Mit dem Satze
aber, daß die Polis von Natur aus nicht zur Abhängigkeit bestimmt ist,
konnten sich faktische Abhängigkeitsverhältnisse wohl vertragen.

[3] Vgl. Pol. VII 1326 b. Die Bevölkerung des besten Staates soll
so groß sein, als die Autarkie es erfordert, und das Land soll alle
nötigen Erzeugnisse selbst hervorbringen: „τὸ γὰρ πάντα ὑπάρχειν καὶ
δεῖσθαι μηδενὸς αὔταρκες“, also sittliche und ökonomische, nicht rechtliche Unabhängigkeit besitzen. Vgl. auch Rehm, Geschichte der
Staatsrechtslehre S. 91 ff., der überzeugend nachgewiesen hat, daß dem
Aristotelischen Staatsbegriffe Abhängigkeitsverhältnisse durchaus nicht
widersprechen.

eine ethische Kategorie, indem sie die Grundbedingung ist, von
welcher die Erfüllung des Staatszweckes, die Hervorbringung des
$\varepsilon\tilde{v}$ $\zeta\tilde{\eta}\nu$, des vollkommenen Lebens abhängt.

Dieser Begriff wurzelt tief in der hellenischen Welt- und
Lebensanschauung und kann nur aus ihr heraus begriffen werden.
Es ist die antike $\pi\acute{o}\lambda\iota\varsigma$, welche die sittliche Möglichkeit besitzt,
sich von der übrigen Welt abzuschließen, da sie alles in sich
birgt, was nicht nur des Lebens Notdurft befriedigt, sondern es
auch den Menschen wert und teuer macht. Die Polis bedarf
nicht der barbarischen Welt, ja nicht einmal der griechischen
Schwesterstädte, um ihre Aufgabe zu erfüllen. In keiner Weise
aber gibt der Begriff der Autarkie Auskunft über die freie Bestimmung des Staates über sein Tun und Lassen, über sein
Recht und seine Verwaltung, über seine innere und äußere Politik.

Das wird uns klar, wenn wir die Fassung dieses Begriffes bei
den Kynikern und später in der Stoa verfolgen, wo er zum
wesentlichen Merkmal des idealen Individuums, des Weisen
wird[1]. Das Höchste, wonach der Kyniker und Stoiker streben
soll, ist die Autarkie, die nur die Tugend gewährt, deren Besitz
ihn von allem Äußeren derart unabhängig stellt, daß er die
Möglichkeit rigoroser Erfüllung der ethischen Norm gewinnt.
Daraus haben zwar die Kyniker die Unverbindlichkeit der Staatsordnung für den Weisen gefolgert[2], die Stoiker hingegen haben
keineswegs die äußere, rechtliche Unabhängigkeit vom Staate
gefordert[3]. Der Stoiker soll am Staatsleben teilnehmen; nur
wenn er durch äußere Mächte gehindert wird, das höchste Ziel
zu erreichen, wenn ein äußeres Gebot ihm Unwürdiges zumutet,
kann er sich ihm dadurch entziehen, daß er freiwillig aus dem
Leben scheidet. Der selbstgenügsame Weise der Stoa ist das

---

[1] Beide Schulen erklären übereinstimmend die Autarkie der Tugend
genügend für die Erreichung der Eudämonie. Diog. Laert. VI 11, VII 65.
Über die kynische Autarkie vgl. Kaerst Studien S. 29 ff. Die stoische
Autarkie zeichnet treffend Hildenbrand Geschichte S. 507 ff.

[2] Ob wohl nicht die berühmte Alternative, die Aristoteles für die
stellt, welche sich nicht am Staate beteiligen wegen ihres Unvermögens,
an einer Gemeinschaft teilzunehmen oder wegen ihrer Autarkie: Tier
oder Gott, eine ironische Spitze gegen die Kyniker in sich birgt?

[3] Wenn auch der Staat der Stoa keine Bedingung der Eudämonie
ist, so schreibt sie doch anderseits auch ihrem idealen Weltstaate
Autarkie zu, so daß neben die Selbstgenügsamkeit des Weisen die des
Kosmos tritt. Vgl. Kaerst a. a. O. S. 76.

gerade Gegenstück des souveränen Individuums, wie es moderne Fessellosigkeit zu zeichnen beliebt.

Daß das Mittelalter unter dem Einflusse der ungeheuren Autorität des Aristoteles die Lehre vom Staate als der perfecta communitas unbesehen aufnahm[1]), ist in dem ganzen wissenschaftlichen Geist dieser Epoche begründet. Der Zauber antiker Begriffsbestimmungen beherrschte aber auch moderne Geister häufig selbst da, wo sie schöpferisch vorgingen. Das zeigt sich auch bei Hugo Grotius, bei dem ja der Hinweis auf ein klassisches Zitat nicht selten die Stelle eines Beweises vertritt. In seiner Definition des Staates tritt ein halbes Jahrhundert nach Bodin die Autarkie von neuem als wesentliches Merkmal auf. Der coetus perfectus liberorum hominum[2]) ist nichts anders als die κοινωνία αὐτάρκης des Aristoteles. Nach innerer Vereinigung der Autarkie mit der neuen Souveränetätslehre, die doch durch Grotius wesentliche Förderung erfahren hat, forscht man aber bei ihm vergebens. Und gerade der Begründer der wissenschaftlichen Theorie des Völkerrechtes hätte allen Anlaß gehabt, sich die Frage vorzulegen, ob die klassische Begriffsbestimmung des Staates mit der Anerkennung eines Völkerrechtes und der es bedingenden Staatengemeinschaft vereinbar sei. Wenn der autarkische Staat die höchste Erscheinungsform des politischen Daseins ist, dann ist für den so gearteten Staat zwar Abwehr fremder Staaten möglich, aber kein dauernder friedlicher, auf Kulturentwicklung gerichteter Verkehr mit anderen staatlichen Gemeinwesen. Denn aller Verkehr beruht mit psychologischer Notwendigkeit auf dem durch ökonomische und geistige Bedürfnisse in Bewegung gesetzten Ergänzungsstreben, von dem die antike Lehre doch behauptet hatte, daß es im Staate seine absolute Beruhigung finde.

Es darf nicht wundernehmen, wenn auch in der Gegenwart die Behauptung der Selbstgenügsamkeit des Staates noch immer in der staatsrechtlichen Literatur ihre Rolle spielt[3]). Derartige abgeschliffene Begriffe werden nach und nach zu geistiger

---

[1]) Vgl. Gierke Althusius S. 229.

[2]) De iure belli et pacis I 1 § 14.

[3]) Selbstgenügsamkeit als Eigenschaft des Staates heute noch z. B. bei Haenel Studien I S. 149, Staatsrecht I S. 113. Allerdings pflegt jeder Autor dem alten Worte eine neue Bedeutung zu geben.

Scheidemünze, die von Hand zu Hand wandert, und bei der man schließlich vergißt, zu fragen, ob sie nicht unterdessen außer Kurs gesetzt sei.

Auch in anderen griechischen Lehrsätzen, die von der Natur des Staates handeln, ist von einer Erkenntnis dessen, was der moderne Souveränetätsbegriff bezeichnet, nichts zu finden. Wenn A r i t o t e l e s von dem κύριον, von der obersten Macht im Staate spricht, so hat das mit der Theorie, daß die Staatsgewalt notwendig das Merkmal der Souveränetät besitze, nichts zu schaffen[1]). Denn die platte Tatsache, daß im Staate irgendwer befehlen und oberste Entscheidungsgewalt haben, also herrschen müsse, war bereits vor allem wissenschaftlichen Nachdenken über den Staat bekannt. Herrschaft und Souveränetät sind aber, wie im folgenden dargetan werden wird, keineswegs dasselbe. Ebensowenig verbirgt sich aber in den von G r o t i u s zur näheren Bestimmung der Staatsgewalt angezogenen Worten des T h u k y d i d e s über die Delphier: sie seien αὐτονόμους, αὐτοτελεῖς, αὐτοδίκους[2]), die moderne Vorstellung von der Souveränetät; sie besagen vielmehr nur, daß dieses Gemeinwesen eigene Gesetze, eigene Einnahmequellen, eigene Behörden habe, was zweifellos zu allen Zeiten auch bei nichtsouveränen Verbänden der Fall war.

So wie den Griechen war aber auch den Römern die Vorstellung des souveränen Staates fremd geblieben. Das römische Denken war, stets praktisch, auf die gegebene Wirklichkeit gerichtet. Für die lag aber nicht die geringste Veranlassung vor, theoretisch den römischen Staat mit irgendwelchen Mächten neben und unter ihm zu vergleichen, um daraus für ihn ein besonderes Merkmal zu gewinnen. Im Gegenteil hätte Anerkennung und Betonung der Souveränetät der römischen Politik durchaus widersprochen, die den Völkern, „qui maiestatem populi Romani comiter servant“, gern den Schein staatlicher Selbständigkeit ließ. Ausdrücke aber wie maiestas, potestas und imperium bezeichnen die Größe und Macht des römischen Volkes, die bürgerliche und militärische Befehlsgewalt. Sie sagen aber nichts über Inhalt und Schranken der staatlichen Macht, über die Unabhängigkeit

---

1) Vgl. R e h m Geschichte S. 95 ff., besonders S. 102, wo nachgewiesen wird, daß unter dem κύριο nicht die höchste rechtliche, sondern die höchste soziale Macht zu verstehen sei.

2) V 18.

Roms von auswärtigen Gewalten [1]). Die Staatsdefinition C i c e r o s [2]),
die einzige uns von einem Römer überkommene, steht an Klarheit und Bestimmtheit der des A r i s t o t e l e s erheblich nach.
Wohl ist in Rom bis in späte Zeiten der Gedanke lebendig, daß
das Volk die Quelle aller öffentlichen Gewalten sei, aber die
Frage, wer im Staate die höchste Gewalt habe, ist, wie erwähnt,
eine ganz andere als die nach der Souveränetät des Staates.
Über den Umfang der dem populus zustehenden Machtfülle
finden wir keine Erörterungen. Die Juristen konstatieren einfach,
in welcher Form er seine Befugnisse ausübte. Daß Sein und
Erkennen zweierlei sind, kann man vielleicht nirgends schärfer
studieren als an Rom, dessen Machtbesitz und gewaltiges Macht-
gefühl eine entsprechende theoretische Formulierung des Staatsbegriffes nicht hervorgebracht haben.

2. Daß das Altertum aber zur Erkenntnis der Souveränetät
nicht kommen konnte, hatte seinen wichtigen historischen Grund.
Es mangelte nämlich in der alten Welt, was einzig und allein
die Souveränetätsvorstellung zum Bewußtsein zu bringen ver-
mochte: d e r G e g e n s a t z d e r S t a a t s g e w a l t z u a n d e r e n
M ä c h t e n.

Der moderne Staat ist von den antiken Staaten scharf geschieden dadurch, daß er sich anfangs von verschiedenen Seiten
bestritten fand, sein Dasein sich daher erst in schwerem Kampfe
erringen mußte. Drei Mächte sind es, die im Laufe des Mittelalters seine Selbständigkeit bestreiten. Zunächst die Kirche,
welche den Staat zu ihrem Diener zwingen will, sodann das
römische Reich, das den Einzelstaaten nur die Geltung von Provinzen zuerkennt, endlich die großen Lehnsträger und Körperschaften im Staate, die sich als selbstberechtigte Mächte neben
und gegenüber dem Staate fühlen.

---

[1]) Gegen diese Sätze richtet Erich P o l l a c k, Der Majestätsgedanke
im römischen Recht 1908 S. 74 ff., eine ganz unverständliche Polemik.
Er gibt zu, daß die Römer die Souveränetät nirgends definieren, meint
aber, daß sie trotzdem von der „völkerrechtlichen Souveränetät" eine
ganz bestimmte Vorstellung gehabt hätten. In einer Geschichte des
Souveränetätsbegriffes, wie sie hier gegeben wird, haben jedoch nicht
bloß „ganz bestimmte", aber nicht formulierte, sondern nur ganz klar
ausgesprochene und daher fortwirkende Vorstellungen ihren Platz.

[2]) Respublica = res populi. Populus autem non omnis hominum
coetus quoquo modo congregatus, sed coetus multitudinis iuris consensu
et utilitatis communione sociatus. De Rep. I 25.

Im Kampfe mit diesen drei Mächten ist die Vorstellung der Souveränetät entstanden, die ohne Kenntnis von diesem Kampfe unverständlich bleibt. Die Souveränetät ist, der Ausdruck sei gestattet, ein polemischer Begriff, zunächst defensiver, im weiteren Verlaufe aber offensiver Natur.

Im Kampfe zwischen Staat und Kirche treten drei Ansichten im Laufe des Mittelalters hervor. Der Staat ist der Kirche unterworfen, der Staat ist der Kirche gleichgestellt, der Staat steht über der Kirche. Die Zweischwertertheorie vertritt in ihren beiden Nuancen die zwei ersten Lehren, zu der im Anfange des 14. Jahrhunderts die dritte hinzutritt. In der letzteren Epoche hatte aber Frankreich den Gedanken von der Obermacht des Staates in historische Tat umgesetzt. Das avignonsche Papsttum stellte zum ersten Male seit der Zeit der Ottonen die Superiorität des Staates über die Kirche sichtbar dar. Nicht in dem Kampfe des Kaisers mit dem Papste, sondern in dem Verhältnis des französischen Königs zum Oberhaupte der Kirche ist der Ursprung des Souveränetätsbewußtseins der weltlichen Macht zu suchen. Die politische Literatur, eng von den Banden der Scholastik umfangen, hat bis zu dem Vorstoße, den der französische König Ende des 13. Jahrhunderts gegen Rom führt, vornehmlich den Gegensatz von Sacerdotium und Imperium vor Augen, als den der geistlichen und weltlichen Macht schlechthin, nicht den des Papsttums zu einem individuell bestimmten Staate, da ja die Reichsidee die Staatsidee von vornherein negierte. Die beginnende Jurisprudenz hat in ihren publizistischen Erörterungen nicht die vorhandene politische Welt, sondern die offizielle kirchliche Theorie zur Grundlage, und wenn sie sich auch späterhin mehr den realen Verhältnissen zuwendet, so wird sie einmal durch Respektierung der niemals ganz außer acht zu lassenden kirchlich-politischen Doktrin, sodann aber durch den ganzen weltflüchtigen Zug der mittelalterlichen Wissenschaft, die den Wirklichkeitssinn nur in engen Schranken sich betätigen ließ, daran gehindert, eine selbständige Lehre vom Staate zu entwickeln. Zudem fehlt der ganzen mittelalterlichen Staatslehre die klare Erkenntnis der Staatsgewalt als eines wesentlichen Staatselementes[1]), und damit allein ist ihr der Weg zur Erkenntnis der rechtlichen Eigenart des Staates verschlossen.

---

[1]) Den Nachweis hiervon bei R e h m Geschichte S. 188 ff.

Obwohl auch in Werken deutschen Ursprungs unter der Wirkung der geänderten Zeitverhältnisse von der Eigenart des deutschen Königs die Rede ist, so kommt es doch zuerst in Frankreich unter dem Einflusse der Legisten und des von Rom relativ unabhängig gestellten Klerus zu einer direkten Gegenüberstellung von Staat und Kirche und der Behauptung der völligen Unabhängigkeit des Staates von kirchlichen Geboten. Während und nach dem Streite Philipps des Schönen mit Bonifaz VIII. entsteht in Frankreich oder doch unter französischem Einflusse zum ersten Male eine Literatur, welche die volle Selbständigkeit des Staates gegenüber der Kirche energisch behauptet[1]). In der geistigen Atmosphäre von Paris keimen auch die Ideen des Marsilius von Padua, der mit einer Kühnheit sondergleichen zuerst den Gedanken der Superiorität des Staates über die Kirche behauptet hat, darin allerdings auch in jener erregten Zeit allein stehend[2]).

Die zweite Macht, die im Mittelalter der Idee des selbständigen Staates entgegentritt, ist das Kaisertum. Die offizielle Theorie, welche die Staatslehre bis zur Reformation beherrscht, läßt von Rechts wegen alle christlichen Staaten dem römischen Reiche eingeordnet sein. In striktem Sinn ist nur der Kaiser Herrscher; nur er kann Gesetze geben, nur ihm steht die plenitudo potestatis, die monarchische Machtfülle zu. Mit einei großartigen Ignorierung des wirklichen Lebens wird an dem Gedanken der Superiorität des Kaisertums über alle anderen weltlichen Gewalten noch festgehalten zu einer Zeit, wo es bereits zu einem leeren Schatten verflüchtigt war. Wer behauptet, daß der Kaiser nicht Herr und Monarch des ganzen Erdkreises sei, ist ein Ketzer, lehrt Bartolus[3]), und auch der klassisch gebildete spätere Papst Pius II. schreibt Friedrich III., daß ihm von Rechts wegen alle Völker untertan seien[4]).

---

[1]) Riezler Die literarischen Widersacher der Päpste zur Zeit Ludwigs des Baiers 1874 S. 135 ff.

[2]) Über die historische Stellung des Marsilius vgl. Richard Scholz Marsilius von Padua und die Idee der Demokratie, Zeitschrift für Politik I 1908 S. 61 ff.

[3]) Ad L. 24 D. de capt. et postlim. 49, 15 N. 7: Imperatorem qui diceret non esse dominum et monarchum totius orbis esset forte hereticus.

[4]) Aeneas Sylvius De ortu et authoritate Imperii Romani, prooem. u. c. XXIII. (Ausgabe Argentorati 1544, einem Auszuge aus dem Cornelius Nepos beigedruckt.)

Dieser offiziellen Lehre widersprachen aber, namentlich seit dem Fall der Hohenstaufen, die klar vor den Augen aller liegenden tatsächlichen Verhältnisse. Frankreich und England kümmerten sich nicht im geringsten um die kaiserliche Oberhoheit oder leugneten sie[1]) direkt. Venedig behauptete, stets außerhalb des Reiches gestanden zu haben; auch die anderen italienischen Stadtrepubliken, wie vor allem Florenz und Pisa, werden für civitates superiorem non recognoscentes erklärt. Die Theorie muß notgedrungen auf diese Ansprüche Rücksicht nehmen, sie tut es aber in der Weise, daß sie das Recht der principes und civitates auf Unabhängigkeit auf einen vom Kaiser anzuerkennenden Rechtstitel stützt, der in der Rechtsordnung des Reiches selbst begründet ist. In echt mittelalterlich-privatrechtlicher Weise wird daher diese Unabhängigkeit zurückgeführt auf kaiserliches Privileg, Verjährung, unvordenklichen Besitzstand[2]). Aber niemals wird die behauptete Unabhängigkeit aus dem Wesen des Staates selbst abgeleitet, denn damit hätte die mittelalterliche Staatslehre das ganze Fundament zerstört, auf dem sie aufgebaut war. Deshalb bleiben auch die aus irgendeinem Titel von der Oberhoheit des Kaisers befreiten Könige dennoch im Verbande des Reiches: Das spricht z. B. Bartolus in voller Schärfe aus: Rex Franciae et Angliae licet negent se subditos Regi Romanorum,

---

[1]) Namentlich das französische Königtum betonte stets seine Unabhängigkeit vom Imperium. Vgl. Glasson Histoire du droit et des institutions de la France V 1893 p. 326 ff.; Viollet Histoire des institutions politiques et administratives de la France 1898 II p. 40 ff. Auch A. Leroux, La royauté française et le saint empire romain, Revue historique, t. 49 1892 p. 241 ff., der die Anerkennung des Imperiums von seiten der ersten Capetinger zu erweisen sucht und p. 260 f. die rechtliche Stellung der Capetinger zum Reich vor dem Interregnum mit der eines exempten Bischofs vergleicht, erklärt p. 286 das dem Kaiser von seiten Frankreichs zugestandene Primat als ein politisch bedeutungsloses. Für England vgl. die Nachweise bei Hatschek Engl. Staatsrecht I S. 75.

[2]) Vgl. z. B. Ubertus de Lampugnano: Utrum omnes christiani subsunt Romano Imperio, Zeitschr. f. gesch. Rechtswissenschaft II p. 253: „... dicamus, quod aliqui sint exempti ab Imperio romano privilegio praescriptione vel quocunque modo alio". Als Beispiele werden angeführt rex Franciae, Veneti, ecclesia Romana. Ferner Aeneas Sylvius c. XI: Cuncti profecto, qui sub iugo negant imperii, aut id privilegio se asserunt assecutos, aut virtute aliqua. Über diese virtutes sodann c. XIII. Eine detaillierte Aufzählung aller hierher gehörigen Rechtstitel der Fürsten

non tamen desinunt esse cives Romanos[1]). Diesen Fürsten stehen
allerdings alle kaiserlichen Befugnisse in ihren Landen zu, so
daß B a l d u s erklärt, daß der König in seinem Lande Kaiser
sei[2]). Niemals aber steht er aus diesem Grunde dem Kaiser
gleich, daher noch im 16. Jahrhundert Restaurus C a s t a l d u s
behauptet: Rex Franciae licet etiam de iure non subesset impera-
tori, non tamen ipse est alter imperator. Ebenso haben zwar
die unabhängigen Stadtrepubliken die Macht, alle kaiserlichen
Befugnisse auszuüben, allein dem Kaiser bleibt dennoch gleichsam das nudum ius zurück, das immerhin stark genug ist, um
den theoretischen Vorzug des Kaisers vor allen übrigen Gewalten
auch fernerhin noch zu begründen.

Überdies aber ist dem Kaiser ein unbezweifeltes und für
jene Zeit nicht zu unterschätzendes Recht verblieben. Nur er
kann den Königstitel verleihen und damit die Privilegien, welche
die herrschende Rechtslehre mit diesem Titel verknüpft[3]). Noch
Karl der Kühne von Burgund bemühte sich vergebens, von
Friedrich III. die Königswürde zu erlangen[4]). Deshalb ragt der
Kaiser auch unbestritten über die Könige empor, die ihm den
Majestätstitel geben, ohne ihn von ihm zu empfangen.

In Frankreich aber verschmilzt die Auflehnung gegen den
Reichsgedanken mit dem Gedanken der staatlichen Unabhängigkeit von der Kirche. In dieser Hinsicht verfolgte der König allerdings nur Tendenzen, die schon in den alten französischen Rechtsbüchern als Rechtsüberzeugung der Franzosen ausgesprochen
waren. „Li roy ne tient de nului fors de Dieu et de lui"[5]).

---

und Städte bei Restaurus C a s t a l d u s († 1564), Tractatus de Imperio,
qu. LII—LIV (in: Tractatus illustrium Ictorum de dignitate et potestate
seculari, t. XVI, Venetiis 1584).

[1]) l. c. Nr. 6.

[2]) Ad L. 7 C. de prob. 4, 19. Diese Wendung kehrt in der französischen Literatur konstant wieder. So z. B. schon Somme rural II 1
p. 646 (ed. Le Caron 1603): „Le Roy de France qui est Empereur en
son Royaume peut faire......tout et autant que à droict Impérial
appartient."

[3]) Vgl. P f e f f i n g e r Vitriarius illustratus I p. 424 ff.

[4]) Es war bereits alles für die feierliche Krönung hergerichtet, als
der Kaiser sich heimlich entfernte. P f e f f i n g e r I p. 706. Vgl. auch
B r y c e The Holy Roman Empire 11th ed. 1892 p. 250 f.

[5]) Etablissements de Saint Louis, éd. V i o l l e t t. I p. 283, II 135,
III p. 47 und an anderen Stellen.

der König erkennt keinen Oberherrn über sich an, trägt sein
Reich von niemand zu Lehen. So wird denn der Satz, daß der
König unabhängig sei, zuerst in Frankreich literarisch formuliert [1].
Aber er bleibt nicht unwidersprochen. Gegen ihn wenden sich
energisch diejenigen, welche jede Abweichung von der offiziellen
mittelalterlichen Theorie zu bekämpfen Anlaß haben. Gerade
gegen Philipp den Schönen, der die Selbständigkeit seiner Krone
gegenüber dem Papste so machtvoll vertritt, richtet Bonifaz VIII.
1303 die strafenden Worte: nec insurgat hic superbia gallicana,
quae dicit quod non recognoscit superiorem: mentiuntur, quia de
Iure sunt et esse debent sub Rege Romano et Imperatore [2].

Die publizistische Theorie vermag diesem Vordringen der
Idee staatlicher Unabhängigkeit nur unvollkommen Ausdruck zu
geben. Soweit sie unter der Herrschaft aristotelischer Vorstellungen steht, ist sie gänzlich außerstande, den staatlichen
Verband gegen andere zu begrenzen. Die Polis wird in der
mittelalterlichen Staatslehre zur Stadtgemeinde, über die sich
noch regnum und imperium als höhere staatsgleiche Verbände
erheben [3]. Die Verhältnisse der italienischen Städte geben Anlaß
zur Aufstellung der Kategorie der civitates superiorem non recognoscentes, der Freistädte, die keinen Stadtherrn haben. Dieser
Begriff wird sodann von der italienischen Korporationslehre zur
Bezeichnung des unabhängigen stadtstaatlichen Gemeinwesens
überhaupt — unbeschadet der Oberhoheit des römischen Reiches —
verwendet, von den französischen Juristen aber auch auf die die
Unterordnung unter das Reich nicht anerkennenden regna übertragen. Endlich wird im 15. Jahrhundert nur das keinen Superior
anerkennende Gemeinwesen für eine res publica in vollem Sinne
erklärt [4]. Damit ist der erste Ansatz zu einer neuen Begriffs-

---

[1] „Li rois n'a point de souverain es choses temporiex." Etabl. de
Saint Louis II p. 270.

[2] Pfeffinger I p. 377. Ähnlich in der Bulle vom 30. April 1303,
zitiert bei Leroux a. a. O. p. 253 N. 3. Zur selben Zeit sagt aber Pierre
Dubois, De recuperatione terrae sanctae, ed. Langlois, 1891, von dem,
der die Existenz eines Weltherrschers behauptet, „non est homo sanae
mentis", p. 51.

[3] Vgl. Gierke Genossenschaftsrecht III S. 638 f.; Althusius S. 229 f.

[4] Über die civitates superiorem non recognoscentes vgl. Gierke
Genossenschaftsrecht III S. 381 ff., 639 f.; ferner Rehm, Geschichte
S. 193 f., dessen Ausführungen erst volle Klarheit in den von Gierke
entdeckten Entwicklungsprozeß dieses Begriffes bringen. Hinzuzufügen

bestimmung des Staates gegeben. Die Betonung dieser Unabhängigkeit war der antiken Staatslehre fremd geblieben. Jedoch
ist man noch weit davon entfernt, damit einen neuen klaren
Staatsbegriff zu erfassen. Noch war der theoretische Anspruch
des Imperiums auf Superioritas nicht überwunden. Noch war das
Wesen der Staatsgewalt nicht klar erkannt. Endlich ist auch
der Schnitt zwischen den Gemeinwesen mit und ohne Superior
kein so tiefgehender, daß die ersteren den letzteren ohne weiteres
als Nichtstaaten entgegengestellt werden müssen [1]).

Um zur Einsicht in das Wesen der Staatsgewalt zu gelangen
und die Erkenntnis von der äußeren Unabhängigkeit des Staates
mit der von dem Wesen und der Stellung der Staatsgewalt zu
verbinden, bedurfte es noch einer ganz anders gearteten Reihe
von Erfahrungen.

Nicht nur Kirche und Reich nämlich, auch der Feudalismus
tritt dem Gedanken des selbständigen Staates feindlich entgegen.
Das Lehnswesen, später auch die emporkommende Stadtfreiheit
schaffen einen Zustand, der in einigen Ländern zuzeiten — man
denke nur an das Interregnum — an völlige Staatslosigkeit streift.
Indem die Feudalherren und Kommunen mit staatlicher Macht
ausgerüstet werden, die sie nach Art eines Privatbesitzes behandeln,
treten im Staate dem Staate selbstberechtigte öffentlich-rechtliche
Persönlichkeiten gegenüber, deren Recht nicht der Verfügung
des Staates unterliegt. Weit davon entfernt, sich als Organe
eines höheren Ganzen zu betrachten, erblicken diese Personen
im Staate nur den, in der Regel unbequemen, Lehnsherrn, dessen

---

ist noch folgendes. Der Ausdruck „superiorem non recognoscere" bezieht
sich keineswegs nur auf universitates. Er wird schon früh vom König
von Frankreich gebraucht. So heißt es c. 13 X 4, 17 (Innocenz III.):
„Cum rex superiorem in temporalibus minime recognoscat". Ferner läßt
das „recognoscere" seinem Ursprunge nach die Rechtsfrage in der
Schwebe. Nicht von der civitas, quae superiorem non habet, sondern
von der, die jede Unterordnung bestreitet, ist die Rede, was bereits die
Glossatoren bemerkt haben, vgl. Finke Aus den Tagen Bonifaz' VIII.
1902 S. 156. Damit erklärt sich auch der zitierte Satz des Bartolus, daß
trotz der Negierung ihrer Unterstellung unter das Imperium die Könige
von Frankreich und England nicht aufhören, römische Bürger zu sein.

[1]) Die schwankende Terminologie bezeugen die bei Gierke III
S. 358 N. 14, S. 639 N. 336, 337, S. 640 N. 339 angeführten Stellen. Auch
Paul de Castro monopolisiert nicht, wie Gierke, S. 640, meint, den
Staatsbegriff für die universitates superiorem non recognoscentes, sondern
erblickt in diesen nur die höchste Steigerung seines Staatsbegriffes.

geringe Befugnisse unter der eifersüchtigen Kontrolle der Be-
lehnten stehen. Die zweite Folge dieses Zustandes aber war die,
daß das Staatsoberhaupt in dem direkten Verkehr mit der Masse
des Volkes behindert wurde. Bei strenger Durchführung des
Lehnssystems waren alle, die nicht unmittelbar vom Könige Lehen
trugen, nicht diesem, sondern den Baronen zur Treue und Folge
verpflichtet, und das Volk mußte in erster Linie vor dem Gerichte
des Seigneurs Recht nehmen.

So gestaltete sich der Rechtszustand namentlich in Frankreich, wo unter den ersten Capetingern die Mediatisierung des
Königtums durch die Barone soweit gediehen war, daß man
kaum noch von einem einheitlichen Reiche sprechen konnte. Und
damit war das französische Königtum vor die geschichtliche Aufgabe gestellt, den französischen Staat zu schaffen. Das konnte
nur dadurch geschehen, daß der König unmittelbare Herrschaft
über die Masse des Volkes erlangte. Dies erforderte aber in
erster Linie Unabhängigkeit von der seigneurialen Gewalt. Was
in England der Normannenkönig Wilhelm nach der Vernichtung
der angelsächsischen Herrschaft mit einem Schlage erreichen
konnte, direkte Unterordnung des ganzen Volkes unter die
königliche Gewalt, dazu gehörte in Frankreich die Arbeit von
Jahrhunderten. Und während in England die von der Krone
geschaffenen oder anerkannten untergeordneten Gewalten sich
leicht dem Baue des Staates eingliedern ließen, geht die Entwicklung in Frankreich einen anderen Weg. Sie führt dort zur
völligen Zertrümmerung der sich dem Königtum gegenüber-
stellenden Gewalten, so daß schließlich die Unabhängigkeit der
Staatsgewalt nach innen gleichbedeutend wird mit der völligen
Vernichtung aller dem Königtum gegenüber selbständigen politischen Elemente.

Die Richtung, welche das französische Königtum einschlug,
war folgende. In erster Linie trachtete es die später für unveräußerlich erklärte königliche Domäne soweit als möglich auszudehnen. Das gelingt ihm um so leichter, als der französische
König nicht wie der deutsche die Pflicht hatte, heimgefallene
Reichslehen binnen Jahr und Tag wieder auszutun. Galt daher
auch der Satz: nulle terre sans seigneur, so hinderte nichts, daß
der König selbst Seigneur wurde und demgemäß königliche und
seigneuriale Gewalt in seiner Hand vereinigte[1]). Darum zeigt

<hr>

[1]) Über diesen Prozeß vgl. V i o l l e t II p. 145 ff. Bezeichnend für

auch die Geschichte Deutschlands den entgegengesetzten Prozeß
wie die Frankreichs. Während im deutschen Wahlreich die
Hausmacht nur auf Kosten des Reichs erworben werden konnte,
war die Ausdehnung der königlichen Domäne in der französischen
Erbmonarchie eine Stärkung der Königtums und damit des Staates.
Mit Ludwig VI. bereits, also Anfang des 12. Jahrhunderts, beginnt dieser Prozeß[1]), der durch Philipp August dauernd zu geschichtlicher Bedeutung erhoben wurde. Hatte es 1208 38 königliche Gerichtsbezirke (prévôtés) gegeben, so zählte man am Ende
seiner Regierung (1223) deren 94[2]). Mit dem Wachstum des
königlichen Domaniums wächst auch die Stellung des Königs
gegenüber den Baronen. Die oberste Justizgewalt wird ihm
wiedergewonnen[3]), Polizei-, Militär-[4]) und zuletzt gesetzgebende
Gewalt wird mit ihr in seinen Händen vereinigt. Ende des 13. Jahrhunderts tritt zum erstenmal der Satz auf, daß der König „sovrains"
des ganzen Königreichs über den ebenfalls als souverän bezeichneten Baronen sei[5]). Als Zeichen dieser Souveränetät führt
Beaumanoir das königliche Recht der obersten Gerichtsherrlich-
keit an und „le général garde de son roiaume", aus dem der
Jurist, seiner Zeit vorauseilend, das freie königliche Recht der
Gesetzgebung „por le porfit du royaume" ableitet. Sodann werden

die Verhältnisse unter den ersten Capetingern ist die Unterscheidung von
pays d'obéissance-le-roi und pays de nonobéissance-le-roi, vgl. darüber
L u c h a i r e Histoire des institutions monarchiques de la France sous les
premiers Capétiens, 2. éd. II 1891 p. 30 ff.

[1]) L u c h a i r e II p. 254 ff.

[2]) G l a s s o n V p. 495.

[3]) Die ihm rechtlich nie gemangelt, wohl aber tatsächlich, vgl.
L u c h a i r e I p. 288 ff.

[4]) O. H i n t z e Staatsverfassung und Heeresverfassung 1906 S. 17 ff., 20.

[5]) In dem berühmten Worte B e a u m a n o i r s: Çascuns barons est
sovrains en sa baronnie. Voirs est que li rois est sovrains par desor
tous. Coutumes de Beauvoisis, éd. Beugnot, II p. 22. Das Wort souverain
aus superanus = superior entstanden (R e h m Gesch. S. 193 N. 2),
souraineté auf ein nicht nachweisbares superaneitas deutend. Über
die Vorgeschichte beider Termini und das Wesen der feudalen Doppelsouveränetät (souveraineté seigneuriale und royale) vgl. E s m e i n Cours
élémentaire d'histoire du droit français, 5e éd. 1903 p. 139 ff., 178 ff.;
R e h m Allg. Staatslehre S. 40 f. Die von R e h m, Geschichte a. a. O.,
in einer Interpretation der Stelle Beaumanoirs mir entgegengehaltene
Ansicht, daß dieser die seigneuriale Souveränetät auf amts-, nicht auf
lehnsrechtlichen Ursprung zurückführe, hat er nunmehr selbst, Staatslehre S. 41, aufgegeben.

die Legisten, die spätrömische Lehre von der Stellung des Princeps im absolutistischen Sinne steigernd und aus ihr die Machtfülle des französischen Königs herleitend, durch die darin eingeschlossene Negierung jeder dem Könige gegenüber selbstberechtigten Gewalt zu Vorstreitern des Gedankens der Staatseinheit und zu entschiedenen Bekämpfern des in sich gespaltenen, des Einigungspunktes ermangelnden Lehnsstaates, der mehr einem Konglomerat zahlreicher Grundherrschaften als einem Staatswesen glich. Damit wandelt sich der ursprünglich relative, komparative Begriff der königlichen Souveränetät zum absoluten. Aus dem Superior wird schließlich der Supremus [1]).

So wirken denn Theorie und Praxis zusammen, um das Königtum und damit den Staat unabhängig zu stellen von den Hoheitsrechten des Seigneurs. Unter demselben König, der dem Papsttum den tiefen Fall der avignonschen Zeit bereitet, ist auch bereits im Prinzip der Sieg der königlichen Gewalt nach innen entschieden und damit das wichtige Resultat gewonnen, daß Frankreich dauernd vor der Zersplitterung behütet wurde, welcher Deutschland damals schon unrettbar verfallen war. Nach kurzer Schwächung der Staatsgewalt während des hundertjährigen Krieges mit England nimmt Ludwig XI. die Traditionen der Capetinger wieder auf, und als ein Jahrhundert später die von der Reformation entfesselten Stürme Frankreich durchtobten, war die unerschütterliche Herrschaft der absoluten Staatsgewalt entschieden. Allerdings aber war dieser Sieg nur möglich dadurch, daß der französische Feudaladel sich fortwährend als Staat im Staate betrachtete, den Gedanken der Zweiung von königlicher und seigneurialer Herrschaft niemals fahren lassen wollte. Daher kommt es in Frankreich in der reichsständischen Epoche nie zu dem Gedanken, daß König und Reichsstände ihre Einheit im Staate finden, wie es in England der Fall war. Die Etats généraux erscheinen als immer wieder zurückgedrängte Mitbewerber um die höchste Macht, namentlich unter Karl V., deren Besitz sie von neuem zur Zerreißung des mühsam errungenen Staates benutzt hätten.

In diesen Kämpfen ist nicht die ganze respublica oder civitas — derartiger Widersinn wäre nicht einmal mit den damals

---

[1]) Die ersten Spuren dieses Begriffswandels schon in den Ordonnanzen Philipps des Schönen, vgl. B o u t a r i c La France sous Philippe le Bel 1861 p. 12.

herrschenden unentwickelten staatsrechtlichen Begriffen zu konstruieren gewesen —, sondern die Gewalt des Königs der siegende
Teil. Diese Gewalt ist es, die den Dualismus des mittelalterlichen
Gemeinwesens überwindet und die Volksgesamtheit zu einer
Einheit zusammenschließt. Die Theorie folgt' diesem Prozeß
in eigentümlicher Weise. nach. Die italienische Korporationslehre hatte den körperschaftlichen Charakter des Staates zu erkennen begonnen; die Konzentrierung der Macht des Staates in
der Hand des Fürsten schafft die Vorstellung, daß solche Macht
ein konstitutives Element des Staates sei. Die aus den offiziellen
Anschauungen vom Sacerdotium und Imperium fließende Lehre
von der plenitudo potestatis hatte schon früher im Verein mit
der Steigerung der fürstlichen Gewalt durch die Deutung der
Legisten zur Rechtfertigung absolutistischer Tendenzen geführt.
Im 15. Jahrhundert dringt mit dem beginnenden Humanismus
antike Staatsauffassung in die christliche Welt ein und damit
der Gedanke der Einheit des Staates. Amat enim unitatem
suprema potestas, mit diesen Worten tritt Aeneas S y l v i u s[1]) für
die physische Einheit der Staatsgewalt ein, in der sich ihm,
schärfer als seinen Vorgängern, die Einheit des Staates verkörpert.
Der Staat wird dadurch zu einem Gemeinwesen mit einer solchen
einheitlichen, nach innen widerstandlos herrschenden, nach außen
unabhängigen Gewalt[2]).

Zunächst aber wird noch immer unter dem Einflusse der
mittelalterlichen Welt- und Geschichtskonstruktion diese Einheit
und ihre Gewalt nur auf das Reich bezogen und durch die über
die Spiritualien hinausreichende summa potestas des Papstes eingeschränkt. Derselbe Aeneas S y l v i u s, der eine so modern
klingende Lehre von der dem Reiche eignenden, dem Kaiser zur
Ausübung zustehenden summa potestas aufstellt, erkennt dennoch
nur dieses Reich als Staat in vollem Sinne an, negiert die Selbständigkeit der Könige und Fürsten gegenüber dem Imperium.
Er kennt daher noch nicht die Souveränetät in vollem Umfange
und nicht die der Staatsgewalt schlechthin, sondern nur die einer
einzigen, der ihresgleichen neben sich nicht besitzenden und
duldenden Reichsgewalt. Noch immer ist es nicht der konkrete

---

[1]) c. XX.

[2]) Vgl. die eingehende Analyse und Würdigung der Lehre des
Aeneas S y l v i u s, bei R e h m Geschichte S. 196 ff.

Staat, sondern ein mit der Wirklichkeit (unter Friedrich III.!) grell kontrastierendes ideales Gebilde, dem die höchste Gewalt beigelegt wird.

Die große Umwandlung im Innern der Staaten kann aber von den allgemeinen staatsrechtlichen Anschauungen der Zeit aus gar nicht begriffen werden. Das Feudalsystem, das Jahrhunderten staatlicher Entwicklung seinen Stempel aufgeprägt hat, wird von der großenteils auf die Ansprüche halb- oder mißver- standener Autoritäten gestützten offiziellen Staatslehre fast ganz außer Acht gelassen, höchstens daß sich hie und da einmal ein ge- legentlicher Hinweis darauf findet, der aber ganz an der Ober- fläche zu haften pflegt. Aus der politischen Literatur des 12.—15. Jahrhunderts konnte man ruhig den Glauben schöpfen, daß das weströmische Reich sich unversehrt in alter Gestalt er- halten habe. Auch diese Ignorierung des Tatsächlichen hat aller- dings ihre bedeutsamen politischen Wirkungen gehabt. Jene von der herrschenden Theorie nicht beachteten oder doch nicht richtig aufgefaßten feudalen Gewalten werden entweder durch ihre Ignorierung zu einer nicht weiter zu respektierenden theoretischen Bedeutungslosigkeit herabgedrückt, oder sie werden dem idealen Staatsbilde als untergeordnete und daher vom Staate zu be- herrschende Mächte eingefügt. So bietet denn auch die ideale, immer weltfremder gewordene Lehre vom Imperium, dem nur das als einheitlich zu denkende Volk gegenübersteht, dem Kampfe des Königtums mit den Ständen eine nicht zu unterschätzende Stütze.

Aber nicht auf dem Boden der allgemeinen Lehre, sondern auf dem festen Grunde des französischen Staatsrechts bildet sich die neue, gegenüber mittelalterlicher Verschwommen- heit klare Lehre vom Staate und seiner Gewalt aus. Der Humanismus bereits überwindet die mittelalterliche Theorie von der Einheit von Kirche und Reich; nicht mehr kraft eines Privilegs oder vermöge der faktischen Verhältnisse, sondern kraft eigenen und ursprünglichen Rechtes erscheint der König von Frankreich als niemandes Untertan. Später tritt die Reformation hinzu, um die alte Lehre von der Oberhoheit des Imperiums gänzlich zu vernichten. Das 16. Jahrhundert zeitigt nunmehr eine Theorie vom französischen König, welche die Tendenzen der Legisten fortsetzt und ihn an die erste Stelle unter den christlichen Monarchen rückt. Namentlich unter Franz I. ist es

die Schule von Toulouse, die, von romanistischen Ideen beherrscht,
das Recht des Königs als das höchste auf Erden darzustellen
unternimmt[1]). Auf Grund der Arbeiten von F e r r a u l t , G u y P a p e ,
B o y e r , M o n t a i g n e und anderer über das französische Recht
hat G r a s s a i l l e ein bedeutsames Buch über die französischen
Regalien (1538) veröffentlicht, in dem er zwanzig allgemeine
Rechte des Königs aufzählt, zu denen noch zwanzig andere,
spezielle gegenüber der Kirche hinzutreten[2]). Ihnen zufolge ist
er der erste König der Welt, der weder rechtlich noch faktisch
irgendeinen Höheren in weltlichen Dingen anerkennt, auch nicht
den Papst. Er ist „imperator et monarcha in suo regno", er ist
höchster Richter, der alle niederen Gerichte vernichten kann, er
übt allein eine Reihe besonders aufgezählter Rechte aus, ja „rex
Franciae est in regno tanquam quidem corporalis Deus". Auch
über die Kirche stehen ihm Rechte zu, wie sie keinem anderen
Monarchen gebühren. Er konferiert z. B. Dignitäten und Bene-
fizien, besteuert den Klerus zum Zweck der Verteidigung des
Königreiches ohne Genehmigung des Papstes, richtet über eine
Reihe sonst den kirchlichen Tribunalen vorbehaltene Fälle.

Neben dieser extremen Anschauung von den Rechten des
Königs treten andere auf, die, stets auf das positive Recht Frankreichs sich berufend, eine geringere oder größere Einschränkung
der königlichen Macht behaupten, darunter auch solche Ansichten,
die von Partisanen der ständischen Monarchie ausgehen. Allein
selbst in den Kämpfen der Hugenotten und der Liga wird die
Institution des Königtums selbst nicht angegriffen, die Staatseinheit
nicht mehr im Interesse der zurückgedrängten Stände zu zerreißen
gesucht. Nicht um Monarchie oder Republik, sondern um absolute
oder beschränkte Monarchie wird erbittert gestritten. Diese Kämpfe
lehren aber die Besonnenen die Notwendigkeit einer über jeden
Streit erhabenen, unabhängigen, unwiderstehlichen Autorität für
den Staat[3]).

So wird denn inmitten der Bürgerkriege, die Frankreich
spalten, während das Königtum in Heinrich III. eine verächtliche
Schwäche aufweist, die neue Lehre vom Staate geboren. Das
Fazit der gesamten vorangehenden Entwicklung, wie es sich

---

[1]) G. We'ill Les théories sur le pouvoir royal 1891 p. 15.
[2]) Vgl. die Darstellung bei W e i l l p. 16 f.
[3]) Siehe W e i l l p. 289 ff.

für die Auffassung des staatlichen Charakters Frankreichs darstellt, wird von B o d i n gezogen. Nur erhebt er sein Resultat,
das aus der politischen Geschichte Frankreichs abstrahiert ist, ins
Absolute. Der nach langen Kämpfen errungene Souveränetäts-
gedanke wird von ihm als wesentlichstes Merkmal seiner Staatsdefinition eingefügt. „Republique est un droit gouvernement de
plusieurs mesnages, et de ce qui leur est commun, avec puissance
souveraine" [1]. Diese Staatsdefinition enthält in der Tat etwas
wesentlich Neues, in der ganzen vorangegangenen Literatur nicht
Enthaltenes. Daß jede gerechte Herrschaft über eine Vielheit
von Haushaltungen, die mit souveräner, d. h. nach außen und
innen höchster und unabhängiger Gewalt ausgestattet ist, einen
Staat darstelle, das oder ähnliches hat vor B o d i n niemand
behauptet, und er hat vollkommen recht, wenn er sich das Verdienst zuschreibt, diesen Souveränetätsbegriff zuerst ausgeprägt zu
haben [2]. Vor ihm hat man ein Moment der Souveränetät: die
äußere Unabhängigkeit und die suprema potestas einzelner
Fürsten, des Kaisers und des Königs von Frankreich erkannt;
eine Zusammenfassung aller Elemente des Souveränetätsbegriffes
zu einer Einheit hat jedoch vor B o d i n nicht stattgefunden. Erst
durch ihn ist der Komparativ „souverain" definitiv zum Superlativ,
die superioritas zur suprema potestas geworden.

Dieser Begriff aber in der von B o d i n aufgestellten Formulierung ist wesentlich n e g a t i v e r Natur. Die „absolute, von allen
Gesetzen entbundene Gewalt über Bürger und Untertanen" bedeutet zunächst nur die Verneinung alles dessen, was sich als
selbständige Macht über, neben und im Staate behaupten will:
der Herrschergewalt des Papstes, des Reiches, der Stände [3]. Der
Staat hat eine souveräne Gewalt, heißt zuvörderst nur: der Staat

---

[1] Six livres de la République 1576 I 1. In der lateinischen be-
kannteren Fassung: Recta plurium familiarum et rerum inter ipsas
communium cum summa perpetuaque potestate gubernatio.

[2] Principio definienda fuit maiestas, quam nec philosophorum nec
iurisconsultorum quisquam definiit. I 8 (ed. tertia, Frankfurt 1644, p. 123).

[3] Noch aber ist die höchste Steigerung des Souveränetätsbegriffes
bei B o d i n nicht vollzogen, da der Herrscher durch die göttlichen und
natürlichen Gesetze gebunden ist (I 8 p. 130). Vgl. auch L a n d m a n n
a. a. O. S. 50 ff.; R e h m Geschichte S. 129. Die absolute rechtliche
Schrankenlosigkeit, die im Begriff des summum imperium liegt, hat erst
H o b b e s zu begründen gesucht.

ist schlechthin unabhängig von jeder anderen Macht. Es besagt nicht, was der Staat seinem Wesen nach ist, sondern vielmehr, was er nicht ist.

Nun wird es auch völlig klar, warum das Altertum den Souveränetätsbegriff nicht finden konnte. Wo war die außerstaatliche Macht, die den antiken Staat hätte bestreiten wollen? Und ebenso wird es klar, warum auch die letzte Epoche des Mittelalters zwar nach dem Souveränetätsbegriff tastet, ihn aber trotzdem nicht finden kann. In den Kämpfen um die staatliche Unabhängigkeit und Hoheit wird zwar die eine oder andere Seite der souveränen Staatsgewalt in meist unklarer Weise bemerkt, die Allseitigkeit der Negation jedoch, die in der Vorstellung der Souveränetät liegt, wird erst in dem Augenblicke erkennbar, wo sie politisch sichtbar und siegreich vor den Augen des Forschers dasteht.

3. Hat die geschichtliche Untersuchung demnach ergeben, daß die Souveränetät nur durch die historischen Kämpfe des Staates um seine Existenzberechtigung verständlich wird, so zeigt weitere Untersuchung, daß mit dem Augenblick, wo sie zu einem Essentiale der Staatsgewalt und damit des Staatsbegriffes erhoben wird, die Versuche beginnen, ihr einen p o s i t i v e n Inhalt zu geben. Schon B o d i n findet den Übergang von der negativen zur positiven Funktion der Souveränetätslehre. Von ihm angefangen wird die Souveränetätslehre in eine neue Kampfesposition gestellt. Sie geht nämlich sofort von der Verteidigung zum Angriff über. Die epochemachenden Wendungen der Souveränetätslehre gehen alle von Männern aus, die regen Anteil an den politischen Kämpfen ihrer Zeit nehmen und die Richtung des Sieges durch neue Ideen bestimmen wollen. So verschiedenartig aber auch diese Versuche ausfallen, so können sie dennoch den Ursprung des Souveränetätsgedankens aus einem negativen Begriff auch in seiner neuen Position nicht verleugnen, indem es seine Aufgabe bleibt, in seinem Vorwärtsdringen die Ansprüche aller sich ihm entgegenstellenden Mächte energisch zu verneinen. Ehe wir aber zu dieser Erörterung schreiten, ist ein anderer, höchst wichtiger Prozeß eingehender zu verfolgen.

Hier greift nämlich eine zweite Gedankenreihe ein, die, anfänglich von der Souveränetätslehre gänzlich getrennt, ihr zeitlich lange vorangehend, sich mit ihr in eigentümlicher Weise verflicht und zu einem schwer zu entwirrenden Knäuel tief-

greifender Irrtümer führt, die historisch von den schwerwiegend-
sten Folgen begleitet waren.

In den mittelalterlichen Kämpfen um die Unabhängigkeit
des Staates und seiner Gewalt ist es überall die Monarchie,
welche als Träger des Staatsgedankens auftritt. Daher erscheint
dem politischen Denken der Kampf um den Staat wesentlich als
Kampf des weltlichen Herrschers mit dem Papste, des Königs
mit dem Kaiser, des Landesherrn mit den Feudalherren oder
Kommunen. Es ist daher fast selbstverständlich, daß die
Souveränetät zuvörderst auf den Monarchen bezogen wird. Der
Staat wird zu einem Gemeinwesen, an dessen Spitze ein souveräner Herr steht. Die neuen politischen und naturrechtlichen
Theorien erkennen zwar auch andere Staatsformen als die Monarchie an, zunächst aber wenden sie sich ihr mit Vorliebe zu.
Die Staatsgewalt kann sich als unabhängige Macht nur bewähren,
wenn der Fürst im öffentlichen Rechte durch nichts gebunden
ist, wenn die ganze Staatsordnung zu seiner Disposition steht.
Da der Staat schlechthin unabhängig ist, so muß auch seine
höchste Gewalt absolut sein. So nimmt die Souveränetätslehre
die Wendung zum Absolutismus. Der Schöpfer der wissenschaftlichen Souveränetätslehre wird sofort zum ersten Verteidiger der
rechtlichen und politischen Notwendigkeit des absoluten Staates.
Auch hierin wird man die Wirkung der Zeitverhältnisse auf die
staatsrechtliche Theorie klar erkennen. Daß Bodin in den
Wirren der Bürgerkriege in der Anerkennung der königlichen
Allmacht das Rettungsmittel des Staates erblickt, ist bereits hervorgehoben worden. Nicht anders war es aber mit der Fürstenmacht
in den anderen kontinentalen Staaten bestellt. In dieser Zeit
des Überganges zum modernen Staate war Konzentration der
fürstlichen Gewalt das notwendige Mittel, um die Staatseinheit herzustellen, wie in Spanien, wo zwei bisher selbständige Staaten sich
zu verschmelzen hatten, oder um sie vor den noch immer starken
zentrifugalen Mächten des ständischen Sondergeistes zu bewahren.
Die Staatslehre jener Tage hatte nur in eine juristische Formel
gefaßt, was zwei Menschenalter früher Machiavelli in Form
politischer Vorschriften für den zu bildenden nationalen Staat der
Italiener gefordert hatte: eine fürstliche Gewalt, die rücksichtslos
nur den eigenen Willen gelten lassen will, alles zerschmetternd,
was sich ihr in den Weg stellt.

Die neue Lehre — und das tritt im 17. Jahrhundert noch

schärfer hervor — verlegt nun den Staat immer mehr in die
Person des Fürsten und läßt das Volk nur als Objekt fürstlicher
Tätigkeit bestehen. Diese Wendung der Theorie wird in ihrer
wissenschaftlichen Eigentümlichkeit nur verständlich, wenn man
die Verbindungsglieder in Betracht zieht, die von der vorangegangenen Entwicklung der Staatslehre zu ihr hinführen. Das
Mittelalter hatte sich lebhaft mit der Frage nach dem Ursprung
der weltlichen Gewalt beschäftigt. Nur zwei Möglichkeiten standen
dem Denken jener Zeit offen: göttlicher oder menschlicher Ursprung. Die Lehre vom göttlichen Ursprung der weltlichen Gewalt
wird zunächst von der Kirche bekämpft; auch die später von ihr
gepflegte Lehre von der Zurückführung des Imperiums auf göttliche Einsetzung wird fortdauernd durch eine Theorie vom menschlichen Ursprung der Gewalt der jeweiligen Machthaber ergänzt.
Damit tritt frühe schon die zweite Alternative in den Vordergrund. Für sie gibt aber die altrömische Formel, derzufolge
die Gewalt ursprünglich bei der Volksgemeinde ruht, die mit unerschütterlicher Autorität umkleidete Basis ab. Dazu treten, wie
schon früher erwähnt, durch die Bibel vermittelt, altjüdische Gedanken, sowie die Tatsache der Bestellung der geistlichen und
weltlichen Häupter der Christenheit durch Wahl, um das Volk
als den einzigen, unbestreitbaren, ursprünglichen Inhaber der
höchsten Gewalt erscheinen zu lassen. Überdies entspricht es
auch den germanischen Rechtsanschauungen, den vorerst ganz
unentwickelten Staat als eine große Genossenschaft zu betrachten,
deren Gewalt nichts anderes als die Gesamtgewalt der Genossen
ist. Da die Theorie jener Zeiten, der Wirklichkeit abgewendet,
sich nur in den antik-scholastischen Kategorien zu bewegen
vermag, so ist ihr nur die eine Alternative gegeben, entweder
das Volk fortdauernd als Machtquell im Staate aufzufassen oder
den Monarchen durch Entäußerung der Macht von seiten dieses
ihres ursprünglichen Inhabers entstehen zu lassen. Je mehr die
fürstliche Gewalt sich zu konzentrieren strebt, desto energischer
wird von ihren Gegnern ihr populärer Ursprung betont. Im
14. und 15. Jahrhundert von hervorragenden Schriftstellern
vertreten, wird er in den durch die Reformation heraufbeschwo-
renen inneren Wirren der westlichen Staaten zum Kampfesmittel
gegen die nunmehr auch das Gewissen bedrängende weltliche
Macht. In der dem Bodinschen Werke über den Staat gleichzeitigen monarchomachischen Literatur wird die Ableitung des

Königsrechtes aus dem Volksrechte zur Grundlage bedeutsamer, gegen den aufstrebenden Absolutismus gerichteter politischer Forderungen.

Zu dieser Vorstellung aber tritt noch eine wichtige wissenschaftliche Tatsache. Der korporative Charakter des Staates war dem Mittelalter und der beginnenden neueren Zeit keineswegs unerkannt geblieben, allein eine klare, folgerichtige, die letzten Konsequenzen einer solchen Anschauung ziehende Lehre ist in der ganzen, dem neueren Naturrecht vorangehenden Wissenschaft nicht zu finden, wie denn auch das Naturrecht selbst nicht imstande ist, die von ihm behauptete körperschaftliche Natur des Staates widerspruchslos durchzuführen. Die grob sinnliche Anschauung, die den populus als vorstaatliche Summe der einzelnen dem durch den Staat geeinten Volke gleichstellt, die den Fürsten nicht als Volksglied, sondern als individuelle Person betrachtet, schlägt immer wieder durch. Darum verknüpft sich die Frage nach der souveränen Staatsgewalt immer und immer wieder mit der nach dem Träger dieser Gewalt. Dieser Träger wird aber, wie nicht anders möglich, entweder ganz oder doch zum Teil außerhalb des Staates gestellt, d. h. selbst wenn seine Organstellung erkannt wird, ist er dennoch zugleich außerhalb des Staates stehende Person, der sein Recht nicht nur der Staatsordnung, sondern einem dieser Ordnung vorangehenden oder sie begründenden Akte vorstaatlicher Persönlichkeiten verdankt. Daher scheint es, daß es zwei verschiedene Souveränetäten gebe, die eine dem Staate, die andere der Person des höchsten Staatsorgans zustehend.

So vermischt sich denn die Lehre von der Volkssouveränetät mit dem neugefundenen Satze, daß der Staat einer souveränen Gewalt bedarf. Wie wenig beide Gedankenkreise, die sich aus historischen Gründen geschnitten haben, in innerem logischen Zusammenhang stehen, geht daraus hervor, daß die Frage nach dem Ursprung der Gewalt bei jedem nichtsouveränen Verbande in gleichem Maße wiederkehrt wie beim Staate, während die Frage nach Art der Souveränetät der Gemeinde, der Körperschaft, des Vereines überhaupt gar nicht aufgeworfen werden kann. Aus dieser so naheliegenden und doch nirgends unternommenen Erwägung geht es klar hervor, daß die Frage nach der höchsten Gewalt im Staate mit der Frage nach der höchsten Gewalt des Staates nichts zu tun hat. Souveränes Organ im Staate und

souveräner Staat sind daher zwei grundverschiedene Dinge. Die
aus der heutigen Terminologie einerseits wegen des völkerrechtlichen Sprachgebrauches, anderseits wegen der an dem hergebrachten Terminus der Volkssouveränetät haftenden Literatur der
heutigen demokratischen Republiken kaum mehr auszumerzende
Anwendung desselben Wortes auf zwei grundverschiedene Dinge
hat zu den tiefstgreifenden Folgen geführt[1]). Es wäre eine
wichtige Untersuchung, den Einfluß unklarer Terminologie auf
die Geschichte menschlichen Denkens und Handelns einmal im
Zusammenhang nachzuweisen.

　　In der Folgezeit tritt zwar auch die alte Lehre vom göttlichen Ursprung der fürstlichen Gewalt zu wiederholten Malen
auf. Häufig verbindet sie sich mit der Souveränetätslehre, sei es,
um den absoluten Charakter der souveränen Gewalt zu stützen,
sei es, um deren Bindung an göttliches Gesetz hervorzuheben, da
sie menschlichem nicht untertan sein könne. Sie ist aber nicht
im entferntesten so durchgebildet worden, wie die Ableitung der
Monarchengewalt aus der Volkssouveränetät. Sie krankt von
vornherein an dem Fehler, daß sie in nicht zu begründender
Weise nur eine bestimmte Staatsform als vollberechtigt anerkennen
kann. Daher nimmt sie entweder zu einem kindischen Autoritäts-
glauben Zuflucht, wie bei G r a s w i n c k e l und F i l m e r, oder sie
stützt sich auf den keines weiteren Beweises bedürftigen theokratischen Gedanken, wie bei B o s s u e t, oder sie verzichtet auf
jedes nähere Verständnis des historischen Geschehens, wie bei
den französischen Legitimisten und ihren deutschen Nachfolgern.

　　Die Theorie vom menschlichen Ursprung der souveränen
fürstlichen Gewalt aber führt seit H o b b e s, der zuerst die
Souveränetät der Staatsgewalt nicht, wie B o d i n, als eine
Tatsache hinnahm, sondern sie wissenschaftlich zu begründen versuchte, bis zur Überwindung der naturrechtlichen Staatslehre
überall auf die Theorie der ursprünglichen staats- und ver-
fassungsgründenden Volkssouveränetät zurück. Alle nur möglichen juristischen Konstruktionen werden unternommen, um, dem
politischen Standpunkt der Autoren angepaßt, die souveräne
Fürstengewalt zu begründen. Das Volk schließt mit dem König
einen zweiseitig bindenden Vertrag ab; das Volk schließt unter
sich einen Vertrag ab, des Inhalts, sich einem zu unterwerfen,

---

[1]) Vgl. auch G. M e y e r S. 21 N. 7; R e h m Staatslehre S. 62.

so daß nur das·Volk kraft des Subjektionsvertrages gebunden
ist, nicht aber der also geschaffene Gewaltträger; das Volk verleiht
dem Könige die ganze Gewalt als jederzeit rückziehbares Prekarium;
das Volk delegiert einen Teil seiner Gewalt dem Könige, behält
sich aber den Rest zur eigenen Ausübung vor. Das Volk kann
sich seiner Gewalt entäußern, die Gewalt ist unveräußerlich
beim Volke, so lauten die beiden Hauptsätze, die in mannigfaltigen Variationen in den Lehren des 17. und 18. Jahrhunderts
vertreten sind und von der größten Bedeutung in den gewaltigen
Kämpfen dieser Zeitalter werden.

Bei schärferem Zusehen finden wir nun leicht den tiefsten
Grund dieser Irrungen der Souveränetätslehre der naturrechtlichen Epoche. Einmal ist es die Lehre von der Ableitung des
Staates aus dem vorstaatlichen und darum rechtlich — wenigstens
positiv-rechtlich — unbeschränkten Individuum, welche die Summe
der durch Vereinbarung zusammengefaßten souveränen Individuen
als Quelle der Macht ansah, in dieser Hinsicht die bereits im
Mittelalter lebendigen Tendenzen fortsetzend, im Volkswillen den
Ursprung des Imperiums zu suchen. Sodann ist es aber die der
englischen Staatslehre entlehnte Anschauung, daß die Volksgemeinde
der Staat sei, welche die Theorie von der Volkssouveränität als
der letzten Basis aller Staatsgewalt mit scheinbar unerschütterlicher
Autorität umgibt. Gerade die mit kanonischem Ansehen umkleidete Lehre von der civitas oder dem populus (coetus, societas)
als Staat, welche, durch Aristoteles, Cicero und die römischen
Juristen vermittelt, der klaren Erfassung des korporativen Charakters der öffentlichen Verbände sich hindernd in den Weg
stellt, mußte immer und immer wieder zu einer Gleichstellung
von Volk und Staat führen. Hätte die Epoche von Grotius und
Hobbes bis auf Kant und Fichte mit ihrer Durchbildung der Lehren
von der absoluten Fürsten- und Volksgewalt die naturrechtliche
Voraussetzung ihres Denkens abzustreifen und den von ihr sonst
so energisch vertretenen Gedanken der körperschaftlichen Natur
des Staates konsequent durchzuführen vermocht, so hätte sie in
dem Volke, das ihr unausweichlich als Quelle der Macht erschien,
nicht das Volk vor dem Staate, die sich zum Staate verbindenden
einzelnen im Laufe dieses Verbindungsprozesses, sondern das
bereits zum Staate organisierte Volk — mit einem Worte den
Staat erkennen müssen. Die Frage nach dem Ursprung der
fürstlichen Gewalt, die sofort ein Bündnis mit der neuentstandenen

Souveränetätslehre eingegangen war, hätte zu dem Satze führen
müssen, daß jener Ursprung im Staate liege, und damit hätte
die monarchische Gewalt sofort ihren richtigen Umfang und ihre
Begrenzung gefunden.

Bezeichnend aber für die verschiedenen, einander entgegen-
wirkenden Strömungen in der juristischen Theorie ist es, daß
diese Einsicht sowohl der beginnenden Naturrechtslehre als auch
der positiven Jurisprudenz wenigstens nicht völlig verborgen
bleibt. War schon im Mittelalter die Lehre von dem nach Analogie des corpus mysticum Christi zum einheitlichen Staate erhobenen Volke vorhanden und in Verbindung damit die Organstellung des Monarchen erkannt, so scheiden auch neuere Publizisten die dem Staate eignende maiestas realis von der aus ihr
entspringenden maiestas personalis des Monarchen [1]). Während
aber bei ihnen doch nur eine andersartige Fassung der Herleitung
der Fürsten- aus der Volkssouveränetät vorliegt, so kommt auf
Grund lehensrechtlicher Anschauungen, Bodin korrigierend, der
berühmte französische Jurist L o y s e a u zu der Ansicht, daß die
Souveränetät am Staate, näher gefaßt am Staatsgebiete, hafte
und dem jeweiligen Inhaber sich mitteile. So leitet er demnach
die „souveraineté in concreto" aus der „souveraineté in abstracto"
ab [2]). Diese, so viel ich sehe, der modernen Literatur über die
Souveränetät unbekannt gebliebene Auffassung ist besonders lehrreich für die Entstehungsgeschichte der Souveränetätsvorstellung,
da in ihr die altfranzösische feudale Anschauung von der Gebietsherrschaft als Grundlage der Staatsgewalt nochmals zu originellem
Ausdruck kommt.

Auch H. G r o t i u s, der, um das Völkerrecht zu begründen,
die — nicht ganz richtig verstandene — aristotelische Lehre von
dem Wechsel des Staates im Wechsel der Verfassungen, die noch

---

[1]) Vgl. G i e r k e Althusius S. 164 ff.

[2]) Et comme c'est le propre de toute Seigneurie d'estre inherente
à quelque fief ou domaine, aussi la Souveraineté in abstracto, est
attachée à l'Estat, Royaume ou Republique. Pareillement comme toute
Seigneurie est communiquée aux possesseurs de ce fief ou domaine, la
Souveraineté, selon la diversité des Estats se communique aux divers
possesseurs d'iceux: à sçavoir en la Democratie à tout le peuple....
En l'Aristocratie la Souveraineté reside par devers ceux, qui ont la
domination.... Finalement és Monarchies elle appartient au Monarque
qui pour ceste cause est appellé Prince souverain ou souverain Seigneur.
Traité des Seigneuries. Paris 1608 p. 25.

Bodin gefesselt hatte, bekämpfen mußte, kann zur Behauptung der Identität des Staates bei Änderung der Verfassung nur durch Gegenüberstellung von Staat und Herrscher gelangen. Daher unterscheidet er zwischen dem subjectum commune und dem subjectum proprium der maiestas, deren ersteres der Staat, letzteres der Herrscher ist[1]). Allein auch er kommt nicht zur klaren Scheidung von Staat und Volk, so daß auch seine Lehre schließlich in die von der Volkssouveränetät als Grundlage der Herrschersouveränetät einmündet[2]). Nur indem er die Tätigkeit des Herrschers mit der des Sehens parallelisiert, die sowohl auf den ganzen Körper als auch auf das Auge als Subjekt bezogen werden kann[3]), kommt er der richtigen Auffassung nahe, ohne sie indes erreichen oder gar festhalten zu können.

4: Nunmehr werden uns die Versuche verständlich werden, den seinem Ursprung und Wesen nach negativen Souveränetätsbegriff mit einem positiven Inhalt zu erfüllen. Aus der abstrakten Vorstellung einer alle ihr entgegenstehenden Ansprüche nichtstaatlicher Mächte negierenden Gewalt ließ sich keine wie immer geartete positive Folgerung auf ihren Inhalt herleiten. Um den zu gewinnen, wendet sich die Theorie dem konkreten Staatsleben zu. Sie beobachtet einfach die souveräne Person, die sie an der Spitze des Staates sieht, zählt die Befugnisse auf, die ihr gemäß dem herrschenden Rechtszustande zustehen, um sie sodann als wesentliche, begriffsnotwendige Elemente der souveränen Gewalt zu behaupten. Bei dieser Rationalisierung des positiven Staatsrechtes läuft aber unvermerkt ein schwerwiegender, für die ganze Entwicklung der rechtlichen Grundanschauungen höchst bedeutsamer Fehler unter. Es wird nämlich Staatsgewalt mit Souveränetät identifiziert. Dies zeigt sich sofort schon bei Bodin, der die souveräne Gewalt mit einer Anzahl von einzelnen Rechten ausfüllt. Diese werden aber keineswegs aus dem Wesen der Souveränetät abgeleitet, also nicht bewiesen, daß sie einer nichtsouveränen Gewalt aus eigenem Rechte gar nicht zustehen können. Vielmehr vertritt die Behauptung die Stelle

---

[1]) I 3 § 7, 1.

[2]) Vgl. Gierke Althusius S. 173 f.; Rehm, Geschichte S. 237, der Grotius konsequentere Einsicht in das Wesen der Staatssouveränetät zuschreibt, indes auch S. 241 die Unklarheiten des Grotiusschen „populus" hervorhebt.

[3]) A. a. O.

des **Beweises**. Es ist aber klar, daß in dieser Gleichstellung
von **Staatsfunktion** und Souveränetätsrecht eine petitio principii
liegt: aus der Tatsache, daß der Souverän ein Recht ausübt,
wird geschlossen, daß es Staatsfunktion sei, während doch der
Nachweis geliefert werden sollte, daß eine notwendige Funktion
des Staates vorliege, die deshalb dem Souverän zustehen müsse[1]).
Überdies wird gar nicht untersucht, was denn gegebenenfalls aus
einem Staate wird, dem eines oder mehrere Souveränetätsrechte
entzogen sind, andere hingegen verbleiben. In ihrem Bestreben,
den in sich einheitlichen Normalstaat zu konstruieren, vernachlässigen die Gründer der Souveränetätslehre gerade jene Fälle,
an denen erst empirisch die Lehre von der Begriffsnotwendigkeit
der Souveränetät für den Staat zu erproben wäre.

Daß der positive Inhalt der Souveränetät in sie auf die angegebene Weise hineingelegt wird, lehrt deutlich B o d i n in den
näheren Ausführungen über die Souveränetätsrechte. Er führt
acht „vrayes marques de Souveraineté" an: das Recht der Gesetzgebung, das Recht über Krieg und Frieden, das Recht der Ernennung der obersten Beamten, das der höchsten Gerichtsbarkeit,
das Recht auf Treue und Gehorsam, das Begnadigungsrecht, das
Münzrecht und endlich das Besteuerungsrecht. **Das sind aber**
nichts anderes als die Rechte, welche damals der König von
Frankreich für sich in Anspruch nahm, wie denn auch in den
näheren Ausführungen über diese Rechte vielfach französische
Verhältnisse zum Vorbild gedient haben[2]). Stehen den Subjizierten
derartige Rechte zu, so sind sie in deren Hand nur ein prekärer
Besitz, der von der souveränen Gewalt jederzeit an sich gezogen
werden kann[3]). Hier ist der deutliche Punkt, wo der Souveränetäts-

---

[1]) Iura maiestatis eiusmodi esse necesse est, ut summo quidem
Principi tribui, magistratibus aut privatis non possint: aut si summis
Principibus ac privatis communia sint, iura maiestatis esse desinant, I 10
p. 234; iura maiestatis eiusmodi esse debere, ut summorum quidem Prin-
cipum omnino propria sint, nec tamen cum subditis communia, I 10 p. 271.

[2]) Wie willkürlich und unsystematisch diese Aufzählung sei, ist bald
erkannt worden. Schon L o y s e a u, a. a. O. p. 26, bemerkt, indem er die
absolute Gewalt als einziges Kennzeichen der Souveränetät behauptet:
les autres marques de souveraineté rapportées par Bodin .... sont
plustost droits et dependances, que marques specifiques et certaines:
et quiconque voudroit mirer et recognoistre la souveraineté par chacunes
d'icelles, se mesprendroit souventes fois. Ferner P a u r m e i s t e r, vgl.
H a n c k e a. a. O. S. 50.

[3]) — quaeque nec concedi debeant, et concessa nullo temporum

begriff zur Offensive vorgeht, zu einer tiefwirkenden politischen Idee wird.

Denselben Weg schlägt mit unerbittlicher Konsequenz Hobbes ein, indem er den Souveränetätsbegriff am schärfsten im absolutistischen Sinne ausprägt. Nur geht er viel systematischer vor als Bodin, indem er den Inhalt der Souveränetät nicht äußerlich an sie heranbringt, sondern ihn als im Staatszweck liegend aus diesem abzuleiten sucht[1]). Der Souverän ist nach ihm nicht klagbar und nicht bestrafbar, ist höchster Bewahrer des Friedens und höchste Autorität in Glaubenssachen. Er ist Gesetzgeber, oberster Richter, Herr über Krieg und Frieden und Dienstherr, hat das Recht, praeter legem zu belohnen und zu strafen, und ist schließlich der Quell aller Ehren und Würden[2]). Das sind aber nichts anderes als die wichtigsten Eigenschaften, die die englische Theorie von der königlichen Prärogative, wie sie ein Jahrhundert später noch von Blackstone formuliert wurde, aufzählte[3]). Wie Bodin französisches, hat Hobbes englisches Recht ins Absolute erhoben. Aber er geht in seinen Konsequenzen auch in diesem Punkte viel schroffer vor als jener. Irgendeine Loslösung eines Souveränetätsrechtes und Übertragung auf einen anderen als den Inhaber des summum imperium wäre eine staatszerstörende Handlung[4]). Alle Gewalt nichtstaatlicher politischer Körper aber ist von der souveränen Gewalt geschaffen und ihr untergeordnet[5]).

Auch die späteren Versuche, der Souveränetät einen positiven Inhalt zu verleihen, wandeln denselben Weg. So hat Locke in der Zeichnung der vier Gewalten, die er im Staate schlechthin erblickt: der legislativen, exekutiven, föderativen Gewalt und der Prärogative, wesentlich die englischen Verhältnisse ins Abstrakte erhoben, wie sie nach der Revolution von 1688 sich umzugestalten im Begriffe waren. Nicht minder hat die deutsche Rechtslehre, seitdem im Beginne des 17. Jahrhunderts die Bodinsche Theorie auf sie zu wirken beginnt, bei den von den verschiedenen

curriculo praescribi possint. At si Princeps publica praedia cum imperio ac iurisdictione et eo modo fruenda concesserit, quo ipse frueretur, etiam si tabulis iura maiestatis excepta non fuerint, ipso iure tamen excepta iudicantur. I 10 p. 271.

[1]) Vgl. Rehm Geschichte S. 246 f.
[2]) Leviathan c. XVIII p. 162 ff.
[3]) Vgl. Commentaries I p. 243 ff.
[4]) De cive c. XII 5, Lev. c. XVIII p. 167 f.
[5]) Lev. c. XXII p. 210.

Schriftstellern versuchten Einteilungen der Souveränetätsrechte die heimischen Verhältnisse vor Augen. Schon die Polemik, die in den ersten Dezennien des 17. Jahrhunderts von deutscher Seite gegen die Bodinsche Lehre geführt wird, ruht in erster Linie auf dem Gegensatz der deutschen und französischen staatlichen Verhältnisse[1]. Diesen Zusammenhang im einzelnen zu erforschen, ist von hohem Werte, während die theoretischen Resultate so vieler Schriftsteller zweiten Ranges der naturrechtlichen Epoche doch nur von geringem Interesse sind, da eine wahrhafte Weiterbildung des Souveränetätsbegriffes bei ihnen nicht zu finden ist, vielmehr nur der eine oder andere bereits früher geäußerte Gedanke von verschiedenen hervorgehoben oder zugunsten anderer Elemente zurückgedrängt wird.

So beziehen sich denn alle Bestrebungen, der Souveränetät einen positiven Inhalt zu geben, in Wahrheit auf die Staatsgewalt, die stets mit dem summum imperium identifiziert wird. Damit gerät die Theorie aber mit dem Leben in einen politisch bedeutsamen Widerspruch, indem vor dem 19. Jahrhundert in der Staatenwelt mit ihren Überresten des Feudalstaates gar manche der nur dem Souverän zugeschriebenen Berechtigungen auch anderen Gewalten als der souveränen zukamen. Die Theorie erhebt eben die von ihr aus den gegebenen Verhältnissen abstrahierten Majestätsrechte zu ausschließlichen, keinem anderen als dem Träger der Majestät zukommenden. Aus der bloßen Tatsache, daß die höchste Gewalt ein Recht besitze, schließt sie, daß es nur ihr zukommen dürfe. Indem sie alle diese Rechte in den Begriff der Staatsgewalt hineinlegt und hierauf wiederum aus diesem Begriffe deduktiv ableitet, wird ihr der Souverän zum alleinigen ursprünglichen Inhaber aller Herrschaftsrechte. Damit wird alle Innehabung solchen Rechtes durch nichtstaatliche individuelle oder Verbandspersonen zur Usurpation. Das Herrschaftsrecht selbst gebührt allemal dem Staate; nur zur Ausübung kann er nach seinem Ermessen das der Substanz nach stets bei ihm verbleibende Recht den ihm Untergeordneten überlassen.

Der große Enteignungsprozeß der dem Staate ein- und untergeordneten öffentlichen Gewalten durch den Staat selbst, der mit die Signatur der politischen Entwicklung der neueren Zeit

---

[1] Vgl. H a n c k e a. a. O. S. 4 ff.

bildet, findet an dieser Theorie eine gewaltige Unterstützung. Der so gestaltete staatsabsolutistische Souveränetätsbegriff ist dadurch eine der großen geschichtlichen Tatsachen geworden, die den modernen Staatsbegriff ausgewirkt haben. Die praktische Überzeugung, daß der Staat der Inhaber der ganzen öffentlichen Gewalt sei und daher im Staate alles Recht zur Ausübung öffentlicher Funktionen nur von ihm selbst ausgehen könne, ist auf sie zurückzuführen.

Ist daher die Souveränetätslehre ihrer Entstehung nach eine, staatliche Selbstbehauptung bezweckende, negative Theorie gewesen, so wird sie durch Ausfüllung mit dem Inhalt der Staatsgewalt positiv vorwärts dringend und die staatsrechtlichen Grundvorstellungen umbildend. Dabei geht sie aber in ihren klassischen Vertretern von dem Gedankenbilde des zentralisierten Einheitsstaates aus, zu dem allein sie bei scharfer Durchbildung ihrer naturrechtlichen Grundgedanken gelangen konnte. Wird alle staatliche Macht durch den Grundvertrag der Staatsglieder geschaffen, so ist für selbständige öffentliche Macht eines Verbandes innerhalb des Staates schlechterdings kein Raum.

Die praktische Bedeutung dieser Seite der Souveränetätslehre wird uns klar, wenn wir zum Schlusse dieses geschichtlichen Überblickes die Schicksale und politischen Wirkungen des Souveränetätsbegriffes seit dem Ende des 17. Jahrhunderts in großen Zügen verfolgen.

5. Nachdem der Versuch, das Problem der Souveränetät mit der Annahme einer doppelten Hoheit, der maiestas realis und personalis, zu lösen, sowie auch die Andeutungen des Grotius nicht zur Erkenntnis der Staatssouveränetät zu führen vermochten, vielmehr in der so einflußreichen Lehre des Hobbes die fürstliche Souveränetät die des staatlichen Corpus völlig absorbierte, wird in der Folge lange Zeit hindurch die persönliche Souveränetät als die alleinige betrachtet, und auch sie ruht fernerhin im letzten Grunde auf der Volkssouveränetät. Nicht nur der absolute Herrscher des Hobbes, auch das mit despotischer Gewalt ausgerüstete Parlament Blackstones[1]) und endlich das mit un-

---

[1]) It has sovereign and uncontrollable authority in the making, confirming enlarging, restraining, abrogating, repealing, reviving, and expounding of laws, concerning matters of all possible denominations, ecclesiastical or temporal, civil, military, maritime, or criminal: this being the place where that absolute despotic power, which must in

veräußerlicher Gewalt begabte Volk R o u s s e a u s führen auf die
selbe Gedankenkette zurück. Nicht minder aber steht die in
England mit Thomas S m i t h und H o o k e r beginnende, in L o c k e
und M o n t e s q u i e u zur Blüte gedeihende konstitutionelle Theorie
bis auf S i e y è s und B. C o n s t a n t herab auf dem Boden der
Lehre von der denknotwendigen ursprünglichen Volkssouveränetät.
Hatte doch vor Rousseau bereits M o n t e s q u i e u in der gesetzgebenden Gewalt die volonté générale erblickt[1]).

Damit dringt die Souveränetätslehre von neuem erobernd vor.
Die konstitutionelle Doktrin und die Lehre des contrat social erheben nicht minderen Anspruch auf Gestaltung des staatlichen
Lebens nach ihren Prinzipien, als es in den zwei vorangehenden
Jahrhunderten im Westen Europas die Theorie der Fürstensouveränetät getan hatte. Die Verfassungen der Vereinigten
Staaten im Gliedstaat und in der Union, die konstitutionellen
Experimente der französischen Revolution, die Theorie vom un-
veräußerlichen, dem Volke zustehenden pouvoir constituant, die
bis in die Bewegung der Jahre 1848 hinein eine so große Rolle
spielt, die Konstruierung der belgischen Monarchie auf der Basis
der Nationalsouveränetät sind Beispiele von der praktisch-politischen Bedeutung dieser Wendung der Souveränetätslehre.

Nicht minder feiert aber die ältere Lehre von der Fürstensouveränetät auch noch im 18. und 19. Jahrhundert, oft von der
theologischen Vorstellung des Königtums iure divino unterstützt,
auf dem Gebiete der praktischen Politik bedeutsame Triumphe.
Was Friedrich Wilhelm I. den ostpreußischen Junkern zurief, daß
er die suverenitet stabilieren wolle wie einen Rocher von Bronse,
das wurde im 18. Jahrhundert die Maxime im Bildungsprozeß
des östlichen Staatensystems. Die Vorstellung vom souveränen
Herrscherrecht, dem jedes, wenn auch noch so gut und so oft
verbriefte Recht der Untertanen zu weichen habe, hat die staat-

---

all governments reside somewhere, is intrusted by the constitution of
these kingdoms, I p. 160.
    [1]) Esprit des lois XI 6, „n'étant, l'un (sc. le pouvoir législatif) que
la volonté générale et l'autre, que l'exécution de cette volonté générale".
— In der Zeitschrift für Socialwissenschaft, N. F. II 1911 S. 14 ff., bestreitet W. H a s b a c h die Berechtigung einer Zuweisung Montesquieus
zu den Anhängern der Lehre von der Volkssouveränetät. In der Tat gebraucht Montesquieu den Ausdruck „volonté générale" augenscheinlich in
einem andern Sinne als Rousseau. Die Auffassung des Textes läßt sich
daher kaum halten.

liche Einheit in Preußen und Österreich vollendet[1]). Unter ihrem
Einflusse verschmolzen nämlich die Herrscher der branden-
burgischen und österreichischen Ländergruppen ihre Territorien
zu einem mittelst einer einheitlichen Verwaltungsorganisation beherrschten Ganzen. Diese Vereinigung erfolgte im Gegensatz zu
den geltenden ständischen Landesverfassungen, deren Bestimmungen
den herrschenden Souveränetätsvorstellungen widerstritten. Aber
auch die nach Ludwig XIV. noch immer steigende Zentralisation
in Frankreich, das Vordringen der Intendanten und ihrer Delegierten gegenüber der ständischen und städtischen Verwaltung
unter dem ancien régime, wie nicht minder die nach kurzem
Schwanken auf energische Konzentrierung der Staatsgewalt unter
fast völliger Vernichtung jeglicher Selbstverwaltung gerichtete

---

[1]) In Fortführung der Gedanken Bodins, Hobbes' und Pufendorfs
hat die naturrechtliche Staatslehre in Deutschland im 18. Jahrhundert
eingehend die Lehre vorgetragen, daß dem Staatsoberhaupt die gesamte Staatsgewalt zustehe und ihm alle Befugnisse als ausschließliche
Majestätsrechte gebühren, die zur Erreichung des Staatszweckes, den
zu erstreben Monarchenpflicht ist, notwendig sind. Vor allem hat
Wolff in seinem so einflußreichen Jus naturae VIII § 810 den Satz
vertreten: Qui imperium civile exercere debet, ei competunt omnia iura,
sine quibus ita exerceri nequit, ut bonum publicum, quantum fieri potest
promoveatur, das seien aber die iura maiestatica. Diese begreifen nun,
wie weiter (§ 811) ausgeführt wird, das ius omnia constituendi, quae ad
bonum publicum consequendum ipsi facere videntur. Diese Sätze werden
in der folgenden naturrechtlichen Literatur als Gemeinplätze vorgetragen
und erhalten ihren gesetzgeberischen Ausdruck im Allgemeinen Landrecht, Teil II Titel 13 § 1: „Alle Rechte und Pflichten des Staates gegen
seine Bürger und Schutzverwandten vereinigen sich in dem Oberhaupte
desselben", woran sich die Lehre von den Pflichten des Monarchen und
den zu ihrer Erfüllung bestehenden Majestätsrechten knüpft. Hierbei ist
zu beachten, daß Svarez ein Schüler des Wolffeaners Darjes war,
der, wie Stölzel, Svarez S. 62ff., ausführt, auf jenen den größten
Einfluß übte und daß Svarez' (vgl. Stölzel S. 286) politisches Programm
ganz auf dem Boden der Lehre vom vertragsmäßigen Ursprung des
Staates erwachsen war. Zorn, D. Literaturzeitung S. 881, nennt diese
triviale, aus der Volkssouveränetätslehre abgeleitete Formel des absolutistischen Naturrechtes, die, wie unten nachgewiesen, sich keineswegs
mit dem monarchischen Prinzip deckt, wie es in den späteren deutschen
Verfassungen formuliert ist, das „Ergebnis der brandenburgisch-preu-
ßischen Staatsentwicklung". Ich schätze diese doch weit höher ein als
Zorn und meine, daß ein Satz, der als das Resultat aller absoluten
Monarchien in und außerhalb Deutschlands gelten sollte, nicht das
Eigentümliche und Unterscheidende des preußischen Staates sein kann.

Tendenz der französischen Gesetzgebung, die, im Pluviôsegesetze
Bonapartes ihren schroffen Ausdruck findend, der neuen Monarchie
die Wege ebnet, hat unter energischer Mitwirkung des Gedankens
der begriffsnotwendigen Konzentrierung der souveränen Gewalt
in der Hand eines einzigen stattgefunden.

Von besonderer Bedeutung wird hierauf die Lehre von der
Fürstensouveränetät in dem Prozesse der Neugestaltung Deutschlands nach Auflösung des alten Reiches. Eine Reihe deutscher
Fürsten, die nunmehr souverän geworden waren, sucht ihre neue
Stellung zunächst ganz im Sinne der alten Absolutisten zu deuten.
Die Aufhebung der in ihren Territorien bis dahin bestehenden
ständischen Verfassungen wird von ihnen als eine Konsequenz
des Souveränetätsbegriffes hingestellt: die Souveränetät habe ipso
iure alle ständischen Rechte beseitigt [1]). Zur Konzentrierung der
fürstlichen Gewalt stellt die Rheinbundsakte eine Liste der
Souveränetätsrechte auf, um den Umfang der Unterwerfung der
Mediatisierten zu bestimmen [2]). Und nun beginnt in Deutschland
die Lehre vom monarchischen Prinzipe in die offiziellen Vorstellungen einzuziehen. Im alten Reiche konnte von derartigem
nicht die Rede sein, denn weder der Kaiser noch die Landesherren konnten auf Grund des geltenden Rechtes behaupten, daß
sie die monarchische Machtfülle besäßen. Selbst bei den letzten
Reichspublizisten ist von Wendungen, welche von Unmöglichkeit
der Beschränkung der höchsten Reichsorgane oder gar der Landeshoheit sprechen, nichts zu finden [3]). War es doch selbst zu Ende

---

[1]) So in Nassau (Triersche Lande), Württemberg, Baden (Breisgau),
Hessen - Darmstadt, Bayern (Altbayern und Tirol), Cleve - Berg. Die
gleichzeitige Staatsrechtslehre verteidigt dieses Vorgehen, wie K. S.
Zachariae, Ius publicum civitatum, quae foederi Rhenano adscriptae
sunt 1807 p. 28; Gönner, Archiv für die Gesetzgebung und Reform
des juristischen Studiums I (1808) S. 1 ff., und zwar durch Deduktion
aus dem Souveränetätsbegriff. Gönner hatte noch zu Reichszeiten in
seinem teutschen Staatsrecht (1804) S. 388 den Satz vertreten, daß der
Landesherr wesentliche Regierungsrechte an den Konsens der Landstände
nicht binden kann. Über diese Literatur vgl. Mejer Einleitung S. 68 N. 15,
S. 137 N. 12; G. Meyer StR. S. 103 f.

[2]) Rheinbundsakte Art. 25.

[3]) Vgl. Pütter Beyträge I S. 293 ff., aber auch S. 60; Gönner
Staatsrecht S. 375; Leist Lehrbuch des teutschen Staatsrechts 2. Aufl.
1805 S. 70 f. War doch die Möglichkeit einer Entsetzung von der Landeshoheit durch Reichsschluß bis zur Auflösung des Reiches anerkannt.
Die praktisch so bedeutsamen absolutistischen Strebungen der Landes-

des Dreißigjährigen Krieges nicht gelungen, die superioritas
territorialis in einen suprematus zu verwandeln, und ist doch noch
später die darauf hinzielende Deduktion von Leibniz ohne
praktischen Erfolg geblieben. Nun aber hatte die Bewegung der
Befreiungskriege das Versprechen des Artikels XIII der deutschen
Bundesakte im Gefolge, und damit war der deutschen Verfassungsgesetzgebung die Aufgabe gesteckt, die zu schaffende konstitutionelle Ordnung mit den Forderungen der Fürstensouveränität in
Einklang zu bringen, die vor allen revolutionären Überflutungen
geschützt werden sollte.

Da wirkt von neuem eine französische Formel vorbildlich
auf die offiziellen staatsrechtlichen Formulierungen in Deutschland.
Zu Beginn der Restauration hatten die konservativen Kreise
Frankreichs in einem von popularen Strömungen unabhängigen
Königtum die beste Schutzmauer gegen künftige Versuche revolutionärer Anstürme zu finden geglaubt. Unter dem Einflusse alter
vom ancien régime überkommener Traditionen sowie der aus
England, das von der Revolution unberührt geblieben war, herüber-
wirkenden toryistischen Anschauungen wird von Beugnot der
Eingang zur Charte Ludwigs XVIII. improvisiert[1]), in der mit
bewundernswerter Ignorierung des ganzen Zeitraumes von 1789
bis 1814 der Gedanke durchgeführt wird, daß der König, „après
une longue abscence" dem Wunsche der Untertanen nachgebend,
dem Volke eine Verfassung aus freier königlicher Machtvollkommenheit verleihe, indem er zwar die alte Stellung des Königs-
tums wahre, wonach die ganze öffentliche Gewalt Frankreichs
in der Person des Königs ihren Sitz habe, an ihrer Ausübung

hoheit stützen sich theoretisch entweder auf die positivrechtlich unzulässige Übertragung von Sätzen der naturrechtlichen Souveränetätslehre
auf die Landeshoheit oder auf privatrechtlich-patrimoniale Konstruktionen.
Auch Preußen und Österreich konnten ihre Souveränetät nur außerhalb
des Reiches offiziell behaupten. Noch 1804 versichert Franz II. bei der
Annahme des österreichischen Kaisertitels, daß in dem rechtlichen Verhältnis seiner Erblande zum Reich eine Änderung nicht eintreten solle.

[1]) Über die interessante Entstehungsgeschichte der Einleitung zur
Charte vgl. Duvergier de Hauranne Histoire du gouvernement
parlementaire en France II 1857 p. 175 ff. und namentlich Beugnot
Mémoires 1866 II p. 223 ff. Die Bezeichnung „monarchisches Prinzip"
und sein Gegensatz zum demokratischen ist ebenfalls französischen
Ursprungs und entstammt den politischen Diskussionen des Jahres 1814,
vgl. z. B. Capefigue Histoire de la Restauration 1837 p. 96.

jedoch dem Volke einen Anteil gewähre[1]). Damit war die
juristische Formulierung für das monarchische Prinzip gefunden,
das in der Anwendung auf die deutschen Verhältnisse zuerst in
den süddeutschen, unter dem Einflusse der Charte stehenden
Verfassungen zum gesetzgeberischen Ausdruck kommt[2]), im

---

[1]) Die wichtigsten Sätze lauten: „Nous avons considéré que, bien
que l'autorité tout entière résidât en France dans la personne du Roi,
nos prédécesseurs n'avaient point hésité à en modifier l'exercice, suivant
la différence des temps . . . . nous avons reconnu que le vœu de nos sujets
pour une charte constitutionelle était l'expression d'un besoin réel . . . .
nous avons dû nous souvenir aussi que notre premier devoir envers nos
peuples était de conserver, pour leur propre intérêt, les droits et les
prérogatives de notre couronne . . . . nous avons volontairement, et par
libre exercice de notre autorité royale, accordé et accordons, fait con-
cession et octroi à nos sujets, tant pour nous que pour nos successeurs,
et à toujours, de la Charte constitutionnelle." Duguit et Monnier
Les constitutions et les principales lois publiques de la France depuis
1789, 2. éd. 1908 p. 183 f. Vgl. zum folgenden die ausführlichere Darstellung bei G. Jellinek Regierung und Parlament in Deutschland
1909 S. 6 ff.

[2]) Bayer. Verf. vom 26. Mai 1818 Tit. II § 1: Der König ist das Oberhaupt des Staates, vereinigt in sich alle Rechte der Staatsgewalt und übt
sie unter den von Ihm gegebenen in der gegenwärtigen Verfassungsurkunde festgesetzten Bedingungen aus. Übereinstimmend Baden, Verf.
v. 22. August 1818 § 5, Württemberg, Verf. v. 25. Sept. 1819 § 4 und Hessen,
Verf. vom 17. Dez. 1820 § 4. Diese Formel findet sich zuerst in dem von
König Wilhelm I. den württembergischen Ständen vorgelegten Verfassungsentwurf vom 3. März 1817, auf welche in der Literatur bisher ganz
unbeachtete Tatsache mich Anschütz aufmerksam macht. Vgl. dazu
Hubrich, Das monarchische Prinzip in Preußen, Ztschr. f. Politik I
S. 209, der auf einen noch früheren, übrigens schon von E. Kaufmann,
Studien zur Staatslehre des monarchischen Prinzipes 1906 S. 45, er-
wähnten, sehr allgemein gehaltenen und kaum beweiskräftigen Ausspruch
Friedrichs I. von Württemberg in der Thronrede vom 15. März 1815 hinweist („Die persönliche Freiheit und die bürgerlichen Rechte der einzelnen
sind darin — d. i. in der oktroyierten Verfassung — gesichert und die
Nation wird durch Stellvertreter berufen, sich mit dem Staatsoberhaupt
zur Ausübung der bedeutendsten Rechte der Regierungsgewalt zu vereinigen"). Vgl. ferner H. Meisner, Die Lehre vom monarchischen
Prinzip, Berliner philos. Diss. 1913 S. 2 ff., der im württembergischen
ständischen Verfassungsentwurf von 1816 die erste deutsche Formulierung
des monarchischen Prinzips gefunden zu haben glaubt („Der König ist
das Haupt des Staats, und vereinigt in sich alle Rechte der Staatsgewalt,
nach den durch die Landesverfassung gesetzten Bestimmungen"). —
In die bayerische Verfassungsurkunde wurde die Formel sodann auf den
Antrag Zentners in der Ministerialkonferenz vom 21. April 1818 ein-

Artikel 57 der Wiener Schlußakte¹) sodann zur Höhe eines dog-
matisch unzweifelhaften Begriffes erhoben wurde. Es ist wohl

gefügt, „um den Charakter der Monarchie gegenüber den den Ständen
eingeräumten Rechten schärfer auszudrücken" (vgl. S e y d e l Bayer.
Staatsrecht I S. 169 N. 2), also in Übereinstimmung mit dem Gedankengang der Einleitung zur Charte. — Die Formel hat keinen historischen
Zusammenhang mit dem oben erörterten Satz des Allg. Landrechts. Das
Neue an ihr ist die ihr zugrundeliegende Behauptung der Unableitbarkeit
der monarchischen Gewalt von jeder anderen, die Negierung jeder Art
von Volkssouveränetät. Das 18. Jahrhundert, soweit es nicht dem Gedanken des Patrimonialstaates huldigt, betrachtet in Deutschland auch
in der absoluten Monarchie das sich vertragsmäßig seiner ursprünglichen
Macht entäußernde Volk als die letzte Quelle aller Staatsgewalt. S v a r e z
selbst (vgl. oben S. 214 Note) erläutert seinen Satz, daß dem Staatsoberhaupt alle dem Staate gegen seine Mitglieder zukommenden Rechte
gebühren durch die Behauptung: „Man nähert sich durch diese Bestimmung dem Grundsatz des Gesellschaftsvertrages." Daher ist auch
nicht mehr, wie im Allg. Landrecht, von den Pflichten des Staatsoberhauptes die Rede, denn diese Pflichten sind nichts anderes als die
Klauseln des Unterwerfungsvertrages, wie die naturrechtliche Staatslehre jener Tage näher ausführt. Die Neuheit der Formulierung des
„monarchischen Prinzipes" in Deutschland erhellt auch daraus, daß
noch 1816 ein so konservativer preußischer Staatsmann wie A n c i l l o n
in seiner Schrift über Souveränetät und Staatsverfassungen 2. Aufl.
S. 18 ff. sich eine beschränkte Monarchie nur auf dem Prinzipe der
zwischen Monarch und Ständen geteilten Staatsgewalt errichtet vorstellen
kann. — Immerhin wäre es eine dankbare Aufgabe, zu untersuchen,
ob nicht doch vielleicht die Lehre vom monarchischen Prinzip sich in
Deutschland unabhängig von französischen Einflüssen ausgebildet hat.
M e i s n e r , auf dessen Dissertation den Herausgeber A n s c h ü t z hin-
gewiesen hat, hält den thüringischen Freiherrn K. A. von W a n g e n h e i m
für den deutschen Ahnherrn unserer Formel: a. a. O. S. 5 ff. Wangenheims
Schrift: „Die Ideen der Staatsverfassung usw." erschien im Mai 1815.
Viel früher hat aber bereits J. St. P ü t t e r die eigenartige Stellung des
Monarchen gekennzeichnet, wenn er sich 1777 in den Beyträgen zum
teutschen Staats- und Fürstenrechte, S. 60, folgendermaßen äußert: „Ein
König, dem ein Reichstag, oder ein Parlament, ein Reichsrath, ein
Conseil permanent, an die Seite gesetzt ist, bleibt doch allezeit ein
wahrer Regent; er ist es eigentlich, der die höchste Gewalt auszuüben
hat; in ihm beruhet die wahre Majestät. Nur in Ausübung der Majestätsrechte ist nicht alles seinem eigenen Gutfinden bloß für seine Person
überlassen; sondern da wird erfordert, daß erst eine reichstägliche Bewilligung vorhanden sey, ohne welche er in allen Fällen, wo Gesetze
oder Herkommen solche erfordern, für sich nichts tun darf." S. 62:
„Das ist die wahre Theilnehmung eines Großbritannischen Parlaments,
wie eines Teutschen Reichstages."

¹) „Da der deutsche Bund mit Ausnahme der freien Städte aus

das erstemal gewesen, daß Diplomaten Begriffsjurisprudenz trieben, als in den Wiener Ministerialkonferenzen von 1820 der Begriff des souveränen Fürsten und die Möglichkeit seiner konstitutionellen Beschränkung einer Legaldefinition unterzogen wurde. Unmittelbar darauf deduziert Metternich aus dem neu gewonnenen Prinzipe die Völkerrechtswidrigkeit der das legitime Königtum bedrohenden Verfassungen von Neapel, Sardinien und Spanien, und die Interventionspolitik der Kongresse von Troppau, Laibach und Verona sucht das monarchische Prinzip zu einer anerkannten Grundlage der europäischen Ordnung zu erheben, von den geringen Ausnahmefällen abgerechnet, in denen der Wiener Kongreß kleinere republikanische Gemeinwesen altgeschichtlichen Charakters: die Schweiz und die freien deutschen Städte, auch fernerhin anerkannt hatte[1]).

So ist denn die Wendung, welche die Lehre von der Fürstensouveränetät in der Proklamierung des monarchischen Prinzipes nimmt, ebenfalls nur im Zusammenhang mit der Theorie von der Volkssouveränetät zu erklären. Allerdings aber nicht mehr wie früher auf dem Wege der Ableitung, sondern durch den Gegensatz zu dieser nunmehr als staatsfeindlich geächteten Lehre. In der praktischen Politik sollte das monarchische Prinzip der feste Punkt sein, von dem aus die Revolution definitiv überwunden werden könnte.

In der Staatsrechtslehre hingegen ruft die offizielle Proklamierung des monarchischen Prinzipes die Lehre von dem eigenen Recht des Monarchen auf die Herrschaft hervor, das nicht aus der Verfassung des Staates heraus zu begreifen ist. Es sind alte naturrechtliche und patrimoniale[2]) Gedanken, die da in neuem

---

souveränen Fürsten besteht, so muß dem hierdurch gegebenen Grundbegriff zufolge die gesamte Staatsgewalt in dem Oberhaupt des Staates vereinigt bleiben, und der Souverän kann durch eine landständische Verfassung nur in der Ausübung bestimmter Rechte an die Mitwirkung der Stände gebunden werden."

[1]) Interessant ist namentlich die Zirkulardepesche der Ostmächte von Laibach, vom 12. Mai 1821, wo ausgeführt wird: „Les changements utiles ou nécessaires dans la législation et dans l'administration des États ne doivent émaner que de la volonté libre, de l'impulsion réfléchie et éclairée de ceux que Dieu a rendus responsables du pouvoir." Abgedruckt bei Ghillany Diplomatisches Handbuch II 1855 p. 438.

[2]) Letztere am schärfsten behauptet von Maurenbrecher, Die regierenden Fürsten und die Souveränetät 1839, der S. 167 ausführt,

Gewande auftreten. Woher stammt aber dieses eigene Recht? Da es aus der irdischen Rechtsordnung des Staates nicht begriffen werden kann und soll, so tritt nunmehr wiederum die theologische Staatslehre voll in ihre niemals ganz aufgegebenen Rechte. Nicht das Volk, aber auch nicht der Staat, sondern Gott allein ist der Ursprung der monarchischen Gewalt, und damit knüpft die neue Lehre an die alte an, gegen welche von Marsilius von Padua bis Rousseau die Vertreter der ursprünglichen Volksrechte so energisch gekämpft hatten.

Bis tief in die Literatur des 19. Jahrhunderts, ja bis in die Gegenwart hinein dauern die Unklarheiten und Verwirrungen in der Auffassung der Souveränetät[1]). So z. B. halten selbst diejenigen, welche die Souveränetät als Eigenschaft der Staatsgewalt und diese als ein Element des Staates erkannt haben, trotzdem noch an der Lehre von dem eigenen Recht der Monarchen fest. Den darin liegenden Widerspruch hat nun B e r n a t z i k klar erkannt und zu lösen versucht[2]), aber auf einem Wege, der nicht mit Erfolg betreten werden kann. Bei den anderen aber steht Altes und Neues zusammenhanglos nebeneinander. Immerhin ist es ein interessantes Schauspiel, zu sehen, mit welcher Macht überkommene Vorstellungen und Dogmen selbst auf die wirken, die sich der alten Ketten entledigt zu haben glauben.

Die richtige Einsicht in das Verhältnis des Organs zur Staatssouveränetät ist von den Gegnern der naturrechtlichen Staatslehre im wesentlichen Zusammenhange mit der organischen Staatstheorie angebahnt worden. Volle Klarheit hat erst die neuere deutsche Staatsrechtslehre gebracht, deren Grundlagen gerade in dem Streite um die Auffassung der Souveränetät zuerst A l b r e c h t in seiner epochemachenden Kritik des Maurenbrecherschen Staatsrechts verkündet hat[3]). Den richtigen Weg hat so-

---

„daß die Souveränetät in der Erbmonarchie das r e i n e P r i v a t r e c h t (Eigentum, Teil des Patrimoniums) der Fürsten sein soll".

[1]) Vgl. R e h m , Staatslehre S. 57 ff., der nachweist, wie in der Literatur und der offiziellen Sprache die drei verschiedenen Bedeutungen der Souveränetät (als Eigenschaft der Staatsgewalt, als Rechtsstellung des höchsten Staatsorgans und als Staatsgewalt) fortwährend durcheinanderlaufen.

[2]) Republik und Monarchie 1892 S. 27 ff. Dazu meine Besprechung im Archiv f. öff. Recht VIII S. 175 ff.

[3]) Gött. gel. Anz. 1837 III S. 1491.

dann, wie in so manchem anderen Punkte, Gerber gewiesen, indem er erklärt, daß Souveränetät nicht selbst Staatsgewalt sei, sondern nur eine Eigenschaft der vollkommenen Staatsgewalt bezeichne, und hinzufügt: „Die Ausdrücke ‚Fürstensouveränetät, Volkssouveränetät, Nationalsouvernetät‘ sind nur Stichworte für verschiedene politische Bestrebungen. Mit dem Begriffe des Monarchenrechts im engeren Sinne steht der Begriff der Souveränetät in gar keiner Relation; und doch wird Souveränetät und monarchisches Prinzip so oft verwechselt"[1]).

Mit dieser Erkenntnis ist gegenüber dem erdrückenden Phrasenschwalle, der sich in der neueren politischen und juristischen Literatur hinsichtlich der Souveränetät breitgemacht hat und zum Teil noch breit macht[2]), der feste und sichere Grund für die Erfassung des rechtlichen Wesens der Souveränetät gelegt.

2. Das Wesen der Souveränetät.

Der Überblick über die Geschichte des Souveränetätsbegriffes ergibt eine Anzahl wichtiger Folgerungen[3]).

Zuvörderst, daß die Versuche, den Souveränetätsbegriff aus dem öffentlichen Recht zu eliminieren[4]), unhistorisch sind. Die ganze geschichtliche Entwicklung des modernen Staates aus dem mittelalterlichen ist mit der fortschreitenden Erkenntnis der Souveränetät innig verknüpft gewesen. Es geht nicht an, diese Entwicklung und ihre Resultate zugunsten irgendwelcher Konstruktion beiseitezuschieben.

Sodann die Erkenntnis der Irrtümer der Souveränetätslehre: die Gleichstellung der Organsouveränetät mit der Staatssouveränetät und der Ausfüllung des negativen Souveränetätsbegriffes mit dem positiven Inhalt der Staatsgewalt[5]). Diese Irrtümer

---

[1]) Grundzüge S. 22 N. 5.

[2]) Besonders in der der romanischen Völker. Vgl. z. B. die Sammlung von Definitionen bei Combothecra La conception juridique de l'État 1899 p. 92 f., namentlich die von Saint Girons und Orlando, ferner Moreau Précis élémentaire de droit constitutionnel 3. éd. 1897 p. 9: „La souveraineté externe est l'affirmation de l'existence propre et autonome de l'État au regard des autres États; la souveraineté interne est l'affirmation de l'être collectif au regard du particuliers."

[3]) Vgl. auch meine Lehre von den Staatenverbindungen S. 16 ff.

[4]) Preuß Gemeinde S. 92 ff.; Affolter Allg. Staatsrecht S. 11; Kliemke Die staatsrechtliche Natur und Stellung des Bundesrats 1894 S. 28 N. 2.

[5]) Rehm, Staatslehre S. 63, will den Gebrauch des Wortes Souve-

mahnen, sie sorgfältig zu vermeiden, und führen dadurch auf den richtigen Weg.

Endlich die Überzeugung, daß Souveränetät keine absolute, sondern eine historische Kategorie ist, ein Resultat von höchster Bedeutung für Entscheidung der Frage, ob Souveränetät ein wesentliches Merkmal des Staates sei.

Von diesen Ergebnissen sollen die folgenden Erörterungen ausgehen.

a) Der formale Charakter der Souveränetät.

Die geschichtliche Entwicklung der Souveränetät lehrt, daß sie die Negation jeder Unterordnung oder Beschränkung des Staates durch eine andere Gewalt bedeutet. Souveräne Staatsgewalt ist daher eine Gewalt, die keine höhere über sich kennt; sie ist daher zugleich unabhängige und höchste Gewalt. Das erste Merkmal zeigt sich überwiegend nach außen, im Verkehr des souveränen Staates mit anderen Mächten, das zweite nach innen, im Vergleich mit den ihm eingeordneten Persönlichkeiten. Beide Merkmale sind aber untrennbar miteinander vereinigt[1]).

---

ränetät im Sinne von Staatsgewalt als Souveränetät im staatsrechtlichen Sinne oder als Souveränetät nach innen erhalten. Diese Anschauung, die Rehm übrigens in der kleinen Staatslehre S. 59 f. aufgegeben zu haben scheint, ist aber entschieden abzulehnen. Wir Deutsche sind in der glücklichen Lage, mit dem Terminus „Staatsgewalt" einen festen, sicheren Begriff zu verbinden, während die Romanen (und Engländer) mit dem vieldeutigen und daher unausbleiblich zu Verwirrung führenden Wort souveraineté, sovranità etc. operieren müssen, um die Staatsgewalt sicher zu bezeichnen. Das nachzuahmen, liegt aber für uns nicht die geringste Veranlassung vor. Um die Verwirrung noch zu steigern, spricht Haenel, Staatsrecht I S. 114, noch von der souveränen Funktion der Gesetzgebung, Krabbe, Die Lehre der Rechtssouveränetät 1906 S. 5, von der Rechtssouveränetät, so daß wir gar eine vierte Art von Souveränetät erhalten.

[1]) Wenn daher von völkerrechtlicher und staatsrechtlicher Souveränetät gesprochen wird, so können damit nur zwei Richtungen der in sich einheitlichen souveränen Gewalt bezeichnet werden. Vgl. meine Lehre von den Staatenverbindungen S. 22 ff. Mit mir übereinstimmend Borel Étude sur la souveraineté et l'État fédératif 1886 p. 30; Brunialti Unioni e combinazioni fra gli stati 1891 p. XX; Le Fur État fédéral et confédérations d'États 1896 p. 444; v. Stengel in Schmollers Jahrbuch 1898 S. 769, 778. 785. Vgl. ferner Haenel StR I S. 118; G. Meyer StR. S. 22.

Die Souveränetätslehre hat aber noch ein drittes Merkmal aus dem Charakter der Souveränetät abgeleitet. Sie soll auch eine unbeschränkte und unbeschränkbare Gewalt schlechthin bezeichnen. Sie sei absolut, weil niemand ihr Schranken auferlegen könne, auch nicht sie selbst. Selbstbeschränkung ist nach der naturrechtlichen Theorie, die bei vielen in diesem Punkte auch heute noch die herrschende ist, mit dem Charakter der Souveränetät unvereinbar. Wenn es daher Schranken für den Staat gäbe, so seien sie faktischer oder moralischer, niemals aber rechtlicher Natur[1]).

Um diesen wichtigen Punkt zu erledigen, muß man vor allem sich vor Augen halten, daß die Souveränetät ein Rechtsbegriff ist und auch in der naturrechtlichen Literatur stets als solcher gedacht wurde. Die Unabhängigkeit der Staatsgewalt von jeder anderen Autorität wurde immer als rechtliche, nicht als faktische Unabhängigkeit aufgefaßt. Auch die Absolutisten wollten die absolute, durch Gesetze nicht beschränkte Volks- oder Fürstengewalt als rechtliche Gewalt nachweisen. So läßt Hobbes durch den staatsgründenden Vertrag die unumschränkte Rechtsmacht des Herrschers entstehen, so unterwirft Rousseau das Individuum der unumschränkten Herrschaft der rechtsschöpfenden volonté générale. Nachzuweisen, daß der Staat reale Macht sei, erschien dem Naturrecht überflüssig; vielmehr handelte es sich ihm darum, den Rechtsgrund, die Rechtmäßigkeit der gegebenen Macht darzutun.

Daher ist es Verkennung der geschichtlichen Entwicklung der Souveränetätslehre, wenn man die souveräne Gewalt als über dem Rechte stehend auffaßt. Zu revidieren ist heute die juristische Eigenart des Rechtsbegriffes der Souveränetät, da die Verwerfung der naturrechtlichen Konstruktion eine neue Begründung gemäß unseren geläuterten Anschauungen vom Rechte notwendig macht. Dem Naturrecht war die juristische Qualifikation der Souveränetät leicht, da es von der Idee eines Rechtes vor dem Staate ausgeht. Unsere Erkenntnis vom Rechte hingegen, welche dessen Existenz von dem Dasein einer es verwirklichenden Organisation abhängen läßt, zeigt die Frage, ob die das Recht verbürgende Organisation unter oder über dem Rechte steht, als eines der schwierigsten Probleme der gesamten Staatslehre.

---

[1]) Vgl. G. Meyer S. 22.

Auf den ersten Blick scheint es da, als ob es keinem Zweifel unterliegen könne, daß für den souveränen Staat Rechtsschranken nicht möglich seien, abgesehen vom Völkerrechte, das hier vorerst außer Betracht bleiben soll. Noch heute wird häufig die Ansicht vertreten, daß, wenn der Staat auch niemals jede juristische Möglichkeit verwirkliche, es dennoch nichts gebe, was für ihn juristisch unmöglich sei.

Dieser abstrakte Gedanke ist jedoch nie bis in seine letzten praktischen Konsequenzen verfolgt worden. Wenn der Staat rechtlich alles kann, so kann er auch die Rechtsordnung aufheben, die Anarchie einführen, sich selbst unmöglich machen. Muß ein solcher Gedanke aber abgewiesen werden, so ergibt sich eine Rechtsschranke des Staates an dem Dasein einer Ordnung. Der Staat kann zwar wählen, welche Verfassung er habe, er muß jedoch irgendeine Verfassung haben. Die Anarchie liegt im Bereiche der faktischen, nicht der rechtlichen Möglichkeit.

Aber selbst faktische Anarchie ist nur als vorübergehender Zustand möglich. Die Staatsstreiche und Revolutionen der modernen Geschichte haben überdies niemals den ganzen Rechtszustand aufgehoben, so wie auch die Rechtskontinuität durch sie nur an einzelnen, allerdings wichtigen Punkten durchbrochen wurde. Selbst im offenen Kampfe der höchsten politischen Mächte um Neugestaltung der Herrschaftsverhältnisse kann es sich nur um zeitweilige Beschränkung oder Suspendierung einzelner Teile, nie um gänzliche Aufhebung der Rechtsordnung handeln.

Ist es aber dem Staate wesentlich, eine Rechtsordnung zu besitzen, so ist damit allein schon die Lehre von der absoluten Unbeschränkbarkeit der Staatsgewalt negiert. Der Staat steht nicht derart über dem Rechte, daß er des Rechtes selbst sich entledigen könnte. Nur das Wie, nicht das Ob der Rechtsordnung liegt in seiner Macht, in seiner faktischen wie in seiner rechtlichen.

Die sozialpsychologische Möglichkeit und Wirklichkeit der Bindung des Staates an sein Recht ist früher dargelegt worden. Hier ist die Bindung juristisch zu begründen[1]).

---

[1]) Die Begründung, welche H a e n e l, Staatsrecht I S. 114 ff., der Bindung des Staates an die Rechtsordnung gibt, ist nicht juristischer Natur. Wenn er das Recht als die dem Staate notwendige Erscheinungsweise bezeichnet, so ist damit noch keineswegs die Frage gelöst, wie diese objektive Notwendigkeit zur subjektiven Gebundenheit des Staates führt.

Alles Recht wird zu solchem nur dadurch, daß es nicht
nur den Untertan, sondern auch die Staatsgewalt bindet. „Recht
in diesem vollen Sinne des Wortes ist also die z w e i s e i t i g verbindende Kraft des Gesetzes, die eigene Unterordnung der Staatsgewalt unter die von ihr selber erlassenen Gesetze" [1]). Erläßt
der Staat ein Gesetz, so bindet es nicht nur die einzelnen, sondern
auch seine eigene Tätigkeit rechtlich an dessen Normen. Er befiehlt im Gesetze auch den ihm als Organe dienenden Personen,
ihren Organwillen dem Gesetze gemäß zu gestalten. Da aber
der Organwille Staatswille ist, so bindet der Staat durch Bindung
der Organe sich selbst. Der Staat ist eine Einheit, daher ist die
Unterordnung der Verwaltung und Rechtsprechung unter das
Gesetz ein Vorgang, der zugleich innerhalb der einheitlichen
Staatsgewalt sich abspielt. Diese Bindung ist aber nicht etwa
moralischer, sondern rechtlicher Natur. Alle Garantien des öffentlichen Rechtes verfolgen in erster Linie den Zweck, die Bindung der Staatsgewalt an die von ihr festgesetzten Normen zu
gewährleisten.

Solche formale Bindung ist aber auch gegenüber der rechtschaffenden Tätigkeit möglich [2]). Deutlich tritt das dort hervor,
wo verschiedene Organe für die einfache und die Verfassungsgesetzgebung existieren, wie vor allem in den Vereinigten Staaten.
Dort sind nicht nur Garantien geboten dafür, daß einfache Gesetze nicht in das Gebiet der Verfassungsgesetzgebung über-
greifen, in manchen Staaten ist sogar geraume Zeit hindurch
jede Verfassungsänderung verboten gewesen [3]). In letzterem Falle
gab es keine rechtliche Möglichkeit, innerhalb des betreffenden
Zeitraumes den Verfassungsgesetzgeber in Bewegung zu setzen.
Noch heute gibt es eine große Zahl von Gliedstaaten der Union,
welche die Formen der Verfassungsänderung derart erschweren,
daß mehrere Jahre vergehen müssen, ehe ein Amendement Gesetzeskraft gewinnen kann [4]). In der Zwischenzeit aber ist

---

[1]) J h e r i n g Zweck im Recht I, 4. Aufl. S. 278 f.

[2]) Vgl. G. J e l l i n e k Gesetz und Verordnung S. 261 ff.

[3]) So z. B. in Massachusetts, wo die Verfassung von 1780 Ch. VI
Art. X verfügte, daß vor 1795 keine Revision stattfinden könne; P o o r e
The Federal and State Constitutions, Washington 1877 I p. 972.

[4]) In vielen Staaten muß das Amendement zwei Legislaturen
passieren und hiernach dem Volke zur Abstimmung vorgelegt werden.
Die Dauer einer Legislatur beträgt in der Regel zwei Jahre. Die

sicherlich keine „legibus absoluta potestas" der Gesetzgebung vorhanden.

Aber nicht nur nach innen, auch nach außen erkennt sich der Staat, der in der völkerrechtlichen Staatengemeinschaft lebt, als durch das Völkerrecht gebunden an, ohne sich deshalb einer höheren Gewalt zu unterwerfen. Wenn Recht die von einer äußeren Autorität ausgehenden, durch äußere Mittel garantierten Normen für gegenseitiges Verhalten von Personen sind, so paßt diese Definition vollinhaltlich auf das Völkerrecht. Auch im Völkerrecht bleibt rechtlich der Staat nur seinem eigenen Willen unterworfen. Nur ruhen die Garantien des Völkerrechts, so wenig wie die des Staatsrechts, nicht gänzlich auf seinem Willen. Für das Recht ist es aber nur notwendig, daß Garantien seiner Geltung vorhanden sind, nicht, daß sie dem Willen des Staates entstammen.

Dies ist der einzig mögliche Weg, das Völkerrecht rechtlich zu begründen. Es ist zweifellos, daß nicht der Einzelstaat den Inhalt der völkerrechtlichen Normen schafft und zu schaffen imstande ist. Dieser Inhalt entwickelt sich und besteht unabhängig vom Staate als Forderungen des internationalen Verkehrs, als Überzeugungen und Wünsche der Völker und Staatsmänner. Allein alle Versuche, die Geltung des Völkerrechts auf eine über den Staaten stehende Rechtsquelle zurückzuführen, sind mißlungen und werden mißlingen, so oft man auch auf sie zurückkommen wird[1]). Denn formell kann das Recht nur ab-

---

französische Verfassung vom 3. Sept. 1791 untersagte für die nächste Zukunft die Revision, und für später verlangte sie (titre VII Art. 1—5) den Beschluß von drei aufeinanderfolgenden Legislaturen und die definitive Revision durch eine vierte, so daß es mehr als sechs Jahre bedurft hätte, um eine Änderung in Kraft treten zu lassen. Die Direktorialverfassung sollte nur in Zwischenräumen von neun Jahren abgeändert werden können (Art. 336 ff.). Die heutige griechische Verfassung vom 16. November 1864 verbietet die Gesamtrevision und schloß für die ersten zehn Jahre jede Abänderung aus (Art. 107). Ob solche Bestimmungen politisch richtig sind, ist eine andere Frage; jedenfalls sind sie juristisch möglich.

[1]) Triepel, Völkerrecht u. Landesrecht S. 76 f., will das Völkerrecht auf den übergeordneten, aus den zusammenfließenden Einzelwillen der Staaten erzeugten Gemeinwillen gründen und meint dadurch der Lehre von der staatlichen Selbstverpflichtung ausweichen zu können. Allein jeder einheitliche Wille bedarf eines einheitlichen Willensträgers. Ist der Gemeinwille einheitlicher Wille, so bedarf er auch eines einheitlichen

geleitet werden aus den Willensverhältnissen: Verbindlichkeit von
Willensakten durch andere Willensakte. Der Staat ist Mitglied
der Staatengemeinschaft. Wäre deren Wille aber Recht, so müßte
sie ein Gemeinwesen sein, das selbst einen einheitlichen Willen
besitzt, der über den Staaten steht, und damit wäre die alte
Vorstellung von der civitas maxima in neuer Form anerkannt[1])
und der ganze historische Prozeß, der zur Anerkennung der
Souveränetät geführt hat, verneint.

Dem Zeitalter, in welchem der Souveränetätsbegriff sich aus-
gebildet hatte, erschien jede Verpflichtung nur in der Form eines
Gebotes einer höheren Macht an eine untergeordnete möglich.
Die herrschenden ethischen Vorstellungen waren heteronomer
Natur. Der gewaltige Fortschritt, den die ethische Erkenntnis
seit Kant gemacht hat, wie immer die Formulierung der ethischen
Prinzipien bei dem einzelnen Denker sich gestalten mochte, besteht in der Erkenntnis der autonomen Sittlichkeit als höchster
Form des Ethos. Woher der Inhalt des Gebotes auch stamme,
vollkommen sittlich ist nur die Handlung, zu der wir uns selbst
kraft unseres Wesens, nicht kraft einer von einem anderen gesetzten Norm verpflichtet fühlen. Die Selbstgesetzgebung der
Vernunft hätten die politischen und naturrechtlichen Schriftsteller
der vorkantischen Epoche ebenso unmöglich gefunden wie die
Selbstbindung des Staates an seine Gesetze.

Subjekts und ist sodann von dem eines Gemeinwesens nicht zu unterscheiden: dann gelangt man aber zur civitas maxima, wie immer auch
man sie benennen mag. Ist hingegen, wie Triepel ausführt, der
Gemeinwille nur gegenseitig erklärter Wille der Staaten, dann muß man
den Einzelwillen im Gemeinwillen fortdauernd denken. Damit ist aber
der Einzelwille der letzte formale Grund der bindenden Kraft völkerrechtlicher Satzungen. Keine juristische Entdeckung vermag die Alternative aufzuheben: entweder bildet fremder oder eigener Wille den
Rechtsgrund einer Verpflichtung; entweder ist daher der Gemeinwille
der Staaten eigener Wille eines jeden Staates oder ihm fremd, also Wille
eines anderen und, wenn mit verpflichtender Kraft ausgestattet, Wille
eines Höheren. Verwirft man aber die civitas maxima und läßt den
Staat im Vertrage oder in der Vereinbarung sich durch eigenen Willen
binden, so steht man damit von neuem vor dem grundlegenden Problem:
Wie kann sich ein Wille selbst verpflichten? — S. auch oben S. 377 N. 1.

[1]) In diese Vorstellung münden in der neuesten Literatur die Ausführungen von Beling, Die strafrechtliche Bedeutung der Exterritorialität 1896 S. 9 ff., ein.

Der Begriff der Pflicht ist ein einheitlicher. Rechtspflicht und moralische Pflicht, obwohl voneinander scharf unterschieden, stimmen doch in dem Merkmal der Pflicht überein. Der Wandel der ethischen Theorie von der Pflicht muß daher notwendig den der juristischen zur Folge haben.

In dem Begriff der staatlichen Selbstverpflichtung liegt daher so wenig ein Widerspruch wie in dem der sittlichen Autonomie. Diese Selbstverpflichtung ist von der herrschenden Rechtsüberzeugung gefordert; damit ist bei dem subjektiven Charakter aller Kriterien des Rechts auch die rechtliche Art staatlicher Selbstbindung dargetan.

Auf Grund dieser Erkenntnis erst ist es möglich, die irreführende Vorstellung der Schrankenlosigkeit aus dem Souveränetätsbegriff zu verbannen und ihn demgemäß zu einem unserer Rechtsauffassung entsprechenden Rechtsbegriff umzugestalten. Diese Umgestaltung ist auch allein imstande, ihm einen positiven Inhalt zu verleihen, ihn hinauszuführen aus dem Kreise von Negationen, in denen er groß geworden ist. Souveränetät ist nicht Schrankenlosigkeit, sondern Fähigkeit der ausschließlichen Selbstbestimmung und daher der Selbstbeschränkung der durch äußere Mächte rechtlich nicht gebundenen Staatsgewalt auf dem Wege der Aufstellung einer Rechtsordnung, auf Grund deren allein die Tätigkeit des Staates einen rechtlich zu wertenden Charakter erhält. In eine kurze Formel zusammengefaßt, bedeutet daher Souveränetät die Eigenschaft einer Staatsgewalt, kraft deren sie die ausschließliche Fähigkeit rechtlicher Selbstbestimmung und Selbstbindung hat[1]).

Souveränetät hat demnach für den modernen Staat eine zweifache Richtung. Nach der negativen Seite hin, ursprünglich die einzige erkannte, bedeutet sie die Unmöglichkeit, durch irgendeine andere Macht gegen den eigenen Willen rechtlich beschränkt werden zu können, sei diese Macht nun staatlicher oder nichtstaatlicher Art. Faktische Beschränkungen der souve-

---

[1]) Vgl. darüber auch meine früheren Ausführungen: Lehre von den Staatenverbindungen, S. 30 ff., und Gesetz und Verordnung, S. 196 ff. und die daselbst angeführte Literatur. Aus der neuesten Literatur wesentlich übereinstimmend mit mir Le Fur, L'État fédéral p. 443: „La souveraineté est la qualité de l'État de n'être obligé ou déterminé que par sa propre volonté, dans les limites du principe supérieur du droit, et conformément au but collectif qu'il est appelé à réaliser."

ränen Staatsmacht sind zwar möglich, zu rechtlichen können sie
aber nur durch deren eigenen Willen erhoben werden. Nach der
positiven Seite hin aber besteht die Souveränetät in der ausschließlichen Fähigkeit der Staatsgewalt, ihrem Herrscherwillen
einen allseitig bindenden Inhalt zu geben, nach allen Richtungen
hin die eigene Rechtsordnung zu bestimmen. Schrankenlos ist
die souveräne Gewalt nur in dem Sinne, daß keine andere Macht
sie rechtlich an der Änderung der eigenen Rechtsordnung verhindern kann.

Souveräne Gewalt ist demnach nicht staatliche Allmacht.
Sie ist rechtliche Macht und daher durch das Recht gebunden.
Sie duldet allerdings keine absoluten rechtlichen Schranken.
Der Staat kann sich jeder selbstgesetzten Schranke entledigen,
aber nur in den Formen des Rechtes und neue Schranken schaf-
fend. Nicht die einzelne Schranke, sondern die Beschränkung
ist das Dauernde. So wenig aber der absolut beschränkte, so
wenig existiert rechtlich der absolut schrankenlose souveräne
Staat.

Dieses Merkmal der Souveränetät ist aber rein formal.
Es besagt nichts über den Inhalt der Schranken, die der Staat
sich selbst setzt, auch nichts über den Prozeß der Schranken-
ziehung selbst. Über ihn geben formal-juristische Vorstellungen
allein keinen Aufschluß. Seiner praktischen Bedeutung nach ist
dieses Merkmal ein juristischer Hilfsbegriff, der uns
das Verständnis der juristischen Tatsache vermittelt, daß alles
vom Staate in den rechtlichen Formen definitiv Gewollte Rechtskraft gewinnt. Keineswegs aber wird dadurch eine prinzipiell
unbeschränkte und unbeschränkbare Zuständigkeit der Staatsgewalt festgesetzt. Das Recht bezeichnet immer nur die aktuelle
Zuständigkeit des Staates. Was der Staat auf dem Wege möglicher Zuständigkeitserweiterung gewinnen kann, liegt nicht in
seiner Rechtssphäre. Andernfalls käme man zur völligen Vernichtung aller dem Staate eingegliederten Persönlichkeiten, denn
alle Staatsmacht kann nur auf Kosten der individuellen Freiheit
bestehen. Würde Souveränetät bedeuten, daß alle Möglichkeiten
der Kompetenzerweiterung zur aktuellen Sphäre des Staates gehören, so wären wir alle Staatssklaven, die ein Stück Rechtsfähigkeit als Prekarium von seiten des Staates genießen[1]. Das

---

[1] v. Seydel, Der Bundesstaatsbegriff in „Staatsrechtliche und
politische Abhandlungen" 1893 S. 8, sagt: „Wer Eigentümer ist, hat an

war in der Tat die Ansicht der Absolutisten, die daher auch
vom Eigentum behaupteten, daß es dem einzelnen nur so weit
und insolange zukomme, als es der Staat ihm zuteile[1]), welche
Lehre von Rousseau vom absoluten Fürsten auf den unbeschränk-
baren Volkswillen übertragen wird[2]). Allein die bloße abstrakte
Möglichkeit, ein Hoheitsrecht zu besitzen, hat nicht die geringste
Wirkung auf die dem Staate eingeordneten Persönlichkeiten, seien
dies nun Individuen oder Verbände. Sie haben ihre eigenen
Rechte, die sie nicht auf Kündigung, nicht als Gnade des
souveränen Staates, nicht als dessen Delegierte besitzen, sondern
sie haben ihre Rechte kraft ihrer Anerkennung als Rechtsträger,
als Personen, welche Qualität ihnen zu entziehen gänzlich außerhalb des realen Machtbereiches des Staates liegt.

Es bedarf daher stets eines okkupatorischen, neues Recht
begründenden Aktes, wenn der Staat seiner aktuellen Kompetenz
ein neues Gebiet hinzufügt. Vermöge der Souveränetät hat der
Staat nicht alle möglichen „Hoheitsrechte", sondern stets nur die,
welche er in einem gegebenen Zeitpunkt sich tatsächlich beigelegt hat. Die Definition, welche die Souveränetät der unbeschränkten Rechtsmacht des Staates über seine Kompetenz
gleichstellt[3]), enthält ebenfalls nur eine Hilfsvorstellung, um die
Rechtmäßigkeit kompetenzerweiternder staatlicher Akte zu rechtfertigen. Ausnahmslose Gleichstellung von Souveränetät mit voller
Rechtsmacht über die Kompetenz ist aber unzutreffend. An
der Anerkennung der Einzelpersönlichkeit hat unter allen Umständen staatliche Kompetenzerweiterung ihre Grenze. Durch An-

der Sache kein Recht nicht; wer Souverän ist, hat kein Hoheitsrecht
nicht. Aber in beiden Fällen genügt die bloße Macht. Man muß alle
denkbaren Befugnisse ausüben können; aber man muß sie nicht ausüben." Damit ist alle individuelle Freiheit für staatliche Gnade erklärt.
Ähnlich Herzfelder Gewalt und Recht 1890 S. 139.

[1]) Hobbes De cive VI 15: „non autem proprium ita habere
quicquam, in quod non habeat ius ille qui habet summum imperium."

[2]) Du contrat social I 9: „L'État à l'égard de ses membres, est
maître de tous leurs biens par le contrat social, qui dans l'État sert de
base à tous les droits."

[3]) Namentlich vertreten von Haenel, Studien I S. 149, dem sich
viele angeschlossen haben, vgl. die Angaben bei G. Meyer StR. S. 23
N. 12, wo auch ich aufgezählt bin, jedoch habe ich bereits, Lehre von
den Staatenverbindungen, S. 28, die Haenelsche Lehre nur mit Einschränkungen für richtig erklärt. Solche Einschränkungen folgen aber nunmehr aus den Ausführungen Haenels selbst, Staatsrecht I S. 114 ff., 797.

erkennung des Völkerrechts und durch die auf Grund dieser
Anerkennung vorgenommenen, ihn bindenden Akte schränkt der
Staat vermöge seiner Rechtsmacht sich selbst ein, ohne daß er
sich sodann rechtlich ohne weiteres durch selbsteigenen Entschluß
von solchem Bande lösen könnte. Aber auch nach innen sind
Fälle möglich, in denen selbst auf dem Wege der Verfassungsänderung ein geltender Rechtssatz nicht geändert werden kann.
Das französische Gesetz vom 14. August 1884 verbietet, die
republikanische Regierungsform zum Gegenstand eines Antrages
auf Verfassungsrevision zu machen[1]). Dieser Satz kann durch
Gewalt, aber nicht durch Recht aufgehoben werden. Ferner gibt
es Fälle, in denen die politische Unmöglichkeit der Rechtsände-
rung so unzweifelhaft ist, daß sie den soeben erwähnten unmittelbar angeschlossen werden können, da das faktisch Unmögliche niemals als rechtliche Möglichkeit konstruiert werden darf.
Dahin zähle ich z. B. das Verbot der bill of attainder in der Verfassung der Vereinigten Staaten. Gerade an solchen politisch
unmöglichen Fällen wird die „Rechtsmacht über die Kompetenz"
als bloßer Hilfsbegriff deutlich erkannt.

b) Souveränetät und Staatsgewalt.

Alle Versuche, einen bestimmten Inhalt der Souveränetät zu
konstatieren, beruhen auf der Verwechslung von Staatsgewalt mit
Souveränetät und damit auf einer Umkehr des realen Tatbestandes.
Die nach der jeweiligen historischen Sachlage vom Staate vollzogenen herrschaftlichen Funktionen werden als notwendige Konsequenzen der Souveränetät dargestellt. Weil die Staatsgewalt
Gesetzgebung, Gerichtsbarkeit, Begnadigungsrecht, Beamtenernennung, Münzrecht usw. übte, wurden sie in die Souveränetät
hineingelegt, während historische Forschung diesen Funktionen

---

[1]) Art. II . . . „La forme républicaine du Gouvernement ne peut faire
l'objet d'une proposition de revision". Duguit-Monnier p. 338.
Vgl. darüber auch Pierre Traité de droit politique électoral parlementaire, 2 ème éd. 1902 p. 14 f.; v. Herrnritt, Die Staatsform als Gegenstand der Verfassungsgesetzgebung und Verfassungsänderung 1901 S. 5 ff.,
mißt dieser Bestimmung wegen der schwachen Gewähr, die sie schützt,
nur prekäre Bedeutung zu; immerhin wird man ihre rechtliche Art nicht
leugnen können. Auch v. Seydel würde sie wohl für gültig erklären,
Blätter f. adm. Praxis Bd. 45 (1895) S. 10 ff., im Gegensatze zu J. Kohler,
Hirths Annalen 1888 S. 4.

oft ganz anderen Ursprung nachweist und sie mit nichten alle
als von Hause aus nur dem Staate zugehörig erkannt hat.

Aus dem Souveränetätsbegriff, der rein formaler Natur ist,
folgt an sich gar nichts für den Inhalt der Staatsgewalt. Die
Zuständigkeit des Staates ist eine geschichtlich wechselnde. Aller
positive Inhalt der Staatsgewalt kann nur durch historische
Forschung für eine bestimmte Epoche und einen bestimmten
Staat festgelegt werden, wenn auch in jedem Zeitraum die Zuständigkeit der auf gleicher Kulturstufe stehenden Staaten, an-
nähernd wenigstens, denselben Typus aufzuweisen pflegt. Gewisse
Gebiete wird der Staat zwar stets besetzt halten, aber auch auf
dem Felde der konstanten Zuständigkeiten wechseln dennoch
Art und Umfang der staatlichen Kompetenz. Namentlich im
19. Jahrhundert ist die Ausdehnung der staatlichen Zuständigkeit
in großartigstem Maße erfolgt. Alle Gerichte sind für Staats-
gerichte erklärt, die Reste feudaler Polizeigewalt beseitigt, das
ganze Unterrichtswesen staatlicher Leitung und Oberaufsicht
unterstellt, kirchliche Verwaltungstätigkeit auf dem Gebiete des
Personenstandwesens vom Staate übernommen worden, in der
Arbeiterfürsorge, dem Impf-, Viehseuchen-, Strandungs-, Patent-,
Eisenbahnwesen usw. dem Staate neue Verwaltungsgebiete zugewachsen. Nichtsdestoweniger hat die Souveränetät des Staates
dadurch keine Änderung erfahren: sie ist mit nichten gewachsen.
Und anderseits sind durch Anerkennung individueller Freiheit
frühere „Hoheitsrechte“ verschwunden, ohne daß die Souveränetät
davon irgend berührt worden wäre.

Es kann daher aus der Tatsache, daß ein Staat nach bestimmten Richtungen sich nicht betätigt, daß er gewisse Zuständigkeiten oder „Hoheitsrechte“ nicht besitzt, gar kein Schluß
auf das Wesen seiner Staatsgewalt gemacht werden. Wie weit
eine Staatsgewalt sich zu betätigen habe, um souverän zu sein,
ist eine gar nicht zu beantwortende Frage.

Wenn daher zwei miteinander verbundene Staaten staatliche Kompetenzen, die heute der Einheitsstaat zu besitzen pflegt,
derart verteilt aufweisen, daß jeder von ihnen sich nur eine
bestimmte Quote dieser Kompetenzen zuschreibt, so ist damit
in keiner Weise eine Teilung der Souveränetät oder auch nur
der Staatsgewalt gesetzt. Vielmehr sind hier zwei getrennte
Staatsgewalten vorhanden, deren Kompetenz rechtlich beschränkt
ist, ohne daß sie beide zusammen die ganze Staatsgewalt aus-

machen. Das führt aber zu der dritten an dieser Stelle zu
erörternden Frage: ob Souveränetät ein wesentliches Merkmal
der Staatsgewalt, daher Staat und souveräner Staat identische
Begriffe seien.

c) Die Souveränetät kein wesentliches Merkmal
der Staatsgewalt.

Die Naturrechtslehre zeichnete einen Normaltypus des Staates,
dessen Gewalt das wesentliche Merkmal der Souveränetät besitzt.
Dieser Typus wird auch heute noch von manchen als der allein
zu Recht bestehende angesehen[1]). Zwar ist es unbestritten, daß
es im Staate diesem gegenüber relativ selbständige Verbände
gebe, die Imperium üben. Die Streitfrage aber besteht darin,
ob der einem höheren Verbande eingeordnete, daher in einem
bestimmten Umfange untergeordnete Verband, der mit Herrschergewalt ausgerüstet ist, trotz dieser Unterordnung den Charakter
als Staat bewahren oder gewinnen könne. Diese Frage, obwohl
schon früher vorhanden, ist zu hervorragender Bedeutung erst
durch die Gründung der modernen Bundesstaaten und die sich
daran knüpfenden Theorien gediehen. Unter dem Einflusse der
früher herrschenden Theorie von der begrifflichen Notwendigkeit
der Souveränetät für den Staat wurde für den Bundesstaat zunächst die Lehre von der geteilten Souveränetät aufgestellt. Andere
haben, von dem Gedanken der Unteilbarkeit der Souveränetät
ausgehend, entweder die Möglichkeit der Bundesstaaten geleugnet
oder den Gliedstaaten den Staatscharakter abgesprochen, haben
damit aber auf das Begreifen der Eigenart der wichtigsten

---

[1]) Z. B. v. Seydel, namentlich Abhandlungen S. 6; Zorn StR. I
S. 63 u. Die deutsche Reichsverfassung 2. Aufl. 1913 S. 34; Haenel
StR. I S. 113, 798; Bornhak Staatslehre S. 9; Otto Mayer Das Staatsrecht des Königreichs Sachsen 1909 S. 11 ff.; ferner Le Fur p. 354 ff.;
Combothecra p. 155 f.; Esmein p. 6 f. Die ausländische staatsrechtliche Literatur der Einheitsstaaten über den Einheitsstaat hat in
der Regel keinen Anlaß, das Dogma von der Souveränetät als Essentiale
des Staatsbegriffes zu prüfen. Interessant ist es, daß in jüngster Zeit
sich in der amerikanischen Staatsrechtslehre eine Strömung geltendmacht,
die den Einzelstaaten der Union wegen Mangels der Souveränetät den
Staatscharakter abspricht. So in lebhafter, aber nicht in die Tiefe
dringender Polemik gegen meine Ausführungen Willoughby, Examin-
nation p. 246 ff., ferner Burgess, in Opposition gegen Laband, vgl.
das längere Zitat bei Willoughby p. 245. Hingegen hat sich W. Wilson,
An Old Master and other Essays, New York 1893, p. 93 f., meinen Darlegungen angeschlossen.

Exemplare der Staatenverbindungen der Gegenwart verzichtet.
Manche Konsequenzen, die von ihnen aus ihrer Negation der
Möglichkeit nichtsouveräner Staaten gezogen wurden, gehören
zu den schlimmsten Resultaten der abstrakten, dem Leben gänzlich abgewendeten reinen Begriffsjurisprudenz.

Eine definitive Lösung erhält diese Streitfrage durch die
Erkenntnis, daß Souveränetät keine absolute, sondern eine historische Kategorie ist[1]). Die Darstellung der Entstehung des Souveränetätsbegriffes hat unwiderleglich ergeben, daß den heute als
von jeher souverän betrachteten Staaten dieser Charakter einmal
gemangelt hat. In der Zeit, da die Kirche Könige ein- und
absetzte, da sie den Gottesfrieden verkündete, da sie, ohne Rücksicht auf staatliche Grenzen, ihr Recht in ihren Gerichten übte,
war sie eine dem Staate übergeordnete Macht. So lose auch
der Verband des heiligen römischen Reiches war, es enthielt
in sich Staaten, welche die, wenn auch nur nominelle Oberhoheit
des Kaisers anerkannten. Nach innen hatte der Staat an dem
Rechte eingeordneter Gewalten eine unübersteigliche Schranke,
welche der dem souveränen Staate eigentümlichen Bewegungsfreiheit hemmend entgegenstand. Der mittelalterliche
Staat war noch nicht souverän. Aber er war bereits
Staat. Die Versuche kirchlicher Schriftsteller, die einzelnen
Staaten als Provinzen des römischen Reiches hinzustellen, sind
nichts als eine in dieser Epoche häufige Übertragung der überkommenen antiken Vorstellungen auf die in der Regel nur unklar
erfaßten gleichzeitigen Zustände.

Aber selbst wenn man von den in der geschichtlichen Lage
der mittelalterlichen Welt begründeten allgemeinen Einschränkungen des Staates absieht, ist es unmöglich, vermittelst der
Souveränetätsvorstellung zu einem Verständnis der staatlichen
Verhältnisse des Mittelalters zu gelangen. Mächtige Staaten stehen
im Lebensnexus zu einer anderen Macht. Städtische Gemeinwesen, die ihre Unterwerfung unter ein Reich nicht verleugnen,
schließen sich mit anderen zu kräftigen internationalen Bünden
zusammen. Die Städte der Hansa sind samt und sonders nicht
souverän; unter dem Gesichtspunkte moderner Staatsanschauung

---

[1]) Wenn Seidler, Jur. Kriterium S. 78, dies dialektisch bestreitet,
so ist das eben unhistorischer Dogmatismus; Seidler selbst kann
übrigens seinen sozialen Staatsbegriff auf den mittelalterlichen Staat
(vgl. S. 47) nicht in vollem Maße anwenden.

scheinen sie jedoch in viel höherem Maße die Aufgabe eines
staatlichen Gemeinwesens zu erfüllen als die sie umfassenden
Reiche. Die Fülle autonomer Verbände der mittelalterlichen Welt
unter den modernen Begriff des Kommunalverbandes zu beugen,
würde auch nichts als eine unhistorische Übertragung heutiger
Anschauungen auf eine unter ganz anderen Bedingungen existierende Staatenwelt bedeuten.

Ebensowenig aber war mit dem Souveränetätsbegriff auch
die dem B o d i n und seinen Nachfolgern gleichzeitige Staatenwelt völlig zu begreifen. B o d i n selbst muß verschiedene Modifikationen der Souveränetät zugeben[1]), und L o y s e a u in seinem
gründlichen Traité des Seigneuries betont energisch die Identität
von Staat und Souveränetät, muß aber doch das Dasein von
„princes subjects" mit Souveränetätsrechten zugeben[2]), ferner,
daß Protektion, Tribut und Lehnsverhältnis „rabaissent et di-
minuent le lustre de l'État souverain, qui sans doute n'est pas
si pur, si souverain et si maiestatif (s'il faut ainsi dire) quand
il est subject à ces charges"[3]). Ebenso haben später Schriftsteller der naturrechtlichen Epoche, die sich mit der realen
Staatenwelt beschäftigen, die Existenz nichtsouveräner Staaten
behauptet, denen sie verschiedene Namen geben[4]). Allen voran
stehen die deutschen Publizisten, die in den letzten Reichszeiten
den staatsgewaltartigen Charakter der Landeshoheit behaupteten[5]).
Aber auch die völkerrechtliche Literatur vermag mit dem Souveränetätsbegriff nicht die Gesamtheit der internationalen Rechtssubjekte zu erfassen und sieht sich daher in die Notwendigkeit
versetzt, eine besondere Kategorie von Staaten ohne Souveränetät
zu schaffen, für welche seit J. J. M o s e r s unklaren, unter dem
Einfluß der Lehren von der persönlichen und dinglichen Souveränetät stehenden Ausführungen[6]) die widerspruchsvolle, aber

---

[1]) De rep. I 9 p. 169 ff.

[2]) A. a. O. p. 31 f.

[3]) p. 34. Trotzdem bleiben die solche Staaten beherrschenden Fürsten
souverän.

[4]) Vgl. Lehre von den Staatenverbindungen S. 38 f.; G i e r k e
Althusius S. 248 f. (besonders N e t t e l b l a d t).

[5]) Über sie B r i e Der Bundesstaat 1874 S. 28 ff.; P ü t t e r (und
seine Schule); R e h m Staatslehre S. 50 ff. (namentlich K r e i t t m a y r).

[6]) Beyträge zu dem neuesten Europ. Völkerrecht in Friedenszeiten !
S. 596. Vgl. darüber B o g h i t c h é v i t c h Halbsouveränetät 1903 S. 104 ff.
R e h m, Staatslehre S. 69, will, obwohl er die Teilbarkeit der Souve-

seither in der diplomatischen Sprache gebrauchte Bezeichnung
der halbsouveränen Staaten sich eingebürgert hat.

Ist demnach Souveränetät kein wesentliches Merkmal sowohl
der mittelalterlichen als der Staaten aus der Blütezeit des naturrechtlichen Dogmas von der Identität der Staats- mit der souveränen Gewalt gewesen, so kann auch für die Gegenwart diese
Gleichstellung nicht aus der Betrachtung der realen Staatenwelt dargetan werden. Auch die heutige Staatenwelt weist Gebilde auf, die staatliche Aufgaben mit selbständiger Organisation
und staatlichen Mitteln erfüllen, aber nicht souverän sind. An
diese historisch-politische Tatsache haben auch alle wissenschaftlichen Vorstellungen vom Staate anzuknüpfen, die ja das Gegebene erklären, aber nicht meistern sollen.

Es gibt demnach zwei Gattungen von Staaten: souveräne
und nichtsouveräne. Da erhebt sich aber die Frage, welches
Merkmal den nichtsouveränen vom souveränen Staat einerseits,
vom nichtstaatlichen, dem Staate ganz untergeordneten Verband
anderseits scheidet. Sie wird beantwortet durch Untersuchung
der folgenden Eigenschaft der Staatsgewalt, der Fähigkeit zur
Selbstorganisation und Autonomie.

II. Fähigkeit der Selbstorganisation und Selbstherrschaft[1]).

Wesentliches Merkmal des Staates ist Dasein einer Staatsgewalt. Staatsgewalt ist aber nicht weiter ableitbare Herrschergewalt, Herrschergewalt aus eigener Macht und daher zu eigenem

---

ränetät zwischen halb- und nichtsouveränen Staaten leugnet, einen
quantitativen Unterschied mit Rücksicht auf den Grund der Unterwerfung
aufstellen, wozu aber doch, wie Rehm jetzt selbst zuzugeben scheint
(Kleine Staatslehre S. 59 f.), kein Bedürfnis vorliegt.

[1]) Über abweichende Meinungen vgl. die treffende Polemik von
G. Meyer, StR. S. 9 N. 20, mit dessen Grundanschauung ich in diesem
Punkte im wesentlichen übereinstimme. Vgl. zum folgenden G. Jellinek
Über Staatsfragmente (Sonderabdruck aus der Festgabe der juristischen
Fakultät der Universität Heidelberg zur Feier des 70. Geburtstages Seiner
Königlichen Hoheit des Großherzogs Friedrich von Baden) 1896 S. 12 ff.
Aus der neuesten Literatur Rosenberg im Archiv f. öff. Recht XIV
1899 S. 362 ff. und nunmehr Hirths Annalen 1905 S. 343 (auch Z. f. ges.
Staatsw. 1910 S. 341 ff.), mit meinen näheren Ausführungen, Staats-
fragmente S. 12, ausdrücklich übereinstimmend. Ferner Rehm, der,
Staatslehre S. 28 ff., behauptet, wie vor ihm schon Stöber, Arch.
f. öff. R. I S. 638 ff., daß völkerrechtliche Persönlichkeit das einzige Merkmal sei, das den Staat von der Gemeinde scheide. Aber völkerrechtliche

Recht. Der Umfang dieser Herrschergewalt ist für ihr Dasein
ganz gleichgültig. Wo ein Gemeinwesen aus ursprünglicher Macht
und mit ursprünglichen Zwangsmitteln Herrschaft über seine
Glieder und sein Gebiet gemäß einer ihm eigentümlichen Ordnung
zu üben vermag, da ist ein Staat vorhanden[1]).

Das Dasein einer Staatsgewalt äußert sich zunächst in dem
Dasein selbständiger, sie versehender Organe. Eigene Organi-
sation und die mit ihr verknüpfte Machtverteilung ist das erste
Merkmal, um den Staat vom nichtstaatlichen Verbande zu trennen.
Wo immer daher ein Gemeinwesen seine Verfassung von einer

Persönlichkeit ist doch immer die Folge, nicht der Grund der staatlichen
Qualität eines Gemeinwesens; es muß eine Eigenschaft aufweisen können,
die es befähigt, Subjekt des Völkerrechts zu sein. Das ist aber nichts
anderes als die ihm eignende originäre Herrschergewalt. Vgl. auch
Laband I S. 75. In seiner Kleinen Staatslehre S. 19 hat denn Rehm
das Erfordernis der völkerrechtlichen Persönlichkeit fallen lassen. —
Seidler, Jur. Kriterium S. 75, bezeichnet den souveränen Staat als ein
mit Gebiets-, Personal- und Organhoheit ausgestattetes Hoheitssubjekt,
den nichtsouveränen (S. 86) als eine Gebietskörperschaft, welche die Vereinigung relativer Gebiets-, Organ- und Personalhoheit aufweist. Diese
Auffassung entfernt sich nicht von der hier vertretenen, da sie nur die
selbstverständliche Tatsache betont, daß die ursprüngliche Herrschermacht sich an den wesentlichen Elementen des Staates betätigen muß;
nur ist der Begriff des Relativen ein viel zu unbestimmter, um zur
Klarheit zu führen. Ähnlich wie Seidler Rosenberg, Hirths Annalen
1905 S. 279 f. u. Z. f. ges. Staatsw. 1909 S. 15 ff.

[1]) Vgl. auch die näheren Ausführungen, Staatsfragmente S. 11 ff.
Diese Lösung gilt, wie nochmals betont werden soll, für die Staatenwelt
der Gegenwart. Ob z. B. auf Grund mittelalterlicher Verhältnisse sich
eine scharfe Grenzlinie zwischen Staat und Gemeinde ziehen läßt, ist
für unsere Frage ganz gleichgültig, weil es nicht möglich ist, aus den
Erscheinungen voneinander fern abliegender Epochen gemeinsame staatsrechtliche Begriffe zu gewinnen. Wer die Horde oder Familie der Urzeit,
die griechische Polis, die Gemeinwesen afrikanischer und polynesischer
Stämme, das germanische Mittelalter und die heutigen zivilisierten Staaten
miteinander vergleicht, der erhält nur einen ganz farblosen, inhaltsleeren
sozialen Begriff des Gemeinwesens, niemals aber eine konkrete rechtliche
Vorstellung. Souveränetät z. B. und völkerrechtliche Persönlichkeit sind
rechtliche Begriffe, die ganz der neuesten Zeit angehören; sie können
daher nicht zur Konstruktion der antiken und mittelalterlichen Staatenwelt verwendet werden; ebenso passen unsere Vorstellungen von der
Körperschaft nicht auf die Gemeinwesen der heutigen Naturvölker.
Wenn die Erkenntnis von der dynamischen Natur des Staates durchdringt, so ist damit eine große Zahl für das Recht der Gegenwart
unnützer Kontroversen beseitigt.

anderen Macht erhält, so daß sie nicht auf seinem Willen, sondern dauernd auf dem Gesetze dieser Macht ruht, da ist kein Staat, sondern nur das Glied eines Staates vorhanden. Daher sind die deutschen Gliedstaaten Staaten, denn sie können sich durch ihre eigenen, ausschließlich auf ihrem Willen beruhenden Verfassungen organisieren, die ihre Gesetze, nicht die des Reiches sind. Ebenso sind die Verfassungen der schweizerischen Kantone, der Einzelstaaten der amerikanischen Union Staatsverfassungen, denn sie beruhen ausschließlich auf ihren eigenen Gesetzen, nicht auf dem Willen des übergeordneten Bundesstaates. Es können Schranken in den bundesstaatlichen Gesetzen für die Verfassungen der Gliedstaaten gezogen sein (z. B. Verbot einer anderen als der republikanischen Staatsform, wie in der Schweiz und in den Vereinigten Staaten): sie bleiben trotzdem ausschließlich Gesetze der Gliedstaaten. Selbst wenn ein Gemeinwesen unter der Mitwirkung fremder Staaten seine Verfassung empfangen hat, so ist es Staat, wenn diese Verfassung pro futuro ausschließlich als sein originärer Willensakt anzusehen ist, so daß sie von ihm ohne weitere Ermächtigung abgeändert werden kann.

Wo hingegen ein Herrschergewalt übender Verband seine Organisation von einem über ihm stehenden Staate als dessen Gesetz empfangen hat, da ist kein Staat vorhanden. So vor allem bei den Kommunen, deren Verfassung stets auf Staatsgesetzen ruht, die höchstens in untergeordneten Dingen eine begrenzte Organisationsbefugnis zugestehen. Sodann aber gewährt dieses Kriterium den richtigen Einblick in die nichtstaatliche Natur staatsähnlicher Gebiete. Daher ist Elsaß-Lothringen kein Staat, denn seine Verfassung beruht auch nach der Verfassungsreform von 1911 auf Gesetzen des Deutschen Reiches, es gibt keine elsaß-lothringischen Verfassungsgesetze[1]); daher sind die mit weitestgehender Autonomie ausgerüsteten englischen Charterkolonien, wie Kanada, die südafrikanische Union, Australien, keine Staaten, denn ihre Verfassungen sind in englischen Gesetzen enthalten, in Parlamentsakten Großbritanniens, die rechtlich jederzeit vom Parlament wieder geändert werden können, ohne daß der betreffenden Kolonie ein gesetzliches Mitwirkungsrecht an solcher Verfassungsänderung zustände[2]). Innerhalb der Schranken dieser englischen Gesetze

---

[1]) Vgl. unten S. 493 u. N. 1, 653 u. N. 2.

[2]) Von dieser rechtlichen Möglichkeit wird allerdings heute kein

können sich diese Kolonien frei organisieren. Sie verfügen aber
in diesem Organisationsprozesse nicht über originäres, sondern
über geliehenes Imperium, in dessen Innehabung sie sich von
Kommunalverbänden des Einheitsstaates nicht unterscheiden. Die
österreichischen Königreiche und Länder haben ihre zu Staats-
grundgesetzen erklärten Landesverfassungen, die jedoch vom
Kaiser, nicht von dem Herrscher des einzelnen Landes gegeben
und nur durch kaiserliche, nicht etwa durch landesherrliche
Sanktion abgeändert werden können; es mangelt ihnen daher der
Staatscharakter.

Damit ein Verband als Staat zu charakterisieren sei, muß
aber das höchste Organ, das die Verbandstätigkeit in Bewegung
setzt, selbständig sein, d. h. es darf nicht mit dem Organ eines
anderen Staates rechtlich zusammenfallen. Identität der Organe
zieht, logisch notwendig, Identität des Staates nach sich[1]). Selbst
da, wo es zweifelhaft sein kann, ob ein Gemeinwesen nicht das
Recht eigener Verfassungsgesetzgebung besitzt, muß zuungunsten
des staatlichen Charakters entschieden werden, wenn das Gemeinwesen ein oberstes, selbständiges, in dieser Selbständigkeit
handlungsfähiges Organ nicht aufzuweisen vermag. Wollte man
z. B. aus den Organisationsbefugnissen der britischen Kolonien
innerhalb der vom englischen Parlamente gesetzten Schranken
auf den staatlichen Charakter dieser Kolonien schließen, so würde
ein solcher Schluß irrig sein, weil alle diese Kolonien kein
der britischen Krone gegenüber selbständiges höchstes Organ
besitzen.

Dieses Merkmal lehrt auch schwierige Grenzfälle entscheiden.
So fehlt Kroatien im Verhältnis zu Ungarn, Finnland in dem zu
Rußland der staatliche Charakter, weil der König von Kroatien
mit dem von Ungarn, der Großfürst von Finnland mit dem
russischen Kaiser rechtlich identisch ist, daher diese Verhältnisse
keine Realunionen, sondern Einheitsstaaten darstellen[2]).

Gebrauch gemacht. Immerhin hat im Konfliktsfalle das Reichsparlament
an seinem Rechte noch immer eine nicht zu unterschätzende Waffe.

[1]) Wenn S e i d l e r, Jur. Kriterium S. 13, dem gegenüber auf die
Personalunion hinweist, so beruht das auf der bei einem Juristen un-
begreiflichen Verwechslung des Organs mit dem Organträger! Vgl. auch
unten Kap. XXI S. 750 ff.

[2]) Vgl. die eingehende Darlegung bei G. J e l l i n e k Staatsfragmente
S. 35—46; wegen Kroatiens ferner G. J e l l i n e k Ausgewählte Schriften u.
Reden II 1911 S. 448 ff., 453 ff.; N a g y v o n E ö t t e v é n y i. Jahrb. d. ö. R.

Das erste Merkmal einer selbständigen Herrschergewalt ist also, daß ihre Organisation ausschließlich auf eigenen Gesetzen ruht. Sie muß ferner alle wesentlichen materiellen Funktionen einer Staatsgewalt besitzen, was wiederum nur die Folge der Selbstorganisation der Herrschergewalt ist. Vor allem disponiert jeder Staat durch seine Gesetze über die ihm zustehende Herrschermacht. Aber auch seine Verwaltung und seine Recht- sprechung ruhen auf seinem Willen. Diese Eigenschaft kann als die der Autonomie bezeichnet werden. Sie besteht nicht nur in der Fähigkeit, eigene Gesetze zu haben, sondern auch ihnen gemäß und innerhalb ihrer Schranken zu handeln[1]). Daher ist der Schluß gerechtfertigt, daß ein Gemeinwesen ohne eigene Gesetze, Regierung, Rechtsprechung kein Staat sei; mangelt ihm auch nur eines dieser Stücke, so ist dies ein Zeichen dafür, daß es nicht unter den Staatsbegriff fällt[2]). Ein Staat kann in dem Umfang dieser Funktionen, in der Kompetenz seiner Organe eingeschränkt sein, allein sie alle müssen vorhanden sein, um ihm den Staatscharakter zu wahren. Daher muß auch ein jeder nichtsouveräne Staat sich in eine bestimmte Staatsform einordnen lassen. Württemberg und Baden sind Monarchien, Hamburg, Bern, Pennsylvanien Republiken. Elsaß-Lothringen hingegen kann keiner dieser beiden Hauptkategorien eingereiht werden. Es gibt kein selbständiges, nur ihm zugehöriges oberstes Herrschafts- organ für Elsaß-Lothringen[3]), und ebensowenig können die mit

III 1909 S. 396 ff.; M a r c z a l y Ungar. Verfassungsrecht 1911 S. 154 ff.; T e z n e r Der Kaiser 1909 S. 252 ff. Für die Staatsnatur Kroatiens B e r n a t z i k Öst. Verfassungsgesetze 2. A. 1911 S. 735 f., wohl in Wider- spruch mit S. 1033 und mit der irrigen Behauptung, es gebe keine ein- heitliche preußische Staatsangehörigkeit. — Wegen Finnlands vgl. unten S. 655 ff.

[1]) Vgl. L a b a n d I S. 105.

[2]) S e i d l e r, Jur. Kriterium S. 12, bestreitet dies, indem er es für möglich hält, daß im Bundesstaat die gesamte Rechtsprechung der Zentral- gewalt zugeteilt wird. Er verwechselt aber die formelle Funktion der Gerichtsbarkeit mit der materiellen der Rechtsprechung, die gar nicht mechanisch von Gesetzgebung und Verwaltung geschieden werden kann. Zudem hat es bisher noch nie einen richterlosen Staat gegeben, daher hier für mich einer der Fälle vorliegt, wo Einsicht in die historische Wirklichkeit den freien Flug der juristischen Spekulation zu mäßigen hat.

[3]) Das verkennt v. S e y d e l, Kommentar zur Verfassungsurkunde für das Deutsche Reich 2. Aufl. 1897 S. 39, wenn er Elsaß-Lothringen für einen Staat und die verbündeten Souveräne Deutschlands für die

Verfassungen begabten britischen Kolonien als Monarchien oder
die organisierten nordamerikanischen Territorien als Republiken
bezeichnet werden.

Die nichtsouveränen Staaten der Gegenwart besitzen überdies einen selbständigen Wirkungskreis auf allen großen Gebieten
staatlicher Verwaltung. Sie können — in verschiedenem Umfange — mit anderen Staaten verkehren[1]), besitzen eigene Justiz-,
Finanz- und innere Verwaltung und haben entweder ihre eigenen
Truppen oder doch einzelne Rechte hinsichtlich der von ihnen
gestellten Kontingente des Bundesheeres. Notwendig ist dies
aber keineswegs, da aus dem Dasein oder Fehlen bestimmter
„Hoheitsrechte" niemals auf Sein oder Nichtsein des Staates
geschlossen werden darf.

Auf Grund dieser Darlegungen ergibt sich als weiteres Kriterium für den nichtsouveränen Staat, das ihn vom nichtstaatlichen Gemeinwesen scheidet, daß er beim Wegfall des ihn beherrschenden Staates ohne weiteres den Charakter als eines

---

Souveräne von Elsaß-Lothringen erklärt. Ebensowenig ist die Ansicht
von L e o n i, Das Verfassungsrecht von Elsaß-Lothringen I 1892 S. 5 ff.,
und die, nunmehr in der Ztschr. f. ges. Staatswissenschaften 1910 S. 345 ff.
aufgegebene, Ansicht von R o s e n b e r g, Die staatsrechtliche Stellung von
Elsaß-Lothringen 1896 S. 8 ff., haltbar. Die Behauptung L e o n i s, der
Kaiser sei der widerrufliche Monarch Elsaß-Lothringens (a. a. O. S. 48),
verkennt überdies das Wesen der Monarchie. Auch R e h m suchte in
seiner Staatslehre S. 165 ff. eingehend die Staatsnatur von Elsaß-Lothringen zu erweisen; doch vertritt er heute diese Ansicht nicht mehr:
Das Reichsland Elsaß-Lothringen 1912 S. 3 ff., 12. Vgl. auch S. 653 N. 2.

[1]) Auch die Gliedstaaten der amerikanischen Bundesstaaten können
untereinander Verträge schließen: Vereinigte Staaten, Const. Art. I
sect. 10, 3; ebenso Argentinien, Art. 107; Brasilien, Art. 65, 1. Mexiko
gestattet nur Verträge über Grenzregulierungen (Art. 110) und den
Grenzstaaten Koalitionen zum Kampfe gegen wilde Stämme. Die meisten
dieser Staaten verlangen für derartige Verträge Genehmigung durch
Bundesorgane oder (Argentinien) Anzeige an den Kongreß. Die staatliche
Natur der Gliedstaaten aber kommt hier insofern zum Ausdruck, als
diese Verträge grundsätzlich nach Völkerrecht zu beurteilen sind. Über
die einschlägigen Verfassungsbestimmungen vgl. auch Le F u r p. 688 Note.
Seine Behauptung, daß die Verträge nach Staats-, nicht nach Völkerrecht
beurteilt werden müssen, ist erweislich falsch. Die Praxis dürfte allerdings kaum zu konsultieren sein: wenigstens ist in den Vereinigten
Staaten die erwähnte, Verträge der Gliedstaaten untereinander anerkennende Klausel bisher nicht benutzt worden. Vgl. Lehre von den
Staatenverbindungen S. 49.

souveränen Staates gewinnt. Er braucht daher auch nach innen nur durch seine Gesetze mit seinen bereits vorhandenen Organen eine Kompetenzerweiterung vorzunehmen, um staatsrechtlich alle Funktionen eines souveränen Staates auszuüben. Durch Verfassungsänderung verwandelt sich daher ein abhängiger Staat rechtlich in einen souveränen. Derartiges hat in großem Stil 1806 nach Auflösung des Deutschen Reiches stattgefunden, wo den bisher reichsuntertänigen Landesherren die ihnen nicht zustehenden und sie reichsstaatsrechtlich einschränkenden Befugnisse der Reichsgewalt zuwuchsen oder diese gänzlich hinwegfielen. Ein bisher nichtstaatliches Gemeinwesen müßte sich aber überhaupt erst als Staat konstituieren, über seine künftige Staatsform Beschluß fassen, um solchenfalls den Charakter eines Staates zu erhalten. So brauchte Bulgarien nach Wegfall der türkischen Oberherrschaft einfach nur die Aufhebung der Beschränkungen seiner bisherigen Stellung verfassungsmäßig feststellen zu lassen, um sich auf Grund der ihm nun völkerrechtlich zugewachsenen Macht nach jeder Richtung hin als souveräner Staat darzustellen; hingegen müßte ein Staatsteil oder ein einem Staate gänzlich unterworfener Verband, um in ähnlicher Lage selbst souveräner Staat zu werden, sich überhaupt erst staatlich organisieren, widrigenfalls er als Anarchie betrachtet werden müßte.

Auch die Grenze zwischen nichtsouveränem und souveränem Staate läßt sich nunmehr leicht ziehen. Souveränetät ist die Fähigkeit ausschließlicher rechtlicher Selbstbestimmung. Daher kann nur der souveräne Staat innerhalb der von ihm selbst gesetzten oder anerkannten Rechtsschranken völlig frei den Inhalt seiner Zuständigkeit regeln. Der nichtsouveräne Staat hingegen bestimmt sich ebenfalls frei, soweit seine staatliche Sphäre reicht. Bestimmbarkeit oder Verpflichtbarkeit durch eigenen Willen ist das Merkmal einer jeden selbständigen Herrschergewalt. Daher steht auch dem nichtsouveränen Staate die Rechtsmacht über seine Kompetenz zu[1]). Allein diese Macht hat ihre Grenzen an

---

[1]) D. h. über die Grenzen seines Imperiums. Dadurch unterscheidet sich die staatliche Rechtsmacht über die eigene Kompetenz von der der nichtstaatlichen Gemeinwesen, die zwar die Richtung der ihnen zustehenden Gewalt auf bestimmte Objekte ändern, aber nicht diese Gewalt selbst aus eigener Macht mehren können. Auf Mißverständnis des Problems beruhen die polemischen Ausführungen von Combothecra, La conception juridique de l'État p. 106 f., der jedem Individuum dieselbe Selbstbestimmung wie dem Staate beilegen will.

dem Recht des übergeordneten Gemeinwesens. Von zwei dauernd
verbundenen Staaten ist daher derjenige, welcher seine staatsrechtliche Zuständigkeit durch sein Gesetz nicht auszudehnen
vermag, sondern an der staatlichen Rechtsordnung des anderen
eine Grenze für seine Kompetenzerweiterung findet, nichtsouverän,
während der Staat, der durch sein Gesetz dem anderen staatsrechtliche Kompetenzen zu entziehen vermag, der souveräne ist.
Wenn die Kompetenz eines Oberstaates zu einem Unterstaate aber
dauernd festgelegt ist, wie vor 1908 die der Türkei im Verhältnis
zu Bulgarien, dann kann solche Kompetenzbeschränkung nur
durch völkerrechtliche Verpflichtung gegen dritte Mächte garantiert sein. Daß weder die Türkei gegenüber Bulgarien noch dieses
gegenüber der Pforte seine Zuständigkeit ausdehnen konnte, beruhte auf dem durch einseitige Parteidisposition nicht abzu-
ändernden Berliner Vertrag. Wo derartige völkerrechtliche Garantien solcher staatsrechtlicher Verhältnisse mangeln, da kann
der Oberstaat auch durch sein Gesetz die Sphäre des Unterstaates
beschränken, wie das denn auch in den Beziehungen der Pforte
zu Ägypten vorgekommen ist[1]).

III. Die Unteilbarkeit der Staatsgewalt.

Geht man von dem Fundament der rechtlichen Erfassung
des Staates aus: von seiner Erkenntnis als einer Einheit, so
ergibt sich daraus als notwendige Konsequenz die Lehre von
der Einheit und Unteilbarkeit der Staatsgewalt. Geteilte Gewalt
setzt eine Spaltung des Staates in eine Mehrheit staatlicher Gebilde voraus.

Was von der Staatsgewalt schlechthin gilt, hat natürlich
auch für die souveräne Staatsgewalt Geltung. Souveränetät ist
eine Eigenschaft, und zwar eine solche, die weder einer Mehrung
noch einer Minderung fähig ist. Sie ist logisch ein Superlativ, der
sich niemals spalten läßt, sondern nur gleichartige Größen derselben Gattung neben sich duldet. Daher können mehrere souveräne Staaten nebeneinander bestehen, aber niemals als Träger
einer und derselben Staatsgewalt. Daher gibt es keine geteilte,
fragmentarische, geminderte, beschränkte, relative Souveränetät[2]).

---

[1]) Vgl. L. v. d. Staatenverbindungen S. 151.
[2]) Aus der neuesten Literatur vgl. darüber Le Fur p. 477 ff.; Rehm
Staatslehre S. 63 ff. Eine relative Souveränetät konstruiert v. Stengel,
Schmollers Jahrbuch 1898 S. 785, doch nur, indem er der Gleichsetzung

Diese abstrakte Überlegung ist aber, wie so viele Sätze der Staatsrechtslehre, das Resultat langer politischer Erfahrung. Die Theorie hat nur nachträglich formuliert und systematisch gerechtfertigt, was die geschichtliche Wirklichkeit hundertfältig gelehrt hat.

Die Lehre von der Teilbarkeit der Staatsgewalt ist zweimal zu politischen Zwecken aufgestellt worden. Das eine Mal, um den konstitutionellen Staat zu begründen, das andere Mal, um den Bundesstaat zu konstruieren. Die erste Theorie ist eine rationale, ihrem Ursprunge nach bestimmt, einen Idealtypus des Staates zu schaffen. Die zweite bezeichnet den ersten Versuch, ein neues politisches Gebilde zu begreifen, das mit den überkommenen Kategorien nicht zu erfassen war.

Beide Lehren aber ruhen auf der herkömmlichen Verwechslung der Begriffe „Staatsgewalt" und „Souveränetät". In Wahrheit handelt es sich nur um die Frage, ob die als Inhalt der Souveränetät gedachte Staatsgewalt teilbar sei.

Die erste Lehre bewegt sich auf dem Boden der Vorstellungen von der mit der Staatssouveränetät identifizierten Organsouveränetät. Die zweite hingegen steht gänzlich auf der Basis der modernen Souveränetätslehre, die in ihrer konsequenten Fassung nur der Staatsgewalt Souveränetät zuschreibt.

1. Die Lehre von der Gewaltenteilung.

Die naturrechtliche Staatslehre hatte erklärt, daß einem Organe — Fürst, aristokratisches Corpus, Volksgemeinde — die ganze Souveränetät zu eigenem Rechte zustehen müsse. Daß eine Teilung der Souveränetät zwischen mehreren Staatsgliedern stattfinden könne, bezeichnet Hobbes als eine aufrührerische Lehre, die zur Auflösung des Staates führt[1]). Konzentration der Staatsgewalt in einem einheitlichen Willen, sei es nun der einer physischen Person oder eines „Corpus", wird von der Naturrechtslehre als logische Folge des Staatsbegriffes erklärt. Meist ist es die alte Analogie zwischen Staat und Mensch, die zum Beweise herangezogen wird. Wie die Seele unteilbar sei, so auch die Souveränetät, die zwar verschiedene Vermögen besitzen, aber nicht in viele Teile zerlegt werden könne[2]).

---

der Staatsgewalt und Souveränetät eine neue Verbrämung gibt. Vgl. auch die treffenden Bemerkungen von G. Meyer, StR. S. 6 N. 6.

[1]) De cive XII 5.

[2]) Belege siehe G. Jellinek L. v. d. Staatenverbindungen S. 26 N. 33.

Die praktische Spitze dieser Lehre ist gegen den, nunmehr gänzlich zu überwindenden, staatlichen Dualismus gerichtet. Vernichtung ständischer Macht, kommunaler Freiheit, grundherrlicher Selbständigkeit, kurz: aller der Staatsgewalt gegenüber eigenberechtigter Gewalten, wird durch sie gerechtfertigt. Widerstandslose Unterwerfung des einzelnen unter den allgemeinen Willen, der kein wie immer geartetes Sonderrecht gegenüber seinen souveränen Beschlüssen kennt, ist die Tendenz der Lehre Rousseaus, bei dem der absolute Herrscher den Namen, aber nicht das Wesen gewechselt hat.

Gaben die kontinentalen Verhältnisse zu erheblichen Widersprüchen gegen diese Lehre keinen Anlaß, so konnte sie in England nur mit Modifikationen Eingang finden. Die konstitutionelle englische Theorie legt zwar das Schwergewicht der Staatsgewalt in die Hände des Volkes, doch ist nach Locke auch der König „in a very tolerable sense" als höchste Macht zu bezeichnen[1]), wenn auch die Legislative in Wahrheit die höchste Gewalt innehat. Die offizielle englische Lehre hingegen, wie sie schließlich in Blackstone ihren klassischen Ausdruck gefunden hat[2]), faßt König und beide Häuser zur Einheit des Parlaments zusammen, dem die höchste Gewalt zugeschrieben wird. Doch wird hinwieder auch der König allein als Inhaber der Souveränetät bezeichnet[3]).

Diese offiziellen englischen Anschauungen bildet Montesquieu zu seiner Lehre von den drei getrennten, einander gleichgestellten, sich gegenseitig balancierenden Gewalten um, die zwar Berührungspunkte miteinander haben, im Wesen aber voneinander unabhängig sind[4]). Er begründet seine Theorie nicht

---

[1]) On Govern. II 151.

[2]) I 2 p. 139.

[3]) Vermöge der Vorstellung, die das Parlament dem king in parliament gleichsetzt. Daher wird von englischen Schriftstellern eine doppelte Qualität des Königs: als Person und als Institution, unterschieden. So Allen, Inquiry into the rise and growth of the royal Prerogative in England, new ed. 1849 p. 26 ff., der daher vom parlamentarischen König sagen kann: he really does nothing, but he nominally does everything.

[4]) Rehm, Staatslehre S. 236, 286, will Montesquieu zum Vertreter einer Lehre stempeln, die Abhängigkeit der Exekutive von der Legislative fordert, namentlich deshalb, weil er jährliche Steuerbewilligung durch die Legislative verlangt, ansonst die exekutive Gewalt

näher, erörtert überhaupt nicht die Frage nach der Einheit des Staates und das Verhältnis der Gewalten zu dieser Einheit.

In der Folge führt die Lehre von der Gewaltenteilung in dieser Form zu einer völligen theoretischen Teilung des einen Staates in drei Personen. Am schärfsten ist dies von Kant ausgesprochen worden, der die drei Gewalten im Staate ausdrücklich als „so viel moralische Personen" bezeichnet, die sich gegenseitig ergänzen und einander untergeordnet sein sollen[1]).

Sobald aber diese Lehre in die Praxis umgesetzt werden soll, erheben sich theoretische und praktische Bedenken. Die letzteren entspringen aus den politischen Bedürfnissen, die niemals von irgendeiner abstrakten Formel gänzlich beherrscht werden können. Namentlich lehrreich ist in dieser Hinsicht die Haltung der französischen Konstituante, die in der Erklärung der Menschenrechte das Prinzip der Gewaltenteilung proklamiert, sich aber außerstand gesetzt sieht, es in all seinen letzten Konsequenzen, trotz allem Doktrinarismus, zu verfolgen, vielmehr in der Legislative ein Organ schafft, in dem alle Gewalten sich vereinigen. Theoretisch wirkt aber die den demokratischen Anschauungen zugrunde liegende Lehre von der Volkssouveränetät dahin, die Gewaltenteilung doch nur als untergeordnetes Prinzip wirken zu lassen[2]). Als die Amerikaner, die zuerst die strikte Ge-

---

nicht mehr von der legislativen abhängen würde (ne dépendra plus d'elle). Dieses „dépendre" ist aber nichts als das Korrelat des Vetos der Exekutive sowie ihres Rechtes, die Legislative zusammenzuberufen und zu schließen, wodurch wiederum die Legislative von der Exekutive dependiert. „Il faut que, par la disposition des choses, le pouvoir arrête pouvoir." Von diesem Kernpunkt der Montesquieuschen Lehre aus wird jenes dépendre verständlich. So ist wenigstens Montesquieu bisher verstanden worden, so hat er welthistorisch gewirkt. Über einen weiteren Irrtum Rehms über Montesquieus Lehre, den R. Schmidt unbesehen übernommen hat, vgl. G. Jellinek Eine neue Theorie über die Lehre Montesquieus von den Staatsgewalten, Grünhuts Zeitschrift XXX 1902 S. 1 ff.

[1]) Rechtslehre §§ 45, 48. Über Anhänger der Kantschen Lehre vgl. Mohl Geschichte u. Lit. I S. 273.

[2]) Vgl. Duguit in seinem gründlichen Buch: La séparation des pouvoirs et l'assemblée nationale de 1789, 1893, p. 19. Über die Unterordnung der richterlichen Gewalt unter die gesetzgebende daselbst, p. 90 ff., ferner das treffende Gesamturteil über die Schöpfer der Verfassung p. 116: „Ils déclarent les trois pouvoirs égaux et indépendants

waltenteilung als Konstitutionsprinzip verkündigen, daran gehen, ihre Verfassungen in Gliedstaat und Union festzustellen[1]), da ist es ihnen selbstverständlich, daß alle Gewalten ursprünglich dem Volke zustehen und von diesem auf dem Wege der Verfassung erst besonderen Organen zur Repräsentation zugeteilt werden. Als einheitlicher Ausgangspunkt aller Gewalten erscheint in den Präambeln der amerikanischen Verfassungen das Volk selbst. Die einzelnen, streng limitierten Gewalten sind „granted" oder „vested", daher übertragen an die verfassungsmäßig bezeichneten Organe, so daß nach der offiziellen Theorie das Volk alle Gewalten in sich vereinigt und auf dem Wege der Verfassungsänderung über sie stets von neuem disponieren kann. Nicht minder aber erklärt die erste französische Verfassung in einem für den Zustand der Geister damaliger Zeit bezeichnenden Widerspruch mit dem ›unmittelbar darauf ausgesprochenen Prinzip der Gewaltenteilung[2]): la Souveraineté est une, indivisible, inaliénable et imprescriptible. Elle appartient à la Nation: aucune section

---

et ils subordonnent au pouvoir législatif l'exécutif et le judiciaire." Die erste französische Verfassung darf, wie auch die näheren Untersuchungen D u g u i t s und die teilweise abweichenden R e d s l o b s , Die Staatstheorien der französischen Nationalversammlung 1912 S. 332 ff., darlegen, keineswegs als die absolute Trennung der Gewalten beabsichtigend aufgefaßt werden, wie dies R e h m , Staatslehre S. 288, tut.

[1]) Die Amerikaner haben allerdings, trotz der Proklamierung des Dogmas der Gewaltenteilung, niemals an eine reinliche Aufteilung der drei Gewalten unter entsprechende Organe gedacht. Im F e d e r a l i s t Nr. XLVII entwickelt M a d i s o n die Lehre, daß M o n t e s q u i e u keineswegs derartiges gewollt habe. „His meaning, as his own words import, and still more conclusively as illustrated by the example in his eye, can amount to no more than this, that where the w h o l e power of another department is exercised by the same hands which possess the w h o l e power of another department, the fundamental principles of a free constitution are subverted" (p. 272 der Ausgabe von 1826). Er weist ferner nach, daß die amerikanische Verfassung die einzelnen Gewalten keineswegs gänzlich von den Funktionen der anderen ausschließe, und daß es mit den Verfassungen der Einzelstaaten sich ebenso verhalte. Das Prinzip absoluter Gewaltentrennung, das R e h m , Staatslehre S. 288 ff., als der amerikanischen Verfassung grundsätzlich zugrunde liegend behauptet, ist daher bereits von den „Vätern der Verfassung" ausdrücklich abgelehnt worden und manche Abweichungen in ihr von der starr doktrinären Teilung der Gewalten, die R e h m als gegen ihren Grundgedanken verstoßend nachweisen will, sind als solche mit vollem Bewußtsein aufgestellt worden.

[2]) Déclaration des droits de l'homme et du citoyen. Art. 16.

du Peuple, ni aucun individu, ne peut s'en attribuer l'exercice[1]).
Zur Lösung dieses Widerspruchs entwickelt später S i e y è s seine
Lehre von dem dem Volke unveräußerlich innewohnenden pouvoir
constituant, dem die einzelnen Gewalten als pouvoirs constitués
gegenüberstehen. In der Ausübung des Rechtes der Verfassungsänderung zeige sich stets die ursprüngliche Einheit der Gewalten[2]).

Die späteren Verfassungen in allen Staaten, obwohl sie alle
in gewissem Umfange das Prinzip der Gewaltenteilung akzep-
tieren, bezeichnen doch einen Einheitspunkt der Gewalten: den
Monarchen in den Staaten, welche dem monarchischen Prinzip
offizielle Geltung beigelegt haben, das Volk in den anderen,
was in beiden Fällen nichts als ausdrückliche Anerkennung der
Staatseinheit in einer Formel bedeutet, die nur aus der Entwicklung der Souveränetätslehre heraus zu begreifen ist. Es
gibt daher keine Verfassung, die den Gedanken der Gewaltenteilung in seinen äußersten Konsequenzen bis zur Anerkennung
der drei Personen im Sinne K a n t s durchzuführen auch nur
beabsichtigt hätte. Die an B. C o n s t a n t und die Charte anknüpfende neuere konstitutionelle Theorie tritt der schroffen Scheidung der Gewalten nach der subjektiven Seite hin schon deshalb
entgegen, weil von dieser aus jede parlamentarische Regierung
als unmöglich erscheint[3]).

Für die Erkenntnis der einheitlichen Natur des Staates besteht die ganze, historisch-politisch so bedeutsame Frage nicht.
Jedes Staatsorgan stellt innerhalb seiner Zuständigkeit die Staatsgewalt dar. Möglich ist daher Verteilung von Zuständigkeiten,
nicht Teilung der Gewalt[4]). In der Vielheit ihrer Organe ist
stets die eine Staatsgewalt vorhanden. Die Bedeutung der Theorie
der Gewaltenteilung für die Lehre von den staatlichen Funktionen
ist an anderer Stelle eingehend zu erörtern (Kap. XVIII).

---

[1]) Const. du 3 sept. 1791 Titre III Art. I.

[2]) Politische Schriften (deutsche Übersetzung) 1796 I 147; II 421.

[3]) Vgl. C o n s t a n t I p. 219; dazu G. J e l l i n e k Die Entwicklung des
Ministeriums in der konst. Monarchie, G r ü n h u t s Zeitschrift X 1883
S. 340 f. (Ausgew. Schriften u. Reden II 1911 S. 131 f.).

[4]) Das meint im Grunde auch O. M a y e r, Deutsches Verwaltungsrecht I S. 67 ff., der für die Gewaltenteilung eintritt. Wenn er aber
erklärt, daß die Gewalten keine bloßen Funktionen, sondern lebendige
Stücke der Staatsgewalt selbst seien (S. 68, 69 N. 3), so ist damit kaum
eine klare Vorstellung zu verbinden.

2. Die Teilung der Staatsgewalt („der Souveränetät") im Bundesstaate.

Unter dem Einfluß Tocquevilles hatte sich zur Erklärung
des Bundesstaates die weitverbreitete Lehre von der Teilung
„der Souveränetät", d. h. der Staatsgewalt zwischen Glied- und
Bundesstaat, herausgebildet[1]). Obwohl in der neueren Staatsrechtswissenschaft mit Energie bekämpft, ist sie dennoch auch
heute nicht gänzlich überwunden. Sie tritt in der Lehre vom
Deutschen Reiche fortwährend wieder hervor als Behauptung
einer Doppelsouveränetät von Reich und Gliedstaat oder einer
fragmentarischen, geminderten, relativen, beschränkten Souveränetät entweder der Gliedstaaten oder sowohl dieser als des
Reiches.

Insoweit diese Lehre Souveränetät und Staatsgewalt gleichsetzt, ist sie bereits durch frühere Ausführungen widerlegt. Allein
auch solche, welche die Teilung der Souveränetät verwerfen,
halten doch eine Teilung der Staatsgewalt für möglich. Sofern
mit der Behauptung der Teilbarkeit der Staatsgewalt nur dem
Gedanken Ausdruck gegeben werden soll, daß die Staatsgewalt
nichtsouveräner Staaten einen beschränkten Umfang habe, ist
gegen eine solche Lehre nur einzuwenden, daß ihre Formel zu
schweren Mißdeutungen Anlaß geben kann.

In der Regel aber wird die Lehre von der beschränkten
Staatsgewalt so gedacht, daß sowohl Bundes- als Gliedstaatsgewalt beschränkt seien, daher im Bundesstaat zwei fragmentarische oder unvollkommene Staatsgewalten wirken, die zusammen eine den ganzen Umfang staatlicher Zuständigkeiten versehende Staatsgewalt darstellen[2]).

Eine solche Auffassung steht aber in völligem Widerspruch
mit dem Wesen der Staatsgewalt. Ein und dieselbe Staatsgewalt
kann immer nur einem und demselben Staate zustehen. Persönlichkeit ist Individuum, d. h. ein seinem Wesen nach Unteilbares.

---

[1]) Namentlich entwickelt von Waitz, a. a. O. S. 162 ff., daher in
der deutschen Literatur auch unter dem Namen der Waitzschen Theorie
bekannt.

[2]) Haenel Studien I S. 63 ff., Staatsrecht I S. 206; Bornhak
Staatslehre 2. Aufl. S. 258; O. Mayer Deutsches V. R. II S. 462 ff.;
Gierke, Schmollers Jahrbuch 1883 S. 1157 ff., Deutsches Privatrecht I
S. 674 N. 51; Mode Doppelsouveränetät im Deutschen Reiche 1900 S. 38 ff.

Das gilt für alle Personen, physische und juristische, souveräne und nichtsouveräne [1]).

Die Vorstellung von der teilbaren Staatsgewalt geht aus von der Durchschnittskompetenz des heutigen Einheitsstaates. Weil im Bundesstaate diese Kompetenz an zwei Staaten verteilt ist, hat es auf den ersten Blick den Anschein, als ob die Staatsgewalt selbst zwischen ihnen verteilt sei. Hierbei wird jedoch der Fehler begangen, aus dem Dasein der Staatsgewalt auf den notwendigen Umfang ihrer Kompetenz zu schließen. Nun aber ist oben gezeigt worden, daß es ganz in das Ermessen der souveränen Staatsgewalt gestellt ist, wie weit sie sich betätigen wolle. Lange Zeit hindurch hat dem Staate die Unterrichtsverwaltung gemangelt; in England hat sie sogar erst in jüngster Zeit einen erheblichen Umfang gewonnen. Ein Staat ohne Unterrichtsverwaltung hat daher deshalb keine bloß fragmentarische Staatsgewalt. Das Deutsche Reich hat nur ganz ausnahmsweise diesen Verwaltungszweig zu eigen; er steht vielmehr fast ausschließlich den Gliedstaaten zu. Diese Unterrichtsverwaltung gehört nun nicht etwa ihrer Substanz nach einer einheitlichen, aus Reichs- und Gliedstaatsgewalt zusammengesetzten Gesamtstaatsgewalt, sondern, jene Ausnahme abgerechnet, nur der Gliedstaatsgewalt. Ebenso ist die Marineverwaltung nur Sache der Reichsgewalt, nicht etwa eines höheren, nur in Teilgewalten zur Erscheinung kommenden Ganzen.

Zwischen Bundes- und Gliedstaat ist daher weder die Souveränetät noch die Staatsgewalt geteilt. Geteilt sind die Objekte, auf welche die Staatstätigkeit gerichtet ist, nicht die subjektive Tätigkeit, die sich auf diese Objekte bezieht.

Auch der Gliedstaat hat demnach keine fragmentarische Staatsgewalt. Vielmehr sind die Objekte beschränkt, an denen sie sich bundesverfassungsmäßig betätigen kann. Fragmentarische Staatsgewalt wäre da vorhanden, wo die Herrscherfunktion sich nicht ganz zu betätigen vermöchte, wenn also z. B. einem Verbande das Recht der freien Gesetzgebung auf bestimmten Gebieten zukäme, die Regierung gemäß diesen Gesetzen jedoch nicht seinen Organen, sondern denen eines über ihn herrschenden Staates zuständen. Gliedstaaten haben aber alle notwendigen Or-

---

[1]) Vgl. auch die treffenden Kritiken dieser Lehre von Laband 1 S. 81 ff.; G. Meyer StR. S. 45 N. 6; Rehm Staatslehre S. 120 ff.

gane eines Staates und üben alle wesentlichen materiellen Funktionen eines Staates aus. Wären sie in dieser Hinsicht beschränkt, so würden sie überhaupt aufhören, Staaten zu sein, und zu Verbänden herabsinken, deren Gewalt nicht mehr als Staatsgewalt erschiene.

Damit ist die Lehre von den wesentlichen Eigenschaften der Staatsgewalt erschöpft. Was sonst noch hie und da als solche angeführt wird, sind nichts als Umschreibungen der bereits erörterten staatlichen Merkmale. So sind Unverantwortlichkeit, Unwiderstehlichkeit, Ewigkeit der Staatsgewalt, die von der naturrechtlichen Theorie als deren besondere Kennzeichen aufgestellt wurden, nichts als andere Wendungen für die Souveränetät der Staatsgewalt, die überdies manchem Bedenken unterliegen. So läßt sich die Vorstellung der Unverantwortlichkeit selbst der souveränen Staatsgewalt mit der heutigen völkerrechtlichen Ordnung kaum vereinigen, wenn solche Gewalt auch nicht im Wege ordentlichen Rechtsverfahrens zur Verantwortung gezogen werden .kann.

Fünfzehntes Kapitel.

Die Staatsverfassung[1]).

Jeder dauernde Verband bedarf einer Ordnung, der gemäß sein Wille gebildet und vollzogen, sein Bereich abgegrenzt, die Stellung seiner Mitglieder in ihm und zu ihm geregelt wird. Eine derartige Ordnung heißt eine Verfassung.

Notwendig hat daher jeder Staat eine Verfassung. Ein verfassungsloser Staat wäre Anarchie. Selbst den „Willkürstaaten" im antiken Sinne ist sie zu eigen, der sog. Despotie nicht minder wie dem Regiment eines demokratischen Wohlfahrtsausschusses nach der Art des französischen von 1793. Es genügt das Dasein einer faktischen, die Staatseinheit erhaltenden Macht, um dem Minimum von Verfassung zu genügen, dessen der Staat zu seiner Existenz bedarf. Die Regel aber bildet bei Kulturvölkern eine rechtlich anerkannte, aus Rechtssätzen bestehende Ordnung.

Die Verfassung des Staates umfaßt demnach in der Regel die Rechtssätze, welche die obersten Organe des Staates bezeichnen, die Art ihrer Schöpfung, ihr gegenseitiges Verhältnis und ihren Wirkungskreis festsetzen, ferner die grundsätzliche Stellung des einzelnen zur Staatsgewalt.

I. Überblick über die Geschichte der Verfassungen.

1. Im angegebenen Sinne ist der Begriff der Verfassung bereits von den Griechen festgestellt worden. Aristoteles

---

[1]) Zur Geschichte der Verfassungen vgl. Borgeaud Établissement et révision des constitutions en Amérique et en Europe 1893; derselbe in dem oben S. 206 N. 1 zitierten Aufsatze (englisch unter dem Titel: „The Rise of Modern Democracy in Old and New England" erschienen); Esmein Droit const. p. 503 ff.; Foster Commentaries on the Constitution of the United States I 1896 p. 27 ff.; G. Jellinek Erkl. der Menschen- und Bürgerrechte; derselbe Das Recht der Minoritäten 1898 S. 7 ff.; Lemaire Les lois fondamentales de la monarchie française 1907; Eg. Zweig Die Lehre vom pouvoir constituant 1909 S. 1 ff. (mit reichen Nachweisen).

unterscheidet scharf zwischen der die Grundlage des Staates
bildenden πολιτεία und den auf der Basis dieser Verfassung erlassenen νόμοι, den einfachen Gesetzen. Die Verfassung definiert
A r i s t o t e l e s als die Anordnung über die Gewalten im Staate:
wie sie verteilt werden, welches der Sitz der höchsten Gewalt
sei, und welche Zwecke des Gemeinwesens jede zu verfolgen
habe. Gesetze hingegen sind auf Grund der Verfassung erlassene
Anordnungen, nach welchen die Obrigkeiten die Herrschaft auszuüben und Ausschreitungen zu verhindern haben[1]). Gemäß
seinem Grundprinzipe, welches das Wesen der Dinge in die Form
setzt, erscheint ihm auch die Verfassung als die Essenz des
Staates, derart, daß die Identität des Staates in erster Linie auf
der Identität der Verfassung ruht.

Auch die Römer unterscheiden in voller Schärfe zwischen
der Verfassung des Staates und einzelnen gesetzlichen Anordnungen, mögen sie auch noch so große Bedeutung für das Gemeinwesen haben. Für die Feststellung der Verfassung haben sie den
technischen Ausdruck „rem publicam constituere". Die Gewalt
der Verfassungsänderung ist in den großen Wendepunkten der
römischen Geschichte außerordentlichen Magistraten mit konstituierender Gewalt übertragen worden, die faktisch die ganze
schrankenlose Macht des Gemeinwesens in sich vereinigten[2]).

Diese antiken Verhältnisse sind für die modernen Anschauungen vom Wesen der Staatsverfassung von großer Bedeutung
geworden. Auf ihnen basiert die Vorstellung überragenden Wertes
der verfassungsmäßigen Grundlagen des Staates gegenüber von
Institutionen, die erst auf dem Boden dieser Grundlagen erwachsen
sind. Diese Vorstellung findet sich selbst bei jenen Nationen,
die einen formal-juristischen Gegensatz von einfacher und Verfassungsgesetzgebung nicht kennen. Es ist der Begriff der V e r
f a s s u n g   i m   m a t e r i e l l e n Sinne, der zuerst im Altertum

---

[1]) πολιτεία μὲν γάρ ἐστι τάξις ταῖς πόλεσιν ἡ περὶ τὰς ἀρχάς, τίνα τρόπον
νενέμηνται, καὶ τί τὸ κύριον τῆς πολιτείας καὶ τί τὸ τέλος ἑκάστης τῆς κοινω
νίας ἐστίν· νόμοι δὲ κεχωρισμένοι τῶν δηλούντων τὴν πολιτείαν, καθ’ οὓς δεῖ
τοὺς ἄρχοντας ἄρχειν καὶ φυλάττειν τοὺς παραβαίνοντας αὐτούς. Pol. IV,
1289a, 16ff.

[2]) Vgl. M o m m s e n Abriß des römischen Staatsrechts 1893 S. 88.
Aus diesem rem publicam constituere ist wohl der erst seit dem
18. Jahrhundert allgemein gebräuchliche Ausdruck Konstitution in der
Bedeutung von Verfassung entstanden.

erkannt wurde. Auf dem Erkennen und Verkennen römischer Verhältnisse beruht ferner die Idee einer unbeschränkten konstituierenden Gewalt, die ausschließlich der souveränen Bürgerschaft zusteht und von ihr nach freiem Ermessen geübt wird. Diese Idee wird durch das Naturrecht, namentlich durch Pufendorf[1]), Locke[2]) und Wolff[3]), verbreitet und findet zuerst in den Vereinigten Staaten ihre praktische Anwendung und sodann im revolutionären Frankreich nebstdem ihren theoretischen Ausdruck in der Lehre vom pouvoir constituant, in welchem alle Staatsgewalten ihren Ausgangs- und Eingangspunkt haben. Die Wirkung dieser Lehre läßt sich bis in die Gegenwart verfolgen.

So sehr aber auch den Alten die Vorstellung der Verfassung geläufig war, so wenig erheben sie die Forderung, die gesamte Verfassung in einem Instrument niederzulegen, dem höhere Geltung zukommen solle als den übrigen Gesetzen. Nebst anderen Gesetzen haben zwar auch einzelne Verfassungsgesetze ihre Aufzeichnung erhalten, nirgends jedoch wird eine förmliche Urkunde über die Grundlagen der staatlichen Organisation errichtet.

Die Beurkundung des Rechtes eines Gemeinwesens wird erst da notwendig, wo dieses Recht von einer außenstehenden Macht verliehen oder bestätigt wird. Daher finden wir bereits in Rom die von dem herrschenden Staate den untergeordneten Gemeinwesen verliehene Autonomie in leges datae umschrieben. Im Mittelalter wird Städten, Körperschaften, Kirchen, Grundherren ihr Recht verbrieft, weil es ein Zugeständnis einer über ihnen stehenden Autorität ist. Sich selbst Rechte zu verbriefen, hat keinen Sinn; solches setzt vielmehr stets einen Verleiher und einen Empfänger voraus. Die oft zitierten Beispiele mittelalterlicher Verfassungsgesetze sind, näher besehen, nicht viel anderes als Rechtsgeschäfte zwischen zwei gegeneinander selbständigen Personen; sie haben auch der Form nach den Charakter von Verträgen und nicht den von Gesetzen; der oben geschilderte Dualismus des mittelalterlichen Staates kommt in ihnen juristisch am reinsten zum Ausdrucke. Daher auch ihre schriftliche Auf-

---

[1]) De jure nat. et gent. VII 2 § 8. Zuerst wird das pactum unionis von den Staatsgründern abgeschlossen. Erst das so gebildete Volk erläßt das Dekret über die forma regiminis.

[2]) a. a. O. II 8, 95 ff.

[3]) Jus naturae VIII § 815: Potestati legislatoriae non subsunt leges fundamentales.

zeichnung. Gesetze werden im Mittelalter nur selten erlassen;
Verträge aber bedürfen in perpetuam rei memoriam der schrift-
lichen Beurkundung.

Diese beiden Vorstellungen wirken bei der Errichtung der
modernen Verfassungen nach: Verbriefung von Rechten der Untertanen durch den über ihnen stehenden Herrscher und Vertrag
zwischen dem Fürsten und dem Lande. Einseitiges und zwei-
seitiges Rechtsgeschäft sind in ihnen gemäß den populären Anschauungen eigentümlich gemischt.

2. Zunächst ist die Entstehung des modernen Verfassungs-
begriffes, der geschriebenen Verfassung oder der V e r f a s s u n g
im f o r m e l l e n S i n n e zu verfolgen.

Unter dem Einflusse der aristotelischen Lehre[1]) findet sich
bereits in der mittelalterlichen Literatur die Vorstellung des
dominium politicum, der verfassungsmäßig eingeschränkten Herrschaft, im Gegensatz zum dominium regale[2]). Erst im 16. Jahrhundert aber taucht der Begriff des Grundgesetzes, der lex fundamentalis, auf[3]). Die lex fundamentalis hat eine höhere Kraft
als andere Gesetze. Nämlich der König selbst ist an sie gebunden und kann sie nicht einseitig ändern. In Frankreich erklärt zur Zeit Heinrichs IV. L o y s e a u, daß die „lois fondamentales de l'Estat" eine feste Schranke der königlichen Macht
bilden[4]). In England spricht J a k o b I. zuerst von fundamental-

---

[1]) Der Gegensatz von πολιτικόν und βασιλικόν findet sich gleich in
den ersten Zeilen der Politik p. 1252, 8.

[2]) Vgl. F o r t e s c u e De laudibus legum Angliae, ed. Amos, Cambridge 1825 c. XXXVII p. 246, und d e r s e l b e Über die Regierung
Englands, übersetzt und herausgegeben von P a r o w 1897 (In B r e n -
t a n o - L e s e r Sammlung älterer und neuerer staatswissenschaftlicher
Schriften Nr. 10) S. 17 ff., wo eingehend der Unterschied des dominium
regale vom dominium politicum et regale auseinandergesetzt wird.

[3]) Zuerst bei den Monarchomachen nachweisbar. Siehe T r e u -
m a n n Die Monarchomachen (in J e l l i n e k - M e y e r Abhandlungen I 1)
S. 77 N. 5. Das Wort fundamentalis ist auch bei D u c a n g e - H e n s c h e l
nicht zu finden. Über die Geschichte des Gedankens eines Fundamentalgesetzes in England vgl. nunmehr auch W. R o t h s c h i l d Der Gedanke
der geschriebenen Verfassung in der englischen Revolution 1903 S. 6 f.

[4]) Traité des Seigneuries p. 26. — Der Ausdruck „lois fondamentales" ist möglicherweise zuerst 1570 gebraucht worden, jedenfalls findet
er sich aber in der déclaration des Herzogs von Alençon vom 15. 9. 1575:
L e m a i r e Les lois fondamentales de la monarchie française 1907

laws, die er im Sinne des von ihm behaupteten Königtums iure divino vertrat[1]). Unter seinem Sohne aber spielt der Begriff des Fundamentalgesetzes bereits eine große Rolle in den parlamentarischen Kämpfen. Der Earl of Strafford wird angeklagt und verurteilt, weil er die Fundamentalgesetze des Königreiches habe umstoßen wollen[2]). Das deutsche Reichsstaatsrecht kennt den Begriff des Grundgesetzes seit dem Westfälischen Frieden[3]).

Dieser Begriff des Grundgesetzes wird aber nirgends definiert. Noch 1651 konnte Hobbes behaupten, daß er nirgends eine Erklärung für den Ausdruck Grundgesetz gefunden habe[4]). Irgendwelche juristische Unterscheidungsmerkmale zwischen Grund- und einfachen Gesetzen scheinen zunächst nicht auffindbar zu sein.

Die Vorstellung des Grundgesetzes verbindet sich jedoch in eigentümlicher Weise mit der alten des Verfassungsvertrages zwischen König und Land, und zwar zuerst in England, wo die mittelalterlichen Anschauungen von dem vertragsmäßigen Verhältnisse zwischen rex und regnum durch die zahlreichen Bestätigungen der Rechte und Freiheiten des Volkes durch die Krone fortwährend lebendig sind[5]). Damit verknüpft sich aber eine zweite Gedankenreihe.

Durch Übertragung der calvinschen Lehre von der kirchlichen Gemeinde auf den Staat sowie durch Anwendung der biblischen Lehre vom Bunde zwischen Gott und seinem Volke

---

p. 78 N. 4, p. 106 f. Sachlich bestand der Gedanke eines den König bindenden Grundgesetzes schon im 13. Jahrhundert: Lemaire p. 35 ff.

[1]) Prothero Select Statutes and other Constitutional Documents illustrating of the reign of Elizabeth and James I 1894 p. 400.

[2]) „For endeavouring to subvert the ancient and fundamental laws and government of His Majesty's realms of England and Ireland" Gardiner The Constitutional Documents of the Puritan Revolution 2. ed. 1899 p. 156. Bei der Verhandlung über die Bill im Unterhaus fragte ein Mitglied, was denn die Fundamentalgesetze wären, worauf ihm die Antwort wurde, wenn er das nicht wüßte, hätte er „no business to sit in the House". Gardiner The fall of the Monarchy of Charles I, II 1882 p. 140.

[3]) J. P. O. VIII 4: „De caetero omnes laudabiles consuetudines et S. Romani Imperii constitutiones et leges fundamentales inposterum religiose serventur.

[4]) Leviathan ch. XXVI p. 275: „I could never see in any author what a fundamental law signifieth." Die lateinische Ausgabe des Werkes hat diese Stelle nicht.

[5]) Vgl. G. Jellinek Erklärung der Menschen- und Bürgerrechte S. 30 ff.

entsteht unter den independenten Puritanern die Anschauung, daß wie die christliche Gemeinde so auch der Staat auf einem Covenant, einem Gesellschaftsvertrage, ruhe, der von allen Gliedern des Gemeinwesens einstimmig abgeschlossen werden müsse[1]). Diese Anschauung wird sofort in die Praxis umgesetzt, die amerikanischen Kolonisten schließen „Pflanzungsverträge" ab, durch welche sie sich gegenseitig versprechen, ein Gemeinwesen zu gründen, Behörden einzusetzen und diesen zu gehorchen. Diese Verträge werden von sämtlichen männlichen erwachsenen Ansiedlern in eigenem und im Namen ihrer Familien unterzeichnet. Am berühmtesten ist der älteste Vertrag dieser Art geworden, den die „Pilgrimväter" an Bord des Schiffes Maiblume am 11. November 1620 vor Gründung von New Plymouth abgeschlossen haben. Von hervorragender Bedeutung aber sind die von den aus Massachusetts ausgewanderten Puritanern (1639) verfaßten Fundamental Orders of Connecticut, in welchen in Form eines feierlichen Vertrages eine detaillierte Staatsverfassung aufgestellt wurde. Aber auch in England selbst zeitigt die Theorie von dem ausdrücklich abzuschließenden Gesellschaftsvertrage ihre politische Wirkung. Im Laufe der revolutionären Bewegung wird (1647) von dem Armeerate Cromwells unter Führung von John Lilburne und Ireton, den Häuptern der Leveller, eine Verfassung Englands, der Volksvertrag, das Agreement of the People, ausgearbeitet, die später in veränderter Gestalt dem Parlamente vorgelegt wurde und von diesem dem gesamten englischen Volke zur Unterschrift vorgelegt werden sollte[2]). In diesem Grundvertrag ist genau unterschieden zwischen den fundamentalen und den nicht fundamentalen Sätzen. Jene bilden das unveräußer-

---

[1]) Vgl. Erklärung der Menschen- und Bürgerrechte S. 35 ff.; W a l k e r A history of the Congregational Churches in the United States 1894 p. 25 ff., 66 und andere Stellen; R i e k e r Grundsätze reformierter Kirchenverfassung 1899 S. 73 f.; G a r d i n e r Const. Docum. p. 124 ff.

[2]) Der ursprüngliche Entwurf abgedruckt bei Gardiner History of the great civil war, III new ed. 1894 p. 392 ff., und Const. Doc. Nr. 74 p. 333, zum Teil auch bei F o s t e r I p. 49 f.; der definitive Text bei G a r d i n e r Constitutional Documents Nr. 81 p. 359 ff. Über die interessante Gestalt Lilburnes und das Agreement vgl. G a r d i n e r History III u. IV (namentlich III p. 382 ff.); B e r n s t e i n in der Geschichte des Sozialismus in Einzeldarstellungen I 2 1895 S. 533 ff., 560 ff., 608 ff.; Foster I p. 46 ff. Die neueste gründliche Untersuchung über das Agreement bei R o t h s c h i l d a. a. O. S. 62 ff.

liche Recht der Nation selbst, welches dem Parlament, das nur
mit beschränkter Gewalt ausgerüstet ist, unantastbar gegenübersteht[1]). Die Unterscheidung zwischen parlamentarischen und
Volksrechten, die den amerikanischen Staatsverfassungen eigentümlich ist, tritt hier zum ersten Male hervor[2]). Dieser erste
Versuch, England eine geschriebene Verfassung zu geben, lehrt
deutlich den Ausgangspunkt eines solchen Unternehmens. Wie die
Covenants für die Kirche, so sollte der Grundvertrag für den
Staat die unverrückbare Basis bilden. Feierliche Verträge pflegen
aber aufgezeichnet zu werden. Die Verfassung sollte geschrieben
sein, weil sie ein solenner Vertrag war, auf dem Recht und
Pflicht aller Staatsglieder ruhen sollte. Bezeichnend für den
Gedankenkreis, aus welchem diese Kundgebung hervorging, ist
es, daß bei ihrer Beratung, in Konsequenz der ihr zugrunde
liegenden demokratischen Idee zum ersten Male das allgemeine
und gleiche Wahlrecht für das Parlament gefordert wird[3]).

Hier taucht nun zuerst mit logischer Notwendigkeit die Idee
auf, daß der die Verfassung bildende Grundvertrag höherer Art
sei als die auf Grund dieses Vertrages erlassenen Gesetze.

Die Notwendigkeit einer geschriebenen Verfassung ergab sich
kurze Zeit später unter einem anderen Gesichtspunkte. Die alte
Ordnung der Dinge war durch die Revolution umgestürzt worden,
die neue vor der Hand nur faktischer oder vielmehr provisorischer
Art. Sie zu einer dauernden zu machen, lag im Interesse des
neuen Gewalthabers. Daher erklärt Cromwell, trotzdem er die
Annahme des Volksvertrages durch das Parlament zu hintertreiben
weiß, daß es in jedem Staate etwas Fundamentales, der Magna
Charta Ähnelndes, Dauerndes, Unabänderliches geben müsse[4]),

[1]) Vgl. die in dem Entwurfe nach Art. IV aufgestellten fünf Sätze.
In dem definitiven Text ist von vorbehaltenen Rechten des Volkes nicht
mehr ausdrücklich die Rede; aber es sind im achten Absatz sechs Punkte
aufgezählt, welche parlamentarischer Beschlußfassung entzogen sein sollen.

[2]) Vgl. Gardiner History III p. 387 f.

[3]) Vgl. die Debatte zwischen Ireton und Rainborow (Rains-
borough) in „The Clarke Papers" (herausgegeben von der Camden
Society) I 1891 p. 300 ff. Die Rede Rainborows enthält alle wesentlichen Argumente, die später für das allgemeine Wahlrecht geltendgemacht wurden.

[4]) „In every Government there must be Somewhat fundamental,
Somewhat like a Magna Charta, which should be standing, be unalterable".
Carlyle Oliver Cromwell Letters and Speeches 2. ed. III 1846 Speech III
12. Sept. 1654 p. 67.

nachdem er 1653 versucht hatte, das „Instrument of Government",
die erste und einzige Verfassungsurkunde, die England je gehabt
hat, als Grundgesetz des englischen Staates ins Leben zu rufen[1]).
In ihm sind die Befugnisse des Protektors, des Staatsrates, des
Parlaments abgegrenzt, auch einige von den Grundrechten des
Agreements herübergenommen. Es zur widerspruchslosen Anerkennung zu bringen, mißlingt, trotz verschiedener späterer
Änderungen, und damit ist es mit der geschriebenen Verfassung
für England überhaupt zu Ende. Um so merkwürdiger, daß die
Idee der Verfassungsurkunde in dem Staate entsteht, der bis
auf den heutigen Tag keine solche Urkunde besitzt.

Worin äußert sich aber die höhere Kraft des Verfassungsvertrages? Vermöge seiner Eigenschaft als Vertrag muß er einstimmig abgeschlossen und kann er daher nur einstimmig abgeändert werden. Verwerfung des Majoritätsprinzipes ist die
nächste Konsequenz der Vorstellung des Grundvertrages, was
dem religiös gefärbten politischen Denken jener Zeit um so
natürlicher erscheint, als Unterwerfung unter eine Majorität dem
religiösen Empfinden des die äußere Autorität verwerfenden protestantischen Gewissens geradezu entgegengesetzt ist. Die praktisch noch ungeschulte Demokratie jener Tage hat wenigstens
keinen Versuch gemacht, irgendeine Art von Majoritätsbeschluß
als für die Verfassungsänderung genügend zu erklären.

3. Erst die naturrechtliche Theorie unternimmt es, die Frage
nach dem Wesen des Fundamentalgesetzes nach allen Richtungen
hin zu untersuchen. Es ist fast selbstverständlich, daß sie zuerst
in England erörtert wird. Der populären Lehre vom Gesellschaftsvertrag bemächtigt sich Hobbes, um auf ihm das den demokratischen Forderungen schnurstracks widersprechende System
seiner Staatslehre zu errichten. Er akzeptiert die Bezeichnung des
Grundgesetzes und definiert es als solches, dessen Aufhebung
den Staatskörper zerstören und volle Anarchie hervorrufen
würde[2]). Das Grundgesetz ist daher in Wahrheit identisch mit
dem staatsgründenden Vertrag sowie den wichtigsten Folgerungen,
die sich unmittelbar aus diesem Vertrage ergeben. Dieser einstimmig
abzuschließende Vertrag ist daher überhaupt, wofern der Staat
erhalten bleiben soll, unabänderlich. Im Sozialvertrag aber ist

---

[1]) Abgedruckt bei G a r d i n e r Const. Docum. p. 405 ff.
[2]) Leviathan XXVI p. 275 f.

die Klausel enthalten, sich dem von der Mehrheit zu bestimmenden Herrscher zu unterwerfen[1]). Locke formuliert dieselbe Idee im demokratischen Sinne, indem er ausführt, daß im Grundvertrage die Bestimmung verzeichnet sei, der zufolge jeder den Majoritätswillen als seinen eigenen ansehen werde[2]). Damit ist für England, dem realen Rechtszustand entsprechend, das Majoritätsprinzip für alle Arten von Gesetzen von der Theorie anerkannt und praktisch der Unterschied von Verfassungs- und einfachen Gesetzen beseitigt[3]).

Anders verhält sich die Theorie des deutschen Naturrechts. Schon Pufendorf schwächt die Lehre des Hobbes dahin ab, daß nur derjenige, welcher bedingungslos den Unionsvertrag abgeschlossen habe, das durch die Majorität zustande gekommene decretum über die Verfassungsform anerkennen müsse. Habe er das nicht getan, dann sei die Verfassung für ihn nur dann bindend, wenn er ihr zugestimmt habe. Weigere er sich dessen, so trete er in den Naturzustand zurück. Sodann wird von Böhmer[4]), Wolff[5]) u. a. der Begriff des Grundgesetzes in eigentümlicher Weise umgebildet. Nicht als Verfassungsgesetz schlechthin, sondern als Beschränkung der fürstlichen Gewalt durch das Volk erscheint es bei diesen Naturrechtslehrern, so daß die spätere Theorie, die Verfassung und konstitutionelle Verfassung identifiziert, schon bei ihnen in ihren ersten Grundzügen auftritt. Erwägt man, welche Verbreitung namentlich die Lehre Wolffs gefunden hat, so wird dieser Zusammenhang um so verständlicher, als die bekannten Ausführungen Montesquieus über die englische Verfassung keineswegs behaupten, daß nur der auf dem Prinzipe der Gewaltenteilung aufgebaute Staat mit dem Verfassungsstaat überhaupt identisch sei.

Diese Grundgesetze werden nun als Normen erklärt, die über dem Gesetzgeber stehen. Sie können nur durch einen Volksschluß mit Zustimmung des Königs geändert werden. Namentlich Wolffs Schüler E. de Vattel, dessen Werk über Völkerrecht

---

[1]) De cive V 8; Lev. XVIII p. 159.

[2]) II ch. VIII 96—99.

[3]) Noch 1853 scheiterte der Versuch Wentworths, in Neu-Süd-Wales für Verfassungsänderungen das Erfordernis der Zweidrittelmajorität einzuführen: Lecky Democracy and Liberty, new ed. I 1896 p. 138.

[4]) Ius pub. univ. pars spec. I 5 § 31 ff. p. 292 ff.

[5]) A. a. O. VII § 815 ff.

im 18. Jahrhundert so großen Anklang weit über die gelehrte
Welt hinaus gefunden hat, führt diesen Gedanken eingehend
durch. Er unterscheidet scharf zwischen der gesetzgebenden und
der verfassungsändernden Gewalt. In der Regel habe sich auch
bei Verfassungsänderungen die Minorität der Majorität zu fügen.
Sollte aber die Staatsform selbst durch Majoritätsbeschluß geändert werden, so stände es der Minorität frei, aus dem Staate
auszuscheiden, d. h. auszuwandern[1]).

Ganz eigentümlich ist die Stellung, die R o u s s e a u zu dem
Problem einnimmt. Er verwirft scheinbar jedes Grundgesetz für
den Souverän, da der allgemeine Wille sich selbst nicht binden
kann[2]). Seinem Prinzipe gemäß, daß der einzelne auch im
Staate frei bleibe, weil sein Wille im allgemeinen Willen als
konstituierendes Element enthalten, jedermann daher nur seinem
eigenen Willen untertan sei, hätte er alle Gesetze für gleichwertig und daher für alle gleichmäßig Einstimmigkeit verlangen
müssen. In der Tat will er auch das polnische liberum veto erhalten wissen, sofern es sich auf die Grundlagen der Verfassung
bezieht; einstimmig angenommen, können sie auch nur einstimmig abgeändert werden[3]). Für die laufende Gesetzgebung
solle aber Majorität genügen, deren Größe nach der Wichtigkeit der zu erledigenden Gegenstände abgestuft sein solle[4]).
Der in solchem Falle in der Minderheit Gebliebene sei nicht
sowohl überstimmt worden, sondern habe sich vielmehr über
den Inhalt des Gemeinwillens getäuscht[5]). Nur der contrat social
selbst verlange seiner Natur nach Einstimmigkeit[6]). Es ist klar,

[1]) Le droit des gens I ch. III §§ 30—33.
[2]) Contr. soc. I 7.
[3]) Considérations sur le gouvernement de Pologne ch. IX: „Par
le droit naturel des sociétés, l'unanimité a été requise pour la formation
du corps politique et pour les lois fondamentales qui tiennent
à son existence… Or, l'unanimité requise pour l'établissement de ces
lois doit l'être de même pour leur abrogation. Ainsi voilà des points
sur lesquels le liberum veto peut continuer de subsister." Œuvres
complètes, Paris 1865, V p. 270.
[4]) Contr. soc. IV 2. Plus les délibérations sont importantes et
graves plus l'avis qui l'emporte doit approcher de l'unanimité.
[5]) L. c. Quand donc l'avis contraire au mien l'emporte, cela ne
prouve autre chose sinon que je m'étois trompé, et que ce que j'estimois
être la volonté générale ne l'étoit pas.
[6]) L. c. Il n'y a qu'une seule loi qui, par sa nature, exige un
consentement unanime; c'est le pacte social.

daß nur Mangel an Erfahrung eine derartige, Verfassungsänderungen praktisch ausschließende Lehre hatte entstehen lassen
können. Bei dem Einflusse, den R o u s s e a u ausgeübt hat, ist
sie aber auch für die Vorstellung größerer Macht und Heiligkeit
der Verfassungsgesetze von Bedeutung geworden.

4. Unabhängig jedoch von der Naturrechtslehre gewinnt die
Vorstellung des geschriebenen Fundamentalgesetzes, der Verfassungsurkunde zuerst praktische Bedeutung in den amerikanischen Kolonien Englands.

Diese Kolonien erhielten nämlich, und zwar die Kronkolonien
von den englischen Königen, die Eigentümerkolonien, wie Nord-
Carolina und Pennsylvanien, von ihren Herren, C h a r t e n oder
Freiheitsbriefe, Privilegien, in welchen die Grundzüge der Regierung und der Verwaltungsorganisation der Kolonien niedergelegt waren. Manche dieser Charten enthielten aber nur die
Bestätigung der schon früher von den Beteiligten festgestellten
Grundzüge der Verfassung. So bildeten die erwähnten, in Form
eines zwischen den Ansiedlern abgeschlossenen Vertrages verkündigten Fundamental Orders von Connecticut die Basis für die
von Karl II. der Kolonie verliehene Charte[1]), die 1776 als Verfassung des Freistaates vom Volke bestätigt und erst 1818 durch
eine neue Konstitution ersetzt wurde. Ebenso erhielt das schon
früher von Roger W i l l i a m s auf Grund von Pflanzungsverträgen
konstituierte Rhode Island 1663 eine die schon bestehenden Einrichtungen bestätigende Charte Karls II., die sogar bis 1842 die
Verfassung dieses Staates blieb. Die Charten beider amerikanischer
Gliedstaaten sind somit die ältesten Verfassungsurkunden im
modernen Sinne[2]). Von den Charten der Eigentümerkolonien
sind namentlich die von William P e n n auf Grund von der
Krone verliehener Vollmachten für die ihm zum Eigentum gegebene, nach seinem Vater benannte Kolonie Pennsylvanien
1682, 1683 und 1701 mit Zuziehung von Vertretern dieser
Kolonie erlassenen Verfassungen wegen der in ihnen enthaltenen
Prinzipien zu erwähnen[3]). Beim Ausbruch der amerikanischen
Revolution hatten alle dreizehn Kolonien derartige Charten. Die
Vorgänger dieser Urkunden lassen sich bis ins Mittelalter ver-

---

[1]) Vgl. G o u r d Les chartes coloniales et les constitutions des États-
Unis 1885 I p. 103 ff.

[2]) Texte bei P o o r e I p. 249 ff.; II p. 1596 ff.

[3]) Vgl. P o o r e II p. 1523 ff.; G o u r d I p. 165 ff.

folgen. Entstanden aus Handelsprivilegien, haben sie den Zweck, neugebildete politische Verhältnisse zu regulieren [1]). In ihnen, namentlich in jenen beiden dem Inhalte nach vom Volke fest-gesetzten, kommen geschichtlich die zwei Gedanken, auf denen die geschriebene Verfassung beruht, zum Ausdruck: Grundvertrag der Staatsglieder und Konzession einer übergeordneten Macht. Dem Mutterlande gegenüber erscheinen sie allerdings nur als ein-seitige Gewährungen der Krone oder der hierzu von der Krone befugten Eigentümer. Sie schaffen nach der Anschauung der Amerikaner Korporationen, die dem herrschenden Staate mit selbständiger Persönlichkeit gegenüberstehen, deren Recht nur an dem Reichsrecht seine Schranken findet. So ist es denn der Dualismus zwischen über- und untergeordnetem Gemeinwesen, der in diesen ersten Verfassungsurkunden zum Ausdruck kommt, der wiederum in nachweisbarem geschichtlichem Zusammenhang mit der dualistischen Gestaltung des mittelalterlichen Staates steht.

Bei dem losen Verhältnis aber, in welchem die Kolonien zum Mutterlande stehen, tritt die Vorstellung von der Verfassung als Resultat eines Vertrages der Bürger, die einigen Charten mit zugrunde lag, immer stärker hervor und drängt die Bedeutung der Bestätigung und Verleihung durch die übergeordnete Macht immer mehr in den Hintergrund. Die Bedeutung dieses demokra-tischen Gedankens wird durch die Umstände, unter denen die Ansiedler ihr Kulturwerk beginnen und ausüben, wesentlich ver-stärkt. Anfänglich sehr geringer Zahl, sind die Ansiedler über ein großes Territorium verbreitet; sie leben häufig mit ihren Familien in einem Zustand, der ihnen als vorstaatlicher Natur-zustand erscheinen mußte. Wenn sie zusammentreten, um gemein-same Angelegenheiten festzusetzen und zu beschließen, so meinen sie durch freien Willen aus jenem Naturzustand in den staat-lichen einzutreten. So verschmilzt die kirchlich-politische Lehre von den Covenants als Grundlage des Staates mit naturrechtlichen, durch die Literatur gepflegten Anschauungen, um schließlich die Vorstellung zu erzeugen, daß das ganze Staatswesen auf dem Grunde einer dem Volkswillen entstammenden Verfassung ruhe, durch welche die potentiell dem Gesamtvolke innewohnende Machtfülle an verschiedene Organe zur Ausübung verteilt wird. Diese Organe sind überall schon in der Kolonialzeit dieselben:

---

[1]) Vgl. Bryce American Commonwealth I p. 427 ff.

eine gesetzgebende Versammlung, ein erwählter oder von der
Krone oder dem Eigentümer der Kolonie eingesetzter Gouverneur,
ferner Friedens- und andere Gerichte nach englischem Muster.
Die Legislative hat niemals eine die Exekutive überragende
Stellung, wie in England; das Veto des Gouverneurs wird faktisch
gehandhabt, während es im Mutterlande obsolet wird. Die Legislaturen haben ferner nur beschränkte gesetzgebende Gewalt, indem
die britischen Gesetze und die Kolonialcharten ihren Beschlüssen
unabänderlich gegenüberstehen. Jedes diese Grenzen über-
schreitende Gesetz konnte von dem britischen privy council für
null und nichtig erklärt werden[1]). Somit bereiten sich in diesen
Charten schon die Grundprinzipien der künftigen Verfassungen,
namentlich Trennung der Legislative von der Exekutive, vor, und
es erscheint die Charte sowohl auf Grund naturrechtlicher als
positivrechtlicher Vorstellungen als eine höhere, den Gesetzgeber
bindende Norm. Die beiden Ideen, welche den späteren Verfassungsurkunden zugrunde liegen, und die auch in Europa vom
revolutionären Frankreich rezipiert werden: Gewaltenteilung als
Verfassungsprinzip und die Verfassung als der normalen Gesetzgebung entrückte Macht, wachsen mit geschichtlicher Notwendigkeit auf dem Boden der amerikanischen Kolonien empor.

Im Jahre 1776 verwandeln sich die unabhängig gewordenen
Kolonien in Staaten und erlassen kraft ihrer nunmehr erlangten
Machtvollkommenheit in diesem und den folgenden Jahren Ver-
fassungen, die auf den Prinzipien der Volkssouveränetät und
Gewaltenteilung aufgebaut sind, oder sie verwandeln ihre Charten
in Konstitutionen. Diese werden in der Regel von verfassungsgebenden Konventen ausgearbeitet und verkündigt. Doch wirkt
bereits damals in einigen Staaten die alte Idee der Covenants
und des Sozialvertrages nach, infolge deren die Verfassungen der
Gesamtheit der in den town meetings versammelten Bürger zur
Annahme vorgelegt werden[2]). Diese zuerst in Massachusetts und
New Hampshire geübte Praxis verbreitet sich im Laufe des
19. Jahrhunderts über eine große Zahl alter und neuer Gliedstaaten der Union.

In diesen Verfassungsurkunden aus der ersten Epoche der
amerikanischen Unabhängigkeit sind die ältesten Vorbilder der
europäischen Konstitutionen zu suchen, da sie in größerem Maße,

[1]) F o s t e r I p. 32 f.
[2]) B o r g e a u d Établissement et révision des const. p. 167 ff.

als man bis in die neueste Zeit wußte, auf die französische Verfassungsgesetzgebung von 1789—1791 eingewirkt haben.

Diese Urkunden pflegen aus zwei Hauptteilen zu bestehen. Sie sind meistens eingeleitet durch eine Bill oder Declaration of Rights, die, in den Kolonialcharten entweder fehlend oder nur unvollständig enthalten, einen kurzgefaßten Kodex der gesamten öffentlichen Rechte des einzelnen in sich schließen. Daran reiht sich der Plan oder Frame of Government, die Bestimmungen über die obersten Organe des Staates und deren Funktionen.

Was nun speziell die Erklärungen der Rechte anbelangt, so sind sie bereits in anderem Zusammenhang gewürdigt worden. Der erste gesetzgeberische Akt dieser Art ist die am 12. Juni 1776 von der Konvention des Staates Virginien angenommene Bill of Rights, welche das Prototyp aller späteren Akte ähnlicher Art im Gesamtbereich der Verfassungsgesetzgebung geworden ist. Ihr folgen zunächst ähnliche Bills oder Deklarationen anderer amerikanischer Staaten nach. Einige Sätze der virginischen Bill sind in die berühmte Unabhängigkeitserklärung der Vereinigten Staaten vom 4. Juli 1776 übergegangen.

In diese Bills of Rights sind aber nicht nur die Freiheitsrechte, sondern auch die Grundzüge der übrigen subjektiven öffentlichen Rechte des Individuums aufgenommen. Ferner sind die Prinzipien der Volkssouveränetät, der Gewaltenteilung, der Zeitigkeit der Staatsämter, der Verantwortlichkeit ihrer Inhaber sowie manche Rechtssätze, die nur indirekt im Zusammenhang mit subjektiven Rechten stehen, in ihr enthalten, so daß auch in ihnen noch der altenglische Gedanke nachklingt, der die Verfassung in erster Linie als ein ius inter partes, demnach als wesentlich subjektive Rechte begründend auffaßt.

Der Plan of Government der Gliedstaatsverfassungen ist so streng als möglich — eine vollständige Verwirklichung der Schablone war selbst in Amerika nicht möglich und beabsichtigt — auf dem Prinzip der Teilung und des Gleichgewichtes der Gewalten aufgebaut, nicht etwa nur wegen des Ansehens, das die Lehre M o n t e s q u i e u s damals genoß, sondern auch, weil, wie bereits erwähnt, die eigentümliche von der englischen abweichende Verfassungsgeschichte der Kolonien zu einem der M o n t e s q u i e u schen Forderung ähnlichen Verhältnis von Legislative und Exekutive geführt hatte. Auch das Zweikammersystem tritt in ihnen auf Grund geschichtlicher Entwicklung hervor, da in den Kolo-

nien der Rat des Gouverneurs zugleich die Funktionen eines
Oberhauses ausübte.

Diese Verfassungen sind höchstes Gesetz des Landes. Da
alle Gewalten als vom Volke delegiert gelten, so sind sie alle
beschränkt durch das als unmittelbarer Ausdruck des Volkswillens
erscheinende Grundgesetz. Ohne daß es irgendwo ausdrücklich
ausgesprochen wäre, gilt es als feststehend und ist in der Praxis
allgemein anerkannt, daß der Richter alle Gesetze auf ihre
materielle Verfassungsmäßigkeit zu prüfen habe. Auch dieser
Grundsatz stammt, wie oben gezeigt, aus der früheren Staatsordnung, indem die Kolonialgesetze stets der Prüfung des englischen Richters auf ihre Übereinstimmung mit der höheren Norm
des englischen Rechtes und damit auch der Charte selbst unter-
lagen, was auch heute noch für alle britischen Kolonien gilt,
insofern alle Kolonialgesetze, selbst die der am unabhängigsten
gestellten Kolonien, die Nachprüfung durch das judicial committee
des britischen privy council auf ihre Übereinstimmung mit dem
Reichsrecht dulden müssen [1]).

Die alte Lehre von der überragenden Bedeutung des Sozialvertrages wirkt noch heute in den Bestimmungen über Verfassungsänderungen fort. Der Prozeß einer Verfassungsrevision ist meistens
sehr verwickelt. Die Revision muß zunächst durch die ordentliche Legislatur beschlossen werden, und zwar häufig mit einer
größeren als der einfachen Mehrheit, in einigen Staaten durch
Abstimmung in zwei aufeinanderfolgenden Legislaturen [2]). Wenn
es sich aber um eine Totalrevision, also Beschließung einer
neuen Verfassung, handelt, so wird diese von einer besonderen

---

[1]) Vgl. Todd Parliamentary Government in the British Colonies
2. ed. London 1894 p. 306, 309, 346 ff.; Dicey 7. ed. p. 104 f.; Brinton
Coxe An essay on Judicial Power and Inconstitutional Legislation,
Philadelphia 1893 p. 208 ff.; für Australien vgl. Moore The Constitution
of the Commonwealth of Australia, London 1902 p. 165 ff. (2. ed. 1910 p.
220 ff.); Hatschek St. u. V.R. v. Austr. u. Seeland 1910 S. 96 ff. Die Juris-
diktion des britischen privy council ist für Australien zwar eingeschränkt,
aber keineswegs aufgehoben worden. Auch in Angelegenheiten der neugeschaffenen südafrikanischen Union hat der king in council eine beschränkte Zuständigkeit behalten: An Act to constitute the Union of
South Africa (20. 9. 1909) sect. 106.

[2]) Vgl. die Zusammenstellung bei Ellis Paxon Oberholtzer The
Referendum in America (Publications of the University of Pennsylvania),
Philadelphia 1893, p. 41 und Appendix; dasselbe, größere Ausgabe,
new ed. 1912 p. 151 ff.

vom Volke gewählten „Konvention" ausgearbeitet und hierauf
durch Volksabstimmung sanktioniert[1]). Es entscheidet daher heute
das Volk durch Gesamtabstimmung in letzter Instanz über Annahme oder Verwerfung der Revision[2]). Der formelle Charakter
der Verfassungsgesetze als nur unter erschwerenden Formen ab-
zuändernder Normen mit gesteigerter Gesetzeskraft ist in den
amerikanischen Gliedstaatsverfassungen in der schärfsten Weise
ausgeprägt. Nach amerikanischem Vorbild sind in jüngster Zeit
die Normen über Verfassungsänderungen in Australien gestaltet
worden[3]).

    Dieselben Prinzipien wie in den erörterten Konstitutionen
finden sich auch in der Verfassung der Vereinigten Staaten von
1787. Die Verfassung ist ein Ausfluß der Machtvollkommenheit des Volkes, ist das höchste Gesetz des Landes, bildet die
vom Richter zu überwachende Schranke für alle Akte der Union
sowohl als ihrer Gliedstaaten. Da die Bills of Rights der Gliedstaaten bereits die individuellen Rechte feierlich festgestellt hatten,
schien anfangs eine besondere Erklärung der Rechte um so weniger
notwendig, als die Anschauungen des amerikanischen Volkes
über die Rechte des Individuums schon in einigen Sätzen der
Unabhängigkeitserklärung zum Ausdruck gekommen waren. Jedoch
wurden bereits 1789 zehn Zusatzartikel zur Unionsverfassung beschlossen, welche die Stelle einer gesamtamerikanischen Bill of
Rights vertreten. Das Prinzip der Gewaltenteilung ist wie in den
Gliedstaaten durchgeführt. Die Verfassung kann ferner nur auf
Grund eines höchst komplizierten Verfahrens Zusätze und Ab-
änderungen erhalten, und Minoritäten können in sehr ausgiebiger
Weise jede Änderung hemmen, indem zwei Drittel beider Häuser
des Kongresses und drei Viertel der Staatenlegislaturen zur Annahme eines solchen Beschlusses notwendig sind. Eine direkte

---

[1]) Vgl. B r y c e American Commonwealth I p. 681 ff.; J a m e s o n
A Treatise on Constitutional Conventions. 4. ed., Chicago 1887, § 479.

[2]) Mit Ausnahme des Staates Delaware, wo bei Amendement das
Volk nur in der verfassungsmäßig notwendigen Neuwahl der gesetzgebenden Körperschaften zur Sprache kommt, und Süd-Carolina, wo die
Volksabstimmung zwischen zweimaligen Beschlüssen der Legislatur stattfindet. O b e r h o l t z e r new ed. 1911 p. 150 f.

[3]) Const. of the Commonwealth of Australia, Art. 128. Doch hat
auch schweizerisches Recht auf diese Bestimmungen eingewirkt, indem
sowohl die Volksabstimmung in der Majorität der Staaten als im
Commonwealth die Änderung sanktionieren muß.

Volksabstimmung findet zwar nicht statt, durch die Möglichkeit
einer Abstimmung in besonderen Verfassungskonventen aber, sowohl in der Union als in den die Verfassung ratifizierenden
Gliedstaaten, ist wenigstens einer indirekten Volksabstimmung
Raum gegeben[1]).

In Amerika ist der Ursprung unserer heutigen geschriebenen
Verfassung zu suchen, weshalb die amerikanischen Konstitutionen
eingehender zu betrachten waren. Die französische Revolution
akzeptiert die amerikanische Idee, und von Frankreich aus pflanzt
sie sich in die übrigen europäischen Staaten fort.

5. Geschriebene Grundgesetze hat es in verschiedenen europäischen Staaten schon früher gegeben. Der mittelalterlichen
Freiheitsbriefe, die späterer Zeit als Gesetze erschienen, wurde
schon gedacht. In neuerer Zeit aber hat sich bereits der Osnabrücker Friedensschluß selbst als Reichsgrundgesetz bezeichnet.
In Schweden hatte schon 1634 die „Regeringsform" das Verhältnis
von König und Ständen gesetzlich geregelt. Sie wurde später
mehrmals abgeändert und bildet heute noch in der Form von
1772 die Grundlage der finnländischen Verfassung[2]). So weit
aber gerade diese schwedisch-finnländischen Gesetze sich einer
modernen Verfassung anzunähern scheinen. so unterscheiden sie
sich doch prinzipiell von einer solchen dadurch, daß sie, wie
ähnliche Festsetzungen in anderen Staaten, ganz auf dem Gedanken der ständischen Ordnung ruhen, also eine Auseinandersetzung von rex und regnum bedeuten. Die Vorstellung, daß
von einem Zentrum aus der einheitliche Staat seine grundlegende
Gestaltung und seine grundsätzliche Abgrenzung gegen das Individuum empfangen solle, ist in ihnen nicht vorhanden. Ebenso
wird trotz aller naturrechtlichen Theorien die Forderung einer
Erklärung der Rechte auf dem Kontinente nicht erhoben. Zusicherungen einzelner individueller Rechte finden sich zwar schon
vor dem Ende des 18. Jahrhunderts in Gesetzen absoluter
Herrscher, ständischen Abschieden oder Friedensverträgen (wie

---

[1]) Const. of the United States Art. V. Eine Beschlußfassung durch
Konventionen hat bisher nicht stattgefunden.

[2]) Vgl. darüber A s c h e h o u g Das Staatsrecht der Vereinigten
Königreiche Schweden und Norwegen (in Marquardsens Handbuch) S. 7 ff.;
E r i c h Das Staatsrecht des Großfürstentums Finnland 1912 S. 5 ff., 15.
Der Text der finnländischen Verfassung von 1772 in „La Constitution
du Grand Duché de Finlande", Paris 1900, p. 41 ff.

z. B. die Rechte der Religionsparteien im Osnabrücker Frieden),
sie haben aber alle einen gelegentlichen, keinen grundsätzlichen
Charakter und wollen keineswegs die gesamte öffentliche Rechtssphäre des Individuums normieren. Das einflußreichste Werk
der politischen Literatur in der zweiten Hälfte des Jahrhunderts,
der contrat social, war seiner ganzen Tendenz nach einer verfassungsmäßigen Erklärung der Rechte feindlich; hatte er doch
durch seine Forderung einer von jedermann zu bekennenden
bürgerlichen Religion das wichtigste und grundlegende aller
individuellen Rechte, das der Religionsfreiheit, ausdrücklich bekämpft[1].

Eine ganze Reihe von Umständen lassen in Frankreich, und
zwar schon vor dem Zusammentreten der Reichsstände, wie die
Cahiers beweisen, die Forderung einer geschriebenen Verfassung
als Grundlage des Staatswesens entstehen. Die Idee der Volkssouveränetät, die aus ihr entspringende, später von S i e y è s formulierte Lehre vom pouvoir constituant, das stets beim Volk bleibe,
während alle anderen Gewalten als pouvoirs constitués ihr Dasein
und ihre Zuständigkeiten von der konstituierenden Gewalt ableiten müssen, die Notwendigkeit, bei gänzlicher Neuordnung der
Verhältnisse diese völlig klarzustellen, haben wesentlichen Anteil
an der Schöpfung der ersten französischen Verfassung. Nicht zum
geringsten aber ist es das amerikanische Vorbild, das bedeutsamen Einfluß auf Frankreich übt. Die Institutionen der durch
Waffenbrüderschaft mit den Franzosen verbundenen Amerikaner
hatten in Frankreich die lebhafteste Aufmerksamkeit erregt, die
Literatur für die amerikanischen Verfassungen Propaganda gemacht[2]. Angeregt durch das amerikanische Vorbild, namentlich
die Bill of Rights von Virginien, hatten schon einige Cahiers eine
Erklärung der Rechte gefordert und sodann L a f a y e t t e den
dahin abzielenden Antrag in der Nationalversammlung gestellt.
Die Erklärung der Menschen- und Bürgerrechte vom 26. August
1789 ist das erste Resultat der französischen Verfassungsgesetzgebung[3].

---

[1]) Vgl. oben S. 412 f. Ebenso das Vereinsrecht, vgl. Erkärung der
Menschen- und Bürgerr. S. 7.

[2]) Vgl. G. K o c h Beiträge zur Geschichte der politischen Ideen II,
Demokratie und Konstitution (1750—1791) 1896 S. 205 ff.; D u g u i t La
séparation des pouvoirs, p. 13 ff.; A u l a r d Histoire politique de la
Révolution française. Paris 1901, p. 19 ff.

[3]) Vgl. G. J e l l i n e k Erklärung der Menschen- und Bürgerr. S. 7 ff.

Die erste Verfassungsurkunde Europas ist die in den Jahren 1789—91 allmählich beratene und beschlossene, schließlich in ein Instrument zusammengefaßte und am 3. September 1791 verkündigte Verfassung Frankreichs. Zwar trägt die polnische Verfassung vom 3. Mai 1791 ein früheres Datum. In Wahrheit aber ist sie, soweit sie nicht altständischen Charakters ist, von den bis dahin publizierten französischen Verfassungsgesetzen ganz abhängig.

Diese Verfassung Frankreichs lehnt sich in vielen Punkten an die amerikanischen Vorbilder an, unterscheidet sich aber auch wesentlich von ihnen. Weniger liegt der Unterschied in dem Gegensatz zwischen republikanischer und monarchischer Verfassung, denn die Monarchie war in Frankreich zum leeren Schein herabgesunken und die Stellung des Königs eine ungleich schwächere als die eines Präsidenten oder Governors. Die Erklärung der Rechte hatte zwar ganz wie die Amerikaner das Prinzip der Gewaltenteilung für das Wesen der Verfassung überhaupt erklärt, allein in der Konstitution ist die gesetzgebende Gewalt derart gestellt, daß ihr die vollziehende gänzlich untergeordnet ist, die ohne sie keine irgendwie bedeutsame Aktion vornehmen kann. Ferner ist die Legislatur einkammerig, jedes mäßigende Element im Vorgang der Gesetzgebung verworfen. Es ist also in Wahrheit unbeschränkte Parlamentssouveränetät, die in dieser Verfassung zum Siege gelangt, aber nicht etwa die englische, da nach Montesquieus Lehre und den amerikanischen Modellen den Mitgliedern der Nationalversammlung der Eintritt in das Ministerium verwehrt wird[1]), was jedoch keineswegs zur Stärkung der Krone beiträgt, sondern den Sieg der Anarchie und den Sturz der Verfassung beschleunigen hilft.

Das pouvoir constituant wird nicht der Volksgemeinde, sondern ausschließlich dem Parlamente zugeschrieben. Doch sucht man die Stabilität der Verfassung und den Anteil des Volkes an der Verfassungsrevision dadurch zu wahren, daß man für die nächsten zwei Legislaturen jede Änderung untersagt, für später aber bestimmt, daß drei aufeinanderfolgende Legislaturen die Änderung übereinstimmend vorschlagen müßten, während eine vierte als Revisionskammer gewählte Legislatur mit bedeutend

---

[1]) Const. von 1791 tit. III ch. II sect. IV art. 2. Vgl. Duguit Séparation des pouvoirs, p. 49.

vermehrter Mitgliederzahl die Änderung zu beschließen hätte,
und zwar, ohne daß dem König ein Sanktionsrecht zuständе[1]).

Die späteren Verfassungen der Revolutionszeit haben den
Gedanken der Volkssouveränetät viel konsequenter durchgeführt,
indem sie Sanktion einer neuen Verfassung durch Volksabstimmung
verlangen, so daß die konstituierende Gewalt nicht nur der Substanz, sondern auch der Ausübung nach als der Nation selbst
zustehend gedacht wird[2]).

Die Wirkung der französischen Verfassung von 1791 war
eine sehr weitgreifende. Sie ist das Prototyp für alle Verfassungen der Monarchien geworden, die auf dem demokratischen
Prinzipe ruhen. So sind die spanische Cortesverfassung von 1812,
die portugiesische von 1822, die heute noch in Kraft stehende
norwegische Verfassung von 1814 nach ihrem Vorbild geschaffen,
und die belgische Verfassung von 1831 ist in wichtigen Punkten
von ihr beeinflußt.

Weitaus geringere Bedeutung wohnt den nächstfolgenden
französischen Verfassungen bei, der vom Konvent ausgearbeiteten
von 1793, der Direktorialverfassung von 1795, ferner der Konsularverfassung von 1799, die bereits im großen und ganzen den
Typus der Verfassung des ersten Kaiserreichs aufweist. Immerhin
ist die Konstitution vom 24. Juni 1793 nicht ohne Einfluß auf
spätere Zeiten geblieben, indem sie das Institut des allgemeinen
gleichen und direkten Wahlrechtes sowie das der fakultativen
Volksabstimmung für die Gesetze einführt, wodurch sie in Europa
zwei Programmpunkte der Demokratie begründet, von denen der
erste im Laufe des letzten Drittels des 19. Jahrhunderts große
praktische Erfolge hatte, während der zweite in der schweizerischen Eidgenossenschaft, wenn auch auf Grund dort einheimischer
Einrichtungen, verwirklicht wurde. Die Direktorialverfassung führt
das Zweikammersystem ein, von dem man, die kurze Epoche der
zweiten und die ersten Jahre der dritten Republik abgerechnet,
in Frankreich nicht mehr abgegangen ist, was bei dem Einflusse
französischer Verfassungsexperimente für das kontinentale Europa
bedeutungsvoll geworden ist. Selbst die Verfassung des ersten
Kaiserreichs hat über Frankreich hinausgegriffen, da sie in einzelnen deutschen Staaten zur Zeit des Rheinbundes nachgeahmt

---

[1]) Const., titre VII.
[2]) Vgl. Borgeaud Établ. des const., p. 248 ff.

wurde und damit zuerst in Deutschland, wenn auch in sehr ver-
kümmerter Form, dem konstitutionellen Gedanken Ausdruck gab[1]).
Alle diese Verfassungen wurden, wie die von 1791, formell als
Gesetze höherer Art gedacht, was dadurch zum Ausdruck kam,
daß sie der Volksabstimmung unterzogen wurden, damit die
konstituierende Gewalt der souveränen Nation anerkennend. Auch
die ephemere Additionalakte aus der Zeit der hundert Tage, die
eine neue Verfassung des kaiserlichen Frankreichs enthalten
sollte, wurde durch ein Plebiszit sanktioniert[2]).

Alle diese Verfassungen ruhen, wie die erste Frankreichs,
auf dem Prinzipe der Volkssouveränetät. Am interessantesten in
dieser Hinsicht ist die Verfassung des Kaiserreichs. Sie ist
cäsaristisch, d. h. sie knüpft an den römischen Gedanken
der lex regia an, durch welche der den Staat bildende populus
die ihm zustehende Gewalt dem Cäsar überträgt, der dadurch
einziger Repräsentant der Volksgemeinde wird. Der Cäsarismus
ist in Wahrheit eine absolute Monarchie mit scheinkonstitutionellen
Institutionen, in der die Autorität des Kaisers ins unermeßliche
gesteigert ist, weil er kraft der ihm zustehenden Repräsentations-
befugnis jeden seiner Willensakte als höchsten Volksschlüssen
gleichstehend proklamieren kann. Noch konsequenter hat die
Verfassung des zweiten Kaiserreiches den cäsaristischen Gedanken
durchgeführt, indem Napoleon III. sich zum verantwortlichen
Magistrat des Volkes erklärt, an dessen Willen er stets appellieren
kann, und das auf dem Wege des Plebiszites[3]) bei wichtigen
Verfassungsänderungen seinen Willen kundtun soll[4]). Infolgedessen sind, nach amerikanischem Vorbild, die Minister, die
niemals Mitglieder des corps législatif sein dürfen[5]), ausschließlich dem Kaiser als dem die gesamte Verantwortlichkeit tragenden
höchsten Repräsentanten des Volkes verantwortlich[6]).

Noch weiter und tiefer wirkend als die Verfassungen der
französischen Revolution war die, welche das wiederhergestellte

---

[1]) Vgl. G. Meyer StR. S. 137 ff.

[2]) Duguit-Monnier p. LXXXV.

[3]) Über die bonapartischen Plebiszite vgl. Borgeaud Const.
p. 261 ff.; Esmein Droit const., p. 354 f.

[4]) Const. vom 14. Januar 1852 Art. 5, 32.

[5]) Const., Art. 44.

[6]) Const., Art. 13: „Les ministres ne dépendent que du Chef de l'État;
ils ne sont responsables que chacun en ce qui le concerne des actes
de gouvernement. Il n'y a point de solidarité entre eux."

Königtum Frankreich verlieh. Zwei wichtige neue Prinzipien
liegen der Charte constitutionnelle Ludwigs XVIII. vom 4. Juni
1814 zugrunde. Erstens gibt sich die Verfassung als eine freiwillige Gewährung von seiten des Königs[1]), da sie von dem
Rechtsgedanken ausgeht, daß ursprünglich die ganze Staatsgewalt
beim König ruhe, dem Volke jedoch an deren Ausübung ein
Anteil zugestanden werden könne. So wird dem demokratischen
Prinzipe zum ersten Male das m o n a r c h i s c h e Prinzip gegenübergestellt[2]), ein in Hinsicht auf die Möglichkeit konstitutioneller
Beschränkung des Monarchen völlig neuer Gedanke, da alle
früheren amerikanischen und europäischen Verfassungsurkunden
auf der, absolute Gültigkeit für alle Staaten beanspruchenden,
Theorie von der dem Volke primär zustehenden konstituierenden
Gewalt beruhten. Die überragende Stellung des Königs auch in
der Gesetzgebung wird dadurch hervorgehoben, daß ihm allein
die Initiative zu den Gesetzen zusteht[3]). Von nicht geringerer
Bedeutung aber ist es ferner, daß die Charte englische Verhältnisse zum Vorbilde nimmt. War bis dahin die Wirkung des
republikanischen Amerika in der Verfassungsgesetzgebung nachzuweisen, so ist es nun das altkönigliche England, das noch in
ganz anderer Weise als nach der Lehre M o n t e s q u i e u s als
Urbild des Verfassungsstaates erscheint. Im Gefolge der Charte
beginnt die schon vorher durch B. C o n s t a n t begründete neuere
französische konstitutionelle Theorie, die englische Institutionen
in französischer Beleuchtung als mustergültig hinstellt, ihre Propaganda, in deren Verlaufe sie zum konstitutionellen Naturrecht
der liberalen Parteien wird. Von besonderer Bedeutung ist es,
daß die Charte die durch die M o n t e s q u i e u'sche Schablone
und die amerikanischen Ideen geforderte Trennung von Parlament
und Ministerium aufhebt, sowie daß sie der Krone das Recht
der Auflösung der Deputiertenkammer zuteilt[4]) und damit der

---

[1]) Mit Vorbedacht hatte man den Ausdruck Konstitution verworfen
und den an die alten Freiheitsbriefe erinnernden Terminus „Charte"
gewählt.

[2]) Vgl. oben S. 469 f.

[3]) Charte const., Art. 16. Die Kammern können nur um Vorlage
eines Gesetzes petitionieren, Art. 19.

[4]) Charte, Art. 50. Die ersten französischen Verfassungen bis zum
Senatuskonsult vom 14. Thermidor des Jahres X kannten überhaupt kein
Auflösungsrecht der Kammern. Das erste Kaiserreich legte diese Be-

Möglichkeit einer Parlamentsregierung nach englischem Muster den Weg bahnt.

Trotzdem die nach der Julirevolution revidierte Charte sich in den Grundzügen an die bisherige anschließt und viele Artikel aus ihr unverändert herübernimmt, stellt sie sich doch auf eine ganz andere Basis. Sie ist nicht mehr einseitig vom König gegeben, sondern eine Vereinbarung zwischen König und Parlament. Das monarchische Prinzip ist zwar nicht ausdrücklich aufgegeben, aber Louis Philipp bezeichnet sich nicht mehr als König von Gottes Gnaden und heißt König der Franzosen, nicht, wie die Bourbonen, von Frankreich und Navarra. Gemäß den veränderten Machtverhältnissen zwischen Krone und Parlament, dem nunmehr auch die Initiative zugestanden ist, verwandelt sich die während der Restauration zeitweilig verwirklichte Möglichkeit einer parlamentarischen Regierung in eine politische Notwendigkeit, die von da an als Dogma in das Programm des konstitutionellen Naturrechts aufgenommen wird[1]).

Über den für das formelle Verfassungsrecht wichtigsten Punkt schweigt die Charte vollständig, nämlich über die Formen für ihre Abänderung. Darum muß der Jurist den Schluß ziehen, daß sie den Unterschied zwischen einfachen und Verfassungsgesetzen nicht kennt, also auch darin sich an englische Anschauungen anschließt. Ist die Verfassung ein Geschenk des Königs, so läßt sich auch nicht absehen, weshalb ihre Änderung besonderen Garantien unterliegen sollte, da ja bei dem Vorbehalt der königlichen Initiative des Königs Wille hinreichende Gewähr dafür bot, daß ihre Beständigkeit nicht von dem Willen der jeweiligen Kammermajorität abhing. In der Tat wurden noch unter Ludwig XVIII. wichtige Verfassungsänderungen auf Vorschlag

---

fugnis nicht dem Kaiser, sondern dem Senat bei. Vgl. Matter La dissolution des assemblées parlementaires, Paris 1898, p. 62 ff. Englischem Vorbild nachgeahmt ist auch die Pairskammer der Charte, die wiederum das Vorbild für die ersten Kammern vieler anderer Staaten wurde.

[1]) Im Jahre 1830 erschien in dem zur Bekämpfung des persönlichen Regimes Karls X. gegründeten Oppositionsblatt „Le National" der berühmte Artikel des jungen Thiers, der hier den Satz aufstellt: „Le roi règne, les ministres gouvernent, les chambres jugent", und hierauf das Dogma predigt: „Dès que le mal gouverner commence, le roi ou les chambres renversent le ministère qui gouverne mal et les chambres offrent leur majorité comme liste des candidats." Vgl. Duvergier de Hauranne X, p. 398.

der Regierung von den Kammern in den Formen der gewöhnlichen Gesetzgebung beschlossen[1]).

Unter dem Einflusse der Charte Ludwigs XVIII. haben sich
die meisten Verfassungen der deutschen Staaten in der Epoche
1814—1848 gebildet. Namentlich die Konstitutionen der süddeutschen Staaten aus den Jahren 1818—1820 haben diesen Ver-
fassungstypus in Deutschland heimisch werden lassen, der nach
der Julirevolution auch von mehreren der größeren mittel- und
norddeutschen Staaten akzeptiert wird.

Diese Verfassungen haben die Betonung des monarchischen
Prinzipes, das Zweikammersystem mit einer aristokratischen ersten
Kammer, den Vorbehalt der Gesetzesinitiative für die Regierung,
das Recht der Auflösung der Wahlkammer durch den Monarchen
und den Grundsatz der Ministerverantwortlichkeit der Charte entlehnt, in anderen Punkten aber an altständische einheimische Verhältnisse angeknüpft, so daß sie keineswegs als unselbständige
Kopien der Charte bezeichnet werden können. Sie kennen ferner
alle, zum Unterschiede von der Charte, erschwerende Formen für
die Verfassungsänderung, so daß sie scharf zwischen einfachen
und Verfassungsgesetzen scheiden. Diese Formen beziehen sich
aber sämtlich auf die Beratung oder Abstimmung in den Kammern;
von Volksabstimmungen nach amerikanisch-französischem Muster
ist bei ihnen, als dem monarchischen Prinzip direkt widersprechend, natürlich keine Rede. Die Verfassungsurkunde ist
ferner häufig nicht einseitig vom Monarchen erlassen, sondern mit
den alten Ständen vereinbart, woraus sich in der deutschen
staatsrechtlichen Literatur zur Zeit des Deutschen Bundes die
Unterscheidung von oktroyierten und paktierten Verfassungen
herausbildet, der aber bereits die Autoritäten des deutschen
Bundesrechtes keine erhebliche Bedeutung beilegen[2]).

Außer den erwähnten deutschen Verfassungen sind das
niederländische Grondwet vom 24. August 1815, die polnische
Verfassung vom 25. Dezember 1815, die ephemere spanische
Verfassung vom 10. April 1834 und vor allem das Statuto Fonda-
mentale des Königreichs Sardinien, das späterhin die Verfassung
des Königreichs Italien wurde, von den Grundgedanken der

---

[1]) So das Gesetz vom 9. Juni 1824, durch welches an Stelle der
Partial- die Integralerneuerung der Deputiertenkammer eingeführt wurde.
Duguit-Monnier Const. p. 211 f.

[2]) Vgl. H. A. Zachariae D. St. u. B.R. I S. 286 f.

Charte beeinflußt. Noch das österreichische Grundgesetz über die Reichsvertretung vom 26. Februar 1861 zählt, durch Vermittelung der ihm zum Vorbilde dienenden älteren deutschen Verfassungen, zu den unter dem Einfluß der Charte stehenden Verfassungen[1]).

6. Bald nach der Revision der französischen Charte wird die belgische Verfassung vom 7. Februar 1831 von der konstituierenden Nationalversammlung des jungen Staates verkündet. Sie steht unter der Einwirkung sowohl der französischen Verfassung von 1791 als der revidierten Charte, knüpft aber auch an ältere einheimische Institutionen an. Sie ruht ausgesprochen auf dem demokratischen Prinzipe, indem sie alle Gewalt von der Nation ausgehen läßt, dem König daher nur so weit Gewalt zugesteht, als sie ihm ausdrücklich zur Ausübung delegiert ist[2]). Trotzdem aber ist das belgische Königtum mit allen wesentlichen monarchischen Rechten ausgestattet. Politisch allerdings ist das Parlament nach Lage der Sache die herrschende Macht, zumal für direkte Äußerungen des Volkswillens in dieser Verfassung kein Raum ist. Nicht etwa aus dem Buchstaben der Verfassung, sondern aus den juristisch nicht meßbaren realen Machtverhältnissen der beiden unmittelbaren Staatsorgane folgt die Notwendigkeit parlamen-

---

[1]) Trotz aller Einwirkung fremder Vorbilder ist die österreichische Verfassung ganz eigenartig gestaltet. Die Februarverfassung bestand nur aus einem Reichsratsstatut und den Landesordnungen, war also nicht ein die Grundlagen des gesamten öffentlichen Rechtes zusammenfassendes Dokument. Aber auch die Staatsgrundgesetze von 1867 weichen, abgesehen von den selbständig gebliebenen Landesordnungen, ganz von dem Typus der Verfassungsurkunden ab. Nicht ein, sondern fünf nebeneinanderstehende Grundgesetze, zu denen noch das Gesetz über die mit Ungarn gemeinsamen Angelegenheiten tritt, bilden in ihrer Gesamtheit die Reichsverfassung. Diese Art der Verfassungsgesetzgebung ist später im Frankreich der dritten Republik angewendet worden. Die heutige französische Verfassung ist nicht in einem Instrumente niedergelegt, sondern in den drei konstitutionellen Gesetzen von 1875. Die Franzosen weisen zwar auf die Analogie der Verfassungen der beiden Kaiserreiche hin, die durch aufeinanderfolgende Senatuskonsulte fortgebildet wurden, doch hat es sich da immer um Zusätze oder Änderungen hinsichtlich einer schon bestehenden Konstitution gehandelt. Vgl. E s m e i n Droit const. p. 562 f.

[2]) Über diese juristisch belanglose Delegation vgl. V a u t h i e r Das Staatsrecht des Königreichs Belgien (in M a r q u a r d s e n s Handbuch) S. 19 f. Vgl. ferner S m e n d Die preußische Verfassungsurkunde im Vergleich mit der belgischen 1904 S. 48 ff.

tarischer Regierung. Die parlamentarischen Rechte der Kammern
bezüglich der Finanzen, der Armee und der Staatenverträge sind
viel größer als in den anderen gleichzeitigen Verfassungen.
Außerdem enthält die Verfassung eine sehr umfangreiche Erklärung der Rechte, die in der französischen Charte und den ihr
nachgebildeten Verfassungen anderer Staaten sich nur auf einige
wenige Punkte beschränkt.

Diese Verfassung eines neugebildeten, kleinen, neutralen
Staates löst in der Popularität die französischen Verfassungen
ab. Sie wird das Verfassungsideal der folgenden Zeit. Ihr Vor-
bild wirkt namentlich in der Epoche 1848—49. Unter ihrem
Einflusse stehen die Nationalversammlungen und Reichstage in
Frankfurt, Berlin und Wien-Kremsier, die sich die konstituierende
Gewalt zuschreiben und Verfassungen auf Grund des demokratischen Prinzipes auszuarbeiten versuchen. Aber auch die heutige
Verfassung Preußens vom 31. Januar 1850, die österreichische
Verfassung vom 4. März 1849 und die in Kraft stehenden Staatsgrundgesetze vom 21. Dezember 1867, die ungarischen Gesetze
von 1848, die in der Epoche seit 1848 erlassenen oder revidierten
Grundgesetze der deutschen Gliedstaaten, ja selbst die Verfassung
des Deutschen Reiches weisen größeren oder geringeren Einfluß
der belgischen Verfassung auf. Sie hat schließlich auch auf
Frankreich zurückgewirkt, da die parlamentarische Republik Anleihen bei den politischen Gedanken der parlamentarischen
Monarchie suchen mußte.

7. Auch die nordischen Staaten Schweden und Dänemark
haben sich in ihren Verfassungen den französisch-belgischen
Typen angenähert, wenn auch beide, namentlich Schweden[1]), bedeutende Resultate eigener Entwicklung aufweisen. Hingegen
haben die neuzuordnenden Staaten der Balkanhalbinsel sich enger
an die herkömmlichen Verfassungsschablonen angeschlossen. Selbständige Wege ist die schweizerische Verfassungsgeschichte im

---

[1]) Die jetzt geltende schwedische Verfassung vom 22. Juni 1866
hat mehr als jede andere bedeutende Elemente altständischen Wesens
bewahrt, die sich z. B. in der eigentümlichen Gestaltung der Sanktion,
in der Steuerbewilligung, in dem freien Gesetzgebungsrecht des Königs
auf ökonomischem Gebiete, in der Kontrolle der Staatsleitung durch
den Reichstag usw. zeigen. Vgl. Ascheoug Das Staatsrecht der
Vereinigten Königreiche Schweden und Norwegen, im Handbuch des
öff. Rechts, namentlich S. 13 ff., 63 ff., 108 ff., und neuestens Hintze
in der Ztschr. f. Politik VI 1913 S. 483 ff.

Bund und in den Kantonen gewandelt. Namentlich die Institutionen der direkten Volksgesetzgebung sind in ihnen in
eigentümlicher Weise durchgebildet. Doch ist auch in dieser der
Einfluß amerikanischer und französischer Ideen nachweisbar.
Daß die föderalistische Gestaltung der Eidgenossenschaft von
amerikanischen Ideen beeinflußt wurde, zeigt sich in der Organisation des Ständerates, in dem gleichwie im amerikanischen
Senat jeder Gliedstaat (Kanton) zwei Stimmen hat.

Trotz aller Rezeption fremder Rechtsgedanken sind jedoch
alle Verfassungen nach der Eigenart der heimischen Rechte zu
prüfen. So sind die preußische und österreichische Verfassung,
ungeachtet der Einwirkung der belgischen, auf demselben Prinzipe
aufgebaut wie die älteren deutschen Verfassungen, dem der Vorherrschaft des Monarchen. Ebenso ist die Verfassung des Deutschen
Reiches nach ihrer inneren historischen Entwicklung, nicht nach
irgendwelchen abstrakten konstitutionellen Naturrechtsideen zu
interpretieren. Der geschichtliche Tatbestand, der der Einzel-
verfassung zugrunde liegt, kann selbst durch bewußte Rezeption
fremden Rechtes nicht geändert werden.

II. Die Bedeutung der Verfassungen im Rechte der Gegenwart.

Überblickt man nun die heutigen Verfassungen, so ergibt
sich folgendes. Die Staaten teilen sich in solche mit und ohne
Verfassungsurkunde. Die ersteren lassen die Verfassungen entweder vom Volke, sei dies die Volksgemeinde oder die Volksvertretung, oder vom Fürsten ausgehen oder stellen sie als
Resultat einer Vereinbarung beider Staatselemente dar. Die
meisten Verfassungen kennen erschwerende Formen für ihre Abänderung. Diese bestehen bei den Verfassungen, die auf der Idee
der konstituierenden Gewalt des Volkes aufgebaut sind, entweder
in direkten Volksabstimmungen oder in Auflösung der Kammern
und nochmaliger Befragung der Wähler, Abstimmung durch
Revisionskammern und Konvente. Sonst aber sind für die die
Änderung beschließenden Kammern zahlreiche außerordentliche
Formen vorgeschrieben, unter denen das Erfordernis einer größeren
als der einfachen Majorität in mannigfaltigen Kombinationen eine
bedeutende Rolle spielt. Ferner sind wiederholte Abstimmungen
oder Abstimmungen in mehreren aufeinanderfolgenden Legislaturen
öfters gebrauchte Erschwerungsmittel der Verfassungsänderung.
Von ganz besonderer Art sind die Formen für die Verfassungs-

änderungen im Deutschen Reiche, die im Reichstage mit
einfacher Majorität beschlossen werden können, während sie in
dem geheim beratenden und beschließenden Bundesrat abgelehnt
sind, wenn vierzehn Stimmen gegen die geplante Änderung abgegeben werden. Wert und Bedeutung dieser Mittel ist in jedem
Einzelfalle besonders zu prüfen.

Hingegen kennt eine Zahl von Staaten zwar geschriebene Ver-
fassungen, aber keine erschwerenden Formen für ihre Änderungen.
Hierzu zählen Italien, Spanien, sowie einige kleine deutsche
Staaten[1]).

Der Begriff des Verfassungsgesetzes ist gänzlich fremd den
Staaten mit ungeschriebenen Verfassungen, also England und
Ungarn. Aber auch in diesen Staaten wird gewissen Gesetzen
eine höhere Bedeutung beigelegt, so in England der Bill of Rights
und dem Act of Settlement, wie denn trotz mangelnder juristischer
Merkmale die englische Literatur fortwährend von der englischen
Verfassung und ihrer Geschichte spricht.

Was aber ist Inhalt der Verfassung in jenen Staaten, die
eine Verfassungsurkunde besitzen? Im allgemeinen läßt sich
darauf antworten, daß sie die Grundzüge der staatlichen Organisation und Zuständigkeiten, sowie die Prinzipien für die Anerkennung der Rechte der Untertanen enthält.

Allein eine feste Grenze der Verfassungsgesetzgebung gegenüber der einfachen konnte nicht einmal die mit der entschiedenen
Forderung einer solchen hervortretende naturrechtliche Theorie
ziehen. Noch weniger ist das der verfassungsgebenden Praxis
gelungen. Man braucht bloß einen flüchtigen Blick auf die zahlreichen, seit einem Jahrhundert entstandenen Verfassungsurkunden
zu werfen, um das zu erkennen. Viele Verfassungen enthalten
keineswegs das ganze Verfassungsrecht im materiellen Sinne[2]).

---

[1]) Sachsen-Meiningen, Sachsen-Altenburg, Anhalt, Reuß jüngere
Linie. Die Texte bei Rauchhaupt Verfassungsänderungen nach deutschem Landesstaatsrecht 1908 S. 104 ff.

[2]) So z. B. erwähnt das jetzt geltende revidierte Grundgesetz über
die Verfassung von Sachsen-Weimar vom 15. Oktober 1850 gar nicht des
Landesfürsten und der Dynastie; die Verfassung des Herzogtums Anhalt
besteht nur in einer Landschaftsordnung (dazu Abraham Der Thronverzicht 1906 S. 29 Note). Die badische Verfassung erwähnt nicht der
Regentschaft, die für Österreich und Ungarn geltenden Bestimmungen
über Thronmündigkeit und Regentschaft sind nicht publiziert. Von den
französischen Verfassungen enthielt die Charte keine Bestimmungen über

Ferner sind in der einen genaue Bestimmungen über die Wahl-
rechte zu den Kammern und die parlamentarischen Geschäfts-
formen zu finden, die in anderen in einfache Gesetze verwiesen
sind. Dort sind die Rechtssätze über Erwerb und Verlust der
Staatsangehörigkeit oder die staatsrechtliche Stellung der Gemeinden genau erörtert, hier sind sie mit gänzlichem Still-
schweigen übergangen; bald sind eingehende Bestimmungen über
das Finanzwesen, die Organisation der Staatsbehörden, den Umfang der individuellen Freiheitsrechte vorhanden, bald nur wenige
allgemeine Sätze über diese Gegenstände. Wichtige und un-
wichtige Bestimmungen stehen häufen nebeneinander[1]), während
man anderseits tiefeingreifende Regeln über die staatliche Organisation oft in einfachen Gesetzen zu suchen hat. Große Staaten
haben oft sehr kurze, kleine sehr umfangreiche Verfassungsurkunden.

Diese Unmöglichkeit, durch andere als äußerliche Merkmale
Verfassungs- und einfache Gesetzgebung voneinander zu sondern,
hat in neuerer Zeit in dem Ursprungslande der geschriebenen
Verfassungen zu eigentümlichen Konsequenzen geführt. Aus
Mißtrauen gegen die Legislaturen und die in ihnen herrschenden
Majoritäten ist in den Gliedstaaten der Union eine große Zahl
von Gegenständen der einfachen Gesetzgebung entzogen und der
Verfassungsgesetzgebung zugewiesen worden, darunter solche, die
in Europa überhaupt nicht durch Gesetz, sondern durch Verordnung geregelt werden würden[2]). Infolgedessen sind die Verfassungen mancher Staaten zu kleinen Gesetzbüchern heran-
gewachsen. Die Entlastung der einfachen Gesetzgebung hat sogar
dahin geführt, daß in den meisten Staaten die jährliche Sitzungs-

---

die Thronfolge und die Regentschaft, die heutigen konstitutionellen
Gesetze hingegen erwähnen nicht der Grundrechte.

[1]) Man denke nur an die Bestimmungen der Reichsverfassung über
die Kontrolle des Eisenbahntarifwesens (Art. 45), an das Schächtverbot
der Schweizerischen Bundesverfassung, an den Satz der preußischen
Verfassung (Art. 25), daß der Staat den Volksschullehrern ein festes
Einkommen gewährleistet usw. Vgl. auch L a b a n d Archiv f. öff. Recht
IX S. 274. — Wie wichtig es übrigens im Einzelfall werden kann, die
materiellen Verfassungsbestimmungen von den formellen zu scheiden,
lehrt der Hochverratsprozeß gegen Liebknecht: Urt. d. Reichsgerichts
v. 12. 10. 1907, Sächs. Archiv f. Rechtspflege III 1908 S. 366 ff.

[2]) Vgl. B r y c e Amer. Commonw. I p. 491 f.; O b e r h o l t z e r p. 44 ff.
und new ed. p. 86 ff.

periode der Legislatur abgeschafft wurde, so daß sie nunmehr nur jedes zweite Jahr zusammentritt. Da die Verfassungsgesetzgebung sehr erschwerenden Formen und namentlich der Volksabstimmung unterworfen ist, so ist sie ein bewährtes Mittel, um Gesetze zu stabilisieren und der Willkür zufälliger Majoritäten zu entziehen; auch spielt die Rücksicht auf den Richter, der einfache, aber nicht Verfassungsgesetze (sofern sie nur nicht gegen die Unionsverfassung verstoßen) für nichtig erklären kann, eine gewisse Rolle in diesem Prozesse der Ausdehnung der Verfassungen[1]), der deutlich beweist, daß sich ihm praktisch keine Grenze setzen läßt.

Das wesentliche rechtliche Merkmal von Verfassungsgesetzen liegt ausschließlich in ihrer erhöhten formellen Gesetzeskraft[2]). Irgendwelche praktische juristische Bedeutung kommt den Verfassungen in den Staaten, die keine besonderen erschwerenden Formen für deren Feststellung und Abänderung haben, nicht zu[3]). Daher sind jene Staaten, die keine formellen Unterschiede innerhalb ihrer Gesetze kennen, viel konsequenter, wenn sie die Zusammenfassung einer Reihe von Gesetzesbestimmungen unter dem Namen einer Verfassungsurkunde ablehnen. Auch in solchen Staaten gibt es eine Zahl von grundlegenden Institutionen, denen kraft der historischen, politischen und sozialen Verhältnisse eine viel größere Festigkeit zukommt als anderen. Die Stellung der Krone und ihr Verhältnis zu den Kammern, deren Zusammensetzung, die Befugnisse der Minister usw sind in diesen Staaten durchaus keinem größeren Wechsel unterworfen als in denjenigen mit formellen Verfassungsgesetzen.

Mit Rücksicht auf Dasein und Fehlen formeller Verfassungsgesetze hat man die Verfassungen in materiellem Sinne in starre

---

[1]) Vgl. G. Jellinek Recht der Minoritäten S. 20 N. 36.

[2]) Laband II S. 39 und Archiv f. öff. Recht IX S. 273. G. Jellinek Gesetz u. Verordn. S. 262.

[3]) Für Italien vgl. Mancini-Galeotti Norme ed usi del parlamento italiano, Roma 1887, p. 165 ff.; Racioppi e Brunelli Commento allo statuto del regno I 1909 S. 187 ff., ferner Brusa, Das Staatsrecht des Königreichs Italien (im Handbuch des öff. Rechts), der S. 14 f. konstatiert, daß die Verfassungsurkunde auf dem gewöhnlichen Wege der Gesetzgebung abgeändert werden kann. Allerdings pflegen aber in Italien vor Verfassungsänderungen allgemeine Neuwahlen stattzufinden, ohne daß indes eine derartige Befragung der Wähler irgendwie gesetzlich vorgeschrieben wäre.

und biegsame Verfassungen eingeteilt[1]), wobei der Grad der
Starrheit mit der Schwierigkeit wächst, den verfassungsändernden
Apparat in Bewegung zu setzen. Die beiden äußersten Enden
bezeichnen die amerikanische Unions- und die englische Verfassung. Die Verfassungsänderung in der Union ist so schwierig,
daß im 19. Jahrhundert nur vier Zusätze zur Verfassung angenommen worden sind[2]). Seit mehr als dreißig Jahren hat
keines der zahlreichen vorgeschlagenen Amendements Gesetzeskraft gewonnen. Da erhebt sich denn die Frage, welches
System das bessere ist, das der starren oder der biegsamen Verfassungen.

Für das erste System, das man seiner Entstehung nach geradezu als das amerikanische bezeichnen kann, läßt sich anführen, daß es die Dauerhaftigkeit der Verfassung verbürgt und
den Minoritäten Schutz vor rücksichtsloser Herrschaft der absoluten
Mehrheit gewährt. Von großer praktischer Bedeutung sind erschwerende Formen namentlich dort, wo retardierende Elemente
im Gesetzgebungsprozesse entweder fehlen oder wirkungslos sind.
Monarchische Staaten mit Zweikammersystem bedürfen ihrer
weniger als Demokratien, und es ist bezeichnend für den politischen
Sinn der Amerikaner, daß sie trotz ihrer Senate und des Vetos
des Präsidenten und der Gouverneure noch ein ganzes System von
Hemmungen der Verfassungsgesetzgebung ausgearbeitet haben.
Hierbei ist zu bemerken, daß die demokratische Institution des
Verfassungsreferendums in den amerikanischen Gliedstaaten und
die entsprechende Einrichtung in der Schweiz und ihren Kantonen
ebenfalls hauptsächlich ein retardierendes Element ist. Das ab-
stimmende Volk hat solchenfalls eine sanktionierende Funktion
auszuüben, und deshalb ist, wie beim Monarchen, das Recht der
Ablehnung politisch bedeutungsvoller als das der Zustimmung.
Die Erfahrung hat gelehrt, daß bei direkter Volksabstimmung

---

[1]) Bryce I p. 361 f., ferner derselbe Studies in History and
Jurisprudence, Oxford 1901 II p. 145 ff.

[2]) Im ersten Jahrhundert des Funktionierens der Unionsverfassung
(1789—1889) sind nicht weniger als 1736 Amendements beantragt worden.
Von diesen haben nur fünfzehn Gesetzeskraft gewonnen. Davon ent-
fielen die ersten zehn auf die erste Session des Kongresses 1789. Vgl.
Ames The proposed Amendments to the Constitution of the U. St. during
the first century of its history. Annual Report of the American historical
Association for the year 1896 II p. 307 ff.

viel häufiger Ablehnung der vorgeschlagenen Gesetze erfolgt als
die Verweigerung der Sanktion in der Monarchie.

Hingegen hat aber auch das englische System der biegsamen
Verfassung seine Vorteile, indem jederzeit ohne Schwierigkeit die
Gesetzgebung den gegebenen Verhältnissen und Bedürfnissen angepaßt werden kann. Vor allem, weil dieses System offen das
anerkennen kann, was sich gegen alle gesetzlichen Hindernisse
Bahn bricht: die Ausprägung der realen Machtverhältnisse in den
gegenseitigen Beziehungen der obersten Staatsorgane. Seit 1688
hat England tiefgreifende Änderungen seiner materiellen Verfassung erfahren, die aber in keinem Gesetze ihren Ausdruck
gefunden haben. Die parlamentarische Kabinettsregierung ist
nicht nur nicht durch Gesetze fixiert, sondern die Gesetze, welche
ein Kabinett neben dem privy council des Königs verbieten, sind
bis heute nicht aufgehoben, sie sind obsolet geworden, weil die
fortbildende Kraft des konstitutionellen Gewohnheitsrechtes in
England anerkannt ist. Daher behaupten die Engländer mit
Recht, daß ihre ungeschriebene Verfassung, die sich den
wechselnden politischen und sozialen Verhältnissen fortwährend
anpaßt, stets wirklich geübtes Recht sei, während bei geschriebener
Verfassung, je starrer sie ist, ein desto größerer Abstand zwischen
tatsächlicher Rechtsübung und totem Gesetzesbuchstaben möglich sei.

Das eine ist jedenfalls richtig, daß auch geschriebene, starre
Verfassungen nicht hindern können, daß sich neben ihnen oder
gegen sie ein ungeschriebenes Verfassungsrecht entwickelt, so
daß auch in solchen Staaten neben der formellen Verfassung
rein materielle Verfassungsrechtssätze sich bilden[1]). Das möge an
folgenden Beispielen nachgewiesen werden.

---

[1]) Vgl. zum folgenden G. Jellinek Verfassungsänderung und Verfassungswandlung 1906; Besondere Staatslehre (Ausg. Schriften u. Reden
II 1911) S. 261 ff.; Smend Die Stellung des Reichskanzlers (Hirths
Annalen 1906) S. 821 ff.; Radnitzky Dispositives und mittelbar gelten-
des Recht (Arch. f. ö. R. 21. Bd. 1907) S. 280 ff.; Triepel Die Kom-
petenzen des Bundesstaats (Festgabe für Laband II 1908) S. 257 ff.;
K. Perels Stellvertretende Bevollmächtigte zum Bundesrat (Festgabe für
Hänel 1907) S. 255 f.; Hatschek Konventionalregeln usw. (Jahrb. d.
ö. R. III 1909) S. 1 ff.; Krückmann Einführung in das Recht 1912
S. 97; Ch. F. Amidon The nation and the constitution (The Green Bag
vol. 19) 1907 p. 594 ff.; E. Bruncken The elasticity of the constitution
(The Green Bag vol. 20) 1908 p. 18 ff.; Pound Law in books and law

Im Deutschen Reiche besteht der Bundesrat aus den Vertretern der Mitglieder des Bundes. Nur Bundesglieder haben das Recht, Vorschläge daselbst zu machen. Der deutsche Kaiser ist als solcher nicht Bundesglied, sondern der König von Preußen. Der Reichskanzler, wenn er nicht zugleich preußischer Bevollmächtigter ist, kann nach dem Wortlaut der Reichsverfassung keinen Antrag einbringen. Nun aber ist das preußische Ministerium gar nicht in der Lage, einen großen Teil der das Reich betreffenden Vorlagen ausarbeiten zu lassen; vielmehr sind es die dem Reichskanzler unterstehenden Reichsbehörden, die dazu bestimmt sind. Daher wird ein großer Teil der vom Präsidium ausgehenden Anträge im Namen des Kaisers durch den Reichskanzler an den Bundesrat gebracht, und zwar überwiegt die Zahl der kaiserlichen Anträge weitaus die der preußischen. Dadurch allein ist auch die Selbständigkeit sowohl der preußischen als der Reichsregierung gewahrt. Damit hat aber die Reichsverfassung eine bedeutsame Änderung erfahren, ohne daß ihr Text einen Zusatz erhalten hätte[1]).

In den Vereinigten Staaten ist das Prinzip der Gewaltenteilung derart durchgeführt, daß kein Staatssekretär den Sitzungen des Kongresses beiwohnen darf. Jeder offizielle Verkehr zwischen Kongreß und Regierung ist damit unmöglich gemacht. Die schweren Nachteile eines solchen Verhältnisses liegen auf der Hand. Die Regierung, im Besitze umfassender Kenntnis der zu regelnden Angelegenheiten, ist offiziell gar nicht in der Lage,

---

in action (American Law Review vol. 44) 1910 p. 12 ff.; Meinecke Weltbürgertum und Nationalstaat 2. Aufl. 1911 S. 510 ff.; H. v. Frisch Widersprüche in der Literatur u. Praxis d. schweiz. Staatsrechts 1912 S. 30 ff. — Eine kritische Würdigung dieser und ähnlicher Erscheinungen bei W. Jellinek Gesetz, Gesetzesanwendung 1913 S. 11, 23 ff., 39 ff., 80 f., 186 f.

[1]) Vgl. G. Meyer StR. S. 435 N. 11; Haenel Studien II S. 42; R. Fischer Das Recht des deutschen Kaisers 1895 S. 50. Die gegenteilige, namentlich von v. Seydel vertretene Ansicht wird, wie G. Meyer treffend hervorhebt, den faktischen Verhältnissen nicht gerecht. Die große praktische Bedeutung der kaiserlichen Initiative hat, trotz Ablehnung ihrer formal-juristischen Existenz, auch Laband, Die Wandlungen der deutschen Reichsverfassung 1895 S. 19 f. u. Jahrb. d. ö. R. I 1907 S. 16 f., eingehend begründet. Dazu Triepel Unitarismus und Föderalismus 1907 S. 110 f.; Bornhak Wandlungen der Reichsverfassung (Arch. f. ö. R. 26. Bd. 1910) S. 285 f.; E. Rosenthal Die Reichsregierung 1911 S. 55 ff.

sich über sie auszusprechen. Da hat sich aber die Praxis der
ständigen parlamentarischen Komitees herausgebildet, deren jedes
einem Departement der Regierung entspricht. Durch die Präsidenten dieser Komitees verkehren nun die Staatssekretäre tatsächlich mit dem Kongreß, bringen durch sie Gesetze ein, so
daß die von der Verfassung abgelehnte Verbindung zwischen
Kongreß und Regierung dennoch hergestellt ist, worin zweifellos
eine Verfassungsänderung liegt[1]. So hat denn auch die starrste
Verfassung nicht die Bildung neuer materieller Verfassungsrechtssätze hindern können: dem angeführten Beispiele könnten
noch viele weitere angereiht werden[2].

Ein sehr häufiger Fall der Verfassungsänderung bei starrer
Verfassung findet aber statt auf dem Wege der einfachen Gesetze
oder Beschlüsse. Wo, wie in den meisten Staaten, ein richter-
liches Prüfungsrecht der Gesetze auf ihre materielle Übereinstimmung mit der Verfassung nicht existiert, da ist, was immer
auch die juristische Theorie behaupten möge, keine Garantie gegeben dafür, daß einfache Gesetze nicht im Widerspruch mit dem
Verfassungsrechte die Verfassung rechtsgültig abändern. Dafür
lassen sich zahlreiche Beispiele aus den verschiedensten Staaten
anführen. Aus dem Deutschen Reiche möge statt aller anderen
Beispiele[3] auf die sog. Franckensteinsche Klausel hingewiesen
werden, durch welche das Institut der Matrikularbeiträge im
Widerspruch zu Art. 70 der Reichsverfassung zu einer dauernden
Institution erhoben und im Widerspruch zu Art. 38 der Ertrag
der betreffenden Abgaben nach Abzug von 130 Millionen Mark
den Einzelstaaten zugewiesen wurde[4]. Keine Gewähr besteht
dafür, daß bei solchen materiell verfassungsändernden Gesetzen
die Formen der Verfassungsänderung eingehalten werden. Für
die Abänderung solcher abändernder Gesetze kann nicht einmal

---

[1] B o u t m y Études p. 150 f.; B r y c e I p. 395; Woodrow W i l s o n
Congressional Government, A study in American Politics, 13 th ed., Boston
1898 p. 114 ff., 262 ff.

[2] Für die Vereinigten Staaten von Amerika, vgl. B r y c e I p. 360—400,
der drei Wege der Änderung der Verfassung nachweist: Amendement,
Interpretation und Konstruktion durch die Staatsgewalten und durch Gewohnheitsrecht.

[3] Zahlreiche angeführt von L a b a n d II S. 40 f.

[4] Vgl. H a e n e l StR. I S. 383; L a b a n d Wandlungen S. 26 ff.;
Deutsches Reichsstaatsrecht 6. A. 1912 S. 425 ff. Das verfassungsändernde
Gesetz vom 14. März 1904 hat nunmehr diesen Widerspruch beseitigt.

in der Theorie die Befolgung des Wegs der Verfassungsänderung gefordert werden[1]).

Nicht nur durch Gesetze, auch durch einfache parlamentarische Beschlüsse können Verfassungsänderungen bewirkt werden. Bei biegsamer Verfassung, wo die Kompetenzen der Staatsorgane nicht klar umschrieben sind, kann in großem Umfang auf dem Wege der parlamentarischen Geschäftsordnung neues Recht geschaffen werden. Durch Standing Orders und Resolutionen des englischen Unterhauses sind höchst bedeutsame Änderungen in der Stellung dieses Hauses zu den Lords bewirkt, ist häufig das Wahlrecht geregelt, ist die Wählbarkeit der Richter ausgeschlossen worden[2]). Aber auch bei starrer Verfassung ist, wenn auch in engeren Grenzen, Schaffung von Recht praeter und contra legem fundamentalem durch Geschäftsordnung einer Kammer möglich. So weiß die preußische Verfassung nichts von einer Sanktion für Verweigerung des Verfassungseides der Kammermitglieder, die Geschäftsordnung des preußischen Abgeordnetenhauses hingegen erklärt, daß die Weigerung der Ableistung des Eides auf die Verfassung die Befugnis ausschließt, einen Sitz im Hause einzunehmen[3]). Die Geschäftsordnungen beider Häuser des österreichischen Reichsrates berauben ohne gesetzliche Ermächtigung ihre Vorsitzenden des Stimmrechtes[4]). Da es in diesen Fällen kein Rechtsmittel gibt, um die verfassungsmäßigen Vorschriften zur Geltung zu bringen, so schaffen sie für die Dauer der Geltung derartiger Normen einen ähnlichen Zustand wie ein verfassungsänderndes, aber ohne die Formen der Verfassungsänderung zustande gekommenes Gesetz.

---

[1]) Vgl. Laband II S. 41.

[2]) Vgl. May Treatise on the Law of Parliament, 11th ed. 1906 p. 583 f.; Hatschek Engl. Staatsr. I p. 366 ff.

[3]) G.O. v. 16. Mai 1876 § 6; Verf. Art. 108.

[4]) G.O. für das Abgeordnetenhaus v. 2. März 1875 § 64, G.O. für das Herrenhaus v. 25. Januar 1875 § 53.

Sechzehntes Kapitel.

Die Staatsorgane.

I. Allgemeine Erörterungen.

Jeder Verband bedarf eines einheitlichen Willens. Dieser Wille kann kein anderer als der menschlicher Individuen sein. Ein Individuum, dessen Wille als Verbandswille gilt, ist, soweit diese Beziehungen auf den Verband reichen, als Willenswerkzeug des Verbandes, als Verbandsorgan zu betrachten.

Die Vorstellung, daß die Handlungen einzelner Menschen nicht nur als solche, sondern zugleich auch als Handlungen eines Verbandes gelten, dem sie angehören, entspringt durchaus nicht erst der Reflexion des juristisch geschulten Denkens höherer Kulturstufen. Sie gehört im Gegenteil bereits den naiven sozialen Begriffen der Naturvölker an, und heute noch ist in Nachwirkung primitiver Ideen das populäre Denken tief von ihr beeinflußt. Ursprünglich gilt jede nach außen hin wirkende Handlung des Mitgliedes einer sozialen Gruppe als Handlung der Gruppe selbst. Für die Missetat des einzelnen haftet daher die Familie, die Sippe, der Stamm derart, daß das Delikt der Gesamtheit zugerechnet wird. Nicht minder erscheint in primitiven religiösen Vorstellungen der religiöse Verband als eine Einheit gegenüber den Göttern, die ihm als solchem Segen und Unsegen bringen, die Sünden der Väter an den Kindern heimsuchend, die Taten einzelner dem ganzen Volke zur Last legend. Am längsten hat diese primitive Vorstellung in den feindlichen Beziehungen der Kulturvölker sich erhalten. Trotz aller Milderung des Rechtes und der Sitte ist doch auch heute noch der Krieg im Grunde eine Form der Gesamthaftung der einzelnen. In den Anschauungen des täglichen Lebens aber spielt die primitive Vorstellung der Gesamthandlung sozialer Gruppen durch ihre Glieder noch eine ungeheure Rolle. Familien, Stämme, Nationen, Konfessionen, Stände, Berufe, Volksklassen werden von vielen für die Handlungen ihrer Mitglieder unmittelbar haftbar gemacht. Streng individualisierende Beurteilung menschlichen Tuns ist stets nur die Sache Weniger gewesen.

Diesen historisch-psychologischen Tatbestand muß man sich vor Augen halten, um einzusehen, daß man sich mit der Vorstellung von Verbandsorganen in keiner Weise bereits auf das Gebiet juristischer Fiktionen, ja überhaupt nicht der Jurisprudenz begeben hat. Die Vorstellung einer Gruppentätigkeit des einzelnen, die ja der von der Verbandstätigkeit zugrunde liegt, geht vielmehr aller Jurisprudenz voran. Die kollektivistische Seite der menschlichen Handlungen wird überall früher erkannt als die individualistische. Je niedriger die Kulturzustände einer Epoche sind, je mehr die Gruppe von außen bedroht, je mehr gemeinsame Tat notwendig ist, um den einzelnen zu schützen und zu erhalten, desto mehr fühlt sich das Individuum selbst unmittelbar nur als Gruppenmitglied und beansprucht daher für sich auch nur gliedschaftliche Rechte. Es ist allemal das Ergebnis der tiefstgreifenden Revolution, wenn das Individuum sich der Gruppe bewußt als gleichberechtigte und von ihr anzuerkennende Macht gegenüberstellt. Die Synthese also, welche wir heute in der Erkenntnis des Daseins von Verbandseinheiten vollziehen, ruht nicht nur in der wissenschaftlichen Überlegung, sondern auch auf der ursprünglichen Ausgestaltung des menschlichen Bewußtseins, soweit wir es wenigstens geschichtlich nach rückwärts verfolgen können.

Fortschreitende Entwicklung der rechtlichen und politischen Vorstellungen lehrt aber notwendigerweise zwischen individueller und Verbandstätigkeit scheiden. Der einzelne als solcher wird immer mehr mit individuellem Rechte ausgestattet und damit individueller Verantwortlichkeit unterworfen[1]). Neben dieser sich also bildenden individuellen Tätigkeitssphäre bleibt aber bei organisierten Gruppen stets noch ein Handlungsgebiet des Verbandes selbst bestehen; es gelingt niemals, ein ausschließlich individuelles Handeln in der Tätigkeit der Mitglieder zu gestatten.

---

[1]) Interessant ist es namentlich, die Sonderung der strafrechtlichen Individual- von der Kollektivverantwortlichkeit zu verfolgen. So die Teilung des Wergeldes bei einigen germanischen Stämmen in Erbsühne und Magsühne, die erstere von dem Täter aufzubringen und der Familie des Getöteten zufallend, die letztere von der Sippe an die Magen des Verstorbenen zu zahlen Vgl. Schröder Rechtsgeschichte S. 82.

ohne den Verband selbst zu zersprengen. Denn das Dasein eines
unmittelbar auf den Verband bezogenen, dem Verbande selbst
zurechenbaren menschlichen Willens ist ein wesentliches Merkmal
des Verbandes selbst.

Da, wo in früher Zeit oder auf früher Kulturstufe organisierte
Gruppen, also Verbände in unserem Sinne angetroffen werden,
da ist der Vorgang der Organisierung anfänglich stets ein rein
tatsächlicher. Daß zuvörderst eine Organisationsordnung festgesetzt und erst auf Grund dieser die Organe bestellt werden,
mit einem Worte: die Erhebung der Organisation zu einem Rechts-
vorgang, findet man erst bei verhältnismäßig entwickelter Rechtsordnung, wenn auch die durch persönliche Vorzüge oder die Sitte
zu Organen erhobenen Personen, kraft der Rechtswirkung des
Tatsächlichen, selbst dem primitiven Rechtsbewußtsein als rechtmäßige Besitzer ihrer Stellung erscheinen mögen. Der oft gehörte
Satz, daß niemals ein staatsloser Zustand unter Menschen angetroffen worden sei, hat seinen Wahrheitsgehalt darin, daß
Menschen stets in, wenn auch noch so lose organisierten, sozialen
Gruppen existiert haben.

Solche Organisation ist aber bereits eine untermenschliche
Erscheinung, bei einer ganzen Zahl höher entwickelter Tiere
wahrnehmbar. Herdentiere aus der Klasse der Säugetiere leben
nicht nur, wie die nur von Instinkten beherrschten, vielfach in
psychologischer Hinsicht überschätzten geselligen Insekten, in Gemeinschaft, sondern bilden organisierte Gruppen. So schildert
z. B. Brehm das soziale Leben der Affen folgendermaßen:
„Das stärkste oder älteste, also befähigtste männliche Mitglied
einer Herde schwingt sich zum Zugführer oder Leitaffen auf.
Diese Würde wird ihm nicht durch das allgemeine Stimmrecht
übertragen, sondern erst nach sehr hartnäckigem Kampfe und
Streite mit anderen Bewerbern, d. h. mit sämtlichen übrigen alten
Männern zuerteilt.... Dafür sorgt er auch treulich für die
Sicherheit seiner Bande und ist deshalb in beständiger Unruhe.
Nach allen Seiten hin sendet er seine Blicke, keinem Wesen traut
er, und so entdeckt er auch fast immer rechtzeitig eine etwaige
Gefahr.“[1] Das Aufstellen von Wachen, die gegebenenfalls

---

[1] Tierleben 3. Aufl. I S. 47. Vgl. auch Darwin Abstammung
des Menschen I S. 95 ff.; Ziegler Naturwissenschaft u. socialdem.
Theorie S. 182 ff.

Warnungssignale ausstoßen, findet sich bei einer großen Zahl solcher Herdentiere.

Die mannigfaltigen Formen der primitiven Organisationen in der Familie und im Stamme haben zwar alle ihre Gelegenheitsursachen gehabt, die heute nicht mehr festzuhalten sind: können wir doch z. B. nicht einmal den Anteil konstatieren, den Aberglauben verschiedenster Art an der frühesten Gestaltung sozialer Verhältnisse gehabt hat. Sobald aber eine Organisationsform sich einmal dauernd festgesetzt hat, erlangt sie im Bewußtsein der Verbandsmitglieder auch den Charakter einer normalen, zu Recht bestehenden Organisation. Der ursprünglich rein tatsächliche Charakter der Organisation zeigt sich auch heute noch bei Staatsumwälzungen oder in Fällen, für welche verfassungsmäßig nichts bestimmt ist (z. B. Berufung einer Regentschaft, ohne daß sie gesetzlich vorgesehen ist, oder beim Mangel der gesetzlich berufenen Personen, Aussterben einer Dynastie, bevor eine neue berufen wurde, Wegfall aller zur Präsidentschaft berechtigten Personen, ohne daß verfassungsmäßig eine Neuwahl während der Präsidentschaftsperiode zulässig ist). In beiden Fällen findet entweder im Gegensatz zum Recht oder ohne eine Rechtsnorm eine neue Organisation oder Berufung eines neuen Organs durch eine verfassungsmäßig nicht legitimierte Macht statt, an welche später die Rechtsordnung von neuem anknüpfen kann.

Bei entwickelter Kultur wird allerdings, die erwähnten Ausnahmefälle abgerechnet, regelmäßig der tatsächliche Vorgang der Organisation unlöslich mit Rechtsnormen verknüpft sein, derart, daß die Berufung des einzelnen zur Organstellung nur auf Grund einer rechtlichen Berufungsordnung erfolgen kann. Ferner werden auch die Zuständigkeit der Organe und der Weg, auf dem ihr Wille sich äußert, die Bedingungen, unter denen er Rechtsgültigkeit beanspruchen kann, durch Rechtssätze festgestellt werden müssen. Unter allen Umständen ist eine Rechtsordnung dort notwendig, wo mehrere Organe zusammenwirken, und bei kollegialisch gestalteten Organen, wo der Organwille erst durch einen juristischen Prozeß aus den Aktionen einer Vielheit individueller Willen gewonnen werden muß.

Daß trotzdem faktische und rechtliche Organisation auch unter der Herrschaft staatlich entwickelter Zustände möglicherweise auseinanderfallen können, beweisen verbotene Vereine und Verbände zu deliktischen Zwecken, die auch eine oft sehr ver-

wickelte, aber selbstverständlich des Rechtscharakters entbehrende
Organisation aufweisen.

Mit den Organen des umfassendsten und ausgebildetsten Verbandes, denen des Staates, werden wir uns im folgenden in erster
Linie zu beschäftigen haben.

II. Die Arten der Staatsorgane.

Schon aus dem Wesen des Staates als eines einheitlichen
organisierten Verbandes folgt notwendig das Dasein von Staatsorganen. Ein Staat ohne Organe ist eine unvollziehbare Vorstellung, gleichbedeutend mit der Anarchie, daher eine contra-
dictio in adiecto.

Der moderne Staat weist eine Fülle von Organen auf. Sie
zu ordnen und auf feste Typen zurückzuführen, ist unabweisliches
wissenschaftliches Bedürfnis.

1. Die unmittelbaren Organe.

1. In jedem Staate sind notwendig unmittelbare Organe
vorhanden, deren Dasein die Form des Verbandes konstituiert,
deren Wegfall entweder den Staat völlig desorganisieren oder
von Grund aus umwälzen würde[1]). Solche Organe heißen unmittelbare, weil ihre Organstellung unmittelbar durch die Verfassung des Verbandes selbst gegeben ist, d. h. wie immer sie
auch bestellt werden, es ist niemand da, dem sie kraft ihrer
Organqualität verpflichtet sind, als unmittelbar dem Staate selbst.
Da ihre Stellung unmittelbar in der Organisation des Verbandes
selbst wurzelt, so kann der Verband nur durch sie tätig werden[2]).

Unmittelbare Organe können Individuen sein; es kann ein
einziger Mensch die ganze Staatsmacht in sich, mit Ausschluß
jeder anderen Person, vereinigen. Die absolute Monarchie ist der
Typus des Staates mit einem einzigen unmittelbaren Organe.
Es können aber auch Kollegien physischer Personen ein unmittelbares Organ bilden, so daß ihm dieselbe Gewalt zusteht wie

---

[1]) Vgl. Gesetz und Verordnung S. 206 ff. Anders faßt Gierke in
Schmollers Jahrbuch VII S. 1142 den Begriff des unmittelbaren Organes,
unter dem er ein solches versteht, das keinem anderen Organe untergeben
und verantwortlich ist. Allein auch verantwortliche Organe können
unmittelbare Organe sein, wie z. B. die einzelnen Kammermitglieder
und die republikanischen Staatshäupter beweisen.

[2]) Vgl. Gesetz u. Verordn. S. 207 ff.

dem absoluten Monarchen, was in allen Formen der einfachen
Republik, von der Herrschaft einer kleinen Minderheit bis zur
absoluten Demokratie, der Fall ist. Ferner sind unmittelbare
kollegialische Organe alle parlamentarische Kammern[1]). Die Mitglieder solcher Kollegien haben ebenfalls Organcharakter; sie sind
in dieser Eigenschaft Teilorgane. Es können endlich auch Verbände den Charakter unmittelbarer Organe besitzen. Der wichtigste
hierher gehörige Fall ist der des Bundesstaates, in dem die ihn
bildenden Einzelstaaten zugleich Organe des Gesamtstaates sind.

Unmittelbare Organe entstehen entweder dadurch, daß die
Rechtsordnung an juristische Tatsachen direkt die Organqualität
anknüpft, so die des Monarchen an die Abstammung von einer
bestimmten Person, die Stellung in der Sukzessionsordnung und
den Wegfall des letzten Throninhabers, die des stimmfähigen
Mitgliedes der demokratischen Volksgemeinde an Staatsangehörigkeit, männliches Geschlecht, bestimmtes Alter und andere verfassungsmäßige Bedingungen, oder daß ein besonderer, auf die
Erzeugung des Organes gerichteter juristischer und daher rechtlich geordneter Akt notwendig ist. Im letzteren Falle sind die
den Kreationsakt vollziehenden Personen wiederum Organe, und
zwar K r e a t i o n s o r g a n e. Solche Kreationsorgane können nur
auf Grund eines verfassungsmäßig vorgeschriebenen Prozesses
tätig werden; ihr Handeln gehört mit zu den materiellen Grundlagen der Staatsordnung. Kreationsorgane unmittelbarer Organe
haben daher selbst diesen Charakter, und ihre Schöpfungstätigkeit
kann den mannigfaltigsten Charakter annehmen. So war bis zur
Thronfolgeordnung Pauls I. der russische Kaiser, der seit Peter dem
Großen seinen Nachfolger durch Testament ernannte, Kreations-

---

[1]) Daß die Anhänger der Herrschertheorie die Organnatur der
Parlamente verneinen, ist natürlich. Auch Z o r n, D. Literarurzeitung
S. 882, der dieser Theorie nahesteht, bestreitet der deutschen Volksvertretung mit Rücksicht auf deren Entstehung ihre Eigenschaft als
unmittelbares Organ. Warum sollten aber die absoluten Monarchen
kraft ihrer Machtfülle nicht neben sich ein unmittelbares, künftig nur
unabgeleitete Kompetenzen versehendes Organ haben schaffen können?
Die „rechtshistorischen Tatsachen" müssen doch dazu dienen, die
Wirklichkeit zu begreifen, nicht sie unverständlich zu machen. Das
letztere tut aber eine Lehre, welche sich die heutige parlamentarische
Tätigkeit fortdauernd als aus der monarchischen Machtfülle abzuleitend
denkt. Die Lehre von der Eigenschaft der Kammern als unmittelbarer
Staatsorgane ist heute die herrschende. Vgl. aus der neuesten Literatur
A n s c h ü t z Enzyklopädie II S. 551, 579.

organ für den künftigen Träger der Krone. Alle durch Wahl
oder Ernennung geschaffenen Organe bedürfen einer derartigen
Schöpfertätigkeit. Alle Wahlmonarchien hatten notwendigerweise
neben dem Herrscher noch ein zweites unmittelbares Organ, das
Wahlkollegium. Auch politisch trat dies darin hervor, daß wie
in jedem Staate mit mehreren unmittelbaren Organen ein Gegensatz zwischen Wahlorgan und Monarchen vorhanden war, indem
dem Kreationsorgan die Tendenz innewohnte, dauernd die politische
Oberhand über den Gewählten zu erringen, wie manche mittelalterlichen Reiche und namentlich das Verhältnis der Kurfürsten
zum römischen Kaiser, zumal seit der Wahlkapitulation, bewiesen.
Diese Abhängigkeit konnte soweit gehen, daß der Gewählte nur
mehr ein Scheindasein als unmittelbares Organ führte, wenn
nämlich den Wahlkollegien ein Absetzungsrecht gegenüber dem
Gewählten zustand oder sie sich ein solches anmaßten. Daß
indes auch die Superiorität des Gewählten im Sinne der Verfassung gewahrt bleiben könne, hat die Kirche in der Stellung
des Bischofs zum Domkapitel, des Papstes zu den Kardinälen bewiesen. Dieser letztere Fall ist staatsrechtlich so überaus interessant, weil im Kirchenstaate die beiden unmittelbaren Organe:
Papst und Kardinäle, sich gegenseitig kreierten, wie es ja heute
noch in der Kirche der Fall ist.

Die Tätigkeit der Kreationsorgane ist rechtlich, sofern ihnen
nicht noch weiterer Organcharakter zukommt, streng auf den
Kreationsakt beschränkt.

Verwandt dem Unterschiede von Kreations- und kreierten
Organen und doch wiederum ganz eigengeartet ist der von
p r i m ä r e n und s e k u n d ä r e n Organen. Sekundäre Organe sind
solche, die zu einem anderen Organe selbst im Organverhältnisse
stehen, so daß sie dieses Organ unmittelbar repräsentieren. Hier
kann das repräsentierte primäre Organ gar keinen Willen äußern
als durch sein sekundäres Organ, der Wille des sekundären
Organs ist unmittelbar als Wille des primären Organs anzusehen.

Diesen Typus tragen alle Gattungen staatsrechtlicher Repräsentation an sich. Parlamente, wie immer sie bestellt sein
mögen, sind unmittelbare, aber sekundäre Organe. Ihr Wille gilt
als Volkswille, als Wille des durch sie dargestellten primären
Organs. Dieser Repräsentation ist wegen ihrer hohen Bedeutung
im modernen Staate und zahlreicher sich an sie knüpfender
Fragen ein besonderes Kapitel gewidmet.

Sekundäre Organe sind auch die in außerordentlichen Fällen für ein handlungsfähiges Organ eintretenden Organe, wie vor allem die Regenten. Ein sekundäres Organ kann wiederum durch ein anderes repräsentiert werden, das gleichsam also ein sekundäres Organ zweiter Ordnung darstellt. Ein Beispiel hierfür bieten die Delegationen des österreichischen Reichsrates und ungarischen Reichstages dar. Diese Delegationen sind gewählte Ausschüsse beider Parlamente, die in der ihnen verfassungsmäßig zugewiesenen Zuständigkeit aus dem Kreise der Österreich und Ungarn gemeinsamen Angelegenheiten das beiden Sonderparlamenten zustehende Gesetzgebungsrecht ausüben. Da sie weder durch Instruktionen gebunden noch ihren Wählern Rechenschaft schuldig sind, so stehen sie zu dem Parlamente in demselben Verhältnisse, wie diese zum Volke, sie sind Repräsentanten von Repräsentanten.

Ein anderer wichtiger Unterschied ist der zwischen einfachen und potenzierten Organen. Ein einfaches Organ ist ein solches, das direkt in seiner individuellen Qualität zur Trägerschaft eines Organes berufen ist, ein potenziertes, dessen Organeigenschaft an eine anderweitige Organqualität dauernd geknüpft ist, so daß es in seiner Person rechtlich mehrere Organe vereinigen muß. Derartige potenzierte Organe kommen in mannigfaltigen Formen vor. Im ständischen Staate war z. B. die Zugehörigkeit zum Ständetage vielfach an eine andere Organqualität geknüpft (Bischof, Schultheiß, Rektor usw.), die beiden Reichsvikare waren zugleich Mitglieder des Kollegiums der Kurfürsten, die Kreisstandschaft in den Reichskreisen hing von der Reichsstandschaft ab. Nicht minder ist in der Gegenwart noch häufig Mitgliedschaft an einer Kammer an eine bestimmte Organqualität geknüpft. In Kommunalverbänden ist Mitgliedschaft an der Kommunalvertretung oft Bedingung der Mitgliedschaft am Vorstande des Verbandes usw.

Am bedeutsamsten wird dieser Gegensatz im Staatenbund und Bundesstaate, wo potenzierte Organe eine große Rolle spielen können. Vor allem zeigt dies das Deutsche Reich. Die an der Spitze des Reiches stehenden verbündeten Regierungen leiten ihre Eigenschaft als Reichsorgane, als Teilnehmer an der Herrschaft des Reiches von ihrer Eigenschaft als Regierungen des betreffenden Staates ab. Der König von Preußen ist deutscher Kaiser, seine Qualität als Reichsorgan beruht auf seiner Eigenschaft als

höchstem Organe des preußischen Staates, das Kaisertum ist ein
Annex der preußischen Krone. Daher ist die persönliche Eignung
für die deutsche Kaiserkrone nicht nach deutschem, sondern nach
preußischem Staatsrecht zu beurteilen. Der König von Bayern
ernennt die bayrischen Bundesratsmitglieder und führt durch sie
sechs Stimmen im Bundesrate kraft seiner königlichen Würde,
die ihn befähigt, die nach der Reichsverfassung Bayern als einem
Mitgliede des Reiches zukommenden Rechte auszuüben. Der
König von Bayern hat daher im Reiche die Stellung eines Reichs-
organs, weil er das oberste Organ des bayrischen Staates ist.

Eine weitere Einteilung ist die in selbständige und unselbständige Organe[1]). Selbständige Organe sind solche, die
einen Willen äußern können, der unmittelbar verbindliche Kraft
für den Staat oder die ihm Unterworfenen besitzt, während dem
Willen unselbständiger Organe diese Kraft mangelt. Der Wille
unselbständiger Organe kann hingegen den Willen selbständiger
derart beschränken, daß Zustimmung des unselbständigen Organs
notwendig ist, um den Willensakt des selbständigen rechtlich erheblich zu machen, oder daß Willensakte des selbständigen
Organes der nachträglichen Genehmigung des unselbständigen bedürfen, wobei die Versagung der Genehmigung verschiedene
Rechtswirkung äußern kann. Diesen Typus besitzen, überwiegend
wenigstens, die Kammern der deutschen Staaten sowie der deutsche
Reichstag.

Endlich ist noch zu erwähnen der Unterschied von normalen und außerordentlichen Organen, d. h. solchen, die
nur ausnahmsweise in Tätigkeit treten. Dahin gehören die mit
der höchsten Gewalt während eines Interregnums betrauten Personen, die Regenten in den Monarchien, provisorische Leiter der
Regierung in Republiken. Sie sind entweder, wie unmittelbare
Organe in der Regel, verfassungsmäßig vorgesehen oder für den
einzelnen Fall kreiert, was allerdings stets einer Verfassungsänderung gleichkommt.

2. Das Wesen eines unmittelbaren Organs äußert sich rechtlich
darin, daß es niemals der Befehlsgewalt eines anderen Organes
desselben Verbandes unterstellt sein kann, daß es daher in Beziehung auf den Inhalt seiner Funktionen ganz selbständig gestellt
ist. Daher ist der einfachste Typus des Staates derjenige, der

---

[1]) Vgl. Gesetz und Verordnung S. 207 ff.

nur ein einziges unmittelbares Organ aufzuweisen hat, unter diesen
wiederum derjenige, dessen Organ nicht aus Teilorganen besteht,
also eine physische Person ist. Die absolute Monarchie ist daher
die einfachste und unentwickeltste Form des Staates, weshalb sie
auch vielen heute noch allein völlig verständlich erscheint.

Wenn eine Mehrheit unmittelbarer Organe in einem Staate
vorhanden ist, so sind zwei Fälle möglich: entweder sind diese
Organe alle selbständig, oder neben den selbständigen stehen unselbständige. Selbständige unmittelbare Organe sind stets mit staatlicher Herrschergewalt ausgerüstet, die unselbständigen mangelt.
In diesem Falle ist das Verhältnis des selbständigen zum unselbständigen klar und einfach; das selbständige ist das höhere
und machtvollere. Anders, wo mehrere selbständige Organe nebeneinander stehen. In solchem Falle muß entweder strenge Zu-
ständigkeitsabgrenzung zwischen den Organen stattfinden, oder es
ist ein politischer Kampf zwischen ihnen unvermeidlich, dessen
letztes Ziel entweder völlige Vernichtung des einen Organes durch
das andere oder Herabdrückung des einen auf die Stufe einer
Scheinexistenz oder eines unselbständigen Organes oder endlich
Verschmelzung beider Organe zu einem einzigen sein kann. Koordinierte selbständige Organe mit gleichen oder konkurrierenden
Kompetenzen gefährden immer die Einheit des Staates und können
daher auf die Dauer nicht nebeneinander existieren. Die römische
Dyarchie von Princeps und Senat, der römisch-deutsche Kaiser
und der Reichstag, das Parlament und der König von England
bieten Beispiele von Staaten, in welchen solcher Kampf der
Organe in augenfälliger Weise stattgefunden hat, wenn auch
die schließliche Herabdrückung des einen Organes zugunsten des
anderen nicht immer in juristischer Form zum Ausdruck gekommen ist. In jedem Staate ist das Streben vorhanden, die
Staatsgewalt in einem Organe zu konzentrieren, da jedes selbständige Organ nach Macht strebt und nur durch den Widerstand anderer Organe an der Erreichung des Zieles, die höchste
Macht zu erringen, gehindert werden kann. In solchem Kampfe
wird sich schließlich ein Organ als das mächtigere erweisen, ohne
daß deshalb die anderen ganz zurückgedrängt werden müssen.
Allgemeine Sätze lassen sich hier nicht aufstellen; es kommt ganz
auf die konkreten Verhältnisse des Einzelstaates an. Das hervorragendste Beispiel hierfür bietet die neuere Verfassungsgeschichte
Englands, wo bei gleichbleibender äußerer Form der Organisation

die politische Stellung von Krone, Ober- und Unterhaus sich all
mählich völlig verändert hat.

An dieser Stelle ist aber scharf der Gegensatz von juristischer
und politischer Betrachtungsweise zu betonen. Die p o l i t i s c h e
Forderung, daß die Einheit .des Staates sich auch in der Einheit
e i n e s höchsten Organes darstelle, weil dadurch inneren Konflikten
am meisten vorgebeugt werde, hat häufig zu dem falschen Satze
verleitet, daß r e c h t l i c h in einem Organ die ganze Staatsgewalt
konzentriert sein müsse. Nur für jene als unrichtig nachgewiesenen
Staatstheorien, welche ein Staatselement — Herrscher oder Volk —
mit dem ganzen Staate identifizieren, folgt derartiges notwendig
aus ihren verfehlten Prämissen. Die Lehre von der körperschaftlichen Natur des Staates muß aber eine solche Behauptung
energisch zurückweisen, die bei vielen nichts als ein Nachklang
der fatalen Lehre von der Doppelsouveränetät, der maiestas realis
und personalis ist.

Richtig ist, daß der Staat stets eines einheitlichen Willens
bedarf, unrichtig, daß dieser Wille der eines einzigen Organs
sein müsse. Wenn zugegeben wird, daß in Republiken die
Staatsgewalt in einem Kollegium konzentriert sein kann, dessen
Einheitswille aus den Willensakten mehrerer Individuen entsteht,
so ist nicht abzusehen, warum der Einheitswille nicht aus dem
Willen mehrerer voneinander unabhängiger Organe gefunden
werden könne. Ein naheliegendes Beispiel bilden die deutschen
Hansestädte, die in ihren Verfassungen ausdrücklich erklären, daß
die Staatsgewalt gemeinsam dem Senat und der Bürgerschaft
zustehe. Wenn bei Zweikammersystem Wille des Parlamentes
der zur Einheit vereinigte, aber getrennt gefaßte Wille von erster
und zweiter Kammer ist, so ist es nicht verständlich, warum nicht
König und Parlament einen gemeinsamen Willensakt fassen können,
so daß sie, wie es in England die offizielle Theorie tut, in ihrer
Einheit als Erzeuger des höchsten staatlichen Willens gelten.
Zudem ist es möglich, daß der Gedanke der Staatseinheit in der
staatlichen Organisation nicht oder nicht genügend zum Ausdruck
kommt, was doch im mittelalterlichen Staate und noch im
ständischen Staate der neueren Zeit die Regel war[1]). Einheit

---

[1]) Vgl. M e r k e l Jur. Enzyklopädie § 393; G. M e y e r Staatsrecht
S. 18; H a e n e l Staatsrecht S. 92. Auch R e h m, Staatslehre S. 194,
führt diese Anschauung aus; er sucht sie aber durch die Lehre von der
gemischten Staatsform zu stützen, die, mit P l a t o beginnend, namentlich

des Staates ist heute allerdings die wichtigste und prinzipiellste
Forderung an die staatliche Organisation, die aber nicht nach
Art eines naturrechtlichen Dogmas als begriffsnotwendig an alle
möglichen staatlichen Institutionen herangebracht werden darf.
In dem auf dem Dogma der Gewaltenteilung aufgebauten Staate
lassen sich Fälle nachweisen, die zweifellos mit der Einheit des
Staatslebens nicht in Einklang zu bringen sind[1]).

Es ist daher nicht notwendig, daß die g e s a m t e Macht des
Staates in der Zuständigkeit e i n e s Organes zum Ausdruck
kommen müsse. Unter dem Einflusse der naturrechtlichen Lehren
ist der Satz, daß die gesamte Staatsgewalt, sei es beim Volke,
sei es beim Monarchen, ruhe, in die Verfassungen eingedrungen.
Diese Sätze sind aber nicht normativer, sondern theoretischer,
Natur. Aufgabe wissenschaftlicher Kritik ist es daher, sie auf
ihren Wahrheitsgehalt zu prüfen, ähnlich wie die Wissenschaft
andere Legaldefinitionen mit voller Freiheit untersucht und als
teilweise oder ganz unzutreffend nachgewiesen hat. Hier ist es
wieder die Lehre von der doppelten Souveränetät, die alle
Unklarheiten verschuldet hat. Die Vorstellung, daß es im Staate
Menschen geben müsse, denen die Souveränetät des Staates als
eigenes Recht zusteht, ist trotz der Erkenntnis der hierin liegenden
Widersprüche nur von wenigen mit voller Konsequenz verbannt

---

durch P o l y b i u s und C i c e r o im Altertum populär wurde und dadurch
auch auf die folgenden Zeiten einen großen Einfluß ausübte. Die ge-
mischte Staatsform ist aber eine politische, keine juristische Vorstellung,
bestimmt, einen konkreten Staat als Normalstaat nachzuweisen. So haben
Polybius in Rom, so neuere Apologeten, sei es in England, sei es in
der konstitutionellen Monarchie überhaupt, kraft der richtigen Mischung
der drei politischen Elemente (des monarchischen, aristokratischen,
demokratischen) den besten Staat zu erkennen gesucht. Diese Lehre
verrät überhaupt den Stempel abstrakter politischer Spekulation, was
ihr bereits T a c i t u s (Ann. IV 33) in seiner knappen Art vorgehalten
hat. Jede Theorie von einer Mischung der Typen deutet immer darauf
hin, daß diese selbst nicht scharf gedacht und daher flüssig sind. In
der juristischen Literatur neuerer Zeit hat man unter gemischter oder
zusammengesetzter Staatsform den Staat mit mehreren unmittelbaren
Organen zum Unterschiede von dem nur e i n solches Organ besitzenden
verstanden. So noch H. A. Z a c h a r i a e D. St. u. B.R. I S. 86 ff.

[1]) Vgl. für die Vereinigten Staaten B r y c e I 294: „There is in
the American government, considered as a whole, a want of unity. Its
branches are unconnected; their efforts are not directed to one aim,
do not produce one harmonious result."

worden[1]), — ein neuer Beweis dafür, mit welch elementarer
Macht scheinbar überwundene Anschauungen kraft der geschichtlichen Tradition fortleben. Es sind nicht alle frei, die ihrer
naturrechtlichen Ketten spotten.

Die näheren Ausführungen über diese wichtige Materie,
soweit sie nicht schon in dem Kapitel über die Souveränetät
erörtert worden sind, gehören in die Lehre von den Staatsformen.

3. Im Zusammenhange mit dieser abgewiesenen, eine bestimmte
politische Lehre mit dem Mantel von Rechtssätzen bekleidenden
Theorie steht die, welche das Dasein eines T r ä g e r s der Staatsgewalt in jedem Staate als über dessen Organen stehend behauptet. Träger der Staatsgewalt ist der Staat und niemand
anders[2]). Behauptet man, daß im Staat noch ein Träger dieser

---

[1]) Vgl. System der subjektiven öffentlichen Rechte S. 148 N. 6.
In der neuesten Literatur wird die irrige Vorstellung vertreten von
T r i e p e l, Das Interregnum 1892 S. 64 f., 70; Z o r n I S. 88 f., der ausführt, daß Inhaber der Souveränetät die ideale Persönlichkeit des
Staates sei. Von dieser müsse die Souveränetät zur Ausübung an eine
natürliche Person „übertragen" werden. Wie eine solche Übertragung
überhaupt vor sich gehen kann, ist aber unverständlich. Wollte Z o r n
konsequent sein, so müßte er sich allerdings frank und frei zur Seydel-
Bornhakschen Herrschertheorie bekennen, da die „ideale Persönlichkeit
des Staates" in seiner Staatsauffassung nirgends zu Worte kommt.

. [2]) Mit voller Klarheit hat für das Reich diese Ansicht vertreten
L a b a n d, I S. 95 f., der aber trotzdem S. 97 von den deutschen Fürsten
und Senaten der freien Städte als „Trägern oder Inhabern der Souveränetät"
spricht. Mit Einschränkungen und nicht als begrifflich notwendig fordert
R e h m, Staatslehre S. 176 ff., einen Träger der Staatsgewalt, den er in
den physischen Personen findet, welche die ganze oder den größten Teil
der dem Staate zukommenden Gewalt äußerlich, bildlich, körperlich darstellen. Kann man aber wirklich die Staatsgewalt sehen? Ist die
Körperlichkeit der Gewalt nicht vielmehr Resultat einer sehr verwickelten psychologischen Täuschung? Namentlich in der großen Republik ist es doch klar, daß das o r g a n i s i e r t e Volk als Träger der
Gewalt gar nicht zur sinnlichen Erscheinung kommen kann. Mit der
Staatsgewalt geht es wie mit allen Rechtsbegriffen: sie können nie
geschaut werden. Niemand hat noch einen Kauf oder eine Miete gesehen — so viele Personen auch solche Rechtsgeschäfte vornehmen.
Ein solcher Begriff des Trägers der Staatsgewalt ist aber überdies für
das Staatsrecht der meisten Staaten im höchsten Grade verwirrend.
Unschädlich ist er bloß für die absolute Monarchie. Für alle anderen
Staaten gilt jedoch der treffende Satz H a e n e l s, Staatsrecht I S. 93,
daß die Lehre von der , rechtlichen Konzentrierung aller Rechte der

Gewalt sei, so spaltet man den Staat in die Körperschaft und den Träger der Gewalt. Denn entweder ist dieser Träger im Verhältnis zum Staate Organ, dann ist die Bezeichnung Träger nichtssagend, oder er ist nicht Organ, sondern Person, dann steht er dem Staate selbständig gegenüber. Es ist wieder der uns wohlbekannte Gegensatz von rex und regnum, der uns hier in modernisierter Form entgegentritt[1]).

Staatsgewalt in einem Hauptorgane auf einer politischen Doktrin beruht, die in unauflöslichem Widerspruch mit den positiv-rechtlichen Verfassungen steht. Wenn G. Meyer, Staatsrecht S. 18 N. 10, darauf hinweist, daß der Begriff des Trägers der Staatsgewalt ein juristischer Ausdruck für die Bestimmungen der deutschen Verfassungen sei, nach welchen der Monarch alle Rechte der Staatsgewalt in sich vereinigt, so ist darauf zu erwidern, daß nur die Nichtableitbarkeit der Monarchenrechte von einem anderen Organe der juristische Kern dieses Satzes ist, hingegen die den Kammern und den Gemeinden zustehenden Rechte keineswegs vom Monarchen getragen werden. Die Kritik hat vor den heute bereits nur historisch verständlichen Verfassungstexten nicht stille zu halten, und solche Methode ist ja von Meyer selbst häufig mit Erfolg geübt worden. Neuestens hebt Anschütz in der Enzyklopädie S. 472 und zu G. Meyer S. 17 N. 6 hervor, daß der Träger der Staatsgewalt nichts anderes als eine besondere Art Organ des Staates sei, nämlich dasjenige, welches im Zweifelfalle die Vermutung der Alleinberechtigung zur Ausübung der Staatsgewalt hat, eine Ansicht, die ich selbst früher, System der subj. öff. Rechte 1. A. S. 141 N. 6 (dazu 2. A. S. 148 N. 6) vertreten habe. Doch ist der Ausdruck irreführend, da er leicht zu der Behauptung eines außerstaatlichen Trägers der Staatsgewalt führt, was im Grunde die Überzeugung derer ist, die überall einen Träger der gesamten Staatsgewalt fordern, mögen sie dies noch so sehr durch Verbeugungen vor der körperschaftlichen Natur des Staates verdecken. Überdies ist jedes Organ „Träger" der von ihm selbständig auszuübenden Gewalt, da es eben innerhalb seiner Zuständigkeit den Staat vorstellt. Der Minister ist „Träger" der in der Gegenzeichnung liegenden Gewalt, die er nach seinem pflichtmäßigen Ermessen, nicht im monarchischen Auftrag ausübt, oder will man wirklich die Gegenzeichnung zu einem Rechte des Trägers der gesamten Staatsgewalt erklären, das dem Minister nur delegiert ist!? Eingehende und treffende Kritik der einschlägigen Lehren bei Lukas Die rechtliche Stellung des Parlaments 1901 S. 64 ff. und Radnitzky Über den Anteil des Parlamentes usw. (Jahrb. d. ö. R. V 1911) S. 51 ff. Vgl. auch G. Jellinek D. Kampf d. alt. m. d. neuen Recht 1907 S. 40 ff. (Ausg. Schrift. u. Reden II 1911 S. 416 ff.).

[1]) Daher verfahren die Anhänger der Herrschertheorie von ihrem Standpunkte aus konsequent, wenn sie bei ihrer Leugnung des korporativen Charakters des Staates nur persönliche Träger der Gewalt kennen. Nicht haltbar ist aber die Behauptung von H. Geffcken,

Wohl aber bedarf ein jeder Staat eines höchsten Organes. Das höchste Organ ist dasjenige, welches den Staat in Tätigkeit setzt und erhält und die oberste Entscheidungsgewalt besitzt. In jedem Staate ist nämlich ein Organ notwendig, das den Anstoß zur gesamten staatlichen Tätigkeit.gibt, dessen Untätigkeit daher die Lähmung des Staates nach sich ziehen würde. Wenn das amerikanische Volk in Union und Einzelstaat nicht die ihm zustehenden Wahlen vornähme, so wäre die Folge völlige Desorganisation der Vereinigten Staaten, die des Kongresses, des Präsidenten und damit der übrigen Organe entbehren würden. Ebenso ist in dem ausgeprägten Typus der Monarchie die monarchische Tätigkeit notwendig, um den Staat in Bewegung zu setzen und am Leben zu erhalten. Ferner muß einem Organe die oberste Entscheidungsgewalt zustehen. Das ist aber jene Gewalt, die endgültig zu entscheiden hat über Änderungen der Rechtsordnung und nach außen hin die ganze Existenz des Staates auf das Spiel setzen kann durch das Recht der Kriegserklärung. In der Demokratie stehen diese Rechte dem Volke oder seinem sekundären Organ zu, in der Monarchie dem Monarchen. Im Deutschen Reiche sind die verbündeten Regierungen, unter weitgehender Bevorrechtung eines ihrer Glieder, des Bundespräsidiums, dieses Organ[1]). Sollte eine bestimmte Verfassung zwei höchste Organe

Die Verfassung des Deutschen Reiches 1901 S. 43, daß das Deutsche Reich eine juristische Person sei, deren Gewalt wiederum einer juristischen Person, den Trägern der partikulären Staatsgewalten als Korporation zusteht. Sie ruht auf der völligen Vermischung der Begriffe „Organ" und „Korporation", von der selbst die Theorie von der Organpersönlichkeit entfernt ist. Dies ist um so verwunderlicher, als G e f f c k e n , S. 84 ff., das Wesen des Staatsorgans in völlig zutreffender Weise entwickelt.

[1]) Der König von Preußen ist primäres, der deutsche Kaiser sekundäres Organ des Reiches. Der Kaiser repräsentiert die verbündeten Regierungen in der ihm verfassungs- oder gesetzmäßig zukommenden Weise: er handelt daher weder in ihrem Auftrag, noch ist er ihnen verantwortlich. Die verbündeten Regierungen üben die höchste Gewalt teils in ihrer Gesamtheit, teils durch eine von ihnen aus. Unrichtig ist es aber (S e y d e l Kommentar zur Verf.-Urkunde des Deutschen Reiches 2. Aufl. S. 126), die kaiserlichen Befugnisse als abgeleitet zu bezeichnen. Auch die Staatsgewalt in Elsaß-Lothringen und den Schutzgebieten übt der Kaiser als Repräsentant, nicht etwa als Mandatar aus. Diese Auffassung des Kaisertums ist die einzige, aus der sich dessen staatsrechtliche Stellung in vollem Umfange erklären läßt, ohne daß die Einheit der obersten Leitung des Reiches zerstört würde. A n s c h ü t z , Enzyklopädie II S. 548, führt aus, daß

aufweisen, die gleichwertig nebeneinanderstehen, so wäre damit
ein dauernder Kampf zwischen ihnen die notwendige Folge, der
mit dem Siege des einen oder der Vernichtung des Staates
enden würde. Das haben die römische Dyarchie und das Ringen
zwischen Fürst und Ständen in der mittleren und neueren Zeit
zur Genüge gelehrt.

Wo außer einem unmittelbaren Organ nur mittelbare vorhanden sind, ist jenes selbstverständlich das höchste Organ. Wo
primäre und sekundäre Organe zusammenwirken, ist die Einheit
des unmittelbaren Organes insofern gewahrt, als gemäß dem
repräsentativen Gedanken die Akte des sekundären Organes als
Akte des primären gelten. Das von den Kammern einer demokratischen Republik beschlossene Gesetz gilt als Inhalt des Volkswillens, wie wenn das Volk selbst den Beschluß vorgenommen
hätte. Jedoch kann innerhalb des unmittelbaren Organes eine
Bevorrechtung des primären vor dem sekundären dadurch stattfinden, daß gewisse Akte des sekundären Organes erst durch
Sanktion von seiten des primären rechtsbeständig werden. Das
ist überall dort der Fall, wo direkte Volksabstimmungen über Verfassungsänderungen und Gesetze vorgenommen werden. Dieses
System bedeutet den Vorbehalt bestimmter Äußerungen der
höchsten Entscheidungsgewalt, vor allem der auf die Verfassung
bezüglichen, für das primäre Organ, das somit innerhalb der
Organisation des höchsten Organes die höchste Stelle einnimmt.
Wo hingegen das primäre Organ nur auf Wahlakte beschränkt
ist, die ganze ihm zustehende Gewalt hingegen durch mehrere
sekundäre Organe ausübt, wie in der repräsentativen Demokratie,
da muß in dem gegenseitigen Verhältnis dieser relativ voneinander unabhängigen Organe ebenfalls ein höchstes Organ

---

der Satz (Reichsverf. Art. 17), der Kaiser erlasse seine Anordnungen und
Verfügungen im Namen des Reiches, bedeute, daß er im Namen des
gesamten deutschen Vaterlandes handle. Solcher Auslegung kann man
zustimmen, ohne daß durch sie das Verhältnis des Kaisers zu den verbündeten Regierungen irgendwie geklärt würde. Nur die Auffassung
des Kaisers als Repräsentanten der Gesamtheit der verbündeten Regierungen erklärt seine Unabhängigkeit und Unverantwortlichkeit in
der ihm zukommenden Sphäre neben der obersten Organstellung des
Bundesrates, während die Annahme der Koordination beider Organe
die Frage nach dem höchsten Organ des Reiches unbeantwortbar macht,
wie denn auch Anschütz tatsächlich den Kaiser dem Bundesrate
gleichordnet.

existieren. Das ist aber das gesetzgebende Organ, da diesem allein die oberste Entscheidungsgewalt zusteht. So sind im heutigen Frankreich die Kammern das höchste Organ gegenüber dem Präsidenten, da sie allein über Änderungen der Rechtsordnung zu befinden haben und die ganze Verfassung, die Existenz der Präsidentschaft eingeschlossen, von ihrem unbeschränkten Willen abhängig ist. In den Vereinigten Staaten hingegen erweisen sich die sekundären Gesetzgebungsorgane im Verein mit den primären verfassungsändernden als die höheren gegenüber der Regierung. Jedoch auch der Kongreß steht dem Präsidenten trotz der Theorie des Gleichgewichtes der Gewalten als das höhere Organ gegenüber, obwohl, gerade weil man ihrem gegenseitigen Verhältnisse das Prinzip der Gewaltenteilung zugrunde gelegt, tiefgreifende, nur durch politischen Takt zu vermeidende Konflikte zwischen ihnen möglich sind[1]). Wo endlich zwei gegeneinander ganz selbständige, nicht in der Einheit eines primären Organs versöhnte Organe sich gegenüberstehen, wie in der konstitutionellen Monarchie, da ist der Monarch das höhere Organ gegenüber dem Volksorgane.

Unter allen Umständen kann aber auch dort, wo eine Mehrheit unmittelbarer Organe vorhanden ist, niemals einer von ihnen dem Imperium eines anderen untertan sein. Der Monarch ist das höhere Organ gegenüber den Kammern, aber er kann ihnen nichts befehlen, die Kammern sind ihm für nichts verantwortlich. Er kann sie in und außer Tätigkeit setzen, vermag aber nicht, diese Tätigkeit inhaltlich zu bestimmen. Auch vom sekundären Organ gilt das in seinem Verhältnis zum primären. Das Volk der Vereinigten Staaten wählt den Präsidenten als Repräsentanten der primär ihm selbst zustehenden exekutiven Gewalt, kann ihm jedoch keinen wie immer gearteten Auftrag erteilen, er hat keinen Dienstherrn, keinen Vorgesetzten.

Von dem Satze der Notwendigkeit e i n e s höchsten Organes kann es eine Ausnahme geben im Bundesstaate. Kraft des föderativen Prinzipes gibt es in demokratischen Bundesstaaten neben dem einheitlichen Gesamtstaatsvolke noch ein zweites höchstes primäres Organ, die Staaten. Die Rechtsmacht über Verfassungsänderungen steht in der Union den Staatenlegislaturen als sekundären Organen der Staaten zu, in der Eidgenossenschaft

---

[1]) Vgl. Woodrow W i l s o n Congressional Government p. 270 ff.

neben dem Schweizervolke den Kantonsvölkern. Damit sind die Staaten und Kantone selbst höchste Organe der Bundesstaaten geworden, die in der Union neben, in der Schweiz neben oder im Zusammenwirken mit dem anderen höchsten Organe ihre verfassungsmäßigen Funktionen vollziehen. Gerade dieses Beispiel lehrt aber, mit welch beschränkter Zuständigkeit ein höchstes Staatsorgan ausgestattet sein kann.

2. Die mittelbaren Staatsorgane.

Mittelbare Staatsorgane sind solche, deren Organstellung nicht unmittelbar auf der Verfassung, sondern auf einem individuell an sie gerichteten Auftrag beruht. Sie sind stets einem unmittelbaren Organe direkt oder indirekt untergeordnet und verantwortlich[1]. Ihre Tätigkeit für den Verband ist stets eine abgeleitete[2]. Ihrem geschichtlichen Ursprunge nach sind sie Individuen, die ein unmittelbares Organ sich zur Erfüllung seiner Verbandstätigkeit zugesellt[3]. Der Rechtsgrund ihrer Funktion ist ent-

---

[1] Daher ist Ernennung eines Organes durch ein anderes für sich allein kein notwendiges Zeichen dafür, daß der Ernannte dem Ernennenden untergeordnet sei. Der Präsident der nordamerikanischen Union z. B. ernennt zwar die Richter mit Zustimmung des Senates, die aber von ihm ganz unabhängig sind, über die ihm keine wie immer geartete Disziplinargewalt zusteht. Ein Unionsrichter kann wegen Verletzung seiner Amtspflichten nur vom Kongreß mit der Staatsanklage belangt werden. Ebenso ist der Hamburger Bürgerausschuß der Bürgerschaft gegenüber selbständig trotz seiner Erwählung durch sie: K. Perels Studien zum Hamburgischen öffentlichen Recht 1912 S. 19.

[2] Damit ist aber nicht auch der Inhalt ihrer Tätigkeit notwendig aus der Zuständigkeit eines höheren Organs abgeleitet. Es ist wieder die falsche Vorstellung eines Doppelträgers der Staatsgewalt, die dazu führt, notwendig auch die ganze Kompetenz der mittelbaren Organe als potentiell in der Zuständigkeit des höchsten Organes enthalten zu denken. Das Nähere hierüber im 20. Kapitel (S. 677 ff.).

[3] Preuß, Städt. Amtsrecht S. 68, polemisiert gegen diesen Satz, indem er ihn auf die Gegenwart bezieht; allerdings hatte die erste Auflage dieses Werkes den Druckfehler „geschäftlich" statt „geschichtlich". Wenn aber Preuß den Gegensatz von mittelbaren und unmittelbaren Organen nur auf die Art ihrer Bestellung beziehen will, so werden damit die rechtlichen Tatsachen der Unterordnung, Verantwortlichkeit, Versetzbarkeit, kurz das Werkzeugartige (ὄργανον) der Beamten im Verhältnis zum Vorgesetzten, ohne welches eine geordnete Verwaltung nicht bestehen kann, einfach unerklärlich. Vollends eine Institution, wie das Heer, wird von solchem Standpunkt aus völlig unmöglich gemacht.

weder gesetzliche Dienstpflicht oder öffentlich-rechtlicher Dienst-
vertrag. Das Amt selbst ruht aber heute nicht auf dem freien
Belieben des Dienstherrn, sondern in der staatlichen Ordnung,
die zugleich Verteilung der Zuständigkeiten ist.

Auch unter den mittelbaren Staatsorganen lassen sich manche
der Unterschiede nachweisen, die wir an den unmittelbaren hervorgehoben haben. Bei ihnen kehrt der Gegensatz von selbständigen
und unselbständigen, von einfachen und potenzierten Organen
wieder. Namentlich der erstere Unterschied ist für die Behörden-
verfassung von weittragender Bedeutung, für den Gegensatz von
Einzel- und Kollegialbehörden, sowie von Ämtern mit und ohne
Imperium.

Von besonderer Art ist aber der Gegensatz von notwendigen und fakultativen Organen, der in voller Schärfe
erst im modernen Staate hervorgetreten ist. Notwendige Organe
sind die gemäß Verfassung und Gesetz von dem Dienstherrn zu
bestellenden. Auf breiten Gebieten staatlicher Tätigkeit hat nicht
mehr der freie Wille des Dienstherrn zu entscheiden, ob und
welche Behörden einzusetzen sind, daher für ihn auch die rechtliche Notwendigkeit eintritt, sie mit den gehörigen Personen zu
besetzen. Darin, sowie in den mannigfachen Beschränkungen,
denen der Dienstherr durch die rechtliche Notwendigkeit unterliegt, mit seinen Beamten zu walten oder sie, wie in der Rechtspflege, ganz an seiner Stelle walten zu lassen, liegt eine weitgehende Beschränkung des Dienstherrn selbst, die — in Monarchie
und Republik mit parlamentarischer Regierung — bis zur völligen
Machtlosigkeit des Staatsoberhauptes gehen kann. Aber auch in
der konstitutionellen Monarchie bedeutet die verfassungsmäßige
Stellung der Minister und Richter eine Einschränkung der
monarchischen Gewalt. Daher erklärt die herkömmliche juristische
Vorstellung, daß der Monarch auch hier ihm grundsätzlich zustehende Kompetenzen an andere Personen überträgt, weder den
rechtlichen Charakter noch die politische Wirkung derartiger
Institutionen[1]. Die letzteren bestehen aber vor allem darin, daß
es unter oder neben dem Monarchen eine herrschende Bureaukratie gibt, denn für den politischen Charakter der Herrschaft
ist es in der Regel gleichgültig, ob sie ursprünglich oder abgeleitet ist. Auf die politischen Urteile über den Wert der

---

[1] Vgl. System der subj. öff. R. S. 186 und die daselbst N. 1 angeführte Literatur.

Monarchie hat das, oft unbewußt oder unausgesprochen, ganz bedeutend eingewirkt, indem der Monarchie viel Günstiges und Ungünstiges zugeschrieben wird, was in Wahrheit der festgefügten Bureaukratie monarchischer Staaten zukommt.

Die mittelbaren Organe werden durch Berufung in ein bestimmtes Amt mit der durch Gesetze, Verordnungen oder Instruktionen geregelten Ausführung eines abgegrenzten Kreises staatlicher Geschäfte betraut. Diese derart objektiv gedachten staatlichen Tätigkeiten werden auch als Organe bezeichnet, was insofern durchaus statthaft ist, als Ämter und Behörden niemals losgelöst von Menschen, die sie versehen, gedacht werden können. Die Ordnung und Organisation der Ämter macht einen wesentlichen Teil der Organisation des Staates selbst aus.

Der Gegensatz von unmittelbaren und mittelbaren Organen kann sich in allen öffentlich-rechtlichen Verbänden wiederholen. Von besonderer Bedeutung ist er bei den Gemeinden aller Arten. Deren Gemeindeversammlung oder -vertretung und deren Vorstand sind unmittelbare, die Gemeindebeamten mittelbare Kommunalorgane. Nicht minder aber ist das der Fall mit den zahlreichen Verbänden, die durch die neuere sozialpolitische Gesetzgebung geschaffen worden sind.

Auch für die staatliche Organisation sind solche unmittelbare Organe untergeordneter Verbände von Bedeutung. Die Verbände selbst nämlich, insofern sie kraft gesetzlicher Dienstpflicht staatliche Aufgaben in Unterordnung unter die Regierung lösen, werden dadurch zu mittelbaren Staatsorganen. Solche Dienstpflicht erfüllen sie durch ihre unmittelbaren Organe, in erster Linie durch ihre Vorstände. Diese Organe bleiben aber stets ihnen selbst zugehörig, sie sind daher unmittelbare Organe des Verbandes und versehen mittelbar, kraft der Dienstpflicht des Verbandes, staatliche Ämter. Daraus ergibt sich der Unterschied von unmittelbaren und mittelbaren Staatsämtern, der Analogien mit dem Gegensatz von einfachen und potenzierten unmittelbaren Staatsorganen besitzt.

3. Die Rechtsstellung der Staatsorgane[1]).

Um die Rechtsstellung der Staatsorgane zu erkennen, ist scharf zu unterscheiden zwischen den Organen und den sie tragenden Menschen. Das Organ als solches besitzt dem Staate

---

[1]) Vgl. G. Jellinek System S. 143 ff., 223 ff.

gegenüber keine Persönlichkeit. Es sind nicht zwei Personen
vorhanden: Staatspersönlichkeit und Organpersönlichkeit[1]), die
zueinander in irgendeinem Rechtsverhältnis ständen; vielmehr
ist Staat und Organ eine Einheit. Der Staat kann nur vermittelst
seiner Organe existieren; denkt man die Organe weg, so bleibt
nicht etwa noch der Staat als Träger seiner Organe, sondern ein
juristisches Nichts übrig. Dadurch unterscheidet sich das Organverhältnis von jeder Art der Stellvertretung. Vertretene und
Vertretender sind und bleiben zwei, Verband und Organ sind
und bleiben eine einzige Person.

Das Organ stellt den Staat dar, aber nur innerhalb einer
gewissen Zuständigkeit. Diese Zuständigkeiten können durch
die betreffenden Organe einander gegenübertreten, es kann Streit
zwischen ihnen entstehen über ihre Grenzen. Dieser Streit kann
in den Formen eines Prozeßverfahrens geführt werden und der
Staat formell seinen Organen Parteirolle zuweisen. Niemals aber
werden die Organe dadurch zu Personen. Staatshäupter, Kammern,
Behörden haben niemals juristische Persönlichkeit, die einzig und
allein dem Staate zukommt; alle Rechtsstreitigkeiten zwischen
ihnen sind Zuständigkeitsstreite innerhalb ein und desselben

---

[1]) Dieser Begriff stammt von Gierke, in Schmollers Jahrbuch VII
S. 1143, Die Genossenschaftstheorie und die deutsche Rechtsprechung
1887 S. 157. Dagegen vorzüglich Bernatzik Kritische Studien, Archiv
f. öff. Recht V S. 213 f. Für die Organpersönlichkeit ohne tiefere Begründung Spiegel, Grünhuts Zeitschrift XXIV S. 181. Auch Hölder
spricht neuerdings von einer Persönlichkeit des Amtes: Natürliche und
juristische Personen 1905 S. 223 ff., ebenso A. Affolter im Arch. f. öff. R.
23. Bd. 1908 S. 362 ff. Haenel, Staatsrecht I S. 86, führt aus, daß der
Kreis öffentlicher Rechte und Pflichten dem Organ nicht zu individualem,
sondern zu organischem, zu Berufs- und Amtsrechte zusteht. Was die
letzteren Begriffe bedeuten, wird jedoch nicht ausgeführt. Da aber
Haenel hierauf die Kompetenz des Organs und dessen individuale
Rechtssphäre streng sondert, so scheint er mit der hier vertretenen Lehre
vollinhaltlich übereinzustimmen. O. Mayer, II S. 395 N. 2, wendet gegen
sie ein, daß von dem Vertreter ein Stück Wille abgelöst wird; dann
brauche man ihn nicht mehr. Das ist aber kein stichhaltiger Einwand;
der Staat braucht sicherlich nur das Stück Willen, das seinen Willen
darstellt, da er aber dieses Stück doch nicht ohne den ganzen Menschen
erhält, so kann die Loslösung des dem Staate nötigen Willensstückes
auch nur durch eine logische, nicht durch eine chirurgische Operation
vollzogen werden. — Die Ausführungen des Textes sind in Frankreich
vielfach mißverstanden worden; vgl. O. Mayer, Festgabe für Laband I
1908 S. 5 f.

Rechtssubjekts. Es sind stets Streitigkeiten über objektives, nie über subjektives Recht[1]).

Da das Organ kein eigenes Recht, sondern nur staatliche Zuständigkeiten hat[2]), so können diese auch kein Recht der das Organ versehenden Persönlichkeiten sein. Staatliche Kompetenzen als eigenes Recht von Personen bedeutet entweder eine Zerreißung des Staates oder Behauptung einer Rechtsordnung über dem Staate. Denn jenes eigene Recht stammt entweder aus der staatlichen Rechtsordnung, dann setzt der Staat neben sich ein zweites Subjekt seiner Rechte, oder aus einer sei es vor-, sei es überstaatlichen Ordnung, mit anderen Worten: aus einem eigens zur Stütze einer unhaltbaren Theorie erfundenen Naturrechtssatz. Mit der richtigen Erkenntnis fällt auch die Lehre von dem eigenen Recht des Monarchen an der Staatsgewalt. Die Staatsgewalt gehört dem Staate, und der Monarch als solcher ist und bleibt in der heutigen Staatsordnung oberstes Organ des Staates.

Der einzelne hingegen kann ein Recht auf Organstellung haben, d. h. auf Anerkennung als Organ und Zulassung zu dessen Funktionen. Solcher Anspruch steht allen Personen zu, die dem Rechte gemäß zur Trägerschaft eines unmittelbaren Organes be-

---

[1]) Vgl. G. Jellinek Bes. Staatslehre (Ausg. Schr. u. Red. II 1911) S. 254 ff. — Der laxere Sprachgebrauch, der von Rechten der Staatshäupter, Kammern, Behörden redet, wird sich ohne Pedanterie allerdings kaum vermeiden lassen, da die Terminologie nicht immer in bequemer Weise sich der fortschreitenden Erkenntnis anzupassen vermag. Immerhin ist auch der Sprachgebrauch nicht irreführend, wenn man nur nicht außer acht läßt, daß nicht die ausübenden Organe, sondern der Staat das Subjekt all dieser Rechte ist. Der Gegensatz von eigenem subjektivem Recht und staatlicher Zuständigkeit nunmehr auch in voller Klarheit hervorgehoben von Anschütz in der Enzyklopädie II S. 565 f. 579.

[2]) Natürlich muß in der Tätigkeit des Organträgers genau zwischen dem, was er als Individuum und was als Organ verrichtet, unterschieden werden, da sich beide Tätigkeitsarten fortwährend durchdringen. Nicht alles, was ein Organträger in staatlichem Auftrage verrichtet, ist deshalb schon staatliche Tat, wie ich bereits im System S. 224 und oben S. 260 f. ausgeführt habe. Dem Staate zuzurechnen sind alle Akte der Herrschaftsübung und der freien leitenden Tätigkeit. Soweit hingegen der Staat eine von ihm angeordnete Tätigkeit inhaltlich entweder nicht bestimmen will oder kann, ist und bleibt sie individueller Art. Nur das Daß, nicht das Wie ihres Geschehens ist dem Staate zuzurechnen. Die Einwände, die Spiegel, a. a. O. S. 179, dagegen erhebt, bestätigen diese Ansicht mehr, als daß sie sie widerlegen.

rufen sind: Monarchen, gewählte Präsidenten, Kammermitglieder,
Mitglieder der Volksgemeinde in der unmittelbaren Demokratie,
der Wahlkollegien in den Staaten mit repräsentativer Verfassung usw. Die Rechtsordnung regelt nach zwei Richtungen
hin die Stellung der Organe. Sie bezeichnet die Organe in ihrer
Eigenart, ihren Funktionen und ihren gegenseitigen Beziehungen.
Ferner normiert sie Recht und Pflicht der einzelnen in Hinsicht auf
die Berufung zur Organstellung. Die Organisationsordnung statuiert
nur objektives, die Berufungsordnung auch subjektives Recht.

Die Organstellung wird ferner selbstverständlich stets vom
Individuum getragen, das rechtlich niemals im Organ gänzlich
aufgehen kann. Staat und Organträger sind daher zwei geschiedene Persönlichkeiten, zwischen denen mannigfaltige Rechtsverhältnisse möglich und notwendig sind. So sind z. B. alle
Rechte und Pflichten der Beamten gegenüber dem Staate nicht
Rechte und Pflichten der Staatsorgane, sondern der Organträger.
Gehalt bezieht der Organträger, nicht das Organ, und ebenso
kann disziplinare Strafe nur jenen, nicht dieses treffen[1]).

Die Trennung von Individualrecht und Organstellung, die
begrifflich notwendig aus der Persönlichkeit des Staates folgt,

---

[1]) Auf der unrichtigen Gleichstellung von Organ und Organträger
beruht die Bemerkung von Schloßmann, Organ und Stellvertreter,
Jherings Jahrbücher f. d. Dogmatik d. bg. R. 2. Folge VIII 1902 S. 301,
daß vom Standpunkte unserer Lehre rechtliche Beziehungen zwischen
juristischer Person und Organ unmöglich wären. Aber auch die eingehenden Versuche von Preuß, die „Organpersönlichkeit" zu neuem
Leben zu erwecken (Schmollers Jahrb. 1902 S. 557 ff., Städtisches Amtsrecht in Preußen 1902 S. 9 ff., 56 ff., Jherings Jahrbücher VIII 1902
S. 432 ff. und Festgabe für Laband II 1908 S. 221 f.) gründen sich wesentlich auf die Ineinssetzung des Organs mit seinem Träger. Unbegründet
ist endlich die Behauptung Kelsens (Hauptprobleme S. 523 f.), nach
der hier vorgetragenen Lehre sei das Organ doch nichts andres als der
Organträger. Um so bedenklicher sind Kelsens eigene Ausführungen,
a. a. O. S. 525 ff., wonach alle Pflichten eines Organs gleichbedeutend
seien mit den Pflichten ihres Trägers. Daran ist soviel richtig, daß
jede Pflicht des Staates schließlich ausmündet in die Pflicht eines den
Staatswillen vollziehenden Menschen. Allein diese Dienstpflicht wirkt,
im Gegensatze zur Pflicht des Staates, nicht nach außen. Wer z. B.
einen Anspruch auf Entlassung aus dem Staatsverbande hat, kann diesen
Anspruch nur gegen den Staat, vertreten durch seine abstrakt zu bezeichnenden Organe, und nicht gegen einen Beamten persönlich verfolgen, und gerade hierin zeigt sich die Notwendigkeit einer Scheidung von
Organ und Organträger.

ist allein imstande, die Kontinuität des Staatslebens zu erklären. Sowie man irgendwie die Organzuständigkeiten als Individual- rechte auffaßt, ist mit dem Wechsel der Personen notwendig auch der Zusammenhang der staatlichen Verhältnisse unterbrochen. Hat der Monarch als Individuum ein eigenes Recht auf die Staats- gewalt, dann tauchen sofort die der patrimonialen Staatsordnung angehörigen Fragen wieder auf, ob er denn überhaupt durch die Regierungshandlungen seiner Vorfahren gebunden sein könne. Die Gesetze, die der Vorfahr sanktioniert, die Beamtungen, die er vollzogen, sind dauernd nur unter der Voraussetzung, daß nicht die physische Person, sondern der König als Institution Träger der Krone sei[1]).

Diese Erkenntnis ist nicht etwa neu. Schon den späteren Legisten war in voller Klarheit der Satz gegenwärtig, daß zwar die Person des Herrschers sterben könne, nicht aber die Dignitas, die ihrem Wesen nach unsterblich sei[2]). Die Staaten, in welchen der Staatsgedanke schon früh in der Stellung des Königs sich ausprägte, haben ihn auch in ihr positives Rechtssystem auf- genommen. Hatten die Franzosen schon längst die Parömie be- sessen: le roi ne meurt pas, so hat in neuerer Zeit vor allem die englische Rechtslehre den Satz von der Perpetuität des Königs aufgestellt, um die Loslösung der Person von der Würde des Königs zu betonen. Sehr schön sagt Blackstone: Heinrich, Eduard oder Georg mögen sterben, der König aber überlebt sie alle[3]). Niemals ist in englischen Gesetzen vom Tode des Königs

---

[1]) Eine eigentümliche Lehre stellt Lukas, a. a. O. S. 17 ff., auf, um das Verhältnis von Organ und Organträger zu erklären. Das Organ ist ihm nämlich unpersönlich und willenlos, es ist die abstrakte Institution im Gegensatz zu den physischen Personen, die im Sinne der abstrakten Institution tätig sind. Die abstrakten Institutionen sind jederzeit da, auch wenn die konkreten menschlichen Persönlichkeiten, die sie aus- füllen, fehlen, also z. B. das Parlament nach seiner Auflösung. Da aber der Staat nur durch die Gesamtheit seiner Institutionen handelt, diese jedoch nach Lukas willenlos sind, so ist der Staat selbst damit eine willenlose und handlungsunfähige Institution und deshalb keine Person. Diese Theorie ist daher nichts anderes als eine neue Wendung der alten Lehre von der persona ficta.

[2]) Berühmt namentlich ist der Ausspruch des Baldus, Consilia I cons. 27; II cons. 159 n. 4: Imperator in persona mori potest, sed ipsa dignitas, officium Imperatoris est immortale.

[3]) Henry, Edward, or George may die; but the king survives them all, I 7 p. 249.

die Rede, vielmehr nur von der demissio regis vel coronae, ein
Ausdruck, welcher bloß eine Übertragung des Eigentums bedeutet.
Um die Kontinuität der Organe beim Wechsel der Personen zu
erklären, ist in England sogar die uns so wunderlich anmutende
Theorie von der sole corporation entstanden, einer Körperschaft,
die jederzeit nur ein lebendes Mitglied hat, das aber mit seinen
Nachfolgern eine Einheit bildet. Ausdrücklich wird der König
als eine sole corporation bezeichnet[1]).

Allerdings wird dem, der den Reichtum des politischen Lebens
zu betrachten gewohnt ist, die Scheidung von Individualrecht und
Organkompetenz recht schwer fallen. Für die Schicksale des
Staates sind die die Organe versehenden Persönlichkeiten von der
höchsten Bedeutung, und Gestalten wie Friedrich der Große oder
Bismarck bloß mit dem ärmlichen Begriff des Staatsorgans zu
messen, wäre geradezu abgeschmackt und lächerlich. Die historische
Fülle des staatlichen Daseins zu begreifen, ist aber nicht Auf-
gabe des Staatsrechts in seiner Isolierung, sondern der gesamten
Staatswissenschaft.

Was von den bedeutendsten Männern gilt, hat in minderem
Umfange mit allen Trägern staatlicher Organstellung stattgefunden.
Psychologisch notwendig fühlt sich der pflichtgetreue Beamte so
mit seinem Amte verwachsen, daß er dessen Befugnisse auch als
sein Recht erachtet. Kompetenzstreitigkeiten aller Art sind häufig
in letzter Linie aus diesen Gefühlen zu erklären. Mit seiner
unvergleichlichen Kenntnis des realen Staatslebens spricht Bismarck von dem Unabhängigkeitsgefühl und dem Partikularismus,
„wovon jeder der acht föderierten ministeriellen Staaten und jeder
Rat in seiner Sphäre beseelt ist"[2]). Allein gerade er weist die
bösen Folgen jenes Ressortpartikularismus auf, der beim Minister
das Gefühl solidarischer Verantwortlichkeit für die Gesamtpolitik
untergräbt. Nicht eitel Begriffsjurisprudenz also ist es auch nach
der praktischen Seite des täglichen Lebens hin, wenn man Indi-

---

[1]) Blackstone I 18 p. 469. Vgl. dazu Hatschek Engl. Staatsr. I
p. 61 f.

[2]) Gedanken und Erinnerungen II S. 272. Einen ähnlichen Vergleich
gebraucht der Freiherr vom Stein in der Nassauer Denkschrift (Pertz
Das Leben des Ministers Freih. vom Stein I 1850 S. 419 f.): „,Der
preußische Staat', sagte mir einstens der einsichtsvolle und erfahrene
General v. d. Schulenburg, ,macht einen föderativen Staat aus', und bezeichnete hiermit das Unzusammenhängende seiner verschiedenen De-
partements."

vidualrecht und Organzuständigkeit auf das schärfste scheidet. Vielmehr weist dieser Rechtssatz, wie jede wahre Regel des öffentlichen Rechtes, den Weg zur Erhaltung wichtiger staatlicher Güter.

Viel weniger Streit und Mißverständnis über diesen Punkt wäre möglich, wenn man, dem wahren Sachverhalt entsprechend, die Organzuständigkeiten stets als Pflichten normieren könnte. Wenn irgendwo der oft gehörte Satz: „Öffentliches Recht ist öffentliche Pflicht", zutreffend ist, so ist er es in dieser Materie. Für die höchsten und wichtigsten Pflichten aber läßt sich die Imperativform gar nicht denken, weil kein Gesetz die Umstände bestimmen kann, unter denen sie erfüllt werden müssen. Die Zuständigkeit zur Gesetzessanktion oder zur Entscheidung über Krieg und Frieden in Imperative zu kleiden, ist unmöglich. Und so ist in jeder höheren Organtätigkeit ein freies Element vorhanden, das nur in der Form der Befugnis, nicht der Pflicht ausgesprochen werden kann. Dennoch sind alle diese Rechte in Wahrheit nur berechtigende Pflichten. Je höher die Organstellung, je größer der Kreis solcher Rechte ist, desto stärker tritt auch das Verantwortlichkeitsgefühl auf, das den am tiefsten und gewaltigsten ergreift, der unabhängig von allen verdunkelnden Theorien erkannt hat, daß die gewaltige Macht, welche die Staatsordnung in seine Hände gelegt hat, ihm nicht als Privatperson, sondern als führendem Gliede des Ganzen eignet.

Siebzehntes Kapitel.

Repräsentation und repräsentative Organe.

1. Unter Repräsentation versteht man das Verhältnis einer Person zu einer oder mehreren anderen, kraft dessen der Wille der ersteren unmittelbar als Wille der letzteren angesehen wird, so daß beide rechtlich als eine Person zu betrachten sind.

Auf den ersten Blick scheint das Repräsentationsverhältnis mit dem Organverhältnis ganz zusammenzufallen. Häufig wird auch in der Sprache der Gesetze und der Wissenschaft bestimmten Organen die Befugnis der Repräsentation des Staates und anderer Körperschaften zugeschrieben, namentlich in deren Beziehungen nach außen. Allein im engeren Sinne wird unter Repräsentation das Verhältnis eines Organes zu den Mitgliedern einer Körperschaft verstanden, demzufolge es innerhalb der Körperschaft den Willen dieser Mitglieder darstellt. Repräsentative Organe sind somit in diesem Sinne sekundäre Organe, Organe eines anderen, primären Organes. Dieses primäre Organ hat, soweit die Zuständigkeit des sekundären Organes reicht, an dessen Willen seinen eigenen Willen und keinen Willen außer diesem. Das primäre Organ hat nur so weit unmittelbare Willensäußerungen vorzunehmen, als sie ihm besonders vorbehalten sind. Der regelmäßige Fall dieses Vorbehalts bezieht sich auf die Bestellung der sekundären Organe durch Wahl.

Dieser Gedanke der Repräsentation ist ein rein juristischer. Die ihm zugrunde liegenden realen Vorgänge werden vermittelst der hier zur Anwendung kommenden technischen Begriffe nach keiner Richtung hin in ihrer psychologischen und sozialen Eigenart erkannt. Sie bilden nicht Erkenntnis-, sondern Beurteilungsnormen des Gegebenen zu bestimmten rechtlichen Zwecken. Deshalb ist auch das Repräsentativsystem heftigen Angriffen ausgesetzt, wird als Lüge und Schein bezeichnet, ein Vorwurf, der nur dann gerechtfertigt ist, wenn man den tiefgehenden Unterschied zwischen der Welt der juristischen Begriffe und den

realen Vorgängen gänzlich übersieht. Rousseau, der fortwährend mit juristischen Abstraktionen und Fiktionen ar-
beitet, hat, um seine bekannte Theorie von der Unmöglichkeit
der Repräsentation des Volkes zu begründen, gerade in diesem
Punkte den juristischen Standpunkt mit dem psychologischen
vertauscht[1]).

Anderseits aber gibt es vielleicht keinen Punkt im gesamten
Umfange der Staatslehre, wo juristische Vorstellungen so tief
aus den allgemeinen Überzeugungen emporgewachsen sind, ohne
daß weite Schichten der Gesellschaft es sich zum Bewußtsein
bringen. Das hat denn allerdings jene Verwechslung von rechtlichen und faktischen Vorgängen mit veranlaßt, welche die Beurteilung des repräsentativen Systems so gründlich verwirrt.

Ausgangspunkt ist nämlich auch hier jenes naive Denken,
das Handlungen einzelner Mitglieder einer Gruppe dieser selbst
und damit allen in ihr zusammengefaßten Individuen zuschreibt.
Die Tötung, die ein Stammesmitglied begeht, wird auf den
Stamm selbst bezogen und damit allen Stammesmitgliedern zugerechnet, von denen jedes von der Blutrache ergriffen werden
kann, die sich gegen den einzelnen in seiner Eigenschaft als
Repräsentanten aller seiner Genossen kehrt. Nicht nur die Vorstellung des Organverhältnisses, sondern auch die der Repräsentation gehört sicherlich zu dem Inventar ursprünglicher menschlicher Rechtsanschauungen.

Die juristische Konstruktion hat diesen Tatbestand lange
verkannt oder doch nicht richtig erkannt. Solange der Rechtsbegriff des Organes nicht gefunden war, suchte man mit privatrechtlichen Analogien, mit den Begriffen der Stellvertretung und
des Auftrags sich die einschlägigen Verhältnisse klarzumachen.
Die richtige Einsicht hat zwar niemals völlig gemangelt, Klarheit
ist in vollem Umfang aber erst in neuester Zeit errungen worden.
Lehrreich ist es, die Vorgeschichte der modernen Vorstellungen
zu betrachten, was im folgenden in großen Zügen geschehen soll[2]).

2. Zu den am häufigsten gehörten Behauptungen über das
Recht der antiken Staaten zählt die, welche ihnen den Gedanken

---

[1]) La volonté ne se représente point: elle est la même, ou elle
est autre: il n'y a point de milieu. Contr. soc. III 15.

[2]) Zum folgenden vgl. auch Ausg. Schriften und Reden II 1911
S. 371 ff.

der Repräsentation gänzlich abspricht[1]). Das ist aber nur richtig
in Beziehung auf die Tätigkeit der obersten Organe der Republiken, der Volksversammlung und des Rates. Da, wo die Volksgemeinde selbst handeln kann, ist eben das dringende Bedürfnis
einer Repräsentation gar nicht vorhanden, und damit mangelt
auch das geschichtliche Motiv zu ihrer Entstehung. Selbst in den
griechischen Städtebünden, wo an Stelle der Gemeinde eine
Bundesversammlung treten muß, hat keine Repräsentation stattgefunden, vielmehr hat jeder stimmberechtigte Bürger des Einzelstaates Stimmrecht in der Ekklesie des Bundes[2]). Wenn aber
eine Gesamthandlung des Volkes der Natur der Sache nach ganz
ausgeschlossen ist, da sehen wir in Hellas und Rom für die
Beurteilung des in solchem Falle Handelnden den Repräsentationsgedanken deutlich hervortreten. Die zuständigen Handlungen der Magistrate werden unabhängig von jeder juristischen
Theorie als Handlungen des Volkes selbst betrachtet, die es
berechtigen und verpflichten. Das öffentlich-rechtliche Mandat,
das dem Magistrat zuteil wird, berechtigt ihn, alle in seinen

---

[1]) Rehm, Geschichte S. 114, will in verschiedenen Ausführungen
des Aristoteles (Pol. IV 1298 b, 28 ff., und VI 1318 a, 11 ff. u. 25 ff.) die
erste systematische Erörterung der Zweckmäßigkeit von Konstitutio-
nalismus und Repräsentativsystem sehen. Doch ist das eine auf dem
Hineintragen moderner Rechtsideen in antike rein politische Anschauungen
beruhende Täuschung. Wenn Aristoteles für die Demokratie eine auf
dem Zensus beruhende Klassenwahl zur Bestellung einer die Behörden
einsetzenden Versammlung vorschlägt, so denkt er dabei keineswegs
an eine Repräsentation der Wähler, sondern wendet nur das in den
griechischen Staaten geübte Prinzip der Behördenwahl auf eine Wahl-
behörde an. So große politische Neuerungen wie der Repräsentationsgedanke sind nicht auf literarischem Wege, sondern durch lange
historische Arbeit von den Völkern, nicht von einzelnen auf dem Wege
der Spekulation gefunden worden. Eine Art Repräsentation hat man
auch in den vom Rom der Kaiserzeit eingerichteten Provinziallandtagen
sehen wollen. Namentlich in dem Landtag der drei Gallien hat man
„eine organisierte Gesamtvertretung" (Mommsen Röm. Geschichte V
2. Aufl. 1885 S. 85) erblickt. Aber auch diese künstlichen Schöpfungen
können bei ihren sehr kümmerlichen Befugnissen doch kaum als eine Repräsentation der Nation gegenüber dem Herrscher im späteren Sinne gelten.

[2]) Vgl. Freeman History of federal Government I, 2. ed. 1893
p. 205, 260; Busolt a. a. O. S. 82 ff., 344, 356 ff., 370; Szanto a. a. O.
S. 189 ff. Diese gegen vereinzelten Widerspruch (M. Dubois Les ligues
achéenne et étolienne p. 127 ff.) als erwiesen angesehene Tatsache zeigt
mehr als jede andere, wie fern den Griechen der parlamentarische
Repräsentationsgedanke lag.

Amtskreis fallenden Geschäfte vorzunehmen, und zwar, soweit
nicht ein zwingendes Gesetz vorliegt, nach freiem Ermessen[1]).
Namentlich nachdem der Gedanke der Verantwortlichkeit der höchsten Magistratur geschwunden war, in der Epoche des Prinzipates, greift auch die klare Überzeugung Platz, der Ulpian
Ausdruck gegeben hat, daß der Princeps das ganze Recht des Volkes
in sich aufgenommen habe und daher der einzige Repräsentant
des populus sei. Dieser Gedanke der absorptiven Repräsentation
ist später auch in den mittelalterlichen Gedankenkreis eingedrungen und hat in der Geschichte des modernen Absolutismus
keine geringe Rolle gespielt. Nicht minder aber ist die Vorstellung
der Repräsentation des Staates nach außen, kraft deren der
Repräsentant das Recht hat, den Staat unmittelbar zu verpflichten,
in der Epoche des Prinzipates und Kaisertums ganz klar vorhanden. „Imperator foedus percussit; videtur populus Romanus
percussisse et continetur indigno foedere.“[2]) Während es im
römischen Privatrecht niemals zum Gedanken der freien Stellvertretung kam, tritt dieser im öffentlichen Rechte, fast könnte
man sagen: mit Naturgewalt hervor[3]). So erlangt der Senat auch
nach römischer Anschauung nach dem Aufhören der Komitien
repräsentative Stellung, wie nicht minder die Munizipalsenate.
Zur vollen juristischen Durchbildung allerdings und klaren wissenschaftlichen Erkenntnis ist dieses Verhältnis nicht gediehen.
Es war den Bedürfnissen des praktischen Lebens entsprungen,
die den öffentlich-rechtlichen Tatbeständen vorangehen und sie
erzeugen. Interessant aber ist es, zu sehen, wie die Jurisprudenz
den neuen Tatbestand feststellt und doch nicht imstande ist, mit
ihren hergebrachten Anschauungen ihm gerecht zu werden.
Pomponius: führt aus[4]): „Deinde quia difficile plebs convenire
coepit, populus certe multo difficilius in tanta turba hominum,
necessitas ipsa curam reipublicae ad senatum deduxit“, und
die Institutionen erklären an einer Stelle[5]), daß, als es unmöglich
wurde, das Volk an einen Ort zum Zwecke der Gesetzgebung
zusammenzuberufen, „aequum visum est senatum vice populi
consuli“. Jene necessitas und diese aequitas werden aber in

---

[1]) Mommsen Abriß S. 82, Staatsrecht I 3. Aufl. S. 76 ff.
[2]) Seneca Controv. 9, 25; vgl. Mommsen Staatsrecht I S. 234 ff.
[3]) Hierüber jetzt eingehend L. Wenger Die Stellvertretung im
Rechte der Papyri 1906 S. 18 ff.
[4]) L. 2 § 9 D. de orig. iur. 1, 2.
[5]) § 5 Inst. 1, 2. Vgl. auch Gierke Genossenschaftsrecht III S. 48.

ihrer rechtlichen Eigenart nicht erkannt. Und doch lebt die Idee
des fortdauernden höchten Rechtes des Volkes auch nach dessen
Monopolisierung durch den Senat weiter, und aus dem senatus
populi Romani der früheren Republik wurde der senatus popu-
lusque Romanus der letzten republikanischen und der Kaiserzeit, hinter welcher Formel sich doch die Vorstellung verbergen
mußte, daß der Senat nunmehr auch die Bürgergemeinde darstelle[1]).

Ganz anders gestalten sich die mittelalterlichen Verhältnisse.
Der mittelalterliche Staat ist Flächenstaat, er ist dualistisch
geartet gegenüber dem einheitlich gebauten antiken Staate. Sein
Volk ist nicht sowohl eine Vereinigung gleichartiger Individuen
als vielmehr eine Vielheit von einzelnen und Verbänden. Herrschaftliche Verbände mit einem Grundherrn an der Spitze, Kirchen
und Klöster mit ihren Eigenleuten, Gemeinden und genossenschaftliche Verbände anderer Art sind in großem Umfange die
unmittelbaren Glieder des Staates, in sich einen großen Teil
des dem direkten Verkehr mit der Staatsgewalt entrückten Volkes
bergend. Diese Momente schaffen für den Repräsentationsgedanken den breiten sozialen Boden. Das reiche genossenschaftliche Leben gibt den Anstoß zu einer theoretischen Erfassung
dieses Gedankens, der wissenschaftlich zuerst in der Korporationslehre der Glossatoren und Kanonisten ausgebildet wird[2]). Unabhängig von jeder Theorie aber treiben die politischen und
sozialen Verhältnisse zur Schaffung repräsentierender Organe.

Nur in Form des gegliederten Heeres kann sich anfangs das
Volk versammeln, wird aber bald durch das Feudalsystem zum
großen Teile aus dem einheitlichen Heeresverbande gedrängt.
Im Flächenstaate werden ferner regelmäßige Zusammenkünfte des
Volkes zur Unmöglichkeit. Anderseits jedoch fordert der niemals
überwundene Dualismus von Fürst und Volk eine Vertretung des
letzteren gegenüber dem ersteren. Diese Vertretung entwickelt
sich auf verschiedenen Wegen ganz natürlich dahin, daß die
meliores terrae, die geistlichen und weltlichen Großen sich als
das Volk im politischen Sinne konstituieren. Ihr Recht, das in
jedem Staate auf eigenartige Weise entsteht, wird von ihnen

---

[1]) M o m m s e n Abriß S. 340. Über die römische Anschauung der
Repräsentation der Körperschaft durch ihre Organe vgl. auch R e g e l s -
b e r g e r I S. 323 und die daselbst N. 2 angeführten Quellenstellen.

[2]) Vgl. G i e r k e Genossenschaftsr. III S. 394, 478.

ursprünglich als individuelle Berechtigung betrachtet, so daß sie niemand vertreten als sich selbst. Allein allmählich gesellt sich diesem Recht dort, wo der herrschaftliche Verband erhalten bleibt, in der allgemeinen Anschauung noch ein Recht der gesetzlichen Vertretung des Verbandes zu. In der Ständeversammlung vertritt der Landes- oder Grundherr auch seine Untergebenen, was, je nachdem der Staatsgedanke klarer oder schwächer ausgeprägt wird, im politischen Denken der einzelnen Völker mehr oder minder scharf zum Ausdruck kommt. Das spiegelt sich auch in der Literatur der Staatslehre des späteren Mittelalters wider, welche die Ständeversammlungen bereits als Repräsentationen des ganzen Volkes auffaßt, wie sie auch den Kreationsorganen des Kaisers und Papstes repräsentativen Charakter zuschreibt[1]). Eingehende und gründliche Untersuchungen über die Begründung und rechtliche Natur des Verhältnisses von Repräsentierten und Repräsentierenden sind aber selbstverständlich nicht vorhanden, weil derartiges erst durch die Mächte des historischen Lebens dem wissenschaftlichen Denken näher gebracht werden mußte.

Besondere Rechtsnormen über eine Vertretung in ständischen Versammlungen werden dort notwendig, wo Kommunen oder Körperschaften anderer Art zu vertreten sind. Hier muß durch einen Rechtsakt sowohl die vertretende Person als auch der Umfang und Inhalt ihrer Vertretungsbefugnisse bestimmt werden. Die Entwicklung beginnt bei ihnen überall mit der gebundenen Stellvertretung, die scharf die Personen des Vertretenen und des Vertreters sondert. Diese Art der Vertretung wird als wesensgleich mit der Stellvertretung des Privatrechts gedacht, indem das Institut nur seinem Zwecke, nicht seiner inneren Natur nach aus der Sphäre des Privatrechts herausfällt. Daher haftet der Vertreter auch persönlich mit seinem Vermögen für den Schaden, den er durch Überschreitung seines Auftrags seinen Mandanten zufügt, und kann von ihnen zurückberufen oder seiner Vertretungsbefugnis entsetzt werden.

In den Staaten, wo die Stände nur eine geringe Rolle spielen oder nur zur Beratung einzelner wichtiger Geschäfte zusammentreten, bleibt dieses Verhältnis ungeändert. Einen von Grund aus anderen Charakter nimmt es aber dort an, wo es zu einer

---

[1]) Vgl. G i e r k e Genossenschaftsr. III S. 595 ff.; d e r s e l b e Althusius S. 211 ff.

normal fungierenden, in die staatliche Organisation eingeordneten und mit ihr innig verknüpften Institution wird, nämlich in
England. Dort nicht minder wie in den ständischen Versammlungen des Kontinents bestand anfänglich die gebundene Stellvertretung. Der Gewählte empfing seine Instruktionen von den
Wählern und war verpflichtet, ihnen über deren Vollzug Rechenschaft zu geben[1]). Im Zeitalter der Tudors aber ändert sich das,
und im Laufe des 17. Jahrhunderts beginnt die Erinnerung an den
früheren Zustand zu schwinden. In den Urkunden und der
Literatur jener Zeit ist nur noch von den Repräsentanten des
Volkes die Rede[2]). Die Anschauung, daß jeder Engländer im
Parlament vertreten und daher sogar durch das Medium seines
Vertreters dort persönlich anwesend sei, wird bereits von Sir
Thomas Smith unter Elisabeth klar ausgesprochen[3]). Wie diese
den Repräsentationsgedanken so anschaulich darstellende Idee
entstanden ist, darüber fehlte bis vor kurzem jede nähere Unter-
suchung[4]). Zweifellos war es aber die Unmöglichkeit, auf Grund

[1]) Vgl. Stubbs Constitutional history of England, Ziff. 423, 4. ed.
1890 III p. 438 f. Eingehende Untersuchung dieses historisch so wichtigen
Punktes ist in der englischen Literatur bisher nicht vorhanden.

[2]) Das Agreement of the People erklärte ausdrücklich: that the
Representatives have, and shall be understood to have, the supreme
trust in order to preservation and government of the whole; and that
their power extend, without the consent or concurrence of any other
person or persons, to etc. Ausgenommen sind nur die oben S. 510 f.
erwähnten Punkte. Gardiner Const. Docum. p. 368.

[3]) — quicquid in centuriatis comitiis aut in tribunitiis populus
Romanus efficere potuisset, id omne in comitiis Anglicanis, tanquam in
coetu Principem populumque representante, commode transigitur, interesse
enim in illo conventu omnes intelligimur, cuiuscumque amplitudinis,
status, aut dignitatis, Princepsve aut plebs fuerit; sive per teipsum hoc
fiat sive per procuratorem. De republica Anglorum II (Elzevirausgabe
von 1641 p. 198). Dieses merkwürdige Buch wurde zuerst 1583 — nach
dem 1577 erfolgten Tode des Verfassers — gedruckt. Siehe über Smith
Pollock Introduction p. 54 f. und Hatschek Engl. Staatsr. I S. 13, 119.

[4]) Jetzt verdanken wir Hatschek, Engl. Staatsr. I S. 232 ff. und
Englische Verfassungsgeschichte 1913 S. 209 ff., eine eingehende, neue
Aufschlüsse bietende Geschichte des Repräsentationsgedankens in Eng-
land. Von hohem Interesse ist namentlich der quellenmäßige Nachweis,
daß bereits unter Heinrich V. die Abgeordneten nicht als für eine
Kommunität, sondern als für das ganze Reich gewählt angesehen wurden.
Ein sehr bezeichnender Richterspruch aus der Regierungszeit Eduards III.
bei Sussmann Das Budget-Privileg des Hauses der Gemeinen 1909
S. 37 f.; vgl. auch S. 128 ff.

von Instruktionen zu gedeihlicher Beratung und Beschlußfassung zu gelangen, die endlich die Instruktionen selbst beseitigte[1]). Schon frühe verlangen daher die Könige in ihren Einberufungsschreiben entsprechende Vollmachten der Gewählten, „ita quod pro defectu hujusmodi potestatis negotium infectum non remaneat"[2]). In jedem Parlament tauchen ferner Fragen auf, welche die Wähler nicht vorhersehen konnten; im Interesse der Wähler selbst ist es häufig gelegen, auf dem Wege des Kompromisses mit den Interessen anderer Zugeständnisse zu erlangen. Die Instruktionen werden daher oft so allgemein, dem Vertreter ein so großes Ermessen gestattend ausgefallen sein, daß ihr Wert bei einem so praktischen Volke wie dem englischen sehr in Frage gestellt wurde. Außerdem aber ist das Parlament ein höchst wichtiges Glied in der Verwaltungsorganisation des Reiches und erledigt bereits unter den Tudors eine Menge von Geschäften, bezüglich welcher eine Instruktion unmöglich oder widersinnig wäre. Das Parlament ist eben nicht nur gesetzgebende und steuerbewilligende Versammlung, sondern auch höchstes Glied der gesamten Verwaltungs- und Gerichtsorganisation, und überdies ordnet es durch feststehende Regeln seine inneren Angelegenheiten. In Beziehung auf diese letzten Punkte ist auch das gewählte Unterhaus stets selbständig gewesen. Da aber der Auftrag der Ausgangspunkt der Vertretung der Kommunen gewesen ist, so bildet sich parallel mit dieser Loslösung der Gewählten von ihren Wählern der Gedanke aus, daß der Wille des Gewählten auch ohne solchen Auftrag fortdauernd den der Wähler darstelle. Waren ursprünglich die Grafschaften, Städte, Burgflecken, dem Volksbewußtsein verständlich, durch die von ihnen entsendeten und instruierten Abgesandten vertreten, so dauern diese Vorstellungen geschichtlich noch fort zu einer Zeit, wo jene dauernde Verbindung zwischen den Kommunen und dem Unterhause nicht mehr existiert. Alle Kommunen sind demnach im Unterhause versammelt. Die Gesamtheit der geistlichen und weltlichen Lords im Verein mit den Kommunen bildet nun das regnum, und somit ist das einzelne Mitglied Teil der Reichsvertretung; sein Wille

---

[1]) Vgl. auch Seidler in Grünhuts Zeitschrift XXIV S. 123 ff. Bereits Montesquieu hat (XI 6) auf die schweren Nachteile spezieller Instruktionen hingewiesen.

[2]) Anson The Law and Custom of the Constitution I, 4. ed. 1909 p. 51; Seidler l. c.; Stubbs Select Charters 7. ed. 1890 p. 481.

ist nicht Wille des ihn entsendenden Verbandes, sondern ein Willenselement des ganzen Reiches[1]). So wächst in natürlicher Weise aus den gegebenen Verhältnissen die für den modernen Repräsentativstaat grundlegende Ansicht hervor, daß die Mitglieder des Parlamentes die Volksgesamtheit repräsentieren[2]).

Anders, aber zu demselben Resultate führend war der Entwicklungsgang in Frankreich. Während in England die Mitglieder des Oberhauses Virilstimmen hatten, gilt in Frankreich auch für clergé und noblesse das Prinzip der Wahl, nicht nur für den dritten Stand[3]). Alle drei traten mit den von ihren Wählern

---

[1]) Das konstatiert B l a c k s t o n e, I 2 p. 159, mit den berühmten Worten: „And every member, though chosen by one particular district when elected and returned, serves for the whole realm. For the end of his coming thither is not particular, but general: not barely to advantage his constituents, but the common wealth; to advise his sovereign (as appears from the writ of summons) „de communi consilio super negotiis quibusdam arduis et urgentibus, regem, statum, et defensionem regni Angliae et ecclesiae Anglicanae concernentibus". And, therefore, he is not bound to consult with, or take the advice of his constituents upon any particular point, unless he himself thinks it proper or prudent to do so." Als schlagendstes Beispiel dafür, daß diese Anschauung geltendes Recht ist, wird auf die Septennial-Bill von 1716 verwiesen, durch welche das Parlament seine eigene Dauer von drei auf sieben Jahre verlängerte. Das Unterhaus wurde damals nicht aufgelöst, sondern fungierte gemäß dem neuen Gesetze um vier Jahre länger. Vgl. D i c e y p. 42 ff.

[2]) Aus dem repräsentativen Charakter des ganzen Parlamentes folgt auch der des Oberhauses, dessen rechtliche Stellung in dieser Hinsicht aber nicht so klar durchgeführt ist; man denke vor allem an dessen mindere Rechte bezüglich der Geldbewilligungen: S u s s m a n n a. a. O. S. 142 ff. Es ist jedoch auch zu erwähnen, daß der Satz von dem rein repräsentativen Charakter der Gewählten noch öfter bestritten wurde. So trat B u r k e 1774 energisch gegen den Versuch auf, den Unterhausmitgliedern bei der Wahl bindende Versprechungen abzunehmen. (Vgl. M a y Constitutional history of England I 1861 p. 444 ff.) Wie E s m e i n, Droit const. p. 83 n. 2, erwähnt, ist noch 1893 gelegentlich der Homerule-Debatten von der Opposition behauptet worden, die Abgeordneten hätten von ihren Wählern kein Mandat zum Beschlusse einer solchen Maßregel erhalten. In den Vereinigten Staaten haben viele Verfassungen der Einzelstaaten den Wählern das Recht zur Instruktionserteilung sogar ausdrücklich gewahrt. Auch Instruktionen der Senatsmitglieder sind vorgekommen. Die amerikanischen Autoritäten haben sich allerdings gegen diese Praxis ausgesprochen. Vgl. darüber R ü t t i m a n n I 171 ff.

[3]) Die verwickelten Details dieser Verhältnisse siehe bei E s m e i n Cours élementaire d'histoire, 5. éd. p. 492 ff. Die Abgeordneten erhielten auch von ihren Wählern eine Bezahlung, die oft als schwere Last von

erhaltenen Instruktionen, den cahiers, zu den États généraux zusammen, wo die Stände getrennt beraten und beschließen sollten. Da ist es denn vor der letzten Tagung dieser Stände zuerst der König, der sich gegen die zu enge Bindung der Abgeordneten durch die cahiers ausspricht[1]), in der königlichen Sitzung vom 23. Juni 1789 gewisse Beschränkungen sogar für nichtig erklärt[2]) und in Zukunft jedes imperative Mandat untersagen will[3]), damit dadurch nicht die Möglichkeit der Beratung gehemmt sei. Nichtsdestoweniger wurden den Abgeordneten oft ziemlich weitgehende Instruktionen erteilt, und viele von ihnen behaupten auch, nachdem der Ständereichstag sich in die Nationalversammlung verwandelt hatte, zunächst die fortdauernd bindende Kraft der cahiers. Aber bald zeigt sich die Unmöglichkeit, auf Grund von Instruktionen gedeihlich zu verhandeln. Energisch verteidigt der damals so einflußreiche Sieyes den Gedanken der Unabhängigkeit der Abgeordneten von den Wählern mit dem Hinweis auf die schweren Gebrechen, die aus der fortwährenden Befragung der Wählerschaften durch den Abgeordneten entstehen würden; alle anderen Gründe, die dieser Vorkämpfer des freien Mandates für dessen Anerkennung vorbringt, sind rein doktrinärer Natur, bestimmt, zu rechtfertigen, was praktisch notwendig war[4]). Die Ideen Rousseaus, die in der Konstituante eine so große Rolle spielen, wirken ebenfalls bestimmend auf die Auffassung der Stellung der Abgeordneten ein. Herrscher im Staate soll der Gemeinwille sein. Der kann aber nicht durch den partikulären Willen der einzelnen bailliages gebildet werden, die ihre Abgeordneten instruieren. Vielmehr ist die volonté géné-

---

den Verpflichteten empfunden wurde und die Sehnsucht nach Einberufung der Reichsstände verminderte; l. c. p. 499.

[1]) Ordonnance vom 24. Januar 1789 über das Wahlreglement, Art. 45: . les pouvoirs dont les députés seront munis devront être généraux et suffisants pour proposer, remontrer, aviser et consentir, ainsi qu'il est porté aux lettres de convocation. Hélie Les constitutions de la France 1880 p. 15.

[2]) Archives parlementaires, I. série VIII p. 143 Art. 3.

[3]) l. c. Art. 6: Sa Majesté déclare, que dans les tenues suivantes des États généraux elle ne souffrira pas que les cahiers ou mandats puissent être jamais considérés comme impératifs; ils ne doivent être que de simples instructions confiées à la conscience et à la libre opinion des députés dont on aura fait choix.

[4]) Vgl. Sieyès Politische Schriften I S. 207 ff., 379, 450.

rale Wille des ganzen Volkes, daher der einzelne Abgeordnete
nicht den Willen des Volksteiles, der ihn entsendet, sondern den
des ganzen Volkes zu repräsentieren hat. Nur so ließ sich die
Rousseausche Verwerfung der Repräsentativverfassung einigermaßen mit der politischen Wirklichkeit versöhnen. Bald versteigt
sich die Konstituante zu der kühnen, sie gänzlich von den Wählerschaften loslösenden Erklärung, daß sie selbst der Sitz der nationalen Souveränetät sei. Das Gesetz vom 22. Dezember 1789
führt den Repräsentationsgedanken energisch durch[1]), schafft
sodann endgültig die Instruktionen ab sowie die Rückberufung
der Abgeordneten durch die Wähler[2]), und von da ist in die
Verfassung vom 3. September 1791 der klare Satz übergegangen,
daß die Abgeordneten nicht ein besonderes Departement, sondern
die ganze Nation repräsentieren und durch keine Instruktion
eingeschränkt sein sollen[3]). Diese Bestimmung hat sodann ihren
Weg in alle übrigen europäischen Verfassungsurkunden gefunden.

Die gesetzgebenden Versammlungen repräsentieren aber nicht
das Volk nach allen Richtungen. In eigentümlicher Weise ver-
mählt sich die Lehre von der Gewaltenteilung mit der der Volkssouveränetät zunächst in den Vereinigten Staaten. Dort bekleidet
das Volk mit der gesetzgebenden Gewalt die Legislatur im Einzelstaat, den Kongreß in der Union. Die vollziehende Gewalt hingegen wird dem Governor oder Präsidenten übertragen, die

---

[1]) Einleitung Art. 8. „Les représentants nommés à l'Assemblée
nationale par les départements ne pourront être regardés comme les
représentants d'un département particulier, mais comme les représentants
de la totalité des départements, c'est à dire, de la nation entière."
Hélie p. 72. Wohl zu bemerken ist der feine Unterschied zwischen
dieser Auffassung und der Blackstones. Bei diesem repräsentiert
der einzelne das Königreich, d. h. die Gesamtheit der im Unterhaus vertretenen communitates regni, dort die Nation, d. h. die Summe der
Individuen. Noch bis heute ist dieser Gegensatz in der englischen und
französischen Lehre vom Parlamente zu finden, obwohl er sich immer
mehr verwischt. Praktisch hat er die Bedeutung, daß die englische
Anschauung das Wahlrecht an die Gemeinde, die französische an das
Individuum anknüpft. Nur aus dieser, nicht aber aus jener ist das allgemeine und gleiche Wahlrecht als letzte logische Konsequenz abzuleiten.

[2]) Sect. I Art. 34, Hélie p. 76.

[3]) Titre III ch. I sect. 3 Art. 17. „Les représentants nommés dans
les départements ne seront pas représentants d'un département particulier, mais de la nation entière, et il ne pourra leur être donné aucun
mandat."

richterliche den Gerichtshöfen, die daher nicht minder Repräsentanten des Volkes sind als die Mitglieder der Legislatur. In Frankreich wird auch dieser Gedanke rezipiert, indem der König neben der Nationalversammlung ausdrücklich als Repräsentant des Volkes bezeichnet wird[1]), was dem allgemeinen Bewußtsein um so verständlicher war, als die Vorstellung der Repräsentation der Nation durch den König selbst den absoluten Herrschern Frankreichs geläufig war. Diese amerikanisch-französische Auffassung der republikanischen Staatshäupter ist für alle republikanischen Verfassungen maßgebend und unter französischem Einfluß auch in dem Text mancher monarchischen Verfassungen zur Definition der Stellung des Fürsten verwendet worden.

3. Über das rechtliche Wesen der auf Grund des neueren Repräsentationsgedankens aufgebauten gesetzgebenden Kollegien bestehen bis in die Gegenwart erhebliche Unklarheiten: ja, eine vollkommen befriedigende Lösung der von ihnen dargebotenen Probleme ist bisher überhaupt nicht vorhanden. Die englische, amerikanische und französische Literatur sieht trotz der Betonung des Gedankens der Repräsentation in dem Wahlakte doch immerhin eine Übertragung von Macht von den Wählern auf den Gewählten[2]), ohne daß sie dieses Verhältnis des freien Mandates irgendwie auf einen streng-juristischen Ausdruck zu bringen bestrebt wäre. Diese Unklarheit wirkt auch mit auf gewisse politische Forderungen ein, die das Repräsentativsystem aufheben oder schwächen wollen. Diejenigen, welche mit dem politischen Gedanken des Mandates juristisch Ernst machen wollen, verlangen in Erneuerung ständischer Vorstellungen die

---

[1]) Titre III Art. 2. „...La constitution française est représentative: les représentants sont le Corps législatif et le Roi.“

[2]) Was mit den landläufigen Vorstellungen von der Volkssouveränetät zusammenhängt. Im Staatsrecht der Amerikaner und Franzosen ist immer von der Delegation (to grant, to vest) der Gewalten durch die Nation oder deren indirekten Ausübung durch das Volk die Rede. Doch beginnt in neuester Zeit in Frankreich die deutsche Theorie von der Repräsentation einzudringen. Vgl. Orlando Du fondement juridique de la représentation politique; Revue du droit public et de la science politique en France et à l'étranger III 1895 p. 1 ff., namentlich aber Saripolos La démocratie et l'élection proportionnelle II, Paris 1899 p. 98 ff., mit gründlichster Literaturkenntnis, dazu A. Mestre Le fondement juridique de l'élection proportionnelle dans la démocratie (Extrait de la Revue générale du droit 1899 p. 15 ff.).

Einführung des imperativen Mandates, das die Abgeordneten von neuem an die Aufträge der Wähler knüpft und sie aus unmittel-baren zu mittelbaren Organen wandelt. Andere hingegen postu-lieren die Sanktion der Parlaments- durch Volksschlüsse[1]), also Einführung des fakultativen oder obligatorischen Referendums in größerem oder geringerem Umfange in der Art, wie es in der Schweiz und der Nordamerikanischen Union verwirklicht ist.

Von anderer Seite wiederum ist die Lehre aufgestellt worden, daß in Wahrheit nicht, wie die offizielle staatsrechtliche Lehre behauptet, das einheitliche Volk es sei, das im Parlamente zum Worte komme, sondern Abgeordnete der einzelnen Gesellschafts-gruppen, nicht die Vertreter eines einheitlichen Willens, sondern partikulärer Interessen; in Wahrheit sei es eine soziale, nicht eine politische Institution. Nicht das Staats-, sondern das Partei-interesse sei der Leitstern der unausbleiblich die Grundlage alles Parlamentarismus bildenden politischen Parteien[2]).

---

[1]) Diese Form der Gesetzgebung hatte schon R o u s s e a u trotz seiner Verwerfung des Repräsentationsgedankens für zulässig erklärt: Les députés du peuple ne sont donc ni ne peuvent être ses représentants, ils ne sont que ses commissaires; ils ne peuvent rien conclure définitive-ment. Toute loi que le peuple en personne n'a pas ratifiée est nulle; ce n'est point une loi. Contr. soc. III 15.

[2]) Diese Auffassung wurde begründet durch Lorenz S t e i n, der in seinem Werke über die Geschichte der sozialen Bewegung in Frankreich die moderne Geschichte als einen Kampf der Gesellschaft um den Staat begreifen will. Hierauf hat G n e i s t in zahlreichen Schriften das Parlament als gesellschaftliche Bildung erfaßt, die sich in England harmonisch in den Bau des Staates einfügt, in Frankreich aber den Staat beherrscht. Auch andere Juristen haben diesen Gedanken zu verwerten gesucht. So O. M e j e r, Einleitung S. 19, dem Nordamerika und Frank-reich sozial konstruierte Staaten sind, der die gewählte Volksvertretung der Sache nach als soziale Interessenvertretung bezeichnet und in ihr eine Vermittlung zwischen Staat und Gesellschaft findet. Endlich hat R i e k e r, Die rechtliche Natur der modernen Volksvertretung 1893, diesen Gedanken auf die Spitze getrieben, das Parlament überhaupt nicht als Staatsorgan, sondern als „Ausdruck der verschiedenen in der Gesellschaft wirkenden Kräfte" erklärt und behauptet, daß es das Volk nicht in seiner politischen Einheit, sondern in seiner sozialen Unterschiedenheit, ja Zerrissenheit repräsentiert (S. 59). Gegen Rieker, aber grundsätzlich mit ihm übereinstimmend, K e l s e n, Hauptprobleme S. 469 ff. Auch nach Kelsen ist das Parlament kein Staatsorgan, da der Rechtssatz fehle, auf Grund dessen der Parlamentswille zum Staats-willen erhoben werde. Aber im geordneten Staate gibt es einen solchen Rechtssatz gewiß: das Verfassungsgesetz, und erst das revolutionäre Volk,

Diese Auffassung übersieht, daß die Gesellschaft keinen einheitlichen Willen hat oder haben kann, ein Parlament hingegen in seinen Beschlüssen notwendigerweise einen solchen haben muß. Gewiß sind, wenn auch nicht rechtlich, so doch faktisch stets verschiedene, einander entgegengesetzte soziale Gruppen im Parlamente vertreten, allein alle diese Gruppen haben jeder gegebenen Frage gegenüber nur die zweierlei Möglichkeiten der Entscheidung: sie können nur mit Ja oder mit Nein stimmen. Nicht die spezifische Stellung einer Partei zu einer bestimmten Frage kann, den in kontinentalen Staaten seltenen Fall ausgenommen, in welchem diese Partei eine in sich einheitliche Majorität bildet, in der Entscheidung zum Ausdruck gelangen: Vielmehr wird auf Grund von Kompromissen, Anpassungen an augenblickliche Verhältnisse u. dgl. aus den häufig weit voneinander abweichenden Anschauungen verschiedener Gruppen ein möglicherweise auf den mannigfaltigsten Motiven beruhender gemeinsamer, einheitlicher Beschluß hergestellt. Dieser Beschluß ist aber nicht Gesellschaftswille, d. h. nicht addierter Wille der Gesellschaftsgruppen, der in der Regel gar keine Möglichkeit eines Beschlusses ergeben würde, sondern einheitlicher Volkswille. Den legislatorischen Beschluß des Reichstages etwa hinsichtlich des Gesetzes über Erwerbung und Verlust der Bundes- und Staatsangehörigkeit oder das Postgesetz als Äußerung des Gesellschaftswillens zu bezeichnen, ist ganz unzulässig, weil für abweichende Ansichten der einzelnen Gesellschaftsgruppen in diesem einheitlichen Gesetze kein Raum ist. Der Kampf der sozialen Interessen ist also stets in die Vorbereitungsstadien des Entschlusses verlegt; in der Entscheidung selbst stehen sich immer nur die eine Majorität und die eine Minorität gegenüber.

Wenn aber die Zusammensetzung eines Parlamentes auf Grund des Wahlsystems und anderer konkreter Umstände derart ist, daß in ihm das Übergewicht einer mit einer bestimmten sozialen Gruppe zusammenfallenden Partei stattfindet, wenn die Beschlüsse von den Interessen einer rücksichtslosen Klassenherrschaft diktiert sind, so ist selbst solchenfalls die Bezeichnung des also gebildeten Willens als Gesellschaftswillens juristisch nicht zulässig; vielmehr würde alle Möglichkeit rechtlicher Be

---

das gegen Gesetz und Recht die Verfassung stürzt, verdient nicht mehr den Namen eines Staatsorgans.

stimmung der Staatswillensakte verloren gehen, wenn ein solcher
Willensakt nicht als der des einheitlichen Volkes in seiner Gestalt
als Staatsorgan erkannt werden würde. Es steht nämlich mit
dem Volkswillen nicht anders wie mit dem Willen des Monarchen
und seiner Behörden, der ein unparteiischer, nur das Gemeininteresse zum Ausdruck bringender sein soll, aber durchaus nicht
immer ist. Allein auch der dem Ideal nicht entsprechende Staatswille bleibt trotzdem Staatswille. Gäbe man in seiner Erfassung
statt juristischer sozialer Betrachtungsweise Raum, so wäre es
mit dem Staatsrecht überhaupt bald zu Ende, und subjektive
Willkür träte an die Stelle der Erkenntnis des Rechtlichen.

Namentlich aber die Betrachtung der repräsentativen Republik lehrt die Unhaltbarkeit der Versuche, das Parlament als
Organ der Gesellschaft, nicht des Staates aufzufassen. In Frankreich ist das Parlament das höchste Staatsorgan; durch sein
Medium werden erst alle übrigen Organe (Präsident und die von
diesem ernannten Beamten und Richter) eingesetzt. Wäre das
Parlament nicht Staatsorgan, dann wäre Frankreich kein Staat,
sondern eine Anarchie. Im Grunde ist diese Anschauung nichts
als eine Folge jener ärmlichen Begriffsjurisprudenz, die nichts
als den Typus des absoluten Staates kennt und in diese enge
Schablone die ganze Fülle neuerer Staatsbildungen einzwängen will.

Von den beiden möglichen juristischen Auffassungen der
Volksvertretung ist die eine heute in der deutschen Literatur
gänzlich verlassen. Solange man nämlich in das Wesen der Repräsentation nicht tief genug eingedrungen war, nahm man, wie
heute noch vielfach in der außerdeutschen Literatur, eine Delegation des Volkes an die Repräsentanten an, was die weitere
Vorstellung mit sich brachte, daß die Substanz der delegierten
Rechte dem Volke verbleibe, somit nur deren Ausübung dem
Repräsentanten zustehe[1]. Mit dem Verbote der Instruktionen
und der Befreiung der Gewählten von jeder Verantwortlichkeit

---

[1] Z. B. Rotteck Vernunftrecht II S. 225; Klüber Oeff. Recht des
teutschen Bundes und der Bundesstaaten 4. Aufl. 1840 S. 392; Zöpfl
Grundsätze II S. 254. Mohl, Württemb. Staatsrecht 2. Aufl. I S. 537,
führt aus, daß das Volk seine Rechte an seine Stellvertreter übertragen
habe. Er bezeichnet, wie schon früher Rotteck, II S. 233, die Volksvertretung als Organ des Volkes (S. 535). So auch die sächsische Verfassung vom 4. Sept. 1831 § 78 (die Stände sind das gesetzmäßige
Organ der Gesamtheit der Staatsbürger und Untertanen). Noch bei
H. Schulze, Preuß. Staatsrecht 2. Aufl. I 1888 S. 563, findet sich eine

gegenüber den Wählern war aber diese Art der Konstruktion ganz unvereinbar. Die zweite Auffassung hingegen ist die heute in der juristischen Literatur herrschende. Ihr zufolge ist der Parlamentswille unmittelbar Volkswille, aber irgendein durch Vollmacht, Auftrag oder sonst eine juristische Kategorie vermitteltes rechtliches Band zwischen Volk und Parlament besteht nicht, wie immer dieses bestellt werde. Ob Wahl, Ernennung, Innehabung eines bestimmten Amtes usw. den Rechtsgrund der Kammermitgliedschaft bilde, so wird durch den Kreationsakt niemals ein Recht von den Kreierenden auf den Kreierten über-tragen, der vielmehr Recht und Pflicht ausschließlich aus der Verfassung schöpft[1]).

So richtig diese Gedankenreihe ist, so bedarf sie doch einer wesentlichen Ergänzung. Wenn der Wille der Kammern, und kein anderer, Volkswille im Rechtssinne ist, so sind die Kammern selbst ausschließlich das staatlich organisierte Volk. In Wahr-heit stünde daher einer Handvoll Aktivbürger eine zahllose Menge politisch Rechtloser gegenüber[2]). Der berühmte Ausspruch Rousseaus, daß die Engländer nur im Augenblick der Wahl frei seien, um hierauf sofort wieder zu Sklaven zu werden, wäre sodann die treffendste Kritik des modernen Repräsentativstaates.

Es ist aber nicht zu leugnen, daß damit gerade der wichtigste Punkt des ganzen Repräsentativsystems übersehen oder doch mindestens behauptet wird, daß er außerhalb des Rechtsgebietes

---

ähnliche Auffassung. Hier ist aber überall das Volk im sozialen, nicht im juristischen Sinne gemeint, das Volk im Gegensatz zum Herrscher, nicht das durch eine Parlamentsverfassung rechtlich gegliederte Volk. Das Volk als vom Staat geschiedene Persönlichkeit hat, wie Rieker dagegen a. a. O. S. 51 treffend hervorhebt, keine rechtliche Existenz. Die richtige Ansicht hingegen, daß das Volk im Repräsentativstaat selbst unmittelbares Staatsorgan sei, hat zuerst ausgesprochen Gierke, Ge-nossenschaftsrecht I S. 829, Schmollers Jahrbuch 1883 S. 1142, ohne aber zwischen dem Volk und der Volksvertretung irgendein Rechtsverhältnis herzustellen.

[1]) Vgl. Laband I S. 296 ff.; v. Seydel Bayr. Staatsrecht I S. 350; H. Schulze Lehrbuch des deutschen Staatsrechts I S. 456 ff.

[2]) Diese Vorstellung führt, auf die Spitze getrieben, nicht ohne logische Berechtigung, schließlich zu der Behauptung, daß die Volks-vertretung, namentlich in demokratischen Staaten, eine Art Oligarchie bilde, vgl. Rieker S. 48. Sie ist aber zugleich ein Beweis dafür, daß diese Art von juristischer Behandlung des Problems schließlich nur eine Karikatur der Wirklichkeit liefern kann.

falle, daß der juristische Formalismus gänzlich außerstande sei,
ihn zu begreifen. Damit werden jedoch die großen Umwandlungen
im Bau der modernen Staaten, die durch die Änderungen des
Wahlrechtes sich vollzogen haben, die großen Kämpfe, die um
die Demokratisierung des Wahlrechtes, um Minoritätenvertretung
usw. geführt werden, rechtlich ganz unverständlich. Bei ihnen
allen handelt es sich nicht um bloße Teilnahme an dem Wahlakt, sondern um Erringung staatlichen Einflusses durch den Gewählten. Dieses Interesse ist aber nicht nur ein faktisches, sondern ein rechtliches Interesse.

Daß dies der Fall, lehrt die Gleichartigkeit des vorliegenden
Problemes mit anderen, die aber überall eine ganz andere Lösung
finden. Zwischen dem Monarchen und dem Regenten besteht so
wenig ein mittelst der Lehre von der gebundenen Stellvertretung
zu erfassendes Rechtsverhältnis wie zwischen dem Volke und
seiner Vertretung. Der Stellvertreter des Reichskanzlers ist wegen
der von ihm innerhalb seiner Stellvertretungsbefugnisse vollzogenen Akte nicht dem Reichskanzler, sondern dem Bundesrate
und Reichstage verantwortlich. Dem Richter, der im Namen
des Monarchen Recht spricht, kann der Monarch keinen auf die
Rechtsprechung bezüglichen Dienstbefehl erteilen. Nichtsdestoweniger behauptet kein Jurist, daß das Verhältnis vom Monarchen
zum Regenten usw. nur politisch sei, gar keinen rechtlichen
Sinn habe. Niemand hat noch behauptet, daß im Rechtssinne
nur der Regent Monarch oder daß der Richter auf dem Gebiete
der Rechtsprechung selbst Monarch sei.

4. Die Lösung des Problemes finden wir, wenn wir zunächst
die Verhältnisse der unmittelbaren Demokratie in Betracht ziehen.
Hier ist das Volk selbst nicht etwa eine vom Staate unterschiedene
Persönlichkeit, sondern kollegiales Staatsorgan, und zwar höchstes
Staatsorgan. Jeder einzelne hat demnach die Doppeleigenschaft:
Teilorgan der Gesamtheit und Untertan. Tritt, wie es z. B.
im Kanton Schwyz geschehen ist, an Stelle des Volkes eine
Repräsentation, so hat der einzelne damit nicht aufgehört, Staatsorgan, aktives Staatsglied zu sein. Nur wird seine Befugnis
reduziert auf Mitwirkung an der Bestellung eines anderen Organes,
das verfassungsmäßig mit den Rechten ausgerüstet ist, die ehedem
der Gesamtheit zukamen. Die so gebildete Vertretung ist nunmehr W i l l e n s o r g a n des Volkes geworden. V o l k u n d V o l k s -
v e r t r e t u n g b i l d e n d e m n a c h j u r i s t i s c h e i n e E i n -

h e i t. In beiden Formen, der unmittelbaren und der repräsentativen Demokratie, ist das Volk Staatsorgan; in jener wird aber
der Organwille durch das einheitliche Volk in seiner Gesamtheit,
in dieser durch ein besonderes Willensorgan des Volkes gebildet.
Genau dasselbe Verhältnis ist aber auch in der konstitutionellen
Monarchie vorhanden, wo das Volk nicht grundsätzlich in seiner
Stellung als unmittelbares Organ überhaupt, sondern nur durch
den viel engeren Umfang seiner Befugnisse und vor allem dadurch, daß nicht ihm, sondern dem Monarchen die Stellung
als höchstes Staatsorgan zukommt, sich von dem Volke in der
Demokratie unterscheidet. Auch in jener Staatsform aber ist
das Volk in seiner Gesamtheit S t a a t s o r g a n geworden, das
seinen Willen an dem des Parlamentes hat. Volk und Parlament
sind daher eine rechtliche Einheit. Das Volk ist durch das
Parlament im Rechtssinne organisiert. Jene alte englische Vorstellung, die jeden Engländer persönlich im Parlament anwesend
sein läßt und daher auch von den Parlamentsakten annimmt,
daß sie durch Erteilung der königlichen Zustimmung im Parlamente selbst allen Engländern unmittelbar bekanntgemacht
werden, ist die zutreffendste Veranschaulichung des rechtlichen
Grundgedankens der Volksrepräsentation.

Erst von diesem Standpunkte aus wird aber auch der volle
rechtliche Sinn des Satzes verständlich, daß das Kammermitglied
Vertreter des ganzen Volkes sei. Das heißt juristisch nichts
anderes, als daß es Glied eines Kollegiums sei, dessen Wille
Volkswille ist, daß also sein Wille ausschließlich als Mitbildner
des Volkswillens, nicht als Wille einer Volksgruppe zu betrachten
sei. Damit sind Erscheinungen des ständischen Staates, wie Abhängigkeit der Bewilligung von Steuern und Abgaben von der
Zustimmung aller einzelnen zu besteuernden Personen oder Verbände, Rückberufung von Abgeordneten durch die Wählerschaften
oder Limitierung ihrer Mandate durch diese, zurückgewiesen.
Allein keineswegs ist damit parteimäßige Vertretung bestimmter
Interessen als dem Rechtsgedanken der Volksvertretung widersprechend und demzufolge die Rechtsstellung des Kammermit-
gliedes zum Volkswillen im Hinblick auf die tatsächlichen Verhältnisse für eine wesenlose Fiktion erklärt. Den Inhalt des Volkswillens wie überhaupt den Inhalt eines legislatorischen Willens
zu bestimmen, liegt außerhalb des Rechtes. Das Recht kann ihm
relative Schranken setzen, indem es ihn formal umgrenzt, · nicht

aber, indem es ihn positiv bestimmt. Vielmehr gehört die gesetzgeberische Tätigkeit in das legale Gebiet der Politik. Die abstrakte Norm, das gemeine Beste zu suchen, so sehr sie aus dem
Wesen aller staatlichen Tätigkeit folgt, ist in ihrer Unbestimmt-
heit nicht imstande, einen festen Maßstab für das politische
Handeln im Einzelfalle abzugeben. Daß jeder das ihm gut
Dünkende für das allgemeine Beste hält, ist ja selbstverständlich
— auch der absoluteste Monarch hat seine egoistischsten Handlungen für identisch mit dem allgemeinen Besten gehalten. Daher
widerspricht Parteiung und Gegensatz mit nichten jener allgemeinen Formel, derzufolge das Kammermitglied das gesamte
Volk repräsentiert, so wenig in der unmittelbaren Demokratie
der dort über jeden Verdacht der Fiktion erhabene Volkswille
je anders als durch Kampf, Sieg oder Kompromiß verschiedener
Parteien gebildet wird. Auch beim einzelnen Kammermitglied,
wie in der gesamten Kammer, ist der Kampf in das Vor-
bereitungsstadium des in der Abstimmung erklärten Beschlusses
verlegt. Die Abstimmung jedoch produziert einen in sich einheitlichen Willensakt, der rechtlich jeder entscheidenden Willens-
äußerung eines Mitgliedes irgendeiner kollegialisch gestalteten
Behörde völlig gleichwertig ist[1]. Kommen doch politische, soziale
und konfessionelle Gegensätze auch in solchen Behörden vor und
können die Entschlüsse der einzelnen Mitglieder beeinflussen,
ohne daß von ihnen deshalb eine Pflichtwidrigkeit begangen
würde, namentlich dann, wenn es sich nicht um Rechts-, sondern
um Ermessensfragen handelt[2].

Fassen wir das Erörterte zusammen, so ergibt sich, daß die
moderne Volksvertretung im ganzen und ihre Mitglieder als deren

---

[1] Radnitzky, Das Wesen der Obstruktionstaktik, Grünhuts Zeitschrift XXXI 1904 S. 475 ff., will die Wähler und die Kammermitglieder
als Interessenten im Rechtssinne und die parlamentarischen Parteien
als Streitgenossenschaften aufgefaßt wissen, die im parlamentarischen
Verfahren ihre Interessen vor dem Gesamtparlamente vertreten und in
dessen Beschlüssen zur Geltung zu bringen versuchen. Hierzu Kelsen
Hauptprobleme S. 475 ff.; Koller Die Obstruktion 1910 S. 198; E. Zweig
in der Z. f. Politik VI 1913 S. 271. Auch diese Lehre sucht politische
Vorgänge, die der juristischen Konstruktion spotten, ins Rechtsgebiet
zu erheben.

[2] Ist doch die Zahl der Behörden, in welchen die sozialen Klassen
ihre Vertretung finden, im Steigen begriffen. Man denke an die Schiedsgerichte der Angestelltenversicherung, das Reichsversicherungsamt, die
Landes-, die Oberversicherungsämter, die Versicherungsämter, die Ge-

Teile den Charakter unmittelbarer sekundärer Organe besitzen.
Im Staate mit Repräsentativverfassung ist das Volk als einheitliches Staatselement zugleich aktives Staatsglied, kollegiales Staatsorgan oder, noch genauer ausgedrückt[1]), derjenige Teil des Volkes,
dem verfassungsmäßig die Ausübung staatlicher Funktionen in
geringerem oder größerem Umfange zukommt. Einen Teil der
Funktionen übt es selbst, den anderen durch einen Ausschuß
aus, der als Organ des Volkes zugleich Organ des Staates selbst
ist. Volksvertretungen sind daher s e k u n d ä r e Organe, d. h.
Organe eines Organs. Das Volk als Einheit hat seinen Organwillen demnach teils an dem nach einer festen Ordnung gewonnenen
Willen seiner Mitglieder, teils an dem seines Ausschusses; es ist
teils primäres, teils sekundäres Organ.

Als primäres Organ handelt das Volk selbst in dem Wahlakte, durch den es sich Repräsentanten bestellt. Und zwar ist
das Volk nicht bloß reines Kreationsorgan, dessen Funktion und
Recht mit der Ernennung der Abgeordneten konsumiert ist, wie
es die Wahl des Kaisers durch die Kurfürsten war und die des
Papstes und der Bischöfe in der Kirche ist, die kein besonderes
rechtliches Band zwischen Wählern und Gewählten schafft, sondern
diese von jenen ganz loslöst und über sie erhebt. Vielmehr
knüpft sie eine dauernde Verbindung zwischen dem Repräsentanten und dem Gesamtvolke, nämlich ein Organverhältnis, das
seiner Natur nach nur ein Rechtsverhältnis sein kann[2]). Damit
stimmt auch die dauernde und normale politische Abhängigkeit
des Gewählten von den Wählern überein, die von der herrschenden Theorie als rechtlich unerheblich gänzlich ignoriert

werbe- und Kaufmannsgerichte usw. Im alten Reiche hatte man in der
konfessionell gemischten Zusammensetzung der Reichsgerichte und der
dadurch möglichen itio in partes sogar eine Garantie der Unparteilichkeit
der Rechtsprechung erblickt.

[1]) Diese Einschränkung übersieht K e l s e n in seiner etwas auf-
geregten Polemik a. a. O. S. 484 ff. Mit dem Texte übereinstimmend
H a t s c h e k Allg. StR. I S. 71.

[2]) Hiergegen K e l s e n S. 483 f., da ein Rechtsverhältnis nur zwischen
verschiedenen Rechtssubjekten denkbar sei. Aber diese zwei Rechtssubjekte sind da: der Staat, verkörpert durch die Wählerschaft, und der
Abgeordnete als Individuum. Das Rechtsverhältnis ähnelt — vergleichs-
weise gesprochen — dem zwischen dem Staat, verkörpert durch die
Dienstbehörde, und dem Beamten. — Eine andere Frage ist es, ob man
das Verhältnis nicht besser als rein tatsächlich-politisch auffaßt; vgl.
M i c h o u d La théorie de la personnalité morale I 1906 p. 288 n. 1.

werden muß. Jene juristisch nicht meßbaren, aber politisch so wirksamen Mächte der öffentlichen Meinung sorgen dafür, daß, trotzdem der Gewählte seinen Wählern keine Rechenschaft schuldet, er dennoch immer unter ihrer wirksamen Kontrolle steht. Wenn auch eine sichere Gewähr dafür, daß das Willensorgan des Volkes auch politisch den Volkswillen in zutreffender Weise darstelle, nicht vorhanden ist, so bewirken doch die politischen Mächte, neben ihnen aber auch rechtliche Einrichtungen, daß ein von den Volksanschauungen sich gänzlich loslösender Parlamentswille auf die Dauer die Herrschaft nicht zu behaupten vermag. Dauer der Legislaturperiode, Auflösung der gewählten Kammern durch die Regierung, Art und Ausdehnung des Wahlrechtes usw. sind nicht nur politische, sondern auch rechtliche Tatsachen und Mittel, um den Charakter der Volksvertretung als Willensorgan des Volkes zu wahren.

Die rein formalistische Behandlung, welche die staatsrechtliche Doktrin bisher diesen rechtlichen Institutionen zuteil werden ließ, vermochte sie weder in ihrem Wesen noch in ihrem Zusammenhang mit der rechtlichen Natur der Volksvertretung zu erfassen. Für die herrschende Lehre schwebt die Volksvertretung gleichsam in der Luft. Gemäß der von ihr vollzogenen gänzlichen Loslösung der Repräsentation von den Repräsentierten müssen alle möglichen Bestimmungen über das Wahlrecht für den Charakter der Volksvertretung ganz gleichwertig sein, weil eben von dem angegebenen Standpunkte aus der Bildungsprozeß der Volksvertretung, wie immer er beschaffen sein mag, für deren Wesen ganz gleichgültig ist. Das von der Krone ernannte Mitglied eines Herrenhauses und der aus dem allgemeinen Wahlrecht hervorgehende Abgeordnete sind ihr völlig gleichwertig; beide sind Repräsentanten des gesamten Volkes. Daß in dem letzteren Falle das Volk sich selbst ein Organ bildet, im ersteren es ihm aber von außen angebildet wird, damit also ein tiefgehender, nicht nur politischer, sondern auch rechtlicher Unterschied gesetzt wird, der über die Art der Bestellung des Repräsentanten weit hinausgeht, kann von ihr unmöglich zugegeben werden.

Erst durch die hier vermittelte Erkenntnis der Volksvertretung als eines sekundären Staatsorganes, das mit dem primären, dem Volke, eine Einheit bildet, ist die bisher überall zu vermissende Einsicht in die rechtliche Bedeutung der Art der Bestellung der Kammern gewonnen. Durch sie wird nämlich das

Volk selbst als primäres Organ organisiert. Im Staate mit Volksvertretung ist das Volk nicht nur die, eine unterschiedslose Summe darstellende, Gesamtheit der Staatsangehörigen, sondern eine zum Zwecke der Bestellung von Repräsentanten organisierte Einheit. Die verschiedenen Systeme, auf denen die Zusammensetzung der Kammern beruht, sind ebenso viele Arten der Volksorganisation. Das Volk als Staatsorgan hat ein ganz anderes Aussehen da, wo ihm neben gewählten erbliche, von der Krone ernannte oder kraft Gesetzes berufene Vertreter bestellt werden, als da, wo es ausschließlich durch Wahlen seine Repräsentation bildet. Das Volk als aktiver Bestandteil des Staates ist ein anderes, wenn es auf Grund indirekten statt direkten Wahlrechts, auf Grund eines Klassensystems oder bestimmter Interessengruppen statt allgemeinen und gleichen Wahlrechts organisiert wird, wenn reine Majoritätswahlen stattfinden oder dem Gedanken der Proportionalvertretung auf die Bildung der Kammern Einfluß eingeräumt ist. Am klarsten tritt das wieder in demokratischen Staaten hervor, wo die ganze Staatsordnung auf dem Willen des Volkes ruht. Wenn die französische staatsrechtliche Theorie das suffrage universel fortdauernd als die Grundlage der Verfassung Frankreichs behauptet, so hat das den treffenden Sinn, daß das in Wahlkreise gegliederte französische Volk sich seine sekundären Organe direkt oder indirekt durch besondere Kreationsorgane angliedert. Daher ist die Wahlorganisation die Grundlage der ganzen staatlichen Organisation in der repräsentativen Demokratie. Noch schärfer zeigt sich die Bedeutung dieser Auffassung in den demokratischen Bundesstaaten. Da ist überall eine aus Repräsentanten der Staaten bestehende Kammer vorhanden. Die landläufige Theorie der Repräsentation kann in dem Staatenhaus (Senat, Ständerat) nichts als eine gewöhnliche Wahlkammer erblicken, da ihre Abgeordneten von den Staaten nicht instruiert werden können[1]). Damit würde aber die bundesstaatliche Natur solcher Staaten ganz unverständlich sein. Die wird erst geklärt durch die Erkenntnis, daß die Staaten als primäre Organe integrierende Bestandteile in dem Bau des Gesamtstaates sind.

---

[1]) Die früher erwähnten Fälle der Instruktion amerikanischer Senatsmitglieder durch die sie entsendenden Legislaturen dürften heute, wenn überhaupt, so doch nur ganz ausnahmsweise vorkommen. Vgl. auch Freund Das öff. Recht d. Vereinigten Staaten von Nordamerika 1911 S. 106 N. 1.

Was an der demokratischen Republik gezeigt wurde, gilt aber auch in der konstitutionellen Monarchie. Wenn auch das Volk in dieser eine ganz andere Stellung hat und nur viel schwächere Rechte besitzt, so ist dennoch auch in ihr die Organisation des Volkes zum Zwecke der Bestellung seiner Repräsentanten ein Teil der staatlichen Organisation selbst.

Dieser Lehre könnte entgegengehalten werden, daß da, wo nicht ausnahmsweise allgemeine Landeswahlen stattfinden, wie bei der Wahl des Präsidenten der Vereinigten Staaten von Amerika, ein einheitlicher Volkswillensakt unmöglich sei, da ja das Volk in verschiedene Wahlkreise geteilt ist, im Akte der Wahl daher nur eine Summe einzelner Willensakte von Bruchteilen des Volkes zur Erscheinung kommen kann. Ein staatliches Organ aber, ob als Einzelorgan oder als Kollegium gestaltet, muß einen einheitlichen Willen haben. Daher wäre anscheinend die Bezeichnung des zur Wahl organisierten Volkes als eines Staatsorganes unrichtig[1]. In Wahrheit aber findet in der Wahl, möge sie in noch so vielen Wahlkreisen und wie immer stattfinden, ein einheitlicher Willensakt des Gesamtvolkes statt. Denn nicht nur auf Bestellung eines einzelnen Abgeordneten, sondern auch auf Bestellung der Kammer selbst ist der Wille der einzelnen Wahlverbände und damit der Gesamtheit der Wähler gerichtet. In dieser rechtlich wichtigsten Absicht sind sogar alle Wähler einig, welcher Parteistellung auch immer sie angehören. Daher nimmt auch der für einen unterliegenden Kandidaten Stimmende an der Bildung der Kammer teil, und sein Wahlakt ist in dieser Hinsicht von nicht geringerer rechtlicher Bedeutung als der eines für den siegenden Kandidaten Stimmenden. Dasselbe findet aber auch bei Nachwahlen und Teilerneuerung statt, wo der Wille der Wähler auf die verfassungsmäßig geforderte Vollständigkeit der Kammer gerichtet ist. Die Gesamtheit der einzelnen Wahlen bildet daher einen Gesamtakt des ganzen zur Wahl organisierten Volkes, gerichtet auf die Bestellung der Kammern, mögen die einzelnen Teilakte noch so verschieden gestaltet sein und zeitlich noch so weit auseinanderliegen[2].

---

[1] Wie ich früher selbst, Gesetz und Verordnung S. 209, hervorhob.

[2] Gegen obige Auffassung wendet sich in längeren Ausführungen Kelsen, S. 485 ff., indem er sie als eine Fiktion darzustellen sucht; ähnlich Tezner, Die Volksvertretung 1912 S. 228 N. 18. Dann müßte es auch eine Fiktion sein, von Entscheidungen eines Kollegialgerichts

Daher haben die Vorstellungen von Appellation der Regierung an die Wähler, von Entscheidungen der Wähler über prinzipielle Fragen nicht nur einen politischen, sondern auch einen rechtlichen Sinn. Das Volk äußert gegebenenfalls durch die Wahl eine bestimmte Ansicht, die durch das Medium seines sekundären Organes rechtliche Geltung erhält. In den Staaten der amerikanischen Union werden Totalrevisionen der Verfassungen besonderen Konventionen übertragen. Die Wahlen in die Konventionen finden auf Grund der Wahlparole für oder gegen die Revision statt. Hier äußert das wählende Volk, ohne daß etwa ein imperatives Mandat bestünde, im Wahlakt selbst einen einheitlichen Willen über eine bestimmte Frage. Mit der landläufigen Formel kann man solche Vorgänge juristisch nicht erfassen. Die Auflösungsbefugnis der Wahlkammern z. B. bildet eines der wichtigsten Rechte der Regierung in Staaten mit Repräsentativverfassung. Wenn das Staatsrecht, wie es bei der herrschenden Theorie der Fall ist, nicht imstande ist, den darauf bezüglichen Verfassungsrechtssätzen eine über die nackte Konstatierung ihres Daseins hinausgehende Bedeutung zuzuerkennen, so fragt es sich, welchen Wert eine derartige, im Grunde doch nur statistische Behandlung wichtiger Probleme für die rechtliche Erkenntnis hat.

Das juristisch Bedeutsamste an der hier vorgetragenen Lehre liegt aber darin, daß erst durch sie eine wichtige Erscheinung in den Staaten mit konstitutioneller Verfassung verständlich wird. Die meisten Staaten dieser Art besitzen für die Wahlkammern das Institut der Integralerneuerung und gewähren der Regierung das Auflösungsrecht. Wenn nun die Legislaturperiode abgelaufen oder die Kammer aufgelöst ist, welchen Charakter hat ein solcher Staat in der Zwischenzeit bis zu den Neuwahlen? Nach der

---

zu sprechen bei Überstimmung der Minderheit seiner Mitglieder. In Wahrheit handelt es sich hier wie dort um ein logisches Zusammenfassen der Erscheinung unter die Kategorie der Einheit. Vgl. auch Besondere Staatslehre (Ausg. Schr. u. R. II 1911) S. 223. — Die Darlegungen des Textes haben in Frankreich Anklang gefunden: Wittmayer Eigenwirtschaft der Gemeinden usw. 1910 S. 103. Sie werden bestätigt durch den Beschluß des Reichstags vom 18. 3. 1892 (abgedruckt bei K. Perels Das autonome Reichstagsrecht 1903 S. 70 f.). „Zur Erhebung einer Wahlanfechtung ist j e d e r zur Reichstagswahl Berechtigte (§§ 1—3 des Wahlgesetzes vom 31. Mai 1869) berechtigt." Ein Königsberger Wähler kann also die Wahl im Wahlkreise Freiburg i. B. anfechten, ein Beweis für die Einheit der Wählerschaft.

herrschenden Lehre müßten solche konstitutionelle Staaten zugleich
intermittierende absolute Staaten sein. Das ist aber keineswegs
der Fall. Wenn der deutsche Reichstag aufgelöst ist oder neu
gewählt wird, so fehlt in der Zeit vom Schluß der Session
bis zu den vollzogenen Neuwahlen dem Reiche keineswegs das
Organ des Volkes, vielmehr ist die dauernde gesetzliche Einrichtung der Wahlorganisation vorhanden, die Wahlberechtigten;
das Volk als primäres Organ ist stets da, um die ihm zukommende
Organtätigkeit auszuüben, was immer für Geschäfte mit der
Vorbereitung zur Wahl verknüpft sein mögen. Das Deutsche
Reich ist in keinem Augenblicke ein absoluter Staat; das sekundäre Organ des Volkes ist intermittierend, das primäre aber
perennierend.

5. Während der Repräsentationsgedanke auf dem Gebiete der
Gesetzgebung sich erst mit der Entstehung der Parlamente ausgebildet hat, ist er, wie eingangs dieses Kapitels dargelegt, für
die Auffassung der Regierung sehr alten Datums. Durch Vermittlung der Vorstellung, daß das Volk im Staate notwendig
Quell aller Gewalten sei, wird der Monarch als Delegatar des
Volkes betrachtet, und Streit herrscht nur über den Punkt, ob das
ihm übertragene Recht zurückziehbar sei oder nicht. Darum entwickelt sich für die mittelalterliche Staatslehre ganz natürlich der
Gedanke, der Fürst sei Repräsentant des Volkes, wobei allerdings
zu beachten ist, daß, wie im Altertum, eine klare Erkenntnis
der Organqualität des Volkes nicht vorhanden ist, so daß in der
Auffassung der Rechtsstellung des Fürsten die Eigenschaften als
primären Staatsorgans und als Volksrepräsentanten miteinander
vermischt sind.

An diese Lehre knüpft das moderne Naturrecht an, und
unter seinem Einflusse bricht sich die Vorstellung Bahn, daß das
Volk als Summe der einzelnen noch nicht der Staat sei, dieser
vielmehr das verfassungsmäßig organisierte Volk in der Form einer
Körperschaft darstelle. Damit wird das Volk nicht vor und über,
sondern in den Staat gestellt. In ihm bleibt es aber nach der
naturrechtlichen Theorie dauernd die Quelle aller Gewalten, und
damit werden alle jene, die Gewalt ausüben, nicht direkt, sondern
durch das Medium des sie bestellenden Volkes Organe des Staates.
Legislatorisch wird das zuerst in den Vereinigten Staaten, sodann
in der ersten Verfassung Frankreichs ausgesprochen. Der Governor
oder Präsident wie der König sind Volksrepräsentanten, sie sind

sekundäre Staatsorgane. Unter dem Einflusse R o u s s e a u s tritt sogar die Lehre auf, daß das Staatshaupt Beamter des Volkes sei, also mittelbares Staatsorgan, ein Gedanke, der sich schon deshalb nicht durchführen läßt, weil das Volk kein Dienstherr ist, der dem Staatshaupt Aufträge erteilen und von seinen Dienstbefehlen dauernd abhängig machen könnte. Daher ist das Staatshaupt auch in also konstruierten Staaten entweder unverantwortlich, oder es verantwortet bloß den Mißbrauch der ihm zustehenden Gewalt, untersteht aber, insoweit es sich innerhalb der Schranken der ihm zustehenden Gewalt hält, keiner höheren Gewalt. An diesem Punkte greift nämlich das Dogma der Gewaltenteilung ein, das dem Staatshaupte ebenso Ausübung höchster, unabhängiger Gewalt zuschreibt wie dem Parlamente.

Mit dieser Erkenntnis ergibt sich der Satz: Staatshäupter in der modernen demokratischen Republik sind stets unmittelbare, aber sekundäre Staatsorgane[1]). Auch bezüglich ihrer ist das Recht des primären Organes nicht ganz erloschen. Es äußert sich, wie bei der Bestellung der Kammern, durch die Wahl, die von dem Volke entweder selbst oder durch von ihm ernannte Kreationsorgane (Elektoren in Amerika, die vereinigten Kammern in Frankreich und der Schweiz, die in diesem Falle eine außerordentliche Kompetenz ausüben) vollzogen wird.

Monarchen hingegen sind primäre Staatsorgane. Wenn die belgische und rumänische Verfassung nach dem Vorgange der französischen von 1791 den König als Repräsentanten der Nation betrachten, so hat das juristisch gar keine Bedeutung, da das Volk den König weder ernennen noch absetzen noch zur Verantwortung ziehen kann, ihm also jede Möglichkeit genommen ist, sich dem König gegenüber als primäres Organ zu betätigen. Jene Verfassungssätze haben vielmehr nur die Bedeutung, daß durch sie die historische Tatsache der Einsetzung der Dynastie durch Wahl der Kammern ausgesprochen und die Kompetenz der Krone festgesetzt wurde[2]). Auch in der Monarchie, die auf demokratischem

---

[1]) Vgl. auch System der subj. öff. Rechte S. 154 ff. — Nach W a l t h e r, Das Staatshaupt in den Republiken 1907 S. 112 ff., gibt es auch Beamte ohne Vorgesetzte; auf Grund dieses bedenklichen Vordersatzes erklärt er das republikanische Staatshaupt für einen Beamten, also für ein mittelbares Staatsorgan.

[2]) „Nachdem die ursprüngliche Delegation geschehen, ist die Gewalt des Königs ebenso unwiderruflich, als entstamme sie einem traditionellen

Prinzipe errichtet ist, hat daher das Staatshaupt nicht den Charakter eines Volksrepräsentanten[1]).

Noch nach einer dritten Richtung hin ist der Repräsentations-gedanke von Bedeutung[2]). Wenn ein Beamter sein Amt unabhängig vom Dienstherrn ausübt, also dessen Dienstbefehlen nicht unterstellt ist, so ist er, soweit diese Unabhängigkeit reicht, Repräsentant des Dienstherrn, nicht mittelbares Organ. Das gilt in erster Linie von den Richtern. Da, wo die Richter einen Dienstherrn überhaupt nicht haben, wie in den Vereinigten Staaten, wo sie entweder durch Volkswahl bestellt oder von der vollziehenden Gewalt ernannt werden, ohne daß dieser irgendein weiterer Einfluß auf sie zusteht, ist der repräsentative Charakter der Richter klar ausgeprägt. Sie sind in solchen Staaten unmittelbare sekundäre Staatsorgane[3]). Anders in den Staaten, wo die Richter fortdauernd der Dienstgewalt des sie ernennenden Staatsoberhauptes unterworfen sind. Hier sind sie, soweit die Befugnisse der Justizverwaltung ihnen gegenüber reichen, mittelbare Organe, in der Rechtsprechung jedoch Repräsentanten des Dienstherrn. Die Rechtsprechung im Namen des Monarchen besagt, daß der Richter als sekundäres Organ des Monarchen handelt, daß sein Wille unmittelbar Monarchenwille sei, wie der Wille des Volksvertreters Volkswille. Mit großartiger Anschaulichkeit haben die Engländer diese juristische Vorstellung zum Ausdruck gebracht, indem sie dem Könige Ubiquität in den Gerichtshöfen zuschreiben, so daß aus dem Munde des Richters der König selbst

---

und ursprünglichen Rechte." Vauthier StR. d. Königr. Belgien S. 20. Vgl. auch die zutreffenden Ausführungen von Smend Die preuß. Verf.Urk. usw. S. 47 ff.

[1]) Wohl aber kann in der Monarchie ein sekundäres Organ die Monarchenrechte ausüben, nämlich der Regent, der Repräsentant des verhinderten Monarchen ist. Vgl. oben S. 547 und System der subj. öff. Rechte S. 153 ff.

[2]) Es ist hier nicht der Ort, alle Repräsentationsverhältnisse eingehend zu erörtern. So beruhen die kaiserlichen Rechte im Reiche auf Repräsentation der verbündeten Regierungen; so ist, wie schon erwähnt, die „Stellvertretung" des Reichskanzlers in Wahrheit Repräsentation. Der Statthalter von Elsaß-Lothringen repräsentiert, soweit er landesherrliche Befugnis ausübt, den Kaiser. In Kollegialbehörden repräsentiert der stellvertretende Vorsitzende in der Regel den Präsidenten usw.

[3]) Vgl. System der subj. öff. R. S. 158 N. 2. Daß die Richter im wesentlichen unmittelbare Staatsorgane seien, hat bereits Gierke, Genossenschaftsr. I S. 829, behauptet.

redet[1]). In der Stellung des Richters in der Monarchie ist daher eine eigentümliche Kombination von mittelbarer und unmittelbarer sekundärer Organeigenschaft vorhanden. Noch schärfer als bei Berufsrichtern tritt diese letztere Eigenschaft bei Laienrichtern hervor. Mit der fortschreitenden Entwicklung der Laiengerichtsbarkeit (Gewerbe- und Kaufmannsgerichte, Schiedsgerichte der Angestellten-, Spruchbehörden der Arbeiterversicherung), welche die Auswahl der Richter dem Ermessen der Regierung entzieht, wird es sogar immer schwieriger, die sekundäre Organqualität juristisch festzustellen.

Auch staatliche Verwaltungsbehörden aber sind in neuerer Zeit geschaffen worden, die der Befehlsgewalt vorgesetzter Behörden ganz oder teilweise entrückt sind, so daß auch bei ihnen die Ableitung ihrer Kompetenz aus der Machtfülle des höchsten Organes nur mehr den Charakter einer Fiktion hat, und zwar um so mehr, als sie nur zum geringen Teil vom Staatsoberhaupte oder in dessen Auftrag besetzt werden. Die preußischen Provinzialräte, Bezirks- und Kreisausschüsse, die Bezirksräte in Baden, die Kreis- und Bezirksausschüsse in Sachsen, das Reichsversicherungsamt und andere mit staatlichem Imperium ausgerüstete Behörden, in denen dem Ehrenbeamtentum ein größerer Spielraum eingeräumt ist, sind in solchem Umfange von jeder übergeordneten Dienstgewalt unabhängig, daß sie kaum mehr unter die hergebrachten Schablonen der Behörden als mittelbarer Organe zu zwängen sind, ja es überhaupt fraglich ist, ob ihre Funktionen als potentiell in der Zuständigkeit des Monarchen liegend gedacht werden können. Die näheren Erörterungen sind den Ausführungen über die Selbstverwaltung vorbehalten.

6. Was im vorstehenden vom Staate gesagt wurde, gilt auch von den öffentlich-rechtlichen Verbänden. Auch sie haben repräsentative Organe, wofern nicht die Gesamtheit der Mitglieder, sondern ein von ihnen bestellter Ausschuß Entscheidungsgewalt hat. Das gilt aber nur für Beratung und Beschlußfassung, nicht für die Exekutive. Der eigentümliche Entwicklungsprozeß der modernen Demokratie hat das Verbandsrecht nicht so weit ergriffen, daß die Vorstände öffentlich-rechtlicher Körperschaften, so vor allem der Gemeinden, erst durch das Medium

---

[1]) Blackstone I 7. Blackstone vergleicht die Richter auch mit einem Spiegel, in welchem des Königs Bild erscheint.

der Gesamtheit der Mitglieder als Korporationsorgane gelten.
Vielmehr fungieren hier die Gemeindeversammlungen und -ver-
tretungen einfach als Kreationsorgane, die der Körperschaft
durch den Wahlakt ein unmittelbares, primäres Organ schaffen.
Nur auf die gewählte Vertretung solcher Körperschaften ist der
Repräsentationsgedanke analog anzuwenden. Bürgermeister und
Stadträte z. B. sind daher primäre, Stadtverordnetenkollegien,
Gemeinderäte usw. sekundäre unmittelbare Organe der Ge-
meinde[1]).

---

[1]) Die Frage nach dem Repräsentationsgedanken in der Organisation
der öffentlich-rechtlichen Verbände ist merkwürdigerweise in der Literatur
nirgends eingehend untersucht worden. In neueren Gemeindegesetzen
findet sich der den entsprechenden Bestimmungen über die Kammermitglieder nachgebildete Satz, daß die Mitglieder der Gemeindevertretungen
nicht an Instruktionen oder Aufträge der Wähler gebunden seien, so z. B.
Preuß. Städteordnung f. d. östl. Prov. vom 30. Mai 1853 § 35, Landgemeinde-
ordnung f. d. östl. Prov. vom 3. Juli 1891 § 102. Vorbildlich hierfür war
§ 110 der Stein'schen Städteordnung vom 19. 11. 1808, eine Nachahmung
der französischen Revolutionsgesetze über die Volksvertretung, die selbst
E. v. Meier zugibt: Französische Einflüsse auf die Staats- und Rechtsentwicklung Preußens im 19. Jahrhundert II 1908 S. 315 ff.

Achtzehntes Kapitel.

Die Funktionen des Staates.

I. Geschichte der Funktionenlehre.

Wer die Darstellungen der Theorien von den staatlichen Tätigkeiten überblickt, der gewinnt leicht die Meinung, daß abstrakte Untersuchung des Staates zu der richtigen Erkenntnis geführt habe. Schließlich seien durch wachsende Erkenntnis die wesentlichen staatlichen Funktionen festgestellt worden. Die Literaturgeschichte des Staatsrechtes weist eine verwirrende Fülle von Einteilungsversuchen auf. Von bleibender Bedeutung ist aber hauptsächlich nur jener geworden, der Gesetzgebung, Vollziehung (Regierung, Verwaltung) und Rechtsprechung als Hauptrichtungen der Staatsgewalt scheidet, bei aller Verschiedenheit der Auffassungen über Wesen und Art des Zusammenhanges dieser Funktionen in der neueren Literatur. Die anderen, ephemeren Einteilungen scheinen demnach durch fortschreitende Einsicht in das wahre Wesen des Staates, welche der allein zutreffenden Ansicht den Sieg verschaffte, beseitigt worden zu sein.

Allein auch hier ergibt sorgfältige Untersuchung, daß, wie bei allen ernsthaften politischen und staatsrechtlichen Theorien, den verschiedenen wissenschaftlichen Charakter tragenden Einteilungen stets die jeweilig gegebene geschichtliche Wirklichkeit des Staatslebens zugrunde gelegen hat. Alle Scheidung der staatlichen Funktionen, die von einsichtigen Schriftstellern jemals vorgenommen wurde, hatte stets den konkreten Staat der betreffenden Epoche mit seinen eigentümlichen Einrichtungen im Auge, um aus den an ihm wahrgenommenen Tätigkeiten eine allgemeine Lehre zu abstrahieren. Der Weg, der hierbei von allen eingeschlagen wurde, war folgender. Mehr oder minder klar ging jeder Schriftsteller von dem System von Staatsorganen oder

38*

den sonst irgendwie formell deutlich geschiedenen Befugnissen des
obersten Staatsorganes aus, wie sie ihm der Staat seiner Epoche
darbot, und suchte diese verschiedenen Organe oder äußeren
Formen staatlicher Willensäußerungen auf ihnen zugrunde liegende
verschiedene Funktionen zu reduzieren, geleitet von der oft gar
nicht zum Bewußtsein kommenden Überzeugung, daß der
Scheidung der Organe und Formen ein sachlich begründeter
Unterschied als Basis dienen müsse. Auch hier also wird im
Historischen das Rationale gesucht, aus dem geschichtlich gegebenen
Einzelfall die allgemeine Theorie konstruiert.

Dies hat sich zuerst in klarster Weise in der antiken Staatslehre gezeigt. Die berühmte Lehre des A r i s t o t e l e s von den drei
Stücken der Staatsgewalt[1]) beschreibt einfach die typischen Grundzüge der damaligen griechischen Staaten: Rat, Behörden, Volks-
gerichte. Aus den Tätigkeiten, welche diese drei üben, gewinnt
er eine Einteilung der Staatsgeschäfte selbst. Die Geschäfte, die
er dem βουλευόμενον περὶ τῶν κοινῶν zuweist, sind nicht etwa
innerlich zusammenhängend, sondern entsprechen einfach dem
Wirkungskreis, der dem obersten Organe der griechischen Stadtstaaten zukam. Diese mannigfachen Angelegenheiten: Entscheidung
über Krieg und Frieden, sowie über Bündnisse, Gesetzgebung,
Gerichtsbarkeit über schwere Delikte, Wahl der Beamten und
Richter, sind die dem obersten, herrschenden Stück des Staates
(κύριον) zuständigen. Dadurch aber werden sie selbst in ihrer
Gesamtheit die wichtigsten Staatsangelegenheiten. Ebenso sieht
Aristoteles die Ämter mit Befehlsgewalt ausgerüstet und sieht
deshalb in dieser das vornehmste Kennzeichen der ἀρχαί, sowie
das Richten als Inhalt der Tätigkeit des δικάζον sich sofort dem
Betrachter darbietet. Aus den Funktionen daher, welche diese
drei Elemente der staatlichen Organisation üben, gewinnt Aristoteles
eine Einteilung der Staatsgeschäfte selbst: den getrennten Subjekten sollen getrennte Funktionen entsprechen. Es wird also
nicht von den Funktionen auf die Organe, sondern vielmehr umgekehrt von den Organen auf die Funktionen geschlossen.

Die moderne Staatslehre hat in ihren Anfängen namentlich
die absolute Monarchie zu erfassen. Da vermag sie denn keine
andere Einteilung der Staatstätigkeiten zu finden als die nach
den einzelnen Richtungen der monarchischen Gewalt. Unter Be-

---

[1]) Pol. IV 1297 b, 1298 a.

kämpfung der Aristotelischen Lehre stellt B o d i n [1]) statt ihrer
die Theorie von den Hoheits- oder Majestätsrechten auf, die er
der Reihe nach aufzählt, als Tatsachen, die weiterer Begründung
nicht bedürfen. Daß er hierbei die französischen Verhältnisse
seiner Zeit vor Augen hatte, ist an anderer Stelle bereits erwähnt worden. Ebenso, daß H o b b e s die wesentlich der englischen Staatsordnung entlehnten einzelnen Rechte des Herrschers
aus dem Staatszwecke abzuleiten strebt. In schärferer und syste-
matischerer Form versucht das hierauf in Deutschland P u f e n -
d o r f, der die „partes potentiales summi imperii" als logisch notwendiges Mittel zur Erreichung der staatlichen Zwecke aus der
Natur des Staates streng zu deduzieren unternimmt [2]). Aber
auch diese Einteilungen, weil sie eben nur scheinbar einen
rationalen Charakter tragen, haben etwas durchaus Willkürliches,
und es ist dem subjektiven Belieben ganz anheim gestellt, in
welche Abteilungen die Äußerungen der höchsten Gewalt zerfällt
werden sollen. Völlige Prinzipienlosigkeit jedoch tritt später in
der deutschen Literatur auf [3]). Die verworrenen staatsrechtlichen
Verhältnisse im Reiche im Vereine mit dem patrimonialen
Charakter der Landeshoheit wirken auch auf die Auffassung der
Verhältnisse des absoluten Polizeistaates in der Richtung ein, daß
in ihm dem Landesherrn eine verwirrende Fülle der verschiedenartigsten Hoheitsrechte zugelegt wird. In diesem Begriffe des
Hoheitsrechtes mischt sich der alte reichsrechtliche Begriff der
Regalien mit dem theoretischen der Majestätsrechte. Da durchschlagende Unterschiede in dem Wesen dieser Hoheitsrechte nicht
gefunden werden können, so werden sie nach den Objekten geschieden, woraus sich eine Unzahl von „Hoheiten" ergibt, von
der Kriegshoheit angefangen bis zur Jagd- und Wasserhoheit
herab. Diese Hoheiten werden sodann den unfruchtbarsten Einteilungen unterworfen. Da gibt es denn wesentliche und zufällige,
allgemeine und besondere, verleihbare und unverleihbare, ein-

---

[1]) I 10 p. 232, 235.

[2]) VII 4, 2 ff. Er unterscheidet als partes potentiales die potestas
legislatoria, poenas sumendi, iudiciaria, belli et pacis idemque foederum
feriendorum, ferner das ius magistratus constituendi und tributa indicendi,
endlich das examen doctrinarum. Auch Pufendorf hat bei seiner Einteilung die realen Verhältnisse der damaligen Staaten, namentlich des
deutschen Territorialstaates seit dem Westfälischen Frieden, vor Augen.

[3]) Vgl. hierüber D o c k Souveränetätsbegriff S. 62 ff., mit zahlreichen
literarischen Nachweisen.

geschränkte und uneingeschränkte, direkte und indirekte, äußere und innere, hohe und niedere, nutzbare und nichtnutzbare Hoheits-rechte[1]). Alle diese heute bis auf wenige Überreste vergessenen Einteilungen haben doch die eine bedeutsame Lehre hinterlassen, daß es ein durchaus unwissenschaftliches Beginnen sei, die Staats-gewalt durch Aufzählung ihres Inhaltes erschöpfend darstellen zu wollen.

Von praktischer Bedeutung ist der Begriff der materiellen Hoheitsrechte heute nur noch insoweit, als in konkreten Fällen die Richtung der Staatsgewalt auf ein bestimmtes Gebiet bezeichnet werden soll. Daher ist er namentlich bei der Lehre von der Verteilung der staatlichen Funktionen unter Bundes- und Glied-staatsgewalt im Gebrauche, will aber hier keineswegs ein Ein-teilungsprinzip für die Erkenntnis des Wesens staatlicher Tätig-keiten abgeben, sondern die ganze Staatsgewalt unter dem Ge-sichtspunkte bestimmter Kompetenzen bezeichnen. Wenn in solchen Fällen oder sonst von Gebiets-, Kriegs-, Justizhoheit usw. die Rede ist, so werden darunter niemals geschiedene Gewalten, sondern getrennte Objekte der einen Staatsgewalt verstanden.

Ein anderes Einteilungsprinzip hat sich an das Behörden-system angelehnt. Der Landesherr zentralisiert zwar die ganze Staatstätigkeit in seiner Person, aber unter ihm bilden sich ver-schiedene Arten von Behörden für die einzelnen Verwaltungs-zweige, die demgemäß rein formell, nach dem Unterschiede dieser Behörden, eingeteilt werden. Seit dem 16. Jahrhunderte scheiden sich nach französischem Vorbilde in mehr oder minder scharfer Weise besondere Organe für die auswärtigen Angelegenheiten, die Kriegs-, Kameral-, Justiz- und Polizeisachen. Wo mehrere Geschäfte dieser Verwaltungszweige zusammengefaßt werden, findet doch eine Trennung innerhalb der Behörde selbst, durch Errichtung von besonderen Abteilungen oder durch Scheidung in der einen oder anderen Instanz, statt. Da entsteht denn die Lehre von den fünf großen Gebieten der Verwaltung, die in erster Linie auf den Arten der Behörden, nicht auf einer materiellen Verschiedenheit der Gebiete selbst beruht. Daher ist eine begriff-liche Scheidung auf Grund dieser Einteilung sehr schwierig, in manchen Fällen geradezu unmöglich. Bei dem inneren Zusammen-

---

[1]) Vgl. die Zusammenstellung dieser Einteilungen bei K l ü b e r § 99 Note c. Einen neuen Rückfall in diese alte Lehre bieten die Theorien von S e i d l e r und R o s e n b e r g dar, vgl. oben S. 490.

hange aller Verwaltungstätigkeit wird es stets Angelegenheiten geben, die mit gleichem Rechte dem einen oder dem anderen Verwaltungszweige zugewiesen werden können.

Gegen Ende des achtzehnten Jahrhunderts verbindet sich diese Einteilung der Verwaltungsgebiete mit der alten Lehre von den Regalien und der neuen französischen Doktrin von den Staatsgewalten zu einem wunderlichen Gemisch, das übrigens ganz der Zeit des Übergangs der alten Territorien in moderne Staaten angemessen ist. So finden wir bei H ö p f n e r neben der gesetzgebenden und vollziehenden Gewalt unter anderem die Staatswirtschaft und die Polizeigewalt als Majestätsrechte angeführt[1]), bei S c h l ö z e r neben potestas legislativa und executiva eine potestas cameralis[2]). G ö n n e r stellt den anordnenden und richterlichen Gewalten eine ganze Zahl weitere, darunter eine Polizei-, vollziehende, Straf-, Militär-, Finanzgewalt usw., an die Seite[3]). L e i s t sucht die einzelnen Verwaltungszweige als „besondere Regierungsrechte" gegenüber der als „allgemeine Regierungsrechte" bezeichneten legislativen und exekutiven Gewalt der französischen Theorien für die Klassifikation der staatlichen Funktionen zu verwenden[4]), was lange noch Nachfolge findet[5]).

Auch der Gegensatz von Justiz und Verwaltung, wie er sich in Deutschland gestaltet hat, ist in erster Linie auf einen Gegensatz der Behörden und ihrer Stellung zum Landesherrn, nicht auf begriffliche Trennung zurückzuführen. Dem Mittelalter war dieser Gegensatz unbekannt geblieben, wie denn auch die kirchliche Vorstellung der iurisdictio alle Amtsgewalt, nicht nur die Gerichtsgewalt im engeren Sinne umfaßt. Im Reiche kommt es ebenfalls niemals zu einer prinzipiellen Scheidung von Justiz und

---

[1]) Naturrecht S. 1.

[2]) Allgemeines Staatsrecht S. 100 f.

[3]) Staatsrecht S. 422 ff.

[4]) Lehrbuch des teutschen Staatsrechts 2. Aufl. S. 303, 360 ff. Die besonderen Regierungsrechte umfassen außer dem Rechte der Ämtererrichtung und -besetzung bürgerliche Justiz- und Kriminalgewalt, Polizei-, Finanz- und Militärgewalt.

[5]) Später werden auch die pouvoirs der französischen Theorie als formelle Hoheitsrechte den aus der Mischung von Regalien und Verwaltungszweigen gebildeten materiellen Hoheitsrechten gegenübergestellt. Vgl. die überaus konfusen Ausführungen von Z ö p f l (bei dem noch überdies die Lehre von den iura maiestatica eingreift), Grundsätze I S. 761 ff., ferner H. A. Z a c h a r i a e D. St. u. B.R. I S. 70 ff.

Verwaltung; der Reichshofrat ist sowohl Gerichts- als Verwaltungs-
behörde in unserem Sinne. Hingegen treten in den Territorien
neben den landesherrlichen Gerichten mit der seit dem 16. Jahrhundert immer stärker ausgeprägten Konzentrierung der Fürsten-
gewalt und der damit an Intensität zunehmenden Verwaltungstätigkeit entweder neue Behörden auf, oder die neue Verwaltungstätigkeit wird mit den bestehenden Gerichten vereinigt. Die
Trennung der Justiz von der Verwaltung ist später entweder
Fixierung oder Wiederherstellung der vormals vorhanden gewesenen Selbständigkeit der ordentlichen Gerichte. Ein durchschlagendes materielles Kennzeichen jedoch, das Justiz von Verwaltung scheidet, gibt es nicht und kann es nicht geben, daher
sich auch heute noch alle Theoretiker mit dem Satze begnügen,
daß dieser Gegensatz sich historisch herausgebildet habe und der
Justiz das zuzuweisen sei, was auf Grund der geschichtlichen
Entwicklung als Justizsache gelte. Die neuere Entwicklung der
Verwaltungsgerichtsbarkeit sowie die tiefere theoretische Untersuchung des Wesens der Rechtsprechung und Verwaltung lassen
Justiz und Verwaltung im herkömmlichen Sinne immer mehr
als rein formale, an die äußere Erscheinung der sie versehenden
Behörden anknüpfende Kategorien erscheinen, welche die Ver-
schiedenheiten der in ihnen zum Ausdruck gelangenden staatlichen
Funktionen nicht zu erklären vermögen.

Aber auch die folgenreichste und wissenschaftlich bedeutsamste Unterscheidung der Staatsfunktionen ist der Erkenntnis
gegensätzlicher Stellung bestimmter Glieder des Staates entsprungen[1]). Wie der Gegensatz von Fürst und Volk, der Dualismus des mittelalterlichen Staates überhaupt in bedeutsamster
Weise auf den Bau des modernen Staates eingewirkt hat, so auch
besonders in diesem Punkte. Der Versuch, Fürst und Volk zu
innerer Einheit zusammenzufassen, kann nur dahin führen, einem
von beiden die höchste, dem andern die untergeordnete Stellung
zuzusprechen. Steht dem Volke die höchste Gewalt zu, so kann
es sie nur durch Majoritätsschlüsse äußern, deren Inhalt die
Gesetze sind. Dies behauptet die auf das Mittelalter so mächtig
wirkende aristotelische Theorie von dem Verhältnis des Rates

---

[1]) Zur Geschichte der Lehre von der Gewaltenteilung vgl. Saint
Girons Essai sur la séparation des pouvoirs, Paris 1881, p. 3 ff.;
G. Jellinek Gesetz und Verordn. S. 56 ff.; D'Eichthal p. 98 ff.;
Esmein Droit const. p. 392 ff.

zu den Behörden, sowie die romanistische Lehre von dem ursprünglichen Gesetzgebungsrecht des Volkes, die zur Zeit emporblühender
Ständemacht der Staatslehre des Mittelalters die juristische Formel
für das Verhältnis von populus und rex darbieten. Von den
Vertretern der Volksrechte wird daher die Superiorität der Gesetze
über den König energisch betont. Den Gesetzen gegenüber nimmt
aber der Fürst die Stellung eines mit der Ausführung Beauftragten
ein. So scheidet mit voller Schärfe bereits Marsilius von Padua
zu Beginn des 14. Jahrhunderts Gesetzgebung und Vollziehung,
die dem Unterschied von Volk und Fürst parallel laufen[1]). Die
volksrechtlichen Theorien der Folgezeit bewegen sich in demselben Gedankenkreise. So tritt bei den Monarchomachen der
König als minister, custos, exsecutor legum hervor[2]). Knüpfen
diese Schriftsteller an ständische Einrichtungen an, so ist es die
unter den Tudors bereits voll ausgebildete Parlamentsverfassung,
die unter der Elisabeth H o o k e r zuerst die Stellung des Gesetzgebers als die dem Könige übergeordnete auffassen läßt[3]). Zu
einer klaren Unterscheidung aber drängten die Verhältnisse in
der Zeit des Commonwealth, wo die Stellung des Protektors
und des Parlaments vermöge der völligen Umwälzung der Verfassung, die nicht mehr auf den Überlieferungen des gemeinen
Rechts beruhte, ausdrücklich geregelt werden mußte, was in den
Formeln des Instrument of Government geschehen ist[4]). Ebenso
war aber nach der Revolution von 1688 die Stellung des Königs
gemäß den realen Machtverhältnissen sowohl als durch die feste
Umgrenzung bestimmter königlicher Befugnisse durch die Bill of
Rights eine andere geworden, als es die der nunmehr definitiv
vertriebenen Dynastie der Stuarts gewesen war. Dem Tatbestand

---

[1]) Defensor pacis I 12, 13, ferner im 15. Jahrhundert Nicolaus
von C u e s , De concordantia catholica, praef. I und II 14. Vgl. über beide
R e h m , Geschichte S. 187 f., der richtig hervorhebt, daß von ihnen der
Unterschied der Organe, nicht der der Funktionen zugrunde gelegt werde.

[2]) Vgl. G. J e l l i n e k Gesetz u. Verordnung S. 58 f.

[3]) The Laws of Ecclesiastical Polity I 10. Edition Morley, London
1888, p. 96 ff. Vgl. auch G. J e l l i n e k Gesetz und Verordnung S. 48 f.

[4]) I. That the supreme legislative authority in the Commonwealth
of England .... shall be and reside in one person, and the people
assembled in Parliament ....
II. That the exercise of the chief magistracy and the administration
of the government .... shall be in the Lord Protector ..... G a r d i n e r
Const. Docum. p. 405 f.

der neuen Staatsordnung hat L o c k e Ausdruck gegeben, indem
er die herrschende legislative Gewalt von der ihr untergeordneten exekutiven unterschied und neben beide die föderative
Gewalt und die Prärogative stellte.

So bedeutsam die L o c k e sche Theorie für die demokratische
Staatslehre der Folgezeit geworden ist, namentlich durch ihren
Einfluß auf die amerikanischen Verfassungsgesetze, so bricht sie
doch keineswegs mit den alten einheimischen Anschauungen von
der Stellung des Königs, um sich ganz auf den Boden der Theorie
von der Volkssouveränetät zu stellen. Jene vier Funktionen
reduzieren sich nämlich auf zwei Organe, da dem König nicht
nur die Exekutive, sondern auch die föderative Gewalt und die
Prägorative gehören sollen. Aber auch an der Gesetzgebung kann
ihm ein positiver Anteil zustehen, ganz in der Weise, wie er
sowohl im königlichen England als auch zur Zeit des Commonwealth dem Staatsoberhaupte zu eigen war[1]). Die Prärogative
aber, ein dem englischen Rechte eigentümlicher Begriff, ist die
ganze dem Könige nach Abzug der parlamentarischen Beschränkungen verbliebene, nach freiem Ermessen im Interesse
des Gemeinwohles auszuübende Gewalt[2]). Es besitzt demnach
auch nach L o c k e der König alle iura maiestatica, wie sie die
Theorie seit B o d i n und H o b b e s aufzuzählen pflegte, bei aller
Bindung durch das Gesetz, bei aller Unterordnung unter das
Gesetz ist er dennoch auch nach L o c k e als das höchste Organ
des Staates, als Souverän zu bezeichnen.

So hat denn, trotz Anlehnung an die Ansichten früherer
Autoren[3]), doch erst M o n t e s q u i e u den entscheidenden Schritt

---

[1]) L o c k e behandelt zwar den Staat mit solcher Gewaltenzuweisung
an einen individuellen Träger der Exekutive nur als einen speziellen Fall,
doch widmet er nur ihm, d. h. England, eingehende Erörterung, vgl. II
§§ 153 ff.

[2]) L o c k e II 14 § 159 ff. Bezeichnend namentlich folgende Stelle:
„many things there are which law can by no means provide for, and
those must necessarily be left to the discretion of him that has the
executive power in his hands, to be ordered by him as the public good
and advantage shall require", § 159. Zur Prärogative rechnet Locke auch
ganz nach altenglischer Anschauung das Recht, Zeit, Ort und Dauer der
Parlamente zu bestimmen, § 167.

[3]) Neue Daten über die Entstehung der Lehre von der Gewaltenteilung in England und deren Zusammenhang mit der antiken Theorie
der gemischten Staatsform bei H a t s c h e k Engl. StR. I S. 19 ff.

getan[1]), indem er nicht nur, wie bisher oft geschehen war,
objektive Staatsfunktionen gemäß den bestehenden Einrichtungen
unterschied, sondern auch diese unter voneinander getrennte
Organe verteilt wissen wollte. Es gibt drei Arten von Gewalten
in jedem Staate: die gesetzgebende, vollziehende und richterliche
Gewalt. Die vollziehende Gewalt tritt bei Montesquieu mit
einer Wandlung dessen hervor, was Locke die föderative
Gewalt genannt hatte, also die nach außen gekehrte Tätigkeit
des Staates[2]). Ein klarer Einblick in das Wesen der damals
bereits hochentwickelten Verwaltung ist bei ihm nicht zu finden,
daher auch die ganze Verwaltung bei ihm in der Ausführung der
Gesetze aufgeht. Vor solcher Einseitigkeit waren die Engländer
durch ihre Vorstellung von der Prärogative geschützt, die, neben
der Exekutive stehend, den ganzen Umfang der königlichen
Administrationsbefugnisse umschließt. Aus der Betrachtung der
damals noch herrschenden offiziellen Vorstellungen von der englischen Verfassung kommt er ferner zu der Überzeugung, daß
den seines Erachtens in ihren Funktionen gänzlich voneinander
geschiedenen Organen auch innerlich geschiedene Gewalten des

---

[1]) Das muß energisch hervorgehoben werden gegen die Mode,
Montesquieu bloß als Nachbeter fremder Ansichten zu bezeichnen.
Weder Locke noch Bolingbroke (vgl. über dessen Lehre G. Koch
a. a. O. I 1892 S. 145 ff.) noch Swift, den Jannsen, Montesquieus
Theorie von der Dreiteilung der Gewalten im Staate auf ihre Quelle
zurückgeführt, 1878, als den wahren Urheber dieser Lehre nachweisen
will, haben alle Elemente der Gewaltenteilung in derselben Weise aufgefaßt wie der Verfasser des esprit des lois. Auch mit dem bekannten
Vorwurf, Montesquieu habe das wirkliche England nicht gekannt,
muß man immerhin etwas vorsichtiger sein, da er gar nicht beansprucht,
dieses wirkliche England seiner Lehre zugrunde zu legen. „Ce n'est
point à moi à examiner si les Anglais jouissent actuellement de cette
liberté, ou non. Il me suffit de dire qu'elle est établie par leurs lois,
et je n'en cherche pas davantage," so heißt es in einer kaum beachteten Stelle des berühmten 6. Kapitels des XI. Buches. Deutlicher
konnte Montesquieu wohl kaum sagen, daß nicht das reale England
schlechthin, sondern ein von ihm auf Grund bestimmter Daten konstruiertes England das Prototyp des Staates sei, der die politische
Freiheit verwirkliche.

[2]) Zuerst nennt er sie (XI 6) „la puissance exécutrice des choses
qui dépendent du droit des gens", hierauf zählt er als ihren Inhalt
auf das Recht über Krieg und Frieden, das Gesandtschaftsrecht, Herstellung der Sicherheit, Vorbeugung von Invasionen, und nennt sie:
„simplement la puissance exécutrice de l'État".

Staates entsprechen, denn bei aller Berührung, die er zwischen den Trägern der Gewalten statuiert, bleiben die Funktionen der einzelnen Gewalten für ihn streng geschieden. Der Chef der vollziehenden Gewalt übt die faculté d'empêcher, nicht die faculté de statuer aus, wenn er sein Veto gegen ein Gesetz einlegt, hat also keinen positiven Anteil an der Gesetzgebung. Die gesetzgebende Gewalt kann zwar nicht der vollziehenden Einhalt tun, wohl aber steht ihr die Prüfung der Art und Weise zu, in der diese die Gesetze ausführt[1]). Die einzige Ausnahme macht Montesquieu für die Gerichtsbarkeit des Oberhauses. Da es ihm unbekannt ist, daß das Haus der Lords der höchste Gerichtshof Englands ist, so führt er für die ihm bekannten Fälle der Rechtsprechung dieses Tribunals Zweckmäßigkeitsgründe an, um diese Abweichung von dem sonst konsequent festgehaltenen Prinzip zu rechtfertigen.

Prüft man die Lehre Montesquieus unter dem Gesichtspunkte der Funktionentheorie, so ergibt sich, daß er gleich allen seinen Vorgängern aus der Verschiedenheit der Subjekte den Rückschluß auf eine Verschiedenheit der von diesen versehenen objektiven Tätigkeiten gemacht hat. Der bedeutende Unterschied aber zwischen ihm und all seinen Vorgängern besteht darin, daß in seinem Idealbilde des Staates der subjektive und der objektive Unterschied sich durchweg decken sollen, während von Aristoteles bis auf Montesquieu zwar auf den Unterschied der Subjekte die Erkenntnis objektiver Unterschiede gegründet, jedoch nicht der geringste Anstoß daran genommen wird, daß dieselben Personen an der Ausübung mehrerer oder aller Funktionen beteiligt sind. Dieselben Personen können nach Aristoteles im Rat, in der Regierung, im Gericht sitzen, während bei Locke der Monarch an allen Staatstätigkeiten teilnimmt.

Aus dieser seiner Auffassung mußte sich aber für Montes-

---

1) Darin liegen aber zweifellos Abweichungen von dem Prinzip der Gewaltenteilung. Die Ausübung des Vetos ist ihrer Natur nach kein Akt der Vollziehung, sondern bedeutet, auch in der Weise, wie sie Montesquieu sich denkt, einen Anteil an dem Prozeß der Gesetzgebung, wie ja auch eine gegen die Beschlüsse der anderen stimmende Kammer Gesetzgebung übt. Das erkennt Montesquieu selbst an, wenn er von dem Veto des Oberhauses bei Geldbewilligungen sagt, daß es „n'ait de part à la législation que par sa faculté d'empêcher". Ebenso ist die Kontrolle der Regierung nicht Gesetzgebungsakt. So nimmt denn jede Gewalt von der anderen das Mittel, um das Gleichgewicht zwischen ihnen zu erhalten.

quieu ergeben, daß in der nichtenglischen Welt stets mehrere
Gewalten in einem Subjekte vereinigt sind. Nur im Idealstaate
decken sich die Gewalten subjektiv und objektiv. In allen anderen
Staaten hätte er den Gegensatz von materiellen (objektiven) und
formellen (subjektiven) Funktionen feststellen müssen. Er spricht
ausdrücklich von Staaten, in welchen zwei oder alle Gewalten in
einer Hand vereinigt sind; sie bleiben demnach in ihrem Wesen
auch dann getrennt, wenn diese Trennung nach Subjekten nicht
sichtbar wird[1]). Er verfolgt jedoch diesen Gedankengang nicht
weiter, wie denn auch bei ihm nur ein dürftiger Ansatz zu einer
Untersuchung darüber vorhanden ist, was denn Gegenstand der
Gesetzgebung, Vollziehung und Rechtsprechung sei.

Spätere Lehren haben die Einteilung M o n t e s q u i e u s zu
verbessern, allein keine völlig neue an ihre Stelle zu setzen gesucht. Jenes Gleichgewicht der Gewalten, von dem M o n t e s q u i e u
die Erhaltung der Freiheit erhoffte, erscheint anderen entweder
als den Staatsprinzipien widersprechend oder als unrealisierbar.
Die Volkssouveränetätslehre R o u s s e a u s ruht auf dem Gedanken
der Gewaltenvereinigung im Volke, unterscheidet aber die unver-
tretbare Gesetzgebung von der Regierung, die einem corps
intermédiaire zwischen Volk und Individuum anvertraut werden
kann und die sich zum Volkswillen wie die Kraft zum Willen
verhält, daher ihm strikt untergeordnet ist[2]). Unter Einwirkung
R o u s s e a u s hat die französische Revolution die M o n t e s -
q u i e u sche Lehre mit der bedeutsamen Modifikation angenommen,
daß die gesetzgebende Gewalt die höchste sei. C l e r m o n t -
T o n n è r e und ihm folgend Benjamin C o n s t a n t haben sodann
ein pouvoir royal oder pouvoir neutre konstruiert[3]). Diese
königliche Gewalt ist nach dem Vorbilde der englischen Prärogative gebildet[4]) und soll dazu dienen, dem Könige im parlamentarisch regierten Staate überhaupt theoretische Existenzberechtigung
zu verschaffen, da in diesem die vollziehende Gewalt dem Ministerium zusteht, nach der Dreiteilung M o n t e s q u i e u s daher
für den König gar nichts übrig bliebe. In Deutschland hat man
die drei Gewalten zu formellen Hoheitsrechten umzubilden und
ihnen ein oder das andere von den alten Majestätsrechten als

---

[1]) So XI 12, 14, 16—20.
[2]) Contr. soc. II 2, III 1.
[3]) C o n s t a n t Cours de politique const. I p. 18 ff.
[4]) C o n s t a n t I p. 180 ff.

selbständige Gewalt an die Seite zu setzen gesucht oder sie als Unterabteilungen der vollziehenden Gewalt der Funktionenlehre eingegliedert. Zum Unterschiede von den französischen Lehren, die praktisch-politischen Bedürfnissen entsprangen, sind die erwähnten deutschen Versuche rein literarischer Art. Nur in der allgemeinen Ablehnung des Prinzipes der Gewaltenteilung, die nach Bundesrecht geboten war, haben auch diese Theorien eine praktische Spitze gehabt.

II. Einteilung der Staatsfunktionen.[1])

Ein so kompliziertes Gebilde wie der Staat kann unter den verschiedensten Gesichtspunkten betrachtet und daher gemäß allen Erscheinungen, die er darbietet, den verschiedensten Einteilungen unterworfen werden[2]). So auch seine Funktionen. Dieser weite Spielraum wird aber bedeutend eingeengt, wenn man mit diesen Einteilungen den praktischen Zweck verfolgt, den Bau des Staates sowohl, als auch das Wesen seiner Rechtsordnung gründlich zu verstehen. Nur solche Einteilungen haben Wert, die in das Innere der Staatstätigkeit dringen und nicht am Äußeren haften bleiben. Streng logische Vollendung wird aber keine Einteilung bieten können, weil es sich um Begreifen des Lebens, nicht toten Stoffes handelt und alles Lebendige, aufs Praktische gerichtet, der Logik häufig entbehrt. Nur tote Scholastik wird sie überall fordern und vergebens suchen.

Keine Einteilung der Staatsfunktionen ist die Zerfällung ihres Umfanges in verschiedene Verwaltungsgebiete. Die Scheidung der fünf großen Verwaltungszweige der auswärtigen, Kriegs-, Finanz-, Justiz- und inneren Angelegenheiten bezeichnet die Aufgaben, die der Staat sich gestellt hat, nicht aber besondere Tätigkeiten. Unter der Nachwirkung der naturrechtlich-absolu-

---

[1]) Vgl. aus der neuesten Literatur Br. Beyer Kritische Studien zur Systematisierung der Staatsfunktionen (Z. f. d. ges. Staatsw. 67. Jahrg. 1911 S. 421 ff., 605 ff.), ferner W. Jellinek Der fehlerhafte Staatsakt 1908 S. 5 ff. u. Gesetz, Gesetzesanwendung 1913 S. 202 ff.; Kormann System d. rechtsgeschäftlichen Staatsakte 1910 S. 49 ff.

[2]) Daher auch die Klagen Haenels, Staatsrecht I S. 119 N. 1, von „der vollkommenen, Praxis und Wissenschaft beherrschenden Zuchtlosigkeit und Willkür in den Begriffsbestimmungen und in der Terminologie aller Haupterscheinungen des Staatslebens". Sie wird nicht nur für den Staat, sondern für die Welt des Geistes so lange zutreffen, als nicht ein geistiger Druck sondergleichen die Menschen zur widerspruchslosen Annahme alleinseligmachender Begriffe zu zwingen imstande ist.

tistischen Theorie, daß es sich um Rechte des Herrschers, nicht um Objekte staatlichen Tuns handle, hat sich die Anschauung von den „materiellen Hoheitsrechten" bis in die Gegenwart erhalten, trotzdem die neuere Verwaltungsrechtswissenschaft sie mit Recht überwunden hat. Verwaltungszweige sind nicht selbständige Funktionen. Die Tätigkeit des Staates in Ausübung der Gewerbepolizei, des Schulzwangs, des Finanzzwangs, des militärischen Dienstzwangs usw ist wesenseins, ebenso die Voraussetzungen und Schranken seiner Tat auf diesen Gebieten. Sie bezeichnen daher die Objekte der Verwaltung, nicht die Verwaltung selbst[1]).

1. Die erste echte Einteilung ist die im Gewande der Lehre von der Gewaltenteilung zum Bewußtsein gekommene. Wenn auch die Vorstellung einer Spaltung der Staatsgewalt selbst von der deutschen Wissenschaft verworfen wurde, so hat doch die neuere Staatsrechtslehre unter dem Einflusse der französischen Theorie die Dreiteilung der staatlichen Funktionen akzeptiert, die sich aber in wichtigen Punkten wesentlich anders darstellen, als Montesquieu und seine Nachfolger sie formuliert hatten.

Vor allem verwirft die deutsche Theorie den Doktrinarismus, der, nicht einmal bei Montesquieu in dieser Schärfe ausgebildet, die ausschließliche Zuteilung von Funktionen der einen Gattung an Organe verlangt, die streng von den mit der Ausübung einer anderen Funktion betrauten zu scheiden sind. In erster Linie läßt sich die Stellung der deutschen Monarchen, die keineswegs bloß die Exekutivgewalt repräsentieren, durchaus nicht in die ältere französische Schablone pressen. Ferner aber ist es unmöglich, bei dem inneren Zusammenhang alles staatlichen Lebens eine durchgreifende Darstellung der Funktionen in den entsprechenden Organen vorzunehmen.

---

[1]) Haenel, Studien II S. 180 ff. und Staatsr. I S. 127 ff., verwendet die alte Kategorie der materiellen Hoheitsrechte zur Bestimmung des Begriffes der Verwaltung. Verwaltung ist ihm die gesamte Staatstätigkeit in ihrer Richtung auf die staatlichen Aufgaben. Dieser jeder Begrenzung entbehrende Begriff gewährt aber keine ersprießliche Einsicht in das Wesen der Staatstätigkeit. Da auch die ganze Rechtspflege nach dieser Anschauung Teil der Verwaltung ist, so kommt Haenel unter anderem zu einem die Verwaltung des Privatrechts umfassenden Verwaltungsgebiet, als dessen Teil die Privatrechtsgesetzgebung erscheint (Staatsr. I S. 171 ff.). Diese ganz eingehend entwickelte Lehre läßt sich in dem kurzen Satze zusammenfassen, daß bei der Lösung jeder Staatsaufgabe alle staatlichen Funktionen zusammenwirken müssen, was allerdings ebenso richtig als selbstverständlich ist.

Da innerlich Geschiedenes stets nach außen zu wirken strebt,
so ist es zwar natürlich, daß die verschiedenen Funktionen die
Tendenz haben, sich in verschiedenen Organen darzustellen. Der
Trennung der Funktionen entspricht die Arbeitsteilung der Organe.
Insofern war der Rückschluß aus der Verschiedenheit der Organe
auf die Verschiedenheit der Funktionen, der die Geschichte der
Funktionenlehre durchzieht, ganz gerechtfertigt. Allein niemals
läßt sich die einheitliche Staatsgewalt in ihren Äußerungen so
spalten, daß eine reinliche Aufteilung der Funktionen unter die
entsprechenden Organe sich durchführen läßt. Es sind vielmehr
überall Zweckmäßigkeitsrücksichten gewesen, die die Art der
jedem Organe zugewiesenen Funktionen bestimmen. Daher ist,
wie bereits früher bemerkt wurde, selbst dort, wo das Prinzip der
Gewaltenteilung anerkannt ist, eine völlige, scharfe Scheidung der
Gewalten, und zwar mit vollem Bewußtsein der Abweichung von der
Schablone, nicht durchgeführt worden. In den Vereinigten Staaten
z. B. hat der Kongreß Krieg zu erklären; ferner hat der Senat
Verwaltungsakte des Präsidenten (Abschluß von Staatsverträgen,
Beamtenernennungen) zuzustimmen und über Staatsanklagen zu
richten, vereinigt daher alle drei Funktionen in sich. Noch weiter
hat sich die Praxis von der Schablone entfernt. Dem Präsidenten
steht in den letzten Sitzungen des Kongresses nicht nur ein
suspensives, sondern ein absolutes Veto, ganz wie einem an der
Gesetzgebung positiv beteiligten Monarchen, zu[1]). Die Richter
besitzen vermöge des ihnen zustehenden ausgedehnten Prüfungs-
rechtes der Gesetze die Macht authentischer Verfassungsinter-
pretation, üben damit in Wahrheit gesetzgeberische Tätigkeit
aus[2]). Noch weniger ist diese Scheidung in der großen Mehrzahl
von Staaten vorhanden, die die Gewaltenteilung in jener extremen
Form nicht kennen. Allen voran die Staaten mit parlamentarischer

---

[1]) Da der Präsident zehn Tage Frist hat, sich über Annahme oder
Verwerfung einer Bill zu entscheiden, so kann er die zahlreichen Gesetze, die in den letzten Tagen einer jeden Kongreßsession beschlossen
werden, durch einfaches Liegenlassen vernichten. Vgl. Const. Art. 1
sect. 7, 2, und dazu Mason The Veto Power, Boston 1890, p. 113.
Andere amerikanische Bundesverfassungen, deren Bestimmungen über
den Gang der Gesetzgebung denen der Union nachgebildet sind, wie die
von Mexiko (Art. 71 B) und Brasilien (Art. 37, 38), verhindern ein solches
zufälliges absolutes Veto des Präsidenten.
[2]) Vgl. ferner auch Rehm Staatslehre S. 289, dazu aber oben
S. 500 N. 1.

Vorherrschaft, in erster Linie England, wo das Parlament nicht nur Gesetzgeber ist, sondern auch durch die private bills direkt an der Verwaltung teilnimmt, wo das Oberhaus das höchste Gericht des Reiches ist, wo das Kabinett dem Parlamente angehören muß und von diesem, nicht der Form, aber der Sache nach, der Premierminister und damit indirekt das ganze Kabinett designiert wird, wo der Lordkanzler Präsident des Oberhauses und zugleich oberster Richter des Reiches ist, wo die Friedensrichter in mittlerer und unterer Instanz Verwaltung und Justiz vereinigten und zum Teil noch immer vereinigen.

Aus dieser Erkenntnis erwächst die Notwendigkeit, zwischen materiellen und formellen Funktionen zu scheiden, d. h. zwischen den großen Richtungen der Staatstätigkeit und den Tätigkeiten bestimmter Organgruppen[1]). Die naive Gleichstellung von Organtätigkeit mit Staatsfunktion, wie sie die Staatslehre von Aristoteles bis in die Gegenwart geübt hat, vermag die wichtigen theoretischen und praktischen Probleme der Funktionenlehre nicht befriedigend zu lösen.

Die materiellen Staatsfunktionen ergeben sich einmal durch die Beziehung der Staatstätigkeit auf die Staatszwecke. Vermöge

---

[1]) Dieser Gegensatz ist zuerst erkannt und entwickelt worden von Schmitthenner, Grundlinien des allg. oder idealen Staatsrechtes 1845 S. 474 ff. Vgl. zum folgenden G. Jellinek Gesetz und Verordnung S. 213 ff. Auf die umfassende Kritik, die Haenel, Studien II S. 246 ff., der von mir entwickelten Funktionenlehre zuteil werden ließ, kann hier nicht näher eingegangen werden. Sie beruht nicht zum geringsten auf dem Gegensatz unserer Methoden. Wer, wie Haenel, des Glaubens ist, daß es hinter dem flüssigen Wesen der staatlichen Institutionen, das mir allein als das erkennbare erscheint, ein ewiges, mit absoluten Kategorien zu erfassendes Ansich gibt, der hat allerdings das Recht, jene Begriffe in Form fett und gesperrt gedruckter Sätze, die jeden Widerspruch ausschließen, in die Erscheinungswelt zu ziehen. Sie werden aber doch nur den überzeugen, dem gleiche Kraft des Glaubens wie ihrem Entdecker verliehen ist. Interessant ist es, daß man auch in Amerika, wo die Gewaltenteilung der Verfassung in weitgehender Weise zugrunde gelegt wurde, nunmehr den Gegensatz von materiellen und formellen Funktionen klar erkannt hat. Goodnow, Comparative Administrative Law, New York and London 1902, I p. 25 ff., erörtert eingehend die exekutiven Funktionen der Legislative, die legislativen Funktionen der Exekutive und die exekutiven Funktionen der Gerichte. Damit führt die amerikanische Staatsrechtslehre allerdings nur Gedanken weiter aus, die bereits den Gründern der Union und ihrer Staaten bekannt waren; vgl. oben S. 500.

des Rechtszweckes hat der Staat eine auf Rechtssetzung und
Rechtsschutz gerichtete Tätigkeit, die von der anderen, auf Machtbehauptung und Kulturbeförderung gerichteten Funktion, sich
abhebt.

Ferner erfordert die Einsicht in das Wesen der Staatstätigkeiten Erkenntnis der möglichen Formen, in denen sie sich
vollziehen. Dieser Formen gibt es aber zwei. Der Staat kann
entweder abstrakte Regeln aufstellen, die als solche nicht unmittelbar die Wirklichkeit beherrschen, sondern einer eigenen,
durch jene Regeln motivierten Tätigkeit bedürfen, damit der von
ihnen beabsichtigte objektive Tatbestand ihren Anforderungen ent-
spreche. Oder der Staat löst durch seine Tat unmittelbar an ihn
herantretende Aufgaben entweder gemäß jenen abstrakten Normen
oder innerhalb der ihm durch diese gesteckten Schranken. Unter
diesem Gesichtspunkte ergeben sich zwei Funktionen: Norm-
setzung und Erledigung einzelner bestimmter Aufgaben durch auf
sie gerichtete individualisierte Tätigkeit.

Durch Beziehung der Staatstätigkeit auf ihre Zwecke aber
entsteht eine Scheidung in der unmittelbar auf konkrete Aufgaben
gerichteten Tätigkeit. Der Rechtsschutz, geübt durch und auf
Grund von Entscheidungen, die auf dem Wege geordneten Verfahrens unklares oder bestrittenes Recht feststellen, tritt der
gesamten übrigen Tätigkeit dieser Art als besondere Funktion
gegenüber.

Somit ergeben sich drei materielle Funktionen des Staates:
Gesetzgebung, Rechtsprechung, Verwaltung.

Die Gesetzgebung stellt abstrakte, eine Vielheit von Fällen
oder auch einen individuellen Tatbestand regelnde Rechtsnormen
auf. Die Rechtsprechung stellt für den einzelnen Fall ungewisses
oder bestrittenes Recht oder rechtliche Zustände und Interessen
fest. Die Verwaltung löst konkrete Aufgaben gemäß den Rechtsnormen oder innerhalb deren Schranken durch Mittel, die nähere
Untersuchung als ein reichgegliedertes System erkennen lehrt.

Neben diesen normalen Funktionen gibt es aber noch außerordentliche Staatstätigkeiten, die in keine der drei Kategorien
passen. Das ist in erster Linie der Krieg. Man hat zwar auch
versucht, die Kriegsführung als Verwaltungstätigkeit hinzustellen [1]),
allein mit Unrecht, denn alle Verwaltung setzt die unbestrittene

---

[1]) Vgl. F. v. M a r t e n s Völkerrecht II S. 448 f., 477.

Herrschaft des Staates, sein unwiderstehlich wirkendes Imperium, das sichere Funktionieren seiner Rechtsordnung voraus. Der Krieg aber, wenn auch durch Völkerrecht einschränkbar, steht als solcher außerhalb einer jeden Rechtsordnung. Im Kriege steht des Staates Dasein auf dem Spiele, in der Verwaltung bewährt es sich als unerschütterliche Macht. Auch völkerrechtliche Zwangsmaßregeln außerhalb des Krieges, die unmittelbar gegen den fremden Staat selbst gerichtet sind, wie die Friedensblockade, sind nicht als Verwaltungsakte zu charakterisieren, weil Verwaltungszwang nur gegenüber einem Untergebenen geübt werden kann. Verwaltungsakt ist ferner nicht der in Form eines Krieges geführte Kampf gegen einen Aufstand, weil in ihm die Existenz des Staates ebenso bedroht sein kann wie in einem internationalen Kriege[1]).

Vermöge des Unterschiedes der normalen Funktionen zerfallen die einzelnen staatlichen Akte ihrem Inhalte nach in Gesetze, Verwaltungsakte[2]) und Rechtsprüche. Von diesen sind Gesetze und Rechtsprüche stets Akte des Imperiums. Das Gesetz ordnet eine Rechtsregel an, der Rechtspruch subsumiert einen konkreten Fall unter die abstrakte Norm und entscheidet ihn, d. h. er stellt ihn in autoritativer Weise fest und spricht die

---

[1]) Vgl. auch die treffenden Ausführungen von O. Mayer Deutsches Verwaltungsrecht I S. 11. Wenn aber Mayer alle unter der völkerrechtlichen Ordnung vollzogenen Akte von der Verwaltung ausschließen will, so liegt zu solcher Ausscheidung ein wissenschaftliches Bedürfnis nicht vor. Erkennt doch Mayer selbst, II S. 459, eine völkerrechtlich gebundene Verwaltung an.

[2]) Dieser Begriff stammt keineswegs, wie O. Mayer, I S. 95 N. 1, behauptet, aus dem französischen Verwaltungsrecht; vielmehr hat er sich in der deutschen Wissenschaft ganz selbständig herausgebildet, daher die französische Definition des Verwaltungsaktes als obrigkeitlichen Ausspruches für uns gar nicht maßgebend ist. Es besteht zweifellos ein Bedürfnis, alle Tätigkeitsäußerungen der Verwaltung unter einen gemeinsamen Begriff zu fassen, dem die obrigkeitlichen Akte als Unterabteilung einzuordnen sind. Vgl. auch G. Meyer StR. S. 646 N. 2. Übrigens unterscheidet die französische Theorie (vgl. Berthélemy Traité élémentaire de droit administratif, 7. éd. 1913 liv. I chap. I § 2 II u. § 4 I; Duguit Traité I 1911 p. 233 und Les transformations du droit public 1913 p. 152 ff.) auch zwei Gattungen von Verwaltungsakten: actes de puissance publique oder actes d'autorité und actes de gestion, welch letztere sich auf die öffentliche Vermögensverwaltung beziehen, ein Beweis dafür, daß man auch in Frankreich mit jener engsten Bedeutung von Verwaltungsakt nicht auskommt.

kraft staatlicher Hoheit an ihn sich anknüpfenden, anzuerkennenden und zu verwirklichenden Rechtsfolgen aus.

Die zentrale Stellung unter diesen Funktionen nimmt die Verwaltung ein. Es gab lange Epochen in der Geschichte, denen die Gesetzgebung ganz unbekannt war. Verhältnismäßig hohe Kultur ist es, wo neben das Gewohnheits- das Gesetzesrecht tritt. Auch heute aber ist die Gesetzgebung eine intermittierende Funktion. Ebenso ist die Rechtsprechung intermittierender Natur; bei geringer sozialer Entwicklung können sogar längere Zeiträume vergehen, in denen kein Anstoß für den Richter vorliegt, tätig zu werden. Verwaltung aber, die ja die Regierung in sich enthält, muß immer geübt werden. Ohne sie könnte der Staat keinen Augenblick existieren. Despoten ohne Gesetz und Richter sind wenigstens vorstellbar, der verwaltungslose Staat wäre Anarchie. Die Verwaltung ist aber auch die umfassendste Funktion. Alle Vorbereitung der Gesetzgebung fällt ihr zu, die richterliche Tätigkeit wird von ihr unterstützt, sie sichert die Vollziehung des Rechtspruches. Auch geschichtlich zeigt sich die Verwaltung als Grundfunktion, indem die Gesetzgebung erst später zu ihr hinzutritt oder aus ihr sich absondert, und indem auch die rechtsprechende Tätigkeit, anfänglich auf ein geringes Maß beschränkt, mit wachsender Entwicklung des Staates einen immer breiteren Raum gewinnt. Daher kann man als Verwaltung alle Staatstätigkeit bezeichnen, die nach Ausscheidung von Gesetzgebung und Rechtsprechung übrigbleibt[1]). In dieser Möglichkeit negativer Begrenzung zeigt sich ihre Bedeutung für den Staat. Nur die Verwaltung wurde in solcher Weise, durch den bloßen Gegensatz zu anderen Tätigkeiten und Gebieten des Staates, zu erklären versucht.

Mit dem Wachstum der Gesetzgebung jedoch ändert sich die ursprüngliche Stellung der Verwaltung. Die Gesetzgebung

---

[1]) Vgl. O. Mayer, I S. 7, der allerdings nicht die materiellen, sondern die formellen Funktionen im Auge hat. Mayer scheidet (I S. 9) aus der Verwaltung die verfassungsrechtlichen Hilfstätigkeiten (Berufung und Schließung des Landtags, Ernennung von Herrenhausmitgliedern usw.) aus, weil sie gemäß seiner Auffassung der Verwaltung keine Tätigkeiten des fertigen Staates zur Verwirklichung seiner Zwecke sind. Aber auch die Beamtenernennung, die Mayer zur Verwaltung zählt, macht den Staat fertig. Jene Hilfstätigkeiten können als besondere Unterabteilung der Verwaltung gelten, nicht aber als ihr koordiniert. Vgl. auch Spiegel Die Verwaltungsrechtswissenschaft 1909 S. 73.

nimmt nämlich ein immer breiter werdendes Gebiet ein. Aber nicht nur einschränkend wirkt sie, vielmehr wird sie auch zur Herrscherin über die anderen Funktionen. Bei der rechtsverwirklichenden Tätigkeit der Rechtsprechung ist das ohne weiteres klar. Aber auch ein bedeutendes Stück der Verwaltung unterwirft sich die Gesetzgebung in fortschreitender Weise, so daß unter normalen Verhältnissen im entwickelten Staate die Verwaltung in Abhängigkeit von der Gesetzgebung gerät. In alter und neuer Zeit ist daher der normale Staat als ein solcher definiert worden, in dem die Gesetze herrschen, in dem also Verwaltung und Rechtsprechung gemäß Rechtsregeln erfolgen. Die moderne von Mohl, Stahl und Gneist formulierte Rechtsstaatstheorie hat der Lehre des Plato und Aristoteles vom Gesetzesstaate kein neues Merkmal hinzugefügt.

Die materiellen Funktionen sind nun unter entsprechende Arten voneinander relativ unabhängiger Organe so verteilt, daß die Zuweisung einer großen Masse von Objekten einer bestimmten Funktion an ihr zugehörige Organe derart erfolgt, daß sie alle in dem höchsten Organe den Ausgangs- und Einigungspunkt finden. Der Scheidung der Funktionen entspricht die Arbeitsteilung der Organe. Daß diese Scheidung keine reinliche ist und sein kann, ist bereits ausgeführt worden. Daraus ergibt sich der Gegensatz der formellen Funktionen, die von den gesetzgebenden, verwaltenden, richtenden Organen geübt werden. Ihrer formellen Seite nach zerfallen daher die Tätigkeitsäußerungen des Staates in Akte der formellen Gesetzgebung, der formellen Verwaltung und in Justizakte.

Eine Vereinigung sämtlicher materieller Funktionen findet sich namentlich bei den Organen der Verwaltung. Die Verwaltung im formellen Sinne hat Verordnungs- und Entscheidungsgewalt. Vermöge der ersten nimmt sie an der materiellen Gesetzgebung, vermöge der zweiten an der Rechtsprechung teil. Den gesetzgebenden Organen sind nicht nur die mit der Gesetzgebung im materiellen Sinne in Verbindung stehenden Verwaltungsfunktionen, sondern auch Teilnahme an gewissen Verwaltungsakten, deren Anordnung oder Genehmigung in Gesetzesform erscheint, sowie richterliche Geschäfte (Wahlprüfungen, Beschlußfassung über Petitionen) zugewiesen. Die ordentlichen Gerichte besitzen ein weites Gebiet der Rechtssicherheit bezweckenden Verwaltung (Pflegschafts-, Grundbuchswesen, Führung von Handels-, Vereins-

Genossenschaftsregistern, Beurkundungen, Testamentserrichtungen usw.) Daß Justizakt und Rechtspruch keineswegs zusammenfallen, wird schon unmittelbar aus dem terminologischen Unterschied klar.

Deckt sich somit der materielle (objektive) Gegensatz von Gesetzgebung, Verwaltung, Rechtsprechung keineswegs mit dem formellen (subjektiven) der Tätigkeiten der gesetzgebenden, verwaltenden und Justizorgane, so ist dennoch auf Grund der Erkenntnis des Unterschiedes der materiellen Funktionen auch ihre fortschreitende Aufteilung an die entsprechenden Organe gefordert und in steigendem Maße durchgeführt worden. Unter diesem Gesichtspunkte hat man die Superiorität der Gesetzgebung über die Verordnungsgewalt, die Unzulässigkeit dispensatorischer Akte der Regierung ohne gesetzliche Ermächtigung aus der schärferen Erkenntnis des Wesens der materiellen Gesetzgebung abgeleitet. Die Auseinandersetzung zwischen Verwaltung und Rechtsprechung ist in stetem Fortschreiten begriffen. Die Verwaltungsgerichtsbarkeit nimmt immer mehr an Umfang zu, und obwohl dort, wo bereits ein geregelter Instanzenzug vorhanden ist, die Vereinigung von Gerichts- und Beschlußbehörde in der unteren und mittleren Instanz noch statthat, so sind doch auch hier Ansätze zu einer organisatorischen Sonderung der verschiedenen Funktionen dieser Behörden durchgeführt worden. In England ist die Entscheidung über die Gültigkeit bestrittener Parlamentswahlen vom Unterhaus an einen Gerichtshof übergegangen, in anderen Staaten, in Erkenntnis der Natur jener Entscheidungen, deren Übertragung von den Kammern an Gerichte in Aussicht genommen oder gefordert worden[1]. Damit ist aber die Bedeutung des Unterschiedes zwischen materiellen und formellen Funktionen von höchstem praktischen Wert geworden, weil erst die Erkenntnis des Inhaltes der materiellen Funktionen den Weg weist für das, was den formellen Funktionen, d. h. genauer der Tat der Organe einer bestimmten Klasse, zuzuweisen ist. Um zu wissen, wie weit des Gesetzgebers Zuständigkeit sich erstreckt, muß man erst feststellen,

---

[1] G. Jellinek Ein Verfassungsgerichtshof für Österreich 1885 S. 10 ff.; Gutachten i. d. Ausg. Schriften u. Reden II 1911 S. 398 ff.; v. Seydel Abhandlungen S. 198 ff.; Walz Über die Prüfung der parlam. Wahlen zunächst nach badischem Recht, Sep.-Abdr. 1902 S. 115 ff.; Leser Untersuchungen über das Wahlprüfungsrecht des deutschen Reichstags 1908 S. 103 ff. — Reichsges. ü. d. Verfassung Elsaß-Lothringens v. 31. 5. 1911 Art. II § 9; dazu Leser i. d. bad. Verw.Ztschr. 1911 S. 181 ff.

was ein Gesetz seinem Inhalte nach sei. Die Gesetzgeber, Ver-
walter, Richter empfangen ihre Zuständigkeiten durch staatliche
Zuteilung. Einer der leitenden Gedanken in Austeilung seiner
Kompetenzen ist aber für den Staat der, daß das objektiv Geschiedene es auch subjektiv sein solle. Dennoch können sich
materielle und formelle Funktionen subjektiv niemals vollständig
decken, weil scharfe Grenzlinien der Theorie, aber nicht dem
Leben möglich sind. Nicht architektonische Schönheits-, sondern
politische Zweckmäßigkeitsrücksichten sind es, die die wirkliche
Staatsordnung bestimmen und mancherlei Abweichungen selbst
von ausdrücklich anerkannten Regeln herbeiführen [1]).

In der Scheidung der formellen Funktionen hat die französisch-
amerikanische konstitutionelle Theorie die sicherste Garantie der
gesetzlichen Ausübung der Staatsgewalt und damit die Gewähr
der politischen Freiheit des Bürgers erblickt. Die voneinander
unabhängigen Gewalten bilden gleichsam ein ineinandergreifendes
Räderwerk, in dem das eine Rad regulierend in das andere hinüber-
greift. Die normale Gestaltung der formellen Funktionen soll
daher ein System von „checks and balances" in sich schließen,
das die einzelnen Gewalten hindert, ihre gesetzliche Sphäre zu
überschreiten. Auch diese abstrakte Formel, wie so manche
andere, gilt nur innerhalb gewisser Grenzen. Am meisten trifft
sie zu bei der Trennung der Justiz von der Verwaltung. Gibt
man aber, wie in Amerika, dem Richter ein unbegrenztes Prüfungsrecht der Gesetze auf ihre materielle Verfassungsmäßigkeit, was
dort als Folge aus dem Prinzipe der Gewaltenteilung geboten ist,
so kann er, wie die Erfahrung lehrt, die ganze gesetzgebende
Tätigkeit auf wichtigen Gebieten zur Untätigkeit zwingen [2]).
Nicht minder wäre bei tiefgreifenden Konflikten zwischen Gesetzgebung und Vollziehung unter Umständen der ganze Staat zu
völligem Stillstand verdammt. Solche Fälle finden auch nicht

---

[1]) Nähere Ausführungen hierüber in: Gesetz und Verordnung S. 223 f.

[2]) Viele sozialpolitische Gesetze in nordamerikanischen Gliedstaaten
sind neuestens von den Richtern als gegen die Bills of Rights verstoßend für verfassungswidrig erklärt worden. Vgl. auch G. Jellinek Das
Recht der Minoritäten S. 26 N. 44; Freund Police Power §§ 310 ff., 735;
derselbe Öff. R. d. Vereinigten Staaten von Amerika 1911 S. 281 ff.;
W. Loewy Die bestrittene Verfassungsmäßigkeit der Arbeitergesetze 1905
S. 54 ff. Das Unionsobergericht hat vor kurzem alle gesetzlichen Beschränkungen der Arbeitszeit für nichtig erklärt. Hierüber W. Loewy
im Arch. f. Sozialwissenschaft XXII S. 721 ff.

ihre Lösung durch eine eigens für Staatskonflikte konstruierte
neutrale Gewalt, sondern nur dadurch, daß im Kampfe der
Organe eines von ihnen die dem Staate innewohnende Machtfülle als Einheit aufweist, und mit ihr ausgerüstet, den Streit entscheidet. Vor der in solchen Konflikten sich offenbarenden
rauhen politischen Wirklichkeit haben alle ausgeklügelten Gleich-
heitstheorien ein Ende.

Diese Gleichgewichtslehre ist in den heutigen europäischen
Staaten auch in der Beschränkung, welche die Anerkennung der
Teilung der formellen Funktionen gefunden hat, nicht Rechtens
geworden. Zwar ist durch die konstitutionelle Theorie einiges
von den Hindernissen und Balancen in die staatliche Organisation
eingedrungen (Etatsrecht der Kammern, Auflösungsrecht der Wahlkammern durch das Staatsoberhaupt usw.). Das gegenseitige Verhältnis der unmittelbaren Organe ist aber überall durch die Gesamtheit der politischen und sozialen Verhältnisse gestaltet, die
jeder Einpressung in Schablonen spotten.

2. Tiefere Betrachtung der staatlichen Tätigkeit hat in der
neuesten Staatslehre andere wichtige materielle Unterschiede festgestellt, die der landläufigen konstitutionellen Theorie nicht zum
Bewußtsein gekommen waren und dadurch zu ganz schiefen Auffassungen des realen Staatslebens Anlaß gaben.

Mit voller Sicherheit läßt sich nämlich für jeden Staat ein
bedeutsamer Gegensatz in der Ausübung aller seiner Funktionen
konstatieren: der von freier und gebundener Tätigkeit[1]).
Freie Tätigkeit ist die nur durch das Gemeininteresse, aber durch
keine spezielle Rechtsregel bestimmte; gebundene, die in Erfüllung
einer Rechtspflicht erfolgende. Die freie Tätigkeit ist die der
Bedeutung nach erste, logisch primäre, aller übrigen Tätigkeit
zugrunde liegende. Durch sie setzt der Staat sein eigenes Dasein,
da Staatengründung nie Vollziehung von Rechtssätzen ist; von ihr
empfängt der Staat Richtung und Ziel seiner historischen Bewegung; aller Wandel und Fortschritt in seinem Leben geht von
ihr aus. Ein Staat, dessen ganze Tätigkeit gebunden wäre, ist
eine unvollziehbare Vorstellung.

Diese freie Tätigkeit ist in all den historisch geschiedenen
materiellen Staatsfunktionen vorhanden; keine ist ohne sie möglich.

---

[1]) Vgl. zum folgenden W. Jellinek Gesetz, Gesetzesanwendung und
Zweckmäßigkeitserwägung 1913 S. 1 ff., 30—89, 157—200; dort auch
weitere Angaben.

Am weitesten ist ihr Spielraum auf dem Gebiete der Gesetzgebung, die ihrer Natur gemäß der größten Freiheit genießen muß. Nicht minder bedeutsam zeigt sie sich jedoch in der Verwaltung, wo dieses Element den Namen der R e g i e r u n g empfängt. Ein Staat mit einer nur nach Gesetzen handelnden Regierung wäre ein politisches Unding. Über die Richtung der von der Regierung ausgehenden Staatstätigkeit kann niemals eine Rechtsregel entscheiden.

Vor allem zeigt sich das in der äußeren Politik, die fast die gleiche Freiheit zeigt wie die gesetzgeberische Tätigkeit, da völker- und staatsrechtliche Normen ihr den weitesten Spielraum lassen und lassen müssen. Aber auch nach innen ist die ganze richtunggebende Tätigkeit der Regierung Rechtsregeln notwendig entrückt. Wenn nämlich irgend etwas seinem Wesen nach einer Normierung nicht fähig ist, so ist es die zum größten und wichtigsten Teil in der Regierung ruhende Initiative. Dazu tritt, in den einzelnen Staaten an Umfang verschieden, das ganze große Gebiet der Regierungsbefugnisse bezüglich der parlamentarischen Kollegien, die Ernennung der Minister und Beamten, der Oberbefehl und die Verfügung über die bewaffnete Macht, das Begnadigungsrecht, die Verleihung staatlicher Ehren. Die englische Lehre hatte hierfür die dem positiven englischen Rechte entstammende Kategorie der Prärogative angewendet, die von L o c k e mit logisch richtiger Erfassung des Wesens der Vollziehung als selbständige Gewalt neben die Exekutive gestellt wurde. Unter dem Einflusse der französischen Theorie von der Gewaltenteilung jedoch wurde dieses ganze Gebiet einfach der vollziehenden Gewalt zugewiesen, da sich diese Lehre um die inneren Unterschiede der Staatsfunktionen wenig kümmerte. Am entschiedensten hatte aber die Lehre R o u s s e a u s der Exekutive jede selbsteigene Tätigkeit genommen und sie ausdrücklich auf die ausschließliche Ausführung des im Gesetze Beschlossenen beschränkt. Ungeachtet dieser Theorien aber war die französische Praxis genötigt, gouvernement und administration zu unterscheiden; ja, es ist bezeichnend, daß fast alle französischen Verfassungen seit dem Konsulat das pouvoir exécutif als eine besondere Funktion des gouvernement betrachten[1]). Die actes de gouvernement er-

---

[1]) Die Konsularverfassung spricht nur vom gouvernement der Konsuln und teilt den Ministern (Art. 54) die Exekution der Gesetze und Verordnungen zu. Die Charte behält in dem Abschnitt über die

achtete man bis vor kurzem als auch formell von den actes administratifs streng geschieden, indem man für jene eine rechtliche
Verantwortlichkeit nicht annahm[1]). Der Zusammenhang zwischen
dieser freien Tätigkeit und dem Gedanken der exekutiven Gewalt
war den Franzosen durch die Idee vermittelt, daß jene auf allgemeinen verfassungsmäßigen Vollmachten beruhe[2]), was innerlich
mit dem Gedankenkreise zusammenhängt, aus welchem die Vorstellung des pouvoir constituant entsprungen ist.

Aber auch innerhalb des inhaltlich vom Gesetze bestimmten
Gebietes der Verwaltung ist neben dem rechtlich gebundenen ein
Element freier Tätigkeit vorhanden, das nur von der allgemeinen
Norm pflichtmäßigen Handelns, das den Staatsorganen obliegt,
nicht aber von irgendwelchen spezialisierten Rechtssätzen beherrscht ist. Verwaltung ist niemals bloße Vollziehung, maschinen-
mäßige Anwendung allgemeiner Regeln auf den einzelnen Fall,
schon deshalb, weil sie nicht bloß obrigkeitliche, sondern auch
soziale Tätigkeit in sich schließt. Die Verwaltung besitzt daher
einen Raum freien Ermessens, der von Rechtsregeln begrenzt,
aber nicht inhaltlich bestimmt ist.

Die Verwaltung im materiellen Sinne enthält demnach zwei
in ihr zur Einheit verbundene Elemente, das der Regierung
und das der Vollziehung, jenes die Initiative und Anordnung,

„formes du Gouvernement du Roi" (Art. 13) dem Könige die Exekutivgewalt vor. Die Verfassung des zweiten Kaiserreiches kennt in erster
Linie nur das gouvernement und spricht nebenbei (Art. 31, 57) vom
pouvoir exécutif. Das Verfassungsgesetz vom 25. Februar 1875 über die
Organisation der öffentlichen Gewalten definiert die Stellung des Präsidenten gar nicht, operiert aber (Art. 6 und 7) ebenfalls mit den Begriffen des gouvernement und des pouvoir exécutif. Nur die Verfassung
der zweiten Republik teilt dem Präsidenten (Art. 43) ausdrücklich bloß die
exekutive Gewalt zu; doch spricht auch sie (Art. 68) von den actes du
gouvernement.

[1]) Vgl. über diese Akte Haurion Précis, 7. éd. 1911 p. 75 ff.;
vgl. auch die p. 75 N. 1 angeführte Literatur; ferner Tirard De la
responsabilité de la puissance publique 1906 p. 162 ff., 259; Jèze im
Jahrb. d. ö. R. V 1911 S. 634 ff., VI 1912 S. 397 ff. Es sind Akte, gegen
welche der „recours pour excès de pouvoir" nicht stattfindet. In neuester
Zeit ist allerdings der Begriff der actes de gouvernement heftig angegriffen worden; Berthélemy, a. a. O. liv. I chap. II § 3 IV, verwirft
ihn mit Michoud u. a. gänzlich. Das deutsche Seitenstück zu ihnen
bildet § 5 Ziff. 2 des Reichsges. über die Haftpflicht des Reichs für seine
Beamten v. 22. 5. 1910.

[2]) Vgl. O. Mayer Theorie des franz. Verwaltungsrechts S. 8.

dieses die Ausführung des Angeordneten enthaltend. Die Verwaltungsakte zerfallen daher in Akte der Regierung und der Vollziehung, können aber auch beide Elemente in sich schließen. Beide Elemente finden sich auch auf dem Gebiete der außerordentlichen Staatstätigkeiten.

Regierung in dem hier entwickelten Sinne ist materieller, objektiver Art. Sie kann daher auch von Organen der Gesetzgebung geübt werden; selbst die oberste, richtunggebende Regierungsgewalt wird von diesen da versehen, wo ihnen die höchste Gewalt zusteht. In der Monarchie jedoch steht die oberste Regierung dem Monarchen zu. Die höchste Leitung der Regierung ist das auszeichnende Merkmal des höchsten Staatsorganes.

Durch Lokalisierung in bestimmten Organen erlangt aber der Begriff der Regierung auch eine subjektive Bedeutung. Die überwiegend Regierungsgeschäfte versorgenden Staatsorgane werden als Regierung im formellen oder subjektiven Sinne bezeichnet. Die Regierung im subjektiven Sinne führen daher Monarchen und republikanische Staatshäupter sowie die ihnen untergeordneten Behörden. Die Anerkennung der Bedeutung der Regierung als der leitenden Tätigkeit des Staates kommt — fast möchte ich sagen: instinktiv — dadurch zum Ausdruck, daß ihr oberstes Organ in jedem Staate als Staatshaupt bezeichnet wird, selbst in der demokratischen Republik, trotzdem sie dem Chef der Exekutive niemals die höchste Stellung unter den Staatsorganen anweist. In Frankreich wird der Präsident sogar offiziell als chef de l'Etat bezeichnet, aber schon in dem Namen „Präsident" liegt die Vorstellung eines Vorstehers des Staates enthalten. Selbst die Schweiz mit ihrem kollegialen Bundesrate hat dessen Vorstand nicht den Titel eines Bundespräsidenten vorenthalten, trotzdem er rechtlich eine viel minderwertigere Stellung hat als der Präsident einer Republik.

Auf den ersten Blick scheint es, als ob freie Tätigkeit dem Richter nicht zukommen dürfe, dessen wesentliche Aufgabe in der Konkretisierung des Rechtes durch Entscheidung des einzelnen Falles besteht. Solche Auffassung aber verkennt das Wesen geistiger Tätigkeit überhaupt. Wäre Rechtsprechung mechanische Anwendung des Rechtes, so ließe sich der Ausgang eines jeden Rechtsstreites mit Sicherheit berechnen, wäre ein Widerstreit richterlicher Entscheidungen gar nicht denkbar. Es liegt aber im Rechtsprechen ein schöpferisches, durch Regeln nicht be-

stimmtes Element verborgen, daher ein Rechtssatz erst durch
die Rechtsprechung voll entwickelt und im ganzen Umfange seiner
Bedeutung erkannt zu werden vermag. Trägt der Richter derart
zur Entwicklung des Rechtes selbst bei, so ist überdies dem
modernen Richter ein gesetzlich umschriebener Kreis freien
Ermessens zugewiesen worden, der inhaltlich dem bei der Verwaltung beobachteten gleichartig ist, also auch nur gebunden von
jener allgemeinen Norm pflichtmäßigen Handelns. Hingegen fehlt
der richterlichen Tätigkeit das Moment der Initiative, welches
der Regierung zu eigen ist; der Richter kann immer nur auf
einen von außen kommenden Anstoß zur Rechtsprechung schreiten.

Das Wesen der freien Tätigkeit kommt juristisch auch dadurch zum Ausdruck, daß die wichtigsten Sätze über die staatlichen Zuständigkeiten nur in Form von Machtbefugnissen, nicht
von Pflichten definiert werden können. Das größte Maß freier
Tätigkeit ist jenen unmittelbaren Organen zugemessen, bei denen
die ganze staatliche Initiative ruht. Die Verfassungen sprechen
daher von Rechten des Monarchen, der Kammern, des republikanischen Präsidenten, des Gesamtvolkes usw. In all diesen
Rechten liegen Pflichten verborgen, die aber von niemand geltend
gemacht werden können als von dem Verantwortungsgefühle des
Verpflichteten selbst[1]). Hier ist einer der Punkte, in denen sich
Sittlichkeit und Recht berühren und es klar wird, daß das ganze
Recht haltlos in der Luft schwebt, wenn es sich nicht auf
den festen Grund ethischer Überzeugung der Machthaber stützen
kann.

Das Komplement der freien Tätigkeit ist die rechtlich gebundene. Am geringsten ist seine Bedeutung für die Rechtssetzung
selbst, allein auch bei ihr nicht gänzlich ausgeschlossen, wie so
häufig behauptet wurde. Völkerrechtliche Normen schränken die
staatliche, verfassungsrechtliche die einfache, Bundes- die Staaten-
gesetzgebung ein. Daß diese Schranken in der Regel übertreten
werden können, ohne den also vorgenommenen legislatorischen
Akt rechtlich unwirksam zu machen, ändert daran nichts, zumal
auch innerhalb der rechtlich gebundenen Verwaltung und Rechtsprechung normwidrige Verfügungen und Entscheidungen Rechtskraft gewinnen können. Immer ist aber in solchen Fällen die

---

[1]) Auch ein republikanisches Staatshaupt kann rechtlich nur wegen
Verletzung ausdrücklich normierter Pflichten, nicht wegen Gebrauchs
von verfassungsmäßigen Rechten verantwortlich gemacht werden.

Möglichkeit rechtlicher Beurteilung des normwidrigen Aktes gegeben, was bei freien Akten von vornherein ausgeschlossen ist. Selbst inhaltliche Bestimmungen der Rechtssetzung sind möglich, wenn eine höhere Rechtsquelle einer untergeordneten die Schaffung von Normen anbefiehlt, was im Verhältnisse der bundes- zur gliedstaatlichen, der gesetzlichen zur verordnungsmäßigen Rechtsnorm stattfinden kann.

Weitaus breiter aber als in der Rechtsschöpfung zeigt sich die gebundene Tätigkeit in der Verwaltung, wo sie den Charakter der Vollziehung erhält. Je weiter die Gesetzgebung vorwärts schreitet, desto mehr engt sie das Gebiet der freien Verwaltung (administration pure oder discrétionnaire der Franzosen) ein, wenn es auch unmöglich ist, es jemals gänzlich der Gesetzgebung zu unterwerfen, weil ein konkretes Maß freien Ermessens wegen des Zusammenhanges der Regierungs- mit der Verwaltungtätigkeit notwendig ist. Eine nur auf Grund von Gesetzen verfahrende Verwaltung wäre nur in einem regierungslosen Staate zu finden, einer Ausgeburt politischer Metaphysik, der in der Wirklichkeit nichts entspricht.

Am reichsten zeigt sich aber die gebundene Tätigkeit in der Rechtsprechung, deren spezifische Form, das Urteil, sich stets als Anwendung der Rechtsregel auf den einzelnen Fall darstellen muß, so daß kein streitentscheidender richterlicher Akt bei aller möglichen Zulassung freien Ermessens den Charakter einer rein arbiträren Festsetzung annehmen kann. Größere Freiheit zeigen richterliche Verfügungen, die aber auch stets ein Moment der rechtlichen Bindung im Hinblick auf den Endzweck des Prozesses enthalten.

Vollziehung des Staatswillens ist aber nur zum Teil Aufgabe der Staatsorgane, vornehmlich der Behörden. In erster Linie ist der Staatswille zu vollziehen durch die ihm Unterworfenen. Der Gehorsam des einzelnen und derjenigen Verbände, die nicht staatliche Organträger sind, setzt in der weitaus größten Zahl der Fälle die staatliche Anordnung in Tat um. Diese Vollziehung ist aber nicht Staatsfunktion, sondern individuelle oder genossenschaftliche Tat. Es heißt die staatliche Funktionenlehre gründlich verwirren, wenn man Erfüllung der zahlreichen bürgerlichen Pflichten als Taten des Staates selbst betrachtet[1]).

---

[1]) Vgl. die treffenden Bemerkungen von B e r n a t z i k Kritische Studien a. a. O. S. 278.

3. Ein weiterer wichtiger Gegensatz ist der zwischen o b r i g k e i t l i c h e r und s o z i a l e r Tätigkeit, der dem zwischen freier und gebundener Tätigkeit scheinbar verwandt, aber dennoch von ihm geschieden ist. Es kann nämlich die obrigkeitliche Tätigkeit ganz frei, die soziale durch Rechtsregeln gebunden sein.

Aus den früheren Untersuchungen bereits hat sich ergeben, daß der Staat zwar sein Wesen und seine Rechtfertigung in der Innehabung und dem Besitz der Herrschaft findet, aber nicht ausschließlich auf sie beschränkt ist. Durch die Gemeinsamkeit der Herrschaft werden die ihr Unterworfenen Genossen. Die Förderung genossenschaftlicher Zwecke durch gesellschaftliche Mittel ist in stetig steigendem Maße Staatsaufgabe geworden.

Was aber hier theoretisch geschieden wird, ist in der Einheit des staatlichen Lebens ungebrochen vereinigt. Die obrigkeitlichen Funktionen haben notwendigerweise auch soziale Wirkungen, die nicht nur unbeabsichtigt auftreten. Mit jedem neuen Rechtssatz wird eine Änderung der sozialen Zustände in mehr oder minder meßbarer Weise herbeigeführt. Der Gesetzgeber zieht diese Änderungen, soweit sie berechenbar sind, wohl in Betracht und beabsichtigt daher, soziale Wirkungen durch seine Tätig-keit zu erzielen. Durch Rechtssätze und Rechtszwang werden nationale Selbständigkeit und Macht, wirtschaftliches und geistiges Leben des Volkes auch gefördert, also soziale Resultate durch obrigkeitliche Macht bewirkt. Anderseits aber bedarf wieder die soziale Tätigkeit, die sich in der Verwaltung offenbart, der obrig-keitlichen Gewalt, ohne welche sie auf weiten Gebieten ihre Zwecke nicht zu erreichen vermöchte.

Diese Scheidung zwischen dem h e r r s c h a f t l i c h und g e s e l l s c h a f t l i c h handelnden Staate ist nicht etwa nur von rechtlicher Bedeutung. Je nachdem das eine oder das andere Moment in einem staatlichen Wirkungsgebiete überwiegt, wird dieses nach allen Seiten hin verschieden ausgestaltet. Je mehr die gesellschaftliche Seite überwiegt, desto weniger unabhängig ist die Staatsgewalt von den ihr Unterworfenen, desto mehr tritt sie in den Dienst des einzelnen. Das zeigt sich deutlich in der Ausbildung der Rechtsinstitute, die der Staat auf solchem Boden schafft. In den öffentlichen Anstalten, die er der all-gemeinen Benutzung darbietet, steigt er von seiner Höhe herab und nähert sich dem einzelnen. Noch immer kann er sich auch in solcher Stellung mit Privilegien umgeben, sich dem Privatrecht entrücken; soweit er es aber nicht ausdrücklich tut oder es nicht aus dem Wesen der einzelnen Institution deutlich erhellt, ist er einer unter vielen.

Die wesentliche Bedeutung der Erkenntnis des hier erörterten Unterschiedes liegt namentlich nach zwei Richtungen zutage. Nach der rechtlichen Seite lehrt sie den Staat nicht nur als allen überlegene Macht, sondern auch als einen Verband er-kennen, der mit den Mitteln verwaltet, die jeder Persönlichkeit zur Verfügung stehen. Verwalten ist kein ausschließliches Privi-legium des Staates. Der Begriff der Staatsverwaltung ist viel enger als der der Verwaltung überhaupt. Verwalten heißt zu-nächst geistige und wirtschaftliche Interessen in gemeinnütziger oder doch nicht ausschließlich selbstnütziger Weise befriedigen. Daher kann auch der einzelne sein Eigentum verwalten, wenn er dies unter Berücksichtigung der sozialen Interessen tut. Der Landwirt, der Fabrikant, die ihre individuelle Tätigkeit gemein-nützig ausgestalten, üben nicht minder Verwaltung wie Verbände aller Art und zuhöchst der Staat selbst.

Diese gemeinnützige Tätigkeit des Staates ist aber der pri-vaten, sei sie individuell oder kollektiv geübt, materiell völlig gleichartig.' Briefe befördern, Eisenbahnen betreiben, Schulen gründen, Unterricht erteilen, Armenpflege üben, Straßen bauen sind an und für sich private Tätigkeiten, die im sozialen, nicht im juristischen Sinne öffentlichen Charakter besitzen. Der Staat kann diese und ähnliche Tätigkeiten, wenn er sie ausübt oder durch andere ausüben läßt, kraft seiner umfassenden Macht, mit der er Privat- in öffentliches Recht zu verwandeln vermag, zu öffentlichen im Rechtssinne erheben. Überdies aber steht dem Staate zum Zwecke seiner sozialen Verwaltung seine Herrschaft zu Gebote. Das ist der wichtige Punkt, in welchem staatliche oder mit staatlichen Machtmitteln ausgeübte körperschaftliche Verwaltung sich grundsätzlich von der eines jeden Privaten unter-scheidet. Weil Herrschaftsübung staatliches Verwaltungsmittel ist, ist der Staat der mächtigste soziale Faktor geworden, der stärkste Hüter und Förderer des Gemeininteresses. Durch Herrscher-gebot können sich der Staat und die von ihm mit Herrschermacht ausgestatteten Verbände die persönlichen Kräfte und sachlichen Mittel der Verwaltung verschaffen, können der individuellen Frei-heit im Interesse der Verwaltung Schranken gezogen werden. Der Staat erreicht daher seine Verwaltungszwecke leichter und sicherer

als Individuen und freie Verbände, sofern das Resultat solcher
Tätigkeit nicht ganz oder überwiegend von hervorragenden
individuellen Eigenschaften abhängt, die sich frei entfalten müssen
und nicht durch Zwangsgebot in den Dienst der Gesamtheit ge-
gezogen werden können.

Die soziale Staatstätigkeit, häufig mit dem nicht ganz zutreffenden Namen der Pflege bezeichnet, ist keineswegs auf die
Verwaltung im materiellen Sinne beschränkt. Sie teilt auch die
materielle Gesetzgebung in Anordnungen für Herrschaftsübung und
für gesellschaftliches Handeln des Staates. Die ersteren verleihen
der Verwaltung Macht über die Individuen, die letzteren schränken
die Verwaltung im individuellen Interesse ein. In der Rechtsprechung aber kommt ausschließlich die obrigkeitliche Funktion
zum Ausdruck.

Neunzehntes Kapitel.

Die Gliederung des Staates.

I. Die Bedeutung des Problems.

Die typischen Vorstellungen vom Staate sind, seitdem es eine Staatswissenschaft gibt, dem Einheitsstaate entlehnt. Die Polis, von deren Betrachtung die wissenschaftliche Staatslehre anhebt, und die vermöge der stetigen Entwicklung des antiken Denkens auch der Folgezeit bis zur Gegenwart herab als das Paradigma des Staates erscheint, stellt sich als festgeschlossene innere, keinerlei ihr fremde politische Macht in sich anerkennende Einheit dar. In diesem Staatstypus geht alles politische Leben vom Zentrum aus und kehrt zu ihm zurück. Glieder des Staates sind daher die Individuen, einzeln oder zu familienrechtlichen Verbänden zusammengefaßt, deren politisches Leben mit dem des Staates zusammenfällt. Nur die staatliche Einheit selbst ist insofern gegliedert, als für ihre verschiedenen Verrichtungen ein System von Organen besteht, die mit geschiedenen Zuständigkeiten begabt sind. Aber alle Behörden des Staats sind Zentralbehörden; der Gedanke einer auch nur administrativen oder richterlichen lokalen Organisation ist in der Lehre von dem geschilderten Idealtypus des Staates entweder gar nicht vorhanden oder nur schwach angedeutet.

Diesem Typus entsprachen aber nicht einmal die Verhältnisse der antiken Polis[1]). Am wenigsten in Rom, wo eine reiche territoriale Gliederung und munizipale Körper dem realen Staate ein ganz anderes Aussehen gaben, als er in den Abstraktionen der Staatswissenschaft besaß. Bei der geringen Originalität der Römer sind sie jedoch nicht dazu gelangt, auch theoretisch das hellenische Idealbild des zentralisierten Einheitsstaates irgendwie gemäß den politischen Erscheinungen des Weltreiches zu korrigieren.

---

[1]) Über die Demen und Phylen in Athen vgl. B u s o l t S. 211 ff.

Die Folge dieses Mangels der antiken Lehre zeigt sich in
der mittelalterlichen Literatur insofern, als zwar die gegenüber
den antiken Gemeinwesen gänzlich veränderten Verhältnisse der
Flächenstaaten nicht übersehen werden können, allein nach keiner
Richtung zu besonderer wissenschaftlicher Erkennung und Anerkennung gelangen. Das die Christenheit umfassende Imperium
hat gleich dem antiken Rom seine Provinzen und Munizipien;
allein solche Gliederung wird nicht aus dem Wesen des Staates
abgeleitet. Sobald aber der antike Staatsbegriff die Herrschaft
wiedergewinnt, wird der Staat der Theorie, im schroffen Gegensatz zu der geschichtlichen Wirklichkeit, die in sich geschlossene
Einheit, deren faktische Dezentralisation zwar häufig konstatiert
wird, ohne daß aber die in dieser Tatsache verborgenen Probleme
irgendwie wissenschaftlich durchdrungen würden. Nicht minder
aber ist das neuere Naturrecht von der Idee des zentralisierten
Staates beherrscht, um so mehr, als es sich gleichzeitig mit dem
Ausbau des kontinentalen zentralisierenden Absolutismus entwickelt. Darum vermag auch die dem realen staatlichen Leben zugewendete politische Literatur, der die jenem Zentralismus ent-
gegenwirkenden Mächte nicht entgehen, ihnen keineswegs zu einer
allgemein anerkannten Stellung zu verhelfen [1]).

Erst im bewußten Kampfe mit dem Absolutismus wird die
Bedeutung der Mannigfaltigkeit der staatlichen Gliederung als im
Interesse der Gesamtheit und des einzelnen gelegen erkannt,
gefordert und verteidigt. Erst die neueste Zeit aber, seit der
französischen Revolution, hat den hier vorhandenen Problemen
größere Aufmerksamkeit zugewendet, sowohl theoretisch als
praktisch. Die Lehre von der Gliederung der Staaten ist heute
von der Rechtsgeschichte, dem Staats- und Völkerrechte und von
der politischen Literatur eingehend behandelt, so daß sie einen
wesentlichen Bestandteil der Lehre vom modernen Staate bildet.

Neue fruchtbare Gesichtspunkte für Erweiterung und Beurteilung der staatlichen Verhältnisse sind immer aus den Bedürfnissen und Kämpfen des politischen Lebens hervorgegangen.
Solche sind es auch gewesen und sind es fortdauernd, welche die
Bedeutung des Gegensatzes von Zentralisation und Dezentralisation
der staatlichen Funktionen kennen gelehrt haben. Der Schultypus

---

[1]) Über die ganze literarische Bewegung seit dem Mittelalter vgl.
Gierke Althusius S. 226 ff.

des Staates ist der zentralisierte gewesen, in dem die ganze
öffentliche, sich des Imperiums bedienende Tätigkeit ausschließlich vom Zentrum des Staates ausgeht und darauf zurückführt,
d. h. wo alle in das Gebiet des öffentlichen Rechtes fallenden
Angelegenheiten von Organen erledigt werden, deren räumliche
Kompetenz sich über das ganze Staatsgebiet erstreckt. Diesem
stellt die neue Lehre gegenüber den dezentralisierten Staat, in
dem staatliche Angelegenheiten in mehr oder minder selbständiger
Weise durch Staatsorgane oder Verbände mit lokal beschränkter
Zuständigkeit erledigt werden.

Vor der historischen Erkenntnis erscheint jener Schultypus
des zentralisierten Staates zugleich als ein Idealtypus, der kaum
in den hellenischen Stadtstaaten, geschweige denn in den Verhältnissen der Flächenstaaten späterer Zeit Verwirklichung finden
konnte. Selbst Stadtstaaten waren und sind zu den Zwecken der
einzelnen staatlichen Funktionen in Quartiere, Bezirke oder anders-
benannte Abteilungen gegliedert. Dem fürstlichen Absolutismus
ist es niemals gelungen, das selbständige politische Leben der
Kommunen, Grundherren, Ständeversammlungen usw. gänzlich zu
ersticken. Hatte doch selbst das Frankreich des 17. und 18. Jahrhunderts nicht alles ständische Leben zu vernichten vermocht
und neben seinen pays d'élection eine ganze Reihe von pays
d'États mit Provinzialständen geduldet. Zudem können Großstaaten unmöglich bloß durch Zentralbehörden regiert werden.
Lokalen Gerichts- und Verwaltungsbehörden muß ein bestimmtes
Maß von Entscheidungsgewalt eingeräumt werden, die unter Umständen definitiven Charakter gewinnt. Damit wird der dezentrali-
sierte Staat zum Normalfall des realen Staates. Politisch und
rechtlich kann es sich nur um Maß und Umfang der Dezentralisation handeln [1]).

Diese werden von den verschiedensten historischen und
politischen Verhältnissen bestimmt. Tiefgehende nationale Gegensätze in der Bevölkerung, weitreichende Kulturunterschiede zwischen den einzelnen territorialen Bestandteilen des Staates, räumliche Geschiedenheit eines Teiles des Staatsgebietes von dem

---

[1]) Vgl. über Dezentralisation aus der neuesten Literatur Carlo F.
Ferraris Teoria del dicentramento politico, 2. ed., Milano-Palermo 1899;
Hauriou Précis, 7. éd. p. 140 ff.; derselbe Principes 1910 p. 478 ff.;
Fr. W. Jerusalem Zentralisation und Dezentralisation der Verwaltung
(Hdbch. d. Politik I 1912 S. 179 ff.); dort weitere Literaturangaben.

Hauptkörper bilden soziale und natürliche Hemmungsmittel größerer Zentralisation. Bei einheitlicher Bevölkerung und kontinuierlichem Staatsgebiet aber wirken bedeutsame politische Rücksichten den zentralisierenden staatlichen Tendenzen entgegen. Unmöglichkeit, vom Zentrum aus einen hinreichenden Einblick in die realen Lebensverhältnisse der Teile zu gewinnen; Untauglichkeit einer den Bedürfnissen des Volkes fremden und sozial von ihm geschiedenen Bureaukratie zur gedeihlichen Verwaltung; das Bestreben, die Selbsttätigkeit der Bürger in öffentlichen Angelegenheiten zu heben und damit ihr Interesse am Staate zu wecken und zu pflegen; Steigerung des politischen Verantwortlichkeitsgefühls der Regierten, indem man sie an Geschäften der Regierung und Verwaltung teilnehmen läßt; Berücksichtigung lokaler und berufsmäßiger Interessen durch Gesetzgebung und Verwaltung; Garantie gesetzlicher Verwaltung gegen die Willkür der Zentralbehörden; Überwälzung der Kosten der Lokalverwaltung auf die Interessenten sind die hauptsächlichsten, hier aber keineswegs erschöpfend aufgezählten Gründe, mit denen die Forderungen der verschiedenen Arten von Dezentralisation gerechtfertigt werden.

Im Zusammenhang mit dem Ausbau der heutigen Staatsordnung, soweit sie die Nachteile des Absolutismus zu heilen bestimmt war, ist die Forderung nach einer bestimmten Form der Dezentralisation, nämlich der durch Selbstverwaltung, entstanden. Diese politische Forderung hat weitgehende rechtliche Folgen gehabt. Um das hier zu behandelnde Problem von Grund aus zu verstehen, muß man sich über den politischen Begriff der Selbstverwaltung und die Möglichkeit, ihn in einen Rechtsbegriff zu verwandeln, Klarheit verschaffen[1]).

Die Nachwirkung des mittelalterlichen Gegensatzes von rex und regnum tritt in der politischen Terminologie der Engländer noch heute klar hervor, was bei der auch durch Revolutionen nicht gestörten bewußten Kontinuität der englischen Verhältnisse

---

[1]) Über die Geschichte der politischen Forderungen, die im Begriffe der Selbstverwaltung liegen, vgl. R o s i n Souveränetät, Staat, Gemeinde, Selbstverwaltung, Sep.-Abdr. aus H i r t h s Annalen 1883 S. 41 ff.; P r e u ß Selbstverwaltung, Gemeinde, Staat, Souveränetät (Festgabe für Laband II 1908) S. 206 ff.; L o e n i n g Lehrbuch des deutschen Verwaltungsrechts 1884 S. 34 ff.; H a t s c h e k Die Selbstverwaltung S. 3—69; G. M e y e r Staatsr. S. 345 ff.; daselbst auch in den Noten die neuere deutsche Literatur über Selbstverwaltung.

nicht wundernehmen kann. Den Engländern ist die Regierungsform ihres Staates das self-government, dessen Spitze das Parlament bildet. Den Gegensatz zum self-government bildet das government by prerogative, die Regierung durch den einseitigen, von
keiner Macht gebundenen königlichen Willen. Es ist die alte Anschauung von dem zu innerer Einheit nicht gediehenen Gegensatz
von König und Volk, die im Begriffe des self-government nachwirkt. Diese Selbstregierung beginnt aber in der Verwaltung
der lokalen Angelegenheiten, die entweder ausschließlich oder
doch unter Mitwirkung von Männern vorgenommen wird, die,
nur dem Gesetze, nicht auch den Dienstbefehlen der jeweiligen
königlichen Zentralregierung untertan, aus dem Kreise der Interessenten der lokalen Verwaltung, welche nach englischer Auffassung auch die Rechtsprechung umfaßt, entnommen werden.
Die Institution der Friedensrichter und anderer Ehrenbeamten,
ferner auch die Jury gehören diesem politischen System der
lokalen Selbstregierung an, dessen rechtliche Art später zu erörtern sein wird.

Anders hat sich auf dem Kontinente der terminologisch nur
in der deutschen Literatur vorhandene und da zuerst ganz unklar gedachte Begriff der Selbstverwaltung gebildet[1]). Trotzdem
auf dem Kontinente die englischen Verhältnisse, wie sie bis zu
den großen Reformen des 19. Jahrhunderts sich gebildet hatten,
vor den epochemachenden Arbeiten G n e i s t s in ihrer wahren
Gestalt fast unbekannt waren, hegte man dennoch in weiten
Kreisen die Empfindung, daß die bloße Anteilnahme des Volkes
an der konstitutionellen Gesetzgebung weder genüge, um die Ge-
setzlichkeit der Verwaltung zu sichern, noch um dem Volke
den gebührenden Anteil an dem öffentlichen Leben einzuräumen. Entsprechend den von den englischen gänzlich abweichenden kontinentalen Verhältnissen wird die Wiederbelebung

---

[1]) Das Wort ist wahrscheinlich aus einer Abkürzung von „selbständiger Verwaltung" der Gemeinden entstanden, worunter aber in erster
Linie die von staatlicher Bevormundung freie Vermögensverwaltung begriffen wurde. So faßt wenigstens noch Z ö p f l , Grundsätze II S. 481 ff.,
die Selbstverwaltung auf, soviel ich sehe, der erste bekannte staatsrechtliche Schriftsteller, der diesen Ausdruck gebraucht. Die Frankfurter
Reichsverfassung vom 28. März 1849 hingegen spricht der Gemeinde als
Grundrecht zu „die selbständige Verwaltung ihrer Gemeindeangelegen-
heiten mit Einschluß der Ortspolizei" (§ 184). Darauf ist wohl der umfassendere Begriff der Selbstverwaltung zurückzuführen.

der Kommunalfreiheit und die Schöpfung oder Anerkennung
selbständiger öffentlicher Körperschaften als Träger von Ver-
waltungsbefugnissen als Grundlage einer gedeihlichen, die politische
Selbständigkeit des Bürgers, aber auch die Güte und Gesetzlich-
keit der lokalen Verwaltung verbürgenden Staatsordnung gefordert.
Da die Gemeinde überall das unterste Glied in der Verwaltungsorganisation bildet, so erscheint sie als die natürliche Grundlage
des Staates, ja als dessen zeitliches und logisches Prius. Damit
wird die auf Erweiterung der kommunalen Rechte gerichtete Bewegung zur konsequenten Ergänzung des auf Herbei- und Durchführung der konstitutionellen Monarchie gerichteten Strebens
In Frankreich vor der Revolution beginnend, während dieser
anfänglich zum Siege führend, macht diese Bewegung doch bald
wieder weitergehender Zentralisation Platz. In Deutschland,
Belgien, den Niederlanden, Österreich und anderen Staaten hingegen erlangt das Streben nach kommunaler Freiheit und Macht
bleibende Bedeutung durch Anerkennung einer umfangreicheren
kommunalen Rechtssphäre.

Eine andere Wendung nimmt die Lehre von der Selbstverwaltung in der zweiten Hälfte des 19. Jahrhunderts. Gründliche Untersuchung der historischen Entwicklung des englischen
Staates, dem allgemeinen Bewußtsein in Deutschland namentlich
durch die Arbeiten G n e i s t s vermittelt, hatte den innigen Zusammenhang des lokalen self-government mit der ganzen Parlamentsverfassung dargetan und damit gezeigt, daß rechtlich und
politisch das Parlament ohne genaue Kenntnis des Wesens und
der Wirkungsart dieser lokalen Institutionen unverständlich bleibt.
Diese Erkenntnis eifert insofern zur Nachahmung an, als Behörden gefordert und geschaffen werden, die wenigstens auf verwandten Prinzipien beruhen wie die englischen Selbstverwaltungs-
ämter. Sie weichen von dem englischen Vorbilde in der Regel
allerdings in einem wichtigen Punkte ab, indem ihre Leitung
häufig einem staatlichen Berufsbeamten zusteht, auch sonst dem
Berufsbeamtentum ein größerer Einfluß eingeräumt wird als in
England. Die Verwaltungsreform, die sich seit der Reorganisation
der badischen Verwaltung im Jahre 1863, namentlich aber seit
der tiefgreifenden Umbildung der preußischen Verwaltungsorganisation, die mit der Kreisordnung von 1872 beginnt, vollzieht, ist nicht zum geringen Teile unter dem Einflusse der
deutschen Lehre von der englischen Selbstverwaltung entstanden,

obwohl keineswegs eine Kopie englischer Verhältnisse vorliegt, vielmehr der von früher her wirkende Einfluß der französischen Organisationsprinzipien im Vereine mit heimischen Institutionen einen bedeutenden Anteil an der realen Ausgestaltung der neuen Einrichtungen trägt.

Anderseits aber hat sich das englische local government in der ihm in den letzten Jahrhunderten aufgeprägten Form nicht halten können. Die gänzlich geänderten sozialen Verhältnisse des 19. Jahrhunderts, die zu einer dreimaligen tiefeinschneidenden Reform des Parlamentes geführt haben, sind mit der Fortdauer einer Form der Verwaltung unvereinbar geworden, welche auf der Vorherrschaft einer aristokratischen Gesellschaftsklasse aufgebaut ist. Denn der Kreis jener im local government herrschenden Personen gehörte derselben nobility und gentry an, welche die Mitglieder beider Häuser des Parlaments umfaßte. Mit der Demokratisierung des Wahlrechtes zum Unterhause einer- und der Ausdehnung der Funktionen der lokalen Verwaltung anderseits hat sich im Laufe der neuesten Zeit eine Form der Verwaltung herausgebildet, die sich der auf dem Kontinente herrschenden mehr und mehr angenähert hat, wie denn auch die Zentralgewalt durch diese neuen Bildungen eine ihr früher unbekannte Stärkung erfahren hat. Damit ist auch neben die immer mehr zurückgedrängte Form der alten Selbstverwaltung die neue, durch Körperschaften und deren Organe, getreten.

Durch diese eigentümliche Umbildung und gegenseitige Beeinflussung haben die beiden historisch geschiedenen Formen der Selbstverwaltung, die englische und die kontinentale, ihre Vereinigung und gegenseitige Durchdringung gefunden.

Auf der Basis der geschilderten, in ihren Einzelheiten vielverschlungenen Entwicklung hat heute der einst unklare und vieldeutige Begriff der Selbstverwaltung einen wenigstens nach der politischen Seite hin unzweifelhaften und unbestrittenen Sinn erhalten. Er bedeutet alle öffentliche Verwaltung, die entweder ausschließlich von nicht im öffentlichen Dienste[1]) angestellten

---

[1]) Ich spreche vom „öffentlichen Dienste", nicht vom Staatsdienste, um auch die von den Berufsbeamten öffentlicher Körperschaften geübte Verwaltung auszuschließen, obwohl diese, als rechtlich und politisch weniger wesentlich, in den folgenden Betrachtungen weggelassen werden könnte.

Personen oder doch unter deren Mitwirkung vorgenommen wird,
oder, noch kürzer und prägnanter ausgedrückt, alle öffentliche
Verwaltung, die nicht oder nicht ausschließlich von öffentlichen
Berufsbeamten geübt wird[1]). Dieser politische Begriff dient nun
als Wegweiser für die Erfassung des rechtlichen Wesens der
Selbstverwaltung[2]). Ist sie nämlich nicht nur ein Prinzip im
politischen Parteikampfe oder ein Gesichtspunkt, unter dem zu
bestimmten praktischen Zwecken gewisse Erscheinungen des
Staatslebens geordnet werden, sondern bedeutet sie eine bleibende
Institution, so muß es von ihr, wie von allen dauernden staatlichen Einrichtungen, einen Rechtsbegriff geben[3]). Wer die
Selbstverwaltung gänzlich in das politische Gebiet verweist, verkennt, daß alle publizistischen Rechtsbegriffe aus politischen
hervorgewachsen sind, indem überall das, was im realen Leben
der Staaten zu praktischen Zwecken gefordert und sodann dauernd
geübt wird, sich notwendig zu Rechtsgestaltungen verdichtet. Es
gibt keinen staatsrechtlichen Grundbegriff, der nicht aus dem
Kampfe und Siege politischer Forderungen hervorgewachsen wäre.

Überblickt man nunmehr die Staaten, um sie nach der Art
ihrer Gliederung zu klassifizieren, so ergibt sich folgendes:

---

[1]) In dieser negativen Begriffsbestimmung vereinigen sich die beiden
voneinander gänzlich geschiedenen Bedeutungen des Wortes Selbstverwaltung, die bürgerliche und körperschaftliche, wie R o s i n sie bezeichnet hat. Auch die, welche die rein politische Natur des Selbst-
verwaltungsbegriffes behaupten, sehen sich doch genötigt, für die Korporationsverwaltung einen staatsrechtlichen Begriff der Selbstverwaltung
zuzugeben. Vgl. G. M e y e r StR. S. 346 und L a b a n d im Rechtsgeleerd
Magazijn 1891 S. 14 (Sep.-Abdr.).

[2]) Vgl. System der subj. öff. Rechte S. 277 (290) ff.

[3]) Von neueren Versuchen, einen allgemeinen Rechtsbegriff zu gewinnen, seien hier die von N e u k a m p und P r e u ß erwähnt. Offenbar zu
eng definiert N e u k a m p , Der Begriff der „Selbstverwaltung" im Rechtssinne, Archiv f. öff. R. IV S. 538, diese als die von der Ministerverwaltung
rechtlich unabhängige, nur den Gesetzen des Landes unterworfene und
deshalb von Weisungen einer vorgesetzten Behörde unabhängige Verwaltung. P r e u ß, Städt. Amtsrecht S. 119 ff., will auch alle bürgerliche
Selbstverwaltung auf Verwaltung durch Organe von Selbstverwaltungskörpern zurückführen, wodurch aber den entgegenstehenden geschichtlichen und politischen Erscheinungen Gewalt angetan wird. Anderseits
erklärt E. v. M e i e r in H o l t z e n d o r f f - K o h l e r s Enzyklopädie II
S. 644 ff. jeden p o s i t i v e n allgemeinen Begriff der Selbstverwaltung,
der das englische und deutsche System zugleich umfaßt, für unauffindbar,
in welchem Punkte ich mit ihm übereinstimme.

Vorausgesetzt ist zunächst der Normalfall des Einzelstaates, d. h. jenes Staates, der bei aller möglichen Mannigfaltigkeit seiner Glieder ausschließlich Eigner der öffentlichen Gewalt ist, dessen Glieder daher weder staatlichen noch staatsähnlichen Charakter besitzen.

Zentralisiert oder dezentralisiert können alle materiellen staatlichen Funktionen sein. Durch den Terminus „Selbstverwaltung", die allerdings nur einen möglichen Fall der Dezentralisation bildet, wird dieser Tatbestand verdeckt. Es gibt neben der Dezentralisation der Verwaltung eine solche der Gesetzgebung und der Rechtsprechung. Lokale Polizeiverordnungen und Ortsstatute sind Akte der materiellen Gesetzgebung, sowie Gemeinde-, Gewerbe-, Kaufmannsgerichte und Rentenausschüsse lokale Organe der Rechtsprechung im heutigen Staate sind.

Als Grundformen der Dezentralisation ergeben sich zwei scharf geschiedene Arten: administrative Dezentralisation und Dezentralisation durch Selbstverwaltung.

Die Dezentralisation kann aber so weit gehen, daß die oben vorausgesetzte innere Einheit des Staates bei relativer Selbständigkeit der Glieder nicht erreicht wird. Diese Fälle sind besonders zu betrachten. Sie sind von hohem Interesse, weil sie uns sowohl die Grenzen des Staatsbegriffes kennen lehren als auch zeigen, daß im geschichtlichen Leben Übergänge von Staat zu nichtstaatlichem Gebilde vorhanden sind.

II. Die Arten staatlicher Gliederung.

1. Administrative Dezentralisation.

Es ist bereits erwähnt worden, daß der streng zentralisierte Staat, minimale staatliche Gemeinwesen abgerechnet, nur als Schulbeispiel, nicht als realer Typus angetroffen wird. Jede Gliederung eines Staates in territoriale Abteilungen zu Zwecken der Verwaltung und der Rechtspflege hat notwendig dezentralisierende Wirkungen. Die Behörden dieser Abteilungen sind nämlich nicht oder nicht nur Vollzugsorgane der Zentralregierung, sondern haben eigene, unter Umständen der Aufsicht und Korrektur durch die obere Behörde entrückte Entscheidungsgewalt.

Zwei Typen des also dezentralisierten Staates sind geschichtlich hervorgetreten. In dem ersten sind für Teile des Staates oberste Behörden bestellt, in dem zweiten steht über allen Provinzial- und Lokalbehörden eine einheitliche Zentralregierung.

Der erste Typus findet seinen Ausdruck dort, wo der Verwaltung und Rechtspflege das Provinzialsystem zugrunde liegt.
Es bezeichnet die äußerste Grenze, bis zu welcher die administrative Dezentralisation gehen darf, ohne die Einheit des
Staates zu zerstören.

Das Provinzialsystem läßt sich nur historisch begreifen.
Sowohl dem unausgebildeten politischen Denken des Mittelalters
als auch noch dem fürstlichen Absolutismus der neueren Zeit genügte die Einheit des staatlichen Oberhauptes und der Verwaltung
gewisser, allen Teilen eines Herrschaftsgebietes gemeinsamer
Angelegenheiten, um ein einheitliches Staatswesen zu erblicken,
mit welcher Einheit die weitestgehende Verschiedenheit in der
politischen Stellung der Glieder vereinbar ist. Die Forderung,
daß die Einheit des Staates in der Einheit der Zentralregierung
sich zeige, ist zwar schon dem frühen Mittelalter nicht unbekannt,
findet aber auf dem Kontinent an der in der ganzen Kulturlage
begründeten Unmöglichkeit der Herstellung und Aufrechterhaltung
einer dauernden Zentralgewalt eine Schranke ihrer Verwirklichung.
Das Feudalsystem schafft aus untergeordneten Organen der staatlichen Zentralregierung selbständige lokale Gewalten, deren Herkunft aus der staatlichen Machtfülle immer mehr aus der geschichtlichen Erinnerung verschwindet. Die großartige Neuorgani-
sation des englischen Staates durch Wilhelm den Eroberer bildet
das erste Beispiel einer weitgehenden Zentralisation inmitten einer
durch die selbstherrliche Gewalt der großen Lehnsträger in Zer-
stückelung begriffenen politischen Welt. Auf dem Kontinente
ist es vor allem Frankreich, das mit dem Fortschreiten der königlichen Gewalt die staatliche Einheit auch durch sich vervoll-
kommnende Einheit der gesamten Staatsverwaltung darzustellen
strebt. Auch in den anderen Staaten ist es das fürstliche Streben,
die Kräfte der Gesamtheit, vorerst namentlich zu militärischen
und ökonomischen Zwecken, zusammenzufassen, sodann aber auch
um innere Gegensätze auszugleichen und alle Teile gleichmäßig
an die Dynastie und damit an den Staat zu ketten, das zu einer
Überwindung des Provinzialsystems führt. Nichtsdestoweniger
bleiben noch lang Reste zurück[1]), wie es denn auch heute

---

[1]) Noch im vorigen Jahrhundert sind mehrere deutsche Staaten
längere Zeit teilweise nach Provinzialsystem verwaltet worden (Sachsen,
Hannover, Sachsen-Weimar, Mecklenburg-Schwerin). Vgl. M a l c h u s
Politik der inneren Staatsverwaltung I 1823 §§ 60—63. Österreich hatte

keineswegs gänzlich geschwunden ist. Bei Neuerwerbungen von
Gebietsteilen, bei der Organisation von Nebenländern, bei anderen
staatsrechtlichen oder politischen Schwierigkeiten der völligen
bureaukratischen Zentralisation findet es auch heute noch häufig
Anwendung. Irland, Ostindien[1]), Island[2]), Elsaß-Lothringen,
ferner die besonderen Kolonialministerien unterstellten Nebenländer der europäischen Staaten sind Beispiele von Teilen eines
Staates, deren Regierung von der sie beherrschenden Zentralgewalt in größerem oder geringerem Umfange gemäß dem
Provinzialsystem vorgenommen wird.

Wenn nun auch der nach dem Provinzialsystem konstruierte
Staat heute mehr als ein Provinzenbündel denn als einheitliches

---

noch in der dem Dualismus unmittelbar vorangehenden Epoche als
konstitutioneller Einheitsstaat eine besondere ungarische und sieben-
bürgische Hofkanzlei.

[1]) Über die eigentümliche administrative Stellung beider vgl. G n e i s t
Das Englische Verwaltungsrecht der Gegenwart 3. Aufl. II 1884 S. 1104 ff.;
H a t s c h e k Engl. Staatsrecht I S. 193 ff., 208 ff.; Lawrence L o w e l l Die
englische Verfassung 1913 II S. 395 ff.

[2]) Vgl. G o o s - H a n s e n Das Staatsrecht des Königreichs Dänemark
(in Marquardsens Handb. S. 45, 157 ff. u. Neubearbeitung im öff. Recht d.
Gegenwart XX 1913 S. 12, 55, 239 ff.). — Nach isländischer Auffassung ist
Island ein selbständiger Staat. Diese Ansicht wird neuerdings unter dem
wohlbegründeten Widerspruch Knud B e r l i n s, Islands staatsrechtliche
Stellung 1910 S. 2 ff., verfochten auch vom Schweden Ragnar L u n d -
b o r g, Islands staatsrechtliche Stellung 1908 S. 50 ff., von den Nor-
wegern A a l l und G j e l s v i k, Die norwegisch-schwedische Union 1912
S. 21 ff. N. 1, und von v. L i s z t, Das Völkerrecht 9. Aufl. 1913 S. 54, der
von einer Personalunion zwischen Island und Dänemark spricht. Ihr
trägt Rechnung der von der dänischen Regierung gutgeheißene Gesetzentwurf von 1908 über die Schaffung einer Staatsverbindung zwischen
Dänemark und Island als zweier Staaten. Der Entwurf scheiterte bis
jetzt an den maßlosen Forderungen der Isländer: G o o s - H a n s e n in der
Neubearbeitung S. 245 f.; Der Gesetzentwurf ebenda S. 274 f. — Bevor
der Entwurf Gesetz ist, schweben Betrachtungen über die Natur der
geplanten Staatsverbindung in der Luft. M o r g e n s t i e r n e, Jahrbuch
d. ö. R. 1909 S. 522 ff., hält das zukünftige dänische Gesamtreich für
einen Staatenstaat, nicht für eine Realunion. Es wird darauf ankommen,
ob nach dem Sinne des Entwurfs in den gemeinsamen Angelegenheiten
das K ö n n e n der beiden Staaten beschränkt sein soll oder bloß ihr
D ü r f e n. Ist ein im Widerspruch mit einem gemeinsamen Gesetz er-
gehendes isländisches Landesgesetz zwar vereinbarungswidrig, aber
dennoch gültig, so ist Dänemark-Island eine Realunion, andernfalls ist
die Verbindung ein Staat.

Gemeinwesen erscheint, so war doch zur Zeit seiner größten Herrschaft ein gewisses Maß einheitlicher Zentralregierung für alle Provinzen vorhanden, welches namentlich die Einheit nach außen umfaßte. Eine bloß auf die Herrscherperson beschränkte Einheit wurde, sobald die Vorstellungen vom Staate sich nur einigermaßen schärfer ausprägten, noch nicht als ein staatliches Gebilde angesehen; vielmehr setzt in solchen Fällen der Begriff der Personalunion in seiner ursprünglichen Gestaltung ein. Auch wo den einzelnen Territorien eine selbständige Organisation verbleibt, wird doch ihr Zusammenschmelzen zu einem Staate in erster Linie durch Herstellung eines Systems von Zentralbehörden neben den obersten Provinzialbehörden bewirkt, namentlich auf den Gebieten der auswärtigen Angelegenheiten, des Heer- und Finanzwesens. Aber auch heute würde dort, wo gar keine Verbindung zwischen der Verwaltung mehrerer Gebiete bestünde, daher gemeinsame Zentralstellen gänzlich mangelten, von einem einheitlichen Staatswesen nicht mehr gesprochen werden können, wenn auch anderseits das Dasein solcher Zentralstellen allein durchaus nicht genügt, den Gliedern den staatlichen Charakter abzusprechen.

Solche Dezentralisation gemäß dem Provinzialsystem pflegt eine umfangreiche Dezentralisation nicht nur der Verwaltung, sondern auch der Gesetzgebung und der Rechtsprechung zu sein. Sie begünstigt und erhält dadurch das Sonderleben der also reorganisierten Teile eines Staates in hohem Grade. Soweit diese Teile vom Staate organisiert sind, bilden sie demnach nur Abschnitte der dezentralisierten Einheit. Sie pflegen aber meistens außerdem einen Verband darzustellen, der als solcher dem Staate gegenüber als Rechtsträger erscheint. In dieser Eigenschaft sind sie weiter unten zu betrachten.

Die zweite Form der administrativen Dezentralisation ist heute die normale. Sie besteht in der Organisierung des durchwegs mit einheitlichen Zentralbehörden versehenen Staates durch Mittel- und Lokalbehörden und deren Ausstattung mit selbständigen Verwaltungs- und Entscheidungsbefugnissen. Selbst der am stärksten vom Prinzipe der Zentralisation beherrschte Staat ist genötigt, den Unterbehörden eine selbständige Kompetenz einzuräumen, da es ein Ding der Unmöglichkeit ist, alle Verwaltungsakte gemäß individuell bestimmten Anweisungen der Zentralbehörden zu erledigen oder sie zur Bestätigung an ·die obersten Stellen zu bringen. Bei den Gerichten ist es selbstverständlich, daß ein geregelter Instanzenzug eingehalten werde, der zur Folge hat, daß es in den meisten Fällen bei der Entscheidung der unteren Instanz sein Bewenden hat, da die obere nur auf Anrufen der Beteiligten tätig werden kann. Selbst dort, wo, wie in England, das oberste Reichsgericht nicht nur selbst eine umfassende Zuständigkeit in erster Instanz hat, sondern auch jeden bei einem unteren Gerichte anhängigen Fall an sich ziehen kann, ist selbstverständlich die Entscheidung des unteren Richters die Regel.

Innerhalb dieses Typus des nach dem Zentralsystem[1]) organisierten Staates sind die größten Mannigfaltigkeiten vorhanden, da Maß und Umfang der den untergeordneten Behörden zugewiesenen Zuständigkeiten sich stets nach den konkreten Verhältnissen und Bedürfnissen des Einzelstaates richten. Es ist daher auch bei diesem Typus weitgehende administrative Selbständigkeit der Staatsteile möglich, die allerdings ganz anders geartet ist als bei dem ersten Typus, da die Zentralregierung gemäß der dienstlichen Unterordnung, namentlich der nichtrichterlichen Mittel- und Lokalbehörden, stets in der Lage ist, unerwünschte Abweichungen von ihren Direktiven zu verhindern oder doch auf ein geringes Maß zu reduzieren. Diese Form der Dezentralisation erstreckt sich aber im wesentlichen nur auf Verwaltung und Rechtsprechung, während gesetzgeberische Befugnisse den untergeordneten Behörden nur in Form eines dem Umfang nach beschränkten und an Bedeutung sehr zurücktretenden Verordnungsrechtes zustehen kann. Sie tritt selten rein auf, steht vielmehr in der Regel im Zusammenhang mit dem folgenden System der Dezentralisation.

2. Dezentralisation durch Selbstverwaltung[2]).

Wir haben das gemeinsame negative Merkmal aller Selbstverwaltung: öffentliche Verwaltung durch Personen, die in keinem

---

[1]) In der Regel früher als Realsystem bezeichnet, wegen der Trennung des Geschäfts in mehrere Ressorts, während die obersten Provinzialbehörden häufig die gesamte Verwaltung als einheitliche Masse behandelten. Doch traf diese Tatsache keineswegs überall zu und war überdies nur verwaltungstechnisch, nicht aber rechtlich und politisch von wesentlicher Bedeutung.

[2]) Vgl. zum folgenden auch meine eingehenden Ausführungen System

dauernden berufsmäßigen Dienstverhältnis zu dem öffentlichen
Verbande stehen, dessen Verwaltung sie führen, kennen gelernt.
In erster Linie handelt es sich aber hier um staatliche Verwaltung durch andere Personen als berufsmäßige Staatsbeamte.
Sie bildet, näher bezeichnet, als Gegensatz zur staatlich-bureau-
kratischen Verwaltung, die Verwaltung durch die Interessenten
selbst. Hier ist nun der Einblick in ihr rechtliches Wesen zu
gewinnen.

Überblickt man die verschiedenen Formen der Selbstverwaltung, so ergeben sich für sie nach der rechtlichen Seite
hin zwei Paare von Typen, die zwar in der Wirklichkeit stets
miteinander verbunden, zum Zwecke theoretischer Erkenntnis
jedoch auseinandergehalten werden müssen. Selbstverwaltung hat
statt entweder auf Grund einer Pflicht oder eines Rechtes zur
Verwaltung. Sie wird ferner entweder von einzelnen oder von
Verbänden geübt. Diese zunächst äußerlich erscheinenden Gegensätze sind, wie die folgende Untersuchung ergeben wird, diejenigen, die uns den Einblick in das rechtliche Wesen der Selbstverwaltung und deren juristische Abarten gewähren.

Dem Staate stehen zwei Mittel zu Gebote, um den ihm
nötigen Willen zu gewinnen: Verpflichtung und Berechtigung. So
auch zur Sicherung der Verwaltung lokaler Interessen durch die
Interessenten.

Die Verpflichtung kann sich wenden an Individuen oder an
Verbände. Lokale Interessen können befriedigt werden durch
Erfüllung staatlicher Dienstpflicht von seiten der einzelnen und
der zum Dienst herangezogenen Verbände.

Solche Dienstpflicht einzelner ruht nicht, wie das Berufsbeamtentum, auf der Grundlage eines dauernden, durch einen
individualisierten Akt (den Staatsdienervertrag) erzeugten Dienst-
verhältnisses, sondern auf dem Grund der allgemeinen staatsbürgerlichen Subjektion. Sie findet ihre wesentliche Gegenleistung
in dem Maße spezieller Ehre, das mit jeder Trägerschaft staatlicher Organstellung verknüpft ist. Die also zur Dienstleistung

---

Kap. XVI. Aus der neuesten Literatur W. S c h o e n b o r n Das Ober-
aufsichtsrecht des Staates im modernen Staatsrecht 1906 S. 40 ff.;
B. B e y e r Das Wesen der Selbstverwaltung (Z. f. d. ges. Staatsw. 65. Bd.
1909) S. 129 ff.; H. P r e u ß und W. v. B l u m e im Handb d. Politik I 1912
S. 198 ff., 219 ff.; F l e i n e r Institutionen des deutschen Verwaltungsrechts
2. Aufl. 1912 S. 87 ff.

berufenen Personen sind E h r e n b e a m t e, als solche in ein bestimmtes Amt berufen, daher unversetzbar, in der Regel nur den
Gesetzen und der gesetzmäßigen Verordnungsgewalt, nicht aber
Reglements und Instruktionen der vorgesetzten Behörden unterworfen, demnach unabhängiger von der Zentralgewalt als die
Berufsbeamten[1]). Ihre Institution soll daher namentlich sowohl
die bessere Besorgung lokaler Interessen durch die mit ihnen
Verknüpften als auch die gesetzliche Handhabung der Verwaltung
garantieren.

Scharf ausgebildet wurde dieser Typus in England in der
Grafschaftsverwaltung. Er ist die notwendige Form der Selbstverwaltung eines Staates, dessen Geschichte mit einer ein selbständiges Recht der Verwaltung seiner Verbände nicht anerkennenden Zentralisation beginnt. Ihrer sachlichen Seite nach
ist diese Form der Verwaltung stets Staatsverwaltung. Sie ist
Staatsverwaltung durch Ehrenamt. Dementsprechend erfolgt die
Berufung ins Amt auch in der Regel durch königliche Ernennung[2]),
in welchem Akte die staatliche Übertragung des Amtes gleichsam
sichtbar zum Ausdruck kommt[3]).

Dieser Typus hat verschiedene Modifikationen erfahren. Das
Moment der Verpflichtung konnte zurückgedrängt und damit ein
Übergang zum zweiten Typus dieser Gattung geschaffen werden.
Recht und Pflicht der Ernennung konnte vom Staate selb-
ständigen Verbänden übertragen und damit zum Bestandteil der
Verbandsverwaltung erhoben werden. Das Ehrenamt konnte
mit dem Berufsamt zu einheitlichen Behörden zusammengefaßt
werden.

Diese letztere Modifikation hat in großem Umfange bei der
Neuordnung der Verwaltungsbehörden in vielen deutschen Staaten
stattgefunden. Der badische Bezirksrat, der preußische Provinzial-
rat, Bezirks- und Kreisausschuß, der sächsische Kreis- und Bezirks-
ausschuß, der hessische Kreis- und Provinzialausschuß sind Staatsbehörden, die aus Berufs- und Ehrenbeamten zusammengesetzt
sind derart, daß mindestens der Vorsitzende Berufsbeamter ist. Im

---

[1]) Vgl. System S. 173, 183.

[2]) Mit Ausnahme des Coroners, dessen Ernennung auf die Graf-
schaftsversammlung übergegangen war.

[3]) In Preußen ist der Amtsvorsteher (Kreisordnung vom 13. Dez. 1872
§§ 56 ff.) nach diesem Typus gestaltet. Doch ist der Amtsvorsteher in
viel größerer Abhängigkeit von der Regierung als der englische Friedensrichter.

Deutschen Reiche sind die Versicherungsämter, Oberversicherungsämter und das Reichsversicherungsamt hierhergehörige Beispiele.
Dieses System der gemischten Staatsbehörden schließt
in sich nicht nur Dezentralisation der Verwaltung durch Teilnahme
der Interessenten, sondern auch Kontrolle der bureaukratischen
Verwaltung durch die Selbstverwaltung.

In allen diesen Fällen ist aber die Verbindung zwischen
Ehrenamt und Lokalverwaltung dadurch gewahrt, daß die Berufung zum Ehrenamt, wie immer sie erfolgen möge, auf einen
örtlich oder korporativ begrenzten Kreis von Personen beschränkt
ist. Selbst in jenen Ausnahmefällen, wo heute Zentralstellen den
Charakter gemischter Behörden haben, wie das deutsche Reichsversicherungsamt, ist der Zusammenhang mit den lokalen Verbänden durch die Art der Bestellung der ehrenamtlichen Mitglieder erhalten.

Ähnlich wie die persönliche Dienstpflicht, aber dennoch in
wichtigen Punkten anders geartet ist die der Verbände. Die
hier in Frage kommenden Verbände können höchst mannigfaltig
beschaffen sein. Verbände ohne Persönlichkeit, mit unentwickelter
oder umfangreicher Rechtssubjektivität, kirchliche und weltliche,
private und Verbände des öffentlichen Rechtes können zur staatlichen Dienstpflicht herangezogen werden. Von großer Bedeutung
ist namentlich die Dienstpflicht der öffentlich-rechtlichen Verbände, d. h. jener Verbände, die entweder Träger öffentlicher
Herrschaftsrechte und öffentlicher Pflichten sind oder, ohne Träger
von Herrschaftsrechten zu sein, doch aus der Zahl der übrigen
Verbände dadurch herausgehoben sind, daß sie vom Staate als
integrierende Bestandteile seiner Organisation eingeordnet und
demgemäß vom öffentlichen Rechte reguliert werden. Die ersteren sind aktive; die letzteren passive öffentlich-rechtliche
Verbände [1]).

Der Typus des passiven Verbandes in der öffentlichen Verwaltung ist wiederum in den angelsächsischen Staaten zu finden [2]).

---

[1]) Vgl. darüber System S. 268 ff.; Gierke Deutsches Privatrecht I
S. 621; Hatschek Selbstverwaltung S. 97 ff.

[2]) Vgl. den eingehenden Nachweis bei Hatschek Selbstverwaltung
S. 20 ff. und S. 173 ff., und in sehr gründlicher, überzeugender Darstellung Engl. Staatsrecht I S. 35 ff., namentlich S. 75 ff. Unklar Mait-
land, Trust und Korporation, Grünhuts Zeitschrift XXXII S. 73, der
allerdings die Rückständigkeit der englischen juristischen Theorie selbst
betont.

Das hängt damit zusammen, daß dort der Korporationsgedanke niemals die scharfe Ausprägung erfahren hatte wie auf dem Kontinente. Daher stellen sich namentlich die älteren Grafschaften in England, vor der großen Verwaltungsreform des 19. Jahrhunderts, sowie die amerikanischen Kommunalverbände bis in die Gegenwart[1]) als derartige unentwickelte Verbände dar. Sie haben keine Herrschergewalt als subjektives Recht, werden aber dennoch durch öffentliches Recht gebildet, beruhen auf dem Prinzip der Zwangsmitgliedschaft, und ihre Verwaltungskosten sind durch örtliche Steuern hereinzubringen. Sie üben Imperium, aber nur kraft staatlicher Delegation; nicht ihr Wille, sondern die Staatsgewalt wird durch sie handelnd. Sie bilden einerseits die Voraussetzung und anderseits die Ergänzung der durch Ehrenbeamte geübten Verwaltung. Durch ihr Medium wird die Gesamtheit der Untertanen (in Form der Verpflichtung zu persönlichen und sachlichen Leistungen) zu den Zwecken der Staatsverwaltung herangezogen.

Auch der aktive öffentlich-rechtliche Verband, als dessen Typus die Gemeinde der kontinentalen Staaten erscheint, ist trotz Trägerschaft von Herrschaftsrechten ein staatlicher Dienstpflicht unterliegender Verband. Zuvörderst sind meist Recht und Pflicht in seiner Herrschaftssphäre selbst derart miteinander verknüpft, daß die Ausübung seiner Rechte zugleich ein Moment der Pflicht gegenüber dem Staate enthält, wenigstens insofern, als es nicht in sein Belieben gestellt ist, ob er überhaupt tätig sein wolle oder nicht. Sodann aber werden diese Verbände vom Staate zu seinen Verwaltungszwecken durch Auferlegung spezieller Pflichten verwendet. Auch in dieser Hinsicht sind verschiedene Möglichkeiten verwirklicht. Es kann nämlich die Dienstpflicht auf dem Verbande selbst ruhen oder nur auf bestimmten Organen des Verbandes, die dadurch eine staatliche Organstellung erlangen, die mit ihrer Qualität als Verbandsorgane gesetzlich verknüpft ist. Ein wesentliches Merkmal der Dienstpflicht der Verbände ist es ferner, daß die Kosten ihrer Leistungen für den Staat

---

[1]) Das amerikanische System, das auf den gleichen Grundgedanken beruht wie das englische und mit ihm geschichtlich verknüpft ist, klar und übersichtlich im Vergleich mit diesem dargestellt von Goodnow, a. a. O. I p. 162 ff. Interessant namentlich die Richtersprüche p. 173 ff., die von der ganz untergeordneten korporativen Art der towns und counties sprechen, die ihrem Wesen nach nur staatliche Verwaltungsabteilungen sind, deren Beamte staatliche Funktionen auszuüben haben.

grundsätzlich von ihnen zu tragen sind, wodurch die Verbandsmitglieder zur Herbeischaffung der ökonomischen Mittel für diese
Verwaltungstätigkeit herangezogen werden.

Die Möglichkeit eines R e c h t e s auf Selbstverwaltung scheint
auf den ersten Blick mit dem Gedanken der Einheit des Staates
und seiner Gewalt, demzufolge nur der Staat selbst ein Recht
auf Imperium besitzen kann, unvereinbar. Sie ist in der Tat
nur historisch zu begreifen, da alle solche Rechte geschichtlich
mit dem dualistischen Staate des Mittelalters zusammenhängen.
In England mit seiner seit der normännischen Eroberung kon-
zentrierten Staatsgewalt ist es niemals zur Vorstellung und Anerkennung eines Rechtes einzelner oder eines Verbandes auf
Selbstverwaltung gekommen.

Anders auf dem Kontinente. Dort war staatliche Gewalt in
die Hände von Feudalherren und Städten geglitten und zu deren
eigenem Rechte geworden. Der Absolutismus, welcher den großen
Enteignungsprozeß vollzog, den die Staatsgewalt gegen alle untergeordneten Gewalten führte, hat die bisher mit eigenem Imperium
Begabten keineswegs gänzlich aus dem Besitze gesetzt. Bis ins
19. Jahrhundert hinein standen Grundherren und Städten in
verschiedenen Staaten eigene Gerichtsbarkeit und Polizei zu, wie
denn auch andere Herrschaftsrechte den Städten bei aller Einschränkung und Beaufsichtigung durch die Staatsgewalt verblieben
waren. Allein der Gedanke, daß der ursprüngliche Eigner dieser
Rechte der Staat sei, bricht sich in Theorie und Praxis mit
elementarer Gewalt Bahn. Dadurch ist eine Fortdauer oder
Erweiterung dieser Rechte juristisch nur möglich, indem man an
ihren Ursprung wieder anknüpft. So wie der Landesherr oder
Bischof durch Belehnung mit den Regalien, die Stadt durch Verleihung des Gerichtsbannes in den Besitz von Hoheitsrechten
kam, deren Ursprung aus der Staatsgewalt dadurch sichtbar in
die Erscheinung trat, so findet auch heute in der Zuerkennung von
Selbstverwaltungsrechten eine Belehnung mit Imperium statt. Der
moderne Selbstverwaltungskörper dieser Art hat daher vom Staate
das Recht auf Ausübung staatlichen Imperiums in der Weise erhalten, daß es ihm als ein auch dem Staate gegenüber selbständiges
— abgeleitetes, aber eigenes — Recht zusteht, das letzterer allerdings auf dem Wege des Gesetzes zu ändern vermag.

Solches Recht auf Selbstverwaltung steht heute nur ausnahmsweise einzelnen zu und auch dann nur in ihrer Verknüpfung

mit einem Verbande, so namentlich die Rechte, welche die Besitzer selbständiger Gutsbezirke noch in mehreren Staaten haben [1]). In der Regel aber ist das Recht auf Selbstverwaltung heute Verbänden gegeben. Nicht der einzige, aber der bei weitem wichtigste Fall solcher Selbstverwaltung ist die durch Kommunalverbände. Außer diesen gibt es zwar noch eine Fülle von Verbänden, die in ähnlicher Weise Selbstverwaltung üben [2]). So namentlich die Kirchen, wo sie den Charakter öffentlicher Körperschaften besitzen, sodann Interessenverbände ohne juristische Persönlichkeit, wie mitunter die Handels- und Gewerbekammern oder die Innungsverbände [3]), oder mit solcher ausgestattet, wie die Krankenkassen, Berufsgenossenschaften, Innungen, Handwerkskammern [4]). Sie sind aber, abgesehen von den Kirchen, Neuschöpfungen, auf der Kombination bereits vorhandener Prinzipien beruhend.

Als Typus des zur Selbstverwaltung berechtigten Verbandes soll daher im folgenden das Wesen der Gemeinde untersucht werden. Und zwar auch in erster Linie das der politischen Gemeinde im engeren Sinne. Die höheren Kommunalverbände, die nach französischem Muster vom Staate gebildet oder umgebildet worden sind, bieten keine selbständigen Probleme dar. Ebensowenig die Verwaltungsgemeinden zu bestimmten Zwecken, deren Organisation und Funktionen für die Kenntnis der Ordnung des Kommunalwesens des Einzelstaates, nicht aber für eine allgemeine staatliche Prinzipienlehre von Bedeutung ist [5]).

---

[1]) Vgl. v. S t e n g e l s. v. Gutsbezirk im Wörterbuch des deutschen Verwaltungsrechts I S. 617 ff.; F. W. S c h m i d t in der 2. Aufl. II S. 299 ff.; G l u t h s. v. Gutsgebiet im Österr. Staatswörterbuch II, 2. Aufl. 1906 S. 606 ff

[2]) Ausschließlich als Korporationsverwaltung wird die Selbstverwaltung in ausführlicher Darstellung begründet in der neuesten Literatur von H a e n e l, Staatsr. I S. 135 ff.; O. M a y e r, II S. 370 ff. Die noch weitergehende Beschränkung der Selbstverwaltung auf die Kommunalverwaltung kann heute wohl als aufgegeben betrachtet werden. Vgl. G. M e y e r S. 346 und die daselbst N. 10 angeführten Schriftsteller; umfassende Aufzählung nicht kommunaler Selbstverwaltungsverbände bei S c h ö n Das Recht der Kommunalverbände in Preußen 1897 S. 12.

[3]) Ihnen kann durch Beschluß des Bundesrats Persönlichkeit beigelegt werden. Gewerbeordnung § 104 g.

[4]) Vgl. Gewerbeordnung § 103 n.

[5]) Zum folgenden vgl. System Kap. XVII u. Ausg. Schriften u. Reden II 1911 S. 334 ff.

Die Gemeinden haben gleich dem Staate ein Gebiet, Angehörige und eine selbständige Gewalt. Sie unterscheiden sich
aber vom Staate dadurch, daß diese Gewalt niemals ursprüngliches,
vom Staate nicht verliehenes Imperium besitzt. Alles Imperium,
das der Gemeinde zusteht, ist abgeleitet, auch die ihnen zu eigenem
Rechte verliehenen Herrschaftsrechte. Eigenes Herrschaftsrecht
der Gemeinde ist niemals originäres Recht. Ihr Gebiet ist zugleich Staatsgebiet, ihre Angehörigen sind Staatsangehörige, ihre
Gewalt ist der des Staates unterworfen.

Diese Gebietskörperschaften ruhen auf einer vom Staate nicht
geschaffenen sozialen Basis, den nachbarlichen Gemeininteressen.
Sie haben sich daher vielfach unabhängig vom Staate gebildet,
sie haben den Wechsel der Staaten überdauert, und in diesem
Sinne ist es richtig, wenn behauptet wird, die Gemeinde sei
älter als der Staat. Ihre Ausstattung mit Herrschaftsrecht ist
jedoch ursprünglich vom Staate erfolgt. Erst als die Erinnerung
an den Ursprung der Stadtfreiheiten und Privilegien erlosch,
konnte sich die Vorstellung eines ursprünglichen Herrschafts-
rechtes der Gemeinde bilden.

Französische Reformideen vor der Revolution und die Versuche der Konstituante zur Reorganisation des französischen
Staates haben die Vorstellung eines natürlichen Rechtes der Gemeinde, eines pouvoir municipal, entstehen lassen[1]. So wurde der
natürliche von dem aufgetragenen Wirkungskreis der Gemeinde
unterschieden. Der erstere, namentlich seitdem die Theorie von
der Munizipalgewalt in die belgische Verfassungsurkunde Eingang gefunden hatte, spielt in den Lehren und Forderungen des
süddeutschen Liberalismus der Epoche 1830—1848 eine bedeutende Rolle. Sein Einfluß zeitigt 1848/49 die Festsetzung von
Grundrechten der Gemeinden, die wiederum von Bedeutung für
die spätere Theorie und Gesetzgebung war.

Diese naturrechtliche Theorie kann heute als überwunden
betrachtet werden. Selbst diejenigen, welche, wie Gierke und

---

[1] System S. 277 ff.; Hatschek Selbstverwaltung S. 34 ff. Über
den Einfluß dieser Ideen auf die Steinsche Städteordnung von 1808
vgl. M. Lehmann a. a. O. II S. 447 ff.; E. v. Meier Französische Einflüsse II 1908 S. 314 ff.; O. Gierke Die Steinsche Städteordnung 1909
S. 6 ff. Mit der Bedeutung dieses großen Reformwerkes sowie der eigenartigen Gestaltung der deutschen Gemeindeverhältnisse wird sich der
zweite Teil dieses Werkes zu beschäftigen haben. Vgl. Bes. Staatslehre
(Ausg. Schriften u. Reden II 1911) S. 310 ff.

seine Schule an der Auffassung eines selbständigen Imperiums der Gemeinde festhalten, wissen mit ihrer meist nur auf die mittelalterliche Rechtsgeschichte gestützten Theorie praktisch nichts anzufangen[1]).

Die heutige Stellung der Gemeinde im Staate ist vielmehr nach folgenden Grundsätzen zu beurteilen.

Die Gemeinde hat, wie jeder Verband, Rechte, die ihrem Wesen nach nicht aus dem Gebiete der staatlich anerkannten privaten Assoziationsfreiheit herausfallen. Dahin gehört das Recht, die eigenen Organe zu bestellen, Mitglieder aufzunehmen, Vermögensverwaltung, Verwaltung lokaler Angelegenheiten, kurz: private Verwaltungstätigkeit in dem oben gezeichneten Umfang auszuüben. Der Staat reguliert zwar auch dieses Gebiet in seinen Gemeindegesetzen in verschiedener Weise; soweit aber nicht einschränkende staatliche Rechtssätze ein anderes anerkennen, gilt hier der eigene Wille der Gemeinde, der nur an den Zwecken des Verbandes seine Grenze findet. Sodann aber ist die Gemeinde durch Gesetz mit staatlichem Herrscherrecht belehnt, d. h. es ist ihr Imperium derart zugewiesen, daß sie einen Anspruch auf Ausübung von Herrschaftsrechten besitzt. Diese Herrschaft ist ihr nicht nur im staatlichen Interesse gewährt, das durch solche Selbstverwaltung besser gewahrt erscheint, als wenn es von Staatsorganen besorgt wird, sondern auch im eigenen. Die Polizeigewalt[2]), das Recht, persönliche und Sachleistungen von ihren Mitgliedern zu verlangen, hat die Gemeinde nicht nur zum Zwecke ihrer Pflichterfüllung gegenüber dem Staat, vielmehr auch zur Erfüllung ihrer selbständigen Aufgaben. Die von der Gemeinde kraft ihres Imperiums erhobenen Steuern werden für alle Gemeindezwecke ohne Unterschied verwendet. Das Imperium ist daher ein Verwaltungsmittel der Gemeinde für ihre gesamte Tätigkeit.

Ferner aber verwendet der Staat die Gemeinde zu seinen Zwecken, indem er sie seiner Verwaltungsorganisation eingliedert.

---

[1]) Das zeigt auch die neueste Verteidigung des ursprünglichen Rechtes der Gemeinde durch Preuß, Städt. Amtsrecht S. 131 ff., der S. 136 f. sehr richtig ausführt, daß die Verhältnisse eines jeden konkreten Staates auch de lege ferenda für die Grenzbestimmung zwischen Staat und Gemeinde maßgebend sind.

[2]) Deren Stellung zur Gemeinde in den einzelnen Staaten verschieden geregelt ist; vgl. System S. 276 N. 1.

Hier hat sie kraft der vom Staate auferlegten Verpflichtung staatliche Funktionen auszuüben. Dadurch kann der Wirkungskreis
der Gemeinde geschieden werden in einen selbständigen und einen
aufgetragenen (übertragenen, delegierten), welcher Unterschied,
obwohl aus der erwähnten französischen Terminologie stammend,
hier einen ganz anderen Sinn erhält. Im selbständigen Wirkungskreis übt die Gemeinde ihr Recht aus, im aufgetragenen ist sie
Staatsorgan [1]).

Vermöge der innigen Verbindung, in welcher die Gemeinde
mit dem Staate steht, übt dieser gegenüber jener, wie jeder
öffentlich-rechtlichen Körperschaft gegenüber, eine umfassende
regulierende Tätigkeit. Er setzt ihre Verfassung entweder ausschließlich oder in ihren wesentlichen Grundzügen fest und unterwirft sie seiner Kontrolle, die, nach den einzelnen Rechtssystemen
verschieden geregelt, die Kommunen mehr oder weniger weitgehenden Eingriffen der Staatsgewalt aussetzen kann. In seinen
Gemeindegesetzen disponiert der Staat formell uneingeschränkt
über Organisation und Wirkungskreis der Gemeinden, ohne daß
er unverrückbare Grenzen fände. Dieser Satz ist aber ebenso
eine juristische Hilfsvorstellung wie der entsprechende von der
staatlichen Allmacht gegenüber dem Individuum.

Für die so durch Gemeinden geübte Selbstverwaltung lassen
sich ihrem Inhalte nach a priori keine festen Schranken ziehen,
da der Begriff der lokalen Interessen ein flüssiger, vielfach dem
Ermessen unterworfener ist. Der eigene Wirkungskreis umfaßt
vornehmlich Angelegenheiten der inneren und Finanzverwaltung,
der aufgetragene auch solche der Justiz- und Heeresverwaltung.
Die Gemeindeverwaltung ist überall Verwaltung gemäß Staatsgesetzen. Doch kommt den Gemeinden gesetzlich auch ein Ver-

---

[1]) Andere Einteilungen, wie die G n e i s t s in obrigkeitliche und
wirtschaftliche Selbstverwaltung oder L o e n i n g s, Verwaltungsrecht
S. 181, in obligatorische und freiwillige Aufgaben der Gemeinden vermögen keine rechtlich erhebliche Scheidung der Gemeindeaufgaben
herbeizuführen. Gemeindesteuern werden sowohl kraft obrigkeitlicher
als wirtschaftlicher Verwaltungstätigkeit erhoben, wie denn überhaupt
das der Gemeinde zustehende Imperium auch wirtschaftliches Verwaltungsmittel ist. Und ebenso kann die Auflage einer Gemeindesteuer
sowohl aus einer Verpflichtung der Gemeinde entspringen als fakultativen
Zwecken dienen, daher selbst auch an diesem Charakter teilnehmen,
ohne daß es möglich wäre, in der Auflage einer neuen Steuer die beiden
Elemente zu trennen.

ordnungsrecht zu: das Recht, Ortsstatuten zu erlassen, durch welches sie an der materiellen Gesetzgebung teilnehmen.

Auf Grund der vorangehenden Darlegungen ergibt sich folgendes Resultat.

Die Dezentralisation durch Selbstverwaltung bezeichnet eine politische Erscheinung, die sich durch eine Mehrheit von rechtlichen Formen verwirklicht. Sie ist entweder passive oder aktive Selbstverwaltung, je nachdem sie als eine Pflicht oder als ein Recht geübt wird. Ferner ist sie. entweder individuelle oder Verbandsverwaltung, je nachdem sie von einzelnen als solchen oder von Verbänden geübt wird. Die passive Selbstverwaltung ist ihrer rechtlichen Seite nach Staatsverwaltung, durch die Interessenten geübt; sie erfolgt demnach durch Staatsorgane. Ihre praktische Bedeutung liegt in dem Charakter dieser Organe, die entweder Ehrenbeamte oder Verbände sind. Die aktive Selbstverwaltung hingegen wird heute in der Regel nur von Verbänden geübt. Sie handeln in Ausübung ihrer Rechte nicht als Organe des Staates, sondern in eigenem Namen. Bei ihnen liegt die Bedeutung der Selbstverwaltung nicht nur in ihrer eigenartigen Stellung zum Staate, sondern auch in dem Charakter der von ihnen ausgeübten Funktionen.

Unter diesen Verbänden nehmen die Gemeinden niederer und höherer Ordnung eine besonders bedeutsame Stellung ein. In der Ausgestaltung, die sie auf dem Kontinente erfahren haben, sind sie zugleich aktive und passive Verbände, so daß an ihnen alle Seiten der Selbstverwaltung studiert werden können.

3. Dezentralisation durch Länder[1]).

Der einheitliche Staat, dessen Elemente von ihm den Charakter durchgängiger Einheit empfangen, ist lange Zeit hindurch

---

[1]) Vgl. zum folgenden meine Abhandlung über Staatsfragmente, deren wesentliches Resultat die Zustimmung von G. Meyer, StR. S. 33, und von Hatschek, Allgemeines Staatsrecht III S. 9 ff., gefunden hat. Auf die eingehenden Erörterungen, welche meine Ausführungen, so auch namentlich in Frankreich, erfahren haben, kann an dieser Stelle nicht näher eingegangen werden. Das Dasein einer Zwischenstufe zwischen Staat und Gemeinde erkennen nunmehr unter meinem Einfluß auch an Rosenberg, Territorium, Schutzgebiet und Reichsland, Hirths Annalen 1903 S. 492 ff., u. Territorium u. Reichsland, Z. f. d. ges. Staatswissenschaft 1910 S. 341 ff., und Seidler, Jur. Kriterium S. 85, die jeder in seiner Weise zu konstruieren sucht, ohne alle hierhergehörigen Fälle erklären

ein Idealtypus gewesen, erst nach Überwindung der mittelalterlichen Zweiung in die Wirklichkeit hinausgetreten. In vielen
Fällen hat jedoch auch später die Realität der theoretischen
Forderung der vollkommenen Staatseinheit nicht entsprochen. Solange das Schwergewicht der staatlichen Einheit in die Einheitlichkeit der Monarchenpersönlichkeit gelegt wurde, konnten die
größten Besonderheiten einzelner Staatsteile mit dieser Einheitlichkeit zusammen bestehen, ohne daß die Theorie daran Anstoß
nahm. Es ist schon erwähnt worden, daß manche Staaten früher
mehr einem Provinzenbündel als einer inneren Einheit glichen.
In absoluten Monarchien oder solchen mit unentwickelter ständischer Verfassung konnte trotz aller Verschiedenheiten in der pro-
vinziellen Organisation, trotz allem Partikularismus in Gesetzgebung und Verwaltung zwar von einem sozialen, nicht aber von
einem politischen Sonderleben der also sichtlich voneinander geschiedenen Glieder gesprochen werden.

Indes ist auch schon in diesen Zeiten das geringe Maß von
staatlicher Einheit, mit dem die staatsrechtliche Theorie sich
zufrieden gab, um ein Gebilde als Staat zu charakterisieren,
nicht immer vorhanden gewesen. Da, wo der Herrscher Recht und
Macht hatte, die bestehenden Besonderheiten zu beschränken
und aufzuheben, konnten diese nur als Prekarium betrachtet
werden, das den einheitlichen Charakter des Staates zu zerstören
nicht imstande war. Anders dort aber, wo namentlich ausgebildete ständische Institutionen die Eigentümlichkeiten der Teile
in scharfer Weise hervortreten ließen.

Sobald man sich mit solchen Gebilden ernsthaft zu beschäftigen anfing, bemerkte man, daß die hergebrachten Schul-
typen nicht ausreichten, um sie genügend zu erklären. Da wurde
denn zu Hilfsbegriffen Zuflucht genommen. Von ihnen sind
namentlich zwei zu erwähnen. Der vieldeutige Begriff der Realunion wird dort angewendet, wo eine Mehrheit von Gebieten zu
einer unvollkommenen Einheit zusammengeschmolzen war, und
die Kategorie der unvollkommenen Inkorporation aufgestellt, um
die Besonderheiten eines einem Staate zugewachsenen Gebietes
zu erklären, dem verfassungsmäßig eine weitgehende Selbständig-

---

zu können. Über die Eigentümlichkeit der drei oldenburgischen Gebietsteile W. S c h ü c k i n g Das Staatsrecht des Großherzogtums Oldenburg
1911 S. 17 ff.

keit belassen wurde. Über die Natur der Teile solcher unvollkommenen Einheiten herrschte aber keine klare Vorstellung. Mit dem ausgeprägten Staatsbegriff der Gegenwart sind jene Kategorien unvereinbar, wenn sie auch heute noch nicht gänzlich aus der Literatur verschwunden sind[1]).

Nicht aber ist das Problem selbst damit aus der Welt geschafft. Auch heute noch gibt es zahlreiche Gebilde, welche mit den herkömmlichen Typen des Einheitsstaates nicht begriffen werden können. Ja, das Problem tritt sogar schärfer hervor als früher, weil der wohlausgebildete Bau des modernen Staates die Besonderheiten seiner Glieder in noch viel faßlicherer Weise zeigt als der absolute und ständische Staat der letzten Jahrhunderte. Heute ist nämlich die rechtliche Einheit der einzelnen Staatselemente in weit klarerer Weise ausgeprägt als früher. Der Begriff der Staatsangehörigkeit hat erst mit dem Falle der ständisch-feudalen Staatsordnung seine volle Durchbildung erfahren; die Einheit des Staatsgebietes, die Zentralisation der Verwaltung und Justiz in oberster Instanz ist mit voller Konsequenz erst seit der französischen Revolution durchgeführt worden. Heute erscheint der Staat grundsätzlich ausgerüstet mit einem einheitlichen Gebiete, einem einheitlichen Volke, einer einheitlichen Staatsgewalt. Welche Gebietskörperschaften immer in ihm existieren mögen, ihr Gebiet ist stets zugleich Staatsgebiet. Die Mitglieder der in ihm begriffenen Verbände sind zugleich Staatsangehörige, alle Verbandsgewalt ist seiner Gewalt untertan, so daß Verbandsorgane niemals vermöge ihrer Zugehörigkeit zu einem nichtstaatlichen Verbande, sondern immer nur kraft staatlichen Willens den Charakter als Staatsorgane erlangen können.

Nun gibt es aber Staaten, in denen die gesamte Einheit aller Staatselemente zweifellos nicht vorhanden ist. Dadurch entsteht eine Form der Dezentralisation, die den bisher erörterten Typen nicht unterstellt werden kann. Für sie muß daher eine neue auf Grund des empirischen Materials gebildet werden. Wer irgendwie mit einem derartigen Gebilde sich näher beschäftigt, gerät in die gröbsten Widersprüche, wenn er es mit den vorhandenen staatsrechtlichen Schulbegriffen erfassen will. Im fol-

---

[1]) So versucht neuerdings den Begriff der unvollkommenen Inkorporation ·wiederzubeleben B o r n h a k, Einseitige Abhängigkeitsverhältnisse unter den modernen Staaten 1896 (in J e l l i n e k - M e y e r Abhandlungen) S. 62 ff.

genden soll zunächst ein Überblick über die wichtigsten hierhergehörigen Fälle gegeben werden.

1. Es gibt Staaten, deren Gebiet und Volk staatsrechtlich keine Einheit bilden. Das ist der Fall einmal während des Schwebezustandes, der nach der Abtretung eines Gebietes oder der Eroberung eines Staates bis zur Einverleibung in das Gebiet des Eroberers eintritt. Solche Gebiete gehören nicht mehr dem früheren Staate oder haben ihren staatlichen Charakter verloren, sind aber staatsrechtlich noch nicht Teile des sie erwerbenden Staates. Vielmehr ist dieser durch den völkerrechtlichen Akt der Erwerbung nunmehr befugt, jene Gebiete sich einzuverleiben; es bedarf jedoch stets eines besonderen staatsrechtlichen Aktes, um die Einverleibung durchzuführen, die also niemals ipso iure stattfindet. Beide Akte: Gebietserwerb und Einverleibung, können zeitlich wahrnehmbar auseinanderfallen. So wurden Schleswig-Holstein im Wiener Frieden vom 30. Oktober 1864 von Dänemark an Preußen und Österreich abgetreten, ihre Einverleibung in die preußische Monarchie wurde aber erst auf Grund des preußischen Gesetzes vom 24. Dezember 1866 durch königliches Patent vom 12. Januar 1867 vollzogen. Elsaß-Lothringen war mit dem Tage der Ratifikation des Versailler Präliminarfriedens (2. März 1871) von Frankreich dem Deutschen Reiche zediert, allein erst durch das Reichsgesetz vom 9. Juni 1871 wurden Elsaß-Lothringen für einen Bestandteil des Deutschen Reiches und die Einwohner von Elsaß-Lothringen für Angehörige des Deutschen Reiches erklärt. In der Zwischenzeit waren hier Schwebezustände vorhanden, in denen diese Gebiete, trotzdem sie nicht Staaten waren, dennoch keinem anderen Staate einverleibt waren. Solche Schwebezustände können aber auch von längerer Dauer sein. Dies bewies die Stellung Bosniens und der Herzegowina in den Jahren 1878 bis 1908. Beides waren türkische Provinzen unter österreichisch-ungarischer Verwaltung; sie waren aber weder österreichisches noch ungarisches Staatsgebiet; ihre Angehörigen hatten weder die österreichische noch die ungarische Staatsangehörigkeit. Anderseits hatte aber trotz des Vorbehaltes der Souveränetät die Herrschaft der Türkei über beide Provinzen kraft der Übertragung der ganzen Regierungsgewalt an Österreich-Ungarn keinen wie immer gearteten staatsrechtlichen Inhalt, so daß auch dem türkischen Reiche gegenüber diese Provinzen als staatsrechtlich selbständige Territorien mit eigenen Angehörigen

erschienen, zumal Österreich-Ungarn sie auch nach außen hin
vertrat. Ihre Verbindung mit dem türkischen Reiche hatte wesentlich nur die völkerrechtliche Bedeutung, daß Österreich-Ungarn
gehindert war, sie ohne Zustimmung der Pforte und der übrigen
Signatarmächte der Berliner Kongreßakte einem seiner beiden
Staatsgebiete zu inkorporieren[1]).

Völkerrechtlicher Erwerb kann auch grundsätzlich von dem
Staatsgebiet des Erwerbers getrennt bleiben. Ein hervorragendes
Beispiel hierfür sind die deutschen Schutzgebiete. Diese sind der
Herrschaft des Deutschen Reiches unterworfen, allein sie bilden
keinen Bestandteil des verfassungsmäßig umschriebenen Reichs-
gebietes. Sie gehören dem Reiche, aber nicht zum Reiche. Sie
sind daher grundsätzlich für das Reich Ausland im staatsrechtlichen Sinne[2]). Ferner sind die Angehörigen der Schutzgebiete
nicht deutsche Reichsangehörige. Es kann solchen Angehörigen
zwar die Reichsangehörigkeit verliehen werden, dazu ist aber
stets ein streng individualisierter Verwaltungsakt notwendig. Der

---

[1]) Durch Handschreiben vom 5. Oktober 1908 erstreckte der Kaiser
von Österreich und König von Ungarn die Rechte seiner Souveränität
auf Bosnien und die Herzegowina. Im Vertrage vom 26. Februar 1909
erkannte die Pforte den so geschaffenen Zustand als gültig an. Die beiden
Länder sind also nicht mehr türkische Provinzen. Sie sind aber auch
nicht zu Staaten erhoben worden. Zwar haben sie ein besonderes Gebiet
und eine besondere Landesangehörigkeit. Allein Träger der Staatsgewalt
sind nicht die beiden Länder, sondern Österreich-Ungarn, und das widerstreitet ihrer Staatsnatur. Die beiden Länder haben eine gewisse Ähnlichkeit mit dem Reichsland Elsaß-Lothringen, man hat sie auch mit
Kolonien verglichen. Über die ganze Frage T e z n e r Der Kaiser 1909
S. 268; Fr. K l e i n w ä c h t e r jun. in der Ztschr. f. Politik III 1910
S. 138 ff., S t e i n b a c h im Jahrb. d. ö. R. IV 1910 S. 481 ff.; B e r n a t z i k
Die österreichischen Verfassungsgesetze 2. Aufl. 1911 S. 1033; L a m p im
Jahrb. d. ö. R. V 1911 S. 165 ff., 205 ff. u. im Arch. d. ö. R. 27. Bd. 1911
S. 307 ff.; R e h m Das Reichsland Elsaß-Lothringen 1912 S. 12 f.;
B. B r u n s k y L'annexion de la Bosnie et de la Herzégovine 1912 p. 170.
— Wegen der Völkerrechtswidrigkeit der Annexion: G. J e l l i n e k Ausg.
Schriften und Reden II 1911 S. 508 ff.

[2]) So die herrschende Ansicht, der jetzt K ö b n e r, Deutsches
Kolonialrecht, in Kohlers Enzykl. II S. 1090, mit der Behauptung entgegentritt, daß die Schutzgebiete nicht Ausland, sondern Nebenländer
seien. Allein Ausland im staatsrechtlichen Sinne ist alles, was nicht
gesetzlich zum Reichsgebiet gehört, wie L a b a n d, II S. 286 f., treffend
ausführt. Vgl. auch H e i l b o r n im Arch. f. Rechts- u. Wirtschaftsphilosophie
VI 1913 S. 5 ff.

nicht naturalisierte Eingeborene oder sonstige Angehörige eines
Schutzgebietes ist und bleibt Reichsausländer.

Die Schutzgebiete weisen demnach zwei der wesentlichen
Staatselemente auf: eigenes Gebiet und eigene Angehörige.
Nichtsdestoweniger sind sie weit davon entfernt, Staaten zu sein[1]).
Sie haben nicht die geringsten Elemente einer staatlichen Persönlichkeit aufzuweisen[2]). Sie sind nicht Subjekte staatlicher Tätigkeit. Die Staatsgewalt über die Schutzgebiete ruht ausschließlich
beim Reiche[3]).

---

[1]) Rehm, Staatslehre S. 264, wollte die Schutzgebiete für nichtsouveräne Staaten erklären, und zwar für solche, die auf dem Gebiete
der Objektstheorie (vgl. oben S. 166 Note 1) aufgebaut sind. Diese Ansicht hat Rehm nunmehr selbst aufgegeben (Kl. Staatslehre S. 18 f., 48),
und damit die längeren, dagegen gerichteten Erörterungen der zweiten
Auflage dieses Werkes S. 636 N. 1 und S. 639 N. 1 gegenstandslos gemacht.
Gegen Rehms Theorie auch E. Kaufmann Auswärtige Gewalt und
Kolonialgewalt 1908 S. 140 f.

[2]) Sie haben durch das Reichsgesetz vom 30. März 1892 vermögens-
rechtliche Persönlichkeit erhalten und damit öffentliche Rechtssubjektivität. Diese beschränkte Rechtsfähigkeit ruht auf anstaltlichem, nicht
auf korporativem Typus (vgl. Staatsfragmente S. 19), erhebt die Schutzgebiete aber keineswegs zu Staaten. Ähnlich ist es mit dem elsaß-
lothringischen Landesfiskus bestellt (Staatsfragmente S. 32).

[3]) So die herrschende Lehre. Vgl. G. Meyer Die staatsrechtliche
Stellung der deutschen Schutzgebiete 1888 S. 87; derselbe Staatsrecht
S. 206; Laband II S. 285; Haenel Staatsr. I S. 844 ff. Über die
Stellungen der Kolonialgesellschaften und Häuptlinge der eingeborenen
Stämme vgl. G. Meyer Staatsr. S. 487 ff. Man kann die Schutzgebiete
als Objekte der Reichsherrschaft bezeichnen, sofern damit das Fehlen
einer selbständigen öffentlichen Gewalt der Schutzgebiete ausgedrückt
werden soll. Die Einwohner der Schutzgebiete aber sind keineswegs
bloß Herrschaftsobjekte, da ihre Persönlichkeit anerkannt und geschützt
ist. Vgl. v. Böckmann Die Geltung der Reichsverfassung in den
deutschen Kolonien 1912 S. 151 ff. Die staatsrechtliche Objektstheorie
läßt sich auch bei derartigen Gebilden nicht durchführen. — Gegen die
Auffassung der Kolonien als Staatsfragmente wendet E. Kaufmann,
Auswärtige Gewalt und Kolonialgewalt 1908 S. 117 N. 1, 141 f., ein, es
gebe in den Kolonien eine eigene Staatsgewalt, nämlich die des
Reichs; jede Staatsgewalt könne die ihr unterworfenen Gebietsteile
verschieden behandeln, ebenso die Untertanen; das tue das Reich, aber
über beiden Arten von Gebieten und Untertanen stehe doch gleichmäßig
die eine Reichsgewalt. Dieser Einwand dürfte die Probe nicht aushalten.
Man denke sich die Kolonien weg, und es bleibt ein Staat, das Reich.
Man denke sich dagegen das europäische Deutschland weg, und die
Kolonien zerfallen in Anarchie. Also kann die Reichsgewalt den Kolonien
gegenüber keine eigene sein.

2. Es gibt Staatsglieder, die Organe besitzen, deren Wesen
und Funktionen denen eines Staatsorganes völlig gleichartig sind,
die aber trotzdem nicht Organe des Staates selbst, sondern der
betreffenden, dem Staate eingeordneten Gebietskörperschaft sind.
Diese Organe sind Rudimente einer selbständigen Staatsgewalt.
Diese Rudimente können so bedeutend sein, daß es zweifelhaft
wird, ob die betreffende Gebietskörperschaft Staatscharakter besitzt oder nicht. Der politischen Beurteilung erscheinen Staaten,
die derartige Gebilde in sich hegen, in der Regel nicht mehr als
Einheitsstaaten, sondern als Bundesstaaten, Realunionen, Staatenbünde. Um so wichtiger ist es, ihr rechtliches Wesen zu fixieren.

Der bedeutsamste Fall ist der, wo Länder besondere Gesetzgebungsorgane haben. So ist ein Teil der britischen Kolonien,
namentlich Kanada, Kapland und die australischen Kolonien, vom
britischen Parlamente mit eigenen Verfassungen versehen worden[1].
Sie haben ihre eigenen Parlamente die nicht Organe des britischen
Reiches, sondern der betreffenden, korporativen Charakter besitzenden Kolonie sind. Ferner haben die österreichischen Königreiche und Länder durch die Verfassung vom 26. Februar 1861
Landesordnungen erhalten, die den Charakter von Staatsgrund-
gesetzen für das betreffende Land haben. Ihnen gemäß nehmen
die Landtage an der Landesgesetzgebung teil. In Österreich gibt
es nämlich zwei Gattungen von Gesetzen: Landes- und Reichsgesetze, die nicht nach Art der deutschen Gesetze zueinander in
dem Verhältnis stehen, daß die Reichsgesetze den Landesgesetzen
vorgehen, sondern die völlig gleichartig einander nebengeordnet
sind. In Elsaß-Lothringen wirkt der überwiegend aus Wahlen
innerhalb des Reichslands hervorgehende Landtag an der Landesgesetzgebung als Volksvertretung mit, da die Landesgesetze vom
Kaiser mit Zustimmung des Landtags erlassen werden[2].

---

[1] Vgl. namentlich T o d d Parliamentary Government in the British
Colonies, 2. ed., London 1894; ferner D i c e y Introduction p. 98 ff.;
neuestens die South Africa Act 1909.

[2] Reichsges. v. 31. 5. 1911 Art. II §§ 5 ff. — Über den Charakter von
Elsaß-Lothringen als eines Landes vgl. die näheren Ausführungen Staats-
fragmente S. 31 ff. Übereinstimmend G. M e y e r , Staatsrecht S. 204 N. 7.
L a b a n d , 4. Aufl. II S. 203, will die Auffassung Elsaß-Lothringens als
Staatsfragment als historisch-politischen Begriff gelten lassen, der sich
für die staatsrechtliche Dogmatik nicht eigne. Und doch ist er allein
imstande, die Einzwängung der Verfassung des Reichslandes unter
Begriffe zu verhüten, die seine rechtliche Eigenart ohne Gewaltsamkeit

In all diesen Fällen kann man die angeführten Gesetzgebungsorgane weder als Organe von Kommunalverbänden noch als
Organe des übergeordneten Staates auffassen. Der Gesetzgebungs-
prozeß ist ein staatlicher Prozeß; alle daran mitwirkenden Organe
sind Staatsorgane[1]). Landesgesetze sind ,nicht etwa mit den
Ortsstatuten einer Gemeinde zu vergleichen, da sie von der
Staatsgewalt erlassen werden. Die erwähnten Landesparlamente
nehmen als Staatsorgane an dem Prozeß der Landesgesetzgebung
teil[2]). Allein sie sind nicht direkte Organe des Staates selbst, sondern gehören dem Lande zu. Der böhmische Landtag ist nicht Organ
des österreichischen Staates, sondern Böhmens. Landesparlamente
sind daher Staatsorganen gleichwertige Organe, die aber nicht
dem Staate, sondern dem Lande eignen. Sie sind Glieder einer
rudimentären staatlichen Organisation[3]) des betreffenden Landes.

Zu diesen Gesetzgebungsorganen können noch andere hinzugefügt werden. Es kann eine besondere Regierung, ein besonderer
Behördenorganismus sowie eine besondere Gerichtsverfassung hinzutreten. Daß solche Organe Staatsorgane, nicht etwa Organe eines
Kommunalverbandes sind, ergibt sich daraus, daß sie unmittelbar

nicht zu erklären vermögen. (In der 5. Auflage seines Staatsrechts,
II 213 Note, hat Laband mit Rücksicht auf das neue Verfassungsgesetz
jene Ausführungen nicht wiederholt. Sie haben aber auch heute noch für
eine allgemeine Staatslehre Bedeutung.) Mit mir grundsätzlich übereinstimmend E. Bruck Das Verfassungs- und Verwaltungsrecht von Elsaß-
Lothringen I 1908 S. 35f.; Rosenberg, Hirths Annalen 1903 S. 494 ff.
u. Zeitschr. f. d. ges. Staatswissenschaft 1910 S. 345 ff.; die angeblich erst
von R. entdeckte Verwandtschaft zwischen Elsaß-Lothringen und den
amerikanischen Territorien ist bereits in der Schrift ,,Über Staatsfragmente" 1896 S. 284 ff. gewürdigt worden.

[1]) Dieser Satz ist heute communis opinio. Der Charakter von
Partikularparlamenten ist bisher gründlicher Untersuchung nirgends unterzogen worden.

[2]) Negiert man das, so kann man konsequent nur zu der Anschauung
von Mischler, Österreichisches Staatswörterbuch II S. 582, gelangen,
daß die österreichischen Landtage ,,Selbstgesetzgebung" üben, während
sie doch in Wahrheit an der Staatsgesetzgebung teilnehmen. Daran,
daß die österreichischen Landesgesetze Staatsgesetze sind, zweifelt
niemand. Vgl. die näheren Ausführungen Staatsfragmente S. 28 f. Dazu
Spiegel im Österr. Staatswörterbuch III 2. Aufl. 1907 S. 426 ff.

[3]) Daher ist die Anwendung des Begriffes von Staatsorganen auf
derartige Landesorgane völlig berechtigt und der Einwand Rosenbergs
in Hirths Annalen 1903 S. 492, Staatsorgane könne nur ein Staat haben,
erledigt.

staatliche Geschäfte besorgen. Sie sind aber nicht Organe des Gesamtstaates, da ihre Funktionen auf Grund der verfassungsmäßigen Lage der Dinge gar nicht in dessen Kompetenz fallen. Das Charakteristische dieser Landesorgane liegt darin, daß alles im Lande als solchem geübte Imperium die gemeinsame Tätigkeit von Landesorganen und herrschender Staatsgewalt voraussetzt. Die Landesgesetze werden von der Staatsgewalt sanktioniert, die Landesbehörden von ihr oder in ihrem Auftrag bestellt. Das Eigentümliche der mit eigenen Organen ausgestatteten Länder liegt demnach darin, daß in ihnen zwei Gattungen öffentlicher Organe zur Versehung der staatlichen Funktionen nötig sind, während die Funktionen der Gemeinden ausschließlich durch Gemeindeorgane besorgt werden können, die des Staates ausschließlich durch Staatsorgane besorgt werden. Im Lande können jedoch die Landesorgane niemals ohne Staatsorgane, die Staatsorgane mindestens nicht in bestimmten Fällen ohne Mitwirkung von Landesorganen tätig werden. So haben die britischen Kolonien ihre nur den Koloniallegislaturen verantwortlichen Kabinette, ihre eigenen Gerichtshöfe, ihre eigenen Truppen und ihre eigenen Kriegsflotten[1]).

Solche Länder haben stets besondere Verfassungen, die ihnen von den über sie herrschenden Staaten verliehen sind. In manchen Fällen ist sogar jede Abänderung der Landesverfassung nur mit Zustimmung der legislatorischen Landesorgane möglich.

3. Die Desorganisation eines Staates kann aber so weit gehen, daß auch rechtlich der nichtstaatliche Charakter seiner Glieder zweifelhaft wird. Das ist heute der Fall mit der Stellung Kroatien-Slawoniens im ungarischen und der Finnlands im rus-

---

[1]) Über die eigentümliche kanadische Provinzialorganisation vgl. M u n r o The Constitution of Canada 1889 ch. IV—X. Über die neue australische Verfassung vgl. namentlich das angeführte Werk von W. H. M o o r e und H a t s c h e k St. u. VR. v. Australien 1910 S. 9 ff. Auf sie hat die amerikanische Konstitution erheblichen Einfluß genommen. Literarisch haben das Werk von B r y c e über Amerika und das von der deutschen Wissenschaft beeinflußte, oben S. 66 Note zitierte Buch von B u r g e s s auf sie eingewirkt; vgl. M o o r e p. 64, 65 (2. ed. p. 66). Das Recht der südafrikanischen Union harrt noch der wissenschaftlichen Behandlung; die maßgebenden Bestimmungen findet man in englischer und holländischer Sprache zusammengestellt in den Statutes of the Union of South Africa 2 vol. 1912, die South Africa Act außerdem in der Ztschr. f. Völkerrecht und Bundesstaatsrecht V 1911 S. 324 ff.

sischen Staate[1]). Kroatien hat nicht nur einen eigenen Landtag, der an der Landesgesetzgebung mitwirkt, sondern auch eine
eigene Landesregierung, an deren Spitze der dem Landtage verantwortliche Banus steht; es hat seine eigenen, von den ungarischen ganz unabhängigen Gerichte, die nur nach kroatischen
Gesetzen urteilen. Die Regelung seiner Beziehungen zu Ungarn,
die Ordnung der gemeinsamen Angelegenheiten aller Länder der
Stephanskrone sind durch ungarische und kroatische, inhaltlich
übereinstimmende Doppelgesetze erfolgt, jede Änderung in den
staatsrechtlichen Beziehungen Kroatiens zu Ungarn ohne ausdrückliche Zustimmung des kroatischen Landtags ausgeschlossen.
Das Großfürstentum Finnland, im Frieden von Frederikshamn vom
17. September 1809 von Schweden an Rußland abgetreten, hat
durch freie Entschließung des Kaisers Alexander I. trotz seiner
Einverleibung in das russische Reich die weitestgehende Selbständigkeit erhalten. Die alte, aus der Zeit, da es einen integrierenden Bestandteil des schwedischen Staates bildete, her-
rührende Verfassung dieses Landes wurde bestätigt, und vom
Kaiser zu seinen bisherigen Titeln der eines Großfürsten von
Finnland angenommen. Auf Grund seiner Verfassung hat Finnland ein eigenes Territorium, eigene Angehörige, die nicht zugleich
russische Staatsangehörige sind; die ganze Verwaltung ist Finnland eigentümlich, mit Ausnahme der auswärtigen Angelegenheiten
und der militärischen Kommandosachen, die ihm mit Rußland
gemeinsam sind. Kroatien und Finnland, so nahe ihre Bildung
an die von Staaten grenzt, sind trotzdem keine Staaten, weil
ihre höchsten Organe, die Monarchen, mit denen der über sie
herrschenden Staaten identisch sind. Ihre Verfassungen sind aber
Bestandteile der Gesamtverfassung des Staates, dem sie angehören,
und damit rechtlich, wie jede Verfassung, gegen willkürliche
Änderung geschützt. Erfolgt eine solche dennoch, so ist sie
stets als Verfassungsbruch zu werten[2]).

---

[1]) Näheres über Kroatien und Finnland s. Staatsfragmente S. 35 ff.
u. oben S. 492 N. 2.

[2]) In der weitschichtigen internationalen Literatur, die aus Anlaß
der Vergewaltigung Finnlands durch Rußland entstanden ist, sind meine
Ausführungen Gegenstand eingehender Erörterungen und Angriffe geworden, so z. B. von D e l p e c h , La question finlandaise, Revue générale
de droit international public 1899 p. 564 ff.; D e s p a g n e t , La question
finlandaise, Paris 1901, p. 69 ff.; M i c h o u d et L a p r a d e l l e , La
question finlandaise, Paris 1901, p. 73 ff.; G e t z (Generalstaatsanwalt von

4. Für alle diese Bildungen ist der Name des Landes der passende, um so mehr, als er häufig in der offiziellen Sprache der betreffenden Staaten für sie verwendet wird. Man wird als Land (Staatsfragment) zusammenfassend definieren können Be-

Norwegen) Das staatsrechtliche Verhältnis zwischen Finnland und Rußland 1909 S. 35 ff. Das ausgesprochene politische Ziel dieser Schriften,
wie anderer (vgl. auch die von mir, Staatsfragmente S. 43 f., zitierte
Literatur) ist es, das Recht Finnlands gegen Rußland auf seinen staatlichen Charakter zu gründen. Keine von ihnen beantwortet aber die
naheliegende Frage, welcher Rechtssatz dem Kaiser von Rußland verbietet, den von ihm rechtlich getrennt zu denkenden Großfürsten von
Finnland, dem er doch natürlich nicht den Krieg erklären kann, durch
andere Zwangsmittel sich zu unterwerfen, wenn es die Interessen des
russischen Reiches nach dem Gutdünken seines Selbstherrschers er-
heischen sollten. Ist Finnland ein Staat, dann ist es zwar gegen
verfassungswidrige Handlungen des finnländischen Monarchen rechtlich
sichergestellt, keineswegs aber gegen Angriffe Rußlands, das gemäß
dem weiten Spielraum, den das Völkerrecht der Politik läßt, unter
Umständen selbst die Existenz eines mit ihm dauernd verbündeten Staates
zu vernichten befugt ist. Nur nach der von mir vertretenen Auffassung
ist solches Vorgehen als Verfassungsbruch von seiten Rußlands zu bezeichnen. Das sei ausdrücklich betont, weil man sich zu meinem Leid-
wesen in offiziellen russischen Kreisen auf meine Ansichten zu berufen
pflegte, um die verfassungswidrige Unterdrückung Finnlands zu rechtfertigen. — An dieser Auffassung hat G. Jellinek bis zu seinem Tode
festgehalten, wie Erich in den Blättern für vergleichende Rechtswissenschaft und Volkswirtschaftslehre IX 1913 Sp. 68 ff. treffend dartut. Einen
Bruch der Verfassung bedeutet daher das russische Gesetz vom 17. Juni
1910, das die wichtigsten Zuständigkeiten des finnländischen Landtags
auf die Reichsduma und den Reichsrat übertrug. Die Verfassungswidrigkeit des Gesetzes hat freilich keinen notwendigen Einfluß auf seine
Rechtsgültigkeit. Von finnländischer Seite wird sie bestritten: Erich
Das Staatsrecht des Großfürstentums Finnland 1912 S. 13 ff., 234 ff., von
russischer Seite nicht in Frage gestellt: Gribowski Das Staatsrecht
des Russischen Reiches 1912 S. 26, 76 ff.; wie G. wohl auch Palme,
Die russische Verfassung 1910 S. 91 f. Da Rußland die Gewalt in Händen
hat und zu gebrauchen gewillt ist, läßt sich zur Zeit, die ja eine Über-
gangszeit sein kann, die Rechtsgültigkeit des Gesetzes kaum verneinen.
Machtloses Recht ist eben kein Recht, und Dürfen ist etwas anderes als
Können. Der Zustand ähnelt demjenigen nach einer geglückten Revolution.
Auch nach dem neuen Gesetz ist übrigens Finnland ein Land, ein Staatsfragment geblieben, freilich mit unbedeutendem Wirkungsgebiet. Nach
Erich, S. 226 ff. (auch Arch. f. ö. R. XXIV 1909 S. 499 ff.), soll Finnland
ein Staat sein, der mit Rußland in einer Staatenverbindung sui generis
steht; mit dieser Erklärung ist aber kaum viel gewonnen. Auch dürfte
sie nicht stichhaltig sein. Wenn man sich Finnland wegdenkt, bleibt

standteile eines Staates, die diesem gegenüber eines oder
mehrere der notwendigen selbständigen Staatselemente (Gebiet,
Volk, Staatsorgane) besitzen, und sich dadurch vom bloßen Staatsteile oder Staatsgliede (Kommunalverband) unterscheiden, anderseits aber einer selbständigen, nur auf ihrem eigenen Willen
ruhenden Staatsgewalt entbehren. Nach ihrer rechtlichen und
politischen Bedeutung für den über sie herrschenden Staat sind
zwei Hauptformen des Landes zu unterscheiden.

Die erste Form ist die des Nebenlandes, welches eine
gesonderte politische Existenz dadurch besitzt, daß es an dem
Leben des herrschenden Staates keinen Anteil zu nehmen vermag.
Das ist der Fall mit allen Schutzgebieten und Kolonien, denen
keine Teilnahme an der parlamentarischen Vertretung des Gesamtstaates eingeräumt ist, deren Verwaltung weitgehende Sonderung von der Staatsverwaltung zeigt, so daß sie nicht als
integrierende Bestandteile, sondern als bloße Adnexe des Staates
erscheinen, daher auch, ohne sein inneres Leben zu berühren,
von ihm wieder gänzlich losgelöst werden können.

Die andere Form ist die des Landes als integrierenden
Staatsgliedes. Hier ist das Land in größerem oder geringerem
Umfange dem Staate eingeordnet, bildet in Beziehung auf die
ausschließlich dem Staate vorbehaltenen Angelegenheiten eine
Provinz, deren Anteil an dem Leben des Staates entsprechend
bemessen ist. Das Land in dieser Form kann aber auch die
Grundlage des ganzen Staatswesens sein, indem der Staat selbst
aus Ländern zusammengesetzt ist. So besteht Kanada aus
Provinzen, wie sie offiziell genannt werden, die ihre eigenen Verfassungen erhielten, denen gemäß jede ein Provinzialparlament
besitzt und an der Spitze der Verwaltung ein vom General-
gouverneur Kanadas ernannter Lieutenant-Governor mit einem
von ihm ernannten, der Provinziallegislatur verantwortlichen
Kabinett steht. Sie verhalten sich zu Kanada in derselben Weise
wie dieses zu Großbritannien; es sind Länder zweiter Ordnung.
Kanada ist durch die Art seiner Entstehung, seiner Organisation
und Dezentralisation einem Bundesstaate ähnlich geworden. Es
ist ein Bundesland, ein aus der Föderation von Ländern ent-

Rußland ein Staat; denkt man sich dagegen Rußland weg, so fehlt
Finnland das für den Staatsbegriff unerläßliche Oberhaupt. — Bei
Erich, S. X f., und bei Strupp im Arch. d. ö. R. XXX 1913 S. 506
reiche Literaturübersichten zur finnländischen Frage.

standenes Gesamtland, ein Land, das wiederum aus Ländern besteht Noch eigenartiger ist diese bundesstaatsähnliche Organisation durchgeführt in dem „Commonwealth of Australia", wo die Bundesglieder sogar den Namen „State" führen[1]).

Die Grundlage der staatlichen Organisation aber bietet das Land in Österreich dar, das in der offiziellen Sprache sich als Länderstaat, als den Staat der im Reichsrate vertretenen Königreiche und Länder bezeichnet. Österreich ist aus dem durch die Person des Monarchen vermittelten Bund seiner Territorien hervorgewachsen. Durch die Verwaltungsreform Maria Theresias wurden die bis dahin im Rechtssinne selbständigen obersten Gewalten der deutschen und böhmischen Erbländer miteinander zur Einheit verbunden, und diese Territorien blieben nunmehr nur als Länder übrig. Dieser Charakter ist ihnen aber auch in allen Wandlungen des österreichischen Verfassungslebens seit 1860 gewahrt geblieben, so daß Österreich auf Grund seiner staatsrechtlichen Entwicklung als Länderstaat erscheint, eine Art des Föderalismus, die staatsrechtlich nur verständlich wird, wenn man die bisher unbekannte Form des Landes erforscht hat.

5. Mit Rücksicht auf das Dasein oder Fehlen besonderer Landesorgane zerfallen die Länder in unorganisierte und organisierte. Die organisierten Länder weisen mehrere Stufen auf, gemäß dem Charakter ihrer Verfassung. Änderungen der Landesverfassung sind entweder jeder Teilnahme der Landesparlamente entrückt, oder es ist diesen ein geringerer oder weiterer Anteil an jenen zugestanden, ja es kann sogar jede Verfassungsänderung von der Zustimmung der parlamentarischen Landesvertretung abhängig gemacht sein, wie in Kroatien und Finnland[2]). Länder können daher gegen Eingriffe der Gesetzgebung des herrschenden Staates in ihre Kompetenz sogar viel stärker geschützt sein als Gliedstaaten im Bundesstaate.

Nach außen hin verschwindet aber stets die Eigenart der Staatselemente des Landes; es vermag keine wie immer geartete völkerrechtliche Existenz zu gewinnen; alle seine Elemente gelten

---

[1]) Treffend hebt M o o r e , p. 65 ff. (2. ed. p. 72 f.), hervor, daß die Ausdrücke „Commonwealth" und „State" in der australischen Verfassung keineswegs in einem klaren wissenschaftlichen Sinne gebraucht sind. Ausdrücklich als „Provinzen" bezeichnet werden die Teile der südafrikanischen Union: South Africa Act 1909 sect. 6.

[2]) Vgl. S. 656 N. 2.

daher nach außen als dem Staate eigentümlich. Darin liegt auch ein wesentlicher Unterschied zwischen Land und abhängigem Staate, dem beschränkte völkerrechtliche Persönlichkeit zukommen kann.

Das Land bezeichnet die äußerste Grenze, bis zu welcher die Dezentralisation eines Staates gehen kann, ohne dessen Charakter als Einheitsstaat zu zerstören. Wenn diese Einheit nämlich auch keine vollkommene ist, so geht sie doch nie so weit, um den Charakter des einheitlichen Staates gänzlich aufzuheben. Juristische Begriffe sind scharf, das Leben ist fließend, die Grenzen müssen daher mitten durch die Übergänge gezogen werden.

Politisch bedeutet in der Regel das Land ein Element der unvollkommenen oder der Desorganisation eines Staates. Nebenländer können vom Hauptlande getrennt werden, ohne dessen inneres Leben irgendwie zu berühren. Aber auch der Staat, der Länder als integrierende Bestandteile besitzt, ermangelt der politischen Einheit. Häufig findet in den Gliedern ein zentrifugales Streben nach größerer Selbständigkeit statt, das die Fortdauer dieser Form des Staates ebenso prekär macht wie die der meisten Staatenverbindungen. Die Existenz von Ländern beruht in der Regel auf denselben Ursachen wie die vieler Staatenverbindungen: auf der Unmöglichkeit, national, geschichtlich, sozial geschiedene Volksmassen zur völligen Einheit zu verschmelzen. Der zentrifugalen entspricht von seiten des Staates wiederum häufig eine zentralisierende Tendenz, woraus dann innere Kämpfe langwieriger Art zu entstehen pflegen. Von der Dezentralisation durch Selbstverwaltung unterscheidet sich die durch Länder somit politisch dadurch, daß jene eine normale, diese eine abnorme Form ist, die entweder zu neuen Staatenbildungen oder zu einer stärker zentralisierten, die Länder dieses ihres Charakters entkleidenden Verfassung des ganzen Staates hinstrebt.

Zwanzigstes Kapitel.

Die Staatsformen.

I. Einteilung der Staatsformen.

Die Bestimmung der Staatsformen, der Gattungen der Staaten
gehört zu den ältesten Problemen der Staatswissenschaft. Wahrscheinlich in ihren Anfängen noch weiter zurückreichend, spielt
die Staatsformenlehre bei Plato und Aristoteles eine sehr
hervorragende Rolle. Jenem sind die Staaten durch Übereinstimmung mit dem Ideal oder durch geringere und größere Abweichung von ihm ihrer Natur nach geschieden, dieser sieht in der
Form das Wesen der Dinge und sucht daher die formgebenden
Prinzipien der Staaten zu bestimmen. Unter dem ungeheuren
Einfluß des Aristoteles namentlich hat die Folgezeit bis zur
Gegenwart herab nach Einteilungen der Staaten geforscht, die
von einem bewegenden Zentrum aus der Staaten Leben und
Schicksale sollten allseitig uns verstehen lehren.

Mit der Entfaltung der neueren, auf breiterem Boden als die
antike ruhenden Staatswissenschaft mehren sich die Bemühungen,
über die Kategorien der aristotelischen Staatslehre mit ihren drei
normalen Formen und deren Ausschreitungen hinauszukommen.
In der Tat ist bei der Fülle von Besonderheiten, welche die
Staaten der Betrachtung darbieten, bei der Mannigfaltigkeit der
Gesichtspunkte, unter denen sie erblickt werden können, auch eine
Fülle von Einteilungen möglich. Schon die Eigentümlichkeiten
des Gebietes können als Grundlage zahlreicher Einteilungen
dienen, so nach Lage an der See, nach dem Klima, der Bodenbeschaffenheit, nach der Größe, der Geschlossenheit des Gebietes usw. Die sozialen, nationalen, religiösen Eigentümlichkeiten
der Bevölkerung geben eine fast unübersehbare Zahl von Ein-

teilungsgründen ab, nicht minder die verschiedenen ökonomischen
Verhältnisse, welche dem Aufbau der Gesellschaft zugrunde liegen,
ebenso wie die wechselnden Erscheinungen der Staaten in ihrer
geschichtlichen Aufeinanderfolge [1]).

Alle Einteilungen dieser Art heben aber stets ein Element
hervor, das für den Staat als solchen zwar nicht ohne Bedeutung
ist, aber für ihn dennoch nicht entscheidend sein kann, weil
sie das eigentümlichste Element des Staates, das ihn von allen
anderen sozialen Bildungen unterscheidet, außer acht lassen.
Dieses Element aber ist die Staatsgewalt. Deshalb sind auch
alle die erwähnten Einteilungen nicht imstande, eine befriedigende wissenschaftliche Klassifikation zu gewähren. Es

---

[1]) Die Versuche, Einteilungen der Staatsformen zu gewinnen, sind
kaum erschöpfend aufzuzählen. Die ältere Literatur ist zum Teil angeführt bei H. A. Z a c h a r i a e D. St. u. B.R. I S. 74 f.; M o h l Enzyklopädie
S. 109 ff. und W a i t z Politik S. 107 ff. Zur Geschichte der Staatsformenlehre vgl. aus der jüngsten Literatur v. M a r t i t z Die Monarchie als
Staatsform 1903 S. 10 ff. Von dem Subjektivismus und der Verwirrung,
die diese Materie auszeichnen, mögen einige Beispiele eine Anschauung
geben: Despotie, Theokratie, Rechtsstaat (W e l c k e r), Republiken, Auto-
kratien, Despotien (H e e r e n), organische, mechanische Staaten, zu den
ersteren Nomaden- und Ackerbaustaaten, zu den letzteren Hierarchien,
Ideokratien, Militärherrschaften, Banquierherrschaften zählend (L e o);
Idolstaaten, Individualstaaten, Rassestaaten, Formstaaten (R o h m e r),
patriarchalische Staaten, Theokratien, Patrimonialstaaten, antiker Staat,
Rechtsstaaten der Neuzeit (M o h l), Einherrschaften, zerfallend in Mon-
archien und monokratische Republiken, und Pleonokratien inkl. der
Unterabteilungen der Pleonarchien und pleonokratischen Republiken
(G a r e i s), Monarchie und Pleonarchie, diese zerfallend in Aristokratie
und Demokratie (H. G e f f c k e n Das Gesamtinteresse als Grundlage des
Staats- und Völkerrechts 1908 S. 58, 14 f.). Eine Fülle von Einteilungen
nach den verschiedensten Richtungen ist in der neuesten Literatur bei
S c h v a r c z, Elemente der Politik S. 79 ff., zu finden: Aristokratien,
Timokratien, reine Demokratien, Kulturdemokratien nebst Mischformen;
Erbherrschaften und Freistaaten; Polizei- und Rechtsstaaten; Zentrali-
sationsstaaten, Selfgovernmentalstaaten, Staaten, die auf Provinzial- und
Munizipalautonomie beruhen und Mischformen; homo- und polyglotte
Territorial-, National- und Nationalitätenstaaten, homodoxe und polydoxe
Staaten, wozu noch zahlreiche Unterabteilungen kommen. R. S c h m i d t,
I S. 263 ff., will die Frage nach der Staatsform zerfällen in die Fragen,
wer im Staate als Gesetzgeber, als Regierung und als Kontrollorgan
gegenüber der Regierung fungiert und unterscheidet demnach Regierungs-
und Verfassungsformen, unter welchen Gesichtspunkten einerseits die
bekannte antike Trias und anderseits der Gegensatz von absolutem und
Verfassungsstaat behandelt werden.

werden durch sie vielmehr Schablonen gebildet, die uns von dem
Leben des Staates als solchem, d. h. von seiner Willensbildung
und seinem Verhältnisse zu seinen Gliedern, entweder gar keine
oder doch nur höchst kümmerliche Kunde geben. Teile ich
z. B. die Staaten in Ackerbau-, Handel- und Industriestaaten ein,
so geben mir diese Etiketten keinen wie immer gearteten Aufschluß über den Bau dieser Staatengruppen, also über das, was
den Staat zum S t a a t macht. Es ist, wie wenn man die Säugetiere nach Größe, Farbe, Nutzbarkeit und ähnlichen Merkmalen
einteilte, die ja alle vorhanden, aber nicht das Unterscheidende
der einzelnen Tiergattungen dieser Klasse bilden. Alle jene
Einteilungen sind zudem notwendigerweise einseitig und willkürlich, wie jede von nebensächlichen Elementen oder begleitenden Erscheinungen einer Gattung von Objekten ausgehende
Klassifizierung.

Daher knüpft sich auch, was ja schließlich der Zweck
aller Klassifikation sein soll, keine tiefere wissenschaftliche Einsicht an alle diese Versuche, die Staaten selbst einer Gruppierung
zu unterwerfen. Der Staat, wie alles Menschliche, ist in seiner
konkreten Erscheinung derart kompliziert, daß es vergebenes
Bemühen ist, ihn in ärmliche Schablonen zu pressen, die den
Anspruch erheben, die Fülle seines Daseins durch e i n Schlagwort zu erklären. So wenig es möglich ist, die Menschen durch
allgemeine Kategorien, die sich auf Geschlecht, Alter, Tempera-
ment usw. beziehen, zu begreifen; wie das Individuum dem
mit solchen Schablonen Ausgerüsteten doch stets als eine selbständige, der Einordnung in jene Fächer spottende, durch
sie niemals als eine ohne Rest verständliche Größe gegenübertritt, so ist es auch mit den Individualitäten der Staaten.
Dazu tritt aber noch überdies die historische Bedingtheit eines
jeden konkreten Staates, die es verhindert, aus irgendeinem
Merkmale seines Gebietes und Volkes eine tiefere Einsicht ge-
währende Einteilung zu gewinnen. Der antike und moderne
Handelsstaat z. B. sind vermöge der Unterschiede des Handels
im Altertum und der Neuzeit derart voneinander geschieden,
daß die Zusammenfassung etwa Athens und Englands unter einen
gemeinsamen Oberbegriff keine Erweiterung unserer Kenntnis
dieser Staaten herbeizuführen vermag. Die Einordnung beider
Staaten in dieselbe Kategorie geschieht solchenfalls nicht kraft
eines identischen, sondern nur kraft eines analogen Merkmals.

Einteilungen aber, die auf Analogien beruhen, haben nur einen sehr geringen und bedingten Wert[1]).

Muß man nun überhaupt auf eine Einteilung verzichten, die uns kraft allgemeiner Merkmale mit Sicherheit den ganzen Lebensprozeß der Staaten erkennen lehrt, so bieten doch die Staaten in aller Fülle der historischen Erscheinungen feststehende Typen dar. Es gibt nämlich in allen Staaten konstante, überall im Wechsel aller Besonderheiten gleichbleibende Verhältnisse. Das sind die formalen Willensverhältnisse, auf denen die Staatsgewalt und ihre Beziehung zu den Staatsgliedern ruht. So weit auch ägyptisches Königtum sich vom kaiserlichen Rom und dieses vom Frankreich Ludwigs XIV. oder vom heutigen Rußland unterscheiden mögen, die Tatsache, daß ein physischer Wille in all diesen Staaten die gesamte Staatsgewalt darstellt, ist in aller sonstigen Mannigfaltigkeit dieser Staaten in gleicher, nicht nur in analoger Weise ausgeprägt. Eine die Einsicht in das Wesen des Staates mehrende Einteilung kann daher nur auf Grund der in ihm zum Ausdruck gelangenden konstanten Willensverhältnisse erfolgen. Diese grundlegenden Willensverhältnisse sind aber die Basis der Verfassungen der Staaten. Die wissenschaftliche Einteilung der Staaten ist die nach den Formen, die diese darbieten.

Es gehört zu den genialsten Gedanken der antiken Staatswissenschaft, daß die Staatsformen identisch mit den Verfassungsformen sind. Was immer in staatlichen Dingen sich ändert, gewisse abstrakte Willensverhältnisse bleiben unter allen Umständen

----

[1]) Anders verhält es sich mit den keine systematische und erschöpfende Einteilung bezweckenden Kategorien, die aufgestellt werden, um den Standpunkt zu kennzeichnen, von dem aus eine bestimmte Art von Staaten wissenschaftlich betrachtet werden soll. Wenn z. B. vom antiken Staate die Rede ist, so werden damit die nur den hellenischen Staaten und dem alten Rom eigentümlichen Institutionen gemeint, ohne daß damit an ein allen möglichen Staaten zugrunde zu legendes Einteilungsprinzip gedacht würde. Oder wenn der Historiker den Feudalstaat schildert, wobei er natürlich nur gewisse, den Bau und Lebensprozeß der vom Lehnswesen beherrschten Staaten im Auge hat. Solche Mannigfaltigkeit von Kategorien läßt sich nicht vermeiden und ist auch für die verschiedenen Zwecke, die man in der Betrachtung der Staaten verfolgen kann, ganz ersprießlich, wofern man es nur vermeidet, aus diesen zu solch praktisch-wissenschaftlichen Zwecken aufgestellten relativen Typen absolute Einteilungsprinzipien für die Gesamtheit der Staaten abzuleiten, die tiefere Einsicht in ihr Wesen gewähren sollen.

dieselben, das Maß ihrer Veränderlichkeit ist in feste, eng-
umschriebene Grenzen gebannt. Sie bilden gleichsam das feste
Gerüst, an das sich die tausendfachen variabeln Elemente des
einzelnen Staates anschmiegen.

Welches aber ist das oberste Einteilungsprinzip der Verfassungen? Die antike Lehre hat es, ausgehend von der Anzahl
der herrschenden Personen, in deren ethischen und sozialen Eigenschaften finden wollen. Damit wurde aber ebenfalls ein un-
bestimmtes und schwer zu bestimmendes Element in das Einteilungsprinzip eingeführt, das im konkreten Falle die Möglichkeit
der Anwendung leicht versagen kann. Mit wissenschaftlicher
Sicherheit lassen sich unter allen Umständen nur die f o r m a l e n
Momente der in der Verfassung ausgeprägten Willensverhältnisse
erkennen, die, von aller konkreten Besonderheit unberührt,
kraft rechtlicher Notwendigkeit im Staatsleben zum Ausdruck
kommen müssen. Daher ist eine wissenschaftlich befriedigende
Einteilung der Staatsformen nur als eine r e c h t l i c h e Einteilung
möglich. Die Frage nach den Staatsformen ist identisch mit der
nach den r e c h t l i c h e n Unterschieden der Verfassungen[1]).

Das rechtliche Unterscheidungsprinzip ist aber kein anderes
als das nach der Art der staatlichen Willensbildung. Zwei
juristische Möglichkeiten sind hier gegeben. Entweder wird der
höchste, den Staat in Bewegung setzende Wille gemäß der Ver-

---

[1]) Der r e c h t l i c h e n Form der Staaten gegenüber erkennt die
auf das reale geschichtliche Leben gerichtete Betrachtung deren p o l i -
t i s c h e Form. Die ist aber, wie alles Nichtrechtliche im Staate, unsicher und unbestimmt. Von den stets wechselnden konkreten Verhältnissen des Staates abhängig, ändert sie sich fortwährend, so daß es
kaum möglich, jedenfalls aber wenig ersprießlich ist, diese Moment-
bilder des Staates in feste Kategorien zu bannen. Politisch war Athen
zur Zeit des Perikles Einherrschaft, Rußland stand unter Paul I. einige
Zeit unter der Herrschaft des allmächtigen Kammerdieners des Kaisers,
andere Monarchien wurden zeitweilig von Maitressen oder Beichtvätern
regiert, Staaten mit kräftiger monarchischer Macht haben vorübergehend
parlamentarische Regierungen gehabt usw. Solche Feststellungen sind
für die historische, soziale, politische Betrachtung des Einzelstaates von
Bedeutung, für das Recht aber können sie nur insofern Wert gewinnen,
als ein dauernder Gegensatz zwischen politischen und rechtlichen Machthabern sich schließlich auch im Bau der Staaten ausprägen muß.
Darüber treffende Ausführungen von P i l o t y , Autorität und Staatsgewalt, Jahrbuch der internat. Vereinigung für vergl. Rechtswissenschaft
VI 1903 S. 553 ff.

fassung auf rein psychologischem, daher natürlichem oder auf
juristischem, daher künstlichem Wege gebildet. Im ersten Falle
vollzieht sich die Willensbildung gänzlich innerhalb einer physischen
Person, und der also gebildete Staatswille erscheint daher zugleich
auch als physischer, individuell bestimmter Wille. Im anderen
Falle wird der staatliche Wille erst auf Grund eines juristischen
Vorganges aus den Willensaktionen einer Mehrheit physischer
Personen gewonnen, so daß er nicht als Wille einer individuell
bestimmten, sichtbaren, lebendigen Person, sondern lediglich als
Wille eines nur juristische Realität besitzenden Kollegiums erscheint.
Physischer Wille und juristischer, aus physischem Willen durch
Anwendung von Rechtssätzen auf eine verfassungsmäßig vor-
geschriebene Art gewonnener Wille, das sind die beiden einzigen
Möglichkeiten für die oberste Einteilung der Staaten.

Diese Einsicht war bereits der antiken Staatslehre nicht verborgen[1]) und tritt sofort bei dem Gründer der modernen Politik
wieder hervor. Seitdem M a c h i a v e l l i der fürstlichen Herrschaft
die Republik entgegengesetzt, wird zwar die griechische Lehre der
Trias von Monarchie, Aristokratie und Demokratie (Politie) und
deren Ausartungen durch den scharfen Gegensatz von Monarchie
und Republik nicht verdrängt, jedoch später unter seinem Einfluß
diese Zweiteilung von anderen der Lehre von den Staatsformen
zugrunde gelegt. Allerdings treten zu diesen beiden Grundformen bei verschiedenen Schriftstellern noch andere hinzu, die
aber samt und sonders nicht imstande waren, sich allgemeine
Anerkennung zu erringen. Es wurden nämlich Unterabteilungen
jener Typen als selbständige Typen aufgestellt oder soziale
Elemente herangezogen, um neben den einzig und allein mit
Sicherheit festzustellenden formalen Willensverhältnissen noch
andere Einteilungsprinzipien zu gewinnen, die eine größere Zahl
von Staatsformen ergeben.

So hat z. B. M o n t e s q u i e u die Despotie als eine besondere
Staatsform neben der Monarchie aufgestellt, während sie doch

---

[1]) Schon Aristoteles stellt der Monarchie alle nichtmonarchischen
Staaten als Politien gegenüber, vgl. R e h m Geschichte S. 104 N. 8. Der
Gegensatz von βασιλικόν und πολιτικόν einerseits und von imperium
und res publica anderseits hat wohl dazu beigetragen, den zuerst von
Machiavelli ausschließlich für die nichtmonarchischen Staaten gebrauch-
ten Ausdruck Republik später in den anderen Sprachen in dieser engeren
Bedeutung heimisch werden zu lassen.

wohl nur eine Art der Ausübung der monarchischen Regierung
ist. Sie ist eine Unterart der Monarchie, die entweder eine Miß-
billigung der Herrschaftsübung durch die Untertanen (Tyrannis)
oder, wo sie der Volksüberzeugung als normale Regierungsform entspricht, eine Beurteilung an dem Maßstabe andersgear-
teter Herrschaftsübung bedeutet. Zudem ist sie, wie an anderer
Stelle bereits erwähnt, ein reiner Schultypus, dem kein realer
Staat auf die Dauer völlig entspricht. Oder man hat in neuerer
Zeit die Theokratie den anderen Staatsformen als besonderen
Typus zur Seite gesetzt[1]), während doch die theokratische Idee
nichts anderes als eine Anschauung vom Ursprunge der Staatsgewalt und der Sanktion ihrer Gebiete ist, die in den wechselndsten
Formen in die Erscheinung treten kann, aus der sich zwar
mannigfaltige soziale Wirkungen, aber nicht feste und klare Sätze
über den Bau des Staates und die Wirkungsart seiner Gewalt
ergeben. Theokratie ist somit eine soziale, keine juristische
Kategorie, die schließlich auch wieder zur weiteren Differenzierung
der beiden großen Staatentypen verwendet werden kann, da
in allen als Theokratien bezeichneten Staaten der als Ausfluß
der Gottheit betrachtete Wille wieder entweder Wille eines
Individuums oder einer Mehrheit ist.

Der Gegensatz von Monarchie und Republik tritt schon in
der frühesten Zeit des staatlichen Lebens auf; sie sind auch geschichtlich die weiter nicht ableitbaren Grundtypen des Staates.
Schon die dem territorialen Staate vorangehende Horde·ist entweder herrschaftlich oder genossenschaftlich organisiert; entweder
führt und entscheidet ein über den anderen stehender Wille oder
die Gesamtheit der vollberechtigten Hordengenossen.

Die Einteilung der Staaten in Monarchien und Republiken
ist aber nur die oberste Einteilung. Beide Formen können
wieder in zahlreiche Unterarten zerfällt werden, die aus allen
möglichen Unterschieden in der Organisation der Staaten gewonnen
werden. So z. B. nach Dasein, Mangel, Art der Volksvertretung,
nach Organisation und Ausübung der Regierung, deren Beziehung
zu anderen Staatsorganen[2]), nach Art der Zentralisation·und De-

---

[1]) Hiergegen auch M. W. R a p p a p o r t Theokratie und Staatswesen
(Jahrb. d. internat. Vereinigung f. vergl. Rechtswissenschaft VIII) 1910 S. 408.

[2]) R e h m , Staatslehre S. 180 ff., hebt als grundlegend den Unterschied von Verfassungs- und Regierungsformen hervor, den bereits
B o d i n aufgestellt hatte. Er allein ist aber ebensosehr oder ebensowenig

zentralisation, nach der Stellung der Gerichte zur Gesetzgebung, nach der Art des Wehrsystems usw. Alle diese Einteilungen durchkreuzen sich in der mannigfaltigsten Weise, so daß jeder konkrete Staat unter eine ganze Reihe von Kategorien fallen würde, ohne daß alle zusammen imstande wären, sein Wesen nach allen Richtungen hin fest zu bestimmen. Allein so weit getriebener Schematismus ist fruchtlos und artet in tote Scholastik aus. Je spezieller die Typen werden, je enger daher die Begriffe, die sie zeichnen sollen, desto mehr Ausnahmen vom Typus treten ein, die entweder zu neuen Untertypen ausgestaltet werden oder zu der Aufstellung von Mischformen führen, der sicherste Beweis dafür, daß die ungemischten Formen selbst unvollkommen und daher nicht imstande sind, die Wirklichkeit zu bewältigen. Denn so etwas wie Mischung der Typen geht in der Regel nicht in der Natur, sondern nur in den Köpfen der Menschen vor sich. So wie Mischarten in den wenigen Fällen, wo sie überhaupt zustande kommen, in der organischen Welt unfruchtbar bleiben, so steht es auch mit den gemischten Typen der Staatslehre. Bei der Unvollkommenheit unserer Erkenntnis auf diesem Gebiete wird die Aufstellung solcher gemischten Kategorien vielleicht nie ganz vermieden werden können; nur möge man sich vor Augen halten, daß sie niemals reale Erkenntnis vermitteln, sondern stets nur auf die Fehlerhaftigkeit unserer Begriffe hindeuten.

---

für unsere Bestimmung der Staatsform ausschlaggebend wie andere Einteilungsprinzipien. Die Art, wie R e h m die Regierungsformen an den Gegensatz von Träger und Ausüber der Staatsgewalt anknüpft, steht und fällt mit dieser unzutreffenden Unterscheidung, die mit dem Repräsentationsgedanken, wie er namentlich in der modernen demokratischen Republik verwirklicht ist, ganz unvereinbar erscheint, welche Sprache auch immer die von unrichtigen staatsrechtlichen Theorien ausgehenden Verfassungsurkunden mit ihren Wendungen von Delegation der Gewalt an die Repräsentanten reden. Für Monarchien wie Belgien und Rumänien kommt man nach R e h m zu dem, von ihm selbst in der Kleinen Staatslehre S. 64 f. teilweise mit in Kauf genommenen, Ergebnis, daß sie der Verfassung nach Republiken seien, wodurch die Lehre von Monarchie und Republik, zumal wenn man auch die völkerrechtliche Stellung der Staatshäupter mit in Betracht zieht, in unlösbare Verwirrung gerät. Die parlamentarische Monarchie ist ja politisch häufig als eine Spielart der Republik bezeichnet worden. Gerade sie aber lehrt die Bedeutung des Unterschiedes rechtlicher und politischer Betrachtungsweise.

Wenn daher im folgenden die Hauptgattungen der Staatsformen in Arten eingeteilt werden, so soll nicht einem leeren,
ins Detail eindringenden, erschöpfenden scholastischen Schematismus gefolgt, sondern die Arten hervorgehoben werden, die
historisch durch den Gegensatz mit der Gegenwart lehrreich geworden sind oder in der Gegenwart selbst eine scharfe Ausprägung
erfahren haben. Das praktische Bedürfnis des Verständnisses der
nie ganz ohne Rest zu erfassenden Wirklichkeit, nicht das logische
einer tadellosen Systematik, der es niemals vergönnt ist, in voller
Reinheit in die Erscheinungswelt zu treten, soll uns dabei leiten.

II. Die Monarchie.

1. Das Wesen der Monarchie.

Monarchie ist der von einem physischen Willen gelenkte
Staat [1]). Dieser Wille muß rechtlich der höchste, von keinem
anderen Willen abgeleitete sein [2]). Die neuere Staatsrechtslehre
pflegt es überdies als dem Monarchen wesentlich zu bezeichnen,
daß ihm ein eigenes und zwar ursprüngliches, von niemand
abgeleitetes Recht auf die Herrschaft zusteht. Wie bereits
nachgewiesen, entspricht diese Vorstellung nicht der Auffassung
des Staates als einer Einheit; sie entstammt dem dualistischen,
das öffentliche Recht nur unvollkommen erfassenden Staatsbegriff. Sie ist privatrechtlicher Natur, indem sie den Monarchen
außerhalb des Staates und damit außerhalb des rechtlichen
Zusammenhangs mit dem Staate stellt. Sie kann konsequent
nur in einer theokratischen oder patrimonialen Staatsauffassung
durchgeführt werden. Es gab daher Staaten, in denen eine

---

[1]) Abweichender Ansicht Bernatzik, Republik und Monarchie;
vgl. hierzu meine oben S. 473 zitierte Besprechung. Br. Schmidt,
S. 117 ff., kommt zur Verwerfung des Gegensatzes von Monarchie und
Republik, weil sich ihm bei der Betrachtung der Monarchie politische
Gesichtspunkte einmengen. Vgl. auch die Bemerkungen von Rehm,
Staatslehre S. 182 N. 3, der neuerdings die dem Staatshaupte zustehenden
fürstlichen Ehren zum Begriffsmerkmal der Monarchie erhebt: Kleine
Staatslehre S. 61 ff., im Gegensatz zu Staatslehre S. 183. Aber ein vier-
jähriger Präsident wird auch bei königlichen Ehren nicht als Monarch
angesehen werden, weder vom Volk noch von der Wissenschaft.

[2]) Daß dies auch in den Monarchien der Fall sein kann, die das
Prinzip der Nationalsouveränetät verfassungsmäßig ausgesprochen haben,
vgl. oben S. 591 f.

solche Auffassung des Monarchen aus den gegebenen Verhältnissen
und Vorstellungen folgte, allein diese historisch überwundenen
Bildungen haben nicht vermocht, ihre eigentümliche Ausgestaltung
des Monarchenrechts zu dem Typus aller Monarchie zu erheben.
Vielmehr liegt gerade in der großen Anpassungsfähigkeit der
Monarchie an die verschiedensten sozialen Verhältnisse ihre große,
auch in die ferne Zukunft fortdauernde Bedeutung, die sehr in
Frage gestellt würde, wenn sie unaufhörlich mit Erscheinungen
verkettet wäre, die unwiederbringlich der Vergangenheit angehören.

Um das Wesen der heutigen Monarchie besser zu verstehen,
sind zunächst die geschichtlichen Haupttypen für die persönliche Stellung des Monarchen zum Staate zu betrachten. Zwei
Grundtypen sind da zu unterscheiden: der Monarch über und
außerhalb des Staates und der Monarch als innerhalb des Staates
stehend. Der erste Typus spaltet sich in zwei Arten. Entweder
wird der Monarch als schlechthin erhabene Autorität oder als
Eigentümer des Staates betrachtet. Daraus ergeben sich die
folgenden drei Auffassungen der Monarchenstellung.

a) Der Monarch als Gott oder Gottes Stellvertreter. So erscheint der Monarch in allen theokratischen
oder doch theokratische Züge aufweisenden Monarchien. Entweder wird er selbst als Gott oder als Stellvertreter Gottes oder
doch als mit besonderer göttlicher Weihe umgeben betrachtet.
Die Vergöttlichung des Monarchen tritt in verschiedenen Formen
in der Geschichte hervor und begegnet uns schon auf niedriger
Kulturstufe. Es entspricht sowohl dem Zuge der Menschennatur,
das Mächtige, Erhabene, Gewaltige zu vergöttern, als auch dem
Machtbewahrungstrieb des Herrschenden, die monarchische Institution auf solcher psychologischen Basis aufzubauen. Am ausgebildetsten zeigen diesen Herrschertypus die meisten altorientalischen Staaten. Von da aber hat er seinen Weg nach dem
Westen genommen, wo nur schwache Anklänge an ihn in den
ältesten Erinnerungen der klassischen Völker anfänglich vorhanden
waren. Diese orientalische Anschauung, die sich schon in den
Schicksalen Alexanders des Großen zeigt, tritt seit Diocletian
in den offiziellen römischen Gedankenkreis ein, nachdem sie schon
in der Epoche des Prinzipates unverkennbare Wirkungen geäußert
hatte. Auch in der mittelalterlichen Welt wird die kaiserliche
Würde auf göttliche Einsetzung zurückgeführt. Die dem jüdischen

Vorstellungskreis entlehnte, zuerst von den Angelsachsen geübte
Salbung bedeutet die Erfüllung des Königs mit höherer, direkt
von Gott stammender Macht. Von den Franzosen wurde die
Salbung sogar als ein selbständiges Sakrament der Kirche betrachtet[1]). In den modernen Vorstellungen des Königtums von
Gottes Gnaden lebt die Auffassung des Königtums als göttlicher
Statthalterschaft bis auf den heutigen Tag fort. Eine besondere
Art des erörterten Typus ist die patriarchalische Monarchie, die den Herrscher ebenfalls mit göttlichen Attributen umgeben oder doch mit göttlicher Weihe ausgestattet wähnt und
nur aus dem religiösen Vorstellungskreis des betreffenden Volkes
völlig begriffen werden kann.

Von den psychologischen Voraussetzungen dieses Typus aus
kann der Monarch niemals als Glied des Staates rechtlich begriffen werden. Er steht notwendig außerhalb des Staates, der
dem Monarchen gegenüber niemals Rechtssubjektivität gewinnen
kann. Ebensowenig ist von diesem Standpunkt aus der Charakter
des Staates als Gemeinwesens zu erkennen, daher auch nicht die
Vorstellung von einem Rechte des einzelnen gegenüber dem
Monarchen vorhanden ist. Doch kann trotzdem in der zweiten
Form theokratischer Ordnung eine Mäßigung der monarchischen
Gewalt stattfinden, wie denn auch das neuere Königtum iure
divino religiös-ethische Schranken seiner Macht anerkennen mußte,
für deren Einhaltung es allerdings sich keiner irdischen Macht
verantwortlich erklären wollte[2]).

b) Der Monarch als Eigentümer des Staates.
Dieser Typus hat wie der vorige mehr oder weniger scharfe Aus-
bildung erfahren. Er verhindert nicht minder als der vorige die
Erkenntnis der Gemeinwesensart des Staates. In seiner schärfsten
Ausprägung stehen Menschen und deren Güter dem Monarchen
überwiegend als Herrschaftsobjekt gegenüber. Nur soweit der
Herrscherwille es gestattet, kann dem einzelnen eine prekäre,
niemals aber gegen den Monarchen selbst geltende Rechts-

---

[1]) „L'Église en oignant et en habillant le roi, le fait membre de
l'Église elle-même. Elle crée pour lui un huitième sacrament: le sacre".
Rambaud Histoire de la civilisation française, 7. éd. I 1898 p. 167.

[2]) Ludwig XIV.: „Celui qui a donné des rois aux hommes a voulu
qu'on les respectât comme ses lieutenants, se réservant à lui seul d'examiner leur conduite; sa volonté est que quiconque est né sujet obéisse
sans discernement." Œuvres 1806 II p. 336.

subjektivität beigelegt werden. Dieser ausgeprägte Typus erscheint innig verknüpft mit dem vorigen im Orient. Im Abendland
wird er ebenfalls in der letzten Epoche des römischen Reiches
rezipiert. Der princeps wird da zum dominus, zum Staats-
eigentümer[1]). Doch zeigt sich in Europa der neue Typus in
abgeschwächter Form, da trotzdem die Persönlichkeit des Individuums anerkannt wird. Deutlich tritt dies im germanischen
Mittelalter hervor. Der König ist überall Herr des Landes, eine
Vorstellung, die sich bis in die Gegenwart im englischen Staatsrecht erhalten hat. Dieses Eigentum ist bloßes Obereigentum,
während einzelnen und Verbänden das Nutzungseigentum zusteht.
Damit ist verknüpft die Vorstellung von dem Könige als oberstem
Lehnsherrn. Beide Rechtsanschauungen wirken in bedeutsamer
Weise mit an der dualistischen Ausgestaltung des mittelalterlichen
Staatswesens. Aber auch der absolute Staat der neueren Zeit,
so sehr er dem Feudalismus sich entgegensetzte und ihn zu
überwinden trachtete, hat doch die mittelalterliche Vorstellung
nicht aufgeben wollen. So hat Ludwig XIV. den ganzen Staat
als königliche Domäne betrachtet und die ihm zustehende Gewalt
gleichsam als die Vereinigung der ehemals bloß oberlehnsherr-
lichen Gewalt des französischen Königs mit der seigneurialen, die
ihren ursprünglichen Inhabern entzogen worden war. Er selbst erklärte, daß der König im Staatsinteresse unbeschränkte Disposition
über alle geistlichen und weltlichen Güter besitze[2]). In Deutschland ist es die Auffassung der Landeshoheit als eines dinglichen
Rechtes, welche den Landesherrn als Eigentümer des Territoriums
erscheinen läßt, und Wirkungen dieses patrimonialen Gedankens
sind noch bis in die Institutionen und die Literatur der Gegenwart herab nachzuweisen[3]).

Auch dieser zweite Typus zeigt den Monarchen als außerhalb des Staates stehend. Der Staat ist ihm gegenüber entweder

---

[1]) Mommsen Abriß S. 352.

[2]) Vous devez donc premièrement être persuadé, que les rois sont
seigneurs absolus, et ont naturellement la disposition pleine et libre de
tous les biens qui sont possédés, aussi bien par les gens d'église que
par les séculiers, pour en user en tout temps comme les sages économes,
c'est-à-dire suivant le besoin général de leur État. Œuvres II p. 121.
Vgl. jedoch hierzu Wahl Polit. Ansichten des offiziellen Frankreich
im 18. Jahrh. 1903 S. 37.

[3]) Vgl. darüber aus der neuesten Literatur Schücking Der Staat
und die Agnaten 1902 S. 9 ff.

Objekt oder, wie in der germanischen Auffassung, ein von ihm
getrenntes Subjekt, so daß sich, wie des öfteren erwähnt, König
und Königreich selbständig gegenüberstehen, ohne daß es gelänge,
sie zu einer rechtlichen Einheit zu vereinigen.

c) Der Monarch als Staatsglied und Staatsorgan.
In den auf Grund der beiden erörterten Typen gestalteten Staaten
konnte der Monarch nicht aus dem Wesen des Staates selbst begriffen werden. Der Monarch, wie immer im einzelnen sein Verhältnis zum Staate sich gestalten mochte, ist vom Staate getrennt,
der Staat ist entweder ein dem Monarchen gegenüberstehendes
Objekt oder Subjekt. Aus dem Staate kann der Monarch nur begriffen werden, wenn der Staatsgedanke selbst in den Institutionen
ausgeprägt und von den Menschen erkannt wird. Das ist aber
weder unter der Herrschaft des ersten noch des zweiten Typus
der Fall: alle derartigen Bildungen, solange die ihnen zugrunde
liegenden Vorstellungen rein und unvermischt auftreten, bringen in
dem Bewußtsein der ihnen angehörenden Menschen nichts unserem
Staatsbegriff Entsprechendes hervor. Erst wenn der Staat als
innere, in sich ruhende Einheit begriffen wird, erscheint mit dem
Erfassen der Staatsvorstellung der Monarch als Glied des Staates.
So erscheint die wahre Monarchie im Gegensatze zur Tyrannis
der den Staat zuerst als Gemeinwesen betrachtenden antiken
Staatslehre. Im Mittelalter keimt diese Idee in den staatsrechtlichen Vorstellungen von den Amtsrechten des Königs, die ihm
unabhängig von seinem Obereigentum am Staatsgebiet zustehen,
sowie in der Lehre von der Stellung des Kaisers, die Legisten
und Kanonisten aus dem Charakter des Reiches als eines Personen-
verbandes unter Nachwirkung antiker Anschauungen zu erklären
bestrebt sind. Die absolutistische Richtung der neueren Staatslehre stellt die Theorie von der absorptiven Repräsentation des
Staates durch den Monarchen auf. Dadurch werden Staat und
Monarch zur Einheit zusammengeschlossen, indem die mit dem
Staate nach antikem Vorbilde identifizierte Volksgesamtheit in
die Person des Fürsten verlegt wird, der sie nunmehr als Repräsentant darstellt. Wenn für Hobbes der Staat der große
Leviathan ist, so ist der Monarch die Seele dieses großen Ge-
schöpfes, das ohne ihn eine tote Masse wäre. Bezeichnend ist
es, daß, wie die theokratische und patrimoniale, so auch die repräsentative Vorstellung vom Monarchen ihren Ausdruck durch
Ludwig XIV. gefunden hat, der sich derart unter allen möglichen

Gesichtspunkten als Herrscher betrachtet wissen wollte. So erklärt
er: „Le roi représente la nation toute entière, et chaque particulier ne représente qu'un individu envers le roi. Par conséquent,
toute puissance, toute autorité résident dans la main du roi, et
il ne peut y en avoir d'autres dans le royaume que celles qu'il
y établit . . La nation ne fait pas corps en France: elle réside
toute entiere dans la personne du roi."[1]

Der zweite Versuch einer Vereinigung von Monarch und
Staat geht von der Lehre von der Volkssouveränetät und der Ge-
waltenteilung aus, die den Monarchen als mit beschränkter
Gewalt ausgerüstetes Organ des trotz der Gewaltübertragung noch
immer rechtlich als primäres Subjekt der Staatsgewalt dastehenden
Volkes auffaßt. Auch diese Anschauung ist von hervorragenden
Herrschern vertreten worden, sie gehört zu dem Ideenkreise, in
welchem sich die erleuchteten Männer des 18. Jahrhunderts be-
wegten. So nennt Friedrich der Große den Souverän den obersten
Diener der unter seiner Herrschaft stehenden Völker[2]), und Kaiser
Leopold II. schreibt als Großherzog von Toscana, wenige Wochen
vor seiner Berufung auf den Thron der österreichischen Länder:
„Je crois que le souverain, même héréditaire, n'est qu'un délégué
et employé du peuple pour lequel il est fait, qu'il lui doit tous
ses soins, peines, veilles... Enfin je crois que le souverain ne
doit régner que par la loi, et que ses constituants sont le peuple,
qui n'a jamais pu renoncer ni être privé par aucune prescription
ou consentement tacite et forcé, à un droit imprescriptible."[3])

---

[1]) Zitiert bei R a m b a u d, II, 6. éd. 1897 p. 2. Vgl. auch K o s e ɪ
Staat und Gesellschaft zur Höhezeit des Absolutismus (Staat u. Gesellschaft d. neueren Zeit, Kultur der Gegenwart) 1908 S. 234.

[2]) „Il se trouve que le souvrain, bien loin d'être, le maître absolu
des peuples, qui sont sous sa domination, n'en est lui-même que le
premier domestique." Antimachiavel ch. I. Wenn Friedrich der Große
auch energisch den organischen und persönlichen Charakter des Staates
und die Organstellung des Monarchen betont (vgl. D o c k Souveränetätsbegriff S. 143 ff.; R e h m Staatslehre S. 231 ff.), so steht er, wie vor-
stehender Ausspruch und das ganze erste Kapitel des Antimachiavel
deutlich beweist, doch ebenfalls unter der Herrschaft der damals unbestritten herrschenden Lehre, daß das Volk Schöpfer des Staates sei.
Der andere, berühmtere Ausspruch: un prince est le premier serviteur
et le premier magistrat de l'État (Œuvres I p. 123), ruht doch im
Grunde auf der Gleichstellung von peuple und État.

[3]) A. W o l f Leopold II. und Marie Christine. Ihr Briefwechsel
(1781—1792) 1867 S. 84 ff.

Nach Überwindung der naturrechtlichen Theorie vom Mon-
archenrecht durch die klare Erkenntnis der nicht aus dem vorstaatlichen Volke abzuleitenden Einheit und körperschaftlichen
Natur des Staates ist in 'er deutschen Wissenschaft, zuerst in
tiefdringender Weise von Albrecht begründet, die Auffassung
des Monarchen als eines Gliedes und Organes des Staates, das
gemäß der Staatsordnung im staatlichen Interesse staatliche
Funktionen übt, die herrschende geworden, wenn auch manche
Widersprüche und Unklarheiten in der Theorie des Monarchen-
rechtes noch nicht überall überwunden sind. Sie erklären sich
dadurch, daß die erörterten Monarchentypen nicht immer rein
auftreten, derart, daß einer die Herrschaft des anderen völlig ab-
löst. Vielmehr überwindet selten der spätere Typus den früheren
gänzlich, sondern dieser zeigt häufig noch deutlich Spuren in einer
Epoche, die sonst einer ganz anderen Grundauffassung vom Staate
huldigt. Die Anschauung Ludwigs XIV. von der Monarchie hat
sich uns als aus allen Lehren von der Stellung des Königs zusammengesetzt gezeigt. So ragen aber auch noch in unsere Zeit
Überreste ehemals herrschender Lehren hinüber. Auf den Nachklang theokratischer Anschauung vom Königsrecht in der Formel
„von Gottes Gnaden" haben wir bereits hingewiesen. Aber auch
die Salbung und Krönung von geistlicher Hand, wie sie heute
noch in England und Ungarn[1] eine staatsrechtliche Pflicht des
Monarchen ist, ist auf sie zurückzuführen[2]. Der Krönungsakt
bezeichnet zugleich die Besitzeinweisung; in ihr lebt auch die lehns-

---

[1] Über die Bedeutung der ungarischen Krönung vgl. v. Viroszil
Das Staatsrecht des Königreichs Ungarn 1865 I S. 299 ff.; Marczali
Ung. Verfassungsrecht 1911 S. 55 ff.; Bernatzik Die österreichischen
Verfassungsgesetze 2. A. 1911 S. 11. Erst der gekrönte König ist im
Vollbesitze der königlichen Rechte. Die Krönung des Kaisers von Ruß-
land (der sich selbst die Krone aufsetzt) scheint ausschließlich religiös-
symbolische Bedeutung zu haben. Vgl. Engelmann a. a. O. S. 13;
Gribowski a. a. O. S. 51 u. 53.

[2] Die englische Krönung wird seit der Bill of Rights aufgefaßt
als Beschwörung des Verfassungspaktes zwischen König und Reich.
Ihr geht voran die Anerkennung, indem der Erzbischof von Canterbury
das Volk fragt, ob es willig sei, dem Herrscher zu huldigen, worauf
dieses (bei der Krönung Viktorias und Eduards VII. durch die Schul-
jugend von Westminster repräsentiert) mit Akklamation antwortet. Vgl.
Anson 3. ed. II¹ p. 235 ff. Über Ähnlichkeiten bei der früheren französischen Krönung vgl. Esmein Cours élémentaire d'histoire du droit
francais, 5. ed. 1903 p. 317 f.

rechtliche und patrimoniale Auffassung des Königtums symbolisch
fort. Auch sonst zeigt die Gegenwart noch deutlich Überreste
der alten dualistischen Staatslehre; die Nähte, welche die ehemals
getrennten Teile des Staates miteinander verbinden, sind dem
kundigen Auge noch immer sichtbar. Wenn daher auch heute
der Staat als Einheit aufgefaßt und demgemäß der Monarch nur
aus dem Staate begriffen werden soll, so ist in den populären
Vorstellungen, namentlich in den alten Monarchien, noch immer
ein Stück über- und außerstaatlicher Herrschergewalt enthalten,
die vom Standpunkt des modernen Staates und seines Rechtes
nicht erfaßt werden kann. Denn die rechtlichen Vorstellungen
einer Epoche können niemals mit dem Maße einer neuen, auf
ganz anderen Voraussetzungen ruhenden gemessen werden. Derartige Überreste sind politisch oft von großer Bedeutung, können
aber, weil nicht mehr in der Staatsordnung begründet, den rechtlichen Typus der Gegenwart nicht verändern. Sie müssen an
den Rechtsanschauungen der Gegenwart gemessen und den Begriffen, die dem heutigen Rechtssystem zugrunde liegen, eingeordnet werden, ansonst man zu den größten Widersprüchen
gelangt oder gar, will man folgerichtig sein, den ganzen modernen
Staatsgedanken einem Phantom aufzuopfern bereit sein muß[1]).

Auch die neben der Erkenntnis der Organstellung des Monarchen einhergehende Vorstellung von dem eigenen Recht des

---

[1]) Das zeigt die neuere höfische Jurisprudenz, welche der lippische
Thronstreit gezeigt hat (vgl. über sie Anschütz zu G. Meyer
S. 255 ff. und oben S. 172 N. 1, die aus den Überlebseln des patrimonialen
Staates diesen selbst restaurieren zu können vermeint, indem sie die
Verfassungen der deutschen Gliedstaaten als dünne Oberschicht auf
dem unerschütterten Fundament des Patrimonialstaates betrachtet. Alle
diese Versuche stehen und fallen mit der Möglichkeit, ein von jedem
Staate unabhängiges Recht über dem Rechte nachzuweisen, das im
Jahre 1806 im Augenblick der Reichsauflösung geboren wurde. Dieses
Recht ist aber nichts anderes als das bekannte legitimistische Natur-
recht, wie es namentlich in der Hallerschen Fassung im Zeitalter der
Restauration sich in regierenden Kreisen großer Beliebtheit erfreute.
Vgl. auch Schücking Staat und Agnaten S. 11 u. G. Jellinek Der
Kampf des alten mit dem neuen Recht 1907 S. 33 ff. (Ausg. Schriften
u. Reden II 1911 S. 411 ff.). — In der neuesten Zeit kommt die Auf-
fassung von der Überstaatlichkeit des Herrschers mehr oder minder offen
zum Ausdruck in dem Streit um die Freiheit der Bundesfürsten vom
Reichswehrbeitrag. Gegen das Steuerprivileg Anschütz in der Deutschen
Juristenzeitung 1913 Sp. 657 ff.; dazu die wenig beweiskräftige Erwiderung
von Hamm, ebenda Sp. 772 ff.

Monarchen auf die Staatsgewalt, derzufolge der Inhalt der monarchischen Funktionen selbst individuelles Recht des Monarchen sei, ist, wie schon erwähnt, dem Ideenkreise der theokratischen oder patrimonialen Staatslehre entlehnt, weil sie, zu Ende gedacht, den Monarchen außerhalb des Staates stellt [1]). Sie konnte wissenschaftlich noch gestützt werden durch die Idee der absorptiven Repräsentation des Volkes durch den Monarchen zu einer Zeit, wo die naturrechtliche Herleitung des körperschaftlichen Charakters des Staates in ihren Grundirrtümern noch nicht bekannt war. Mit den juristischen Grundanschauungen früherer Epochen hängt auch die Formel von dem Monarchen als Inhaber der gesamten Staatsgewalt zusammen. Sie entspricht am reinsten den Verhältnissen des absoluten Staates.

Gegenüber dem wohlausgebildeten Bau der heutigen konstitutionellen Monarchie bietet aber die Lehre vom Monarchen, der alle Rechte der Staatsgewalt in sich vereinigt, keine reale Erkenntnis mehr, sondern ist zu einer Fiktion geworden, die nicht mehr mit der Wirklichkeit des rechtlichen Tatbestandes übereinstimmt. Ein großer und wichtiger Teil der staatlichen Funktionen ist gänzlich dem monarchischen Willen entrückt. Vor allem die richterliche Tätigkeit. Der Monarch hat nicht mehr das Recht zu richten, das ihm ehemals zustand. Der Satz, der Monarch ist Inhaber der richterlichen Gewalt, ist nur ein Ausdruck für die geschichtliche Tatsache, daß er ehedem in Person richtete [2]).

---

[1]) Ed. Loening, Die Gerichtsbarkeit über fremde Staaten und Souveräne 1903 S. 143, behauptet, der Monarch sei nicht Staatsorgan, sondern Inhaber des Rechtes, zu herrschen, das daher nicht vom Staate stammen kann. Auch v. Martitz, der doch die körperschaftliche Natur des modernen Staates völlig zutreffend erkannt hat, findet a. a. O. S. 28 als Merkmal eines monarchischen Staatsoberhauptes seine Herrscherstellung, deren Wesen ein Recht an dem körperschaftlichen Staatsverbande ist. Ein Recht an dem Verband kann aber nicht ein Recht aus dem Verband sein, setzt daher ebenfalls eine über dem Verband stehende Rechtsordnung voraus. Die Herrscherstellung des Monarchen ist genügend durch die Tatsache erklärt, daß er unmittelbar als Individuum höchste staatliche Gewalt hat, während sie in der Republik niemals einem einzelnen zukommt.

[2]) Noch erhalten war bis 1909 ein Rest dieses Königsrechts in Schweden, wo der Monarch das Recht hatte, an allen Sachen teilzunehmen, die in dem höchsten Gerichtshof vorgetragen und entschieden wurden, in der Regel aber nur, sofern er persönlich im Gericht anwesend war. Er hatte dabei nur zwei Stimmen und konnte überstimmt

Der Richter kann in seiner spezifischen Tätigkeit nicht mehr als
Beauftragter, sondern nur noch als Repräsentant des Monarchen
aufgefaßt werden. Aber auch die Ernennung der Richter steht
dem Monarchen nur nach der Richtung hin frei, daß ihm die
Wahl der den gesetzlichen Anforderungen für das Richteramt
entsprechenden Personen zusteht, während der Fortbestand der
gerichtlichen Organisation ebenfalls von seinem Willen unabhängig
ist. In der Sorge für die Besetzung der Gerichte übt der Monarch
kein Recht, sondern eine Pflicht aus. Auf dem Gebiete der
Verwaltung ist ferner die ganze nach Gesetzen verfahrende Verwaltung von seiner Person unabhängig, nicht minder die Existenz
eines großen Teiles der weitverzweigten Behördenorganisation
selbst. Die Beamten sind nicht Diener seines persönlichen Willens,
von dessen Belieben ihr Dasein abhängt, sondern ihm notwendige Berater, Gehilfen und Vollzugsorgane, die er trotz
aller ihnen obliegenden dienstlichen Unterordnung unter seinen
Willen zu berufen verpflichtet ist. Die Teilnahme der Kommunalverbände und anderer Selbstverwaltungskörper an der Ausübung
der öffentlichen Gewalt ist vom Monarchen ganz unabhängig;
nicht einmal zur Hilfsvorstellung einer Delegation oder Repräsentation kann hier gegriffen werden. Soweit aber der Monarch
eine Seite der staatlichen Gewalt, ein „Recht der Staatsgewalt" in
der Sprache der früheren Staatsrechtslehre, nach der bestehenden
verfassungsmäßigen Ordnung niemals und unter keinen Umständen ausüben kann, ist es eine leere Formel, die keine wie
immer geartete Einsicht in den realen Tatbestand gewährt, wenn
man ihm die Substanz auch dieses Teiles der Staatsgewalt zuschreibt. Diese Formel ist nach ihrer juristischen Seite nichts
anderes als ein Überrest der alten Identifizierung von Obrigkeit
und Staat, der ein Recht des monarchischen Staates nur als
persönliches Recht des Monarchen überhaupt denkbar war. Geht

---

werden. Er machte indes von dem Recht, an den Urteilssprüchen des
höchsten Gerichtshofes teilzunehmen, in den letzten Zeiten niemals Gebrauch, unterzeichnete jedoch diese Urteile; Ascheoug S. 105. Seit
1909 beschränkt sich die königliche Gerichtsbarkeit, wie in anderen
Staaten, auf die Begnadigung: Fahlbeck Die Regierungsform Schwedens
1911 S. 84 ff., 89 ff. In den deutschen Hausgesetzen hat sich in der Entscheidung über Klagen, die gegen Familienmitglieder der Dynastie gerichtet sind, ebenfalls die persönliche Richterstellung des Monarchen
erhalten (vgl. z. B. § 2 des bayerischen Familienstatuts vom 5. August 1819,
§ 11 des Nachtrags zum kgl. sächsischen Hausgesetz vom 20. August 1879).

man aber von dem in der heutigen Staatsordnung ausgeprägten
Gedanken aus, daß die dem Staate notwendige innere Einheit
nur durch das verfassungsmäßige Zusammenwirken einer Vielheit
von Organen bewahrt werden kann, so schwindet jeder Anlaß,
jener Formel, abgesehen natürlich von der absoluten Monarchie,
einen tieferen dogmatischen Wert zuzuerkennen. Sie drückt
vielmehr nur den historischen Tatbestand aus, daß in den altmonarchischen Ländern jedes Recht, Imperium zu üben, einmal
Recht des Monarchen gewesen ist. Tout fuit al commencement
in luy et vient de luy, dieser Ausspruch des mittelalterlichen
englischen Richters von dem Verhältnis aller staatlichen Gewalt
zur Königsgewalt ist ihr wahrer Kern. Alle praktischen juristischen Folgerungen, die in altmonarchischen Staaten aus dem
monarchischen Prinzip gezogen wurden, ergeben sich in ungezwungener Weise aus der Entstehung und der Natur der Verfassungsgesetze in solchen Staaten als Selbstbeschränkungen der
Herrschergewalt.

Für den Typus des ausgebildeten, modernen, die **Volksgesamtheit** zur Einheit zusammenfassenden Staates kann der
Monarch nur aus dem Staat erklärt und als Organ des Staates
aufgefaßt werden. Daraus ergibt sich, daß das monarchische
Prinzip rein politischer Natur ist[1]) und keineswegs notwendig in
der Konsequenz der richtigen Auffassung der Monarchie liegt.
Unter und neben dem Monarchen können einer Fülle von Organen
in Unterordnung sowohl als in größerer oder geringerer Unabhängigkeit vom Monarchen staatliche Kompetenzen zustehen,
ohne daß der Typus der Monarchie selbst dadurch alteriert wird.

Wesentliches Merkmal des Monarchen ist ausschließlich, daß
er die **höchste Gewalt** des **Staates** darstellt. Das ist aber
jene Gewalt, die den Staat in Bewegung setzt und erhält. Näher
gefaßt besteht sie in der Sphäre freien, vom Gesetze nur begrenzten aber nicht inhaltlich bestimmten, richtunggebenden
staatlichen Handelns. Also das Recht der Gesetzessanktion, d. h.

---

[1]) Dem heute noch ein beliebiger rechtlicher Inhalt gegeben werden
kann. So erklärt A r n d t, Können Rechte der Agnaten auf die Thronfolge nur durch Staatsgesetz abgeändert werden? 1900 S. 41, das
monarchische Prinzip bedeute nichts anderes, als daß nach einer festen,
durch menschliche Willkür unabänderlichen Reihenfolge der Herrscher
bestimmt ist, woraus sich denn ergäbe, daß Rußland, wo der Kaiser
vor 1906 die Thronfolge einseitig ändern konnte, keine wahre Mon-
archie war.

der freien Entscheidung über das, was Recht werden soll, die
freie, in der Pflege internationaler Beziehungen, im Vertrags-
schluß und dem Recht über Krieg und Frieden sich äußernde
Tätigkeit nach außen, der Oberbefehl über das Heer, die Ernennung der Minister und anderer Beamten, das Recht der Begnadigung sind in der wirklichen, von Fiktionen freien Kompetenz
des Monarchen enthalten. Auf diesen Gebieten besteht auch ein
wahres, freies Befehlsrecht des Monarchen, das dort, wo die Verpflichtung zur Anordnung im Gesetze enthalten ist, ausgeschlossen
erscheint. Nur in dem Sinne, daß die ganze Staatsordnung
heute eine gesetzliche ist, das Gesetz aber einmal Inhalt des
monarchischen Willens gewesen sein muß und fortdauernd als
dem Willen des Gesetzgebers entspringend gedacht wird, kann
man auch heute noch die gesamte Staatsgewalt als potentiell im
Monarchen enthalten denken. Das ist aber nicht der lebendige
Monarch, sondern die abstrakte Institution.

Solange diese höchste, den Staat in Tätigkeit setzende und
erhaltende Gewalt in der Hand eines einzigen ruht, ist der Staat
Monarchie, welche Gewalten auch immer sonst noch staatliche
Zwecke versehen. Die Monarchie erlangt gerade dadurch eine
so große Anpassungsfähigkeit an die verschiedensten historischen
und sozialen Verhältnisse, daß die größten Unterschiede in dem
realen Maße staatlicher Gewalt des Monarchen mit Begriff und
Wesen der Monarchie vereinbar sind. Die dem Monarchen zustehende staatsbewegende Tätigkeit kann mit der umfassendsten,
aber auch mit sehr geringer Macht über das ganze Staatsleben
verknüpft sein. Eines ist aber allen Monarchien gemeinsam:
mit dem Ausschalten der monarchischen Gewalt würde der Staat
sofort in seinen wichtigsten Funktionen gestört erscheinen und
der Anarchie anheimfallen. Dies möge an dem Beispiele einer
Monarchie veranschaulicht werden, in welcher heute die Krone
das denkbar geringste Maß realer Macht hat.

Im heutigen England ruht das Schwergewicht der Staatsgewalt im Parlamente. Das Parlament gibt Gesetze, denen der
König seit fast zwei Jahrhunderten seine Zustimmung niemals
verweigert hat; das Kabinett, ein Ausschuß der Parlamentsmajorität, wird formell zwar vom König ernannt, in Wahrheit
aber vom Parlament designiert, indem der Führer der Unterhaus-
majorität oder eine ihr entsprechende Persönlichkeit des Oberhauses, von der Krone zum Premierminister bestellt, die übrigen

Kabinettsmitglieder aus der Majorität auswählt und der Krone
zur Ernennung vorschlägt; das Kabinett ernennt in Wahrheit
alle Beamten und übt auch sonst die königliche Prärogative aus,
indem die Krone den Anträgen des Kabinetts, namentlich seit der
Regierung der Königin Viktoria, einen nennenswerten Widerstand
nicht entgegenzusetzen vermag[1]). Nichtsdestoweniger ruht die
oberste Leitung des Staates ganz in der Hand des Königs. Nur er
kann das Parlament in Tätigkeit setzen, dem Selbstversammlungsrecht nicht gegeben ist, er ist auch heute noch caput, principium et
finis parliamenti. Würde er trotz des politischen Zwanges, der
auf ihm lastet, einem Gesetze den royal assent verweigern[2]), so
könnte keine Macht der Welt ihn rechtlich dazu zwingen; ohne
seinen Willen würde die ganze Gesetzgebungsmaschine stillstehen[3]).
Ebenso können seine Willensakte, durch welche er das Kabinett
und die Beamten ernennt sowie andere wichtige Regierungsakte

---

[1]) Daß aber auch dieser Zustand einer der wechselnden, von der
persönlichen Art der jeweiligen Machthaber abhängigen ist, zeigt der
Umschwung, der seit der Thronbesteigung Eduards VII. eingetreten ist.
Dieser König hat in manchen wichtigen inneren Angelegenheiten die
Initiative ergriffen und war in der äußeren Politik richtunggebend, ohne
daß sein persönliches Hervortreten als verfassungswidrig getadelt worden
wäre: die Stellung der Krone in der viktorianischen und in der gegenwärtigen sind keineswegs völlig gleichartig.

[2]) Vgl. namentlich Hearn The government of England p. 51 (zitiert
in Gesetz und Verordnung S. 18 N. 29), der den rechtlichen Charakter
des royal assent zu den Gesetzen am treffendsten zeichnet. Auch
Burgess, Political Science II p. 203, setzt, obwohl nicht mit gleicher
Schärfe wie Hearn, die Unmöglichkeit auseinander, daß das königliche
Recht durch Nichtgebrauch verlorengegangen sei.

[3]) Es ist ganz unjuristisches Denken, wenn in Werken über englisches Recht fortwährend behauptet wird, die Krone hätte ihr Veto-
recht „by disuse" verloren. Von ihrem Rechte, den Gesetzen ihre Zustimmung zu erteilen, hat sie vielmehr immer Gebrauch gemacht.
Wer könnte aber den nach englischem Staatsrecht zur Perfektion des
Gesetzes nötigen royal assent im Falle der Verweigerung ohne Usurpation
königlicher Rechte supplieren? Auch die politische Sachlage wird nicht
richtig wiedergegeben, wenn Bagehot, Englische Verfassungszustände,
deutsche Übersetzung mit einem Vorwort von v. Holtzendorff, 1868
S. 88, in scherzender Übertreibung von der Königin Viktoria sagt: „Sie
muß ihr eigenes Todesurteil unterschreiben, wenn die beiden Häuser
es ihr einstimmig vorlegen." Wer konnte sie überhaupt zu irgend etwas
zwingen? Gegen die Lehre von der Machtlosigkeit der englischen Krone
auch Sidney Low, Die Regierung Englands 1908 S. 247 ff., und namentlich Lawrence Lowell, Die englische Verfassung I 1913 S. 25, 42 ff.

vornimmt, von niemand ersetzt werden. Inaktivität des Königs könnte sofort den ganzen Staat lähmen, und ein rechtliches Mittel zur Beseitigung einer solchen Störung, solange überhaupt die Regierungsfähigkeit des Königs dauert, ist nicht vorhanden. Jede Änderung eines solchen Zustandes könnte nur auf dem Wege einer Revolution erfolgen. Man hat die viele Schreibarbeit, die dem König auferlegt ist, in England lebhaft getadelt[1]). Ohne diese königlichen Unterschriften könnte aber der englische Staat nicht in Gang erhalten werden.

Die gesetzliche Disposition über die gesamte Staatsgewalt ruht in England beim Parlament im alten Sinne, d. h. dem König und den beiden Häusern; die höchste rechtliche Gewalt hat aber trotz der andersgearteten realen Machtverteilung der König allein, denn die beiden Häuser des Parlamentes können durch eigenen, vom Monarchen unabhängigen Willen, von ihrer inneren Ordnung abgesehen, auf dem Wege direkter Anordnung keine Änderung der Staatsordnung und der Ämterbesetzung vornehmen. Das Parlament allein macht Gesetze, und doch kann es ihnen keine Gesetzeskraft verleihen; es wählt den Premierminister und durch diesen die übrigen Mitglieder des Kabinetts aus seiner Mitte, und doch kann es kein einziges Mitglied des Kabinetts selbständig ernennen. Es kann der Krone eine Forderung verweigern, ihre Räte dem Impeachement unterziehen, was beides überdies bei dem System parlamentarischer Regierung unpraktisch geworden ist; allein das sind wesentlich Handlungen mit negativem Erfolg, die keineswegs die ununterbrochene Fortdauer der staatlichen Funktionen bezwecken. So vermag denn der König mit dem Parlament alles, das Parlament ohne den König nichts, während der König ohne Parlament kraft seiner Prärogative die höchste Funktion ausübt, nämlich dafür sorgt, daß der Staat fortwährend in Tätigkeit erhalten werde[2]).

Der Monarch ist daher überall der Ausgangspunkt der staatlichen Funktionen, die deshalb alle mit ihm in dauernder Verbindung stehen, ohne darum notwendig von ihm abhängen zu müssen. Die Lehre von der Gewaltenteilung in der Montes-

---

1) Bagehot S. 91 f.

2) Die rechtliche Stellung des englischen Königtums ist im Sinne dieser Ausführungen in lapidarer Form dargelegt worden von einem Manne, in dessen Hand die ganze politische Macht dieser Institution gelegen hatte. Vgl. Gladstone Gleanings of Past Years, London 1879 I p. 227, 245.

quieuschen Fassung hat diese wichtige Rechtstatsache gänzlich
verkannt, indem sie dem Monarchen bloß die den beiden anderen
nebengeordnete exekutive Gewalt zugeteilt wissen wollte, was
praktisch den Staat zur Untätigkeit oder zu innerem Kampfe
verurteilen würde. Alles Leben kann im Einheitsstaate nur von
einem Zentrum ausgehen. Wäre es möglich, in einer lebendigen
Einheit, wie es der Staat ist, mehrere solche gleichwertige Zentren
zu schaffen, so wäre schließlich dauernde Anarchie die Folge
solchen Beginnens.

Ist demnach der Satz: alle Gewalt ist notwendig beim Könige,
unrichtig, so gilt doch von allen Monarchien, selbst von denjenigen, die das demokratische Prinzip in ihren Verfassungen verkündigt haben, daß alle staatlichen Funktionen ihren Ausgangspunkt und daher auch ihren Einigungspunkt im Monarchen haben.
Vereinbar hingegen mit der Einheit des Staates ist eine Verteilung
staatlicher Macht an verschiedene Organe unter dem Monarchen,
die als solche ja nur Glieder des einheitlichen Staates sind,
ebenso Machtzuweisung an nichtstaatliche Verbände, sofern sie nur
zugleich die Funktionen staatlicher Organe versehen oder vom
Staate in ihrer öffentlich-rechtlichen Tätigkeit kontrolliert werden.
Auch die Gesetzgebungs-Initiative der Kammern ist der Monarchie nicht widersprechend[1]), wenn nur der also erfolgte Anstoß
nicht durch den Kammerwillen selbst verbindliche Kraft erhält.

In der Monarchie müssen daher alle übrigen Organe dem
Monarchen zwar nicht notwendigerweise untergeordnet, aber doch
mindestens nach der Richtung von ihm abhängig sein, daß entweder ihre Tätigkeit, ihr ununterbrochenes Funktionieren oder
doch die Verleihung der Gesetzeskraft an ihre Beschlüsse von
seinem Willen abhängt. Das zeigen im modernen Staate die
Kammern, die in vielen Staaten ohne den Monarchen ihre Tätigkeit nicht beginnen und von ihm überall unter verschiedenen
Bedingungen außer Tätigkeit gesetzt werden können[2]), überall

---

[1]) Noch von Gerber, Grundzüge S. 126 N. 2, für prinzipiell bedenklich erklärt.

[2]) Selbst in Norwegen, dem einzigen Staate, in dem dem König ein
Auflösungsrecht der Kammern nicht zusteht, konnte er vor der Verfassungsänderung vom 12. 3. 1908 das Storthing nach zweimonatlicher
Session schließen. Hat er es zu außerordentlicher Session zusammenberufen, so steht ihm der Zeitpunkt der Schließung vollkommen frei.
Matter a. a. O. p. 237; Morgenstierne Das Staatsrecht des Königreichs Norwegen 1911 S. 57, 69 f.

jedoch grundsätzlich keine die Untertanen unmittelbar verpflichtenden Beschlüsse zu fassen vermögen[1]). Das zeigen alle
•Staatsbehörden, auch die Gerichte, die von ihm oder in seinem
Auftrage mit den passenden Personen besetzt werden müssen
und erst dadurch in den Stand gesetzt werden, ihre Zuständigkeiten zu versehen. Daher sind die Kammern, und soweit die
Rechtsprechung reicht, die Gerichte zwar dem Monarchen nicht
dienstlich untergeordnet, aber nichtsdestoweniger von seinem
Willen in ihren Funktionen bedingt. Auch Kommunalverbände
und andere Selbstverwaltungskörper aber, die staatliches Imperium
als ihr Recht üben, sind seiner höchsten Aufsicht durch das
Medium der staatlichen Verwaltungsbehörden unterstellt; sie sind
vom Staate und damit vom Staatsoberhaupte abhängig.

Das wesentlichste Merkmal des also festgestellten Typus der
Monarchie besteht aber darin, daß keine Änderung der verfassungsmäßigen Ordnung des Staates anders als mit Willen des
Monarchen erfolgen kann. Soweit der Spielraum für die Gestaltung der Monarchenstellung innerhalb des Typus auch sein
mag, so viele Abweichungen im einzelnen von diesem Typus auch
vorkommen können, an dem Dasein der angegebenen Macht hat
der Begriff des Monarchen seine Grenze. Wo Verfassungsänderungen ohne oder gegen den Willen des Staatsoberhauptes
durchgesetzt werden können, da ist, welchen Namen auch immer
das Staatsoberhaupt trägt, eine Monarchie nicht mehr vorhanden,
denn die oberste richtunggebende Tätigkeit ist ihm damit genommen. Daher war Frankreich auf Grund der Verfassung vom
3. September 1791, welche die verfassungsändernden Beschlüsse
des corps législatif der königlichen Sanktion entrückte, keine
Monarchie mehr, sondern eine Republik mit erblichem Staatshaupte. In Norwegen hingegen, wo bei einfachen Gesetzen dem
Könige nur ein suspensives Veto zusteht, bedürfen Verfassungsänderungen der königlichen Sanktion[2]); daher fällt Norwegen
auch unter den Typus der Monarchie. Republikanischen Prä-

---

[1]) Darin gibt es allerdings später zu erwähnende Ausnahmen, vor
allem Ministeranklagen, Wahl einer neuen Dynastie (Ungarn, Belgien),
Einsetzung einer Regentschaft beim Mangel rechtlich hierzu Berufener.

[2]) Über Dasein und Umfang des königlichen Sanktionsrechtes bei
Verfassungsänderungen besteht in Norwegen theoretisch und praktisch
Streit. Vgl. Bernatzik, Der Verfassungsstreit zwischen Schweden und
Norwegen, in Grünhuts Zeitschrift XXVI S. 303 ff. Bejaht wurde das

sidenten jedoch, denen für die einfache Gesetzgebung höchstens
ein suspensives Veto zusteht, ist jeder Eingriff in den Gang der
Verfassungsgesetzgebung unmöglich. Auch in England, selbst
wenn man sich auf den Boden der politischen Lehre stellt, welche
die Verweigerung der königlichen Zustimmung zu den Parlaments-
beschlüssen nicht mehr für zulässig erklärt, bedarf auch heute
noch jedes auf die Stellung des Königs, die königliche Prärogative, bezügliche Gesetz der königlichen Initiative, was bei jeder
Änderung der britischen Grundinstitutionen von einschneidender
Bedeutung ist. Diese sind nämlich so innig mit der Prärogative
verknüpft, daß jede wesentliche Änderung in ihnen, also jede
Änderung der materiellen Verfassung Englands an einen königlichen Willensakt geknüpft ist[1]). Eine Aufhebung des Oberhauses z. B. würde das zur königlichen Prärogative zählende

---

absolute Veto des Königs in eingehender Begründung von der Juristenfakultät zu Christiania (Om Kongens Sanktionsret, Kristiania 1881
p. 91 f.), übersetzt von Jonas unter dem Titel „Gutachten der jur.
Fakultät über das Sanktionsrecht des Königs bei Grundgesetz-
veränderungen" 1882 S. 81 f., und von Seidler in der Zeitschrift für
Volkswirtschaft, Sozialpolitik und Verwaltung VIII S. 455 ff. Gegen das
Sanktionsrecht spricht die Vorbildlichkeit der französischen Verfassung
von 1791 für das norwegische Grundgesetz. Doch ist m. E. unter allen
Umständen den Ausführungen Bernatziks zuzustimmen, der a. a. O.
S. 311 dem König gegen alle den Begriff des Königtums tangierende
Storthingbeschlüsse ein absolutes Veto zuschreibt, so daß die Streitfrage
nur auf die übrigen verfassungsändernden Storthingbeschlüsse sich zu
beschränken hat. Der Schlußsatz der Verfassung (Art. 112), der deren
Prinzipien zuwiderlaufende Änderungen untersagt, kann nur in diesem
Sinne, der allein mit dem Wesen der Monarchie verträglich ist, ausgelegt
werden. Nach der Trennung Norwegens von Schweden wird vermutlich
diese Frage durch authentische Interpretation zugunsten des Königtums
gelöst werden müssen, zumal die praktische Bedeutung des suspensiven
Vetos gegen den Unionskönig gerichtet war. Im parlamentarisch regierten
unabhängigen Norwegen ist es politisch völlig überflüssig. Die Frage
harrt bis zum heutigen Tage der gesetzlichen Regelung; sie wird aber
auch in der neuesten Darstellung des norwegischen Staatsrechts mit
einleuchtenden Gründen zugunsten des königlichen Vetorechts beantwortet: Morgenstierne Das Staatsrecht des Königreichs Norwegen 1911 S. 112 ff. Anders Zweig Die Lehre vom Pouvoir Constituant 1909 S. 269 f. N. 4.

[1]) Vgl. May Law of Parliament, 11. ed. 1906 p. 448 f. Die Königin
Viktoria hat mehrmals ihre vorläufige Zustimmung zu solchen Gesetzen
verweigert, die deshalb von der Tagesordnung abgesetzt werden mußten;
vgl. May p. 449. Zudem kann die Krone die Einbringung einer jeden bill

Recht der Pairsernennung vernichten, könnte daher ohne vorhergehenden königlichen Antrag nicht in Verhandlung gezogen
werden.

Diesem die äußerste Grenze der Monarchie bezeichnenden
Typus steht aber als Normalfall in der heutigen Staatenwelt jener
gegenüber, in dem keine Änderung der gesamten Rechtsordnung
ohne den monarchischen Willen erfolgen kann. Dazu tritt dann
die weitere, auf die Leitung des Staates sich beziehende freie
Tätigkeit nach außen und innen, so daß jeder Akt der Staatsleitung vom Monarchen oder doch in seinem Auftrag vorgenommen
wird. Mancherlei Ausnahmen können den Typus modifizieren,
ohne ihn deshalb zu stören. So z. B. wird in der parlamentarischen
Befugnis zur Ministeranklage und der daran geknüpften Wirkung
der Suspension der Minister eine solche Abweichung vom Typus
erblickt werden müssen, die aber bei der geringen praktischen
Bedeutung solcher nur ganz ausnahmsweise zur Anwendung gelangenden Gesetzesbestimmungen keine wesentliche Änderung der
Monarchenstellung herbeiführt. Mannigfaltig können auch die
Bedingungen und Einschränkungen sein, die dieser freien Tätigkeit
des Monarchen verfassungsmäßig gegeben sind. Die Zuständigkeiten der parlamentarischen Kollegien, das Erfordernis ministerieller Kontrasignatur, Präsentationsrechte von Körperschaften
usw. sind unter diesem Gesichtspunkte zu betrachten. Sie ziehen
der richtunggebenden monarchischen Funktion Schranken, bestimmen sie aber keineswegs in ihrem Inhalte.

---

an ihre vorgängige Einwilligung knüpfen, wie denn Georg III. und
Georg IV. durch ihren Widerstand das Zustandekommen der Katholiken-
emanzipation fast dreißig Jahre lang zu verhindern wußten. Ebenso
bedürfen alle Geldbills und daher auch alle Steuergesetze der königlichen
Initiative, ferner auch Amnestien. Auch hat es das Kabinett in der
Hand, jede von ihm bedenklich gefundene Bestimmung im Laufe des
parlamentarischen Verfahrens zu unterdrücken, so daß sich kaum ein
Anlaß zur Ausübung eines Vetos ergeben könnte. Über die heutige Be-
deutung des royal assent vgl. Anson I p. 313 ff. und die eingehende
Darlegung von Hatschek Engl. Staatsrecht I S. 645. Burgess,
Political Science II p. 200 f., unterscheidet zwischen konstitutionellen, ein
Residium der früheren, selbständig ausgeübten Prärogative darstellenden,
und auf Parlamentsakten beruhenden oder statutarischen Kronrechten.
Erstere können durch absolutes Veto verteidigt werden, „until the state,
through a House of Commons elected upon the issue, shall have com-
manded the submission of the Crown" (p. 201). Das ist aber keine
juristische, sondern eine revolutionäre Lösung der Frage.

Schließlich ist noch eine wichtige Abweichung vom Grundtypus der Monarchie zu erwähnen. Wenn auch als Normalfall
die Monarchie eine einzige physische Person als höchstes Organ
aufweist, so ist dennoch eine Monarchie mit einer Mehrheit monarchischer Personen möglich, wofern nur die monarchischen
Willensakte nicht nach einer verfassungsmäßig bestimmten Form
unter Anwendung des Majoritätsprinzips aus dem Willen mehrerer
gewonnen werden, vielmehr jeder Akt entweder als von jedem
einzelnen der Monarchen oder von allen einzelnen als solchen gemeinschaftlich ausgehend angesehen wird. Solange jeder höchste
staatliche Willensakt Wille individuell bestimmter Personen, also
nicht eines Kollegiums ist, so lange bleibt der Typus der Monarchie gewahrt. Daher war Rom in der nachdiocletianischen
Epoche auch dann, als mehrere Augusti und Caesares zugleich
regierten, eine Monarchie; ebenso ändert die Annahme eines
Mitregenten oder eine gemeinsame Regierung keineswegs den
Typus der Monarchie. So war England unter Wilhelm III. und
Maria (1689—1694), wo die Königin alle Staatsakte mit zu unter-
zeichnen hatte, ebenso Monarchie wie unter der folgenden Allein-
herrschaft Wilhelms (1694—1702).

2. Die Arten der Monarchie.

Wie die Staatsformen überhaupt, so ist auch die Monarchie
den verschiedensten Einteilungen unterworfen worden. Mannigfaltige historische und soziale Elemente sind hervorgehoben
worden, um auf ihnen besondere Typen der Monarchie aufzubauen. Gegen alle derartigen Versuche erheben sich dieselben
kritischen Bedenken, die wir bereits bei den allgemeinen Einteilungen der Staaten kennen gelernt, in erhöhtem Maße. Es
werden nämlich oft Elemente, die nicht einmal imstande sind,
den Staat überhaupt in seiner Eigenart zu individualisieren, zur
Charakterisierung einer besonderen Staatsform verwendet, was
natürlich noch weniger gelingen kann.[1]) Im Grunde geben auch

---

[1]) So wenn in der neuesten Literatur R o s e n b e r g , Die juristische
Natur des deutschen Kaisertums, Preuß. Jahrbücher 103, 1901, S. 287,
auf Grund eingehender Untersuchung als Monarchen den Inhaber der
Regierungsgewalt bezeichnet, dem diese nicht einseitig von anderen
Faktoren des Staates entzogen werden kann, und wenn in ähnlicher Weise
H a t s c h e k , Allgemeines Staatsrecht 1909 I S. 9, II S. 101, eine
Monarchie schon dann als vorhanden ansieht, wenn der höchste Träger

die, welche historisch-soziale Kategorien der Monarchie aufstellen, nicht sowohl Typen als vielmehr eine Reihe individueller
Einzelbilder[1]). In gedeihlicher Weise kann die Monarchie, wie
die Staatsformen überhaupt, nur nach rechtlichen Unterschieden
eingeteilt werden.

Im folgenden sollen aber nur die bekannten Bildungen höherer
Kulturstufen berücksichtigt werden. Bereits erwähnt wurde, daß
der monarchische Typus der Verbandsorganisation in die Anfänge des staatlichen Lebens zurückreicht. Einer unentwickelten
Kultur gehört die Stammeshäuptlingsschaft, das Stammeskönigtum
an. Entweder herrscht da nur eine Gelegenheitsorganisation vor,
wie z. B. bei Kriegszügen, nach deren Beendigung wieder eine
genossenschaftliche Form des Horden- oder Stammeslebens eintritt, oder der dauernde Häuptling hat keine scharf abgegrenzten
Kompetenzen, die bereits eine reiche Rechtsentwicklung voraussetzen. Die faktische Macht eines solchen Häuptlings kann sehr
gering sein, sich aber auch bis zu völliger Despotie steigern.
Sie mit den Rechtsbegriffen einer entwickelten Zivilisation zu
messen, wäre ein höchst unhistorisches Beginnen. Immerhin ist
ein Blick auf die Verhältnisse solcher Art lehrhaft, weil er die
Kenntnis möglicher Variationen eines auf höherer Kulturstufe in
mancher Hinsicht stationären Typus vermittelt.

So ist seit langem Lebenslänglichkeit der monarchischen
Würde eines ihrer wesentlichen Merkmale. Soweit die Erinnerung
der Kulturvölker zurückreicht, hat es keine Könige auf Zeit gegeben. Das ist aber eine geschichtliche Tatsache, die bereits

---

der Regierungsgewalt an den wichtigsten Staatsakten mitbeteiligt sein
muß. Damit wären — von älteren aristokratischen Staaten ganz abgesehen — z. B. das Frankreich der Konsulatsverfassung oder die
deutschen Hansestädte, wo dem Senatskollegium die ihm zustehende
Gewalt nur mit dessen Zustimmung geschmälert werden kann und wo
ohne seinen Willen kein Gesetz zustandekommt, unter den Begriff der
Monarchie zu bringen. Oder wenn S e i d l e r, Das juristische Kriterium
des Staates S. 68, das Wesen des Monarchen darin findet, daß der
Monarch ein konstitutiver Faktor der staatlichen Verfassung ist, die
ohne ihn nicht besteht, der Präsident der Republik ein kraft der bereits
bestehenden Verfassung geschaffenes Organ, was weder für die Wahlmonarchie, noch für eine Monarchie wie Belgien zutrifft, wo die Verfassung früher da war als der Monarch.

[1]) Das ist der Fall bei R o s c h e r, Politik, wo S. 250 ff. innerhalb
des Typus der absoluten Monarchie drei Unterarten, die konfessionelle,
die höfische und die aufgeklärte Absolutmonarchie unterschieden werden.

ausgebildete politische Verhältnisse voraussetzt. Dennoch lassen sich Überreste eines Königtums auf Zeit noch lange nachweisen. Die römische Diktatur ist „eine monarchische Institution innerhalb der republikanischen Ordnung"[1]). Die Absetzungen mittelalterlicher Könige durch das Volk sind nach den Rechtsbegriffen jener Zeiten nicht als Revolution zu bezeichnen, vielmehr aus dem dualistischen Charakter des Staates und der Auffassung des Königtums als einer Vertragspartei zu verstehen. Die Zulässigkeit der Thronentsagung des Monarchen[2]), die Zeitlichkeit der rechtlich an des Monarchen Stelle tretenden Regentschaft zeigen auch heute noch die Möglichkeit begrenzter Regierungsdauer des höchsten Staatsorganes. Nichtsdestoweniger wäre es unrichtig, die Dauer der monarchischen Würde zum Einteilungsgrunde der Monarchie zu wählen, weil namentlich vom Standpunkte des modernen Staates die Lebenslänglichkeit der monarchischen Organstellung grundsätzlich ein Essentiale des Monarchen geworden ist[3]).

Ebensowenig kann das Merkmal der Unverantwortlichkeit zum Einteilungsprinzip der Monarchie erhoben werden. Im entwickelten einheitlichen Staatswesen gilt notwendig der zuerst von

---

[1]) Mommsen Abriß S. 163.

[2]) Vgl. auch W. van Calker Hdbch. d. Politik I 1912 S. 137. Immerhin wird man Endigungsgründe, die vom Willen des Monarchen abhängen, nicht als vollen Beweis gegen die Lebenslänglichkeit gelten lassen dürfen. Auch der deutsche Richter kann auf Antrag aus dem Staatsdienst entlassen werden, und doch ist er auf Lebenszeit ernannt.

[3]) Und doch sind auch heute Abweichungen von diesem Grundsatz denkbar. In Sachsen-Coburg-Gotha bestimmt das Staatsgrundgesetz vom 3. Mai 1852 § 9, daß der regierende König von England und der voraussichtliche Thronfolger von der Nachfolge in die Regierung dieses deutschen Staates ausgeschlossen seien, dergestalt, daß die Regierung sofort auf den nach ihnen zunächst berechtigten Prinzen übergeht. Ist jedoch zur Zeit des Thronanfalls außer dem regierenden König oder dem englischen Thronfolger oder beiden zusammen ein sukzessionsfähiger Nachkomme aus der Speziallinie des Prinzen Albert nicht vorhanden, so hat im ersten und letzten Falle der König, im zweiten der Thronfolger die Regierung der Herzogtümer anzutreten und sie durch einen Statthalter so lange führen zu lassen, bis sie von einem volljährigen sukzessionsfähigen Prinzen aus der Speziallinie des Prinzen Albert übernommen werden kann. Wenn dieser Fall sich ereignet, so würde es in Koburg-Gotha einen Herzog auf Zeit geben (z. B. dem König von England, der bei der Thronbesteigung von Koburg nur einen Sohn hat, wird später ein zweiter geboren).

der Kirche klar formulierte Satz: summa sedes a nemine iudicatur.
Jede strafrechtliche oder politische Verantwortlichkeit für Regierungsakte hebt für das Staatshaupt das Merkmal des obersten
Organes auf, weil der Richter Imperium über den Angeklagten
ausübt. Das gilt aber auch für alle privaten Akte des Monarchen.
Streng logische Konsequenz würde ihn sogar der Zivilgerichts-
barkeit entziehen, was im englischen Recht seine formelle Verwirklichung gefunden hat, während in der Regel Unterwerfung
unter das Zivilrecht, wofern nur die einen Zwang gegen die
Person einschließenden Bestimmungen ausgenommen sind, der
herrschenden Rechtsanschauung über die Stellung des Monarchen
nicht widerspricht. Die Idee einer Verantwortlichkeit des Monarchen[1]), wie sie sich in den deutschen Rechtsbüchern widerspiegelt[2]), kann nur im dualistischen Staate entstehen, wo klare
Vorstellungen über das Verhältnis beider Staatsteile nicht vorhanden sind. Da können denn, dem vertragsmäßigen Verhältnis
von König und Reich entsprechend, den englischen Baronen das
Recht der Pfändung des Königs zum Schutz der Magna Charta,
den ungarischen Adligen das Recht der bewaffneten Insurrektion,
den aragonischen Ständen die Befugnis zur Versagung des Gehorsams im Falle einer Verletzung ihrer Rechte durch den König
zugesagt sein. Wo aber der Gedanke der Staatseinheit in der
Staatsordnung klar ausgeprägt ist, da wird Unverantwortlichkeit
zum Essentiale des Monarchenbegriffes[3]), dem gegenüber ver-

---

[1]) Strafrechtlicher Verantwortlichkeit unterlag der fränkische König
nicht, vgl. Schröder S. 116. Die Vorstellung einer solchen kann sich
daher nur seit dem Zerfall des Frankenreiches gebildet haben.

[2]) Sie war Theorie, nicht geltendes Recht. Vgl. v. Frisch, Die
Verantwortlichkeit der Monarchen und höchsten Magistrate 1904 S. 110 ff.,
der treffend hervorhebt, daß auch der auf ihr ruhenden Bestimmung der
Goldenen Bulle c. V § 3 keine praktische Bedeutung zukam. Noch
Gönner, Staatsrecht S. 121, hält eine Absetzung des Kaisers für zulässig, verlangt aber hierzu nach der Wahlkapitulation Art. I §§ 3, 4
Bewilligung des Reichstags. Da nun ein Reichsschluß nur mit kaiser-
licher Zustimmung zustande kam, so hätte der Kaiser sich selbst absetzen müssen!

[3]) Doch können anderseits auch unverantwortliche republikanische
Staatshäupter vorkommen. Solcher Art waren die französischen Konsuln
auf Grund der Verfassung vom 22. frimaire des Jahres VIII, titre VI
Art. 69, 70. Ganz wie bei Monarchen war bei den Konsuln jede straf-
gerichtliche Verfolgung auch wegen außerordentlicher Handlungen ausgeschlossen.

antwortliche Monarchen nicht als gleichberechtigte Gattung, sondern als Abweichung vom Typus erscheinen[1]).

Endlich kann die Kontinuität der Monarchie keinen Einteilungsgrund für ihre Arten abgeben. In der Wahlmonarchie, bei Thronstreitigkeiten, beim Aussterben einer Dynastie oder dauernder Verhinderung des Thronfolgers, die Regierung zu übernehmen, können Zwischenherrschaften eintreten, die selbst nicht wieder monarchischen Charakters sein müssen. Der Charakter solcher Zwischenherrschaft ist von Fall zu Fall zu beurteilen. Zwischenherrscher sind provisorische Staatshäupter, monarchischer Art, wenn ein physischer, republikanischer Art, wenn Wille eines Kollegiums die Herrschaft führt[2]). Ist das Interregnum verfassungsmäßig geordnet, demnach ein rechtlicher, kein bloß faktischer Zustand, dann haben die Zwischenherrscher nicht minder ein Recht auf Organstellung wie der Monarch selbst. Solche Ausnahmen jedoch sind ebenfalls nicht geeignet, die Monarchie selbst in Unterarten zu teilen.

Zwei rechtlich wichtige Gegensätze sind es, die in ersprießlicher Weise als Einteilungsprinzip der Monarchie dienen können: die Art der Besetzung des Thrones und der Umfang der monarchischen Befugnisse. Daraus ergeben sich die Typen der Wahl- und Erbmonarchie einerseits und der unbeschränkten und beschränkten Monarchie anderseits.

a) Wahlmonarchie und Erbmonarchie. In der Wahlmonarchie wird der Thron von Fall zu Fall durch einen juristischen Kreationsakt besetzt, in der Erbmonarchie der Monarch aus einer bestimmten Familie, der Dynastie, gemäß einer verfassungsmäßig bestimmten Ordnung, der Thronfolge- oder Sukzessionsordnung, gewonnen.

Die Wahlmonarchie bedarf besonderer Kreationsorgane, deren Funktion aber derart auf den Wahlakt beschränkt bleibt, daß diese ihre Organtätigkeit mit dem Wahlakt konsumiert ist und ihnen fortan nur eine gegenüber dem Monarchen als höchstem Organe untergeordnete Stellung zukommt. Irgendeine Repräsentation der

---

[1]) Wie die cäsaristische Herrschaft Napoleons III., vgl. oben S. 525.

[2]) Triepel, Interregnum S. 69, kommt auf Grund einer unhaltbaren Lehre vom Träger der Staatsgewalt zu dem Resultat, daß während eines Interregnums der Staat eine besondere, weder als Monarchie noch als Aristokratie noch als Demokratie zu bezeichnende Staatsform besitze, ein Resultat, das allein schon die Unrichtigkeit der ihr zugrunde liegenden Konstruktion dartut.

Wähler durch den Gewählten, irgendeine Delegation von Rechten durch den Wahlakt findet nicht statt. Die Wahlmonarchie gehört demnach zur Monarchie, allfällige Interregna nichtmonarchischen Charakters abgerechnet, nicht, wie häufig behauptet wurde, zur Republik. Allerdings besitzt die Wahlmonarchie die Neigung, mindestens zu einer politischen Suprematie der Wähler zu führen, daher alle kräftigen Monarchien Erbmonarchien waren oder schließlich wurden. Den Übergang von der Wahl- zur Erbmonarchie bildet die Wahl aus den Mitgliedern eines bestimmten Geschlechtes, die in mittelalterlichen Reichen häufig geübt wurde. Die Wahl kann nur auf Lebenszeit erfolgen; jede Befristung der Wahl widerspricht dem Typus der entwickelten Monarchie. Hingegen kann Lebenslänglichkeit des obersten Regierungsamtes noch keineswegs als Zeichen der Monarchie gelten; man denke an den Lord Protektor der englischen Republik[1]) und den Erbstatthalter der Niederlande. Selbst in Republiken der Gegenwart kommen lebenslängliche Mitglieder des regierenden Kollegiums vor, wie die Senatoren der Hansestädte beweisen.

Die Wahlmonarchie ist aus der heutigen Staatenordnung verschwunden; nur Bulgarien bildet nach dem Buchstaben des Berliner

---

[1]) Das Commonwealth of England gehört zu den merkwürdigsten Staatsbildungen. Eingehendere rechtliche und politische Untersuchung ist ihm erst kürzlich von Esmein, Les constitutions du protectorat de Cromwell, Revue du droit public XII 1899 p. 193 ff. und 404 ff., zuteil geworden. Über die Verfassungen des Protektorates vgl. auch Rothschild a. a. O. S. 141 ff. Die wechselnden Verfassungsverhältnisse der Republik, die als militärische Diktatur beginnt und zugrunde geht, ehe sie eine dauernde Form gewinnen kann, hatten bisher diesen Mangel bewirkt. (Ein Überblick bei Gneist Englische Verfassungsgeschichte 1882 S. 579 ff. und bei Hatschek Englische Verfassungsgeschichte 1913 S. 337 ff.). Auf Grund des Instrument of Government hat der Lord Protektor eine fast königliche Stellung, ist aber durch einen vom Parlament zu repräsentierenden Staatsrat sehr eingeschränkt; bei Gesetzen hat er binnen zwanzig Tagen entweder seine Zustimmung zu erklären oder das Parlament zu bewegen, die Bill zurückzuziehen, widrigenfalls sie Gesetz wird, sofern sie nicht gegen das Instrument verstößt. Vom Monarchen ist der Protektor durch seine als selbstverständlich gedachte Verantwortlichkeit unterschieden. Sie ist nicht ausdrücklich ausgesprochen. Wer aber Verurteilung und Hinrichtung des Königs zuließ, konnte unmöglich einem den Königstitel nicht führenden Staatshaupte Unverantwortlichkeit vindizieren. — Über Wahlmonarchie und Republik vgl. auch G. Jellinek Kampf d. alt. m. d. neuen Recht N. 22.

Vertrages eine scheinbare Ausnahme. Doch kann sie noch immer
in außerordentlichen Fällen vorübergehend entstehen. Die Einsetzung von Dynastien in neugebildeten Staaten geht heute naturgemäß auf dem Wege der Wahl vor sich, wie während des
19. Jahrhunderts Belgien und die christlichen Staaten der Balkanhalbinsel gezeigt haben. Beim Wegfall der Dynastie ohne verfassungs-
fassungsmäßige Vorsorge für eine neue ist sie auch fernerhin
das normale Mittel zur Besetzung des Thrones, und zwar sind
mangels abweichender Festsetzungen solchen Falles die Kammern
als das verbleibende unmittelbare Organ berufen, die Wahl vorzunehmen. Derartige Wahlen waren die Wilhelms III. und der
Maria durch das englische Parlament, Amadeos von Savoyen
durch die spanischen Kammern (1873). Ähnlich wie die Wahl
wirkt die Bestätigung des durch Usurpation erworbenen Thrones
durch Volksschluß, wie die Praxis der Bonapartes in Frankreich
zeigt. Diese außerordentlichen Wahlen und Bestätigungen berufen aber in der Regel nicht nur eine individuell bestimmte
Person, sondern eine Dynastie, aus deren Mitte die künftigen
Träger der Krone entstehen, was formell durch eine Ergänzung
der Verfassungsgesetze ausgesprochen zu werden pflegt.

Daß in der Erbmonarchie nur im bildlichen Sinne von der
Erblichkeit der Krone gesprochen werden kann, bedarf vom
Standpunkte der heutigen Staatsordnung kaum näherer Ausführung. Nicht der Monarch erbt die Krone, sondern die Krone
den Monarchen; die bleibende staatliche Institution nimmt beim
Thronwechsel einen neuen Organträger auf. Die Gesamtheit
der auf die Thronfolge bezüglichen Sätze ist rein öffentlich-
rechtlicher Natur, daher auch ausschließlich der staatlichen Verfassungsgesetzgebung unterworfen. Dieser Gedanke ist aber erst
in der Ordnung der heutigen Monarchie klar ausgeprägt worden.
Solange die Anschauung vom Staate als Patrimonium des Fürsten
vorherrscht und den Gedanken des Fürstenamtes zurückdrängt,
ist die Thronfolge mit privatrechtlichem Erbgang identifiziert
worden. Solange die Vorstellung der Staatseinheit nicht vorhanden ist, werden Staaten gleich Erbschaften geteilt. Im Widerstand der politisch mächtigen Volksklassen gegen die Teilungen
regt sich auch die Idee, daß der Staat kein Objekt eines Familien-
besitzes sei, und die Herausbildung des einheitlichen Staates läßt
die öffentlich-rechtliche Natur der Thronfolge aus ihrer privatrechtlichen Umhüllung zuerst hervortreten. Dem privatrechtlichen,

dem Lehensrecht entstammenden Ursprung der modernen Suk-
zessionsordnungen verdankt aber die moderne Thronfolge ihre eingehende Ausbildung und Bestimmtheit, die Thronfolgestreitigkeiten
so viel wie möglich ausschließen, damit ein wesentliches Bedürfnis
der monarchischen Ordnung befriedigend.

Der Typus der Erbmonarchie wird auch nicht in den Ausnahmefällen gestört, wenn die fehlenden Thronfolger nach Ge-
burtsrecht durch Erbverbrüderungen[1]) oder, wie es bei den
Bonapartes und bei der Nachfolge der Bernadottes in Schweden
der Fall war, durch Adoption bestimmt werden, endlich auch
dann nicht, wenn kraft Ernennung durch den letzten Throninhaber
oder durch Verfassungsgesetz, das dieser sanktioniert hat, eine
neue Dynastie berufen wird. Die ersteren Fälle hat man treffend
als künstliche Agnation bezeichnet[2]); in den letzterwähnten aber
fungiert der Monarch selbst als Kreationsorgan, ersetzt demnach
nur einen physischen Akt durch einen juristischen.

b) Unbeschränkte und beschränkte Monarchie.
Eine Staatsform ist dann unbeschränkt oder absolut, wenn der
Staat nur ein einziges unmittelbares, und zwar primäres Organ
besitzt. Einen scheinbaren Ausnahmefall böte die cäsaristische
Monarchie ohne konstitutionelle Einrichtungen oder Volksabstimmungen dar, in welcher der Monarch sich zum Repräsentanten des Volkes als primären Organes erklärte. Doch
wäre ein solcher Staat in Wahrheit von einer absoluten Monarchie nicht zu unterscheiden. Eine absolute Monarchie ist demnach ein Staat, in welchem nur der Monarch unmittelbares
Staatsorgan ist.

Mit der absoluten Monarchie ist weitgehende Selbstbeschränkung dieses Organs durch andere, mittelbare, ihm untergeordnete
vereinbarlich, denen aus der Machtfülle des Herrschers Staatsaufgaben zur selbständigen Erledigung zugewiesen werden. Solche
Machtverteilung war in allen absoluten Staaten der neueren Zeit
in größerem oder geringerem Umfange vorhanden, in denen es
daher auch ein öffentliches, die staatlichen Kompetenzen regeln-
des Recht gab, das sich von der Rechtsordnung anderer Staaten
allerdings durch den Mangel wirksamer rechtlicher Garantien

---

[1]) Bayer. Verfassung Tit. II § 5, hessische Verf. Art. 5, sächsische
Verf. § 7. Die Frage, inwiefern die bereits bestehenden Erbverbrüderungen
noch rechtliche Bedeutung haben, ist an dieser Stelle nicht zu berühren.

[2]). Vgl. H. S c h u l z e Lehrbuch des deutschen Staatsr. I S. 240.

unterschied. Die absolute Monarchie pflegt auf Grund des antiken
Gegensatzes von Monarchie und Tyrannis derart gezeichnet zu
werden, daß die Herrschermacht an dem Privatrecht der einzelnen
eine Schranke findet. Allein auch ihre öffentlich-rechtliche Ordnung ist Recht, nicht Willkür. Die feste Ämterorganisation des
modernen Staates verdankt wesentlich den Zeiten der absoluten
Monarchie ihre wichtigsten Keime. Die Grundlagen dieser Organisation sind aber Bestandteile der materiellen Verfassung eines
jeden Staatswesens. Schon im Mittelalter zählte die Ausbildung
der Zentralbehörden in England und Frankreich sowie deren Einfluß auf die Gestaltung des Ämterwesens in Deutschland und seinen
Territorien zu Anfang der neueren Zeit zu den bedeutsamsten
Vorgängen in der Verfassungsgeschichte dieser Staaten. Durch
Errichtung einheitlicher oberster Behörden sind später manche
Staaten aus vordem staatsrechtlich getrennten Teilen zur Einheit zusammengefügt worden.

Mit den Ämtern bildet sich in der absoluten Monarchie allmählich ein festes Beamtenrecht. In diesem, in der inneren
Verfassung der Ämter, in der Herstellung geregelter Instanzen,
in der Verwaltungstradition, die jede Behörde pflegt, liegen auch
gewisse Garantien gegen willkürliche Verwaltung und Änderung
amtlicher Kompetenzen. Auch die Selbständigkeit der Justiz
gegenüber der Verwaltung findet sich in den absoluten Staaten
der neueren Zeit bereits mehr oder minder scharf ausgeprägt
vor. So hat denn auch die absolute Monarchie ihre ausgebildete
Verfassung, deren Grundlage in der Delegation von, der Substanz
nach dem Monarchen verbleibenden, Zuständigkeiten an mittelbare Organe besteht. Darin, daß der Monarch die geliehenen
Kompetenzen jederzeit wieder an sich ziehen oder in sie ein-
greifen kann, und daß kein unabhängiges Organ vorhanden ist,
dem rechtliche Macht zusteht, eine Handlung des Monarchen zu
verhindern und die Tätigkeit der Behörden zu kontrollieren, somit die Einhaltung der verfassungsmäßigen Schranken ganz in
den rechtlich gestimmten Willen des Monarchen und seiner Behörden gestellt ist, liegt das unterscheidende Merkmal dieser Art
von Verfassungen von anderen.

Die uralte Erfahrung, daß absolute Gewalt dem Mißbrauch
zuneigt, hat bereits im Altertum die Probleme der Beschränkung
der Gewalt und der Gewähr ihres gesetzmäßigen Funktionierens
·in den Vordergrund der praktischen Politik gedrängt. Als Haupt-

mittel zu ihrer Lösung erschien den antiken Staaten die Verteilung staatlicher Kompetenzen in der Weise, daß eine Mehrheit von Organen geschaffen wurde, deren Wirkungskreis gesetzlich abgegrenzt und von dem der übrigen gänzlich unabhängig war. Am großartigsten war dieser Gedanke in dem System der Magistraturen des republikanischen Rom durchgeführt, die einander zwar begrenzten, aber sich gegenseitig inhaltlich nicht zu bestimmen vermochten, indem keine von der anderen abhängig war und die par maiorve potestas Akte des gleich oder niedriger gestellten Magistrates zwar vernichten, aber nicht anbefehlen konnte.

Auf ganz anderen historischen Verhältnissen ruht die beschränkte Monarchie der mittleren und neueren Zeit, die rechtlich die Macht des Monarchen dauernd zu begrenzen und die Einhaltung der verfassungsmäßig aufgerichteten Schranken zu gewährleisten bestrebt ist. Sie ist nicht aus der in einem einheitlichen Staatswesen rationell vorgenommenen Verteilung von Zuständigkeiten hervorgegangen, sondern verdankt der dualistischen Gestaltung des mittelalterlichen Lehnsstaates ihr Dasein. Die beiden Staatselemente König und Volk, und zwar diese zunächst als Gesamtheit der mit Herrschaftsbefugnissen ausgestatteten, bevorrechteten Volksglieder, stehen sich anfänglich als selbständige Rechtssubjekte gegenüber, deren gegenseitiges Verhältnis auf Vereinbarung ruht und durch Vereinbarungen sich dauernd äußert. Daraus ergibt sich eine Beschränkung der monarchischen Gewalt durch die anerkannten Rechte der Stände.

Die erste Form der beschränkten Monarchie ist demnach die ständische Monarchie. Ihr Typus besteht darin, daß der Monarch in seiner Regierung durch die Teilnahme der zu ständischen Körperschaften vereinigten oder durch Beauftragte der dort vertretenen Bevorrechteten und sodann auch durch die selbständige Innehabung und Ausübung von Hoheitsrechten von seiten der Gesamtheit der Stände oder deren einzelner Mitglieder eingeschränkt ist. In der ständischen Monarchie erscheint das Recht von Fürst und Ständen als gleichmäßig ursprünglich, unentziehbar und selbständig, als eigenes, nicht etwa aus einer überstaatlichen Rechtsordnung abgeleitetes Recht, wenn auch fortwährender Kampf wogt, das eine unter das andere zu beugen.

Die eigentümlichsten Merkmale der Stände sind ihre selbständige Persönlichkeit gegenüber dem im Fürsten verkörperten

obrigkeitlichen Staate[1]) sowie die Eigenberechtigung der mit Virilstimmen ausgerüsteten Ständemitglieder oder der durch Mandatare
vertretenen Verbände, die bei schroffer Ausprägung des ständischen
Gedankens niemandes Organe, sondern durchaus selbständige
Rechtssubjekte sind. Die Stände sind demnach in ihrer ausgeprägten Gestaltung Körperschaften, die, aus selbständigen Rechtssubjekten ohne Organqualität zusammengesetzt, i h r Recht und
i h r e Interessen vertreten, die mit dem Fürsten, wie mit einem
anderen selbständigen Rechtssubjekte, paktieren oder auch kämpfen, die Räte des Fürsten zur Verantwortung ziehen[2]) und auf
ihrem Höhepunkt ihre eigene Verwaltungs-, Heeres- und — selbst
später noch — ihre eigene Finanzorganisation, ja sogar ihre Vertretung nach außen durch Gesandtschaften haben[3]), daher nach
den Begriffen unserer Zeit einen Staat im Staate darstellen.
Ihr Recht ist namentlich nach zwei Richtungen hin als von
dem des, wenn der Ausdruck erlaubt ist, fürstlichen Staates
getrennt. Einmal dem Fürsten gegenüber, der in ihrer Blütezeit auf ihre Vasallentreue im Kriege, auf ihre ganz freiwilligen
Gaben zur Ergänzung der von ihm aus dem Ertrag seiner Do-
mänen und den Regalien zu bestreitenden Staatsausgaben oder
auch zur Aufbesserung seiner Privatwirtschaft angewiesen ist,
dessen Herrschaft den konkreten Machtverhältnissen gemäß von
ihnen entweder kontrolliert, durch eigene Rechte eingeschränkt
oder auch von ihnen geteilt wird. Sodann gegenüber ihren Untergebenen, über die ihnen Herrschaftsrechte zustehen, deren Ausübung zwar der Kontrolle des Fürsten, zumal in der höchsten

---

[1]) Vgl. neuestens die zusammenfassende Studie von R a c h f a h l,
Alte und neue Landesvertretung in Deutschland, Schmollers Jahrb. 1909
S. 89 ff.

[2]) Unsere moderne Ministerverantwortlichkeit stammt aus dem
dualistischen Staate und ist keineswegs nur im mittelalterlichen England
in ihren ersten Anfängen zu finden. Vgl. nähere Nachweise bei
S c h v a r c z, Montesquieu und die Verantwortlichkeit der Räte des
Monarchen in England, Aragonien, Siebenbürgen und Schweden (1189
bis 1748) 1892. Die neueste Literatur über den ständischen Staat in den
oben S. 321 N. 1 genannten Werken, hierzu noch T e z n e r Technik und
Geist des ständisch-monarchischen Staatsrechts (Schmollers Forschungen
XIX 3) 1901.

[3]) Noch 1790 verlangten die ungarischen Stände von Leopold II.,
daß zu einem Frieden mit den Türken ungarische Gesandte beigezogen
werden sollten. A. W o l f f - Z w i e d i n e k - S ü d e n h o r s t Österreich unter
Maria Theresia, Josef II. und Leopold II. 1884 S. 352.

Gerichtsbarkeit geübt, unterworfen ist, die sich aber häufig als praktisch wenig bedeutungsvoll erweist. So herrschen denn im ausgebildeten Typus des ständischen Staates zwei voneinander getrennte Gewalten teils nebeneinander, teils miteinander, teils aber auch gegeneinander.

Dieses grundsätzliche Verhältnis zwischen Krone und Ständen modifiziert sich aber in mannigfaltiger Weise. Gemäß der Eigenart des einzelnen Staates erscheint bald die Krone, bald der ständische Körper als das mächtigere Element, was dem ganzen Staatsleben sein eigentümliches Gepräge aufdrückt. Zusammenfassung beider Elemente zur Einheit scheint in vielen Staaten nur durch Vernichtung der Selbständigkeit des einen möglich, so daß absolute Monarchie oder ständische Republik Ende des Kampfes ist. In manchen kontinentalen Staaten zeigen sich ferner im Laufe der ständischen Entwicklung Ansätze einer Wandlung der Stände zu Staatsorganen. Die Stände betrachten sich da häufig als die politische Nation und damit als Repräsentanten des ganzen Volkes [1]), in welchem Beginnen häufig die staatsrechtliche Literatur vorangeht. Die Klagen und Beschwerden, die sie auf Reichs- und Landtagen vorbringen, gelten nicht sowohl als ständische Gravamina denn als Landesbeschwerden. Dieser repräsentative Gedanke kann aber im ständischen Staate niemals klar durchgeführt werden, einmal, weil die Privilegien, die Vorrechte einzelner und ganzer Klassen eine zu große Rolle spielen, dann aber auch, weil es infolge der weite Kreise des Volkes beherrschenden persönlichen Unfreiheit zu einem einheitlich gestalteten Begriffe des Volkes nicht kommen kann. In manchen Staaten bleiben die Stände in dieser hybriden Form bis in das 19. Jahrhundert hinein bestehen, so in Schweden, Ungarn und in einigen deutschen Territorien bis in die Zeit des Deutschen Bundes. Ja, noch in die Gegenwart ragten in Finnland (1906) und ragen in Mecklenburg die Überreste des ständischen Staates mit seinem Dualismus herüber, der allerdings den Typus einer Zeit trägt, die durch das entschiedene Übergewicht der Krone das ständische Korpus zu einer öffentlich-rechtlichen Körperschaft innerhalb des einheitlich gestalteten monarchischen Staatswesens herabgedrückt hat.

---

[1]) So in Frankreich schon 1484; vgl. M e s t r e a. a. O. p. 11. Über den repräsentativen Charakter der Landstände in den deutschen Territorien vgl. v. B e l o w Territorium und Stadt S. 244 ff.

Aus dem ständischen Staat hervorgehend und doch in
scharfem Gegensatz zu ihm ist der moderne Staat durch Überwindung des ständischen Dualismus entstanden. Auf dem Kontinente, von den erwähnten Residuen abgesehen, siegt entweder
der Absolutismus oder die den Staatszerfall vorbereitende Stände-
republik. Anders ist der Entwicklungsgang in England, wo durch
allmähliche Umbildung der Reichsstände in Staatsorgane die Form
der konstitutionellen Monarchie geboren wird.

Die konstitutionelle Monarchie ist ein Typus des unitarisch
gebauten Staates zum Unterschied von der dualistisch gearteten
ständischen Monarchie. Neben und unter dem mit der maior
potestas ausgerüsteten König stehen das Parlament oder die
Kammern als unmittelbare Staatsorgane. Sie sind also niemals
juristische Personen, nicht öffentlich-rechtliche Körperschaften,
sondern kollegialisch organisierte, beim Zweikammersystem in
selbständige Abteilungen gegliederte Staatsorgane. Sie stehen,
wie der Monarch, im Staate und sind nur aus dem Staate zu
erklären. Die Funktionen der Kammern bestehen in der Teilnahme
an der Gesetzgebung, indem nur das von ihnen Beschlossene
zum Gesetz erhoben werden kann, in der Genehmigung wichtiger Regierungsakte und in der Kontrolle der Verwaltung, daher
ihnen die Minister verantwortlich sind. Der Monarch ist demnach
auf allen Gebieten staatlicher Tätigkeit im konstitutionellen Staate
eingeschränkt und ihm nur eng begrenzter Raum persönlicher,
keiner Verantwortlichkeit unterliegender Tätigkeit gegeben.
Gesetzbeschließendes und kontrollierendes Parlament, Erfordernis
ministerieller Kontrasignatur für die monarchischen Akte, unabhängige Gerichte sind die wesentlichsten staatsrechtlichen
Merkmale der konstitutionellen Monarchie. Am wichtigsten jedoch
für die Erkenntnis ihrer Eigenart ist die Einsicht in das Verhältnis
ihrer beiden unmittelbaren Organe.

Es sind ganz eigenartige unwiederholbare geschichtliche Verhältnisse, die die Wandlung der englischen Reichsstände in Staatsorgane herbeigeführt haben. Am bedeutsamsten in diesem Prozesse aber waren drei wichtige Umstände. Einmal der streng
monarchische Charakter des englischen Staates, der alle seine
Institutionen derart mit dem Königtum verknüpft hat, daß alles
öffentliche Recht in ihm seinem Ursprung nach als Königsrecht
erscheint. Niemals ist in England der staatliche und daher königliche Ursprung aller von Baronen und Körperschaften geübten

Hoheit vergessen, der Amtscharakter aller mit Machtübung Beauftragten verkannt worden. Der Gedanke der Staatseinheit,
bereits von Wilhelm dem Eroberer, der große Güter durch die
Landverteilung nur spärlich und mit unzusammenhängender
Grundfläche schuf, sowie durch die persönliche Treuverpflichtung
der subtenentes gegenüber dem Könige, bewußt, und zwar im
Gegensatz zur feudalen Zersplitterung Frankreichs im 11. Jahrhundert ausgeprägt, hat die Furchung des Feudalstaates in England nie so scharf hervortreten lassen wie auf dem Kontinente[1]).
Dazu kommen zweitens die Rosenkriege, welche durch den
Wechsel der Dynastien und die Ungewißheit über die Person
des jeweiligen Königs die Reichsstände zum unzweifelhaften Ge-
waltenträger des Staates erheben, dem schließlich die letzte Entscheidung darüber zufällt, wer als König anzuerkennen sei.
Endlich ist das Parlament die Spitze der Gerichts- und Verwaltungsorganisation des Reiches, und damit dringt auch die
Überzeugung von seiner Organnatur frühe durch. Nicht nur die
Organstellung der Krone, auch die des Parlamentes ist zuerst in
England erkannt und in der juristischen Theorie ausgeprägt
worden.

In dem Verhältnis von König und Parlament treten aber
nach der Wiederherstellung des inneren Friedens durch die Berufung der Tudors auf den Thron tiefgehende Wandlungen ein.
Ist unter den Tudors zweifellos die Krone die vorherrschende
Macht, so ändert sich dieses Verhältnis in den Kämpfen der
Stuarts mit dem Parlamente. Beruht schon das Dasein der
restaurierten Stuarts auf Zustimmung des Parlaments, so ist seit
der Revolution von 1688, welche einem vom Parlamente ins Land
gerufenen Herrscher den Thron verlieh, die Vorherrschaft des
Parlamentes, die sich bald durch eine neue Änderung der Thronfolgeordnung und Erhebung der landfremden Welfen zur regierenden Dynastie auf das klarste betätigte, entschieden. Doch
prägt sie sich auch unter dem neuen Herrscherhaus unter
manchen Schwankungen erst nach und nach schärfer aus[2]). Am

---

[1]) Über diese namentlich durch Stubbs und Gneist eingehend
festgestellte Entwicklung vgl. aus der neuesten Literatur die anziehende
Schilderung von Boutmy Le développement de la constitution et de
la société en Angleterre. Nouvelle éd. 1898 p. 13 ff.

[2]) Eingehende Erörterung des Entstehens und Wesens der parlamentarischen Regierung in England gehört an spätere Stelle. Vgl. Be-

schärfsten erst nach der Thronbesteigung der Königin Viktoria.
Der Grundsatz der politischen Solidarität der Mitglieder des
Kabinetts, demzufolge mit dem Premierminister das ganze Kabinett
wechseln muß, datiert erst von dem Fall des Ministeriums North
(1782) durch das Mißtrauensvotum des Unterhauses. Bis zur
ersten Reformbill (1832) sind die Kabinettsmitglieder überwiegend
dem Oberhaus entnommen. Die Auflösung des Unterhauses als
Mittel des Kabinetts, um gegen die herrschende Majorität an die
Wähler zu appellieren, ist zuerst von dem jüngeren Pitt (1784)
in Anwendung gebracht worden. Ferner hatten bis zur Regierung
der Königin Viktoria die hannöverschen Monarchen, namentlich
seit Georg III., häufig versucht, ihren Willen gegen den des
Parlamentes durchzusetzen, was ihnen auch oft gelang, wenn auch
weniger durch positive Machtentfaltung als durch heimliche Ränke
gegen die ihnen unbequemen Kabinette[1]). Erst seit dem Sturze
des Kabinetts Melbourne kann man von einem streng parlamen-

---

sondere Staatslehre (Ausgew. Schriften u. Reden II 1911) S. 280 ff.; Verfassungsänderung und Verfassungswandlung 1906 S. 28 ff., 34 ff. Hier
sei auf meine Abhandlung über die Entwicklung des Ministeriums in
der konstitutionellen Monarchie, Grünhuts Zeitschrift X S. 321 (Schriften
u. Reden II S. 108 ff.) verwiesen. Vgl. ferner O. H i n t z e Die Entstehung der
modernen Staatsministerien (Histor. Ztschr. Bd. 100 [1908]) S. 53 ff., 92 ff.

[1]) Die Anschauungen von dem parlamentarischen System in England
pflegen von dem bedeutenden Einfluß der Krone unter den unmittelbaren Vorgängern der Königin Viktoria nichts zu wissen. Der bekannte
Geschichtsschreiber des modernen Englands aber, Mc C a r t h y, beginnt
sein Werk (A history of our own times, new ed. I, London 1882 p. 12)
mit der Bemerkung, daß mit dem Tode Wilhelms IV. die Ära des persönlichen Regimes in England zu Ende ging, daß noch dieser König von
dem Rechte Gebrauch machte, Minister ganz nach Gutdünken zu entlassen (King William still held to and exercised the right to dismiss his
ministers when he pleased, and because he pleased), was allerdings, wie
nunmehr aus den hinterlassenen Aufzeichnungen Lord Melbournes (Lord
M e l b o u r n e s Papers 2. ed 1890 p. 220 ff.) bekannt, nicht in dieser
schroffen Weise geschehen. Wilhelm IV. griff auch durch persönliche
Maßregeln in das Schicksal der Reformbill ein, indem er durch seinen
Privatsekretär widerstrebenden torystischen Lords mi einem Pairschub
drohte und dadurch tatsächlich für die Vorlage eine Mehrheit im Oberhaus erzielte. Sidney L o w, The Governance of England 1904 p. 267 f.
(deutsche Ausgabe 1908 S. 254 ff.), führt zutreffend aus, daß das heutige
typische Bild des englischen konstitutionellen Monarchen das der Königin
Viktoria ist, und meint, daß es für das ununterbrochene Funktionieren
der gegenwärtigen faktischen Verfassung am besten wäre, wenn stets
an Stelle eines Mannes eine Frau herrschen müßte.

tarischen Regime in England mit unbezweifelter Vorherrschaft des Unterhauses sprechen[1]).

In der englischen Geschichte treten somit die drei Arten der beschränkten Monarchie der mittleren und neueren Zeit in geschichtlicher Abfolge zutage: die ständische, die konstitutionelle und die parlamentarische Monarchie. Von diesen drei Arten ist nur die erste und zweite streng juristisch zu erfassen, während die dritte Art eine auf den konkreten Machtverhältnissen der beiden unmittelbaren Staatsorgane ruhende politische Spezies der Monarchie, eine Art der Ausübung der Regierung, aber keine rechtlich ausgeprägte Staatsform bildet. Denn die Vorherrschaft des Parlaments über den Monarchen, die sich für diesen namentlich in der Notwendigkeit bekundet, die Minister aus der jeweiligen Parlamentsmajorität zu wählen, ist ein durch die realen politischen Beziehungen zwischen Krone und Parlament gebotener

---

[1]) Das Kabinett Melbourne gab am 7. Mai 1839 seine Demission, weil es der Majorität des Unterhauses nicht mehr sicher war. Die Königin betraute Sir Robert Peel mit der Bildung eines neuen Kabinetts. Als aber Peel die Entlassung der wighistisch gesinnten Hofdamen, der Ladies of the Bedchamber, verlangte, wurde ihm dies von der durch solches Ansinnen verletzten Königin abgeschlagen, worauf P e e l auf die Kabinettsbildung verzichtete. Hierauf wurde das Kabinett Melbourne wieder ernannt und erlitt im Parlamente Niederlage auf Niederlage. Auf Grund eines am 4. Juni 1841 mit einer Stimme Majorität beschlossenen Mißtrauensvotums wurde hierauf das Unterhaus aufgelöst, und als sodann eine große oppositionelle Majorität gewählt wurde, trat am 30. August 1841 das Kabinett Melbourne zurück, um dem Ministerium Peel Platz zu machen, hatte also mehr als zwei Jahre ohne ausgesprochene Majorität die Geschäfte geleitet. (Vgl. die eingehende Darstellung bei T o d d Über die parlamentarische Regierung in England, übersetzt von A ß m a n n, 1 1869 S. 110 ff., ferner Mc C a r t h y I p. 132 ff.) Von da angefangen erst datiert das heute in England herrschende System, und es ist keineswegs ausgeschlossen, daß es selbst bei gleichbleibenden parlamentarischen Verhältnissen unter einem anderen König einen anderen Typus erhält. Jedenfalls steht auch heute noch, wenn die entgegengesetzten Parteien einander ungefähr die Wage halten, die Entscheidung bei der Krone. Auch die politische Bedeutung des heutigen englischen Königtums darf nicht so gering gewertet werden, wie gemeiniglich angenommen wird. Selbst ein die reale Macht der Krone so niedrig veranschlagender Schriftsteller wie B a g e h o t weist eingehend die bedeutsame Rolle nach, die sie im Staatsleben spielt, und die der parlamentarischen Monarchie einen großen Vorzug vor der Präsidentschaftsrepublik gibt. Vgl. oben S. 680 ff. und nunmehr auch H a t s c h e k Engl. Staatsr. I S. 665 ff.

Kompromiß, kann jedoch niemals in den Buchstaben des Gesetzes aufgenommen werden, weil dadurch die monarchische Staatsform völlig zerstört wäre; nicht der König, sondern 'das Parlament wäre dann rechtlich der Herrscher, der Monarch hingegen nichts als Exekutor parlamentarischer Beschlüsse, was den Intentionen selbst der, wenn auch den König noch so weit einschränkenden, aber immerhin die Monarchie bejahenden Verfassungen widerspräche. Die in England zuerst ausgebildete Monarchie mit parlamentarischer Regierung[1]) ist auch in eine Zahl kontinentaler Staaten eingedrungen, nirgends jedoch für eine verfassungsmäßige Institution erklärt worden[2]), was nicht nur für die staatsrechtliche Theorie, sondern auch für die praktische Politik von großer Bedeutung ist. Es ist dadurch nämlich eine viel größere Schmiegsamkeit der Verfassungen an wechselnde politische Verhältnisse möglich, die in schwierigen staatlichen, namentlich parlamentarischen Krisen durch die möglicherweise zu politischer Bedeutung gelangende formalrechtliche Selbständigkeit des Königtums hohen Wert erhalten kann. Nicht einmal in der heutigen

[1]) Gründliche, streng wissenschaftliche Untersuchung der rechtlichen Natur der heutigen Parlamentsherrschaft in England hatte bisher nicht stattgefunden. Während die altoffizielle Theorie, wie sie noch bei Blackstone zum Ausdruck kommt, das Kabinett als (bis auf den heutigen Tag!) ungesetzliche Institution gänzlich ignoriert, wird in der Regel die parlamentarische Regierung in ihrer heutigen Ausbildung als Rechtsinstitut betrachtet. Einen Mittelweg hat, von Freeman, The Growth of the English Constitution 1872 p. 109 ff., angeregt, Dicey, a. a. O. p. 413 ff., eingeschlagen, indem er conventions of the Constitution von dem allein Rechtscharakter besitzenden und für die Kognition der Gerichte geeigneten law of Constitution unterscheidet. Allein für unsere, mit schärferen Begriffen als die englische arbeitende Wissenschaft bleibt noch immer die Frage offen, wie weit diese konstitutionelle oder politische Ethik, wie Dicey sie nennt, gewohnheitsrechtliche oder bloß politische Normen enthält. So z. B. zählt Dicey (p. 422 f.) den Satz, daß das Parlament jährlich einzuberufen sei, trotzdem ihm weitgehende Garantien (Notwendigkeit der jährlichen Bewilligung der mutiny act und des Budgets) zur Seite stehen, nicht zu den Rechts-, sondern zu den Konventionalregeln, weil er weder im common noch im statute law begründet ist. Nunmehr hat Hatschek, Engl. Staatsr. I S. 542 ff., in sehr eingehender Weise den Nachweis unternommen, daß ein Teil dieser angeblichen Konventionalregeln tatsächlich Rechtssätze sind. Vgl. auch Radnitzky im Arch. f. öff. R. XXI 1907 S. 393 ff.

[2]) Daß der König verfassungsmäßig die freie Wahl der Minister außerhalb der Kammern habe, hebt für Belgien ausdrücklich hervor Vauthier, S. 51; Errera StR. d. Königreichs Belgien 1909 S. 58.

französischen Republik hat man, trotz der Absicht, die parlamentarische Regierungsform zur dauernden Institution zu erheben, ihr verfassungsgesetzlichen Ausdruck zu geben unternommen[1]), indem man einsah, daß damit unter Umständen die
äußerste Schwächung, ja sogar Lähmung der Regierung verbunden
sein könnte[2]).

In Nachahmung englischer und der ihnen trotz der republikanischen Formen verwandten amerikanischen Institutionen
wird seit dem Anstoß, den die französische Revolution gegeben,
das konstitutionelle System in der kontinentalen Monarchie rezipiert. Demgemäß sind in allen diesen Staaten zwei unmittelbare
Organe vorhanden, die in Beziehung auf ihre Willenssphäre voneinander ganz unabhängig sind, deren keines also der Befehls-
oder Zwangsgewalt des anderen unterstellt ist. Der Monarch
kann das Parlament innerhalb der gesetzlichen Grenzen zwar
in und außer Tätigkeit setzen, der Inhalt dieser Tätigkeit aber
ist seiner Gewalt entrückt; und ebenso kann das Parlament durch
seinen Willen Akte des Monarchen hindern, auch auf dessen
Entschließungen durch Ausübung seiner Befugnisse Einfluß
nehmen, kann aber seinen Willen dem Monarchen niemals recht-

---

[1]) „Théoriquement, c'est le Président de la République qui forme
le ministère; et aucun texte ne lui défend de prendre ses ministres,
où il veut et comme il lui plaît, de les choisir lui-même un à un, pour
les grouper ensuite comme il le peut." Lefebvre Étude sur les lois
constitutionelles de 1875, Paris 1882, p. 103. In der Tat hat Mac Mahon
am 23. November 1877 das außerparlamentarische Ministerium Rochebouët
ernannt, mit dem jedoch die Deputiertenkammer in Beziehung zu treten
sich weigerte, und das bereits am 13. Dezember 1877 dem Kabinett
Dufaure Platz machte.

[2]) Verfassungsmäßig festgelegt wurde die parlamentarische Regierung
nur in einigen englischen Kolonien. Namentlich ist es von Bedeutung,
daß die Minister in Australien (Verf. des Commonwealth of Australia,
Art. 64) ihr Amt nicht länger als drei Monate führen dürfen, wenn sie
nicht Mitglieder des Bundesparlamentes sind. Da aber die englische
Krone australischen Gesetzen ihre Zustimmung verweigern kann und
für solchen Akt keine Verantwortlichkeit der australischen Minister
gegenüber dem Bundesparlamente, sondern nur der Reichsminister
gegenüber dem Reichsparlamente existiert, so ist schon deshalb die
parlamentarische Beschränkung der Krone durch die koloniale Regierung
eine unvollkommene, wozu aber noch die bedeutsame Tatsache kommt,
daß in wichtigen Punkten die Reichsgesetzgebung und Reichsverwaltung
sich auf die gesamten Kolonien erstreckt. (Vgl. z. B. Moore a. a. O.
p. 167 ff. (2. ed. p. 255 ff.); Hatschek St. u. V.R. v. Australien 1910 S. 16.)

lich aufnötigen. Der Dualismus, der ehedem den Staat selbst in zwei staatsähnliche Hälften teilte, hat sich in der konstitutionellen Monarchie in einen Dualismus der unmittelbaren Organe verwandelt.

In dem Verhältnisse der beiden unmittelbaren Organe zueinander sind a priori drei politische Möglichkeiten gegeben: Vorherrschaft des Monarchen, Vorherrschaft des Parlamentes, Gleichgewicht beider. Der letztere Fall ist der politisch unwahrscheinlichste, weil die sozialen Machtverhältnisse, welche die Grundlage der politischen bilden, sehr selten und dann sicherlich höchstens vorübergehend so liegen, daß ein völliges Gleichgewicht zweier konstanter politischer Machtfaktoren möglich ist. Mit diesem unwahrscheinlichen Falle rechnet aber die Lehre von Bolingbroke, Swift und Montesquieu von der Balance der Gewalten. Die beiden anderen Möglichkeiten hingegen werden in den einzelnen Staaten nach der ganzen historischen und sozialen Lage eines jeden verwirklicht werden. Staaten, in denen das Parlament die ältere, gefestigtere Macht gegenüber der Dynastie ist — ähnlich, wie es Englands lange und wechselreiche Parlamentsgeschichte als letztes Resultat ergeben hat —, also Norwegen, Belgien, Griechenland, Italien, Spanien, Rumänien, kurz: alle Staaten, die entweder durch Revolutionen entstanden oder doch umgebildet worden sind, oder deren Dynastien nicht durch Jahrhunderte alte Bande mit dem Volke verknüpft sind, werden naturgemäß eine politische Vorherrschaft des Parlaments darbieten und damit zur parlamentarischen Monarchie führen. Anders die Staaten, in denen die Krone die ältere, gefestigtere Macht ist, deren Stellung niemals durch tiefgreifende Revolutionen erschüttert wurde, wo die Parlamente einem, wenn auch unter dem Drucke geschichtlicher Verhältnisse entstandenen, dennoch formell freien Willensentschluß des zum Erlaß einer konstitutionellen Verfassung entschlossenen Monarchen ihr Dasein verdanken. Rechtlich stellen sich solche Verfassungen als Selbstbeschränkungen des Monarchen dar, daher die Parlamente nur die ihnen verfassungsmäßig zugewiesenen Kompetenzen besitzen und die Vermutung im Zweifelsfalle für die Zuständigkeit und Unbeschränktheit des Monarchen streitet; in diesem Rechtssatze liegt der ganze juristische Kern des monarchischen Prinzipes. In solchen Staaten wird auch politisch trotz der Beschränkung des Monarchen dessen Vorherrschaft bestehen bleiben.

Am klarsten wird diese Bedingtheit des konkreten Verhältnisses zwischen Krone und Parlament durch die jeweiligen historischen Verhältnisse, wenn man die Stellung des Monarchen in den beiden durch Realunion verbundenen Staaten Österreich und Ungarn miteinander vergleicht. Während in Ungarn die altständische, den König weitgehend einschränkende Verfassung zur konstitutionellen umgebildet wurde, ist in Österreich die Verfassung ein Geschenk des absoluten Kaisers gewesen; dort hat sich parlamentarische Regierung entwickelt, hier hat sie nur vorübergehend bestanden. In Beziehung auf die gemeinsamen Angelegenheiten aber ist eine parlamentarische Regierung geradezu unmöglich, weil die beiden Delegationen keine einheitliche Majorität bei dem Unterschiede der Parteiverhältnisse in beiden Staaten besitzen können. Diese gemeinsamen Angelegenheiten (hauptsächlich die Vertretung nach außen und das Kriegswesen) sind aber diejenigen, bezüglich deren der Herrscher der Gesamtmonarchie ehedem stets ganz unbeschränkt war. Ausgeschlossen auf Grund der geschichtlichen und der gegebenen politischen Verhältnisse ist die parlamentarische Regierung auch im Deutschen Reiche. Einmal wegen der Stellung des Reichskanzlers als preußischen Ministers, da parlamentarische Regierung im Reiche ohne eine solche in Preußen nicht möglich ist, die Majoritäten des Reichstages und des preußischen Landtages aber ganz verschieden geartet sind. Sodann wegen des Bundesrates, der als selbständiger Faktor der Reichsregierung ganz ausgeschaltet werden würde, da er neben Kaiser und Reichstag einem parlamentarischen Reichskanzler gegenüber zur völligen Bedeutungslosigkeit herabsinken müßte[1]).

Die beiden in den heutigen konstitutionellen Monarchien verwirklichten Möglichkeiten haben auch nach einem rechtlichen Ausdruck gerungen: die parlamentarische Monarchie als solche ist niemals gesetzlich fixiert worden, nichtsdestoweniger ist für sie auch eine juristische Formel gesucht worden, so wie später für die Monarchie mit Unterordnung des Parlaments unter den Fürsten.

---

[1]) G. Jellinek Regierung und Parlament in Deutschland 1909 S. 27 ff. u. Bundesstaat und parlamentarische Regierung (Ausgew. Schriften u. Reden II 1911 S. 439 ff.). Das ist jüngst auch von einem objektiven amerikanischen Kritiker deutscher Verhältnisse hervorgehoben worden. Vgl. Lawrence Lowell Government and Parties in Continental Europe, Boston and New York 1896 II p. 67 ff.

Beide Formeln wurden in Frankreich gefunden. Unter dem Einflusse der Lehre Rousseaus und der amerikanischen Verfassungsgesetzgebung seit 1776 wird die Volkssouveränetät als die selbstverständliche Grundlage der Verfassung betrachtet. Ihr zufolge wird der König vom Volke nur mit delegierter Gewalt ausgestattet und ist nur Vollstrecker des im Gesetze niedergelegten Volkswillens. In scharfem Gegensatze zu diesem zuerst in der französischen Verfassung von 1791 niedergelegten demokratischen Prinzip stehen jene Verfassungen, die nach dem Vorbilde der Charte Ludwigs XVIII. das monarchische Prinzip verkünden, indem sie alles Imperium in der Hand des Monarchen lassen, so daß die Kammern nur an dessen Ausübung teilnehmen können. Während daher die englische Verfassung im Laufe der Geschichte begleitet, aber nicht wesentlich beeinflußt von abstrakten Theorien sich entwickelt hat, erscheinen die kontinentalen Verfassungen mit als das Produkt allgemeiner Theorien, die mit allen ihren Fehlern zur Grundlage des geltenden Rechtes erhoben werden.

Der demokratische Typus des kontinentalen konstitutionellen Staates ist nun kein anderer als der parlamentarische. Die Basierung des Königtums auf die Volks-, oder, was dasselbe besagt, die Nationalsouveränetät, wie in der belgischen Verfassung, hat juristisch gar keine Folgen für die Stellung des Königs zum Volke. Der Satz, daß der König nur die ihm ausdrücklich verfassungsmäßig zugesprochenen Rechte habe, daß also, im Gegensatz zu den Staaten mit überwiegender königlicher Gewalt, die Vermutung gegen die Zuständigkeit des Königs streite, ist rechtlich ganz bedeutungslos, weil dem König alle Attribute seiner Stellung in der Verfassung vollständig gegeben worden sind, Zweifel daher kaum auftauchen können[1]). Sollte aber wider

---

[1]) Die Rechte des belgischen Königs decken sich vollständig mit denen der Krone eines altmonarchischen Staates. Höchstens in der Bestimmung, daß die königliche Gewalt vom Monarchen erst nach Ableistung des Verfassungseides ausgeübt werden kann (Art. 79, 80), liegt eine Abweichung von dem monarchischen Typus, für die sich aber auch in alten Monarchien Analogien finden (vgl. z. B. die Stellung des noch nicht gekrönten Königs in Ungarn). Wesentliche rechtliche Unterschiede bestehen bloß in der Stellung der Kammern, die (Const. Art. 70) ordentlicherweise an einem bestimmten Tage auch ohne königliche Einberufung sich versammeln. Andere Rechte der belgischen

Erwarten einmal ein königliches Recht zweifelhaft sein, so würde
es de iure dennoch nicht dem ebenfalls nach dem Buchstaben
der Verfassung nur mit delegierter Gewalt ausgestatteten Parlament als zurückbehaltenes Recht zustehen. Nun hat aber die
souveräne Nation als primäres Staatsorgan weder ein Recht der
Leitung noch der Bestätigung staatlicher Aktionen, so daß nicht
die Nation, sondern der König rechtlich das höchste Organ des
Staates ist. Allein diese und ähnliche Verfassungen sind zugleich
der Ausdruck für die geschichtliche Tatsache, daß sie durch
demokratische Mächte entstanden sind; sie erzählen in den einschlägigen Bestimmungen von ihrem Ursprung und konstatieren
damit in politischer Hinsicht das Machtverhältnis der staatlichen
Faktoren. Daher ist in ihnen die Stellung der Kammern als Repräsentanten der Nation um so mehr eine politisch überragende,
als die in Frankreich sich vollendende Theorie der europäischen
Demokratie, im Gegensatz zu dem amerikanischen Prinzip der
Koordination der Gewalten, den gesetzgebenden Organen die herrschende Stellung gegenüber der Exekutive anzuweisen bestrebt ist.
Nicht die Nation, wohl aber die Kammern werden gegebenenfalls das ursprüngliche Recht des Volkes gegen den seine Kompetenz
zu erweitern versuchenden König geltend machen. Daher ist die
parlamentarische Monarchie in diesen Verfassungen vorgebildet,
wenn auch nicht ausgesprochen. Denn nur in dieser Form kann
die Anerkennung des demokratischen Prinzipes irgendeinen praktisch-politischen Sinn bekommen. Die ausdrückliche Anerkennung dieses Prinzipes kann übrigens durch die konkreten geschichtlichen Verhältnisse, unter denen die Verfassung ihr Leben
führt, ersetzt werden, was z. B. der Fall in Italien ist. Das
sardinische Statut von 1848 ist ganz wie die Charte von 1814 vom
König oktroyiert worden. Es ist heute zur Verfassung des Königreichs Italien geworden. Während aber in Sardinien die ange-
stammte königliche Gewalt die Vorherrschaft hatte, hat sich
in dem unter der energischen Mitwirkung revolutionärer Mächte
gebildeten Italien die parlamentarische Regierung durchgesetzt.

So ruht denn die parlamentarische Monarchie auf dem Kontinente, trotzdem sie das englische Vorbild zu kopieren bestrebt
war, auf ganz anderem Boden als dieses. In England Produkt

Kammern (Budgetrecht, Genehmigung von Staatsverträgen) sind aber
auch in altmonarchischen Staaten eingeführt worden.

einer langen geschichtlichen Entwicklung, ist sie auf dem Kontinente Ergebnis abstrakter Theorien. Daher unterscheidet sich in Wirklichkeit auch die kontinentale Abart der parlamentarischen Monarchie in bedeutsamer Weise von dem britischen Originale. Die Engländer mit ihren regierungsfähigen Parteien und der Erkenntnis der Bedeutung einer starken Regierung haben zwar nicht der Krone, wohl aber dem Kabinett, trotz aller parlamentarischen Einflüsse, Kontrolle und Mitwirkung bei der Verwaltung, das Schwergewicht der Staatsleitung erhalten, während auf dem Kontinente in Verkehrung des natürlichen Verhältnisses das Parlament häufig das Kabinett als seinen untergeordneten, von seinen jeweiligen Weisungen abhängigen Diener betrachtet[1]). Überdies individualisiert sich, wie nicht anders möglich, das kontinentale parlamentarische System in jedem Staate in eigentümlicher Weise. Dies näher zu verfolgen, ist Aufgabe der speziellen Staatslehre[2]).

Da die konstitutionelle Monarchie derart zwei Typen aufweist, so gibt es auch für die rechtliche Stellung der Kammern zwei Möglichkeiten. Entweder den Kammern wird gemäß der Verfassung ein selbständiger, staatliche Hoheitsakte erzeugender Wille zugeschrieben oder nicht. In England ist das Gesetz gemeinschaftlicher Willensakt beider Häuser des Parlaments und des Königs. Das Parlament befiehlt: be it enacted by the Kings most excellent Majesty by and with the advice and consent of the Lords spiritual and temporal and the Commons in this present Parliament assembled and by the authority of the same. Ausdrücklich gilt das Gesetz auf Grund der Autorität des Parlamentes, das derart an der Substanz des gesetzgeberischen Willensaktes selbst teil hat. In kontinentalen Staaten mit königlicher Vorherrschaft jedoch ist der gesetzgeberische Willensakt ausschließlich Akt des Monarchen, dem das Parlament seine Zustimmung erteilt hat. Dort ist das Parlament selbständiges, hier, wenigstens überwiegend, unselbständiges Organ. Grundsätzlich unterscheidet es sich aber vom Monarchen überall dadurch, daß es allein keinen unmittelbar die Untertanen verpflichtenden Akt

---

[1]) Dieses System und seine bedenklichen Folgen sind in einer auch auf die parlamentarische Monarchie des Kontinents passenden Weise gründlich beleuchtet von d'Eichthal, p. 218 ff. Vgl. auch E. Loening Die Repräsentativverfassung im XIX. Jahrhundert 1899 S. 26 ff.

[2]) Besondere Staatslehre, Ausg. Schriften und Reden II S. 280 ff.

des Imperiums vornehmen kann. Selbst wo der Erlaß des Gesetzes-
befehls mit von ihm ausgeht, ist die monarchische Sanktion
ein wesentliches Erfordernis für die Perfektion des Befehles;
das Gesetz ist gemeinsamer Willensakt von König und Parlament.
Von dieser Regel bestehen, wie schon erwähnt, einige Ausnahmen.
Am weitesten gehen sie in England, wo der obrigkeitliche, be-
hördenähnliche Charakter des Parlamentes auch darin zum Ausdruck kommt, daß es eine umfangreiche Selbstgerichtsbarkeit übt
und wegen Privilegienbruches auch Außenstehende zur Verantwortung ziehen kann.

III. Die Republik.

1. Das Wesen der Republik.

Die monarchische Gestaltung der staatlichen Institutionen
hängt eng mit dem Kriege zusammen, der zur Zusammenfassung
der staatlichen Leitung in einer Hand drängt. Daher wird die
Monarchie mit der Herausbildung fixer Staatensysteme in der
alten Welt zunächst die normale Form des Staates. Das gilt
nicht nur von den zu festen Wohnsitzen gelangten Völkern des
Orients. Auch dort, wo später republikanische Staaten sich bilden,
in den Stadtstaaten Griechenlands und Italiens, ist die Republik
nicht ursprüngliche Staatsform, sondern im Gegensatz zu einer
anfänglichen monarchischen Organisation entstanden, deren
nähere Gestaltung allerdings nicht derart überliefert ist, daß
man ein völlig sicheres Urteil über sie abzugeben vermag.

Am deutlichsten können wir die Entstehung der Republik
in Rom verfolgen, dessen Umbildungsprozeß für den Stadtstaat
überhaupt typisch zu sein scheint. Dort hat sich die Republik
im bewußten Gegensatz zur Monarchie entwickelt; sie ist in
den Vorstellungen ihrer Gründer einfach Nicht-Monarchie; ihr
ursprünglicher Inhalt ist nichts als Negation der Einherrschaft,
was auch in dem sie bezeichnenden Worte zum Ausdruck kommt.
„Den Römern, welchen res publica, genau entsprechend dem
englischen commonwealth, das Gemeinwesen schlechthin bezeichnet, erscheint die geänderte Verfassung, für die ein politischer
Schlagname fehlt, negativ als die Beseitigung der Einheitlichkeit
und der Lebenslänglichkeit der Gemeindevertretung, sowie ihrer
bisherigen Benennung."[1]. Die Konzentration der Gewalt in eines

---

[1] Mommsen Abriß S. 84.

Mannes Hand erscheint dem Volksbewußtsein sofort als derart typisch für die ganze Gestaltung des Staates, daß ihm alle anderen möglichen Staatsformen in ihrer Gesamtheit den Gegensatz zur Monarchie bilden.

Dieser Gegensatz ist aber auch heute noch von grundlegender Bedeutung für die Erkenntnis des Wesens der Republik. Auch heute noch kann sie definiert werden als Nicht-Monarchie, als Negation der Leitung des Staates durch eine physische Person. Die große Bedeutung dieses Gegensatzes wird klar, wenn man erwägt, daß in der Monarchie der höchste Wille, als einer individuell bestimmten Person zustehend, durch diese gleichsam körperlich dargestellt wird, während in allen nichtmonarchischen Staaten, mögen sie wie immer gestaltet sein, das Organ der höchsten Gewalt niemals mit dem sie bildenden physischen Einzelwillen zusammenfällt und daher auch niemals zur sichtbaren Erscheinung gelangen kann. Das ist politisch wie juristisch von der höchsten Bedeutung. Die höchste Staatsgewalt wird in der Republik niemals durch einen bloßen psychologischen Prozeß gebildet; sie ist stets Wille eines kleineren oder größeren Kollegiums. Dieses Kollegium aber hat eine rein juristische Existenz, die von den einzelnen es bildenden Personen scharf unterschieden ist. Sein Wille ist durch einen juristischen Prozeß, kraft einer verfassungsmäßigen Ordnung, aus den Willensakten verschiedener Individuen gewonnen. Daher ist die Republik in jeglicher Form dem naiven Denken viel schwerer verständlich als die Monarchie, in der die ganze Aktivität des Staates gleichsam sinnlich wahrnehmbar ist.

Die zunächst nur durch den Gegensatz gegen die Monarchie bestimmte Republik als einheitliche Kategorie zu erfassen, ist aber auch positiv gerechtfertigt. Denn unter formaljuristischem Gesichtspunkte lassen sich nur quantitative, aber keine qualitativen Unterschiede innerhalb des Typus der Republik wahrnehmen. Der Kreis der Personen, aus denen der herrschende Wille gebildet wird, kann größer oder kleiner sein, was nach der politischen und sozialen Seite hin von hoher Bedeutung ist, rechtlich aber keine der Republik selbständig gegenüberstehenden Kategorien zu schaffen vermag. Aristokratie, Oligarchie, Timokratie, Demokratie, und welche Staatsformen neben der Monarchie antike und moderne Staatswissenschaft sonst unterschieden haben mag, können vom streng logischen Standpunkte aus nur als

Unterarten des einen großen Genus Republik und auch da nur
insoweit in Betracht kommen, als feste formale Unterschiede
zwischen ihnen, nicht nur jene oben geschilderten fluktuierenden,
Analogien, aber nicht Identitäten darbietenden sozialen Elemente
als Einteilungsprinzipien dienen. Der in der Republik entscheidende höchste Wille kann überdies viel mannigfaltiger gebildet
sein, als die herkömmlichen Ansichten annehmen. Es kann eine
außerhalb des Staates stehende juristische Person sein, der die
Herrschaft zusteht; es kann einer der leitenden Personen eine
gesetzliche Vorherrschaft zustehen, so daß dieser Typus der
Monarchie sich annähert. Es kann eine Mehrheit ganz verschieden
gearteter Kollegien in ihrem Zusammenwirken die höchste Gewalt
besitzen. Auch eine Mehrheit von Monarchen kann sich vereinigen, um eine Republik zu bilden. Daher fällt auch das
Deutsche Reich, in dem die zur Einheit verbundene Gesamtheit der verbündeten Regierungen herrscht, unter den Typus
der Republik. Über die Staatsform des Deutschen Reiches
schweigen die meisten Schriftsteller des Reichsstaatsrechts. Von
einigen wurde sie als Pleonokratie bezeichnet[1]); das ist aber
nichts anderes als ein neues Wort für eine alte Sache. Denn
Republik ist eben Mehrherrschaft im Gegensatz zur Einherrschaft.
Daß das Reich Republik sei, hat aber kein Geringerer als Bis-

---

[1]) Zorn StR. I S. 90 und Die deutsche Reichsverfassung 2. Aufl.
1913 S. 51; Gareis Allg. StR. S. 38. Viel zutreffender ist es, wenn
vom Boden der antiken Dreiteilung aus G. Meyer, Grundzüge des
norddeutschen Bundesrechts 1868, das Reich als konstitutionelle Aristokratie bezeichnet. Geffcken, Verf. d. deutschen Reiches S. 17, nennt
das Reich eine Oligarchie, die er ohne durchschlagenden Grund mit der
Monarchie als Unterart der Aristokratie auffaßt. Neuerdings vermeidet
Geffcken diesen Fehler: „Das Gesamtinteresse als Grundlage des Staats-
und Völkerrechts" 1908 S. 58; hier sind Monarchie und Aristokratie
Gegensätze. Sehr vorsichtig drückt sich Combothecra aus: La conception juridique des régimes étatiques 1912 p. 22; für ihn ist das
Deutsche Reich „une république aristocratico - démocratico - monarchique"
Nach Hatschek, Allg. StR. I S. 9, ist das Deutsche Reich eine
Monarchie, was sich schwer mit den Mehrheitsbeschlüssen des Bundesrats vereinigen läßt. Wie Hatschek, doch mit anderer Begründung,
Rehm, Kleine Staatslehre S. 63. Zorn, Deutsche Literaturzeitung,
a. a. O. S 880, polemisiert gegen die hier vorgetragene Lehre, trotzdem
er doch selbst das Reich nicht als Monarchie, also in meinem Sinne
als Republik auffaßt. Welche Scheu vor einem Worte! Mit der hier
vertretenen Auffassung übereinstimmend Hubrich und wohl auch
W. van Calker, Hdbch. d. Politik I 1912 S. 85 u. 145.

m a r c k ausgesprochen[1]). Gerade dieses Beispiel zeigt, wie auch
noch in der Gegenwart die Republik an die Monarchie grenzen
kann, wie politisch zwischen beiden mannigfaltige Übergänge
stattfinden können und nur die äußersten Enden der Typen
schroffe Gegensätze aufweisen.

Die drei möglichen Positionen des Monarchen zum Staate finden wir auch in den Beziehungen der herrschenden republikanischen Kollegien zum Gemeinwesen wieder: Priesterherrschaften
und nach der Art privatrechtlicher Eigentümer herrschende Kolonialgesellschaften repräsentieren den theokratischen und patrimonialen
Typus der Republik. In den antiken und den Republiken der
neueren Zeit tritt der Gedanke der Organstellung des herrschenden
Kollegiums im Staate deutlich hervor, und heute ist es nur naturrechtliche Unklarheit, wenn in der demokratischen Republik das
Volk als Träger der Staatsgewalt bezeichnet und ihm damit eine
von seiner Organstellung im Staate unterschiedene Qualität zugeschrieben werden soll[2]).

2. Die Arten der Republik.

Rechtlich bedeutsame Einteilungen der Republik sind die
nach Zahl und Wesen ihrer unmittelbaren Organe.

1. Es gibt Republiken mit einem e i n z i g e n u n m i t t e l -
b a r e n und p r i m ä r e n O r g a n. Haupttypen sind die absoluten
oder unmittelbaren hellenischen Demokratien. Die Regel aber
bildet die Republik mit einer M e h r h e i t u n m i t t e l b a r e r
Organe. So vor allem Rom. Zunächst in der Epoche der Republik
im engeren Sinne von dem Ende des Königtums bis zur Errichtung des Prinzipates, wo Magistrat, Senat, Komitien als nebengeordnete Organe erscheinen, deren Zusammenwirken den höchsten
Staatswillen erzeugt. Ursprünglich ist auch rechtlich das Über-

---

[1]) Gelegentlich der Beratung der norddeutschen Bundesverfassung
bemerkte B i s m a r c k in der Rede vom 28. März 1867: daß „verbündete
Regierungen... gewissermaßen eine r e p u b l i k a n i s c h e S p i t z e, die
in dem Worte ‚verbündete Regierungen' liegt, bilden".

[2]) Das Volk wird, wie früher dargelegt, als rechtliche Einheit erst
durch die Staatsordnung geschaffen, und doch soll es Träger der Gewalt
sein, durch die es selbst ins Leben gerufen wird. Ganz deutlich tritt
dieser Widerspruch z. B. hervor bei Z o r n, I S. 89, der das Volk als
die natürliche Persönlichkeit bezeichnet, die nach republikanischem
Staatsrecht Träger der Souveränetät ist. Woher stammt diese „Persönlichkeit" des Volkes?

gewicht bei der Magistratur und dem Senate, bis die spätere
Theorie die Lehre von der souveränen Stellung der Komitien ausbildet, die aber niemals bis in ihre letzten Konsequenzen durchgeführt werden konnte, da die Komitien jeglicher Initiative er-
mangelten und sie stets nur auf einen vom Magistrat ausgehenden
Anstoß zu handeln vermochten. Ebenso aber trägt Rom in der
Zeit des Prinzipates den Charakter der Republik mit einer Mehrheit unmittelbarer Organe, indem Princeps und Senat in Form
der Dyarchie die Fülle der Staatsgewalt ausüben und die fortdauernde theoretische Behauptung der Volkssouveränetät rein
doktrinärer Art, ohne alle praktische Bedeutung ist. Auch die
mittelalterlichen Stadtrepubliken weisen eine Mehrheit unmittelbarer Organe auf, und in der Gegenwart bieten die freien
deutschen Städte, in denen Senat und Bürgerschaft gemeinsam das
$\varkappa\acute{\nu}\varrho\iota o\nu$ bilden[1]), das Beispiel einer im Zusammenwirken persönlich
getrennter Organe sich darstellenden höchsten Gewalt. Aber auch
nach dem Typus der konstitutionellen Monarchie kann die Republik
mit einer Mehrheit unmittelbarer Organe gebildet sein. Verwirklicht ist er im Deutschen Reiche, das drei unmittelbare Organe:
Bundesrat, Kaiser und Reichstag, besitzt. Die höchste Gewalt
kommt hier kraft der geschichtlichen Entwicklung des Reiches
den durch den Bundesrat vertretenen verbündeten Regierungen,
unter Bevorrechtung des an ihrer Spitze stehenden Kaisers, zu,
während der Reichstag rechtlich nur die dem Landtage eines
deutschen Gliedstaates in seinen Beziehungen zum Monarchen
gebührende Stellung inne hat. Dieses rechtliche Verhältnis
entspricht aber auch den tatsächlichen politischen Beziehungen
zwischen Regierungen und Reichstag, da dieser weit davon entfernt ist, auf die Leitung der Reichsangelegenheiten den Einfluß
zu üben, den die Volksvertretung in der parlamentarischen Monarchie besitzt.

Eine Mehrheit unmittelbarer Organe hat auch die moderne
demokratische Republik, nur ist ihr Verhältnis anders als in den
angeführten Fällen, weil hier entweder mehrere sekundäre oder
primäre und sekundäre Organe nebeneinander stehen, die alle im
Einheitsstaate ihren Einigungspunkt in dem primären Organ, dem

---

[1]) G. B. Brandis, Das Kyrion in der Hamburgischen Verfassungsgeschichte 1911 S. 3 ff., 32 ff., bezeichnet den Senat als das wahre
oberste Organ des hamburgischen Staates. Dagegen mit guten Gründen
Lüders in Hirths Annalen 1912 S. 17. Vgl. auch unten S. 732 N. 2.

Volke haben. Eine Mehrheit von primären Organen haben die demokratischen Bundesstaaten, die deshalb die größte Anzahl unmittelbarer Organe besitzen. So sind in den Vereinigten Staaten Volk und Staaten die primären, Kongreß, Präsident und Unionsgerichte die sekundären unmittelbaren Organe der Union.

2. Nach der Art der unmittelbaren Organe sind folgende Formen der Republik geschichtlich hervorgetreten:

a) Republiken mit korporativem Herrscher. Eine Korporation erwirbt die Herrschaft über ein Land oder einen bereits bestehenden Staat, ohne sich ihrer Korporationseigenschaft zu entkleiden. Derart war die Herrschaft des Deutschen Ordens in Preußen, die der ostindischen Kompanie in Indien, sowie anderer neuerer Handelsgesellschaften, ehe sie die Herrschaft abtraten (Gründung des Kongostaates durch die Kongogesellschaft) oder das Mutterland sie seinem Schutz unterstellte. Bis vor kurzem[1]) bot die Neu-Guinea-Kompanie das Beispiel eines der Oberhoheit des Deutschen Reiches unterworfenen Staates mit korporativem Herrscher dar. Das Charakteristische dieser unter den neueren Republiken praktisch am meisten der absoluten Monarchie sich annähernden Form besteht darin, daß ein Wille den Staat leitet, dessen Beruf nicht in der Tätigkeit für den Staat aufgeht, der also eine Doppelstellung: im Staate und außerhalb des Staates hat[2]). Der Charakter des Staates als Gemeinwesens kann sich da nicht nach allen Richtungen hin rechtlich äußern; vielmehr erscheint der Staat in bestimmtem, von den konkreten Verhältnissen des Einzelfalles abhängendem Umfange, wie bei den älteren Typen der Monarchie, als eigentumsähnliches Objekt der Herrschertätigkeit, wenn auch, wie nicht anders möglich, in manchen Institutionen der körperschaftliche Charakter des Gemeinwesens ausgeprägt ist.

b) Oligokratische Republiken, in denen eine geringe, verfassungsmäßig begrenzte Zahl von Personen den Herrscher-

---

[1]) Vgl. kaiserl. Verordn. vom 27. März 1899, Kolonialblatt X S. 227, dazu Laband II S. 272 f.

[2]) Die körperschaftliche Eigenschaft des Herrschers besteht nicht nach dem Rechte des beherrschten Staates, sondern nach dem Rechte des Gemeinwesens, aus dem die Körperschaft stammt; stets ist demnach auch hier die höhere Rechtsordnung vorhanden, welche von einer eigentumsähnlichen Herrschaft vorausgesetzt werden muß. Für Völker abendländischer Gesittung kann diese Form allerdings nur mehr als kurzes Übergangsstadium gedacht werden.

willen erzeugt. Dieser Art sind Dyarchien (Rom zur Zeit des
Prinzipates) oder Gesamtherrschaft von Bundesregierungen, wie
im Deutschen Reiche. Als besondere Unterart müssen sie hervorgehoben werden, weil sie politisch dem Typus der Monarchie
ebenfalls sehr nahe stehen. Von der vorigen Klasse unterscheiden
sie sich aber wesentlich durch die ausgeprägte Organstellung der
Herrschenden.

c) Klassenherrschaften oder aristokratische
Republiken. Eine Fülle von Staatsbildungen fällt unter diesen
Begriff. Herrschaft eines Berufes: Priester- oder Kriegerherrschaft,
Herrschaft eines siegenden Stammes, eines Geburtsstandes, des
Grundbesitzes oder einer anderen Klasse der Vermögenden oder
auch eine Mischung verschiedener derartiger bevorrechteter
Elemente erzeugt diese Unterart der Republik. Juristisch gefaßt
besteht diese Herrschaft darin, daß die herrschenden Personen
aus einem Volksteile gewonnen werden, der kraft besonderer
Vorzüge aus der Volksgesamtheit rechtlich hervorgehoben ist,
dessen Mitgliedern auch sonst noch Vorrechte zustehen. Die
Klassenherrschaften ruhen daher auf der privilegierten politischen
Stellung eines Teiles des Volkes gegenüber dem Reste.

Keine Staatsform hängt inniger mit der ganzen sozialen
Schichtung des Volkes zusammen als diese. Während die Monarchie den gewaltigsten Wandel der sozialen Verhältnisse überdauert hat und sogar bei völliger Demokratisierung der Gesellschaft noch die absolute Monarchie in Form des Cäsarismus
möglich ist, während anderseits Demokratien selbst beim Ausschluß eines großen Teiles von Staatsmitgliedern von der Teilnahme an der Herrschaft entstehen konnten, beruht die Aristokratie
in allen ihren Formen auf dem Dasein eines in seiner Eigenart
vom Staate unabhängigen überragenden sozialen Elementes, das
über die anderen auch politisch den Sieg davonträgt. Daher hängt
die nähere Ausbildung dieser Staatsart ganz von den konkreten
sozialen Verhältnissen ab, so daß sich wenig gemeinsame Charakter-
züge für alle Klassenherrschaften konstatieren lassen, irgendwelche
Anschaulichkeit ihrer zahlreichen Exemplare nur durch genaue
Analyse einer jeden einzelnen Bildung gewonnen werden kann.
Auch darin liegt ein bedeutsamer Unterschied der Klassenherrschaft von der Monarchie und der demokratischen Republik.

Doch lassen sich immerhin innerhalb des Rahmens dieses
Typus zwei Unterarten unterscheiden. In der einen ist die herr-

schende Klasse von der beherrschten durchaus getrennt, so daß
kein Aufsteigen von dieser zu jener möglich ist, während in der
zweiten den Mitgliedern der beherrschten Klasse die rechtliche
Möglichkeit gegeben ist, in die Klasse der politisch Bevorrechteten
zu gelangen. Der erste Typus, namentlich da vorhanden, wo
geschlossenen Geburtsständen die politische Bevorrechtung zukommt, neigt in der Stellung der Herrschenden zu den Beherrschten
mehr dem Charakter der Monarchie zu, während der zweite vielmehr Analogien mit der Demokratie aufweist, der er häufig zugezählt wird. So ist irgendein Vermögenszensus in der Republik
eine aristokratische Einrichtung, was die antike Staatslehre bereits
hervorgehoben hat, nicht minder eine Abstufung der politischen
Rechte nach dem Maß der staatlichen Leistungen, denn der Gedanke irgendeiner Bevorrechtung ist mit dem konsequent durch-
geführten demokratischen Prinzipe unvereinbar. Das Leben zeigt
aber auch in dieser Hinsicht, wie überall, Übergänge, und in
der heutigen Staatenwelt wird man deshalb die fließende Grenze
zwischen aristokratischer und demokratischer Republik am besten
nach der Entwicklungstendenz der betreffenden Verfassungen
ziehen.

Mit Ausnahme der letzterwähnten Rudimente ist die aristokratische Republik, kraft ihrer Abhängigkeit von der sozialen
Schichtung des Volkes, durch die Verwandlung der ständisch abgestuften Gesellschaft in die staatsbürgerliche aus der modernen
Staatenwelt verschwunden. Wenn eine konkrete Republik heute
dennoch eine Klassenherrschaft darbieten sollte, so wäre sie stets
faktischer, nicht rechtlicher Natur; es mangelten ihr die Abschließung der herrschenden Klasse und jegliche rechtlichen Bestimmungen über das Aufsteigen zu ihr aus der Klasse der Beherrschten. Ein solcher Zustand könnte daher auch jederzeit
ohne jede Wandlung der Rechtsordnung sich ändern. Derartige
politisch-soziale Bildungen sind daher, wie groß immer ihre
momentane Bedeutung für ein bestimmtes Volk sein mag, nicht
imstande, einen scharf abgegrenzten rechtlichen Typus zu
schaffen.

d) Die demokratische Republik. Sie beruht auf der
Stellung der Volksgemeinde als höchsten Staatsorganes, d. h. der
Teilnahme aller erwachsenen, in der Regel bloß der männlichen Staatsbürger an der höchsten staatlichen Herrschaft. In
ihr allein soll der herrschende Wille grundsätzlich aus der Ge-

samtheit der Volksgenossen hervorgehen. Nichtsdestoweniger
bleiben auch in ihr ausgeschlossen die Handlungsunfähigen und fast
überall die Frauen. Außerdem finden in ihr stets noch spezielle
Ausschließungsgründe statt, so daß auch in ihr faktisch immer nur
eine Minderzahl der Volksgenossen rechtlich Willensbildner des
Staates ist. Wo zudem, wie es ja die Regel ist, keine Pflicht
zur Teilnahme an der Ausübung der höchsten Gewalt existiert, da
sinkt diese Minderheit in Wirklichkeit noch mehr zusammen.
Indes sind es, mit Ausnahme des oft geforderten Vollbesitzes
bürgerlicher Ehre, natürliche, nicht rechtliche Eigenschaften, die
von der Teilnahme an der Staatsgewalt ausschließen, so daß
jede Privilegierung durch bestimmte soziale Qualitäten wegfällt.
Aber auch so verstanden sind mannigfache Unterschiede in der
Zusammensetzung des Volkes als höchsten Staatsorganes möglich.
Durch Hinauf- oder Herabsetzung der Altersgrenze kann die Größe
der herrschenden Volksgemeinde vermindert oder vermehrt werden;
Ausdehnung der politischen Rechte auf die Frauen ist heute
bereits vielfach gefordert und schon hier und da erreicht worden[1]).
Anderseits gibt es, wie schon erwähnt, Demokratien mit aristo-
kratischen Residuen, wie z. B. Steuer- oder Bildungszensus[2]).

Am eigentümlichsten in dieser Hinsicht sind die Vereinigten
Staaten von Amerika, wo die Stimmberechtigung für Union und
Einzelstaat von dem letzteren festgestellt wird und bei der Verschiedenheit der einzelstaatlichen Wahlgesetze in einigen Staaten
das Wahlrecht hinter der Ausdehnung, die es in den europäischen
Demokratien gewonnen hat, zurückbleibt, in anderen darüber
hinausgeht[3]).

---

[1]) So in den amerikanischen Staaten Wyoming, Washington, Utah,
Idaho und Kolorado. Bryce American Commonwealth II p. 603 ff.;
Freund Öff. R. d. Ver. Staaten 1911 S. 76 u. 387. In Utah ist das
Frauenstimmrecht durch Bundesgesetz wieder beseitigt worden: Bryce
II p. 604 N. 1. Auf das australische, norwegische und finnländische
Frauenstimmrecht — als nichtrepublikanischer Art — kann an dieser
Stelle nur hingedeutet werden. Nähere Angaben in der Besonderen
Staatslehre S. 196.

[2]) Wie nahe sich Politie und Oligarchie mit mäßiger Schätzung
berühren, führt Aristoteles, Pol. IV, 1298 a, 36 ff., aus.

[3]) Vgl die eingehende Darstellung dieser verwickelten, aber interessanten Verhältnisse bei Fisk, Stimmrecht und Einzelstaat in den Vereinigten Staaten von Nordamerika (Jellinek-Meyer Abhandlungen I 4).
Dazu G. Jellinek Schriften u. Reden II S. 384 ff.

Keineswegs aber geht die Idee der demokratischen Republik so weit, daß alle Einwohner des Staates politische Rechte haben sollen, sondern nur die Mitglieder des Staates. Im Altertum waren die Sklaven vom Staate gänzlich ausgeschlossen, einer selbständigen, vom Staate unabhängigen Gewalt, der häuslichen, unterworfen. Die oft gehörte Behauptung, die antiken Demokratien seien wegen ihrer politisch rechtlosen Sklavenmengen Aristokratien gewesen, ist deshalb irrig. Der Staat als solcher herrschte überhaupt nicht über die Sklaven, die dem Dominium, nicht dem Imperium unterworfen waren. Ebensowenig waren die Sklaven-staaten der amerikanischen Union Aristokratien im Rechtssinne. Aber auch in der Gegenwart ist der Fremde in der Demokratie (wenige Ausnahmen abgerechnet) nicht Mitglied der herrschenden Volksgemeinde.

Die demokratische Republik ist auch viel unabhängiger von der sozialen Schichtung des Volkes als die Aristokratie. Wie sie einerseits vereinbar ist mit dem Ausschluß eines großen Teiles der Bevölkerung vom Staate, wie im Altertum, so tritt sie anderseits auch bei Völkern mit Rechten alter privilegierter Stände, sowie bei tiefgreifenden Unterschieden in der sozialen Lage der wirtschaftlichen Klassen auf, also selbst dann, wenn Elemente zu einem aristokratischen Aufbau der Verfassung gegeben wären. Niemals aber kann sich in einem sozial ausgeglichenen Volke eine Aristokratie entwickeln.

Die demokratische Republik hat geschichtlich die folgenden eigentümlichen Gestaltungen gezeigt:

A. Die antike Demokratie. Sie beruht sowohl auf dem Gedanken der Identität von Bürger und aktivem Staats-glied als auch der völligen Gleichheit der Staatsglieder im Hinblick auf alle Fähigkeiten publizistischer Art. Daher erscheinen für sie das Los oder gesetzlicher Reihendienst als die einzigen entsprechenden Mittel, die öffentlichen Ämter zu besetzen, die Wahl hingegen, die doch persönliche Qualitäten des Kandidaten bevorzugt, bereits als aristokratische Einrichtung. Darum kommt aber auch im Altertum dieser der antiken demo-kratischen Idee entsprechende Typus nur selten zur reinen Existenz. Die neuere Demokratie hingegen kennt diesen Ideal-begriff nicht, das Los entscheidet in ihr nur ganz ausnahmsweise, und der Reihendienst hat höchstens untergeordnete Bedeutung. Die Ablehnung der Wahl als einer aristokratischen Institution

hängt übrigens tief mit dem Mangel der Repräsentationsidee im
Altertum zusammen. Die antike Demokratie ist unmittelbare
(absolute) Demokratie, d. h. die Bürgergemeinde übt die ihr
zukommenden Funktionen selbst aus. Die Führung der stets
zeitlich beschränkten Staatsämter ist gleich dem Heeresdienst
Pflicht gegen den Staat, daher auch mit rechtlicher Verantwortlichkeit verknüpft. Als reines, nur durch ethische Rücksichten in
Schranken gebanntes Recht erscheint nur die Teilnahme an der
Bürgergemeinde, die in allen Dingen höchste, unverantwortliche
Entscheidung hat. Diese Bürgergemeinde ist dem antiken Denken
ebenso identisch mit dem Staate wie später der absolute Fürst
den allgemeinen Vorstellungen von der absoluten Monarchie. In
ihrer typischen Ausgestaltung ist daher diese, am reinsten in
Athen seit Perikles verwirklichte Form der Demokratie
das republikanische Widerspiel der absoluten Monarchie. Bei
allem Gegensatz zwischen antikem und modernem Staate ist
es das gleiche Grundproblem, das die politischen Untersuchungen
alter und neuer Staatswissenschaft durchdringt, die Frage nach
den mäßigenden, die Einhaltung der gesetzlichen Schranken
durch den Herrscher vermittelnden Garantien der absoluten
Gewalt. Doch ist bei aller Ähnlichkeit der im Wesen beider
Staatsformen begründete Unterschied zwischen absoluter Demokratie und absoluter Monarchie leicht erkennbar. Die Republik bedarf, da ihr höchster Wille juristisch gebildet werden
muß, stets einer äußeren verfassungsmäßigen Ordnung, auch ist
in ihr stets eine verfassungsmäßige Verteilung der staatlichen
Funktionen vorhanden, während in der absoluten Monarchie
psychologischer und juristischer höchster Staatswillensakt zusammenfallen. Daher ist die Unbeschränktheit der Demokratie
immer in geringerem Maße zu finden als die der Monarchie, wenn
nicht revolutionäres Handeln zeitweilig sich über alle gesetzlichen
Schranken hinwegsetzt. Ganz dasselbe gilt auch von der aristokratischen Republik.

B. Die moderne Demokratie[1]). Eine demokratische
Verfassung kennt die mittlere Zeit kraft der ständischen Gliederung
der Gesellschaft nur ausnahmsweise. Sieht man von den rudimentären ältesten germanischen Verfassungen ab, die demokratisch

---

[1]) Hatschek Allg. Staatsrecht II 1909: Das Recht der modernen
Demokratie; Hasbach Die moderne Demokratie. Eine politische Beschreibung 1912 S. 135 ff.

waren, solange die gesellschaftliche Basis für aristokratische und
monarchische Institutionen mangelte, sowie von den Verfassungen
einiger frei gebliebenen Bauernschaften, so ist das, was im Mittelalter bei den germanisch-romanischen Völkern als Demokratie
gilt, in Wahrheit aristokratische Republik oder Monarchie. Auch
die Literatur hat, wenn sie unter dem Einflusse antiker Anschauungen vom populus spricht, fast niemals die ganze Volksgemeinde, sondern nur die herrschenden Gesellschaftsklassen im
Auge. Dazu kommen die mannigfach abgestuften Verhältnisse
der Unfreiheit, die notwendig ihre Wirkung auf die staatliche
Organisation äußern. Auch der Unfreie, sofern er nicht leibeigen,
ist Staatsglied, nicht nur seinem Herrn, sondern auch der obersten
Gerichtsgewalt des Königs unterworfen, wodurch allein schon ein
höchst bedeutsamer Unterschied vom antiken Staate gegeben war,
der nur die scharf voneinander getrennte politische und häusliche
Gewalt kannte. Auch in den ihrer Natur nach auf republikanische
Verfassung angelegten Städten ist der aristokratische Typus von
Anfang an vor- und späterhin ausgebildet.

Die neuere demokratische Republik ist mehr als jede andere
Staatsform mit der Wirkung allgemeiner geistiger Mächte verbunden. Demokratische Ideen tauchen häufig im Mittelalter auf,
nicht minder literarische Versuche, den Monarchien eine demokratische Grundlage zu geben, oder Anpreisungen der Demokratie
als der besten Staatsform. Niemals jedoch wird die Volksherrschaft als die notwendige, einzig und allein zu Recht bestehende
Staatsform behauptet, auch nicht von solchen, die jede Staatsverfassung aus dem Willen des Volkes ableiten. Diese Forderung
tritt erst im Gefolge der politischen Lehren auf, die in den
Kämpfen der Reformation gezeitigt wurden. An anderer Stelle
wurde bereits ausgeführt, wie die Calvinsche Lehre von der Gemeinde als Trägerin des Kirchenregiments in Schottland, Holland
und England fortgebildet wird zu einer Theorie, die auch die
weltliche Ordnung als Produkt des Gemeinwillens darstellt und
die Forderung erhebt, daß dem durch Vertrag zum Staate geeinten Volke dauernd die höchste Gewalt im Staate zustehen
und von ihm auch ausgeübt werden solle. Diese Bewegung führt
zunächst zu republikanischer Gestaltung des englischen Staates,
die sich jedoch nicht zu behaupten vermag[1]). Die Monarchie

---

[1]) Auch diese Republik war, wie ursprünglich die römische, wesentlich nur Negation der vorübergehenden Monarchie; das damalige Eng-

war zu tief in der geschichtlichen Entwicklung Englands begründet, als daß die neue Ordnung des Commonwealth feste
Wurzeln im Herzen des Volkes hätte schlagen können. Hingegen
wuchsen in den amerikanischen Kolonien Englands auf Grund der
sozialen Verhältnisse der Kolonisten, die von denen des Mutter-
landes weit ablagen, republikanische Institutionen empor, so daß
mit ihrer Trennung von Großbritannien diese Kolonien als nunmehr souveräne demokratische Republiken in die Gemeinschaft
der zivilisierten Staaten eintraten. Im Verlaufe des amerikanischen
Unabhängigkeitskampfes aber wird die Theorie geboren, daß die
demokratische Republik aus dem Wesen des Menschen schlechthin
folge, daher die einzige zu Recht bestehende Staatsform sei[1]).
Diese Lehre findet in Europa große Empfänglichkeit in Frankreich, auf welches überhaupt die amerikanische Revolution von
größtem Einfluß war. Der contrat social hatte zwar die Möglichkeit verschiedener Regierungsformen zugegeben, sie jedoch alle auf
demokratische Basis gestellt. Lag damit schon die republikanische
Staatsform in der folgerichtigen Durchführung seiner Ideen, so
wird von den Jakobinern selbst die auf Delegation von seiten des
Volkes beruhende königliche Herrschaft als tyrannisch bezeichnet[2])
und jede Erinnerung an sie aus der Staatsordnung auszulöschen
gesucht. Die französische Republik gibt sich daher nicht als
ein Staat unter vielen, sondern als der nach dem einzig richtigen
Modell geformte, allen andern zum allein vernunftgemäßen Vorbild dienende Staat.

Die Idee, die einzige dem Wesen des Menschen entsprechende
Staatsform zu sein, liegt allen seither entstandenen oder um-
gebildeten demokratischen Republiken zugrunde. Von Anhängern
der Monarchie ist zwar ähnliches behauptet und ausgeführt worden,
allein weder in gleicher Ausdehnung noch mit gleicher Wirkung.
Während die antike Staatslehre, nach dem Staatsideal forschend,
es zwar unter Verwendung geschichtlich gegebener Institutionen,

----

land ist sich über ihren positiven staatsrechtlichen Charakter niemals
klar geworden.

[1]) Das Prototyp der amerikanischen Erklärungen der Rechte, die
Bill of Rights von Virginien enthält den Satz (Art. II): That all power
is vested in, and consequently derived from the people; that magistrates
are their trustees and servants, and at all time amenable to them.

[2]) Die Verfassung vom 24. Juni 1793 erklärt (Art. 120), daß das
französische Volk „den Tyrannen" kein Asyl gewähre.

aber immerhin doch abweichend von allen historischen Bildungen gestaltete, behauptet jene republikanische Theorie das schlechthin Beste in einer bereits vorhandenen Staatsform gefunden zu haben und macht höchstens Verbesserungsvorschläge für bestehende Institutionen[1]). Daher ist die demokratische Republik das Ziel aller radikalen Parteien in sämtlichen andersgearteten Staaten.

Im letzten Grunde führt die moderne Demokratie auf den staatsrechtlichen Ausgangspunkt des modernen Naturrechts zurück, die Ableitung der Staatsgewalt aus dem vereinigten, ursprünglich souveränen Willen der aus dem Natur- in den staatlichen Zustand hinübertretenden Menschen. Daher ist für sie das politische Recht, die Anteilnahme an der Staatsgewalt, ein allgemeines, aus der menschlichen Natur fließendes, das jedem in den Staatsverband aufgenommenen und dadurch zum Bürger gewandelten Individuum zustehen muß[2]). Das ist der wesentlichste Punkt, in dem sie sich prinzipiell von der antiken Demokratie unterscheidet, die, weit davon entfernt, die Freiheit als vom Wesen des Menschen unabtrennbar zu erklären, über rein theoretische Bekämpfung der Sklaverei, die nur Härten des geltenden Rechtes milderte, das Institut selbst aber unangetastet ließ, nicht hinausgekommen ist. Allerdings wird auch in der Geschichte der modernen Demokratie diese Folgerung nicht sofort· und nicht überall gezogen, sie liegt aber so sehr in der Richtung ihrer not-

---

[1]) Die Erklärung der Menschen- und Bürgerrechte in der jakobinischen Verfassung stellt in den Artikeln 25—35 einen allgemeingültigen Kodex des republikanischen Staatsrechts auf: Unteilbarkeit, Unverjährbarkeit, Unveräußerlichkeit der Souveränetät, die niemals von einem Teile des Volkes in ihrem ganzen Umfange ausgeübt werden kann, allgemeines Stimm- und Wahlrecht, Zeitlichkeit aller öffentlichen Ämter, Verantwortlichkeit ihrer Träger, Recht und Pflicht des Widerstandes gegen ungesetzliche Akte der Regierung. Bezeichnend namentlich Art. 27: „Que tout individu qui usurperait la souveraineté, soit à l'instant mis à mort par les hommes libres." Also der Tyrannenmord Bürgerpflicht.

[2]) Daher wird auch dem Fremden, der gewisse Bedingungen erfüllt hat, ein Rechtsanspruch auf Aufnahme in den Staatsverband gegeben. Vgl. Art. 4 der jakobinischen Verfassung. Ferner werden die Wahl- und Stimmrechte in dieser Anschauung als streng individuelle, mit keiner Pflicht verknüpfte Rechte aufgefaßt, während jede Stellung als Organ der Gesamtheit einen Pflichtcharakter haben soll. (Les fonctions publiques ... ne peuvent être considérées comme distinction ni comme des récompenses, mais comme des devoirs. Deklaration der Rechte von 1793 Art. 30.)

wendigen Konsequenzen, daß sie in verhältnismäßig kurzer Zeit
gegen alle widerstrebenden politischen Mächte durchgesetzt wird.
Zur letzten Folgerung zwar, der völligen Gleichstellung der
Frauen mit den Männern, ist sie auch heute erst ganz ausnahmsweise durchgedrungen; daß sie aber aus ihren Prinzipien folgt,
zeigen die Forderungen der radikalen Parteien der Gegenwart,
welche den naturrechtlichen Gedanken des Aufbaues des Staates
auf das abstrakte Individuum mit der größten Folgerichtigkeit
durchführen. Aus ihren Grundsätzen ergibt sich demnach für
die moderne Demokratie der Gedanke der absoluten politischen
Gleichwertigkeit der Individuen. Doch wird dieser Gedanke in
den einzelnen Institutionen keineswegs konsequent durchgeführt.
Wie einerseits alle Wahlen, so beruhen anderseits die zahlreichen
gesetzlich   oder   gewohnheitsmäßig   geforderten   Eigenschaften
für die Beamtung in der demokratischen Republik auf einer
ihrem Grundprinzipe zuwiderlaufenden Wertung individueller
Qualifikationen.

Die moderne demokratische Republik bietet eine Fülle eigentümlicher Bildungen dar, die um so komplizierter sind, als die
meisten Exemplare dieser Staatsform bundesstaatlich geartet sind.
Da im Bundesstaate zwei unmittelbare Organe: Gesamtvolk und
Einzelstaat, an der Bildung des Bundesstaatswillens teilnehmen,
so sind damit in ihm wie in der Monarchie zwei voneinander
unabhängige, in der Demokratie überdies koordinierte Organe vorhanden. Sodann aber individualisiert das Repräsentativsystem
vermöge der eigentümlichen Ausgestaltung, die es in jedem
einzelnen Staate erfährt, die heutigen demokratischen Republiken.

Zwei bedeutsame Einteilungen klassifizieren sie. Die erste
beruht auf der Stellung, die dem herrschenden Demos verfassungsmäßig zukommt.

Drei Typen sind in dieser Hinsicht in der heutigen Staatenwelt zu unterscheiden.

a) α. Demokratische Republiken mit beratender
und beschließender Volksgemeinde. Eine unmittelbare Demokratie im vollen Sinne gibt es heute nicht mehr.
Selbst in den schweizerischen Kantonen mit Landsgemeinden ist
außer dieser ein repräsentierendes, gesetzgeberische und andere
Funktionen ausübendes Organ vorhanden. So hat in Uri der
Landrat ausdrücklich die „stellvertretende gesetzgebende Ge-

walt"[1]), in Obwalden und Appenzell. A. Rh. der Kantonsrat, in
Glarus der Landrat, in Nidwalden der Landrat, in Appenzell J. Rh.
der große Rat Kompetenzen, die in der antiken Demokratie nur
der Volksgemeinde zustanden[2]). Die Landsgemeinde ist auch
keineswegs dem absoluten Fürsten in der Monarchie vergleichbar.
Nicht sie, sondern jenes oberste Regierungskollegium übt das
Begnadigungsrecht aus, und selbst ihre legislatorischen Beschlüsse
haben eine Grenze an der Privatrechtssphäre des Individuums.
So erklärt Nidwalden, daß, sofern sich jemand durch einen Beschluß der Landsgemeinde in seinen Privatrechten verletzt glaubt,
der gesetzliche Richter angerufen werden kann[3]), und in Uri
fand bis vor kurzem in solchem Falle ein höchst merkwürdiges
Verfahren statt, um das Privatrecht vor legislatorischer Willkür
sicherzustellen[4]). Ferner ist der Gedanke, daß die Volksgemeinde
nicht der Staat schlechthin, sondern nur Organ des Staates sei,
unabhängig von aller Theorie in diesen kleinen Demokratien
scharf ausgebildet worden. „Richtschnur der Landsgemeinde" —
erklärte Uri in seiner früheren Verfassung — „sei nicht unbedingte,
schrankenlose Willkür, nicht die Gewalt des Stärkeren, sondern
das Recht und die nur damit vereinbarliche Staats-
wohlfahrt. Das Volk verpflichtet sich zu diesem Grundsatze
durch den jährlich zu schwörenden Landesgemeinde-Eid"[5]).

β. Rein repräsentative demokratische Republiken. Die zweite Form der heutigen demokratischen Republik ist die rein repräsentative. Alle staatlichen Funktionen
werden in ihr durch Repräsentanten ausgeübt. Da diese Repräsentanten ausnahmslos sekundäre Organe eines und desselben
primären Organes sind, so ist die staatliche Einheit durch die
Einheit dieses primären Organes — des Volkes — durchaus gewahrt. Wie oben dargelegt, wird durch diese Organe das Volk
selbst organisiert, so daß also auch in diesem Typus der Republik

---

[1]) Verfassung vom 5. Mai 1850 § 47. Als solche übt er die Initiative
und erläßt in dringenden Fällen provisorische Gesetze; ferner steht ihm
die Macht der Gesetzesinterpretation zu. Vgl. die jetzige Verfassung
vom 6. Mai 1888 Art. 54 ff.

[2]) Z. B. Abschluß von Staatenverträgen, Ernennungen von Beamten,
Handhabung der Verantwortlichkeit der Regierungsbehörden.

[3]) Verfassung vom 2. April 1877 Art. 43.

[4]) Verfassung vom 5. Mai 1850 § 37.

[5]) Ebenda § 36.

das organisierte Volk die höchste Gewalt hat und ausübt[1]). Nur durch diese Erkenntnis wird die repräsentative Demokratie überhaupt verständlich. Anderseits kommt man, wie oben näher ausgeführt wurde, zu der Vorstellung, daß das Volk gemäß einer solchen Verfassung willens- und handlungsunfähig sei, ein Resultat, das mit den politischen Tatsachen und rechtlichen Anschauungen, die in dieser Staatsform herrschen, ganz unverträglich ist.

Vermöge der Einheit des primären Organes unterscheidet sich schon auf den ersten Blick die repräsentative Demokratie grundsätzlich von der konstitutionellen Monarchie, die zwei unmittelbare primäre Organe hat, von denen das eine durch ein sekundäres Organ repräsentiert wird. Dennoch kehrt in der Demokratie in dem Verhältnis von Gesetzgebung und Regierung, wenn auch in anderer Form, dieselbe Spaltung wieder wie in der konstitutionellen Monarchie. Daher sind dort ähnliche Konflikte wie hier möglich und Kompromisse zu ihrer Schlichtung notwendig. Die Einheit des primären Organes gestattet nämlich viel weitergehende Verteilung der staatlichen Funktionen als in der Monarchie; der Grundsatz der Gewaltenteilung und des Gleichgewichtes der Gewalten kann in der repräsentativen Demokratie viel energischer durchgeführt werden als in der Monarchie, weil in dieser der Fürst überall selbsttätig auftritt, während dort der herrschende Demos nur durch Wahlen zu wirken vermag. Selbst in der unmittelbaren Demokratie des Altertums ist man zu scharfer Sonderung der Kompetenzen des Demos und der Behörden geschritten, als der einzigen Möglichkeit, die Ausprägung der staatsrechtlichen Normen in der Wirklichkeit des staatlichen Lebens zu garantieren.

Unter allen republikanischen Verfassungen haben die der Vereinigten Staaten und ihrer Glieder die Theorie von der Sonderung und dem Gleichgewicht der Gewalten verhältnismäßig am strengsten durchgeführt[2]). Die Konflikte, die sich daraus ergeben können, werden durch die kurze Dauer der parlamentarischen Wahlperioden und der Präsidentschaft wett-

---

[1]) In einzelnen amerikanischen Gliedstaaten kommt diese Idee in der Publikationsformel der Gesetze zum Ausdruck. So z. B. in New York: The People of the State of New York, represented in Senate and Assembly, do enact as follows.

[2]) Vgl. oben S. 499 f.

gemacht[1]). Anders hingegen sind die Verhältnisse in Frankreich, wo in der dritten Republik auf Grund der Lehren von B. Constant[2]), Chateaubriand, Thiers und Prévost-Paradol[3]) das parlamentarische Regierungssystem durchgeführt und dem Staatschef nur die Stelle eines über den staatlichen Machtfaktoren stehenden, dafür aber auch eines realen Anteils an der Leitung der Geschäfte beraubten neutralen Elementes angewiesen wurde. In Frankreich sind die Kammern das höhere Organ gegenüber dem Präsidenten, und zwar politisch schon

---

[1]) Ganz eigentümlich geartet ist die Stellung des obersten Regierungsorganes in der Schweiz. Von einer strikten Durchführung des Prinzipes der Teilung der Gewalten ist keine Rede, vielmehr herrscht dort, wie Dubs (Das öffentliche Recht der Schweizerischen Eidgenossenschaft II 1878 S. 71) es treffend ausdrückt, „organische Gewaltenkonfusion". Die Bundesversammlung ist in manchen Stücken dem Bundesrat übergeordnet, sie wählt und kontrolliert ihn. Aber nichtsdestoweniger ist er die „oberste leitende und vollziehende Behörde der Eidgenossenschaft" (Bundesverfassung Art. 95) und steht der Bundesversammlung auf breitem Gebiete unabhängig gegenüber. Seine Mitglieder, die in der Regel immer wiedergewählt werden, bestehen oft aus Angehörigen entgegengesetzter Parteien. Solches Verhältnis ist allerdings nur in einem kleinen und neutralen Staate durchzuführen. Ganz unrichtig aber ist es deshalb, in den Bundesratsmitgliedern abhängige Vollzugsorgane der Bundesversammlung zu sehen, wie es Rehm, Staatslehre S. 287 N. 1, tut. Schon der wichtige Umstand, daß dem Bundesrate das Recht der Gesetzesinitiative zusteht, spricht gegen solche Annahme. Der Ausdruck „Beamte", den die Bundesverfassung für die Mitglieder des Bundesrates gebraucht, beweist gar nichts, da Art. 117 der Verfassung, der die Beamten der Eidgenossenschaft für verantwortlich erklärt, auch auf die Mitglieder der gesetzgebenden Räte Anwendung findet. In der Schweiz heißen nämlich auch die Kammern Behörden und deren Mitglieder Beamte. Vgl. Bundesgesetz über die Verantwortlichkeit der eidgenössischen Behörden und Beamten vom 9. Dezember 1850; Wolf Die Schweizerische Bundesgesetzgebung I, 2. Aufl. 1905 S. 28 ff.; Bundesgesetz über das Bundesstrafrecht vom 4. Hornung 1853 Art. 53; Wolf I S. 570.

[2]) Vgl. hierzu H. L. Rudloff Die Entstehung der Theorie der parlamentar. Regierung in Frankreich (Z. f. d. ges. Staatswissenschaft 62. Bd. 1906 S. 597 ff.); Dolmatowski Der Parlamentarismus in der Lehre Benjamin Constants (Z. f. d. ges. Staatswissenschaft 63. Bd. 1907 S. 581 ff.).

[3]) Namentlich die Ausführungen von Prévost-Paradol, La France nouvelle (zuerst 1868 erschienen) 13. éd. 1884 ch. V und VI, sind von bestimmendem Einfluß auf die heutige Gestaltung der französischen Präsidentschaft geworden.

deshalb, weil sie ihn wählen, er daher im Falle einer Wiederwahl ihnen während der Dauer seiner Präsidentschaft genehm gewesen sein muß. Außerdem ist die Regierung bei der großen Kompetenz der Kammern und den geringen Machtmitteln, die ihr diesen gegenüber zustehen, fortwährend von Kammerbeschlüssen abhängig, die mittelst der Annahme und Verwerfung von Tagesordnungen mit unberechenbarer Willkür Ministerien stürzen und den im Amte befindlichen die Richtung ihrer Politik vorschreiben. Rechtlich aber ist der Präsident von den Kammern abhängig, da sie jederzeit seine verfassungsmäßige Stellung ändern können. In der Union hingegen ist der Präsident vom Kongreß unabhängig, nicht nur kraft des verfassungsmäßigen Ausschlusses der parlamentarischen Regierung, sondern auch deshalb, weil der Kongreß nur begrenzte Gesetzgebungsgewalt hat und an den verfassungsmäßigen Kompetenzen des Präsidenten nicht zu rütteln vermag. Trotzdem würde, wie bereits erwähnt, im Falle eines ernstlichen, andauernden Konfliktes bei der weiten Ausdehnung der gesetzgeberischen Zuständigkeit des Kongresses sich dieser als das stärkere Organ erweisen.

γ. Repräsentative demokratische Republiken mit unmittelbar-demokratischen Institutionen. Die dritte Form der demokratischen Republik ruht auf der Verbindung der repräsentativen mit Elementen der unmittelbaren Demokratie. Im Grunde gehören bereits die sub α erörterten Gebilde hierher; wegen der eigentümlichen Art der Tätigkeit der Volksgemeinde jedoch, die nicht nur durch Abstimmung wählt und beschließt, sondern sich tatsächlich versammelt und berät, haben sie eine besondere Stellung gefunden.

Auch für diesen dritten Typus sind manche Unterschiede seiner konkreten Ausgestaltung vorhanden. Gemeinsam ist allen Verfassungen der hierher gehörigen Staaten, daß die Volksgemeinde als solche sich niemals sichtbar versammelt, sondern nur durch Abstimmung tätig wird. Es kann nun die Tätigkeit der Volksgemeinde auf außerordentliche Fälle beschränkt bleiben, vornehmlich also, wenn es sich um endgültige Beschlüsse über neue Verfassungen oder Verfassungsänderungen handelt, wie es früher mehrfach in Frankreich der Fall war[1]). Auch eine bloß rat-

---

[1]) Die Idee der Volksabstimmung über Verfassungen und Gesetze taucht in Frankreich zuerst 1793 unter dem Einflusse der Lehre Rousseaus auf. Das Projekt der girondistischen Verfassungen ent-

gebende Stellung kann dem Volke in den Ausnahmefällen zuerkannt sein, in denen es tätig ist[1]). Wo heute überhaupt Volksabstimmungen stattfinden, sind sie bei Verfassungsänderungen
obligatorisch, so in der schweizerischen Eidgenossenschaft und
ihren Kantonen[2]), ferner in fast allen Einzelstaaten der amerikanischen Union (Verfassungsreferendum)[3]).

　　Ferner kann das Volk auch bei der normalen Gesetzgebung
tätig werden. Auch für diesen Fall sind verschiedene Modalitäten
vorhanden. Es kann ein bereits beschlossenes Gesetz auf Antrag
einer bestimmten Zahl von Bürgern dem Volke vorgelegt werden,
wie bei dem sog. fakultativen Referendum in der Schweiz

---

hält (titre VIII, IX, Duguit-Monnier p. 54 ff.) eingehende Bestimmungen über Volksinitiative und Referendum bei Gesetzen und Verfassungen, die jakobinische Verfassung führt das fakultative Referendum
bei Gesetzen (Art. 59, 60), die Volksinitiative bei Revision der Verfassung
(Art. 115) und die Volksabstimmung über die Verfassung ein, obwohl
letzteres im Verfassungstext nicht ausgesprochen war. Am 9. August 1793
fand das erste Verfassungsplebiszit statt. Die folgenden tatsächlich
vorgenommenen Plebiszite bis zu dem letzten napoleonischen von 1870
bezogen sich insgesamt auf Verfassungsfragen, vgl. Borgeaud Établissement et revision des const. p. 248 ff.

　　[1]) In Süd-Carolina werden nach der Verfassung von 1868 Art. XV
sect. 1 Zusätze zur Verfassung zuerst von der Legislatur beschlossen,
sodann dem Volke vorgelegt, gelangen hierauf an die Legislatur zurück,
die frei über deren Annahme und Verwerfung entscheidet. Dieses
System ist in der Verfassung von 1895 Art. XVI sect. 1 beibehalten.
Oberholtzer The referendum p. 42, new ed. 1912 p. 150 f. Über das
konsultative Referendum de lege ferenda: Esmein Droit const. p. 366 f.

　　[2]) In diesen sind wiederum verschiedene Modalitäten vorhanden.
So verlangen die meisten Kantone eine Vorabstimmung über die Verfassungsrevision und sodann nach deren Beschluß durch die gesetzgebende Behörde eine definitive Nachabstimmung. Vgl. Dunant Die
direkte Volksgesetzgebung in der Schweiz und ihren Kantonen. Heidel-
berger Dissertation 1894 S. 42 ff.

　　[3]) Vgl. oben S. 519 f. Gar keine Volksabstimmung bei Verfassungsänderungen fand statt in Delaware. Seit 1897 wird die von Senat und
Repräsentantenhaus beschlossene Verfassungsänderung vor den allgemeinen Neuwahlen öffentlich bekannt gemacht. Die endgültige Abstimmung liegt bei den neugewählten gesetzgebenden Versammlungen. Aber
das Volk kann wenigstens bei der Wahl seinen Willen äußern. Bei Totalrevisionen hingegen entscheiden überall die Wähler über die Beschlüsse
der Konventionen durch die Vorentscheidung des Volkes, indem die
Frage, ob eine Totalrevision durch Konventionen stattfinden soll, dem
Volke vorzulegen ist; vgl. Oberholtzer p. 39 f. u. new ed. p. 150,
132, 134 ff.

und einer großen **Zahl** ihrer Kantone[1]), oder es sind bestimmte
gesetzgeberische Akte der Sanktion des Volkes vorbehalten, wie in
manchen Verfassungen der amerikanischen Einzelstaaten[2]). Oder
es sind endlich alle von den Repräsentanten beschlossenen Gesetze
vom Volke zu bestätigen, wie in einem Teil der schweizer
Kantone (**System des obligatorischen Referendums**).
Ferner kann der Anteil des Volkes an der Gesetzgebung dadurch
gemehrt werden, daß ihm, d. h. einem verfassungsmäßig festgestellten Bruchteil, das Recht der Initiative zuerteilt wird, demzufolge die Repräsentanten den Initiativantrag durchzuberaten
haben und entweder diesen selbst nebst ihrem Beschlusse oder
auch nur ihren Beschluß allein dem Volke vorzulegen haben.
Auch hier sind zwei **Arten** zu unterscheiden: die Initiative zu
Verfassungsänderungen und die zu einfachen Gesetzen. Beide
sind in der Schweiz durchgeführt. Die Eidgenossenschaft[3]) kennt
nur die Verfassungsinitiative, die Kantone diese und teilweise
auch die zweite[4]). Durch all diese verschiedenen Formen: Ver-

---

[1]) In der Eidgenossenschaft können 30 000 stimmberechtigte Schweizerbürger eine Volksabstimmung verlangen (Bundesverfassung Art. 89), in
den Kantonen sinkt die Zahl der Antragsberechtigten bis auf 500 (Zug).
Auch freiwillig können die Legislaturen der Kantone Beschlüsse der
Volksabstimmung unterbreiten.

[2]) Namentlich Aufnahme von Staatsanleihen und Kontrahierung
von Staatsschulden. Über diese und andere Fälle vgl. Oberholtzer
p. 51 ff., new ed. 1912 p. 173 ff.

[3]) Die Verfassungsinitiative war bereits in der Bundesverfassung
vom 12. September 1848 (Art. 113) so normiert, daß 50 000 Schweizer-
bürgern das Recht zusteht, die Revision derart zu verlangen, daß das
Gesamtvolk über diesen Antrag abzustimmen hat. Die revidierte Verfassung vom 5. Juli 1891 (Art. 118—123) unterscheidet Total- und Partial-
revision. Für die erstere hat es bei den bisherigen Bestimmungen sein
Bewenden, für letztere kann ein ausgearbeiteter Entwurf den eidgenössischen Räten vorgelegt werden, die ihn mit ihren eventuellen
Anträgen dem Volke und den Kantonen zur Abstimmung zu unterbreiten haben. Über Näheres vgl. M. Veith Der rechtliche Einfluß der
Kantone auf die Bundesgewalt nach schweizerischem Bundesrecht. Straß-
burger Dissert. 1902 S. 103 ff.

[4]) Im einzelnen herrscht hier große Mannigfaltigkeit: Einzelinitiative
oder Kollektivinitiative, **Anregung** zur Ausarbeitung eines Gesetz-
entwurfes durch die Legislatur oder Einreichung eines ausgearbeiteten
Entwurfes, mit oder ohne Begutachtungs- oder Anerkennungsrecht des
gesetzgebenden Rates usw. Die detaillierte Untersuchung dieser rechtlich
und politisch interessanten Verhältnisse gehört nicht mehr in den

fassungsreferendum, fakultatives, obligatorisches Referendum sowie
Volksinitiative, nähert sich die Stellung des Volkes zur Gesetzgebung der des Monarchen in der konstitutionellen Monarchie.
Da, wo sowohl Initiative als auch obligatorisches Referendum
existieren, deckt sie sich sogar mit ihr im Hinblick auf die
legislatorische Zuständigkeit vollständig. Jedoch unterscheidet
sich auch dieser Typus von der Monarchie, ganz abgesehen von
dem kollegialen Charakter des primären Organes, grundsätzlich
dadurch, daß er niemals zwei gänzlich voneinander getrennte be-
ratende und beschließende Organe kennt. Vielmehr gibt hier
das primäre Organ den Anstoß zur Tätigkeit des von ihm eingesetzten sekundären Organes und entscheidet definitiv über die
Rechtsbeständigkeit der Beschlüsse des letzteren. Trotz der
Verwicklung der Verhältnisse in solchen Republiken ist es doch
immer ein und dasselbe Volk, das, in verschiedenen Organen
verschiedener Art dargestellt, alle seine Beschlüsse faßt und
ausführt.

Eine andere, untergeordnete Einteilung der heutigen demokratischen Republik kreuzt sich mit der vorhergehenden und
ist zum Teil schon erörtert worden. Es ist der Unterschied
zwischen Republiken mit einem einzigen, wenn auch in mehrere
Kammern gegliederten Organe für die Gesetzgebung, und mit
dualistisch gestalteter Form der Legislatur, so daß mehrere Organe
unabhängig voneinander gesetzgeberische Funktionen versehen.
Eben erörtert wurde der Fall, wo das Volk selbst als primäres
Organ die Beschlüsse der Kammern sanktioniert. Aber auch
sekundäre Organe können diese Befugnisse haben. Das ist der
Fall in den Vereinigten Staaten, wo das von zwei Dritteln der
beiden Häuser des Kongresses beschlossene Amendement zur Verfassung von den Legislaturen von drei Vierteln der Staaten zu
ratifizieren ist. Hier wie in der Schweiz treten überdies die Gliedstaaten als legislatorische Organe auf, eine Erscheinung, die in
der Lehre vom Bundesstaate näher zu untersuchen ist.

b) Die zweite Haupteinteilung der heutigen demokratischen
Republik erfolgt nach der Art der Bestellung und der Organisation

---

Rahmen einer allgemeinen Staatsrechtslehre. Näheres bei H. Stüßi
Referendum und Initiative in den Schweizerkantonen 1893 S. 71 ff.;
Th. Curti Die Resultate des schweizerischen Referendums 2. Aufl. 1911
S. 2 ff. und Der Weltgang des Referendums, Arch. d. ö. R. Bd. 28 (1912)
S. 1 ff. Vgl. auch E. Schwarz in Grünhuts Z. XXXIII 1906 S. 403 ff.

der Regierung, und zwar zunächst nach der Art der Bestellung,
je nachdem das Volk unmittelbar oder durch Vermittlung der
Volksvertretung die obersten Regierungsorgane wählt[1]). Typus
eines Staates mit Volkswahl des Staatshauptes sind die Vereinigten
Staaten und die Kantorle der Schweiz. Der zweite Typus ist
zuerst in Frankreich in der Direktorialverfassung verwirklicht
worden und heute dort sowie in der Eidgenossenschaft ausgeprägt[2]).
Von Bedeutung ist dieser Unterschied mehr nach der politischen
als der rechtlichen Seite, indem der vom Volk selbst erwählte
Präsident eine viel größere Autorität gegenüber den Kammern
besitzt[3]) als der von ihnen bestellte und daher von ihnen, ob-

---

[1]) Eine Abart des ersten Typus ist die plebiszitäre Genehmigung
eines bereits fungierenden Staatshauptes, wie sie bezüglich der Bonapartes mehrmals stattgefunden hat, eine Abart des zweiten die in der
jakobinischen Verfassung projektierte Wahl eines conseil exécutif auf
Grund der Vorschläge der Wähler.

[2]) Ganz abweichend von beiden Typen ist die Wahl der Mitglieder
des Senates in den Hansestädten, welche durch ein verwickeltes, in jeder
der Städte anders gestaltetes Verfahren, an dem Senat und Bürgerschaft
teilnehmen, bestellt werden. Die Senate sind primäre Staatsorgane
(a. A. S e e l i g Hamburg. Staatsrecht 1902 S. 50, unter Berufung auf meine
Lehren, jedoch ohne durchschlagenden Nachweis); daß sie das Volk
repräsentieren, ist nirgends ausgesprochen und widerspräche überdies
der ganzen geschichtlichen Entwicklung. Bremen (Verf. § 3) beruft Senat
und Bürgerschaft zur Ausübung der Staatsgewalt, Hamburg (Art. 6) und
Lübeck (Art. 4) läßt sie beiden Organen gemeinschaftlich zustehen.
Gemeint ist in allen drei Hansestädten dasselbe. Von dem Typus der
demokratischen Republik überhaupt entfernen sich die Hansestädte dadurch, daß die Stellung des regierenden Organes nur mit dessen Zustimmung geändert werden kann, da jedes Gesetz vom Senate mit beschlossen werden muß. Die anderen demokratischen Staatshäupter hingegen unterliegen der Verfassungsgesetzgebung, an der sie keinen Anteil
haben. Auch L ü d e r s, Hirths Annalen S. 12, bezeichnet die Senate als
sekundäre Organe, da nach seiner Auffassung die Wählerschaft das
höchste Staatsorgan ist; denn die Wählerschaft habe es in der Hand,
durch Nichtausübung des Wahlrechts Senat und Bürgerschaft allmählich
zu beseitigen; von ihr also hänge in letzter Linie die Tätigkeit des ganzen
Staates ab (S. 7 f.). Die abstrakte Möglichkeit eines derartigen revolutionären Verhaltens der Wählerschaft ist freilich nicht zu bestreiten.
Dafür steht aber dem Senat und der Bürgerschaft die Gewalt zu, durch
Verfassungsänderung den Senat von der Wählerschaft unabhängig zu
machen, und diese verfassungsmäßige Beschränkbarkeit der Wählerschaft zeigt, daß sie das höchste Staatsorgan nicht sein kann.

[3]) Das hatte Frankreich 1851 erfahren, indem Louis Napoleon, der
durch das allgemeine Wahlrecht unmittelbar bestellt war, sich als den

wohl sie im Wahlakt rechtlich nur als Kreationsorgan des Volkes fungieren, auch abhängige. Namentlich die Aussicht auf eine Wiederwahl ist geeignet, die Präsidenten oder regierenden Kollegien den Kammern unterzuordnen. Nach der Art der Organisation der Regierung aber gliedern sich die Staaten, je nachdem einem Kollegium oder einem Individuum die Funktionen jener obliegen. Der erste Typus dieser Unterart, früher in Frankreich zur Zeit des Direktoriums und des Konsulates die legale Form der Regierung, ist heute in der Schweiz und ihren Kantonen sowie in den deutschen freien Städten verwirklicht. Der zweite ist zuerst in den amerikanischen Einzelstaaten aufgetaucht und sodann in der Union angenommen worden, von wo er seinen Weg in die übrigen amerikanischen Republiken und auch in das Frankreich der zweiten und dritten Republik gefunden hat. Der amerikanische Präsident ist bewußt nach dem Vorbild des englischen Königs geschaffen worden. Die schon unter der englischen Herrschaft bestehende Konzentrierung der Exekutive in dem Gouverneur einer jeden Kolonie und die Lehre Montesquieus von der Ersprießlichkeit der Vereinigung der vollziehenden Gewalt in der Hand eines einzigen haben dahin geführt, daß eine monarchenähnliche Stellung des Leiters der Regierung in der Republik zutagetritt und sich in Amerika ein analoges Schauspiel zeigt wie in Rom, wo die Republik den Umfang der königlichen Herrschaftsbefugnisse auch für die neuen Magistrate fortbestehen ließ[1]). Da zur Zeit der Schöpfung der Union das parlamentarische Regierungssystem in England noch nicht in voller Klarheit vorhanden oder wenigstens noch nicht erkannt war, so ist es die Form des konstitutionellen, den Kammern gegenüber selbständigen Königtums, das die Gestaltung der amerikanischen Präsidentschaft derart bestimmt hat, daß eine parlamentarische Regierung durch das strikte Verbot des Zutritts der Staatssekretäre in den Kongreß und den Mangel einer gesetz-

---

„élu de la nation" gegenüber der Kammer betrachtete, deren Mitglieder nur je einen Bruchteil der Stimmen des Souveräns auf sich vereinigten. Dieses Argument hat in den Rechtfertigungsversuchen des Staatsstreiches keine geringe Rolle gespielt.

[1]) Sehr interessant in dieser Hinsicht sind die Ausführungen von Hamilton im „Federalist" Nr. LXIX—LXXVII, namentlich LXIX, worin der Präsident dem König von England gegenübergestellt und der Nachweis geführt wird, daß das englische Königsrecht in den Befugnissen des Präsidenten überall eine Einschränkung erfahren habe.

geberischen Initiative der Regierung[1]) völlig ausgeschlossen ist.
Frankreich hingegen hat nach den Erfahrungen, die es mit der
nach amerikanischem Muster gebildeten Präsidentschaft der zweiten
Republik und der auf demselben Vorbilde beruhenden Stellung
der Minister während des zweiten Kaiserreiches gemacht hatte,
in seiner heutigen Verfassung die Präsidentschaft dem Königtum
des parlamentarisch regierten Englands der Gegenwart nachgebildet. Wie innig die moderne Welt mit dem Gedanken der
Monarchie verknüpft ist, geht nicht zum geringsten daraus
hervor, daß die bedeutsamste, am meisten verbreitete Form der
heutigen Demokratie, die Präsidentschaftsrepublik, ihrer politischen Seite nach auf einer Abschwächung des monarchischen
Gedankens ruht.

Eine dritte Form der Präsidentschaftsrepublik war in Frankreich 1870—1875 verwirklicht, indem der Chef der exekutiven
Gewalt der Autorität der Nationalversammlung untergeordnet
war. Und zwar hat er ursprünglich nur die Stellung eines
Ministerpräsidenten, der das Recht hat, seine Kollegen zu wählen;
erst durch das Gesetz vom 31. August 1871 wird ihm der Titel
eines Präsidenten der Republik zuteil und er über das von ihm
ernannte Ministerium hinausgehoben, ohne deshalb der Unterordnung unter die gesetzgebende Gewalt entbunden zu werden[2]).

Von der Monarchie unterscheiden sich bei allen äußerlichen
Ähnlichkeiten diese sämtlichen Formen darin, daß der Präsident
niemals das höchste, auch nicht unter den sekundären Organen
ist. Da, wo das Prinzip der Gewaltenteilung durchgeführt ist,
kommt ihm grundsätzlich gleiche Stellung mit den anderen
Faktoren der Staatsgewalt zu. Abgesehen aber von dem politischen
Übergewicht der Legislative ist der Präsident oder Governor in
den amerikanischen Staaten vielfach an die Mitwirkung des
Senates gebunden und unterliegt der Staatsanklage durch das
Volkshaus und dem Gerichte der Senate. Da das amerikanische
Impeachment nicht nur wegen Rechtsverletzungen, sondern auch
wegen der Art des politischen Gebahrens des Präsidenten (oder
Governors) erhoben werden kann, so haben die amerikanischen

---

[1]) Der Präsident kann dem Kongreß durch Botschaft die Beschließung von Maßregeln empfehlen (Const. Art. II sect. 3 § 1), allein
der Kongreß kann nur auf Antrag eines seiner Mitglieder in Verhandlung
eines Gegenstandes eintreten.

[2]) Vgl. die Verfassungsgeschichte dieser Epoche bei L e f e b v r e p. 1 ff.

Legislaturen ein sehr kräftiges Mittel, um sich im Kampfe mit der Exekutive trotz aller Theorie als das mächtigere Organ zu erweisen. Zudem hat der Präsident nur ausnahmsweise[1]) das Recht, die Kammern in und außer Tätigkeit zu setzen, kann sie jedoch nicht auflösen; sodann hat er, wie erwähnt, keine Initiative bei der Gesetzgebung und de iure nur ein suspensives, wenn auch sehr wirksames Veto[2]); ihm fehlt ferner das Recht der Kriegserklärung; somit ist nicht er das den Staat in Bewegung setzende Organ. Vielmehr kann von Rechts wegen durch Verfassungsänderung seine Stellung beliebig geändert oder abgeschafft werden. In Frankreich sind die Kammern schon kraft ihrer unbegrenzten verfassungsändernden Gewalt zweifellos das höchste Organ des Staates. Dazu kommt noch der Grundsatz der parlamentarischen Regierung, der die Exekutive in stete Abhängigkeit von der Kammermajorität bringt. Der Präsident kann die Kammern zwar in und außer Tätigkeit setzen, doch haben sie ein gesetzlich geregeltes Selbstversammlungsrecht; er kann die Deputiertenkammer auflösen, doch nur mit Zustimmung des Senates. Er hat kein Recht des Veto, sondern kann nur eine nochmalige Abstimmung über ein Gesetz verlangen; ferner fehlt auch ihm das Recht der selbständigen Kriegserklärung. Endlich ist er, wenn auch nur wegen Hochverrats, verantwortlich. Die rechtliche und faktische Leitung des Staates liegt daher in Frankreich beim Parlamente und dem vom Parlamente abhängigen, jederzeit von ihm durch ein Mißtrauensvotum der Deputiertenkammer entlaßbaren Ministerium[3]).

---

[1]) Const. Art. II sect. 3 § 1.

[2]) Selbstverständlich aber nicht bei Verfassungsänderungen.

[3]) Auch politisch bedenklich ist es, wenn R e h m , Staatslehre S. 355, die parlamentarisch regierte Demokratie als eine tatsächliche Wahlmonarchie mit dem Ministerpräsidenten als auf Zeit gewähltem Monarchen bezeichnet. In der Kleinen Staatslehre S. 89 gebraucht denn R e h m zutreffender den Vergleich mit der Tyrannis, d. h. einer usurpierten, politisch-tatsächlichen Herrscherstellung. Welche politischen Ansichten man auch über die Stellung eines Monarchen haben mag, so läßt sich doch keine durchführen, die in einem Manne, der jederzeit von der Legislative davongejagt werden kann, und daher sorgfältig auf die Stimmung der Gesetzgeber Rücksicht nehmen muß, einen Alleinherrscher erblickt. Das vergißt C o m b o t h e c r a , La conception juridique des régimes étatiques 1912 p. 20, 31; sonst hätte er nicht die beschränkte Monarchie für eine Republik erklärt; als Monarchie will er nur die absolute Monarchie gelten lassen. Auch D u g u i t , Traité I 1911 p. 393,

Wenn daher auch den Präsidenten Stücke königlicher Macht zuerteilt sind, so sind sie doch rechtlich weit davon entfernt, Könige zu sein. Man hat oft behauptet, der Präsident der Vereinigten Staaten sei mächtiger als der englische König. So schwach aber dieser auch in der politischen Wirklichkeit sein mag, ihm steht doch rechtlich die höchste Entscheidung zu über jede Änderung der Rechtsordnung seines Staates, die dem Präsidenten nicht gegeben ist. Denn dessen politische Stärke hindert nicht seine rechtliche Schwäche. Er hat einen Richter auf Erden, vor dem er sich beugen muß: den Demos, von dessen Vertretung er zur Verantwortung gezogen werden kann.

---

wäre wohl bei richtiger Würdigung dieses Gesichtspunktes mit dem Vergleiche zwischen dem englischen König und dem Präsidenten der französischen Republik etwas vorsichtiger gewesen.

Einundzwanzigstes Kapitel.

Die Staatenverbindungen.

I. Einleitende Erörterungen.

1. Sowohl die antike Lehre vom Staate, die ihm Autarkie zuschrieb, als auch die moderne von der Souveränetät widerspricht, folgerichtig zu Ende gedacht, der dauernden Verbindung mehrerer Staaten, da eine solche, wie immer sie auch rechtlich konstruiert werden mag, stets Unselbständigkeit oder Abhängigkeit irgendwelcher Art in sich schließt. Trotz der zahlreichen Bundesverhältnisse unter den hellenischen Staaten hat denn auch die antike Staatswissenschaft das Problem der Staatenverbindungen kaum gestreift, geschweige denn feste Rechtsbegriffe von ihnen gewonnen. Die Staatslehre der modernen Zeit hat lange gebraucht, ehe sie die Staatenverbindungen eingehend und allseitig gewürdigt hat. Auch heute noch stehen der klaren Erfassung dieser Verbindungen in vielen Punkten die herrschenden allgemeinen Lehren vom Staate entgegen, aus denen sich deduktiv die Unmöglichkeit dieser oder jener Verbindungsform ergibt. Vielleicht in keinem Teile des öffentlichen Rechtes zeigen sich die Folgen der Beurteilung des Gegebenen nach abstrakten Idealtypen schärfer als in diesem. Daher ist gerade bei dieser Lehre energisch auf induktive Erforschung des gegebenen historisch-politischen Stoffes zu dringen, der die aus dem Leben gewonnenen empirischen Typen an Stelle jener Allgemeinbegriffe setzt.

Soweit unsere Kenntnis der Geschichte der Kulturstaaten zurückreicht, sehen wir stets eine Vielheit von Staaten in gegenseitigen Beziehungen stehen. Zunächst allerdings ist der Charakter dieser Beziehungen ein feindlicher, wie denn überhaupt der Krieg die erste Form des internationalen Verkehrs ist. Nicht immer ist nämlich Vernichtung oder Unterjochung des Gegners Resultat des Kampfes, daher Friedensschlüsse selbst in Zeiten, denen jeg-

liche Vorstellung eines Völkerrechtes mangelte, zu verzeichnen
sind. Im Zusammenhange mit dem Kriege tritt schon frühe
die Bundesgenossenschaft als erste Form freundlichen Staaten-
verkehrs hervor. Kriegerische Bündnisse aller Art bezeichnen
den ersten Schritt zu einem Zusammenschluß verschiedener
Staaten zu Staatenverbindungen. Neben dem Krieg aber, wenn
auch zunächst von ihm auf das bedeutsamste beeinflußt, geht
ein durch die Macht der sozialen Verhältnisse hervorgerufener
wirtschaftlicher Verkehr einher, der die gegenseitige Abhängigkeit der Staaten festigt und steigert. Gemeinsame Kultur und
Interessen engerer Staatensysteme lassen in diesen engere Verbindungen schon in Epochen entstehen, die reicherer Entfaltung
internationaler Rechtsbildung sonst nicht günstig waren. Erst die
neueste Zeit aber schafft die Erkenntnis der vorhandenen und stets
fortschreitenden Solidarität geistiger und wirtschaftlicher Kulturinteressen der in Verkehrsgemeinschaft stehenden Staaten, die
höchst bedeutsame Wirkungen auf deren innere Ordnung hervor-
bringt.

2. Im weiteren Sinne des Wortes ist unter Staatenverbindung
jede auf einem Rechtsgrunde beruhende dauernde Beziehung
zweier oder mehrerer Staaten zu verstehen. In diesem Sinne bilden alle durch die Gemeinsamkeit des Völkerrechts verbundenen
Staaten eine große Verkehrsgemeinschaft, innerhalb deren sich
wiederum die durch gemeinsame geographische Lage verbundenen
und durch sie von anderen getrennten Staaten vermöge der
innigeren Beziehungen, die sich zwischen ihnen entwickeln, als
S t a a t e n s y s t e m e gegenüberstehen. So wird das europäische
von dem amerikanischen oder ostasiatischen Staatensystem unterschieden. Diese Verbindungen sind aber sozialer, nicht rechtlicher Art, es passen auf sie vollauf die Merkmale, welche innerhalb der Staaten die sozialen Gruppen voneinander scheiden.
Rechtliche Verbindungsformen hingegen, die dem weiteren Staaten-
verbindungs-Begriffe unterstehen, werden durch zahlreiche,
dauernde Beziehungen der Staaten schaffende Verträge hervorgerufen. Sie sind stets völkerrechtlicher Art.

Von alters her ist es vorgekommen, daß Staaten sich gegenseitig dauernd Vorteile versprechen. Schon die frühesten Zeiten
seßhafter Staaten weisen derartige Ergänzungen der inneren
Staatstätigkeit durch Leistungen anderer Staaten auf. Die längste
Zeit hindurch tragen sie aber einen zufälligen Charakter an sich,

und die gegenseitigen Konzessionen sind entweder das Resultat von Kriegen, kriegerischen Drohungen oder kriegerischer Bundesgenossenschaft. Bis gegen Ende des 18. Jahrhunderts sind die Staatenverträge, die sich auf Gegenstände der Verwaltung und Rechtspflege beziehen, fast ausschließlich Bestandteile von Friedensverträgen oder doch im Gefolge von solchen entstanden. Von da angefangen aber beginnt ein großartiger Prozeß fortschreitender gegenseitiger Indienststellung der eigenen staatlichen Tätigkeit auf Grund der wachsenden Entwicklung und Erkenntnis der zwischenstaatlichen Solidarinteressen. Er ruft zwei Formen rechtlicher Gebilde hervor. Die erste umfaßt die zahlreichen E i n z e l - v e r t r ä g e, durch welche Staaten gegenseitig Leistung um Leistung tauschen. Die andere begreift die V e r e i n b a r u n g e n unter sich [1]), die eine dauernde Gemeinsamkeit bestimmter staatlicher Interessen zur rechtlichen Voraussetzung haben und zu ihrer gedeihlichen Befriedigung Verwaltungsbündnisse oder V e r w a l t u n g s - v e r e i n e (Unionen) schaffen, die sogar schon zu Ansätzen einer internationalen Organisation geführt haben [2]). Schon ein Teil der Einzelverträge über Verwaltung und Rechtspflege, namentlich aber die Verwaltungsvereine rufen dauernde zwischenstaatliche Verhältnisse hervor, bei denen nur die Art und die näheren Umstände der so entstandenen Beziehungen, nicht mehr aber ihr Dasein künftig in Frage stehen. Solche Verträge und Vereinbarungen können gekündigt und revidiert werden, immer tritt dann aber ein neues Übereinkommen an ihre Stelle. Auslieferungs- und Konsularverträge, Weltpostverein, internationaler Telegraphen-, Meter-, Eisenbahnfrachtverein usw. sind bleibende Institutionen der also verbundenen Staaten, die zwar durch Besseres ersetzt, niemals aber ihrem Inhalte nach gänzlich vernichtet werden können. Zu ihnen haben sich in jüngster Zeit die Haager Abkommen zur friedlichen Erledigung internationaler Streitfälle gesellt, indem die Errichtung des ständigen Schiedshofes den ersten Schritt zur Organisation einer internationalen Rechtspflege be-

---

[1]) Vgl. System der subj. öff. Rechte S. 204 ff.; T r i e p e l Völkerrecht und Landesrecht S. 68; F l e i n e r Institutionen des deutschen Verwaltungsrechts 2. Aufl. 1912 S. 79 f.

[2]) Vgl. G. J e l l i n e k Lehre von den Staatenverbindungen S. 158 ff.; D e s c a m p s Les offices internationaux et leur avenir, Bruxelles 1894; v. L i s z t Völkerrecht § 17; O. M a y e r II S. 459 ff.; R e h m Staatslehre S. 97 f.

deutet[1]). Die Lösung solcher Übereinkommen, ohne daß Ersatz
durch ähnliche geschaffen werden würde, bedeutete nach unseren
heutigen gesellschaftlichen Verhältnissen einen entschiedenen
Rückschritt der gesamten Kultur, ja, zum nicht geringen Teil
würden dadurch Zustände hervorgerufen, die unserem Gefühle
geradezu als barbarisch erschienen. Der also handelnde Staat
ginge wirtschaftlicher und geistiger Isolierung entgegen, was innerhalb der politischen Wirklichkeit schwerlich Raum finden dürfte.
Jene auf Verträgen und Vereinbarungen beruhenden Institutionen
kann man daher füglich ebenso als dauernde staatliche Einrichtungen bezeichnen, wie irgendwelche im Laufe der neueren
Entwicklung des Verwaltungsrechtes und der Rechtspflege entstandenen rein innerstaatlichen Schöpfungen, die trotz aller Um-
bildungen, die sie erfahren, einen in allen Wandlungen festen
Typus bewahren.

Solche Gebundenheit der Staaten widerspricht aber bereits
dem Souveränetätsbegriff, wie er von der Staatslehre des 16. bis
18. Jahrhunderts formuliert wurde. Man hat zwar zu jener Zeit
inkonsequenterweise die Bindung der Staaten durch Verträge
zugegeben, unter diesen aber, dem Charakter der Verträge jener
Zeit entsprechend, nur solche verstanden, die durch Herstellung
eines dauernden Zustandes (z. B. Friedens-, Zessionsverträge) erfüllt werden oder kurzfristige Leistungen der Staaten mit ihren
Machtmitteln zum Inhalt haben. Eine dauernde gegenseitige
Beschränkung der Gesetzgebung und Verwaltung der Staaten,
wie sie die modernen Verträge häufig zum Inhalt haben, wäre als
unzulässige Schmälerung der Souveränetät aufgefaßt worden.
Kein Staatenbund früherer Zeit hat seine Glieder nach innen
so eingeschränkt, wie es die Verwaltungsverträge eines modernen
Staates tun. Daher ist die moderne staats- und völkerrechtliche
Theorie zu dem Satze gedrängt worden, daß vertragsmäßige Einschränkungen eines Staates keine Minderung seiner Souveränetät
bedeuten, was allerdings nicht unwidersprochen geblieben ist.
Schon an diesem Punkte aber kann man sehen, wie selbst die
losen und doch dauernden Verbindungen zwischen den Staaten,
die durch Verwaltungsverträge gegründet werden, auf die Lehre
vom Staate selbst ihre Wirkung äußern. Jene Fassung des Sou-

---

[1]) Vgl. hierzu W. Schücking Der Staatenverband der Haager
Konferenzen 1912 S. 41.

veränetätsbegriffes, die ihn mit dem Merkmal absoluter Schrankenlosigkeit der Staatsgewalt identifiziert, ist mit der geschichtlichen
Wirklichkeit der durch ein System der Verwaltungsverträge gebundenen Staaten unvereinbar.

3. Im engeren Sinne aber sind Staatenverbindungen dauernde
rechtliche Vereinigungen von Staaten politischer Natur. Von
den durch Verwaltungsverträge und Vereinbarungen geschaffenen
Verbindungen unterscheiden sich solche politische, d. h. auf den
staatlichen Machtzweck basierte durchaus. Denn jene ergreifen
die Kontrahenten stets nur auf einem eng begrenzten Gebiete ihrer
Wirksamkeit. Politische Verbindungen hingegen erfassen mindestens einen oder einen Teil der verbundenen Staaten in ihrer
ganzen Existenz, oder sie teilen einem Gliede des Verbandes Recht
und Macht zu, das Leben des anderen zu leiten oder gar sich
dienstbar zu machen.

Auszuscheiden aus diesen politischen Verbindungen sind aber
die Allianzen, obwohl sie die politische Funktion einer Staatenverbindung gegebenenfalls in hohem Maße erfüllen können,
weil sie nicht dauernde Verbindungen sind. Sie fallen daher
noch unter die Staatenverbindungen im weiteren Sinne. Allianzen
sind Bündnisse zu gemeinsamem Angriff, gemeinsamer Verteidigung
oder als Schutz- und Trutzbündnisse zu beiden Zwecken. Obwohl
in der Regel kriegerischer Art, können sie doch auch ausnahmsweise friedlichen Charakter tragen, wenn sie, wie der bewaffnete
Neutralitätsbund, zum Schutze gegen Übergriffe von seiten solcher
Staaten stattfinden, mit denen die Verbündeten, ungeachtet des
Krieges zwischen Dritten, in Frieden leben. Entscheidend für
den Charakter einer Allianz ist nicht der Zweck, sondern die in
Aussicht genommenen Mittel. Der Dreibund verfolgt friedliche
Zwecke, ist jedoch eine kriegerische (defensive) Allianz. Wie
immer die Allianz auch beschaffen sein mag, sie ist stets
für konkrete Fälle und auf Zeit geschlossen, bindet aber notwendigerweise die ganze Politik der kontrahierenden Staaten
schon vor Eintritt des casus foederis. Erfolgt dieser, so steht bei
der Unberechenbarkeit der sich daran knüpfenden Ereignisse die
ganze Gestaltung der Zukunft eines jeden der verbündeten Staaten,
unter Umständen sogar seine Existenz auf dem Spiele. Alle
Allianzen sind aber stets leicht lösbar; bei ihrem Abschluß
hauptsächlich kommt die Klausel „rebus sic stantibus" stillschweigend in Anwendung, weil im Kampfe mit den höchsten

Interessen souveräner Staaten die Pflicht der Vertragstreue zurück-
steht[1]). Daher wird auch von keiner Seite die völlige Unabhängigkeit alliierter Staaten bestritten, sofern die Allianz nicht etwa der
Deckmantel eines anderen dauernden Abhängigkeitsverhältnisses
ist. Alliierte Staaten sind und bleiben souverän.

4. Im folgenden sollen nun die Staatenverbindungen im
engeren Sinne untersucht werden, soweit dies im Rahmen einer
allgemeinen Staatslehre zulässig ist. Hierbei wird von eingehender Untersuchung über Klassifikation der Staatenverbindungen abgesehen, da die früher erörterten Einwände gegen die Ersprießlichkeit solchen Unternehmens hier verdoppelt wiederkehren. Staatenverbindungen bieten in der Regel auch viel verwickeltere Typen
dar als Einheitsstaaten. Daher hätte eine gründliche systematische
Klassifikation noch viel mehr Unterabteilungen zu schaffen als
bei der Einteilung der Einheitsstaaten, ohne doch irgendeine
individuelle Bildung nach allen Richtungen hin in die aufgestellten
Schablonen pressen zu können. So sollen denn nur die wichtigsten, auch praktisch bedeutsamsten Unterschiede den nachstehenden Erörterungen zugrunde gelegt werden.

Von Bedeutung ist einmal der Gegensatz von o r g a n i s i e r t e n

---

[1]) Vgl. die klassischen Worte B i s m a r c k s, Gedanken und Erinnerungen II S. 258 f.; v. L i s z t, a. a. O. S. 170, bezeichnet den Satz,
daß alle völkerrechtlichen Verträge mit der Klausel „rebus sic stantibus" abgeschlossen werden, als zweifellos unrichtig, weil dadurch die
Grundlagen der Völkerrechts verneint würden, vgl. auch R i v i e r Principes
II p. 127 ff. Zu unterscheiden sind jedenfalls unwesentliche und wesentliche Voraussetzungen des Vertrages. Nur eine Änderung der letzteren
hat vertragsauflösende Wirkung. Rechtlich aber liegt dem auf diese
Klausel sich berufenden Staat der Beweis der geänderten Umstände und
deren Erheblichkeit ob, stellt daher die Dauer des Vertrages keineswegs
in das willkürliche Ermessen des Einzelstaates. Grundsätzlich übereinstimmend E. K a u f m a n n, Das Wesen des Völkerrechts und die clausula
rebus sic stantibus 1911 S. 221; A a l l und G j e l s v i k, Die norwegisch-
schwedische Union 1912 S. 297. Der heutigen völkerrechtlichen Literatur
ist es übrigens unbekannt, daß die Lehre von der erwähnten Klausel von
Naturrechtslehrern unter Einfluß von L. 38 pr. D. de solut. et lib. 46, 3
zuerst für die privatrechtlichen Verträge aufgestellt und sodann auf alle
Arten von Verträgen ausgedehnt wurde. Vgl. S c h i l l i n g Lehrbuch des
Naturrechts I 1859 S. 225 und die S. 226 N. c zitierten Schriftsteller,
ferner L. P f a f f Die Klausel: Rebus sic stantibus in der Doktrin und
der österr. Gesetzgebung, in der Festschrift zum 70. Geburtstag Joseph
Ungers 1898 S. 221 ff.; B r u n o S c h m i d t Die völkerrechtliche clausula
rebus sic stantibus 1907 S. 5 ff.

und nichtorganisierten Verbindungen, je nachdem die Verbindung der Staaten in besonderen staats- oder völkerrechtlichen Organen zum Ausdruck kommt oder nicht. Ferner der Gegensatz von völkerrechtlichen, auf Vertrag oder Vereinbarung, und staatsrechtlichen, auf Herrschaftsverhältnissen beruhenden Verbindungen. Die ersteren ruhen entweder auf grundsätzlicher Gleichheit der verbundenen Staaten, die durch die Verbindung keiner höheren Gewalt unterworfen werden, oder weisen vertragsmäßige Beschränkung des einen Staates zugunsten des anderen derart auf, daß er, wenn auch nicht rechtlich, so doch politisch abhängig wird, die letzteren unterwerfen hingegen der Souveränetät ermangelnde Staaten der Hoheit eines über ihnen stehenden staatlichen Gebildes. Zum Verständnis der Staatenverbindungen im engeren Sinne ist aber auch die Betrachtung politisch bedeutsamer Scheinverbindungen notwendig. Deshalb und auch, weil andere sachliche Erwägungen die strikte Durchführung der erwähnten obersten Einteilung untunlich erscheinen lassen, werden die einzelnen Arten der Verbindungen in anderer Reihenfolge dargestellt werden.

II. Die Arten der Staatenverbindungen (im engeren Sinne).

A. Scheinbare Staatenverbindungen. Um bedeutsame Grenzfälle festzustellen, sind an dieser Stelle zu erwähnen, jedoch von den Staatenverbindungen im juristischen Sinne auszuschließen alle jene Fälle, in denen ein staatsähnliches Land in dauerndem Verhältnisse zu einem Staate steht, oder wo ein Staat aus staatsähnlichen Ländern zusammengesetzt ist, so nahe auch solche Bildungen ihrer historisch-politischen Seite nach an die echten Staatenverbindungen grenzen mögen[1]). Ein prägnantes Beispiel hierfür bot in der heutigen Welt zuerst Kanada, das, wenn seine lose Unterordnung unter die britische Herrschaft hinwegfiele, nur verfassungsmäßige Bestimmungen über die Bestellung des bisher von der englischen Krone ernannten Generalgouverneurs und der von diesem eingesetzten Provinzialgouverneure zu treffen brauchte, um sich sofort in einen Bundesstaat zu verwandeln. Sodann trägt nunmehr denselben Typus die Fö-

---

[1]) Über die eigentümliche Art des Verhältnisses der „self-governing colonies" zum Mutterlande vgl. die Ausführungen von Hatschek Engl. Staatsrecht S. 203 ff. und Allg. StR. III S. 28 ff.

deration der australischen Kolonien Großbritanniens an sich, das
Commonwealth of Australia, dessen Verfassung noch mehr von den
bundesstaatlichen Ideen amerikanischen Gepräges beeinflußt ist
als die kanadische und dessen Unterordnung unter das herrschende
Mutterland noch lockerer ist als die Kanadas[1]). Unter historisch-
politischem Gesichtspunkte sind diese Bildungen als w e r d e n d e
B u n d e s s t a a t e n zu bezeichnen. Andere Fälle ähnlicher Art
sind oben eingehend erörtert worden. Sie beweisen, daß das
geschichtliche Leben Übergänge gebiert, die mit den notwendig
in gewissem Grade starren Rechtsbegriffen nicht völlig in ihrer
Eigenart erfaßt werden können.

Zu den scheinbaren Staatenverbindungen zählt ferner die
P e r s o n a l u n i o n, die aber des besseren Verständnisses wegen
mit der Realunion zusammen abgehandelt werden soll. So wenig
es vom Standpunkt strengster Systematik gerechtfertigt sein mag,
die Personalunion als Scheinverbindung überhaupt den Staatenverbindungen zuzuzählen, so sehr muß eine Lehre von diesen
Verbindungen sie wegen ihrer Unterschiede von der Realunion berücksichtigen.

B.   S t a a t e n v e r b i n d u n g e n   i m   R e c h t s s i n n e.
1. V ö l k e r r e c h t l i c h   b e g r ü n d e t e   A b h ä n g i g k e i t s v e r -
h ä l t n i s s e[2]). Mannigfaltig sind die dauernden, auf völkerrechtlichen Akten beruhenden Abhängigkeitsverhältnisse, in die ein
bisher selbständiger Staat geraten kann. Streng ist aber in diesen
Fällen die politische von der juristischen Anschauungsweise zu
trennen. Rechtliche Selbständigkeit ist nämlich selbst bei weitgehender politischer Abhängigkeit möglich. Diese Unterscheidung
ist praktisch von großem Werte, da bei rechtlicher Selbständigkeit, wenn die faktische Abhängigkeit noch so weit reicht, das
in Frage stehende Gebilde als souveräner Staat oder nichtsouveräner Staat zu charakterisieren ist und demgemäß alle ihm

---

[1]) Vgl. die Parallele zwischen Kanada und Australien bei D o e r k e s-
B o p p a r d Verfassungsgeschichte der austr. Kolonien und des Commonwealth of Australia 1903 S. 287 ff.; H. S p e y e r La constitution juridique
de l'Empire colonial britannique 1906 p. 120 ff., 129 ff.; J. K o h l e r i. d.
Ztschr. f. Völkerrecht u. Bundesstaatsrecht I 1906 S. 8 f.; M. H u b e r i. d.
Ztschr. f. Völkerrecht usw. III 1909 S. 325. Wiederum Australien nachgebildet ist die südafrikanische Union nach dem Gesetze von 1909.

[2]) Vgl. aus der neuesten Literatur B o r n h a k Einseitige Abhängigkeitsverhältnisse unter den modernen Staaten; R e h m Staatslehre S. 71 ff.;
S e i d l e r Jur. Kriterium S. 99 ff.

völkerrechtlich zukommenden Rechte beanspruchen kann. Diese Rechtsstellung als Staat muß sich jederzeit feststellen lassen, während politische Unabhängigkeit etwas niemals mit voller Sicherheit zu Konstatierendes ist. Es gibt große Staaten, denen sie lange Zeit hindurch infolge ihrer Politik gemangelt hat, wie denn anderseits selbst rechtliche Unterordnung eines Staates seine politische Selbständigkeit keineswegs immer ausgeschlossen hat. Kleine Staaten, deren rechtliche Unabhängigkeit außer Zweifel steht, können unter Umständen jeglicher politischer Selbständigkeit nach außen entbehren.

Die zahlreichen hier in Frage kommenden Abhängigkeitsverhältnisse, die zum Teil jeder Einordnung in höhere Kategorien spotten, bedürfen stets individualisierender Untersuchung. Für die juristische Erkenntnis dienen die Merkmale des Staates und der Souveränetät als Pfadfinder. Nur wird der politischen Betrachtungsweise insofern auf die Resultate ein Einfluß eingeräumt werden, als in jenen Fällen, wo eine abstrakte juristische Möglichkeit niemals politische Wirklichkeit zu gewinnen vermag, die endgültige Entscheidung im Hinblick auf die realen Verhältnisse wird getroffen werden müssen.

Der Hauptfall der hierher gehörigen Verhältnisse sind die zahlreichen Protektorate[1]), die, obwohl schon seit Beginn der Konsolidierung des modernen Staatensystems vorkommend, erst in der Gegenwart erhöhte politische Bedeutung gewonnen haben, weil sie im Zusammenhange der modernen Kolonialpolitik die Form abgeben, in welcher Staaten europäischer Gesittung minder zivilisierte ihren Interessen dauernd dienstbar machen. Rechtlich ist ein Protektorat ein vertragsmäßiges Verhältnis zwischen zwei Staaten, dem gemäß der eine den anderen gegen äußere Angriffe zu schützen sich verpflichtet, wogegen dieser dem Protektor nicht entgegen zu handeln verpflichtet ist, sich daher von diesem die Art seines Verhaltens zu dritten Mächten vorschreiben lassen muß. Außerdem pflegt der Schutzstaat dem Beschützer als Entgelt für seine Schutztätigkeit noch andere Vorteile zu versprechen.

Die ihrem politischen Kern nach eine Form der Kolonisation bildenden Protektorate zivilisierter Staaten über minder zivilisierte

---

[1]) Die neuere Literatur über diese Materie angegeben bei Ullmann Völkerrecht S. 56 N. 6 und v. Liszt S. 106 N. 1; ferner Rehm Staatslehre S. 71 ff.

rechtlich eingehend zu untersuchen, hat wenig Interesse, da bei dem Gegensatz der Kulturlage des beschützenden und des beschützten Gemeinwesens das gemeinsame Band einigender Rechtsanschauungen um so mehr fehlt, als diese protegierenden Staaten gar nicht innerhalb der abendländischen Völkerrechtsgemeinschaft stehen. Sind daher solche Verbindungen überwiegend von politischem Interesse, so kommen sie doch nach ihrer völkerrechtlichen Seite insofern in Betracht, als dritte Staaten die Pflicht haben, ein derartiges völkerrechtlich anerkanntes Verhältnis zu respektieren. Ausgeschlossen von den Protektoraten im völkerrechtlichen Sinne sind aber alle jene Verhältnisse von kolonisierenden Mächten zu ihren Schutzgebieten, die einem Haupt- oder Mutterstaate ein Nebenland schaffen, weil hier das notwendige zweite Glied einer Staatenverbindung mangelt.

Im Gegensatz zu den erwähnten Fällen muß sich bei den Protektoraten und ähnlichen Beziehungen minder mächtiger zu mächtigen Staaten, wo beide Teile der vollen Gemeinschaft des modernen Völkerrechts teilhaftig sind, das rechtliche Verhältnis der Glieder stets genau feststellen lassen. Die Frage, ob bei allem politischen Übergewicht des Beschützers Neben- oder Unterordnung des Schutzstaates stattfindet, ob er daher souverän oder nichtsouverän sei, muß sich in solchen Fällen stets mit voller Sicherheit beantworten lassen. Für die politische Betrachtung kann die Selbständigkeit solcher Staaten gänzlich mangeln oder zweifelhaft sein; die Schwierigkeit derartiger Feststellung ist hier viel bedeutender als die rechtlicher Erkenntnis. Ein nichtsouveräner Staat kann nämlich nur im Verbande eines souveränen bestehen. Daher muß sein Gebiet und Volk notwendig doppelte Eigenschaft erhalten, es muß stets auch Gebiet und Volk des Oberstaates sein[1]). Wenn daher ein Angriff

---

[1]) Juristische Abhängigkeitsverhältnisse rein völkerrechtlicher Natur ohne staatsrechtliche Wirkungen sucht Rehm, S. 72 f., nachzuweisen, indem er sich auf privatrechtliche Analogien — sogar das bürgerliche Gesetzbuch wird herangezogen — beruft. Da erhebt sich wiederum die kritische Frage, mit welchem Rechte man Sätze aus der ausgebildeten Privatrechtsordnung eines bestimmten Staates zur Konstruktion des noch vielfach der Bestimmtheit entbehrenden Völkerrechts verwenden darf. Aber selbst wenn man die Zulässigkeit solcher Analogie in dem vorliegenden Falle zugibt, so beweist sie nichts. Denn privatrechtliche Abhängigkeitsverhältnisse mindern niemals die Persönlichkeit, während ein völkerrechtliches Abhängigkeitsverhältnis gerade in einer Minderung

auf einen solchen Staat rechtlich zugleich ein Angriff auf das
Gebiet des ihn beherrschenden Staates ist, wenn dieser die staatsrechtliche Pflicht hat, die Angehörigen des Unterstaates als die
seinigen zu betrachten und ihnen demgemäß völkerrechtlichen
Schutz zu gewähren, wenn diese dauernde gesetzliche Pflichten
gegen den Oberstaat haben, dann ist ein solcher Staat von Rechtswegen als nichtsouverän zu bezeichnen. Steht diesem hingegen
trotz seiner Verbindung mit einem anderen ausschließlich die
rechtliche Herrschaft über sein Gebiet und sein Volk zu, so daß
dem anderen Staate nur vertragsmäßige Befugnisse, aber keine
von dem Willen des ersteren unabhängige Herrschaft eingeräumt
ist, dann ist, mag seine Lage politisch wie immer geartet sein,
der Staat souverän geblieben[1]).

Dieselben Kriterien bestimmen auch den rechtlichen Charakter
ganz abnormer Verbindungsformen, wie z. B. des Verhältnisses
Waldecks zu Preußen auf Grund der Akzessionsverträge. Trotzdem nämlich Preußen die ganze Regierung Waldecks führt, ist
dieses Fürstentum dennoch Preußen gegenüber rechtlich ganz
selbständig. Kein preußisches Gesetz hat in Waldeck Gesetzeskraft; Waldeck ist kein Bestandteil des preußischen Staatsgebietes; die Waldeckschen Untertanen sind nicht preußische
Staatsangehörige, die von Preußen ernannten Beamten des Fürstentums sind nicht preußische Beamte; der Waldecksche Bevollmächtigte zum Bundesrat wird vom Fürsten ernannt, da dem
Fürsten die Vertretung des Staates nach außen vorbehalten ist[2]).

---

der Souveränetät, also in der völkerrechtlichen capitis deminutio bestehen soll. Das Entscheidende aber ist, daß **Abhängigkeit keine
juristische, sondern eine soziale Kategorie ist.** Juristisch
gibt es bloß Verhältnisse der Neben- oder der Unterordnung, nicht-
herrschaftliche oder herrschaftliche, tertium non datur. Läßt man einmal
juristische Abhängigkeitsverhältnisse nichtherrschaftlicher Natur zu, dann
wäre es mit der privatrechtlichen Unabhängigkeit der meisten Menschen
vorbei und die juristische Kategorie für die sozialistische Klage von der
Lohnsklaverei gefunden.

[1]) Ganz konsequent führt P i l l e t. Revue générale de droit international public II 1895 p. 598 ff., unter dem Gesichtspunkte, daß
protegierte Staaten nicht souverän seien, aus, daß dem beschützenden
Staate stets ein Herrschaftsrecht bezüglich der inneren Angelegenheiten
des Schutzstaates zukomme. Dagegen R e h m, Staatslehre S. 86, der
scharfe Grenzen zwischen der Zuständigkeit beider Staaten gemäß den
das Protektorat begründenden Verträgen ziehen zu können vermeint.

[2]) Vgl. über diese Verhältnisse B ö t t c h e r Das Staatsrecht des

Waldeck ist daher nicht preußischer Oberhoheit unterstellt, sondern steht zu Preußen in einem seine rechtliche Selbständigkeit als deutschen Bundesstaates nicht berührenden und überdies rechtlich lösbaren Vertragsverhältnis.

Den rechtlichen Charakter solcher Verbindungen scharf zu betonen und ihn von den durch sie begründeten politischen Beziehungen zu trennen, ist nicht etwa bloß von theoretischer Bedeutung. Gerade bei derartigen Verbindungsformen kann nämlich leicht die Rechtsfrage aufgeworfen werden, sei es, daß es sich um einen völkerrechtlichen Schiedsspruch oder um die Lösung einer praktischen verfassungsrechtlichen Frage, ja selbst bloß um Konstatierung von Rechten des Individuums handelt.

Alle derartigen Abhängigkeitsverhältnisse sind nicht organisiert, es gibt keine besonderen Organe der verbundenen Staaten, in denen deren Verbindung zum Ausdrucke kommt, und die bestimmt sind, die Verbindungszwecke zu versehen.

2. **Der Oberstaat mit Unterstaaten (Staatenstaat)**[1]. Hierunter wird eine staatsrechtliche Form der Staatenverbindungen verstanden. Ein souveräner Staat übt seine Herrschaft über ihm unterworfene Staaten aus, die sich innerhalb der von dem oberherrlichen Staatswesen gezogenen Rechtsschranken frei organisieren, nach innen weitgehende Selbständigkeit besitzen, nach außen jedoch kraft ihrer Abhängigkeit große Einschränkungen erfahren und dem Oberstaate zur Heerfolge oder doch zu ökonomischen Leistungen (Tribut) verpflichtet sind. Innerhalb dieses Typus sind zahlreiche Spielarten vorhanden. Der Typus selbst ist uralt und bereits im alten Orient zu finden, wo er wie ehemals, so auch noch heute die Form abgibt für die Bildung von Großstaaten. Auch die römische Bundesgenossenschaft, die ja ihrem Wesen nach Unterwerfung unter die Majestät des römischen Volkes bedeutete, hat vor der Provinzialisierung der bundesgenössischen Gebiete diesen Typus an sich getragen. Nicht minder weist die mittelalterliche Welt zahlreiche derartige

Fürstentums Waldeck, im Handbuch des öff. Rechts III 2 [1] S. 154, 160 f. Da Waldeck-Pyrmont nicht zu Preußen gehört, ist die preußische Polizeigewalt an sich nicht zuständig zum Schutz der Pyrmonter Heilquellen. Vgl. Entsch. d. Kammergerichts v. 12. 10. 1905 (Johows Jahrbuch Bd. 30 C 36 ff.); dazu W. Jellinek Gesetz, Gesetzesanwendung 1913 S. 270.
    [1] Vgl. G. Jellinek Lehre von den Staatenverbindungen S. 137 ff.

Bildungen auf, deren Entstehung durch den Feudalismus außerordentlich begünstigt wurde. Das römische Reich deutscher Nation, obwohl als Gebilde sui generis nicht durchaus einer Kategorie einzuordnen und sowohl staatenbündische als bundesstaatliche Institutionen aufweisend, hat dennoch seit dem westfälischen Frieden viele Züge einer solchen Staatenverbindung getragen. In neuester Zeit zählt das osmanische Reich im Verhältnis zu seinen christlichen und mohammedanischen Vasallenstaaten hierher, ferner England-Indien in Beziehung auf die seine Oberhoheit anerkennenden Nachbarstaaten.

Das Charakteristische dieser Verbindungsform liegt darin, daß kein notwendiger Zusammenhang zwischen dem politischen Leben des Ober- und Unterstaates besteht, in der Regel auch keine Institutionen vorhanden sind, in denen eine derartige Gemeinsamkeit zum Ausdrucke kommen könnte. Der Staatenstaat gehört daher ganz oder doch überwiegend zum Typus der nichtorganisierten Verbindungen. Die Unterordnung von Gebiet und Angehörigen des Unterstaates unter die Gewalt des oberherrlichen ist in der Regel indirekt, sie sind durch das Medium der Unterstaatsgewalt dem Oberstaate unterworfen[1]). Einzelne Abweichungen, die hiervon vorkommen, gehen nicht soweit, um das Bild des Typus in diesem Punkte wesentlich zu verrücken[2]).

---

[1]) Somit fehlt auch hier nicht das Volk als Element des Oberstaates. Wenn B r i e, Grünhuts Zeitschrift XI S. 143, mir entgegenhält, daß ich (Staatenverbindungen S. 157) nicht einmal mittelbare Herrschaft über die Individuen für den Oberstaat begriffsnotwendig halte, so ist darauf zu erwidern, daß bei den politisch oft sehr abnormen Verhältnissen dieser Verbindungsform es möglich ist, daß die Oberstaatsgewalt sich auch indirekt gegenüber den Untertanen nicht zu äußern vermag. Doch ist solche Rechtslage einfach Folge der faktischen Verhältnisse, deren anomaler Charakter allen juristischen Begriffen spottet. — Nach L u k a s, Staatsrechtlicher und völkerrechtlicher Zwang (Festgabe für Güterbock 1910 S. 189 ff.), ist der Staatenstaat, an den Maßstäben des modernen Staates gemessen, wegen Mangels einer die Untertanen unwiderstehlich bindenden Staatsgewalt des Oberstaats ein völkerrechtliches Gebilde, also kein Staat. Es wird hier wie überall darauf ankommen, ob die in Widerspruch mit den Gesetzen des Oberstaats erlassenen Gesetze des Unterstaats gültig sind oder nicht. Sind sie es nicht, schulden ihnen also die Untertanen keinen Gehorsam, so zeigt sich gerade darin die wenn auch bloß negativ wirkende Unmittelbarkeit der oberstaatlichen Herrschermacht und damit ihre s t a a t s rechtliche Natur. Vgl. auch unten S. 763 f. N. 2.

[2]) So haben im alten deutschen Reich theoretisch bis zu seinem

Derartige Bildungen entstehen aus mannigfaltigen historischen Ursachen. Innere Schwäche eines Reiches, die zum Zerfall führt, Sicherung des Oberstaates vor Angriffen des Unterstaates, indem er sich nach der Besiegung dieses mit der Beschränkung oder Vernichtung seines selbständigen Rechtes der Kriegsführung begnügt, Dienstbarmachung der militärischen Kräfte des Unterstaates in Form einer dauernden Zwangsbundesgenossenschaft, Unterwerfung bisher unabhängiger Staaten zum Zwecke ökonomischer Ausbeutung, weitgehende religiöse, nationale und kulturelle Unterschiede zwischen dem Volke des herrschenden und des unterworfenen Staatswesens, die eine völlige Vereinigung beider hindern, können derartige Staatenbildungen ins Leben rufen. Ihrer politischen Seite nach sind sie vom Standpunkte der modernen Staatsauffassung durchaus anomaler Art, da kein gemeinsames Lebensinteresse beide Staaten zu einer inneren Einheit miteinander verknüpft. Sie gehören für die Staaten abendländischer Gesittung der Vergangenheit an.

3. Die monarchischen Unionen: Personal- und Realunion[1]). Beide Verbindungsformen stimmen darin überein, daß sie durch die Identität der physischen Monarchenpersönlichkeit bei voller rechtlicher Trennung von deren verschiedener Herrschereigenschaft in zwei oder mehreren Staaten hergestellt werden. Sie sind also streng auf Monarchien beschränkt. Ist die Gemeinsamkeit der physischen Person des Monarchen keine von den Staaten absichtlich herbeigeführte, also im rechtlichen Sinne zufällig, so ist eine Personalunion vorhanden. Ist die Gemeinsamkeit hingegen rechtlich gewollt, so trägt sie den Charakter einer Realunion. In dieser Form sind die beiden Begriffe von

---

Ende trotz der Landeshoheit Reste direkter Unterordnung der Mittelbaren unter das Reich bestanden, die praktisch allerdings von sehr geringer Bedeutung waren. Wußte doch niemand, auf welche Weise seit 1663 Reichsgesetze zu publizieren waren, und erklärt doch Häberlin, Handbuch des teutschen Staatsrechts, neue Aufl. II 1797 S. 164: „Reichsgesetze, wodurch die Untertanen der Reichsstände verbunden werden sollen, müssen diesen daher durch ihre Landesherrschaft oder Obrigkeit bekannt gemacht werden." Wo aber war die Verpflichtung zu solcher Verkündigung reichsrechtlich ausgesprochen?

[1]) Die ältere Literatur bei v. Juraschek Personal- und Realunion 1878 S. 1—45; G. Jellinek Lehre von den Staatenverbindungen S. 83 ff., 197 ff.

der neueren deutschen Wissenschaft festgestellt worden[1]). Die ursprüngliche Unterscheidung beider Typen, je nachdem bloß die Person des Monarchen oder überdies staatliche Angelegenheiten den einzelnen Staaten gemeinsam seien, die noch in der außerdeutschen Literatur und in der Sprache der Tagespresse angetroffen wird, ist auf rein äußerlichen Merkmalen basiert und rechtlich belanglos.

Die Personalunion ist, wie bereits erwähnt, im Rechtssinne keine Verbindung von Staaten, sondern eine staats- und völkerrechtliche communio incidens des Trägers der höchsten staatlichen Organstellung bei völliger gegenseitiger Unabhängigkeit der betreffenden Organschaften selbst. Nichts Staatliches ist den also verbundenen Gemeinwesen von Rechtswegen gemeinsam; alle etwa sonst zwischen ihnen bestehende Gemeinschaft ist daher ebenfalls zufällig oder beruht auf anderen Rechtsgründen.[2])

Der Normalfall der Personalunion entsteht durch Zusammentreffen voneinander unabhängiger Berechtigungen zur Trägerschaft der Krone in einer Mehrheit von Staaten auf Grund verschiedener Thronfolgegesetze[3]). Sie dauert so lange, als die verschiedenen

---

[1]) Reformen in der Terminologie, wie sie Rehm, Staatslehre S. 103, und Bernatzik in Grünhuts Zeitschrift XXVI S. 276, vornehmen, sind um so mehr abzulehnen, weil hier endlich einmal ein Gebiet ist, wo wenigstens in der deutschen publizistischen Wissenschaft seit H. A. Zachariae Übereinstimmung herrscht. Gegen diesen so seltenen Vorzug sollten selbst sachlich ganz gerechtfertigte Bedenken zurücktreten. Nur dadurch kann schließlich die grenzenlose Verwirrung beseitigt werden, die in dieser Materie noch immer in der außerdeutschen Literatur herrscht. So bezeichnet z. B. Rivier, Principes I p. 95, das Verhältnis Großbritannien-Indien als Personalunion, und Grah bei Bonfils-Fauchille, S. 86, übernimmt diese Ansicht kritiklos, trotzdem wenige Zeilen vorher die Personalunion als zeitlich beschränkt bezeichnet und jedem der unierten Staaten „seine volle persönliche Souveränetät" zuerkannt wird.

[2]) Eine eigentümliche staatsrechtliche Folge hatte die Personalunion Großbritannien und Hannover für die Hannoveraner, indem diese als Bürger der Vereinigten Königreiche betrachtet wurden, da nach englischem Recht jeder Untertan des Königs, wenn auch in dessen Eigenschaft als Monarchen eines andren Staates, britischer Bürger ist. Mit der Lösung der Personalunion hörte dieses zweite Bürgerrecht der Hannoveraner ipso iure auf. Vgl. hierüber Anson 3. ed. 1907 II[1] p. 239.

[3]) Eine Abweichung von dieser Norm in der heutigen Staatenwelt bot die Personalunion zwischen Belgien und dem Kongostaat seit 1885 dar, die durch die Erwerbung des letzteren durch ersteres am 15. No-

Berechtigungen auf eine Person konvergieren, löst sich jedoch sofort wieder, sobald die zufällige Konvergenz dadurch gelöst wird, daß die Thronfolgeordnungen wiederum verschiedene Personen zur Krone berufen. So hat das 19. Jahrhundert die Personalunion Großbritannien-Hannover 1837 und Niederlande-Luxemburg 1890 vermöge des Gegensatzes der kognatischen Thronfolge in den erstgenannten und der agnatischen in den zweiten Gliedern der Union sich lösen sehen, indem in dem britischen Reiche und den Niederlanden Frauen sukzedierten, die in Hannover und Luxemburg vom Throne ausgeschlossen waren.

So wenig Interesse die Personalunion der rechtlichen Betrachtung darbietet, so bedeutsam ist sie für die Politik. Gemeinsame, ursprünglich zufällige Beherrschung war für viele, zuvörderst rechtlich ganz voneinander unabhängige Staaten der Anfang weitergehender Vereinigung oder sogar der völligen Verschmelzung. Kastilien-Aragonien, England-Schottland, die deutschen und böhmischen Erblande Österreichs und diese hinwieder in ihren Beziehungen zu Ungarn bieten hervorragende Beispiele von der bedeutenden Rolle, welche die Personalunion im modernen Staatenbildungsprozesse gespielt hat. Andere Unionen hingegen, die solchen Vereinigungen widerstrebten, haben einem von beiden Gliedern, manchmal auch beiden zum Nachteil gereicht — es braucht in dieser Hinsicht nur auf die hannoversche Politik der englischen George hingewiesen zu werden. Daher begegnen Personalunionen heute lebhaftem Mißtrauen, welches namentlich darin zum Ausdruck kommt, daß eine große Anzahl, vornehmlich deutscher Verfassungsurkunden die Bildung von Personalunionen zu erschweren oder gänzlich zu verhindern suchen[1].

---

vember 1908 ihr Ende gefunden hat: E r r e r a StR. d. Königreichs Belgien 1909 S. 441; A. O p p e n h e i m e r Die staatsrechtl. Stellung des belgischen Kongogebietes (Z. f. d. ges. Staatswissenschaft 65. Jahrg. 1909) S. 537 ff. Mit dem Verschwinden der Wahlmonarchie kann die Wahl nur ausnahmsweise, bei Einsetzung einer neuen Dynastie, Entstehungsgrund einer Personalunion werden. Einen ganz neuen Typus der Personalunion böte die von Reichswegen erfolgende Verbindung des zum monarchischen Staate erhobenen Reichslandes Elsaß-Lothringen mit der preußischen Krone dar, die ebenfalls nicht auf Vereinbarung beider Staaten beruhen könnte.

[1] Vgl. z. B. Bayern, Verf. Tit. II § 6; Baden, Hausgesetz vom 4. Oktober 1817 § 3 Nr. 4; Oldenburg, Verf. Art. 15; Coburg-Gotha, Verf. §§ 9, 19. Zustimmung der Kammern erfordern Preußen, Verf. Art. 55;

Für die Zukunft zwar lassen die Schwierigkeiten, die sich jetzt und später einer rein dynastischen Politik entgegenstellen, die Gefahren der Personalunion immer mehr herabsinken, doch können sie immerhin noch für einen kleinen Staat im Verhältnis zu einem **großen** bestehen. Bedenklich wäre es aber auch für das Deutsche Reich, wenn ein Bundesfürst zugleich Herrscher eines größeren auswärtigen Staates wäre. Einzelne Verfassungen haben dagegen Vorsorge getroffen; de lege ferenda wäre die Bestimmung der Frankfurter Reichsverfassung zu empfehlen, derzufolge kein **Staatsoberhaupt** eines nichtdeutschen Landes zugleich zur Regierung eines deutschen Landes gelangen soll, noch ein in Deutschland regierender Fürst, ohne seine deutsche Regierung abzutreten, eine fremde Krone annehmen darf[1]).

Politisch bedeutsam ist es auch, daß zwischen persönlich unierten Staaten der Krieg ausgeschlossen ist, da es unsinnig wäre, wenn ein Monarch gegen sich selbst, wenn auch in anderer Eigenschaft, zu Felde zöge. Selbst wenn der Monarch in dem einen, einem Staatenbunde angehörenden Staate durch Bundesrecht verpflichtet wäre, an einem Kriege gegen den anderen teilzunehmen, würde er es dennoch unterlassen. In solchem Fall würde er entweder den im Bunde begriffenen Staat preisgeben oder dieser gegen den Willen seines Herrschers durch die Bundesgewalt gezwungen werden, an dem Kriege teilzunehmen[2]). Im Bundesstaate, wo die Gliedstaaten kein Recht selbständiger Kriegsführung haben, kann auch ein solcher Konflikt nicht eintreten. Die Frage nach der Möglichkeit des Krieges zwischen persönlich unierten Staaten berührt deutlich einen jener Punkte, wo

---

Sachsen, Verf. § 5; von außerdeutschen Staaten Belgien Art. 62; Dänemark Art. 4; Rumänien Art. 91. Ganz ausgeschlossen ist sie in Griechenland, Art. 48.

[1]) § 4.

[2]) B r i e in Grünhuts Zeitschrift XI S. 105 konstruiert einen solchen außerhalb des Bereichs politischer Möglichkeit liegenden Fall. Ebenso v. H o l t z e n d o r f f im Handbuch des Völkerrechts II S. 126 N. 5, der noch eine andere Möglichkeit anführt, wenn nämlich in dem einen Staate eine Regentschaft besteht, die dem Monarchen den Krieg erklärt, S. 125. Wenn schon das Beispiel eines politisch widersinnigen Ereignisses angeführt werden soll, so wäre dies Preußens Verhalten im Jahre 1806, das mit Hannover im Krieg lag und trotzdem von England Subsidien erbat: M. L e h m a n n Freiherr vom Stein I 1902 S. 424. Mit mir übereinstimmend U l l m a n n, Völkerrecht S. 93.

juristischer Konstruktion durch den Hinblick auf das politisch
Mögliche Halt zu gebieten ist.

Wohl aber ist zwischen persönlich unierten Staaten völkerrechtlicher Zwang nichtkriegerischer Art (Retorsion, selbst Re-
pressalien) möglich, wie denn auch eine zwangsweise Unterwerfung des einen Staates unter den anderen völkerrechtlich
nicht ausgeschlossen ist.

Einer vorübergehenden Lösung der Union kommt es gleich,
wenn in den unierten Staaten an Stelle des verhinderten Monarchen verschiedene Regenten herrschen, wie es kurz vor dem
Tode des Königs-Großherzogs Wilhelms III. in den Niederlanden
und in Luxemburg der Fall war, oder wenn der Monarch nach
der Verfassung des einen Staates als volljährig bereits regiert,
in dem anderen aber noch thronunmündig ist und daher durch eine
Regentschaft repräsentiert wird.   Denn das Wesentliche und
politisch Bedeutsame der Personalunion, die ja juristisch nur
eine Scheinverbindung ist, liegt eben ausschließlich in der Gemeinsamkeit des physischen Substrates des Herrscherwillens, das
hinwegfällt, wenn verschiedene Repräsentanten des einen Individuums als Bildner des höchsten Willens der einzelnen Staaten
fungieren[1]).

Die Realunion ist ein auf Vereinbarung[2]) beruhender
Bund zweier oder mehrerer Staaten, kraft dessen die physische
Person des Fürsten gemeinsam ist, der weiterhin in jedem der
unierten Staaten eine von der anderen rechtlich ganz unabhängige
Organstellung besitzt.   Die Realunion ist eine organisierte Verbindung, indem mindestens der gemeinsame Monarch, der stets
im Rechtssinne eine Mehrheit von Herrschern darstellt, in seiner
Person die Organisation der Verbindung darstellt.   Dazu können
oder müssen andere vereinbarungsgemäß gemeinsame Angelegenheiten kommen.   Vereinbarung ist der einzige Rechtsgrund der
mit unseren modernen staats- und völkerrechtlichen Begriffen zu
beurteilenden Realunionen[3]).   Unrichtig ist die Theorie, welche

---

[1]) Umgekehrt entsteht eine Art Personalunion, wenn zwei Staaten
zwar nicht den Monarchen gemein haben, aber den Regenten.   Einen
solchen Fall bringt Strupp im Jahrb. d. ö. R. VI 1912 S. 293.

[2]) Vereinbarung in dem Sinne, wie ich sie, System Kap. XII, nachgewiesen habe, als Hervorbringung einer einheitlichen Willenserklärung
durch inhaltlich übereinstimmende Willensakte einer Mehrheit.

[3]) Zustimmend Aall und Gjelsvik Die norwegisch-schwedische

die Realunion auf Verfassungsgesetz eines oder beider Staaten
basieren wollte, sie geradezu als verfassungsmäßige Vereinigung
mehrerer Staaten unter demselben Oberhaupt definierte¹). Sie
kann in die Gesetze aufgenommen werden, ähnlich wie jeder
Staatenvertrag durch Publikation von Staatswegen nach innen
den Charakter eines Gesetzes erhält. Brie hat noch andere
Entstehungsgründe der Realunion als Vereinbarung nachzuweisen
gesucht, ohne geschichtliche Beispiele für sie anführen zu können²).
Solche Fälle liegen aber auch gänzlich außerhalb des Bereiches
der politischen Möglichkeit und müßten überdies, wofern nur die
also unierten Staaten gegeneinander selbständig sein sollen, entweder als Personalunion oder wiederum als auf Vereinbarung
der betreffenden Staaten ruhend betrachtet werden. v. Juraschek
will den Begriff der Realunion erweitern auf die Gemeinsamkeit
anderer Staatselemente als der Herrscherpersönlichkeit, was aber
nichts als ein Gebilde der Wirklichkeit abgewendeter scholastischer
Konstruktion ist³). Zukunftsstaatsrecht sollte nur da getrieben
werden, wo irgendeine Aussicht auf Verwirklichung der a priori
gefundenen Formen vorhanden ist. Die Realunion aber ist von
so eigenartigen, sich selten wiederholenden geschichtlichen Bedingungen abhängig, daß sie selbst in der Vergangenheit selten
zu finden, in der neuesten Zeit nur durch wenige Repräsentanten,
nunmehr, seit der Lösung der Union Norwegen-Schweden, nur
in einem einzigen Falle vertreten ist und in der Zukunft, wenigstens unter Staaten europäischer Gesittung, sich kaum von neuem
verwirklichen dürfte.

Die Mitglieder einer Realunion sind im Rechtsinne voneinander völlig unabhängig, ihre Souveränetät wird durch die
Vereinbarung zwischen ihnen nicht berührt. Es wird kein über den

---

Union 1912 S. 274; in den wesentlichen Punkten auch Blüthgen,
Ztschr. f Völkerrecht u. Bundesstaatsrecht I 1906 S. 254 f.

¹) Begründet von H. A. Zachariae, darüber vgl. Lehre von den
Staatenverbindungen S. 197 ff. Nichts als eine Spielart dieser Auffassung
ist Hatscheks Lehre vom Organisationsparallelismus: Jahrb. d. ö. R. III
1909 S. 28 f. u. Allg. Staatsrecht III S. 26 ff. Vgl. gegen Hatschek auch
Steinacker in der Österr. Rundschau XXIII 1910 S. 254.

²) Brie in Grünhuts Zeitschrift XI S. 137. Vgl. System der subj.
öff. Rechte S. 308 N. 1.

³) Vgl. Staatenverbindungen S. 205 ff. Die v. Jurascheksche Lehre
ist, abgesehen von der kurzen Bemerkung Gumplowiczs, Allgemeines
Staatsrecht 3. Aufl. 1907 S. 260, ohne Einfluß auf die Literatur geblieben.

Bundesgliedern stehender Oberstaat geschaffen, dessen souveränem
Willen die vereinigten Staaten untertan wären. Die Realunion
ist daher eine völkerrechtliche Verbindung, die wie jede dauernde
Staatenverbindung staatsrechtliche Wirkungen äußert, deren
Stärke sich nach dem Umfange des Bundesverhältnisses richtet.
Näher betrachtet ist sie ein Spezialfall des Staatenbundes, denn
die Aufrechterhaltung der Gemeinsamkeit der Monarchenpersönlichkeit ist eine gemeinsame Verpflichtung der unierten Staaten,
daher sie ein dauerndes Defensivbündnis in sich schließt. Deshalb treten auch realunierte Staaten nach außen hin als Gesamt-
macht auf, wenigstens soweit Krieg und Frieden in Frage kommen.
      Der primär völkerrechtliche Charakter der Realunion bei
aller ihrer möglichen Einwirkung auf staatsrechtliche Institutionen
der verbündeten Staaten äußert sich vornehmlich darin, daß sie
kein Gemeinwesen über den verbündeten Staaten schafft, diese
somit keineswegs einer gemeinsamen Bundesgewalt untergeordnet
werden. Es gibt daher in der Realunion selbst bei weitgehender
Gemeinsamkeit keine Uniongesetze als solche, sondern nur auf
Vereinbarung beruhende Gesetze der Bundesglieder, keine in sich
einheitliche, sondern nur eine gemeinsame Verwaltung, die
Finanzwirtschaft ist Sozietäts-, nicht Korporationswirtschaft, die
Kosten der Union werden durch Matrikularbeiträge der Glieder
gedeckt. Es gibt ferner keine einheitliche Staatsangehörigkeit und
kein einheitliches Gebiet. Nur nach außen treten in politischen
Machtfragen die realunierten Staaten als Einheit auf, weil im
völkerrechtlichen Verkehr dauernde Gemeinsamkeit mehrerer
Staaten und innere Einheit eines und desselben Staates, soweit
die Gemeinsamkeit reicht, dieselbe Wirkung hervorrufen. Daher
erscheinen die Angehörigen realunierter Staaten nach außen als
Bundesangehörige, ihr Gebiet als Bundesgebiet, was in praktischer völkerrechtlicher Wirkung die Realunion dem Einheitsstaate annähert.
      Realunionen sind erst der neueren Zeit bekannt. Sie setzen
eine entwickelte monarchische Staatsordnung voraus, die dem
Altertum fehlte, solange eine Mehrheit von Staaten der alten Welt
nebeneinander bestand, sowie auch ausgeprägte staatliche Einheit,
die auf dem Kontinente erst mit dem Siege der Monarchie über
die Stände eintritt. Ihrer politischen Seite nach sind sie Resultate
mißlungener Bestrebungen, einen Einheitsstaat zu gründen, Kompromisse, die meist nur da geschlossen werden, wo nationale

Unterschiede die Herstellung eines einheitlichen Staatswesens aus mehreren verhindert haben. Nicht zu verwechseln mit den echten Realunionen sind jene Fälle, in denen mehrere Staaten sich zum Einheitsstaate zusammenschließen unter Beibehaltung gesonderter Institutionen kraft einer gemeinsamen Verfassung. So beruht Großbritannien auf der Unionsakte von 1707, die scheinbar ein Vertrag zwischen England und Schottland, in Wahrheit aber ein englisches Gesetz ist. Großbritannien ist daher rechtlich trotzdem nichts als ein erweitertes England, da irgendein der Änderung durch Parlamentsakte entzogenes Recht Schottlands, dem auch keine selbständigen Organisationsbefugnisse zustehen, nicht vorhanden, und die Unionsakte sich rechtlich in nichts von anderen legislatorischen Willensäußerungen des englischen Staates unterscheidet. Auch die vormals nicht seltene Zusammenfassung mehrerer bisher getrennter Territorien oder Staaten durch einen gemeinsamen absoluten oder nahezu absoluten Herrscher zu einer Einheit unter fortdauernder Anerkennung einer besonderen Organisation der ehemals getrennten Teile gehört nicht hierher. Solange nämlich die Vorstellung vom Monarchen als Eigentümer des Staates herrscht, kann der Gedanke, daß der Monarch allein nicht befugt sein könne, die Selbständigkeit des Staates aufzuheben, nicht durchgreifen. Daher führte die Personalunion häufig, ohne daß sich der Moment des Untergangs hätte genau feststellen lassen, direkt zum Einheitsstaate. Die Realunion setzt vielmehr zweierlei voraus: eine entwickelte Monarchie und eine starke ständische oder konstitutionelle Beschränkung in mindestens einem der unierten Staaten. Darum ist sie eine der neueren Zeit angehörige Bildung. Auf die Verhältnisse mittelalterlicher Territorien kann sie bei dem Unterschiede der Landeshoheit von einer Staatsgewalt, der bis zum westfälischen Frieden währt, nicht angewendet werden.

Das erste Beispiel einer echten Realunion ist die zwischen den habsburgischen Ländern und speziell die zwischen Ungarn und den übrigen Ländern durch die pragmatische Sanktion begründete, die nach wechselvollen Schicksalen heute in Form der Verbindung der Länder der ungarischen Krone mit den österreichischen Königreichen und Ländern zur österreichisch-ungarischen Monarchie existiert[1]). Im vorigen Jahrhundert ist

---

[1]) Vgl. darüber und über abweichende Ansichten die Lehre von den Staatenverbindungen S. 227 ff., ferner U l b r i c h Das österreichische

sodann die zwischen Norwegen und Schweden durch die Konvention von· Moß (1814) und die Reichsakte von 1815 begründete

Staatsrecht 1909 S. 60 ff.; S e i d l e r Jur. Kriterium S. 90 ff. u. Österr.
Rundschau XIII 1907 S. 235 ff.; R e h m Kleine Staatslehre S. 30 f.;
B e r n a t z i k Öst. Verfassungsgesetze 2. A. 1911 S. 34, 329, 451 f.; 614,
647 ff.; G. T u r b a Die Grundlagen der pragmatischen Sanktion I 1911
II 1912; T e z n e r Der Kaiser 1909 S. 199 ff., 220 ff.; M a r c z a l i Ungarisches
Verfassungsrecht 1911 S. 224 ff.; G é z a S t e u e r Le compromis entre la
Hongrie et l'Autriche 1907 p. 24 ff.; B l o c i s z e w s k i in der Revue
générale de droit international public· XV 1908 p. 509 ff.; W i t t m a y e r
in der Allg. Österr. Gerichtszeitung LIX 1908 S. 277 ff.; N a g y v. E ö t t e -
v é n y Über das staatsrechtliche Verhältnis Ungarns zu Österreich.
Blätter f. vergleich. Rechtswissenschaft und Volkswirtschaftslehre IV 1908
Sp. 270 ff., V 1909 Sp. 22 ff., 45 ff.; A p p o n y i Die rechtliche Natur der
Beziehungen zwischen Österreich und Ungarn 1911; J. Z o l g e r Der staatsrechtliche Ausgleich zwischen Österreich und Ungarn 1911; J. v. W l a s s i c s
in der Ungar. Rundschau I 1912 S. 713 ff.; v. J a e g e r in der Öst. Ztschr.
f. Verwaltung XLV 1912 S. 1 ff.; A. v. M á d a y Versuch einer neuen
Theorie von den Staatenverbindungen 1912 S. 25 ff.; H a u k e Grundriß
des Verfassungsrechts (im Grundr. d. öst. R. III[1]) S. 141 ff. Die Anerkennung des selbständigen ungarischen Staates von Seiten Österreichs
im Jahre 1867 und die daran geknüpfte Auseinandersetzung zwischen
beiden Staaten hat gegenüber der herrschenden Lehre auch Theorien
Raum gegeben, die auf dem Boden bestimmter politischer Anschauungen
erwachsen sind. So wirkt in Österreich der alte zentralistische Gedanke
in der Lehre von einem trotz der inneren Teilung des Reiches fort-
lebenden Gesamtstaate nach, während in Ungarn sogar die Möglichkeit
radikalerer Trennung· Anhänger hat, indem die Souveränetät des ungarischen Staates von extremer Seite selbst nach der Richtung hin behauptet wird, daß ihm die unbeschränkte Rechtsmacht auch über die
Normen des ungarischen Ausgleichsgesetzes (Gesetz-Art. XII von 1867)
zusteht. In objektiver und ungezwungener Weise vermag aber nur die
hier vertretene Lehre die wichtigsten rechtlichen Erscheinungen in dem
politischen Leben Österreich-Ungarns zu erklären, während alle anderen
Theorien zu unlösbaren Widersprüchen führen und sich der politischen
Wirklichkeit greifbar entgegensetzen. Jede Annahme bundesstaatlicher
Elemente oder gar eines entwickelten Bundesstaates in Österreich-
Ungarn scheitert ein- für allemal daran, daß jeder noch so rudimentäre
Bundesstaat irgendwie in der Lage sein muß, seine Glieder zu beherrschen. Ein Staat aber, der seine finanziellen und militärischen
Kräfte ganz von seinen Gliedstaaten erhält, der diesen gegenüber nicht
mit der geringsten rechtlichen Macht ausgestattet ist, um seine Ansprüche an sie durchzusetzen, der keine wie immer geartete Instanz
besitzt, um Konflikte in seinem Innern durch Rechtspruch zu entscheiden, dessen Dasein von einem seiner Glieder ausdrücklich geleugnet wird, ein solcher Staat kann sein Dasein nur im luftigen Reiche
juristischer Dialektik führen.

Realunion nachgefolgt[1]). Beide Formen lehren, gegeneinander gehalten, die mannigfaltige positive Ausgestaltung, deren die Realunion fähig ist, indem Schweden-Norwegen nur der König für alle Zeiten, Österreich-Ungarn hingegen die habsburgische Dynastie, solange thronfolgefähige Nachkommen Leopolds I. vorhanden sind, und außerdem ein umfangreiches und bedeutungsvolles Gebiet staatlicher Tätigkeit (Verwaltung der auswärtigen Angelegenheiten, des gemeinsamen Kriegs- und Finanzwesens) gemeinsam sind. Daß die sonst noch von vielen der Realunion eingeordneten Bildungen Polen-Rußland, Finnland-Rußland, Kroatien-Ungarn und Sachsen-Coburg und Gotha keine Staatenverbindungen sind, habe ich an anderer Stelle nachgewiesen[2]).

Für die Realunion gilt selbstverständlich die Unmöglichkeit des Krieges zwischen den also unierten Staaten, aber auch zwischen ihnen ist völkerrechtlicher Zwang anderer Art nicht ausgeschlossen, wie denn auch im Fall des Interessenkonflikts das Völkerrecht kein Schutzmittel gegen völlige Unterwerfung des einen Staats unter den anderen gewährt, was namentlich in dem Verhältnis der Union eines schwachen Staates mit einem starken von Bedeutung ist[3]).

---

[1]) Auch bei dieser Union suchten bis zu ihrem Ende politische Wünsche die Tatsachen umzudeuten. So erklärt vom schwedischen Standpunkt Reuterskiöld im Archiv f. öff. Recht XIV S. 378 Schweden-Norwegen für einen Staatenstaat oder zusammengesetzten Staat. Die Union war aber (S. 380) staatsrechtlich nicht organisiert, sondern nur im Könige sozusagen personifiziert, m. a. W., sie war kein Staat und damit auch kein Staatenstaat. Andere schwedische Schriftsteller gingen noch weiter und bestritten den staatlichen Charakter Norwegens, weil es de iure von Dänemark an Schweden abgetreten und niemals völkerrechtlich anerkannt worden sei. Sie übersahen, daß die Existenz eines Staates ein Faktum ist, das durch juristische Deduktion nicht aus der Welt geschafft werden kann. Wie wertlos derartige Spekulationen sind, haben die neuesten Ereignisse gezeigt. Der angebliche schwedisch-norwegische Staat ist durch den Bruch der Union von seiten Norwegens über Nacht verschwunden, ohne daß er die geringsten Spuren hinterlassen hätte. — Eine urkundliche Darstellung der schwedisch-norwegischen Verhältnisse bei Fleischmann Das Staatsgrundgesetz des Königreichs Norwegen 1912. Vgl. auch Morgenstierne Das Staatsrecht des Königreichs Norwegen 1911 S. 1 ff. und Aall u. Gjelsvik Die norwegisch-schwedische Union 1912.

[2]) Staatenverbindungen S. 70 ff.; Staatsfragmente S. 34 ff.; oben S. 655 ff.

[3]) Wie erwähnt, meinen die Verteidiger des Staatscharakters von

Eine neue Begründung solcher Unionen ist aber für die Zukunft sehr unwahrscheinlich[1]). Die Schwierigkeiten, national geschiedene Staaten in irgendeiner Form dauernd zu vereinigen,
die bundesfeindlichen Tendenzen, welche kraft der Souveränetät
der verbündeten Staaten der Existenz eines jeden Staatenbundes
entgegenwirken, stehen gedeihlicher Entwicklung der Realunionen
hindernd im Wege, wie die Geschichte des gegenseitigen Verhältnisses der in Realunion begriffenen Staaten der neuesten Zeit
deutlich beweist. Während im Bundesstaate eine der Zentralgewalt feindliche Partei auf die Dauer nicht geduldet werden
kann, gehört das Bestehen unionsfeindlicher Parteien mit zum
Inventar der heutigen Realunionen. Überdies besteht ein ver-
hängnisvoller organisatorischer Mangel der neueren Realunionen
in dem Fehlen eines Schiedsgerichtes, das die kollidierenden Ansprüche der Gliedstaaten ausgleicht oder über sie entscheidet, so
daß das Resultat derartiger Streitigkeiten ganz von den realen
Machtfaktoren abhängt und daher rechtlich nicht bestimmbar ist.
Das Ende der schwedisch-norwegischen Union ist für alle Zukunft
eine eindringliche politische Warnung vor der Neubildung einer
derartigen Staatenverbindung.

Was speziell die deutschen Staaten anbelangt, so ist für sie
der Eintritt in eine Realunion für die Zukunft ausgeschlossen.
Sinnlos wäre eine Realunion zweier Gliedstaaten eines Bundesstaates, weil jedes vernünftige Motiv hierzu mangelte. Zwei
deutsche Gliedstaaten können in Personalunion gelangen, sie
können sich zu einem Einheitsstaate mit verfassungsmäßigen
Sonderinstitutionen der Glieder vereinigen, aber eine Realunion,
die beide Staaten in dieser ihrer Qualität bestehen läßt, hätte

Finnland (und Kroatien) dadurch diese Länder vor Eingriffen des mit
ihnen verbundenen großen Staatswesens sichergestellt zu haben. Allein
selbst die Unmöglichkeit des Krieges würde kleinere unierte Staaten
noch schlechter stellen als die nichtunierten, weil völkerrechtliche
Mediation und Schiedsspruch schon deshalb bei ihnen ausgeschlossen
sind, weil sie völkerrechtlich gar nicht anerkannt sind, und überdies
die Bestimmungen der Haager Akte sich nur auf den Krieg beziehen.
Hingegen gewährt eine staatsrechtliche Einordnung solcher Länder in
einen Gesamtstaat die Möglichkeit rechtlichen Beweises, daß es unzulässig ist, die ihnen gewährte Verfassung anders als in der gesetzlichen Form zu ändern. Aus demselben Grunde haben auch die Staaten
eines Bundesstaates gegen ein mächtiges Bundesglied rechtlich eine
ganz andere Stellung als die Mitglieder eines Staatenbundes.

[1]) Wegen Islands vgl. oben S. 635 N. 2.

keinen Zweck, da eine gemeinsame Verteidigung nach außen nicht Sache deutscher Gliedstaaten ist. Die Realunion eines deutschen Gliedstaates mit einem auswärtigen wäre, rein politisch betrachtet, noch viel bedenklicher als die ohnehin von manchen deutschen Verfassungen untersagte Personalunion. Sie ist aber rechtlich ausgeschlossen. Realunion hat weitgehende Gemeinsamkeit der auswärtigen Angelegenheiten und die Verpflichtung der unierten Staaten zu gemeinsamer Verteidigung zur Folge, ist demnach auf dem Boden der geltenden Reichsverfassung nicht zulässig [1]).

Nicht unter den Begriff der Personal- oder Realunion fallen gewisse Schwebezustände bei Übergang eines Staates oder Staatsteiles in einen anderen Staat oder die der Bildung eines neuen Staatswesens aus mehreren bisher getrennten unmittelbar vorangehende Vereinigung unter derselben Herrscherpersönlichkeit. So wäre es unzulässig, die Abtretung der Lombardei (1859) und Venetiens (1866) an Napoleon III., die nur kurze Übergänge zu ihrer Einverleibung in Italien waren, als Begründungen von Personalunionen zwischen Frankreich und diesen Gebieten zu bezeichnen. Ebenso ist die Anwendung der Kategorie der Realunion auf die Moldau und Walachei (1861—66) ausgeschlossen, da diese Vereinigung beider Fürstentümer unter demselben Staatshaupt nichts als der erste Versuch der Gründung des einheitlichen Rumäniens war. Nicht minder wäre es verfehlt, Schleswig und Holstein-Lauenburg nach ihrer Abtretung von seiten Dänemarks an Österreich und Preußen (1864—66) als mit diesen beiden Mächten in Personal- oder Realunion stehende Herzogtümer aufzufassen. Auch der Verzicht Österreichs auf Lauenburg in der Gasteiner Konvention hat dieses Herzogtum bis zu seiner Vereinigung mit Preußen (1865—76) in keine Realunion mit dem preußischen Staate gebracht, vielmehr auch nur einen Schwebezustand geschaffen. In all diesen Fällen fehlt es nämlich an jedem Motiv für eine dauernde Verbindung mit getrennter staatlicher Existenz der verbundenen Teile. Im Wesen der Realunion aber liegt es, daß sie auf unabsehbar lange Zeit, also

---

[1]) Übereinstimmend G. M e y e r , Staatsrecht S. 600 N. 33, der meine Ausführungen, Staatenverbindungen S. 292, als auch gegen die Möglichkeit einer Personalunion gerichtet auffaßt, während ich dort nur von dem Eintritt eines Gliedstaates in einen Staatenbund oder eine Realunion spreche.

mindestens auf die Dauer einer Dynastie abgeschlossen werde. Gleich dem Staatenbunde ist sie für die Dauer berechnet; es verdunkelt ihr Wesen, wenn man mit ihr Analogien besitzende transitorische Zustände unter ihren Begriff einzwängen will.

Die Realunion wird geendigt entweder durch Verwandlung in einen Einheitsstaat oder Lösung des Bundes dadurch, daß verschiedene Monarchen in den einzelnen der unierten Staaten zur Krone gelangen, sei es auf verfassungsmäßigem Wege, sei es durch einen Gewaltakt (Eroberung, Entthronung). Eine vorübergehende Lösung der Union durch Verschiedenheit der Regentschaftsgesetze, wie sie bei der Personalunion möglich, ist bei der Realunion ausgeschlossen, da nicht nur die Bestimmungen über Thronfolge, sondern auch über Vertretung des verhinderten Monarchen in allen unierten Staaten identisch sein müssen.

4. Der Staatenbund[1]). Der Staatenbund ist die dauernde, auf Vereinbarung beruhende Verbindung unabhängiger Staaten zum Zweck des Schutzes des Bundesgebietes nach außen und innerer Friedensbewahrung zwischen den verbündeten Staaten, wozu auch die Verfolgung anderer Zwecke verabredet werden kann. Diese Verbindung bedarf einer dauernden Organisation zur Realisierung der Bundeszwecke. Durch die Merkmale der Dauer, der Allseitigkeit des nicht bloß auf bestimmte casus foederis beschränkten Verteidigungsbundes, sowie durch die ständigen Organe hebt sich der Staatenbund über jede Form der Defensivallianz hinaus.

Der Staatenbund mindert rechtlich die Souveränetät der verbündeten Staaten nicht, vielmehr verpflichten diese sich wechsel-

---

[1]) Die Literatur über Staatenbund und Bundesstaat ist fast unübersehbar. Eine umfassende Bibliographie bei A. Bushnell Hart, Introduction to the study of federal Government, Boston 1891, p. 178 bis 192, die aber auch nicht vollständig ist, ferner bei Le Fur, p. X bis XVII. Für die wissenschaftliche Erfassung der beiden Verbindungsformen nimmt heute die deutsche Wissenschaft zweifellos die führende Stelle ein. Die neuere deutsche Literatur nebst wichtigeren Werken der ausländischen bei Laband, I S. 55 Note, G. J. Ebers, Die Lehre vom Staatenbunde 1910 S. XIII—XXIII, und G. Meyer, S. 39 Note 1; ferner Hatschek Allg. Staatsrecht III S. 40 ff.; Tomaso Perassi Confederazioni di stati e stato federale 1910; W. Schücking Der Staatenverband der Haager Konferenzen 1912 S. 69 ff., und zu dessen Auffassung der Haager Friedensmächte als eines Weltstaatenbundes O. Nippold im Jahrb. d. ö. R. VII 1913 S. 38 ff.; Strupp im Arch. d. ö. R. XXX 1913 S. 585 ff.

seitig, zum Zwecke der Erhaltung ihrer Souveränetät gewisse Funktionen, entweder nur gemeinsam oder doch unter bestimmten Umständen gemeinsam auszuüben. Die liegen aber dem Zwecke der Verbindung entsprechend in erster Linie auf dem Gebiete der völkerrechtlichen Beziehungen zu anderen Staaten. Gemeinsame Ausübung des Rechtes über Krieg und Frieden, des Vertrags- und Gesandtschaftsrechtes innerhalb der bundesmäßigen Grenzen sind dem Wesen des Staatenbundes angemessen. Wie jeder Verein hat der Staatenbund eine Vereinsgewalt. Diese Vereinsgewalt aber, die die Verwaltung der Bundesangelegenheiten zu versehen hat, ist keine Staatsgewalt. Sie hat kein Imperium über die Staaten des Bundes, da ihr keine staatsrechtlichen Mittel zu Gebote stehen, um ihren Willen durchzusetzen. Vielmehr kann sie dem widerstrebenden Bundesgliede gegenüber nur völkerrechtlichen Zwang anwenden, der da, wo keine grundvertragsmäßige Festsetzung getroffen ist, einfach den Charakter des Krieges, andernfalls den der Bundesexekution annimmt, die ebenfalls mit internationalen Zwangsmaßregeln, z. B. gemeinsamer bewaffneter Intervention mehrerer Mächte, um die Einhaltung völkerrechtlicher Verpflichtungen von seiten eines Dritten zu erzwingen, auf gleicher Linie steht.

Die gegenteilige Ansicht, welche dem Bunde korporativen Charakter und daher der Bundesgewalt Herrschaftsrechte über die ihm eingegliederten Staaten zuschreibt[1]), führt mit zwingender Notwendigkeit zur Einordnung des Staatenbundes unter die Kategorie des Staates, und damit wird jedes durchgreifende Merkmal zwischen ihm und dem Bundesstaate verwischt[2]).

---

[1]) Vgl. namentlich G. M e y e r Staatsrecht S. 40 ff.; B r i e Theorie der Staatenverbindungen S. 84 ff.; H a e n e l Staatsr. I S. 118; Le F u r S. 511 ff.; v. S t e n g e l in Schmollers Jahrbuch 1898 S. 795 ff., 1132 ff. R e h m , Staatslehre S. 86 ff., will zwei Arten von Staatenbünden, gesellschaftliche und korporative, unterscheiden.

[2]) Dieser unausweichlichen Konsequenz könnte nur die Theorie G. M e y e r s entgehen gemäß dessen Lehre, die das politische Gemeinwesen für den weiteren, den Staat für den engeren Begriff hält. Daß der Staatenbund Staat sei, behauptet von seinem Standpunkt aus ganz folgerichtig v. S t e n g e l , S. 1136. Wenn R e h m , Staatsl. S. 88 N. 1, darauf erwidert, daß zum Staatsbegriff unmittelbare Herrschaft über Individuen gehört, die beim Staatenbunde fehle, so begibt er sich der Möglichkeit, einem Oberstaat mit Vasallenstaaten, wie dem türkischen Reich oder einem typisch ausgebildeten Lehnsstaat mit staatlicher Gestaltung seiner Territorien, in welchem dem Oberherrn direkte Herrschaft

Die fortwährend wiederkehrende Behauptung von der Herrschaft der Bundesgewalt im Staatenbunde wird durch eine nicht
zu bezweifelnde Erscheinung im Leben der Staatenbünde hervorgerufen. Staatenbünde scheinen sowohl nach außen als auch
ihren Gliedern gegenüber als Einheiten zu handeln, deren Wille
von dem ihrer Glieder scharf zu trennen ist. Demgegenüber
muß aber daran festgehalten werden, daß die Zahl der Staatenbünde viel zu gering und die völkerrechtliche Ordnung viel zu
wenig konsistent ist, um in ihr das Dasein völkerrechtlicher
Körperschaften, die über ihren Gliedstaaten mit Einheitswillen
ausgerüstet dastehen, nachzuweisen. Im Staate hat sich ja eine
Fülle gesellschaftlicher und körperschaftlicher Bildungen entwickelt Es wäre aber methodologisch unrichtig, aus dem Dasein
dieser innerstaatlichen Bildungen ohne weiteres auf die Existenz
von überstaatlichen Bildungen derselben Art zu schließen. Es
ist nichts anderes als echtes Naturrecht, von der Positivität des
Völkerrechts vollkommen absehend, völkerrechtliche Verhältnisse
ohne weiteres einem auf dem Boden eines innerstaatlichen Rechtssystems erwachsenen Begriff einzuordnen und neben die allgemein
anerkannte völkerrechtliche Persönlichkeit des Staates auch die
der Staatenkorporation zu stellen[1]). Da zudem stete Gemeinsamkeit und innere Einheit einer Vielheit von Staaten dieselben
politischen Wirkungen hervorruft, so genügt jene auf Vereinbarung beruhende Gemeinsamkeit vollkommen, um die körper-
schaftsähnlichen Erscheinungen im Leben der Bünde zu erklären.
Will man aber eine Analogie aus der innerstaatlichen Rechtsordnung herbeiziehen, so bietet die einzige angemessene das
Gesamthandverhältnis dar. Der Staatenbund kann daher mit der
Reserve, der alle Analogien unterliegen, als völkerrechtliche Gemeinschaft zur gesamten Hand bezeichnet werden[2]).

---

nur über die Vasallen zusteht, den Staatscharakter zuzuerkennen. Nun
fallen nach ihm solche Verhältnisse aber (S. 104) unter den Begriff des
Staates. Diesen Widerspruch vermag er nicht zu lösen. Als Staat
fassen ohne Umschweife den Staatenbund auf Kloeppel, Dreißig
Jahre deutscher Kämpfe S. 26 ff., und Affolter, Hirths Annalen 1903
S. 829. Gegen beide vgl. die treffenden Bemerkungen von Anschütz zu
G. Meyer Staatsr. S. 41 N. 2 und 4. — S. auch oben S. 749 N. 1.

[1]) Vgl. auch Lehre von den Staatenverbindungen S. 177 ff., wo ich
allerdings bezüglich der Persönlichkeitsnatur des Staates einen von
meinem jetzigen abweichenden Standpunkt einnahm.

[2]) Vgl. die Darstellung der Gemeinschaften zur gesamten Hand

Die Vereinsgewalt des Bundes wird nur über die Mitglieder, d. h. die Staaten geübt. Daher wendet sie sich nur an die obersten Staatsorgane; eine Gewalt über die einzelnen Staatsangehörigen ist dem Bunde nicht gegeben. Daher gibt es im Staatenbunde keine Bundesangehörigkeit des einzelnen. Deshalb ist auch im Staatenbunde niemals eine sicher wirkende Garantie dafür gegeben, daß die Bundesbeschlüsse von allen Gliedern durchgeführt werden. Die Bundesexekution ist, wie jedes völkerrechtliche Zwangsmittel, stets von den gegenseitigen Machtverhältnissen der Bundesglieder abhängig. So war im Deutschen Bunde den großen Staaten gegenüber die Bundesexekution ein leeres Wort und die Durchführung der Bundesbeschlüsse in ihnen tatsächlich nur von ihrem guten Willen abhängig. Da die Gliedstaaten souverän sind, so streitet ferner die Vermutung stets für die Freiheit der Gliedstaaten und gegen die Zuständigkeit der Bundesgewalt. Jede Erweiterung der Bundeskompetenz kann nur durch einhellige Vereinbarung der Mitglieder erfolgen, während innerhalb der bestehenden Zuständigkeit Mehrheitsbeschlüsse zulässig sind, die aber keineswegs als Beweis für eine Oberhoheit der Bundesgewalt über die Staaten verwendet werden können. Denn Zulässigkeit von Mehrheitsbeschlüssen ist für sich allein keineswegs imstande, irgendeinem Verbande körperschaftlichen Charakter zu verleihen. Mehrheitsbeschlüsse können sowohl von Körperschaften als von einfachen Gesellschaften mit bindender Kraft für die Mitglieder gefaßt werden.

Staatenbünde können gemeinsame Verwaltungsinstitutionen, gemeinsame Behörden besitzen, es können parlamentarische Delegationen der Gliedstaaten an ihren Beschlüssen teilnehmen, wie es in dem österreichischen Reformprojekt für den Deutschen Bund 1863 vorgeschlagen war. All das stört den Typus des Staatenbundes nicht, sofern nur die Bundesbeschlüsse zu ihrer Durchführung stets eines Willensaktes der Gliedstaaten bedürfen. Das Heer der Staatenbünde bestand bisher immer aus Kontingenten der Einzelstaaten, ihre Einnahmen aus Beiträgen der Mitglieder, aber selbst gemeinsames Heer und gemeinsame Einnahmen könnten in ihm vorkommen. Solange das Prinzip der Souveränetät der Gliedstaaten rechtlich anerkannt ist, bleibt eine

---

bei G i e r k e Deutsches Privatrecht I S. 682 ff. und neuerdings E b e r s a. a. O. S. 303 ff., der sich der hier vertretenen Lehre anschließt.

derartige Verbindung, wie immer sie gestaltet sein mag, ein Staatenbund.

Alle der neueren Zeit angehörenden Staatenbünde haben den erörterten Typus aufgewiesen. Nur sie aber können zur Gewinnung eines Typus verwendet werden, der als völkerrechtliche Staatenverbindung eine ausgebildete völkerrechtliche Ordnung voraussetzt. Antike und mittelalterliche Städtebünde heranzuziehen ist bei der völligen Verschiedenheit sowohl der internationalen Verhältnisse als der staatlichen Stellung der verbündeten Gemeinwesen im Vergleich mit den Staaten der neueren Zeit mißlich. Weder der achäische Bund noch die Hansa können zum Verständnis der modernen Staatenbünde förderlich verwendet werden.

Die Wissenschaft ist auch tatsächlich trotz aller Beachtung früherer Bildungen bei der Feststellung des Typus des Staatenbundes stets nur von der Untersuchung der neueren Bünde ausgegangen. Der Bund der Vereinigten Niederlande, die Vereinigten Staaten von Amerika von 1776—1787, die schweizerische Eidgenossenschaft 1815—1848, der Rheinbund und der Deutsche Bund sind die vornehmsten historischen Erscheinungen, aus welchen der Begriff des Staatenbundes abstrahiert worden ist.

Ganz abweichend von diesem Typus war aber der Bund der zum Ausscheiden aus der amerikanischen Union entschlossenen Rebellenstaaten (1861)[1]. Diese wollten nach der Anleitung Calhouns[2] ein „Federal Government" gründen, das staatenbündischen Charakter tragen sollte. Die konföderierten Staaten von Amerika, wie sie sich nannten, sollten eine selbständige Regierung haben, die gleich derjenigen der Vereinigten Staaten direkte Gewalt über das Volk haben sollte. Selbst Verfassungsänderungen sollten durch einfache Majorität in beiden Häusern des Kongresses und Zweidrittelmajorität der Staatenlegislaturen — also unter geringeren Erschwerungen, als sie die Unionsverfassung vorschreibt — Rechtskraft gewinnen können. Aber

---

[1] Vgl. G. Jellinek Staatenverbindungen S. 187ff. Eine eingehende Darstellung der Lehre von der Sezession und Nullifikation und der auf sie sich gründenden geschichtlichen Vorgänge bis zur Wiederherstellung der normalen Zustände nach Beendigung des Sezessionskrieges bei Foster, I p 111—268.

[2] A discourse on the Constitution and Government of the United States. Works of Calhoun I 1863 p. 109—406 Über Calhoun vgl. die genaue Darstellung von E. Moll Der Bundesstaatsbegriff in den Vereinigten Staaten von Amerika 1905 S. 170 ff.

die Verfassung war ausdrücklich als ein Vertrag zwischen den
Staaten bezeichnet, die fortdauernde Souveränetät der verein-
barenden Staaten in der Verfassung ausdrücklich anerkannt und
damit die ganze theoretische Grundlage, auf welcher der neue
Bund aufgebaut werden sollte. Deren praktisch wichtigste Konsequenzen waren das Recht der Nullifikation bundesrechtswidriger
Gesetze durch die in der Minorität verbliebenen Einzelstaaten
und das Recht der Sezession der Minoritäten im Falle eines
tiefgreifenden, auf andere Art nicht lösbaren Konfliktes. Dadurch
jedoch wäre auch dieser Bund, wenn er sich hätte behaupten
können, schließlich fordauernd auf den guten Willen seiner Glieder
gestellt gewesen. Die Bundesgewalt wäre trotz ihrer Ähnlichkeit
mit einer Staatsgewalt dennoch nur eine Vereinsgewalt gewesen,
der das wesentliche Merkmal der Staatsgewalt, die Fähigkeit unbedingter, von dem Willen der Untergebenen unabhängiger Herrschaft gemangelt hätte. Die Vermutung hätte stets für die Zuständigkeit der Glieder gegen die des Bundes gesprochen, und
eine Erweiterung der Bundeskompetenz wäre kraft des Rechtes
der Nullifikation und Sezession schließlich doch von dem einhelligen Willen der Gliedstaaten abhängig gewesen. Immerhin
lehrt dieser Versuch, einen neuen Typus des Staatenbundes zu
schaffen, welch weitgehender Abweichungen von dem herkömmlichen Typus diese Verbindungsform fähig ist.

Daher kann man als notwendig feststehendes Merkmal des
Staatenbundes nur die Souveränetät der Bundesglieder bezeichnen.
Sie allein ist das unterscheidende Merkmal des Staatenbundes
von der neueren staatsrechtlichen Form der Staatenverbindungen,
dem Bundesstaate.

Mit diesem Resultate stimmt auch nach anderer Richtung
hin die juristische Erkenntnis überein. Jede auf einer völkerrechtlichen Vereinbarung ruhende Staatenverbindung ist in ihrem
Bestande abhängig davon, daß sie nicht mit den höchsten Sonder-
interessen der Glieder kollidiere. Niemals ist der Staat irgendeines Vertrages, sondern stets der Vertrag des Staates wegen da.
Die Pflicht der Vertragstreue hat an der Existenz des also gebundenen Staates seine Grenzen; die der Gesetzeserfüllung hingegen kann bis zur Aufopferung des Verbandes gehen. Dem hat
auch die politische Wirklichkeit entsprochen, die den für ewig
erklärten Deutschen Bund zerriß, als seine Fortexistenz mit den
höchsten Interessen seines mächtigsten Gliedes in Kampf geriet.

Der Austritt aus einem Staatenbund ist Vertragsbruch, nicht Auflehnung gegen eine Herrschaft. Mangel an Vertragstreue kann unter Umständen rechtlich gerechtfertigt werden, Empörung gegen eine verfassungsmäßig bestehende Gewalt niemals. „Das ultra posse nemo obligatur kann durch keine Vertragsklausel außer Kraft gesetzt werden; und ebensowenig läßt sich durch einen Vertrag das Maß von Ernst und Kraftaufwand sicherstellen, mit dem die Erfüllung geleistet werden wird, sobald das eigne Interesse des Erfüllenden dem unterschriebenen Texte und seiner früheren Auslegung nicht mehr zur Seite steht."[1]) Zudem ist selbst rechtlich die Auflösung eines jeden Staatenbundes möglich durch einhelligen Beschluß seiner Gliedstaaten. Eine staatsrechtliche Verbindung hingegen kann niemals durch den Willen ihrer Glieder von Rechtswegen gelöst werden. Der politische Selbstmord ist keine juristische Kategorie.

Vom politischen Standpunkte aus könnte gegen die hier entwickelte juristische Auffassung eingewendet werden, daß die Souveränetät der Gliedstaaten eines Staatenbundes nur bei großen Staaten überhaupt einen Sinn habe, die kleineren Staaten hingegen eine derartige faktische Unterordnung unter die Bundesgewalt zeigen, daß praktisch von deren Souveränetät nicht mehr die Rede sein könne. Diese Ansicht kann aber vom Rechte nicht angenommen werden, weil kleine Staaten, auch wenn sie außerhalb eines Bundesverhältnisses stehen, stets durch Rücksichtnahme auf die größeren, namentlich benachbarten Staaten in ihrer Bewegungsfreiheit gehemmt sind. Deshalb wird man aber auch einem kleinen Staate nicht den Rechtscharakter eines souveränen absprechen dürfen, wie ja auch soziale Unterschiede der Individuen und die durch sie hervorgerufenen sozialen Abhängigkeitsverhältnisse keine Unterschiede in der Rechtsstellung der Persönlichkeiten zu begründen imstande sind.

Vermöge dieser Souveränetät seiner Glieder ist aber der Staatenbund eine höchst unbefriedigende Form dauernder Organisation von Staaten, die durch bleibende gemeinsame Interessen auf eine stete Verbindung angewiesen sind. Vornehmlich nationale Gemeinschaft, sodann geschichtliche Zusammengehörigkeit anderer Art, wie die der Unabhängigkeit vorausgegangene gemeinsame Unterordnung unter dieselbe Herrschaft, sind die Motive

---

[1]) B i s m a r c k Gedanken und Erinnerungen II S. 249 f.

zur Bildung von Staatenbünden gewesen. Keiner von ihnen hat sich aber bei längerer Dauer bewährt und zu erhalten vermocht, wenigstens seit Ausbildung der modernen Staatensysteme, innerhalb deren erst, im Gegensatz zu den unklaren mittelalterlichen Verhältnissen, der Staatenbund als ausgeprägte Verbindungsform entstehen konnte. Entweder ist der Einheitsstaat — in den Niederlanden — oder der Bundesstaat an ihre Stelle getreten. Die Versuche, welche im 19. Jahrhundert in Zentralamerika mit der Schaffung von Staatenbünden gemacht wurden, haben zu keinem bleibenden Resultate geführt. Sie sind entweder auseinandergefallen oder nicht zustandegekommen. Auch sie bestätigen den Satz, daß sich ein Staatenbund auf die Dauer nicht zu erhalten imstande ist. Er zählt daher bereits heute zu den ausgestorbenen Arten der Staatenverbindungen. Hat doch unseren Erörterungen zufolge selbst die beständigere Form der Realunion, die wir als Spezialfall des Staatenbundes kennen gelernt haben, keine Aussicht, künftig in neuen Exemplaren dargestellt zu werden.

5. Der Bundesstaat. Der Bundesstaat ist ein aus einer Mehrheit von Staaten gebildeter souveräner Staat, dessen Staatsgewalt aus seinen zu staatlicher Einheit verbundenen Gliedstaaten hervorgeht[1]). Er ist eine staatsrechtliche Staatenverbindung, die eine Herrschaft über die verbundenen Staaten aufrichtet, deren Teilnehmer jedoch stets die Staaten selbst sind, so daß sie zugleich in ihrer Gesamtheit herrschen oder doch mitherrschen, als einzelne hingegen auf bestimmten Gebieten untertan sind.

Die Möglichkeit des Bundesstaates hängt innig mit der Lehre zusammen, die Souveränetät für kein wesentliches Merkmal des Staates erklärt und demnach souveräne und nichtsouveräne Staaten unterscheidet[2]). Andernfalls ist das, was man Bundes-

---

[1]) L a b a n d , I S. 60, bezeichnet als Bundesstaat den Staat, in welchem die Staatsgewalt der Gesamtheit der Mitgliedsstaaten zusteht. Dann aber wären die Vereinigten Staaten von Amerika kein Bundesstaat, weil das einheitliche Vc¹k als den Staaten gleichartiges Organ der Bundesstaatsgewalt erscheint. Allerdings schränkt L a b a n d seinen Satz selbst ein, indem er weiter nur von Beteiligung der Staaten an der Herstellung des Gesamtwillens spricht. Dieser vorsichtigeren Formulierung hat sich R e h m , Staatslehre S. 86, angeschlossen, indem er den Gliedstaaten bloß einen Anteil an der Bundesstaatsgewalt zuspricht.

[2]) Die Scheidung von souveränen und nichtsouveränen Staaten ist für die Lehre von den modernen Bundesverhältnissen zuerst von

staat nennt, entweder ein Staatenbund oder ein Einheitsstaat. Die
erstere Lehre ist angeregt durch die Theorie Calhouns von
der Natur der amerikanischen Union, vertreten von Seydel,
namentlich im Hinblick auf das Deutsche Reich[1]), die zweite
in verschiedenen Nuancen von all denen, die entweder nur dem
Gesamtstaate im Bundesstaat Souveränetät und damit ausschließlich Staatscharakter zuerkennen[2]), oder die eine souveräne Gewalt
an zwei verschiedene Träger — Bundes- und Gliedstaat — verteilt denken, so daß sie beiden gemeinsam zusteht[3]).

Die Gliedstaaten des Bundesstaates sind nichtsouverän; den
höchsten Organen ihrer Staatsgewalt und damit ihnen selbst
ist jedoch als Ersatz der Souveränetät ein mehr oder minder
groß bemessener Anteil an der Ausübung der Staatsgewalt des
Gesamtstaates verfassungsmäßig eingeräumt. Die Ordnung des
Bundesstaates ruht auf einer Verfassung, die sein eigenes Gesetz

---

G. Meyer, Staatsrechtliche Erörterungen über die deutsche Reichsverfassung 1872 S. 2 ff., vorgenommen worden. Sie kann heute als die für
die Erklärung des Bundesstaates verbreitetste Theorie bezeichnet werden.

[1]) Vgl. namentlich: Der Bundesstaatsbegriff (1872), Staatsrechtliche
und politische Abh. S. 1—85 und Kommentar zur deutschen Reichsverfassung S. 1 ff.; Seydels Theorie hat unter den namhaften Publizisten
keine Anhänger gefunden. Die neueste eingehende Kritik seiner Lehre
bei Rehm, Staatslehre S. 127 ff. Doch hat kürzlich O. Mayer, Republikanischer und monarchischer Bundesstaat, Archiv f. öff. R. XVIII
(1903) S. 337, und Festgabe f. Laband I 1908 S. 64 ff., ferner StR. d.
Königreichs Sachsen 1909 S. 12 f., für das' Deutsche Reich eine der
Seydelschen Lehre ähnliche Theorie zu begründen versucht, widerlegt
aber keinen der Einwände, die gegen Seydels Lehre vom Reiche erhoben
worden sind. Gegen O. Mayer, obschon ihm teilweise beipflichtend
auch Hatschek, Allg. Staatsrecht III S. 60 ff. Was eben nicht aus
der Welt zu schaffen ist, das ist die unentrinnbare Überstimmbarkeit
des Einzelstaats.

[2]) So in verschiedenen Wendungen Zorn StR. I S. 71 ff. und Die
deutsche Reichsverfassung 2. Aufl. 1913 S. 44; Borel Étude sur la
souveraineté et l'État fédératif 1886 p. 167 ff.; Le Fur p. 686 ff.; Combothecra Conception juridique de l'État 1899 p. 139; Willoughby
und Burgess vgl. oben S. 486 N.

[3]) Namentlich Haenel Studien I S. 63 ff. und Staatsrecht I S. 200 ff.,
793 ff.; Gierke in Schmollers Jahrbuch 1883 S. 1157 ff.; Bornhak
Allg. Staatslehre, 2. Aufl. S. 258, ähnlich: Rußland und Finnland 1909
S. 18 f.; O. Mayer II S. 462 ff. Vgl. dazu die treffenden Kritiken von
Laband, I S. 81 ff., und Rehm, Staatslehre S. 120 ff., die mit Recht
konstatieren, daß auch diese Lehre, zu Ende gedacht, auf die Gleichstellung von Bundes- und Einheitsstaat hinauslaufe.

ist und stets nur durch Gesetz des Bundesstaates, niemals durch den, wenn auch einmütigen Willen der Gliedstaaten, der sich in anderen als verfassungsmäßigen Formen äußert, rechtlich abgeändert werden kann. Soweit die Herrschaft des Bundesstaates reicht, verlieren die Gliedstaaten ihren staatlichen Charakter. Sie werden in diesem Bereiche entweder ganz außer Tätigkeit gesetzt, indem die eigene Verwaltung des Bundesstaates an die Stelle der ihrigen tritt, oder sie erhalten den Charakter von Selbstverwaltungskörpern nach Art der Kommunalverbände, insoweit sie nach den Gesetzen und unter Aufsicht des Bundesstaates durch ihre Organe Verwaltung üben[1]).

Im Bundesstaate ist eine Vielheit von Staaten zur Einheit verbunden, d. h. es sind, soweit die Zuständigkeit der Bundesstaatsgewalt reicht, alle trennenden Unterschiede unter den Gliedstaaten verschwunden. Daher sind in ihm Gebiet und Volk der Gliedstaaten zu einer Einheit zusammengefaßt. Das Land der Gliedstaaten ist sein Gebiet, das Volk der Gliedstaaten sein einheitliches Volk. Aus diesen zur Einheit zusammengefaßten Staaten geht aber auch die Staatsgewalt des Bundesstaates hervor, sei es, daß die Regierungen der Gliedstaaten in ihrer Einheit die höchste Gewalt des Bundesstaates bilden, sei es, daß besondere Organe der Bundesstaatsgewalt aus dem einheitlichen Bundesvolke verfassungsmäßig bestellt werden, wie die Präsidenten der Föderativrepubliken. Auch im zweiten Falle aber sind den Staaten Rechte der Teilnahme an der Ausübung der Bundesstaatsgewalt eingeräumt, so daß die Gliedstaaten überall Organe der Bundesgewalt sind, was für sie in der Regel eine Steigerung ihres politischen Einflusses und ihrer ganzen Machtstellung bedeutet. Alle republikanischen Bundesstaaten lassen eine der beiden Kammern als Staatenhaus fungieren, in dem die Gleichheit der Staaten durch die jedem Staate gewährte gleiche Anzahl von Vertretern zum Ausdruck kommt. Diesem Staatenhause — dem Senate — kommen in den amerikanischen Bundesstaaten überdies die Funktionen eines den Präsidenten nach verschiedenen Richtungen hin beschränkenden Staatsrates zu. In den meisten Bundesstaaten ist ferner den Staaten eine entscheidende Stimme bei Verfassungsänderungen eingeräumt[2]). Anderer Art sind ferner

---

1) Vgl. Laband I S. 102 ff.

2) In den Vereinigten Staaten haben zwei Drittel der Staatenlegislaturen das Recht der Initiative bei Verfassungsänderungen und

Bestimmungen, durch welche außerdem auf die Staaten in der
Organisation der Bundesgewalt Rücksicht genommen wird, wie
z. B. in der Abgrenzung der niemals das Gebiet mehrerer Staaten
umfassenden Wahlkreise im Deutschen Reiche und der Schweiz,
die Verteilung der Schweizer Bundesräte auf verschiedene Kantone, ferner das der Staaten der nordamerikanischen Union
eingeräumte Recht, durch ihre Wahlgesetze zugleich die Bedingungen für das Wahlrecht zum Repräsentantenhaus und zur
Präsidentschaft festzusetzen.

In der Zusammenfassung der Organe der Staaten zu einem
kollegialisch organisierten Organ des Bundesstaates prägt sich
namentlich dessen föderalistischer Charakter aus, während die
übrigen Organe ein durchaus unitarisches Gepräge tragen[1]).

Soweit die bundesgewaltfreie Sphäre der Gliedstaaten reicht,
aber auch nur so weit, ist ihr Charakter als Staaten gewahrt,
wenn auch der Sprachgebrauch diese juristisch allein zutreffende
Unterscheidung nicht mitmacht und die Glieder eines Bundesstaates in allen ihren Beziehungen als Staaten bezeichnet. Die
verschiedenen Qualitäten der Bundesglieder müssen aber scharf
voneinander geschieden werden, um die rechtliche Natur des
Bundesstaates zutreffend zu erfassen. Die richtige Erkenntnis
des Wesens der Bundesglieder wehrt nämlich der Auffassung
des Bundesstaates als einer Staatenkorporation[2]). Dieser Begriff
ist ein in sich widerspruchsvoller und daher nicht realisierbar.
Die Staatenkörperschaft soll über ihre Mitglieder herrschen. Soweit aber ein Verband von einem anderen beherrscht wird,
ist seine Qualität als Staat ausgeschlossen. Herrschen ist die

---

drei Viertel das der Ratifikation der beschlossenen Änderungen. In der
Schweiz (Bundesverf. Art. 93) hat jeder Kanton die Initiative für alle
Arten von Gesetzen, und die Majorität der Kantone entscheidet mit der
Mehrheit der Schweizerbürger über die Revision. Die einschlägigen
Verhältnisse der anderen amerikanischen Bundesstaaten (Mexiko, Vene-
zuela, Argentinien, Brasilien) bei Le Fur, p. 219 ff. Ob diese Staaten
alle tatsächlich unter den Begriff des Bundesstaates fallen, kann an
dieser Stelle nicht erörtert werden.

[1]) Dabei ist aber zu bemerken, daß der Gegensatz von föderalistisch
und unitarisch ein politischer ist. Juristisch sind alle Organe des
Bundesstaates, auch die Staatenkollegien oder deren repräsentierendes
Organ in sich einheitlich, gleich den parlamentarischen Kollegien der
Einzelstaaten.

[2]) Für das Deutsche Reich Laband I S. 97 ff. Vgl. dagegen auch
G. Jellinek Lehre von den Staatenverbindungen S. 281 ff.

dem Staat notwendige Tätigkeit; ein Verband ist daher Staat nur insoweit, als er herrschen kann; der Gliedstaat hat daher auch nur, insofern er der Bundesstaatsgewalt nicht unterworfen ist, Staatscharakter, verliert ihn aber, wie von allen Seiten, die den Bundesstaatsbegriff anerkennen, zugegeben wird, soweit er der Bundesstaatsgewalt unterworfen ist.

Soweit die Herrschaft des Bundesstaates reicht, ist der Gliedstaat nur insofern vorhanden, als er Ansprüche auf Leistungen des Bundesstaates und auf Teilnahme an dessen Herrschaft hat. An der Herrschaft selbst aber nimmt er wie jedes Staatsglied nicht als einzelner, sondern als Organ des Gesamtstaates teil. Die Glieder des Bundesstaates sind als solche, soweit sie an der Herrschaft des Bundes teilnehmen, nicht Staaten, sondern Organe des Bundesstaates und, soweit sie unterworfen sind und überhaupt noch einen selbständigen Willen äußern können, nichtstaatliche Verbände, und nur die physische Identität dieses Verbandes mit dem Gliedstaate führt zu der ungenauen Vorstellung, daß der Gliedstaat als solcher dem Bundesstaate unterworfen sei. Daher hat der Gliedstaat nur nach zwei Richtungen hin staatlichen Charakter: als Gemeinwesen, das von der Bundesstaatsgewalt frei ist und als Träger von öffentlich-rechtlichen Ansprüchen an den Bundesstaat gemäß dessen Verfassung.

Der Bundesstaat ist daher so wenig eine Staatenkörperschaft, als der Einheitsstaat als ein aus sämtlichen Kommunen des Staates bestehender Verband aufgefaßt werden darf. Er gleicht vielmehr, soweit seine Sphäre reicht, vollkommen dem Einheitsstaate. Er herrscht, wie dieser, direkt über sein Gebiet und sein Volk, ohne daß diese Herrschaft irgendwie durch Gliedstaaten in ihrer staatlichen Eigenschaft vermittelt wäre. Vom Einheitsstaate unterscheidet er sich dadurch, daß die in ihm zu völliger staatlicher Einheit zusammengefaßten Glieder in den der Bundeskompetenz nicht unterliegenden Angelegenheiten und vor allem in ihrer Organisation ihren staatlichen Charakter bewahrt haben, ferner dadurch, daß die obersten Organe dieser Staaten (Monarchen, Senate der freien Städte, Volk oder Legislaturen in den Republiken) entweder selbst Organe der höchsten Bundesgewalt sind oder diese erzeugen. Diese Verbindung von Organträgerschaft des Glied- mit der des Bundesstaates ist ein eigentümliches, sonst nirgends anzutreffendes Verhältnis, indem sonst die Organe eines Staates in dieser Eigenschaft nur ihm,

nicht aber auch einem anderen Staate angehören können. Da
aber ein selbständiges Recht eines Staatsorgans, das nicht Recht
seines Staates wäre, nicht vorhanden ist, so erhebt die Stellung
der Gliedstaatsorgane im Bundesstaate die Gliedstaaten selbst
zu Organträgern des Bundes[1]).

Durch diese beiden Merkmale unterscheidet sich der ¡Bundesstaat von der anderen Form staatsrechtlicher Staatenverbindung,
dem Staatenstaate. Hier bilden die unterworfenen Staaten keine
innere Einheit mit dem Oberstaate, daher ihre Elemente nur
indirekt von dem Oberstaate beherrscht werden, dessen unmittelbare Herrschaftsobjekte nur die Regierungen der Unterstaaten sind, wie anderseits auch jede Verbindung von Unter-
und Oberstaatsorganisation gänzlich mangelt.

Der Bundesstaat ruht auf verfassungsmäßiger, nicht vertrags-
mäßiger Ordnung. Wenn er an Stelle von bisher staatsrechtlich
unverbundenen Staaten tritt, so gehen seiner Gründung Verträge
voran, die sich auf seine Verfassung beziehen. Anders, wenn
ein Einheitsstaat oder ein unterworfenes Land sich in Bundesstaaten verwandeln, wie es mit den Vereinigten Staaten von
Venezuela, Mexiko, Argentinien, Brasilien der Fall war, wo die
Einzelstaaten erst auf Grund bundesverfassungsmäßiger Zulassung sich organisieren konnten. An den letzteren Gebilden
scheitert jeder Versuch, sie im staatenbündischen Sinne zu interpretieren, schon an dem Widerspruche, in dem jede solche Auslegung mit der geschichtlichen Entwicklung solcher Staaten stünde.

Gehen der Gründung eines Bundesstaates Verträge unter den
künftigen Bundesgliedern voran, so können diese niemals den
Rechtsgrund des Bundesstaates bilden. Denn welche Rechtsordnung knüpft an Vereinbarung unter Staaten die Wirkung
der Staatsgründung? Die eigene Rechtsordnung des zu gründenden Staates sicherlich nicht, ebensowenig aber die der gründenden Staaten. Bayern z. B. konnte doch nicht nach baye-
rischem Recht das Deutsche Reich gründen. Daß aber das
Völkerrecht aus Verträgen Staaten entstehen läßt, ist eine petitio
principii oder vielmehr die Behauptung eines naturrechtlichen
Satzes als eines dem positiven Völkerrechte angehörenden[2]).

---

[1]) Vgl. System der subj. öff. Rechte S. 300 ff.

[2]) Vgl. oben S. 271 ff. Der hervorragendste Vertreter der Vertragstheorie für die Entstehung des Norddeutschen Bundes ist G. Meyer,
Staatsr. S. 175 ff., daselbst S. 181 die Anhänger seiner Lehre. In der

Die Gründung des Bundesstaates ist vielmehr eine nationale Tat[1]), die wie der Akt der Staatengründung überhaupt nicht juristisch konstruiert werden kann[2]). Diese nationale Tat wird

neueren Literatur wird seit K u n t z e, Der Gesamtakt, Festgabe der Leipziger Juristenfakultät für Otto M ü l l e r, 1892 S. 80 ff., von manchen die Gründung des Bundesstaates auf einen Gesamtakt der gründenden Staaten zurückgeführt, so F l e i n e r Die Gründung des Schweizerischen Bundesstaates im Jahre 1848, 1898 S. 36 ff.; T r i e p e l Völkerrecht und Landesrecht S. 68 f. Ähnlich R o b i n s o n in der Zeitschr. f. d. ges. Staatsw. LIII 1897 S. 615 ff.; K r a b b e Die Lehre der Rechtssouveränetät 1906 S. 237; C o e n d r e s in der Ztschr. f. Völkerrecht und Bundesstaatsrecht III 1909 S. 320 ff. (trotz der Bemerkungen S. 246 ff.). Diese Lehre übersieht ganz wie die anderen juristischen Konstruktionen der Entstehung des Bundesstaates, daß auch der Bundesstaat, wie jeder andere Staat, zunächst ein soziales, vorjuristisches Dasein hat, an das die Rechtsordnung erst anknüpfen, das sie aber nicht schaffen kann. K u n t z e, S. 82, meint selbst, wie ein Staat sich aus freiem Entschlusse unter die Oberhoheit eines anderen Staates begeben oder gar in ihm aufgehen kann, so kann er auch mit anderen Staaten ein neues Staatswesen errichten. Dabei verkennt K u n t z e völlig den tiefen Unterschied, der beide Teile voneinander trennt. Gerade die Neuschöpfung eines staatlichen Gemeinwesens kann durch den ersten Fall, wo ein Staat in eine schon bestehende Staatsordnung tritt, sicherlich nicht erläutert werden. Gegen Kuntze auch H. P o h l im Arch. f. ö. R. 20. Bd. 1906 S. 173 ff.

[1]) Dieser Satz ist von manchen mißverstanden worden. So von Z o r n, der, Hirths Annalen 1884 S. 477, meint, daß ich damit das Volkselement in Gegensatz zum dynastischen stellen wollte. Vielmehr habe ich selbstverständlich die Nation im Kultursinne als die Gesamtheit aller Elemente des staatsgründenden Volkes im Auge. Wilhelm I. und Bismarck gehören doch wahrlich zur deutschen Nation. Aber auch wenn L a b a n d, I S. 97 N. 1, mir entgegenhält, daß das deutsche Volk zwar keine Schöpfung der Einzelstaatswillen sei, wohl aber die staatliche Einheit des deutschen Volkes, so steht und fällt dieser Satz mit der Annahme, daß der Gründungsvorgang des Norddeutschen Bundes rechtlich zu erfassen sei. Lehnt man letztere Lehre ab, so ergibt sich mit Notwendigkeit der von L a b a n d bekämpfte Satz, der nichts als die Folgerung aus einer festen Grundanschauung ist.

[2]) Vgl. die näheren Ausführungen Lehre von den Staatenverbindungen S. 256 ff. Übereinstimmend Z o r n StR. I S. 30 u. Die deutsche Reichsverfassung 2. Aufl. 1913 S. 28; L i e b e Zeitschrift f. d. ges. Staatswissenschaft 1882 S. 634 ff.; O. M e j e r Einleitung S. 301; B o r e l p. 71, 130; R. H u d s o n The North German Confederation, in der Political Science Quarterly VI 3, New York 1892, p. 433 f.; B o r n h a k Staatslehre S. 257; B i e r l i n g Juristische Prinzipienlehre II 1898 S. 354 ff.; T r i e p e l Unitarismus und Föderalismus 1907 S. 26 ff.; W. B u r c k h a r d t Verfassungs-

von den Staaten in ihrer Eigenschaft als historisch-sozialer Mächte
mit vollzogen. Die der Gründung des Bundesstaates vorangehenden
Vereinbarungen der Staaten aber haben juristische Bedeutung,
da sie die Bedingungen festsetzen, unter denen die künftigen
Gliedstaaten in den zu bildenden Bundesstaat einzutreten sich
gegenseitig verpflichten. Der Eintritt selbst wird durch Unterwerfung unter den Bundesstaat vollzogen, durch welchen zugleich
die vorbereitenden Vereinbarungen ihre Erfüllung finden. Deshalb sind die Vereinbarungen über die Gründung des Bundesstaates von der höchsten praktischen Bedeutung. Sie bezeugen,
daß die Gliedstaaten gewillt sind, die Gründung des Bundesstaates
zu fördern, ferner, daß die Gründungsvorgänge dem inneren
Recht der Gliedstaaten nicht widersprechen. Damit erkennen
die Staaten den Gründungsvorgang des Bundesstaates und den
Bundesstaat selbst an. Das hat aber zur Folge, daß niemand
vorhanden ist, dem ein Recht zustände, dem neuen Staatswesen
die Anerkennung zu weigern. Es ist völkerrechtlicher Grundsatz,
daß, wenn die durch eine staatliche Neubildung in ihren Rechten
berührten Staaten den neuen Staat anerkennen, dritte Mächte
zu dessen Anerkennung verpflichtet sind. Als die Schweiz daran

und Gesetzesrecht 1910 (Schweiz. Pol. Jahrbuch) S. 19 ff.; G. G r o s c h
im Arch. d. ö. R. 29. Bd. 1912 S. 148, 181; W. S c h o e n b o r n Staatensukzessionen, Stier-Somlos Handbuch d. Völkerrechts II² 1913 S. 21.
Grundsätzlich gleicher Ansicht auch H a t s c h e k, Jahrb. d. ö. R. III
S. 29 ff., u. Allg. Staatsrecht III S. 45 ff., der die Gründung des Norddeutschen Bundes auf Konventionalregeln, d. i. werdendes Recht, zurückführt. Auch L a b a n d (vgl. Staatsrecht des Deutschen Reiches, in
Marquardsens Handbuch 1. Aufl. 1883 S. 11) hat sich früher ganz auf
diesen Standpunkt gestellt, sich nunmehr aber I S. 35 f. nicht mehr
in voller Klarheit über die Frage geäußert, ob die Gründung des Norddeutschen Bundes Rechtsakt war oder nicht. Die Berufung auf K u n t z e
scheint dafür zu sprechen, daß L a b a n d jetzt die Gesamtaktstheorie
angenommen habe. Ganz eigentümlich ist die Stellung, die H a e n e l
zu dem Probleme der Entstehung des Bundesstaates einnimmt. Er
polemisiert, Staatsr. I S. 35 ff., eingehend gegen die Lehre, daß der
Bundesstaat nicht juristisch aus einem Vertrage abgeleitet werden könne,
und läßt S. 31 den Bund als Tatbestand seine Verwirklichung dadurch
finden, daß diejenigen, welche hierzu nach der vereinbarten Verfassung
berufen waren, sich zu Organen des Bundes aufwarfen. Das ist aber
doch nichts anderes als die Behauptung, daß die Entstehung des Bundes
ein faktischer Vorgang war, um so mehr, als nach H a e n e l auch die
Verfassung nur durch den Willen der tatsächlichen Organe Rechtskraft
gewinnen konnte, wie S. 32 ausgeführt wird.

ging, sich 1848 in einen Bundesstaat zu verwandeln, da erklärten mehrere Mächte[1]), daß sie eine veränderte Bundesakte nur dann anerkennen würden, wenn sie die Zustimmung sämtlicher Kantone erhielte. Als sodann die Verfassung ins Leben trat, nachdem sie erst von 15½ Kantonen angenommen war und die dissidierenden 6½ Kantone trotz der Ablehnung der Verfassung sich dem Bunde tatsächlich fügten[2]), wurde der Bundesrat der Eidgenossenschaft und damit das neue Staatswesen selbst ohne weiteres von allen Mächten anerkannt. Nicht minder wurde aber der ohne Verletzung der Rechte seiner Glieder zustande gekommene Norddeutsche Bund sofort anerkannt, nachdem Österreich im Prager Frieden die Auflösung des Deutschen Bundes gebilligt hatte. Ebenso mußte das Deutsche Reich sofort von allen Mächten anerkannt werden, was stillschweigend durch den diplomatischen Verkehr geschah.

Der Vorgang der Gründung des Bundesstaates selbst kann jedoch durch Vereinbarungen der Einzelstaaten über eine zu schaffende Verfassung, Beschließung der Verfassung von seiten eines verfassungsgebenden Parlamentes und der Regierungen, Genehmigung der also festgestellten Verfassungen durch die Kammern der Einzelstaaten und Verkündigung der Verfassung durch die Einzelregierungen als Landesgesetze nicht erklärt werden. Es ist und bleibt zwischen all diesen Vorgängen und der Entstehung des Bundesstaates selbst eine juristische Lücke, eine Kluft vorhanden, die durch keinerlei Deduktionen ausgefüllt werden kann. Juristisch ist vielmehr jede Ableitung des Gründungsaktes eines Bundesstaates aus einem Rechtsvorgange entweder unfruchtbare Scholastik, oder sie führt, konsequent zu Ende gedacht, zur Verneinung des Staatcharakters des Bundes. Denn jede wie immer geartete Zurückführung des neugebildeten Verbandes auf den Willen der Konstituenten macht ihn dauernd zu ihrem Geschöpf, da die höhere Rechtsordnung über den Staaten fehlt, die das Gebilde jenes Vertrages, jener Vereinbarung, jenes Gesamtaktes, oder wie man sonst den Gründungsakt nennen mag, von ihrer Grundlage loszulösen imstande wäre[3]). So wäre denn auch nicht ab-

---

[1]) Österreich, Preußen und Frankreich mit Note vom 18. Januar 1848.

[2]) Vgl. aus der neuesten Literatur F l e i n e r a. a. O. S. 21 ff., 39 f.

[3]) Das übersieht G. M e y e r, S. 179, in seiner Polemik gegen mich. Wohl erkenne ich die Möglichkeit an, daß Staaten durch Vereinbarung

zusehen, warum der Bundesstaat nicht durch Lösung jener Ver-
einbarung oder durch einen neuen Gesamtakt wieder in seine
Teile zerfallen könnte. Wie läßt sich der absolute Verzicht der
Staaten auf das Recht, den Vertrag aufzuheben, den Gesamtakt

---

objektives Recht schaffen können. Doch ist und bleibt dieses Recht
Völkerrecht. Wann aber ist der völkerrechtliche Satz aufgestellt worden,
daß Bundesstaaten durch Vertrag entstehen können? Er ist weder
vereinbart, noch beruht er auf dem Gewohnheitsrecht. Daher gehört
er nicht dem ius gentium, sondern dem ius naturae an. v. S t e n g e l,
a. a. O. S. 1125 ff., richtet seine übrigens ganz unselbständige Polemik
gegen meine Ansicht an die Adresse von B o r e l, der sich doch ausdrücklich, a. a. O. S. 72, auf mich beruft. Die Lehre von der vertragsmäßigen Entstehung des Norddeutschen Bundes trägt in neuer Wendung
vor Ed. L o e n i n g, Grundzüge der Verfassung des Deutschen Reiches,
4. A. 1913 S. 19 ff. Die Staaten hätten nämlich sich verpflichtet, die
Gewalt, der sie sich zu unterwerfen hatten, selbst zu organisieren.
Dabei wird aber die Grundfrage, wie und nach welchem Rechte Staaten
eine von ihnen verschiedene Gewalt schaffen können, nicht gelöst.
Ferner schwebt diese Gewalt, der sich die Staaten unterworfen haben
sollen, zunächst in der Luft. Denn Staatsgewalt wurde sie erst durch
die Unterwerfung, vorher war sie als Organisation eines noch nicht
vorhandenen Staates ein rechtliches Nichts, dem sich daher auch kein
Staat rechtlich unterwerfen konnte. A n s c h ü t z, Enzyklopädie S. 506,
gründet klarer als Loening den Bundesstaat auf völkerrechtliche Vereinbarung, die eine fürderhin ausschließlich auf ihrem eigenen Willen
ruhende staatliche Einheit ins Leben ruft, beweist aber das Dasein des
entsprechenden Völkerrechtssatzes mit den von ihm behaupteten Rechts-
wirkungen keineswegs, sondern setzt diese unauffindbare Rechtsnorm
als gegeben voraus. Die jüngste Behauptung von A n s c h ü t z zu
G. M e y e r, S. 180, hingegen, daß Staaten g e w o h n h e i t s r e c h t l i c h
andere schaffen können (was bisher noch von niemand behauptet wurde),
beruht auf einer Verwechslung von historischem Faktum und Recht.
Mit der Verweisung auf Gewohnheitsrecht in solchen Fragen muß man
überhaupt sehr vorsichtig sein. Nichts leichter als ein „Gewohnheitsrecht" auf Revolution aus der neuesten Geschichte der romanischen
Völker zu deduzieren, auch für jeden internationalen Rechtsbruch lassen
sich Präzedenzfälle in genügender Zahl anführen, um ihn „gewohnheitsrechtlich" zu legalisieren. Und warum sollte der gewohnheitsrechtlich
begründete Bundesstaat nicht durch seine Glieder wiederum gewohnheitsrechtlich aufgelöst werden können, wenn diese nur von der rechtlichen Notwendigkeit ihres Tuns überzeugt sind? Vor allen derartigen
Konstruktionen bewahrt eben die Einsicht, daß das System des öffentlichen Rechtes kein geschlossenes ist und es auch nicht sein kann.
Freilich hat der nicht enden wollende Streit über die Natur des Grün-
dungsvorgangs einen tiefen logischen Grund; vgl. oben S. 364 f. N. 1
am Ende.

zu widerrufen, rechtlich begründen? Wo ist die unbezweifelte
völkerrechtliche Lehre — nur um eine solche kann es sich ja
handeln —, die derartiges als absolut verboten hinstellen könnte?
Warum soll nicht einmal das Reich aufgelöst werden, um ein
neues mit einem anderen Reichstag an die Stelle zu setzen? Diese
rechtlich nicht zu diskutierende Theorie ist ja auf Grund der
Lehre von der vertragsmäßigen Entstehung des Deutschen Reiches
zu politischen Zwecken aufgestellt und erörtert worden[1]). Das
Reich ist uns ein Staat und der Austritt aus dem Reich, die
Auflösung des Reichs uns rechtlich unmöglich, weil wir davon
überzeugt sind, daß das Reich ein Staat ist. Diese auf eine geschichtliche Tatsache gegründete Überzeugung liegt allen juristischen Deduktionen von der Entstehung des Reichs zugrunde,
die aber ihr nichts Neues hinzuzufügen vermögen. Wem das
Reich aber kein Staat ist, der wird auch für diese Überzeugung
seine Theorie finden, wie ja der Gegensatz der Grundanschauungen über die Natur des Reiches zeigt. Bei allen Staatsrechts-
lehrern, die das Reich juristisch konstruieren, war zuerst die
politische Überzeugung von dessen Natur vorhanden, zu der
hierauf die juristische Rechtfertigung gesucht wurde.

Die Glieder des Bundesstaates sind entweder bei seiner
Gründung vorhanden oder treten später in ihn ein. Letzteren
Falles sind zwei Möglichkeiten zu unterscheiden. Entweder die
neueintretenden Gliedstaaten stehen bisher außerhalb des Bundesstaates. Dann erfolgt der Eintritt auf Grund eines Unterwerfungsvertrages mit dem Bundesstaate; kann durch Vertrag auch kein
neuer Staat entstehen, so hindert doch nichts, daß durch Vertrag
ein Staat sich einem anderen, bereits bestehenden unterwirft.
Die Staatsschöpfung ist nie, der Eintritt eines Staates in einen

---

[1]) Vgl. die energische Ablehnung einer solchen Ansicht bei Z o r n
Reich und Reichsverfassung 1895 S. 3 ff. Sie ist neuestens von v. J a g e -
m a n n, Die deutsche Reichsverfassung 1904 S. 30 ff., zu einem bestimmten politischen Zweck (Möglichkeit einer Verfassungsänderung ohne
den Reichstag) vertreten worden und hat allseitig die schärfste Zurück-
weisung erfahren. Immerhin zeigt sie, welch gefährliches Spiel mit der
in sich widerspruchsvollen Lehre von der vertragsmäßigen Entstehung
des Reiches getrieben werden kann. O. M a y e r, der (Arch. f. öff. R.
XVIII S. 364) das Reich für einen Monarchenbund erklärt, findet (S. 370)
die Garantie des Reiches in der Bundestreue der Fürsten: eine Gewähr
schwächster Art, wie die Geschichte des Deutschen Bundes deutlich
gelehrt hat!

anderen stets rechtlich zu werten. Oder der Bundesstaat gibt
die ihm zustehende Gewalt über ein ihm zugehöriges Territorium,
soweit die Sphäre seiner Gliedstaatsgewalten reicht, auf und
schafft damit die Bedingungen für eine selbständige staatliche
Organisation dieses Gebietes, das bisher Provinz oder Land war.
In diesem Falle braucht die Unterwerfung unter den Bundesstaat
nicht erst begründet zu werden, da sie der Überrest der früher
vorhanden gewesenen allgemeinen Subjektion ist. Auf diesem
Wege kann sich auch ein Einheitsstaat in einen Bundesstaat verwandeln, wie in jüngster Zeit die Vereinigten Staaten von Brasilien gelehrt haben. Hier wurden bloß die Gliedstaaten geschaffen, während der Zentralstaat bereits bestand und durch die
bundesmäßige Organisation, die er erhielt, eine Verfassungs-
veränderung erfuhr. Für die Lehre von der Entstehung und
rechtlichen Möglichkeit des Bundesstaates ist dieser Fall besonders
interessant.

Die Stellung der Gliedstaaten im Bundesstaate ist eine
grundsätzlich gleiche, daher Abweichungen von diesem Grundsatz
besonderer verfassungsmäßiger Festsetzung bedürfen. Diese können
aber die größten Verschiedenheiten herbeiführen. Es kann die
Anteilnahme an der Bundesgewalt für die einzelnen Staaten abgestuft sein, indem Unterschiede in der Stimmberechtigung eingeführt werden, oder indem einem Staate eine hegemonische
Stellung eingeräumt wird, wie das im Deutschen Reiche der Fall
ist. Es kann aber auch die staatliche Sphäre einzelner Bundesstaaten von der Regel abweichend in größerer Ausdehnung anerkannt werden, wofür wieder das Deutsche Reich mit den
Reservatrechten einiger Gliedstaaten das hervorragendste Beispiel
bietet.

So sind denn die Gliedstaaten gleich den Individuen nach
viererlei Beziehungen rechtlich zu betrachten[1]). In ihrer Unterwerfung unter den Bundesstaat sind sie staatlichen Charakters
bar. Sodann aber haben sie eine von der Herrschaft der Bundesgewalt freie Sphäre, in der sich ihre staatliche Natur offenbart.
Sie haben Ansprüche auf Leistungen des Bundesstaates, die ihnen
ebenfalls in ihrer staatlichen Eigenschaft zukommen. Endlich
haben sie als Staaten Ansprüche auf Organstellung im Bundesstaate, während sie die auf Grund dieser Ansprüche ihnen zu-

---

[1]) Vgl. System der subj. öff. Rechte S. 295 ff.

kommende Stellung nicht in ihrer Eigenschaft als Sonderstaaten, sondern als Organe der Bundesstaatsgewalt ausüben. So ist es ein Recht der amerikanischen Staaten, den Senat zu bestellen; der Senat selbst hingegen übt nicht Staaten-, sondern Unionsrechte aus.

Durch diese dauernden Beziehungen erhalten die Gliedstaaten selbst im Verhältnisse zum Bundesstaate verschiedene Qualitäten, sie befinden sich in steten rechtlich relevanten Zuständen. Auch darin unterscheiden sie sich vom souveränen Staat, dem nur der eine Zustand des Daseins als Staat zu eigen ist[1]).

Der Bundesgewalt gebührt allemal Recht und Pflicht, den Bundesstaat nach außen zu vertreten, sowie das ausschließliche Recht über Krieg und Frieden. Ob und in welchem Umfange die Gliedstaaten noch völkerrechtliche Persönlichkeit behalten und daher mit auswärtigen Mächten oder untereinander und mit dem Bundesstaate selbst in völkerrechtlichen Formen verkehren können, hängt von den näheren Bestimmungen der Bundesverfassungen ab. Ferner hat der Bundesstaat sein eigenes Heer, unbeschadet etwaiger untergeordneter, den Gliedstaaten bezüglich des Heerwesens verbliebener Rechte. Er hat seine eigenen, vom Willen der Gliedstaaten unabhängigen Einnahmen, seine selbständige Finanzwirtschaft. Werden seine Einnahmen durch Beiträge der Gliedstaaten ergänzt, so widerspricht das zwar dem Typus der bundesstaatlichen Finanzwirtschaft, unterscheidet sich aber trotz äußerer Ähnlichkeit von staatenbündischen Verhältnissen dadurch, daß diese Leistungen nicht auf Grund einer Vereinbarung, sondern einer Gehorsamspflicht gezollt werden. Der Bundesstaat hat endlich sein eigenes Behördensystem, das von denen der Gliedstaaten durchaus getrennt ist, mittelst dessen

---

[1]) Die richtige Konsequenz der Vertragslehre, die aber auch für die Theorie vom Gesamtakt gilt, hat Seydel gezogen, wenn er das Reich für rechtlich auflösbar hält. Vgl. Kommentar zur Reichsverfassung S. 33 f. Für eine solche Auflösung verlangt er jedoch Einstimmigkeit aller Bundesglieder und die Einhaltung derselben Formen, wie für die Verfassungsänderung, und weist die Lehre von der Sezession einzelner Bundesglieder ab, was praktisch allerdings auf die Unlösbarkeit des Reiches hinausläuft. Der Lehre Calhouns von der Sezession aber steht die größere Folgerichtigkeit und die Übereinstimmung mit der Theorie des Völkerrechts zur Seite, dem „ewige" Staatenverträge fremd sind, und das niemals einem Staate die Pflicht auferlegt, seine höchsten Interessen der Vertragstreue zu opfern.

er die ihm zustehenden Herrschaftsrechte ausübt. Die Behörden
der Gliedstaaten sind entweder gar nicht der Bundesgewalt untergeordnet, wie in den Vereinigten Staaten, oder sie sind, wie im
Deutschen Reiche und der Schweiz, verpflichtet, im Auftrage
des Bundesstaates an dessen Verwaltung teilzunehmen, wodurch
sie den Charakter mittelbarer Bundesbehörden erlangen. Die
Funktionen des Bundesstaates stehen ihm ferner entweder ausschließlich zu, oder sie werden von ihm und den Gliedstaaten
geübt. Stets aber geht das Recht des Bundesstaates dem der
Gliedstaaten vor, daher auch alle auf gesetzlicher Grundlage
ruhenden Anordnungen des Bundesstaates allen Anordnungen der
Gliedstaaten, eines der wichtigsten Merkmale, das den Bundesstaat vom Staatenbunde scheidet[1]). Die ganze Rechtsordnung des
Gliedstaates kann sich demnach nur innerhalb der vom Bundesstaate gesetzten Schranken bewegen.

Vermöge der zweifachen im Bundesstaate herrschenden Staatsgewalt sind auch Gebiet und Volk zweifach qualifiziert, eine
scheinbare Ausnahme von der Regel, daß diese beiden Elemente
jeden Doppelcharakter ausschließen und keine Zweiung zulassen.
Am Einheitsstaate gemessen scheint der Bundesstaat die Herrschaft mit seinen Gliedern zu teilen, und politische Betrachtung
dieser Verhältnisse hat die Lehre von der geteilten Souveränetät
im Bundesstaate geschaffen. Rechtlich ist aber im Bundesstaate
eine einzige souveräne Staatsgewalt vorhanden, deren Funktionen
durch die nichtsouveräne ergänzt werden. Die Gesamtheit der
für eine bestimmte Epoche notwendigen staatlichen Funktionen
wird daher von beiden Staatsgewalten in ihrem Zusammenwirken
versorgt, und damit verschwindet das Abnorme, das in der
Zweiung der Eigenschaft von Gebiet und Volk im Bundesstaate
zu liegen scheint.

Diese Zweiung der staatlichen Elemente kann für bestimmte
Teile des Bundesstaates völliger Einheit weichen. Amerikanische
Bundesgebiete und Territorien, das Reichsland Elsaß-Lothringen
sind nicht Staaten, sondern der Herrschaft des souveränen Bundesstaates unterworfene Landschaften, da das von den Einzelstaaten

---

1) Ausdrücklich ausgesprochen ist dieser Satz in den Verfassungen:
Deutsches Reich Art. 2, Vereinigte Staaten Art. VI § 2, Schweiz Art. 113
letzter Absatz. Ferner Argentinien Art. 31, Mexiko Art. 126, Venezuela
Art. 7. Vgl. Le Fur, p. 544, der ihn auch für die Bundesstaaten als
selbstverständlich bezeichnet, die ihn nicht ausdrücklich anführen.

versehene Komplement der Bundesstaatsgewalt in diesen Gebieten
von der Zentralgewalt selbst geübt wird. Sie stehen daher nicht
etwa in einer Art staatsrechtlichen Kondominiums der Gesamtheit der, Gliedstaaten, sondern werden von der einheitlichen
Zentralgewalt beherrscht.

Da der Bundesstaat souverän ist, so gibt es für die Ausdehnung seiner Zuständigkeit gegenüber den Gliedstaaten keine
Grenze: sie kann bis zur Vernichtung ihres staatlichen Charakters
gehen und der Bundesstaat sich demgemäß in einen Einheitsstaat
verwandeln[1]). Man muß hierbei nicht etwa an den politisch
kaum möglichen Fall denken, daß die Gliedstaatsgewalten mit
einem Schlage von der Zentralgewalt enteignet werden[2]). Wohl
aber ist es nicht undenkbar, daß allmählich auf dem Wege der
Verfassungsänderung die Staatenqualität der Glieder immer mehr
eingeschränkt wird, so daß sie schließlich vom Rechtsstandpunkte
aus nicht mehr als Staaten angesehen werden können. Es
können z. B. Verfassungstypen für die Gliedstaaten aufgestellt,
alle Verfassungsänderungen der bundesstaatlichen Bestätigung

---

[1]) Vgl. G. Jellinek Lehre von den Staatenverbindungen S. 304 f
Die Frage ist wissenschaftlich fast nur für das Deutsche Reich erörtert
worden. Vgl. namentlich Haenel Studien I S. 177 und Staatsr. I S. 779,
793; Laband I S. 129. Untersagt ist die Aufhebung der Föderativ-
republik in Brasilien, Verf. Art. 90 § 4; dazu Le Fur p 710 N. 2. In
Amerika gibt es heute bereits Schriftsteller, die den staatlichen Charakter
der Gliedstaaten der Union bezweifeln, vgl. oben S. 486 N. 1.

[2]) Gegen jenen unpraktischen Fall sind die Ausführungen mancher
Schriftsteller gerichtet, welche die rechtliche Unzulässigkeit der Ver-
wandlung des Bundes in einen Einheitsstaat dartun wollen. So wollen
M. Huber, Die Entwicklungsstufen des Staatsbegriffes, Sep.-Abdr. aus
der Zeitschrift für schweiz. Recht 1903 S. 16 f., und Seidler, Jur.
Kriterium S. 81, aus dem Rechtsbewußtsein heraus die rechtliche Un-
aufhebbarkeit des Bundesstaates beweisen. Wie aber, wenn sich die
psychische Grundlage eines solchen Staates ändert? Müßte ein zum
Einheitsstaate neigendes Volk für alle Zeiten rechtlich die föderalistische
Gestaltung seiner staatlichen Verhältnisse weiter dauern lassen? Man
kann doch die Geschichte nicht durch eine Art von bundesstaatlichem
Legitimismus meistern wollen. Auch Zorn, Staatsr. I S. 136 f., der
die Existenz der Einzelstaaten als tatsächliche Grundlage des Reiches
für unantastbar erklärt und Rehm, der (Staatslehre S. 179) aus dem
„Bundes"charakter des Reiches die Notwendigkeit der Zustimmung der
Bundesregierungen zu dessen Wandel in einen Einheitsstaat ableitet,
vermögen kein Schutzmittel gegen eine allmähliche historische Umänderung anzugeben, die sich zweifellos in den Formen des Rechtes
vollziehen kann.

unterworfen, für die jeweiligen Staatenregierungen das Erfordernis
der bundesstaatlichen Bestätigung aufgestellt werden. In den
republikanischen Bundesstaaten bestehen in der Tat Institutionen,
die nur fortgebildet zu werden brauchen, um die Staatenverbindung
unmerklich in einen Einheitsstaat umzubilden [1]).

Aus dieser abstrakten Möglichkeit aber auf eine bereits vorhandene allseitige Unterwerfung der Gliedstaaten unter den
bundesstaatlichen Willen zu schließen, wäre ganz unzulässig.
Denn auch dem Individuum gegenüber besteht jenes potentielle
Recht des Staates; und nichtsdestoweniger wird niemand die Behauptung wagen dürfen, daß wir aus diesem Grunde Staatssklaven
seien, der Persönlichkeit gänzlich entbehren oder sie nur als ein
Prekarium besitzen. Das Verhältnis der Bundesgewalt zu den
Gliedern muß vielmehr stets nach aktuellen, nicht nach der
potentiellen Zuständigkeit der Bundesgewalt beurteilt werden.
Jene bedeutet aber in der Regel nur einen Hilfsbegriff zur
Rechtfertigung des Rechtssatzes, daß Rechtsschranken irgendwelcher Art für Verfassungsänderungen des Bundesstaates nicht
existieren. Für die bedeutsamsten Bundesstaaten der Gegenwart:

---

[1]) Für das Reich behauptet G. Meyer, S. 593 ff., Schranken der
Verfassungsänderungen durch die vertragsmäßigen Grundlagen des
Reiches. Da aber im Reiche keine Gewalt existiert, die eine in den
gesetzlichen Formen vollzogene Kompetenzerweiterung des Reiches für
ungültig erklären könnte, so wäre dieser Satz, selbst wenn man ihn
zugäbe, nur eine lex imperfectissima. Die Frage, ob ein einzelner
Gliedstaat aus dem Bundesstaat ausgeschlossen, aufgehoben oder ungünstiger als die übrigen Gliedstaaten gestellt werden könne, ist nach
dem Rechte eines jeden einzelnen Bundesstaates zu beantworten. In
den Vereinigten Staaten z. B. bilden die Bestimmungen, daß keinem
Gliedstaat ohne dessen Einwilligung das gleiche Stimmrecht im Senate
entzogen werden dürfe (Const. Art. V) und daß eine Fusionierung und
Teilung von Gliedstaaten nur mit Zustimmung der Legislaturen der betreffenden Staaten und Genehmigung des Kongresses stattfinden dürfe,
einen wirksamen Schutz für die Existenz der Gliedstaaten im Bunde.
Es blieb daher nach Beendigung des Sezessionskrieges der Union nichts
anderes übrig, als den Rebellenstaaten nach Wiederherstellung der
friedlichen Zustände die früheren Rechte zu gewähren. Wo aber derartige Schutzmittel der Gliedstaaten nicht vorgesehen sind, läßt sich
aus der Natur des Bundesstaates allein kein Rechtssatz ableiten, der
dem einzelnen Gliedstaat seine Existenz im Bunde gewährleistete.
Praktisch würde diese Frage wohl nur im Falle eines inneren Krieges
oder der Teilnahme eines Gliedstaates an einem gegen den Bundesstaat
gerichteten internationalen Kriege werden.

das Deutsche Reich und die Vereinigten Staaten von Amerika, ist
es sehr unwahrscheinlich, daß in absehbarer Zeit erhebliche
rechtliche Einschränkungen der Staatensphäre erfolgen werden[1]).
Der föderalistische Gedanke hält in ihnen dem unionistischen
um so mehr die Wage, als eine weitergehende Stärkung der
Bundesgewalt als die durch Ausbau der verfassungsmäßigen Institutionen des Bundes erfolgende von keiner politischen Partei
ernstlich gefordert wird. Zudem bilden in Deutschland schon die
gemeinsamen Interessen der herrschenden Dynastien und die mit
ihnen übereinstimmenden Neigungen des Volkes einen wirksamen
Schutz vor zu weit gehender Zentralisation. Viel mehr als die
Stärke des Reiches ist der Einfluß Preußens auf die anderen
Staaten vermöge der politischen Machtverhältnisse im Wachsen
begriffen. Dies liegt aber außerhalb der Rechtssphäre des Reiches
und kommt keineswegs in einer in gleichem Maße fortschreitenden
Ausdehnung der preußischen Rechte in der Organisation des
Reiches zum Ausdruck. Für die nordamerikanische Union aber
liegt der Einheitsstaat gänzlich außerhalb des Bereiches jeder
geschichtlichen Möglichkeit, nicht nur wegen des ganzen Ent-
wicklungsganges dieser Föderation, sondern auch vermöge ihres
Umfanges und der Mannigfaltigkeit ihrer Glieder.

Wie Einengung, so ist aber auch die weitestgehende Ausdehnung der Gliedstaatssphäre durch Verfassungsänderung des
Bundesstaates rechtlich möglich, wenn auch politisch nur innerhalb enger Grenzen wahrscheinlich, es sei denn, daß die geschichtlichen Verhältnisse zu einem Zerfalle des Bundes drängen.

Betrachtet man die Staatenverbindungen politischer Art nach
ihrer historisch-politischen Seite, so ergibt sich, daß ihre einzige
gesunde und normale Form der Bundesstaat ist[2]). Völkerrechtliche Staatenverbindungen sind mit dem unsicheren Wesen behaftet, das allen völkerrechtlichen Vereinbarungen politischer
Natur anhaftet. Staatenbünde sind nach außen und innen schwach,
die politisch dauerhafteren Realunionen hingegen fortwährend
inneren, auf Lösung des Bundes hinzielenden Streitigkeiten aus-

---

[1]) Vgl. die Prognose bei T r i e p e l , Unitarismus und Föderalismus
1907 S. 78 ff., und ihre ausführliche Begründung S. 84 ff.
[2]) Über die Wertschätzung des Bundesstaats neuerdings T e c k l e n -
b u r g im Hdbch. d. Politik I 1912 S. 167 f.

gesetzt. Die andcren völkerrechtlichen Verbindungen jedoch
sind ihrer ganzen Tendenz nach vorübergehender Art; sie führen
entweder zum Einheitsstaate oder zur Wiederauflösung des Verbandes. Der Staatenstaat ist für die Gegenwart keine normale
Bildung mehr, sondern, wie die neueste Geschichte des türkischen
Reiches lehrt, ein Stadium im Zersetzungsprozesse eines zerfallenden
Staatswesens. Der Bundesstaat hingegen vermag die dauernde
Form für die Gestaltung des gemeinsamen Lebens einer Nation
oder einer durch gemeinsame Schicksale verbundenen Mehrheit
von Bruchteilen verschiedener Nationen abzugeben. Namentlich
ein großes Reich wird sich leichter in föderalistischer Form als
in der eines, wenn auch noch so dezentralisiert gestalteten Einheitsstaates kräftig entfalten können. Deshalb ist dem Bundesstaate
noch eine große Rolle in der künftigen Gestaltung der zivilisierten Staatenwelt vorbehalten. Heute bereits ist er die herrschende Form auf dem amerikanischen Kontinente. Aber auch
das britische Reich wird auf die Dauer seine Kolonien nur bewahren können, wenn es imstande ist, den Gedanken der Imperial
Federation zu verwirklichen, während es heute bereits politisch,
wenn auch nicht juristisch den Charakter eines überdies sehr
losen Staatenbundes trägt. Die germanische Welt, der schon
jetzt die führende Stelle in dem gesamten Staatensystem zusteht
und in Zukunft in noch höherem Grade zustehen wird, ist geschichtlich darauf angewiesen, den Bundesstaat zur normalen
Form des politischen Daseins ihrer Völker zu erheben. Es sind
gegenwärtig nur kleinere germanische Staatswesen, wie die Niederlande und Dänemark, die nicht bundesstaatlich gestaltet wären
oder einer solchen Gestaltung zustrebten. Norwegen hat zwar
das Band gelöst, das es bisher an Schweden knüpfte, doch ist
eine engere Verbindung der nordischen Staaten der Zukunft vorbehalten. Verwirklicht ist der föderalistische Gedanke bereits
im Deutschen Reiche, der Schweiz und der nordamerikanischen
Union, während England seine germanischen Kolonien zu werdenden Staaten und künftigen Bundesgliedern heranzuziehen sucht.

Mit dem Fortschritte der föderalistischen Staatsidee wird
auch die Stellung der selbständigen Mittel- und Kleinstaaten im
Laufe der Zeiten verändert werden, da sie genötigt sein werden,
sich dereinst größeren Ganzen einzugliedern. Dadurch allein
kann auf die Dauer ihr Dasein garantiert werden. Denn das
ist der ungeheure Vorzug, den ein kleiner Staat durch den Ein-

tritt in einen Bundesstaat gewinnt, daß sein bis dahin unsicheres Dasein nun gegen jeden Angriff von außen dauernd garantiert ist. Ein Bundesstaat kann sich zwar durch Entstaatlichung aller seiner Glieder in einen Einheitsstaat verwandeln, er kann aber nicht einen einzelnen Staat wider seinen Willen seiner Existenz berauben. Das ist, wenn auch rechtlich nicht unmöglich, doch politisch so gut wie ausgeschlossen, was, wie schon erwähnt, die amerikanische Union deutlich gelehrt hat, die sich nach Niederwerfung der Rebellenstaaten im Sezessionskriege schließlich genötigt sah, diese unversehrt wieder in ihren Bund aufzunehmen.

Zweiundzwanzigstes Kapitel.

Die Garantien des öffentlichen Rechtes.

Alles Recht ist geltendes Recht. Geltung eines Rechtes muß aber irgendwie verbürgt sein, d. h. es müssen Mächte vorhanden sein, deren Dasein die Rechtsgenossen die Umsetzung der Rechtsnormen von abstrakten Anforderungen an menschlichen Willen in konkrete Handlungen als wahrscheinlich erwarten läßt. Absolute Sicherheit ist allerdings nicht möglich, weil das absolut Gewisse in den stets mit Fehlern behafteten menschlichen Institutionen keinen Raum hat. Zudem ist alle vorsorgliche Sicherung vergeblich gegenüber den die Rechtsordnung selbst beherrschenden historischen Mächten. Gegen den Strom der Weltgeschichte können wirksam Dämme nicht errichtet werden, spurlos wird solches Menschenwerk von ihm hinweggespült.

Die Garantien des öffentlichen Rechtes sind in den verschiedenen Kulturepochen und den einzelnen Staaten so verschieden wie das Recht überhaupt. Daher hat jede Rechtsordnung in jeder Zeit ihre besonderen Garantien. Deren erschöpfende Durchdringung und Darstellung ist deshalb nur in einer Lehre von den einzelnen Institutionen des konkreten Staates einer bestimmten Epoche möglich.

Eine allgemeine Staatsrechtslehre kann und muß jedoch zur Vollendung ihrer Aufgabe die verschiedenen Mittel zur Verbürgung des öffentlichen Rechtes in allgemeinen Kategorien ordnen und darstellen.

Wie bei allem Rechte sind auch bei dem öffentlichen drei Arten von Garantien vorhanden: soziale, politische, rechtliche Garantien. Daß nicht nur dort, wo rechtlich meßbare Garantien vorliegen, Recht vorhanden ist, wurde schon an anderer Stelle dargelegt. Das ist namentlich der Fall beim Völkerrecht, dessen Bürgschaften überwiegend sozialer und politischer Art sind. Die

Garantien des Völkerrechtes eingehender zu verfolgen, würde die Aufgabe einer allgemeinen Staatsrechtslehre übersteigen.

I. Über soziale Garantien des öffentlichen Rechtes genügen wenige Worte, da auf früher Angeführtes hingewiesen werden kann. Die großen gesellschaftlichen Mächte: die Religion, Sitte, soziale Sittlichkeit, kurz: die Gesamtheit der Kulturmächte und die durch sie geschaffenen Interessen und Gliederungen wirken ununterbrochen an dem Auf- und Fortbau des Rechtes und gewähren die stärkste, durch andere Mächte nur vervollkommnete Bürgschaft seiner Geltung. Sie bilden die mächtigste tatsächliche Einschränkung aller in abstrakt juristischen Vorstellungen lebender Willkür und bestimmen mit einer die Wirksamkeit bewußten Willens übersteigenden Kraft das reale Leben staatlicher Institutionen und die Geschichte der Staaten. Sie wirken aber vermöge ihrer Natur auch bestehendem Rechte entgegen, können ebensowohl rechtszerstörend als rechtserhaltend auftreten. Sie wirken ferner in der Regel im großen, nicht oder doch häufig nicht im einzelnen Rechtsfalle. Darum sind soziale Garantien zwar für sich allein imstande, einem Rechte die Geltung zu gewähren, doch ist solches Recht nur unvollkommen verbürgt, daher selbst ein unvollkommenes Recht.

Solche soziale Garantien haben aber niemals irgendeiner dauernden Ordnung staatlicher Verhältnisse gemangelt. An ihnen hat selbst die Willkür der sich von jedem menschlichen Gesetz losgelöst dünkenden Machthaber eine Grenze gefunden oder durch sie ein Ende genommen.

II. Politische Garantien liegen in den realen Machtverhältnissen der organisierten staatlichen Faktoren: der Staaten selbst in völkerrechtlichen, der Staatsorgane in staatsrechtlichen Verhältnissen. Die bedeutsamste politische Garantie der staatlichen Ordnung liegt in der Art der Machtverteilung, die in der Organisation des Staates zum Ausdruck kommt.

Solche Machtverteilung kann zum Zwecke der Gewähr des öffentlichen Rechtes beabsichtigt sein, sich aber auch durch ihr bloßes Dasein in dieser Weise bewähren. Die Notwendigkeit, einen großen Teil der Geschäfte durch Beamte besorgen zu lassen, hat auch in absoluten Staaten eine Einschränkung der realen Fürstenmacht bedeutet, die allerdings ebensosehr eine Gewähr des Rechtes wie deren Gegenteil im Gefolge haben

konnte. Tatsächliche Machtverteilung an verschiedene Staatsglieder hat aber zu allen Zeiten als hervorragendes Mittel der
Verbürgung der bestehenden Ordnung gegolten, wenn sie auch
daneben stets noch andere Zwecke verfolgte.

Die antiken Republiken haben in der Verteilung von Machtbefugnissen an verschiedene Magistrate, in der Ordnung von
deren gegenseitigen Verhältnissen ein wirksames Mittel für die
Aufrechterhaltung ihrer Institutionen erblickt. In dem ausgeprägten Typus des mittelalterlichen Staates war die politische
Machtverteilung durch den Gegensatz von rex und regnum von
selbst gegeben. Die entwickelte Organisation des modernen Staates
beruht auf dem Dasein gesonderter, voneinander relativ unabhängiger Zuständigkeiten. Diese Sonderung hat sich zum Teil
unbeeinflußt von jeder politischen Theorie vollzogen; sie ist auf
dem Kontinente sodann in umfassenderem Maße durch die Einwirkung allgemeiner Lehrsätze, namentlich der Lehre von der
Gewaltenteilung, durchgeführt worden. Der Schaffung besonderer
Organe für die einzelnen Staatsfunktionen lag auch der Zweck
zugrunde, durch solche Machtverteilung die Aufrechterhaltung
der öffentlichen Rechtsordnung zu sichern [1]). Die Art der Behördenorganisation: Einzel- oder Kollegialbehörden, die Selbstverwaltung in ihren verschiedenen Formen, die Gewährung einer
sicheren Rechtsstellung an das Berufsbeamtentum haben auch
Folgen für die Garantierung des öffentlichen Rechtes.

Andere Festsetzungen politischer Garantien sind im Laufe der
Zeiten als minder bedeutsam erkannt worden. So vor allem die
gesetzlich festgelegten politischen Eide, die gerade da am
meisten gefordert wurden, wo sie sich am wenigsten wirksam
erwiesen haben [2]).

---

[1]) In der Theorie soll die Gewaltenteilung nur die Rechtsstellung
des einzelnen garantieren: die liberté politique ist nach Montesquieu
ihr Zweck. Anders hat die Praxis diese Lehre benutzt. Bekanntlich
ist in Frankreich die Trennung der Justiz von der Verwaltung seit 1790
keineswegs nur im Interesse der Unabhängigkeit der Rechtsprechung,
sondern ebensosehr im Interesse der Freiheit der Verwaltung von jeder
richterlichen Kontrolle durchgeführt worden.

[2]) Ein Beweis für den Umschwung der Anschauungen in diesem
Punkte seit der Mitte des vorigen Jahrhunderts ist die Tatsache, daß
heute weder der deutsche Kaiser noch der Präsident der französischen
Republik den Verfassungseid leisten. Für den ersteren war er noch
von der Frankfurter Reichsverfassung (§ 190), für den letzteren von

Politische Garantien teilen mit den sozialen die Eigenschaft, sich nicht mit völliger Sicherheit berechnen zu lassen. Sie können, wie diese, das Gegenteil der beabsichtigten Wirkung haben. In der Schöpfung von Volksvertretungen hat man auf dem Kontinente anfänglich die sicherste Gewähr für die Verwirklichung der Rechtsordnung erblickt. Die Geschichte hat aber gelehrt, daß parlamentarische Willkür und Korruption nicht minder rechtszerstörend wirken kann wie fürstliche und bureaukratische Allmacht. Namentlich die so bedrohliche Erscheinung der Obstruktion läßt die Frage entstehen, wie man die Staatsordnung vor rechtswidrigem Handeln einer parlamentarischen Minderheit schützt. An die Zukunft tritt das schwierige Problem heran, eine Verantwortlichkeit der Kammermitglieder für verfassungswidrige Handlungen ohne Gefährdung ihrer Unabhängigkeit zu schaffen[1]).

III. Rechtliche Garantien unterscheiden sich von den sozialen und politischen dadurch, daß ihre Wirkung sich mit Sicherheit berechnen läßt. Ungewiß kann es sein, ob sie im einzelnen Falle anerkannt sind; ungewiß, ob sie in ihrer konkreten Ausgestaltung genügen; ungewiß, ob sie unter allen Umständen gehandhabt werden: solche menschliche Schwächen haften allem menschlichen Tun an. Allein ihrem Wesen entspricht es, der Sicherung des Rechtes zu dienen. Sie haben bei der Verkettung aller gesellschaftlichen Erscheinungen auch soziale und politische Nebenwirkungen.

Die rechtlichen Garantien teilen sich in zwei große Kategorien: sie bezwecken entweder Gewähr des objektiven Rechtes oder des individuellen Rechtskreises, in der allerdings stets auch ein Moment der Gewähr des ersteren vorhanden ist, so daß, noch genauer gesprochen, es sich entweder um überwiegende Gewähr des objektiven oder des subjektiven Rechtes handelt.

---

der Verfassung der zweiten Republik vom 4. November 1848 (Art. 48) gefordert. Ebenso haben heute — im Gegensatz zu den Landtagsmitgliedern — die Mitglieder des deutschen Reichstages und auch die Mitglieder der französischen Kammern seit der dritten Republik keinerlei Eid oder Gelöbnis abzulegen.

[1]) Hierüber auf Grund der bereits geltenden Rechtsordnung G. Schwarz, Die Rechtslehre der Obstruktion, Grünhuts Z. XXXIII 1906 S. 33 ff.; vgl. auch Spiegel Die Verwaltungsrechtswissenschaft 1909 S. 206 N. 85; G. Jellinek Ausgewählte Schriften und Reden II 1911 S. 419 ff. Vgl. auch oben S. 363.

Die rechtlichen Institutionen, durch welche jene Garantien herbeigeführt werden, zerfallen in vier Klassen: Kontrollen, individuelle Verantwortlichkeit, Rechtsprechung, Rechtsmittel.

1. Die Kontrollen, d. h. die Prüfung der für den Staat erheblichen Handlungen seiner Organe und Glieder an dem Maßstab bestimmter Normen, können entweder politische oder rechtliche Kontrollen sein. An dieser Stelle seien nur die rechtlichen Kontrollen untersucht, welche die Prüfung der erwähnten Handlungen gemäß Rechtsnormen bezwecken.

Solche Kontrollen kennt der moderne Staat in großer Ausdehnung. Sie zerfallen in die administrativen Kontrollen, die von der höheren Behörde gegenüber der niederen, in höchster Instanz von dem Staatsoberhaupt geübt werden. Zu ihnen zählt auch die Kontrolle, die dem Staat über die Selbstverwaltung übenden Verbände zusteht. Ferner in die finanziellen Kontrollen, die, von den administrativen häufig getrennt, besonderen Kontrollbehörden zugewiesen sind, wie sie denn auch zum Teil zur nächsten Kategorie zählen. Das sind die parlamentarischen Kontrollen, deren Macht und Ausbildung in den einzelnen Staaten verschiedenartig gestaltet ist[1]. Sie werden geübt durch parlamentarische Kritik, ferner durch die parlamentarisch zulässigen Mittel der Interpellation, der Resolution, der parlamentarischen Untersuchung, der Adresse an die Krone, deren faktische und rechtliche Wirksamkeit von der konkreten Machtstellung der Parlamente abhängig ist. Sie können ebensowohl zu politischen Zwecken als zu denen der rechtlichen Kontrolle dienen. Das in parlamentarisch regierten Staaten so bedeutungsvolle Mittel der Mißtrauensvoten wird in der Regel nur aus rein politischen Gründen angewendet. Dasselbe ist der Fall mit den Befugnissen der Regierungen gegenüber den Parlamenten, namentlich dem Recht der Auflösung der Wahlkammern.

2. Individuelle Verantwortlichkeit schuldet dem Staate jeder Träger staatlicher Organstellung, der nicht durch ausdrücklichen Rechtssatz von ihr befreit ist. Das ist aber in vollem Umfange nur der Monarch, der auch als Individuum

---

[1] Vgl. hierüber H. L. Rosegger Das parlamentarische Interpellationsrecht 1907; derselbe Petitionen, Bitten und Beschwerden 1908; Hatschek Das Interpellationsrecht 1909; L. Bekermann Die wichtigsten Mittel der parlamentarischen Kontrolle im Deutschen Reich, England und Frankreich (Heidelb. Diss.) 1910.

persönlich nicht zur Verantwortung gezogen werden kann. Auch die Kammern, aber nur in ihrer Tätigkeit als kollegiale Staatsorgane, sind von jeder Verantwortlichkeit frei. Für seine berufliche Tätigkeit aber ist das Kammermitglied einer, wenn auch nur sehr beschränkten, niemals seine Abstimmung ergreifenden Verantwortlichkeit gegenüber der Kammer selbst unterworfen. Hingegen ist der Beamte dem Staate für rechtmäßige Amtsführung zivil-, straf- und disziplinarrechtlich verantwortlich. Diese Verantwortlichkeit wird in der Regel geübt durch Gerichte und Disziplinarbehörden. Eine Ausnahme macht die Verantwortlichkeit der höchsten Beamten in vielen Staaten. Für sie besteht ein besonderer Staatsgerichtshof, und die Klägerrolle fällt dem Parlamente zu. Historisch hat sich diese Institution in der Form, wie sie heute gedacht ist, zuerst in England entwickelt, wenn auch andere ständische Staaten analoge Einrichtungen besaßen. Dort wurden, wie auch anderswo, hohe Beamte vor den höchsten Gerichtshof des Reiches, nämlich das Oberhaus, gestellt; eigenartig jedoch war die Anklage durch die Gemeinen. Aus diesem Impeachment wurde später ein Privileg der ihm unterworfenen hohen Beamten, so daß sie nur mittelst dieses verfolgt werden konnten. Diese Institution wurde zunächst in Amerika rezipiert, aber mit bedeutenden Modifikationen. Dort ist der Senat Richter, die Repräsentanten Kläger. Jedoch nur Amtsentsetzung und Verlust politischer Rechte kann durch Urteil verhängt werden; allfällig verwirkte Kriminalstrafe muß vom ordentlichen Richter ausgesprochen werden. Das englische und amerikanische System des Impeachment liegt den modernen kontinentalen Ministerverantwortlichkeitsgesetzen zugrunde, die im einzelnen große Mannigfaltigkeit aufweisen. Diese Ministerverantwortlichkeit kann sowohl rechtliches als politisches Gepräge tragen. Ihr praktischer Wert ist am geringsten in dem parlamentarisch regierten Staate, wo Kabinette durch Mißtrauensvoten leicht entfernt werden können. Auch sonst hat sie mehr prinzipielle als praktische Bedeutung. Eingehend kann von ihr an dieser Stelle nicht gehandelt werden.

3. Rechtsprechung ist eine staatliche Funktion zum Schutze des gesamten Rechtes. Hier kommt nicht sowohl die formelle als die materielle Rechtsprechung in Frage. Sie kann daher auch geübt werden von Behörden, die abweichend von der herkömmlichen Ordnung der ordentlichen Gerichte organisiert sind. Wesentlich ist Unabhängigkeit der Rechtsprechung

von administrativen Einflüssen und rechtlich geordnetes Verfahren.
Dem Richter steht die nach der konkreten Staatsordnung verschiedenartig zugemessene Pflicht der Prüfung von Gesetzen und
Verordnungen auf ihre Rechtsgültigkeit zu, was ebenfalls eine
wichtige Garantie des öffentlichen Rechtes in sich schließt. Rechtsprechung kann der Staat auch verwenden, um über objektiv-
rechtliche Fragen entscheiden zu lassen, indem er seinen Organen
Parteirolle zuteilt, wie bei den Kompetenzkonflikten.

In der Ausdehnung der Rechtsprechung auf das Gebiet des
öffentlichen Rechtes ist einer der bedeutsamsten Fortschritte in
dem Ausbau des modernen Staates im Laufe des 19. Jahrhunderts
zu erblicken. Sie ist vor allem in der Ein- und Durchführung
der Verwaltungsrechtsprechung zutage getreten, die in den verschiedenen Rechtssystemen eine Fülle von Besonderheiten aufweist. Obwohl auch zum Schutze des objektiven Rechtskreises
verwendbar, wirkt sie doch in erster Linie als Gewähr der subjektiven öffentlichen Rechte der einzelnen und Verbände.

4. Rechtsmittel stehen den Subjizierten zur Verfolgung
ihrer öffentlichen Rechte in großem Umfange zu Gebote. Auch
ihnen haftet der Beamte zivilrechtlich, kann von ihnen straf-
rechtlich belangt werden; ferner haftet ihnen der Staat, sei es
subsidiär, sei es an Stelle der Beamten, wenn auch hier noch
oft einschränkende Vorschriften existieren. Wie der Anspruch
auf Rechtsschutz überhaupt publizistischer Art ist, so auch der
zur Erhebung der Verwaltungsklage berechtigende. Ihm schließt
sich an die Verwaltungsbeschwerde, sowie der Anspruch auf
Interessenschutz und Interessenberücksichtigung. Nicht nur an
Gerichts- und Verwaltungsbehörden, auch an die obersten Staatsorgane kann sich der einzelne mit einer Bitte um Recht wenden.
So namentlich an die Kammern vermöge des Petitionsrechts,
dessen Ausübung diese in die Lage setzt, zum Schutze individuellen Rechtes Beschlüsse gegenüber der Regierung zu fassen.
Dieses Petitionsrecht ist mannigfaltiger Gestaltung fähig. Es kann
bloß als Ausfluß der individuellen Freiheitssphäre gedacht sein,
derart, daß seine Ausübung nicht bestraft oder verboten werden
kann. Es kann aber auch positive Ansprüche in sich schließen,
indem die Kammern verpflichtet sind, die Petition zu untersuchen
und über sie Beschluß zu fassen[1]).

---

[1]) Letzteres z. B. in Sachsen, Verf § 36, Bayern, Ges. v. 19. Jan. 1872
Abschn. II Nr. 2.

Wer sinnend den Prozeß steigender Gewähr der Festigung des öffentlichen Rechtes und der Erfüllung der auf ihm ruhenden individuellen Forderungen an den Staat überblickt, der kann, wenn er auch noch so zweifelnd der Vortrefflichkeit menschlicher Dinge gegenübersteht, sich nicht des Gedankens erwehren, daß es der Zukunft vorbehalten sei, das schwer zu erringende Gut unverbrüchlicher Rechtsordnung zum dauernden Besitze der Staaten und damit der Menschheit zu gestalten. Im Ausblick auf solche Zukunft soll dieses Buch geschlossen werden.

Verzeichnis der Abweichungen.

Alle Schriften mit den Jahreszahlen 1905—1913 und die diesen Schriften gewidmeten Bemerkungen sind Zusätze des Herausgebers, auch wenn sie im Verzeichnis nicht besonders aufgeführt sind.

Die S. 53 N. 1 Z. 15/16, S. 167 N. 1 am Ende, S. 415 Note Z. 18 u. 20/21, S. 489 N. 1 Z. 8 u. am Ende genannten Bücher, Aufsätze und Abhandlungen aus dem Jahre 1905 waren schon in der zweiten Auflage dieses Werkes erwähnt. Weitere Ausnahmen bringt das Verzeichnis.

Bücher, von denen eine ältere Auflage bereits zitiert war, sind durch einen Beistrich kenntlich gemacht. „Ed. Meyer Geschichte des Altertums I¹ 3. Aufl. 1910 S. 184 ff." bedeutet also: „Dies Zitat ist vom Herausgeber neu hinzugefügt." „Lindner Geschichtsphilosophie, 3. Aufl. 1912 S. 160 ff." dagegen bedeutet: „Dies Zitat ist vom Herausgeber bloß geändert; eine ältere Auflage der Geschichtsphilosophie war schon von Georg Jellinek berücksichtigt worden."

Kleine Berichtigungen und stilistische Änderungen von der Hand des Herausgebers sind im Verzeichnis nicht vermerkt.

Erstes Buch.

Erstes Kapitel. S. 9. N. 2 Z. 1 „Das" — **S. 10.** N. Z. 1 „319." = Zus. d. H. — **S. 13.** Z. 7 „soziale" = Z. d. **V.** — **S. 14.** N. 1 = Zus. d. H. — **S. 18.** N. 1 = Zus. d. H. — N. 3 Z. 3 „abgesehen — (II S. 43)" = Zus. d. H. — N. 5 Z. 4 „Ein weiteres" — Schluß = Zus. d. H. — **S. 20.** N. 1 = Zus. d. H.

Zweites Kapitel. S. 30. Z. 9 v. u. „gleicher" = And. d. **V.** — **S. 36.** N. 1 = Zus. d. H. — **S. 42.** N. 1 = Zus. u. Str. d. H. — **S. 44.** N. 1 Z. 5 „Motiviert" — Z. 8 „wäre." = Zus. d. **V.**

Drittes Kapitel. S. 53. N. 1 Z. 3 „Blakey — 1854", Z. 8 „III 1858 S. 339—407" = Zus. d. **V.**; Z. 7 v. u. „Bluntschli — 3. Aufl. 1881" = And. d. **V.** — **S. 65.** N. Z. 1 v. u. „H. Geffcken — 1908" = Zus. d. **V.** — **S. 68.** N. 1 Z. 12 „derselbe — 1903" = Zus. d. **V.**

Viertes Kapitel. S. 72. Z. 4 v. u. „Für die" — S. 73 Z. 16 „abhängig" = Zus. d. **V.** — **S. 75.** N. 1 Z. 6 v. u. „Etwa" — Schluß = Zus. d. H. — **S. 76.** Z. 25 „Die Entwicklung" — Z. 31 „geben mußte." = Zus. d. **V.** — **S. 83.** N. 1 = Zus. d. H. — **S. 84.** N. 2 zu S. 83, Z. 1 „nach seiner — 1907 S. 19)" = Zus. d. H. — N. 2 Z. 4 v. u. „Wasserab — 6 ff." = Zus. d. **V.** — **S. 88.** Z. 16 „in Frankreich" = Zus. d. **V.** — **S. 100.** N. Z. 3 v. u. „über" — Schluß = Zus. d. H. — **S. 101.** Z. 14 „Zur sozialen" — Z. 23 „verkehrt werden." = Zus d **V.** — **S. 102.** Z. 2 „An der" — Z. 9.

„hervorgerufen worden" = Zus. d. **V.** — **S. 108.** N. 1 zu S. 102, Z. 3
„und" — Schluß = Zus. d. H. — N. 1 = Zus. d. H. — **S. 112.** Z. 15 „Die
Monarchie" — Z. 22 „erhalten." = Zus. d. **V.** — **S. 113.** N. 1 Z. 4 „Wachs-
muth — 1853—56" = Zus. d. H. — **S. 115.** Z. 20 „Da aber" — Z. 34
„Denn eine" = Zus. u. Änd. d. **V.** — N. 1 = Zus. d. **V.** — **S. 117.** N. 1
Z. 6 „Sehr feine" — Z. 9 „533 ff." = Zus. d. **V.** — **S. 118.** Z. 5 „ja je" —
Z. 7 „gebildet." = Zus. d. **V.** — Z. 14 „längere Zeit" u. „hat" = Zus. d. **V.**
— **S. 122.** N. 1 Z. 2 v. u. „und Bernatzik" — Schluß = Zus. d. **V.**

Zweites Buch.

Fünftes Kapitel. S. 132. N. 2 Z. 1 „Vereinzelt" — Z. 3 „Jahrhun-
dert" = Zus. u. Änd. d. **V.** — **S. 133.** Z. 22 „bis — wurden" = Änd. d. **V.**
— N. 5 Z. 2 „Erst — getreten" = Zus. d. **V.**; Schluß = Zus. d. H. —
S. 134. N. 3 Z. 2 u. 3 = Zus. d. **V.**

Sechstes Kapitel. S. 137. N. 1 = Zus. d. H. — **S. 141.** Z. 4
„physischer" = Änd. d. **V.** — N. 2 zu S. 140, Z. 10 „Ähnlich" — Schluß
= Zus. d. H. — N. 2 = Zus. d. H. — **S. 145.** N. Z. 5 v. u. „selbst" =
Zus. d. **V.** — **S. 164.** N. 1 = Zus. d. H. — **S. 166.** N. 2 zu S. 165, Z. 7
„Neuester" — Schluß = Zus. d. H. Vom **V.** war angedeutet: „Mayer:
Anhänger d. Anstaltsth." — N. 1 Z. 2 v. u. „Dies gibt" — Schluß = Zus.
d. H. — **S. 168.** N. Z. 13 v. u. „Ein — eingehender" = Änd. d. H. —
N. Z. 10 v. u. „Neuestens" — Schluß = Zus. d. H. — **S. 169.** N. 1 Z. 6
„auch — 41 ff.)" = Zus. d. H. — N. 1 Z. 10 „Bähr — 27 ff." = Zus. d. H. —
S. 172. N. 1 Z. 7 „hatte" = Änd. d. H. — N. 1 Z. 5 v. u. „Diese — un-
geschichtlich" = Änd. d. H. — **S. 178.** N. Z. 9 v. u. „In seiner" — Schluß
= Zus. d. H. — **S. 181.** N. 1 Z. 8 „war — 1908", Z. 10 „war" = Änd.
u. Zus. d. H.

Siebentes Kapitel. S. 191. N. 1 Z. 3 „Uneingedenk" — Schluß =
Zus. d. **V.** (vom H. etwas geändert). — **S. 197.** N. 2 = Zus. d. H. —
S. 202. N. 1 Z. 2 „Menzel" — Schluß = Zus. d. **V.** — **S. 217.** N. 1 Z. 2
v. u. „An — 217" = Zus. d. **V.** — **S. 223.** N. 1 Z. 5 v. u. „In seinem" —
Schluß = Zus. d. H.

Achtes Kapitel. S. 230. N. 2 = Zus. d. H. — **S. 231.** N. 2 = Zus.
d. H. — **S. 245.** N. 2 Z. 2 „Von" — Schluß = Zus. d. H. — **S. 248.** Z. 1
v. u. (Text) „Die übrigens" — S. 249 Z. 1 „wurde" = Zus. d. **V.** — **S. 254.**
Z. 20 „während — fortdauert." = Zus. d. **V.** — Z. 3 v. u. „der des Individuums" = Änd. d. **V.** — **S. 261.** Z. 5 v. u. (Text) „Man denke —
Vergangenheit." = Zus. d. H. nach Andeutungen d. **V.**

Neuntes Kapitel. S. 271. N. 3 Z. 6 v. u. „Brie" — S. 272 N. Z. 1
„Rechtsgrund." = Zus. d. H. — **S. 272.** N. 1 Z. 1 v. u.: nach „Erbschaft;"
6 Zeilen v. H. gestrichen. — **S. 273.** N. 1 zu S. 272, Z. 7 „Grundsätzlich"
— Schluß = Zus. d. H.

Zehntes Kapitel. S. 288. N. 1 = Str., Zus. u. Änd. d. H. — **S. 317.**
N. 3 Z. 1 „G. Grosch" — Schluß = Zus. d. H. — **S. 321.** N. 2 = Zus.
d. H. — **S. 325.** Z. 12 „Die" — Z. 22 „geschaffen." = Zus. d. **V.** — **S. 326.**
Z. 2 „geordneter" = Änd. d. **V.**

Elftes Kapitel. S. 335. N. Z. 5 „Tezner" — Schluß = Zus. d H.
— **S. 336.** N. 1 „indem" = Änd. d. H. — **S. 339.** Z. 11 „Alles — Übung"
= Änd. d. **V.** — **S. 340.** Z. 14 „das im — anfechtenden Mannes" =
Änd. d. H. — **S. 346.** N. 1 Z. 13 v. u. „Frankreich und" = Zus. d. **V.**;
Z. 11 v. u. „Lebon — 61;" = Zus. d. **V.** — **S. 347.** Z. 5 „dritte Stand"
= Änd. d. **V.** — Z. 6 „seine — wiederholend" = Zus. d. **V.** — **S. 352.**
Z. 13 v. u. „auch" = Zus. d. **V.** — **S. 356.** N. 1 Z. 7 v. u. „die allerdings"

— Schluß = Zus. d. H. — N. 2 Z. 1 „Gegen" — Z. 3 „131 ff." = Zus. d.
V.; Schluß = Zus. d. H. — Z. 2 v. u. (Text) „Aber" — S. 357 Z. 5 „ver-
pflichtet ist," = Zus. u. Änd. d. V. — S. 363. Z. 15 „Staatsorgane un-
beschränkt" = Änd. u. Str. d. V. — Z. 17 „zwar — jedoch" = Zus. d. V.
— Z. 19 „in ihren Organen" = Zus. d. V. — S. 364. N. 1 Z. 13 v. u.
„Die Streitfrage" — Schluß (S. 365) = Zus. d. H. — S. 367. N. 1 u. 3
= Zus. d. H. — S. 371. N. 1 = Zus. d. H. — S. 372. N. 2 Z. 8 „Über"
— Schluß (S. 373) = Zus. d. H.

Drittes Buch.

Zwölftes Kapitel. S. 383. N. 2 Z. 4 v. u. „seit — Jahrhunderts" =
Änd. d. V.; Z. 3 v. u. „(Domat — 129)" = Zus. d. V. — S. 389. N. 1 Z. 1
„Schon" — Z. 4 „N. 45;" = Zus. d. V.; Z. 4 „N. Th. Gönner" — Z. 14
„1831 S. 4." = Zus. d. H. Das Zitat von Klüber hatte der Verfasser angedeutet. — S. 391. N. 2 = Zus. d. H.

Dreizehntes Kapitel. S. 401. N. 1 = Zus. d. H. — S. 409. Z. 11 v.
u. (Text) „bezeichnet" = Änd. d. V. — S. 413. N. 3. = Zus. d. H. —
S. 415. N. Z. 17 v. u. „Aus" — Schluß = Zus. d. H.; 15 Zeilen vom H.
gestrichen. — S. 420. N. 2 Z. 3 „zuzugeben" — Z. 5 „besteht." = Änd.
d. H. — S. 422. N. 1 Z. 11 „Stahl — 193" = Zus. d. V.; Z. 5 v. u. „Gegen"
— Schluß = Zus. d. H.

Vierzehntes Kapitel. S. 439. Z. 10 v. u. (Text) „theoretisch" = Zus.
d. V. — S. 440. N. 1. = Zus. d. V. — S. 442. N. 2 = Zus. d. V. —
S. 448. Z. 13 „Militär —" = Zus. d. H. — S. 454. Z. 5 „außerstaatliche"
= Zus. d. V. — S. 466. Z. 6. v. u. (Text) „ostpreußischen" = Änd. d. V.
— N. 1 Z. 3 „In" — Schluß = Zus. d. H. — S. 468. N. 2: 21 Zeilen
vom H. gestrichen. — N. 3 Z. 1 „aber auch S. 60" = Zus. d. H. — S. 470.
N. 2 Z. 9 „Vgl." — Z. 11 „früheren" = Zus. d. V.; Z. 11 „übrigens" —
Z. 13 „beweiskräftigen" = Zus. d. H.; Z. 13 „Ausspruch" — Z. 14 „hin-
weist" = Zus. d. V. — Von hier bis Z. 3 v. u. = Zus. d. H. — S. 471.
N. 2 zu S. 470, Z. 20 v. u. „Immerhin" - Schluß = Zus. d. H. — S. 475. N. 5 zu
S. 474, Z. 3 „die — scheint" = Zus. d. H. — N. 1 Schluß: 14 Zeilen vom H.
gestrichen. — S. 479. N. 1 Z. 1, 3—5: Änd. u. Str. d. H. — S. 484. N. 1
Z. 3 v. u. „Auch" — Schluß = Zus. d. H. — S. 489. N. 6 zu S. 488, Z. 3
„wie — 59 f.)" = Zus. d. H. — S. 490. N. 1 zu S. 489, Z. 4 „Vgl." — Z. 6
„lassen." = Änd. u. Str. d. H. — S. 491. Z. 10 v. u. (Text) „auch —
1911" = Zus. d. H. — Z. 6 v. u. (Text) „die — Union" = Änd. d. H. —
S. 492. N. 2 Z. 2 „wegen" — Schluß (S. 493) = Zus. d. H. — S. 494.
N. 3 zu S. 493, Z. 7 „Auch" — Schluß = Änd. u. Str. d. H. — S. 496.
Z. 9 „vor 1908" = Zus. d. H. — Z. 13 „konnte, beruhte" = Änd. d. H.

Fünfzehntes Kapitel. S. 508. N. 4 Z. 1 „Der" — Schluß (S. 509)
= Zus. d. H., angedeutet vom V. durch das Wort „Lemaire!". — S. 509.
N. 2 Z. 4 „2. ed. 1899 p. 156." = Änd. d. V. — S. 510. N. 1 Z. 4
„p. 124 ff." = Änd. d. V. — N. 2 Z. 2 „und — 333" = Zus. d. V.; Z. 4
„Nr. 81 p. 359 ff." = Änd. d. V. Die übrigen Berichtigungen bei Gar-
diner = Änd. d. H. — S. 513. Z. 6 „dem — entsprechend" = Änd. d. V.
— Z. 7 „von — Theorie" = Zus. d. V. — N. 3 = Zus. d. V. (mit einigen
Änderungen d. H.). — S. 519. N. 1 Z. 4 v. u. „Auch" — Schluß = Zus.
d. H. — S. 520. N. 2 Z. 1 „Das" — Z. 3 „kommt," = Änd. d. H. —
S. 524. Z. 6 v. u. (Text) „und — dritten" = Zus. d. V. — S. 532. N. 2
Z. 4 „(dazu — Note)." = Zus. d. V.; gleiche Note S. 533 Z. 1 „und die
Regentschaft = Zus. d. V. — S. 533. N. 1 Z. 6 „Wie" — Schluß = Zus.

d. H. — **S. 539.** Z. 15 „einer — Verfassungseides" = Änd. d. **V.** — N. 3 „Verf. Art. 108" = Zus. d. **V.**

Sechzehntes Kapitel. S. 557. N. 1 Z. 3 v. u. „Ebenso" — Schluß = Zus. d. H. — **S. 560.** N. 1 Z. 11: eine Z. v. H. gestrichen; Z. 3 v. u. „Die" — Schluß = Zus. d. H. — **S. 562.** N. 1 Z. 10 „Unbegründet" — Schluß = Zus. d. H. — **S. 564.** N. 2 Z. 1 „Einen" — Schluß = Zus. d. H.

Siebzehntes Kapitel. S. 572. Z. 2 v. u. (Text) „bis vor kurzem" = Änd. d. H. — N. 3 letzte Z. „und" — Schluß = Zus. d. **V.** — **S. 576.** N. 1 Z. 6 „Bei diesem" und Z. 8 „dort" = Änd. d. **V.** — **S. 578.** N. 2 „Gegen" — Schluß = Zus. d. **V.** — **S. 584.** N. 2 Z. 2 u. 3 = Änd. d. H. — **S. 585.** N. 1 u. 2 = Zus. d. H. — **S. 588.** N. 2 = Zus. d. H. — **S. 591.** N. 1 Z. 1 „Nach" — Schluß = Zus. d. H. — **S. 593.** Z. 7 = Änd. d. H. — **S. 594.** N. 1 Z. 5 v. u. „Vorbildlich" — Schluß = Zus. d. H.

Achtzehntes Kapitel. S. 602. Z. 13 „kann" = Änd. d. **V.** — N. 1 = Zus. d. **V.** — **S. 612.** N. 1 Z. 2 v. u. „Vgl." — Schluß = Zus. d. H., vom **V.** angedeutet. — **S. 618.** N. 1 Z. 3 v. u. „Das" — Schluß = Zus. d. H.

Neunzehntes Kapitel. S. 633. Z. 13 „Rentenausschüsse" = Änd. d. H. — **S. 635.** N. 2 Z. 2 „u. Neubearbeitung" — Schluß = Zus. d. H. — **S. 640.** Z. 1 „Versicherungsämter — Reichsversicherungsamt" = Änd. d. H. — **S. 643.** Z. 10 „mitunter" = Zus. d. H. — **S. 650.** Z. 11 v. u. — Z. 7 v. u.: kleine Änd. d. H. — **S. 651.** Z. 1—4: kleine Änd. d. H. — N. 1 = Zus. d. H. — **S. 652.** N. 1 Z. 3 „Diese Ansicht" — Schluß = Zus. d. H.; 29 Zeilen vom H. gestrichen. — N. 3 Z. 12 „Gegen" — Schluß = Zus. d. H. — **S. 653.** Z. 4 v. u. (Text) — Z. 1 v. u. = Änd. d. H. — **S. 654.** N. 2 zu S. 653, Z. 1 „(In" — Z. 4 „Bedeutung.)" = Zus. d. H.; Z. 7 „u. Ztschr." — Schluß = Zus. d. H. — **S. 655.** Die 17 zeilige Anmerkung zu Z. 17 „tätig werden" wurde vom H. gestrichen. — N. 1 Z. 6 v. u. „Das" — Schluß = Zus. d. H. — **S. 657.** N. Z. 21 „An" — Schluß (S. 658) = Zus. d. H. — **S. 659.** N. 1 Z. 3 „Ausdrücklich" — Schluß = Zus. d. H.

Zwanzigstes Kapitel. S. 662. N. 1 Z. 17 „Monarchie" — Z. 19 „S. 58, 14 f.)" = Zus. d. H. — **S. 668.** N. Z. 10 „von — genommenen" = Zus. d. H. — **S. 669.** N. 1 Z. 6 „der" — Schluß = Zus. d. H. — **S. 671.** Z. 1 „zuerst — geübte" = Zus. d. **V.** — **S. 674.** N. 1 Z. 1 „Vgl." — Schluß = Zus. d. **V.**; Z. 3 v. u. „3. ed." — Schluß = Änd. u. Zus. d. **V.**, mit kleinen Änd. d. H. — **S. 676.** N. 1 Z. 6 v. u. „In" — Schluß = Zus. d. H. — **S. 677.** Z. 12 „Sie — Staates." = vom **V.** aus den Anmerkungen in den Text gestellt. — **S. 678.** N. Z. 3 „Seit" — Z. 6 „89 ff." = Zus. d. H. — **S. 679.** N. 1 Z. 2 u. 1 v. u. „vor 1906", „konnte", „war" = Änd. d. H. — **S. 681.** N. 1 Z. 5 „war", Z. 6/7 „worden wäre" = Änd. d. H. — **S. 682.** N. 2 = Zus. d. **V.** — **S. 683.** N. 2 Z. 2 „konnte — 1908" = Änd. d. H. — **S. 685.** N. 2 zu S. 684, Z. 16 „Nach — Schweden" = Änd. d. H.; Z. 20 „Die Frage" — Schluß = Zus. d. H. — N. 1 Z. 4 „Zudem" — S. 686 N. Z. 5 „Auch" = Zus. u. Änd. d. **V.** — **S. 686.** N. Z. 8 „Über" — Z. 10 „645" = Zus. d. **V.** — **S. 687.** N. 1 Z. 5 „und wenn — S. 688 N. 2 „muß." = Zus. d. H. — **S. 688.** N. 1 zu S. 687, Z. 5 „und wo — zustandekommt," = Zus. d. H. — **S. 689.** N. 2 = Zus. d. H. — **S. 696.** Z. 6/5 v. u. „unentziehbar" = Zus. d. **V.** — Z. 5/4 v. u. „einer — Rechtsordnung" = Änd. d. **V.** — **S. 697.** N. 1 „Vgl. — von" = Zus. d. H.; Schluß = Zus. d. **V.** — **S. 698.** Z. 7 v. u. (Text) „ragten — (1906)" = Änd. d. H. — **S. 701.** N. 2 zu S. 700, Z. 5: Nach „verwiesen" 13 Zeilen vom H. ge-

strichen. — N. 1 Z. 10 „was allerdings“ — Schluß = Zus. d. **V.** — **S. 704.**
Z. 10 „mit Ausnahme Rußlands“ vom H. gestrichen. — **S. 705.** Z. 21
„Portugal“ vom H. gestrichen. — **S. 708.** Z. 9 v. u. (Text) „wie — worden“ = Änd. d. **V.** — **S. 712.** N. 1 Z. 7 „Neuerdings“ — Z. 16 „Staats-
lehre S. 63.“ = Zus. d. H. — **S. 714.** N. 1 = Zus. d. H. — **S. 718.** N. 1
Z. 1 „Washington — Idaho“ = Zus. d. H.; Z. 3 „In Utah“ — Z. 5
„p. 604 N. 1“ = Zus. d. H. — **S. 727.** Z. 3 „Chateaubriand“ = Zus. d. **V.**
— **S. 729.** N. 1 Z. 4 „Dieses — beibehalten.“ = Zus. d. H. — N. 3 Z. 2
„fand“ = Änd. d. H.; Z. 2 „Seit“ — Z. 6 „äußern.“ = Zus. d. H.; Z. 7
„hingegen — überall“ = Änd. d. H. — **S. 731.** N, Z. 1 „Näheres —
Schluß = Zus. d. H. — **S. 732.** N. 2 Z. 11 v. u. „Auch“ — Schluß =
Zus. d. H. — **S. 735.** N. 3 Z. 4 „In“ — Z. 6 „Herrscherstellung.“; Z. 4
v. u. „Das vergißt“ — Schluß (S. 736) = Zus. d. H.

Einundzwanzigstes Kapitel. S. 739. Z. 4 v. u. (Text) „haben“ u.
„Abkommen“ = Änd. d. H. — **S. 744.** N. 1 Z. 6 „Wiederum“ — Schluß
= Zus. d. H. — **S. 748.** N. 2 zu S. 747, Z. 2 „Da“ — Schluß = Zus. d. H.
— **S. 749.** N. 1 Z. 10 „Nach“ — Schluß = Zus. d. H. — **S. 751.** N. 2
= Zus. d. **V.** — N. 3 Z. 2 „bot“ — S. 752 N. Z. 3 „537 ff.“ = Änd. u.
Zus. d. H. — **S. 753.** N. 2 Z. 6 „Wenn schon“ — Z. 9 „I 1902 S. 424.“
= Zus. d. H. — **S. 754.** N. 1 = Zus. d. H. — **S. 755.** N. 1 Z. 2 „Nichts
als“ — Schluß = Zus. d. H. — N. 3 Z. 2 „abgesehen — 260“ = Zus.
d. H. — **S. 770.** N. 1 Z. 11 „Gegen“ — Schluß = Zus. d. H. — **S. 778.**
N. Z. 3 v. u. „Freilich“ — Schluß = Zus. d. H.

Namen- und Sachregister.

Aall 635, 742, 754, 759.
Abdankung 689.
Abendländische Staatenwelt als Gegenstand der Staatslehre 22 f.
Abgeordneter s. Kammermitglied.
Abhängigkeit, Begriff 746.
Abhängigkeitsverhältnisse, soziale 92 f.
— völkerrechtliche 744 ff.
Abraham 417, 532.
Absolutismus 210, 243, 459, **466 ff.**, 483.
— Herstellung der Staatseinheit durch ihn 324 f.
— und Souveränetät 455 ff.
— zwischen zwei Legislaturperioden 589 f.
S. a. Demokratie (absolute), Monarchie (absol.), Souveränetät.
Abtretung s. Gebietsabtretung.
Achäischer Bund 568, 766.
Achelis 77.
Ackerbaustaat 107, 663.
Act of Settlement 532, 700.
actes administratifs 618.
— d'autorité 611.
— de gestion 611.
— de gouvernement 617 f.
— de puissance publique 611.
Adam 198, 210 f.
Adelung 133.
administration 617.
— discrétionnaire 621.
— pure 621.
Adoption des Thronfolgers 694.
— Umbildung der 44.
Adresse an die Krone 792.
Aegidi 134.
Ägypten 288 f., 496.
Affen 542.
Affolter, A. 65, 162, 364, 474, 560, 764.
Agnaten 173.
S. a. Überstaatliche Rechtsstellung der Dynastien.
Agnation, künstliche 694.
Agrarier 116.
Agreement of the People 510 f., 572.
Ahrens 53, 67, 88, 90, 219, 247.

Akzessionsverträge 747.
Albert (Prinz) 689.
Albrecht, W. E. 64, 159, 169, 473, 675.
Alençon, Herzog von 508 f.
Alexander der Große 670.
Allen 498.
Allgemeine Staatsrechtslehre **381 ff.**
Allgemeines Landrecht 214, 243, 429, **467**, 471.
Allianz 741 f.
Altersgrenze für politische Rechte 718.
Altes Testament 202 f., 339, 456, 509, 670 f.
Althusius 159, **206 f.**
Altorientalischer Staat 22 f., **288 ff.**
Amadeo von Savoyen 693.
Ameisen 82, 136.
Amerika s. Nordamerika.
Ames 535.
Amidon 536.
Amira, v. 364.
Ammianus 130.
Amt 559.
S. a. Beamte, Behörden, Ehrenamt.
Amtsvorsteher 639.
Anarchie 477.
— als Folge der Machttheorie 195 f.
Anarchisches Recht, Völkerrecht als 379.
Anarchismus 89, 186, **221 ff.**, 355.
Ancillon 471.
Anfänge des Staats 266 ff.
Ankwicz 250.
Anschütz 18, 63, 133, 168, 173, 273, 280, 359, 404, 417, 470 f., 545, 553, 554 f., 561, 676, 764, 778.
Ansiedler 272, 515 ff.
Anson 573, 675, 686, 751.
Anspruch, öffentlichrechtlicher **418 ff.**
Anstalt, öffentliche 622 f.
— Staat als 165.
Anstaltsstaat 166.
Anstand 338.
Anthropogeographie 77.

Frankreich, Präsident, Nachbil-
dung des englischen Königs 734.
— — Staatshaupt 619.
— — Staatsorgan 580
— — Unterordnung unter das Par-
lament 556, 727 f., 734 ff.
— — Wahl 357 f., 543, 732.
— Repräsentationsgedanke 574 ff.
— Tagesordnungen 728.
— Verfassungen 238, 512, 523 ff.,
529, 532 f.
— Volksstimmung 728 f.
— Zentralisation 634.
S. a. Bonapartes, Charte,
Franz I. Heinrich III, II. IV.
Karl V, K. X, Ludwig, Napoleon,
Parlament, Philipp August,
Philipp der Schöne, Pluviôse-
gesetz, Volkssouveränetät.
Frantz, C. 62, 67, 113, 141.
Franz I (von Frankreich) 451.
Franz II (röm.-deutscher Kaiser)
133 f., 283, 469.
Französische Verfassungen 523 ff.
Frauenrechte 718, 724.
Freemann 68, 568, 703.
Freese 306, 308.
Freies Ermessen 356 f., 616 ff.
Freihändler 116.
Freiheit als Staatszweck 246.
— — Urrecht 413.
— antike 294 ff., 307.
— moderne 294 ff.
— der staatl. Tätigkeit 356 f, 616 ff.
Freiheitsbriefe 410, 515 f., 521.
Freiheitsrechte 217, 330, 413, 419 f.
— in Griechenland 307.
S. a. Grundrechte.
Freistadt 445.
Fremdenrecht, altgriechisches 312.
S. a. Ausländer.
Freund, E. 44, 275, 389, 424, 433,
587, 615.
Freytag, W. 28.
Fricker 394 f., 396, 404 f.
Friedberg 236.
Friedensblockade 611.
Friedensrichter 609, 629, 639.
Friedloslegung 226.
Friedrich, J. K. 13.
Friedrich I von Württemberg 134,470.
Friedrich II, Kaiser 317.
Friedrich III, römisch-deutscher
Kaiser 442, 444, 451.
Friedrich der Große 564, 674.
Friedrich Wilhelm I 466.
Frisch, v. 240, 250, 417, 537, 690.
Fröbel 68.
Fronde 54.
Fülster, H. 66.

Fürstensouveränetät s. Absolutis-
mus.
Fuller, R. H. 113.
fundamental law 508 f.
Funktionen des Staats 596 ff.
— — — formelle 609 ff.
— — — Einteilung 606 ff.
— — — materielle 609 ff.
— — — Undurchführbarkeit ihrer
Dreiteilung 607 ff.
— Zwecke als 241.
Funktionenlehre, Geschichte 595 ff.

Galcotti 534.
Garantien des öffentlichen Rechts
788 ff.
— des Rechts 334 ff.
— des Staatsrechts 343 f.
— des Völkerrechts 377 f.
— politische 789 ff.
— rechtliche 791 ff.
— soziale 789.
Gardiner 509 ff., 572, 601.
Gareis 62, 405, 662, 712.
Gasteiner Konvention 761.
Gebiet, Einfluß seiner natürlichen
Beschaffenheit auf den Staat 75 ff.
S. a. Staatsgebiet.
Gebietsabtretung 280, 402 f.
— Schwebezustand nach einer 650 f.
Gebietshoheit 294 ff., 401.
— doppelte 396 f.
Gebietskörperschaft, Kirche als 394 f.
— Land als 653.
— Staat als 183.
Gebundenheit der staatl. Tätigkeit
616 ff.
Geffcken, F. H. 395.
Geffcken, H. 65, 553 f., 662, 712.
Gegenwart als Gegenstand der Juris-
prudenz 52.
Gegenzeichnung 553, 686, 699.
Geisteswissenschaften 3.
— Methodik 25.
— Verhältnis der Staatslehre zu
den 80 ff.
Geller 373.
Geltung der Normen 223, 333 f.
Gemeinde, Dienstpflicht 559, 640 ff.
— Gebietshoheit 403 f.
— Gewalt der — nicht ursprünglich
450 ff.
— kirchliche 509 f.
— Selbstverwaltung 648 ff.
— subjektive Rechte 424 f.
— Verhältnis zum Staat 105 f.
— Wirkungskreis, aufgetragener
644, 646.
— — eigener 644, 646.
— — natürlicher 644.

Verlag von Julius Springer in Berlin W 9

Das neue Arbeitsrecht

Systematische Einführung

von

Prof. Dr. jur. **Walter Kaskel**

Zweite, unveränderte Auflage

1920. Preis M. 32,—; gebunden M. 39,60

Das neue deutsche Wirtschaftsrecht

Eine systematische Übersicht
über die Entwicklung des Privatrechts und der benachbarten
Rechtsgebiete seit Ausbruch des Weltkrieges

Von

Dr. **Arthur Nußbaum**

a. o. Professor an der Universität Berlin

1920. Preis M. 16,—

Das Völkerrecht

Systematisch dargestellt

von

Dr. **Franz von Liszt**

o. ö. Professor der Rechte der Universität Berlin

Elfte, umgearbeitete Auflage.

Zweiter, unveränderter Neudruck. 1921. Gebunden M. 69,—

Die Reichsaufsicht

Untersuchungen zum Staatsrecht des Deutschen Reiches

Von

Dr. **Heinrich Triepel**

Geh. Justizrat, o. ö. Professor an der Universität Berlin

1917. Preis M. 24,—; gebunden M. 29,60

Das Bundesstaatsrecht der Schweiz

Geschichte und System

von

Prof. Dr. **J. Schollenberger**

Zweite, unter Mitwirkung von Dr. **Otto Zoller**
völlig umgearbeitete Auflage.

1920. Preis M. 38,—

Zu den angegebenen Preisen der angezeigten älteren Bücher
treten Verlagsteuerungszuschläge, über die die Buchhand-
lungen und der Verlag gern Auskunft erteilen.

CPSIA information can be obtained
at www.ICGtesting.com
Printed in the USA
LVHW100431291018
59515ДLV00009BA/203/P